제3판

저작권법

박성호

박영사

제3판 서 문

당초 제3판은 2020년 9월 간행할 계획이었다. 제3판 원고를 마무리할 무렵 공교롭게도 저작권법 전부 개정안이 논의된다는 소식이 들려왔다. 2020년 말까지 전부 개정안이 확정되도록 하겠다는 스케줄도 알게 되었다. 이러한 상황에서는 제3판 간행 계획을 미룰 수밖에 없었다. 2021년 1월 도종환 의원이 대표 발의한 저작권법 전부 개정안(의안번호 제7440호)에 대한 국회에서의 논의가 본격적으로 시작되었다. 하지만 그 논의가 지지부진하여 진도가 나가지 않음에 따라 제3판의 간행 계획을 더 이상 미룰 수 없게 되었다. 더구나 제2판 간행 이후 2023년 8월 8일까지 저작권법 일부 개정이 수차례 이루어졌고 대법원을 비롯한 하급심 법원에서 주요 판결들도 여러 건 선고되었다. 그래서 제2판을 펴낸 지 6년 만에 제3판을 간행하게 되었다. 제3판의 주요 특징은 다음과 같다.

첫째, 2017년 9월 이후 나온 주요 대법원 판결과 하급심 판결, 그리고 2023년 8월 8일 저작권법 일부 개정까지 모두 반영하였다. 이 책에서 자주 인용하는 국내 저작권법 교과서들도 그 개정판에 따라 해당 면수를 바꾸었다. 그간 저작권법 연구자들이 발표한 주요 논문들도 모두 읽고 제3판에 반영하고자 노력하였다.

둘째, 제2판과 마찬가지로 새로 추가된 내용에 상응하여 중요도가 상대적으로 덜한 종전 내용을 덜어냄으로써 전체 면수가 늘어나지 않도록 최대한 노력하였다. 제2판에서도 언급하였듯이 그리스어로 "책이 두꺼우면 불편하다 (mega biblion, mega kakon)"는 말에 유념하였다. 문장을 다듬고 군더더기 없는 설명을 하려고 노력하였다.

셋째, 주요 대법원 판결들의 관점을 추수(追隨)하는 태도를 지양(止揚)하고 그 이론적 문제점을 지적하고 비판하고자 노력하였다. 특히 2017년 후반 이후 "문제적 판결들"이 집중적으로 나왔다. 저작권법학에 관한 "한국적인 것의 슬픔"을 느끼게 하는 현상이지만, 문제점을 지적하여 이를 공론화 하는 것 역시 이 땅에서 저작권법을 공부하는 연구자의 숙명이라고 생각한다.

이번 제3판의 내용에 다소라도 진전이 있다면, 이는 제2판으로 저작권법을 공부하면서 좋은 질문으로 저자의 생각을 자극하여 새로운 관점에서 문제를 바라보게 해준 한양대학교 일반대학원 지적재산법 전공 학생들, 법학전문대학원 선택과목(저작권법, 문화산업법)과 학부 교양과목(대중문화와 법)을 수강한 학생들 덕분이다. 서문에 이러한 사실을 적어 그간 저자의 담당과목을 수강하였던 모든 학생들에게 고마움을 전한다.

아울러 제3판의 간행에 즈음하여 개정판 원고를 작성하는 동안 저자를 정신적으로 후원해주신 고향의 존경하는 부모님께 머리 숙여 감사드린다. 그리고 아내와 아들에게 사랑의 마음을 담아 고마움을 표한다. 특히 나의 사랑하는 아내는 이십대 초 청춘의 좋은 날부터 언제나 내 곁을 지켜주고 있다. 늘 감사한 마음이다.

끝으로 출판 산업이 위기를 겪고 있는 현재의 상황에서도 제3판의 출판을 수락해주신 박영사의 안종만 회장님께 감사드린다. 그리고 편집과 교열에 많은 노고를 아끼지 않으신 양수정 선생님을 비롯하여 박영사의 여러 관계자 분들에게 감사의 말씀을 전한다.

2023년 8월 30일
행당(杏堂) 동산 연구실에서
박성호 씀

제2판 서 문

　　2014년 9월 저작권법 초판을 간행한 지 4년 만에 제2판을 펴내게 되었다. 그 사이 저작권법이 몇 차례 부분 개정되었다. 대법원을 비롯한 하급심 법원에서 저작권에 관하여 주목할 만한 판결들도 다수 선고되었다. 당연한 것이지만 이번 제2판에서는 그간의 법 개정과 새로운 재판례들을 반영하였다. 저자는 초판 출간에 즈음하여 그 서문에서 이 책의 집필 목적을 다음과 같이 밝힌 적이 있다.

　　"이 책을 집필하면서 저자가 의도한 것은, 1986년 저작권법의 제정 이후 현재에 이르기까지의 연구동향과 이론적 추이를 되짚어 보고 그에 관한 재판례들을 비판적으로 독해하면서, 우리 저작권법상의 여러 제도들을 역사적이고 비교법적인 관점에서 탐구한 이른바 체계서를 집필하는 것이었다. 역사적 관점을 앞세운 것은 법률해석에 있어서 立法者意思의 중요성을 소홀히 하지 않겠다는 각오이기도 하다. 한편, 이 책의 독자는 학부나 대학원 학생만을 대상으로 한 것이 아니라 법조실무가나 교수, 연구자 등 저작권법에 관심과 식견을 가지고 있는 분들까지 고려 대상으로 하여 집필하였다."

　　이러한 집필 목적은 제2판에서도 변함없이 그대로 유지하였다. 특히 법조실무가나 교수, 연구자 등의 필요에 부응하기 위하여 다음의 사항들을 보완하거나 추가하였다. 제2장에서는 '저작물의 성립요건과 보호범위'(제2절), '저작물 종류의 예시'(제3절), '특수한 유형의 저작물'(제4절)을 대폭적으로 보완·가필하였고 '캐릭터'(제5절)에 관한 내용을 요약·정리하였다. 제3장에서는 '공동저작물의 저작자'(제4절) 등을, 제4장에서는 '동일성유지권'(제2절), '공중송신권'과 '배포권'(제3절) 등을 보완하였다. 제5장 '저작인접권 등'에 대해서는 전면적으로 그 내용을 보완·가필하였다. 제6장에서는 '저작권 등의 집중관리'(제7절) 부분을 보완하였고 '공동저작물의 이용허락 등 권리행사'(제9절)를 새롭게 추가하였다. 그리고 제6장의 '저작물 등의 이용허락'(제3절) 중 '이용허락의 해석'과 관련하여 불필요하다고 판단되는 외국 재판례에 관한 설명 부분을 삭제하였다. 제7장에서는 '저작재산권의 제한'(제2절) 중 '공공저작물의 자유이용', '공표된 저작물의 인용', '영리를 목적으로 하지 않는 공연과 방송', '도서관 등에서의 복제 등', '청각장애인 등을 위한 복제 등', '미술저작물 등의 전시 또는 복제', '저작물 이용과정에서의 일시적 복제', '저작물의 공정한 이용' 등을 보완하거나 가필하였다. 제8장에서는 '권리침해'(제1절) 중 '의거(이용)성', '기술적 보호조치의 무력화 금지 등'(제3절)을, '온라인서비스제공자의 책임 제한'(제4절) 중 '온라인서비스제공자의 책임 제한의 내용', '특수한 유형의 온라인서비스제공자의 의무 등'을 보완하였다. 제9장에서는 '민사구제'(제2절)와 '형사구제'(제3절) 부분을 전면적으로 보완·가필하였다. 제10장에서는 '저작권 관련 국제조약'(제1절), '저작권법과 국제사법'(제2절)을 보완하였다.

전체적으로 제2판에서 보완하거나 추가한 분량이 상당한 면수에 이르지만, 초판과 비교할 때 책의 면수 증가가 최소한에 그칠 수 있도록 하였다. 그리스어로 "책이 두꺼우면 불편하다(mega biblion, mega kakon)"는 말이 있다. 저작권법 책도 마찬가지이다. 저자는 늘 이 점에 유념하여 초판에서 장황한 서술을 대폭 정리하였고 불필요하다고 판단되는 인용 각주들을 과감히 삭제함으로써 제2판에서 늘어난 분량과 균형을 맞출 수 있도록 노력하였다.

다만 저자의 게으름으로 개정판 원고 작성을 7월 중순에야 마친 탓에 제2판의 출판이 많이 지체되었다. 이 점 독자 여러분에게 사과드린다. 그리고 제2판의 간행에 즈음하여 언제나 변함없이 나의 곁을 지켜주며 후원해준 사랑하는 아내와 군 복무 중인 아들에게 고마운 마음을 전한다. 끝으로 제2판의 출판을 수락해주신 박영사의 안종만 회장님과 편집과 교열에서 많은 노고를 기울여주신 문선미 선생님을 비롯한 박영사의 여러 관계자 분들께 감사의 말씀을 전한다.

2017년 9월 6일
행당 동산의 연구실에서
박성호 씀

서 문

 이 책은 시간과의 경쟁에서 씌어진 것이다. 올해 9월이면 저자는 대학교수가 된 지 꼭 10년이 된다. 그에 맞추어 이 책을 펴내게 되니 감회가 새롭다.

 이 책을 집필하면서 저자가 의도한 것은, 1986년 저작권법 제정 이후 현재에 이르기까지의 연구동향과 이론적 추이를 되짚어 보고 그에 관한 재판례들을 비판적으로 독해하면서, 우리 저작권법상의 여러 제도들을 역사적이고 비교법적인 관점에서 탐구한 이른바 체계서를 집필하는 것이었다. 역사적 관점을 앞세운 것은 법률해석에 있어서 立法者意思의 중요성을 소홀히 하지 않겠다는 각오이기도 하다. 한편, 이 책의 독자는 학부나 대학원 학생만을 대상으로 한 것이 아니라 법조실무가나 교수, 연구자 등 저작권법에 관심과 식견을 가지고 있는 분들까지 고려 대상으로 하여 집필하였다. 더욱이 최근 문화산업의 성장과 더불어 그에 관한 분쟁이 나날이 증가하고 있는 상황에 주목하여 재판실무와 직결된다고 생각되는 부분에 대해서는 비교적 자세하게 서술하고자 노력하였고, 그렇지 않다고 여겨지는 부분에 대해서는 간략하게 정리함으로써 서술 내용의 안배에 있어 선택과 집중의 묘를 살리려고 하였다. 그 방법의 일환으로 저작권침해소송에서 원·피고 간에 이루어지는 공격방어방법을 참조하였다. 예컨대, 원고가 자신의 저작권이 침해되었다고 주장하면, 피고는 권리자로부터 이용허락을 받았다거나 권리제한사유에 해당한다는 등의 주장을 하는 경우가 대부분이다. 저작권침해 사건을 체계적으로 이해하기 위해서는 ① 권리침해 → ② 권리의 경제적 이용 → ③ 권리제한 등의 순으로 전형적인 쟁점들을 살펴볼 필요가 있다. 그리고 ① 권리침해가 성립하기 위해서는 원고가 피침해 저작물의 귀속주체인 것이 전제되어야 함은 물론이다. 이 책의 순서를 '저작권법의 기초'(제1장), '저작물'(제2장), '저작자'(제3장), '저작자의 권

리'(제4장), '저작인접권 등'(제5장), '저작물 등의 경제적 이용'(제6장), '저작권
등의 예외와 제한'(제7장), '권리침해 등'(제8장), '권리구제'(제9장), '저작권 등의
국제적 보호'(제10장)로 구성한 것도 위와 같은 전형적인 분쟁상황을 염두에 두
었기 때문이다. 아울러 저자는 우리 저작권법상의 데이터베이스제작자의 보호
(법 제4장), 영상저작물에 관한 특례(법 제5장), 온라인서비스제공자의 책임제한
(법 제6장), 저작권위탁관리업(법 제7장)을 이 책의 전체 구성 중 어디에 위치시
켜야 하는지에 관해서도 고심하였다. 이와 관련해서는 앞서 예로 든 ①→ ②
→③의 순서와 각 관련 제도의 입법취지 및 그 법적 성격 등을 고려하여 데
이터베이스제작자의 보호는 '저작인접권 등'(제5장)에, 위탁관리업과 영상저작
물에 관한 특례는 '저작물 등의 경제적 이용'(제6장)에, 그리고 온라인서비스제
공자의 책임제한은 '권리침해 등'(제8장)에 각 배치함으로써 저작권침해소송에
서 원·피고 간의 공격방어방법에 상응하여 그 내용을 이해할 수 있도록 서술
하였다.

　이 책이 위와 같은 구성을 취하게 된 것은 저자의 십수년 간의 실무경험
에 입각한 것이기도 하다. 저자가 저작권법 공부를 시작한 것은 1986년 제정
된 저작권법이 그 시행을 앞둔 무렵의 일이다. 그때 공부에 길잡이 역할을 한
것은 1987년판 네 권짜리 미국 저작권법 주석서 <Nimmer on Copyright>와
半田正夫의 일본법 해설서 <著作權法槪說>(第4版, 一粒社, 1987)이었다. 독자
들은 이 책을 읽으면서 저자가 위 두 책으로부터 받은 영향을 중요 대목마다
발견할 수 있을 것이다. 1987~89년에는 우리법을 해설한 국내 서적들도 여러
종 출간되어 저자가 공부하는 데에 많은 도움을 주었다. 송영식·이상정·황종
환 공저의 <지적소유권법>(육법사, 1987), 황적인·정순희·최현호 공저의
<저작권법>(법문사, 1988), 한승헌 변호사의 <저작권의 법제와 실무>(삼민
사, 1988), 장인숙 저작권심의조정위원회 위원장(당시 직함, 이하 같다)의 <저작
권법원론>(보진재, 1989), 허희성 저심위 사무국장의 <신저작권법축조개설>
(범우사, 1988), 하용득 법제처 사무관의 <저작권법>(법령편찬보급회, 1988) 등
이 그것이다. 그러다가 1990년 저자는 우연한 기회에 저작권법에 관한 글을
실무노트나 소논문 형태로 발표하게 되었다. 모두 저작권법의 기초이론에 관
한 것으로 주로 <국제법률경영>과 <계간 저작권>이라는 학술지를 통해서
였다. 당시는 디지털 저작물이나 인터넷이라는 용어조차 거론되지 않을 때였
다. 그러나 불과 몇 년 후 상황은 급변하였다. '멀티미디어'라는 시대적 유행어

와 함께 디지털 및 인터넷이라는 용어가 일상어로 자리 잡았다. 곧이어 디지털이나 인터넷과 관련된 저작권 문제들이 주요 쟁점으로 부각되었다. 선진 외국과 달리 저작권법의 기초연구도 제대로 이루어지지 않은 우리의 현실을 감안할 때, 아직 해명되지 않은 전통적 쟁점에 새롭고 낯선 '난제'들이 중첩하여 덮친 형국이었다. 오늘날 이러한 문제 상황은 그 양상이 다소 호전되었다고 할 수 있겠지만 그 본질에 관한 한 아직도 여전하다는 것이 저자의 판단이다. '본질'을 천착하기보다는 '시류'에 영합하는 비정상이 기승을 부리는 우리 사회의 전반적인 분위기 때문일 것이라고 생각한다. 그와 같은 한계로 말미암아 우리 저작권법에는 현재 두 가지 상이한 문제 상황이 공존하고 있다고 할 수 있다. 하나는 '비트'(bit)로 표현되는 정보의 양과 속도가 결합하여 발생하고 있는 인터넷 환경 아래서의 문제들이고, 다른 하나는 기초이론에 관한 여러 논점을 둘러싸고 전개되는 문제들이다. '非同時性의 同時性'(Gleichzeitigkeit der Ungleichzeitigkeit)이라고 부를 수밖에 없는 '근대'의 전통적 문제들과 '탈근대'의 문제들이 뒤엉켜 나타난 우리 저작권법 특유의 '문제적 현실'이라고 할 수 있을 것이다. 이 책을 통해서 저자는 이러한 문제 상황의 일정 부분이나마 해결하고자 시도하였다. 이를 위해 저자는 새롭게 제기되는 쟁점에 민첩하게 대응하는 한편으로 기초연구와 관련된 전통적인 논점에 관해서도 지속적으로 관심을 기울이는 자세를 견지하려고 하였다. 비유하자면 "전위 속의 후위"를 자처하면서 "전통의 지속과 新說의 수용"이라는 균형 잡힌 모습을 보여주려고 하였다.

저자가 우연한 계기로 변호사에서 교수로 전직하게 되었을 때 가장 희망하였던 일은 저작권법을 일정한 관점과 일관된 이론체계에 따라 해설한 책을 쓰는 것이었다. 이 책은 그 희망을 실천한 것이다. 이 책을 구상할 때에는 변호사 시절 틈틈이 써놓았던 소논문들과 실무노트 성격의 글들이 상당수 있었기 때문에 저작권법 강의를 한두 해 하다 보면 곧 그럴듯한 원고가 작성될 것이라고 믿었다. 그러나 막상 강의 준비를 하면서 그 간 썼던 글들을 모아 놓고 보니 그때그때 실무적 필요에 응하여 썼던 글들인지라 시간이 지난 뒤에 읽어 보면 체계도 맞지 않고 관점도 들쑥날쑥하여 전체적으로 하나로 꿰뚫어 엮는 데에 적지 않은 시간이 소요될 것으로 직감되었다. 실제로 전체 내용들을 일일이 손질하여 앞뒤를 맞추는 데에 많은 시간을 쏟아 부어야 했다. 미진한 부분에 대해서는 거듭 공부를 하고 새로 쓴 글들로 채워 넣어야 했다. 그러는 사이에도 저작권법은 빈번히 개정되었고 그럴 때마다 관련된 곳으로 되돌아가 뜯어 고치고 수정하는 작업을 지루하게 반복할 수밖에 없었다. 이러한 작업을 통하여 비록 주관적이지만 하나의 일관된 관점을 유지한 책을 쓰겠다는 희망을 조금씩 실천해나갈 수 있었다. 그렇지만 아직도 서로 어긋나는 대목이 이 책의 곳곳에 숨어 있을지 모르고 또 어렵고 난삽한 구석들이 적지 않을 것이라고 생각한다. 아쉬운 부분은 앞으로 더 고쳐나갈 것이라는 다짐으로 독자들에게 양해를 구한다. "모든 책에는 그 나름의 운명이 있다"는 라틴어 금언이 있다. 이 책이 저자의 희망의 근거이자 또 저자의 '알람브라'가 되었으면 하는 바람이다.

저자는 지금까지 지적재산법이라는 학문을 매개로 하여 국내외의 여러 학자들과 실무가들 그리고 同學의 연구자들을 알게 되었다. 특히 공부에 몰입하기 위해 대학원에 진학하여 정상조 교수님의 지도 아래 비교법적 방법론을 배운 경험은 법학적 인식의 지평을 새롭게 하는 데에 큰 계기가 되었고 이 책을 쓰는 데에 이론적 바탕이 되었다. 이 지면을 빌어 거듭 학은에 감사드린다. 그 밖에도 많은 분들과의 직·간접적인 교류와 만남을 통하여 부단히 배우고 자극을 받아왔다. 여기서 일일이 그 이름을 거론하지는 않겠지만 이 분들의 은혜와 도움에 대해서도 결코 잊지 않으려고 한다. 아울러 언제나 변함없는 사랑을 베풀어주신 친가와 처가의 부모님들에게 머리 숙여 감사드린다. 그리고 늘 나의 곁을 지켜주며 후원해준 사랑하는 아내와 아들에게도 고마운 마음을 전한다. 끝으로 어려운 출판 환경 속에서도 이 책의 출판을 흔쾌히 수락해주신 박영사의 안종만 회장님께 깊이 감사드리고, 이 책이 세상에 태어날 수 있도록 많은 관심과 노력을 기울여주신 박영사의 여러 관계자 분들께 감사의 말씀을 전한다.

2014년 8월 25일
행당 동산의 연구실에서
박성호 씀

차 례

1

저작권법의 기초

Copyright Law

제1장　　저작권법의 기초

제 1 절　저작권 제도의 역사

Ⅰ. 서　　론

　저작권이란 관념은 전적으로 서구의 산물이다. 또한 무체물을 권리의 대상으로 삼는 저작권 제도의 역사는 토지 등 유체물을 보호 대상으로 하는 소유권에 비하여 극히 짧다.[1] 우리나라는 고려와 조선 시대를 통하여 활자 인쇄가 성행하여 중앙 관서나 서원 또는 사찰을 중심으로 많은 서책이 간행되었다. 더구나 18세기 이후에는 목판인쇄로 간행된 국문소설(坊刻本)이 출현하여 일반 서민들 사이에서 읽히고 있었지만, 그것은 어디까지나 사유재산권의 보호대상인 유체물(목판인쇄본 서적)의 상업적 유통이 활발하였다는 사실을 나타낼 뿐이고 무체재산을 보호하는 '저작권'이란 관념이 존재하였음을 보여주는 것은 아니다.[2] 저작권 제도는 유럽에서 등장한 출판특권 제도를 배경으로 하

---

[1] 조선시대에 토지와 같은 유체물의 보호에 관한 소유권 관념조차도 오랜 연구와 논의과정을 거친 결과물이다. 즉 조선시대에도 16세기 이후 토지의 사유가 공권력에 의해 확정·보호되었고(가령, 量案을 비롯한 收租案, 衿記와 같은 公簿 등) 사인 간의 토지분쟁도 공권력에 의해 해결되었다는 것(가령, 詞訟)을 일차사료에 의해 실증함으로써 근대적 사유재산제도에 근접하는 사유재산권이 확립되었다고 보게 된 것이다. 박병호, 「전통적 법체계와 법의식」, 서울대출판부, 1992, 14~15, 31, 52면 각 참조.

[2] 학설 중에는 우리 전통 법제에서 저작권법과 같은 실정법은 없었지만 저작권문화의 측면에서 '저작자의 권리'에 대한 인식은 존재하였다고 주장하는 견해가 있다(민경재, "한·중·일에서 근대 저작권법 입법 이전의 저작권법 및 저작권문화의 존재여부에 관한 연구", 「계간 저작권」, 2012 가을호, 25~37면). 이에 따르면 고려 및 조선시대에 '표절'이 문제된 사례가 많은데 표절의 '부도덕성'에 대한 인식은 저작인격권 인정의 기반을 이루는 것으로 유추할 수 있고, 문집출판의 교정과 판각과정에서 저작인격권의 형식 모두를 온전히 추론할 수 있다고 주장한다. 그러나 저작인격권으로 번역되는 'moral right'는 도덕이나 윤리 문제를 연상하여 오해하기 쉬우나 'moral right'는 '부도덕성' 등의 문제와 관련된 권리가 아니라는 점에서, 표절과 저작인격권의 관련성을

여 영국에서 세계 최초의 저작권법이 제정되었고, 이것을 기원으로 오늘날 우리가 알고 있는 저작권 제도가 성립·발전해온 것이다.

Ⅱ. 저작권 제도의 성립과 발전

1. 후원제도와 출판특권 시대

'저작권'이란 개념이 존재하기 이전 유럽에서 문필가를 비롯한 화가, 음악가들은 왕족이나 귀족들의 재정적 후원으로 생계를 유지하면서 창작활동을 하였다. 가령, 예술가는 자신을 후원한 귀족 등에게 예술작품을 헌정하고 후원자는 그 작품을 향유함으로써 귀족사회 특유의 문화를 형성할 수 있었다. 이러한 창작자와 수용자 간의 경제적·문화적 유대관계를 후원제도(patronage)라 부른다.

한편, 문필가의 경우에는 15세기 중엽 유럽 대륙에 인쇄술이 보급되고 문학작품의 대량 복제가 가능해지면서 종전의 귀족 등을 대신하여 출판업자가 문필가의 후원자로 등장하였다. 군주와 성직자들은 인쇄기술의 발전으로 다양한 출판물들이 널리 유통되자 이러한 환경 변화가 가져올 정치적·종교적 파급 효과를 인식하였다. 그래서 군주들은 특정 출판업자만이 출판할 수 있도록 특권을 부여하였는데, 이것이 바로 출판특권(printing privilege) 제도이다. 저작권 제도의 전신이라 할 수 있는 출판특권 제도는 15세기 이탈리아에서 시작하여 16세기 이후 유럽 여러 나라에 전파된다. 이 제도는 경제적 이익을 독점적으로 보호받으려는 인쇄출판업자의 사업적 이해와, 출판물을 검열·통제함으로써 통치기반을 위태롭게 할 계몽사상의 유포를 사전에 방지하려는 군주의 정치적 이해가 일치하여 탄생한 것이다. 요컨대, 이 제도의 목적은 출판물을 검열하고 출판을 통제하는 것이었다. 출판특권을 부여받은 인쇄업자는 문필가를 재정적으로 후원·관리하고 그 대가로 문필가가 제공한 원고를 인쇄·출판함으로써 많은 수익을 얻을 수 있었다. 그러한 점에서 출판특권 제도는 후원제도의 새로운 형태라고 이해할 수 있다. 출판특권 제도의 효시로서 유명한

주장하는 것은 비역사적 추론이다. 또한 목판인쇄술에서 확립된 판각 전 교정 작업을 저작인격권과 결부시키는 것은 견강부회이다. 조선시대 토지 사유재산권의 경우와 마찬가지로(前註 참조), '저작자의 권리'에 대한 인식이 있었다는 것도 일차사료에 의해 실증할 필요가 있다. 그러한 실증도 없이 저작권 보호대상인 저작물(무체물) 자체와 그것이 화체된 서적(유체물)을 혼동하여 서적의 사적소유와 그 유통을 '저작권문화 및 제도'로 오해하는 것은 문제가 있다(박성호, "동아시아 전통 법제에서 저작권 보호 관념의 존부", 「계간 저작권」, 2019 여름호, 23~29면).

것은 베네치아공화국이 1469년 베네치아에 인쇄기술을 최초로 도입한 독일 출신의 요한 폰 슈파이어(Johann von Speyer)에게 5년간의 특권을 부여한 것이다.[3] 출판특권의 대부분은 인쇄업자에게 부여되었으나 개중에는 저작자나 번역자 혹은 편집자에게 부여된 경우도 있었다. 그 최초의 사례는 1486년 베네치아의 역사학자인 사벨리쿠스(Sabellicus)가 자신의 저작인 ≪베네치아의 역사≫(Decades rerum Venetarum)에 대해 부여받은 특권이다.[4]

2. 영국 앤 여왕법의 제정과 '저작자' 개념의 등장

17세기 후반 존 로크(John Locke)는 절대주의 왕정에 대항하기 위해 그의 主著 ≪통치론≫[5]에서 정부의 허락이 없더라도 자기 노동의 성과로써 자연권인 소유권을 취득할 수 있다고 주장하였다. 로크를 비롯한 여러 사상가들이 주장한 자유주의 사상의 영향으로 개인주의 사상이 확산되었다. 이로 인해 출판물에 대한 통제가 약화되고 출판특권 제도에 균열이 보이자 출판특권업자들이 투자하여 출판한 서적들에 대해 무단 복제가 범람하였다. 이러한 상황 변화 속에서 영국 런던의 서적출판업조합(Stationers' Company)은 국왕에게 투자 보호를 요구하였고, 마침내 1709년 1월 11일 앤 여왕법안이 영국 하원에 제출되었다. 이 법안은 1710년 4월 10일 앤 여왕법으로 제정·시행되었다. 이 법의 정식 명칭은 "일정한 기간 동안 인쇄된 복제물에 대한 권리를 저작자 또는 그 권리승계인에게 귀속시킴으로써 학문의 진흥을 목적으로 하는 법"이다. 명칭에서 알 수 있듯이 앤 여왕법은 '저작자'의 '권리'를 최초로 확립한 법률이라고 일컬어진다. 그러나 서적출판업조합의 오랜 관습을 기초로 제정된 앤 여왕법에는 출판특권의 흔적이 남아 있었고 저작자들이 여전히 후원자인 출판업자들과 이해관계를 맺고 있었기 때문에, 오늘날의 저작권법처럼 명실상부하게 '저작자'와 '저작권'을 규율한 것이라고 말하기는 어렵다.

비록 앤 여왕법이 서적출판업조합의 오랜 관습을 실정법화 한 것이지만, 주목할 것은 그 이전에는 영구히 보호하던 권리를 일정 기간 동안으로 제한하였다는 점이다. 즉, 이 법 시행(1710. 4. 10.) 당시 아직 출판되지 않은 책에 대해서는 최초 출판 후 14년간 독점적 출판권을 '저작자 또는 그 권리승계인'에

---

3) 다만 이는 인쇄기술을 최초 도입한 사람에게 부여한 것으로 오늘날 특허(patent)의 선구적 형태이므로 훗날 저작권 제도로 이어지는 엄밀한 의미의 출판특권 제도와는 구별되어야 한다.

4) Mark Rose, *Authors and Owners : The Invention of Copyright*, Harvard University Press, 1993, p.10.

5) John Locke, *Two Treatises of Government* (1690)

게 보장하고, 이 기간이 만료된 후에도 저작자가 생존한 경우 재차 14년을 갱신할 수 있도록 하였다. 또한 이 법 시행(1710. 4. 10.) 당시 이미 출판된 책에 대해서는 이 법 시행일로부터 21년간 독점적 출판권을 보장하였다. 그러나 이 권리는 문학적 창작행위가 아니라 상업적 이용행위(commercial exploitation)를 근거로 하는 것이었으며, 서적출판업자들을 저작자의 권리승계인으로 인정하였다. 또한 이 법에 따른 권리를 주장하기 위해서는, 출판 전에 그 책의 제목을 서적출판업조합에 등록할 것을 요구하였다. 요컨대, 앤 여왕법에 의해 보호되는 권리는 출판특권업자들이 자신들의 상업적 이용행위를 보호하려는 목적에서 비롯된 것이었다.

앤 여왕법에 의해 보호되는 권리를 둘러싼 문제는 법 제정 당시 이미 출판된 책의 보호기간으로 부여하였던 21년의 보호기간이 만료된 1731년경부터 발생하였다. 서적출판업조합에 소속된 런던의 출판업자들과 여기에 속하지 않는 아일랜드나 스코틀랜드의 지방 출판업자들 간에 법적 분쟁이 벌어진 것이다. 저작자는 저작물이 출판되기 전에도 자신의 저작물에 대하여 보통법상의 보호를 받는 것이 당연한데, 이러한 보통법상의 권리가 출판 이후에도 영속하느냐 하는 것이 쟁점이었다. 런던의 서적출판업자들은, 저작자는 일정기간 보호규정에 관계없이 절대적이고 영구적인 보통법상의 권리를 갖는다고 주장하였다. 이에 반하여 지방의 서적출판업자들은 앤 여왕법이 규정한 보호기간이 경과하면 저작자의 권리는 소멸한다고 주장하였다. 이 분쟁 과정에서 런던의 서적출판업자들은 저작자의 권리승계인의 지위에서 지방 출판업자들의 서적출판을 막으려고 하였기 때문에, 당연히 '저작자'의 법적 지위가 쟁점으로 떠올랐다. 다시 말해 런던의 출판업자들이 지방 출판업자들의 출판행위를 견제하기 위한 법적 수단으로 보통법상 영구적 권리를 소유하는 '저작자'라는 법적 개념이 부각된 것이다. 이러한 '저작자'의 개념 강조는 출판특권 제도의 몰락과 독립적인 직업인으로서 저작자의 부상을 촉진하는 계기가 된다. 이러한 일련의 법적 분쟁에서 런던 출판업자들의 사상적·이론적 배경이 된 것은 존 로크의 소유권 사상이다. 즉, 출판업자들은 권리승계인의 지위에서 저작자가 갖는 자연적 소유권(natural right of property)으로서의 저작권을 주장하였고 이때 원용된 것이 로크의 소유권 사상이다.

저작자의 보통법상의 권리에 기초하여 출판금지명령을 구한 첫 번째 재판은 Tonson v. Collins (1760) 사건인데, 假裝訴訟(acting in collusion)이라는 이유로 王座법원(Court of King's Bench)은 소를 각하하였다. 그런데 왕좌법원은

Millar v. Taylor (1769) 사건에서, 보호기간 중에는 부정경쟁에 의해 손쉽게 최초 출판자의 권리를 침해할 수 있으며 앤 여왕법은 이를 보충적으로 구제하기 위한 것이라는 취지로 판결하여 보통법상의 영구적 권리를 인정하고 출판금지 명령을 받아들였다. 그러나 1774년 유명한 Donaldson v. Beckett 사건에서 귀족원(House of Lords)은 왕좌법원의 결론을 뒤집었다.[6] 즉, 저작자 또는 그 권리승계인은 저작물이 출판되지 않은 경우에는 보통법상의 영구적 권리를 갖지만, 출판된 후에는 앤 여왕법이 규정한 보호기간 동안만 보호를 받는다는 역사적 판결을 내린 것이다. Donaldson v. Beckett 사건을 계기로 저작권 제도가 정착되자 출판특권 제도의 흔적은 종적을 감추었다. 그리고 독립적인 직업인으로서 저술로써 생계를 유지하는 '저작자'가 등장하여 이른바 '문필활동의 직업화'가 이루어졌다.

오늘날 인터넷 공간에서 저작물의 이용과 관련하여 가장 첨예한 쟁점인 정보 공유 운동 차원에서 보더라도 이 Donaldson 사건 재판은 중요하다. '크리에이티브 커먼즈Creative Commons' 운동으로 유명한 로렌스 레식(Lawrence Lessig) 교수는 그의 책 ≪자유 문화≫(*Free Culture*)에서 Donaldson 사건 재판의 의의를 이렇게 설명한다.

> "이 재판 이전 영국에는 公有(public domain)에 관한 분명한 개념이 없었다. 1774년 이후 비로소 공유 개념이 탄생했다. 이로써 영미권 역사상 처음으로 창조적 저작물에 대한 법률적 통제를 종료할 수 있게 되었다."[7]

3. 주요 국가의 저작권법 제정

가. 배경—정신적 소유권론의 대두

앤 여왕법의 해석을 둘러싼 Donaldson 사건 재판의 여파는 낭만주의 문예이론과 예술철학의 定立에도 뚜렷한 흔적을 남겼다. 예컨대, 독일에서는 이 재판을 전후하여 1773년부터 1794년까지 20년간 '서적의 무단 복제'(Büchernachdruck)가 불법인지 여부를 둘러싼 학문적 논쟁이 활발하게 벌어졌다. 이 논쟁을 주도한 것은 철학자 칸트와 법학자 퓌터(Pütter) 등이었다. '저작자의 권리'(Urheberrecht)

---

6) Donaldson 사건의 顚末에 관한 상세는, 야마다 쇼지 지음·송태욱 옮김, 「해적판 스캔들: 저작권과 해적판의 문화사」, 사계절, 2011, 69면 이하 참조.

7) Lawrence Lessig, *Free Culture*, 2004, 이주명 옮김, 「자유문화」, 필맥, 2006, 153~154면.

를 중심으로 펼쳐진 이들의 논리는 나중에 철학자 피히테(Johann Gottlieb Fichte)와 헤겔 등에 의해 계승·발전되었다. 이 과정에서 피히테는 형식(Form) 개념을 포함하는 낭만주의의 이론적 요소들을 명확히 하였다. 이 형식 개념은 저작자가 저작물에 대해 소유권을 주장할 수 있는 철학적 기초를 확립하였다는 점에서 중요하다.

피히테는 정신적 소유권론의 입장에서 정신적 소유물로서의 Buch와 그것을 유형화한 Buchstück(예컨대, 原稿나 서적 등 외부적으로 나타난 것)을 구별하여 전자는 저작권, 후자는 물적 소유권의 대상이라고 하였다. 그러나 피히테는 저작권의 대상인 Buch를 다시 형식(Form)과 내용(Stoff, 素材)으로 나누어 형식에 대해서만 저작권을 인정하였다.[8]

이러한 논의의 단초는 영국의 Tonson v. Collins (1760) 사건에서 블랙스톤(William Blackstone)이 한 주장에서 처음 발견할 수 있다. 블랙스톤은 그의 主著 《영국법 주석》(Commentaries on the Laws of England, 4 Vols., Oxford, 1765~9)에서 저작자의 권리를 '두뇌에 의한 점유'에 기초를 둠으로써 로크의 소유권 사상과 결부시켜 설명하였다. 이러한 논의가 독일에서는 저작물이란 아이디어로 특징되는 것이 아니라 아이디어의 형식, 즉 저작자가 만들고 조합하여 표현하고 제시하는 방법으로 특징되는 것이라는 형식 개념으로 발전하였다. 정신적 창작물인 저작물을 유체물의 소유권과 대비하면서 이와 유사하게 구성하려는 입장을 精神的 所有權論이라 부른다. 이 이론은 르네상스에서 프랑스 혁명에 이르기까지 역사적으로 전개된 자연법 사상의 발전, 사적 소유권의 확립, '개인'으로서 인격의 승인 등 당시의 사상적 분위기에서 영향을 받은 바 크다.

나. 미국 및 유럽 각국의 저작권법

영국의 앤 여왕법은 다른 나라의 입법에도 영향을 주어 미국은 1787년 연방헌법에 기초하여 1790년 최초의 연방저작권법을 제정하였고, 프랑스는 1789년 인권선언에 입각하여 1793년 '문학 및 예술의 소유권에 관한 법률'을, 독일은 1871년 제2제국의 탄생과 더불어 제국 저작권법을 각기 제정하였다.

---

8) Johann Gottlieb Fichte, *Beweis der Unrechtmäßigkeit der Büchernachdrucks*, 1793; H. Hubmann, *Das Recht des Schöpferischen Geist*, 久々湊伸一 譯, 「著作權法の理論」, 中央大出版部, 1967, 126, 131면에서 재인용.

Ⅲ. 우리나라에서 저작권법 제도의 도입과 전개9)

1. 우리나라 저작권법의 성립 경위

가. 前史—유길준의《서유견문》

유길준은 1895년 출판한《서유견문》제4편 "인민의 권리"에서 저작권 관련 부분을 다음과 같이 기술하였다.

> "大槪 新書의 著述과 新物의 發造가 人世의 裨益을 可助홀 者는 其本主에게 專賣權을 許施ᄒ야 年限을 酌定ᄒ고 國法으로 護守ᄒ야 他人의 侵犯ᄒ는 弊를 抑止ᄒ기는 亦 特異흔 權利를 附與ᄒ야 其莫大흔 勤勞를 償ᄒ고 因ᄒ야 世人의 智巧를 鼓勵홈이어니와"(띄어쓰기 및 강조는 필자)

저작권을 설명하기 위해 사용한 이 '전매권'이란 용어는 유길준이 유학시절(1881~3년) 접한 일본의 1875년 '출판조례' 용어와 관련이 있다. 이 조례 제2조는 "圖書를 著作하거나 外國圖書를 飜譯하여 出版한 때에는 30년간 專賣權을 부여하고, 이 專賣權을 版權이라 부른다"고 규정하였다.10) 유길준은《서유견문》을 통해 저작권을 계몽하였지만 이것이 자발적인 저작권법령의 제정으로까지 이어지지는 못했다.

나. 한국 저작권령의 시행—일본 저작권법의 '依用'

우리나라에서 저작물에 대한 법적 보호는 1908년 8월 12일 "韓國에서의 發明·意匠·商標及 著作權의 保護에 관한 日米條約"에서부터 시작한다. 이 조약에 따라 한국 저작권령(칙령 제200호)이 1908년 8월 12일 공포되었고 같은 달 13일 내각고시 제4호로 반포되어 같은 달 16일부터 시행되었다. 한국 저작권령은 저작권에 관해서 1899년 제정된 일본 저작권법에 '依'하여 '適用'한다고 규정(제1조, 제2조)하고, 이를 1908년 8월 16일부터 시행한다고 규정(제3조)함으로써 우리나라에서 일본 저작권법이 이른바 '依用'되었다. 한국 저작권령은 우리 국민의 학문, 예술에 관한 정신적 창조물을 보호함으로써 문화발달을 촉진한다는 목적으로 제정되었다기보다는 미국과 일본의 저작물을 보호할 필요에 의해 제정되었다는 점에서 그 탄생에 비극적 측면이 있다.

---

9) 이에 관한 상세는, 박성호, "한국에 있어서 저작권법제의 도입과 전개", 「저작권법의 이론과 현실」, 현암사, 2006, 39면 이하.

10) 일본은 출판조례(1869년 제정, 1872년과 1875년 각 개정)를 시작으로 판권조례(1887년 제정)와 판권법(1893년 제정)을 거쳐 1899년 저작권법을 제정·공포하였다.

다. 일본 저작권법의 '施行'

일본은 이른바 '한일병합조약'의 공포일인 1910년 8월 29일 칙령 제324호로 "조선에 시행할 법령에 관한 건"을 공포하였다. 같은 날 "저작권 등을 조선에 시행하는 건"(칙령 제335호)과 "저작권법을 조선에서 시행하는데 관한 건"(칙령 제338호)이 각 공포되었고, 이 칙령 제338호에 의해 한국 저작권령(칙령 제200호)은 폐지되었다. 이에 따라 같은 날부터 일본 저작권법이 칙령 제335호·제338호에 의해 1910년 8월 29일부터 우리나라에서 '시행'되었다.

2. 우리나라 저작권법의 발전

우리나라 저작권법의 발전은 몇 단계로 시기를 나눌 수 있다. ① 1945년 해방 이후부터 1957년 저작권법이 제정될 때까지, ② 1957년 저작권법 제정 이후부터 세계저작권협약의 가입에 즈음하여 1986년 저작권법이 전면 개정되기 전까지, ③ 1986년 저작권법 이후부터 WTO/TRIPs 협정 발효 및 베른협약 가입에 이르기까지, ④ WTO/TRIPs 협정 및 베른협약 가입 이후부터 FTA 이행에 따른 저작권법 개정 전까지, ⑤ 한·EU 및 한·미 FTA 이행에 따라 저작권법 개정이 이루어진 이후 현재까지이다.

가. 대한민국의 성립과 1957년 저작권법의 제정

1945년 해방 후에도 美軍政廳이 1945년 11월 2일 發布한 '在조선 미육군사령부 군정청 법령 제21호'에 의하여, 전술한 칙령 제338호가 그 효력을 유지하여 일본 저작권법이 그대로 우리나라에서 시행되었다. 또한 1948년 대한민국 정부 수립 후에는 제헌헌법 제10장 부칙 제100조의 "현행 법령은 이 헌법에 저촉되지 아니하는 한 효력을 가진다"는 경과 규정에 따라, 1957년 저작권법이 제정되기까지 일본 저작권법이 계속 시행되었다.

1957년 1월 28일 저작권법(법률 제432호)이 제정·공포되어 그 날부터 시행되었다. 우리가 통상 1957년 저작권법이라 부르는 법이다.[11] 1957년 저작권법은 1899년 제정되어 두 차례(1931년, 1934년) 부분 개정된 일본 저작권법과 베른협약 등을 참조하여 만들어진 것이다.[12]

---

11) 1957년 저작권법은 당시 고려대 법대 이항녕 교수가 기초하여 1955년 국회 문교위원회에 제출한 저작권법(안)을 토대로 한다.
12) 1957년 저작권법의 제정과정 및 그 내용에 관한 상세는, 최경수, 「한국 저작권 법제사 100년」, 혜안, 2018, 63면 이하.

1957년 저작권법의 주요 특징은 다음과 같다. ① 무방식주의 채택, ② 저작권의 보호대상인 저작물에 문서, 회화, 사진, 영화 등은 물론이고 연주·가창의 實演과 음반 등의 저작인접물까지 포함, ③ 저작권의 존속기간 규정(원칙적으로 저작자 생존기간 및 사후 30년), ④ 저작권의 등록을 제3자 대항요건으로 규정, ⑤ 외국인의 저작물의 보호원칙 규정{"조약에 별단의 규정이 있는 것을 제외하고는 본법의 규정을 적용한다. 단, 저작권 보호에 관하여 조약에 규정이 없는 경우에는 국내에 있어서 처음으로 그 저작권을 발행한 자에 한하여 본법의 보호를 받는다"(제46조)},[13] ⑥ 음반, 녹음필름 등을 공연 또는 방송에 사용하는 것 등 상당히 넓은 범위의 저작권 비침해행위 규정 등이다.

나. 세계저작권협약의 가입과 1986년 저작권법의 전부 개정

1957년 저작권법은 그 시행 이후 약 30년이 경과한 1986년 12월 31일 전부 개정(법률 제3916호)되어 1987년 7월 1일부터 시행되었다.[14] 1986년 저작권법은 체제적으로나 제도적인 면에서 1957년 저작권법과는 비교할 수 없을 만큼 새로운 점이 많아서 구법의 개정이라기보다는 새 저작권법의 제정이라 보아도 지나치지 않다.[15]

우리나라는 1986년 저작권법의 시행과 함께 세계저작권협약(Universal Copyright Convention, 약칭 UCC)에 가입하였고, 위 협약은 1987년 10월 1일부터 우리나라에서 발효되었다. 1986년 저작권법의 특징은 다음과 같다. ① 저작권 관련 용어 정의를 명확히 하고 저작물의 예시를 현실에 맞게 재조정하여 구체화 하였다. ② 외국인 저작물의 보호를 강화하여 상호주의의 원칙에 따라 보호하되 소급보호는 인정하지 않았다. ③ 단체명의저작물(업무상 작성한 저작물)의 경우 법인 등 사용자가 저작자로 擬制되는 규정을 신설하였다. ④ 저작권을 저작인격권과 저작재산권으로 나누어 이원적으로 구성하고 저작인격권과 저작재산권을 세분화 하여 각 支分權을 구체적으로 규정하였다. ⑤ 저작재산

---

13) 1957년 저작권법 시행 당시 우리나라는 국제 저작권협약에 가입하거나 또는 개별적으로 다른 나라와 저작권에 관한 조약을 체결한 사실이 없었다. 따라서 위 본문의 규정이 적용될 여지는 없었으며, 단서 규정에 의하여 국내에서 최초로 발행된 외국인의 저작권이 보호받을 수 있을 뿐이었다. 장인숙, 「저작권법개론」, 교학도서주식회사, 1965, 39면; 허희성, 「저작권법개설」, 태양출판사, 1977, 217면 각 참조.

14) 전면 개정에 이르기까지의 구체적 경과와 내용에 대해서는, 황적인·정순희·최현호, 「저작권법」, 법문사, 1988, 28~29면, 449~604면; 최현호, "저작권법의 개정방향에 관한 연구", 서울대 대학원 법학석사 학위논문, 1986, 5면 이하.

15) 송영식·이상정, 「저작권법개설」, 화산문화, 1997, 35면.

권의 제한사유를 구체적이고 명시적으로 열거하였다. ⑥ 저작권의 보호기간은 저작자의 생존기간 및 사후 50년으로 그 보호기간을 연장하였다. ⑦ 實演者·음반제작자·방송사업자에 대해서 각 저작인접권을 부여하고 그 보호기간을 20년으로 하였다. ⑧ 저작권위탁관리업을 신설하고 저작권심의조정위원회에 관해 규정하였다. ⑨ 컴퓨터프로그램 저작물의 보호 등에 관한 사항은 별도의 컴퓨터프로그램보호법을 제정하여 보호하였다.[16]

특히 외국인 저작물의 보호를 강화하기 위해 1986년 저작권법 제3조 제1항은 "외국인의 저작물은 대한민국이 가입 또는 체결한 조약에 따라 보호된다. 다만 당해 조약 발효일 이전에[17] 발행된 외국인의 저작물은 보호하지 아니한다"고 규정하였다. 제3조 제1항 단서에 따라 세계저작권협약이 우리나라에서 발효되는 1987년 10월 1일 이후 발행된 외국인의 저작물만을 보호대상으로 하였고 소급 보호는 인정하지 않았다. 이에 따라 1987년 10월 1일 전에 발행된 외국인의 저작물은 1986년 저작권법 아래에서는 여전히 公有(public domain) 著作物에 해당하였기 때문에[18] 저작권법에 의한 보호를 받을 수가 없었다.

다. 1986년 저작권법의 전부 개정 이후 2023년 현재까지의 개정

1986년 저작권법의 전부 개정 이후 2023년 현재에 이르기까지 39차례 개정이 있었는데, 주요 개정사항은 아래와 같다. 다만, 1994년부터 2011년까지의 개정사항은 생략하고[19] 2013년 이후의 개정사항만을 소개한다.

(1) 1994년 개정(1994. 1. 7. 법률 제4717호, 1994. 7. 1. 시행) — 한미지적소유권협상, 우루과이라운드 협상의 진전 등 국내외 여건 변화를 반영하여 개정한 것이다.

(2) 1995년 개정(1995. 12. 6. 법률 제5015호, 1996. 7. 1. 시행) — WTO/TRIPs 협정 내용을 반영하고 베른협약의 가입을 위해 저작권의 보호수준을 국제적

---

16) 컴퓨터프로그램보호법 제정(1986. 12. 31. 법률 제3920호, 1987. 7. 1. 시행).

17) 1986년 저작권법 제3조 제1항 단서의 "발효일 '以前'에 발행된"이란 문구는 입법의 오류로서 "발효일 '前'에 발행된"이라고 규정하였어야 올바른 것이었다.

18) '公有(public domain)'란 보호기간의 만료, 상속인의 부존재, 저작권자인 법인의 해산, 저작권의 포기 또는 그 밖의 사유로 인해 저작물이 公衆의 자유로운 이용 상태에 놓이는 경우를 말한다. 여기서 '그 밖의 사유'로 인한 공유에 해당하는 것으로, 외국인의 저작물이 本國에서는 보호되고 있음에도 1986년 저작권법 제3조 제1항 단서의 소급보호를 인정하지 않는 규정에 따라 우리나라에서는 보호되지 않고 있던 경우를 들 수 있다.

19) 1994년부터 2011년까지의 개정사항은 본서 초판(2014년) 13~17면, 제2판(2017년) 13~16면 각 참조.

수준에 맞게 재정비할 목적으로 개정한 것이다.

　(3) 2000년 개정(2000. 1. 12. 법률 제6134호, 2000. 7. 1. 시행) — 인터넷의 발달과 정보의 디지털화에 따른 거래 환경의 변화에 발맞추어 개정한 것이다.

　(4) 2003년 개정(2003. 5. 27. 법률 제6881호, 2003. 7. 1. 시행) — WIPO 저작권조약의 가입 환경을 조성하고 디지털 시대의 콘텐츠산업 발전을 도모하기 위한 제도적 기반을 마련하기 위하여 개정한 것이다.

　(5) 2006년 개정(2006. 12. 28. 법률 제8101호, 2007. 6. 29. 시행) — 1986년 저작권법의 전부 개정 이후 빈번히 이루어진 일부 개정으로 인해 복잡해진 조문들을 정리하는 한편 WIPO 실연·음반조약의 가입을 위한 저작인접권 제도의 보완 등을 목적으로 전부 개정한 것이다.

　(6) 2009년 개정(2009. 4. 22. 법률 제9625호, 2009. 7. 23. 시행) — 컴퓨터프로그램보호법을 폐지하여 저작권법에 통합하기 위한 목적 등으로 개정한 것이다.

　(7) 2011년 개정(2011. 6. 30. 법률 제10807호, 2011. 7. 1. 시행)(2011. 12. 2. 법률 제11110호, 2012. 3. 15. 시행) — 2011년 두 차례 저작권법이 개정되었는데, 첫 번째 개정은 한·EU FTA 이행과 관련한 것이고 두 번째 개정은 한·미 FTA 이행과 관련한 것이다.

　(8) 2013년 이후 개정사항

　2013년 두 차례 저작권법이 개정되었는데, 첫 번째(2013. 7. 16. 법률 제11903호, 2013. 10. 17. 시행)는 청각장애인 등을 위한 복제 등 규정의 신설이고, 두 번째(2013. 12. 30. 법률 제12137호, 2014. 7. 1. 시행)는 ① 공공저작물의 자유이용 규정 신설, ② 학교나 교육기관에서의 이용형태에 '전시' 추가 및 '방송 또는 전송'의 '공중송신'으로 확대 등이다.

　2016년 세 차례 저작권법이 개정되었다. 이 중 두 번째 개정(2016. 3. 22. 법률 제14083호, 2016. 9. 23. 시행)이 중요하다. ① 음반의 정의에 '디지털 음원' 명시, ② 판매용 음반의 '상업용 음반'으로 용어변경, ③ 공정이용 조항에서 목적 등 삭제, ④ 저작권신탁관리업에서 사용료·보상금 통합징수제도 신설, ⑤ 한국저작권보호원 설립 등이다. 첫 번째 개정(2016. 2. 3. 법률 제13978호, 2016. 8. 4. 시행)은 청각장애인 등을 위한 복제 등 규정에서 타법 개정에 따른 용어

변경(수화→한국수어)이고, 세 번째 개정(2016. 12. 20. 법률 제14432호, 2016. 12. 20. 시행)은 한국저작권보호원 심의위원회 위원 수의 균형에 관한 것이다. 2017년 저작권법(2017. 3. 21. 법률 제14634호, 2017. 3. 21. 시행)의 개정은 민법의 성년후견 제도 등 도입에 따른 저작권위탁관리업자 결격사유 용어변경에 관한 것이다.

2018년 저작권법(2018. 10. 16. 법률 제15823호, 2019. 4. 17. 시행)의 개정은 미분배 보상금의 사용 등에 관한 것이다. 2019년 저작권법(2019. 11. 26. 법률 제16600호, 2020. 5. 27. 시행)의 개정은 ① 촬영 등의 주된 대상에 부수적으로 다른 저작물이 포함되는 경우 저작권 침해의 면책, ② 공공문화시설의 저작자불명저작물에 대한 이용 근거 마련, ③ 저작권위탁관리업자에 대한 주무관청의 관리감독 강화 등에 관한 것이다.

2020년 두 차례 저작권법이 개정되었다. 첫 번째(2020. 2. 4. 법률 제16933호, 2020. 8. 5. 시행)는 ① 교과용 도서에 게재된 공표된 저작물에 대한 공중송신 근거 마련, ② 직권조정결정의 도입 등 한국저작권위원회의 제도 개선 등에 관한 것이다. 두 번째(2020. 12. 8. 법률 제17588호, 2021. 6. 9. 시행)는 한국저작권위원회의 해외 저작권 보호기능을 한국저작권보호원에 이관하는 것 등에 관한 것이다. 2021년 저작권법(2021. 5. 18. 법률 제18162호, 2021. 5. 18. 시행)의 개정은 한국저작권위원회 위원이 한 차례만 연임할 수 있도록 연임 제한 근거를 마련하고 어려운 법령용어 등을 정비한 것이다.

2023년 세 차례 저작권법이 개정되었다. 그 중 두 번째(2023. 8. 8. 법률 제19592호, 2023. 8. 8. 시행)는 법률용어를 정비한 것이고, 세 번째(2023. 8. 8. 법률 제19597호, 2024. 2. 9. 시행)는 시각장애인 등(제33조)과 청각장애인 등(제33조의2)의 저작물 접근권 개선에 관한 것이다.

제2절 저작권의 보호근거

I. 저작권 제도의 정당화 근거

저작권 제도의 정당화 근거는 무엇인가? 달리 말하면 저작권은 어떠한 이론적 근거로 보호되는 것인가? 이 문제와 관련하여 종래 노동이론과 인격이론을 포섭하는 자연권 이론(natural right theory)과 인센티브 이론(incentive theory)을 중심으로 논의가 전개되었다.[20] 저작권 제도의 정당화 근거를 모색하는 논

---

20) 정상조, "저작물의 창작성과 저작권법의 역할", 「계간 저작권」, 1992 봄호, 35~37면 참조.

의는 저작권법의 형이상학(metaphysics)에 속하는 논제이기도 하거니와 저작권
법이 규정하는 개개의 조항들을 어떻게 이해하고 해석할 것인가 하는 구체적
인 실천 방향과도 맞닿아 있는 쟁점이다.

1. 자연권 이론(natural right theory)

저작권 제도의 정당화 근거를 자연권에서 찾는 이론은 그 구체적인 정당
화 근거를 어디서 구하는가에 따라 '노동에 의한 정당화'와 '인격에 의한 정당
화'로 다시 나뉜다. 전자는 존 로크(John Locke)의 소유권 사상에 기초한 것이
고, 후자는 헤겔(Hegel)의 철학에 기초한 것이다.[21] 먼저, 소유권 취득의 정당
화 근거를 '노동'이라고 설명하는 로크의 소유권 사상은 그의 主著 ≪통치론≫
에 잘 나타나 있다.

> "비록 대지와 모든 열등한 피조물은 만인의 공유물이지만, 그러나 모든 사람은
> 자신의 인신(person)에 대해서는 소유권을 가지고 있다. 이것에 관해서는 그 사
> 람 자신을 제외한 어느 누구도 권리를 가지고 있지 않다. 그의 신체의 노동과 손
> 의 작업은 당연히 그의 것이라고 말할 수 있다. 그렇다면 그가 자연이 제공하고
> 그 안에 놓아 둔 것을 그 상태에서 꺼내어 거기에 자신의 노동을 섞고 무언가 그
> 자신의 것을 보태면, 그럼으로써 그것은 그의 소유가 된다. …왜냐하면 그 노동
> 은 노동을 한 자의 소유물임이 분명하므로… 오직 그만이… 노동이 첨가된 것에
> 대한 권리를 가질 수 있기 때문이다."[22]

사람은 누구나 자신의 생명과 육체를 보유할 자연권으로서의 소유권을 가
지기 때문에 그의 노동으로 인하여 형성된 가치는 그의 소유물이 된다는 이론
이다. 그래서 로크의 소유권 사상을 흔히 노동이론(labor theory)이라 부른다.
로크의 노동이론에 기초한 자연권 이론의 핵심은 "인간은 노동을 하여 생산한
것에 대해서 자연적 소유권(natural right of property)을 갖는다. 문학작품은 노동
의 결과이다. 따라서 저작자는 그의 저작물에 대해서 자연적 소유권을 갖는
다"[23]는 것으로 귀결된다.[24] 한편, 헤겔 철학의 소유권 사상은 흔히 인격이론

21) 남형두, "저작권의 역사와 철학", 「산업재산권」 제26호, 2008., 272면 이하.
22) 존 로크 지음, 강정인·문지영 옮김, 「통치론: 시민정부의 참된 기원, 범위 및 그 목적에 관한 시
　　론」, 까치, 1996, 34~35면.
23) William Enfield, *Observations on Literary Property*, 1774, p.21; Mark Rose, "The Author as
　　Proprietor: Donaldson v. Becket and the Genealogy of Modern Authorship", *Of Authors and*

(personality theory)이라 지칭된다. 헤겔은 소유권이란 자유로운 존재로서의 인격체가 외적 영역에 대하여 자신의 자유 의지를 실현시킬 수 있는 조건이라고 이해하였다. 즉, 인격 존재가 비인격적인 외적 사물에 대하여 의지를 부과함으로써 그것은 그 의지의 주체의 소유가 된다는 것이다.[25] 헤겔의 인격이론에 기초한 자연권 이론은 저작물을 저작자의 정신적 산물로 보았다. 다시 말해 저작자의 개성을 반영한 저작물은 저작자의 인격의 일부이기 때문에 그 저작자에게 귀속하는 것으로 설명된다. 이와 같이 자연권 이론이란 창작행위의 과실인 저작물이 저작자에게 귀속한다는 것을 자연권으로서 정당화하는 견해이다. 이 견해는 저작권법을 자연권으로서의 저작권을 구체화하기 위한 제도라고 설명한다.

2. 인센티브 이론(incentive theory)

인센티브 이론은 저작권이 잠재적 저작자로 하여금 지적 생산물을 창작하도록 유인하는 '경제적 인센티브'의 하나라고 설명한다. 즉, 저작권이라는 인센티브가 부여됨으로써 저작자들이 보다 많은 지적 생산물을 창작하게 되고, 이에 따라 사회 전체의 문학과 예술 및 학술 등의 문화가 발전하게 되어 공익이 증대된다는 것이다.[26] 이에 따르면 저작권 제도의 정당화 근거는 저작권이 저작물의 창작을 유인하는 수단으로서 공익의 증대에 이바지한다는 데에서 찾을 수 있다. 바꿔 말하면, 저작권이라는 인센티브가 창작자에게 부여되는 이유는 일반 공중에게 충분한 지적 생산물이 제공될 수 있도록 하는 데에 필요하기 때문이고, 그러한 점에서 저작권이란 인센티브는 공리주의적 목적을 달성하기 위한 수단이라고 설명한다.[27] 따라서 인센티브 이론에 따르면, 저작권법은 저작물의 창작을 유인하고 공익을 증대시키기 위해 만들어진 제도이므로 인센티브로서의 저작권은 그 필요한 한도 내에서 인정되어야 한다고 설명한다.

Origins, Clarendon Press, 1994, p.33에서 재인용.

24) 다만, 로크 자신은 저작자의 권리를 그의 노동이론에 따라 자연권에서 유래하는 권리로 인식한 것이 아니라 실정법상의 권리로 이해하였다는 견해도 있다. 白田秀彰, 「コピーライトの史的展開」, 信山社, 1998, 123면.

25) 헤겔 지음, 임석진 옮김, 「법철학 L」, 지식산업사, 1989, 97~147면.

26) 정상조, 앞의 논문, 36면 참조.

27) Edwin C. Hettinger, "Justifying Intellectual Property", *Philosophy & Public Affairs*, Vol.18, No.1 (Winter, 1989), p.47.

3. 소결—저작권법의 목적과 관련하여

저작권 제도의 정당화 근거에 관한 자연권 이론과 인센티브 이론은 서로 대립되는 것이라기보다는 상호 보완하는 관계에 있다. 즉, 저작권법은 연혁적으로 자연권적 성격을 갖는 저작권을 구체화하기 위해 제정된 實定法이라는 측면이 있고, 또 이를 통해 사회적으로 유익하고 가치 있는 표현정보인 저작물의 창작을 유인하고 공익을 증대시키는 법 제도라는 측면이 있기 때문이다. 저작권 제도가 변천하여 온 과정을 되돌아보면, '인센티브'라는 개념을 사용하여 정당화 근거를 설명하는 인센티브 이론이 자연권 이론보다 역사적으로 나중에 생긴 이론이라는 것을 알 수 있다. 일반적으로 인센티브 이론은 영국 철학자 벤담(Jeremy Bentham)의 功利主義(Utilitarianism)에 그 근거를 두고 있다고 설명한다. 이는 그 이론적 토대를 공리주의에서 찾을 수 있다는 의미이다.[28] 실제 저작권 제도의 정당화 근거로서의 인센티브 이론의 출현은 1954년 미 연방대법원의 Mazer 사건 판결에서 그 단초가 발견되고[29] 1960년대 미 시카고 학파(Chicago school)를 중심으로 발전한 법경제학(Law and economics) 방법론을 통하여 본격적으로 전개된다.[30] 그렇기 때문에 자연권 이론이 창작자에게 발생한 권리 그 자체의 정당화 근거를 해명하기 위한 이론이라면, 인센티브 이론은 권리 자체의 해명보다는 창작자에게 어떠한 '인센티브'를 주는 것이 문화를 발전시키고 사회 전체를 위한 것인지를 究明하는데에 초점을 맞춘 이론이라 할 수 있다. 그러한 점에서 저작권이란 권리 자체의 정당화 근거를 모색하는 자연권 이론을 주축으로 하면서, 이와 아울러 공익의 관점에서 저작권의 한계를 설정하는 인센티브 이론을 보충적으로 고려할 필요가 있다. 이와 같이 양 이론은 저작권의 정당화 근거를 설명하는 데에 상호 보완적인 역할을 한다고 자리 매김할 수 있다.[31]

---

28) 같은 취지, 남형두, 앞의 논문, 289면 이하.

29) Mazer v. Stein, 347 U.S. 201, 219 (1954). 연방헌법은 의회에 저작권을 인정할 권한을 부여하고 있는데, 그 배경이 되는 "경제적 철학은 사적 이익을 위한 개인적 노력을 장려함으로써 학문과 유용한 기술에 대한 저작자와 발명가들의 재능을 통하여 공공복지를 가장 잘 증진시킬 수 있다는 확신이다"고 판시하였다.

30) 이에 관해서는, 정상조, "법경제학의 동향과 쟁점", 「법과 사회」 제6호, 1992, 226면 이하; 자유주의경제학연구회 편, 「시카고학파의 경제학」, 민음사, 1994, 201면 이하; 송현호, 「신제도이론」, 민음사, 1998, 77면 이하 각 참조.

31) 이러한 양 이론의 상보적 관계는 자연권 이론 중의 하나인 로크의 노동이론에서도 엿볼 수 있는데, 로크의 노동이론에는 재산권에 관한 자연권적 정당화와 공리주의적 정당화가 모두 함축되어 있다는 평가가 바로 그것이다. James Tully, *A Discourse on Property: John Locke and His adversaries*, Cambridge University Press, 1980, pp.16~43.

저작권법 제1조는 "저작자의 권리와 이에 인접하는 권리를 보호하고 저작물의 공정한 이용을 도모함으로써 문화 및 관련 산업의 향상발전에 이바지함을 목적으로 한다"고 저작권법의 입법목적을 밝히고 있다. 이 목적 조항에 대해서는 인센티브 이론을 반영한 것이라는 설명도 가능하지만, 이 조항이야말로 자연권 이론을 중심으로 하면서 인센티브 이론을 보충적으로 고려하여 입법화한 규정이라고 이해할 수 있다. 즉 저작권법 제1조는 자연권인 저작권의 보호를 천명함과 아울러 공익에 기여해야 하는 저작권의 사회적 구속성을 밝힌 규정으로 이해할 수 있다.

II. 저작권 보호의 헌법적 근거

저작권 제도의 정당화 근거에 관한 논의는 '인권으로서의 지적재산권'에 관한 논의와 밀접한 관련성을 갖는다. 이는 다시 '인권으로서의 지적재산권'에 관한 국제적 보호의 문제와 지적재산권의 헌법상 보장에 관한 문제로 나눌 수 있다. 전자에 관해서는 세계인권선언 제27조 제2항 및 '경제적·사회적 및 문화적 권리에 관한 국제규약' 제15조 제1항(c)에서 규정하고 있다.32) 여기서는 후자에 관해서만 살펴본다.

1. 헌법 제22조 제2항의 의의

우리나라 헌법 제22조 제2항은 "저작자·발명가·과학기술자와 예술가의 권리는 법률로써 보호한다"고 규정함으로써 지적재산권의 헌법적 보장을 명시하고 있다.33) 헌법 제22조 제2항은 제23조의 보호대상인 지적재산권에 대해 특별한 헌법적 근거를 마련한 것으로, 제23조에 의해 보장되는 '재산권의 유형과 범위(재산권의 객체)'에 지적재산권이 당연히 포함되는 것은 물론이다. 지적재산권의 관점에서 헌법 제22조 제2항의 '예술가'는 저작자의 범주에, '과학기술자'는 발명가의 범주에 각기 속하는 것이다. 여기서 말하는 '저작자'와 '발명

---

32) 1948년 12월 유엔총회에서 채택된 세계인권선언 제27조 제2항은 "모든 사람은 자신이 창조한 모든 과학적, 문학적, 예술적 창작물에서 생기는 정신적, 물질적 이익을 보호받을 권리를 가진다"고 규정하고, 1966년 12월 유엔총회에서 채택된 '경제적·사회적 및 문화적 권리에 관한 국제규약(이른바 A규약)' 제15조 제1항(c)은 "자기가 저작한 모든 과학적, 문학적 또는 예술적 창작품으로부터 생기는 정신적, 물질적 이익의 보호로부터 이익을 받을 권리"를 가진다고 규정한다. 이에 관한 상세는, 박성호, "지적재산권과 인권", 「저작권법의 이론과 현실」, 현암사, 2006, 5면 이하.

33) 헌재 1993. 11. 25. 선고 92헌마87 결정; 헌재 2002. 4. 25. 선고 2001헌마200 결정.

가'란 무엇인가 새로운 것을 창작하는 사람을 가리킨다. 이러한 점에서 헌법 제22조 제2항은 저작권법이나 특허법 등과 같이 인간의 지적·정신적 창작물을 보호대상으로 하는 이른바 創作法이 규율하는 권리들의 보호에 관한 근거 규정으로 이해된다. 따라서 위 조항의 핵심은 저작자, 발명가, 과학기술자, 예술가의 創作行爲로부터 발생하는 권리들에 대해서 헌법적으로 특별한 보호 근거를 마련하는 데에 있다.[34] 그러므로 지적재산권 중에서 상표 등과 같이 영업상의 표지에 화체된 영업상의 신용을 보호대상으로 하는(즉, 인간의 지적·정신적 창작물을 보호대상으로 하지 않는) 이른바 標識法에 대한 헌법적 보호는 헌법 제22조 제2항이 아니라 재산권 일반에 관한 보장 규정인 제23조에 의해서만 이루어진다고 이해해야 한다.[35][36]

한편, 헌법재판소는 헌법 제22조 제2항이 인간의 지적·정신적 창작물을 보호대상으로 하는 지적재산권법의 헌법적 근거일 뿐만 아니라 그러한 지적재산권법의 위헌심사에 있어서 실질적인 위헌심사기준으로 적용될 수 있다고 판시하여 주목을 받고 있다.[37]

2. 헌법 제22조 제2항에 의해 보장되는 권리의 법적 성격

헌법 제22조 제2항에 의해 보장되는 권리의 법적 성격은 어떻게 이해하여야 할 것인가? 이미 존재하는 권리를 법률로써 확인한다는 의미인지 아니면 새로운 권리의 창설을 법률로써 가능하도록 한다는 의미인지 분명하지 않기

---

34) 주32)에서 전술한 것처럼 세계인권선언과 이른바 A규약에 의하더라도 인권으로서 보호되는 지적재산권이란 창작성을 전제로 정당화되는 권리라는 점을 확인할 수 있다. 따라서 저작재산권의 헌법상 근거는 제22조 제2항이라는 것을 확인할 수 있다. 문제는 저작인격권인데 이에 대한 헌법상 근거는 인간의 존엄과 가치에 관한 헌법 제10조에서 찾을 수 있다. 박성호, "지적재산권에 관한 헌법 제22조 제2항의 의미와 내용", 「법학논총」 제24집 제1호, 한양대법학연구소, 2007. 4., 105~106면.

35) 박성호, 위의 논문, 98면.

36) 헌법재판소가 특허권 등에 관해서는 헌법 제22조 제2항을 그 근거로 명시하면서도(헌재 2002. 4. 25. 선고 2001헌마200 결정), 상표권에 대해서는 헌법상 보호되는 재산권에 속한다고만 설시할 뿐 제22조 제2항을 그 근거로 제시하지 않고 있는 점{헌재 2003. 7. 24. 선고 2002헌바31 결정; 헌재 2009. 4. 30. 선고 2006헌바113, 114(병합) 결정}에서, 위 헌재 결정들도 이른바 標識法에 속하는 권리들은 헌법 제23조에 의하여 보장된다는 취지인 것으로 보인다. 이에 관해서는, 이규홍, "등록무효심결이 확정된 선등록상표도 비교대상상표로 될 수 있다는 상표법조항의 위헌성", 「Law&Technology」 제6권 제1호, 2010. 1., 155면.

37) 헌재 2018. 8. 30. 선고 2016헌가12 결정. 위헌심사기준으로서 헌법 제22조 제2항의 의미에 관해서는, 서경미, "위헌심사에 있어서 헌법 제22조 제2항의 규범적 의미", 「헌법재판연구」 제6권 제2호, 2019. 12., 209면 이하.

때문이다.[38) 이에 관한 논의를 大別하면, 자연법적 권리설, 실정법상의 권리설 등이 있다. 자연법적 권리설은 저작권 제도의 정당화 근거에 관한 자연권 이론에, 실정법상의 권리설은 인센티브 이론에 각 논리적 연관성을 갖는다.

생각건대, 헌법 제22조 제2항이 규정하는 '저작자의 권리'는 자연권적 자유권의 성격이 강한 것으로서 前국가적·초국가적 자유권에서 출발한 권리라고 이해하는 것이 타당할 것이다. 다만, 저작인접권이나 데이터베이스제작자의 권리와 같이 창작성을 전제로 하지 않는 권리도 보호되고 있고, 반도체배치설계에 관한 권리 보호 등과 같이 오늘날 새로운 유형의 創作法이 제정되는 현실을 고려하면 실정법상의 자유권으로 이해해야 하는 측면도 무시할 수는 없다. 나아가 헌법 제9조의 문화국가의 책무를 강조하는 관점에서 보면, 제22조 제2항은 문화관계 조항으로서 '문화권'의 보호에 관하여 규정한 것으로도 이해할 수 있다. 실제로 저작권은 문화정책이나 예술경영의 측면에서 중요한 권리이고, 제22조 제2항은 지적재산권뿐 아니라 과학과 문화의 보존·발전 및 보급에 필요한 제반 법률의 제정과도 관련이 있기 때문에, 사회의 문화적 진보를 촉진하고 문화의 다양성을 확보하기 위한 문화권의 보호에 관한 규정이라 할 수 있다. 이러한 문화권이라는 것은, 문화영역의 자율성 확보에 주목하면 자연권으로서의 자유권적 성격이 부각되지만, 문화행정의 배려와 문화생활의 향유라는 점을 고려하면 사회권적 성격이 강조될 수밖에 없을 것이다. 따라서 헌법 제22조 제2항에 의해 보호되는 지적재산권이나 그 개념적 외연이 지적재산권보다 넓은 문화권에 대해서는, 이들 권리가 개별적 구체적 권리로서는 자연권 내지 실정법상의 자유권으로 이해되는 경우가 있음은 물론이고, 사회권으로서의 성격을 가지는 경우도 있을 것이다. 뿐만 아니라 객관적으로는 개인이 이들 권리를 향유할 수 있도록 보장하기 위한 추상적인 법제도로서도 이해되어야 할 것이다.[39)

---

38) 이러한 문제 제기에 관해서는, 황적인·정순희·최현호, 「저작권법」, 법문사, 1988, 209면 이하 참조.
39) 박성호, "지적재산권에 관한 헌법 제22조 제2항의 의미와 내용", 「법학논총」 제24집 제1호, 한양대 법학연구소, 2007. 4., 107면.

≪Intellectual Property Law와 지적재산(권)법≫

　Intellectual Property Law의 번역어로 지금까지 사용되어온 지적재산법이란 용어의 是非를 논하면서 지식재산기본법이 제정되었으므로 동법이 정의하는 바에 따라 '지식'재산(권)법이란 용어를 사용하는 것이 바람직하다고 주장하는 사람들이 있다. 그러나 학술적인 관점에서는 기존의 지적재산법이란 용어를 그대로 사용하는 것이 타당하다고 생각한다. 그 이유는 동법 제3조 제1호가 규정하는 '지식'재산의 정의가 너무 포괄적이고 모호한 것이어서 지금까지 강학상 定立되어온 지적재산법의 개념에 상응하지 않고 어긋나는 부분이 존재할 뿐 아니라 그 용어의 도입 자체도 非학술적 관점에서 이루어진 것이기 때문이다. 구체적으로 설명하면, ① 위 정의규정은 헌법 제22조 제2항의 제정취지에 비추어 볼 때 아무런 법 개념적 한정 없이 '경험' 혹은 '발견' 또는 '유전자원'과 같이 불확정적이거나 포괄적인 용어를 사용하여 그 보호범위를 과도하게 넓히고 있다. ② 기존 지적재산법의 주요 보호대상인 영업비밀, 즉 "영업활동에 유용한 기술상 또는 경영상의 정보"에 관해서는 명시적인 언급조차 하고 있지 않다. ③ 그러면서 오히려 "그 밖에 무형적인 것으로서 재산적 가치가 실현될 수 있는 것"에 대해서도 '지식'재산에 해당한다는 취지로 규정함으로써 민법상 불법행위로 보호 가능한 '재산적 가치 있는 정보'까지도 '지식'재산(권)법의 보호대상에 포함될 수 있는 것처럼 기술하고 있다. ④ 지식재산기본법의 제정에 결정적 영향을 끼친 일본의 지적재산기본법 제2조 제1호의 정의규정과 대조해 보더라도 우리 정의규정의 내용은 너무 불명료하여 기존의 지적재산 개념에 상응하는 것이라고 판단하기 어렵다. ⑤ '지식'재산이란 용어 자체를 법률 명칭으로 사용하는 것과 관련해서도 이 용어는 원래 특허청이 非학술적 관점에서 추진한 造語에 불과한 것으로서 그 용어의 도입과 사용에 지적재산법 학계와 법조계의 폭넓은 비판과 반대가 있었음에도 이를 무시하고 강행된 것이다. ⑥ 따라서 '지식'재산이란 용어의 도입은 官이 주도하여 법학 분야 특정 분과의 학문적 명칭을 개변하고자 시도한 것으로서 이 용어는 학문의 민주성과 자율성, 그리고 독립성을 훼손한 하나의 상징과도 같은 것이다.

제3절 저작권의 의의 및 저작권(법)의 특징

Ⅰ. 저작권의 의의

　저작권이란 저작자가 창작한 저작물(무체물)을 보호대상으로 하는 권리로서 저작재산권과 저작인격권으로 나뉜다. 저작인격권이란 저작자가 자기의 저작물에 대해 가지는 인격적 이익을 보호하기 위한 권리이다. 저작재산권이란 저작자의 저작물에 대한 재산적 이익을 보호하기 위한 권리로서, 物權 그 자체는 아니지만 無體物에 대한 지배권이기 때문에 물권에 준해서 다루어진다.

한편, 저작권이란 용어는 다음의 세 가지 의미로 사용되는 것이 일반적이다. 첫째, 좁은 의미로서 저작자의 재산적 이익에 관한 권리인 저작재산권만을 가리키는 경우이다. 영미법계의 전통을 이어받은 국가에서는 대체로 저작권하면 저작재산권만을 의미하는 경우가 대부분이다. 둘째, 넓은 의미로서 저작물을 창작한 저작자에게 인정되는 권리, 즉 '저작자의 권리'를 지칭하는 경우이다. 따라서 저작재산권과 저작자의 정신적 이익에 관한 권리인 저작인격권을 포함한 의미로 사용된다. 대륙법계 입법례에서는 대체로 이러한 의미로 사용하는 경우가 많다. 다만, 이 경우에도 저작권을 저작재산권과 저작인격권이 합하여진 單一의 권리로 파악하는 독일과 같은 입법례(이른바 저작권 일원론)와 저작재산권과 저작인격권이라는 별개의 권리로 이루어진 複合權(droit double)으로 파악하는 프랑스와 같은 입법례(이른바 저작권 이원론)로 나뉜다. 우리나라 저작권법은 후자의 입법례를 취하고 있다. 셋째, 가장 넓은 의미로서는 지적소유권 혹은 지적재산권 중에서 문화적 내지 문화산업적 所産에 관한 것을 뜻하는 경우이다. 이때에는 저작재산권, 저작인격권은 물론이고 저작인접권, 설정출판권, 데이터베이스제작자의 권리 등과 같이 저작권법에서 규정하는 실정법상의 권리를 의미하는 용어로 사용된다. 講學上 지적재산권을 저작권과 산업재산권으로 나누는 경우에 사용되는 '저작권'이란 용어, 그리고 저작권법이란 법률 명칭의 '저작권'이 여기에 해당한다.

Ⅱ. 저작권의 특징―소유권과의 비교

저작권의 특징으로서 가장 중요한 것은 소유권과의 구별이다.[40] 저작권은 소유권과 유사한 물권적 권리라고 일컬어진다. 이는 어디까지나 저작권이 소유권의 법적 구성을 차용하고 있다는 의미일 뿐이고 양자는 그 성질과 존재이유가 서로 다르다. 소유권으로 대표되는 물권은 물건을 보호대상으로 하는 것임에 반하여 저작권은 무체물인 '표현정보'(expressive information), 즉 저작물을 그 보호대상으로 한다. 민법 제98조는 "물건이라 함은 유체물 및 전기 기타 관

---

40) 이에 관하여 미국 저작권법 제202조는 "저작권은 …그 저작물이 수록된 유체물의 소유권과 구별된다"는 명시적 규정을 두고 있다.

리할 수 있는 자연력을 말한다"고 규정한다. 유의할 것은 무체물 중 전기와 같이 관리가능한 自然力만이 예외적으로 물건 개념에 포섭된다는 점이다. 무체물이란 민법학의 정의에 따르면 형체가 없는 思考上의 존재로서, 권리가 무체물의 전형이다.[41] 그러한 점에서 저작물과 같은 무체물은 민법상 물건의 개념에서 제외된다. 요컨대, 저작권은 저작자가 '창작'한 저작물, 다시 말해 '저작자의 인격 자체의 발현'인 성과에 관한 권리인 데 반하여, 소유권은 오로지 물건 관련적 권리일 뿐 인격적 요소를 포함하고 있지 아니하다.[42] 예컨대, 소설가가 쓴 原稿(유체물)에 대한 소유권, 그 원고를 인쇄하여 만들어진 소설책(유체물)에 대한 소유권과, 그 원고나 소설책 위에 표현된 소설작품인 어문저작물(무체물)에 대한 저작권은 서로 다르다. 소유권은 유체물로서의 原稿나 소설책을 그 보호객체로 하는 데 반하여 저작권은 무체물인 어문저작물을 보호객체로 한다.[43]

III. 저작권법의 특징—다른 지적재산법과의 비교

지적재산법[44]이란 재산적 가치가 있는 정보보호법으로서의 성격을 갖는다고 설명할 수 있다. 지적재산법에 의해 보호되는 지적재산에는 인간의 지적·정신적 활동의 성과인 발명이나 저작물과 같은 창작물과, 영업상의 신용이 내재된 상표나 상호 등의 標識는 물론이고 영업비밀과 상품형태 등도 포함된다. 이러한 지적 창작물이나 고객흡인력 있는 표지 등은 모두 인간에게 가치 있고 유용한 정보들이다. 특허법·실용신안법·디자인보호법·상표법·부정경쟁방지법·저작권법과 같은 개개의 지적재산법은 이와 같이 가치 있고 유용한 정보를 보호하는 것이다. 이러한 정보의 관점에서 지적재산법을 설명하면, 특허법

---

41) 곽윤직, 「민법총칙」신정판, 박영사, 1990, 292면.
42) 이준형, "미술저작물에 있어서 저작권과 소유권의 충돌", 「스포츠와 법」 제10권 제3호, 2007. 8., 131면.
43) 서울고법 1998. 7. 22. 선고 96나39570 판결. 이 판결은 사진저작물의 원본 또는 그 복제물에 대한 소유권과 사진저작물에 대한 저작권은 별개의 개념이므로 그 원본이나 복제물의 소유자라 하여 사진저작물의 저작권까지 취득한 것은 아니라고 판시하였다.
44) 저작권법, 특허법, 상표법, 부정경쟁방지법 등을 흔히 '知的財産權法'이란 용어로 총칭하는 경우가 있으나, 이는 정확한 用例라고 보기 어렵다. 저작권법, 특허법, 상표법과 같이 準物權을 부여하는 권리부여방식의 입법과 부정경쟁방지법과 같이 행위규제방식의 입법(헌재 2001. 9. 27. 선고 99헌바77 결정; 헌재 2015. 2. 26. 선고 2013헌바73 결정 참조)을 모두 포괄한다는 의미에서는 '權利'라는 함의를 배제한 '知的財産法'이라는 용어를 사용하는 것이 학문용어의 엄정성을 기한다는 측면에서 바람직하다. 이러한 용례를 따른 저서로는, 송영식·이상정·김병일, 「지적재산법」(세창출판사)을 들 수 있다.

은 새롭고 진보성 있는 '기술정보'(technological information)에 대한 사적인 투자를 보호하는 것이고, 저작권법은 창작성이 인정되는 '표현정보'(expressive information)의 복제와 배포를 보호하는 것이며, 상표법은 상품이나 서비스에 관한 '상징정보'(symbolic information)를 보호하는 것이다.[45] 이때의 정보란 타인이 창작한 지적 성과물로서의 정보 또는 고객흡인력 있는 정보를 말한다.

　　저작권법 제2조 제1호는 저작물이란 "인간의 사상 또는 감정을 표현한 창작물을 말한다"고 정의한다. 저작물이란 창작성 있는 '표현정보'를 의미하고 '표현'이란 정보를 전달하기 위한 수단이다. 따라서 저작물이란 저작자의 사상·감정을 타인에게 전달하여 인식시키기 위한 수단이라고 말할 수 있다. 요컨대, 저작물은 저작자의 사상·감정을 일반 공중에게 전달함으로써 문화의 향상발전과 민주주의의 실현에 이바지하는 것이다. 이러한 저작자의 사상·감정을 전달하는 역할이야말로 저작물을 보호하여야 할 적극적인 근거가 된다. 본래 저작권법은 정보의 보호와 그 유통을 활성화하기 위해 제정된 것이고 정보의 유통은 민주주의의 토대를 이루는 것이므로 저작권법이 민주주의를 강화하는 기능(democracy-enhancing function)에 제대로 복무할 수 있도록 해석되어야 하는 것은 당연한 것이다.[46]

---

45) Paul Goldstein, *Copyright, Patent, Trademark and Related State Doctrine*, 3d ed., Foundation Press, 1993, p.1.

46) Neil Weinstock Netanel, "Copyright and a Democratic Civil Society", 106 *Yale Law Journal*, 1996, pp.352~363.

2

저작물

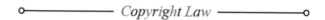

Copyright Law

제2장 저작물

제1절 서 론

저작자·저작물·저작권을 핵심 개념으로 하는 근대 저작권법의 논리체계
는 근대미학의 이론적 터전 위에서 구축된 것이다.

≪近代美學과 저작권법≫

근대적 사유 주체인 '개인'의 탄생에서 비롯되는 근대미학은 '미적 주체성'
(ästhetische Subjektivität)의 확립을 중심으로 전개되었다. 근대미학의 근저에는
낭만주의적 창작관이 깃들어 있다. 그래서 '작품'(Werk)이란 이른바 '창조적 천
재'인 개인의 독특한 '개성'이 구현된 것이고 작품은 '형식과 내용의 복합
체'(Form－Inhalt－Gefüge)로 존재한다고 보았다.[1] 이 가운데 '형식'만이 '권리'의
대상으로 존중되었다. 이러한 흐름은 근대법 체계 속에서 저작자(개인), 창작성
(개성), 서작물(삭품)이란 용어로 제도화되었다. 저작물(작품)이 성립하기 위해서
는 창작성(개성)이 존재해야 하고, 그 보호범위와 관련하여 '내용'은 보호되지 않
고 '형식'만이 보호된다는 발상도 이러한 배경에서 형성된 것이다.[2] 그 후 근대미
학은 내용과 형식 중 어느 한 쪽, 가령 형식에 가치를 두는 형식미학, 내용에 가
치를 두는 내용미학의 대립으로 이론적 부침을 거듭하였지만, 오늘날의 미학은
어느 한 쪽의 가치만을 인정하는 것이 아니라 양자를 통일적으로 파악하는 입장
에서 그 이론이 전개되고 있다.

---

1) 木幡順三, 「美と藝術の論理―美學入門」, 勁草書房, 1986 참조.
2) H. Hubmann, *Das Recht des Schöpferischen Geist*, 久々湊伸一 譯, 「著作權法の理論」, 中央大
出版部, 1967 참조.

저작권법상 저작자의 권리, 즉 저작권(저작인격권 및 저작재산권)의 대상이 되는 것을 저작물이라 한다. 저작물의 성립을 위해서는 무엇보다 창작성이 존재하여야 하고, 저작자의 권리는 저작자가 저작물의 창작행위를 한 때에 발생하여 그 저작자에게 원시적으로 귀속한다.

≪近代美學에서 저자에 의한 '작품지배'≫

저작물에 대한 저작자의 권리는 저작물의 창작행위를 한 저작자에게 原始的으로 귀속하는데, 저작자의 저작물에 대한 이러한 관계를 미학적으로는 저자의 '작품지배'(Werkherrschaft)라고 한다. 저자의 작품(저작물)에 대한 지배는 작품의 창작이라는 사실로부터 도출되는 것이고, 작품을 개작할 권리도 '작품지배'로부터 유래한다고 설명한다. 그리고 이때의 작품이란 미학적으로 <닫힌 작품>을 의미한다. <닫힌 작품>은 '작품의 동일성'과 '작품의 재현성'을 보증한다.3) 그러나 이러한 저자 중심의 근대미학 체계가 흔들리면서 많은 학자들이 '저자와 작품의 관계'(미하일 바흐친), '저자란 무엇인가'(미셸 푸코), '저자의 죽음'(롤랑 바르트) 등에 관해 근본적 의문을 제기하기 시작하였다. 그럼에도 근대미학의 이론체계 위에 쌓아올려진 근대 저작권법의 논리체계는 오늘날까지 유지되면서 디지털 환경 아래에서 많은 문제 상황들을 만들어내고 있다.4)

저작물의 성립요건과 보호범위, 저작물의 종류, 그리고 저작권의 귀속과 그 효과에 관한 설명은 저작권법의 기본적인 사항에 해당하는 것일 뿐 아니라 가장 중요한 내용을 차지하는 것이다.

제2절 저작물의 성립요건과 보호범위

Ⅰ. 저작물의 성립요건

1. 개   관

저작권법 제2조 제1호는 저작물이란 "인간의 사상 또는 감정을 표현한 창작물을 말한다"고 정의한다.5) 저작물이란 창작성 있는 '표현정보'(expressive

---

3) 佐々木健一, 「作品の哲學」, 東京大出版會, 1985 참조.
4) 박성호, "저작권의 재구성을 위하여", 「해적판 스캔들: 저작권과 해적판의 문화사」(야마다 쇼지 지음·송태욱 옮김, 사계절, 2011) '해제' 참조.

information)를 의미하고[6] '표현'이란 정보를 전달하기 위한 수단이다. 저작물은 저작자의 사상·감정을 일반 공중에게 전달함으로써 문화의 향상발전에 이바지한다. 저작자의 사상·감정을 전달하는 역할이야말로 저작물을 보호하여야 할 적극적인 근거가 된다. 저작권법의 역사는 '저작물의 범위 확대의 역사'라고도 말하는 것처럼 기술의 발전에 따라 인간의 문화활동이 다양해지면서 저작권법이 보호대상으로 하는 저작물의 범위는 시대 변화와 더불어 확대되어왔다. 이러한 상황을 고려하여 저작권법은 저작물을 포괄적이고 추상적으로 定義한 것이다. 저작물의 성립요건은 저작물의 정의에 따라 ① 인간의 사상 또는 감정, ② 외부적 표현, ③ 창작성의 세 가지 요건으로 나누어 살펴보는 것이 일반적이다. 저작물성이 인정되기 위해서는 위 ①②③ 요건을 모두 갖추어야 하고 어느 하나라도 갖추지 못하면 저작물성이 부인된다. 저작물성 여부가 다투어지는 실제 사건에서는 두 개 이상의 요건, 특히 ①과 ③의 요건이 동시에 문제되는 경우도 많다. 그러한 경우 법원은 가장 분명한 결격 사유 하나만을 판단하여 저작물성을 부정하는 경우가 대부분이다.

2. 요 건

가. 인간의 사상 또는 감정

(1) 의 미

'사상 또는 감정'이란 인간이 지적·문화적 활동을 하는 경우 당연히 내재되는 것이다. 인간 사유의 결과물인 논문이나 음악작품을 예로 들면 논문에는 어떤 '사상'이, 그리고 음악작품에는 어떤 '감정'이 표현되어 있을 것이므로 인간의 '사상 또는 감정'이 당연히 존재하게 된다. 따라서 여기서 말하는 '사상 또는 감정'이란 저작자의 정신활동으로 볼 수 있는 것이면 충분하고 고상한

---

5) 1986년 저작권법 제2조 제1호는 저작물을 "문학·학술 또는 예술의 범위에 속하는 창작물"로 정의하고 있었는데, 저작물의 범주가 확대되는 현실에 비추어 '문학·학술 또는 예술의 범위'라는 표현은 저작물의 포섭범주를 제한하는 요소로 작용할 수 있다는 등의 이유로(심동섭, "개정 저작권법 해설", 「계간 저작권」, 2006 겨울호, 48면) 2006년 저작권법부터 현재와 같은 정의로 개정되었다. 그러나 베른협약(제1조, 제2조), 세계저작권협약(제1조), 독일 저작권법(제1조, 제2조 제2항), 일본 저작권법(제2조 제1항 제1호) 등의 입법례로 알 수 있듯이 '문학·학술 또는 예술'이라는 표현은 저작권법과 산업재산권법을 구별하는 징표일 뿐 아니라 지적·문화적인 것을 포괄한다는 의미를 가지는 표현이라고 이해하여야 한다. 그러한 점에서 저작물의 정의에서 '문학·학술 또는 예술'이란 문구를 삭제한 것은 문화적 소산의 보호를 목적으로 하는 저작권법의 특성을 도외시한 입법 오류이다. 독일이나 일본의 정의규정을 본받아 "문학·학술 또는 예술의 범위의 속하는 것으로서 인간의 사상 또는 감정을 표현한 창작물"로 개정하는 것이 옳을 것이다.

6) 창작성 있는 '표현정보'의 보호라는 관점에서 저작권법을 설명한 것에 관해서는 제1장 제3절 III. 참조.

철학적 사상이나 심리학적 차원의 수준 높은 감정을 요구하는 것이 아니다. 또한 '기술적 사상'에 한정하는 특허법과 달리 특정 분야에 한정하지 않는 매우 넓은 개념이다. 이와 같이 '사상 또는 감정'은 엄격하게 해석되는 개념이 아니기 때문에, 실제 사건에서 이 요건만이 다투어지는 사례는 드물다. 1957년 저작권법 아래에서 저작물의 제호가 저작물로서 보호받을 수 있는지 여부가 쟁점이 된 사건에서 "만화제명 '또복이'는 사상 또는 감정의 표명이라 보기 어려워 저작물로서 보호는 인정하기 어렵다"고 판시한 대법원 판결이 있다.7) 이하에서는 이 요건에 해당하는지 여부가 논의될 수 있는 쟁점을 몇 가지 검토한다.

(2) 구체적 검토
(가) 사실 그 자체

자연과학적 사실, 사회적 사실, 역사적 사실과 같은 客觀的 事實 그 자체는 '사상 또는 감정'의 표현이 아니므로 저작권법상 저작물로서 보호되지 않는다. 가령, 음식점의 차림표나 열차시간표와 같이 단순한 사실을 나열한 것, 株價나 기온 등의 데이터를 열거한 것, 또는 "1592년 임진왜란이 일어났다"거나 "백두산의 높이는 2744미터"라는 등 사실 자체를 기술한 것에 지나지 않는 경우는, 인간의 '사상 또는 감정'과 같은 주관적 요소가 포함된 것이 아니라 객관적 사실 자체에 불과하므로 저작물성이 부정된다. 저작권법에서 사실 그 자체를 보호하지 않는 이유는, 사실 그 자체란 사람들의 언론활동이나 연구활동의 전제를 이루는 것이므로 이를 보호함으로써 야기되는 폐해, 구체적으로는 학문의 자유, 표현의 자유 등이 침해되는 것을 방지하기 위해서이다.8) 저작권법 제7조 제5호가 "사실의 전달에 불과한 시사보도"는 저작권법에 의한 보호를 받지 못한다고 규정한 것도 이 때문이다.9) 유의할 것은 사실 그 자체가 아니라 그 사실을 素材로 하여 이를 창작적으로 표현한 경우이다. 이때에는 인간의 정신활동의 성과라 할 수 있으므로 저작물이 될 수 있다.10)

---

7) 대법원 1977. 7. 12. 선고 77다90 판결(피고 식품회사가 제조·판매하는 상품인 빵에 '또복이'라는 원고의 만화제명을 무단 사용한 사건으로 만화제명이 저작권법상 보호되는지 여부가 문제된 사안).

8) 中山信弘, "著作權法における思想·感情", 「特許研究」第33号, 發明協會, 2002. 3., 8면.

9) 이에 관해서는 제7장 제1절 II. 1. 가. '비보호저작물' 참조.

10) 岡村久道, 「著作權法」, 商事法務, 2010, 45면. 참고로 知財高裁 2008(平成20)年 7月 17日 判決은 증인신문을 방청한 결과를 정리한 '재판 방청기'의 저작물성이 문제된 사건에서, 언어표현의 내용이 오로지 '사실'을 특별히 평가하여 작성자의 의견을 넣지 않은 채 그대로 서술한 경우에는 "記述者의 '사상 또는 감정'을 표현하였다"고 할 수 없다고 판시하였다. 즉 '사상 또는 감정'이란 방청기 작성자 자신의 '사상 또는 감정'을 말하는 것이지 증인의 그것을 말하는 것이 아니라는 취지이다. 이에 반해 公知의 事實이나 역사적 사실이더라도 이를 소재로 창작적으로 표현한 것에 대해서

(나) 기술적 사상의 구현

기술적 사상 그 자체는 표현이 아니므로 만유인력의 법칙과 같은 물리적 이론 자체에 저작권이 발생하는 것은 아니다. 그 이론을 논문으로 쓰더라도 뉴턴의 저작권을 침해하는 것은 아니다. 그렇다면 기술적 사상을 구체화한 표현물은 어떠한가? 이와 관련하여 특허명세서의 저작물성이 문제가 된다. 우선 특허명세서에는 사상 또는 감정이 표현되어 있으므로 그 저작물성을 부정하는 것은 곤란하다. 특허명세서를 특허출원하지 않고 학술논문으로 출판한 경우에는 그 저작물성을 부정할 수 없을 것이다. 저작권은 창작시에 발생하는 것이므로, 구체적 표현형태에 따라 예컨대 나중에 논문으로 발표하면 권리가 발생하고 특허출원을 하면 권리가 없어진다고 해석하는 것은 이치에 맞지 않는다.[11] 요컨대, 특허명세서는 인간의 사상 또는 감정이 포함된 창작적 표현에 해당하므로 저작물성이 인정된다.[12]

(다) 自然物 또는 컴퓨터나 인공지능(AI)에 의한 생성물

오랜 세월 풍화 작용으로 만들어진 水石(壽石)과 같은 관상용의 자연석이나 동물이 그린 그림에는 인간의 사상이나 감정이 포함되어 있지 않으므로 저작물로 보호되지 않는다. 모두 우연적 요소로 만들어진 것에 불과하기 때문이다. 컴퓨터에 의해 자동으로 생성된 그림이나 노래의 경우도 마찬가지이다. 그러나 인간이 컴퓨터를 도구로 사용하여 그 생성물을 선택·수정하는 등 인간의 최소한의 창작성이 발휘되면 저작물로서 보호 받을 수 있다.[13] 이른바 '인공지능'(Artificial Intelligence, AI)에 의한 생성물에 대해서도 현행 저작권법을 적용하여 해석하는 한 컴퓨터에 의한 생성물의 경우와 같은 취지로 해결할 수 있을 것이다.[14]

는 저작물성이 인정된다는 취지의 판결로는 東京地裁 1978(昭和53)年 6月 21日 判決('日照權—내일의 都市와 태양—' 사건), 東京地裁 1998(平成10)年 11月 27日 判決('壁의 世紀' 사건)이 있다.

11) 中山信弘「著作權法」第2版, 有斐閣, 2014, 54면.

12) 中山信弘, 위의 책, 54~55면은, 특허청이 특허명세서를 복제하여 공개하는 행위는 특허법 제64조(출원공개) 등의 요청에 따른 것이므로 저작권 침해가 아니지만, 제3자가 특허명세서를 복제하는 행위는 특허법이나 저작권법 등에 관련 예외 규정이 없어서 저작권 침해로 될 가능성이 있으므로 입법적으로 해결해야 할 과제라고 주장한다. 그러나 위 주장은 의문이다. 특허명세서는 특허공보에 포함되어 공고되는 것이고 특허공보는 저작권법 제7조 제2호 소정의 "국가 또는 지방자치단체의 고시·공고"에 해당하는 것이므로 비보호저작물이라고 보아야 한다.

13) 최경수 번역, 「저작물의 새로운 기술적 이용에 관한 국립위원회의 최종보고서(CONTU)」, 저작권심의조정위원회, 1994, 100~103면.

14) 즉 인간의 지시에 의한 AI 생성물은 현행 저작권법의 해석상 AI에게 저작자의 지위를 인정할 수 없어 원칙적으로 저작물성이 부정되지만, 인간이 AI를 도구로 사용하여 그 생성물을 선택·수정

≪AI 생성물의 저작물성 및 저작권 귀속 문제≫

AI 생성물의 저작물성 및 저작권 귀속 문제는 도식적이지만 네 가지로 유형화할 수 있다. ① 인간에 의한 창작물, ② 인간이 AI를 도구로 사용한 창작물, ③ 인간의 지시에 의한 AI 생성물, ④ 인간의 지시와 무관한 AI의 자율적 생성물이다. ①②는 인간이 창작한 것이므로 저작물성이 긍정되고 인간에게 저작권이 귀속된다. ③은 '지시'를 하였다는 점에서 인간의 '창작 의도'는 존재하지만 '창작적 기여'를 인정하기는 곤란하므로 저작물성이 부정된다. ③에 관해서는 인간이 '지시'만을 하였더라도 그 지시가 추상적 지시가 아닌 '구체적 지시'라면 인간의 '창작적 기여'를 인정할 수 있어서 저작물성을 긍정할 수 있고, 인간에게 저작권이 귀속된다는 학설도 있다. ②③의 AI가 '약한 인공지능'에 관한 것이어서 입법론보다는 해석론의 관점에서 문제 해결이 가능하다면, ④의 AI는 '강한 인공지능'이기에 오로지 입법론의 관점에서 논의되어야 할 문제이다.

논의의 핵심은 ②③의 차이가 모호하여 양자를 구별하는 것이 곤란하다는 데에 있다. 인간이 AI를 도구로 사용한 창작물[②]과 인간이 AI에게 지시를 하여 만들어진 생성물[③]은 개념상으로는 구별 가능하지만, 실제 현장에서는 두 유형이 겹쳐지는 경우가 많다. 그래서 인간의 지시를 '추상적 지시'와 '구체적 지시'로 구분한 다음 후자에 대해서는 인간의 '창작적 기여'를 인정하자는 학설이 등장한다[③ 중 후자]. 이는 결국 인간이 AI를 도구로 사용한 창작물 유형[②]에 '구체적 지시'를 포함시키자는 견해이다.

이제 논의는 인간이 AI를 '도구'로 사용한 창작물[②]과 인간이 AI에게 '구체적 지시'를 하여 만들어진 생성물[③ 중 후자]이 법규범적으로 동일한 평가를 받을 수 있을 것인지의 문제로 좁혀진다. 인간이 챗GPT 같은 생성형 AI의 '프롬프트'(입력창)에 텍스트를 입력하여 지시한 결과 특정 결과물이 생성되었을 때, 인간의 지시를 구체적 지시로 보고 창작적 기여를 인정할 수 있다면, AI는 인간의 창작을 보조하는 '도구'라고 규범적 평가를 받을 수 있다. AI의 '프롬프트'에 텍스트를 입력하는 것은 카메라의 셔터를 누르거나 녹음·녹화기의 작동버튼을 누르는 것과 유사하기 때문이다. 그러나 만일 그렇게 볼 수 없다면 AI 생성물에 관한 논의는 복잡하게 전개될 수밖에 없다. ④의 경우보다 난이도는 덜하더라도 입법적 해결이 도모되어야 할 것이기 때문이다.

하는 등 인간의 창작적 기여가 이루어지면 이때에는 인간이 저작자가 되는 것이므로 저작물로 보호할 수 있다(위 CONTU의 최종보고서, 101면, 103면 각 참조).

(라) 書式이나 계약서

서식이나 계약서에는 법률이나 상관습에 비추어 당연히 기재해야 할 사항들이 존재한다. 따라서 이러한 기재사항들을 그대로 표현한 것에 지나지 않는 서식이나 계약서는 사회적 사실을 단지 시각화한 것일 뿐이므로, 이러한 유형의 서식이나 계약서에 작성자의 사상이나 감정이 포함되어 있다고 말하기 어려운 경우가 많을 것이다.15) 설령 사상·감정이 포함되어 있다고 하더라도 후술하는 창작성 요건을 인정하기 어려울 것이다.16) 다만, 서식 등의 기재사항을 모아 정리한 방식이나 문장표현 등에 여러 가지로 연구·노력한 것이 인정된다면, 개별 사안에 따라서는 작성자의 사상이나 감정이 창작적으로 표현된 것으로 인정되어 저작물성이 긍정되는 경우도 있을 것이다.17)

(마) 스포츠나 게임의 규칙

스포츠나 게임의 규칙 그 자체는 인위적 약속이므로 인간의 사상이나 감정이 포함되어 있을 수도 있지만 그것은 단순한 아이디어의 단계를 벗어나지 않는 것이므로 저작물로 보호될 수 없다.18) 그러나 그 규칙을 구체적으로 표현한 것이면 저작물이 될 수 있다. 여기서 문제는 규칙을 표현한 저작물의 보호범위이다. 아이디어인 규칙의 구체적 표현방법은 大同小異할 수밖에 없을 것이므로 그 보호범위는 협소한 경우가 많을 것이다. 이와 관련하여 규칙의 표현방법이 유일하거나 극히 한정되어 있다면 아이디어와 표현이 밀접하게 '합체'

---

15) 일본 東京地裁 1965(昭和40)年 8月 31日 判決은 피고 선박회사가 원고로부터 船荷證券의 用紙를 주문하여 거래상대방에게 사용한 사건에서 "이 사건 선하증권 용지에 표시되어 있는 것은 피고 내지 그 거래상대방이 장래 행할 계약의 의사표시에 불과한 것으로서 원고의 사상은 조금도 나타나 있지 않다"고 저작물성을 부정하였다.

16) 대법원 1997. 11. 25. 선고 97도2227 판결은 계약서의 양식에 대해 창작성 요건의 결여를 이유로 저작물성을 부인한다는 취지로 판시하였다("저작권법에 의하여 보호되는 저작물은…창작물이어야 하는바, 여기에서 창작물이라 함은…저작권법에 의한 보호를 받을 가치가 있는 정도의 최소한의 창작성은 요구되므로, 단편적인 어구나 계약서의 양식 등과 같이 누가 하더라도 같거나 비슷할 수밖에 없는 성질의 것은 최소한도의 창작성을 인정받기가 쉽지 않다 할 것이다"). 일본 하급심 판결로는 契約書의 文案에 대해 "기재 내용은 '사상 또는 감정을 창작적으로 표현한 것'이라 할 수 없다"고 판시한 東京地裁 1987(昭和62)年 5月 14日 判決과 催告書에 대해 창작성이 없다는 것을 이유로 저작물성을 부인한 東京地裁 2009(平成21)年 3月 30日 判決이 있다.

17) 島並良·上野達弘·横山久芳, 「著作權法入門」第2版, 有斐閣, 2016, 21면; 岡村久道, 앞의 책, 46면.

18) 서울고법 2018. 4. 26. 선고 2017나2064157 판결('모두의 마블' 사건). 법원은 "게임규칙은 추상적인 게임의 개념이나 장르, 게임의 전개방식 등을 결정하는 도구로서 게임을 구성하는 하나의 소재일 뿐 저작권법상 독립적인 보호객체인 저작물에는 해당하지 않는 일종의 아이디어 영역에 해당한다고 할 것이므로, 게임을 하는 방법이나 게임규칙, 진행방식 등 게임에 관한 기본원리나 아이디어까지 저작권법으로 보호되지는 않는다"고 판시하였다.

(merger)된 경우이므로 그 창작성이 부정될 것이다.[19] 이와 관련하여 게이트볼 경기규칙에 관한 일본 판결을 소개한다. 原告는 게이트볼 경기규칙을 창작·고안하여 경기규칙에 관한 책을 여러 종류 출판하는 등 게이트볼을 보급하는 활동을 해왔다. 원고는 나중에 게이트볼 경기보급단체를 설립한 피고에 대하여, 피고가 출판한 경기규칙에 관한 책이 원고의 저작권 침해에 해당한다는 이유로 손해배상청구와 함께 그 규칙에 관한 책의 판매금지를 청구하였다. 제1심 판결은 원고가 창작한 경기규칙의 저작물성은 인정하였지만, 원고와 피고의 각 規則書에서 설명하고 있는 경기규칙이 공통된다고 하더라도 양자의 규칙서는 저작물로서 그 표현을 달리하고 있기 때문에 저작권 침해가 인정된다고 할 수 없다고 하여 원고의 청구를 기각하였다.[20]

≪獨逸에서 게임 규칙의 저작물성을 둘러싼 논의와 그 재판례≫

우선 일반론으로 "여러 사람이 하는 놀이(Gesellschaftsspiele), 그 밖의 놀이를 행하는 놀이방법(Spielsysteme) 및 이러한 놀이가 근거하고 있는 아이디어 … 그 자체는 저작권으로 보호될 수 없지만, 놀이방법과 그 아이디어를 구체적으로 기록한 것은 어문저작물로서 보호된다"고 설명한다.[21] 이에 관한 재판례로는 골프 규칙에 대한 저작권 보호가 문제된 사건에서, 옛 황실, 성앤드류 고대골프클럽, 미국 골프협회의 골프규칙 및 그에 대한 독일골프연맹에 의한 번역물은 저작권법상 보호받는 저작물이 아니라고 하였다.[22] 놀이방법의 저작권 보호가 다투어진 사건에서는 여러 사람이 하는 놀이(Gesellschaftsspiele)의 놀이방법이 개개의 지시에 따라 구체적으로 표현된 경우 독일 저작권법 제2조 제1항 제1호의 어문저작물로 보호된다고 하였다.[23] 자동기계게임구상(Automatenspielplan) 사건에서는 놀이방법의 아이디어 자체라 할 수 있는 게임 및 득점에 관한 구상(Gewinnplan)의 사고내용(Gedankeninhalt)에 대해서도 저작권으로 보호될 수 있다고 보았으나,[24] 이에 대해 독일 학설은 비판적이다.[25] 요약하면, 독일 판결은 높은 수준의 창작성을 요구하고 있지 않기 때문에, 놀이규칙(Spielregeln) 등도

---

19) 中山信弘, 앞의 책, 53면.

20) 東京地裁 八王子支部 1984(昭和59)年 2月 10日 昭和56年(ワ) 第1486号 判決.

21) Gerhard Schricker/Ulrich Loewenheim, *Urheberreht Kommentar*, 3. Aufl., C.H. Beck, 2006, S.55; Ulrich Loewenheim, *Handbuch des Urheberrechts*, C.H. Beck, 2003, S.47f.

22) OLG Frankfurt/M ZUM 1995, 795/796 – Golfregeln.

23) OLG München ZUM 1995, 48.

24) OLG Düsseldorf GRUR 1990, 263/264 – Automatenspielplan.

25) Schricker/Loewenheim, a.a.O., S.55; Loewenheim, a.a.O., S.48.

저작물로서 보호될 수 있다고 판시한다. 그런데 이처럼 이른바 '작은 동전(kleine Münze)'의 법리26)에 의해 놀이규칙 등에 저작권 보호를 인정하는 것에 대해서는 독일 학설상 일정한 논의가 뒤따른다. 먼저 놀이규칙 등 창작성이 다투어지는 해당 성과(Leistung)가 상업적인 성격을 가지고 있음에도 불구하고 장기간의 저작권법적 보호를 부여하는 것은 바람직한 일이 아니므로, 저작권으로 보호하는 것보다는 부정경쟁방지법을 통해 보호하거나 또는 별도 법률을 제정함으로써 보호하는 것이 바람직하다고 보는 비판적 견해가 있다.27) 반면에 이러한 유형의 해당 성과는 독일 디자인법으로 보호될 수 없기 때문에 최소 정도의 창작성만으로 저작권에 의한 보호가 인정되는 것을 긍정적으로 평가하는 견해도 있다.28)

(바) 보드게임(board game)

보드게임의 일종인 주사위를 던져 말판을 움직이는 말판놀이는 우연적 요소에 좌우되므로 인간의 사상이나 감정의 표현이라고 할 수 없다. 그러나 같은 보드게임이라도 바둑의 경우는 우연적 요소보다 理性에 따른 일정한 사고과정의 산물이므로 사정이 다르다. 이와 관련하여 학설은 바둑 게임 자체나 이것을 기록한 기보의 저작물성을 긍정하는 견해와 부정하는 견해로 나뉜다.

긍정설에 따르면, 바둑 기보는 인간의 사상과 감정이 창작적으로 표현된 것으로서 저작권법에서 말하는 저작물에 해당한다고 설명한다. 즉, 기보는 바둑을 두는 대국자의 사상과 감정이 표현된 저작물이라는 것이다.29) 따라서 저작자는 대국자이고 이들이 원시적으로 저작권을 취득하게 되며 기보의 기록원은 바둑이 두어진 순서에 따라 그 내용을 기계적으로 기록한 것에 지나지 않으므로 저작자가 아니다.30) 이에 반하여 부정설은 "바둑알의 위치선정 자체는 각 기사들의 생각이 나타나 있지만 이것은 승부를 위한 전략적인 것이지 그 표현에 대한 예술적, 창작적 사상은 아니"라면서31) 바둑 기보는 기사의 창작적 의사 없이 만들어진 일종의 '우연한 저작물'에 불과하다고 한다.32) 또 다른

26) 창작성의 최소 정도를 의미하는 '작은 동전(kleine Münze)'의 법리는 Alexander Elster의 *Geverblicher Rechtsschutz*, 1921, S.40에서 유래한 표현이다.
27) Manfred Rehbinder, *Urheberrecht*, 14. Aufl., C.H. Beck, 2006, S.28; Heinrich Hubmann, *Urheber- und Verlagsrecht*, 5. Aufll, C.H. Beck, 1985, S.39.
28) Adolf Dietz, *International Copyright Law and Practice: Germany*, 2[1][B]; J.A.L. Sterling, *World Copyright Law*, 2nd ed., Sweet&Maxwell, 2003, p.299에서 재인용.
29) 이상정, "기보와 저작권법", 「스포츠와 법」 제10권 제3호, 2007, 43면 이하; 송영식·이상정, 「저작권법개설」 제9판, 세창출판사, 2015, 61면의 주42) 참조.
30) 이상정, 위의 논문, 54면.
31) 서달주, "바둑의 기보도 저작물인가", 「저작권 문화」, 2006. 6., 25면.

부정설에 따르면, 기보는 한 판의 바둑을 기록한 매체이므로 저작물성이 인정된다고 하더라도 바둑 자체가 저작물로 인정된다는 것이지 기보가 저작물로 되는 것은 아니라고 전제한 다음, 바둑돌의 착점과 그에 따른 배치 및 운용은 가장 유리한 위치를 찾아가는 일종의 '해답' 풀이이며, 이러한 해답은 아이디어에 불과할 뿐이고 창작적 표현에 해당한다고 볼 수 없어서 저작물로 성립할 수 없다고 한다.[33]

결국 문제는 대국자가 바둑판 위에 흑돌과 백돌을 일정한 수순에 따라 착점한 것을 인간의 사상 또는 감정을 창작적으로 표현한 것이라고 볼 수 있을 것인지 여부이다. 바둑 게임은 흑돌과 백돌 쌍방이 布石부터 자유롭게 순서대로 두는 '互先 자유포석법'에 따라 두 사람의 대국자가 함께 바둑판 위에서 이른바 '반상의 미학'을 구현해 가는 과정으로서 모양과 형태를 중시하는 도형적 성격이 부각된다는 점에 주목할 필요가 있다. 그러한 점에서 한 판의 바둑이란 이성에 따른 일정한 사고 과정의 산물로서 인간의 사상 또는 감정을 표현한 것이라 할 수 있다. 더구나 후술하는 것처럼 '선택의 폭'이라는 관점에서 창작성을 이해하는 경우[34] 대국자 간에 이루어진 바둑 게임이나 이것을 기록한 기보에 대해서는 공동저작물로서의 창작성을 인정하는 데에 별다른 무리는 없을 것이라고 생각한다. 한편, 바둑 게임 자체와 이것을 기록한 기보의 관계는 원칙적으로 음악저작물과 악보의 관계와 마찬가지로 이해할 수 있다. 다만 바둑 게임의 저작물성을 판단함에 있어서는, 바둑 게임 자체는 물론이고 그 기보도 바둑 애호가들에 의해 연구와 감상의 대상이 되어 그 경제적·감상적 가치가 크다는 점에 주목한다면, 바둑 게임이나 이것을 기록한 기보를 함께 검토 대상에 넣으면서 저작물성에 관한 해석론을 전개할 필요가 있다.[35][36]

나. 외부적 표현

(1) 의   미

인간의 사상 또는 감정이 '표현'되어야 한다. 즉, '사상 또는 감정' 그 자체가 아니라 그것을 밖으로(ex-) 밀어내어(press) '표현한 것'(express)이 보호되는

---

32) 서달주, 「한국저작권법」 제2판, 박문각, 2009, 116면.
33) 오승종, 「저작권법」 제5판, 박영사, 2020, 74~75면.
34) 창작성에서의 '선택의 폭'에 관해서는, 본장 제2절 I. 2. 다. (3) "이른바 '선택의 폭' 이론" 참조.
35) 박성호, 「바둑 기보의 저작물성 판단에 관한 연구」, 한국저작권위원회, 2009, 21면, 30~31면, 67면, 86면 각 참조.
36) 마찬가지로 입법론을 전개할 경우에도 바둑 게임이나 이를 기록한 기보를 함께 고려할 필요가 있을 것이다. 입법론에 관해서는 박성호, 위의 연구, 92~95면 참조.

것이다. 따라서 여기서 말하는 '표현'이란 저작물로서 저작권법의 보호를 받기 위해서는 그 저작물이 언어, 문자, 음, 색채 등의 형식을 이용하여 '외부적으로 표현'되어야 한다는 것을 의미한다. 즉 '표현'이란 외부로 표출된 전달 가능한 형태를 말한다. 저작자의 내심의 영역에 머물러 있는 한 저작물로서 보호를 받을 수 없다. 예컨대 아름다운 선율이 떠올랐더라도 노래를 부르거나 악보에 적는 등 외부로 표현하지 않는 한 저작물로 보호되지 않는다. 주의할 것은 '외부적 표현'을 '공표'와 혼동해서는 안 된다. 예컨대 남몰래 적어둔 일기나 감상록은 비록 공표되지는 않았더라도 이미 개인의 내심에 머물러 있는 것이 아니라 전달 가능한 형태로 외부로 표현된 것이므로 저작물로서 보호된다.[37]

일반적으로 저작물을 내심의 영역으로부터 분리시켜 '외부적으로 표현'하는 수단으로는 원고용지, 畵布, 레코드, 카세트테이프 등 '유형물로 고정'하는 방법이 이용된다. 그리고 '고정'이란 하나의 저작물이 계속성을 갖기 위해 어떤 매체에 수록되어 있어야 하는 것을 말한다.

그러나 후술하는 것처럼 대륙법계에 속하는 우리나라 저작권법은 유형물에 고정하는 것을 저작물의 성립요건으로 요구하고 있지 않으므로, 原稿 없이 이루어지는 강연이나 연설은 소송상 입증의 곤란은 있을지언정 저작물로 성립하는 데에는 아무런 문제가 없다.[38] 왜냐하면 이러한 유형물 위에 저작자의 사상이나 감정의 표현이 고정되었더라도 그 표현 자체가 저작물이 되는 것이고 표현 수단에 불과한 그 유형물이 저작물이 되는 것은 아니기 때문이다.[39]

(2) 성립요건으로서의 '고정'의 문제

대륙법계 국가이 저작권법은 '유형물에의 고정'을 서작물 성립의 일반적 요건으로 요구하지 않는다. 가령, 프랑스에서는 에펠탑을 비추는 조명에 창작성이 인정되는 한 그 조명의 전시(display of lights)가 유형물에 고정되어 있지 않더라도 그 조명의 전시는 저작권법에 의해 보호된다. 따라서 만일 저작권자인 조명 디자이너의 허락 없이 사진 촬영을 하거나 영상 촬영을 하는 경우 저작권 침해에 해당된다.[40] 독일의 "포장된 국회의사당"(Wrapped Reichstag) 사건에서는[41] 비록 고정되기에 충분한 기간 동안 그 설치미술이 존재하지 않고 일

---

37) 장인숙, 「저작권법원론」개정판, 보진재, 1996, 34~35면.
38) 하용득, 「저작권법」, 법령편찬보급회, 1988, 74면.
39) 황적인·정순희·최현호, 「저작권법」, 법문사, 1988, 190면.
40) "Eiffel Tower", Cass. 1 civ., March 3, 1992.
41) "Wrapped Reichstag I", KG, Jan. 30, 1996 (1997) GRUR. 128; "Wrapped Reichstag II", KG, May 31, 1996 (1997) GRUR. 129.

시적으로(temporarily) 전시된 경우라 하더라도 설치미술가의 허락 없이 사진 촬영한 것은 저작권 침해에 해당한다고 하였다.[42] 대륙법계 전통을 따르는 우리 저작권법도 마찬가지이다. 저작권법상 저작물의 성립요건은 '일정한 형식으로 객관화'(외부적 표현)가 요구되는 데 그칠 뿐이지, '유형물에의 고정'까지를 요구하지 않는다.

이에 반하여 영미법계에서는 '유형물에의 고정'을 저작물의 성립요건으로 요구한다. 미국 저작권법은 "현재 알려져 있거나, 장래에 개발될 유형적인 표현매체로서, 직접 또는 기계나 장치에 의하여 저작물을 지각, 복제 또는 기타 전달할 수 있는 것에 고정된 저작자의 독창적인 저작물은 본법에 따라 저작권 보호를 받는다"[43]고 규정하여 '유형적인 표현매체로서 고정된 것'(fixed in any tangible medium of expression)을 명문으로 요구한다. 영국 저작권법은 "문서 또는 그 밖의 방법으로 기록되지(recorded, in writing or otherwise) 않는 한, 어문, 연극 또는 음악저작물에 저작권은 존속하지 않는다. 또한 이 편에서 그러한 저작물이 창작된 시기는 저작물이 그와 같이 기록된 때를 말한다"[44]고 규정한다. 또한 건축저작물과 사진저작물을 포함하는 미술저작물의 경우에도 유형적 형태(a material form)로 존재할 것을 요구한다.[45]

그런데 저작물 성립의 일반적 요건으로 유형물에의 고정을 요구하지 않는 우리 저작권법에서도 영상저작물에 대해서만은 예외적으로 '고정'을 요구한다고 해석된다. 저작권법 제2조 제13호는 영상저작물에 대해 '영상의 수록'과 '기계 또는 전자장치에 의한 재생'을 요구한다고 규정하는데, 여기서 '수록'이란 연속적인 영상이 유형물에 '고정'된다는 의미이고 '재생'이란 이러한 고정을 전제로 영상물이 제공되는 것으로 해석되기 때문이다.

---

42) "Wrapped Reichstag I" 사건에서 피고는 독일 저작권법 제24조의 '자유이용'(fee use)의 항변을 하였으나 피고가 원고의 저작물을 차용하여 전적으로 새로운 저작물을 창작한 경우에 해당하지 않는다고 보아 위 항변을 배척하였다. "Wrapped Reichstag II" 사건에서는 피고가 독일 저작권법 제59조에 의해 공공장소에 항시 전시되는 저작물을 사진 등의 방법으로 공개 재현하는 것은 허용된다는 취지의 항변을 하였으나 이 또한 받아들여지지 않았다. J.A.L. Sterling, *World Copyright Law*, Sweet&Maxwell, 2003, pp.228~229 참조.

43) 미국 저작권법 제102조(a).

44) 영국 저작권법 제3조 제2항.

45) 영국 저작권법 제4조.

다. 창작성

(1) 의   미

저작물로 보호받기 위해서는 창작성(originality)이 있어야 한다. 즉, 외부적
으로 표현된 것만으로는 충분하지 않고 창작성 있는 표현이어야 한다. 그러나
저작물을 작성할 때에는 先人의 문화유산을 토대로 거기에 새로운 지식이나
생각을 가미하여 완성하는 것이 대부분이므로 저작물 전체가 저작자의 독창력
으로 관철되는 경우는 좀처럼 드물다. 따라서 여기서 말하는 창작성이란 저작
자의 개성이 저작물 중에 어떠한 형태로든 나타나 있으면 그것으로 충분하
다.[46] 완전한 의미의 독창성(타인의 표현과 다를 것)이나 특허의 경우처럼 신규
성(객관적으로 새로울 것)이 있을 필요가 없다. 예컨대, 1천명의 사람들이 특정
저작자보다 앞서서 유사하거나 심지어 똑같은 저작물을 창작하였더라도 그 저
작자 스스로 해당 저작물을 창작한 것인 이상 그 저작물에 대한 저작권을 주
장할 수 있다. 이에 반하여 발명의 경우 특허권으로 보호받기 위해서는 과거
에 다른 사람이 발명한 적이 없어야 하므로 저작권 보호와는 달리 신규성
(novelty)이 요구된다. 요컨대 저작물로 보호받기 위해 요구되는 창작성이란 그
저작물이 저작권을 주장하는 자에게서 비롯된 것이고 다른 사람의 것을 베끼
지 않았다는 것을 의미한다.[47] 그리고 남의 것을 베끼지 않고 저작물을 작성
한 경우에는 저작자의 개성이 나타나기 마련이다. 따라서 우연의 일치로 완전
히 동일한 저작물이 존재하더라도 남의 것을 베낀 것이 아닌 한 얼마든지 저
작권법으로 보호받을 수 있다.

대법원 판결은 "창작성이란 완전한 의미의 독창성을 말하는 것은 아니고,
단지 어떠한 작품이 남의 것을 단순히 모방한 것이 아니고 작자 자신의 독자
적인 사상 또는 감정의 표현을 담고 있음을 의미할 뿐이어서 이러한 요건을
충족하기 위하여는 단지 저작물에 그 저작자 나름대로의 정신적 노력의 소산
으로서의 특성이 부여되어 있고 다른 저작자의 기존의 작품과 구별할 수 있을
정도이면 충분하다"고 판시한다.[48] 이와 유사한 취지로 "저작물로서 보호를

---

[46] 半田正夫, 「著作權法槪說」第15版, 法學書院, 2013, 77면. 창작성이란 '개성의 발현'을 의미한다
고 요약할 수 있는 이러한 정의는 半田 교수의 초판 교과서(「著作權法槪說」, 一粒社, 1974, 75
면)에 처음 등장한 이래 창작성에 관한 통설적인 견해로 평가되어 왔다.

[47] Arthur R. Miller & Michael H. Davis, *Intellectual Property*, 4th ed., 2007, p.297.

[48] 대법원 1995. 11. 14. 선고 94도2238 판결('세탁학기술개론' 사건); 같은 취지 대법원 1999. 10.
22. 선고 98도112 판결; 대법원 2014. 2. 27. 선고 2012다28745 판결. 이 판결의 "다른 저작자의
기존의 작품과 구별할 수 있을 정도"라는 설시 부분은 남의 것을 베끼지 않았음을 보여주는 하
나의 實例일 뿐 아니라 창작성의 정도와 관련하여 '최소한의 창작성', 즉 저작자의 개성을 갖추

받기 위해서 필요한 창작성이란 완전한 의미의 독창성을 말하는 것은 아니며 단지 어떠한 작품이 남의 것을 단순히 모방한 것이 아니고 작가 자신의 독자적인 사상 또는 감정의 표현을 담고 있음을 의미하므로, 누가 하더라도 같거나 비슷할 수밖에 없는 표현, 즉 저작물 작성자의 창조적 개성이 드러나지 않는 표현을 담고 있는 것은 창작성 있는 저작물이라고 할 수 없다"고 판시한 판결도 있다.[49] 또 판결은 설령 미완성 작품도 작가의 창작적 표현에 해당하는 한 저작물로 보호된다고 한다.[50]

그렇지만 인간이 그리거나 쓴 그림이나 문장이라면, 어떤 것이라도 창작성이 긍정되는 것은 아니다. 우선, 지적활동의 소산이라고 말할 수 없는 경우이다. 예컨대, 다른 사람의 소설이나 그림을 그대로 완벽하게 통째로 베낀 경우는 아무리 육체적으로 많은 노력을 하였더라도 지적활동의 소산이라고 말할 수 없으므로 창작성이 부정된다. 또한 1년 365일간 경부고속도로의 특정 톨게이트를 빠져나간 특정 회사 차량을 정확히 기록하였고 그 자료를 작성하는 데에 많은 육체적 노고와 경제적 비용이 소요되었더라도, 그것만으로는 지적활동이 행해졌다고 말할 수 없으므로 창작성이 부정된다. 이러한 신체적 노고는 '이마의 땀'(sweat of the brow)이라 부르며 저작권법으로 보호하지 않는다.[51]

또한, 누가 하더라도 동일할 수밖에 없는 판에 박히거나 진부한 표현도 창작성이 인정되지 않는다. 대법원 판결은 '종이접기' 방법의 표현과 관련하여 "누가 작성하더라도 달리 표현될 여지가 거의 없을 뿐 아니라, 설령… 다소 다르게 표현될 수 있는 여지가 있다고 하더라도… 종이접기 부분에 작성자의 창조적 개성이 드러나 있다고 할 수 없는 점" 등에 비추어 저작물로서 창작성을 인정할 수 없다고 판시하였다.[52] 간단한 사건·사고 기사의 경우도 마찬가지이다. 예컨대, "세계적 베스트셀러 작가 시드니 셸던 씨가 1월 30일 폐렴에 의

었음을 나타내는 하나의 징표라고 이해할 수 있다. 이러한 관점에서 Nimmer는 저작권법상 요구되는 창작성이란 '구별 가능한 차이'(distinguishable variation)를 의미하는 것이라고 설명하기도 한다. M.B. Nimmer & D. Nimmer, *Nimmer on Copyright*, Vol. IV, LexisNexis, 2007, §13.03[A] p.13－34.2.

49) 대법원 2005. 1. 27. 선고 2002도965 판결('설비제안서 도면' 사건); 대법원 2009. 1. 30. 선고 2008도29 판결 등.

50) 서울고법 1995. 5. 19. 선고 95나8746 판결(밑그림이나 데생 또는 미완성 작품도 작가의 사상, 감정이 창작적으로 표현된 것이면 미술저작물로서 보호될 수 있다는 취지).

51) 上野達弘, "知的財産法の重要論点(第1回)―著作物性(1)總論", 「法學教室」No.319, 2007. 4., 164면.

52) 대법원 2011. 5. 13. 선고 2009도6073 판결('종이접기 도형놀이' 사건); 송영식·이상정, 앞의 책, 47면.

한 합병증으로 캘리포니아 주 남부의 병원에서 서거하였다. 금년 89세"라는 사망기사는 창작성이 부정될 것이다.53) 왜냐하면 이 문장은 유명 작가의 사망 사실을 간결하게 표현한 것으로서 진부한 것이기 때문이다. 우리 저작권법 제 7조 제5호가 '사실의 전달에 불과한 시사보도'는 저작권법에 의한 보호를 받지 못한다고 규정하는 것도 이와 동일한 취지의 확인규정이다.54)

(2) 창작성의 정도

창작성 요건과 관련하여 자주 문제가 되는 것은 구체적으로 어느 정도의 창작성을 갖추어야 저작물로 성립되는가 하는 점이다. 창작성은 저작권법과 특허법이 모두 요구하는 요건이지만, 특허법에서의 창작성 정도에 관해서는 법 규정상 신규성과 진보성이라는 세부 기준이 마련되어 있음에 비하여, 저작 권법의 창작성 정도에 관해서는 해석론에 맡겨져 있다. 창작성의 정도에 관하 여 대법원은 "창작성은 작품이 저자 자신의 작품으로서 남의 것을 복제한 것 이 아니라는 것과 최소한도의 창작성이 있다는 것을 의미하므로 반드시 작품 의 수준이 높아야 하는 것은 아니지만 저작권법에 의한 보호를 받을 가치가 있는 정도의 '최소한의 창작성'은 나타나 있어야" 한다고 판시한다.55) 여기서 말하는 '최소한의 창작성'이란 저작자의 개성이 어떤 식으로든 표현되어 있어 야 한다는 의미이다. 판결 중 한복 디자인의 전통문양을 그대로 모방하지 않 고 변형을 가한 부분에 창작성이 있다고 한 것이나56) 평범한 도형과 문자로 구성된 시력표에 창작성을 인정한 경우57) 등도 이러한 취지라고 이해할 수 있 다. 그러나 문구가 짧고 단순한 의미를 담고 있는 것에 불과한 경우에는 창작 성을 인정하기 어렵다.58)

---

53) 上野達弘, 앞의 논문, 164면.
54) 서울중앙지법 2011. 7. 8. 선고 2010나51177판결(상고기각 확정)은, '사실의 전달에 불과한 시사 보도'라 함은 "최소한도의 창작성조차 인정되지 않는 경우로서 누가 하더라도 같거나 비슷할 수 밖에 없는 표현…을 담고 있는 것을 의미하는 것으로서 인사발령기사, 부고기사, 주식시세, …육 하원칙에 해당하는 기본적인 사실로만 구성된 간단한 사건·사고기사(화재·교통사고)와 같이 단일한 사항에 대하여 객관적인 사실만을 전하고 있어 그 자체로서 저작물성을 인정할 수 없는 것에 한한다"고 판시한다.
55) 대법원 1997. 11. 25. 선고 97도2227 판결(대입본고사 입시문제의 창작성을 인정); 대법원 1999. 11. 23. 선고 99다51371 판결(경마예상지의 편집저작물성을 부인); 대법원 1999. 11. 26. 선고 98 다46259 판결('고려수지요법강좌' 사건); 대법원 2009. 6. 25. 선고 2008도11985 판결 등.
56) 대법원 1991. 8. 13. 선고 91다1642 판결(한복문양 사건).
57) 대법원 1992. 6. 23. 선고 91도2101 판결(시력표 사건).
58) 서울고법 1998. 7. 7. 선고 97나15229 판결(광고문구의 저작물성을 부인).

(3) 이른바 '선택의 폭' 이론

저작물의 창작성과 관련하여 주목할 필요가 있는 것이 '선택의 폭'(Spielraum) 이론이다. 이 '선택의 폭' 이론은 독일을 중심으로 한 유럽 저작권법 학자들이 제창한 것이다.[59][60] 유럽에서도 종래 전통적인 창작성 개념은 낭만주의 창작 관을 반영한 것으로[61] 저작자의 개성이 저작물 중에 어떠한 형태로든 나타나 있는 것을 말하였다. 그런데 개성이라는 개념은 창작과정을 낭만주의적 관점 (romantische Vorstellungen von einem schöpferischen Prozess)에서 이해한 것이라고 비판되었고 개성(Individualität)에 갈음하여 '창작에서의 선택의 폭'(Gestaltungsspielraum) 이라는 개념이 제창된 것이다.[62] 이러한 유럽 학자들의 해석론에서 영향을 받아 일본의 中山信弘 동경대 명예교수는 '선택의 폭' 이론을 주장하였다.[63] 中山 교 수는 개성의 표현이라는 종래의 창작성 정의 대신에 "달리 선택의 여지가 있 는 경우" "선택의 폭"으로 이해하는 것이 전통적인 예술적 저작물은 물론이고 기능적 저작물, 사실적 저작물의 경우에도 두루 적용 가능한 통일적인 창작성 개념을 정립하는[64] 데에 타당하므로, 창작성을 "표현의 선택의 폭이 있을 것" 으로 정의해야 한다고 주장한다. 따라서 "달리 選擇肢가 없거나 극히 한정되 어 있을 경우에는 창작성이 없다"고 한다.[65] 나아가 "창작성을 선택의 폭으로 판단한다는 것은 어떤 저작물에 저작권을 인정한 경우 타인에게 창작의 여지 가 어느 정도 남아 있는가"를 판단하는 것이 되므로 이는 개성을 중시하여

---

59) Stig Strömholm, "Spielraum, Originalität oder Persönlichkeit? Das Urheberrecht vor einer Wegwahl", *GRUR Int.*, 1996, S.529~533; Haimo Schack, *Urheber – und Urhebervertragsrecht*, 5. Aufl., Mohr Siebeck, 2010, S.102 각 참조.

60) 독일 학설상 '선택의 폭'이라는 개념은 종래부터 사용된 바 있다. Eugen Ulmer, *Urheber – und Verlagsrecht*, 3. Aufl., Springer, 1980, S.133에 의하면 "개성을 발현하기 위한 여지(Raum für die Entfaltung persönlicher Züge)가 있어야 한다는 요건은 저작권법에서 개인의 지적 창작이라 는 개념을 통하여 이루어진다. 물론 비교적 좁더라도 선택의 폭(Spielraum)이 있으면 그것으로 개성의 발현을 인정하기에 충분하다"고 한다.

61) 이에 관해서는 제2장 제1절 ≪근대미학과 저작권법≫ 참조.

62) Strömholm, a.a.O., S.532.

63) 中山信弘, "創作性についての基本的考え方", 「著作權研究」第28号, 著作權法學會, 2001, 2면 이하.

64) 처음 中山 교수는 전통적인 예술적 저작물과 달리 컴퓨터프로그램 등의 기능적 저작물이나 데 이터베이스와 같은 사실적 저작물에 대해서는 그 창작성 개념을 개성의 발현이라고 파악하기 곤 란하므로 저작물의 종류에 따라 창작성 개념에 차등을 둘 수밖에 없다는 견해를 제시하였다(中 山信弘, 「ソフトウェアの法的保護」新版, 有斐閣, 1988, 104~105면). 그 후 同 교수는 모든 저 작물의 창작성 개념을 '선택의 폭'이라는 통일적 기준에 입각하여 설명하는 방식으로 견해를 바 꾸면서 저작물의 종류에 따라 창작성 개념에 차등을 두어야 한다는 과거 학설을 폐기하였다.

65) 中山信弘, 위의 논문, 6~7면.

"창작자의 주관적인 관점에서 저작권을 파악하는" 전통적인 견해와 달리 창작
성을 "시장이나 사회에서 객관적으로 판단하는 것"을 의미한다고 설명한다.[66]
요컨대, 이 견해는 창작자의 주관적인 면에서 창작성을 판단하는 것이 아니라
시장이라든가 사회와 같은 객관적인 면에서 창작성을 판단하는 것이므로 競業
秩序의 형성·유지라는 관점이 강하다.[67] 위와 같은 '경쟁법적 선택의 폭' 이론
에 대해 개성의 발현이라는 전통적인 창작성 개념을 '선택의 폭'이라는 관점과
연결하여 재구성하는 견해도 있다.[68] 이러한 후자의 견해를 이른바 '창작법적
선택의 폭' 이론이라고 한다.[69] 이에 따르면 "창작성이란 것은 표현의 선택의
폭이 넓게 존재하는 상태에서 이를 표현하는 사람이 특정한 표현을 선택한다
는 지적 활동을 의미하는 것으로 이해할 수 있다"는 것이다.[70]

　　일본의 판례 중에서도 창작성 여부를 판단하면서 '창작법적 선택의 폭'이
라는 관점에서 '선택의 폭' 혹은 '선택의 여지'라는 용어를 사용하면서 창작성
을 판단한 경우가 몇 차례 있었다.[71] 특히 일본 지적재산고등재판소는 프로그
램 저작물에 대하여 이렇게 판시한 바 있다. "프로그램에 저작물성이 있다고
말할 수 있기 위해서는 指令의 표현 자체, 그 지령의 표현의 조합, 그 표현순
서로 이루어지는 프로그램 전체에 선택의 폭이 충분히 있고, 또한 그것이 진
부한 표현이 아니라 작성자의 개성이 나타나 있을 것을 요하는 것이므로, 프
로그램의 표현에 선택의 여지가 없거나 선택의 폭이 현저히 좁은 경우에는 작
성자의 개성이 나타날 여지도 없게 되고, 저작물성을 갖지 않게 된다."[72] 위
일본 판결은 창작성이란 표현의 선택의 폭이 넓게 존재하는 상태에서 이를 표

<hr/>

66) 中山信弘, 위의 논문, 7면.
67) 島並良, "特許發明と著作物(2)─進步性と創作性", 「法學教室」No.382, 2012. 7., 118면.
68) 이러한 관점으로는, Ulmer, a.a.O., S.133 참조.
69) 上野達弘, "知的財産法の重要論点(第1回)─著作物性(1)總論", 「法學教室」No.319, 2007. 4.,
167면의 각주22)에서 上野 교수는 中山 교수의 이론을 '경쟁법적 선택의 폭' 이론으로, 자신이
주장하는 '선택의 폭' 이론을 '創作法的 선택의 폭' 이론으로 구별하여 부른다. 그러면서 中山 교
수가 말하는 '선택의 폭'이란 해당 저작물의 저작자가 아니라 경쟁자(후행자)에게 있어서의 선택
의 폭으로 파악되는 것이라고 지적한다. 요컨대, 전자는 창작 후에 있어서 타인(후행자)에게 선
택의 여지가 충분하게 남아있는 상태를 선택의 폭이 있다고 파악하는 견해라면, 후자는 창작 전
단계에서 저작자에게 선택의 폭이 존재하는가를 판단하는 것이라고 이해할 수 있다(島並良, 위
의 논문, 118면 참조).
70) 上野達弘, 위의 논문, 166면.
71) 가령, 東京高裁 1985(昭和60)年 11月 14日 判決(아메리카語要語集 사건); 知財高裁 2005(平成
17)年 10月 6日 平成17年(ネ)第10049号 判決(요미우리 온라인 사건) 등 참조.
72) 知財高裁 2006(平成18)年 12月 26日 平成18年(ネ)第10003号 判決(우주개발사업단 프로그램
사건) 참조.

현하는 사람이 특정한 표현을 선택한다는 지적 활동을 의미하는 것이라고 이해한 것으로 평가할 수 있다.[73] 우리 대법원 판결 중에는 '선택의 폭'이나 '선택의 여지'라는 용어를 직접적으로 사용하지는 않았지만 이에 근사하게 설시한 것으로 "누가 작성하더라도 달리 표현될 여지가 거의 없을 뿐 아니라, 설령… 다소 다르게 표현될 수 있는 여지가 있다고 하더라도… 종이접기 부분에 작성자의 창조적 개성이 드러나 있다고 할 수 없는 점" 등에 비추어 창작성을 인정할 수 없다고 판시한 것이 있다.[74]

이와 같이 '창작법적 선택의 폭'이라는 관점에서 창작성을 이해하는 입장을 취하면, 예컨대 바둑 게임 또는 그 기보에 저작물의 성립요건으로서 창작성을 인정하는 것은 더욱 용이하다고 할 것이다. 즉, 한 판의 바둑 게임은 포석 단계에서부터 중반 및 종반에 이르는 대국 전체를 조망할 때에 대국자 상호간에 선택 가능한 착점과 활용 가능한 행마의 '선택지'가 넓다고 할 것이므로 창작성을 인정하는 데에 별다른 문제는 없을 것으로 생각된다.

(4) 저작물의 예술성·이적성·음란성 문제

한편, 저작물의 성립은 학문적 또는 예술적 가치의 높고 낮음과는 관계가 없다. 만일 예술적 가치나 경제적 중요성 또는 품격이 높은 것만이 저작물로서 보호를 받는다면, 저작권법의 적용이 감상자의 주관적 평가에 의존하는 것이 되어 위험하고 불공정한 결과를 낳을 우려가 있다. S.M. Stewart가 적절히 지적하였듯이, 저작물의 品格(quality or merit)은 嗜好의 문제이지 무엇이 저작물인지를 좌우하는 문제는 아니다.[75] 이와 같이 창작성이란 그 예술적 가치나 경제적 가치와도 관계가 없는 것이므로, 예컨대 어린아이가 그린 천진난만한 그림이라도 창작성은 인정될 수 있다. 마찬가지로 '이적성'이나 '음란성' 문제도 저작물의 성립요건과는 무관하다. 따라서 설령 국가보안법이나 형법 등에 저촉되는 경우가 있더라도 저작권 보호 자체가 부인되는 것은 아니다.[76] 다만

---

73) 上野達弘, 앞의 논문, 166면.

74) 대법원 2011. 5. 13. 선고 2009도6073 판결('종이접기 도형놀이' 사건); 같은 취지 대법원 2007. 8. 24. 선고 2007도4848 판결(기계장치 설계도 사건).

75) Claude Colombet, *Major principles of copyright and neighbouring rights in the world*, 저작권심의조정위원회 옮김, 「세계의 저작권 및 인접권의 주요원리」, 저작권심의조정위원회, 1988, 15~16면; S.M. Stewart, *International Copyright and Neighbouring Rights*, Butterworths, 1983, p.50.

76) 대법원 2015. 6. 11. 선고 2011도10872 판결은, 음란물이 포함된 영상물을 무단 복제하여 인터넷 파일 공유 사이트에 업로드 한 사안에서 "저작권법의 보호대상이 되는 저작물이란…인간의…사상 또는 감정을…외부에 표현한 것으로서 '창작적 표현형식'을 담고 있으면 족하고, 표현되어 있는 내용 즉 사상 또는 감정의 윤리성 여하는 문제되지 아니하므로, 설령 내용 중에 부도덕하거

이른바 '이적성' 또는 '음란성'을 내포한 저작물의 제작·반포행위는 국가보안법 제7조 제5항이나 형법 제243조, 제244조에 의하여 금지되므로, 저작권자는 집필이나 출판 이후 事後的으로[77] 적극적인 복제·배포권의 행사를 할 수 없게 된다. 그러므로 가령 음란물에 대한 저작권법상의 보호는 제3자에 대해 침해금지청구 등의 방어권을 행사하는 소극적 내용에 그치고,[78][79] 손해배상청구라는 적극적인 권리추구기능은 제한된다고 보아야 할 것이다.[80][81]

3. 관련문제—창작성이 인정되지 않는 경우 법적 보호

가. 문제의 제기

저작권법에 의해 보호되지 않는 타인의 '표현정보'(expressive information)는 설령 그것이 재산적 가치를 갖는다고 하더라도 원칙적으로 자유로운 모방과 이용이 허용되어야 한다. 저작물로 보호되던 것이라도 그 보호기간이 만료되면 公有(public domain) 상태에 놓이게 되어 누구나 자유롭게 이용할 수 있게 되는 경우와 마찬가지의 이치이다.

나 위법한 부분이 포함되어 있다 하더라도 저작권법상 저작물로 보호된다"고 판시하였다. 같은 취지 대법원 1990. 10. 23. 선고 90다카 8845판결(누드사진저작물을 무단 전재한 사안).

77) 국가보안법 등을 이유로 저작물의 복제·배포행위를 事前檢閱하는 것은 헌법위반으로서 허용되지 않는다.

78) Vgl. M. Rehbinder, *Urheberrecht*, 9. Aufl., C.H. Beck, 1996, S. 42.

79) 서울고법 2016. 11. 29.자 2015라1490 결정은, 음란 영상물을 불법복제·전송하는 웹사이트를 상대로 지작권 침해금지 가치분을 인용한 시안에서 "영상물이 음란물에 해당되어 형법과 정보통신망이용촉진 및 정보보호 등에 관한 법률 등에 의해 배포·판매·전시 등의 행위가 처벌되고 배포권과 판매권, 전시권 등 권리행사에 제한을 받을 수 있지만 저작권자의 의사에 반해 저작물이 유통되는 것을 막아달라는 청구까지 제한되는 것은 아니다"라고 판시하였다.

80) 음란물의 저작권자에게 침해금지청구를 허용하는 것은 국가가 형벌권을 발동하여 음란물 유통을 규제하는 취지에 부합하지만, 손해배상청구는 그러한 국가형벌권의 발동 취지에 정면으로 배치되므로 허용될 수 없다고 보아야 할 것이다. 설령 손해배상청구권의 행사 자체는 허용된다고 가정하더라도 손해발생이 없다고 보아야 한다. 손해배상청구권은 본래 권리·법익의 가치대체물로서의 성격을 갖는 것이라는 점에 주목한다면, 이는 필연적으로 법질서가 지적재산이라는 권리·법익에 대해 어떠한 가치를 부여하고 있는가라는 관점에서 규범적 평가라는 색채를 띨 수밖에 없다. 이러한 규범적 손해개념에 입각할 때 음란물에 대해서는 객관적 손해발생 자체를 인정하기 어렵다고 보아야 한다. 규범적 손해개념에 입각한 손해의 객관적 파악에 관해서는, 潮見佳男, "不法行爲における財産的損害の'理論'—實損主義·差額說·具體的損害計算", 「法曹時報」第63卷 第1号, 法曹會, 2011. 1., 23면, 29면, 37면 각 참조.

81) 박준석, "음란물의 저작물성 및 저작권침해금지청구 등의 가능성", 「법조」 Vol.720, 2016. 12., 769~770면은 현실적인 손해를 입었다고 할 수 없으므로 손해발생 자체가 부정되어 손해배상청구가 배척될 것이라고 한다.

다만 예외적으로 우리 판례는 타인의 성과의 이용에 위법성이 인정되는 경우에는 부정경쟁방지법[82] 위반행위에 해당하거나 민법 제750조의 불법행위에 해당한다고 판시하였다. 먼저 부정경쟁방지법 사건으로 원고의 출판물인 '북역 고려사'의 편집형태는 한문원문과 역문을 같은 면 좌우에 배치한 것이어서 편집저작물로서의 창작성이 인정되지 않는다고 하더라도 피고들이 북역 고려사를 원고가 경영하는 출판사인 '신서원' 표지를 포함하여 150질을 복제하여 판매한 경우 북역 고려사와 같이 고객층이 한정된 상품의 경우 복제품이 판매되면 정품의 판매가 감소하는 것은 경험칙상 명백하므로 피고들의 행위는 구 부정경쟁방지법 제2조 제1호 마목[83]의 타인의 상품을 사칭하여 판매를 한 것에 해당한다고 판시한 것이 있다.[84] 또한 저작권법상의 非侵害行爲에 대해 일반 불법행위책임을 인정한 것으로 후술하는 대법원 재판례(①②)를 비롯하여 하급심 판결들이 있다.[85]

한편, 부정경쟁방지법은 2013. 7. 30. 일부 개정되어 제2조 제1호 (차)목이 신설되었다. (차)목은 "그 밖에 타인의 상당한 투자나 노력으로 만들어진 성과 등을 공정한 상거래 관행이나 경쟁질서에 반하는 방법으로 자신의 영업을 위하여 무단으로 사용함으로써 타인의 경제적 이익을 침해하는 행위"를 부정경쟁행위의 하나로 규정하고 있다. 2018. 4. 17. 개정된 부정경쟁방지법에서 위 (차)목은 (카)목으로, 2021. 12. 7. 개정으로 (카)목은 다시 (파)목으로 변경되었다.

나. 저작물성 등이 인정되지 않는 '표현정보'의 이용과 민법상 불법행위책임

(1) 대법원 재판례

저작물로 보호되지 않거나 저작권 침해가 인정되지 않은 사안에서 민법상 불법행위책임을 인정한 대법원 재판례(①②)를 살펴본다.

① 대법원 결정은 인터넷 포털사이트에서 광고의 차단·삽입과 저작권 침해 등이 문제된 사건에 관한 것이다. 피신청인은 광고차단 및 광고삽입용 프로그램을 개발하여 신청인의 사이트를 방문하는 이용자들에게 배포하였다. 피신청인은 위 프로그램을 설치한 이용자들이 사이트에 접속하면 그 프로그램이

---

82) 정식 명칭은 '부정경쟁방지 및 영업비밀보호에 관한 법률'이다.

83) 현행 부정경쟁방지법 제2조 제1호 (바)목의 '품질 등 오인야기행위'.

84) 서울고법 1997. 12. 9. 선고 96나52092 판결(북역 고려사 사건).

85) 대법원 2010. 8. 25.자 2008마1541 결정; 대법원 2012. 3. 29. 선고 2010다20044 판결. 하급심 판결로는 서울중앙지법 2007. 6. 21. 선고 2007가합16095 판결(확정); 서울중앙지법 2008. 11. 14. 선고 2007가단70153 판결(항소되었으나 화해권고로 종결); 서울중앙지법 2011. 7. 19. 선고 2011가합3027 판결(항소취하로 확정).

사이트 내의 배너광고 위치를 검색하여 해당 위치에 피신청인이 수주한 회사의 광고를 덮어쓰기 방식으로 광고하거나, 사이트의 빈 공간을 검색한 후 그 위치에 피신청인이 수주한 회사의 광고를 삽입하는 방식으로 광고영업을 하였다. 이에 신청인은 저작인격권이나 저작재산권 침해 등을 주장하였지만 원심판결은 저작권 등의 침해나 부정경쟁방지법 위반 주장을 모두 부정하였고[86] 업무방해에 대한 불법행위책임만을 인정하면서 일정 요건 아래에서 불법행위의 금지 또는 예방청구를 허용한다고 판시하였다. 재항고심인 대법원은 민법상 불법행위에 해당하는지 여부 및 그와 같은 불법행위의 금지 또는 예방을 청구할 수 있는 경우에 대해 다음과 같이 판시하였다. 즉 "경쟁자가 상당한 노력과 투자에 의하여 구축한 성과물을 상도덕이나 공정한 경쟁질서에 반하여 자신의 영업을 위하여 무단으로 이용함으로써 경쟁자의 노력과 투자에 편승하여 부당하게 이익을 얻고 경쟁자의 법률상 보호할 가치가 있는 이익을 침해하는 행위는 부정한 경쟁행위로서 민법상 불법행위에 해당한다"고 판단한 다음, 이러한 "무단이용 상태가 계속되어 금전배상을 명하는 것만으로는 피해자 구제의 실효성을 기대하기 어렵고 무단이용의 금지로 인하여 보호되는 피해자의 이익과 그로 인한 가해자의 불이익을 비교·교량할 때 피해자의 이익이 더 큰 경우에는 그 행위의 금지 또는 예방을 청구할 수 있다"고 판시하였다.[87]

② 대법원 판결은 피고 법인이 자신이 운영하는 홈페이지에서 원고 방송사업자들이 방영한 "겨울연가", "황진이", "대장금", "주몽" 등 제호 하에 위 드라마가 연상되는 의상, 소품, 모습, 배경 등으로 꾸민 "HELLO KITTY" 제품을 세조·판매한 사안에 관한 것이다. 대법원은 원고늘이 주장하는 저작권과 상표권 침해는 물론이고 부정경쟁방지법에 의한 '국내에 널리 인식된 타인의 상품임을 표시한 표지', '상품형태의 모방'에 의한 보호까지 모두 부정하였다. 특히 위 드라마에 등장하는 인물들의 이름, 복장, 소품만으로는 위 드라마와 별개로 저작권법으로 보호받을 수 있는 캐릭터 저작물이 성립되지 않으며 위 드라마 주인공의 복장과 의상에 대한 응용미술저작물성도 부정하였다. 그러나 대법원

---

86) 서울고법 2008. 9. 23.자 2008라618 결정. 이 결정에서는 신청인의 인터넷 홈페이지는 그 구성형식, 소재의 선택이나 배열에 있어 창작성이 있는 경우 편집저작물에 해당할 수 있다고 하면서도 이 사건 프로그램에 의한 광고의 차단·삽입은 신청인 인터넷 홈페이지 화면의 동일성을 손상할 정도로 내용 또는 형식을 변경한 것이라고 볼 수 없고 이 사건 프로그램이 신청인 홈페이지 화면 내용에 관한 복제, 공중송신 등의 행위를 하였다고 볼 수도 없어 저작인격권이나 저작재산권 침해가 성립하지 않는다고 판시하였다.

87) 대법원 2010. 8. 25.자 2008마1541 결정.

은 피고의 제조·판매행위는 드라마를 이용한 상품화 사업 분야에서 경쟁자 관계에 있는 원고들의 영업상 이익을 침해하는 것으로 이러한 피고의 행위는 "경쟁자가 상당한 노력과 투자에 의하여 구축한 성과물을 상도덕이나 공정한 경쟁질서에 반하여 자신의 영업을 위하여 무단으로 이용함으로써 경쟁자의 노력과 투자에 편승하여 부당하게 이익을 얻고 경쟁자의 법률상 보호할 가치가 있는 이익을 침해하는 … 부정한 경쟁행위로서 민법상 불법행위에 해당한다"고 판시하였다.[88]

(2) 민법상 불법행위책임의 적용범위

대법원 재판례(①②)는 저작물로 보호되지 않거나 저작권 침해가 인정되지 않고, 또한 부정경쟁방지법에서 정하는 '부정경쟁행위'에 해당하지 않더라도 일정한 경우에 '부정한 경쟁행위'로서 민법상의 불법행위에 해당할 수 있다고 판단한 것이다.

위 대법원 재판례와 관련하여 유의할 것은 저작권법이 보호대상으로 하지 않는 타인의 지적 성과를 누군가가 허락 없이 이용하여 영업상의 이익을 침해한 경우, 그 이용행위가 언제나 민법상의 불법행위에 해당한다고 판시한 것은 아니라는 점이다. 저작권법에 의해 보호되지 않는 타인의 표현정보는 설령 그것이 재산적 가치를 갖는다고 하더라도 원칙적으로 자유로운 모방과 이용이 허용되어야 한다. 다만 예외적으로 타인의 성과의 이용에 위법성이 인정되는 경우에 한하여 민법 제750조의 불법행위에 해당하게 된다. 그러면 어떠한 경우에 타인의 성과를 모방한 영업상 이익의 침해행위를 위법하다고 판단할 수 있을까?[89]

위법성 판단에 관한 통설적 견해에 따르면, 위법성은 침해된 이익의 성질과 가해행위의 양태를 상관적으로 고려하여 판단한다는 것이다('상관관계설'). 그런데 영업상의 이익처럼 보호이익이 그다지 강하지 않다면 '이익형량'이 중요한 역할을 수행하므로 사안별로 보호해야 할 이익과 그 대척점에 있는 비교이익을 저울질하여('사안에 따른 개별적 이익형량') 행위의 위법성을 판단하게 된다.

한편, 부정경쟁방지법은 다른 지적재산법과의 관계에서 보충적인 지위에

88) 대법원 2012. 3. 29. 선고 2010다20044 판결. 이 판결의 민법상 불법행위 해당 부분에서 참조한 재판례가 전술한 ① 대법원 결정이다.
89) 이에 관한 상세는, 박성호, "지적재산법의 비침해행위와 일반불법행위—불법행위법리에 의한 지적재산법의 보완 문제를 중심으로—",「정보법학」제15권 제1호, 2011, 192면 이하; 박성호, "저작권법에 의한 보호가 부정되는 경우 부정경쟁방지 및 영업비밀보호에 관한 법률 제2조 제1호 (차)목의 적용범위",「한양법학」제29권 제1집, 2018, 79면 이하 각 참조.

있고, 또한 부정경쟁방지법은 일반 불법행위법의 특별법적인 지위에 있다고 해석된다. 이러한 해석으로부터 민법상 불법행위의 법리에 의한 지적재산법의 보충이라는 관점을 도출할 수 있다. 그러므로 위법성 판단을 긍정할 수 있는 사정('특별한 사정')의 인정 여부는 민법상 불법행위의 법리에 의한 지적재산법의 보충이라는 관점에서 검토되어야 한다. 즉 '특별한 사정'이란 타인의 지적 성과물의 이용행위가 저작권법에 의해 보호되지 않는 非侵害行爲에 해당한다고 하더라도[90] 그 지적 성과물의 이용행위를 민법상 불법행위의 법리에 의해 보호해 주지 않으면 그 지적 성과물을 창출하거나 고객흡인력 있는 정보를 획득한 타인에 대한 인센티브가 부족하게 될 것이 명백한 경우를 의미한다고 보아야 한다.

그런데 사안에 따른 개별적 이익형량을 하는 것은 그 예견가능성이 담보되지 않는 단점이 있다. 불법행위법의 적용 결과에 대한 예견가능성을 확보하기 위해서는 위법성 판단을 긍정할 수 있는 사정('특별한 사정')을 유형화하는 것이 필요하다.[91] 민법상 불법행위의 법리에 의한 지적재산법의 보충이라는 관점에서 독일에서 전개되어온 재판례와 해석론을 참조하면,[92] '타인의 성과물에 대한 도용'(Ausbeutung fremder Leistung)이 위법하다고 판단되는 '특별한

---

90) 저작권법뿐 아니라 다른 지적재산법에 관해서도 마찬가지의 논리가 될 것이다.

91) 이는 '이익형량 기준'(interest balancing test) 혹은 '사안별 형량 기준'(ad hoc balancing test)으로부터 예견가능성이 담보되는 '유형별 형량 기준'(definitional balancing test)으로의 전환을 의미한다. '유형별 형량 기준'은 1964년 New York Times v. Sullivan 사건에서 미 연방대법원이 채택한 것에서 유래한다. 즉 허위사실에 의한 명예훼손을 이유로 손해배상을 받기 위해서 유형화한 '특별한 사정'은 ① 언론사가 보도내용이 허위인 점을 알았거나 ② 그 진실성에 관하여 사실상 심각한 의심(serious doubt)을 가지고 있었다면 위법하다는 것이다. 즉 ①② 유형 중 어느 하나에 해당하는 것이 '특별한 사정'이 될 것이다.
　일본에서 '유형별 형량 기준'을 따른 것은 最高裁 2012(平成24)年 2月 2日 平成21(受)2056号 判決(핑크레이디 사건)이다. 이 판결의 취지는 인격권으로서의 명예권은 그 손상행위가 있으면 바로 위법하게 되지만 인격권으로서의 퍼블리시티권은 무단이용행위가 있다고 바로 위법하게 되는 것이 아니라 ① 초상 등 그 자체를 독립하여 감상의 대상으로 하는 상품 등에 사용하거나, ② 상품 등의 차별화를 도모하는 목적으로 초상 등을 상품 등에 붙이거나, ③ 초상 등을 상품 등의 광고로서 사용하는 등, ①②③의 세 가지 유형 중 어느 하나의 유형에 해당하여야 위법하게 된다는 것이다. 여기서는 ①②③ 유형 중 어느 하나에 해당하는 것이 '특별한 사정'이 될 것이다. 이에 관해서는, 제5장 제2절 III. 3. ≪퍼블리시티권의 정의·기원·발전, 그리고 그 법적 성격과 적용상의 한계≫ 참조.

92) 부정경쟁방지법 제2조 제1호 (파)목이 신설되기 전에는 민법 제750조가 부정경쟁방지법의 일반조항으로서의 기능과 역할을 수행하였다. 그러므로 민법 제750조의 위법성 판단을 긍정할 수 있는 '특별한 사정'의 유형화를 위해서는 독일의 1909년 구 부정경쟁방지법 제1조 및 2004년 전면 개정된 구 부정경쟁방지법 제3조의 각 일반조항 아래에서 재판례와 해석론으로 전개되어온 '특별한 사정'의 유형들을 참조할 필요가 있다.

사정'이 인정되는 행위유형들을 다음과 같이 정리할 수 있다. ① 타인의 성과물에 대한 직접적 모방, ② 선행자와의 계약상 의무나 신의칙에 반하는 양태의 모방, ③ 부정한 수단에 의하여 정보를 취득한 양태의 모방, ④ 가해행위 등이다. ① 타인의 성과물에 대한 '직접적 모방'(unmittelbare Leistungsübernahme)이란 타인의 성과물을 '그대로' 혹은 '거의 그대로' 모방한 경우를 말한다. 그대로 모방하지 않고 모방자 자신의 창작이 가미된 형태의 '예속적 모방'(sklavische Nachahmung)의 경우에는 위법하지 않지만,[93] 그러한 경우라도 ② 선행자와의 계약상 의무나 신의칙에 반하는 양태로 모방하거나 ③ 부정한 수단에 의하여 정보를 취득한 양태로 모방, ④ 가해행위 등을 한 경우에는 위법성이 긍정된다. 또한 이러한 행위유형들에 대해 '특별한 사정'이 인정되기 위해서는 모방의 대상인 타인의 성과물이 경쟁적 특성(wettbewerbliche Eigenart)을 가지는 '거래적 가치'가 있어야 한다. 어느 정도의 거래적 가치를 가지는 것이 필요한지는 모방의 정도, 모방의 양태와의 상관관계를 고려하여 정한다. 아울러 직접적 모방이 부정경쟁행위로 금지되는 것은 성과물 개발자의 투자에 대한 보상을 위해서이므로 그 보호는 성과물 개발자의 투자회수에 합리적으로 필요한 기간 내로 한정된다는 것도 고려하여야 한다.

요컨대, '특별한 사정'이 인정되는 ①②③④ 유형 중 어느 하나에 해당하면 위법성 판단을 긍정할 수 있을 것이다. 이는 타인의 지적 성과물의 이용행위를 민법상 불법행위의 법리에 의해 보호해 주지 않으면 그 지적 성과물을 창출하거나 고객흡인력 있는 정보를 획득한 타인에 대한 인센티브가 부족하게 될 것이 명백한 경우를 의미한다. 이것을 민법상 불법행위의 법리에 의한 지적재산법의 보충이라는 법정책학적 관점에서 설명하면, 지적재산법의 입법적 흠결에 대해 입법보완이 필요하지만 그때까지 기다릴 수 없는 상황을 의미한다.[94]

---

93) 직접적 모방과 예속적 모방의 경계선이 언제나 분명하다고는 말할 수 없다. 타인의 성과에 모방자 자신의 경미한 창작성을 가미하여 엄격히 말하면 직접적 모방이 아니지만 예속적 모방보다는 모방의 정도가 강한 '데드 카피'(identisches Nachmachen)가 존재하였기 때문이다. 이 데드 카피에 대해서는 '직접적 모방'의 하위 범주로 인식되었다. Adolf Baumbach/Wolfgang Hefermehl, *Wettbewerbsrecht* 22 Aufl., C.H. Beck, 2001, S.754.

94) 지적재산법의 입법적 흠결에 대한 보완이 필요하지만 그때까지 기다릴 수 없는 상황이란, 예컨대 지금은 입법으로 해결되었지만 과거 창작성이 인정되기 어려웠던 데이터베이스의 복제 또는 디자인권으로 보호되기 곤란한 상품형태의 모방 등과 같이 그 법적 보호의 필요성이 논의되고 있었던 상황에서, 타인의 창작성 없는 데이터베이스를 모방하거나 상품형태를 데드카피(dead copy)하는 사건이 발생하는 경우를 말한다고 할 것이다.

다. 저작물성 등이 인정되지 않는 '표현정보'의 이용과 부정경쟁방지법 제2조
제1호 (파)목{구 (차)목 또는 (카)목}의 적용범위

2013. 7. 30. 법률 제11963호로 개정된 부정경쟁방지법 제2조 제1호 (차)목
은 전술한 ① 대법원 결정의 취지를 반영하여 "그 밖에 타인의 상당한 투자나
노력으로 만들어진 성과 등을 공정한 상거래 관행이나 경쟁질서에 반하는 방
법으로 자신의 영업을 위하여 무단으로 사용함으로써 타인의 경제적 이익을
침해하는 행위"를 부정경쟁행위의 하나로 추가하였고(2014. 1. 31.부터 시행),
2018. 4. 17. 법률 제15580호로 개정된 부정경쟁방지법에서 (차)목은 (카)목으
로, 2021. 12. 7. 법률 제18548호로 개정된 부정경쟁방지법에서 (카)목은 (파)목
으로 각 변경되었다. (파)목의 입법취지와 그 성격은 "새로이 등장하는 경제적
가치를 지닌 무형의 성과를 보호하고 입법자가 부정경쟁행위의 모든 행위를
규정하지 못한 점을 보완하여 법원이 새로운 유형의 부정경쟁행위를 좀 더 명
확하게 판단할 수 있도록 함으로써, 변화하는 거래관념을 적시에 반영하여 부
정경쟁행위를 규율하기 위한 보충적 일반조항"이라고 이해된다.[95][96] 요컨대,
(파)목의 신설은 전술한 대법원 재판례 ①②에서 민법상 불법행위의 법리를 통
해 규율해온 '부정한 경쟁행위'를 부정경쟁방지법상의 새로운 유형의 부정경쟁
행위로 포섭하였다는 점에 의의가 있다. 문제는 (파)목의 규정내용이 포괄적이
고 일반적이어서 확대 적용의 우려가 있다는 점이다. 입법취지에 부합하면서
도 예견가능성이 있도록 그 적용범위를 적절하게 규율하는 것이 실무상 중요
한 과제로 제기된다.[97]

골프장 코스를 그대로 재현한 스크린골프 시뮬레이션용 3D 골프영상 제
작자에 대해 골프장 측이 (카)목{현 (파)목}의 부정경쟁행위에 해당한다고 주장
한 사안에서, 대법원은 골프장의 명칭, 지형, 경관, 조경요소, 설치물 등의 종
합적인 이미지는 골프장 측의 상당한 투자나 노력으로 만들어진 성과에 해당
한다고 판시하였다. 그리고 (카)목{현 (파)목}에서 규정하는 내용의 규범적 의
미를 해석함에 있어서 (1) '상당한 투자나 노력으로 만들어진' (2) '성과 등'이

---

95) 대법원 2020. 3. 26. 선고 2016다276467 판결; 대법원 2020. 3. 26.자 2019마6525 결정 등.
96) 이에 관한 '법률초안의 작성 관여자'(입법관여자)의 해설로는, 김원오, "부정경쟁방지법상 신설
된 일반조항의 법적성격과 그 적용의 한계", 「산업재산권」 제45호, 2014. 12., 257면 이하. 이에
따르면 (파)목{구 (차)목}이 "그 밖에"라는 문구로 시작한 이유도 (가)목 내지 (파)목{구 (차)
목}의 개별 부정경쟁행위를 우선 적용한 다음 "보충적, 택일적으로만 적용할 수 있는" 규정임을
의도한 것이라고 한다.
97) 사법연수원 편, 「부정경쟁방지법」, 2015, 78면.

(3) '공정한 상거래 관행이나 경쟁질서에 반하는 방법으로 자신의 영업을 위하여 무단으로 사용'한 경우에 해당하는지를 판단하는 기준을 구체적으로 제시하였다.[98]

첫째, 성과 등이 '상당한 투자나 노력으로 만들어진' 것인지이다. 이는 권리자가 투입한 투자나 노력의 내용과 정도를 그 성과 등이 속한 산업분야의 관행이나 실태에 비추어 구체적·개별적으로 판단하되, 성과 등을 무단으로 사용함으로써 침해된 경제적 이익이 누구나 자유롭게 이용할 수 있는 이른바 공공영역(public domain)에 속하지 않는다고 평가할 수 있어야 한다.

둘째, 보호대상인 '성과 등'에는 유형물과 무형물이 모두 포함되고, 종래 지적재산법에 따라 보호받기 어려웠던 새로운 형태의 결과물도 포함될 수 있다. '성과 등'을 판단할 때에는 결과물이 갖게 된 명성이나 경제적 가치, 결과물에 화체된 고객흡인력, 해당 사업 분야에서 결과물이 차지하는 비중과 경쟁력 등을 종합적으로 고려해야 한다.

셋째, '공정한 상거래 관행이나 경쟁질서에 반하는 방법으로 자신의 영업을 위하여 무단으로 사용'한 경우에 해당하는지이다. 이는 위법성 판단에 관한 것으로 이에 해당하는지를 판단하기 위해서는 ① 권리자와 침해자가 경쟁관계에 있거나 가까운 장래에 경쟁관계에 놓일 가능성이 있는지, ② 권리자가 주장하는 성과 등이 포함된 산업분야의 상거래 관행이나 경쟁질서의 내용과 그 내용이 공정한지, ③ 이러한 성과 등이 침해자의 상품이나 서비스에 의해 시장에서 대체될 수 있는지, ④ 수요자나 거래자들에게 성과 등이 어느 정도 알려졌는지, ⑤ 수요자나 거래자들의 혼동가능성이 있는지 등을 종합적으로 고려해야 한다.

그런데 대법원 판결이 제시한 것처럼 사안별로 ① 내지 ⑤의 요소들을 종합적으로 고려하여 위법성을 판단하는 개별적 이익형량 기준에 따르면 그 예견가능성이 담보되지 않는 단점이 있다. (카)목{현 (파)목}의 입법취지에 부합하면서도 예견가능성이 있도록 그 적용범위를 적절하게 규율하기 위해서는 위법성 판단을 긍정할 수 있는 사정('특별한 사정')을 유형화하는 '유형별 형량' 기준으로 전환할 필요가 있다.[99]

한편, (파)목 입법 이후에도 지적재산법에 의해 보호되지 않는 지적 성과에 대해 민법상 불법행위책임을 주장할 수 있을 것인지가 문제이다. 이에 대

---

98) 대법원 2020. 3. 26. 선고 2016다276467 판결. 같은 취지 대법원 2020. 3. 26.자 2019마6525 결정 등.
99) 이에 관한 상세는 전술한 각주91) 참조.

해 일부 하급심에서는 불법행위 주장이 (파)목의 입법으로 흡수되었다는 입장에서 별도 판단을 하지 않고 있다고 한다.[100] 그러나 대법원 재판례 ①②에서 제시된 법리가 (파)목의 입법으로 '상당부분' 흡수된 것은 사실이지만 양자의 관계는 '제로 섬 게임' 같은 것이 아니다. 민법의 불법행위의 법리의 관점에서 볼 때 지적재산과 관련된 법익은 새로운 유형의 법익이므로 전통적인 불법행위 요건 아래에서 '충분히 파악되지 않은 요소'가 내재되어 있기 마련이다.[101] 대법원 재판례 ①②에서 제시된 법리는 지적재산과 관련된 법익 중 빈번히 발생하는 특정 유형을 판단한 것에 불과하다. (파)목의 입법으로 인해 민법상 불법행위의 법리로 해결해야 할 영역이 '상당부분' 축소된 것은 사실이지만 지적재산과 관련된 법익 중 민법상 불법행위의 법리에 의해 해결되어야 할 영역은 여전히 남아 있다고 보는 것이 합리적일 것이다.

II. 저작물의 보호범위

1. 문제의 제기

개개의 소설이나 만화 또는 영화작품이 저작물의 성립요건을 모두 갖추고 있더라도 그 저작물의 구성요소 전부가 저작권의 보호대상, 즉 저작물의 보호범위에 해당하는 것은 아니다. 하나의 저작물이 전체적으로 창작성이 있다고 하더라도 저작권은 저작자가 개인적으로 기여한 요소들에만 미친다.[102] 따라서 저작물의 보호범위를 劃定하는 문제는 아무런 제재 없이 누구나 이용할 수 있는 요소와 저작자의 허락 없이는 이용할 수 없는 저작자에게 고유한 요소를 구별하는데 기여할 뿐 아니라 저작권의 침해 유무를 판단하는데 하나의 중요

---

100) 설민수, "저작권의 보호 한계와 그 대안", 「인권과 정의」, 2016. 6., 46면 각주95)에서는 "입법으로 흡수되었다"고 판단하는 것이 "하급심의 일관적 입장"이라고 설명하고 그 예로 서울중앙지법 2015. 9. 8. 선고 2014가합588383 판결(완구 포장용기 디자인 모방 사건) 등을 든다.
101) 박성호, "지적재산법의 비침해행위와 일반불법행위—불법행위법리에 의한 지적재산법의 보완 문제를 중심으로—", 「정보법학」 제15권 제1호, 2011, 222~223면 참조.
102) "Even though the work is in its entirely original, …copyright extends only to elements of the author's individual contribution." Feist Publications, Inc. v. Rural Telephone Service Co, 499 U.S. 340 (1991). 위와 같은 판시가 비록 편집저작물과 관련하여 이루어진 것이지만 저작권이 미치는 저작물의 보호범위를 劃定하는 문제에 관한 한 그 밖의 저작물의 경우에도 마찬가지일 것이다. 이와 같은 취지로 대법원 1993. 6. 8. 선고 93다3073(본소), 3080(반소) 판결은 "저작권의 보호대상은 아이디어가 아닌 표현에 해당하고, 저작자의 독창성이 나타난 개인적인 부분에 한[한다]"고 판시하였다.

한 기준을 제공한다. 요컨대, 저작물의 보호범위의 문제는 저작권의 보호대상이 무엇인가, 다시 말해 저작권에 의하여 보호되는 저작물의 범위가 어디까지인가를 결정하는 문제이다. 저작물의 보호범위에 관해서는 독일에서 전개되어 온 '내용과 형식의 구별' 또는 미국에서 발전해온 '아이디어와 표현의 이분법'의 문제로 논의되어 왔다.[103]

　　이 문제와 관련하여 대법원은 "저작권법에 의하여 보호되는 저작물은 학문과 예술에 관하여 사람의 정신적 노력에 의하여 얻어진 사상 또는 감정의 창작적 표현물이어야 하므로 저작권법이 보호하고 있는 것은 사상, 감정을 말, 문자, 음, 색 등에 의하여 구체적으로 외부에 표현한 창작적인 표현형식[104]이고, 표현되어 있는 내용 즉 아이디어나 이론 등의 사상 및 감정 그 자체는 설사 그것이 독창성, 신규성이 있다 하더라도 소설의 스토리 등의 경우를 제외하고는 원칙적으로 저작물이 될 수 없으며 저작권법에서 정하고 있는 저작인격권, 저작재산권의 보호대상이 되지 아니한다. 특히 학술의 범위에 속하는 저작물의 경우 학술적인 내용은 만인에게 공통되는 것이고 누구에 대하여도 자유로운 이용이 허용되어야 하는 것이므로 그 저작권의 보호는 창작적인 표현형식에 있지 학술적인 내용에 있는 것은 아니라 할 것이다. 결국 저작권의 보호대상은 아이디어가 아닌 표현에 해당하고 저작자의 독창성이 나타난 개인적인 부분에 한하므로 저작권의 침해 여부를 가리기 위하여 두 저작물 사이에 실질적인 유사성이 있는가의 여부를 판단함에 있어서도 표현에 해당하고 독창적인 부분만을 가지고 대비하여야 한다"고 판시한 바 있다.[105][106] 저작권으로

---

103) '내용과 형식의 구별'에서는 '형식'이, '아이디어와 표현의 이분법'에서는 '표현'이 저작권법의 보호대상이다. 우리 재판례에서는 저작권법의 보호대상은 '창작적 표현형식'이라고 하는 문구를 흔히 사용하고 있다(대법원 1997. 9. 29.자 97마330 결정; 대법원 2006. 9. 14. 선고 2004도5350 판결; 서울중앙지법 2007. 7. 13. 선고 2006나16757 판결 등). '표현형식'은 독일어 'Ausdrucksform'의 번역어일 것으로 생각된다. 일본 最高裁 1980(昭和55)年 3月 28日 判決('몽타주 사진' 사건)에서도 '표현형식'이란 용어를 사용하였고 그 외에 '외면적 표현형식'이란 용어도 함께 사용하였다.

104) 前註 참조.

105) 대법원 1993. 6. 8. 선고 93다3073(본소), 3080(반소) 판결('희랍어 분석방법' 사건).

106) '희랍어 분석방법' 사건에 관한 위 대법원 판결은, "소설의 스토리 등의 경우를 제외하고는"이란 단서를 덧붙임으로써 소설의 스토리나 학술적 내용이 모두 아이디어에 속하는 것으로서 저작권법에 의해 보호되지 않지만, 예외적으로 소설의 스토리 등은 보호될 수 있다는 식으로 本末顚倒라고 오해할 수 있는 법리를 전개하였다. 그 후에도 오해의 소지가 많은 위 표현은 시정되지 않은 채 반복되었다. 즉, 대법원 1996. 6. 14. 선고 96다6264판결은, 한글교육교재인 글자교육카드 및 그것이 채택하고 있는 순차적 교육방식은 저작물로서 보호받을 수 없다고 하면서 "소설의 스토리 등의 경우를 제외하고는"이란 표현을 그대로 되풀이하였다. 만일 이러

보호되는 저작물의 범위가 어디까지인가를 결정하는 문제와 관련하여 아래에 서는 독일에서 발전한 '내용과 형식의 구별' 이론과 미국에서 형성·전개된 '아 이디어와 표현의 이분법'을 중심으로 설명하고자 한다.

2. 독일에서의 '내용과 형식의 구별'

가. '사상의 자유'에서 유래한 내용과 형식의 구별

독일에서는 일찍이 저작물의 내용(Inhalt)은 자유롭게 이용되고, 형식(Form) 만이 저작자를 위하여 보호될 수 있다는 견해가 주장되었다.[107][108] 이에 따라 소설, 연극, 학술저작물의 내용은 타인이 자유롭게 이용하는 것이 허용되었 다.[109] 이러한 형식과 내용의 구별은 사상과 학문의 자유로부터 발생하여 알 려지게 된 것인데,[110] 이것은 일찍이 정신적 소유권의 관점에서 저작권의 본 질을 파악하고 저작권의 보호대상을 설명하는 정신적 소유권론(Die Theorie vom geistigen Eigentum)과 함께 조화를 이루면서 발전해왔다.

한 표현이 별다른 문제의식 없이 되풀이되어 추상적 법률론으로 정형화된다면, 저작물의 보호 범위와 관련하여 상당한 혼란을 야기할 수도 있었다. 그러나 이러한 우려는 다행스럽게도 대 법원 1998. 7. 10. 선고 97다34839 판결('이휘소' 사건)에서 "소설의 줄거리의 경우에는 저작자 의 창작성이 나타난 구체적인 부분은 표현형식으로서 보호받는 부분도 있다 할 것"이라고 이 론적 보완이 이루어져서 판시됨으로써 해소되었다.

107) Vgl. J. Kohler, *Urheberrecht an Schriftwerken und Verlagsrecht*, 1907, S.128ff.; de Boor, *Urheberrecht und Verlagsrecht*, 1917, S.72ff 등.

108) 피히테는 이러한 견해를 주장한 대표적 학자로서 그는 정신적 소유권론의 입장에서 정신적 소 유물로서의 Buch와 그것을 유형화한 Buchstück(예컨대, 原稿나 서적 등 외부적으로 나타난 것)을 구별하여 전자는 저작권, 후자는 물적 소유권의 대상이라고 하였다. 그런데 피히테는 저 작권의 대상인 Buch를 다시 형식(Form)과 내용(Stoff, 素材)로 나누어 형식에 대해서만 저작권 을 인정하였다. Johann Gottlieb Fichte, *Beweis der Unrechtmäßigkeit der Büchernachdrucks*, 1793; H. Hubmann, *Das Recht des Schöpferischen Geist*, 久々湊伸一 譯,「著作權法の理論」, 中央大出版部, 1967, 126, 131면에서 재인용.

109) RGZ 63, 158 (Durchlaucht Radieschen); RGZ 82, 16 (Lustige Witwe); M. Rehbinder, *Urheberrecht*, 9. Aufl., C.H. Beck, 1996, S. 41에서 재인용. 독일에서의 '내용과 형식의 구별'과 관련하여 소개한 독일 재판례는 모두 Rehbinder의 위 교과서 또는 Henkenborg의 아래 논문 에서 각 再引用한 것으로서, 별도의 재인용 표시를 하지 않았음을 밝힌다.

110) 사상의 자유는 통상 인간의 內心에 들어 있는 세계관, 인생관, 정치적 신조의 자유라고 말해 진다. 그런데 헌법학계의 전통적 학설에 따르면 사상의 자유에는 사상을 내심에서 결정하는 것은 자유이지만 사상을 외부로 표명·실천하는 자유까지는 포함되지 않는다고 한다(Vgl. Maunz/Dürig/Herzog/Scholz, *Grundgesetz Kommentar*, Rdnr. S. 132, 135f. zu Art 4; 권영성, 「신판 헌법학원론」, 법문사, 1995, 432면에서 재인용). 여기에서도 내용(내심)과 형식(표현)을 구별하는 한 장면을 발견할 수 있다.

그렇지만 이러한 법이론은 근본적으로 하나의 오해에 기반한 것이다. 즉, '내용'의 개념을 부정확하게 다루고 있다는 점과, 근본적으로는 아이디어(Idee), 사상, 이론, 주제, 모티프나 소재 등과 같은 용어들을 동일시하고 있다는 점이다.[111] 더구나 이 법이론에 따라 '형식'에만 저작권이 미친다고 본다면, 제3자가 허락 없이 자신의 소설작품을 번역하거나 영화화 하는 등 개작하여 이용하더라도 소설의 번역이나 그 영화화의 '형식'은 소설 그 자체의 '형식'과 다르기 때문에 소설의 구성 및 줄거리와 동일성이 인정됨에도 불구하고 소설에 대한 저작권 침해가 성립하지 않는다는 문제가 발생한다.[112] 요컨대, 이 이론에 따르면 소설에 대한 2차적 저작물 작성권 침해를 설명할 수 없다는 단점이 있다.

나. '내면적 형식'과 '외면적 형식'

저작권 보호의 이러한 허점을 극복하기 위하여, 요제프 콜러(J. Kohler)는[113] '내면적 형식(inneren Form)'이란 보조적 장치를 만들어 이 내면적 형식을 보호자격 있는 저작물의 형식으로 포섭하였다.[114] 이러한 주장은 실제로 광범위한 찬동을 얻었는데, 그 이유는 '내면적 형식'이란 개념을 통하여, 순수한 형식보호라는 도그마를 포기하지 않으면서도, 적어도 구성과 줄거리(Handlungsabfolge)를 저작권법상 보호할 수 있는 길이 마련되었기 때문이다.[115] 이와 같이 내용(Inhalt)에 속하던 일정 부분을 저작물의 '내면적 형식'으로 파악하여 저작권 보호에 포함시킴으로써,[116] 저작물 창작자의 고유한 특징을 나타내는 방법(eigenen charakteristischen Art)에서 벗어나 자유롭게 남아있는 사상적 영역만이 '순수한' 내용('reinen' Inhalt)으로 잔존하게 되었다.[117]

---

111) Uwe Andreas Henkenborg, *Der Schutz von Spielen : Stiefkinder des gewerblichen Rechtsschutzes und Urheberrechts*, VVF, 1995, S. 103.

112) 半田正夫, 「著作權法槪說」第15版, 法學書院, 2013, 79면.

113) Joseph Kohler는 민법에서 법철학, 법사학까지 방대한 저술을 남겼을 뿐 아니라 특히 저작권법과 특허법 연구자로도 유명하다. 심지어 독일 비교법학 잡지에 "한국인의 법에 관하여"(Über das Recht der Koreaner)라는 논문까지 발표하였다. 그래서 그는 '만능의 콜러'(Aller Kohler)라는 별칭으로 더 많이 알려져 있다.

114) Kohler, *Das Autorrecht, eine zivilistische Abhandlung*, S. 168 f; Henkenborg, a.a.O., S. 104 에서 재인용.

115) a.a.O., S. 104.

116) 여기서 '내면적 형식'을 저작권 보호에 포함시켰다는 것은, 종래의 '내용과 형식 구별론' 중에서 '內容'에 속하던 일정 부분이 '내면적 형식'이란 개념을 통하여 '비로소' 보호받게 되었다는 의미이다. 그러므로 이것을 종래의 '내용과 형식 구별론'에서의 '形式'을 '외면적 형식'과 '내면적 형식'으로 나눈 것이라고 설명하는 것(가령, 송영식 외 2인, 「지적소유권법 하」 제9판, 육법사, 2005, 529면)은 오해의 소지가 있다.

그래서 오늘날 저작자가 무엇인가를 표현하기 위하여 부여하는 표현형식
(Ausdrucksform)은 내면적 형식과 외면적 형식으로 구성된다. 여기서 '외면적
형식(äußere Form)'이란 文書著作物(Schriftwerk)의 문장, 음악저작물의 音과 音
調의 진행, 대리석의 조형적 형성 등과 같이 표현수단화 된 형태를 말한다. 특
히 시나 소설에 있어서 문장구조, 연설이나 학술저작물에 있어서 선택된 표현
방법, 음악저작물에 있어서 선율적이거나 非선율적인 음과 음조의 진행, 회화의
필치와 색채분류 등은 저작자의 개성적인 부분에 속한다. 따라서 형식부여가
개성적인 경우에는 저작자에게 귀속되지만, 일상적인 편지나 통상의 표현방법
으로 묘사된 상투적인 내용의 글 등은 자유로운 이용 상태에 놓이게 된다.118)

한편 '내면적 형식'이란 어떤 정신적인 것을 표현하고자 하는 경우 저작자
에게 요구되는 내면적 질서(inneren Ordnung)를 말한다. 가령 學術著作物에 있
어서 계획, 사고의 과정 및 논증, 소설에 있어서 사건의 경과와 등장인물의 형
태, 회화의 구상과 구성, 음악저작물에 있어서 구성양식, 악장과 박자 등이 이
에 해당한다. 이러한 내면적 형식은 저작물 창작자의 정신에서 형성되며, 여기
에서 저작자의 고유한 사유방법, 견해, 관념의 방식 등이 나타난다. 따라서 내
면적 형식은 개성적 정신의 표현이므로 저작자에게 귀속된다. 이에 반하여 무
분별한 사고의 과정을 적어 놓은 것에 불과한 평범한 내용의 편지에는 일반적
으로 내면적 형식이 존재하지 않으므로, 著作物性(Werkeigenschaft)이 인정되지
않는다.119)

다. '내용'의 보호문제

한편, '내면적 형식'과 저작물의 '내용'은 불가분적으로 서로 맞물려 있고,
양자는 서로에게 영향을 주고 있기 때문에, 양자를 명확하게 분리하는 것은
불가능하다. 그래서 종래의 '내용과 형식'의 구별이 아닌 이와 다른 境界劃定
을 통하여 문제를 해결하려는 시도가 제기되었다. 즉, 새로운 경계는 저작권법
의 보호목적에서 발견할 수 있는데, 이러한 목적은 창작적 성과(schöpferischen
Leistung)에서 그 올바른 방향이 찾아질 수 있다는 것이다. 이 경우 주어진 素
材(Stoff)와 창작적 성과 간에는 분명한 경계가 그어질 수 있게 된다는 것이다.
왜냐하면 근본적으로 종래의 형식적 요소(formales Element)는 저작권법에 있어
서의 다양한 창작과정의 본질에는 적합하지 않은 것이므로, 창작적 성과를 형

---

117) Henkenborg, a.a.O., S. 102~103.
118) Rehbinder, a.a.O., S. 40.
119) a.a.O., S. 40.

식적 요소라는 개념에 사후적으로 끼워 맞추는 것은 더 이상 가능하지 않기 때문이라고 한다.120)

이러한 견해는 오이겐 울머(E. Ulmer)로부터 크게 영향을 받은 것인데, 그는 형식과 내용간의 구별을, '보호자격 있는' 저작물의 개인적 특성부분과 저작물에 포함된 '보호자격 없는' 公有財産 간의 구별로, 대신하게 하였다. Ulmer는 저작권법상의 보호가치는 형식 또는 내용에 의하여 결정되는 것이 아니고, 개인적 특성에 속하는지 아니면 공유재산에 속하는지 여부에 의해 결정된다는 것이다.121) 하인리히 후프만(H. Hubmann)은 이것을 "개성(Individuelle)은 내용이나 형식에 또는 양자 모두에 존재할 수 있다"122)고 정식화하여 표현하기도 한다.

이러한 내용의 보호 문제는, 특히 學術著作物(wissenschaftliche Werke)의 보호범위와 관련하여 중요하다. 독일 연방대법원(BGH)은 학술저작물에 있어서 독창적인 표현방법(schöpferischer Art der Darstellung)이 존재할 경우에만 보호된다고 판시하면서, 그 소재의 편집, 분배 및 배치가 이루어진 경우에도 물론 저작권 보호자격이 있을 수 있다고 하였다.123) 또한 BGH는 개인의 정신적 창작은 표현 그 자체에 있는 것이지 학술적 또는 기술적 내용의 독창적 가치에 좌우되는 것이 아니라고 하였다.124) 학설은 판례의 입장을 지지해 왔으며, 학술적 지식의 자유라는 도그마로부터 나온 이러한 견해는 지금도 여전히 통설의 지위에 있다.125)

그런데 Ulmer는 전술한 바와 같이, 저작권법상의 보호는 형식 또는 내용에 의하여 결정되는 것이 아니라, 개인적 특성에 속하는지 아니면 공유재산에 속하는지 여부에 의하여 결정된다는 것을 전제로 하면서, 다만 學術著作物의 경우에는 公有財産 부분의 범위가 확장된다고 한다. 즉, 학술저작물의 경우 자연이나 역사적 사실이 공유재산에 속할 뿐만 아니라, 그 저작물에 포함되어 있는 사상과 이론 등도 공유재산이라고 한다.126) 다시 말해 학술저작물에 포함된 학설, 체계 및 이론은 저작권법상 보호자격이 부인된다는 것이다.127)

---

120) Henkenborg, a.a.O., S. 104~105.
121) E. Ulmer, *Urheber- und Verlagsrecht*, 3. Aufl., Springer, 1980, S. 122 f.
122) H. Hubmann, *Urheberrecht- und Verlagsrecht*, 6. Aufl., C.H. Beck, 1987, S. 38.
123) BGH ZUM 1991, 208 (Themenkatalog).
124) BGH GRUR 1979, 464/465 (Flughafenpläne).
125) Vgl. Hubmann, a.a.O., S. 38; K. Fromm/W. Nordemann, *Urheberrecht*, 8. Aufl., Kohlhammer, 1994, S. 61 f; A. Troller, *Immaterialguterrecht I*, 3. Aufl., 1983, S. 354 ff.
126) Ulmer, a.a.O., S. 123.
127) Vgl. Rehbinder, a.a.O. S. 41.

그러나 다양한 관점, 그들 간의 상호관련성 및 그 표현방법에서, 비유적으로 말하면 '저작물의 구조(Gewebe des Werkes)'[128]에서 학술저작물의 개성(Individualität)[129]이 인정될 수도 있다고 한다.[130] 이러한 경우에는 인용의 법리와 자유이용 원칙의 범위 내에서 지장 없이 학술저작물을 이용할 수 있을 것이다.[131][132] 물론 그 범위를 벗어나서 이용하면 저작권 침해가 된다.

3. 미국에서의 아이디어와 표현의 이분법

가. 개 념

'아이디어와 표현의 이분법'이란 아이디어(idea)는 저작물로 보호되지 않고 표현(expression)만이 저작물로 보호된다는 것으로 저작물의 보호범위를 개념적으로 한정하는 원리이다. 저작물의 창작적 '표현'을 저작권으로 보호하는 것이지, 표현 속에 들어 있는 '아이디어' 그 자체를 보호하는 것은 아니라는 것이 그 핵심내용이다. 저작권의 보호대상이 아닌 '아이디어'는 사상 또는 감정 그 자체를 말한다고 이해하는 것이 일반적이지만[133] 사상·감정 그 자체를 비롯하여 저작물로서 보호할 수 없는 추상적 요소를 총칭하는 용어로 '아이디어'를 사용하기도 한다. 아이디어와 표현의 이분법은 아이디어와 사상의 자유로운 유통을 보장함으로써 헌법상 보장된 표현의 자유와 저작권 제도 사이의 갈등

---

128) 'Gewebe'를 '조직' 또는 '짜임새'로 번역하기도 한다. 前者의 예로는, 안효질, "저작권의 보호대상은 표현형식인가? : '4차원 속독법' 사건", 「한국저작권판례평석집(2)」, 저작권심의조정위원회, 1999, 69면; 後者의 예로는, 서달주, "독일저작권법상의 작품성(2)", 「계간 저작권」, 2002 여름호, 11면.

129) 독일 저작권법은 "이 법에서 저작물이란 인간의 정신적 창작물에 한한다"(제2조 제2항)고 규정하고 있는데, 이러한 저작물의 정의로부터 나온 저작물의 요건이 개성(Individualität)이다. 개성은 개인적 정신을 표현한 것이어야 하는데, 그것이 형식이나 내용에서 또는 양쪽 모두에서 이루어지든 어느 쪽이든 상관없다고 한다(RGZ 81, 123). 한편 독일 판례상 개성은 창작적 특질 또는 개성적 특징이라고 지칭되는 경우가 많다(BGH GRUR 1994, 206/207; BGH GRUR 1985, 1048; BGH GRUR 1991, 449/451).

130) Vgl. Ulmer, a.a.O., S. 123.; Rehbinder, a.a.O., S. 42.

131) Rehbinder, a.a.O., S. 42.

132) 독일 저작권법은 "타인의 저작물을 자유이용하여 작성된 독자적인 저작물(selbständiges Werk)은 이용된 저작물 저작자의 동의 없이도 공표 및 이용될 수 있다"(제24조)는 '자유이용 (freie Benutzung)'에 관한 규정과, 일정한 요건 아래에서 타인의 저작물을 引用(Zitate)할 수 있다는 저작권 제한규정(제51조)을 두고 있다.

133) 대법원 2013. 8. 22. 선고 2011도3599 판결은 "표현되어 있는 내용 즉 아이디어나 이론 등의 사상 또는 감정 그 자체는 원칙적으로 저작권의 보호대상이 아니[다]"고 판시한다. 이는 대법원 1993. 6. 8. 선고 93다3073, 3080 판결('희랍어 분석방법' 사건) 이래 반복적으로 되풀이된다.

을 조정하는 역할을 하도록 저작권법 자체에 내재적으로 정립된 안전장치 중의 하나이다. 이에 해당하는 것으로는 그 밖에도 권리제한규정(제7장 제2절), 저작권의 보호기간(제7장 제3절) 등을 드는 것이 일반적이다.[134]

　이러한 이분법은 부기방식의 저작권 보호 여부가 다투어진 미 연방대법원의 Baker v. Selden (1879) 사건 판결에서[135] 비롯된 이래 미국의 판례로 확립되었다. 현행 미국 저작권법 제102조 (b)는 위 Baker v. Selden 판결의 主要 判旨를 입법화한 것으로서 "창작적인 저작물에 대한 저작권의 보호는, 그 저작물 내에 어떠한 형태로 묘사, 설명, 예시, 구체화되어 있건 간에 아이디어나 절차, 과정, 체계, 작동방법, 개념, 원리 또는 발견에는 어떠한 경우에도 미치지 아니한다"고 규정한다. WTO/TRIPs 협정은 '베른협약과의 관계'를 언급한 곳에서 "저작권 보호는 표현에는 미치지만 아이디어, 절차, 운용방법 또는 수학적인 개념에는 미치지 아니한다"[136]고 규정한다. 또한 WIPO저작권조약은 '저작권의 보호범위(Scope of Copyright Protection)'에 관한 규정을 두고 있는데,[137] 그 내용은 위 WTO/TRIPs 협정의 그것과 동일하다.[138] 우리나라 저작권법은 이에 관한 직접적인 明文규정을 두고 있지는 않지만, 제2조 제1호에서 "저작물은 인간의 사상 또는 감정을 표현한 창작물을 말한다"고 정의함으로써 간접적인 형태로 위 이분법의 취지를 규정한다.[139]

　그러나 이러한 이분법의 예외로서 먼저 '합체의 원칙'이라는 것이 있다. 이 원칙은 아이디어와 표현이 밀접하게 '合體(merger)'되어 있는 경우, 즉 표현의 배후에 있는 아이디어의 표현방법이 유일하거나 매우 제한되어 있는 경우

---

134) 박성호, "저작권과 표현의 자유", 「법학논총」 제29집 제2호, 전남대법학연구소, 2009. 12., 172~180면.

135) Baker v. Selden (1879) 사건 판결의 요지는, 저작권이 보호되는 책에서의 표현(부기방식을 설명하는 표현 자체)과 책이 설명하는 기술(art) 자체는 구별되어야 하고, 부기방식이라는 아이디어는 저작권의 보호대상이 아니라는 것이다.

136) WTO/TRIPs 협정 제9조 제2항. 原文은 "Copyright protection shall extend to expressions and not to ideas, procedures, methods of operation or mathematical concepts as such."이다.

137) WIPO저작권조약 제2조.

138) 다만 WTO/TRIPs 협정 제9조 제2항의 원문 중 "shall extend"가 "extends"로 변경되어 있다.

139) 특허법 제2조 제1호는 특허권의 보호대상인 발명을 "자연법칙을 이용한 기술적 사상의 창작으로서 고도한 것을 말한다"고 규정한다. 이로써 저작권법은 아이디어의 '표현'을, 특허법은 기술적 '아이디어'를 보호하는 법률임을 알 수 있다. 예컨대, 어느 新藥의 製法(아이디어)에 대해 특허권이 부여되었고, 그 제법이 논문으로 작성된 경우 그 제법에 따라 동일한 약을 무단 제조·판매하면 아이디어의 도용에 해당되어 특허권 침해가 된다. 이와 반대로 논문을 무단 복제·배포하면 표현의 도용이 되어 저작권 침해가 성립한다.

에 그러한 표현에 대해서는 저작권 보호가 허용되지 않는다는 것이다. 다시 말해 어떤 아이디어의 매우 한정된 표현을 보호함으로써 아이디어 자체를 독점하게 되는 결과를 방지하기 위해 만들어진 원칙이다.[140] '합체'라는 말 대신에 'merger'를 '융합'으로 번역하여 '아이디어와 표현의 융합(merger of idea and expression)'이란 용어가 사용되기도 한다.[141] 하급심 판결 중에 합체의 원칙을 명시적으로 밝힌 것이 있지만,[142] 대법원 판결은 합체의 원칙에 해당할 수 있는 사안에서 이를 적용하지 않고 창작성 여부의 판단문제로 해결하여 왔다.[143] 학설도 아이디어와 표현이 합체된 경우에는 개별 사안에서 실질적 유사성을 판단할 때에 이를 창작성 있는 표현으로 인정하지 않거나 창작적 표현으로 보더라도 그 보호범위를 매우 좁게 해석하는 것이 타당할 것이라고 한다.[144] 일본의 판례와 학설도 합체의 원칙은 창작성의 판단문제로 해석하고 있다.[145]

다음으로 어떤 주제를 다루는 데 없어서는 안 되는 사건·구성인물·배경 등의 '표준적 삽화(scènes à faire)' 또는 '定型的 場面'이나 '필수 장면'도 이분법의 예외로서 저작권법의 보호를 받지 못한다. '표준적 삽화'는 미국 판례에서[146] 처음 사용되기 시작한 용어로 공통된 주제에 필연적으로 수반될 수밖에 없는 사건의 전개를 유용하게 분석·설명해주는 개념이다. 공통된 주제나 아이디어는 다소간에 전형적인 형태로 표현될 수밖에 없으므로 그 결과 표현에 유

---

140) Ralph S. Brown/Robert C. Denicola, *Cases on Copyright*, 8th ed., Foundation Press, 2002, p.122.

141) 정상조, "창작과 표절의 구별기준", 「법학」 제44권 제1호, 서울대법학연구소, 2003, 124면.

142) 서울중앙지법 2007. 1. 17. 선고 2005가합65093, 2006가합54557 판결은 "어떠한 아이디어를 표현하는 데 실질적으로 한 가지 방법만 있거나, 하나 이상의 방법이 가능하다고 하더라도 기술적인 또는 개념적인 제약 때문에 표현방법에 한계가 있는 경우에는 그러한 표현은 저작권법의 보호대상이 되지 아니한다"고 판시하였다(아케이드 게임 '봄버맨' 사건).

143) 대법원 2005. 1. 27. 선고 2002도965 판결('설비제안서도면' 사건); 대법원 2011. 5. 13. 선고 2009도6073 판결('종이접기 도형놀이' 사건) 등.

144) 권영준, 「저작권 침해판단론」, 박영사, 2007, 107면.

145) 半田正夫·松田政行 編, 「著作権法コメンタール 1」第2版, 勁草書房, 2015, 36~41면(金井重彦 집필); 中山信弘, 「著作権法」第2版, 有斐閣, 2014, 72~75면.

146) Reyher v. Children's Television Workshop, 533 F. 2d 87 (2d Cir.), *cert. denied*, 429 U.S. 980 (1976). 이 사건에서 원·피고의 저작물은 어머니란 迷兒에게 있어 늘 세상에서 가장 아름다운 존재라는 주제나 아이디어를 나타낸다. 이에 따라 스토리도 유사한 사건들을 포함하게 되지만, 동일한 상황에서 필연적으로 야기되는 유사한 장면들은 표준적 삽화에 해당하므로 저작권 침해가 아니라고 하였다. Leslie A. Kurtz, "Copyright: The Scenes A Faire Doctrine", 41 *Florida Law Review*, Winter, 1989, p.88 이하.

사성이 있더라도 저작권 침해가 되지 않는다는 것이다. 예컨대, 2차 대전 당시 독일군이 술을 마시는 맥주집 장면을 묘사함에 있어서 'Heil Hitler'라는 당시 독일의 인사말 또는 독일 국가와 같은 노래 등이 이에 해당한다.[147] 이와 관련하여 대법원은 일제 치하 연해주 이주 한인들의 삶에 공통되는 역사적 사실과 그에 필수적으로 수반되는 사건이나 장면 등은 아이디어의 영역에 속하는 것들로서 저작권법에 의한 보호를 받을 수 없다고 판시하였다.[148]

나. 아이디어와 표현의 구별방법과 '실질적 유사성'의 문제

아이디어와 표현의 구별은 결국 정도의 문제이기 때문에, 아이디어가 어느 단계에서부터 보호받는 표현이 되는 것인지 그 경계를 결정하는 것은 실제로 매우 어려운 일이다. 특히 어문저작물의 경우 주제와 추상적인 배경, 전형적인 사건의 전개 등은 '아이디어'에 속하고 구체적이고 특색 있는 구성, 사건의 전개과정, 등장인물의 상호작용 등은 '표현'에 속한다는 식으로 양자 사이의 구별이 상대성을 띠어가고 있기 때문이다.

아이디어와 표현을 구별하는 대표적인 두 가지 방법으로는 러너드 핸드 (Learned Hand) 판사가 Nichols v. Universal Pictures Corp. 사건에서[149] 창안한 이른바 '추상화 테스트'(abstractions test)와, 체이프(Z. Chafee) 교수가 "저작권에 관한 법의 고찰"(1945)이란 논문에서 주장한 '유형 테스트'(pattern test)가 있다.[150] Hand는 Nichols 사건에서 "어떤 작품에서 구체적 사건이나 표현들을 제거하면서 추상화 해 버리면 점차 일반적이고 정형화된 구조나 형태만이 남고, 마침내는 그 주제, 더 나아가서는 제목만 남게 된다. 따라서 이러한 추상화 단계 중에서 어느 단계부터는 그 부분을 보호하면 아이디어를 보호하는 결과가 되는 경계선이 있다"고 하였다. 그러면서 덧붙이기를 "누구도 그 경계를 그을 수 없고 앞으로도 그럴 것이다"고 하였다.

이에 비해 Chafee가 주장한 '유형 테스트'는 '추상화 테스트'의 한계를 보

---

147) Hoehling v. Universal City Studios Inc. 618 F.2d 972 (2d Cir.), *cert denied*, 449 U.S. 841 (1980). 정상조, 앞의 논문, 126면, 134~136면 각 참조.

148) 대법원 2000. 10. 24. 선고 99다10813 판결('까레이스키' 사건); 대법원 2015. 3. 12. 선고 2013 다14378 판결('동성애소설' 사건).

149) Nichols v. Universal Pictures Corp., 45 F.2d 119 (2d Cir. 1930), *cert. denied*, 282 U.S. 902 (1931).

150) Chafee, "Reflections on the Law of Copyright", 45 *Columbia Law Review*, 1945, p.513; M.B. Nimmer & D. Nimmer, *Nimmer on Copyright*, Vol. 4, LexisNexis, 2007, §13.03, pp.13－38~39 에서 재인용.

완하기 위한 것으로서, 그는 아이디어와 표현 사이에는 분명히 어딘가에 경계선이 있다고 전제하고, "저작권의 보호범위는 사건의 전개과정(the sequence of events)과 등장인물들 간의 상호작용의 발전(the development of the interplay of characters)과 같은… 저작물의 '유형'에까지 미친다"고 하였다.[151] 따라서 '유형 테스트'는 대화, 사소한 사건, 배경 등을 배제함으로써 어느 정도의 추상화 작업을 거치지만, 사건의 전개, 주요 등장인물의 상호작용에 대한 표현을 포함할 수 있을 정도로 충분히 구체적이라고 하였다.[152] 요컨대, Chafee가 저작물의 '類型'이라고 칭한 '사건의 전개과정과 캐릭터의 상호작용의 발전'이란 다름 아닌 플롯(plot)의 구성요소라 할 수 있다.[153] 그러므로 가령, 적대적 관계에 있는 두 집안의 남녀 간에 이루어지는 사랑이라는 '기본적인 플롯(basic plot)'은 극본이나 소설을 창작하기 위한 추상적인 아이디어에 불과하지만, 창작과정에서 그러한 아이디어를 표현하기 위한 일련의 사건의 전개나 조합 또는 등장인물의 상호작용 속에서 플롯이 구체적으로 표현되면 저작권법의 보호대상이 되는 것이다.[154] 이러한 경우 소설과 같은 어문저작물에 등장하는 등장인물, 즉 이른바 어문적 캐릭터(literary character)는 플롯의 일부로서 저작권법에 의해 보

---

151) '추상화 테스트' 내지 '유형 테스트'에 관해서는, M.B. Nimmer & D. Nimmer, *op. cit.*, §13.03[A][1][a] 이하 참조.

152) *Ibid.*, pp.13−40~13−41. 유형 테스트(pattern test)의 예로서 Nimmer는 뮤지컬 '웨스트사이드 스토리'를 '로미오와 줄리엣'과 비교하여 설명한다. 그에 따르면 전자는 후자로부터 13가지 '유형'(pattern)을 차용하였다고 한다. ① 소년과 소녀는 서로 적대적인 가문의 구성원이다. ② 그들은 무도회에서 만난다. ③ 그들은 밤에 발코니에서 서로의 사랑을 확인한다. ④ 소녀는 다른 사람과 약혼한다. ⑤ 그들은 결혼을 맹세한다. ⑥ 적대적인 두 가문의 사람들이 만나게 되고, 소녀의 사촌오빠(오빠)가 소년의 가장 친한 친구를 살해한다. ⑦ 이러한 사건은 소년이 폭력을 피하기 위해 자신의 가장 친한 친구를 말렸기(stay the hand of) 때문에 벌어진다. ⑧ 그 보복으로 소년은 소녀의 사촌오빠(오빠)를 살해한다. ⑨ 그 결과 소년은 망명한다(잠적한다). ⑩ 소년과 소녀가 만나는 계획을 담은 편지가 잠적해 있는 소년에게 배달된다. ⑪ 위 편지는 소년에게 전달되지 않는다. ⑫ 소년은 소녀가 죽었다는 잘못된 연락을 받는다. ⑬ 슬픔에 빠진 소년은 스스로 목숨을 끊는다(자신이 살해되도록 한다).

153) 플롯(plot)이란 일정한 순서와 방식으로 사건들을 배열하는 것이고, 사건들은 등장인물인 캐릭터에 의해서 수행되고 또한 캐릭터의 성격적 특성을 나타내 보이기도 한다(Joseph Childers · Gary Hentzi ed., *The Columbia Dictionary of Modern Literary & Cultural Criticism*, Columbia University Press, 1995, 황종연 옮김, 「현대 문학 · 문화 비평 용어사전」, 문학동네, 1999, 332면; M.H. Abrams, *A Glossary of Literary Terms*, 4th ed., 1981, 최상규 옮김, 「문학용어사전」, 보성출판사, 1991, 214면). 따라서 '사건의 전개과정과 캐릭터의 상호작용의 전개'란 플롯을 구성하는 요소라 할 것이다.

154) 정상조, 앞의 논문, 119~122면.

호될 수 있을 것이다. 따라서 개개의 표현을 그대로 베끼지(verbatim copying)는 않았더라도 플롯이라는 비문언적 표현에 '실질적 유사성(substantial similarity)'이 인정되면 저작권 침해가 성립하게 된다.[155]

이와 관련하여 하급심 판결 중에는 先行 TV 드라마 '사랑이 뭐길래' 대본의 저작권을 後行 TV 드라마 '여우와 솜사탕'이 침해하였는지 여부가 문제된 사건에서 실질적 유사성을 인정하였다. 이 사건에서 법원은 "등장인물들 각자의 캐릭터는 저작권법의 보호대상에 해당된다고 보기 어려우나, 사건의 전개는 등장인물들 각자의 캐릭터 상호간의 갈등의 표출과 그 해소과정이라고 볼 수 있다는 점에서 등장인물들의 갈등의 구체적인 내용이나 그 조합은 저작권법의 보호대상이 된다고 할 것"이라면서 포괄적인 비문언적 유사성을 인정할 수 있으므로[156] 플롯의 일부로서 어문적 캐릭터가 보호될 수 있다는 점을 판시한 바 있다.

한편, 니머(M.B. Nimmer) 교수가 적절히 강조한 바와 같이, 아이디어와 표현의 이분법은 저작권법에 의한 저작물의 보호범위를 劃定하는 측면도 있지만, 또한 이것은 저작권 침해가 인정되기 위해서 被保護著作物과 무단복제물 간에 어느 정도의 유사성이 있어야 하는데, 그 정도를 판단하는 기준이 된다는 점에서도 중요하다. 저작권의 보호범위는 사건의 전개과정과 등장인물들 간의 상호작용의 발전과 같은 저작물의 '유형'(pattern)에까지 미치고, 그러한 저작물의 '유형'이 바로 비문언적 표현에 해당한다. 그리고 이 비문언적 표현과 관련하여 바로 '실질적 유사성(substantial similarity)'의 문제가 제기된다. Nimmer의 설명에 따르면, 실질적 유사성에는 특정 구절이나 똑같은 단어를 그대로 베낀 이른바 '部分的인 文言的 類似性(fragmented literal similarity)'과, 특정 구절이나 세세한 표현을 베끼지는 않았지만 가령 사건의 전개과정과 등장인물들 간의 상호작용의 발전과 같은 비문언적 표현을 모방한 이른바 '包括的인 非文言的 類似性(comprehensive non-literal similarity)'의 두 가지가 있다.[157] '실질적 유사성' 개념은 이 중에서도 포괄적인 비문언적 유사성의 문제, 즉 비문언적 표현 간의 실질적 유사성 문제와 관련하여 중요한 역할을 한다.[158]

---

155) Leslie A. Kurtz, "Speaking to the Ghost: Idea and Expression in Copyright", 47 *University of Miami Law Review*, 1993, pp.1232~1233.
156) 서울남부지법 2004. 3. 18. 선고 2002가합4017 판결(확정).
157) M.B. Nimmer & D. Nimmer, *Nimmer on Copyright*, Vol. 1, §2.03, p.2-36.2; 同, *Nimmer on Copyright*, Vol. 4, §13.03, pp.13-36~13-65 각 참조.
158) '실질적 유사성'에 관한 상세는 제8장 제1절 III. '실질적 유사성' 참조.

≪TV 방송 프로그램 포맷의 저작권 보호 문제≫

　TV 방송에서는 뉴스나 다큐멘터리, 드라마나 시트콤, 퀴즈나 리얼리티 쇼 등 다양한 프로그램에서 포맷(format)이 사용되는데, 포맷의 저작권 보호 문제가 거론되는 것은 주로 퀴즈나 리얼리티 쇼와 같은 예능프로그램과 관련해서이다. TV 프로그램의 포맷은 다양하게 정의되고 있는데, 그 가운데 저작권 보호와 관련하여 접점을 모색할 수 있는 정의를 소개하면 다음과 같다. 가령 ① "다양한 요소들로 이루어진 개별 에피소드가 만들어지는 프로그램에서 변하지 않는 요소들의 집합(set of invariable elements in a program)"159)이나 ② "연속(serial) 또는 에피소드 시리즈에서 매회 반복될 것을 의도하는 주요 캐릭터들이 작용하는 틀(framework)로서, 설정(setting), 주제(theme), 전제(premise)나 기본 스토리라인, 그리고 세부적인 특징을 포함하여 명확히 식별할 수 있는 주요 캐릭터들 및 그러한 캐릭터들의 상호작용"160)이라고 정의하는 경우이다. ①②의 정의에 따른 포맷은 '유형 테스트'(pattern test)에서 말하는 저작물의 '유형'과 마찬가지로 아이디어와 구별되는 비문언적 표현(non-literal expression)으로서 창작성이 있다고 판단되면 저작권법의 보호대상이 될 수 있다.161)

4. 소　　결

가. '내용과 형식의 구별'과 '아이디어와 표현의 이분법'의 整理

　미국과 독일에서 전개된 논의는 모두 그 특유의 법제사적 맥락을 배경으로 한 것이므로, 그와 같은 배경을 도외시한 채 논의의 결말만을 단순 비교하는 것은 불필요한 오해를 불러일으킬 수 있다.162) 독일에서의 '내용과 형식의 구별'이나 미국에서의 '아이디어와 표현의 이분법'은 저작물의 보호범위를 결

---

159) Albert Moran, *Copycat Television: Globalisation, Program Formats and Cultural Identity*, University of Luton Press, 1998, p.13.

160) Writers Guild of America, *2020 Theatrical and Television Basic Agreement*, Article 1. C.24.

161) 대법원 2017. 11. 9. 선고 2014다49180 판결 참조.

162) 가령, 독일에서는 '내용과 형식의 구별' 원칙이 수정되어 '내용'에 개인적 특성이 존재하면 '내용'도 저작권법에 의해 보호된다고 하는데, 이것은 미국의 '아이디어와 표현의 이분법'과 서로 대립되는 것이 아닌가 하고 오해하는 견해가 있을 수 있다. 실제로 '희랍어 분석방법' 사건에 관한 대법원 1993. 6. 8. 선고 93다3073(본소), 3080(반소) 판결의 '해설'에서는 '아이디어와 표현의 이분법'을 취하는 견해와, 독일 학자 울머(E. Ulmer)가 주장한 "저작자의 개성이 존재하면 내용이라도 보호된다"는 견해를, 마치 상호 대립되는 학설인 것처럼 설명하고 있다(심창섭, "저작권에 의하여 보호되는 저작물의 범위", 「대법원판례해설」, 1993년 상반기, 법원행정처, 1993, 384~385면).

정하기 위하여 창안된 것으로서 각자 그 역사적 배경을 달리하는 방법론이다. 미국의 '이분법론'과 독일의 '구별론'의 차이는, 저작물의 전체적인 구조나 전개과정 등 저작물의 본질적인 부분을 어떻게 보호할 것인가를 둘러싼 '방법론상의 차이'에서 비롯된 것으로 보아야 할 것이다. 즉, 독일에서는 종래의 '내용'에서 일부분 떼어낸 '내면적 형식'이란 개념을 창안하고 이를 통하여 보호를 시도하였고, 나아가 '내용'과 '내면적 형식'의 분리가 어렵다는 점에 주목하여 "개인적 특성이 존재한다면 내용도 보호할 수 있다"는 쪽으로 논의를 발전시켜 나간 것으로 이해할 수 있다. 또한 내면적 형식이란 개념은 2차적 저작물 작성권이라든가 동일성유지권 등을 체계적으로 이해하는 데에 유용한 관점을 제공해준다.163) 이에 비하여 미국에서는 아이디어와 표현의 '이분법'이란 용어가 상징하듯이, 아이디어와 표현을 구별하는 방법을 모색하여 '추상화 이론'이나 '유형 이론'을 발전시켰고 이러한 이론들을 통하여 도출된 저작권침해의 판단기준의 하나인 '실질적 유사성'이란 개념을 통하여, '저작물에 있어서 사건의 전개과정과 등장인물들 간의 상호작용의 발전'과 같은 저작물의 비문언적 표현, 즉 저작물의 본질적 부분을 보호하고자 이론구성을 체계화한 것으로 이해할 수 있다.

결국 독일에서는 '내용과 형식의 구별'이라는 이론구성의 한 축인 '내용'을 개념적으로 分化하여 '내면적 형식'을 도출함으로써 개념법학적이고 思辨的인

---

163) 일본 문헌 중에는 독일의 '내용과 형식의 구별' 이론이란 '내용＝아이디어' 및 '형식＝표현'을 각 의미하는 것이고 그 중에서 '표현'을 다시 나눈 것이 '외면적 형식'과 '내면적 형식'이라고 오해하여 이러한 오해를 전제로 위 이론에 대해 "결국은 언어의 유희에 불과하고 사상과 표현을 구분하는 판단기준으로 거의 기능하지 않는다"(中山信弘,「著作權法」第2版, 有斐閣, 2014, 59~60면)고 비판하거나 "무릇 '외면적 형식'과 '내면적 형식'을 구별하는 것이 사실상 곤란한 이상, 사상 감정의 체계인 내면적 형식을 보호한다는 것은, 실질적으로는 저작권법이 아이디어의 보호에 발을 들여 놓는 것이라고 생각하지 않을 수 없다. 그러나 저작권법의 원칙상 정면으로 아이디어를 보호한다고는 말할 수 없기 때문에 '내면적 형식'이라는 용어를 사용하는 데 지나지 않는다"(中山信弘, 위의 책, 158면)고 단정하는 견해가 있다. 그러나 이러한 비판과 단정이야말로 미국의 '아이디어와 표현의 이분법' 이론에 傾倒된 나머지 독일의 '내용과 형식의 구별' 이론의 學說史的 意義나 그 이론구성을 충분히(또는 제대로) 이해하지 못한 상태에서 제기된 것이므로 타당하지 않다. 그 이유는 첫째 '내용'과 '아이디어'는 동일한 개념이 아니라는 점, 둘째 내면적 형식은 '내용'에서 세분화되어 도출된 개념이라는 점에서 비판의 前提가 잘못되었을 뿐 아니라(이에 관해서는 이미 본문에서도 설명한 바 있다), 셋째 가장 중요하게는 미국 저작권법과 달리 우리나라를 비롯한 독일, 일본의 저작권법에서는 동일성유지권(저작인격권)과 2차적 저작물 작성권(저작재산권)을 체계적으로 이해하는 데에 '내면적 형식'이 유용한 관점을 제공해준다는 것을 전혀 인식하지 못한 상태에서 나온 견해이기 때문이다.

방법론을 통하여 논의를 발전시켜 나갔음에 비하여, 미국에서는 아이디어와 표현을 구별하는 각종 방법과 '실질적 유사성'이란 개념을 매개로 사례별로 구체적 타당성을 기하는 실증적인 방법론을 통하여 논의를 전개시켜 나간 것이라고 이해할 수 있다.164) 그러한 점에서 '저작물의 전체적 구조나 전개과정 등'과 같은 저작물의 본질적 부분을 보호하기 위해 독일에서 창안·발전되어온 '내면적 (표현)형식'이라는 개념과, 마찬가지의 이유에서 '저작물에 있어서 사건의 전개과정과 등장인물들 간의 상호작용의 발전'과 같은 저작물의 본질적 부분을 보호하기 위해 미국에서 창안·발전되어온 '비문언적 표현(형식)'이란 개념은 서로 일맥상통하는 바가 있다.165)166)

나. 저작물의 창작성과 저작물의 보호범위와의 관계

저작물의 창작성(originality)이란 그 저작물의 '기원'(origin)이 다른 사람이 아닌 그 저작자에게 있다는 의미이다. 따라서 극단적인 예로서 우연의 일치로 완전히 동일한 저작물이 존재하더라도 타인의 것을 베낀 것이 아닌 한 얼마든지 저작권에 의한 보호를 받을 수 있다.167) 또 이미 저작권이 만료한 타인의 작품을 모방하되 그 크기나 색채를 바꾸는데 정교한 재능과 노력이 투입된 경

---

164) 따라서 '내용과 형식의 구분'에서 말하는 '내용'과, '아이디어와 표현의 이분법'에서 말하는 '아이디어'는 그 學說史的 系譜가 다른 만큼 결코 동일한 의미를 갖는 개념이 아니라고(내용이 아이디어보다 넓은 개념이라고) 생각한다. 그러므로 미국과 독일에서 전개된 논의의 결말만을 단순 비교하여 양자택일 식으로 그 當否를 논하는 것은 타당하지 않다. 오히려 양자가 모두 저작물의 본질적 부분의 보호라는 동일한 '문제 설정'에서 출발하고 있다는 점에 착안한다면, 양자가 제시한 결말(해결방식)은 상호 접근·연결될 수 있을 것이라고 생각한다.

165) 같은 취지 신재호, "2차적 저작물의 개념 및 법적 취급에 관한 검토", 「창작과 권리」 제65호, 2011 겨울호, 75~80면 참조.

166) 서울중앙지법 2007. 1. 17. 선고 2005가합65093, 2006가합54557 판결(아케이드 게임 '봄버맨' 사건). 이 판결에서는 "캐릭터 및 아이템 모양 등 구체적인 외부적 표현"(밑줄은 저자, 이하 같음)과, "소설의 구체적인 줄거리, 인물들이 만들어 내는 구체적인 사건들의 연속으로 이루어지는 사건의 전개과정 등이 아이디어의 차원을 넘어서는 내재적 표현"이라는 설시를 발견할 수 있다. 이는 외면적 (표현)형식과 내면적 (표현)형식이라는 독일의 '구별론'을 연상시킨다. 그런데 이 판결에서는 "소설의 구체적인 줄거리와 같이 저작물의 근본적인 본질 또는 구조를 복제함으로써 전체로서 포괄적인 유사성이 인정되는 경우도 "실질적 유사성"이 인정될 수 있는 경우…에 해당된다"고 판시하고 있다. 이는 비문언적 표현을 모방한 경우에 '포괄적인 비문언적 유사성'이 인정된다는 미국의 '이분법론'을 연상시킨다. 요컨대, 이 판결에서는 독일의 '구별론'에서 발전되어온 '내면적 (표현)형식'과 미국의 '이분법론'에서 발전되어온 '비문언적 표현(형식)'이 상호 접근·연결되는 장면을 구체적으로 보여주고 있다고 생각된다.

167) 가령, 最高裁 1978(昭和53)年 9月 7日 判決(the boulevard of broken dreams란 노래와 거의 선율이 같은 '원 레이니 나이트 인 도쿄 사건').

우 그 한도에서 창작성이 인정되어 저작권 보호를 받을 수도 있다.168) 다만, 전자의 경우는 타인의 것을 베끼지 않고 독자적으로 창작하였다는 점을 입증하기 어려울 경우가 많을 것이고, 후자의 경우는 저작권의 보호범위가 아주 좁게 인정될 것이다.169) 요컨대, 저작권이 미치는 저작물의 보호대상은 저작자의 창작성이 나타난 개인적인 부분에 국한된다고 할 것이고,170) 그러한 점에서 창작성과 저작물의 보호범위와의 관계에서 창작성은 저작물의 보호범위를 劃定하는 기능을 한다. 구체적으로 설명하면, 저작자의 창작성은 저작권법에 의한 보호를 받을 가치가 있는 정도의 '최소한의 창작성'은 나타나 있어야 보호되는 것이고,171) 저작물의 보호범위는 창작성의 정도에 따라 좁거나 넓게 인정된다. 따라서 최소한의 창작성 정도를 넘어 창작성이 높은 수준으로 나타나면 날수록 그 보호범위도 넓어진다고 보아야 한다.172) 이와 관련하여 일본 하급심 중에는 "창작성이 인정되는 표현이라도 창작성의 정도 즉 표현자의 개성의 발휘의 정도는 높은 것에서부터 낮은 것까지 다양한 것이 있는 것은 분명하다. 창작성이 높은 것에 관해서는 사소한 표현에 개변을 가하더라도 복제행위라고 평가해야 할 경우가 있음에 대하여, 창작성이 낮은 것에 관해서는 복제행위라고 평가할 수 있는 것은 이른바 '데드카피'의 경우뿐이고 사소한 표현이 변경된다면 이미 복제행위라고 평가할 수 없는 경우가 있다"고 판시한 것이 있다.173)

---

168) 가령, Alva Studios, Inc. v. Winninger, 177 F. Supp. 265, 123 U.S.P.Q. 487 (S.D.N.Y. 1959) (원고는 로댕의 조각 작품인 'Hand of God'을 그대로 축소 제작하였는데, 법원은 이와 같이 유명한 원작을 그대로 축소 제작하는 데에는 상당한 기술과 노력이 요구된다는 이유로 창작성을 긍정한 사건).

169) 정상조 편, 「저작권법 주해」, 박영사, 2007, 19면(정상조 집필).

170) 대법원 1993. 6. 8. 선고 93다3073(본소), 3080(반소) 판결('희랍어 분석방법' 사건).

171) 대법원 1997. 11. 25. 선고 97도2227 판결(대입본고사 입시문제의 창작성을 인정); 대법원 1999. 11. 23. 선고 99다51371 판결(경마예상지의 편집저작물성을 부인); 대법원 1999. 11. 26. 선고 98다46259 판결('고려수지요법강좌' 사건)

172) 서달주, "독일 저작권법상의 작품성론(1)", 「계간 저작권」, 2002 봄호, 13면 참조.

173) 東京高裁 2002(平成14)年 10月 29日 判決(호텔 쟝키즈 전자게시판 사건 항소심). 이에 관한 평석으로, 帖佐隆, "創作性のと高低保護範圍", 「著作權判例百選」第4版, 有斐閣, 2009, 14~15면.

제 3 절 저작물 종류의 예시

Ⅰ. 서론 — 저작물의 표현형식에 따른 분류

저작권법 제4조 제1항은 제1호 내지 제9호에서 저작물의 例示로서 어문저작물(제1호), 음악저작물(제2호), 연극저작물(제3호), 미술저작물(제4호), 건축저작물(제5호), 사진저작물(제6호), 영상저작물(제7호), 도형저작물(제8호), 컴퓨터프로그램저작물(제9호)을 열거하고 있다. 저작권법 제4조 제1항 제1호 내지 제9호는 저작물을 表現形式에 따라 분류한 것으로 한정적으로 열거한 것이 아니라 例示的으로 열거한 것이다.

그러므로 저작물의 종류의 예시와 관련하여 유의할 것은, 제4조 제1항 각 호에서 열거한 것은 어디까지나 예시에 불과한 것이고 모든 것을 포괄하는 것이 아니므로 위 각 호에 구체적으로 해당되지 않는 저작물이라 하더라도 저작물로 보호되는 데에는 지장이 없다는 점이다. 그 하나의 예로 바둑의 棋譜나 수학문제[174] 등을 들 수 있다. 따라서 저작물성을 판단하는 경우에는 그 성립요건을 검토하면 되는 것이고, 제4조 제1항 각 호의 해당 여부까지 검토할 필요는 없다. 다만, 예외적으로 위 각 호의 해당 여부가 의미를 갖는 것은 저작물의 종류에 따라 법적 취급을 달리하는 규정이 있는 경우이다. 예컨대, 미술저작물, 건축저작물 또는 사진저작물(이하, '미술저작물 등'이라 한다)의 경우처럼, 미술저작물 등에 관하여 별도의 규정을 두고 있는 공표권(제11조 제3항)이나, 미술저작물 등에만 인정되는 전시권(제19조), 그리고 미술저작물 등에만 적용되는 저작재산권의 제한규정(제35조)이 존재하는 경우이다. 그 밖에도 영상저작물이나 컴퓨터프로그램저작물의 경우가 그러하다.[175] 따라서 이러한 규정들을 적용받기 위해서는 자신의 저작물이 미술저작물 등에 해당한다는 것을 주장·입증할 필요가 있다. 한편, 하나의 저작물이 동시에 위 각 호에 중첩적으로 해당될 수도 있다. 가령, 서예가가 붓으로 쓴 漢詩는 어문저작물과 미술저작물에 해당할 것이고, 비디오게임은 영상저작물과 컴퓨터프로그램저작물에 해당할 것이다.

---

174) 서울고법 2017. 8. 24. 선고 2016나2084833 판결; 서울중앙지법 2016. 11. 4. 선고 2016가합 532803 판결(출제자 나름의 정신적 노력의 소산으로 다른 수학문제들과 구별할 수 있을 정도의 창작성이 인정되므로 수학문제들이 저작권법으로 보호되는 저작물이라고 판시).

175) 영상저작물이나 컴퓨터프로그램저작물의 경우는 영상저작물에 관한 특례(제99조 내지 제101조)규정 또는 프로그램에 관한 특례(제101조의2 내지 제101조의7)규정이 각 적용된다.

Ⅱ. 어문저작물

1. 의 의

어문저작물이란 언어나 문자에 의해 표현된 저작물을 말한다. 문자에는 한글이나 알파벳 등뿐 아니라 문자에 대용되는 기호, 숫자 등도 해당된다. 기호에는 암호, 점자, 속기부호 등이 포함된다. 또 어문저작물은 文書 등의 유체물에 기술될 수도 있고 口述에 의해 무형적으로 표현될 수도 있다. 이에 따라 어문저작물은 소설, 각본, 논문 등과 같이 문서로 표현된 저작물과, 강연, 강의, 연설, 口演, 좌담회의 담화 등과 같이 구술로 표현된 저작물로 나눌 수도 있다.

2. 문서로 표현된 저작물과 구술로 표현된 저작물

문서로 표현된 저작물은 문자나 문자에 대용되는 기호, 숫자 등으로 기술된 저작물을 말한다. 문자 등을 기술하는 매체의 종류를 묻지 아니하며 일반적으로 종이가 사용되나 돌, 도자기, 나무, 베도 가능하며, 필름이나 사진 등도 이에 해당한다. 나아가 디지털 파일 형태로 표현된 것도 이에 해당한다. 전자문서 및 전자거래기본법 제4조 제1항은 '전자문서'에 관하여 문서로서의 효력을 인정한다는 취지로 규정한다.[176] 구술로 표현된 저작물은 자기의 사상 또는 감정을 창작적으로 演述하는 것이기 때문에 스스로 창작한 것을 구술한 것만이 보호대상이 된다. 따라서 타인의 작품을 구연하는 경우는 저작인접권의 보호대상이 될 뿐이다. 한편, 구술저작물이 원고용지나 인쇄물 또는 녹음물 등에 고정되는 것은 보호 요건이 아니므로 강연 등이 자료집 등에 인쇄물의 형태로 고정되어 있을 필요는 없다. 따라서 原稿없이 하는 강연이나 연설은 소송상 입증의 곤란은 있을지언정 어문저작물로 성립하는 데 지장은 없다.

3. 관련문제―이름, 표어, 캐치프레이즈, 슬로건, 저작물의 제호 등

이름, 표어, 캐치프레이즈, 슬로건 등과 같이 간단하고 짧은 문구는 창작성이 인정되기 어려워 보호되지 않는다는 것이 통설적인 견해이다. 저작물의 제호에 대해서도 사상이나 감정을 표현한 것이라 할 수 없다거나 창작성이 인정되지 않으므로 저작물성이 부정된다는 것이 통설적 견해이다. 캐릭터의 명칭의 저작물성에 대해서도 제호와 마찬가지로 이를 부정하는 것이 일반적이다.[177]

---

176) 전자문서 및 전자거래기본법 제4조 제1항은 "전자문서는 전자적 형태로 되어 있다는 이유만으로 법적 효력이 부인되지 아니한다"고 규정한다.

Ⅲ. 음악저작물

1. 의   의

음악저작물은 일반적으로 가락(melody), 리듬(rhythm), 화성(harmony)의 3가지 요소로 구성되고, 이 3가지 요소들이 일정한 질서에 따라 선택·배열됨으로써 음악적 구조를 이루게 된다. 따라서 음악저작물의 창작성 여부를 판단할 때에 는 음악저작물의 표현에 있어서 가장 구체적이고 독창적인 형태로 표현되는 가락을 중심으로 하여 리듬, 화성 등의 요소를 종합적으로 고려하여 판단하여 야 한다.[178)179)] 3요소에 형식을 더하여 4요소로 구성된다고 설명하기도 하지 만,[180)] 현대적 관점에서는 어떠한 음의 표현이라도 음악저작물에 해당할 수 있으며 반드시 3요소 내지 4요소의 구성으로 이루어져야 하는 것은 아니 다.[181)] 특히 음악저작물은 어문저작물이나 미술저작물과 비교할 때 그 개념상 의 특성이 명확히 부각된다. 음악저작물이란 음에 의해 표현된 저작물이라고 정의하는데, 이것은 음악저작물이 청각을 통해 인식할 수 있는 저작물이라는 의미이다. 이에 비하여 어문저작물이나 미술저작물은 시각에 의해 인식되는 저작물이다. 좀 더 명확하게 정의하자면 음악저작물이란 청각을 통해 인식할 수 있도록 연속적인 음으로 창작하여 표현한 저작물을 말한다.[182)] 음악저작물 의 표현방식은 인간의 목소리에 의한 것이든 악기나 전자기기에 의한 것이든 관계없으며, 음악저작물에는 오페라, 교향악, 실내악과 같은 고전 음악은 물론 이고 유행가, 디스코 음악, 뮤지컬, 오페레타 등의 대중음악과 같은 이른바 경 음악(Unterhaltungsmusik)도 포함된다.[183)]

---

177) 저작물의 제호 및 캐릭터의 명칭의 저작물성에 관한 상세는, 본장 제5절 '저작물성이 문제되 는 경우' II. '저작물의 제호 등' 참조.

178) 대법원 2015. 8. 13. 선고 2013다14828 판결.

179) 이와 유사한 취지로 오승종, 「저작권법」 제5판, 박영사, 2020, 1391면은 "멜로디는 가락 또는 선율이라고 하는 것으로서, 개별 음의 고저·장단으로 구성된다. 멜로디는 상대적으로 선택의 폭이 넓기 때문에 악곡의 창작성은 멜로디 부분에서 전형적으로 나타나게 된다"고 설명한다.

180) 半田正夫·松田政行 編, 「著作權法コメンタール 1」第2版, 勁草書房, 2015, 541면(井奈波朋子 집필).

181) Paul Goldstein/Bernt Hugenholtz, *International Copyright: Principles, Law, and Practice*, 3rd ed., Oxford University Press, 2013, p.201 참조.

182) Manfred Rehbinder, *Urheberrecht*, 14 Aufl., C.H. Beck, 2006, S.71.

183) M. Rehbinder, a.a.O., S.71.

2. 악곡과 가사

음악저작물 중 오페라나 가요곡 등과 같이 樂曲(music)만이 아니고 歌詞 (lyric)도 수반하는 경우에는 그 가사는 음악저작물의 일부가 된다는 견해가 있다.[184] 그러나 악곡에 가사가 수반되는 경우에는 원칙적으로 음악저작물과 어문저작물의 결합저작물로 보아야 한다.[185] 다만, 노래가사는 그 이용형태에 따라 어문저작물과 음악저작물 양자의 성격을 가질 수 있다. 가령, 가요곡이 연주·가창되는 경우 가사는 어문저작물이지만 악곡과 동시에 이용되어 흡으로 표현되어 청각으로 인식될 것이기 때문에, 그러한 이용형태에 해당하는 한도 내에서는 음악저작물로서의 성격도 가지게 된다.

3. 악보의 저작물성

우리 저작권법은 미국 저작권법처럼 유형적인 표현매체에의 고정화(fixation) 를 저작물의 성립요건으로 요구하지 않는다.[186] 따라서 다른 저작물의 경우와 마찬가지로 음악저작물도 유형물에 고정될 필요가 없다. 특히 음악저작물은 청각을 통해 인식되는 음으로 표현되는 저작물이기 때문에 악보로 작성하여 고정하는 것(die schriftliche Niederlegung in Noten)이 요구되지 않는다. 따라서 악보로 작성되어 고정되지 않은 즉흥곡도 음악저작물로서 보호된다.[187] 다만 어느 음악가가 자신이 창작한 음악저작물이라고 주장할 때 이를 입증하는 데에 어려움이 있을 뿐이다.

그러면 음악저작물을 문서로 고정한 악보는 저작권법에 의해 별개의 저작물로서 보호될 수 있는 것일까? 이것이 바로 악보의 저작물성 문제이다. 음악

---

184) 가령, 오승종, 앞의 책, 111면. 이 견해는 베른협약 제2조(1)에서 가사의 수반 여부에 관계없이 음악저작물의 범주에 포함된다는 규정과 미국 저작권법 제102조(a)(2)의 규정 중에 악곡에 수반되는 가사를 음악저작물의 일부로 한다는 내용이 있음을 논거로 삼는다. 그러나 미국 저작권법과 같이 규정하거나, 아니면 베른협약과 같은 취지로 규정한 프랑스 저작권법 제112조의2 제1항 제5호의 조항이 있으면 모르겠으나, 그렇지 않은 우리 저작권법의 해석론으로는 악곡에 수반되는 가사를 음악저작물의 일부라고 쉽게 단언하기는 어려울 것이다.

185) 영국 저작권법 제3조(1)은 어문저작물이란 '동작'으로 표현되는 연극저작물과 '음'으로 표현되는 음악저작물을 제외한 것을 말한다고 규정하고, 同條(1)(d)는 음악저작물에서 歌詞와 動作을 제외하고 있다. 영국 저작권법의 이러한 입법 태도는 表現形式의 분류에 충실한 입법이라 할 수 있다. 미국이나 프랑스 저작권법과 같은 명시적 규정을 두고 있지 않은 우리 저작권법의 해석론으로서는 표현형식의 분류에 충실한 해석론을 취하는 것이 타당할 것이다.

186) 이에 관해서는, 본장 제2절 I. '저작물의 성립요건' 참조.

187) M. Rehbinder, a.a.O., S.71.

저작물의 개념에서 살펴본 것처럼 음악저작물은 악보로 작성되어 고정되지 않더라도 성립하는 것이므로, 설령 악보로 작성되었더라도 악보는 음악저작물의 고정수단에 불과하고 악보 그 자체를 독립한 저작물이라 할 수는 없다. 다만 악보를 복제하는 것은 악보로 고정된 음악저작물을 복제하는 것이 되므로 저작권 침해를 구성하게 될 뿐이다. 따라서 음악논문이나 피아노교본, 바이올린 교본과 같은 어문저작물 중에 포함된 악보는 음악저작물의 복제물로서 취급된다.[188] 그러므로 가령, 전승되는 민요 등을 독창적 채보방식에 의하여 연주할 수 있도록 악보로 작성하였더라도 악보 자체는 음악저작물이 아니다. 더구나 민요는 이미 저작권이 소멸된 것이 일반적이므로 민요 그 자체도 음악저작물로 보호받을 수 없다. 요컨대, 민요 그 자체가 음악저작물이고 이를 채보한 악보 자체는 고정수단에 지나지 않는 것이므로 음악저작물이 그 보호기간의 경과로 公有(public domain) 저작물이 되었다면 그 악보를 복제하였다 하더라도 저작권 침해가 성립하는 것은 아니다.[189] 다만, 어느 고전음악가가 구전되는 민요를 採譜하여 그 수집 또는 배열에 창작성을 인정받게 되면, 민요 자체가 저작권법에 의한 보호기간의 경과로 公有 저작물에 해당하더라도, 그 채보한 악보집 자체가 편집저작물로서 보호되는 경우가 있을 것이다. 또한 구전되는 민요를 현대적 감각에 맞게 또는 연주하기 적합하도록 편곡을 한 경우 그 창작성이 인정되면 2차적 저작물로서 새로운 보호를 받을 수는 있을 것이다.[190]

한편 독일에서는 악보작성이 미술저작물로서 보호될 수 있는가 하는 문제와 관련하여 통상적인 경우 그러한 보호가 부정될 것이라고 한다. 다만 연주 가능한 악보가 장식적인 형상을 갖춘 예외적인 경우에는 미적인 형태에 해당하므로 미술저작물로서 보호될 수도 있다고 한다.[191]

4. 샘플링(sampling) 기법에 의한 음악저작물의 창작

음반의 실제 제작과정에서는 샘플링 기법이 빈번히 이용된다. 샘플링(sampling)이란 주로 기존 음반에 수록되어 있는 사운드를 디지털로 변환한 다음에 컴퓨터, 신디사이저 등을 이용하여 디지털 처리를 하여 새로운 녹음을 위한 소재로 이용하는 녹음 기법을 말한다. 디지털 처리를 하는 과정에서는

---

188) M. Rehbinder, a.a.O., S.71 참조.
189) 오승종, 앞의 책, 113면 참조.
190) 허희성, 「2011 신저작권법 축조개설 상」, 명문프리컴, 2011, 81면 참조.
191) Gerhard Schricker/Ulrich Loewenheim, *Urheberrecht Kommentar*, 3 Aufl., C.H. Beck, 2006, S.120.

기존 음반에 수록된 소리나 특정 악기의 음만을 추출하는 것도 가능하고, 다른 요소를 바꾸지 않고 예를 들면, 음정만을 자유롭게 변경할 수도 있다. 샘플링으로 제작된 사운드는 대부분 어떤 음반들을 샘플링으로 이용한 것인지 일반 청중들이 인식할 수 없도록 처리되어 있는 경우가 많다.192) 샘플링의 원형은 음악 클럽의 디제이들이 흔히 하는 스크래칭(scratching)에서 볼 수 있다. 디제이는 두 대의 턴테이블 위에서 회전하고 있는 엘피(LP) 음반을 맨손으로 회전, 마찰시켜 그 음반에 수록된 사운드와는 다른 새로운 사운드를 만들어낸다.193) 따라서 샘플링 기법을 이용하면 다른 곡의 일부분을 직접 취해서 새롭게 조합하는 방식으로 음악이 만들어진다. 이 기법이 음악저작물의 창작과 관련하여 문제가 되는 이유는, 이 기법을 사용하여 작성된 음악저작물의 창작성 문제는 물론이고 그 적법성 문제도 제기되기 때문이다.

한편, 샘플링 기법을 이용하여 작곡가는 어느 노래의 일부분을 추출한 다음 여러 가지 음과 뒤섞어서 이를 자신의 신곡에 포함시킬 수도 있다. 이러한 작업에 이용되는 샘플이란 기본적으로 저작권으로 보호되는 기존 음악작품의 부산물이다. 법률적으로 설명하면, 샘플의 대상으로 이용된 기존 음악작품은 原저작물이고 샘플을 변형적으로 이용하여 만들어진 신곡은 원저작물을 기초로 작성되었다는 점에서 2차적 저작물(derivative work)에 해당한다. 만일 기존 음악작품들 여러 가지를 샘플로 이용하여 그대로 복제하여 짜깁기 하는 경우에는 각 음악작품에 대한 복제권 침해가 성립할 수도 있다. 그런데 기존 음악작품을 토대로 2차적 저작물을 만들 수 있는 권리, 즉 2차적 저작물 작성권은 기존 음악작품의 저작권자가 가지고 있다. 복제권도 마찬가지이다. 따라서 기존 음악작품을 샘플로 이용하여 새로운 음악을 만들고자 할 때에는 기존 음악작품의 권리자로부터 허락을 얻어야 한다. 만일 허락을 얻지 않으면 한 구절을 샘플로 이용한 경우라 하더라도 저작권 침해에 해당할 수 있다. 저작권 침해의 여부는 샘플로 이용된 음표(notes)의 숫자가 아니라 당해 샘플이 기존 음악작품, 다시 말해 原저작물과 실질적으로 유사한지(substantially similar) 여부에 의해 결정되기 때문이다.194) 법적 분쟁을 예방하기 위해서는 샘플링 작업에 착수하기 전에 샘플로 이용될 모든 음악작품들에 대해 미리 이용허락을 받아놓을 필요가 있다. 우리나라나 외국의 경우 대부분의 기존 음악작품들은 저작

---

192) 福井健策 編著, 「エンタテインメントの罠」, すばる舎, 2003, 144~145면.
193) 福井健策 編著, 위의 책, 145면.
194) Jeffrey Helewitz and Leah Edwards, *Entertainment Law*, Delmar Learning, 2004, p.258.

권관리단체에 저작권이 신탁되어 관리되고 있으므로 이들 단체로부터 샘플로 이용될 기존 음악작품의 2차적 저작물 작성권 또는 복제권에 대한 이용허락을 받으면 될 것이다.195)

오늘날 디지털 기술의 발달로 인해 기존의 다양한 음원들을 이용하여 새로운 음악작품을 창작하는 경우가 많다. 또 이와 같이 창작된 새로운 음악들은 인터넷을 통해 순식간에 널리 유포되고 있다. 특히 미국에서는 디지털 샘플링의 일종인 매쉬업(mash-ups) 기법을 통해 창작된 힙합 음악들이 논란의 대상이 되고 있다.196) 한편으로는 기존 음악작품들의 저작권을 침해한다는 문제가 제기되고 있고, 다른 한편으로는 새로운 예술 창작 기법이므로 표현의 자유에 의해 보호되어야 한다는 반론도 많은 지지를 얻고 있다. 예술 창작의 자유라는 관점에서 진지하게 논의되고 검토되어야 할 과제이다.197)

5. 관련문제—이른바 '無音 저작물' 사건

저작물성의 인정 여부가 다투어진 저작권법상의 구체적 사건들 가운데서 흥미 있는 예를 하나 찾을 수 있다. 존 케이지(John Cage)라는 음악가가 1952년에 만든 '4분 33초'라는 곡은 이른바 '無音 저작물(a work of silence)'이라 불리는 것인데 이를 음악저작물이라 할 수 있는가? '4분 33초'라는 곡은 실제로는 '무음'이 아니라 연주회장을 둘러싼 환경 속에서 우연히 들리는 소리들(가령 관중석의 작은 소음이나 대기 속의 잡음 같은 것)을 그 곡의 소리로 담아내려는 의도로 만들어진 것이다. 흥미로운 것은 2002년 2월 더 플래닛츠(The Planets)라는 영국의 음악그룹이 1분간 연주하지 않는 신곡을 음반에 수록하였다는 이유로 존 케이지의 유산을 관리하는 신탁재단으로부터 저작권 침해 소송을 제기 당했다는 점이다. 그 뒤 이 사건은 위 음악그룹이 위 신탁재단에 일정한 금액을 기부하기로 하고 화해로 종결되었다고 한다.198)

---

195) Ibid., p.258 참조.

196) 매쉬업(mash-ups)이란 기존의 두 가지 음악저작물의 전부 또는 일부를 디지털로 복사하여 그 중 한 노래의 리듬 부분과 다른 노래의 무반주 보컬 부분(an *a capella* vocal tracks)을 결합하여 만드는 것이 특징이다. 매쉬업 기법으로 만들어진 것으로 유명한 것이 데인저 마우스(Danger Mouse)라는 예명의 음악프로듀서이자 작곡가가 만든 '그레이 앨범'(The Grey Album)이다. Ronald S. Rosen, *Music and Copyright*, Oxford University Press, 2008, pp.568~570.

197) Matthew Rimmer, "The grey album: copyright law, digital sampling and mash-ups", in Matthew Rimmer, ed., *Digital Copyright and the Consumer Revolution*, Edward Elgar, 2007, p.131 이하.

198) The Independent, 22 June 2002.

문제는 존 케이지의 '무음 저작물'이 영국저작권법의 보호대상인가 하는
점이다. 싱가포르 경영대학(SMU)의 소(Saw) 교수는 이 '무음 저작물'이 음악,
연극, 어문저작물 중 어느 저작물에 해당하는 것인지를 구체적으로 검토한 다
음 어문저작물로 보는 것이 타당하다고 결론짓고 있다. 그 이유는 '무음'이므
로 음악저작물이라 하기 어렵고, 사람의 동작에 의해 표현되는 것이 아니므로
연극저작물에도 해당한다고 볼 수 없다고 한 다음 '4분 33초'에는 3개의 악장
(1악장 33초, 2악장 2분 40초, 3악장 1분 20초)에 각각 TACET(休止)라는 악상이
여덟 줄의 문장으로 지시되어 있으므로 어문저작물로 보는 것이 타당하다는
것이다.[199)]

Ⅳ. 연극저작물

1. 의   의

연극저작물은 사람의 동작에 의해 표현되는 저작물로서 연극, 무용, 무언
극 등이 이에 속한다. 연극저작물은 대사의 수반 여부를 가리지 않고 사람의
동작으로 스토리를 표현함으로써 연기나 무용 등 실연(performance)을 할 수
있도록 표현된 저작물이다.[200)] 사람의 동작은 직접 몸으로 표현할 수도 있지
만 記譜나 舞譜로 기록할 수도 있다.[201)] 그러나 기보나 무보 등으로 고정할
것을 요구하는 것은 아니므로, 그 동작의 표현이 실연(performance)을 할 수 있
도록 일관성이 있으면서 창작적으로 표현되어 있으면, 연극저작물로서 보호되
기에 충분하다. 여기서 일관성이란 해당 연기나 무용 등을 동일하게 반복 재
현할 가능성이 있어야 한다는 의미이다.[202)]

연극저작물은 동작이나 대사를 언어나 문자로 표현할 수 있다는 점에서
어문저작물과 겹쳐지는 부분이 있다. 그러나 연극저작물은 단순히 언어나 문

---

199) Cheng Lim SAW, "Protecting the Sound of Silence in 4'33": A Timely Revisit of Basic
Principles in Copyright Law", *European Intellectual Property Review*, Issue 12, 2005,
pp.467~476.
200) Jennifer Davis, *Intellectual Property Law*, Second edition, LexisNexis, 2003, pp.94~95.
201) 임원선, 「실무자를 위한 저작권법」 제7판, 한국저작권위원회, 2020, 72면.
202) 연극저작물은 음악저작물과 마찬가지로 이른바 '再現藝術'에 속한다. 따라서 연극이나 음악저
작물은 실연자의 실연을 매개로 공중에게 공개되는 것이므로 일관성, 즉 동일하게 반복 재현
할 가능성이 있도록 표현되어야 한다. 그래서 재현예술에서 강조되는 것이 '作品의 同一性'이
다. '작품의 동일성'과 '작품의 재현성'이 보증되는 작품이란 미학적으로 이른바 <닫힌 작품>
을 의미한다. 이에 관해서는 본장 제1절 ≪근대미학에서 저자에 의한 '작품지배'≫ 참조.

자로 표현하는 데 그치지 않고 실연을 할 수 있도록 일관성이 있으면서 그 실연에 대해 지시를 하여 실연의 전부나 그 실질적 부분을 표현한다는 점에서 어문저작물과 구별된다.[203] 즉 연극저작물은 단순한 언어적 표현이 아니라 동일하게 반복 재현할 수 있도록 실연에 대해 지시를 함으로써 실제로 행해지는 실연의 전부 또는 그 실질적인 부분을 표현한 것이다.[204] 따라서 대사만으로는 연극저작물에 해당할 수 없으며 어문저작물로 보호될 수 있을 뿐이다. 이에 반해 대사가 없는 무언극은 연극저작물에 해당할 수 있다.[205]

연극저작물 중 한국무용, 발레 등과 같은 무용저작물(choreographic works)의 按舞(design of posture)는 저작권의 보호대상이 되는 대표적인 예이다.[206] 다만, 사교댄스나 민요의 춤추는 방법 등은 진부한 표현에 해당하여 그 창작성이 인정되지 않으므로 저작권 보호를 받을 수 없다. 그러나 진부한 춤동작이더라도 창조적 변형이 이루어진다면 창작성이 인정될 수 있을 것이다.[207] 한편, 무용 등의 저작물은 고정을 필요로 하지 않으므로 즉흥적인 무용도 보호대상이 될 수 있지만, 그 안무가 어떤 유형적 매체에 고정되지 않는 한 자신

---

203) 따라서 언어나 문자로 표현되었더라도 연극저작물의 창작성과 어문저작물의 창작성은 구별된다. 이는 같은 설계도서라도 건축저작물의 창작성과 도형저작물의 창작성이 구별되는 것과 동일한 이유이다. 이에 관해서는 본절 Ⅵ. 3. '건축설계도와 도형저작물의 관계' 참조.

204) 대법원 2019. 12. 27. 선고 2016다208600 판결('밀가루 체험전' 사건). 이 사건 판결은 前註에서 설명한 것처럼 연극저작물의 창작성과 어문저작물의 창작성을 구별하여야 함에도 이를 혼동하였다. 즉 이 사건 기획안은 어문저작물로서 창작성은 인정되지만 연극저작물로서는 창작성이 긍정될 수 없고 단지 '연극적 아이디어'를 서술한 것에 지나지 않는 것임에도, 이 사건 기획안을 토대로 제작된 이 사건 체험전에 대헤 이 사건 기획안의 2차적 저작물인 공연물에 해당한다고 판단하였다. 이 사건 체험전은 어문저작물인 이 사건 기획안에 서술된 '연극적 아이디어'를 바탕으로 제작된 것에 불과한 것이어서 이른바 재현예술의 본질이라 할 수 있는 '작품의 동일성'이 결여된 것이므로 저작권법의 보호대상이 될 수 없는 단순한 '체험놀이'에 지나지 않는다.

205) Jennifer Davis, op. cit., pp.94~95.

206) 일본 東京地裁 1998(平成10)年 11月 20日 判決은 프랑스의 발레 안무가 모리스 베자르(Maurice Bejart)의 무용저작물에 대한 상연권(우리법의 公演權) 및 성명표시권의 침해를 각 인정하였다.

207) 서울고법 2012. 10. 24. 선고 2011나104668 판결(확정)은 대중음악('샤이보이')을 歌唱하는 여성 그룹('시크릿')의 안무의 저작물성과 관련하여 "이 사건 안무에 사용된 각종 동작의 요소를 개별적으로 분석하면 각종 댄스 장르의 전형적인 춤동작 그리고 이미 공개된 여러 춤에서 발견되는 특징들과 유사한 측면이 있지만 … 이 사건 안무는 전문 안무가인 원고가 '샤이보이' 노래에 맞게 소녀들에게 적합한 일련의 신체적 동작과 몸짓을 창조적으로 조합·배열한 것으로서 원고의 사상 또는 감정을 표현한 창작물에 해당한다"고 판시하였다. 한편, 일본 東京地裁 2012(平成24)年 2月 28日 判決은 영화('Shall we dance?')에 사용된 사교댄스의 기본 스텝과 그 변형에 대해 일반적으로 사용되는 진부한 것이라는 이유로 저작물성을 부정하였다.

의 저작물이라는 것을 입증하기 어렵기 때문에 실제 사건에서 보호되는 경우
는 드물다.

≪按舞의 '固定'에 관한 베른협약 규정의 변천과 그 입법례≫

베른협약의 브뤼셀 규정까지는 무용저작물의 안무가 文書나 그 밖의 방법으로
고정(fixed in writing or otherwise)되어 있을 것을 성립요건으로 하고 있었다(제
2조 제1항). 그러나 1967년 베른협약의 스톡홀름 규정에서 고정요건을 삭제하고
이를 회원국의 국내법에 맡기는 것으로 개정하였다(제2조 제2항). 영미법계인 미
국이나 영국 저작권법은 다른 저작물의 경우와 마찬가지로 무용저작물에 대해서
도 고정을 저작물의 성립요건으로 요구한다. 이에 반해 대륙법계인 우리나라·독
일·일본 저작권법은 무용이나 무언극의 저작물에 대하여 고정을 성립요건으로
요구하지 않는다. 하지만 대륙법계인 프랑스 저작권법은 무용이나 무언극의 저작
물이 문서나 그 밖의 방법으로 고정되어 있을 것을 요건으로 한다고 규정한다(제
112조의2 제4호).[208]

2. 저작물성이 문제되는 경우

스포츠댄스의 스텝, 체조의 마루운동 등의 안무에는 저작물성이 인정되지
않는다고 보는 것이 일반적이다. 하지만 같은 스포츠라 하더라도 예외적으로
피겨 스케이팅이나 아이스댄싱 경기는 무용의 경우처럼 창작성이 인정될 여지
가 있으므로 저작물성이 인정될 수 있다는 견해도 있다.[209] 만일 저작물성이
인정되어 보호될 수 있다면 이러한 종목의 선수들은 실연자로서도 보호되어야
할 것이다.[210]

---

208) Paul Goldstein/Bernt Hugenholtz, *International Copyright: Principles, Law, and Practice*, 3rd
ed., Oxford University Press, 2013, pp.204~206; 半田正夫 外 4人 編, 「知的財産權事典」第2
版, 丸善株式會社, 2005, 49면; 中川善之助·阿部浩二 編, 「改訂 著作權—實用法律事典10」,
第一法規, 1980, 46~48면 각 참조.
209) 齊藤博, 「著作權法」第3版, 有斐閣, 2007, 82면; 石原修 外 3人 編著者代表, 「著作權の法律相
談」第2版, 靑林出版, 2005, 514면(水戶重之 집필); 같은 취지, 中山信弘, 「著作權法」第2版, 有
斐閣, 2014, 89면. 中山 교수는 피겨댄스 등에 대해 "저작물성을 인정한다면 그 폐해도 크겠지
만, 만일 저작물성을 인정한 경우 불합리한 점이 생긴다면 권리남용 등의 일반법리로 해결하
게 될 것이다"고 한다(위의 책, 89면). 설령, 피겨스케이팅에 저작물성이 인정되지 않더라도
이를 예능적 방법으로 표현한 스포츠 선수는 실연자로서 보호될 수 있을 것이다. 이에 관해서
는 제5장 제2절 '실연자의 보호' 참조.
210) 임원선, 앞의 책, 73~74면 참조.

Ⅴ. 미술저작물

1. 의   의

미술저작물(artistic works)이라고 함은 회화, 서예, 조각, 판화, 공예, 응용미술저작물 등과 같이 선, 색채, 명암을 사용하여 이차원(평면적) 또는 삼차원적(공간적) 아름다움을 시각적으로 표현한 것을 말한다.[211] 베른협약 제2조 제1항은 미술저작물에 대하여 "소묘, 그림, 건축, 조각, 판화 및 석판화 저작물; 사진과 유사한 방법으로 표현된 저작물을 포함하는 사진저작물; 응용미술저작물; 도해, 지도, 설계도, 스케치 및 지리학, 지형학, 건축학 또는 학술과 관련한 3차원 저작물"이라고 규정함으로써 망라적으로 열거하는 방식을 취하고 있다.[212] 베른협약이 규정하는 "이러한 카테고리는 그 특성(구상적 또는 추상적)과 목적(순수 또는 상업미술)에 관계없이 이차원(소묘, 판화, 석판화 등)이나 삼차원(조각, 像, 건축물, 기념물 등)의 모든 미술저작물을 실질적으로 포함"하는 것으로 이해된다.[213]

비교법적으로는 미술저작물을 광의적으로 규정하는 베른협약과 마찬가지로 '광의의 미술저작물'에 건축저작물 및 사진저작물을 포함하여 미술저작물로서 보호하는 입법례가 있는가 하면,[214] 미술저작물을 건축저작물과 구별하고 미술저작물 속에 사진을 포함하는 입법례도 있다.[215] 또 이와 반대로 미술저작물에 건축저작물을 포함하고 사진저작물을 이와 구별하는 입법례도 있다.[216] 우리나라 저작권법은 제4조 제1항 제5호와 제6호에서 건축저작물과 사진저작물을 따로 규정하고 있기 때문에, 이들을 제외한 '협의의 미술저작물'만을 제4호에서 미술저작물로 규정한다.[217]

---

211) 정상조 · 박준석, 「지식재산권법」 제5판, 홍문사, 2020, 276면.

212) Goldstein/Hugenholtz, op. cit., p.201.

213) WIPO, *Guide to the Berne Convention for the Protection of Literary and Artistic Works*(Paris Act, 1971), 1978, p.16; Goldstein/Hugenholtz, op. cit., p.202 n.107에서 재인용.

214) 가령, 영국 저작권법 제4조는 미술저작물(artistic works)에는 도화저작물(graphic works), 사진 (photograph), 건축저작물(works of architecture), 미술공예저작물(works of craftsmanship) 등이 포함된다고 함으로써 미술저작물을 '광의적'으로 규정한다.

215) 가령, 미국 저작권법은 제102조(a)(8)은 건축저작물(architectural works)을, 제102조(a)(5)는 미술저작물로서 '회화, 도면 및 조각저작물(pictorial, graphic, and sculptural works)'을 각 규정하고 여기에 사진을 포함시키고 있다.

216) 가령, 독일 저작권법 제2조 제1항 제4호는 미술저작물에 건축저작물을 포함하여 규정하고, 제5호에서는 별도로 사진저작물을 규정한다.

217) 우리나라와 같은 입법례로는 일본 저작권법 제10조 제1항 제4호(미술저작물), 제5호(건축저작물), 제8호(사진저작물)를 들 수 있다.

2. 특   성

가. 성립요건

미술저작물은 다른 저작물과 마찬가지로 완성의 여부를 묻지 않으므로 "밑그림이나 데생 또는 미완성 작품도 작가의 사상, 감정이 창작적으로 표현된 것이면 미술저작물"로서 보호를 받는다.[218] 또한 표현 수단으로 사용되는 素材가 어떤 것인지도 관계가 없다. 따라서 그 소재가 종이, 면포, 나무, 돌, 도자기, 금속 등 뿐 아니라 눈[雪]이나 얼음으로 조각상을 만든 경우라도 지장이 없다. 다만 눈이나 얼음을 소재로 하는 경우에는 작품이 쉽게 녹아버리기 때문에 저작물로서 보호를 받는데 충분하지 않을 수도 있다는 단점이 있을 뿐이다.[219] 또한 미술저작물은 技法의 종류 여하도 묻지 않으므로 기법은 목판, 浮彫, 銅版畵, 에칭(etching) 등 어떤 종류라도 무방하다.[220] 마찬가지로 美術思潮의 여하도 묻지 않으며,[221] 예술적 가치의 高低와도 관계가 없다. 그러므로 미술저작물의 성립요건으로서의 창작성에는 예술적 또는 미적 가치에 관한 판단이 요구되지 않는다.[222]

나. 저작권과 소유권의 관계

저작권법 제4조 제1항 제1호의 어문저작물의 이용양태는 예컨대 소설작품을 쓴 원고지 자체, 즉 原稿라는 유체물에 중점이 있는 것이 아니라 소설작품을 복제하여 판매하는 것에 주안점이 두어져 있다. 이에 반하여 제4호의 미술저작물의 이용양태에서 복제권이 차지하는 비중은 그다지 크지 않다. 오히려 미술저작물을 담고 있는 유체물 자체가 중요한 거래의 대상이 된다. 요컨대 미술저작물은 유체물인 원작품[223] 자체의 재산적 가치가 크기 때문에 미술저작물에 대한 저작권(특히 복제권)은 그다지 중요하게 취급되지 않는다.

---

218) 서울고법 1995. 5. 19. 선고 95나8746 판결.

219) 半田正夫, 「著作權法槪說」第15版, 法學書院, 2013, 88면.

220) 하용득, 「저작권법」, 법령편찬보급회, 1988, 87면; 尾中普子 外 3人, 「著作權法」全訂二版, 學陽書房, 1996, 42면.

221) "대중문화 속에 등장하는 각종 이미지를 미술로 수용한 소위 '팝아트'라는 미술사조"를 표현한 작품의 미술저작물성을 인정한 것으로는, 서울지법 2001. 9. 21. 선고 2000가합29184 판결 참조.

222) Eric J. Schwartz, *International Copyright Law & Practice: United States*, Matthew Bender, 2004, p.20.

223) 저작권법 제35조에서는 원작품이란 표현 대신 원본이라는 용어를 사용한다.

≪미술저작물의 원작품(미술품)의 거래와 **追及權**(재판매보상청구권)≫

　이러한 미술저작물의 특성을 반영하여 발생한 권리가 추급권(droit de suite; resale right)이다. 추급권이란 타인에게 양도한 미술저작물의 원작품(미술품)이 공개의 경매 또는 미술중개인에 의해 재판매되는 경우에 미술저작물의 저작자인 미술가가 그 재판매대금 중에서 일정비율의 금액을 보상받을 수 있는 권리(재판매보상청구권)를 말한다. 베른협약 제14조의3 제1항은 추급권을 "미술저작물의 원작품 및 작가(writers)와 작곡가(composers)의 원고에 관하여, 그 원저작자가 이를 최초로 양도한 이후에 행해지는 재판매시의 판매이익에 대하여 일정한 비율로 그 이익의 배당을 요구할 수 있는 권리로서 타인에게 양도할 수 없는 것"이라고 정의한다. 추급권의 법적 성격에 대하여 독일에서는 저작재산권도 아니고 저작인격권도 아닌 특별한 재산권적 청구권으로 파악한다. 미술진흥법(법률 제19568호 2023. 7. 25. 제정)은 미술품의 재판매보상청구권에 관하여 규정하고 있다(2027. 7. 26. 시행).

　미술저작물에서는 그 원작품의 거래가 부각되는 관계로 미술저작물이 화체된 원작품의 소유권을 취득한 사람은 미술저작물에 대한 저작권도 취득한 것으로 생각하기 쉽다. 그러나 미술저작물이 고정된 원작품의 소유권을 취득하는 것과 무체물인 미술저작물의 저작권을 취득하는 것은 차원이 다른 별개의 문제라는 점에 유의해야 한다. 日本 最高裁는 "미술저작물의 원작품은 그 자체가 유체물이지만 동시에 무체물인 미술저작물을 體現한 것이라고 할 것인바, 소유권은 유체물을 그 객체로 하는 권리이므로 미술저작물의 원작품에 대한 소유권은 그 유체물에 대한 배타적 지배 권능에 그치고, 무체물인 미술저작물 자체를 배타적으로 지배하는 권능은 아니라고 해석하는 것이 상당"하다고 판시하면서 미술저작권이 소멸하면 그 복제를 금지할 수 없다고 하였다.[224] 따라서 일반적으로 원작품에 대한 소유권의 양도는 특별한 합의가 없는 한 저작재산권의 양도를 수반하지 않는다고 해석하는 것이 타당하다. 그 결과 원작품의 거래가 중시되는 미술저작물에서는 저작재산권자와 소유권자가 분리되는 경우가 자주 발생한다. 그런데 미술저작물의 감상을 위해서는 그 원작품을 예술적으로 향유할 수 있는 환경이 전제되어야 하므로 결국 원작품의 소유권이 중심적 기능을 할 수밖에 없다. 그러다 보니 원작품의 소유자와 미술저작물의 저작권자 사이에 이해관계가 대립하는 경우가 발생한다. 그래서

---

224) 最高裁 1984(昭和59)年 1月 20日 昭和58(オ) 第171号 判決.

저작권법은 양자 사이의 이해를 조정하는 규정을 두고 있다.[225]

3. 내　　용

가. 예　　시

저작권법 제4조 제1항 제4호는 미술저작물로서 "회화, 서예, 조각, 판화, 공예, 응용미술저작물 그 밖의 미술저작물"을 예시하고 있다. 이 중 회화와 서예는 평면적인 저작물이고 조각, 공예 등은 입체적인 저작물에 해당한다. 서예가 미술저작물로서 명시적으로 예시되어 있는 것은 한·중·일·대만의 저작권법을 비교할 때 우리나라만의 특색이다.[226] 여기서 예시하는 것 이외에 벽화, 삽화, 만화 등도 미술저작물에 포함된다.

나. 회　　화

회화는 대표적인 미술저작물로서 그 기법이나 미술사조 또는 예술적 가치에 관계없이 보호된다. 우리 하급심 판결은 "계란이라는 일상적 소재를 선택하여 이를 원형의 극도로 단순화, 추상화시킨 형태로 구성한 뒤 기하학적 배열구도에 따라 반복적으로 나열하는 방식으로, 또는 프라이팬의 바닥에 프라이 된 계란의 모습을 그려 넣는 방식으로" 표현된 것의 미술저작물성을 인정하였고,[227] 또한 '서울 전경', '설경', '대나무', '분재' 등과 같이 크리스마스 카드에 이용하기 위한 상업적 용도로 만들어진 것이고 또 이러한 카드에 흔히 이용되는 화풍을 따른 것이라 하더라도 "이는 예술(회화)의 범위에 속하는 것으로서 저작물성이 인정된다"고 하였다.[228] 일본 하급심 판결은 環狀의 쇠사슬을 디자인하고 파도와 바다를 표현한 상업광고에 대해 회화의 범주에 유사한 미술저작물로 인정될 수 있다고 하였다.[229]

다. 서　　예

서예, 즉 캘리그래피(Calligraphy)는 '회화로서의 언어 예술 작품'이다. 서예는 붓을 쥐는 힘, 붓을 움직이는 속도, 文字의 형태, 글자의 線이나 기운, 먹의

---

225) 이에 관해서는 저작권법 제35조 참조.
226) 일본 저작권법 제10조 제1항 제4호는 "회화, 판화, 조각, 기타 미술저작물", 중국 저작권법 제3조 제4호는 "미술저작물, 건축저작물", 대만 저작권법 제5조 제1항 제4호는 "미술저작물"로 각 규정한다.
227) 서울지법 1998. 6. 19. 선고 97가합19248(본소), 97가합66589(반소) 판결.
228) 서울지법 1998. 6. 19. 선고 97가합13097 판결.
229) 大阪地裁 1985(昭和60)年 3月 29日 昭和58(ワ) 第3087号 判決.

濃淡으로 글자에 飛白이 지는 상태, 전체적인 글자의 구성미, 여백 등에 의해 千變萬化의 運筆이 되고 여기에 무한한 표현가능성 및 창작성이 인정될 수 있으므로230) 서예가 미술저작물에 해당하는 것은 당연하다. 우리 법원도 서예가가 연구하고 체계화한 글씨체로서 작품화한 서체는 서예가의 사상 또는 감정을 창작적으로 표현한 지적·문화적 정신활동의 소산으로서 하나의 독립적인 예술적 특성과 가치를 가지는 창작물이라고 판시하였다.231)

문제는 풀이나 꽃무늬 등으로 꾸민 디자인 서체의 경우이다. 장식적 서체 중에는 미술저작물에 해당하는 경우도 있을 수 있다는 견해가 있다.232) 이와 관련해서는 우선 字體와 書體, 그리고 書藝를 구분하는 견해에 주목할 필요가 있다. 字體는 문자를 이루는 기본적인 골격, 즉 한자에서의 점·횡·종·곡자 등에 의하여 구성되는 것을 말하고, 서체는 자체를 기초로 문자를 표현하는 양식·특징·경향 등이 일관되게 형성된 것, 즉 한자에서의 행서, 초서 및 활자에서의 명조, 고딕, 이탤릭체, 로마체 등이다. 이러한 書體는 실용적인 기능을 가지고 있으므로, 이와 달리 주로 미적 감각의 대상이 되는 書藝와는 구별된다.233)

대법원 판결은 디자인 서체와 직접 관련된 사안은 아니지만 영문 'FOX'의 형상 중 알파벳 'O'에 해당하는 부분을 여우 머리 형태로 대체하여 간략하게 형상화한 도안에 대하여 "저작물의 요건으로서 창작성을 구비하였는지 여부는 도안 그 자체로 일반적인 미술저작물로서 창작성을 구비하였는지 여부에 따라 판단하면 충분하다"고 판시하면서 여우 머리 형상 도안의 저작물성을 인정하였다.234)

일본 판결은 서체와 서예를 구별하는 관점에서 디자인 시체의 경우에는 미술저작물성이 부인된다고 하였다.235) 즉 일본 하급심 판결은 장식적인 로고로 이루어진 'POPEYE' 문자에 대해 서예와 같이 오로지 감상의 대상으로 미를 표현한 것이 아니고 문자적 의미의 전달을 위한 수단으로서 실용적인 것이라

---

230) 三山裕三, 「著作權法詳說」第8版, LexisNexis, 2010, 62~63면.
231) 서울고법 1997. 9. 24. 선고 97나15236 판결.
232) 尾中普子 外 3, 앞의 책, 42면.
233) 정상조·박준석, 「지식재산권법」 제5판, 홍문사, 2020, 279면.
234) 대법원 2014. 12. 11. 선고 2012다76829 판결.
235) 일본 저작권법은 응용미술이 미술저작물에 포함된다는 명시적인 규정을 두고 있지 않음에 반하여, 우리 저작권법은 응용미술저작물이 미술저작물에 포함된다고 명시적으로 규정하고 있으므로 디자인 서체에 관한 일본의 판결례는 우리의 해석론으로는 받아들이기 어려운 측면이 있다. 이는 후술하는 서체 일반에 대해서도 마찬가지라 할 것이다(정상조·박준석, 앞의 책, 280면 참조).

는 이유로 저작물성을 부정하였고,236) 일본 最高裁 판결은 맥주회사의 상품표장인 'Asahi'를 도안화한 문자에 대해 일정한 범위 내에서 디자인적 특징이나 이를 연구한 점은 인정되지만 이 정도의 디자인적 요소를 부가한 것만으로 미적 창작성이 감득될 수 없다고 하여 로고마크의 저작물성을 인정하지 않았다.237)238)

라. 만   화

만화가 미술저작물에 해당하는 데에는 의문이 없으나, 문제는 스토리를 수반하여 劇畫的 요소가 포함되는 경우이다. 우리 하급심 판결은 만화에 스토리성이 포함되는 경우 "만화는 작가의 상상에 의하여 가상적인 인물들이 전개해 가는 이야기를 문자와 그림으로 서술한 창작물"이라고 판시한다.239) 이같이 스토리성이 있는 경우에는 만화는 "언어적 저작물과 회화적 저작물의 양쪽의 성질을 겸하는 것"이고,240) 이것은 저작권법 제4조 제1항 제1호의 어문저작물과 제4호의 미술저작물에 각 해당하므로 만화는 어문저작물과 미술저작물의 양면성을 가진다고 설명한다.241)

이러한 경우 만화는 어문저작물과 미술저작물이 유기적으로 결합된 저작물로서 이해되는데, 양자의 작성자가 다른 경우 구체적인 관여방법 내지 정도에 따라 양자의 관계는 공동저작물이나 결합저작물242) 또는 2차적 저작물에 해당할 수 있다.243) 만화는 스토리를 구성하는 어문저작물의 저작자와 이것을 만화로 그리는 미술저작물의 저작자가 역할을 분담하여 창작되는 경우가 적지 않은데, 이러한 경우 양자 간의 권리관계가 문제된다. 즉 만화가 양자의 공동저작물에 해당하는 경우, 또는 어문저작물을 원작으로 하는 2차적 저작물에 해당하는 경우, 나아가 양자의 결합저작물에 해당하는 경우 등을 상정할 수 있다.244) 생각건대, 스토리성이 수반되는 만화는 어문저작물과 미술저작물이

---

236) 東京地裁 1990(平成2)年 2月 19日 昭和59(ワ) 第10103号 判決.
237) 最高裁 1998(平成10)年 6月 25日 平成8(オ) 第1022号 判決.
238) 서체도안의 저작물성에 관해서는 '4. 미술저작물성이 문제되는 경우, 바. 서체도안'에서 후술한다.
239) 서울지법 1996. 9. 6. 선고 95가합72771 판결.
240) 山本桂一, 「著作權法」增補, 有斐閣, 1973, 40면.
241) 허희성, 「2011 신저작권법 축조개설 상」, 명문프리컴, 2011, 83면.
242) 공동저작물과 결합저작물에 관해서는 제3장 제4절 '공동저작물의 저작자와 결합저작물의 저작자' 참조.
243) 牧野利秋, "漫畫の共同作成―在宅看護アドバイス事件", 「著作權判例百選」第3版, 有斐閣, 2001, 97면; 堀江亞以子, "漫畫と原作", 「著作權判例百選」第3版, 有斐閣, 2001, 156면 각 참조.
244) 堀江亞以子, 위의 논문, 156면.

유기적으로 합체되어 불가분의 일체를 이룬다고 할 것이므로 구체적인 창작과
정 여하에 따라 공동저작물이나 2차적 저작물에 해당한다고 하겠으나,245) 저
작권법상 결합저작물에 해당한다고 보기는 어려울 것이다.246)

마. 공 예

미술저작물로서 보호되는 공예품이란 一品製作의 手工的인 미술작품으로
서 벽걸이 융단(tapestry), 陶藝品, 漆工藝品, 금속조각품 등을 말한다.247) 공예
품은 미적 표현을 추구하고 감상의 대상이 된다는 점에서는 순수미술적인 요
소를 갖지만, 이와 아울러 실용적인 목적도 갖는다는 점에서는 응용미술의 일
종이라고 할 수 있다. WIPO 용어사전은 응용미술(applied art)이란 '수공예품인
지 산업적으로 제작된 저작물'인지를 묻지 않고 '실용품'에 응용된 '미술저작
물'이라고 정의한다.248) 이에 따르면 一品製作이건 量産이건 상관없이 실용적
목적을 갖는 것이면 응용미술에 해당하므로 공예품도 응용미술이라 할 수 있
다. 그런데 저작권법 제4조 제1항 제4호는 미술저작물로서 "…공예, 응용미술
저작물…" 등을 예시하면서 양자를 구별하고, 저작권법 제2조 제15호 응용미
술저작물의 정의규정은 量産을 그 요건의 하나로 규정함으로써 一品製作의
공예품과 量産을 목적으로 하는 응용미술을 구분한다. 요컨대, 공예품은 실용
목적으로 사용되는 것이지만 순수미술적인 성격을 가진다는 점에서 순수미술
품과 마찬가지로 미적 감상의 대상이 될 수 있으므로 미술저작물로서 보호된다.

바. 응용미술저작물
(1) 의 의
(가) 법 규정의 변천

2000년 저작권법(2000. 1. 12. 법률 제6134호로 개정되어 같은 해 7. 1.부터 시행
된 것)은 응용미술저작물의 정의규정을 新設하였다. 1986년 저작권법에는 이러
한 정의규정이 존재하지 않았고, 단지 저작물의 예시규정인 제4조 제1항 제4
호에서 '응용미술작품'을 미술저작물로 예시하였을 뿐이다. 그래서 학설상으로
도 '응용미술작품'의 미술저작물성 인정 여부가 다투어졌다.249) 그러나 후술하

---

245) 서울북부지법 2008. 12. 30. 선고 2007가합5940 판결(확정).
246) 같은 취지, 堀江亞以子, 앞의 논문, 156면 참조.
247) 西田美昭 外 2, 「知的財産權」, ぎょうせい, 1998, 644~645면.
248) WIPO Glossary of Terms of the Law of Copyright and Neighboring Rights, 1980, p.9.
249) 한편 1957년 저작권법 제2조는 "…회화, 조각, 공예…"를 미술저작물의 예시로서 규정하였을
뿐이고 '응용미술저작물'은 규정하지 않았다. 그래서 학설은 응용미술의 보호를 일품제작의 공

는 직물도안 사건에서 대법원은 응용미술작품의 저작물성 인정에 대해 소극적으로 판시한 바 있다.[250] 2000년 저작권법 제2조 제11호의2 정의규정에서는 '응용미술저작물'이란 "물품에 동일한 형상으로 복제될 수 있는 미술저작물로서 그 이용된 물품과 구분되어 독자성을 인정할 수 있는 것을 말하며, 디자인 등을 포함한다"고 정의하였다. 이와 함께 저작물의 예시규정인 저작권법 제4조 제1항 제4호의 '미술저작물' 부분을 개정하였다. 즉 응용미술저작물의 정의규정에 '디자인'이 포함된 것을 고려하여 이와 동일한 의미로 사용되는 '도안'을 제4조 제1항 제4호의 '미술저작물' 부분에서 삭제하고 '응용미술작품'을 '응용미술저작물'이란 용어로 변경하였다.[251] 이러한 정의규정 및 미술저작물의 예시규정은 현행 저작권법 제2조 제15호 및 제4조 제1항 제4호에서도 그대로 유지되고 있다.

(나) 개   념

응용미술(applied art)이란 용어는 산업혁명 이후 수공예제품(크래프트 제품)이나 공업제품과 미술과의 관계를 설명하는 것으로서 순수미술(fine art)에 대립하는 개념으로 등장하였다. 현재는 실용품에 부가된 미적 디자인을 가리키는 말로 쓰인다. 응용미술에는 ⓐ 미술공예품, 장신구 등 실용품 자체인 미적 창작물, ⓑ 가구의 조각 등 실용품과 결합된 미적 창작물, ⓒ 양산되는 실용품의 모형으로 사용되는 것을 목적으로 하는 미적 창작물, ⓓ 염색·도안 등 실용품의 무늬(모양)[252]로 이용되는 것을 목적으로 하는 미적 창작물 등이 속한

예품에 한정하고 실용품의 디자인에 대한 보호는 디자인보호법에 의한다는 견해와, 제2조는 예시규정이므로 실용품의 디자인이라도 미적 특성이 있는 것은 순수미술이나 공예품과 마찬가지로 저작물로 보호된다는 견해로 나뉘었다(이에 관한 상세는, 오승종, 「저작권법」 제5판, 박영사, 2020, 299~300면 참조). 서울중앙지법 2006. 2. 9. 선고 2005노3421 판결은 전자의 견해를 취하였다. 즉 묵주반지의 디자인에 대해 1986년 저작권법 시행 전에 창작된 것으로서 1957년 저작권법 제2조는 "…공예…"를 미술저작물의 예시로 규정하면서 '응용미술저작물'은 규정하지 않았으므로 1957년 저작권법에서 보호되는 것은 일품제작의 공예품에 한정된다고 해석하였다. 또한 1986년 저작권법 부칙 제2조 제1항은 "이 법 시행 전에 종전의 규정에 의하여…보호를 받지 못한 저작물에 대하여는…이 법을 적용하지 아니한다"고 규정하고 있으므로 이 사건 묵주반지의 디자인에 대해 설령 해당 디자인이 그 물품인 반지와 구분되어 독자성이 인정된다고 하더라도 저작권법으로 보호될 수 없다고 판시하였다.

250) 대법원 1996. 2. 23. 선고 94도3266 판결.
251) 김태훈, "개정 저작권법 해설", 「계간 저작권」, 2000 봄호, 8면.
252) 무늬와 모양을 같은 의미로 사용하는 것은, 디자인보호법 제2조(정의) 제1호가 디자인이란 "물품…의 형상·모양·색채 또는 이들을 결합한 것으로서 시각을 통하여 미감을 일으키게 하는 것을 말한다"고 정의하고, 동법에서 규정하는 '모양'이 '무늬'를 의미하는 데에서 연유한다.

다.[253] 건축저작물도 그 용어의 의의에 비추어 본다면 응용미술에 속하나 일찍부터 별도 유형의 저작권법 보호대상으로 취급되었다.

저작권법 제2조 제15호 정의규정은 응용미술저작물의 요건으로 "물품에 동일한 형상으로 복제될 수 있을 것"과 물품의 디자인 등이 "이용된 물품과 구분되어 독자성을 인정할 수 있을 것"을 요구한다. 이에 따르면 一品製作되는 공예품은 "물품에 동일한 형상으로 복제될 수 있을 것"이라는 量産을 전제로 하는 요건 때문에 응용미술저작물의 정의에서 제외되는 결과가 된다. 전술한 것처럼 일반적인 응용미술(applied art)의 개념에는 一品製作이건 量産이건 상관없이 실용적 목적을 갖는 것이면 응용미술에 해당하게 되므로 공예품도 응용미술에 포함된다. 그런데 저작권법 제4조 제1항 제4호는 미술저작물 중 공예, 응용미술저작물을 구별하여 예시하고, 저작권법 제2조 제15호 응용미술저작물의 정의규정은 一品製作의 공예품과 量産을 목적으로 하는 응용미술저작물을 구분함으로써 결국 일반적인 응용미술보다 좁은 개념의 응용미술저작물을 규정하고 있다.

따라서 응용미술이 저작권법상 저작물로서 보호받기 위해서는 창작성 등 저작물의 성립요건을 갖추어야 할 뿐 아니라 그보다 앞서 응용미술저작물의 정의규정에서 요구하는 두 가지 요건, 즉 "물품에 동일한 형상으로 복제될 수 있을 것"(量産 요건)과 물품의 디자인 등이 "이용된 물품과 구분되어 독자성을 인정할 수 있을 것"(구분 및 독자성 요건)을 갖추어야 한다. 실용품에 이용된 미적 디자인이 그 물품과 구분되어 독자성을 인정할 수 있어야 한다는 것은, 물품에서 미적 표현이 구분되어 그 표현 자체를 순수미술품과 마찬가지로 독자적인 미적 감상의 대상으로 삼을 수 있어야 한다는 것을 의미한다. 순수미술품에는 어린아이가 그린 천진난만한 그림도 포함되는 것이므로 순수미술로서의 미적 가치의 높고 낮음과는 관계가 없다.[254] 이러한 두 가지 요건은 응용미술저작물에 별도의 보호요건을 加重하려는 것이 아니라 디자인보호법의 보호대상인 '응용미술' 중에서 저작권법의 보호대상인 '미술저작물'에 해당하는 것을 가려내기 위한 판단기준으로서의 의미를 가지는 것이다.[255]

'모양'의 법적 의미(무늬)와 국어사전적 의미(형태나 모습)가 다르므로 주의를 요한다. 과거 일본 의장법을 모방한 흔적이다. 법 개정이 필요하다고 생각한다.

253) 이상정, 「산업디자인과 지적소유권법」, 세창출판사, 1995, 29~30면 참조.

254) 이에 관해서는 본장 제2절 I. 2. 다. (4) '저작물의 예술성·음란성 문제' 참조.

255) 디자인보호법과 저작권법의 보호대상인 '응용미술(저작물)' 개념의 大小 관계를 정리하면 "디자인 일반 > 디자인보호법의 보호대상(제2조 제1호)인 디자인 ≥ 응용미술[Ⓐ] > 저작권법

물품에서 미적 표현이 구분되어 그 표현 자체가 독자적인 미적 감상의 대
상이 되어야 한다는 '구분 및 독자성 요건'은, 미국 저작권법 제101조가 규정
한 응용미술이 저작권법의 보호를 받기 위해서는 실용품(useful article)의 디자
인에 대해 분리가능성(separability)과 독자성(independence)이 있어야 한다는 것
에 상응한다. 그 중 물품에서 미적 표현이 구분된다는 것은 분리가능성, 즉 물
품의 실용적 요소와 미적 요소의 물리적 분리가능성(physical separability) 또는
관념적 분리가능성(conceptual separability)에 상응한다.256) 그리고 이러한 분리
가능성을 판단할 때 독자성 판단도 함께 이루어지는 것이 일반적이다.

(2) 판례의 동향

(가) 응용미술저작물의 정의규정 신설 前의 裁判例

응용미술저작물의 정의규정을 신설한 2000년 저작권법이 시행되기 전의
저작권법(2000. 1. 12. 법률 제6134호로 개정되기 전의 것) 아래에서는 제4조 제1항
제4호에서 미술저작물의 하나로 '응용미술작품'을 예시하고 있었다. 그러나 대
법원은 미술저작물로서 응용미술작품을 예시하였음에도 불구하고 그 저작물
성을 부인하였다. ① 대법원은 미국 법인인 코빙튼(Covington) 직물주식회사가
자사의 직물도안을 모방한 국내 회사를 저작권법 위반으로 고소한 사건에서
"산업상의 대량생산에의 이용을 목적으로 하여 창작되는 … 응용미술작품에
대하여는 원칙적으로 의장법에 의한 보호로써 충분하고 예외적으로 저작권법
에 의한 보호가 중첩적으로 주어진다고 보는 것이 의장법 및 저작권법의 입법
취지"라고 한 다음 "응용미술작품 … 그 자체가 하나의 독립적인 예술적 특성
이나 가치를 가지고 있어 … 예술의 범위에 속하는 창작물에 해당하여야만 저
작물로서 보호된다"257)고 판시하였다.258)

의 보호대상(제4조 제1항 제4호)인 미술저작물 ≥ 응용미술저작물[Ⓑ] = '물품에 동일한 형
상으로 복제되고 이용된 물품과 구분되어 독자성이 인정되는 것'(제2조 제15호)"이 된다. 비유
하자면 디자인보호법 영역의 응용미술[Ⓐ]이 저작권법 영역으로 진입하기 위한 '통행증' 역할
을 하는 것이 응용미술저작물의 정의규정에서 요구하는 두 가지 요건이라고 설명할 수 있다.

256) 이에 관해서는 후술하는《분리가능성에 관한 미국의 주요 판례 및 이론》참조.

257) 대법원 1996. 2. 23. 선고 94도3266 판결. 원심(서울형사지법 1994. 11. 10. 선고 94노2571 판
결)은 직물도안이 "실용품의 기능과 물리적 또는 개념적으로 분리되어 식별될 수 있는 독립적
인 예술적 특성이나 가치를 지니는 경우에 한해서만 예외적으로 저작물로 보호될 수 있다"고
판시하면서 피고인에게 무죄를 선고하였다.

258) 같은 사안의 민사사건 제1심에서 코빙튼은 승소하였으나(서울민사지법 1995. 1. 27. 선고 93가
합48477 판결), 형사사건인 위 대법원 판결의 영향으로 항소심에서는 패소하였으며 상고 포기
로 확정되었다(서울고법 1996. 5. 16. 선고 95나10473 판결).

① 대법원 판결은 산업상 대량생산에의 이용을 목적으로 창작되는 응용미술작품 중에서 그 자체가 하나의 독립적인 예술적 특성이나 가치를 가지는 창작물에 대해서만 보호된다는 것이다. 이러한 판단은 응용미술에 대하여 실용적 요소와 미적인 요소의 '분리가능성(separability)'과 '독자성(independence)'이라는 판단기준에 따라 한정적으로 그 저작물성을 인정하는 미국 저작권법의 규정259)과 그 판례이론을 받아들인 것으로 이해할 수 있다.260) 그러나 ① 판결이 '산업상 대량생산에의 이용 목적'을 고려한 것과 관련하여 원래 저작물 개념은 목적중립적임에도 저작권법상 보호 여부의 판단 기준을 저작물의 목적에 두는 것은 부당하고, 창작성이라는 저작물 성립요건과는 별개로 '독자적인 예술적 특징과 가치'를 요구하는 것은 法外의 요건을 추가한 것이어서 받아들이기 어렵다는 비판이 제기되었다.261) 또한 종래 분리가능성 이론이 적용된 미국 판결들은 3차원적 디자인을 그 사안으로 하는 것이어서 직물 디자인과 같은 2차원적 디자인에 대해서까지 분리가능성이론을 원용하여 저작물성을 제한할 필요가 있는 것인지 의문을 제기하는 견해도 있었다.262)263)

---

259) 미국 저작권법 제101조는 "…이 조에서 정의하는 실용품(useful article)의 디자인은 그것이 물품의 실용적인 면으로부터 분리해서 확인할 수 있는 한 또는 그것과는 독립해서 존재할 수 있는 회화, 그래픽 또는 조각의 특징을 가지는 한, 또 그 한도에 있어서만 회화, 그래픽, 조각저작물로 본다"고 규정한다. 이러한 분리가능성 및 독자성을 규정한 것은, 1954년 미 연방대법원의 Mazer 사건에서 판시한—춤추는 남녀모습의 小像은 탁상램프라는 실용적 기능을 담당하는 부분인 동시에 그 램프와 상관없는 비실용적인 면을 가지고 있으므로 미술품으로서 저작권 보호를 받을 수 있다는—판결{Mazer v. Stein, 347 U.S. 201 (1954)}의 내용을 구체화하기 위한 것으로서 실용품에 이용된 저작권의 보호를 받을 수 있는 미적 요소를 어떻게 결정할 것인지의 문제를 해결하기 위한 것이다(이상정, 앞의 책, 148~156면).

260) 이상정, 앞의 책, 73~75면, 80면 각 참조. ① 대법원 판결과 같은 취지의 원심(서울형사지법 1994. 11. 10. 선고 94노2571 판결)에 대해 이상정 교수는 직물도안에 대해서는 관념적 분리가능성이 인정될 수 있기 때문에 "다른 판결 이유가 있다면 모르되 분리가능성이론에 입각한 경우에는 저작물성을 긍정하여야 하리라 본다"고 비판한다.

261) 이기수·안효질, "응용미술작품의 보호", 「창작과 권리」, 1997 여름호, 117~118면. 그러나 '응용미술저작물'의 정의규정을 마련한 현행 저작권법 아래에서는 '대량생산에의 이용목적'과 '독자적인 예술적 특징과 가치'라는 표현을 목적중립성에 반한다거나 法外의 요건을 추가한 것으로 볼 것이 아니라, 응용미술저작물의 정의규정에서 요구하는 '양산 요건'과 '구분 및 독자성 요건'에 수렴된 것이라고 이해하면 그것으로 충분할 것이다.

262) 김가희, "지적재산권 보호의 사각지대", 「계간 저작권」, 1998 겨울호, 88면 참조.

263) 미국 하원보고서(H. R. Rep. No. 94-1476, 94th Cong., 2d Sess., 1976, p.55)는 분리가능성이론을 규정한 미국 저작권법 제101조의 입법취지에 관하여 "평면적인 회화나 도화는 직물, 벽지, 용기와 같은 실용품에 인쇄(print)되거나 이용(apply)되어도 의연히 회화나 도화로서 인식될 수 있다. 또 조각이 산업제품의 장식으로 이용되거나 Mazer 사건에서와 같이 미술저작물로서의

한편, ② 대법원은 전통한복을 일상적으로 입는 데에 불편한 점을 해소하고 기능적 편리성과 멋을 추구한 이른바 '생활한복' 사건에서도 ① 판결의 판시를 그대로 되풀이 하여 "생활한복은 그 제작경위와 목적, 외관 및 기능상의 특성 등 제반사정에 비추어 볼 때 저작권법의 보호대상이 되는 저작물에 해당되지 않는다"264)고 판단하였다.

①과 ②의 대법원 판결에서 판시된 법리를 반영하여 하급심 재판들에서는 응용미술작품의 저작물성이 문제된 사건들에서 모두 그 저작물성을 부인하였다. 그 대표적 사건들로는 봉황무늬의 직물도안,265) 플라스틱 쟁반의 과일 그림,266) 전기보온밥통의 꽃무늬 문양,267) 동물 봉제인형 사건,268) 봉제완구인 빠짝이 곰인형269) 등의 사건들이 있다.270)

(나) 응용미술저작물의 정의규정 신설 以後의 裁判例

응용미술저작물의 정의규정이 신설된 이후 제기된 사건으로 유명한 것이 ③ 이른바 '히딩크 넥타이' 도안 사건이다. 대법원은 우리나라 저작권법이 "응용미술저작물의 정의를 규정하고 응용미술저작물이 저작권의 보호대상임을 명백히 하고 있다"고 전제한 다음 "'히딩크 넥타이' 도안은 고소인이 저작권법이 시행된 2000. 7. 1. 이후에 2002 월드컵 축구대회의 승리를 기원하는 의미에서 창작한 것인 사실, … 위 도안이 우리 민족 전래의 태극문양 및 팔괘문양을 상하 좌우 연속 반복한 넥타이 도안으로서 응용미술작품의 일종이라면 위 도안은 '물품에 동일한 형상으로 복제될 수 있는 미술저작물'에 해당한다고 할 것이며, 또한 그 이용된 물품(이 사건의 경우에는 넥타이)과 구분되어 독자성을 인정할 수 있는 것이라면 저작권법 제2조 제11의2호271)에서 정하는 응용미술

독립성을 잃지 않고서 물품 속에 합체되는 경우도 마찬가지이다. 반면에 산업제품의 형상(the shape of industrial product)은 미적으로 만족스럽고 가치가 있는 경우에도 본법에 의한 보호를 하지 않으려는 것이 위원회의 의도이다. 자동차, 비행기, 부인 드레스(ladies' dress), 조리기(food processor), TV수상기, 기타 산업제품의 형상은 제품의 실용적인 측면으로부터 분리해서 물리적으로(physically) 또는 관념적으로(conceptually) 인식할 수 있는 요소를 포함하고 있지 않는 한, 그 디자인은 본법에 의한 저작권의 보호를 받을 수 없다"고 설명한다(이상정, 앞의 책, 156~157면).

264) 대법원 2000. 3. 28. 선고 2000도79 판결.
265) 서울지법 1997. 8. 22. 선고 97가합26666 판결.
266) 서울고법 1999. 7. 21.자 99라74 결정.
267) 수원지법 2000. 5. 4. 선고 99노4546 판결.
268) 서울지법 2000. 8. 18. 선고 99가합72021 판결.
269) 서울지법 남부지원 2001. 5. 25. 선고 2000가합7289 판결.
270) 조원희, "응용미술저작물의 보호기준에 대한 소고", 「계간 저작권」, 2005 여름호, 16~17면 참조.
271) 현행 저작권법 제2조 제15호.

저작물에 해당한다"[272]고 하였다. 그럼에도 "원심은 위 도안이 그 이용된 물품과 구분되어 독자성을 인정할 수 있는 것인지에 관하여 심리"를 하지 않은 채 위 도안이 저작물이 아니라 판단한 것은 잘못이라는 이유로 원심판결을 파기환송하였다.[273] 파기환송심 판결은 넥타이의 실용적 기능이 '히딩크 넥타이' 도안의 그 미적 요소보다 주된 용도라고 보이지 않으므로 위 도안은 넥타이의 기능과 관념적으로 구분되어 그 독자성을 인정할 수 있어서 저작물성을 긍정할 수 있다고 설시한 다음 피고인들의 저작권침해를 인정하였다.[274] 파기환송심 판결은 미국의 분리가능성 이론 중 '주된(primary)/부차적(subsidiary) 테스트'로부터 영향을 받은 것이라고 생각된다.[275]

그러나 분리가능성이 인정되더라도 민족 전래의 태극문양 및 팔괘문양을 상하 좌우로 연속 반복한 것에 대해 미술저작물로서의 창작성이 있다고 볼 수 있을 것인지는 의문이다. 예전부터 전승되는 전통문양과 같은 표현형식은 누구나 자유롭게 이용할 수 있는 것이어서 저작권의 보호대상이 된다고 보기 어려울 것이기 때문이다.[276]

그 밖에 응용미술저작물성이 다투어진 사건으로 ④ 드라마 대장금 앞치마 사건, ⑤ 팻독(Fatdog) 사건, ⑥ 묵주반지 사건 등이 있다. ④는 대장금에 출연한 의녀, 수랏간생각시, 나인 등이 둘렀던 앞치마의 저작권을 양수한 신청인이 위 앞치마를 무단 복제하여 판매하는 피신청인을 상대로 위 앞치마가 응용미술저작물에 해당한다고 주장하면서 저작권침해금지 가처분신청을 한 사건이다. 법원은 위 앞치마가 응용미술저작물로서 보호되지 않는다고 기각결정을 하였다.[277] ⑤는 강아지 형상을 개성 있게 표현하여 신발류 등에 사용한 사안

---

272) 대법원 2004. 7. 22. 선고 2003도7572 판결.

273) 파기환송 전 원심(서울지법 2003. 11. 19. 선고 2003노7459 판결)은 "응용미술작품이 상업적인 대량생산에의 이용 또는 실용적인 기능을 주된 목적으로 하여 창작된 경우 그 모두가 바로 저작권법상의 저작물로 보호될 수는 없고, 그 중에서도 그 자체가 하나의 독립적인 예술적 특성이나 가치를 가지고 있어 예술의 범위에 속하는 창작물에 해당하는 것만이 저작물로서 보호된다"고 설시한 다음 "이 사건 '히딩크 넥타이' 도안은 우리 민족 전래의 태극문양 및 팔괘문양을 상하 좌우 연속 반복한 넥타이 도안으로서 응용미술작품의 일종에 해당된다고 할 것이나, 그 제작 경위와 목적, 색채, 문양, 표현기법 등에 비추어 볼 때 저작권법의 보호대상이 되는 저작물에 해당하지 않는다"고 판결하였다.

274) 서울중앙지법 2005. 2. 4. 선고 2004노2851 판결. 파기환송심 판결에 대해 피고인들이 불복하여 재상고하였으나 대법원 2007. 6. 28. 선고 2005도1450 판결은 상고를 기각하였다.

275) 이에 관해서는 후술하는 ≪분리가능성에 관한 미국의 주요 판례 및 이론≫ 참조.

276) 대법원 1991. 8. 13. 선고 91다1642 판결(한복문양 사건) 참조.

277) 서울중앙지법 2006. 2. 13.자 2005카합4149 결정("이 사건 앞치마가… 현대적인 세련미를 강

에서 "물품에 동일한 형상으로 복제될 수 있는 미술저작물이면서 그 이용된 물품과 구분되어 독자성을 인정할 수 있는 것"이므로 응용미술저작물에 해당한다고 판시하였다.[278] ⑥은 둥근 반지 형태에 1개의 십자가와 10개의 묵주알이 돌출되어 있고 십자가나 장미꽃 문양을 사용한 묵주반지에 관한 사건인데, 묵주알의 형태 및 문양은 그 어느 것이나 '창작물'로서 묵주반지와 구분되어 '독자성'을 인정할 수 없다고 판시하였다.[279]

(다) 응용미술저작물의 정의규정과 '분리가능성' 이론

2000년 저작권법이 제2조 제11호의2(현행 제15호)에서 응용미술저작물의 정의규정을 신설한 것은, 위 ① 대법원 94도3266 판결이 직물도안 사건에서 받아들인 미국의 '분리가능성' 이론을 입법에 반영한 것이다. 이러한 관점은 ① 대법원 판결 및 그 원심판결의 각 판결이유와 그 전후맥락을 살펴보면 확인할 수 있다.[280]

분리가능성이란 물품의 실용적 요소와 미적 요소의 물리적 분리가능성(physical separability) 또는 관념적 분리가능성(conceptual separability)을 말하는 것으로 이 중 어느 한 가지의 분리가능성이 있으면 미술저작물성이 인정된다.[281] 저작물로서 보호될 수 있는 미적 요소(copyrightable elements)를 물품의 실용적 측면을 변경함이 없이 물리적으로 떼어낼 수 있다면, 물품의 실용적 요소와 미적 요소는 분리 가능한 것으로 판단될 것이다. 따라서 물리적 분리가능성이란 물품의 실용적 측면을 손상하지 않고 그대로 유지하면서, 저작물로서 보호될 수 있는 미적 요소를 통상적인 방법으로 그 물품에서 물리적으로 분리할 수 있는 경우를 의미한다. 예컨대, 자동차 보닛(bonnet) 앞부분에 부착

조하고 한복의 아름다움이 잘 부각될 수 있[는]" 미적 요소를 표현하였더라도 이러한 "미적인 요소가 앞치마라는 물건과 관념적으로 분리할 수 있다고 단정하기 어렵다")(항고심에서 신청인 항고취하).

278) 서울중앙지법 2007. 4. 11. 선고 2005가합102770 판결.

279) 서울중앙지법 2006. 2. 9. 선고 2005노3421 판결(대법원 2008. 2. 1. 선고 2006도1553 상고기각 판결로 확정). 나아가 위 하급심 판결은, 묵주반지의 디자인이 1986년 저작권법 시행 전에 창작되어 1957년 저작권법에서는 보호하지 않는 응용미술저작물이고 1986년 저작권법 부칙 제2조 제1항은 "이 법 시행 전에 종전의 규정에 의하여 … 보호를 받지 못한 저작물에 대하여는 … 이 법을 적용하지 아니한다"고 규정하므로 설령 해당 디자인이 그 물품인 반지와 구분되어 독자성이 인정된다고 하더라도 저작권법으로 보호될 수 없다고 판시하였다.

280) 전술한 각주257), 각주260) 각 참조. 요컨대, 원심은 미국의 분리가능성 이론에 입각하여 미술저작물성을 부인하고 피고인에게 무죄를 선고한 것이다. ① 대법원 판결은 이러한 원심의 판단은 옳고 저작물성에 대한 법리오해의 위법이 없다고 판시한 것이다.

281) 미국 하원보고서(H. R. Rep. No. 94–1476, 94th Cong., 2d Sess., 1976, p.55) 참조.

된 창작적 장식물인 엠블럼(emblem)은 자동차의 실용적 기능을 손상하지 않고
자동차로부터 떼어낼 수 있으므로 물리적으로 분리 가능하다고 판단될 것이
다.[282) 저작물로서 보호될 수 있는 미적 요소가 물리적으로 분리 가능하다면,
그 미적 요소는 당연히 독자적인 미적 감상의 대상이 될 것이다. 물리적 분리
가능성은 비교적 판단하기 쉽다고 할 수 있지만, 이와 달리 판단하기 어려운
것이 관념적 분리가능성이다.[283) 관념적 분리가능성이란 물품의 미적 특징이
실용품의 전체 형상과 분리되어 시각적인 면에서 독자성을 가지는 저작물로서
인식 가능한 것을 말한다. 달리 말해 미적 특징이 그 물품의 기본 형태를 훼손
함이 없이 실용품에서 분리되어 독자적인 미적 감상의 대상으로 인식되는 것
을 의미한다. 따라서 미적 특징과 실용적 요소가 병존하면서도 그와 동시에
별개 대상으로 인식 가능한 경우, 즉 한편으로는 미술저작물이면서 다른 한편
으로 실용품으로 인식될 수 있어야 한다. 예컨대, 의자 등받이에 새겨진 조각
이나 꽃병 표면에 새겨진 문양은 일반인의 관점에서 그것을 볼 때, 의자나 꽃
병의 전체 형상과 완전히 구별되어 마치 종이 위에 그린 그림처럼 인식될 수
있기 때문에, 관념적으로 분리 가능한 것으로 판단될 것이다.[284) 그러나 실용
품의 일반적인 형상이 현대 조각품이나 추상 조각품과 유사하게 보이는 것만
으로는 관념적 분리가능성이 인정된다고 판단할 수 없다. 왜냐하면 그 미적
특징이 실용품의 전체 형상이나 윤곽의 불가결한 구성부분이므로 그 특징을
분리하면 실용품 자체의 기본 형태를 훼손할 것이기 때문이다.[285) 따라서 실
용품의 전체 형상이나 윤곽의 미적 특징이 아무리 돋보이더라도, 예컨대 자동
차나 비행기 능의 외관 디자인에 대해 관념적 분리가능성이 인정된다고 판단
할 수 없다.[286) 문제는 미국에서 관념적 분리가능성에 대해 법원마다 적용하
는 기준이 다양하고 개별 사안에 따라 서로 다른 결론이 나왔다는 점이다. 이
하 분리가능성에 관한 미국의 주요 판례 및 이론을 소개한다.

---

282) 미 저작권청 실무제요{Compendium of U.S. Copyright Office Practices, third edition, 2014,
924.2(A)} 참조.
283) 위 실무제요는 물리적 분리가능성이 없다고 판단되는 경우 '관념적 분리가능성' 기준을 적용
한다고 한다.
284) 위 실무제요는 그 밖에 티셔츠에 프린트된 미술저작물, 벽지 표면의 그림, 숟가락 손잡이를 장
식하는 꽃무늬 돋을새김 등을 예로 든다.
285) 위 실무제요{924.2(B)} 참조.
286) 미국 하원보고서(H. R. Rep. No. 94-1476, 94th Cong., 2d Sess., 1976, p.55) 참조.

≪'분리가능성(separability)'에 관한 미국의 주요 판례 및 이론≫287)

① Kieselstein – Cord v. Accessories by Pearl, Inc. 632 F.2d 989 (2d Cir. 1980) 사건은 두 개의 벨트 버클(Buckle)에 대한 저작권 보호가 다투어진 사안이다. 연방 제2항소법원은 "허리가 아닌 다른 신체부위의 장식으로 버클을 사용하는 사람들이 있는 것에서 알 수 있듯이 항소인의 벨트 버클에서는 관념적으로 분리가능한(conceptually separable) 조각적 요소를 발견할 수 있다"고 하면서 두 개의 버클이 갖는 "주된(primary) 장식적인 면은 부차적인(subsidiary) 실용적 기능(utilitarian function)과는 관념적으로 분리가능하다"고 하여 저작권법에 의한 보호를 인정하였다. 요컨대, 버클의 미적 특징이 주된 것이고 실용적 기능이 부차적인 것이면 '물리적'으로 분리가능하지 않더라도 '관념적'으로 분리가능하므로 저작권법으로 보호받을 수 있다고 판시한 것이다. 여기서 'Primary/Subsidiary Test'가 도출된다.288)

② Carol Barnhart Inc. v. Economy Cover Corp. 773 F.2d 411 (2d Cir. 1985) 사건은 사람 가슴형태(토르소)의 네 가지 마네킹과 관련된 것이다. 제2항소법원은 위 마네킹들의 "미적이고 미술적인 특징이 실용품으로서 그 형태의 사용과 (물리적이든 관념적이든) 분리될 수 없으므로 저작권으로 보호될 수 없다"고 하였다. 즉 Kieselstein – Cord 사건의 버클처럼 "장식적인 부분이 실용적 기능에 의해서 요구되지 않는다면" 관념적으로 분리가능하겠지만 이 사건 토르소처럼 실용적인 기능을 수행하는 데에 "반드시 가슴의 윤곽과 넓은 어깨를 가지고 있어야 한다면" 관념적으로도 분리불가능하다고 판시한 것이다. 여기서 도출된 이론이 'Objective Test'이다. 이는 실용품에 구현된 심미적 특징이 그 실용적 기능에 의해 요구된 것인지 여부에 따라 관념적 분리가능성을 판단하는 이론이다.

③ Brandir International Inc. v. Cascade Pacific Lumber Co., 834 F.2d 1142 (2d Cir. 1987) 사건은 管으로 만든 물결모양의 자전거 주차용 거치대(bicycle rack)에 관한 것이다. 이 사건에서 법원은 자전거 주차용 거치대로 사용한다는 기능적 관심에 의해 그 형태의 미적 외관이 영향을 받은 것이라면 그러한 미술적 특성은 분리가능하지 않다고 판시하였다. 이 판결은 Denicola 교수의 'Design Process Test'에 영향을 받은 것으로서 "디자인 요소가 미적인 고려와 기능적인

---

287) Melville B. Nimmer·David Nimmer, *Nimmer on Copyright*, Vol. I, Matthew Bender, 2004, §2.08[B] 이하; Robert A. Gorman·Jane C. Ginsberg, *Copyright: Cases and Materials*, 6th ed., Foundation Press, 2002, p.203 이하; 장주영, 「미국 저작권판례」 제2증보판, 육법사, 2017, 142~162면; 차상육, "응용미술의 저작권법상 보호에 관한 연구", 한양대 대학원 법학박사 학위논문, 2010. 2., 243~264면 각 참조.

288) 서울중앙지법 2005. 2. 4. 선고 2004노2851 판결('히딩크 넥타이' 도안 사건 파기 환송심) 참조.

고려의 합체(a merger)를 반영하고 있다면 미적인 측면은 실용적 요소와 관념적으로 분리가능하다 할 수 없지만, 반대로 디자인 요소가 기능적 영향으로부터 독립된 디자이너의 미적 판단을 반영하고 있다고 특정될 수 있다면 관념적으로 분리가능하다"고 하였다. 'Brandir/Denicola Test'라고도 한다.

④ Pivot Point Int'l, Inc. v. Charlene Products., Inc. 372 F.3d 913 (7th Cir. 2004) 사건은 미용 및 화장 스타일리스트 실습용으로 사용되는 패션쇼 모델 표정의 여성 얼굴 마네킹에 관한 것이다. 1심인 연방지법은 "분리가능성 요건은 실용적 가치와 분리되고 실용성과 무관하게 존재하는 디자인에 대해 저작권 보호를 부여"하는데, 이 사건 얼굴 마네킹이 전시된 조각처럼 인식될 수 있더라도 만일 저작권으로 보호하고자 하는 특징이 제거된다면 동일하게 실용적(equally useful)일 수 없으므로 저작권으로 보호될 수 없다고 판단하였다. 1심 판결은 Goldstein 교수가 제창한 'Equally Useful Test'를 따른 것이다. 이에 대해 연방 제7항소법원은 'Brandir/Denicola Test'를 적용하여 이 사건 마네킹이 실용적 기능을 가지고 있지만 그 얼굴의 특별한 특징, 즉 눈의 모양, 치켜든 코, 마른 뺨, 턱의 구조는 실용성 때문에 불가피하게 정해진 것이 아니고 독립하여 다른 얼굴을 상상할 수 있으므로 이 사건 마네킹 얼굴은 관념적으로 분리가능하다고 판시하였다.

⑤ Star Athletica, L.L.C. v. Varsity Brands, Inc., 580 U.S. ___ (2017) 사건은 피고(Star Athletica)가 판매하는 치어리더 유니폼이 원고(Varsity)의 치어리더 유니폼에 응용된 그래픽 디자인을 베꼈다고 하여 저작권 보호가 문제된 사안이다. 1심 판결은 이 사건 디자인이 유니폼의 실용적 기능과 물리적이든 관념적이든 분리되지 않는다는 이유로 저작권 보호를 부정하였다. 그러나 연방 제6항소법원은 이 사건 디자인과 아무런 디자인도 포함되지 않은 유니폼은 각각 그래픽 디자인과 치어리더 유니폼이라는 별개의 대상으로 인식될 수 있기 때문에 이 사건 디자인은 유니폼의 실용적 기능과 분리될 수 있어서 저작권으로 보호될 수 있다고 판시하였다. 이에 피고의 상고허가신청을 받아들인 연방대법원은 2017년 3월 22일 분리가능성의 판단에 관한 두 가지 기준(two-prong test)을 제시하면서, 치어리더 유니폼에 응용된 그래픽 디자인은 저작권으로 보호받을 수 있다고 판시하였다. 두 가지 기준이란 첫째 미적 특징이 실용품과 분리되어 2차원이나 3차원의 미술저작물로 인식될(perceived) 수 있어야 하고, 둘째 미적 특징이 실용품과 분리 가능한 것으로 관념된(imagined) 경우 미적 특징은 그 자체로서 또는 다른 유형적 표현매체에 고정되어 회화, 그래픽 또는 조각저작물로 보호될 수 있어야 한다는 것이다. 이러한 기준에 따라 연방대법원은 치어리더 유니폼에 응용된 원고의 이 사건 디자인이 실용품과 분리되어 회화, 그래픽 또는 조각저작물로 인식될

수 있고, 디자인의 미적 특징을 유니폼의 실용적 요소로부터 분리하여 다른 유형적 매체(예컨대, 캔버스)에 고정하였을 경우 2차원의 미술저작물로 보호될 수 있다고 판단하였다. 연방대법원이 분리가능성에 관해 제시한 두 가지 판단기준은 그간 여러 연방항소법원마다 제 각각 달랐던 기존의 여러 판단기준(가령, ①②③④)들을 정리하고 하나의 통일된 기준을 정립하였다는 점에서 그 의의가 크다고 할 것이다. 생각건대, 실용품에서 분리된 미적 특징이 그 자체로서 또는 다른 유형적 표현매체에 고정되어 미술저작물로 보호될 수 있어야 한다는 것은, 평균적인 일반인의 관점에서 볼 때 해당 미적 특징을 순수미술품과 마찬가지로 독자적인 미적 감상의 대상으로 삼을 수 있다는 것을 의미하는 것이라고 본다.

전술한 것처럼 ① 직물도안 사건 대법원 판결이 분리가능성이론을 채용한 것이고 위 정의규정이 이를 입법에 반영한 것이라면, 그 입법 여부와 상관없이 ① 대법원 판결 이후에는 응용미술의 저작물성에 관하여 최소한의 이론적 일관성은 유지되어야 할 것이다. 그런데 ① 대법원 판결은 직물도안, ② 대법원 판결은 생활한복 도안, ③ 대법원 판결은 넥타이 도안에 관한 것으로서 모두 직물도안이라는 공통 요소를 포함하는 사건들이다. 이처럼 유사한 사안이었음에도 ①② 대법원 판결과 ③ 대법원 판결이 그 분리가능성에 관해 서로 상반된 결론을 내놓고 있는 것은 의문이 아닐 수 없다.[289] 더구나 히딩크 넥타이 도안에 관한 ③ 대법원 판결은 해당 도안이 그 이용된 물품과 구분(분리)되어 독자성을 인정할 수 있다면 저작권법의 보호대상인 저작물에 해당하고 그렇지 않다면 저작물에 해당하지 않는다고 판시하였을 뿐이고, 분리가능성 및 독자성의 의미나 그 구체적 기준, 도안 자체의 창작성 여부에 대해서는 언급한 바가 없다. 이로 인해 응용미술저작물성의 판단기준을 불명료하게 만듦으로써 법적 안정성의 결여를 초래하였다는 비판을 받을 수 있다.

물론 법적 결론만을 놓고 본다면, ①② 대법원 판결들은 ③ 대법원 판결에 의하여 사실상 변경된 것이라고 판단할 수 있을 것이다. 저작권법과 디자인보호법에 의해 응용미술저작물을 중첩적으로 보호하는 것이 가능할 것인가 하는 관점에서 이 문제를 바라보면, ①② 대법원 판결은 중첩적 보호에 대해 소극적 태도를 취한 것이라고 이해할 수 있을 것이다. 이에 비해 ③ 대법원 판결은 중첩적 보호에 대해 적극적인 태도를 취하는 쪽으로 입장을 선회하여 사

---

289) 같은 취지, 정상조·박준석, 「지식재산권법」 제5판, 홍문사, 2020, 276~279면{특히 276면의 각주78) 및 279면의 각주87)} 참조.

실상 판례를 변경한 것이라고 설명할 수 있을 것이다.[290]

한편, 응용미술저작물성 여부를 판단을 하지 않고 일반적인 미술저작물 요건만을 판단한 두 개의 대법원 판결이 있다. 그런데 흥미로운 것은 두 대법원 판결의 각 원심판결은 모두 응용미술저작물성을 긍정하였다는 점이다. 그 중 하나는 영문 'FOX'의 형상 중 알파벳 'O'에 해당하는 부분을 여우 머리 형태로 대체하여 간략하게 형상화한 도안에 관한 것인데, 대법원은 "저작물의 요건으로서 창작성을 구비하였는지 여부는 도안 그 자체로 일반적인 미술저작물로서 창작성을 구비하였는지 여부에 따라 판단하면 충분하다"고 판시하면서 여우 머리 형상 도안의 저작물성을 인정하였다.[291] 이에 대해 원심은 여우 머리 형상 도안은 스포츠 의류 등 물품에 동일한 형상으로 복제될 수 있는 응용미술저작물로서 그 물품의 실용적 기능과 여우 머리 형상 도안의 미적 요소는 물리적으로든 관념적으로든 모두 분리하여 인식될 수 있는 응용미술저작물에 해당한다고 판시하였다.[292][293] 다른 하나는 토끼 모양의 르 슈크레(le sucre)라는 명칭의 도안에 관한 것이다. 대법원은 여우 머리 형상 도안 판결을 인용하면서 "이 사건 캐릭터는 2004년경 일본에서 만화, 영화 등 대중매체에 표현되기 전에 상품에 사용되면서 공표되는 이른바 오리지널 캐릭터의 일종으로 개발된 도안으로서 물품에 표시되는 이외에도 2008년경 일본에서 공표된 동화책들에서 물품에 부착되지 않은 형태로 게재되는 등 이 사건 캐릭터 자체만의 형태로도 사용되어 왔음을 알 수 있으므로, 이 사건 캐릭터가 저작권법에 의하여 보호되는 저작물의 요건으로서 창작성을 구비하였는지 여부는 도안 그 자체로 일반적인 미술저작물로서 창작성을 구비하였는지 여부에 따라 판단하면 충분하다"고 판시하였다.[294] 이에 대해 원심은 "이 사건 캐릭터는 … 토끼의 신체를 단순화·의인화한 도안의 구성과 다양한 사용형태에 비추어 볼 때

---

290) 대법원 2013. 4. 25. 선고 2012다41410 판결(서적표지와 제호 디자인의 응용미술저작물성을 부정한 사안)은 응용미술저작물이 저작권법의 보호를 받기 위해서는 "산업적 목적으로의 이용을 위한 '복제가능성'과 당해 물품의 실용적·기능적 요소로부터의 '분리가능성'이라는 요건이 충족되어야 한다"고 판시함으로써 ③ 대법원 판결보다 조금 진전된 설시를 하고 있지만 여전히 구체적 판단기준을 제시하고 있지는 않다.

291) 대법원 2014. 12. 11. 선고 2012다76829 판결.

292) 서울고법 2012. 7. 25. 선고 2011나70802 판결.

293) 여우 머리 형상 도안에 대해 원심 판결에 찬동하면서 대법원 판결을 비판하는 견해로는, 차상육, "동물캐릭터 도안(디자인)의 저작물성 판단기준에 관한 소고", 「계간 저작권」, 2016 여름호, 174면 이하.

294) 대법원 2015. 12. 10. 선고 2015도11550 판결.

그 자체가 상품과 물리적·개념적으로 분리되는 독립한 예술적 특성을 지니고 있으므로, 저작권법상 응용미술저작물에 해당한다"고 판시하였다.[295)296)]

여우 머리 도안에 관한 대법원 판결의 주된 쟁점은 구 상표법 제53조 제1항에서[297)] 규정한 상표권과 저작권의 저촉에 관한 것이다. 사안은 원고가 창작한 여우 머리 도안을 피고가 허락 없이 상표로 출원하여 등록받은 상표의 사용에 대해 저작권 침해를 인정한 것이다. 대법원은 "저작물과 상표는 배타적·택일적 관계에 있지 아니하므로, 상표법상 상표를 구성할 수 있는 도형 등이라도 저작권법에 의하여 보호되는 저작물의 요건을 갖춘 경우에는 저작권법상의 저작물로 보호받을 수 있고, 그것이 상품의 출처표시를 위하여 사용되고 있거나 사용될 수 있다는 사정이 있다고 하여 저작권법에 의한 보호 여부가 달라진다고 할 수 없다"고 판시하였다.[298)] 따라서 피고처럼 먼저 출원하여 등록한 상표권자라도 그 출원일 전에 이미 발생한 저작권자인 원고의 동의를 얻지 못하면 그 등록상표를 사용할 수 없으며, 동의 없이 상표를 사용하면 저작권 침해가 된다. 사안은 피고가 원고의 여우 머리 도안 자체를 '상표'라는 유형적 표현매체에 허락 없이 복제하여 상표출원을 한 것이므로 상표 자체가 일종의 불법복제물이다. 따라서 대법원 판결처럼 도안 자체에 대해 일반적인 미술저작물성 판단을 하는 것으로 충분하다고 본다. 한편 대법원 판결에 따르면 토끼 모양 도안은 그 창작 이후 "물품에 표시되는 이외에도 2008년경 일본에서 공표된 동화책들에서 물품에 부착되지 않은 형태로 게재되는 등" 도안 자체만의 형태로도 사용되었다고 한다. 따라서 이 경우에도 일반적인 미술저작물성 판단으로 충분하다고 본다.

---

295) 대구지법 2015. 7. 10. 선고 2014노816 판결.

296) 토끼 모양의 르 슈크레 도안에 대해 원심 판결에 찬동하면서 대법원 판결을 비판하는 견해로는, 차상육, "동물 캐릭터의 저작물성 판단기준", 「저작권 문화」, 2016. 4., 29면.

297) 구 상표법 제53조 제1항은 현행 상표법(2016. 2. 29. 법률 제14033호로 전부 개정되어 같은 해 9. 1.부터 시행되는 것) 제92조 제1항과 동일하다. 상표법 제92조 제1항은 "상표권자·전용사용권자 또는 통상사용권자는 그 등록상표를 사용할 경우에 그 사용상태에 따라 … 그 상표등록출원일 전에 발생한 타인의 저작권과 저촉되는 경우에는 지정상품 중 저촉되는 지정상품에 대한 상표의 사용은 … 저작권자의 동의를 받지 아니하고는 그 등록상표를 사용할 수 없다"고 규정한다.

298) 대법원 2014. 12. 11. 선고 2012다76829 판결.

(3) 소　　결299)

㈎ 2000년 저작권법은 응용미술저작물의 정의규정(제2조 제15호)을 신설하고 저작물의 예시규정(제4조 제1항 제4호)을 개정하였다. 이에 따르면, 응용미술저작물은 미술저작물의 일종이라는 점, 그리고 물품에 동일한 형상으로 복제될 수 있어야 한다는 점 등에서 공업상 이용가능성 내지 양산성이 있는 실용품을 그 보호대상으로 하고 있는 점은 분명하다. 디자인보호법은, 그 등록요건으로 공업상 이용가능성(법 제33조 제1항 본문)을 규정하는 점에서 응용미술을 보호대상으로 하고 있음이 분명하고, 또한 디자인의 정의규정(법 제2조 제1호)에 비추어 응용미술을 디자인으로 보호한다는 점도 의심의 여지가 없다. 이와 같이 저작권법과 디자인보호법의 관련 규정들을 살펴보면, 양법 간의 조정이나 조화를 위해 응용미술저작물의 개념을 제한적으로 해석해야 한다고 보기 어렵다. 그러한 점에서 저작권법이나 디자인보호법은 응용미술저작물의 중첩적 보호에 적극적 태도를 취하고 있다고 이해할 수 있다.

㈏ 한편, 중첩적 보호와 관련해서는 몇 가지 해결해야 할 과제가 있다. 그것은 소비자 또는 경쟁업자의 이용을 원활히 하기 위한 저작권 보호기간의 제한문제, 저작인격권의 제한문제 등이다. 이러한 문제들은 특히 저작물의 이용 및 유통과 관련하여 검토되어야 한다. 우선, 저작권의 보호기간을 제한하는 문제이다. 이는 그 타당성과 함께 다른 저작물과의 형평성도 아울러 고려되어야 한다. 구체적으로 응용미술저작물이 다른 저작물과 마찬가지로 저작자의 생존기간 및 사후 70년이라는 상기간의 보호기간이 부여되어야 하는기 히는 문제이다. 응용미술은 그 특성상 유행성이 강하고 라이프사이클이 짧은 물품들에 이용되고 있는 점, 베른협약이 응용미술저작물에 대해서는 25년이라는 짧은 보호기간을 규정하고 있는 점 등을 고려할 때, 응용미술저작물을 다른 저작물과 마찬가지로 보호하는 것은 과잉보호라는 비판이 있을 수 있기 때문이다. 아울러 응용미술저작물의 이용 및 유통에는 이용자에 의한 저작물의 변형이 필연적으로 수반되거나 예견될 수 있다. 이러한 경우에 대비하여 저작인격권, 특히 동일성유지권을 제한할 근거도 모색되어야 한다.300)

---

299) 박성호 · 차상육, 「디자인보호를 위한 디자인 정책 방안 연구」, 문화체육관광부, 2011. 2., 176~178면 참조.

300) 다만, 이 문제의 대부분은 저작권법 제13조 제2항 제5호가 규정하는 제한사유 중의 하나인 "그 밖에 저작물의 성질이나 그 이용의 목적 및 형태 등에 비추어 부득이하다고 인정되는 범위 안에서의 변경"에 해당하는지에 관한 해석의 문제로 귀착될 것이다.

4. 미술저작물성이 문제되는 경우

가. 무대장치

(1) 의   의

무대예술은 원작이나 각본, 음악, 무대장치, 의상 등 다양한 요소로 이루어진다. 원작이나 각본은 어문저작물, 음악은 음악저작물, 무대장치나 의상은 미술저작물에 해당하므로 무대예술이란 이들 여러 저작물의 결합저작물이다.301) 특히 무대장치, 의상, 조명 등을 일컬어 '무대미술'이라고도 하는데, 이 중에서 핵심은 무대에 설치되는 무대장치이다.302) 무대장치는 각본을 토대로 무대미술가가 연출가나 프로듀서 등과 협의하면서 세트의 기본적인 디자인 컨셉을 다듬고, 디자인畵, 모형, 설계도면 등의 '裝置디자인'을 작성한다. 완성된 '장치디자인'은 저작물로서 이를 창작한 무대미술가가 저작자가 된다. '장치디자인' 중에서 디자인畵와 모형은 미술저작물에, 설계도면은 도형저작물에 각 해당하게 된다.303)

(2) '裝置디자인'과 이를 기초로 실제로 제작된 무대장치

이와 관련하여 실제로 제작된 무대장치만이 미술저작물에 해당하고, 디자인畵나 설계도면은 이를 위한 중간제작물이라는 견해가 있을 수 있다. 그러나 무대장치를 제작하는 것은 '장치디자인'을 충실하게 입체화하는 작업에 불과하고, 때로는 동일한 '장치디자인'에서 여러 벌의 무대장치가 제작될 수 있다는 점에서 타당하지 않다는 비판이 제기될 수 있다.304)

문제는 실제로 제작된 무대장치 그 자체가 미술저작물에 해당하는지 아니면 미술저작물의 복제물에 불과한 것인지 하는 점이다. 이에 대해 미술저작물인 디자인畵나 모형 또는 도형저작물인 설계도면에 따라 무대장치를 제작하는 것은 저작물인 '장치디자인'의 복제물에 해당한다고 보는 견해가 있다.305) 그러나 '장치디자인'인 디자인畵나 모형은 물론이고 이에 기해 실제로 제작된 무대장치 자체도 미술저작물에 해당한다고 보는 것이 타당할 것이다.306) 만일 제3자가 허락 없이 미술저작물인 무대장치를 베껴서 동일한 무대장치를 설치

---

301) 文化法硏究會 編著,「舞臺藝術と法律ハンドブック―公演實務Q&A」, 藝団協出版部, 2002, 36면.
302) 文化法硏究會 編著, 위의 책, 106면 참조.
303) 福井健策·二關辰郎,「ライブ · エンタテインメントの著作權」, 社團法人 著作權情報センター, 2006, 114~115면.
304) 福井健策·二關辰郎, 위의 책, 115~116면 참조.
305) 福井健策·二關辰郎, 위의 책, 116면.
306) 다만 이 경우에도 '장치디자인'인 설계도면은 도형저작물에 해당한다.

한다면, 미술저작물인 무대장치의 복제권 침해에 해당한다고 보면 될 것이다.[307]

이는 저작권법 제35조 제1항의 적용과 관련하여 논의의 實益이 있다. 이에 따르면 미술저작권자로부터 허락을 얻지 않더라도 "미술저작물의 原本의 소유자나 그의 동의를 얻은 자는 그 저작물을 원본에 의하여 전시할 수 있다"고 규정하고 있다. 그런데 만일 무대장치 자체를 미술저작물로 보면 그 무대장치의 원본의 소유자는 제35조 제1항의 적용받을 수 있겠지만, 그렇지 않고 미술저작물의 복제물에 불과하다고 보면 그 무대장치의 소유자는 미술저작권자로부터 별도의 허락을 얻지 않는 한 무대장치 자체를 남에게 빌려주는 등 재사용행위(즉 일종의 전시행위)를 하는 데에 제약을 받게 될 것이다.

(3) 무대장치 외에 의상, 조명을 포함하는 무대효과 전체

무대공연의 경우에는 무대장치 외에 의상, 조명을 포함하는 무대효과 전체를 하나의 저작물로 보호받고자 할 수 있다. 하지만 무대효과 전체를 하나의 저작물로 보게 되면 공연되는 연극과의 관계에서 복잡한 문제가 생길 수 있다.[308] 가령, 희곡·각본의 저작자의 공연권이나 이에 사용된 음악저작물의 저작자의 공연권과의 관계가 문제된다. 또한 배우의 저작인접권과의 관계나 연출가의 역할을 어떻게 평가할 것인지도 문제이다. 생각건대, 무대는 희곡·각본 등이 공연되는 공간으로 파악하고 필요에 따라 음악·무대장치 등을 개별적인 저작물로 보호하면 충분할 것이다. 이 경우 보호대상이 되는 것은 무대장치이지 의상, 조명 등을 포함하는 무대효과 전체가 아니다.[309]

일본 재판례 중에는 조형미술작품인 무대장치만을 분리하여 미술저작물로서 보호할 수 있다고 판시한 것이 있다.[310] 우리 하급심 법원은 무대장치의 미술저작물성을 인정하면서 피고들이 공연 중 무대장치를 사용한 것은 전시권 침해에 해당되고, 위 공연을 영상물로 촬영하는 과정에서 무대장치를 촬영한 것은 복제권 침해에 해당하나 원고들이 무대장치의 사용을 허락한 것이 인정되므로 저작권 침해는 성립하지 않는다고 판시하였다.[311]

---

307) 半田正夫, 「著作權法槪說」第15版, 法學書院, 2013, 88~89면 참조. 이것은 미술저작물인 繪畵나 彫刻을 模寫하는 것이 복제에 해당하는 것과 동일한 이치이다.
308) 內田晋, 「問答式 入門 著作權法」, 新日本法規出版, 1979, 53면; 半田正夫, 위의 책, 89면.
309) 內田晋, 위의 책, 53~54면.
310) 東京地裁 1999(平成11)年 3月 29日 判決(1심); 東京高裁 2000(平成12)年 9月 19日 判決; 最高裁 2002(平成14)年 9月 24日 判決.
311) 서울중앙지법 2009. 2. 6. 선고 2008가합1908(본소), 30029(반소) 판결. 위 판결의 평석으로는, 윤나리, "자신의 물건을 타인이 촬영했을 경우 소유권자는 이를 막을 수 있을까? : 서울중앙지

나. 간단한 도안

올림픽의 오륜 마크와 같은 간단한 상징성 도안이 저작물로 인정될 수 있는지 문제된다. 일본 하급심은 오륜 마크는 간단한 도안 모양에 지나지 않으므로 미술저작물성을 긍정하기 어렵다고 하였다.312) 이에 반하여 '스마일 마크'에 대해서는 저작물성이 인정된다고 보는 견해가 있으며,313) 일본 하급심은 후지 텔레비전의 심벌마크로 알려진 '눈알 모양의 마크'에 대하여 이 마크는 1975년 指名경쟁을 통해 채택되어 저작권등록이 이루어진 것으로서 저작물에 해당한다고 판시하였다.314)

다. 畵風, 書風

어떤 특정 유파의 양식에 따라 표현된 서예나 회화에 대하여 저작물성이 인정되는 것은 당연하다고 할 것이다. 즉, 화풍이나 서풍이 구체적으로 표현된 작품 자체가 저작물로서 보호되는 데에는 아무런 문제가 없다. 그러나 서풍이나 화풍과 같은 특정 유파의 양식 그 자체가 저작물이 되는 것은 아니므로 저작권법상 보호를 받을 수 없다.315) 일본 판결도 "타인의 書風이나 畵風 자체는 저작권법상 보호의 대상이 아니므로 타인의 서풍이나 화풍을 모방하여 書畵를 작성한 경우 그것이 특정한 原著作物에 대하여 저작권을 침해한 것이 아닌 이상 저작권 침해가 되지 않는다"고 하였다.316)

라. 꽃꽂이

화초나 나무의 가지를 꽃병이나 水盤에 꽂아 자연미를 나타내는 일 또는 그 기법을 의미하는 꽃꽂이(flower arrangement)는, 만일 그것이 자연적인 측면에 의존하는 바가 크고 인공적인 면이 거의 없는 경우에는 저작물성이 부정될 것이다.317) 전형적인 꽃꽂이에 관한 사건은 아니지만, 미국 판례 중에는 여성

방법원 2009. 2. 6. 선고 2008가합1908(본소), 2008가합30029(반소) 판결", 「Law&Technology」 제6권 제1호, 서울대기술과법센터, 2010. 1., 165~166면 참조.

312) 東京地裁 1964(昭和39)年 9月 25日 昭和39(ヨ) 第5594号 決定.

313) 小谷悅司·小松陽一郎, 「意匠·デザインの法律相談」, 靑林書院, 2004, 80면. 다만 1963년 미국에서 '스마일 마크'를 창작한 디자이너가 1970년대에 들어 미국 저작권법에 따른 저작권등록을 단념하였기 때문에 위 마크의 저작권자가 실제로 외국에서까지 권리주장을 할 것으로는 생각되지 않는다고 한다(위의 책, 80면 참조).

314) 東京地裁 1996(平成8)年 8月 30日 判決; 東京高裁 1997(平成9)年 8月 28日 判決.

315) 尾中普子 外 3, 「著作權法」全訂二版, 學陽書房, 1996, 42면; 半田正夫, 앞의 책, 89면.

316) 大審院 1937(昭和25)年 9月 16日 昭和12(れ) 第1035号 判決.

317) 半田正夫, 앞의 책, 89면.

의상의 어깨나 가슴에 다는 장식용 꽃다발(corsage) 제작을 위한 플라스틱 꽃의 배치(plastic flower arrangement)에 대해서 미술저작물로서 보호받을 수 있는 최소한도의 창작성조차 결여되었으므로 저작권법에 의해 보호받을 수 없다고 판시한 것이 있다.[318]

마. 캐릭터

캐릭터란 넓은 의미로는 가공인물(타잔, 제임스 본드), 동물(도날드 덕, 벅스버니)과 실재인물(영화나 음악, 스포츠분야 등의 유명 인사)을 포괄하는 용어이다.[319] 대법원 판례는 캐릭터란 "만화, 텔레비전, 영화, 신문, 잡지 등 대중이 접하는 매체를 통하여 등장하는 가공적인 또는 실재하는 인물, 동물 등의 형상과 명칭을 뜻하는" 것이라고 판시하였다.[320] 넓은 의미의 캐릭터는 좁은 의미의 캐릭터인 架空의 캐릭터(fictional character)와 실재인물로 이루어진다. 캐릭터를 저작권법의 보호대상으로 범위를 좁히면, 캐릭터란 실재인물을 제외한 부분, 즉 만화, 애니메이션, 텔레비전 프로그램, 소설, 각본 등에 등장하는 인물이나 동물의 용모, 자태, 성격 또는 이름, 명칭 그 밖에 일반 공중에 의해 쉽게 인식되는 본질적인 개성적 특성을 지칭하는 것이다. 따라서 캐릭터란 "이러한 등장인물 등이 외모나 이야기 내용에 의하여 가지고 있는 독창적인 개성·이미지와 그러한 것들이 합쳐진 '총체적 아이덴티티(identity)'로 구성되는 것"[321]이다. 결국 저작권법의 보호대상인 캐릭터에는 좁은 의미의 캐릭터인 가공의 캐릭터만이 해당된다. 이러한 가공의 캐릭터는 신체적 외관을 나타내는 시각적 요소, 말투나 언어적 표현 등 청각적 요소, 개성적 특성이나 행동거지 등 성격적 요소, 그리고 명칭 등 네 가지 요소의 총체로 구성된다.

미술저작물로서의 만화와 그 속에 등장하는 캐릭터는 가공의 캐릭터를 구성하는 여러 요소 중 시각적 요소를 강조하여 표현한 것이다. 다시 말해 만화에 등장하는 캐릭터는, 가령 스토리를 수반하는 만화의 경우라면 만화를 구성하는 회화적·언어적 양 표현 중에서 회화적 표현이 강조되기 마련이다. 이와 같이 시각적 요소가 강조되어 표현될 수밖에 없는 캐릭터가 만화라는 미술저작물의 본질적 부분에 해당한다면, 당연히 미술저작물의 저작권에 의해 그 캐

---

318) Gardenia Flowers, Inc. v. Joseph Markovits, Inc., 280 F. Supp. 776 (S.D.N.Y. 1968).
319) WIPO ed., *Introduction to Intellectual Property: Theory and Practice*, Kluwer Law, 1997, p.307.
320) 대법원 1996. 9. 6. 선고 96도139 판결.
321) 오승종, "캐릭터의 보호에 관한 고찰―저작물성을 중심으로", 「법조」, 1999. 4., 92~93면.

릭터의 회화적 표현은 보호를 받게 될 것이다. 문제는 캐릭터가 등장하는 만화라는 미술저작물과는 별개로 캐릭터 자체에 대해서도 그 독자적 저작물성을 인정할 수 있는지 여부이다. 학설은 부정설과 긍정설로 나뉘고 있으나 우리 판례는 긍정설 쪽으로 가닥을 잡았다.[322]

바. 서체도안

(1) 개   념

서체도안(typographical design) 또는 '글자체'[323]로 번역되는 '타이프페이스'(typeface)라는 것은 일반적으로 "한 벌의 문자·서체 등에 대하여 독특한 형태의 디자인을 한 것"을 말한다. 따라서 타이프페이스는 글자 하나하나를 가리키는 것이 아니라 "한 벌의 문자, 숫자, 그 밖의 상징적인 기호들로서(as a set of letters, numbers or other symbolic characters), 그 형태가 표기체제에 일관되게 적용되는 반복적인 디자인 요소들과 관련되어 있고, 문장을 구성하거나 그밖에 의미 있는 기호의 조합을 구성하는 실용적 기능을 하는 물품에 형상화된 것"을 의미한다.[324] 글자꼴, 글꼴, 활자체, 활자용 서체, 디자인 서체, 자형, 서체자형 등으로도 불린다.[325]

(2) 학   설

서예가 미술저작물에 해당한다는 점에 관하여 학설상 異論이 없다. 대법원도 서예작품에 대하여 서예가의 사상 또는 감정을 창작적으로 표현한 지적·문화적 정신활동의 소산으로서 하나의 독립적인 예술적 특성과 가치를 가지는 창작물이라고 판시하였다.[326] 이와 달리 글자체 또는 서체도안의 저작물성 인정 여부를 둘러싸고서 우리 학설은 贊反 양론이 첨예하게 대립하고 있다. 부정설은 서체도안은 실용성을 본질로 하는 것으로서 이를 보호하게 되면 만인 공유의 문자에 대해 독점권을 부여하는 결과가 되고 또 우리 저작권법이 응용미술을 미술저작물로서 보호한다고 규정하고 있더라도 응용미술의 보호에는

---

322) 이에 관한 상세는, 본장 '제5절 저작물성이 문제되는 경우, III. 캐릭터' 참조
323) 디자인보호법 제2조 제2호는 '글자체'란 "기록이나 표시 또는 인쇄 등에 사용하기 위하여 공통적인 특징을 가진 형태로 만들어진 한 벌의 글자꼴(숫자, 문장부호 및 기호 등의 형태를 포함한다)을 말한다"고 정의한다.
324) Melville B. Nimmer/David Nimmer, *Nimmer on Copyright*, Vol. 1, Matthew Bender, 2004, §2.15.
325) 한승헌, 「정보화시대의 저작권」, 나남, 1992, 261면; 정상조·박준석, 「지식재산권법」 제5판, 홍문사, 2020, 279면 각 참조.
326) 대법원 1998. 1. 26. 선고 97다49565 판결.

해석상 많은 전제가 요구되는 것이므로 서체도안의 저작물성을 인정하기는 어렵다고 한다.327) 이에 대해 긍정설은 서체도안이 우리 저작권법이 보호하는 응용미술저작물의 하나이고 문자 자체가 아닌 서체에 대한 미적 창작을 보호하는 것이므로 문자 독점의 문제는 발생하지 않는다고 한다.328)

(3) 판 례

대법원 판결은 저작물 등록관청의 심사권한의 범위와 관련하여 서체도안의 저작물성이 문제된 사건에서 그 저작물성을 부인하였다.329) 대법원이 저작물성을 부정하는 논거로 삼은 것은 두 가지이다. 첫째, 우리 저작권법이 서체도안의 저작물성이나 보호의 내용에 관하여 명시적인 규정을 두고 있지 않다. 둘째, 인쇄용 서체도안은 인쇄기술에 의해 사상이나 정보 등을 전달한다는 실용적인 기능을 주된 목적으로 하여 만들어진 것임이 분명한데, 실용적인 기능을 주된 목적으로 하여 창작된 응용미술작품은 거기에 미적인 요소가 가미되어 있더라도 그 자체가 실용적인 기능과 별도로 하나의 독립적인 예술적 특성이나 가치를 가지고 있어서 예술의 범위에 속하는 창작물에 해당하는 경우에만 저작물로서 보호된다고 해석된다.330) 이러한 이유를 들어 대법원은 서체도안은 저작권법에 의한 보호대상인 저작물에는 해당하지 아니함이 명백하므로 등록신청을 반려한 조치는 적법하다고 판시하였다.331)

---

327) 가령, 이호흥, "타이프 페이스의 법적 보호에 관한 연구보고서", 「저작권연구자료(7)」, 저작권심의조정위원회, 1991. 12., 45면 이하; 박문석, "TYPEFACES(글자꼴) 법적보호문제 연구", 별쇄본 논문, 1990. 12., 37면 이하.

328) 가령, 장인숙, "타이프페이스의 보호", 「저작권학회보」, 1990. 5., 1~2면; 한승헌, 앞의 책, 273면 이하; 이상정, 「산업디자인과 지적소유권법」, 세창출판사, 1995, 83면; 송영식·이상정, 「저작권법개설」 제9판, 세창출판사, 2015, 85면; 같은 취지 정상조·박준석, 앞의 책, 280면.

329) 대법원 1996. 8. 23. 선고 94누5632 판결.

330) 직물 도안의 저작물성에 관한 대법원 1996. 2. 23. 선고 94도3266 판결이 위 두 번째 논거의 선례로서 역할을 하였다.

331) 위 대법원 94누5632 판결은 등록관청의 심사권한의 범위와 관련해서는 "저작권법상 등록대상인 저작물에 해당될 수 있는지 여부 등의 형식적 요건에 관하여 심사할 권한이 있다고 보아야" 하지만, "개개 저작물의 독창성의 정도와 보호의 범위 및 저작권의 귀속관계 등 실체적 권리관계까지 심사할 권한은 없다고 보아야 할 것"이라고 판시하고 있다. 저작권법상 등록대상인 '저작물에 해당될 수 있는지 여부'가 형식적 요건이라는 판시에 따르면 '저작물성' 여부의 판단 문제가 형식적 심사대상에 속한다는 취지로도 읽힌다. 위 판결에서 사용한 '형식적 심사'라는 표현에도 불구하고 결국 등록관청에게 실체적 심사권한을 부여한 것과 다를 바 없는 것이 아닌지 하는 의문이 든다.

이와 같이 서체도안 자체의 저작물성을 부인하고 있음에 반하여, 그 후 대법원 판결은 서체도안을 서체파일(font file)의 형태로 프로그램화 한 것에 대해서 "글자의 좌표값을 설정하고 이를 직선 또는 곡선으로 이동·연결시킨 후 폐쇄부를 칠하라는 명령 등은 서체와 같은 그림을 그리는 연산작용을 실행시키는 '일련의 지시·명령'에 해당"하므로 구 컴퓨터프로그램보호법상의 프로그램저작물에 해당한다고 판시함으로써[332] 컴퓨터프로그램 저작물성을 긍정하였다는 점에 유의할 필요가 있다.[333]

VI. 건축저작물

1. 의   의

건축저작물이란 넓은 의미의 미술저작물에 속하지만 우리 저작권법은 이를 미술저작물과는 별도의 유형으로 규정한다.[334] 저작권법은 "건축물·건축을 위한 모형 및 설계도서 그 밖의 건축저작물"로 명시하여 보호한다(제4조 제1항 제5호).[335] 건축물은 원칙적으로 지상에 축조된 건조물을 말하지만, 해상도시나 우주공간의 건조물을 상정할 경우 반드시 지상에 고정될 것을 요건으로 하는 것은 아니다. 건축물에는 교회, 사찰, 호텔 등의 건물이나 교량, 기념비, 전시장 등이 포함되므로 반드시 주거를 목적으로 할 필요는 없다. 또한 건축저작물은 부동산등기법상 건물이나 건축법상 건축물이어야 하는 것도 아니다. 건축저작물이란 건축물의 외관(디자인)에 표현된 미적 형상을 말하는데, 이때 보호대상은 외관이지만 외벽에 한정된다는 의미는 아니고 방의 배치나 계단 등의 외관도 포함된다.[336] 건축의 본질은 외부공간은 물론이고 내부공간을 어떻게 아름답게 창조하느냐에 있으므로 방의 배치 등과 같은 내부공간의 외관(가령, 건축가 승효상의 守拙堂)이 포함되는 것은 당연하다. 또한 미적 형상이란

---

332) 대법원 2001. 6. 26. 선고 99다50552 판결.
333) 이에 관해서는 본절 'X. 컴퓨터프로그램저작물' 참조.
334) 넓은 의미[廣義] 또는 좁은 의미[狹義]의 미술저작물에 관해서는, 본절 'V. 미술저작물, 1. 의의' 참조.
335) 유체물인 건축물과 무체물인 건축저작물은 개념상 구별해야 한다. 건축물 자체가 건축저작물인 것이 아니라 건축물에 표현된 미적 형상이 건축저작물이고, 건축물은 건축저작물이 化体된 유체물이기 때문이다. 이는 미술저작물에 "회화·서예·조각·판화" 등이 포함되지만(제4조 제1항 제4호), 캔버스라는 유체물에 표현된 회화 原本 자체와 무체물인 미술저작물로서의 회화를 개념상 구별해야 하는 것과 마찬가지이다.
336) 中山信弘, 「著作權法」第2版, 有斐閣, 2014, 92~93면.

건축물의 형태와 공간적 특징으로 표현되는 것이므로 건축물 전체에 구현될 수도 있지만 그 일부에 구체화되어 표현될 수도 있다. 따라서 건축물의 일부인 지붕이나 현관[337] 또는 창문, 계단 부분 등은 물론이고 교회의 내부구조(가령, 건축가 안도다다오[安藤忠雄]의 빛의 교회)와 같은 실내 디자인도 건축저작물로서 보호될 수 있다.[338]

정원이나 조각에 대해서는 건축물에 부수된 미술저작물과의 경계가 반드시 명확한 것은 아니지만, 궁전 내의 中庭(patio)과 같이 건축물과 일체가 된 것이나 건축물의 일부를 구성하는 조각은 건축저작물로 볼 수 있다.[339] 예컨대, 일본 하급심 결정은 건축물과 이에 인접한 정원 및 그 정원을 구성하는 조각 작품까지 포괄하여 하나의 건축저작물을 구성한다고 판단하였다.[340] 우리 하급심 판결로는 건축물의 구성 부분을 이루는 철제 울타리에 대하여 건축물과 분리하여 별도의 독립적인 건축저작물로 볼 수 없다고 판시한 것이 있다.[341] 한편 건축물과 독립된 정원이나 골프장 등에 대해서는 해석이 나뉠 수 있겠지만, 저작물 요건을 갖추고 있는 한 저작물성을 인정하더라도 무방할 것이다.[342] 일본 하급심 결정은 정원을 건축저작물이라고 해석하지는 않았지만 건축물에 대한 동일성유지권 제한규정을 유추적용할 수 있다고 판단한 바다.[343] 우리 하급심 법원은 골프장 코스를 그대로 재현한 스크린골프 시뮬레이션용 3D 골프영상 제작자에 대해 골프장 측이 제기한 저작권 침해사건에서, 골프장의 골프코스 구성요소의 배치 등은 자연적으로 이루어진 것이 아니라 골프코스를 창작한 저작자 나름대로의 정신적 노력의 소산으로서 창조적 개성이 표현되어 있으므로 저작권법에 의해 보호되는 건축저작물에 해당한다고

337) 대법원 2021. 6. 24. 선고 2017다261981 판결('유럽형 타운하우스 설계도' 사건). 이 사건 판결은 원고의 설계도서 중 지붕형태, 1층 출입문 및 회랑 형태의 구조에 창작성이 인정된다고 판단하였다.
338) 齊藤博, 「著作權法」, 第3版, 有斐閣, 2007, 88면; 中山信弘, 위의 책, 93면 각 참조.
339) 中山信弘, 위의 책, 92면.
340) 東京地裁 2003(平成15)年 6月 11日 決定. 특히 이 결정은 조각은 정원의 구성요소의 일부로서 건축저작물을 구성함과 동시에 독립적인 미술저작물로 인정할 수 있다고 판단하였다.
341) 서울고법 2005. 1. 25. 선고 2004나48890 판결.
342) 中山信弘, 앞의 책, 92면. 창작성이 인정되는 정원 일반에 대해서 독립적인 건축저작물로 평가할 수 있다는 해석으로는, 오승종, 「저작권법」 제5판, 박영사, 2020, 128~129면; 이해완, 「저작권법」 제4판, 박영사, 2019, 162~163면.
343) 大阪地裁 2013(平成25)年 9月 6日 決定. 이에 대한 평석으로는, 계승균, "정원의 저작물성", 「지식재산정책」 제19권, 2014. 6., 130면 이하.

판단하였다.344)345)

건축저작물과 미술저작물 간에는 동일성유지권의 적용과 관련하여 차이가 있기 때문에 양자를 구별할 실익이 있다. 건축저작물의 경우에는 건물의 거주자가 거주 목적상 필요한 경우 건물을 증개축하는 것을 예상할 수 있다. 그러므로 건축저작물의 저작자는 "건축물의 증축·개축 그 밖의 변형"의 경우 본질적인 내용의 변경이 아닌 한 동일성유지권을 행사할 수 없다고 규정한다(제13조 제2항 제2호).

2. 건축저작물의 창작성

건축물이 건축저작물로서 보호되기 위해서는 미술저작물의 경우와 마찬가지로 그 미적 형상이 감상의 대상이 될 수 있어야 한다.346) 베르사유 궁전이나 개선문, 서울의 밀레니엄 타워나 한남동의 리움 미술관 등과 같이 미적 특징

---

344) 서울고법 2016. 12. 1. 선고 2015나2016239 판결('골프존' 사건―항소심). 문제는 골프장 골프코스의 저작자가 누구인가 하는 점이다. 항소심 판결은 골프장의 골프코스는 건축저작물에 해당하는 것으로 볼 수 있다고 전제한 다음 골프코스의 저작자는 특별한 사정이 없는 한 골프장을 조성한 건축주가 아니라 골프코스의 설계자로 보아야 한다고 하였다. 또한 스크린골프 제작자가 그대로 재현한 실제 골프코스가 설계자의 설계도에 따라 그대로 조성된 복제물인지, 아니면 그 조성 내지 개보수 과정에서 설계도를 변형하여 창작된 2차적 저작물인지에 따라 실제 골프코스의 저작권자에 대한 판단은 달라질 수 있다고 하였다. 그런데 이 사건 실제 골프코스는 모두 설계도에 따라 조성된 복제물이므로 위 골프코스에 관한 저작권은 골프코스의 설계자 또는 그로부터 저작권을 양수한 자가 보유한다고 하면서, 이 사건 원고들인 골프장 측은 골프코스에 관한 저작권을 보유하고 있다고 보기 어려우므로 저작권 침해주장은 인정되지 않는다고 판단하였다. 다만 골프코스의 모습 내지 종합적인 이미지는 원고들의 상당한 투자나 노력으로 만들어진 성과에 해당한다고 보아 민법상 불법행위 또는 부정경쟁방지법 제2조 제1호 (차)목{현 (파)목}의 부정경쟁행위에 따른 손해배상책임은 인정된다고 판시하였다. 항소심 판결을 분석 고찰한 문헌으로는, 차상육, "골프코스 건축디자인의 저작권법상 보호", 「계간 저작권」, 2017 가을호, 161면 이하 참조.

345) 대법원 2020. 3. 26. 선고 2016다276467 판결('골프존' 사건)은 부정경쟁방지법 제2조 제1호 (차)목{현 (파)목}의 부정경쟁행위에 따른 손해배상책임을 인정한 前註 원심(항소심)의 판단과 골프장의 골프코스는 저작권법에 따라 보호되는 저작물에 해당하나 저작자인 설계자들로부터 원고들이 저작권을 양수하였다고 인정되지 않는다는 판단이 모두 정당하다고 긍정하고 피고 등의 상고를 기각하였다.

346) 미술저작물은 예술적 가치의 높고 낮음과 관계없이 최소한의 창작성만 인정되면 어린아이가 그린 그림이라도 인간의 사상·감정을 전달하는 감상의 대상으로서의 역할을 한다. 마찬가지로 건축저작물의 경우도 그 창작적 표현을 공중에게 전달하는 감상의 대상으로서의 역할을 한다. 창작적 표현정보를 공중에게 전달하는 이러한 역할이야말로 저작물을 보호하여야 하는 적극적 근거가 된다. 이에 관해서는 본장 제2절 I. '1. 개관' 참조.

이 있는 건축물이 건축저작물의 전형적인 예에 해당한다. 분양주택과 같은 통상의 건축물은 건축저작물로 보호되기 어렵겠지만, 일반 건축물이더라도 건축가의 사상이나 감정을 창작적으로 표현한 것이라면 보호될 수 있을 것이다. 본래 건축물이란 거주 등의 실용적인 용도로 사용되는 기능적 특성으로 인해 그 표현방법이 제한되는 경우가 많으므로 일반 건축물의 경우 그 이용자가 건축물의 형상을 미적 감상의 대상으로 삼는 일은 드물다고 할 것이다.[347] 따라서 통상의 일반적인 건축물은 미적 감상의 대상이 되는 경우가 흔하지 않을 것이므로 건축저작물로서의 창작성이 긍정되는 경우는 많지 않을 것이다.[348]

건축저작물의 창작성을 어떻게 이해해야 할 것인가? 학설은 크게 세 가지로 나뉜다. 제1설은 예술성을 강조하는 견해이다. 이에 따르면 "지적 활동에 의하여 창작된 건축예술이라고 평가되는 건축물에" 해당하는 것이 건축저작물로 보호된다고 한다. 즉 "건축가의 예술적 정신이 보는 사람에게 느껴질 수 있게 되어야 하는 것"으로서 "감상을 목적으로 창작한 미술작품"이어야 한다고 설명한다.[349] 제2설은 예술성과 같은 주관적인 요소에 따라 건축저작물성을 판단하는 것을 비판하면서 건축저작물도 저작물의 한 종류의 예시에 속하는 이상 "다른 일반 저작물과 마찬가지로 건축물 자체의 창작성의 유무에 따라서 그 저작물성을 판단하는 것"이 바람직하다는 견해이다. 다만, 건축의 특성인 주거성, 실용성, 기술성 등을 고려하여 그 보호범위를 좁혀서 판단하면 족하다고 설명한다.[350] 제3설은 건축저작물성이란 예술성이 높은 건축물에 한정하여

---

347) 대법원 2020. 4. 29. 선고 2019도9601 판결('테라로사' 사건). 이 사건 판결은 건축물과 같은 건축저작물은 이른바 기능적 저작물로서 건축분야의 일반적인 표현방법, 용도나 기능 자체, 이용자의 편의성 등에 따라 표현이 제한되는 경우가 많아 일반적 표현방법 등에 따라 기능 또는 실용적 사상을 나타내고 있을 뿐이라면 창작성을 인정하기 어렵지만, 창작자 자신의 독자적 표현을 담고 있어 창조적 개성이 나타난 경우라면 창작성을 인정할 수 있다고 판시하였다.

348) 긍정된 사건으로 대법원 2021. 6. 24. 선고 2017다261981 판결('유럽형 타운하우스 설계도' 사건); 대법원 2020. 4. 29. 선고 2019도9601 판결('테라로사' 사건); 서울고법 2011. 3. 23. 선고 2010나47782 판결('경주엑스포 상징건축물' 사건)(심리불속행 기각); 서울중앙지법 2013. 9. 6. 선고 2013가합23179 판결('삼각형 펜션' 사건)(항소심에서 조정); 서울중앙지법 2000. 11. 8. 선고 2000노6604 판결(버섯궁전 사건)(상고기각) 등이 있다. 부정된 사건으로는 서울고법 2004. 10. 6.자 2004라21 결정(확정); 대구지법 2004. 11. 2. 선고 2003가합10005 판결(확정) 등 다수의 설계도 사건이 있다. 위 사건들 중 하급심 판례에 관해서는, 이규홍 외 3인, 「저작권과 침해」, 육법사, 2016, 184~193면 참조.

349) 허희성, 「2011 신저작권법 축조개설 상」, 명문프리컴, 2011, 84면; 加戸守行, 「著作權法逐條講義」六訂新版, 著作權情報センター, 2013, 123면.

350) 오승종, 앞의 책, 133~134면; 山中伸一, "建築設計圖—シノブ設計事件", 「著作權判例百選」第2版, 有斐閣, 1994, 51면.

인정되는 것이 아니며, "빌딩이나 일반주택 등에 있어서도 아주 흔한 것은 그만두고라도 그것이 사회통념상 미술의 범위에 속한다고 인정되는 경우"이면 창작성을 인정할 수 있다는 견해이다.[351]

　우리 저작권법이 미술저작물·건축저작물·사진저작물을 구분하고 있지만 건축저작물은 베른협약 제2조 제1항에서 보듯이 넓은 의미의 미술저작물에 속한다. 이러한 점을 고려할 때 건축저작물의 창작성을 둘러싼 문제라는 것은, 일반 미술저작물과 같은 정도의 창작성이 있으면 충분하다고 볼 것인지, 아니면 그보다 높은 '고도의 창작성' 또는 '예술성'이 요구된다고 볼 것인지의 문제로 귀결된다. 건축저작물은 본래 실용성과 미술성을 함께 갖추고 있어야 하는 것이므로 표현방법에 폭넓은 선택의 여지가 있는 일반 미술저작물과 비교할 때 그 창작성을 인정할 수 있는 범위가 한정될 수밖에 없다. 세 가지 견해 모두 건축저작물의 이러한 특성에 주목한 것으로 어느 쪽이나 "건축저작물로서 보호되기 위해서는 창작성이 필요하지만 창작성이 인정되는 범위는 다른 저작물보다 한정된다"는 견해로 집약될 수 있을 것이다.[352] 다만, 건축저작물의 창작성을 표현하는 설명방식의 차이에서 위와 같은 견해의 대립이 있는 것처럼 보였던 것이 아닌가 생각한다. 물론 건축저작물도 넓은 의미의 미술저작물에 속한다는 점에서 건축저작물의 창작성을 설명하는 방식으로 세 번째 견해가 더 설득력이 있어 보인다. 따라서 건축저작물의 창작성이란 평균적인 일반인의 관점에서 해당 건축물의 외관에 표현된 미적 형상을 감상의 대상으로 삼을 수 있는지 여부로 판단할 수 있을 것이다.

≪건축저작물의 창작성 판단기준≫

　대법원 2020. 4. 29. 선고 2019도9601 판결('테라로사' 사건)은 피해자의 "건축물은 외벽과 지붕슬래브가 이어져 1층, 2층 사이의 슬래브에 이르기까지 하나의 선으로 연결된 형상, 슬래브의 돌출 정도와 마감 각도, 양쪽 외벽의 기울어진 형태와 정도 등 여러 특징이 함께 어우러져 창작자 자신의 독자적 표현을 담고 있다"(밑줄은 저자)는 점에서 건축저작물로서의 창작성이 인정된다고 판단하였다. 요컨대, 밑줄 친 여러 특징이 함께 어우러져(즉 피해자가 선택한 여러 구성요소

---

351) 송영식 외 2인, 「지적소유권법」, 육법사, 1987, 800면(이상정 집필); 송영식 외 6인, 「송영식 지적소유권법 하」, 육법사, 2008, 579면(이상정·이대희 집필); 半田正夫, 「著作權法槪說」第15版, 法學書院, 2013, 95면.
352) 半田正夫·松田政行 編, 「著作權法コンメンタール 1」第2版, 勁草書房, 2015, 579면(木村孝 집필) 참조.

가 배열·조합되어) 창작자의 개성을 나타내고 있으므로 창작성을 인정할 수 있다는 것이다. 이러한 창작성 판단기준에 관한 설시는 대법원 2017. 11. 9. 선고 2014다49180 판결('짝' 사건), 대법원 2019. 6. 27. 선고 2017다212095 판결('매치 3 게임' 사건) 등에서 구성요소의 선택·배열 등의 조합을 고려하여 창작성을 판단하는 기준으로 삼고 있는 최근 대법원 판결의 흐름을 반영한 것으로 보인다.[353]

건축저작물로 보호되는 것은 건축물의 기능적 측면이 아니라 미적 형상으로 표현된 외관(디자인)이므로 동일한 저작물을 다른 재질로 또는 기능적·실용적으로는 다른 것을 만들어도 그 외관이 동일하다면 침해가 된다.[354] 또한 건축저작물로서 보호되기 위해서 건축물이 실제로 완성되어 있을 필요는 없다. 건축저작물이란 유체물로서의 건축물이 아니라 건축물의 외관에 구현된 미적 형상을 말하는 것이기 때문에, 건축물의 외관이 도면에 나타나 있어서 도면상 그 미적 형상을 感得할 수 있는 경우에는 그 도면에 건축저작물이 표현되어 있다고 할 수 있다.[355] 건축물과 설계도면과의 관계에서는 설계도면이 기본이 되므로 건축물은 원칙적으로 설계도면을 토대로 그대로 재현되어야 한다. 설계도면에 따라 건축물을 완성한 때에는 저작권법이 "건축물·건축을 위한 모형 및 설계도서" 등을 건축저작물로 명시하고 있으므로(제4조 제1항 제5호) 이 경우 건축물과 설계도면 간에 우열은 없으며 어느 것이나 건축저작물의 원본에 해당한다. 문제는 제3자가 허락 없이 기존 설계도면을 토대로 건축물을 완성한 경우(제2조 제22호 참조) 또는 기존 건축물을 보고 그대로 재현하여 건축물을 완성한 경우(제35조 제2항 제1호 참조)이다. 이러한 재현 행위에 아무런 창작성도 개입되어 있지 않다면 제3자가 건축물을 완성한 행위는 2차적저작물의 작성이 아니라 건축저작물의 '복제'에 해당한다.[356]

3. 건축설계도와 도형저작물의 관계

건축저작물에는 건축물·건축을 위한 모형 및 설계도서가 포함되는데(제4조 제1항 제5호), 설계도는 도형저작물의 예시에도 포함되어 있다(제4조 제1항 제8호). 그렇다면 건축저작물에 포함되는 설계도서는 그와 동시에 도형저작물에

---

353) 이러한 흐름에 관해서는, 본장 제3절 X. ≪구성요소의 선택·배열 등의 조합을 고려한 창작성 판단기준≫ 참조.
354) 中山信弘, 앞의 책, 93면.
355) 島並良·上野達弘·横山久芳, 「著作權法入門」 第2版, 有斐閣, 2016, 51~52면.
356) 저작권법 제2조 제22호는 이를 확인적으로 규정하고 있다.

도 해당되는 것인지의 문제가 있다. 학설은 건축저작물 중에 설계도서가 포함된 것은 蛇足이라는 견해,[357] 설계도서를 건축저작물과 도형저작물 양 쪽 모두에 해당하는 것으로 보아야 한다는 견해로[358] 나뉜다. 저작권법 제4조는 저작물의 유형을 예시한 것에 불과한 것이므로 法文上 명시된 표현대로 양 쪽 모두에 해당한다고 해석하면 충분할 것이다.

유의할 것은 건축저작물로서의 설계도서의 창작성과 도형저작물로서의 설계도의 창작성은 그 표현의 차원이 다르다는 점이다. 건축저작물이란 건축물의 외관(디자인)에 표현된 미적 형상을 말하는 것이므로 3차원의 미적 형상에 관한 표현형식에 창작성이 요구된다. 이에 대해 도형저작물로서의 설계도는 그 대상물이 저작물성을 가지는지 여부에 관계없이 2차원의 도면을 작성하는 표현형식에 창작성이 요구된다. 그러한 점에서 건축물에 건축저작물성이 인정된다고 하여 그 설계도면이 언제나 도형저작물에 해당하는 것은 아니며 거꾸로 설계도에 도형저작물성이 인정된다고 하여 그에 따라 시공된 건축물이 언제나 건축저작물에 해당하는 것도 아니다.[359][360] 그런데 만일 도형저작물로서의 설계도의 대상물이 건축물이고 거기에 표현된 미적 형상이 건축저작물로서 보호되는 것이라면, 이러한 경우에는 건축저작물에 포함되는 설계도서는 그와 동시에 도형저작물로서의 설계도에도 해당하게 될 것이다.[361]

4. 건축설계도서의 이용권 문제

건축설계도서의 작성과 각종 신청 등 관청업무 및 감리업무로 이루어지는 건축저작자와 건축주 간의 건축설계계약이 건축공사 도중에 해제된 경우 건축

357) 송영식 외 2인, 앞의 책, 800면 각주17)(이상정 집필); 송영식 외 6인, 앞의 책, 579면 각주45) (이상정·이대희 집필).
358) 허희성, 앞의 책, 84면; 오승종, 앞의 책, 129면.
359) 서울고법 2008. 10. 29. 선고 2008나4461 판결(해운대 등대 사건)은 "건축을 위한 도면에 저작물성이 인정된다 하여 곧바로 그 도면에 따라 시공한 건축물이 건축저작물에 해당하는 것은 아니므로 저작권법 제4조 제1항 제5호에 정한 건축을 위한 모형 또는 설계도서에 해당하기 위해서는 거기에 표현되어 있는 건축물의 저작물성이 인정되는 경우에 한정되고, 그렇지 않은 경우에는 건축저작물이 아니라 도형저작물이나 미술저작물에 해당하는 데 그친다"고 판시한다.
360) 대법원 2018. 5. 15. 선고 2016다227625 판결('광화문·숭례문 모형' 사건)은 "건축저작물로서의 창작성이 인정되지 않는 광화문이나 숭례문의 모형을 제작하면서 창작성이 인정될 수 있는 수준의 변형을 가하였다면 그 모형은 (2차적 저작물로서의) 미술저작물 또는 도형저작물이지만 건축저작물을 아니다"고 판시한다.
361) 서울고법 2007. 5. 1. 선고 2006나43295 판결은 "골프장 설계도면에 대해 건축저작물 또는 도형저작물에 해당하여 저작권법에 의해 보호받을 수 있다"고 판시한다.

주에게 설계도면의 이용권이 여전히 존재하는지 다투어진 사건이 있다. 대법원은 "가분적인 내용들로 이루어진 건축설계계약에 있어서 설계도서 등이 완성되어 건축주에게 교부되고 그에 따라 설계비 중 상당부분이 지급되었으며 그 설계도서 등에 따른 건축공사가 상당한 정도로 진척되어 이를 중단할 경우 중대한 사회적·경제적 손실을 초래하게 되고 완성된 부분이 건축주에게 이익이 되는 경우에는 건축사와 건축주와의 사이에 건축설계계약 관계가 해소되더라도 일단 건축주에게 허락된 설계도서 등에 관한 이용권은 여전히 건축주에게 유보되어 있다"고 판단하였다.362)

Ⅶ. 사진저작물

1. 의   의

사진저작물은 '사진 및 이와 유사한 방법으로 제작된 저작물'을 말한다. 사진은 그 창작과정에 물리적·화학적 방법을 적용한 기계장치에 크게 의존한다는 점에서 미술저작물과 다르다. '일정한' 영상의 형태로 표현한다는 점에서 '연속적인' 영상의 형태로 표현하는 영상저작물과도 구별된다. 요컨대, 사진이란 광선의 물리적·화학적 방법을 이용하여 피사체를 필름 등에 재현함으로써 제작하는 것을 말한다. 이와 유사한 방법에는 디지털신호기억매체에 피사체의 영상을 고정하여 재현하는 디지털 사진, 그라비아 인쇄, 사진염색 등이 포함된다.363)

본래 사진은 이미지를 재현하는 새로운 기술적 방법으로 도입되었기 때문에, 그 등장 초기 사진은 도구적인 기계장치에 의해 만들어지는 자연의 재현에 불과한 것으로 그 과정에 사진가들은 아무런 창조적 역할도 하지 않는 것으로 인식되었다. 오늘날 사진은 예술의 한 형태로 받아들여지고 있지만 사진가를 온전한 의미의 저작자로 인정할 것인지에 관해서는 아직도 논의의 대상이 되고 있다.364) 이러한 논의는 사진저작물의 창작성에 관한 문제일 뿐 아니라, 사진저작물의 법적 분쟁의 유형에 따라 쟁점을 좀 더 세분화하여 살펴볼 필요가 있는 문제이기도 하다.

362) 대법원 2000. 6. 13.자 99마7466 결정; 대법원 2022. 5. 12. 선고 2020다240304 판결.
363) 半田正夫, 「著作權法槪說」第15版, 法學書院, 2013, 98~99면; 中山信弘, 「著作權法」第2版, 有斐閣, 2014, 108면.
364) Bernard Edelman, "The Law's Eye: Nature and Copyright", in *Of Authors and Origins: Essays on Copyright Law*, Clarendon Press·Oxford, 1994, p.79 이하.

2. 사진저작물의 창작성

사진저작물의 창작성에 관해서는, 과거 모든 사진에 대해서 저작물성 내지 창작성을 전면적으로 인정해야 한다는 견해가 없었던 것은 아니지만, 현재는 사진으로 무엇을 표현할 것인지 의사결정, 피사체의 선택 및 설정(인물이라면 포즈에 대한 지시, 풍경이나 정물사진이라면 구도나 배치 등), 촬영 기회의 포착, 빛의 양의 조절 등과 관련하여 독자적으로 창의와 연구가 이루어진 것인지 여부에 따라 창작성 여부를 판단해야 한다365)는 것이 통설이자 재판례의 대체적인 경향이다.

햄 제품에 대한 광고용 카탈로그 사진의 무단 사용과 관련하여 그 사진의 저작물성이 문제된 사건에서, 대법원은 제품 자체를 충실하게 표현하기 위한 사진과 촬영자의 개성과 창조성이 투여된 이른바 '이미지 사진'으로 나눈 다음 후자에 대해서만 사진저작물성을 긍정하면서, 그 이유로 "사진저작물은 피사체의 선정, 구도의 설정, 빛의 방향과 양의 조절, 카메라 각도의 설정, 셔터의 속도, 셔터 찬스의 포착, 기타 촬영방법, 현상 및 인화 등의 과정에서 촬영자의 개성과 창조성이 인정되어야 저작권법에 의하여 보호되는 저작물에 해당"되기 때문이라고 판시하였다.366) 이와 같이 대법원의 판시 내용에서 구체적으로 들고 있는 ① 촬영대상인 피사체에 관한 사항, ② 촬영방법, ③ 현상 및 인화 등의 3가지 표현요소를 종합적으로 판단하여 개성과 창조성이 있어야 사진저작물로서 저작권 보호를 받을 수 있다고 보는 것이 일반적인 실무나 학설의 태도라고 할 수 있다.367)

그런데 이러한 판단기준에 의하더라도, 문제는 다툼의 대상이 된 사진 자체의 외관으로부터 그 제작 과정에 있어서의 표현상의 창작성을 판단한다는

365) 山上和則, "寫眞の著作物性", 「判例著作權法」村林隆一先生 古稀記念, 東京布井出版, 2001, 274~275면.
366) 대법원 2001. 5. 8. 선고 98다43366 판결.
367) 다만, 학설 중에는 위 대법원 판결의 추상적 법률론에는 찬동하면서도 제품 자체를 충실하게 표현하기 위한 사진의 저작물성을 부정한 것에 대해서는 의문을 제기하는 견해가 있다(박익환, "사진의 저작물 보호", 「계간 저작권」, 2002 여름호, 69면; 이해완, 「저작권법」 제2판, 박영사, 2015, 139면). 이러한 문제에 대해 中山 교수는 피사체를 충실하게 재현한 사진에 대해서는 고도의 테크닉을 필요로 하는 경우도 있고 저작물성이 부정된다면 데드카피를 막을 수 없다는 異論도 있을 수 있지만, 고도의 테크닉 자체는 저작권법으로 보호되는 것이 아니며 만일 이를 보호한다면 저작권법 체계에 파탄이 초래될 우려가 있으므로 저작물성을 부정해야 한다고 한다. 만일 보호가 필요하면 불법행위법 등 다른 법제에 의해 해결하면 된다는 것이다(中山信弘, 앞의 책, 109~110면).

것은 극히 어렵고 곤란한 일이라는 점이다. 일반적으로 그 창작성을 긍정하기 어려워 저작물성이 인정되지 않는 사진의 종류로 예시되는 것으로는 ① 대상의 단순한 복제에 불과한 사진, 예컨대 신문, 잡지 면을 그대로 촬영한 사진, 미술화보집,368)369) ② 실용적인 목적으로만 제작된 사진, 예컨대 각종 증명사진, 자동차속도단속 사진, ③ 제품이나 기계 부품 등의 카탈로그 사진370) 등을 들 수 있다.371)

　이러한 창작성의 판단기준에 따라 구체적인 사건들을 살펴보면 다음과 같다. 먼저, 햄 제품에 대한 광고용 카탈로그 사진의 무단 이용과 마찬가지로, 애완견 사진들을 인터넷에 무단 게시한 사건에서도 사진저작물의 창작성 등 그 저작물성이 다투어졌는데 법원은 "애완견들의 생김새, 색깔과 이미지 등에 따라 바닥과 배경의 색상 및 소재, 애완견이 착용하는 장식물 및 주변 소품 등을 결정하고, 애완견의 배치, 조명의 선택, 촬영 각도, 움직이는 애완견들에 대한 촬영순간의 포착 등에 있어서 나름대로의 개성을 반영한 사실이 인정"된다고 하여 애완견 사진들은 촬영자의 창작성이 발현된 것이라고 판시하였다.372) 그러나 고주파 수술기를 이용한 수술 장면 및 환자의 환부 모습과 치료 경과 등이 담긴 사진들을 무단 이용한 사건에서, 대법원은 피사체를 중앙 부분에 위치시킨 채 근접 촬영함으로써 수술 장면 등을 충실하게 표현하여 정확한 정보를 전달한다는 실용적 목적을 위해 촬영된 원고의 사진들은 저작권법상의 사진저작물로서 보호될 정도로 촬영자의 개성과 창조성이 인정되는 저작물에 해당한다고 보기 어렵다고 하여 저작물성을 부정하였다.373)374)

---

368) 일본 하급심 판결 중 기존 판화작품을 충실하게 촬영하여 재현한 사진의 창작성을 부인한 것으로는, 東京地裁 1998(平成10)年 11月 30日 判決.

369) 公有(public domain) 상태에 있는 미술작품을 사진으로 정확하게 복제한 것에 대해서는 사진저작물성이 인정되지 않는다고 판시한 미국 연방지법 판결로는, Bridgeman Art Library, Ltd. v. Corel Corp., 36 F. Supp. 2d 191 (S.D.N.Y. 1999).

370) 일본 하급심 판결 중 카탈로그용 상품 사진의 저작물성을 긍정한 것으로는, 大阪地裁 1995(平成7)年 3月 28日 判決. 이에 관한 상세는, 3.'사진저작물의 보호범위'중 일본 재판례 참조.

371) 권택수, "사진저작물이 저작권법에 의하여 보호되는 저작물에 해당하기 위한 요건", 「대법원 판례해설」 제37호, 2001년 상반기, 법원도서관, 2002, 340면 참조.

372) 서울지법 2003. 1. 17. 선고 2001가단173463 판결.

373) 대법원 2010. 12. 23. 선고 2008다44542 판결. 이와 같은 취지의 하급심 판결로는 환자의 환부 사진을 무단 이용한 사건에서는 피사체를 충실하게 표현하여 이를 정확하게 인식할 수 있도록 한 것이므로 촬영자의 개성과 창조성을 인정하기 어렵다고 하였고(서울중앙지법 2006. 1. 27. 선고 2003가합57616 판결), 마찬가지의 이유에서 모발이식 사진의 무단 이용 사건에서도 사진저작물성을 부정하였다(서울중앙지법 2007. 6. 21. 선고 2007가합16095 판결).

한편, 대법원은 광고용 책자에 무단 게재된 광고사진과 관련하여 위 사진들 중 음식점의 내부 공간을 촬영한 사진은 누가 찍어도 비슷한 결과가 나올 수밖에 없는 사진으로서 사진저작물에 해당한다고 보기 어려우나, 찜질방 내부 전경 사진은 촬영자의 개성과 창조성을 인정할 수 있는 사진저작물에 해당한다고 하였다. 그 이유로 "유리창을 통하여 저녁 해와 바다가 동시에 보이는 시간대와 각도를 선택하여 촬영하고 그 옆에 편한 자세로 찜질방에 눕거나 앉아 있는 손님의 모습을 촬영한 사진을 배치함으로써 해운대 바닷가를 조망하면서 휴식을 취할 수 있는 최상의 공간이라는 이미지를 창출시키기 위한 촬영자의 창작적인 고려가 나타나 있다"고 볼 수 있고, 또한 이러한 "내부공간은 어떤 부분을 어떤 각도에서 촬영하는가에 따라 전혀 다른 느낌의 분위기를 나타낼 수 있으므로 누가 촬영하여도 같거나 비슷한 결과가 나올 수밖에 없는 경우에 해당한다고도 보기 어렵다"고 판시하였다.[375]

3. 사진저작물의 보호범위[376]

가. 문제의 소재 ─ 사진저작물의 저작권 침해를 둘러싼 법적 분쟁의 유형

사진저작물을 둘러싼 법적 분쟁은 다음과 같은 세 가지 유형으로 나눌 수 있다.[377] 첫째, 타인이 촬영한 사진A 자체를 허락 없이 이용하는 경우이다. '이용'의 구체적 태양으로는 ① 사진A 자체를 이용의 소재로 하는 경우, ② 사진A를 복제하여 이용하는 경우, ③ 사진A의 일부를 이용하여 다른 사진과 합성

---

374) 하급심 재판례 중에는 악기 제품을 충실히 재현한 사진들을 무단 이용한 사건(이른바 '야마하' 악기 사진 사건)에서 사진저작물성을 긍정한 것도 발견된다(서울서부지법 2006. 3. 22.자 2005카합1848 결정). 이 사건은 사진저작물의 저작권 침해뿐 아니라 악기 설명문에 대한 저작권 침해 그리고 야마하 상표권 침해 등이 쟁점이 된 가처분사건인데, 사진저작물성에 관한 결정 이유 부분을 보면 "비록 사진의 용도가 제품의 모습 자체를 충실하게 표현하여 광고라는 실용적인 목적을 달성하기 위한 것이라 하더라도 이 사건 사진촬영을 위하여 투자한 시간과 비용, 선정 과정 등 기록상 소명되는 사정에 비추어 볼 때 이 사건 사진은 제작자의 지적·정신적 노력이 투입됨으로써 창작성을 지니고" 있다고 판단하였다. 생각건대, 이 결정은 시간과 비용, 노력의 투입을 '창작성'으로 혼동하였을 뿐 아니라 전술한 햄제품 사진에 관한 대법원 98다43366 판결이나 후술하는 찜질방 사진에 관한 대법원 2005도3130 판결의 취지에 어긋나는 異趣旨의 결정이다. 그러나 과거 위 결정을 긍정적으로 평가하는 견해도 있었다(이해완, 「저작권법」 제2판, 박영사, 2012, 99~100면).
375) 대법원 2006. 12. 8. 선고 2005도3130 판결.
376) 이에 관한 상세는, 박성호, "사진저작물의 보호범위", 「법학논총」 제31집 제3호, 한양대 법학연구소, 2014. 9., 175~189면 참조.
377) 이러한 유형 정리에 관해서는, 著作權判例硏究會 編, 「最新 著作權關係判例集 I」, ぎょうせい, 1978, 248면(河野愛 집필); 山上和則, 앞의 논문, 273면 각 참조.

함으로써 몽타주 사진을 작성하는 경우 등이다. 둘째, 사진A와 동일한 피사체를 별도로 촬영한 사진B가 사진A와 동일 또는 유사한 경우이다. 셋째, 사진A와 유사한 피사체를 별도로 촬영한 사진B가 사진A와 유사한 경우이다.

종래 사진저작물에 대한 판례는 대부분 첫째 유형에 관한 것이었다. 둘째나 셋째 유형과 관련된 사건은 국내외를 막론하고 확인 가능한 몇 건의 판례에 지나지 않는다. 그 전형적인 예를 들어 보면, "사진A의 피사체와 동일 또는 유사한 것을 별도로 촬영한 사진B가 사진A와 동일 또는 유사한 경우에 양 사진 간에 실질적 유사성이 인정되어 사진B는 사진A의 복제권 또는 2차적 저작물 작성권을 침해한 것에 해당하는가?" 하는 문제이다. 이에 관한 국내(2건) 및 외국(3건)의 판례를 살펴본다.

나. 국내외 판례

(1) 우리나라

첫째, 아기 기념사진 사건이다. 원고는 아기의 각종 기념사진을 촬영하면서 아기 주변에 소품을 배치하고 그 아기에게 일정한 포즈를 취하게 하여 사진 작품을 제작하였는데, 피고도 아기 사진을 찍으면서 원고 사진에 등장한 것과 유사한 소품을 배치하고 또 원고 사진에서 아기가 취한 것과 유사한 포즈를 취하게 하여 사진을 촬영·완성한 사안이다. 법원은 원고의 사진과 같은 구도는 공지된 것이거나 기존 사진들에서 쉽게 변경할 수 있는 구도이고 촬영기법도 아기 기념촬영에서 흔히 사용되는 기법으로서 그 표현에 창작성을 인정하기 어렵다 할 것이므로 실질적 유사성을 판단할 때의 대비요소가 아니라고 하면서 피고의 사진은 원고 사진의 창작적 표현형식과 대비하여 실질적 유사성이 없다고 판단하였다.[378]

둘째, 솔섬 사진 사건으로 널리 알려진 것이다. 원고는 에이전시로서 외국 사진작가가 솔섬을 피사체로 촬영하여 발표한 사진저작물의 저작권을 양도받았다(이하, 원고의 사진저작물 또는 사진저작권이라 한다). 국내 아마추어 사진작가는 솔섬을 촬영한 사진을 피고가 주최한 공모전에 출품하였고 피고는 이를 TV광고 등에 사용하였다. 원고는 피고가 TV광고 등에 사용한 사진(이하, 피고의 사진이라 한다)이 원고의 사진저작물과 외관상 유사하게 보이는 사안에서 원

---

[378] 서울고법 2010. 3. 18. 선고 2009나74658 판결(확정). 판결에서는 의거성을 부인하고 설령 피고의 사진이 원고의 사진에 의거하여 작성되었더라도 실질적 유사성이 없다고 가정적 판단을 하고 있다(이규홍 외 3인, 「저작권과 침해—판례를 중심으로」, 육법사, 2016, 522면, 682면).

고의 사진저작권 침해 등을 주장하면서 손해배상청구의 소를 제기하였지만 법원은 저작권 침해의 성립요건 중 하나인 실질적 유사성을 인정할 수 없다고 판시하여 원고의 청구를 기각하였다.[379] 원고의 사진저작물 중 피사체의 선정, 구도의 설정, 빛의 방향과 양의 조절, 카메라 각도의 설정, 셔터의 속도, 셔터 찬스의 포착, 기타 촬영방법, 현상 및 인화 등에서 인정되는 창작성 있는 표현부분을 피고의 사진의 해당 부분과 '표현 요소별 분석적 대비'를 하면 원고의 사진저작물과 피고의 사진은 창작성이 없거나 미약한 부분에서만 동일·유사할 뿐 창작성 있는 표현부분에서는 분명한 차이를 나타내고 있으며,[380] 저작물의 '전체적 대비'를 하더라도 원고의 사진저작물과 피고의 사진 간에는 실질적 유사성이 인정되지 않는다고 하였다.[381]

(2) 미국·일본

먼저 미국 판례부터 살펴본다. 사진작가 원고(Peter B. Kaplan)는 "Wing Tips Over the Edge"라는 제목의 사진을 창작하였다. 사진은 고층건물 난간에 위태롭게 서서 차도를 내려다보는 비즈니스맨을 묘사한 것으로 비즈니스맨 시점에서 촬영된 것이다. 위 사진은 연간 사진 모음집에 실려 배포되었다. 피고 사진작가(Bruno Bevenuto)는 원고 사진과 유사한 이미지의 사진을 촬영하였고 피고회사(The Sock Market photo agency)는 이 사진을 카메라 렌즈회사 광고물에 이용하도록 중개하였다. 원고는 피고들을 상대로 사진저작권 침해소송을 제기하였다.[382] 연방지법은 두 사진 간의 거의 모든 유사성은 저작권으로 보

---

379) 서울고법 2014. 12. 4. 선고 2014나2011480 판결(확정).

380) ① 촬영대상 : 피사체의 선정에는 창작성이 없어 자연물이나 그 풍경이 동일하지만 대비가 불필요하고, 구도의 설정에는 창작성이 없거나 미약하지만 대비결과 유사하다. ② 촬영방법 : 빛의 방향과 양의 조절에는 창작성이 있지만 원고의 사진저작물은 겨울 낮(오후)에 촬영되었음에 비해 피고의 사진은 여름 새벽이므로 태양 빛의 방향이 좌측과 우측으로 반대로 나타났으며 원고의 사진저작물은 노출시간이 긴 기법임에 반해 피고의 사진은 그보다 짧다는 점에서 대비결과 차이가 있다. 셔터찬스의 포착은 대상이 고정된 자연물이므로 별다른 의미를 갖지 않는다. 카메라 각도의 설정에 창작성은 없거나 미약하지만 대비결과 유사하다. 셔터의 속도, 기타 촬영방법에 창작성이 있지만 원고의 사진저작물은 흑백사진으로 동양의 수묵화와 같은 정적·감성적이고 몽환적 느낌인데 비해 피고의 사진은 컬러사진으로 구름이 이동하는 것 같은 역동적인 형태로서 대비결과 차이가 있다. ③ 현상 및 인화 : 창작성이 있으나 원고의 사진저작물은 정사각형 형태의 크기(201×252㎜)인 데 비해 피고의 사진은 직사각형 형태의 크기(36.03×23.98㎝)로 인화되어 대비결과 차이가 있다.

381) 전체적으로 보아 원고의 사진저작물이 가지는 수묵화와 같은 정적인 인상 또는 느낌과 피고의 사진이 가지는 일출시의 역동적인 인상 또는 느낌에 명백한 차이가 드러나므로 유사하지 않은 것으로 판단된다고 하였다.

호되지 않는 요소들로 인한 것이라고 하여 원고의 청구를 받아들이지 않았다. 뉴욕과 같이 급변하는 환경 속에서 비즈니스맨이 괴로운 나머지 건물에서 뛰어내리려고 고민한다는 아이디어와 그에 수반되는 표현은 필수장면의 원칙 (the doctrine of scenes a faire)에 의해 보호되지 않는다고 하였다. "두 사진은 모두 고층건물 옥상 난간에 서 있는 비즈니스맨이 자신의 구두 끝을 난간 앞으로 조금 내밀었지만, 그러한 장면 설정은 투신자살을 고민한다는 것을 표현하는 데에 필수적인 것"이라고 판단한 것이다.383) 또한 복장의 유사성에 관해서도 세로줄 무늬의 복장과 'W자형 앞부리 장식'(Wing Tips)을 한 구두는 비즈니스맨의 전형적 복장이라고 하였다. 두 사진의 앵글이나 시점이 유사한 것에 대해서도 각기 다른 건물들과 도로 및 자동차들을 묘사하기 위해 별도의 장소에서 촬영되었다는 점에서 실질적으로 유사하지 않다고 하였다. 요컨대, 법원은 "배경, 관점, 조명, 명암 및 색상" 등에서 "두 사진의 차이점들은 양적으로나 질적으로 유사성보다 더 크다"고 하였다.384)

일본 판례로는 상품 카탈로그 사진저작물 사건과 이른바 '싱싱한 수박' 사진저작물 사건이 있다. 먼저 상품 카탈로그 사진저작물 사건은 원고가 촬영한 커튼용 副資材 상품의 카탈로그 사진저작물의 저작권(복제권 또는 2차적 저작물 작성권)을 피고가 침해하였다고 주장하면서 피고에 대해 카탈로그의 복제금지 및 이미 작성된 카탈로그의 폐기와 손해배상을 청구한 사안이다.385) 원고는 원고의 카탈로그 상품사진(사진A)과 동종의 상품을 동일한 촬영방법으로 찍은 상품사진(사진B)으로 카탈로그를 제작한 피고의 행위는, 마치 타인의 회화를 손으로 모사하는 경우 모사자의 창작성이 새롭게 더해지지 않는 한 회화의 복제에 해당하는 것과 마찬가지이므로, 원고 사진저작물의 복제권 침해에 해당한다고 주장하였다. 이에 대해 일본 하급심 판결은 "회화의 복제에 해당하는 『타인의 회화를 사람의 손으로 모사하는 경우』와 대비해야 하는 것은, 사진A의 대상물과 동일한 대상물을 피사체로 하여 사진A와 동일한 촬영방법을 사용하여 사진B를 촬영한 경우가 아니라, 사진A 그 자체를 有形的으로 再製한 경우이므로, 사진A와 동일한 피사체를 동일한 촬영방법을 사용하여 사진B를 촬영하였다고 해서 바로 사진A의 복제에 해당한다고 하기는 어렵다"고 하였다.

---

382) 정상조 편, 「저작권법 주해」, 박영사, 2007, 1125면(권영준 집필); 권영준, 「저작권침해판단론」, 박영사, 2007, 220면.

383) Kaplan v. Stock Market Photo Agency, Inc, 133 F. Supp. 2d 317, 323 (S.D.N.Y. 2001).

384) Ibid., pp.325~326.

385) 원고는 편집저작물의 저작권 침해 주장도 하였지만 사진저작물에 관한 부분만을 소개한다.

"더구나 사진B의 피사체는 사진A의 피사체와 동일한 것이 아니라 그것과 다른 대상물을 피사체로 하여 촬영한 것이므로 동일한 촬영방법을 사용하였다고 하여 사진B가 사진A의 복제에 해당한다고 해석할 여지는 없다"고 판시하여 원고의 청구를 기각하였다.[386)]

다음으로 '싱싱한 수박' 사진저작물 사건이 있다. 원고는 수박을 소재로 그 배치나 조합 등을 연구한 끝에 피사체를 만든 다음 이것을 촬영하여 「오늘의 요리」라는 책자에 게재하였다. 피고는 원고의 사진을 참고하여 이것과 피사체가 유사한 별개의 사진을 촬영하여 카탈로그 출판물에 게재하였다. 두 사진은 모두 수박을 촬영한 것으로서 대형 수박을 가로로 배치하고 그 위에 얇게 자른 수박 6조각을 나란히 놓은 것, 그 후방에 타원형 및 원형 수박을 배치한 것, 녹색을 띤 둥근 수박과 부채꼴로 자른 빨간색의 수박과의 대비를 강조한 것 등 촬영대상물의 선택, 조합, 배치 등에서 양자 간에는 공통점이 있었다. 원고는 피고를 상대로 저작인격권(동일성유지권) 침해, 2차적 저작물 작성권 침해에 따른 손해배상청구 및 카탈로그의 회수, 폐기 및 사죄광고를 청구하는 소를 제기하였다. 제1심은 사진의 창작성이란 피사체의 독자성이 아니라 촬영방법(촬영시각, 빛의 노출, 음영의 부여방식, 렌즈의 선택, 셔터 속도의 설정)이나 현상 등에 있어서 독자적인 연구에 의해 창작적 표현이 생기는 것이라는 점에 비추어 볼 때, 두 사진 간에는 그러한 창작적 표현에 유사성이 인정되지 않으므로 저작권 침해가 성립되지 않는다고 판시하였다.[387)] 그러나 항소심 판결은 다음과 같은 이유로 원고의 청구를 일부 認容(동일성유지권에 기한 침해금지 및 손해배상청구는 인용, 사죄광고 및 이미 발행한 카탈로그의 회수·폐기청구는 기각)하였다. 경치나 인물 등 현실적으로 존재하는 것이 피사체가 되는 경우처럼 피사체 자체에 독자성이 인정되지 않을 때는 창작적 표현은 촬영이나 현상 등에 대한 독자적 연구를 통해 나올 수밖에 없으므로 그 유사성을 판단함에 있어서 피사체가 공통되는지 여부는 문제되지 않으며 촬영방법이나 현상 등에 따른 창작적 표현부분이 공통되는지 여부만을 고려하여 판단하게 될 것이다. 그러나 피사체의 결정 자체(촬영 대상의 선택, 조합, 배치 등)에 창작적 표현이 이루어져서 저작권법상 보호할만한 독자성이 인정되는 경우에는 피사체 자체를 결정함에 있어서 그 창작적 표현부분에 공통점이 있는지 여부도 고려되어야 한다. 원고의 사진은 "실내에 촬영장소를 선택하고, 수박, 바구니, 얼음, 짙고 옅게

---

386) 大阪地裁 1995(平成7)年 3月 28日 平成4年(ワ)第1958号 判決(확정).
387) 東京地裁 1999(平成11)年 12月 15日 平成11年(ワ) 第8996号 判決.

처리된 푸른색 용지 등을 조합함으로써 인위적으로 만든 피사체이므로 피사체의 결정 자체에 독자성을 인정할 여지가 충분히 인정"된다고 판시하여 저작권 침해를 긍정하였다.388)

다. 소   결

사진저작물의 보호범위는 창작성의 정도에 따라 좁거나 넓게 인정된다. 사진저작물의 창작성은 대법원 판결에서 제시된 것처럼389) ① 촬영대상인 피사체에 관한 사항(피사체의 선정, 구도의 설정), ② 촬영방법(빛의 방향과 양의 조절, 카메라 각도의 설정, 셔터의 속도, 셔터찬스의 포착, 기타 촬영방법), ③ 현상 및 인화 등의 3가지 표현요소를 종합적으로 고려하여 판단된다. 그러므로 사진저작물의 보호범위는 이러한 피사체의 선정 등이나 촬영방법 또는 현상과 인화 등 표현요소별로 창작성이 인정되는지 여부에 따라 달라지게 될 것이다. 특히 동일하거나 유사한 피사체를 사진 촬영한 경우에 사진저작물의 보호범위 판단은 중요한 문제이다. 이하 3가지 표현요소에 따라 살펴본다.

첫째, 피사체의 선정 등에 관한 창작성 여부이다. 솔섬 사진 판결처럼 이미 존재하는 자연물과 그 주변 풍경을 촬영하는 경우에는 그 피사체의 선정은 물론이고 장소에 따라 영향을 받는 구도의 설정 등은 아이디어에 해당하는 것이어서 창작적 표현이라고 인정되기 어려울 것이므로 저작권 보호를 받을 수 없을 것이다. 일본의 카탈로그용 상품사진 판결은 사진저작물성을 인정한 다음 피고의 복제권 침해가 성립하지 않는다고 판단하였지만, 법리상으로는 개성이 없는 대체적 상품을 피사체로 선정한 경우이므로 솔섬 사진 판결과 마찬가지로 창작성이 인정되지 않는다고 보아야 할 것이다. 아기 기념사진 판결이나 고층빌딩 난간에 선 비즈니스맨 사진 판결처럼 피사체의 포즈나 소품의 배치 등은 아이디어에 속하거나 필수장면에 해당하여 저작권 보호를 받을 수 없을 것이다. 이에 대해 피사체를 인위적으로 설정하여 촬영한 경우에는 싱싱한 수박 사진 항소심 판결처럼 피사체의 인위적 설정을 창작적 표현으로 보아 저작권 보호를 인정할 수 있을 것이다.390)

---

388) 東京高裁 2001(平成13)年 6月 21日 平成12年(ネ)第750号 判決(上告不受理, 확정).

389) 대법원 2001. 5. 8. 선고 98다43366 판결.

390) 피사체의 인위적 설정과 관련하여 일본에서의 학설 대립을 개관하면, '싱싱한 수박' 사진저작물 사건에 관한 제1심 판결을 지지하는 학설은 사진에 창작성이 부여되는 것은 피사체의 독자성에 의해서가 아니라 촬영이나 현상 등에서의 독자적 창의와 연구에 의해 창작적 표현이 인정되는 것이라고 한다. 항소심 판결처럼 피사체의 창작성을 보호하면 사진으로 무엇을 찍을까 하는 아이디어까지 보호하게 될 우려가 있을 뿐 아니라, 피사체와 일체가 되어 사진저작물로

둘째, 촬영방법에 관한 창작성 여부이다. 일본의 카탈로그용 상품사진 판결처럼 개성이 없는 대체적 상품을 피사체로 선정하여 촬영하는 경우에는 피사체의 특성 때문에 촬영방법 자체에 창작성이 인정될 여지가 없을 것이다. 이와 달리 일반적으로 개성이 인정되는 동일하거나 유사한 피사체의 경우에는 빛의 방향과 양의 조절 및 셔터찬스의 포착에 창작성이 인정될 수 있을 것이다. 다만 그러한 경우라도 피사체가 고정된 자연물일 때에는 셔터찬스의 포착은 별다른 의미를 갖기 어렵다. 또 피사체에 개성이 인정되고 피사체가 동일하거나 유사한 경우 셔터의 속도, 기타 촬영방법에도 창작성이 인정될 수 있을 것이다. 그러나 그러한 경우라도 피사체를 어떠한 앵글로 촬영하느냐의 문제, 즉 카메라 각도의 설정 자체는 아이디어에 속하는 것으로서 창작성이 인정될 수 없거나 설령 인정되더라도 미약하다고 할 것이다. 물론 이 경우에도 카메라 각도가 통상적인 것이 아니라 다른 사람이 생각하기 어려운 독창적인 각도라면 창작성이 인정될 수 있을 것이다.[391]

셋째, 현상 및 인화 등에 관한 창작성 여부이다. 물리적·화학적 방법을 이용하여 피사체를 필름에 재현하는 경우에는 필름의 선택이나 현상 및 인화 등의 과정에서 창작성이 인정될 여지가 있을 것이다. 디지털 사진의 경우에는 포토숍과 같은 촬영 후에 이루어지는 보정 과정에서 창작성이 인정될 여지가 있을 것이다.

보호되는 경우 만일 피사체의 창작주체와 촬영의 창작주체가 달라진다면 권리처리가 복잡하게 된다고 한다(中山信弘, 「著作權法」第2版, 有斐閣, 2014, 112~113면 참조). 이에 대해 항소심 판결을 지지하는 학설은 인위적으로 피사체를 결정하는 데에 창작성이 인정되는 경우 이를 촬영한 사진의 저작물성은 촬영방법에 한정하여 판단할 것이 아니라 피사체를 포함하여 판단하는 것이 옳다고 한다. 또한 현행법상 미술저작권과 사진저작권이 병존하는 것 자체를 예정하고 있으므로 피사체의 창작자와 사진의 촬영자가 다른 경우에 권리처리가 복잡해진다는 이유로 피사체의 창작성을 사진의 저작물성에서 배척하는 것은 체계에 합치하지 않는다고 한다(松田政行, "類似性(4)─寫眞", 「著作權判例百選」第5版, 有斐閣, 2016, 115면 참조). 松田 변호사는 제1심을 지지하는 견해를 '撮影手法說', 제2심을 지지하는 견해를 '被寫體許容說'이라고 부른다(위의 논문, 115면).

391) 서울고법 2014. 12. 4. 선고 2014나2011480 판결(확정) 참조.

Ⅷ. 영상저작물

1. 의   의

저작권법은 영상저작물(cinematographic works)을 "연속적인 영상(음의 수반
여부는 가리지 아니한다)이 수록된 창작물로서 그 영상을 기계 또는 전자장치에
의하여 재생하여 볼 수 있거나 보고 들을 수 있는 것을 말한다"고 정의한다(제
2조 제13호). 따라서 무성영화, 유성영화는 모두 영상저작물에 포함되며, 종래
의 광학필름에 의한 극영화, 음악영화, 만화영화, 뉴스영화, 기록영화 등은 물
론이고 영상 또는 영상과 음이 디스크에 고정된 비디오 디스크(video disc), 테
이프에 고정된 비디오테이프(video tape), 그리고 영상이 수록된 레이져 디스
크, 컴팩트 디스크, DVD 등도 영상저작물에 해당한다. 1986년 저작권법이
1957년 저작권법의 '영화'저작물이란 法文을 '영상'저작물이라고 바꾼 이래 현
행 저작권법에서도 '영상'저작물이라는 표현을 그대로 사용하고 있다. '영화'에
서 '영상'으로 그 명칭을 변경한 이유는, 고전적인 영화관 상영을 위한 영화뿐
만 아니라 텔레비전 방송을 위한 드라마, 비디오테이프 등 녹화물로서 영화와
같은 효과를 가진 것을 포함하기 위해서이다.[392]

영상저작물은 대개 2차적 저작물인 동시에 공동저작물로서 종합예술의 한
형태이며, 그 저작물의 창작에는 수많은 사람이 참여한다. 즉 원작자, 시나리
오작가, 감독, 배우, 음악가, 촬영기사, 필름현상자, 장치·의상담당자, 편집자
등이 참여하여 각각 예술적, 기술적 기여를 하고 있을 뿐 아니라[393] "영상저작
물의 제작에 있어 그 전체를 기획하고 책임을 지는 자"인 영상제작자(제2조 제
14호)가 별도로 존재하여 참여한다. 이와 같이 영상저작물의 제작에 참여하는
사람들에는 원작자, 시나리오작가 등의 '고전적 저작자'(classical authors), 감독
등의 '현대적 저작자'(modern authors), 배우와 같은 '실연자'(performers), 촬영기
사, 장치·의상담당자와 같은 스태프(staff) 등이 있으며, 그 전체를 기획하고
책임을 지는 영상제작자(maker of cinematographic works)가 있다. 영상저작물의
창작과정에는 여러 이해관계인이 관련되어 있는 관계로 그 권리관계가 복잡다
단할 수 있다는 점을 고려하여 영상저작물에 관한 특례규정을 두고 있다.[394]

---

392) 박원순, "저작권법상 영상저작물", 「대한변호사협회지」, 1988. 3., 8면 참조.
393) 하용득, 「저작권법」, 법령편찬보급회, 1988, 288면.
394) 영상저작물의 특례규정에 관해서는 제6장 제8절 '영상저작물의 특례' 참조.

2. 영상저작물의 성립요건 및 저작자의 결정 문제

가. 영상저작물의 성립요건으로서의 '고정'(fixation)

저작물 성립의 일반적 요건으로 유형물에의 고정을 요하지 않는 우리 저작권법 아래에서도 영상저작물에 대해서만은 예외적으로 '고정'을 요하는 것으로 해석된다.[395] 즉, 저작권법은 영상저작물은 '영상의 수록'과 '기계 또는 전자장치에 의한 재생'을 필요로 한다고 규정함으로써(제2조 제13호), 영상저작물의 경우에는 예외적으로 유형물에 고정될 것을 성립요건으로 요구한다. 다시 말해 여기서 말하는 영상의 '수록'이란 바로 연속적인 영상이 유형물에 '고정'된다는 의미이고 '재생'이란 이러한 고정을 전제로 영상물이 제공되는 것을 뜻하는 것이다. 영상저작물이 '고정'되는 유형물에는 제한이 없으며, 영상을 광학적으로나 전자적으로 고정하는 어떠한 물체라도 이에 해당할 수 있다. 예컨대, 전통적으로 사용되던 셀룰로이드판이나 비디오테이프 또는 광디스크나 어떠한 유형물에의 고정을 전제로 한 디지털 파일[396] 등이라도 관계가 없다.[397] 요컨대, 광학적으로 고정된 것이든 자기테이프에 의해 녹화된 전자기적 고정이든 아니면 디지털 파일로 저장되는 DVD 등에 의한 고정이든 묻지 않는다.[398] 과학기술의 발전에 따라 영상저작물이 고정되는 유형물의 종류는 더욱 늘어날 전망이다.

학설 중에는 유형물에의 수록을 전제로 하지 않는 텔레비전 '생방송'의 경우도 영상저작물로서 보호되어야 한다는 견해가 있으나,[399] 유형물에 고정되지 않고 이루어지는 텔레비전 '생방송' 프로그램은 저작권법이 보호하는 영상저작물에 해당하지 않는다.[400] 다만, 영상저작물에 해당하지 않는 것에 그치고

---

395) 일본 저작권법 제2조 제3항도 '영화저작물'에 대해서는 '物에 固定'될 것을 성립요건으로 규정하고 있다.

396) 디지털 파일 자체는 유형물이 아니지만, 디지털 파일은 CD나 DVD 등에 수록되어 있다가 재생되는 것은 물론이고, 서버컴퓨터의 하드디스크에 저장되어 있다가 '스트리밍' 방식에 의하여 재생되는 것이므로, 디지털 파일 또한 유형물에의 '수록'(='고정')을 전제로 하는 것이라고 이해되어야 한다.

397) 前註의 해석과는 달리 국내 학설 중에는 영상저작물 정의규정에서의 '재생' 요건을 '고정'을 의미하는 것이라고 이해한 다음 아날로그 시대에는 재생이 고정된 형태를 뜻하는 것이었지만 디지털 영상저작물의 경우에는 '스트리밍' 기술에 힘입어 '재생' 요건이 충분히 충족되고 있으므로 디지털 영상저작물에 대해서는 고정성 요건이 불필요하다는 취지로 이해하는 견해(방석호, "영상저작물과 방송", 「계간 저작권」, 2004 겨울호, 4면)가 있다.

398) 서달주, 「한국저작권법」, 박문각, 2007, 179면 참조.

399) 김경제, "TV 방송프로그램의 저작권", 「법학연구」 제38권 제1호, 부산대 법학연구소, 1997. 12., 355면.

400) 박원순, 앞의 논문, 9면.

일반적인 저작물의 성립요건을 충족하면 생방송 프로그램이라도 저작물인 점에 변함이 없다. 텔레비전 생방송이라 하더라도 영상이 나가는 것과 동시에 비디오테이프 등에 고정되는 경우에는 영상저작물로 보호된다.401) 따라서 스포츠 중계방송의 경우도 영상신호의 송신과 동시에 녹화가 이루어지는 것이 대부분이므로 영상저작물로서 보호되는 데에는 아무런 문제가 없다.402)403)

나. 영상저작물의 저작자 결정

영상저작물의 대표격인 영화는 종합예술의 한 형태이며 그 창작 과정에 수많은 사람들이 참여하여 그 인적 범위가 광범위하기 때문에 영상저작물의 실제 창작자가 누구인지, 즉 그 저작자가 누구인지를 정하는 것은 쉽지 않은 문제이다. 그래서 일부 입법례에서는 영상저작물의 저작자가 누구인지를 명시한 별도의 규정을 두고 있기도 하다.404) 그러나 우리 저작권법은 다른 저작물의 경우와 마찬가지로 영상저작물에 대해서도 실제로 창작행위를 한 자연인만이 저작자가 될 수 있다는 이른바 '창작자원칙'(제2조 제2호 참조)에 입각하여 그 저작자를 결정하고 있을 뿐이고 영상저작물의 저작자가 누구인지에 관한 별도의 명문 규정을 두고 있지 않다.405)

영상저작물의 저작자가 누구인지에 관해서는 영상저작물의 제작, 감독, 연출, 촬영, 미술 등을 담당하여 영상저작물의 전체적 형성에 창작적으로 기여한 자, 다시 말해 '현대적 저작자'인 프로듀서, 감독, 디렉터, 촬영감독, 미술감독, 녹음감독, 필름편집자 등이 영상저작물의 공동저작자가 된다고 해석하는 것이 일반적이다. 이에 반하여 조감독이나 보조카메라맨 등의 보조자는 공동저작자가 될 수 없으며, 소설이나 시나리오 등 원저작물의 저작자와 같은 '고전적 저작자'도 영상저작물의 저작자에 해당한다고 보기는 어려울 것이다.406)

---

401) 같은 취지, 황적인·정순희·최현호,「저작권법」, 법문사, 1988, 197면.

402) 東京高裁 1997(平成9)年 9月 25日 平成6(行コ)第69号 判決(골프 경기를 생방송으로 중계한 사안에서 방송과 동시에 녹화되었다면 영상저작물에 해당한다고 인정한 사례).

403) 기술적인 관점에서 현재 텔레비전 생방송의 대부분은 촬영과 동시에 방송국의 부조정실에 저장되었다가 송신소로 송출되고 있으므로 저작권법상의 영상저작물로 보호되는 데에 아무런 문제가 없다.

404) 이에 관해서는 제6장 제8절 V. 1. '영상저작물의 저작자 결정에 관한 입법례' 참조.

405) 이것은 1957년 저작권법은 물론이고 1986년 저작권법 및 현행 저작권법에서도 동일하다.

406) 이에 관해서는 제6장 제8절 V. 2. '"현대적 저작자"의 공동저작물로서의 영상저작물' 참조.

≪영상저작물의 창작성 판단기준≫

(1) 영상저작물 일반

영상저작물은 카메라 앵글과 구도의 선택, 몽타주나 커트 등의 기법, 필름편집 등의 지적 활동에 대하여 창작성이 인정되어야 저작권법으로 보호받을 수 있다.[407] 이는 사진저작물의 창작성 판단기준과 유사한 측면이 있다.

(2) 스포츠시합의 생중계 영상의 저작물성

스포츠시합 자체는 저작물성이 인정되지 않지만 생중계되는 스포츠시합의 영상이 카메라의 설치장소와 장면 선택 등에 기하여 그 영상에 창작성이 인정된다면 저작권법상 영상저작물로 보호된다. 즉 "스포츠시합의 영상을 효과적으로 표현하기 위하여 카메라 워크를 연구하고, 몽타주, 커트 등의 방법이나 필름편집 등이 행해진 것이므로 이러한 영상은 일본 저작권법 제2조 제1항 제1호(우리 저작권법 제2조 제1호) 소정의 저작물이라고 할 수 있다."[408] 이는 '(1) 영상저작물 일반'의 경우와 유사하다.

(3) 이른바 '방송 프로그램 포맷'의 저작물성

대법원은 "구체적인 대본이 없이 대략적인 구성만을 기초로 출연자 등에 의해 표출되는 상황을 담아 제작되는 이른바 리얼리티 방송 프로그램도 창작성이 있다면 저작물로서 보호받을 수 있다. 리얼리티 방송 프로그램은 ①무대, ②배경, ③소품, ④음악, ⑤진행방법, ⑥게임규칙 등 다양한 요소들로 구성되고, 이러한 요소들이 일정한 제작 의도나 방침에 따라 선택되고 배열됨으로써 다른 프로그램과 확연히 구별되는 특징이나 개성이 나타날 수 있다. 따라서 리얼리티 방송 프로그램의 창작성 여부를 판단할 때에는 프로그램을 구성하는 개별요소들 각각의 창작성 외에도, 이러한 개별요소들이 일정한 제작 의도나 방침에 따라 선택되고 배열됨에 따라 구체적으로 어우러져 프로그램 자체가 다른 프로그램과 구별되는 창작적 개성을 가지고 있어 저작물로서 보호를 받을 정도에 이르렀는지를 고려함이 타당하다"고 판시하였다.[409] 즉 대법원은 방송 프로그램 포맷의 창작성 판단기준으로 리얼리티 방송 프로그램을 구성하는 개별요소들[①②③④⑤⑥] 각각의 창작성 외에도 이러한 개별요소들이 제작 의도나 방침에 따라 선택·배열됨에 따라 구체적으로 어우러져 프로그램 자체가 창작적 개성을 가지고 있는지를 고려해야 한다는 점을 제시하였다.

---

407) 오승종, 「저작권법」 제5판, 박영사, 2020, 158면; 윤태식, 「저작권법」 제2판, 박영사, 2021, 87면.
408) 日本 最高裁判所 2003(平成15)年 2月 27日 判決.
409) 대법원 2017. 11. 9. 선고 2014다49180 판결('짝' 사건).

(4) 소결

'영상저작물 일반'[(1)]과 '스포츠시합의 생중계 영상'[(2)]은 개별 영상물의 창
작성 판단기준에 관한 것이라면 '방송 프로그램 포맷'[(3)]은 개별 리얼리티 방송
프로그램에 관한 것이 아니라 해당 리얼리티 방송 프로그램 시리즈 전체를 관통
하는 이른바 '포맷'이라는 것의 창작성 판단기준에 관한 것이라는 점에서 구별
된다.410)

≪게임 저작물의 창작성 판단기준≫

'매치 3 게임' 사건에서 대법원은 "게임 저작물(이하 '게임물'이라 한다)은 어문
저작물, 음악저작물, 미술저작물, 영상저작물, 컴퓨터프로그램 저작물 등이 결합
되어 있는 복합적 성격의 저작물로서, 컴퓨터 게임물이나 모바일 게임물에는 게
임 사용자의 조작에 의해 일정한 시나리오와 게임 규칙에 따라 반응하는 캐릭터,
아이템, 배경화면과 이를 기술적으로 작동하게 하는 컴퓨터프로그램 및 이를 통
해 구현된 영상, 배경음악 등이 유기적으로 결합되어 있다. 게임물은 저작자의
제작 의도와 시나리오를 기술적으로 구현하는 과정에서 다양한 구성요소들을 선
택·배열하고 조합함으로써 다른 게임물과 확연히 구별되는 특징이나 개성이 나
타날 수 있다. 그러므로 게임물의 창작성 여부를 판단할 때에는 게임물을 구성하
는 구성요소들 각각의 창작성을 고려함은 물론이고, 구성요소들이 일정한 제작
의도와 시나리오에 따라 기술적으로 구현되는 과정에서 선택·배열되고 조합됨
에 따라 전체적으로 어우러져 그 게임물 자체가 다른 게임물과 구별되는 창작적
개성을 가지고 저작물로서 보호를 받을 정도에 이르렀는지도 고려해야 한다"고
판시하였다.411)

게임물 일반은 복합적 성격의 저작물이라고 볼 수 있겠지만, 이 사건 '매치 3
게임'에서 다투어진 것은 게임규칙에 따라 구현된 동영상 화면의 창작성 여부 및
그 판단기준이다. 결국 '매치 3 게임' 사건은 전술한 ≪영상저작물의 창작성 판단
기준≫에 수렴되는 사안에 불과하다.

---

410) 방송 프로그램 포맷에 관해서는, 본장 제2절 II. 3. ≪TV 방송 프로그램 포맷의 저작권 보호
문제≫ 참조.
411) 대법원 2019. 6. 27. 선고 2017다212095 판결('매치 3 게임' 사건).

3. 이른바 '게임물'의 영상저작물성412)

'게임산업진흥에 관한 법률' 제2조 제1호는 게임물을 "컴퓨터프로그램 등 정보처리 기술이나 기계장치를 이용하여 오락을 할 수 있게 하거나 이에 부수하여 여가선용, 학습 및 운동효과 등을 높일 수 있도록 제작된 영상물 또는 그 영상물의 이용을 주된 목적으로 제작된 기기 및 장치를 말한다"고 정의한다. 이에 따르면 게임물은 컴퓨터프로그램이자 영상물이다.413) 문제는 이러한 게임물이 영상저작물의 정의에서 요구하는 '연속적 영상의 재생 가능성'을 구비하고 있는가이다.

게임물이 영상저작물에 해당하는지를 둘러싼 學說과 判例를 살펴보면 부정설과 긍정설로 나뉜다. 부정설은 텔레비전 생방송이 영상저작물로 보호되지 않는 것과 마찬가지로 비디오게임은 連續映像群이 이용자의 조작과 동시에 사라지는 성격을 가지고 있고, 또한 이용자가 조작할 때마다 화면에 나타나는 연속 영상이 달라지는 비디오게임은 그 영상이 고정되었다고 볼 수 없을 뿐 아니라 그 표현이 객관화된 것도 아니므로 영상저작물에 해당하지 않는다는 견해이다.414) 반면 긍정설은 게임의 조작에 따라 영상이 달라지더라도 본질적인 부분은 동일하므로 전체적으로는 다른 게임과 구별될 수 있는 창작적 표현이라는 점에서 영상저작물로서 보호되어야 한다는 견해이다.415) 이 문제와 관련하여 미국에서는 일찍이 비디오게임이 저작권법상의 '영화 및 기타 시청각 저작물'416)에 해당한다고 판시한 판례가 형성되어 왔고,417) 우리 學說上으로도 肯定說이 일반적인 견해라고 생각된다.418)

---

412) 이에 관해서는, 박성호, 「저작권법의 이론과 현실」, 현암사, 2006, 380~382면; 박성호, "아바타(avatar)의 법적 문제점", 「인권과 정의」, 2005. 7., 36~56면 각 참조.

413) 이상정, "게임저작물과 저작권", 「디지털재산법연구」 제2권 제2호, 2003. 5., 87면.

414) 같은 취지 東京地裁 1999(平成11)年 5月 27日 平成10(ワ) 第22568号 判決.

415) 전석진·정상조, 「컴퓨터와 법률」, 정보시대, 1995, 30~31면: 이상정, 앞의 논문, 97면; 각 참조. 같은 취지 東京地裁 1984(昭和59)年 9月 28日 昭和56(ワ) 第8371号 判決; 最高裁 2002(平成14)年 4月 25日 平成13(受) 第952号 判決.

416) 미국 저작권법 제102조(a)(6).

417) Stern Electronics, Inc. v. Kaufman, 669 F. 2d 852 (2d Cir. 1982); Midway Mfg. Co. v. Dirkschneider, 543 F. Supp. 466 (D.Neb. 1981) 등. Stern 사건에서 미 법원은 "시청각게임(audiovisual game)이 그 게임의 다른 구성부분의 도움으로 지각될 수 있는 물체인 기억장치에 영구히 내장되어 있다."고 판시하였다. 또한 Midway 사건에서는 "프린트 회로기판은 유형물로서 시청각저작물(audiovisual works)은 일시적 순간 이상의 시간 동안 이를 통해 지각될 수 있으므로" 시청각저작물이 위 회로기판에 고정되어 있다는 취지로 판시하였다.

418) 김형렬 외 4인, 「게임과 저작권」, 저작권심의조정위원회, 2001, 55~56면.

이 문제를 비디오 게임보다 한 차원 발전된 온라인 게임의 경우를 예로 들어 살펴보면, 온라인 게임의 스토리는 '기반적 스토리(back story)', '이상적 스토리(ideal story)', '우발적 스토리(random story)'의 3개 층위가 교차하면서 구성된다. 설령 게임 플레이어의 능력에 따라 온라인 게임에서 전개되는 사건이 유동적으로 바뀔 수는 있지만(우발적 스토리), 전체적인 게임 스토리는 게임 디자이너가 당초 의도한 일정한 구조 속에서 전개되는 것이므로(기반적 스토리, 이상적 스토리), 특정 온라인 게임의 본질적인 영상 부분은 동일성을 가지게 되어 다른 게임과 구별될 것이다.[419] 그러한 점에서 비디오게임이든 온라인 게임이든 저작권법상 영상저작물에 해당한다고 판단하는 데에 무리가 없을 것이다. 결론컨대, 비디오 게임·컴퓨터 게임·온라인 게임 등의 게임물이 정지화면 위주로 구성되거나 단순하고 반복적인 화면으로 이루어진 것이 아니라 사실감 있는 화면구성이나 영상으로 이루어진 것이라면 저작권법상 영상저작물에 해당할 것이다.[420]

Ⅸ. 도형저작물

1. 의   의

도형저작물은 지도·도표·설계도·약도·모형 그 밖의 도형 등과 같이 예술성의 표현보다는 기능이나 실용적인 사상의 표현을 주된 목적으로 하는 이른바 기능적 저작물이다.[421] 도형저작물에는 지도, 설계도, 약도 등의 2차원적 작품에서부터 지구본이나 인체모형 등과 같이 3차원의 작품까지 포함된다. 도형저작물 가운데 주로 저작권침해가 문제되는 것은 지도와 설계도이다.

2. 지도·설계도 등의 저작물성

지도는 하천이나 도로 등 지형·지물을 소정의 기호에 따라 표현하는 것이므로 소재의 취사선택이나 배열, 표기방법 등에서 작성자의 창작성이 발휘될 여지가 적기 때문에 저작물로 보호된다고 하더라도 일반적으로 저작권의 보호범위는 좁을 수밖에 없다. 대법원은 "일반적으로 지도는 지표상의 산맥·

---

419) 한혜원, 「디지털게임의 스토리텔링」, 살림, 2005, 31~67면; 전경란, 「디지털게임의 미학」, 살림, 2005, 71~75면 각 참조

420) 김형렬·김윤명, 「온라인게임콘텐츠와 디지털저작권」, 진한도서, 2003, 46면 참조.

421) 대법원 2005. 1. 27. 선고 2002도965 판결.

하천 등의 자연적 현상과 도로·도시·건물 등의 인문적 현상을 일정한 축적으로 미리 약속한 특정한 기호를 사용하여 객관적으로 표현한 것으로서 지도상에 표현되는 자연적 현상과 인문적 현상은 사실 그 자체로서 저작권의 보호대상이 아니라고 할 것이어서 지도의 창작성 유무의 판단에 있어서는 지도의 내용이 되는 자연적 현상과 인문적 현상을 종래와 다른 새로운 방식으로 표현하였는지 여부와 그 표현된 내용의 취사선택에 창작성이 있는지 여부가 기준이 된다고 할 것이고, 한편 지도의 표현방식에 있어서도 미리 약속된 특정의 기호를 사용하여야 하는 등 상당한 제한이 있어 동일한 지역을 대상으로 하는 것인 한 그 내용 자체는 어느 정도 유사성을 가질 수밖에 없는 것이라 할 것이다"고 판시하였다.[422]

한편, 설계도는 도면에 그려진 대상물이 저작물성을 가지는지 여부에 관계없이 도면을 작성하는 표현형식에 창작성이 인정되는 경우에 저작물로 보호된다. 예컨대, 공작기계는 저작물로서 보호되지 않지만, 그 설계도의 도면을 작성하는 과정에 표현상 선택의 폭이 있고 작성자의 개성이 나타나 있으면 도형저작물로서 보호된다.[423] 다만 도면에 그려질 대상물이 정해지면 그 표현상 선택의 폭은 그에 따라 자연스럽게 한정되기 때문에, 단순한 공업제품의 설계도 등에서는 설계도에 관한 일반적 지식을 가진 사람이라면 누구라도 이해할 수 있는 일반적인 제도법의 규칙에 따라 작성되는 경우가 대부분일 것이고, 그 표현형식에 창작성이 인정되기 어려운 경우가 많을 것이다.[424][425] 대법원

---

422) 대법원 2003. 10. 9. 선고 2001다50586 판결. 이 사건은 원고 발행 지도책의 창작성을 부정하면서 비록 피고 지도책과 원고 지도책 중에 공통의 오류가 다수 발견된다고 하더라도 이는 원고의 창작적 표현을 베낀 것이 아니므로 저작권 침해를 인정할 수 없다는 취지의 판결이다.
423) 島並良·上野達弘·横山久芳,「著作權法入門」第2版, 有斐閣, 2016, 52~53면.
424) 서울중앙지법 2011. 9. 23. 선고 2009가합84030 판결(확정). 사안은 오페라극장 무대를 구동하고 조명과 음향 등을 연출하는 각종 기계장치 등의 설치 등을 위한 설계도면에 관한 것이다.
425) 大阪地裁 1998(平成10)年 3月 26日 判決(컨베이어벨트 카버 사건); 東京地裁 2002(平成14)年 12月 19日 判決(주택설계도 사건) 각 참조.
일본 하급심 판결 중에는 ① 설계도의 대상물이 공업제품과 같이 대량생산되는 실용품이어서 저작물이라고 할 수 없는 점 등을 이유로 그 저작물성을 부정한 것{東京地裁 1997(平成9)年 4月 25日 判決(스모킹스탠드 설계도 사건)}, ② 설계도에 그려진 대상물의 형상이나 구조 등의 창작성도 포함하여 설계도의 저작물성을 긍정한 것{大阪地裁 1992(平成4)年 4月 30日 判決}이 있는데, 이에 관해 학설상 비판과 견해대립이 있다. 먼저 공업제품의 설계도 작성과 관련해서는 그 표현상 선택의 폭이 자연스럽게 한정되기 때문에 그 저작물성을 부정하는 방향으로 영향을 미치는 하나의 요소가 될 수는 있겠지만 ① 판결처럼 대량생산되는 실용품이라는 사실을 이유로 저작물성을 부정해서는 안 된다고 비판한다{小倉秀夫·金井重彦 編著,「著作權法コメンタール」, LexisNexis, 2013, 309면(金井重彦·中谷裕子 집필)}. ② 판결에 대해

은 화상전송설비에 대한 설계도면의 저작물성 인정 여부와 관련하여 특정한 기능을 구현하는 설비를 통상적인 방법으로 표현한 설계도면은 저작권법의 보호를 받을 수 없다고 판단하여 설계도면의 저작물성을 부정하였지만[426] 의문이다.[427] 그 밖에 간단한 문자와 숫자, 기호 등으로 이루어진 시력검사를 위한 시력표에 대해서는 도형저작물성을 인정한 대법원 판결이 있다.[428]

3. 설계도에 따라 물품을 제작하는 경우

도형저작물에서 특히 문제가 되는 것은 설계도나 모형 등에 따라 물품을 제작한 경우에 이것이 저작권 침해가 되는지 하는 점이다. 이 경우 설계도나 모형은 물품을 제작하는 방법을 표현하는 수단이라 할 수 있는데, 여기서 물품을 제작하는 방법은 저작권법상 보호의 대상이 아니다. 단지 그 표현만이 보호될 뿐이다. 따라서 설계도 자체를 복제하는 것과는 달리 이 경우에는 저작권 침해가 성립하지 않는다고 보아야 한다.[429]

X. 컴퓨터프로그램저작물

1. 의 의

컴퓨터프로그램저작물은 "특정한 결과를 얻기 위하여 컴퓨터 등 정보처리

서는 대상물의 형상이나 수치 혹은 색채 등도 포함하여 설계도의 창작성의 판단대상으로 삼아야 한다고 찬동하는 견해(中山信弘, 「著作權法」第2版, 有斐閣, 2014, 78면), 설계도의 대상물 자체의 형상 등은 설계도 작성의 단계에서 이미 주어진 조건(즉 所與)이므로 아이디어에 상당하는 것이어서 대상물의 형상 등을 창작성의 판단대상으로 삼아서는 안 된다고 반대하는 견해{小倉秀夫·金井重彦 編著, 위의 책, 309면; 半田正夫·松田政行 編, 「著作權法コメンタール 1」第2版, 勁草書房, 2015, 592~593면(宮脇正晴 집필)}로 대립한다.
私見으로는 대상물의 형상이나 수치 등도 포함하여 설계도의 창작성을 판단하는 것이 타당할 것으로 생각한다. 그렇지 않으면 도형저작물로서 설계도의 창작성이 긍정될 수 있는 경우는 거의 없을 것이기 때문이다.
426) 대법원 2005. 1. 27. 선고 2002도965 판결.
427) 대량생산되는 실용품에 관한 것이 아니라 지하철 통신설비 중 화상전송설비에 대한 제안서도면에 관한 것이라는 점에서 이를 구성하는 장비나 대상품의 형상·수치·색채 등도 포함하여 창작성을 긍정할 수 있는 사안이었다. 따라서 설계도면에 최소한의 창작성이 존재하고 그러한 약한 창작성 부분을 피고인들이 그대로 베껴서 저작권을 침해한 것이라고 판단하는 것이 보다 타당하였을 것이다. 원심(서울지법 2002. 1. 30. 선고 2001노1890 판결)의 결론이 타당하다고 생각된다.
428) 대법원 1992. 6. 23. 선고 91도2101 판결.
429) 임원선, 「실무자를 위한 저작권법」 제7판, 한국저작권위원회, 2022, 81면.

능력을 가진 장치(이하, '컴퓨터'라 한다) 내에서 직접 또는 간접으로 사용되는 일련의 지시·명령으로 표현된 창작물을 말한다"(제2조 제16호). 개념 정의가 포괄적으로 되어 있기 때문에 저작권법의 적용대상은 모든 종류의 컴퓨터프로그램이라 할 수 있다. 따라서 프로그램의 원시코드(source code)는 물론 목적코드(object code)도 보호되며,[430] 나아가 응용 프로그램(application program)은 물론 운영체제 프로그램(operating system program)도 포함되고 이들이 ROM 칩 속에 내장되어 있어도 무방하다.[431] 또 프로그램은 지시·명령으로 표현된 것을 의미하므로 프로그램 기술서나 프로그램 명세서를 포함하는 '소프트웨어'와는 다르다는 점에[432] 유의할 필요가 있다.[433]

한편, 컴퓨터프로그램은 컴퓨터 언어에 의하여 언어적 사상을 표현하고 있으므로 어문저작물의 유형에 포함시키고 있다. TRIPs 협정은 "컴퓨터프로그램은 그것이 원시코드이든 목적코드이든 베른협약상 어문저작물로서 보호된다"고 규정한다.[434] "어문저작물로서"(as literary works)라는 표현은 컴퓨터프로그램의 성질에 비추어 가능한 모든 경우 어문저작물이 향유하는 보호수준을 컴퓨터프로그램에 그대로 부여한다는 의미이다.[435] 하지만 본래 컴퓨터프로그램은 표현을 보호하기보다는 컴퓨터 작동이라는 일정한 기능의 수행을 중요시한다는 점에 비추어 보면 특허법에 의해 보호되는 것이 바람직하겠지만, 아무런 심사와 등록을 거치지 않고 장기간(가령, 공표한 다음 해부터 70년간) 보호될 수 있다는 실리적 측면 때문에 주로 저작권법에 의한 보호가 활용되고 있다. 이와 같이 컴퓨터프로그램은 '기능적 저작물'(functional works)이라는 특징을 가지고 있으면서도 어문저작물로서 취급되고 있기 때문에 '기능적 어문저작물'이라 부르기도 한다.[436]

---

430) 원시코드는 원시프로그램, 즉 소스프로그램(source program)이라고도 한다. 원시프로그램은 원시 언어로 작성되는데, 트랜스레이터는 이러한 원시프로그램을 목적 언어로 작성된 목적프로그램, 즉 목적코드로 등가로 변환한다. 원시 언어와 목적 언어의 수준에 따라서 트랜스레이터를 컴파일러, 어셈블러 또는 프로그램 변환계 등으로 부른다.
431) 전석진·정상조, 「컴퓨터와 법률」, 정보시대, 1995, 44면.
432) 소프트웨어산업진흥법 제2조 제1호는 소프트웨어란 "컴퓨터·통신·자동화 등의 장비와 그 주변장치에 대하여 명령·제어·입력·처리·저장·출력·상호작용이 가능하게 하는 지시·명령(음성이나 영상정보 등을 포함한다)의 집합과 이를 작성하기 위하여 사용된 기술서 그 밖의 관련 자료를 말한다"고 규정한다.
433) 송영식·이상정·김병일, 「지적재산법」15정판, 세창출판사, 2017, 257면; 임원선, 앞의 책, 82면.
434) TRIPs 협정 제10조 제1항.
435) 최경수, 「국제지적재산권법」개정판, 한울, 2017, 438~439면.
436) 정상조 편, 「저작권법 주해」, 박영사, 2007, 239면(정상조 집필); 서달주, 「저작권법」제2판, 박

컴퓨터프로그램저작물에 대해서는 2009년 저작권법(2009. 4. 22. 법률 제9625호, 2009. 7. 23. 시행)이 일부 개정되면서, 종전의 컴퓨터프로그램보호법이 폐지되어 저작권법에 통합되었다.[437] 이에 따라 현행 저작권법 중에 컴퓨터프로그램저작물의 특성을 고려한 조항들이 별도로 마련되었다.[438]

2. 컴퓨터프로그램의 저작물성

가. 성립요건

컴퓨터프로그램저작물로서 성립하기 위해서는 저작권법 제2조 제16호 정의 규정에 따라서 다음과 같은 요건들을 갖추어야 한다. 즉 ① 컴퓨터 등 정보처리능력을 가진 장치(이하, '컴퓨터'라 한다) 내에서 사용될 것, ② 특정한 결과를 얻을 수 있을 것, ③ 컴퓨터 내에서 직접 또는 간접으로 사용되는 일련의 지시·명령일 것, ④ 외부적으로 표현될 것, ⑤ 창작성이 있을 것이라는 5가지 요건이다. ④ '외부적 표현'과 ⑤ '창작성' 요건을 제외한 ①②③ 각 요건은 모두 '인간의 사상 또는 감정'이라는 포괄적 개념에 속하는 것으로 이해할 수 있다. 이 중 컴퓨터프로그램의 저작물성과 관련해서는 특히 ②③ 요건에 해당하는지 여부에 유의하여야 한다. 이에 관한 판례로는 서체파일 사건과 게임아이템 사건이 있다.

나. 판   례

(1) 서체파일 사건

컴퓨터프로그램의 저작물성 문제와 관련해서는 ② '특정한 결과'와 ③ '일련의 지시·명령' 요건에 해당하는 것으로 판단하여 그 저작물성을 인정할 수 있는 것인지, 아니면 단순한 데이터 파일에 불과한 것으로 보아 저작물성을 부인할 것인지를 둘러싼 사건들이 있었다.

대법원은 서체도안을 서체파일(font file)의 형태로 프로그램 한 것에 대해서 단순한 데이터 파일과는 구별되는 것으로서 "이 사건 서체파일이 특정한

문각, 2009, 170면.

[437] 컴퓨터프로그램의 특성을 고려할 때에 저작권법과 분리하여 컴퓨터프로그램보호법이라는 별도의 독자 입법으로 보호하는 방법이 긍정적이라고 평가한 것으로는, 이상정, "컴퓨터프로그램보호방법의 재검토", 「법학」 제48권 제1호, 서울대 법학연구소, 2007. 3., 105면 이하.

[438] 가령, 저작권법 제9조(업무상저작물의 저작자), 제11조(공표권) 제2항, 제13조(동일성유지권) 제2항, 제21조(대여권), 제37조의2(적용제외), 제45조(저작재산권의 양도) 제2항, 제5장의2 프로그램에 관한 특례(제101조의2 내지 제101조의7) 등이다.

서체의 글자의 출력을 목적으로 한다는 점에서 '특정한 결과'가 존재하고, 서체파일의 구조에 해당하는 내용이 프로그램의 요체인 소스코드에 해당하며, 통상적인 프로그램과는 달리 파일의 구성요소를 제작자가 직접 코딩(coding)하지는 않지만, 마우스를 이용하여 서체를 도안하는 과정과 이를 제너레이트(generate)하여 인간이 인식할 수 있는 포스트스크립트(PostScript) 파일로 저장하는 과정을 종합적으로 관찰하면 일반 프로그램 코딩과정과 다를 바 없고, 글자의 좌표값을 설정하고 이를 직선 또는 곡선으로 이동·연결시킨 후 폐쇄부를 칠하라는 명령 등은 서체와 같은 그림을 그리는 연산작용을 실행시키는 '일련의 지시·명령'에 해당하며, 글자의 윤곽선 정보를 벡터화된 수치 내지 함수로 기억하였다가 출력기종의 조건에 맞게 변환하여 출력하는 방식을 취한다는 점에서 단순한 데이터 파일과 구별되고, 단독으로 실행되지 않는다 하더라도 컴퓨터프로그램보호법에서 보호하는 프로그램이 반드시 단독으로 실행되는 것만을 뜻한다고 볼 수 없으므로 컴퓨터프로그램보호법(1995. 12. 6. 법률 제4996호로 개정되기 전의 것)상의 컴퓨터프로그램에 해당한다"고 판시하였다.[439]

이러한 대법원 판결에 대해서는 종래부터 서체파일이 주로 글자의 외곽선 정보 등의 폰트데이터로 구성되어 있으므로 이러한 단순한 데이터의 조합에 대하여 저작물성이 인정되어야 하는지 의문이라는 비판이 있었다.[440] 또한 컴퓨팅기술과 압축기술의 발달로 인해 데이터의 지시·명령화 라는 새로운 현상이 전개되고 있음에 주목하면서 컴퓨터프로그램의 지시·명령과 데이터의 지시·명령을 외견상 구별하기는 어렵지만, ② '특정한 결과'와 ③ '일련의 지시·명령'이라는 두 요건을 주체성 또는 객체성이라는 관점에서 판단하면 컴퓨터프로그램과 데이터 파일을 구별할 수 있다는 견해도 제시되고 있다.[441] 이에 따르면 서체파일은 단순한 데이터 파일일 뿐이지 컴퓨터프로그램이라고 볼 수 없을 것이다.[442]

---

439) 대법원 2001. 6. 26. 선고 99다50552 판결; 같은 취지, 대법원 2001. 6. 29. 선고 99다23246 판결; 동 2001. 5. 15. 선고 98도732 판결.

440) 정상조·박준석, 「지식재산권법」 제5판, 홍문사, 2020, 292면 각주123).

441) 정진근, "컴퓨터프로그램저작권 관련 규정의 적합성에 대한 인식과 시사점", 「정보법학」 제17권 제2호, 2013. 8., 123~125면.

442) 그 이유는 컴퓨터프로그램은 특정한 결과를 얻기 위한 지시·명령인데 반해, 데이터 파일은 특정한 결과를 얻는데 필요한 자료이기 때문이라고 한다. 즉, 지시·명령이 특정한 결과를 능동적으로 야기하는 경우에는 컴퓨터프로그램인 반면, 특정한 결과를 얻기 위해 수동적인 데이터로 이용되는 경우에는 데이터 파일로 보아야 한다는 것이다. 이에 따라 흔글 프로그램과 서체파일 그리고 '특정한 결과'(서체 윤곽선의 출력)의 관계를 살펴보면, 흔글 프로그램은 특정

(2) 게임아이템 사건

온라인게임의 아바타(avatar)나 그 아바타가 소지하는 게임아이템(game item)
이 컴퓨터프로그램저작물에 해당하는지와 관련하여 하급심 법원은 저작권침
해금지가처분 사건에서 "아이템은… 컴퓨터 내에서 선택된 아이템이 아바타에
적용되어 아바타와 일체로 구현된다는 특정한 결과를 얻기 위한 일련의 지시·
명령으로 이루어진 컴퓨터프로그램"에 해당한다고 결정하였다.443) 그리고 가
처분이의 사건에서도 위 결정이 그대로 인가되었는데,444) 다만 위 결정과는
달리 게임아이템이 컴퓨터프로그램에 해당하는지 여부에 대한 판단 없이 구
온라인디지털콘텐츠산업발전법(현 콘텐츠산업진흥법)의 적용만을 검토하여 판결
하였다.

위 가처분결정과 관련해서는 아바타는 컴퓨터 메모리에 저장된 데이터에
불과하므로 컴퓨터프로그램에 해당하지 않는다는 비판이 제기되었다.445) 그리
고 가처분이의 사건 판결에 대해서는 법원이 게임아이템을 구 온라인디지털콘
텐츠산업발전법상의 디지털콘텐츠에 해당한다고만 판단한 것과 관련하여 "아
바타 아이템의 경우 소스코드도 존재하지 않고 지시·명령관계의 존부도 명확
하지 않은 경우가 많아 컴퓨터프로그램저작물로 보는 것에는 무리가 있다"고
보아 "아바타 아이템의 컴퓨터프로그램저작물성 인정에는 소극적이었던 것"으
로 해석할 수 있다는 견해가 제시된 바 있다.446)

3. 컴퓨터프로그램저작물의 보호범위

문제는 컴퓨터프로그램의 법적 보호는 아이디어와 표현의 이분법에 따라
서 그 표현만을 보호하는데, 과연 어디까지를 프로그램의 표현으로 보아서 보

한 결과를 능동적으로 야기하는 컴퓨터프로그램이지만 서체파일은 특정한 결과를 얻기 위해
훈글 프로그램의 데이터로 이용되고 있을 뿐이라고 한다(정진근, 위의 논문, 124~125면).
443) 서울지법 2003. 11. 14.자 2003카합2639 결정. 결정이유를 살펴보면, 신청인의 '캔디바'에 대해
'주위적으로' 컴퓨터프로그램 저작권에 기해서 피보전권리가 있다고 판단한 다음 설령 피신청
인 주장처럼 프로그램저작물성이 인정되지 않는다고 가정하더라도 '예비적으로' 구 온라인디
지털콘텐츠산업발전법(현 콘텐츠산업진흥법)에 의해서도 보호가능하다는 취지로 판단하였다.
444) 서울중앙지법 2004. 3. 19. 선고 2003카합3852 판결. 위 가처분결정에 대한 인가판결 선고 전
인 2004. 2. 1. 서울지방법원에서 서울중앙지방법원으로 명칭이 변경되었다{법률 제7082호
(2004. 1. 20.)}.
445) 정연덕, "아바타의 부정경쟁방지법에 의한 보호", 「창작과 권리」, 2004 여름호, 59~60면.
446) 이춘수, "인터넷 상 재산권—MMORPG상 가상재화인 아이템을 중심으로—", 「Law&Technology」
제3권 제5호, 서울대 기술과법센터, 2007. 9., 20면.

호할 것인가 하는 점이다. 구체적으로는 사용자 인터페이스(user interfaces)의[447] 하나로서 메뉴화면 또는 입력명령어 및 그 구조가 컴퓨터프로그램 저작권의 보호범위에 포함되는지의 문제인데, 그 포함 여부를 둘러싸고서 그간 미국이나 일본 등에서 많은 법적 분쟁이 전개된 바 있다.[448] 하지만 이에 관한 논의는 독점금지법상의 쟁점과도 맞물려 있는 복잡한 문제 양상을 띠고 있어서 아직도 그 구체적 보호범위에 관해서는 명료하고 설득력 있는 기준이 마련되지 못한 실정이다.[449]

생각건대, 원칙적으로는 컴퓨터프로그램저작물 자체와 그것에 의해 생성되는 사용자 인터페이스의 일종인 메뉴화면 등을 구별하는 것이 옳을 것이다. 그러한 점에서 만일 메뉴화면 등이 영상저작물이나 미술저작물로서의 성립요건을 갖춘다면 컴퓨터프로그램저작물과는 별개로 보호될 수는 있을 것이다.[450] 예컨대, 온라인게임과 거기에 등장하는 아바타와 게임아이템 등이 있을 때 다음과 같이 저작권법의 보호대상을 나누어 볼 수 있을 것이다. ① 아바타와 게임아이템 등의 그래픽 이미지가 등장하는 연속하는 일련의 게임화면, ② 게임의 배경에 흐르는 음악, ③ 게임을 구현하는 목적코드(object code), ④ 아바타와 게임아이템 같은 디지털 콘텐츠 등이다. 따라서 하나의 온라인게임은 ① 영상저작물과 미술저작물, ② 음악저작물, ③ 컴퓨터프로그램저작물, ④ 콘텐츠산업진흥법(구 온라인디지털콘텐츠산업발전법)상 디지털콘텐츠로 각 보호를 받을 수 있을 것이다.[451]

4. 적용제외

우리 저작권법 제101조의2는, 프로그램을 표현하는 수단으로서 문자·기호 및 그 체계인 '프로그램언어'를 비롯하여 '규약' 및 '해법'에 대해서는 저작

---

447) 인터페이스(interface)란 세 가지 함의를 내포한다. ① 컴퓨터 및 소프트웨어의 조작방식, ② 서로 다른 두 물체 사이에서 상호간 대화하는 방법, ③ 인간과 기계의 연결, 즉 사이버스페이스 속으로 인간이 진입하는 것이다.

448) 이에 관해서는, 전석진·정상조, 앞의 책, 100~111면; 정상조, "컴퓨터 인터페이스의 보호범위", 「법실천의 제문제」동천 김인섭변호사 화갑기념논문집, 박영사, 1996, 790면 이하; 오승종, 「저작권법」 제5판, 박영사, 2020, 1415~1444면; 中山信弘, 「著作權法」第2版, 有斐閣, 2014, 122~126면 각 참조.

449) 정상조·박준석, 앞의 책, 291면 참조.

450) 같은 취지, 오승종, 앞의 책, 1415면 참조.

451) 정상조 편, 「Entertainment Law」, 박영사, 2007, 12면(정상조 집필); 박성호, 「문화산업법」, 한양대출판부, 2012, 361면 각 참조.

권법을 적용하지 않는다고 확인적으로 규정하고 있다. 프로그램언어가 일반적인 언어체계인 것에 비하여 규약이란 인터페이스나 통신프로토콜 등을 말하고 해법이란 일반적으로 알고리즘이라고 불리는 것이다. 이러한 규정을 둔 취지는, 배타적이고 독점적인 저작권이 너무 광범위하게 인정됨으로써 후속 프로그램 개발에 지장을 줄 가능성을 제한하기 위해서이다.[452]

《구성요소의 선택·배열 등의 조합을 고려한 창작성 판단기준》

구성요소의 선택·배열 등의 조합을 고려하여 창작성 판단기준을 삼고 있는 2017년 이후 대법원 판결의 흐름(이른바 '어우러져'說)[453]에 대해 일부 학자들은 이를 편집저작물의 창작성 차원으로 환원되는 쟁점인 것처럼 파악하는 경향이 있다. 그러나 예술적 저작물(works of art)이든 기능적 저작물(works of function)·사실적 저작물(works of fact)이든 모든 저작물에 요구되는 '창작성'이라는 공통 요건(즉 '숲 전체')을 조망하는 관점에서 '어우러져'說을 바라볼 필요가 있다. 따라서 개별 저작물의 창작성 판단 문제(즉 '개별 나무')로서 구성요소의 '선택·배열'이 요구되는 것처럼 '선택·배열'이라는 용어 자체에 과도하게 집중하여 '편집저작물'이나 '편집저작물과 유사한 저작물'의 창작성 문제라는 차원으로 '어우러져'說을 이해하는 것은 문제가 있다. 오히려 모든 저작물이란 본질적으로 여러 구성요소를 선택하여 배열한 성과물이므로 창작성의 판단기준도 그러한 본질에 주목할 필요가 있다는 점을 강조하여 설시한 것으로 이해하면 그것으로 충분할 것이다.

음악저작물은 가락·리듬·화성이라는 구성요소가 선택·배열된 표현형식이고,[454] 소설 등의 어문저작물은 등장인물·배경·플롯 등의 구성요소가 선택·배열된 표현형식이다.[455] 미술저작물은 선·색채·명암 등의 구성요소가 선택·배열된 표현형식이고, 건축저작물은 공간구성을 선택·배치하는 표현형식이다. 따라서 모든 저작물에 대한 창작성의 본질은 개별 저작물의 표현형식을 구성하는 요소들의 선택·배열·조합이고, 이는 '선택의 폭' 이론의 문제로 귀결된다.[456]

---

452) 정상조 편, 「저작권법 주해」, 박영사, 2007, 240면(정상조 집필).
453) 대법원 2017. 11. 9. 선고 2014다49180 판결('짝' 사건); 대법원 2019. 6. 27. 선고 2017다212095 판결('매치 3 게임' 사건); 대법원 2020. 4. 29. 선고 2019도9601 판결('테라로사' 사건) 등.
454) 대법원 2015. 8. 13. 선고 2013다14828 판결 참조.
455) 박준우, "건축저작물의 창작성 판단기준", 「저작권 문화」, 2020. 7., 26~27면.
456) 이에 관해서는 본장 제2절 I. 2. 다. (3) "이른바 '선택의 폭' 이론" 참조.

제4절 특수한 유형의 저작물

특수한 유형의 저작물로서 편집저작물과 2차적 저작물이 있다. 이는 저작물의 성립순서에 따른 분류이다. 어떤 저작물 등을 소재로 그 선택이나 배열 또는 구성에 창작성이 인정되는 저작물이 편집저작물이고, 어떤 저작물을 기초로 새로운 창작성이 가미된 저작물이 2차적 저작물이다. 두 저작물은 소재 또는 기초가 된 저작물보다 시간순서상 뒤에 성립한다.

Ⅰ. 편집저작물

1. 의   의

저작물이나 부호, 문자, 음, 영상 그 밖의 자료 등 素材의 집합물을 편집물이라 하는데(제2조 제17호), 이러한 편집물로서 그 소재의 선택이나 배열[457] 또는 구성에 창작성이 있는 것을 편집저작물이라 한다(제2조 제18호). 편집저작물의 예로 들 수 있는 것은 백과사전, 회화집, 사전, 판결집, 앤솔러지, 캘린더, 연감, 신문, 잡지 등이다.[458] 편집물 중에서 소재를 체계적으로 배열 또는 구성한 편집물로서 개별적으로 그 소재에 접근하거나 그 소재를 검색할 수 있도록 한 것을 데이터베이스라고 한다(제2조 제19호). 검색방법을 한정하고 있지 않으므로[459] 이때의 검색에는 전자적 방법에 의한 검색은 물론이고 종이 매체로 제공되는 것을 색인 찾기로 검색하는 경우처럼 아날로그적 방법에 의한 것도 포함된다. 만일 데이터베이스에 있어서 그 소재의 선택이나 배열 또는 구성에 창작성이 인정되면 편집저작물로서 보호된다. 따라서 이 경우에는 데이터베

---

457) 베른협약 제2조 제5항은 소재의 '선택과 배열'(selection and arrangement)이라고 규정하지만 TRIPs협정 제10조 제2항은 소재의 '선택 또는 배열'(selection or arrangement)이라고 규정하고 있어서 영어표현만을 놓고 보면 창작성에 관한 전자의 'and' 요건이 후자의 'or' 요건보다 엄격한 것처럼 보인다. 그런데 베른협약 프랑스어본에는 'ou(or)'라고 규정하고 있고 베른협약의 해석상 영어본과 충돌할 경우 프랑스어본이 우선하도록 되어 있으므로 결국 양자 모두 '선택 또는 배열'이라고 규정한 것으로 이해할 수 있다. 다만, 베른협약은 '문학·예술저작물의 수집물'에 국한하고 있지만 TRIPs협정은 이를 넓혀 소재가 저작물이든 아니든 묻지 않고 저작권 보호를 하도록 요구하고 있다(최경수, 「국제지적재산권법」개정판, 한울, 2017, 439면). 우리 저작권법의 편집저작물은 이에 부합한다.

458) Eugen Ulmer, *Urheber−und Verlagsrecht*, 3Aufl., Springer, 1980, S.164.

459) 참고로 일본 저작권법 제2조 제1항 제10호의3은 "전자계산기를 사용하여 검색할 수 있도록 체계적으로 구성한 것"을 데이터베이스라고 정의하기 때문에 일본 저작권법상의 데이터베이스에는 종이 매체로 제공되는 것이 포함되지 않는다.

이스제작자의 권리에[460] 기해 보호받는 것은 물론이고 편집저작물의 저작권에 기해서도 보호받을 수 있다. 요컨대, 여러 가지 소재를 집합해 놓은 편집물 중에서 그 소재에의 접근이나 검색이 가능하도록 소재를 체계적으로 배열 또는 구성한 것이 데이터베이스이고, 여기서 더 나아가 소재의 선택이나 배열 또는 구성에 창작성이 있는 것이 편집저작물이므로, 위 세 가지 개념의 大小관계 내지 포섭관계를 표시하면 "편집물 > 데이터베이스 > 편집저작물"이 된다.[461]

2. 편집저작물의 창작성

가. 창작성의 의미

저작권법은 편집물로서 그 소재의 선택이나 배열 또는 구성에 창작성이 있는 것을 편집저작물이라 하고(제2조 제18호), 이러한 "편집저작물은 독자적인 저작물로서 보호된다"(제6조 제1항)고 규정한다. 이러한 규정은 편집저작물의 창작성에 대해 다른 일반 저작물과 달리 취급하는 취지가 아니라는 것을 확인적으로 규정한 것에 불과하다.[462] 소재의 선택이라 함은 일정한 주제에 따라 편집물에 수록될 구성부분을 선별하는 행위를 말하고,[463] 소재의 배열이라 함은 그 소재의 게재 순서나 위치를 말한다.[464] 소재의 선택 또는 배열의 창작성이란, 기존의 저작물 등 소재를 일정한 방침 혹은 목적을 가지고 수집·선택·배열 또는 분류하는 데 창의성을 발휘한 것을 말한다.[465] 소재의 '선택'에 창작

---

460) 이에 관해서는 '제5장 저작인접권, 제5절 데이터베이스제작자의 보호' 참조.

461) 이러한 대소관계의 해석에 대한 비판으로는, 오승종, 「저작권법」제5판, 박영사, 2020, 202~203면. 비판의 논거로는 편집저작물과 데이터베이스는 성립요건과 성질을 달리한다는 점, 편집저작물의 정의에는 소재의 '선택'이 포함되지만 데이터베이스의 정의에는 포함되지 않는다는 점 등을 든다. 그러나 우리 저작권법상 데이터베이스의 정의에는 온라인상의 전자적 방법에 의한 검색 외에 종이매체에서 색인 찾기로 검색하는 것도 포함된다. 또 데이터베이스의 정의에 관한 해석상 '구성'이라는 개념은 '선택'이라는 개념과 겹치는 부분이 있으며, 오프라인에서는 소재의 망라적 수집보다 소재를 체계적으로 '선택'한 편집물로서의 데이터베이스도 상정 가능하다는 점에서 타당하지 않은 비판이다.

462) 우리 저작권법 제6조에 상응하는 일본 저작권법 제12조의 법적 성격에 관해 일본 학설은 편집저작물에 요구되는 창작성의 수준이나 보호범위가 다른 일반 저작물과 동일하다고 보는 확인규정설과 편집저작물의 특수성을 고려하여 요구되는 창작성의 수준이나 보호범위에 독자적인 의의를 부여한 것이라는 창설규정설로 나뉜다. 이에 관해서는, 박성호, "일본에서의 데이터베이스의 법적 보호", 「세계의 언론법제」통권 제19호, 2006 상권, 2006, 224~226면 참조.

463) 박익환, "편집물의 저작물성, '법조수첩' 사건", 「계간 저작권」, 2004 여름호, 59면.

464) 이상정, "편집물이 저작물로서 보호받기 위한 요건(일명 법조수첩 사건)", 「정보법 판례백선 (1)」, 박영사, 2006, 467면.

465) 半田正夫·紋谷暢男 編, 「著作權のノウハウ」第6版, 有斐閣, 2002, 133~135면; 尾中普子 外 3人, 「著作權法」三訂版, 學陽書房, 1989, 152~156면 각 참조

성이 인정되기 위해서는 주관적 선택행위로서 편집자의 견해에 기해 선택 기준을 결정하고 소재를 의식적으로 제외하여 선택해야 할 소재를 결정하는 것이 필요하다. 유의할 것은 소재의 선택이나 배열 또는 구성 중 어느 하나에 창작성이 있으면 충분하고 그 모두에 창작성이 있을 필요는 없다는 점이다.

문제는 소재의 '구성'에 있어서의 창작성의 의미이다. 소재의 선택이나 배열에 창작성이 없더라도 소재의 구성에 창작성이 있으면 편집저작물로 보호되기 때문에 그 의미를 명확히 할 필요가 있다. 소재의 '배열'이 인간이 직접 인식 가능한 물리적인 순서인데 비하여 '구성'이란 컴퓨터를 이용하는 이용자에게 효율적인 검색을 가능하게 하는 논리구조라고 할 수 있는 독특한 개념이다. 즉, 전자적으로 검색하는 데이터베이스에서는 검색의 결과 이용자가 보는 데이터의 배열과 데이터베이스 내에 축적된 정보의 배열은 다른 것이기 때문에 소재의 배열에 창작성을 요구하더라도 데이터베이스에서는 그다지 의미가 없다.[466]

이와 같이 소재의 구성에 있어서의 창작성이란 전자적으로 검색 가능한 데이터베이스와 관련하여 특히 의미가 있다. 데이터베이스가 편집저작물로서도 보호되는 경우 그 창작성은 '소재의 선택 또는 배열'에만 존재하는 것이 아니라, 컴퓨터에 의해 쉽게 검색할 수 있고 또 축적된 정보를 효율적으로 이용할 수 있도록 데이터베이스를 구축할 때에 데이터에 체계를 부여하고 정보의 抄錄化, 그리고 키워드의 선정·부가와 같은—일반적인 편집저작물의 경우와는 다른—창작행위가 가미된 것이라고 설명할 수 있다.[467] 다시 말해 전자적으로 검색하는 데이터베이스는 종이 매체와는 달리 소재의 배열이 공간적인 위치가 부여되어 존재하지 않고 효율적인 검색을 목적으로 하여 결정되기 때문에 파일 내에서 素材가 어디에 축적되어 있는가는 중요하지 않다.[468] 이와 같이 데이터베이스는 일반적인 편집저작물과는 다른 특성을 가지고 있기 때문에 이를 고려하여 '구성'의 창작성을 규정한 것이라고 이해할 수 있다. 따라서 데이터베이스의 체계적 구성에 있어서 창작성이란 체계를 설정하는 것에 창작행위라고 평가할 수 있는 지적활동이 있으면 인정된다.[469] 다만, 유의할 것은 설령 데이터베이스의 구성에 창작행위라고 평가할 수 있는 것이 있더라도 그것이 프로그램의 창작성에 기인하는 것에 지나지 않는 경우에는 데이터베이스

---

466) 梅谷眞人, 「データベースの法的保護」, 信山社, 1999, 11면; 東海林保, "データベースの著作物性", 「新·裁判實務大系(22)—著作權關係訴訟法」, 靑林書院, 2004, 186~187면 각 참조.
467) 半田正夫, 「著作權法槪說」第15版, 法學書院, 2013, 111면 참조.
468) 蘆立順美, 「データベース保護制度論」, 信山社, 2004, 140~141면.
469) 東海林保, 앞의 논문, 186~187면 참조.

의 체계적인 구성에 창작성이 인정되어서는 안 된다.[470] 따라서 검색엔진에 의해 체계적으로 정보를 추출하는 방식의 데이터베이스에서는 대부분의 경우 창작성을 찾아내기 곤란한 경우가 많다.[471]

나. 창작성의 판단

편집저작물이 독자적인 저작물로서 보호된다는 의미는 여러 가지 저작물을 창작적으로 선택·배열함으로써 만든 신문, 잡지, 백과사전, 논문집 등이 있을 때, 그 내용을 이루는 개개의 저작물(가령 기사, 수필, 논문 등)과는 별개로 전체로서 독립된 하나의 저작물(가령 신문, 잡지, 논문집 등)로서 보호된다는 뜻이다. 그러나 편집물을 구성하는 '소재' 자체는 저작물일 것을 요구하지 않으므로 영어단어집, 직업별 전화번호부 등과 같이 저작물이 아닌 개개의 영어단어나 전화번호정보 등을 구성요소로 하여 편집한 경우도 편집저작물에 포함됨은 물론이다.[472] 편집저작물의 창작성을 판단할 때 그 대상은 '소재의 선택이나 배열 또는 구성'이므로 '선택이나 배열 또는 구성'에 창작성이 있는지를 판단하기에 앞서 무엇이 '소재'에 해당하는지를 파악하는 것이 중요하다. 저작권법은 '소재'에 대해 '저작물이나 부호·문자·음·영상 그 밖의 자료'라고 정의하므로 (제2조 제17호) 인간의 오감이 작동하는 모든 표현형식은 '소재'가 될 수 있을 것이다. 하지만 그와 같이 '소재'를 파악하면 너무 막연하므로 편집물에 표현되어 있는 여러 가지 요소 중 무엇을 '소재'라고 파악할 것인지에 대해서는 구체적 사건에 따라 판단할 수밖에 없지만, 당해 편집물의 목적, 성질, 내용 등을 고려하여 판단할 필요가 있다.[473] 가령 용어사전을 예로 들면, 용어사전이란 중요한 용어를 문장, 도표 등을 사용하여 해설한 편집물이므로 용어사전의 편집저작물로서의 창작성을 판단할 때에는 용어, 해설문, 도표 등을 소재로 파악하여 그러한 소재의 선택이나 배열 또는 구성에 창작성이 있는지를 판단한다.[474]

이와 같이 편집저작물은 소재의 선택이나 배열 또는 구성에 창작성이 있어야 하므로, 단지 소재를 잡다하게 끌어 모은 것이나 기계적으로(ex 가나다순) 배열한 데 그친 것은 편집저작물로 보호될 수 없다. 또한 소재를 수집하는

---

470) 椙山敬士·筒井邦惠, "データベースの著作物性",「裁判實務大系(27)—知的財産關係訴訟法」, 靑林書院, 1997, 112면.
471) 梅谷眞人, 앞의 책, 59면; 東海林保, 앞의 논문, 187면 각 참조.
472) 半田正夫·紋谷暢男 編, 앞의 책, 133~135면; 尾中普子 外 3人, 앞의 책, 152~156면 각 참조.
473) 中山信弘,「著作權法」第2版, 有斐閣, 2014, 132~133면.
474) 島並良·上野達弘·橫山久芳,「著作權法入門」第2版, 有斐閣, 2016, 64면.

데에 아무리 많은 비용과 노력을 들였더라도 비용이나 노력 자체는 창작성의
판단기준이 될 수 없다. 이는 다른 일반 저작물에 있어서 창작성을 판단하는
경우와 다를 바가 없다. 따라서 편집저작물에 대해서도 창작성이 인정되기 위
해서는 완전한 의미의 독창성이나 특허의 경우처럼 신규성이 있을 필요는 없
으며 '소재의 선택이나 배열 또는 구성'에 작성자의 개성이 어떠한 형태로든
나타나 있거나 '소재의 선택이나 배열 또는 구성'에 선택의 폭이 어느 정도 확
보되어 있을 필요가 있다는 점에서 다른 일반 저작물의 경우와 마찬가지이다.
그런데 실제 사건에서 편집물의 목적, 성질, 내용 등을 고려하여 창작성 판단
대상 중 하나인 소재를 파악·결정하고, 이러한 소재의 선택이나 배열 또는 구
성에 창작성이 있다고 할 것인지 여부를 판단하는 것은 매우 어려운 일이며,
구체적인 사건에서 사안별로 판단하는 수밖에 없다. 예컨대, 인터넷 홈페이지
의 편집저작물성을 인정할 것인지 여부를 둘러싸고 우리나라 하급심 재판례가
나뉘는 것은 편집물인 인터넷 홈페이지의 목적, 성질, 내용 등을 고려할 때 무
엇을 '소재'로 파악할 것인지, 그리고 그와 같이 파악된 소재의 '선택이나 배열
또는 구성'에 창작성이 인정된다고 판단할 수 있을 것인지에 대한 사안별 사
실관계의 차이에서 비롯되는 것이라고 평가할 수 있다.[475]

　　우리나라 재판례 중에서 저작권법이 보호하는 편집저작물이라고 인정한
경우를 보면 한자옥편[476], 결혼앨범[477], 미술연표[478], 고유의 민속화나 전통문

---

475) 편집저작물성을 긍정한 것으로 서울고법 2008. 7. 23. 선고 2007나110116 판결(확정)(PC방 창
　　업을 희망하는 고객에게 제공할 목적으로 수익모델, 개점절차, 투자항목 등 여러 가지 지식과
　　노하우를 게시한 홈페이지); 인천지법 2011. 12. 23.자 2011카합1946 결정(확정)(자동차 영업사
　　원에게 제공할 목적으로 국내·외 신차 정보와 세부 견적 등 여러 지식과 노하우를 게시한 홈
　　페이지) 등이 있다. 편집저작물성을 부정한 것으로 대구지법 2013. 9. 5. 선고 2012가합42110
　　판결(항소심에서 화해)(부동산 중개사무소 홈페이지); 서울중앙지법 2009. 10. 30. 선고 2009가
　　합16426 판결(항소심에서 조정)(유학 관련 알선 사업 등을 영위하는 회사 홈페이지) 등이 있
　　다. 이들 재판례에 관해서는, 이규홍 외 3인, 「저작권과 침해」, 육법사, 2016, 253~255면 참조.
476) 서울고법 1962. 5. 18. 선고 61나1243 판결. 다만, 뒤에서 보는 것처럼 대법원 1968. 7. 16. 선
　　고 68다938 판결은 한자옥편의 저작물성을 부인하고 있다.
477) 서울민사지법 1986. 12. 19. 판결(한승헌, 「저작권의 법제와 실무」, 삼민사, 1988, 346면). 종래
　　의 앨범과 달리 6개의 대단락 및 부록으로 구분하여 부부 탄생, 뿌리 깊은 가문, 우리 가정의
　　발전사 등의 이름을 붙였으며, 결혼 축하문, 성혼선언문, 가훈, 족보를 보는 방법, 항렬표, 친
　　척 주소록 등을 수록하였다. 이렇게 하여 원고가 제작한 '명가의 얼'이라는 앨범은 그 내용을
　　이루고 있는 여러 소재의 선택 및 배열과 표현기법에 있어서 원고의 정신적 노력에 의한 창작
　　물로서 1957년 저작권법 제2조에서 정하는 저작물에 해당된다고 판시하였다.
478) 대법원 1993. 1. 21.자 92마1081 결정. 『20세기 미술의 모험』 1, 2권에 실려 있는 연표는 그 저작
　　자가 자신의 축적된 학식과 경험을 바탕으로 하여 그 목적에 적합하도록 자신의 판단에 따라 취사

양[479]), 자동차 운전면허 문제집,[480] 입찰경매정보지[481] 사건 등이 있다. 편집 저작물성을 부인한 경우로는 한자옥편[482]), 성서주해보감,[483] 파트너 성경,[484] 법조수첩[485] 사건 등이 있다. 일본에서 편집저작물이 인정된 재판례를 살펴보면, 광고전화번호부,[486] 미국어 단어집,[487] 변호사 訟廷日誌,[488] 地球儀用 세

선택한 사항을 수록한 것으로서, 그 소재의 선택이나 배열에 독자적인 창작성이 있다고 하였다.

479) 대법원 1979. 12. 28. 선고 79도1482 판결. 고소인이 수집하여 수록한 도형들은 우리 고유의 민속화나 전통문양이지만, 그 소재의 선택 및 배열과 표현기법에 있어 고소인의 정신적 노력을 바탕으로 한 창작물이라 판시하였다.

480) 서울지법 1995. 4. 7. 선고 94가합63837 판결. 운전면허 문제집이 국가의 법령이나 타인의 저작물을 평면적으로 요약하고 기출문제 등을 수집한 것에 그치지 않고, 운전면허 시험 안내, 교통법령 요점정리, 자동차구조 요점정리, 예상문제 및 기출문제 등의 작성·종합·배열, 그리고 전체적인 체계에 있어서의 독창성이 있다고 인정하였다.

481) 대법원 1996. 12. 6. 선고 96도2440 판결. 법원게시판이나 일간신문에 게재된 정보를 토대로 경매사건번호, 소재지, 종별, 면적, 최저경매가로 구분하여 수록하고 피해자 직원들이 열람한 경매기록이나 등기부등본을 통해 확인한 목적물의 주요현황, 준공일자, 입주자, 임차금, 입주일 등의 임대차관계, 감정평가액 및 경매절차, 등기부상의 권리관계 등을 구독자가 알아보기 쉽게 필요한 부분을 발췌·요약하여 수록한 것에 대해서 그 소재의 선택이나 배열에 창작성을 인정하였다.

482) 대법원 1968. 7. 16. 선고 68다938 판결. 국내에서 간행되는 한자옥편은 전운옥편이나 강회자전 등을 토대로 그 밖의 여러 옥편들을 참조하여 약간씩의 질적 향상을 꾀한 것에 지나지 않으며, 그 주석에 있어서도 전시대에 이루어진 것을 시범으로 하여 이에 약간의 첨가, 삭제를 하는 정도에 불과하다는 옥편 편저의 본질적이며 역사적인 제약 등에 비추어 새로운 사색에 의하여 창조된 저작권의 대상으로 보기 어렵다고 판시하였다.

483) 대법원 1993. 6. 8. 선고 92도2963 판결. 성서주해보감은 한글개역성경에 있는 주제성구 중의 일부를 단순히 기계적으로 인용한 데 불과하고 그 부분이 차지하는 비중이 극히 적어 독자적 저작물로 보호될 정도의 창작성이 있다고 인정되지 않는다고 하였다.

484) 서울고법 1996. 8. 21.자 96라95 결정. 성경을 12권의 휴대용 소책자로 나누고 3권씩 4가지 색상으로 구분한 것에 대해 소재의 선택이나 배열에 창작성을 부인하였다.

485) 대법원 2003. 11. 28. 선고 2001다9359 판결. 이른바 '법조수첩' 사건으로 법조유관기관 및 단체의 조직표나 명단, 전화번호 등을 계통별·직역별로 체계적인 순서를 정하여 배열하고 법률사무에 필요한 참고자료를 선택하여 나열한 것만으로는 그 소재의 선택이나 배열에 창작성이 있는 편집물이라 할 수 없다고 판시하였다.

486) 大阪地裁 1982(昭和57)年 3月 30日 判決. 광고를 특색 있게 배열하는 한편 스폰서의 명칭과 번호를 큰 글자로 표시하고 오른쪽 란에 오십음도에 따른 표제어를 붙이는 등 소재의 배열에 특히 주의를 기울임으로써 일본 전신전화공사 전화번호부에서는 찾아볼 수 없는 독자적인 창작성이 있다. 이 판결에서는 '레이아웃' 자체를 창작성 있는 표현이라고 인정한 것으로 평가된다. 이 판결에서 '레이아웃'의 창작성을 인정한 것에 대해 의문을 표시한 평석으로는, 岡崎洋, "電話帳—'廣告電話帳' 事件", 「著作權判例百選」, 有斐閣, 1987, 75면.

487) 東京地裁 1984(昭和59)年 5月 14日 判決.

488) 大審院 1937(昭和12)年 11月 20日 判決. 변호사의 업무와 관련하여 소송기일, 당사자명, 법원명 등을 바로 알 수 있도록 기재 란을 마련하는 방법 등을 연구하고 인지대, 수수료, 訴價의 산정방법 등이 기재되어 있어서 재료의 선택, 배열, 분류방법 등이 창작적이다.

계지도,[489] 用字苑[490] 사건 등이 있고, 데이터베이스 저작물과 관련해서[491] 그 저작물성을 긍정한 것으로 타운페이지 데이터베이스,[492] 코아네트[493] 사건 등이 있다.[494] 그런데 서적의 레이아웃(layout)에 의한 지면 구성에 편집저작물성을 긍정한 일본 재판례로서 전술한 광고전화번호부 및 用字苑 사건이 있지만, '용어사전 지혜장' 사건에서는 용어사전의 목적, 성질, 내용 등에 비추어 보면 용어사전의 소재는 용어, 해설문, 도표 등이라고 할 것이고, 원고가 레이아웃을 작성할 때 선택·배열한 레이아웃을 구성하는 여러 요소인 지면의 표제, 지면의 번호, 지면의 내용 배치, 문자의 크기, 서체, 괘선, 약물(다양한 모양의 괄호·기호·무늬)의 형상 등은 소재가 되지 않으므로 원고는 용어사전의 편집저작자가 아니라고 판단하였다.[495]

---

489) 東京高裁 1981(昭和46)年 2月 2日 判決.

490) 名古屋地裁 1987(昭和62)年 3月 18日 判決. 一段의 각 행에 어구 하나만을 싣는 레이아웃을 채택한 것은 用字苑이 처음이고, 수록어의 선정도 현대생활의 실용성이란 관점에서 보아 적극적으로 평가할 수 있는 일정한 방침, 기준을 두어 많은 사전류를 참조하여 여기에 합치하는 어구를 추출하고 있으므로, 이러한 점에 창작성을 긍정할 수 있다. 이 판결은 광고 전화번호부 사건과 마찬가지로 '레이아웃'의 창작성을 인정한 것이라고 평가된다. 이에 대해서는 ① 행간을 짜거나 지면을 나누는 방법, 활자의 크기를 정하는 것과 같은 '레이아웃'은 편집저작물에서 말하는 '소재의 배열'과는 구별되어야 한다는 전제에서 의문을 표시하는 견해(伊藤眞, 「著作權研究」16號, 日本著作權法學會, 1989, 124면), ② '배열'의 의미에 대해 소재를 늘어 놓는 것뿐만 아니라 '레이아웃'을 포함하는 취지를 밝혔다는 점에서 중요한 판결이라고 긍정하는 견해(半田正夫, 「轉機에さしかかった著作權制度」, 一粒社, 1994, 265면), ③ '레이아웃' 일반을 긍정한 것이라기보다는 字典과 같은 시각적 요소가 큰 저작물의 경우 소재의 배열에 창작성을 판단하기 위해서는 '판면 레이아웃'도 평가할 필요가 있으므로 당연한 판결이라는 견해(岡邦俊, 「著作權의法廷」, ぎょうせい, 1991, 39면)등이 있다.

491) 데이터베이스 저작물과 관련하여 우리 저작권법과 일본 저작권법에는 규정상 차이가 있음에 유의할 필요가 있다. 우리 저작권법 제2조 제17호는 데이터베이스를 포함한 소재의 집합물을 편집물이라 하고, 이러한 편집물로서 그 소재의 선택이나 배열 또는 구성에 창작성이 있는 것을 편집저작물로서 보호한다. 이에 비하여 일본 저작권법 제12조는 소재의 선택이나 배열에 창작성이 있는 것을 편집저작물로 보호하고, 제12조의2에서는 정보의 선택이나 그 체계적인 구성에 창작성이 있는 것을 데이터베이스 저작물로서 보호한다. 박성호, "일본에서의 데이터베이스의 법적 보호", 「세계의 언론법제」통권 제19호, 2006년 상권, 2006, 232면.

492) 東京地裁 2000(平成12)年 3月 17日 判決. 직업별로 분류된 전화번호 정보의 데이터베이스인 타운페이지 데이터베이스는 전체적으로 체계적인 구성에 의해 창작성이 있는 데이터베이스 저작물이라고 하였다.

493) 東京地裁 2002(平成14)年 2月 21日 判決(중간판결). 신축분양 아파트 개발업자를 위한 데이터베이스의 저작물성을 인정하였다.

494) 일본에서 데이터베이스 저작물성이 부정된 것으로는 '차량 데이터베이스' 사건이 있다. 東京地裁 2001(平成13)年 5月 25日 判決(중간판결).

495) 東京高裁 1999(平成11)年 10月 28日 判決(지혜 창고 사건).

한편, 우리의 법조수첩 사건과 일본의 송정일지 사건을 비교해 보면, 일응 상반되는 것처럼 보인다. 그러나 일본의 訟廷日誌 사건은 그 대부분을 차지하는 일지항목을 소송기일, 당사자명, 법원명 등을 표시할 수 있도록 각 해당란을 만들어 놓은 것이므로, 법조수첩의 대부분을 차지하는 일지항목에 아무런 특징이 없는 법조수첩 사건과는 사실관계가 동일한 것이 아니다. 특히 일본의 송정일지 사건에서 소송기일, 당사자명, 법원명 등을 표시할 수 있도록 란을 만들어 놓은 구체적 내용을 보면, "時分, 재판소, 係, 민사번호·형사피고명·당사자 또는 訴名, 다음달 일시, 결과 또는 摘要·전월일·잡기란" 등으로 세분하여 제작된 수첩이라는 것을 확인할 수 있다.[496)

다. 창작성 판단기준으로서의 이른바 '이마의 땀 이론'

소재의 선택이나 배열 또는 구성에 창작성이 있는 편집저작물은 저작권법에 의하여 보호되지만, 소재의 수집에 많은 자본과 시간이 투입되었지만 그 선택과 배열에 창작성이 없는 단순한 사실의 집적에 불과한 사실저작물은 편집저작물로서 보호되지 않는다. 그러나 이러한 저작물에 대해서도 과거 영미의 판례는 "노력과 자본의 투입 여부"라고 하는 창작성의 기준에 입각하여 시간과 돈과 노력이 소요되었으면 개성의 반영이 없다 하더라도 저작권법에 의해 보호할 수 있다고 보았다. 가령, 과거 영국 판례를 보면, 복제할 가치가 있는 것은 모두 보호할 가치가 있다고 보아서, 열차 등의 시간표, 상품 카탈로그, 시험지, 거리 안내서, 축구 대진표, 경마 정보안내, 방송순서 시간표 등과 같이 일상의 평범한 정보들을 단순히 모아 놓은 것(mundane compilation of information)에도 저작물성을 인정한 바 있다.[497) 한편, 미국에서는 1976년 저작권법을 개정할 때 저작물의 성립요건에 창작성의 요건을 가미하였고,[498) 1991년 Feist 사건[499)에서 연방대법원은 사실저작물의 창작성의 기준으로 "노력과

---

496) 박성호, 「저작권법의 이론과 현실」, 현암사, 2006, 126면.

497) W.R. Cornish, *Intellectual Property*, Sweet&Maxwell, 1989, p.269.

498) 미국 저작권법 제102조(a)

499) Feist Publication, Inc., v. Rural Telephone Service Co., 499 U.S. 340 (1991). 이 사건에서는 전화번호부 인명편(white pages)이 문제되었다. 전화번호의 수집에 노력과 자본을 투입한 것만으로 창작성 요건이 충족된 것이라 볼 수 없고, 수집한 전화번호의 선택에 창작적인 기준이 있었던 것도 아닐 뿐 아니라, 알파벳순이라고 하는 극히 평범한 방법으로 전화번호를 배열한 전화번호부는 창작적인 저작물이라 볼 수 없다고 하였다. 이 사건에서 미 연방대법원은 1976년 저작권법의 편집저작물에 관한 정의를 검토한 후 저작권법은 '이마의 땀 이론'(sweat of the brow theory)을 폐기하고자 하는 입법적 의도를 포함하고 있다고 판단하였다.

자본의 투입 여부"라는 기존의 기준을 버리고 "구성사실 및 정보의 선택, 정리 또는 배열"이 창작적인가를 기준으로 하여야 한다고 판시하였다.[500)

3. 편집저작물의 저작자

저작권법은 "저작자란 저작물을 창작한 자를 말한다"(제2조 제2호)고 규정한다. 소재의 선택이나 배열 또는 구성에 창작성이 있는 편집저작물의 경우에 그 저작자의 지위는 편집저작물의 저작행위를 한 자에게 인정되어야 하는 것이 당연하다. 문제는 구체적으로 누가 편집저작물의 저작행위, 즉 소재의 선택이나 배열 또는 구성에 창작성이 있는 행위를 한 것인지 하는 점이다. 이는 법률해석의 문제라기보다는 사실인정의 문제에 속한다.[501). 이와 관련해서 '편집방침이나 편집방법을 결정한 자'도 편집적 창작행위를 한 자에 해당하는지가 문제이다. 편집방침이나 편집방법이 단지 편집활동의 대략적인 지침을 제시한 것에 불과한 경우에는 편집에 관한 아이디어일 뿐이므로 창작성의 판단대상에서 제외되겠지만, 편집방침이나 편집방법이 소재의 구체적인 선택이나 배열 등의 작업과 밀접하게 관련되고 소재의 선택이나 배열 등의 결과에 실질적인 영향을 미치는 경우에[502) 편집방침이나 편집방법을 결정하는 것은 소재의 선택 또는 배열의 창작성 형성에 기여를 한다.[503) 따라서 이러한 경우에는 편집방침이나 편집방법을 결정한 사람도 해당 편집저작물의 저작자가 된다고 해석하는 것이 옳을 것이다.[504)

그러면 편집방침을 결정한 자와 소재에 대해 창작성 있는 선택 또는 배열을 한 자의 관계, 또는 양자가 각기 다수인 경우에 이들 사이의 관계를 어떻게 볼 것인가? 우선 편집저작물의 공동저작자로 보면 충분한 경우가 있을 것이다. 가령 전문학자들이 모여서 검인정 교과서를 편집하는 경우가 이에 해당할 것

---

500) 정상조, "저작물의 창작성과 저작권법의 역할", 「계간 저작권」, 1992 봄호, 40~42면.
501) 最高裁 1993(平成5)年 3月 30日 判決. '智慧子抄'라는 시집의 편집저작자가 다투어진 사안에서 출판사가 기획이나 수록할 시를 제안하였더라도 이는 기획안이나 구상의 영역에 그치는 것이므로 출판사는 시집의 편집저작자가 될 수 없고 시인 자신이 편집저작자라고 판시하였다.
502) 島並良·上野達弘·横山久芳, 앞의 책, 65면.
503) 대법원 2021. 8. 26. 선고 2020도13566 판결; 대법원 2009. 6. 25. 선고 2008도11985 판결; 대법원 2003. 11. 28. 선고 2001다9359 판결.
504) 東京地裁 1980(昭和55)年 9月 17日 判決(전몰유고집 '대지의 속삭임' 사건). 이 판결이 편집방침이나 편집방법을 결정한 자도 당해 편집저작물의 저작자라고 판시한 것은, 그 때까지 판례나 학설이 언급하지 않았던 것을 지적한 것으로서 그 의의가 크다고 평가되고 있다. 半田正夫, "編輯著作權の成否とその歸屬", 「著作物の利用形態と權利保護」, 一粒社, 1989, 161면.

이다. 물론 어느 경우에나 단지 편집저작물의 공동저작자로 보면 충분한 것인지는 의문이므로 구체적인 사실관계에 따라 정해져야 할 것이다.505) 만일 이들이 출판사와 같은 회사나 법인에 근로자로서 근무하고 있을 경우에는 그 편집저작물은 업무상 작성된 저작물에 해당되어 법인 등 단체에 편집저작권이 귀속되는 경우도 있을 것이다(제9조 참조).506)

4. 편집저작물과 소재저작물의 관계

편집저작물을 구성하는 소재가 저작물로서 보호되고 그 소재가 되는 저작물(이하, '소재저작물'이라 한다)의 저작권자가 따로 존재하는 경우, 그 소재저작물을 이용하여 편집저작물을 작성하려면 소재저작물의 복제가 수반되는 것이므로 소재저작물의 저작권자로부터 동의를 얻어야 한다. 그러면 소재저작물 저작자의 동의를 얻지 않고 작성된 편집저작물은 법률상 어떻게 취급되어야 하는가?

1957년 저작권법 제5조 제1항은 "타인의 저작물을 그 창작자의 동의를 얻어 번역·개작 또는 편집한 자는 원저작자의 권리를 해하지 않는 범위 내에서 이를 본법에 의한 저작자로 본다"고 규정하고 있었다. 그래서 원저작자의 동

---

505) '저작권판례백선 제4판'의 편저자 중 1인인 X는 발간 예정인 '저작권판례백선 제5판'의 편저자 명단에서 제외되자 제5판이 제4판에 표현된 소재의 선택·배열을 침해하였다는 이유로 저작권침해금지를 구하는 가처분명령신청을 하였다. 東京地裁 2015(平成27)年 10月 26日 決定은 X의 가처분신청을 받아들였고(가처분결정) 東京地裁 2016(平成28)年 4月 7日 決定은 위 가처분결정을 인가하였다(원결정). 이에 항고심(知財高裁 2016(平成28)年 11月 11日 平成28年(ラ)第10009号 決定)은 원결정과 가처분결정을 취소하고 가처분명령신청을 각하한다는 결정을 내렸다. 知財高裁는 X가 '제4판'의 편저자로 기재되었으므로 편집저작자로 추정된다고 한 다음 '제4판'의 편집저작자는 소재의 선택·배열을 행한 자인데 "소재의 선택·배열은 일정한 편집방침에 따라 이루어지는 것이므로 편집방침을 결정하는 것이 선택·배열을 하는 것과 밀접불가분의 관계에 있어 소재의 선택·배열의 창작성에 기여하는" 경우에는 편집방침을 결정한 자도 당해 편집저작물의 저작자가 될 수 있다고 하였다. 그런데 X는 '제4판'의 준비과정에서 다른 편저자가 작성한 原案(소재의 선택·배열)에 일부 수정의견을 제시하여 반영시키는 정도에 그쳤을 뿐이고 나머지는 원안 그대로 유지되었다는 점에서 X가 편집저작자라는 추정은 깨진다고 하였다(鈴木千帆, "最近の著作權裁判例について", 「コピライト」No.671 Vol.56, 2017. 3., 12~16면).

506) 대법원 2021. 8. 26. 선고 2020도13566 판결은, 편집저작물인 교육용 교재의 일부를 침해한 사건에서 저작권법 제9조가 적용되어 위탁교육기관 X가 편집저작물의 저작자로 의제된 것인지, 아니면 작성자 Z로부터 X가 편집저작물의 저작재산권을 양도 받은 것인지에 관한 판단을 하지 않은 채 X를 피해자(권리자)라고 전제하고 판결을 하였다. 권리귀속 주체(고소권자)에 대한 판단을 빠뜨렸다는 점에서 문제가 있다.

의를 편집저작물 혹은 2차적 저작물의 성립요건으로 볼 것인지 여부가 문제되었다. 학설은 "창작자의 동의를 얻어"라는 위 조항의 문구에도 불구하고 원저작자의 동의 여부는 편집저작물의 성립과는 무관한 것으로 해석하는 데 일치하였고 異論이 없었다.[507] 이러한 문구 자체가 존재하지 않는 1986년 저작권법 이래 현행 저작권법의 해석도 위와 마찬가지이다.[508] 따라서 소재저작물 저작권자의 허락 없이 작성된 편집물도 소재의 선택이나 배열 또는 구성에 창작성이 있는 한 편집저작물로 보호되지만, 편집저작물의 저작자는 소재저작물 저작권자가 가지고 있는 복제권을 침해한 것이므로 이에 대한 민사·형사상의 책임을 지게 된다. 또한 이러한 경우에 편집저작물의 저작권자는 제3자의 무단 이용행위에 대해 금지청구 등을 행사할 수 있지만, 편집저작물의 저작권자가 스스로 편집저작물을 이용하는 경우에는 소재저작물 저작권자의 허락을 얻지 않으면 소재저작물의 저작권을 침해하는 것이 된다. 요컨대, 소재저작물의 저작권자의 허락 여부는 편집저작물의 성립요건이 아니라 책임요건에 지나지 않는다.

5. 편집저작물의 보호범위

가. 편집저작물과 소재저작물의 구별

저작권법은 편집저작물이 독자적인 저작물로서 보호된다(제6조 제1항)고 규정하면서, 또한 편집저작물의 보호는 그 편집저작물의 구성 부분이 되는 소재저작물 저작권자의 권리에 영향을 미치지 않는다(제6조 제2항)고 규정한다. 이는 편집저작물이 소재저작물과는 별개로 보호된다고 하더라도 소재저작물의 저작권자가 편집저작물에 수록된 소재저작물에 대한 권리를 상실하는 것은 아니라는 것을 확인적으로 규정한 것이다. 편집저작물의 이용은 소재저작물의 이용을 수반하므로 소재저작물의 저작권자는 편집저작물에 대해서도 권리행사를 할 수 있다. 예컨대, 편집저작물인 논문집에 수록된 개개 논문(소재저작물)의 저작권과 편집저작물의 저작권은 별개이다. 따라서 제3자가 논문집을 무단으로 이용하는 경우 편집저작물의 저작권자는 개개 논문의 저작권자와 함께 또는 별도로 권리행사를 할 수 있다. 또한 제3자가 편집저작물인 논문집을 복제하는 경우에는 여기에 수록된 개개 논문(소재저작물)의 저작권자의 허락을

---

507) 장인숙, 「저작권법개론」, 교학도서주식회, 1965, 95~97면; 허희성, 「저작권법개설」, 태양출판사, 1977, 83면.
508) 황적인·최현호, 「저작물과 출판권」, 한국문예학술저작권협회, 1990, 44~45면; 오승종, 「저작권법」 제5판, 박영사, 2020, 236면; 이해완, 「저작권법」 제4판, 박영사, 2019, 302~303면 각 참조.

얻는 외에 편집저작물의 저작권자의 허락을 얻어야 함은 물론이다. 하급심 판결도 "편집저작물이라 함은 소재의 독창적인 선택, 배열에 의하여 이루어지는 저작물로서 그 중에 수록되어 있는 개개의 저작물과는 별도로 그 전체가 독립된 저작물로서 보호되며 구성부분 저작물의 저작권은 당해 부분의 저작자에게 속하므로 편집물 전체를 복제하는 등 이용하는 경우에는 편집자와 당해 부분 저작자 양자의 허락을 얻어야 한다"고 판시하였다.[509]

나. 편집저작물에 구체적으로 표현된 편집방침이나 편집방법

편집저작물로서 보호한다는 것은 순수한 편집방침이나 편집방법 그 자체인 아이디어를 보호하는 것이 아니라, 편집방침이나 편집방법에 따라 소재를 선택·배열·구성한 결과로서의 구체적 표현이다.[510] 아이디어와 표현의 2분법에 따라 저작권에 의해서 보호되는 것은 저작물의 표현에 한정되고, 그 아이디어에는 미치지 않는다는 점에서 당연한 것이다. 소재도 편집저작물의 표현의 일부이기 때문에 "동일한 편집방법을 채용하여도 그 소재가 다르면 별개의 편집저작물이 성립한다"는 것은 당연한 일반론이다. 예컨대, 「세계사의 100장면」이란 책의 편집방침이나 편집방법을 채용해서「한국사의 100장면」이란 책을 만들어도 전자의 편집저작권을 침해하는 것이 아니다. 즉 위와 같은 경우에는 편집방침이나 편집방법은 편집활동의 대략적인 지침을 제시한 것으로서 편집에 관한 아이디어에 지나지 않으므로 편집저작물로서 보호되지 않는다.

그러나 편집방침이나 편집방법이 소재의 구체적인 선택이나 배열 등의 작업과 밀접하게 관련되고 소재의 선택이나 배열 등의 결과에 실질적인 영향을 미치는 경우에는 편집지작물의 창작성을 판단하는 대상이 되는 것이라고 해석할 수 있을 것이다.[511] 예컨대, 직업별 전화번호부의 경우에 "전화번호를 직업별로 배열한다"는 편집방침이 독창적인 것이라고 가정하더라도 그 편집방침은 아이디어에 불과한 것이므로 그것을 가지고 편집저작물로서의 창작성이 있다고 판단할 수 없을 것이다. 그런데 직업별 전화번호부의 '직업분류' 그 자체는 성명을 포함하는 전화번호정보를 배열하기 위한 편집방법에 불과한 것이지만, 직업별 전화번호부는 '직업분류'에 성명을 포함한 전화번호정보를 적용시킴으로써 작성되는 것이고 '직업분류'라는 편집방침이 정해지면 성명을 포함한 전화번호정보의 배열도 어느 정도는 기계적으로 이루어지는 것이 가능하다. 즉

---

509) 서울민사지법 1992. 6. 5. 선고 91가합39509 판결.
510) 加戸守行, 「著作權逐條講義」六訂新版, 著作權情報センター, 2013, 133면.
511) 島並良·上野達弘·横山久芳, 앞의 책, 65면.

직업별 전화번호부와 같이 소재의 계층성이 있는 편집물에서는 성명을 포함한 전화번호정보는 하위의 소재이고 '직업분류'라는 편집방침 자체는 상위의 소재로서 중층적으로 존재한다는 것이다.512) 따라서 직업별 전화번호부라는 편집물에서 '직업분류'라는 편집방침 자체는 성명을 포함하는 전화번호정보의 구체적 배열내용을 결정하는 중요한 구성요소가 되므로 이는 직업별 전화번호부라는 편집물의 창작성을 판단하는 대상이 되는 것이라고 해석할 수 있을 것이다.513) 요컨대, 직업별 전화번호부에서는 성명을 포함한 전화번호정보(소재)의 선택·배열의 창작성을 판단할 때에, '직업분류'라는 편집방침에 따른 개개의 직업항목 자체를 '소재'로 파악하여 직업항목(소재)의 선택·배열에 편집자의 개성이 발휘되고 있으므로, 직업별 전화번호부의 내용을 이루는 '직업분류' 자체, 즉 그에 따른 개개의 직업항목을 '소재'로 하는 편집저작물이라고 해석할 수 있을 것이다.514) 위와 같이 직업항목을 직업별 전화번호부의 '소재'로 파악하고 그 직업항목의 선택·배열이 창작적이라고 할 때, 예컨대 대구광역시의 직업별 전화번호부가 광주광역시의 직업별 전화번호부의 직업분류 편집방법을 그대로 베껴서 전화번호부를 만든다고 가정해 보자. 직업항목이라는 소재를 선택·배열한 대구광역시의 전화번호부는, 전화번호는 전혀 다르지만 광주광역시의 전화번호부와 선택·배열한 소재가 동일하므로 대구광역시의 전화번호부를 작성한 자는 광주광역시의 전화번호부의 편집저작권을 침해한 것이 된다.515) 따라서 이러한 경우에는 '직업분류'라는 편집방침 자체가 '소재'로서 파악되기 때문에 "동일한 편집방법을 채용하여도 그 소재가 다르면 별개의 편집저작물이 성립한다"는 일반론은 적용되지 않는다.516)

다. 편집저작물의 본질적 부분

편집저작물이 보호되는 것은 편집저작자의 독자적인 개성이 나타나 있는 저작물의 본질적인 부분, 즉 창작성이 있는 부분이다. 창작성의 기준은 침해의

---

512) 中山信弘, 앞의 책, 133면.

513) 島並良·上野達弘·橫山久芳, 앞의 책, 66면.

514) 潮海久雄, "編集著作權の保護範圍—ウォール·ストリート·ジャーナル事件", 「ジュリスト」 1111号, 有斐閣, 1997, 235면.

515) 최두진, "편집저작물에 관한 법적 고찰", 「법학연구」 제12집 제2호, 인하대법학연구소, 2009, 255~256면.

516) 中山교수는 편집저작물을 사실·데이터를 소재로 하는 것(사실적 편집저작물)과 저작물을 소재로 하는 것으로 나눈 다음 편집방침 자체가 '소재'로 파악되는 사안은 사실적 편집저작물로서의 성격이 강한 경우에 적용될 것이라고 설명한다(中山信弘, 앞의 책, 137면).

기준과 직접적인 연관관계가 있으므로, 저작권 침해사건이 발생한 경우 두 저작물 사이에 '실질적 유사성'이 있는가의 여부를 판단함에 있어서도 창작성이 있는 부분을 가지고 대비하여야 한다.[517)]

라. 편집저작물성이 연상·감지되는 범위

편집저작물의 본질적 부분과 관련하여 신문이나 잡지 전체가 아닌 어느 한 부분만을 복제한 경우, 그 부분에만 편집저작권이 미치는가 하는 점이 종종 문제가 된다. 우선 신문이나 잡지의 어느 한 부분만을 떼어놓고 볼 때 그 자체만으로도 소재의 선택 또는 배열에 창작성이 있다고 인정되는 경우에는 그 일부분은 편집저작물의 일부분인 동시에 그 자체가 하나의 편집저작물이 될 것이므로[518)] 별다른 문제는 없다. 또한, 그 일부분에 창작성이 인정되기 어려울 때에는 미술연표의 일부분을 모방한 사건에서 보는 것처럼[519)] "창작성이 있는 부분을 그대로 모방한 것이라고 보기 어렵다"는 이유로 저작권 침해를 부인하면 된다.

그런데 문제는 그 경계가 불분명한 경우이다. 이러한 경우 하나의 추상적인 기준을 제시하자면, 비록 편집저작물의 일부분에 불과하다 하더라도 그것이 소재의 선택 또는 배열에 있어서 편집저작물의 일부라는 점이 연상·감지될 정도로 편집이 되어 있는 부분이라고 인정되는 한 편집저작권이 미친다고 보는 것[520)]이 옳을 것이다. 결국 이는 사실인정의 문제이다. 이와 관련된 대법원 판결을 소개하면, 피고인이 1편의 논문을 별쇄본 형식으로 제작하면서 그 표지에 '동서언로 부정기간행집'이라는 표시와 '한국외국어대학교 부설 국제커뮤니케이션연구소'라는 표시를 한 것에 대해 "마치 한국외국어대학교 부설 국제커뮤니케이션연구소가 언론에 관한 학술논문을 선별·게재하여 부정기적으로 발행하여온 학술논문집에 피고인의 논문이 일정한 기준에 의하여 선별되어 게재된 것으로 보이는 외관을 가지고 있으므로, 피고인이 편집한 이 사건 논문집은 소재의 선택에 있어 창작성이 있어 편집저작물이라 할 수 있을 것"이라고 판시하였다.[521)] 문제는 피고인이 위와 같이 표시를 하여 1편의 별쇄본

---

517) 대법원 1991. 8. 13. 선고 91다1642 판결; 대법원 1991. 8. 13. 선고 91다1479 판결; 대법원 1993. 6. 8. 선고 93다3073,3080 판결 등

518) 內田晋, 「問答式入門著作權法」, 新日本法規出版, 1979, 86~87면 참조.

519) 대법원 1993. 1. 21.자 92마1081 결정.

520) 日本新聞協會硏究所 編, 「新聞と著作權」, 1993, 125면 이하 참조.

521) 대법원 1992. 9. 25. 선고 92도569 판결. 이 판결은 결론적으로 별쇄본 표지에 "피고인이 아닌 한국외국어대학교 부설 국제커뮤니케이션연구소라고 표시하여 공표한 행위"는 부정발행죄

논문이 마치 편집저작물인 논문집에 게재된 것처럼 보이는 외관을 만든 것만
으로 1편의 논문이 편집저작물에 해당될 수 있는지 여부이다. 바꿔 말하면 그
러한 표시행위만으로 1편의 논문이 편집저작물의 일부라는 점을 연상·감지할
정도로 편집이 되어 있는 부분이라고 인정될 수 있는지 여부이다. 부정적으로
보아야 할 것이다.522)

Ⅱ. 2차적 저작물

1. 의   의

2차적 저작물이란 "원저작물을 번역·편곡·변형·각색·영상제작 그 밖의
방법으로 작성한 창작물"을 말하는데, 이러한 2차적 저작물은 "독자적인 저작
물로서 보호된다"(제5조 제1항). 소설을 원작으로 하여 드라마나 영화를 제작하
는 경우 또는 외국 문학작품을 우리말로 번역하는 경우 그 드라마나 영화 또
는 번역된 문학작품을 2차적 저작물이라 한다. 요컨대, 2차적 저작물이란 기존
의 저작물에 의존하여 이것에 새로운 창작성을 가미하여 새로운 저작물이 작성
된 경우 그 저작물을 말한다. 2차적 저작물이란 용어 대신에 '파생저작물' 또는
'개작저작물'이라는 용어를 사용하기도 한다.523) 유의할 것은 원저작물에 다소
의 수정·증감을 가한 정도로는 복제의 일종에 불과할 뿐 새로운 저작물이 발
생하지 않는다. 거꾸로 원저작물이 단순한 소재·힌트 정도로 취급된 경우에는
독립한 새로운 저작물이 성립되며 파생적인 2차적 저작물이 아니다.

2. 2차적 저작물 작성행위의 유형

2차적 저작물의 작성방법은 대체로 ㉮ 번역, ㉯ 편곡, ㉰ 변형, ㉱ 각색
및 영상제작 그 밖의 개작 등의 네 가지 행위로 분류할 수 있다.524)525) 이 가

(1986년 저작권법 제99조 제1호)에 해당한다고 판시하였다{현행 저작권법 제137조(벌칙) 제1
항 제1호에 해당한다}.

522) 편집저작물이란 실제로 소재의 선택이나 배열 등이 창작적으로 이루어졌을 때 성립하는 것이
지 그러한 외관의 표시만으로는 성립하는 것이 아니므로 그러한 표시만으로 존재하지도 않는
편집저작물의 일부라는 점을 연상·감지할 수는 없을 것이다. 같은 취지, 정상조·박준석, 「지
식재산권법」 제5판, 홍문사, 2020, 297면{같은 면 각주142)에서 "위 대법원 판결은 편집저작
물의 법리에 관한 중대한 오해 내지는 이해부족에 기인한 것으로 보인다"고 비판한다}.

523) 미국 저작권법 제101조는 派生著作物(derivative work), 독일 저작권법 제3조는 改作著作物
(das bearbeitete Werk)이라는 용어를 사용한다.

524) 하용득, 「저작권법」, 법령편찬보급회, 1988, 98~101면; 허희성, 「2011 신저작권법 축조개설 상」,

운데 번역은 어문저작물에, 편곡은 음악저작물에, 변형은 미술저작물에 각각 관련된 행위유형이다. 그 외의 나머지 2차적 저작물 작성행위가 "각색·영상제작 그 밖의 방법으로 改作하는 것"에 해당한다.[526] 아래에서는 각 행위유형에 대해 설명한다.

가. 번역(translation)

번역이란 어문저작물을 표현하고 있는 언어와는 계통과 종류를 달리하는 언어로 다시 표현하는 것을 말한다. 따라서 시각장애인을 위하여 點字로 기록하는 것이나 암호문을 해독하는 것은 번역이 아니다.[527] 또한 방언을 표준어로 고쳐 쓰거나 古語를 현대어로 옮기는 것도 번역에 포함되지 않는다.[528] 다만, 고어를 현대어로 옮기는 것이 후술하는 '그 밖의 방법'에 해당할 수는 있을 것이다. 요컨대, 번역은 주제·체제·구성 등과 같은 저작물의 내면형식을 유지하면서 표현수단인 언어, 즉 외면형식을 변경하는 것을 가리킨다.[529] 원저작물의 번역이 2차적 저작물로 보호를 받기 위해서는 그 번역에 창작성이 인정되어야 한다. 대법원은 "번역저작물의 창작성은, 원저작물을 언어체계가 다른 나라의 언어로 표현하기 위한 적절한 어휘와 구문의 선택 및 배열, 문장의 장단 및 서술의 순서, 원저작물에 대한 충실도, 문체, 어조 및 어감의 조절 등 번

명문프리컴, 2011, 93면.

525) 일본 저작권법 제2조 제1항 제11호는 2차적 저작물이란 "저작물을 번역, 편곡이나 변형 또는 각색, 영화화 기타 번안하는 것에 의하여 창작한 저작물을 말한다"고 규정한다. 일본의 통설은 2차적 저작물의 작성행위에는 번역, 변형, 편곡, 번안의 네 가지 행위가 있으며 각색과 영화화는 번안의 예시라고 설명한다. 아울러 넓은 의미의 번안 개념에는 번역, 변형, 편곡 등이 모두 포섭된다고 설명한다. 半田正夫, 「著作權法概說」第15版, 法學書院, 2013, 102~104면.

526) 저작권법 제5조 제1항에는 "개작하는 것"이란 명시적 구절이 없으나 권리제한과 관련하여 규정한 제36조 제1항에는 "저작물을 번역·편곡 또는 개작하여 이용할 수 있다"는 法文上 표현이 있다. 그렇다면 이때의 개작은 "변형·각색·영상제작 그 밖의 방법"을 포섭하는 개념이라고 이해되므로 "그 밖의 방법으로 개작하는 것"이란 표현을 사용할 수 있을 것이다.

527) 점자로 기록하거나 암호문을 해독하는 것을 비롯하여 컴퓨터프로그램의 소스코드를 오브젝트 코드로 변환하는 것, 속기록을 풀어쓰는 것, 방언을 표준어로 변환하는 것 등은 통상 복제에 해당한다고 할 것이다.

528) 古語를 현대어로 옮기는 것이 번역에 해당하지 않는 것은 文語의 口語化에 상응하는 것이기 때문이다(加戶守行, 「著作權逐條講義」六訂新版, 著作權情報センター, 2013, 49면). 이에 반해 한문 고전을 한글로 옮기는 것은 당연히 번역에 해당한다. 서울지법남부지원 1994. 2. 14. 선고 93카합2009 판결(이조실록 번역본 사건).

529) 저작권심의조정위원회 편, 「저작권용어해설」, 1988, 106면; 社團法人 著作權情報センター 編者, 「新版 著作權事典」, 出版ニュース社, 1999, 372면; 尾中普子 外 3人, 「著作權法」 全訂二版, 學陽書房, 1996, 171면 각 참조.

역자의 창의와 정신적 노력이 깃들은 부분에 있는 것"이라고 하였다.[530] 그러나 컴퓨터에 의한 번역이나 용어나 문맥이 거의 고정된 사무적인 통신문·영업용 팜플릿 등의 번역은 저작권의 보호를 받는 번역저작물에 해당하지 않는다.[531]

나. 편곡(arrangement)

편곡이란 원저작물의 악곡 부분을 연주·가창하기 위하여 악기편성, 리듬, 템포, 하모니를 변화시키는 행위를 말한다. 예컨대, 클래식 곡을 재즈 調로 개변하는 등 기존의 악곡에 새롭게 창작성을 부가한 것을 말한다. 영어로 어레인지먼트(arrangement)가 널리 편곡의 의미로 사용되고 있으나, 음악 분야에 따라서는 오케스트레이션(orchestration)이 관현악화, 인스트루멘테이션(instrumentation)이 기악화, 하머니제이션(harmonization)이 和聲化 등의 의미로 사용되는 경우도 있다.[532]

악곡을 단지 한 옥타브 높이거나 낮추는 것, 기존 악곡의 리듬, 가락, 화성에 사소한 변경을 가하는 정도의 개작은 편곡에 해당하지 않는다.[533] 또 민요 악곡이나 민요를 採譜한 것만으로 편곡이라 할 수 없다. 우리 하급심은 1957년 저작권법 제5조 제2항 제3호의 '음악적 저작물의 개작'이 1986년 저작권법 제5조 제1항의 '편곡' 개념에 해당하는 것이라고 하면서 이미 세상에 널리 알려져 있으나 원곡에 해당하는 악보가 없는 곡을 개인의 기억에 의하여 악보에 옮긴 후 약간의 수정, 증감을 가한 소위 채보는 그 원곡 자체가 없으므로, 그것이 원곡에의 의존성과 새로운 창작성을 구비하였다는 점에 관하여는 특별한 입증을 필요로 한다고 판시하였다.[534] 편곡을 저작권으로 보호할 것인지 여부

---

530) 대법원 2007. 3. 29. 선고 2005다44138 판결.

531) 齊藤博, 「著作權法」第3版, 有斐閣, 2007, 100면.

532) 저작권심의조정위원회 편, 앞의 책, 290면; 社團法人 著作權情報センター 編著, 앞의 책, 20면 각 참조.

533) 서울고법 2021. 10. 21. 선고 2019나2016985 판결('프로야구 응원가' 사건)(확정). 이 사건 판결은 악곡의 일부 박자가 변경된 부분이 있으나 음정이나 화성의 변경이 전혀 없고, 박자의 변경도 일부 당김음 박자가 정박자로 변경된 것에 불과하다고 하여 2차적 저작물 작성권 침해를 부정하였다.

534) 서울고법 1995. 12. 5. 선고 94나9186 판결. 이 사건 판결은 '패랭이 꽃'이란 편곡의 원곡에 대해서는 그 악보가 존재하지 않으므로 원곡에의 의존성과 창작성을 구비하였는지를 전혀 알 수 없다는 이유로 원고의 편곡 주장을 받아들이지 않았지만, 쇼팽(F. CHOPIN)의 원곡을 토대로 편곡한 '강아지 왈츠'와 헨리 반 게엘(HENRI VAN GAEL)의 원곡을 토대로 편곡한 '내 마음의 노래'에 대해서는 그 창작성을 인정하였다.

는 원곡에 대하여 창작적 표현이 부가되었는가 여부를 기준으로 하여 개별적으로 판단하여야 한다. 우리 대법원은 클래식 원곡 중 어린이가 피아노 연주를 하기에 어렵거나 부적절한 부분을 수정하여 새로운 변화를 가하면서도 원곡의 특성을 유지함으로써 개작자의 창의를 덧붙인 것에 대해 창작성을 인정하였고,535) 대중가요를 컴퓨터용 음악으로 편곡한 것은 저작권법에 의하여 보호될 가치가 있는 2차적 저작물에 해당한다고 판시하였다.536) 하급심 재판례 중에는 주 멜로디를 그대로 둔 채 코러스를 부가한 편곡에 창작성을 인정한 것이 있다.537)

다. 변형(transformation)

변형은 미술저작물 등을 당초의 표현수단·방법과는 다른 수단·방법으로 표현하는 것을 말한다. 미술저작물을 비롯하여 건축·사진저작물 등을 개작하는 행위유형이다. 구체적으로는 회화를 조각으로 만드는 경우와 같이 2차원의 저작물을 3차원의 것으로 만드는 경우, 이와 반대로 조각을 회화로 그리는 경우처럼 3차원의 저작물을 2차원의 것으로 만드는 경우도 있고, 사진을 회화로 하는 경우처럼 차원을 달리하지는 않으나 장르(genre)를 달리하는 저작물로 만드는 경우 등 표현형식을 바꿔 표현하는 것을 말한다.538) 변형의 경우도 2차적 저작물로 보호받기 위해서는 변형자의 창작적인 정신작업이 부가되어야 한다.539) 다만, 회화 등 2차원적 미술저작물을 사진으로 복제하는 경우 원저작물을 기계적으로 충실하게 복제한 것에 불과하기 때문에 저작권법에서 말하는 변형에는 해당하지 않는다.540)

---

535) 대법원 1997. 5. 28. 선고 96다2460 판결. 이 사건 판결은 前註 하급심의 상고심으로 '강아지 왈츠'와 '내 마음의 노래'에 대해서 각 편곡의 창작성을 인정하였다.

536) 대법원 2002. 1. 25. 선고 99도863 판결.

537) 서울민사지법 1995. 1. 18.자 94카합9052 결정. 이른바 '코러스 편곡'에 대해 주 멜로디를 토대로 단순히 화음을 넣는 수준을 뛰어넘어 편곡자의 노력과 음악적 재능을 투입하여 만들어져 독창성이 있으므로 2차적 저작권으로 보호받을 만한 창작성이 있다고 인정한 것이다.

538) 저작권심의조정위원회 편, 앞의 책, 111면; 社團法人 著作權情報センター 編著, 앞의 책, 351면 각 참조.

539) 대법원 2018. 5. 15. 선고 2016다227625 판결('광화문·숭례문 모형' 사건)은 건축저작물로서의 창작성이 인정되지 않는 광화문이나 숭례문의 모형을 제작하면서 창작성이 인정될 수 있는 수준의 변형을 가하였다면 그 모형은 2차적 저작물로서의 미술저작물 또는 도형저작물로 보호받을 수 있다고 판시하였다.

540) 저작권심의조정위원회 편, 앞의 책, 112면; 社團法人 著作權情報センター 編著, 앞의 책, 351면 각 참조.

라. 각색(dramatization) · 영상제작 · 그 밖의 방법으로 개작(adaptation)하는 것

각색은 소설 등의 어문저작물, 만화 등의 미술저작물을 극화하는 것, 즉 스토리성이나 기본적 모티브(내면적 형식)를 유지하면서[541] 구체적인 표현(외면적 형식)을 변경하는 것을 말한다. 요컨대, 원저작물에 의거하면서 여기에 새로운 창작적 행위를 부가하여 각본(시나리오)을 작성하는 것을 말한다.[542] 영상제작은 각본 그 밖의 기존의 저작물에 의거하면서 영화 · TV드라마 등과 같이 연속적인 영상이 수록된 창작물로 영상화하는 것을 말한다. 마지막으로 그 밖의 방법으로 개작하는 것은 기존 저작물의 줄거리나 구성을 변경하지 아니하고 다른 표현양식으로 새롭게 창작하는 것을 포함한다. 예컨대, 古語를 현대어로 옮기는 것과 같이 문어체로 되어 있는 저작물을 구어체로 전환하거나, 어른들을 위한 저작물을 어린이용의 쉬운 문장으로 바꾸는 것, 또는 학술서 · 학술논문 등 어문저작물을 요약하여 작성하는 것 등이 모두 여기에 해당한다.[543] 요약(digest)은 원저작물의 주제와 줄거리를 그대로 유지하면서 표현만 바꿔 분량을 줄이는 것이므로 2차적 저작물로서 보호될 수 있으나,[544] 문제는 원저작물의 축약이나 요지(summary) 또는 발췌(extraction)의 경우이다. 축약이나 요지는 원저작물의 내용을 대폭 압축하여 총괄적인 뜻만 살리는 것이고, 발췌는 어느 저작물의 일부분을 그대로 이용하는 것이므로 어느 것이나 요약과 다르다.[545] 대법원은 "원저작물의 일부 내용을 발췌하였을 뿐이고 그 표현형식에서 저작

---

541) 이것은, 예컨대 원저작물인 어문저작물의 플롯(plot)이라는 비문언적 표현을 그대로 유지한다는 것, 이로써 원저작물과의 실질적 유사성을 유지한다는 의미이다. 대법원 2007. 3. 29. 선고 2005다44138 판결 참조.

542) 齊藤博, 앞의 책, 102면; 社團法人 著作權情報センター 編者, 앞의 책, 74~75면 각 참조.

543) 하용득, 앞의 책, 101면.

544) 대법원 2013. 8. 22. 선고 2011도3599 판결. 사안은 영문 저작물인 원저작물의 내용을 요약한 영문요약문을 한글로 번역하여 인터넷상 유료로 제공한 것이 원저작물 저작권자의 2차적 저작물 작성권 침해에 해당하는지 여부가 다투어진 사건이다. 대법원은 "어문저작물인 원저작물을 기초로 하여 이를 요약한 요약물이… 원저작물과 실질적 유사성이 있는지는, 요약물이 원저작물의 기본으로 되는 개요, 구조, 주된 구성 등을 그대로 유지하고 있는지 여부, 요약물이 원저작물을 이루는 문장들 중 일부만을 선택하여 발췌한 것이거나 발췌한 문장들의 표현을 단순히 단축한 정도에 불과한지 여부, 원저작물과 비교한 요약물의 상대적인 분량, 요약물의 원저작물에 대한 대체가능성 여부 등을 종합적으로 고려하여 판단해야 한다"고 판시하면서 2차적 저작물 작성권 침해를 인정하였다.

545) 한승헌, 「정보화시대의 저작권」, 나남, 1992, 292면; 加戶守行, 앞의 책, 214면; 저작권심의조정위원회 편, 앞의 책, 93면; 社團法人 著作權情報センター 編者, 앞의 책, 209면, 305면 각 참조.

자 스스로의 정신적 노력의 산물이라고 할 만한 구체적인 표현을 가미하거나 수정한 내용이 거의 없어서 원저작물에 다소의 수정·증감을 가한 것에 불과"한 것에 대해서 2차적 저작물로서 보호받을 수 없다고 하였다.546)

3. 2차적 저작물의 성립요건과 보호범위

가. 성립요건 — '종속성' 및 '창작성'

2차적 저작물로서 보호를 받기 위해서는 원저작물을 토대로 작성되어야 할 뿐 아니라 여기에 새로운 창작성이 가미되어야 한다. 요컨대, 2차적 저작물의 성립요건으로는 원저작물에 종속한다는 것과 새로운 형태의 창작성이 부가되었다는 것 두 가지 요소를 필요로 한다.547) 이와 관련하여 대법원은 "2차적 저작물로 보호를 받기 위하여는 원저작물을 기초로 하되 원저작물과 실질적 유사성을 유지하고, 이것에 사회통념상 새로운 저작물이 될 수 있을 정도의 수정·증감을 가하여 새로운 창작성이 부가되어야 하는 것이며, 원저작물에 다소의 수정·증감을 가한 데 불과하여 독창적인 저작물이라 볼 수 없는 경우에는 저작권에 의한 보호를 받을 수 없다"고 판시한다.548) 이에 따르면 2차적 저작물의 성립요건 중 '종속성' 요건이란 "원저작물을 기초로 하되 원저작물과 실질적 유사성을 유지하는 것"을 의미한다. 따라서 만일 "어떤 저작물이 기존의 저작물을 다소 이용하였더라도 기존의 저작물과 실질적 유사성이 없는 별개의 독립적인 신 저작물이 되었다면, 이는 창작으로서 기존의 저작물의 저작권을 침해한 것이 되지 아니한다."549) 따라서 실제로 어떤 저작물이 기존 저작물의 단순한 복제물인지, 아니면 2차적 저작물인지, 또는 일반사회 통념상 기존의 저작물과는 전혀 별개의 독립적인 새로운 저작물인지를 판단하는 것은 쉽지 않은 일이다.550) 개개의 사건에 따라 구체적이고 실질적으로 판단하지 않으면 안 된다.551)

---

546) 대법원 2012. 2. 23. 선고 2010다66637 판결.

547) 內田晋, 「問答式入門著作權法」, 新日本法規株式會社, 1979, 79면.

548) 대법원 2002. 1. 25. 선고 99도863 판결; 同 2004. 7. 8. 선고 2004다18736 판결; 同 2010. 2. 11. 선고 2007다63409 판결; 同 2012. 2. 23. 선고 2010다66637 판결 등.

549) 대법원 2010. 2. 11. 선고 2007다63409 판결.

550) 이해의 편의를 위해 본문의 설명을 도식화하면 다음과 같다. ① α(원저작물) → α[동일] = 복제권 침해; α → α'[실질적 동일] = 복제권 침해; α → α''[원저작물에 기초하여 실질적 유사] = 복제권 침해, ② α → α''[원저작물에 기초하여 실질적 유사] + β[새로운 창작성] = 2차적 저작물 작성권 침해, ③ α → γ(별개의 새로운 저작물) = 비침해.

551) 서울고법 2021. 10. 21. 선고 2019나2016985 판결('프로야구 응원가' 사건)(확정). 원곡의 가사

2차적 저작물의 전형적인 예로 흔히 드는 것이 외국의 소설의 우리말 번역저작물이다. 외국어로 표현된 기존의 저작물이 없으면 번역이 있을 수 없기 때문에 우리말 번역저작물은 외국소설을 토대로 하여 작성되는 것이지만(종속성), 번역을 함에는 적당한 어구의 선택, 역문의 구성, 표현 등에 번역자가 많은 창의와 노력을 기울여야 한다는 점에서 번역자의 창작적 개성이 부여된다(창작성).552)

나. 보호범위

어느 저작물이나 그 저작권이 미치는 보호범위는 저작자의 창작성이 나타난 개인적인 부분에 국한된다.553) 그러한 점에서 2차적 저작물의 보호범위도 마찬가지이다. 예컨대, 번역저작물의 보호범위와 관련하여 대법원은 "번역저작물에 나타난 사건의 전개, 구체적인 줄거리, 등장인물의 성격과 상호관계, 배경설정 등은 경우에 따라 원저작물의 창작적 표현에 해당할 수 있음은 별론으로 하고 번역저작물의 창작적 표현이라 할 수 없으므로, 번역저작권의 침해 여부를… 판단함에 있어서는 위와 같은 번역저작물의 창작적인 표현에 해당하는 것만을 가지고 대비하여야 한다"고 판시하였다.554) 따라서 제3자가 2차적 저작물 중에서 원저작물의 창작적 표현에 해당하는 부분만을 추출하여 이용한 경우에는 원저작물의 저작권자만이 권리행사를 할 수 있을 뿐이다.

4. 원저작물의 저작자의 동의 문제

이미 편집저작물에서 살펴본 것처럼 1957년 저작권법 제5조 제1항은 "타인의 저작물을 그 창작자의 동의를 얻어 번역·개작 또는 편집한 자는… 저작자로 본다"고 규정하였기 때문에, 원저작자의 동의를 2차적 저작물이나 편집저작물의 성립요건으로 볼 것인지 여부가 문제였다. 당시 우리 고등법원 판례 중에는 원저작자의 동의가 없으면 2차적 저작물로서 성립하지 않는다고 판시한 것도 있었으나,555) "동의를 얻어"라는 문구를 삭제한 현행 저작권법 제5조556) 아래에서는 물론이고 1957년 저작권법의 해석론과 관련해서도 원저작자

와 응원가 가사 간에 실질적 유사성이 없어 별개의 새로운 저작물이라고 판단하고 2차적 저작물 작성권 침해를 부정하였다. 前註에서 설명한 '③ $\alpha \rightarrow \gamma$(별개의 새로운 저작물) = 비침해'에 해당하는 사안이다.

552) 內田晉, 앞의 책, 78면 참조.
553) 대법원 1993. 6. 8. 선고 93다3073(본소), 3080(반소) 판결 참조.
554) 대법원 2007. 3. 29. 선고 2005다44138 판결.
555) 서울고법 1975. 6. 13. 선고 74나1938 판결.

의 동의 여부를 2차적 저작물의 성립과는 무관한 것으로 보는 것이 학설과 판례557)의 일반적인 흐름이다. 따라서 원저작자의 동의나 허락을 얻지 않고서 작성하더라도 2차적 저작물은 원저작물을 토대로 이것에 새로운 창작성을 가미한 것으로 인정되는 한 특정한 형식이나 절차에 관계없이 그 작성과 동시에 독자적인 저작물로서 성립하여 저작권이 발생한다(제5조 제1항). 다만 허락 없이 2차적 저작물을 작성한 자는, 원저작물의 저작자가 갖고 있는 2차적 저작물을 작성할 권리(제22조 전단)를 침해한 것이 되므로, 이에 대해 민·형사상의 책임을 진다. 또한 이러한 경우에 2차적 저작물의 저작권자는 제3자의 무단 이용행위에 대해 금지청구 등을 행사할 수 있지만, 2차적 저작물의 저작권자가 스스로 2차적 저작물을 이용하는 경우에는 원저작물 저작권자의 허락을 얻지 않으면 원저작물의 저작권가 갖고 있는 2차적 저작물을 이용할 권리(제22조 후단)를 침해하는 것이 된다. 요컨대, 원저작자의 동의나 허락은 2차적 저작물의 '성립요건'이 아니라 '책임요건'이다.

한편, 저작권법은 2차적 저작물이 "독자적인 저작물로서 보호"(제5조 제1항)되더라도 "그 원저작물의 저작자의 권리에 영향을 미치지 아니한다"(제5조 제2항)고 규정한다. 이는 2차적 저작물이 원저작물과는 별개로 보호된다고 하더라도, 2차적 저작물은 원저작물을 토대로 새로운 창작성을 가미하여 작성된 것이기 때문에 원저작물의 저작자는 2차적 저작물에 대한 권리를 상실하는 것이 아니라는 것을 확인적으로 규정한 것이다.

---

556) 베른협약 제2조 제3항은 "문학·예술저작물의 번역물·각색물·편곡물·기타 개작물은 원저작물의 저작권에 영향을 미치지 아니하고 원저작물로서 보호된다"고 규정한다. 이는 2차적 저작물의 성립에는 원저작물의 저작권자의 허락을 요하지 않으나 허락 없이 작성하였다면 민·형사적 책임을 지게 된다는 의미이며, 우리 저작권법 제5조 제2항과 같은 취지라고 설명한다(허희성, 「베른협약축조개설」, 일신서적출판사, 1994, 34~35면 참조). 그러나 이와 달리 "원저작물의 저작권에 영향을 미치지 아니하고"라는 의미에 대해 WIPO사무국이 1978년 간행한 베른협약 축조해설에서는 "보호되는 저작물을 번역, 번안, 편곡, 개작하는 데에는 저작자의 동의가 필요하다"는 취지라고 해설한다(黑川德太郎 譯, 「ベルヌ条約逐条解說」, 社團法人 著作權資料協會, 1979, 23면). 일본 학설 중에는 위와 같은 베른협약의 해설과 미국 저작권법 제103조 (a)항 단서의 원저작물 저작권자의 허락 없이 작성한 2차적 저작물은 보호되지 않는다는 취지의 규정을 근거로 원저작권자의 동의나 허락은 2차적 저작물의 성립요건이 아니라는 학설은 국제적인 컨센서스를 얻고 있는 것이 아니라고 비판한다(半田正夫, 앞의 책, 107~108면).

557) 1957년 저작권법에 관한 판례로는, 대법원 1994. 8. 12. 선고 93다9460 판결 등 참조. 1986년 저작권법 이후의 재판례로는, 대법원 1995. 11. 14. 선고 94도2238 판결 등 참조.

5. 2차적 저작물의 이용에 관한 원저작물의 저작자의 권리

누군가가 타인의 저작물을 이용하고자 하는 경우 일반적으로는 해당 저작물의 권리자로부터 이용허락을 얻으면 그 저작물을 적법하게 이용할 수 있다. 그런데 만일 이용하고자 하는 타인의 저작물이 2차적 저작물인 경우에는 2차적 저작물의 저작권자로부터 허락을 얻는 것만으로는 충분하지 않고 원저작물의 저작권자의 허락도 함께 얻지 않으면 안 된다. 그 이유는 2차적 저작물의 성립요건 중의 하나인 종속성에서 기인한다. 전술한 것처럼 2차적 저작물은 원저작물과의 관계에서 이것을 토대로 작성된다는 의미에서 종속성이 인정되고, 여기에 새로운 창작성이 부가되어 만들어진 것이다. 그러므로 이미 만들어진 2차적 저작물을 이용할 때에는 2차적 저작물을 작성할 때 토대가 된 원저작물의 창작적 표현이 잔존하고 있어서 그러한 한도 내에서 언제나 원저작물의 이용이 수반될 수밖에 없다. 저작권법 제22조는 "저작자는 그의 저작물을 원저작물로 하는 2차적 저작물을 작성하여 이용할 권리를 가진다"는 규정을 두고 있는데, 이 조문은 두 부분으로 나뉘어 있다. 즉, 저작자는 자신의 저작물을 원저작물로 하는 2차적 저작물을 '작성'할 권리를 가진다는 부분(제22조 전단)과 원저작물의 저작자는 이미 만들어진, 즉 작성된 2차적 저작물에 대해서 '이용'할 권리를 가진다는 부분(제22조 후단)이다. 그중 제22조 후단이 규정하고 있는 것이 바로 2차적 저작물의 이용에 관한 원저작물의 저작권자의 권리이다. 2차적 저작물을 이용하는 경우에는 당연히 원저작물의 이용도 수반되는 것이므로 제22조 후단은 당연한 것을 주의적으로 규정한 것이다. 따라서 누군가가 이미 완성된 2차적 저작물을 이용하려는 경우 2차적 저작물의 저작권자로부터 허락을 얻는 것은 물론이고(제5조 제1항) 2차적 저작물의 토대가 된 원저작물의 저작권자로부터도 허락을 얻어야 한다(제22조 후단). 이런 관점에서 2차적 저작물의 이용과 관련해서는 2차적 저작물의 저작권자의 권리와 원저작물의 저작권자의 권리가 중첩 내지 병존한다고 말할 수 있다. 따라서 원저작물의 저작권자 또는 2차적 저작물의 저작권자 중 어느 한쪽이 2차적 저작물을 이용하는 경우에는 각각 상대방의 허락을 얻을 필요가 있다. 이러한 이용관계에서의 법리는 제3자가 편집저작물을 이용할 경우 편집저작물의 저작권자와 소재저작물의 저작권자 모두로부터 허락을 얻어야 하고, 편집저작물의 저작권자 또는 소재저작물의 저작권자 중 어느 한쪽이 편집저작물을 이용하는 경우 각각 상대방의 허락을 얻을 필요가 있다는 것과 마찬가지의 논리이다.

제5절 저작물성이 문제되는 경우

Ⅰ. 서 론

저작물성이 문제되는 대표적인 경우가 저작물의 제호와 캐릭터의 저작물성에 관한 논의이다.

Ⅱ. 저작물의 제호 등

1. 학설과 판례

가. 학 설

이름, 표어, 캐치프레이즈, 슬로건 등과 같이 간단하고 짧은 문구는 창작성이 인정되기 어려워 보호되지 않는다는 것이 통설적인 견해이다. 저작물의 제호에 대해서도 사상이나 감정을 표현한 것이라 할 수 없다거나 창작성이 인정되지 않으므로 저작물성이 부정된다는 것이 통설적 견해이다. 캐릭터의 명칭의 저작물성에 대해서도 제호와 마찬가지로 이를 부정하는 것이 일반적이다.

저작물의 제호에 관한 통설적 견해 중에는 설령 제호에 창작성이 인정될 수 있다고 하더라도 저작물의 제호는 저작물의 본질적 내용이라고 말할 수 없어서 제호만으로는 별개의 저작물로 인정될 수 없기 때문에 저작권법으로 보호받을 수 없다고 보는 견해가 있다.[558] 일본 학설 중에는 설령 제호가 창작성의 요건을 갖춘 경우라도 정보의 자유로운 유통의 확보라는 관점에서 저작물성을 부정해야 한다는 견해도 있다.[559] 이에 대해 모든 제호에 대해 일률적으

---

[558] 하용득, 「저작권법」, 법령편찬보급회, 1988, 81면; 內田晋, 「問答式 入門著作權法」, 新日本法規出版, 1979, 48~49면; 같은 취지 한승헌, 「정보화시대의 저작권」, 나남, 1992, 286~287면; 황적인·정순희·최현호, 「저작권법」, 법문사, 1988, 142면. 이에 따르면 "현행 저작권법[은]⋯제호를 저작물로서 보호하려는 것을 포기한 것으로 생각된다. 왜냐하면 제호를 저작물로서 보호하려는 취지였다면 동일성유지권의 대상으로 굳이 따로 제호를 열거할 필요는 없기 때문이다"라고 한다(위의 책, 142면).

[559] 渡邊修, "キャラクター(文學的キャラクター)の侵害", 「裁判實務大系(27)—知的財産關係訴訟法」, 青林書院, 1997, 152면; 같은 취지 金井重彦·小倉秀夫 編著, 「著作權法コメンタール(上)」, 東京布井出版, 2000, 192면(小倉秀夫 집필). 이에 대해서는 "정보의 자유로운 유통의 확보라는 관점⋯은 인용이나 권리남용의 문제로 해결하면 되는 것이고 제호라고 해서 일률적으로 저작물성을 부정할 이유는 없다"(中山信弘, 「著作權法」第2版, 有斐閣, 2014, 86~87면; 같은 취지 이해완, 「저작권법」 제4판, 박영사, 2019, 343면)는 반론이 제기된다.

로 저작물성을 부인할 것이 아니라 해당 제호가 창작적인 표현에 해당되는지 여부를 기준으로 판단하는 것이 타당할 것이라는 견해도 있다.[560]

생각건대, 저작물의 제호와 같이 간단하고 짧은 문구라고 하더라도 언제나 일률적으로 저작물성이 부정되는 것은 아니며, 예외적이지만 저작물로서의 성립요건을 갖춘 것으로 인정된다면 저작물성이 긍정된다.

나. 판 례

저작물 제호의 저작물성 인정 여부에 관한 우리나라 判例를 소개한다. ① 피고 회사의 빵에 '또복이'라는 원고의 만화 제명을 사용한 사건에서 대법원은 "원고의 만화 제명 '또복이'는 사상 또는 감정의 표명이라고 보기 어려워 저작물로서의 보호는 인정하기 어렵다"고 저작권 침해를 부정하였다.[561] 그 밖에도 ② '품바'라는 연극 제명에 대해 "일반적으로 저작물의 제목 자체는 저작물의 標識에 불과하여 독립된 사상이나 감정의 창작적 표현이라고 할 수 없는 경우가 많아서 저작물로서의 요건을 구비하지 못하고 있다"고 한 결정,[562] ③ 무용극 '행복은 성적순이 아니잖아요' 라는 제명은 "사상이나 감정의 표현이라고 볼 수 없어서 저작권의 보호대상이 될 수 없다"는 판결,[563] ④ 소설의 제호인 '애마부인'은 "저작물의 표지에 불과하고 독립된 사상·감정의 창작적 표현이라고 보기 어려워 저작물로서의 요건을 구비하지 못하고 있다"고 한 결정,[564] ⑤ '자유인'이라는 신청인의 자서전과 같은 제호인 '자유인, 자유인'이라는 제호의 사상서에 대해 저작권 침해와 부정경쟁행위를 이유로 신청인이 낸 제작금지 가처분 신청을 법원이 이유 없다 하여 기각한 결정,[565] ⑥ "어문저작물인 서적 중 저작자의 사상 또는 감정을 창작적으로 표현한 부분이라고 볼 수 없는 단순한 서적의 제호나 저작자 또는 출판사의 상호 등은 저작물로서 보호받을 수 없다"고 하여 '운전면허 학과시험 문제집' 및 '운전면허 2주완성 문제집'의 각 표지 하단에 인쇄된 '크라운출판사'라는 부분은 저작물로서 보호

---

560) 정상조·박준석, 「지식재산권법」 제5판, 홍문사, 2020, 273~274면; 같은 취지 최경수, 「저작권법 개론」, 한울, 2010, 101면; 오승종, 「저작권법」 제5판, 박영사, 2020, 282~283면; 이해완, 위의 책, 박영사, 343면; 中山信弘, 위의 책, 87면.
561) 대법원 1977. 7. 12. 선고 77다90 판결.
562) 서울고법 1989. 4. 11.자 89라28 결정(확정).
563) 서울민사지법 1990. 9. 20. 선고 89가합62247 판결.
564) 서울고법 1991. 9. 5.자 91라79결정(확정).
565) 서울지법 서부지원 1990. 9. 21.자 90카6150 결정. 위 결정에는 구체적 이유가 설시되어 있지 않고 "본건 신청인의 신청은 그 이유 없으므로 주문과 같이 결정한다"고만 되어 있다.

받을 수 없다고 한 판결,566) ⑦ '영어공부 절대로 하지 마라!'는 제호에 대해 "비록 문장적 구성을 가지고 있고 반어적인 의미를 지니고 있어 일견 독특하게 보이기는 하지만, 기존의 통념화된 영어학습방법을 거부한다는 구호적 의미를 전달하는 것으로서 창작적 표현이라기보다는 아이디어의 영역에 해당하여 제호 그 자체만으로는 저작물이라고 보기 어렵다"고 한 판결,567) ⑧ 서적 제호 '불타는 빙벽'에 대해 어문저작물의 제호는 인간의 사상 또는 감정을 창작적으로 표현한 것이라 보기 어려워 저작권법의 보호를 받을 수 없다고 한 다음 그 방론(obiter dictum)으로 "제호 중 창작적 사상 또는 감정을 충분히 표현한 것을 선별하여 독립된 저작물로 보호하는 입장에 선다고 하더라도, 완성된 문장의 형태가 아닌 불과 두개의 단어로만 구성되어 있는 이 사건 제호가 독자적으로 특정의 사상이나 감정 혹은 기타의 정보를 충분히 표현한 것으로 보기 어렵다"고 한 판결,568) ⑨ '내가 제일 잘 나가'라는 대중가요의 제호와 유사하게 '내가 제일 잘 나가사끼 짬뽕'이라는 광고문구를 사용한 사건에서 "대중가요의 제호 자체는 독립된 사상, 감정의 창작적 표현이라고 보기 어려워 저작물로서 보호받을 수 없다"고 한 결정569) 등이 있다.

한편, 저작물의 제호에 관한 것은 아니지만 ⑩ 트위터에 게시된 짧은 글에 대해 현실을 풍자한 독창적인 표현형식이 포함된 것으로 작성자의 개성을 드러내기에 충분하므로 저작물로 보호된다고 한 판결,570) ⑪ 음반 표지에 스티커로 부착한 "난 우리가 좀 더 청춘에 집중했으면 좋겠어"라는 문구에 대해 용어 선택, 리듬감, 음절의 길이, 문장 형태 등에 비추어 독창적인 표현형식이 포함된 것으로 창작성이 인정된다고 한 판결이 있다.571)

정리하면 ①③ 판결은 인간의 思想이나 感情의 表現에 해당하지 않는다는 이유로, ②④⑥⑦⑧⑨ 판결 내지 결정은 인간의 사상이나 감정의 創作的 表現에 해당하지 않는다는 이유로 저작물 제호의 저작물성을 부인하고 있다. 특히 ①과 ⑥은 대법원 판결이라는 점에서 중요하다. ⑧은 하급심 판결이고 가정적 판단이기는 하지만 제호가 완성된 문장의 경우에는 사상이나 감정의 창작적 표현으로 볼 수 있는 예외적인 사례가 있을 수 있다고 긍정하고 있는

---

566) 대법원 1996. 8. 23. 선고 96다273 판결.
567) 서울고법 2002. 9. 4. 선고 2002나3596 판결.
568) 서울남부지법 2005. 3. 18. 선고 2004가단31955 판결.
569) 서울중앙지법 2012. 7. 23.자 2012카합996 결정.
570) 서울남부지법 2013. 5. 9. 선고 2012고정4449 판결.
571) 서울중앙지법 2018. 9. 4. 선고 2017가소7712217 판결.

점에서 의미가 있다. 문제는 ⑥ 대법원 판결과 ⑧ 하급심 판결의 취지를 고려하는 경우에 제기된다. 즉, 단순한 서적의 제호인 경우를 넘어서 완성된 문장의 형태로서 창작성이 인정되기에 충분한 정도의 표현이란 구체적으로 어떠한 경우를 말하는 것일까 하는 점이다. ⑩⑪ 판결은 저작물의 제호에 관한 것은 아니지만 간단하고 짧은 문구라고 하더라도 어떠한 경우에 저작물성이 인정되는지를 가늠해 볼 수 있는 하나의 기준을 제시한다.

2. 소   결

저작물의 제호 등이 저작권법의 보호대상이 되는지에 관해서는 그 제호 등이 이례적으로 길거나 매우 특별한 독창적인 노력의 성과물이라고 인정되는 경우에 한하여 예외적으로 그 저작물성을 인정받을 수 있을 뿐이라고 해석하는 것이 타당할 것이다. 결국 저작물의 제호나 캐릭터의 명칭에 대한 통상적인 법적 보호는 상표법이나 부정경쟁방지법572)을 통해서 모색할 수밖에 없을 것이다.

Ⅲ. 캐릭터

1. 캐릭터의 정의

WIPO가 편찬한 해설서에 따르면, 캐릭터란 넓은 의미로는 예컨대 타잔·제임스 본드 등의 가공인물(fictional humans)이나, 예컨대 도날드 덕·벅스버니 등의 동물, 그리고 예컨대 영화나 음악 업계의 유명인·스포츠선수 등의 실재 인물(real persons)을 모두 포괄하는 용어이다.573) 대법원 판결은 캐릭터란 "만화, 텔레비전, 영화, 신문, 잡지 등 대중이 접하는 매체를 통하여 등장하는 가공적인 또는 실재하는 인물, 동물 등의 형상과 명칭을 뜻하는" 것이라고 정의하면서 "캐릭터는 그것이 가지고 있는 고객흡인력 때문에 이를 상품에 이용하는 상품화가 이루어지게 되는 것"이라고 판시한다.574) 캐릭터가 가지는 고객흡인력(goodwill)이란 "영업의 명성, 평판과 영업과의 관련에서 취하게 되는 이

---

572) 예컨대, 대법원 2015. 1. 29. 선고 2012다13507 판결(뮤지컬 제목이 '타인의 영업임을 표시한 표지'에 해당한다고 판시한 사건) 등 참조.
573) WIPO ed., *Introduction to Intellectual Property: Theory and Practice*, Kluwer Law, 1997, p.307.
574) 대법원 1996. 9. 6. 선고 96도139 판결.

익 및 유리한 입장이며, 고객을 끌어들이는 힘"을 말한다.[575]

요컨대, 넓은 의미의 캐릭터는 좁은 의미의 캐릭터인 架空의 캐릭터 (fictional character; Fiktive Figuren)와 실재인물로 구성된다. 저작권법에 의한 보호대상으로 캐릭터의 범위를 좁혀 보면, 이때의 캐릭터란 실재인물을 제외한 나머지, 즉 만화, 애니메이션, 텔레비전 프로그램, 소설, 각본 등에 등장하는 가공인물이나 동물의 용모, 자태, 성격이나 이름, 명칭 또는 소리 그 밖에 일반 공중에 의해 쉽게 인식되는 본질적인 개성적 특성을 가리킨다. 따라서 저작권법의 규율대상으로서의 캐릭터에는 좁은 의미의 캐릭터인 架空의 캐릭터만이 해당하게 된다. 그리고 가공의 캐릭터는 시각적, 청각적, 성격적 요소, 명칭 등의 총체로 이루어진다.[576] 넓은 의미의 캐릭터인 실재인물은 저작권법이 아니라 초상권 내지 퍼블리시티권(right of publicity)[577]의 규율대상이 된다.

2. 캐릭터의 분류 및 저작권법에 의한 캐릭터의 보호

가. 캐릭터의 분류

캐릭터의 정의에서 살펴본 것처럼 넓은 의미의 캐릭터는 좁은 의미의 캐릭터인 架空의 캐릭터(fictional character)와 실재인물로 구성된다. 그런데 학설상 논의되는 캐릭터의 분류는,[578] 이러한 캐릭터의 넓고 좁은 각 개념에 상응하는 것으로서 그 특징을 강조하여 분류한 점에 의의가 있다.

(1) 실재캐릭터와 창작캐릭터의 분류이다. 이는 좁은 의미의 캐릭터인 가공의 캐릭터가 상상력에 의해 창작되는데 반하여 실재캐릭터는 그렇지 않다는 점에 착안한 것이다.

(2) 어문적 캐릭터·시각적 캐릭터·시청각 캐릭터의 분류이다. 이는 架空의 캐릭터가 등장하는 저작물의 특성을 그 표현형식에 따라 삼분법적으로 파악하여 분류한 것이다.

---

575) Christopher Wadlow, *The Law of Passing—Off*, 3rd ed., Sweet & Maxwell, 2004, p.108.
576) 대법원 1996. 9. 6. 선고 96도139 판결의 캐릭터 정의에서는 '형상과 명칭'만을 설시하고 '성격과 소리', 즉 캐릭터의 성격적 요소와 청각적 요소에 대해서는 언급하고 있지 않다. 이는 부정경쟁방지법상 상품주체혼동행위 사건에서 상품 '표지'로서의 캐릭터를 강조한 때문이라고 이해된다. 그러나 저작권법에 의한 보호대상으로서의 캐릭터의 정의에는 성격적 요소와 청각적 요소 등도 당연히 포함되어야 한다.
577) 퍼블리시티권에 관해서는, 제5장 제2절 III. 3. ≪미국에 있어서 퍼블리시티권의 정의·기원·발전 그리고 그 법적 성격과 적용상의 한계≫ 참조.
578) 이에 관한 상세는, 박성호, 「캐릭터 상품화의 법적 보호」, 현암사, 2006, 20~24면 참조.

(3) 空想의 캐릭터(fanciful character)·架空의 캐릭터·실재인물의 분류이다. 이는 전술한 캐릭터의 정의 중에서 좁은 의미[狹義]의 캐릭터에 속하는 가공의 캐릭터를 다시 공상의 캐릭터와 가장 좁은 의미[最狹義]의 가공의 캐릭터로 나눈 것이다. 이 분류는 가공의 캐릭터를 문자로 표현되는 어문적 캐릭터에 국한시키고 만화나 만화영화에 등장하는 시각적 내지 시청각 캐릭터를 공상의 캐릭터, 즉 팬시풀 캐릭터(fanciful character)로 명명한 것이다.579) 가공의 캐릭터 중에서도 만화나 만화영화에 등장하는 캐릭터가 캐릭터 상품화의 본령을 이루고 있으므로 이를 별도로 파악한 점에서는 일정한 의미가 있다고도 할 수 있으나 가공의 캐릭터와 관련하여 개념상 혼동을 야기하고 캐릭터의 법적 개념을 파악하는 데에 방해가 되고 있다는 점에서 비판받아야 할 분류방법이다.

(4) 架空의 캐릭터·유명 실재인물의 캐릭터·유명 단체의 심벌마크의 분류이다. 이는 법적 개념으로서의 넓은 의미의 캐릭터에 유명 단체의 심벌마크를 추가한 것이다. 이 분류는 상품화가 가능한 재산인지를 판별하는 '상품화 재산(merchandising properties)'의 개념과 이러한 상품화 재산 중의 하나인 '캐릭터' 개념을 혼동한 것으로서580) 캐릭터의 법적 개념에 혼란을 초래하였다는 점에서 역시 비판받아 마땅한 분류방법이다.

(5) 시리즈 캐릭터와 오리지널 캐릭터의 분류이다. 이는 좁은 의미의 캐릭터인 架空의 캐릭터가 만화나 TV, 영화 등 대중매체를 통하여 탄생한다는 점에

---

579) '팬시풀 캐릭터'라는 용어의 유래는, 1950년대에 미국에서 뽀빠이와 미키마우스 같은 만화나 만화영화의 캐릭터가 마케팅 수단이 되어 인기를 끌어 마케터들이 각종 제품들을 판촉하는 데 이들을 사용하기 시작하였고, 월트디즈니사가 이러한 캐릭터들에 대해 팬시풀 캐릭터라는 용어를 사용한 것이 시초이다. 이 용어가 일본에서 사용된 것은 1953년 월트디즈니사가 일본의 大映을 창구로 하여 일본에서 만화영화 캐릭터 상품화사업을 시작하면서부터이다. 당시 체결된 상품화계약서에 팬시풀 캐릭터라는 용어가 사용되었고 일본 업계에서는 이를 '空想的 캐릭터'라고 번역하였다고 한다(電通キャラクター·ビジネス研究會 編, 「キャラクター·ビジネス」, 電通, 1994, 239면).

580) 캐릭터와 상표 또는 심벌마크는 명확히 구별되어야 하는 개념이다. '상품화 재산(merchandising properties)'이란 용어를 제시한 Grimes와 Battersby 두 변호사에 따르면 캐릭터나 상표, 심벌마크 등은 모두 상품화 재산에 해당하는 것들이다. 이들에 의하면 상품화 재산에는 "단어, 이름, 제호, 심벌, 캐릭터나 실재인물의 이미지, 디자인이나 이들의 결합이 포함되는데, 특정 제품에 대해 또는 그와 관련하여 상품화 재산을 사용하는 경우 그 제품에 대한 소비자의 수요를 창출하게 될 것"이라고 한다. Charles W. Grimes·Gregory J. Battersby, "The Protection of Merchandising Properties", 69 *Trademark Rep.*, 1979, p.431; Julius C.S. Pinckaers, *From Privacy toward A New Intellectual Property Right in Persona*, Kluwer Law International, 1996, p.32에서 재인용.

착안하여 이를 시리즈 캐릭터(series character)라 칭하고, 처음부터 오로지 상품
화를 목적으로 개발되는 가공의 캐릭터를 오리지널 캐릭터(original character)라
부르는 분류이다. 이 또한 비판받아야 할 분류방법인데, 오리지널 캐릭터에 관
해서는 아래에서 항을 바꿔서 살펴본다.

나. 이른바 '오리지널 캐릭터'의 문제점

'오리지널 캐릭터'(original character)의 대표적인 예로는 일본의 산리오社가
개발하여 상품화에 성공한 '헬로 키티'가 있다. 우리나라의 경우에는 롯데월드
의 상징물인 '롯티'를 오리지널 캐릭터로 분류할 수 있다. 이러한 오리지널 캐
릭터와 관련해서 다음과 같이 문제점이 지적된 바 있다. "잡지나 텔레비전과
는 관계없이 그림이나 도형을 사용한 상품까지 '캐릭터物'이라 하여 상품권사
용계약을 체결하는 예가 많다. 어린이들이 좋아하는 예쁜 동물이나 인물에 친
숙할 수 있는 이름이 붙여지고 그것을 캐릭터라고 하지만 이것은 부당한 확대
해석이라고 하겠다. 왜냐하면 스토리性이 전혀 없는 곳에 캐릭터가 발생할 수
없기 때문이다"[581) 라고 문제점을 지적한다. 또한 "국내 일부 학자는 롯데월드
의 마스코트에 대한 판례를 캐릭터에 관한 것으로 보고 있으나, 이는 잘못된
견해라고 생각된다. 왜냐하면… 롯데월드의 마스코트는 기존의 저작물에서 추
출(복제)한 것이 아니라 처음부터 마스코트의 제작을 위하여 현상 모집한 것…
이기 때문이다"[582) 라고 비판한다. 매우 적절한 지적이고 비판이다.

생각건대, 이른바 '오리지널 캐릭터'라는 것은 캐릭터의 법적 보호라고 논
의할 때에 전제하는 架空의 캐릭터(fictional character)의 범위에서 벗어난 것으
로서 실제로는 캐릭터에 해당하지 않는 것이고 캐릭터와는 아무런 관련도 없
는 것이다.[583) 캐릭터 산업이 발전하여 그 시장 규모가 성장하게 되자, 원래
캐릭터라는 것은 대중 매체를 통하여 등장하여 대중에게 인기를 끌게 되고 이
러한 인기를 기반으로 상품화되는 것이어야 함에도, 일본의 일부 업자들이 이
러한 과정을 모두 생략한 채 아이들이나 여성들이 선호할만한 예쁜 그림을 디
자인한 다음 이러한 디자인 작품이 마치 캐릭터인 것처럼 주장하기 시작한 것

---

581) 허희성, "캐릭터의 법적 보호", 「저작권학회보」 제30호, 1990년 5월 20일, 3~4면.
582) 허희성, 「2011 신저작권법 축조개설 상」, 명문프리컴, 2011, 129면.
583) 이와 같이 '오리지널 캐릭터'는 저작권법에 의한 캐릭터 상품화의 보호 대상으로서 전제하고
   있는 캐릭터의 개념에 부합하지 않는 것이다. 또한 '오리지널 캐릭터'에서는 캐릭터 자체와 캐
   릭터가 등장하는 저작물이 구별될 여지조차 없다. 그러므로 '오리지널 캐릭터'에 대해 저작물
   성이 인정된다고 해서, 이것을 캐릭터 자체의 저작물성이 긍정되는 사례로 오해하는 일이 있
   어서는 안 된다. 그럼에도 실제로는 이를 혼동하고 오해하는 사람들이 여전히 존재한다.

이다. 역설적이게도 그들은 이를 '오리지널 캐릭터'라고 명명하였고 국내 업자
들도 이를 무비판적으로 받아들였다. 그런데 발상지인 일본에서조차 이른바 '
오리지널 캐릭터'가 본래의 캐릭터로서 취급되기 위해서는 전래 동화 등 다양
한 창작 원천을 통하여 개발되지 않으면 안 될 것이라는 비판이 제기되었다.
"세계관이나 스토리가 없으면 캐릭터는 단명하기 쉽다"[584]는 지적은 바로 오
리지널 캐릭터가 태생적으로 안고 있는 본질적인 문제점을 함축적으로 표현한
것이다.[585] 여기서 주목할 것은 '헬로 키티'을 개발한 일본의 산리오 사의 대처
방안이다. 산리오 사는 오리지널 캐릭터를 본래의 캐릭터로 만들고자 헬로 키
티의 출생 배경과 가족관계 등의 스토리를 인위적으로 만들어 퍼뜨리고 헬로
키티의 성지라 할 수 있는 산리오판 디즈니랜드인 퓨로랜드(Puroland)를 오픈
하였으며 헬로 키티를 주인공으로 한 애니메이션까지 제작·개봉하였다.[586] 비
록 헬로 키티가 이른바 '오리지널 캐릭터'로서 개발된 것이고 또한 스토리를
만들어 대중 매체를 이용하는 과정이 架空의 캐릭터와는 정반대로 진행된 것
이기는 하지만, 본래의 캐릭터들이 가지고 있는 개성이나 스토리성을 무시할
수 없었기 때문에, 이러한 사후 보완을 통하여 캐릭터의 실체를 갖추고자 노
력한 것이라고 평가할 수 있다.

다. 저작권법에 의한 架空의 캐릭터의 보호

가공의 캐릭터가 저작권법에 의해 보호를 받기 위해서는 무엇보다 그 캐
릭터가 등장하는 만화나 영화 등이 저작권법 제4조 소정의 미술저작물이나 영
상저작물로서 보호를 받는 것이어야 한다. 그래야 미술이나 영상저작물의 일
부분인 캐릭터도 그 저작물의 구성요소로서 보호를 받을 수 있게 된다. 문제
는 캐릭터가 등장하는 만화(영화)라는 미술(영상)저작물과는 별개로 캐릭터 자
체에 대해서도 저작물성을 인정할 수 있는지 여부이다. 架空의 캐릭터(Fiktive

---

584) 土屋新太郎, 「キャラクター·ビジネス: 構造と戰略」, キネマ旬報社, 1995, 김형석 편역, 「캐
   릭터 비즈니스」, 문지사, 2000, 115면.
585) 국내 업계 일각에서는 '오리지널' 캐릭터를 '창작' 캐릭터로 번역하여 부르고 있고(미야시타 마
   코토 지음, 정택상 옮김, 「캐릭터 비즈니스, 감성체험을 팔아라」, 넥서스BOOKS, 2002, 5면,
   180면), 또 다른 업계 일각에서는 오리지널 캐릭터를 '팬시캐릭터'로 지칭하기도 한다(박소연,
   「캐릭터 마케팅」, 소담출판사, 2003, 11면; 土屋新太郎, 김형석 편역, 앞의 책, 114~115면). 이
   러한 무분별한 용어 사용법은 캐릭터 종류들 중의 한 유형으로 거론되어온 창작캐릭터
   (invented character), 팬시풀 캐릭터(fanciful character) 등과 개념상 혼동을 초래함으로써 국
   내 업계 스스로 법적 보호에 불리한 상황을 만들어가고 있다.
586) 土屋新太郎, 김형석 편역, 앞의 책, 113~114면.

Figuren)는 캐릭터의 성격묘사(Charakterisierung)와 만화나 영화 또는 소설에 등장하는 캐릭터의 이름이라는 두 가지 요소로 특징 지워진다. 성격묘사는 다시 시각적(신체적 외관), 청각적(말투, 표현), 그리고 성격적 요소(성질, 습관)로 나누어진다. 따라서 캐릭터는 신체적 외관(시각적 요소), 언어적 표현(청각적 요소), 성격적 특성이나 행동거지(성격적 요소), 그리고 명칭이라는 네 가지 요소로 형성된다.[587]

미술저작물의 예시로서 거론되는 만화와 거기에 등장하는 캐릭터라는 것은 가공의 캐릭터를 구성하는 여러 요소들 중 시각적 요소를 강조하여 표현한 것이다. 다시 말해 만화에 등장하는 가공의 캐릭터는 시각적, 청각적, 성격적 요소와 캐릭터의 이름이라는 네 가지 요소 중에서 시각적 요소와 그 캐릭터의 이름을 강조하여 표현하는 경우가 대부분이다. 시각적 요소를 강조한 회화적 표현으로서의 캐릭터가 미술저작물의 본질적 부분에 해당한다면, 그 캐릭터의 회화적 표현은 당연히 만화(미술저작물)의 저작권에 의해 보호를 받게 될 것이다. 그러면 가공의 캐릭터가 등장하는 만화(미술저작물)와는 별개로 캐릭터 자체에 대해서도 독자적 저작물성을 인정할 수 있을 것인가?

3. 캐릭터 자체의 저작물성

가. 문제의 제기

架空의 캐릭터(fictional character; Fiktive Figuren)의 저작물성 문제는 캐릭터 자체가 "인간의 사상 또는 감정을 표현한 창작물"[588]에 해당하는가의 문제이다. 학설과 재판례는 캐릭터 자체의 독자적 저작물성을 인정하는 긍정설과 이를 부인하는 부정설로 나뉜다.

나. 학 설
(1) 긍정설

우리나라 학설의 동향을 살펴보면 캐릭터 자체의 저작물성을 인정하는 긍정설로서 몇 가지 견해들이 소개되고 있다.[589] 그 구체적인 내용을 보면 미국

587) Manfred Rehbinder, "Zum Urheberrechtsschutz für fiktiver Figuren, insbesondere für die Träger von Film‒und Fernsehserien", in: Festschrift für Wolf Schwarz, Baden‒Baden, 1988, S.165.
588) 저작권법 제2조 제1호.
589) 최연희, "캐릭터 보호에 관한 연구", 이화여대 대학원 법학과 석사논문, 1991, 23~24면; 김기섭, "외국만화 캐릭터의 국내법적 보호에 관한 소고", 「변호사」 제21집, 서울지방변호사회, 1991, 270면; 윤경, "캐릭터의 저작물성", 「계간 저작권」, 2005 가을호, 57면.

저작권법 주석서의 논지, 즉 캐릭터를 기반으로 영화나 TV 시리즈 속편 제작
이 활발해지면서 캐릭터 자체의 독자적 존재 가치에 대한 경제적 평가가 요구
되었다는 점 등을 그대로 원용하면서[590] 캐릭터 자체의 저작물성을 긍정한
다.[591] 또한 미국 및 일본의 대표적 판결례를 검토한 다음 "우리나라에서도 만
화 혹은 영화의 캐릭터는 그 캐릭터 자체에 저작자의 독창적인 사상·감정의
표현행위의 결과가 화체되어 있는 이상 저작권법상 보호를 받아야 할 것"이라
고 한다.[592] 다만 이러한 긍정적인 견해 중에는 어문적 캐릭터와 시각적 캐릭
터에 따라서 캐릭터의 저작물성 여부가 달라진다는 취지를 밝힌 견해도 있
다.[593] 이에 따르면 "어문 캐릭터의 저작권법적 보호에 있어서는 '저작권법에
의해서 보호받을 수 있을 정도로 구체화된 캐릭터(well−developed character)'에
해당되는지 여부가 어려운 문제로 제기되는데 반해서, 그림으로 된 캐릭터, 즉
회화적 캐릭터(pictorial character)는 이미 구체화되어 있기 때문에 훨씬 더 용이
하게 저작권법적 보호가 인정될 수 있을 것"이라고 한다.[594]

(2) 부정설

부정설은 저작권법에 의한 캐릭터의 보호 문제에 관해 다음과 같이 설명
한다.

"캐릭터는 그 자체를 별개의 독창성을 갖는 창작물로 보아서 저작권으로
보호하지는" 않으며, "그 중 회화적 부분은 미술저작물로, 언어적 부분은 언어
저작물로 보호되는 것뿐"이라고 한다. 그러므로 "만화나 극화 등에서 시각으
로 표현되는 캐릭터 자체는 법적인 보호를 받지 못하더라도 그 그림을 흉내내
어 동일 또는 유사한 만화를 그리면 저작권 침해가 되며, 결과적으로 만화의
캐릭터가 보호되는 것과 같은 실익을 얻을 수 있다"고 한다.[595] 또한, 긍정설
이 캐릭터의 상품화를 간편하고 확실하게 보호할 수 있는 장점이 있기는 하지
만 "캐릭터라는 것은 구체적인 표현으로부터 감지되는 추상적인 관념이지 그

---

590) M.B. Nimmer & D. Nimmer, *Nimmer on Copyright*, Vol. 1, Miatthew Bender, 1988, §2.12,
     p.2−171.
591) 최연희, 앞의 논문, 24면.
592) 김기섭, 앞의 논문, 270면.
593) 김문환, "외국의 캐릭터 보호제도 소고", 「계간 저작권」, 1990 겨울호, 43면; 양영준, "캐릭터
     의 법적 보호", 「계간 저작권」, 1992 겨울호, 20면; 정상조, "캐릭터의 법적 보호", 「계간 저작
     권」, 1997 봄호, 48면 이하.
594) 정상조·박준석, 「지식재산권법」 제5판, 홍문사, 2020, 283면.
595) 한승헌, 「저작권의 법제와 실무」, 삼민사, 1988, 344~345면.

자체가 구체적 표현은 아니므로 저작물의 성립요건을 결하고 있다"고 할 것이고, 나아가 "캐릭터의 독자적인 저작물성을 긍정하게 되면 과연 그 캐릭터의 저작재산권의 보호기간을 언제부터 기산할 것인지가 문제"가 된다는 것이다. 즉 대부분의 캐릭터는 영화나 방송 등을 통하여 기업적으로 상품화되기 때문에 업무상저작물인 경우가 많은데, 업무상저작물의 경우 그 보호기간은 공표한 때로부터 70년간이고 영상저작물의 경우에도 마찬가지이므로, 과연 추상적 개념인 캐릭터에 관하여 어느 특정 시점을 선택하여 공표시점으로 인정하는 것은 곤란하다고 설명하면서 부정설에 찬성한다.596) 더구나 캐릭터 자체의 저작물성을 긍정하는 경우 인정되는 저작권법에 의한 보호의 편리함이란 "저작권 침해의 성립 여부를 판단함에 있어서 작품 유형별로 기준을 정하여 처리할 문제"인 것이지 캐릭터 자체의 저작물성을 인정함으로써 해결할 문제는 아니라고 긍정설을 비판한다.597) 요컨대, 이러한 입장은 원래의 저작물에서 분리된 "캐릭터는 그 자체로서 아무런 저작권 보호적격을 가지지 못하고, 따라서 법원은 저작권 침해를 판단함에 있어 심리의 초점을 캐릭터의 저작권 보호적격으로부터 그 캐릭터가 포함되어 있는 저작물과 침해하였다고 주장되는 작품 사이의 본질적인 유사성 여부에 초점을 맞추어 심리"하면 되는 것이므로, "캐릭터 그 자체를 저작권으로써 보호할 필요는 없다"는 것이다.598)

다. 판　　례

우리나라 최초의 캐릭터 상품화 사건은 '또복이' 사건이다.599) 그러나 이 사건은 저작권법에 의한 만화 제명의 보호 여부가 문제되었을 뿐이고 캐릭터 자체의 저작물성이 논의의 대상이 된 것은 아니었다. 물론 그 후 다수의 캐릭터 관련 사건들이 발생하였지만 캐릭터의 저작물성 여부가 직접적인 쟁점이 되어 다투어진 사례를 발견하기는 어렵다. 아래에서 주요 판례들을 살펴본다.

① "외국영화 닌자거북이의 캐릭터를 신발류의 상표 등으로 부착 판매할 수 있는 소위 상품화권이라 함은 위 영화의 인기에 따라 일반에 널리 알려진 위 영화상의 의인화된 거북이의 형상을 영화흥행권과는 별도의 저작권으로 파

---

596) 오승종, 「저작권법」 제5판, 박영사, 2020, 269면.

597) 전원열, "캐릭터의 법적 보호―저작권법을 중심으로", 「사법논집」 제30집, 법원도서관, 1999, 332면.

598) 강영수, "미국 판례상 저작권을 통한 캐릭터의 보호", 「외국사법연수논집(18)―재판자료 제85집」, 법원도서관, 1999, 242~243면.

599) 대법원 1977. 7. 12. 선고 77다90 판결.

악하여 피고가 원고에게 원고가 그가 제조하는 신발의 상표 등으로 사용할 수 있도록 그 사용권을 부여한 취지로 해석함이 상당하다."고 한 판결,600) ② "검사의 항소이유의 요지는… 위 만화영화에 등장하는 주인공에 대한 캐릭터(character)의 저작권을 가지고 있음에도 원심은… 판결에 영향을 미친 위법을 범하였다는 데에 있다. 그러므로 살피건대… 결국 위 주식회사 쇼가쿠간 프로덕션은 위 저작자들로부터 위 만화영화의 저작권을 양도… 받지 않는 한 이 사건 캐릭터에 대한 저작권자라 할 수 없는 바, 검사가 제출하고 있는 모든 증거들을 종합해 보아도 위 주식회사 쇼가쿠간 프로덕션에게는 이러한 권한이 있음을 인정할 만한 아무런 증거가 없으므로… 결국 검사의 위 항소논지는 이유 없다 할 것이다."고 한 판결(이른바 '피구왕 통키' 사건),601) ③ "검사의 항소이유의 요지는… 피고인이 이 사건 티셔츠에 인쇄한 '톰 앤드 제리(TOM & JERRY)' 캐릭터는 1987. 10. 1. 이전에 이미 창작된 외국인의 저작물…이어서 현행 저작권법에 의해 보호되지 않는다고 보아 피고인에 대한… 저작권법 위반의 공소사실에 대해 무죄를 선고한 조치에는 아무런 잘못이 있다 할 수… 없다."고 한 판결,602) ④ "원심은… 피고인이 위 미국 회사의 허락도 없이 위 만화영화의 주인공들인 톰과 제리(이하 '톰 앤 제리'라고 한다)를 복사하여 이를 부착한 티셔츠를 제조·판매한 사실을 인정하고… 다만 톰 앤 제리 캐릭터는 세계저작권협약(U.C.C.)의 대한민국 내 발효일인 1987. 10. 1. 이전에 창작된 저작물로서 구 저작권법(1995. 12. 6. 법률 제5015호로 개정되기 전의 것) 제3조 제1항 단서에 의하여 저작물로서의 보호대상이 되지 아니(한)…다는 이유로 이 사건 공소사실에 대하여 무죄를 선고한 제1심 판결을 유지하였다. …위와 같은 원심의 인정 판단은 정당하고… 저작권법의 법리를 오해한 위법이 있다고 할 수 없다. 또한, 일련의 연속된 특정 만화 영상저작물의 캐릭터가 어느 시점을 기준으로 하여 새로운 저작물로서 인정되기 위하여서는 종전의 캐릭터와는 동일성이 인정되지 아니할 정도의 전혀 새로운 창작물이어야 할 것인데,… 피고인이 사용한 톰 앤 제리 캐릭터가 1987. 10. 1. 이전의 캐릭터와 동일성이 유지되지 아니할 정도의 새로운 창작물이라는 점을 인정할 아무런 증거가 없으므로, 이 사건 톰 앤 제리 캐릭터가 1987. 10. 1. 이후에 창작된 새로운 저작물임을 전제로 하는 논지도 이유 없다"고 한 판결,603) ⑤ "캐릭터도 문학, 학술 또

---

600) 서울고법 1992. 12. 23. 선고 92나15668 판결(확정).
601) 서울형사지법 1994. 11. 29. 선고 94노3573 판결(확정).
602) 서울지법 1996. 6. 18. 선고 96노369 판결.

는 예술의 범위에 속하는 창작물이라 볼 수 있는 한 원칙적으로 저작권법상의
저작물(주로 미술저작물이나 영상저작물)로서 보호되어야 할 것이고, 이 사건과
같이 캐릭터가 만화, 영화 속의 등장인물인 경우에도 원래의 저작물의 일부로서
보호를 받는다 할 것"이라고 판시한 판결(이른바 '피구왕 통키' 사건),604) ⑥ "원심
이 개를 소재로 한 만화저작물인 피해자의 '리틀 밥독' 캐릭터는 창작성이 있는
저작물로서 저작권법의 보호대상이… 라고 판단한 조치는 옳다"고 한 판결,605)
⑦ "캐릭터가 그 자체로서의 생명력을 갖는 독립된 저작물로 인정될 경우 그
내용에 따라 어문저작물 또는 미술저작물에 해당하여 저작권법의 보호대상이
된다(학설에 따라서는 캐릭터의 독자적 저작물성을 부인하는 견해도 있다). …이 사
건 캐릭터는… 고양이의 얼굴 부위를 단순화·의인화한 도안의 구성과 다양한
사용형태에 비추어 볼 때 그 자체가 상품과 물리적·개념적으로 분리되는 독
립한 예술적 특성을 지니고 있으므로, 저작권법상 미술저작물에 해당"한다고
판시한 판결(이른바 '헬로 키티' 사건),606) ⑧ "캐릭터도 문학·학술 또는 예술의
범위에 속하는 창작물이라고 볼 수 있는 한 원칙적으로 저작권법상의 저작물
(주로 미술저작물이나 영상저작물)로서 보호되어야 할 것"이고 "마시마로는… 플
래쉬 애니메이션에서 전개되는 독창적이고 엽기적인 내용과 마시마로 라는 등
장인물의 반항적인 성격이 몸통보다 큰 머리, 가늘고 작은 귀, 일직선으로 닫
힌 눈 등의 특징적인 표현으로 나타난 것으로서… 독자적인 사상과 감정이 구
체적으로 표현되지 아니한 것이라고 보기는 어렵다"고 판시한 판결,607) ⑨ "저
작권의 보호대상이 되는 저작물이란 문학·학술 또는 예술의 범위에 속하는
창작물을 말하고, 이 창작물이란 표현(expression) 자체를 지칭하는 것이므로,
소설이나 연극, 영화, 만화 등에 등장하는 인물(실존 인물이나 의인화된 동물을
포함)의 특징, 성격, 역할을 뜻하는 이른바 캐릭터는 일정한 이름, 용모, 역할
등에서 특징을 가진 위 인물이 반복하여 묘사됨으로써 각각의 표현을 떠나 독
자의 머리 속에 형성된 일종의 이미지에 해당하여 그 자체가 사상 또는 감정

---

603) 대법원 1997. 4. 22. 선고 96도1727 판결.
604) 서울지법 1998. 4. 3. 선고 96가합56868(본소), 80106(반소) 판결(확정).
605) 대법원 1999. 5. 14. 선고 99도115 판결.
606) 서울고법 1999. 12. 21. 선고 99나23521 판결.
607) 서울지법 남부지원 2003. 3. 27. 선고 2002가합84 판결; 서울고법 2004. 2. 11. 선고 2003나
    28448 판결('마시마로' 캐릭터는 저작권법의 보호를 받는 저작물이라는 취지로 판시); 대법원
    2004. 6. 14. 선고 2004다15096 판결(심리불속행 기각); 윤경, "캐릭터의 저작물성", 「계간 저
    작권」, 2005 가을호, 56면.

을 창작적으로 표현한 것이라고 할 수 없고, 따라서 캐릭터 그 자체가 저작권의 보호대상이 되는 저작물에 해당된다고 할 수 없으며, 그 캐릭터가 표현된 구체적인 작품이 저작물(원저작물)이 된다고 보아야 한다."고 설시한 결정{이른바 '네티비(Netibee)' 사건},608) ⑩ "원심은… 주식회사 손오공이 저작권을 갖고 있는 저작물인 '탑 블레이드(Top Blade)' 만화영화에 등장하는 캐릭터가 부착된 팽이를 국내에 배포할 목적으로 중국으로부터 수입함으로써 위 회사의 저작권을 침해하였다는 부분에 대하여, 이를 유죄로 인정…하였는 바, 원심의 위와 같은 판단은 정당한 것"이라고 인용한 다음 "캐릭터가 위 만화영화의 주인공으로 특정분야 또는 일반대중에게 널리 알려진 것이라거나 고객흡인력을 가졌는지 여부는 저작권법에 의한 보호 여부를 판단함에 있어서 고려할 사항이 아니"라고 판시한 판결,609) ⑪ "캐릭터라는 것은 일정한 이름, 용모, 역할 등의 특징을 가진 등장인물이 반복하여 묘사됨으로써, 각각의 표현을 떠나 일반인의 머릿속에 형성된 일종의 이미지로서 표현과는 대비된다. 즉, 캐릭터란 그 개개장면의 구체적 표현으로부터 승화된 등장인물의 특징이라는 추상적 개념이지 구체적 표현이 아니며, 결국 그 자체가 사상 또는 감정을 창작적으로 표현한 것이라고 볼 수 없는 것이다. 따라서 '실황야구' 캐릭터가 등장하는 '실황야구' 자체를 영상저작물로 보호하는 것으로 족하고, 별도로 '실황야구' 캐릭터 자체를 독립된 저작권법의 보호대상으로 보기에는 부족하다."고 판시한 판결,610) ⑫ '실황야구' 캐릭터가 원저작물과 별개로 저작권법에 의하여 보호되는 저작물이 될 수 있다고 판시하면서 원심인 ⑪ 판결과 달리 캐릭터 자체의 독자적 저작물성을 인정한 판결611) 등이 있다.612)

위 판례들 중 캐릭터 자체의 저작물성에 관하여 명확하게 판시한 것은 저작물성을 긍정한 ⑦의 판결과 ⑫의 판결, 그리고 저작물성을 부정한 ⑨의 결정과 ⑪의 판결이 있을 뿐이다. 나머지 판결들은 그 判文上의 표현에도 불구하고 과연 캐릭터 자체의 저작물성 인정 여부에 관한 저작권법상의 쟁점을 명

---

608) 부산지법 2005. 4. 12.자 2005카합77 결정. 이 사건 결정에 대한 해설로는, 도두형, "캐릭터의 저작물성과 공동저작물에 대한 권리행사의 방법", 「저작권 문화」, 2005. 11., 14면 이하.
609) 대법원 2005. 4. 29. 선고 2005도70 판결.
610) 서울고법 2007. 8. 22. 선고 2006나72392 판결.
611) 대법원 2010. 2. 11. 선고 2007다63409 판결.
612) 다만 ⑫ 판결은 원심인 ⑪ 판결과 정반대로 캐릭터 자체의 독자적 저작물성을 인정하였으면서도 원심 판시 '신야구' 캐릭터가 '실황야구' 캐릭터를 복제한 것이라고 볼 수 없음은 물론 '실황야구' 캐릭터의 2차적 저작물에 해당한다고도 볼 수 없는 이상 이 사건 청구를 모두 기각한 제1심의 판단을 그대로 유지한 원심판결은 결론에 있어서는 정당하다고 하였다.

확히 인식하고서 판시한 것인지 의문이 남는다. 오히려 위 판결들은 만화 저작물이나 영상저작물에 등장하는 시각적 캐릭터도 그것의 독자적 저작물성 인정 여부와 관계없이 저작권법의 보호대상에 속하므로 허락 없이 그 캐릭터를 상품화하면 저작권 침해에 해당한다는 것을 단순히 판시한 것에 그치는 것이 아닐까 생각한다. ⑩의 대법원 판결은 이러한 차원에서 판시된 전형적인 판례이다.[613] 이에 반하여 ⑦의 판결과 ⑫의 판결, 그리고 ⑨의 결정과 ⑪의 판결은 캐릭터 자체의 저작물성에 관한 한 그 설시 내용이 자명하다. 특히 ⑨의 결정은 우리나라에서 캐릭터 자체의 저작물성을 명시적으로 부정한 첫 판례이고, ⑪의 판결은 캐릭터 자체의 저작물성을 부정한 가장 교과서적인 판결이다. 그러나 ⑦의 판결은 이른바 '오리지널 캐릭터'에 관한 것으로서 캐릭터 자체의 저작물성을 논의하기에는 적절한 사건이 아니었다고 생각한다.[614] '오리지널 캐릭터'는 미술저작물 그 자체이므로 架空의 캐릭터(fictional character)의 경우에서 보듯이 그 캐릭터가 등장하는 만화나 영상저작물과는 별도로 캐릭터 자체의 독자적 저작물성을 논의할 실익이 없다.

그런데 ⑫의 판결, 즉 대법원 2010. 2. 11. 선고 2007다63409 판결은 "만화, 텔레비전, 영화, 신문, 잡지 등 대중이 접하는 매체를 통하여 등장하는 인물, 동물 등의 형상과 명칭을 뜻하는 캐릭터의 경우 그 인물, 동물 등의 생김새, 동작 등의 시각적 표현에 작성자의 창조적 개성이 드러나 있으면 원저작물과 별개로 저작권법에 의하여 보호되는 저작물이 될 수 있다"고 설시한 다음 "야구를 소재로 한 게임물인 … '실황야구'에 등장하는 '실황야구' 캐릭터는 … 저작권법이 요구하는 창작성의 요건을 갖추었으므로, 이는 창작성이 있는 저작물로서 원저작물인 게임물과 별개로 저작권법의 보호대상이 될 수 있[다]"고 판시하였다. 대법원 판결의 문제적 대목은 "캐릭터의 경우 그 시각적 표현에 작성자의 창조적 개성이 드러나 있으면 원저작물인 게임물과 별개로 저작권법에 의하여

---

613) 논자에 따라서는 ⑩의 대법원 판결이 캐릭터 자체의 저작물성을 명시적으로 긍정한 것처럼 소개하기도 한다(가령, 윤경, 앞의 논문, 59면). 그러나 ① 내지 ⑥ 및 ⑧ 판결들과는 달리 ⑩의 대법원 판결의 경우에 이를 캐릭터 자체의 저작물성을 명시적으로 긍정한 것이라고 단정할만한 표현은 발견되지 않는다.

614) 그런 점에서 위 사건의 항소심 판결이 캐릭터 자체의 저작물성이란 쟁점을 과연 충분히 이해하고서 판시한 것인지에 대해서는 의문이 남는다. 그런데 위 사건에 대해서는 부정경쟁방지법 소정의 부정경쟁행위 해당성에 관해서만 상고되었다. 대법원 2001. 4. 10. 선고 2000다4500 판결. 이에 관해서는 동일한 사실관계로서 피고만 다른 대법원 2001. 4. 10. 선고 2000다4487 판결 참조.

보호되는 저작물이 될 수 있다”고 판시한 부분이다. 이미 ‘캐릭터의 분류’에서 설명하였듯이 가공의 캐릭터(fictional character)가 영상저작물성을 갖는 게임물에 등장하면 가공의 캐릭터는 시각적 표현이 강조되기 때문에 시각적 캐릭터로 분류된다. 즉 게임물(영상저작물)에 등장하는 캐릭터라는 것은 가공의 캐릭터를 구성하는 여러 요소들 중 시각적 요소를 강조하여 표현한 것이다. 캐릭터 자체의 독자적 저작물성 인정 여부를 검토한다는 것은 가공의 캐릭터를 구성하는 모든 요소를 총체적으로 파악하여 그 저작물성을 인정할 수 있을지를 판단한다는 의미이지 캐릭터의 구성요소 중 시각적 표현에만 주목하여 그 시각적 표현의 독자적 저작물성 여부를 판단한다는 의미가 아니다.615) 대법원 판결은 ‘캐릭터 자체’와 ‘캐릭터의 시각적 표현’을 구별하지 않았다는 점에서 의문이다.616) 후자의 경우에는 캐릭터의 시각적 요소를 강조한 회화적 표현이 해당 게임물(영상저작물)의 본질적 부분에 해당한다면 그 캐릭터의 시각적 표현은 당연히 게임물(영상저작물)의 저작권에 의해 보호를 받게 될 것이기 때문에 법적 보호에 아무런 문제가 없다. 요컨대, 캐릭터 자체의 독자적 저작물성 인정 여부를 논의할 아무런 실익이 없다. 더구나 위 대법원 판결은 캐릭터가 “원저작물인 게임물과 별개로 저작권법에 의하여 보호되는 저작물이 될 수 있다”고 판시하면서도 원저작물인 게임물에 관해서는 구체적 설시가 없다. 다시 말해 온라인 야구 게임물이라는 ‘원래의 저작물’과는 별개로 캐릭터가 저작물로서 인정된다고 캐릭터 자체의 독자적 저작물성 긍정하면서도, 그것에 선행하여 게임물이라는 ‘원래의 저작물’이 저작권법상 저작물로서의 성립요건을 갖춘 것인지, 만일 갖추었다면 구체적으로 어떠한 저작물(그 중에서도 특히 영상저작물)에 해당하는지에 관해서는 아무런 언급조차 없다. 本末이 바뀌었다는 점에서 의문이다. 그러한 점에서 위 대법원 판결의 원심인 ⑪ 판결의 이론구성이 타당하다.

---

615) 그러한 점에서 캐릭터 자체의 독자적 저작물성 인정 여부를 둘러싼 학설의 대립은 두 가지 쟁점에 대한 이해의 대립에서 유래하는 것이라고 말할 수 있다. 첫째는 캐릭터라는 개념 자체를 어떻게 파악하여 이해하는가 하는 캐릭터 정의에 관한 이해의 문제이고, 둘째는 독자적 저작물성을 인정하는 학설이 처음 등장한 배경과 그 실익이 무엇인가에 대한 이해의 문제이다.

616) 이와 마찬가지로 긍정설 논자들 중에는 캐릭터가 등장하는 만화영화 중 특정한 하나의 화면, 즉 原畵가 미술저작물로 보호될 수 있으면 캐릭터 자체의 독자적 저작물성이 인정되는 것이라고 주장하기도 한다. 이러한 주장 역시 캐릭터를 어떻게 파악하는가 하는 개념 정의의 차이에서 유래하는 것으로 이들은 ‘캐릭터 자체’와 ‘캐릭터의 시각적 표현’을 동일시한다.

라. 소 결

(1) 캐릭터 개념의 총체적 이해 = 시각적 요소 + 청각적 요소 + 성격적 요소 + 명칭

캐릭터 자체의 독자적 저작물성을 인정할 것인지에 관한 문제는 곧 가공의 캐릭터(fictional character)에 대해 독자적 저작물성을 인정할 수 있는가에 관한 문제이다. 가공의 캐릭터라는 것은 신체적 외관(시각적 요소), 언어적 표현(청각적 요소), 성격적 특성이나 행동거지(성격적 요소), 그리고 명칭이라는 네 가지 요소로 이루어진다. 따라서 캐릭터라는 것은 이러한 네 가지 요소가 혼연일체가 되어 파악되는 추상적이고 총체적인 개념인 것이지 그 가운데 어느 하나 가령 시각적 요소로 표현된 것만을 가리키는 것이 아니다. 그러한 점에서 긍정설은 캐릭터라는 개념을 총체적으로 이해하지 않은 상태에서 캐릭터의 '상품화'라는 산업적 이해관계만을 고려하여 캐릭터의 특정 측면만을 강조하면서 전개되는 견해라고 평가할 수 있다. 이하에서는 캐릭터 자체의 저작물성을 긍정하는 견해의 세 가지 논거 및 그 문제점을 살펴본다.

(2) 긍정설의 세 가지 논거에 대한 비판

첫째, 캐릭터 자체의 저작물성을 긍정하게 된 배경 내지 이유에 관한 것이다. 즉 선행 저작물들에 등장하던 캐릭터들이 소설, 영화 및 TV에서의 '속편'과 같이 전적으로 새로운 저작물에 이용되면서 해당 캐릭터가 당초 등장하던 저작물과는 별도로 캐릭터 자체의 독자적 저작물성을 고찰할 필요성이 생겼다는 것이다. 요컨대, 캐릭터를 기반으로 영화나 TV 시리즈의 속편 제작이 활발해지고 '캐릭터 상품화 시장'이 형성되면서 캐릭터 자체의 독자적인 존재 가치에 경제적 평가가 요구되었다는 것이다.[617] 그러나 긍정론의 이러한 발상은 著作物의 個數論이란 관점[618]에서 저작권법의 해석론으로서는 물론이고 법적인 이론구성에서도 수용하기 어려운 것이다. 특정한 시각적 캐릭터가 등장하는 만화작품(미술저작물)과는 별개로 그 캐릭터 자체의 저작물성이 인정된다면, 전체 저작물의 개수는 만화작품(미술저작물)과 거기에 등장하는 캐릭터의 숫자를 합하여 여러 개가 되어야 할 것이다. 그러나 이와 같이 캐릭터 자체의 저작물성을 별도로 인정하여 저작물의 개수를 산정하는 것이야말로 저작물의 개수

---

617) M.B. Nimmer & D. Nimmer, *Nimmer on Copyright*, Vol. 1, Matthew Bender, 2004, §2.12, pp.2−172.32~2−172.34; Sheldon W. Halpern·David E. Shipley·Howard B. Abrams, *Copyright: Cases and Materials*, West Publishing Co., 1992, p.391 각 참조.

618) 著作物의 個數論이란 관점은 일본의 山本隆司 변호사가 발표한 "著作物の個數論による著作物概念の再構成"이란 논문(「コピライト」, 2005. 8. 2~18면)에서 示唆받은 것이다.

는 '작품'을 기준으로 판단하는 것이 일반적이라는 점에서 저작권법의 해석상은 물론 이론구성상 타당하지 않다. 더구나 캐릭터 자체에 인정되는 저작물성과 캐릭터가 등장하는 원래의 저작물과의 관계설정을 비롯한 저작권 보호기간의 산정 문제 등이 얽혀 있다. 캐릭터라는 것은 계속적인 공표와 홍보를 통해 개발이 이루어지는 것이므로 어느 특정한 시점을 공표시로 확정짓기 어려운 경우가 많이 발생한다.619) 따라서 긍정설을 취하면 저작물의 개수를 정하는데에 이론적 정합성을 기할 수 없을 뿐 아니라, 캐릭터의 보호기간을 언제부터 起算할 것인지가 문제가 되고 캐릭터 자체에 대한 권리와 캐릭터가 등장하는 개개의 만화나 영화 등의 권리가 복잡하게 얽히게 되어620) 오히려 캐릭터의 상품화 보호에 부정적인 작용을 한다.

≪著作物의 個數論≫

(1) 序 — 저작물의 개수를 판단하는 기준에 관해서는 일본의 山本隆司 변호사의 논문에서 제시한 '最小表現說'과 '去來單位說' 그리고 '作品說'로 나누어 살펴본다.621) 다만 山本 변호사는 이러한 견해들의 구체적 논거를 밝히고 있지 않지만 아래와 같이 정리할 수 있을 것이다.

(2) 最小表現說 — 이 설은 두 가지 관점에서 설명할 수 있을 것이다. 그 하나는 미국 저작권법상 共同著作行爲(collaboration)의 개념과 관련하여 Nimmer가 주장한 '最小限의 기준(de minimis standard)'에 상응하는 것으로 이해하는 경우이다. 그에 따르면 공동저작자가 되기 위해서는 양적이든지 질적으로 각 저작자의 기여가 반드시 동일할 필요는 없지만, 어떠한 경우라도 각 기여부분은 최소한도 이상이어야 하는데, 여기서 최소한이란 한 단어 또는 한 줄 이상(more than a

---

619) 오승종, 「저작권법」 제5판, 박영사, 2020, 269면.

620) 松村信夫·三山峻司, 「知的財産關係法の解說」, 新日本法規, 1996, 546면 참조.

621) 山本隆司, "著作物の個數論による著作物槪念の再構成", 「コピライト」, 2005. 8. 2~18면에 따르면, 山本 변호사는 100개의 문장으로 구성된 소설의 경우를 예로 들면서 하나의 문장마다 하나의 저작물이 성립하는 것인가(前者) 그렇지 않으면 소설 전체로서 하나의 저작물이 성립하는가(後者) 하는 문제를 제기한다. 그는 前者를 ① '最小表現說'이라 하고, 後者의 소설 전체를 하나의 저작물로 보는 경우에도 어떠한 기준에 기해 하나의 저작물로 판단할 것인지에 따라서 ② 거래의 단위가 되는 표현의 집합마다 하나의 저작물이 성립한다는 '去來單位說', ③ 하나의 표제가 붙은 표현의 집합마다 하나의 저작물이 성립한다는 '表題說', ④ 하나의 사상을 표현한 작품으로 완결되어 전체적으로 독립한 표현의 집합으로 이루어진 것을 하나의 저작물로 보는 '作品說'로 나눈다. 그는 이러한 여러 견해들 중에서 作品說이 타당하다고 결론 내린다(위의 논문, 5~6면). 그러나 山本 변호사는 위 논문에서 이러한 諸說의 전개와 그 立論의 바탕이 되는 구체적 논거를 밝히고 있지 않다.

word or a line)의 기여를 말한다고 한다. 이에 따르면 어느 1인의 기여부분이 그 자체만으로는 저작권으로 보호받을 수 없는 아이디어를 구상하는 정도에 국한되어 있더라도 나머지 1인이 구상된 아이디어를 바탕으로 어문적 표현을 완성하였다면 두 사람은 성립된 저작물의 공동저작자가 될 수 있다는 것이다.622) 그 둘은 Goldstein 등이 주장하는 것으로 각 공동저작자의 기여부분은 반드시 각각 저작물로서의 성립요건을 갖추고 있어야 비로소 공동저작물로 성립된다는 '著作物性 테스트(copyrightability test)'에 입각한 견해이다.623) 저작물로서의 성립요건 중 창작성이 가장 중요한 요건이므로 Goldstein 등의 주장은 '創作的 表現說'로 부를 수 있을 것이다. 위 두 관점을 비교하면, 공동저작자로 인정(identification of joint authors)되기 위해 요구되는 기여의 정도와 관련해서는 '최소한의 기준'에도 최소한의 이론적 타당성이 있을지 모른다.624) 그러나 일반적인 저작물의 성립요건 내지 저작물의 個數를 판단하는 기준과 관련하여 '최소한의 기준'은 아이디어가 저작권법의 보호대상이 되지 않는다는 저작권법의 전제와 모순되어 설득력이 떨어진다. 그러한 점에서 '최소표현설'은 '저작물성 테스트'에 입각한 '創作的 表現說'의 관점에서 이해하는 것이 타당할 것이다.625) 문제는 창작적 표현설에 따르면 하나의 소설작품(어문저작물) 중 그 일부를 구성하는 章과 節마다 창작적 표현이 존재하면 이 또한 별개의 저작물로 인정해야 한다는 難點이 있다. 더구나 이 설은 근대미학의 작품 개념에서부터 저작물 개념이 형성·발전되었다는 법제사적 관점626)과도 부합하지 않는다는 점에서 문제가 있다.

(3) 去來單位說 — 이 설은 美國的 制度論으로서는 이해하기 용이할 것으로 생각되는데,627) 속편 제작이나 상품화권의 대상으로서 캐릭터 자체의 저작물성을 긍정하는 미국에서의 논의는 결국 이러한 '거래단위설'을 전제로 한 것이 아닐까 생각된다. 연혁적으로 英美法系 국가에서는, '저작자의 권리(droit d'auteur)'로 저작

<hr />

622) M.B. Nimmer & D. Nimmer, *Nimmer on Copyright*, Vol. 1, LexisNexis, 2007, §6.07[A][1], p.6-20.
623) Paul Goldstein, *Copyright, Patent, Trademark and Related State Doctrines*, 5th ed., Foundation Press, 2004, pp.651~652; 同, *Copyright*, Vol. I, Little, Brown and Company, 1989, §4.2.1.2 p.379. 참고로 미국의 제7항소법원은 '최소한의 기준'은 아이디어는 저작권법의 보호대상이 되지 않는다는 저작권법의 전제와 모순되어 타당하지 않고 '저작물성 테스트'가 타당하다고 판시하였다. Erickson v. Trinity Theatre, Inc., 13 F. 3d 1061 (7th Cir. 1994).
624) M.B. Nimmer & D. Nimmer, op. cit., §6.07[A][1], p.6-20 이하; Craig Joyce·Marshall Leaffer·Peter Jaszi·Tyler Ochoa, *Copyright Law*, 6th ed., Matthew Bender, 2003, p.300 이하 각 참조.
625) '창작적 표현설'에 입각하여 著作物의 個數論을 전개하는 것으로는, 駒田泰土, "著作物と作品概念との異同について", 「知的財産法政策學研究」Vol. 11, 2006, 145면 이하 참조.
626) 이에 관해서는 '제2장, 제1절 서론' 및 후술하는 '작품설'에 관한 설명 각 참조.
627) 山本隆司, 앞의 논문, 5면.

권을 파악하여 창작에 초점을 맞추는 대륙법계 국가와는 달리, 저작권을 '복제권 (copyright)'으로 파악함으로써 유형물의 무단 복제를 금지하는 데에 중점을 두어 왔다. 이와 같이 영미법계는 창작보다는 오히려 유형물의 관리(material support) 에 초점을 맞추고 경제적 이익의 확보를 중시해왔다.[628] 또한 미국 연방대법원은 저작권법 제504조(c)(2)가 규정하는 법정손해배상금(statutory damages)의 산정 과 관련한 저작물 개수의 판단기준으로서 "독자적인 경제적 가치(independent economic value)"를 제시한 바 있다.[629] 미국 연방항소법원도 피고가 원고의 영 화 '증기선 윌리(Steamboat Willie)' 중에서 미키(Mickey)와 미니(Minnie) 두 개의 캐릭터만을 복제하고 영화의 나머지 요소들은 침해하지 않은 사건에서[630] 저작 물의 개수는 "구별되는 경제적 가치(a distinct economic value)와 그 자신의 저 작권적 생명력(a copyright life)을 가지는 것"에 의해 결정되어야 하므로 피고는 미키와 미니 두 개의 저작권을 침해한 것이라는 취지로 판시하였다.[631] 이렇게 보면 肯定說의 첫째 논거 중에서 발견되는 캐릭터 자체의 독자적인 존재 가치 혹은 캐릭터가 그 자체로서 생명력을 가진다는 식의 표현은 독자적인 경제적 가 치가 인정되는 '거래단위'로서의 저작물을 전제로 한 주장이라고 할 것이다. 그러 나 이와 같이 저작물의 개수를 '거래단위'의 기준에 따라 판단하는 것은 자의적이 어서 합리적인 기준이라고 보기 어려울 것이다.

　(4) 作品說 — 이 설은 저작물이란 작품을 의미하는 것이라고 이해한다. 생각건 대 '作品說'은 다음과 같은 이유에서 저작물의 개수를 결정하는 기준으로서 가장 타당하다. 첫째, 美學的으로 作品(work, Werk)이란 對象的인 單一性·完結性과 같은 존재방식을 그 본질적 특성을 하는 것이고,[632] 또한 작품이란 내용과 형식 으로 존재하며 저작자는 작품을 지배하게 되는데 저작권은 물적인 소유를 전제 로 하는 소유권과는 다른 것으로서 이러한 저작권은 저작자에게 귀속하게 된다 는 점이다.[633] 둘째, 이러한 과정을 통하여 저작자와 '저작물'—즉, 단일하고 완결 되어 있으며 저작권의 귀속과 관련하여 포착되는 美學的 客體—이라는 근대적 체계가 법의 논의 속에서 제도화된 것인데,[634] 여기서 말하는 미학적 객체가 바

---

628) S.M. Stewart, *International Copyright and Neighbouring Rights*, Butterworth, 1983, pp.6~7.
629) Feltner v. Columbia Pictures Television, Inc., 523 U.S. 340 (1998). M.B. Nimmer/D. Nimmer, *Nimmer on Copyright*, Vol. IV, Matthew Bender, 2004, §14.04, p.14−88 이하.
630) 미국 연방항소법원의 이러한 설시 부분은, 전술한 바 있는 긍정설의 둘째 논거를 강조한 것이 라는 점에서 의미가 있다.
631) Walt Disney Co. v. Powell, 897 F. 2d 565 (D.C. Cir. 1990).
632) 佐佐木健一, 「作品の哲學」, 東京大學出版會, 1985, 124면.
633) 佐佐木健一, 위의 책, 245~248면 참조.
634) Mark Rose, "The Author as Proprietor: Donaldson v. Becket and the Genealogy of Modern

로 작품을 의미하는 것이다. 셋째, 우리 저작권법이 규정하는 저작물이란 용어는 作品 또는 所産을 의미하는 영어의 Work, 프랑스어의 Oeuvre, 독일어의 Werk에 해당하는 번역어로서[635] 저작권법은 사상, 감정의 창작적 표현인 '작품'을 보호대상으로 하고 있다는 점이다.[636] 예를 들면, 저작권법 제4조 제1항은 "이 법에서 말하는 저작물을 예시하면 다음과 같다"고 규정하고 同項 제1호에서 "어문저작물"로서 "소설·시·논문·강연·연설·각본" 등을 例示하고 있는데, 이러한 '소설', '시', '논문', '강연' 등은 작품을 전제로 한 것이다. 넷째, 우리 대법원 판결도 저작물과 작품을 동일한 개념으로 파악하고 있다. 가령 "원저작물이 전체적으로 볼 때는 저작권법 소정의 창작물에 해당한다 하더라도 그 내용 중 창작성이 없는 표현 부분에 대해서는 원저작물에 관한 복제권 등의 효력이 미치지 않는다. 따라서 어문저작물에 관한 저작권침해소송에서 원저작물 전체가 아니라 그 중 일부가 상대방 저작물에 복제되었다고 다투어지는 경우…"[637]라고 설시한 내용을 살펴보자. 여기서 저작물이란 '전체'를 말하는 것이고 '부분'이란 저작물의 일부에 불과할 뿐 결코 저작물 그 자체가 아니라는 의미를 내포하고 있다. 이는 저작물이란 작품과 동의어라는 것을 암묵적으로 전제한 것이다.

결국 긍정설이란 '작품'을 기준으로 저작물의 개수를 판단하는 것이 아니라 '거래단위'를 기준으로 캐릭터 자체의 독자적 저작물성을 인정하는 견해이다. 긍정설은 1개의 만화작품에 2개 이상의 미술저작물(성)을 인정하는 결과가 되므로, 1개의 作品에는 1개의 저작물이 성립한다는 著作物의 槪念에서 보더라도 캐릭터 자체의 저작물성을 긍정하는 견해는 타당하지 않다.[638]

둘째, 이러한 사회·경제적 배경을 전제로 하면서 캐릭터 자체의 독자적 저작물성을 긍정하지 않으면 법적 보호가 미흡할 수밖에 없는 구체적인 문제

Authorship", *Of Authors and Origins*, Clarendon Press, 1994, p.33.
635) 水野練太郎, 「著作權法」, 明治38年 法政大學 講義錄, 67면; 山本桂一, 「著作權法」增補, 有斐閣, 1973, 34면 각주1).
636) 서달주, "독일 저작권법상의 작품성론(1)", 「계간 저작권」, 2002 봄호, 2면 각주1) 참조.
637) 대법원 2012. 8. 30. 선고 2010다70520, 70537 판결.
638) 다만, 처음부터 상품화에 이용할 목적으로 캐릭터의 용모·자태만을 묘사한 이른바 '오리지널 캐릭터'의 경우에는 당해 캐릭터를 그린 것 자체가 하나의 작품이기 때문에 이것이 하나의 미술저작물로서 성립하게 된다. 즉, 이 경우에는 '오리지널 캐릭터'를 그린 작품이 바로 '오리지널 캐릭터' 그 자체가 된다. 그러므로 이른바 '오리지널 캐릭터'에 저작물성이 인정된다고 하여 이러한 현상을 캐릭터 자체의 저작물성이 긍정되는 경우로 오해하는 일이 있어서는 안 될 것이다. '오리지널 캐릭터'와 관련해서는 전술한 '헬로 키티' 사건에 관한 서울고법 1999. 12. 21. 선고 99나23521 판결 참조.

상황 두 가지를 제시한다. 즉, 저작물 중에서 캐릭터만을 복제하고 다른 구성
요소들을 복제하지 않은 경우, 또는 저작물 전체에 저작권이 인정되지 않고
유일한 창작 부분이 캐릭터인 경우이다.639) 그러나 위와 같은 경우는 부정설
에 의하더라도 그 캐릭터가 등장하는 해당 저작물의 여러 가지 구성요소 중에
서 그 캐릭터가 본질적인 부분에 해당한다면 그 캐릭터가 등장하는 해당 저작
물의 저작권에 의해 보호될 수 있을 것이므로 긍정설을 취할 아무런 실익이
없다.

셋째, 캐릭터의 독자적 저작물성을 긍정하는 이론구성을 하게 되면, 2차적
저작물 작성권 침해에 해당하는 이른바 응용 표절행위에 관해서도 손쉽게 복
제권 침해 책임을 추궁할 수 있게 되므로 그 저작물성을 부정하는 경우와 비
교할 때 저작권법에 의한 캐릭터의 법적 보호는 포괄적이고 용이해진다는 것
이다.640) 그러나 부정설에 의하더라도 원고가 구체적으로 주장하고 있는 특정
한 화면에 피고가 직접 의거한 것인지 여부를 일일이 확인할 필요가 없으며
경험칙상 간접적으로라도 依據한 것이라고 판단할 수 있으면 복제권 내지 2차
적 저작물 작성권 침해를 인정하는 데에 아무런 문제가 없다.641) 결국 저작권
침해를 주장함에 있어서 모방된 화면을 특정할 필요가 없으므로 의거 요건의
입증이 손쉽게 이루어지고 캐릭터의 법적 보호가 포괄적이고 용이하다는 점에
서는, 긍정설이나 부정설이나 아무런 차이가 없다는 결론에 도달한다. 그러한
점에서 구태여 캐릭터 자체의 저작물성을 긍정할 실익은 없다.

(3) 캐릭터가 등장하는 저작물의 보호범위642)

캐릭터 자체의 독자적 저작물성을 긍정하든 부정하든 캐릭터가 등장하는
소설은 어문저작물의 저작권에 의해, 만화는 미술저작물의 저작권에 의해, 만
화영화는 영상저작물의 저작권에 의해 당해 캐릭터가 각각 보호를 받게 된다
는 점에서 동일하다. 캐릭터가 등장하는 저작물의 종류에 따라 캐릭터에 대한
저작권법적 보호가 이루어지는 경우 각 저작물의 표현형식상의 차이로 말미암
아 당해 캐릭터 내에서 캐릭터가 표현되는 양상은 각각 상이할 수밖에 없고

---

639) Earl W. Kintner·Jack Lahr, *An Intellectual Property Law Primer*, 2nd ed., Clark Boardman
    Company, Ltd., 1982, pp.360~362 참조.
640) 특히 셋째의 논거를 캐릭터 자체의 저작물성을 부정하는 국내의 논자들조차도 긍정설의 장점
    으로 거론한다. 오승종, 앞의 책, 252~253면, 261~262면; 전원열, 앞의 논문, 326면 각 참조.
641) 中山信弘, 「著作權法」第2版, 有斐閣, 2014, 178면, 151면; 三村量一, 「最高裁判所 判例解說
    民事篇 平成9年度(中)」, 法曹會, 2000, 953면 각 참조.
642) 이에 관한 상세는, 박성호, 「캐릭터 상품화의 법적 보호」, 현암사, 2006, 192~276면 참조.

그 상이성으로 말미암아 그 저작물 내에서 캐릭터가 차지하는 구조적 위치도 달라질 수밖에 없다. 이하에서는 어문저작물에 등장하는 어문적 캐릭터(literary character)와 미술저작물 및 영상저작물에 등장하는 시각적 캐릭터(visual character)로 나누어 살펴본다.

어문저작물에 등장하는 어문적 캐릭터(literary character)의 전형적인 예는 소설에 등장하는 가공의 캐릭터(fictional character)로서 이것은 讀者들의 마음에 특정한 이미지를 상기시키는 특징과 요소들이 뒤섞인 추상적 형태로서 존재한다. 따라서 추상적인 정신적 이미지로서 존재하는 어문적 캐릭터를 보호하는 것보다 시각적 구성요소를 많이 포함하는 시각적 캐릭터를 보호하는 것이 훨씬 더 용이하다. 캐릭터를 특징짓는 요소는 신체적 외관, 언어적 표현, 성격적 특성 그리고 명칭이라고 말하고 있는데, 어문적 캐릭터도 이러한 네 가지 구성요소로 나누어 살펴볼 수 있다. 어문적 캐릭터의 구성요소 중에서 가장 강력한 캐릭터의 식별기능을 가지는 것이 캐릭터의 명칭이라는 데에는 異論이 없다. 그러나 캐릭터의 명칭은 저작물로서 보호되기 어려운 경우가 대부분이므로 이에 대한 법적 보호 문제는 상표법이나 부정경쟁방지법을 통한 보호를 모색할 수밖에 없다. 그러면 캐릭터의 명칭을 제외한 나머지 구성요소들은 저작권법의 보호대상이 될 수 있는가 하는 점이다. 어문적 캐릭터는 시각적 요소의 비중이 낮고 이 요소에 창작적 개성이 있는 표현을 파악하기가 어려운 경우가 많다. 캐릭터의 시각적 요소뿐 아니라 그 밖의 구성요소, 즉 말투나 행동거지, 성격이나 능력 등 각각 하나의 요소만으로는 캐릭터의 개성을 창작성이 있는 것으로 표현하기에는 충분하지 않다. 결국 통상적으로는 어문적 캐릭터의 여러 구성요소들이 일체화되어야 비로소 창작적 개성을 가지고 표현된 캐릭터인지 아닌지를 판별할 수 있게 된다. 어문저작물은 기본적으로 캐릭터와 이야기의 전개과정(sequence)으로 구성되어 있기 때문에 캐릭터나 이야기의 전개과정, 또는 그 조합이 저작권으로 보호되는 지점(the point)을 특정할 필요가 있다. 캐릭터가 보호되는 지점은 저작물 속에서의 개발의 정도와 그 중요성에 따라 좌우된다. 진부한 인물(stock figures), 기본적이거나 전형적인 인물 등은 본질적으로 아이디어에 불과한 것이므로 보호될 수가 없다.[643] 요컨대, 캐릭터는 더욱 상세하게 묘사되고 그 스토리에서 중심적인 역할을 할수록 더욱더 보호를 받을 수 있게 된다. 결국 캐릭터의 법적 보호를 둘러싼 이러한 문

---

643) 대법원 2015. 3. 12. 선고 2013다14378 판결('동성애소설' 사건) 참조.

제는, 저작권법상의 '아이디어와 표현의 이분법(idea-expression dichotomy)' 원칙에 의해 법적 보호가 개시되는 지점을 劃定하는 문제로 환원되는 것이다.[644] 따라서 이 문제는 저작권 침해에 있어서 실질적 유사성의 판단 문제로 귀결되는 것이기 때문에 저작권 침해의 성립 여부를 판단함에 있어서 작품 유형별로 기준을 정하여 처리할 문제인 것이지 캐릭터 자체의 저작물성을 긍정함으로써 해결할 문제는 아니다.

다음으로 미술저작물이나 영상저작물에 등장하는 시각적 캐릭터이다. 캐릭터를 특징짓는 요소는 신체적 외관, 언어적 표현, 성격적 특성, 명칭의 네 가지라 할 수 있는데, 만화와 같은 미술저작물이나 만화영화와 같은 영상저작물에 등장하는 시각적 캐릭터들은 신체적 외관이 선이나 색의 배열(arrangement of lines and colors)에 의해 형상화되므로 어문적 캐릭터의 경우와 비교할 때 당해 저작물에 의한 저작권의 보호대상이 되기에 용이하다. 이러한 관점에서 시각적 표현을 수반하는 저작물의 캐릭터, 즉 시각적 캐릭터(visual character)에 중점을 두고서 저작권법에 의한 보호범위를 판단해 보면, 미술저작물이나 영상저작물에 대한 저작권 침해사건에서도 '아이디어와 표현의 이분법'이 중심적인 역할을 하게 될 것이다. 시각적 캐릭터의 경우에는 비교 대상과의 시각적인 대비가 가능하게 되고 단일하고도 분명한 시각적 이미지를 가지고 있기 때문에 회화적으로 세세하게 표현된 부분은 보호받는 표현에 해당하게 될 것이다. 따라서 만화나 애니메이션 등 회화적으로 표현되는 시각적 캐릭터는 그것이 창작적이고 다른 것과 식별 가능하도록 묘사되어 있는 경우에는 아이디어와 표현을 분리하는 것이 용이하기 때문에 저작물을 구성하는 하나의 요소인 캐릭터에 대해서도 저작권 보호가 미치게 될 것이다.

캐릭터가 어느 저작물의 구성요소로서 보호된다는 것과 캐릭터 자체에 독자적 저작물성이 인정된다는 것을 혼동해서는 안 된다. "어문적, 회화적, 또는 시청각적 캐릭터가 저작물성이 인정되는 저작물의 보호되는 요소일 수는 있다고 하더라도, 캐릭터가 그 스스로 권리를 가지는 저작물은 아니다"[645]는 말은

---

644) 대법원 2000. 10. 24. 선고 99다10813 판결은 "소설 등에 있어서 추상적인 인물의 유형 혹은 어떤 주제를 다루는 데 있어 전형적으로 수반되는 사건이나 배경 등은 아이디어의 영역에 속하는 것들로서 저작권법에 의한 보호를 받을 수 없다"고 판시한다. 이러한 判旨를 반대 해석하면 "구체화되고 상세한 이야기 줄거리와 사건전개 및 구체적인 등장인물의 성격과 상호관계는 보호받을 수 있는 표현이라는 점을 전제로 하고 있는 것으로 해석된다." 정상조, "창작과 표절의 구별기준", 「법학」 제44권 제1호, 서울대법학연구소, 2003. 3., 119면 각주41).
645) Joyce·Leaffer·Jaszi·Ochoa, op. cit., p.151.

부정설의 핵심을 설명해 준다. 긍정설을 주장하는 Nimmer 자신도 이론적으로는 "캐릭터는 그것이 등장하는 스토리와는 별도로 보호될 수 있는가가 쟁점"이 된다고 하고 "이것은 어떤 의미에서 저작물성 그 자체라는 관점에서보다는 오히려 저작권 침해의 성립요건인 실질적 유사성의 정도와 관련하여 더 정확하게 쟁점 파악이 이루어진다"고 고백한 바 있다.646) 이러한 논의를 종합하면, 캐릭터는 그 캐릭터가 등장하는 저작물의 구성요소로서 창작성이 인정되는 경우 보호될 수 있으며, 그 법적 보호는 저작권 침해의 성립요건 중의 하나인 실질적 유사성의 판단 문제로 환원된다는 부정설의 논지로 이어진다.

---

646) M.B. Nimmer & D. Nimmer, op. cit., §2.12, p.2−172.32.

3

저작자

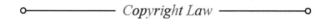

Copyright Law

제3장   저작자

제1절 서   론

　저작자가 저작물을 창작하면 그 창작과 동시에 당해 저작물의 저작권은 저작자에게 原始的으로 歸屬한다. 저작물에 관해서는 제2장 제2절 내지 제5절에서 이미 설명하였는데, 저작물성이 긍정되는 경우 뒤이어 살펴보아야 할 것은 해당 저작물의 저작권이 누구에게 원시적으로 귀속되는가이다. 다시 말해 그 저작물의 저작자는 누구인가 하는 문제이다. 저작권의 귀속에는 원시적 귀속 외에 後發的 歸屬이 있지만, 이는 논리적으로 저작자가 누구인지 특정된 이후 저작물 등의 경제적 이용(제6장)과 관련하여 발생하는 법률관계이다.

제2절 저작자 = 창작자

Ⅰ. 저작자의 인정

1. 저작자의 개념

가. 의   의

　베른협약, 세계저작권협약 어느 것이나 '저작자'에 관한 정의규정을 두고 있지 않으며, 각 회원국의 국내법이 정하는 바에 맡겨 두고 있다. 저작권법 제1조는 그 목적의 하나로서 '저작자의 권리보호'를 들고 있으며, 제2조 제2호는 '저작물을 창작한 자'를 '저작자'로 규정한다. 이러한 점에서 '저작자'는 '저작물'과 함께 저작권법 전체를 관통하는 기본적이고 중심적인 개념이다. 여기서 저작물을 창작한 자라 함은 인간의 사상 또는 감정을 창작성 있는 표현으로(제2

조 제1호) 구체화한 자를 말한다. 저작물이 이미 완성된 경우 그 창작자가 저작자로 되는 것은 물론이지만, 현재 창작 중인 것이라도 그 작품이 이미 독자적인 형태를 갖추어 저작물로 인정될 수 있을 정도에 도달하였다면 미완성품의 창작자도 저작자가 될 수 있다. 이에 반하여 창작을 예정하고는 있지만 아직 창작에 착수하지 않은 경우와 이미 창작에는 착수하였지만 만들어진 부분이 아직 저작물로 인정될 수 있을 정도에 도달하지 못한 경우의 창작자는 저작자라고 할 수 없다.[1]

나. 대륙법계와 영미법계

저작자(author)의 독창적인 개성의 표현인 저작물을 보호하는데 중점을 두는 독일·프랑스 등과 같은 대륙법계 국가에서는 저작권을 '저작자의 권리(author's right, Urheberrecht, droit d'auteur)'로 파악함으로써 저작자의 재산적 이익뿐만 아니라, 그 인격적 이익의 보호를 중요 내용으로 하고 있다. 이에 반하여 영국이나 미국 등 영미법계 국가에서는 저작권을 '복제를 금지하는 권리(copyright)'로 파악함으로써 저작자의 재산적 이익의 확보에 중점을 두어 저작물의 外延을 넓게 보고 있으며, 그 결과 최초 창작자로서의 성격보다는 저작물 이용자로서의 성격이 짙은 영화제작자, 음반제작자, 방송사업자까지 저작자에 포함시키고 있다. 理念型으로서의 두 法系 간에는 무엇보다도 대륙법계에서는 저작자로 자연인을 전제로 하고 있음에 대하여, 영미법계는 경제적 이익의 귀속 주체로서 법인을 인정하고 있는 점에 차이가 있다. 또한 대륙법계는 저작자에 의한 저작물의 창작행위와 實演者 등에 의한 저작물 이용행위를 준별함으로써 저작인접권 개념을 창출하고 있는데 반하여, 영미법계에서는 양자를 구별하지 않고 있다.[2]

그런데 현실적으로 '업무상 저작'에 대해서는 이념형으로서의 두 法系 간의 차이점이 많이 엷어져 가고 있다. 특히 우리나라와 일본 저작권법의 '업무상 저작'에 관한 규정을 살펴보면, 해당 法系의 주류에서 벗어난 입법의 양상마저 발견할 수 있다.[3] 뿐만 아니라 저작인격권과 관련해서도 대륙법계와 영미법계의 차이점은 많이 없어져 가고 있다. 영국은 1988년 저작권법에서 저작

---

1) 半田正夫, 「著作權法槪說」第15版, 法學書院, 2013, 57면.
2) 두 法系 간의 차이점에 대해서는, S.M. Stewart, *International Copyright and Neighbouring Rights*, Butterworths, 1983, pp.6~10 참조. 저작인접권에 관해서는 제5장 제1절 'I. 저작인접권 제도의 의의' 참조.
3) 이에 관해서는 저작권법 제9조 참조.

인격권에 관한 보호규정(제77조 내지 제89조)을 두고 있으며, 미국은 1990년 저작권법을 일부 개정하여 시각적 미술저작물(works of visual arts)에 대해 저작인격권을 부여하는 조항(제106조의 A)을 신설하고 있다.

2. '저작자 = 저작물의 창작자'가 의미하는 것

가. 서

저작자란 저작물을 창작한 자를 말하지만 저작물의 창작행위가 무엇을 의미하는지에 대해서는 특별한 언급이 없다. 저작권법은 민법의 특별법이고 민법은 私法의 일반법으로서 특별법인 저작권법의 기초가 되는 관계에서 보충적으로 적용된다.[4] 그러므로 저작권법상 저작자의 개념을 명확히 이해하기 위해서는 저작물의 창작행위를 민법의 관점에서 고찰해 볼 필요가 있다.

나. 사실행위로서의 '저작물의 창작행위'

저작권은 저작물을 창작한 때로부터 발생하며 어떠한 절차나 형식의 이행을 필요로 하지 아니한다.[5] 즉 저작물의 창작이라는 법률사실이 법률요건을 구성하고, 여기에서 곧바로 저작권이란 법률효과가 발생한다. 그렇기 때문에 무엇이 과연 창작행위에 해당하는가를 검토하는 것이 중요하다. 저작물의 창작행위는 법률요건을 구성하는 개개의 법률사실 중 특히 '사실행위'에 해당한다. 창작행위는 민법상 법률행위가 아니라 의사의 표현을 본질로 하지 않는 사실행위이기 때문에 그 행위자에게 행위능력이 요구되지 않으며 권리능력만 있으면 된다.[6] 따라서 미성년자나 피성년후견인, 피한정후견인 등 제한능력자라도 저작물을 창작하면 저작자가 된다. 다만 이들이 취득한 저작권은 친권자나 후견인의 재산관리 아래 놓이게 된다.[7]

민법상 사실행위라 함은 법률이 행위자의 의사와 관계없이 법률효과를 부여하는 사실적인 결과에 향하여진 행위이다. 통설은 사실행위를 외부적 결과의 발생만 있으면 법률이 일정한 효과를 부여하는 순수사실행위와, 그밖에 어

---

4) 황적인, "지적소유권의 본질과 지위", 「민법·경제법 논집」, 법원사, 1995, 667면; 정상조 편, 「지적재산권법강의」, 홍문사, 1997, 45면 이하(양창수 집필); 양창수, "민법과 지적재산권법", 「오늘의 법률」, 현암사, 1997. 3., 3110~3111면 각 참조.

5) 저작권법 제10조 제2항 참조.

6) 장인숙, 「저작권법원론」개정판, 보진재, 1996, 50면, 56면; 하용득, 「저작권법」, 법령편찬보급회, 1988, 125면; 이기수 외 6인, 「지적재산권법」, 한빛지적소유권센터, 1996, 842면(김문환 집필); 곽윤직 편집대표, 「민법주해(I)」, 박영사, 1992, 271~272면(양삼승 집필) 각 참조.

7) Vgl. M. Rehbinder, *Urbeberrecht*, 14. Aufl., C.H. Beck, 2006, S.95.

떤 의식과정이 따를 것을 요구하는 혼합사실행위로 나누고 있다.[8] 순수사실행위의 예로는 특허법상 발명, 저작권법상 저작물의 창작이 있다. 민법상 예로는 가공(민법 제259조), 매장물의 발견(동법 제254조)이 있다. 각 법률은 이러한 경우 발명, 창작, 가공, 발견이라고 하는 행위의 결과에 대하여 행위자의 목적적 의욕과는 관계없이 일정한 법률효과를 부여한다.[9] 이에 따라 사실행위로서 저작물의 창작행위를 한 자에게는 그 법률효과로서 저작권법 제2조 제2호에 따라 저작자의 지위가 부여되고, 이러한 지위에서 저작자는 저작권을 원시적으로 취득한다(제10조 제1항 참조).

다. 창작자원칙

이와 같이 창작행위는 정신적·신체적 활동에 의하여 저작물을 만들어 내는 사실행위이기 때문에 자연인만이 이를 행할 수 있고, 언제나 해당 저작물을 실제로 창작한 자연인만이 저작권을 원시적으로 취득한다. 이것을 '창작자원칙(Schöpferprinzip)' 또는 창작자주의라고 하는데,[10] 저작권법 제2조 제2호의 "저작자는 저작물을 창작한 자를 말한다"는 내용은 창작자원칙을 규정한 것이다. 또한 창작행위는 법률행위가 아니라 의사표시 없이 권리취득이 이루어지는 사실행위이기 때문에 민법상의 대리가 성립할 여지가 없다.[11] 따라서 대리인으로 하여금 창작하게 하고 그 법률효과인 저작권을 본인이 직접 취득할 수는 없다.[12]

≪창작자원칙과 발명자원칙≫

특허법상 발명에 대해서는 '발명자원칙(Erfinderprinzip)'이란 것이 있다. 저작물의 창작행위를 실제로 행한 자연인만이 저작권을 원시적으로 취득한다는 저작권법상 '창작자원칙'과 마찬가지로, '발명자원칙'이란 실제로 발명행위(민법상 순수사실행위)를 한 자연인만이 '특허를 받을 수 있는 권리'를 원시적으로 취득하는 것을 말한다. '발명자주의'라고도 부른다. 주의할 것은 '특허를 받을 수 있는 권리'를 취득한 자(발명자 또는 그 승계인)가 특허권을 취득하기 위해서는 특허법 소

---

8) 곽윤직 편집대표, 「민법주해(II)」, 박영사, 1992, 154면(송덕수 집필).
9) 곽윤직 편집대표, 앞의 책, 155면; 이영준, 「한국민법론(총칙편)」수정판, 박영사, 2004, 142면.
10) K. Fromm·W. Nordemann, *Urheberrecht*, 8. Aufl., Kohlhammer, 1994, S.102; M. Rehbinder, a.a.O., S.94.
11) 곽윤직, 「민법총칙」신정판, 박영사, 1989, 443면; 곽윤직 편집대표, 「민법주해(III)」, 박영사, 1992, 4면(손지열 집필) 각 참조.
12) 장인숙, 앞의 책, 56면.

정의 출원과 심사를 거쳐 등록이 완료되어야 한다는 점에서 저작권과 다르다. 특
허법 소정의 절차를 거치면 특허권은 公法的 성격의 행정행위에 의해 그 출원인
에게 부여된다. 이것을 행정법학계의 통설적 이론에 따라 설명하면, 특허권은 국
가의 행정작용 중에서 행정행위에 의해 부여되는데, 이때의 행정행위는 '準法律
行爲的 行政行爲'에 해당하고, 그 중에서도 '확인행위'(給付행정법상 확인)에 해
당한다.

한편, 법인이란 자연인과는 달라서 어떤 관념적인 존재를 만들어 그로 하
여금 어떤 권리·의무를 가질 수 있도록 한 법적 기술이기 때문에 자연인처럼
살아 있는 존재가 아니다. 따라서 법인 자신이 정신적·신체적 활동을 한다든
가 또는 법률행위 등을 할 수 없다. 누군가 자연인이 이러한 것을 해야 한다.
이것이 바로 법인의 행위능력의 문제이다.13) 민법 제59조 제2항이 "법인의 대
표에 관하여는 대리에 관한 규정을 준용한다"고 규정한 것으로 알 수 있듯이,
법인의 실체를 인정하는 實在說을 취하더라도 법인 자신이 현실적으로 법률행
위를 하는 것은 불가능하기 때문에 법인의 행위능력 문제란 곧 '법인의 대리'
문제를 의미하는 것이 된다.14) 요컨대 법인은 만들어진 사람에 불과하기 때문
에 자연인과 다르고, 따라서 정신적·신체적 활동에 의하여 저작물을 만들어
내는 창작행위를 할 수 없다.

문제는 저작권법 제2조 제31호의 업무상 저작물인 경우 제9조에 따라 그
저작물이 법인이나 사용자 등의 명의로 공표되고 계약 또는 근무규칙 등에 다
른 정함이 없는 때에는 창작자를 고용한 법인이나 그 使用者 등이 업무상 저
작물의 저작자로 된다고 규정하고 있는 점이다.15) 저작물의 창작행위는 자연
인만이 할 수 있고, 창작행위에는 민법상의 대리가 성립할 여지가 없다는 점
을 상기하면, 저작권법 제9조는 제2조 제2호의 예외 규정으로 일정한 요건을
갖춘 경우에 한하여 실제 창작자가 아닌 법인이나 사용자를 저작자로 간주한
다는 法的 擬制 규정에 불과한 것이다. 요컨대, 저작권법 제9조의 업무상 저작
물의 저작자에 관한 규정은 저작권법이 천명한 '창작자원칙'의 예외 규정이라
는 점에 유의할 필요가 있다.16)

---

13) 고상룡, 「민법학특강」, 법문사, 1995, 95면.
14) 고상룡, 위의 책, 102면.
15) 이에 관해서는 본장 제3절 '업무상 저작물의 저작자' 참조.
16) 따라서 업무상 저작물의 저작자에 관한 저작권법 제9조는 '창작자원칙'의 예외라는 점을 고려할
   때 가능한 한 제한적으로 해석되어야 한다.

3. 저작자의 지위 결정이 문제되는 경우

가. 창작의 動因(motif)을 제공한 자

저작자는 저작물의 창작자일 것을 요한다. 그러므로 순수하게 발상을 하였거나 제안을 한 것에 지나지 않는 자는 창작적 기여를 한 것이 아니기 때문에 저작자가 아니다.[17] 따라서 소설가나 화가에게 힌트나 테마를 제공하는 등 창작에 動因을 제공한 데 불과한 자는 저작자라고 할 수 없다.[18] 또한 자료를 제공하였거나 조언을 한 것에 불과한 자도 창작에 관여한 것이 아니므로 저작자가 될 수 없다.[19]

나. 창작의 보조자

창작의 보조자는 창작적 기여를 행한 것이 아니므로 저작자가 아니다.[20] 요컨대 저작자의 조수와 같이 저작물을 작성할 때 저작자의 지휘·감독 하에 그의 손발이 되어 작업에 종사한 자는 저작자의 창작활동을 돕는 데 불과하고 스스로의 창의에 기해서 제작에 힘쓰는 자는 아니므로 저작자가 될 수 없다.[21] 가령, 편집저작물을 작성함에 있어 編輯主幹이 정한 편집방향에 따라 단순히 素材를 배열하고 정리하여 기계적 작업을 담당한 '자료정리요원'은 저작자가 아니다.[22]

다. 감수자·교열자

감수자나 교열자가 단지 이름만 빌려준 것에 지나지 않는 때에는 저작자가 될 수 없지만, 저작물의 내용에까지 관여한 경우에는 공동저작자가 되는 경우도 있을 것이다.[23] 이것은 구체적인 사실관계 여하에 좌우되는 문제이다. 가령, 原稿의 내용에 어느 정도 관여한다고 하더라도 단순히 誤記를 지적·정정하거나 그 밖에 중요하다고 생각되는 부분에 대해 조언을 하는 정도로는 저작행위를 한 것이 되지 않는다. 그러나 감수자나 교열자가 스스로 내용을 검

---

17) G. Schricker, *Urheberrecht Kommentar*, 3 Aufl., C.H. Beck, 2006, S.232.
18) 半田正夫, 앞의 책, 57~58면; 송영식·이상정, 「저작권법개설」 제9판, 세창출판사, 2015, 151면; 오승종·이해완, 「저작권법」 제4판, 박영사, 2005, 201면.
19) 대법원 2009. 12. 10. 선고 2007도7181 판결("저작물의 작성 과정에서 아이디어나 소재 또는 필요한 자료를 제공하는 등의 관여를 하였다 하더라도 그 저작물의 저작자가 되는 것"은 아니라고 판시).
20) G. Schricker, a.a.O., S.232.
21) 半田正夫, 앞의 책, 58면; 송영식·이상정, 앞의 책, 152면; 오승종·이해완, 앞의 책, 201면.
22) 송영식·이상정, 앞의 책, 152면.
23) 三山裕三, 「著作權法詳說」 제8版, LexisNexis, 2010, 166면.

토하고 상당 부분에 걸쳐 보정·가필을 한 경우에는 저작에 상당하는 행위가 있었다고 볼 수 있다. 이러한 경우에는 감수자나 교열자는 저작자와 함께 공동저작자가 될 수 있을 것이다. 또한 감수자라고 표시되었다 하더라도 실질적으로는 저작물의 편집을 담당한 경우에는 편집저작물의 저작자가 될 수 있을 것이다. 그러므로 타인에게 감수나 교열을 의뢰할 때에는 훗날 저작권을 둘러싸고 분쟁의 소지가 없도록 명시적인 계약 등을 통하여 서로의 입장을 명확히 해 놓는 것이 바람직하다.[24]

라. 저작물의 창작을 위탁한 자[25]

창작을 위탁한 자는 저작자가 아니다. 따라서 그림의 주문자, 건축주 등 제작기회의 제공자는 저작자라고 할 수 없다.[26] 委任이나 都給契約에 있어서 수임인이나 수급인은 각각 위임인·도급인에 대하여 독립적인 지위에 놓여 있고 自己裁量에 의하여 활동하는 것이 원칙이므로 위임이나 도급계약에 의해 저작물이 작성된 경우 그 저작물의 저작자는 실제로 창작행위를 한 수탁자이고, 저작권은 저작자인 수탁자에게 원시적으로 귀속된다. 이와 같이 위탁저작물의 저작권은 일반적으로 실제 창작한 자에게 원시적으로 귀속하기 때문에, 위탁을 한 자(위임인이나 도급인)는 그 저작물을 이용할 수 있는 범위라든가 혹은 저작권이 위탁자에게 양도되는가의 여부를 미리 계약으로 명백하게 정해둘 필요가 있다. 가령 회사의 社歌를 현상모집 또는 위탁하여 만들었을 경우 회사의 창립기념일 등의 행사장에서 연주하는 것은 당초 취지에 맞는 이용이라 할 수 있겠으나, 社歌의 저작자는 실제로 작사·작곡을 한 자이므로 음반 등에 수록판매하기 위해서는 모집요강이나 계약사항에 포함되어 있지 않는 한 저작자의 허락이 필요하다. 또 모집요강이나 계약에 의해 저작권이 모집자나 위탁자에게 이전되더라도 저작인격권은 原著作者에게 남아 있기 때문에 무단으로 저작물에 수정을 가하거나 原著作者의 이름을 바꾸는 것은 저작인격권을 침해하는 행위가 된다.[27]

이와 관련하여 일본 하급심 판결은 어느 화가가 주문자로부터 자료를 제공받고 지시사항에 따라 저작물을 창작한 이른바 '고속도로 파노라마 지도' 사건에서 "소외인은 원고로부터 제공받은 각 자료와 답사결과에 따라 원고의 지

24) 內田晋, 「問答式 入門著作權法」, 新日本法規, 1979, 97~98면; 오승종·이해완, 앞의 책, 204면.
25) 이에 관해서는 본장 제3절 II. 2. 나. '위임이나 도급계약의 경우' 참조.
26) 半田正夫, 앞의 책, 58면; 송영식·이상정, 앞의 책, 152면; 오승종·이해완, 앞의 책, 202면.
27) 문화공보부 편, 「저작권해설」, 1989, 86면.

시, 주문한 바를 가능한 한 畵面에 도입하여 그 의도에 맞도록 노력하면서도, 이를 도형·도안으로 구체적으로 표현함에 있어서는 화가로서의 예술적인 감각과 기술을 구사하여 스스로의 창의와 수법에 의해 原告의 地圖의 原畵를 제작한 것이다. 따라서 원고의 지도는 소외인의 창작에 따른 정신적 작품이라는 것을 알 수 있다"고 하여 수급인인 화가가 저작자라고 판시하였다.[28] 다만, 위탁자가 구체적이고 상세한 지시를 하고 수탁자는 단순히 위탁자의 手足으로 기계적으로 작업을 한 것에 지나지 않는 경우에는 위탁자가 저작자로 평가되는 경우도 있을 수 있다. 일본 하급심 판결 중에는 발주자가 지엽말단에 이르기까지 상세하게 구체적인 지시를 하고 또한 定型的 事項에 이르기까지 모두 직접 교정을 보는 등 최종 마무리를 한 점, 한편 수탁자 측이 직업적으로 궁리하고 노력한 점은 인정되지만 창작적인 요소는 인정되지 않는다고 하여 발주자를 창작자로 인정한 사례가 있다.[29]

마. 계약에 의한 저작자 지위의 부여

당사자 간의 약정으로 실제로 창작을 하지 않은 자를 저작자로 하는 합의가 이루어지는 경우가 있을 수 있다. 이에 해당하는 전형적 유형으로 代筆이나 代作契約을 들 수 있다.[30] 그러나 이러한 합의나 계약에도 불구하고 실제로 창작하지 않는 자가 저작자가 될 수는 없다는 점에 유의해야 한다.[31] 저작권법은 저작물을 창작한 자를 저작자로 하고(제2조 제2호), 저작자는 저작권을 원시적으로 취득한다고 규정한다(제10조 제1항). 또한 저작권은 저작물을 창작한 때로부터 발생하며 어떠한 절차나 형식의 이행을 필요로 하지 아니하고(제10조 제2항), 저작인격권은 이를 양도할 수 없는 一身專屬的인 權利로 규정한다(제14조 제1항). 위 규정들은 당사자 사이의 약정에 의해서 변경할 수 없는 강행규정들이기 때문에[32] 계약으로 저작자를 실제 창작자에서 법인이나 위탁자로 변경할 수 없다.[33]

---

28) 東京地裁 1964(昭和39)年 12月 26日 昭和39(ワ) 第1089号 判決.

29) 東京地裁 1979(昭和54)年 3月 30日 昭和47(ワ) 第3400号 判決.

30) 이에 관해서는, 김원오, "대작에 있어 성명표시의 취급에 관한 법적 쟁점", 「계간 저작권」, 2012 여름호, 86면 이하 참조.

31) 대법원 2009. 12. 10. 선고 2007도7181 판결은 "저작물의 작성 과정에서 아이디어나 소재 또는 필요한 자료를 제공하는 등의 관여를 하였다 하더라도 그 저작물의 저작자가 되는 것은 아니며, 설사 저작자로 인정되는 자와 공동저작자로 합의하였다고 하더라도 달리 볼 것이 아니다"고 판시하였다.

32) 대법원 1992. 12. 24. 선고 92다31309 판결 참조.

33) 대법원 2008. 9. 11. 선고 2006도4806 판결은 "구 저작권법(2006. 12. 28. 법률 제8101호로 개정

만일 실제로 창작하지 않은 자를 저작자로 하는 대작계약이 체결된다면 이는 민법 제103조 위반으로 무효라고 해석되어야 한다.[34] 다만, 대작계약임이 밝혀지기 전까지는 실제 창작을 하지 않은 자(사칭저작자)의 성명이 저작물의 복제물에 表示된 경우 저작권법 제8조 제1항이 적용되므로 실제 창작자(대필작가)가 자신의 이름을 밝히고 반증을 들어 추정을 뒤집기 전까지는 그 성명이 표시되어 있는 자(사칭저작자)를 저작자로 추정한다. 이때 실제 창작자는 가령 肉筆原稿나 저작물의 집필에 관한 메모, 또는 초고를 읽고 평가해준 편집자의 증언 등과 같이 구체적인 창작사실을 입증할 수 있는 자료들을 제시하여 그 추정을 깨뜨릴 수 있을 것이다.[35] 이와 같이 자신이 실제 창작자라는 사실을 성공적으로 입증하면 저작자의 지위는 회복된다. 한편, 실제 창작하지 않은 법인 등 사용자라고 하더라도 일정한 요건을 갖춘 경우에는 저작자의 지위가 法的으로 擬制되는데, 이에 관한 규정이 저작권법 제9조이다.

되기 전의 것)의 저작권등록부 허위등록죄는 저작권등록부의 기재 내용에 대한 공공의 신용을 주된 보호법익으로 하며, 단순히 저작자 개인의 인격적, 재산적 이익만을 보호하는 규정은 아니다. 한편, 저작물의 저작자가 누구인지에 따라서 저작재산권의 보호기간이 달라져 저작물에 대한 공중의 자유로운 이용이 제한될 수 있으므로, 저작자의 성명 등에 관한 사항은 저작권등록부의 중요한 기재 사항으로서 그에 대한 사회적 신뢰를 보호할 필요성이 크다. 따라서 저작자의 성명 등의 허위등록에 있어서 진정한 저작자로부터 동의를 받았는지 여부는 허위등록죄의 성립 여부에 영향이 없다"고 판시하였다.

34) 대작계약은 저작권법이 저작물을 창작한 자를 저작자로 하고(제2조 제2호), 저작자는 저작권을 원시적으로 취득한다(제10조 제1항)는 강행규정을 위반한 것일 뿐 아니라, 저작자명의 허위표시·공표죄(제137조 제1항 제1호)라는 범죄를 목적으로 하는 계약이라는 점에서 민법 제103조 위반으로 무효라고 해석되어야 한다.

35) 이때 사칭저작자는 저작자명의 허위표시·공표죄(제137조 제1항 제1호)로 형사처벌을 받게 될 것이다. 저작자명의 허위표시·공표죄는 진정한 저작자의 인격적 이익의 보호 뿐 아니라 널리 제3자에 대한 허위의 기망적 표시행위를 규제하기 위한 것이므로 진정한 저작자의 승낙 여부는 본죄의 성립에 영향을 미치지 않는다(황적인 외 2인, 「저작권법」, 법문사, 1988, 231면; 서울형사지법 1992. 2. 11. 선고 91노4388 판결 각 참조). 만일 저작자로 허위표시된 사칭저작자가 저작권등록부에 저작자로서 등록까지 한 경우라면 진정한 저작자로부터 동의를 받았더라도 허위등록죄(제136조 제2항 제2호)로도 형사처벌을 받게 될 것이다(前註 대법원 2008. 9. 11. 선고 2006도4806 판결 참조). 뿐만 아니라 사안에 따라 사칭저작자는 형법상 업무방해죄로 처벌 받을 수도 있다. 이에 관해서는 석사학위논문의 代作에 관한 대법원 판결이 있다. 사안은 석사논문을 작성할 때 자료의 수집과 정리, 분석을 타인에게 의존한 경우 그 논문은 논문작성자가 주체적으로 작성한 논문이 아니라 타인에 의하여 代作된 것이라고 본 사건이다. 대법원은 단순히 통계처리와 분석, 또는 외국자료의 번역과 타자만을 타인에게 의뢰한 것이 아니라 전체 논문의 초안 작성을 의뢰하고, 그에 따라 작성된 논문의 내용에 약간의 수정만을 가하여 제출하였음이 인정되므로 타인에 의해 대작된 것으로 보아야 한다고 판단하고, 위계로써 대학원의 학사업무를 방해한 업무방해죄에 해당하지 않는다고 무죄를 선고한 원심판결을 파기 환송하였다(대법원 1996. 7. 30. 선고 94도2708 판결). 이에 대한 평석으로는, 신홍철, "석사학위논문 작성에 있어서 타인의 조력을 받을 수 있는 한계—저작과 대작의 문제", 「판례연구」 제1집, 제주판례연구회, 1997, 193면 이하.

Ⅱ. 저작자의 추정

1. 의   의

누가 저작자인가에 대해 분쟁이 생긴 경우 그 입증을 용이하게 하기 위하여 저작권법은 일정한 경우에 저작자로 추정하는 규정을 두고 있다.[36] 즉, 누가 진정한 저작자인지 여부는 제3자로서는 이를 용이하게 판단하기 힘들고, 또 저작자 본인에게는 자명한 일이지만 제3자에게 저작자임을 입증한다는 것이 그리 쉬운 일이 아니다. 따라서 저작권법 제8조 제1항의 저작자 추정 규정의 의의는 입증의 용이성이라는 점에 있다.[37]

2. 요   건

가. 저작물의 原本이나 복제물 또는 저작물을 공연이나 공중송신하는 경우에의 표시

저작물의 원본이란 그림과 같은 원작품 외에 이른바 오리지널 카피로서 복제된 조각작품이나 판화작품을 포함한다.[38] 또한 복제물에 표시한 경우와 같이 유형적인 이용의 경우(제8조 제1항 제1호)는 물론이고 공연 또는 공중송신을 하는 때에 저작물에 표시하는 경우와 같이 무형적인 이용의 경우(동항 제2호)도 해당된다.[39]

나. 實名 등의 표시

저작자의 實名 또는 그의 널리 알려진 異名을 표시할 것을 요한다. 실명이라 함은 민법 제781조와「가족관계의 등록 등에 관한 법률」제44조(구 호적법 제49조)에 따른 가족관계등록부(구 호적)상의 성명을 말한다. 이명이라 함은 필명, 아호, 약칭, 예명 등 실명을 대신하여 사용되는 것을 말한다. 또한 저작권법 제2조 제31호의 업무상 저작물의 경우 여기에 법인 등의 명칭을 저작자로

---

36) 정상조·박준석,「지식재산권법」제5판, 홍문사, 2020, 310면.
37) 半田正夫,「著作權法槪說」第15版, 法學書院, 2013, 58면; 송영식·이상정,「저작권법개설」제9판, 세창출판사, 2015, 156면 각 참조.
38) 가령 판화의 경우에는 "작가의 서명과 한정된 일련번호의 기입" 등이 확인된다면 일응 오리지널 판화로서 인정할 수 있을 것이다(長谷川公之 저, 구자현 역,「현대판화의 기초지식」, 시공사, 2002, 14~15면 참조). 판화와 조각 같은 복수 제작되는 복수미술품(multiples)을 둘러싼 법률문제에 관해서는, 이상정,「미술과 법」제2판, 세창출판사, 2016, 138면 이하 참조.
39) 같은 취지, 金井重彦 외 1 編著,「著作權法コンメンタール(上)」, 東京布井出版, 2000, 254면 (小畑明彦 집필).

표시하여도 저작자 추정 규정의 적용을 받을 수 있다.[40] '널리 알려진 異名'이라 함은 異名이 저작자 자신의 호칭이라는 것이 일반인에게 명백하고, 그 실재인물을 사회적으로 특정할 수 있을 정도의 것임을 요한다.[41] 가령, 소설가 이문열의 實名은 이열(李烈)이므로 이 경우 소설가의 필명인 '이문열'은 널리 알려진 異名에 해당한다고 할 것이다. 우리 하급심은 월북 작사가 조영출이 1934~46년경까지 '조명암' 등의 예명으로 유행가 가사를 창작한 바 있는데 음반 표지에 예명인 '조명암'이 '알뜰한 당신'이란 노래의 작사자로 표기되어 있으므로 그 밖의 증거들을 종합해 볼 때 위 노래의 작사자임이 인정된다고 판시하였다.[42]

다. 일반적인 방법에 의한 표시

일반적인 방법이란 사회관행에 비추어 보통 저작자의 성명을 표시하는 방법이란 의미이다. 가령, 서적의 표지·속표지, 그림의 落款, 음반의 재킷, 연주회 팸플릿, 영화의 타이틀, 방송에서의 공표 등으로 저작자 성명을 표시한 경우를 말한다.[43] 또한 이러한 표시는 저작자로 인식될 수 있는 형식을 갖추어야 하므로, 가령 '○○○ 著' 또는 '△△△ 作' 등으로 표시되어야 한다.[44] 따라서 일본 하급심 판결에서 보듯이 출판사를 표시한 것은 출판물의 출판 내지 발행의 주체를 가리키는 것이고 저작자의 實名 등을 표시한 것에 해당하지 않는다.[45] 한편 ⓒ표시에 붙어 있는 성명은 저작권자의 표시이고 저작자의 표시가 아니므로 ⓒ표시에 의한 저작권자는 일반적인 방법에 의한 저작자로서 표시된 자에 해당하지 않는다.[46]

3. 효 과

가. 法律上의 推定

이상의 요건을 전제 사실로서 충족한 자는 저작자로 추정된다. 전제 사실

---

40) 이 경우 제8조의 추정을 받기 위해서는 해당 저작물이 제2조 제31호의 업무상 저작물이라는 것과 법인 등 명칭을 저작자로 표시한 것이라는 점을 주장·입증하면 그때 비로소 업무상 저작물의 '저작자'로 추정될 것이다.

41) 內田晋, 「問答式 入門著作權法」, 新日本法規, 1979, 99면; 오승종·이해완, 「저작권법」 제4판, 박영사, 2005, 206면.

42) 서울지법 1997. 5. 9. 선고 96가합48324 판결.

43) 內田晋, 앞의 책, 100면; 尾中普子 外 3, 「著作權法」三訂版, 學陽書房, 1989, 23면.

44) 金井重彦 외 1 編著, 앞의 책, 255면.

45) 岡山地裁 1991(平成3)年 8月 27日 判決.

46) 金井重彦 외 1 編著, 앞의 책, 255면.

이 증명되면 법률의 적용, 즉 추정 규정인 저작권법 제8조 제1항의 적용에 의하여 저작자라는 사실이 추인되는 것이므로 法律上의 推定 중에서도 법률상의 사실추정에 해당한다.[47] 추정을 깨뜨리기 위해서는 상대방은 추정사실에 반대되는 사실의 존재를 증명하지 않으면 안 된다. 따라서 진정한 저작자는 다른 사람이라는 사실을 주장하고 이를 입증하여야 한다.[48] 이러한 추정의 효과는 저작권 침해에 관한 형사상 고소에서 피해자인 고소권자의 추정에 대해서도 미친다.[49] 추정의 효과는 소급하므로 저작명의인은 저작물의 創作時부터 그 저작물의 저작자인 것으로 추정되며, 반대사실의 증명에 의하여 추정이 깨어지는 경우에는 창작시부터 그 저작물의 저작자가 아닌 것으로 취급된다. 또한 추정은 저작자의 이익을 위해서뿐만 아니라 그 불이익의 경우에도 인정되므로 민사소송의 피고 또는 형사소송의 피고인이 되기도 한다.[50] 한편, 위 제1항 각호의 규정에 의한 저작자의 표시가 없는 저작물의 경우에는 발행자 또는 공연자로 표시된 자가 저작권을 가지는 것으로 추정한다(제2항). 즉 저작자로 추정하는 것이 아니라 저작재산권자로 추정하는 것이라는 점에 유의해야 한다.

나. 著作者의 實名登錄의 推定效와의 관계

저작권법 제53조 제3항은 "제1항…에 따라 저작자로 실명이 등록된 자는 그 등록저작물의 저작자로… 추정한다"고 규정한다. 문제는 저작권법 제53조 제3항의 추정과 본조의 추정이 서로 충돌하는 경우에 어느 것이 우선하는가 하는 점이다. 이에 대해서는, 첫째 실명등록의 경우는 등록원부를 자세히 확인하는 자는 많지 않은 것으로 생각되는데 비하여 본조에 의해 추정을 받은 자는 서적의 표지 등에 이름이 표시된 僭稱著作者임에도 불구하고 진정한 저작자로부터 이의제기를 받지 않는 경우에는 한층 추정의 신뢰성이 인정된다는 점, 둘째 참칭저작자도 간단하게 등록을 받을 수 있는 점 등에 비추어 본조의 추정이 우선하는 것으로 해석해야 할 것이라는 견해가 유력하다.[51]

---

47) 오석락,「입증책임론」제3판, 일신사, 1981, 104면 참조. 日本 學說 중에는 'A가 著作者라는 것'이 추정된다고 하면 法律上 權利推定인 것으로 오해될 수 있으므로 'A가 創作한 것'라는 점이 추정된다고 해석해야 法律上 事實推定이 된다고 설명하는 견해가 있다{齊藤博·牧野利秋 編,「裁判實務大系 – 知的財産關係訴訟」第27卷, 靑林書院, 1997, 226면(飯村敏明 집필)}. 창작이 민법상 사실행위에 해당한다는 점에서 일응 설득력 있는 견해라고 생각된다.

48) 田村善之,「著作權法槪說」第2版, 有斐閣, 2001, 402면.

49) 하용득,「저작권법」, 법령편찬보급회, 1988, 116면; 金井重彦 외 1 編著, 앞의 책, 255면.

50) 하용득, 앞의 책, 116면.

51) 田村善之, 앞의 책, 402면; 金井重彦 외 1 編著, 앞의 책, 256면.

제3절 업무상 저작물의 저작자

Ⅰ. 서 론

저작권법 제9조는 '업무상 저작물의 저작자'라는 표제 하에 "법인 등의 명의로 공표되는 업무상 저작물의 저작자는 계약 또는 근무규칙 등에 다른 정함이 없는 때에는 그 법인 등이 된다. 다만, 컴퓨터프로그램저작물의 경우에는 공표될 것을 요하지 아니한다"고 규정한다. 또한 제2조 제31호는 '업무상 저작물'이라 함은 "법인·단체 그 밖의 사용자(이하 '법인 등'이라 한다)의 기획 하에 법인 등의 업무에 종사하는 자가 업무상 작성하는 저작물을 말한다"고 정의한다. 저작권법 제2조 제31호는 '업무상 저작물'을 定義(①②③ 요건)하고 제9조는 '업무상 저작물의 저작자'에 해당하기 위한 요건을 규정(④⑤ 요건)한다. 양 법조문을 논리적 연관관계에 따라 요건 별로 정리하면 다음과 같다. 즉 법인 등이 업무상 저작물의 저작자로 擬制되기 위해서는, ① 법인·단체 그 밖의 사용자가 저작물의 작성에 관하여 기획할 것, ② 저작물이 법인 등의 업무에 종사하는 자에 의하여 작성될 것, ③ 업무상 작성하는 저작물일 것, ④ 저작물이 법인 등의 명의로 공표될 것, ⑤ 저작물의 작성 당시 계약 또는 근무규칙 등에 다른 정함이 없을 것 등의 각 요건을 모두 갖추어야 한다. 따라서 누군가가 작성한 저작물이 ① 내지 ⑤의 각 요건을 모두 갖추게 되면, 법인 등 사용자가 '업무상 저작물의 저작자'로 擬制된다. 다만, 컴퓨터프로그램저작물의 경우에는 공표될 것을 요하지 않으므로(제9조 단서) 컴퓨터프로그램저작물에 관한 한 ④ 요건은 불필요하다.[52]

저작권법 제9조의 입법취지는, 오늘날 저작물 창작의 실태를 보면 피용자가 법인 등 사용자의 업무로서 저작물을 창작하는 경우 법인 등 단체의 내부에서 여러 사람의 협동작업에 의해 창작되는 사례가 많고, 이러한 경우에 여러 사람이 관여하는 정도나 모습이 다양하여 구체적으로 창작자를 자연인 중에서 찾는 것이 실상에 반하는 경우가 있으므로 법인 등에게 저작자의 지위를 부여하려는 것이다.[53] 또한 업무상 저작물이 법인 등의 명의로 공표되는 경우에 법인 등에 대한 사회적 책임 내지 대외적 신뢰보호를 위하여 법인 등에게

---

52) 그 이유에 관해서는 후술하는 'Ⅱ. 4. 가. 법인 등 사용자 명의의 공표' 참조.
53) 半田正夫, 「著作權法槪說」第15版, 法學書院, 2013, 65면; 황적인·최현호, 「저작물과 출판권」, 한국문예학술저작권협회, 1990, 53면; 장인숙, 「저작권법원론」개정판, 보진재, 1996, 53면; 하용득, 「저작권법」, 법령편찬보급회, 1988, 117면 각 참조.

저작권을 원시적으로 귀속시킴으로써[54] 해당 저작물에 대한 권리관계를 명확히 하여 제3자의 신뢰를 보호하려는 것이다.[55] 이와 같이 저작권법 제9조는 실제의 창작자가 아닌 법인 등 사용자를 저작자로 간주하는 법적 의제 조문이다. 따라서 이 규정은 저작자라 함은 저작물을 창작한 자를 말하고(제2조 제2호) 저작자는 해당 저작물에 대한 저작권을 원시적으로 취득한다는(제10조 제1항) 저작권법상 '창작자원칙'(Schöpferprinzip)에 대한 하나의 예외이다. 그러므로 제9조의 입법취지와 '창작자원칙'을 고려할 때 제9조는 가능한 한 제한적으로 해석되어야 한다.[56] 이와 관련하여 하급심이 위탁저작물에 제9조를 적용하여 위탁자를 그 저작자라고 판시하자[57] 대법원 판결은 "저작권법 제9조를 해석함에 있어서는 위 규정이 예외규정인 만큼 이를 제한적으로 해석하여야 하고 확대 내지 유추 해석하여 저작물의 제작에 관한 도급계약에까지 적용할 수 없다"고 판시함으로써[58] 저작권법 제9조의 적용범위가 한정되어야 한다는 것을 분명히 하였다.

Ⅱ. 법인 등 사용자를 저작자로 의제하는 요건

전술한 것처럼 저작권법 제2조 제31호와 제9조의 양 조문을 요건 별로 정리한 다섯 가지 요건을 모두 갖추게 되면, 법인 등 사용자가 '업무상 저작물의 저작자'로 의제된다. 이하에서는 그 요건들의 구체적 내용을 살펴본다.

1. 법인·단체 그 밖의 사용자가 저작물의 작성에 관하여 기획할 것

가. 법인·단체 그 밖의 사용자

여기서 말하는 '법인·단체 그 밖의 사용자'에는 법인격의 유무를 묻지 않으며 국가, 지방자치단체[59]는 물론이고, 회사 등 영리단체나 영리를 목적으로 하지 않는 학교 등 교육기관, 복지관계 단체 등 그 밖의 각종 단체를 포함한

---

54) 加戶守行, 「著作權法逐條講義」六訂新版, 著作權情報センター, 2013, 146면; 허희성, 「2011 신저작권법 축조개설 상」, 명문프리컴, 2011, 118면 각 참조.
55) 中山信弘, 「ソフトウェアの法的保護」新版, 有斐閣, 1988, 53면; 최경수, 「저작권법개론」, 한울, 2010, 190~191면 각 참조.
56) 같은 취지 한승헌, 「저작권의 법제와 실무」, 삼민사, 1988, 262면.
57) 서울고법 1992. 6. 26. 선고 91카98 판결.
58) 대법원 1992. 12. 24. 선고 92다31309 판결.
59) 다만 국가나 지방자치단체가 저작자로 인정되는 저작물 중에는 저작권법 제7조 소정의 非保護著作物에 해당하거나 제24조의2 '공공저작물의 자유이용' 규정이 적용되어 자유이용이 가능한 경우가 많을 것이다.

다. 또한 개인으로서의 사용자도 법문상 특히 이를 제한하고 있지 않으므로 여기에 포함되는 것으로 해석된다.[60]

나. 저작물의 종류—영상저작물에의 적용 여부

(1) 문제의 제기

저작권법 제2조 제31호의 '업무상 저작물'에 해당하는 저작물의 종류에 대하여는 명백히 규정하고 있지 않지만, 2차적 저작물을 포함하여 모든 종류의 저작물에 적용이 있는 것으로 해석된다. 다만 영상저작물이 '업무상 저작물'에 해당하는지 여부에 대해서는 다툼이 있으므로 영상저작물에 저작권법 제9조가 적용되어 법인 등 사용자(즉, 영상제작자)가 영상저작물의 저작자로 간주될 수 있는지가 문제된다.[61]

(2) 학설과 재판례

학설은 긍정설과 부정설로 나뉜다. 긍정설은 영상저작물의 저작자를 정하려면 창작자원칙을 규정한 저작권법 제2조 제2호가 적용되어야 하고, 또한 영상저작물이 업무상 저작물의 저작자 요건에 해당하는 경우에는 제9조가 적용되어야 한다는 견해이다. 이에 따르면 영상저작물에 관한 특례규정(제5장의 제99조 내지 제101조) 중 제100조 제1항은 제9조가 적용되지 않는 경우에 적용되는 것이라고 한다.[62] 부정설은 영상저작물에도 저작권법 제9조가 적용 가능한 것으로 생각되지만 영상저작물에는 영상제작자, 감독, 출연자 등 여러 사람의 명의가 나오는데 누구의 명의가 중요한 것지를 판단할 수 없으므로 저작자의 명의를 정하기 어렵다는 점에서 저작권법 제9조는 사실상 영상저작물에는 적용될 여지가 거의 없으며, 예외적으로 문화영화나 뉴스영화 등에 적용될 뿐이라고 한다.[63] 하급심 재판례는 영상저작물에 대해 저작권법 제9조의 적용을 인정한다. 저작권침해금지가처분 사건에서 "이 사건 영상시연물은 신청인회사의 직원이던 피신청인들이 신청인의 총괄적 기획 및 지휘·감독 하에 창작한 작품으로서 신청인 명의로 외부에 공표되었으므로 그 저작권은 영상제작자에 대한 특칙과 관계없이 바로 법인인 신청인에게 귀속된다"고 하였다.[64] 또한

---

60) 저작권심의조정위원회 편, 「저작권 실무편람」, 1996, 1-I-21면; 半田正夫, 앞의 책, 66면 각 참조.
61) 이에 관한 비교법적 고찰로는, 박성호, "영화와 저작권법 제9조", 「Entertainment Law」, 박영사, 2007, 165~181면 참조.
62) 정상조 편, 「저작권법 주해」, 박영사, 2007, 943~945면(홍승기 집필).
63) 황적인·최현호, 「저작물과 출판권」, 한국문예학술저작권협회, 1990, 62~63면 참조.
64) 서울고법 2000. 9. 26.자 99라319 결정.

애니메이션 제작사의 영상시연물을 그 직원들이 퇴사한 후 이용한 사건에서 "이 사건 영상시연물은 원고의 직원이던 피고들이 원고의 총괄적 기획 및 지휘·감독 하에 창작한 작품으로서 원고 명의로 외부에 공표되었으므로 그 저작권은 원고에게 귀속된다고 할 것인데, 피고△△△의 주도로 피고들이 SBS, KBS 방송프로그램을 통해 피고○○○의 감독 하에 '봉 스튜디오'가 이 사건 영상시연물을 제작한 것처럼 방송되게 하였으므로 이는 이 사건 영상시연물에 대한 원고의 동일성유지권 및 성명표시권 등 저작인격권과 복제권 및 방송권의 저작재산권을 침해"한 것이라고 판시하였다.[65]

(3) 소   결

영상저작물에도 저작권법 제9조가 적용 가능하다는 긍정설이 타당하다. 오늘날 영상저작물의 제작 실태를 살펴보면, 대부분의 영상저작물은 저작권법 제2조 제31호의 업무상 저작물로서 제9조의 요건을 갖춘 영상저작물에 해당하는 경우가 많다. 특히 방송사업자가 제작하는 텔레비전 드라마 등이 전형적인 예이다. 영화의 경우에도 감독, 시나리오 작가, 배우들이 영상저작물의 제작에 관여할 때에 영상제작자가 제작비를 조달하고 또한 영상제작자와 계약을 체결하여 일정 기간 실질적으로 지휘·감독에 복종하는 지위에 놓여 있으면서 감독, 시나리오 작가, 배우들이 영상저작물의 제작과정에 참여하는 경우가 있을 수 있으므로, 제9조의 적용대상이 될 수 있다. 따라서 영상저작물 중 방송사업자나 영상제작자를 明記하는 '○○○기획·제작' 또는 '△△△제작·저작'이라는 표시는 업무상 저작물의 저작자 명의를 나타낸 것으로서 저작권법 제9조의 법인 등 사용자 명의의 공표요건에 해당할 수 있다. 이에 반해 영화감독, 출연자 등의 성명 표시는 영상저작물의 제작에 관여한 업무 분담 표시를 한 것에 불과한 것으로 해석하는 것이 일반적이다. 영상저작물에 관한 특례 중 제100조 제1항은 영상저작물에 제9조가 적용되지 않을 경우에 영상저작물의 유통을 원활히 하고 권리관계를 명확히 하기 위해 마련된 규정이므로 영상제작자가 영상저작물의 저작자로 의제되는 경우에는 제100조 제1항은 적용될 여지가 없게 된다.[66]

---

65) 서울지법 2003. 7. 11. 선고2001가합40881 판결. 이 사건에서는 제작에 참여하였던 피고들 일부의 성명이 스태프의 크레딧에 표시되었으나 문제의 영상시연물을 제작사의 영상저작물로 인정한 것이다. 정상조 편, 앞의 책, 945면(홍승기 집필).

66) 박성호, 「저작권법의 이론과 현실」, 현암사, 2006, 148면.

다. 법인 등 사용자의 기획

기획이란 법인 등 사용자가 아이디어를 제시해 방침을 세울 뿐만 아니라 저작물 작성행위 전체를 지휘·감독하는 것을 말한다. 즉 법인 등 사용자가 저작물의 작성행위 전체를 통제한다는 뜻을 표명하는 것, 요컨대 저작물 작성의 의사형성에 관여하는 것을 말한다.[67] 이는 저작물 작성에 관한 피용자 등의 능력에 비추어 법인 등이 저작물 작성의 방법과 수단을 통제할 수 있는 지위에 있고, 현실적으로 그러한 통제가 이루어진 것을 의미하며, 필요에 따라서는 저작물 작성과정에 수정이나 보완 등을 요구하는 경우에 성립된다.[68] 따라서 기획이란 저작물을 작성하고자 할 때에 著作物 作成의 前段階에 나타나 있어야 한다.[69] 사용자가 법인인 경우에는 법인의 의사결정기관(주주총회나 이사회 등), 집행기관(대표이사 등)의 기획은 물론이고, 피용자에 대해 지휘·감독의 권한을 갖는 上司(담당부서의 책임자)의 기획이 있었을 때에 법인의 기획이 있었다고 볼 수 있다. 동료들 간의 의견교환의 결과 확정한 기획안은 그 자체로는 아직 법인의 기획이라고 할 수 없고, 기획안을 실시하고자 할 때 법인이 승인하는 단계에서, 즉 법인의 의사결정기관이나 집행기관의 승인 또는 담당부서 책임자의 승인이 있는 단계에서 비로소 '기획'으로 인정된다.[70]

그런데 이 요건을 넓게 해석하여 사용자에 의한 사후 승낙을 얻은 경우라든가, 사용자의 의도에 반하지 않는 경우에도 이 요건을 충족한다고 새길 수 있다는 견해가 있다.[71] 또한 피용자가 저작물을 작성하는 업무에 종사하고 있다면, 해당 저작물의 작성은 법인 등이 예정하는 것이므로 법인 등의 기획이라는 1. 요건은 후술하는 2. 요건과 3. 요건에 흡수되는 것이고, 따라서 업무상 작성하는 저작물인 한 법인 등의 기획이 있었다고 볼 수 있다는 견해도 있

---

67) 한승헌, 앞의 책, 340면; 이기수 외 6인, 「지적재산권법」, 한빛지적소유권센터, 1996, 848면(김문환 집필); 하용득, 앞의 책, 117면 각 참조. 서울고법 1999. 12. 21. 선고 99나23521 판결은 "원고는… 1974. 9.경 원고 회사 캐릭터 제작실 디자이너인 소외 시미즈 유우코[淸水侑子]에게 '남자 아이'나 '여자 아이' 또는 '동물'을 주제로 한 캐릭터를 제작하도록 지시하여 위 소외인이 같은 해 10.경… 이 사건 캐릭터를 직무상 창작하였고 이를 '헬로 키티'라고 이름"지었으므로, 이 사건 캐릭터는 "저작권법상 미술저작물에 해당하고 원고는 이를 창작한 저작자로 인정된다"고 판시하여 원고(법인)의 기획에 기해 저작물이 작성되었음을 인정하였다.

68) 정상조·박준석, 「지식재산권법」 제5판, 홍문사, 2020, 310면.

69) 齊藤博·牧野利秋 編, 「裁判實務大系-知的財産關係訴訟(第27卷)」, 靑林書院, 1997, 236-237면(齊藤博 집필); 같은 취지, 松村信夫·三山峻司, 「知的財産關係法の解說」, 新日本法規, 1996, 629면.

70) 齊藤博·牧野利秋 編, 앞의 책, 236면; 松村信夫·三山峻司, 앞의 책, 630면.

71) 저작권심의조정위원회 편, 앞의 저작권 실무편람, 1-Ⅰ-21면; 半田正夫, 앞의 책, 67면.

다.72) 그러나 이와 같이 '기획'을 넓게 해석하면, "법인 등 사용자가 저작물의 작성에 관하여 기획할 것"이라는 요건은 이미 '업무상 저작'의 독립한 요건이라고 말할 수 없을 정도로 무의미한 것이 되고 만다. 따라서 법인 등 사용자의 기획이란 저작물 작성의 의사형성에 관여하는 것을 말하므로 이에 해당하는 것에 한하여 인정되어야 한다. 대법원은 "'법인 등의 기획'이라 함은 법인 등이 일정한 의도에 기초하여 컴퓨터프로그램저작물(이하 '프로그램'이라 함)의 작성을 구상하고, 그 구체적인 제작을 업무에 종사하는 자에게 명하는 것을 말하는 것으로 명시적은 물론 묵시적으로도 이루어질 수 있는 것이지만, 묵시적인 기획이 있었다고 하기 위해서는 위 법규정이 실제로 프로그램을 창작한 자를 프로그램저작자로 하는 법 제2조 제2호의 예외규정인 만큼 법인 등의 의사가 명시적으로 현출된 경우와 동일시할 수 있을 정도로 그 의사를 추단할 만한 사정이 있는 경우에 한정된다"고 판시하였다.73) 그러므로 법인 등 사용자의 기획에 의하지 아니하고 피용자가 임의로 업무상 작성한 저작물에 대해서는 그 적용을 부정하여야 한다.74)

2. 저작물이 법인 등의 업무에 종사하는 자에 의하여 작성될 것

가. 고용관계 또는 실질적인 지휘·감독관계의 존재

법인 등 사용자와 업무에 종사하는 자와의 사이에는 고용관계가 존재하지 않으면 안 된다. 고용관계란 사용자와 업무에 종사하는 자와의 사이에 지휘·감독관계가 있는 것을 가리킨다.75) 이러한 관계는 법률적으로는 민법상의 고용계약(민법 제655조)이나 근로기준법상의 근로계약 또는 공법상의 근무계약에 기하여 발생한다. 그러므로 저작권법 제2조 제31호의 '업무상 저작물'의 정의 규정에서 말하는 '업무에 종사하는 자'라 함은 피용자를 뜻하고, 이러한 법률

---

72) 田村善之, 「著作權法槪說」第2版, 有斐閣, 2001, 380면.

73) 대법원 2010. 1. 14. 선고 2007다61168 판결. 이 판결은 구 컴퓨터프로그램 보호법(2009. 4. 22. 법률 제9625호로 폐지되기 전의 것) 제2조 제2호 및 제5조의 "국가·법인·단체 그 밖의 사용자(이하 이 조에서 '법인 등'이라 함)의 기획하에 법인 등의 업무에 종사하는 자가 업무상 창작한 프로그램은 계약이나 근무규칙 등에 달리 정함이 없는 한 그 법인 등을 당해 프로그램의 저작자로 한다"는 규정과 관련된 것이다.

74) 일본 하급심 판결 중에는 잡지 발행회사의 피용자가 그 직무로서 촬영한 사진에 대하여, 社外의 편집전문가의 편집방침에 따라 촬영한 이상, 발행회사의 發意(우리 저작권법 제9조의 '企劃'에 해당)에 기해 촬영되었다고는 말할 수 없다고 하여 職務上 著作으로 인정할 수 없다고 판시한 사례가 있다. 東京地裁 1998(平成10)年 11月 30日 昭和63(ワ) 第1372号 判決.

75) 정상조·박준석, 앞의 책, 310~311면; 하용득, 앞의 책, 117면; 半田正夫, 앞의 책, 66~67면.

관계로부터 법인 등 사용자는 피용자를 지휘·감독할 권한을 갖는다. 이처럼 피용자란 종속적인 지위에 놓인 자를 말하므로, 근로기준법이나 노동조합 및 노동관계조정법상의 근로자, 국가공무원이나 지방공무원 등을 가리킨다. 또한 상근이나 비상근, 촉탁직원 또는 임시직원이든 모두 피용자에 해당한다.[76] 문제는 이사나 감사 등의 임원이 스스로 저작한 경우이다. 이들 임원도 넓은 의미의 고용관계에 있는 것이므로, 法文上의 '업무에 종사하는 자'에 포함될 수 있다.[77] 그러나 '업무에 종사하는 자'에 해당하기 위해서는 반드시 고용관계가 있어야 한다고 한정적으로 해석할 필요는 없다. 고용계약이 없더라도 실질적으로 지휘·감독에 복종하는 지위에 놓여있다면 '업무에 종사하는 자'로서 제9조의 적용대상이 될 수 있다.[78][79]

나. 위임이나 도급계약의 경우

(1) 의   의

위임이나 도급계약에 있어서 수임인이나 수급인은 각각 위임인·도급인에 대하여 독립적인 지위에 놓여 있고 自己裁量에 의해 활동하는 것이 원칙이므로 위임인·도급인은 저작권법 제9조에서 말하는 사용자에 포함되지 않으며,[80] 또한 수임인·수급인은 '업무에 종사하는 자'에 해당하지 않는다.[81] 그러면 委任이나 都給契約에 의해 저작물이 작성되는 경우 그 저작물의 저작자

---

76) 紋谷暢男, "職務上の創作について", 「コピライト」, 1992, 379号, 4~5면; 中山信弘, 「著作權法」 第2版, 有斐閣, 2014, 209~210면.

77) 참고로 직무발명의 경우에는 발명진흥법 제2조 제2호가 법인의 임원도 피용자의 개념에 포함된다는 것을 법문상 분명히 하고 있어서 의문의 여지가 없다.

78) 半田正夫, 앞의 책, 66~67면. 半田교수는 고용관계 뿐만 아니라 실질적인 지휘·감독관계가 있는 경우까지를 포함하는 '使用關係'라는 표현을 사용한다.

79) 고용관계에 한정되지 않는다는 그 밖의 견해로는, 형식적으로는 위임이나 도급과 같은 형태를 채택하고 있어도 實態에서 법인 등의 내부에서 從業者로 종사하는 자라고 인정되는 경우이면 충분하다는 견해(田村善之, 「著作權法槪說」第2版, 有斐閣, 2001, 381면), 고용관계에서 발생하는 것과 유사한 지휘명령·감독관계가 있고 법인 등에게 저작권을 원시적으로 귀속시키는 것을 전제로 하는 관계가 있다면 법인 등의 업무에 종사하는 자에 해당한다고 인정할 수 있다면서 파견근로자도 대부분은 여기에 해당한다고 보는 견해(中山信弘, 앞의 책, 214면) 등이다. 일본 最高裁判所 2003(平成15)年 4月 11日 判決은 '법인 등의 업무에 종사하는 자'에 대해 다음과 같은 판단기준을 제시하였다. 즉 ① 법인 등의 지휘감독관계 아래에서 노무를 제공한다고 하는 실태에 있을 것, ② 법인 등이 그 자에 대하여 지급하는 금전이 노무제공의 대가라고 평가할 수 있을 것의 두 가지 요소를 들고 있다. 이에 관해서는 후술 '다. 타인의 노무를 이용하는 계약형태의 다양성' 참조.

80) 半田正夫, 앞의 책, 67면.

81) 황적인·최현호, 앞의 책, 55~56면.

는 누구인가? 이것이 위탁저작물에 대한 저작권 귀속의 문제이다.[82] 위탁저작물의 저작자는 실제로 창작행위를 한 수탁자이고(제2조 제2호), 저작권은 저작자인 수탁자에게 원시적으로 귀속된다(제10조). 요컨대 '창작자원칙(Schöpferprinzip)' 이라는 저작권법의 일반원칙이 적용된다. 이와 같이 위탁저작물의 저작권은 실제 창작한 자에게 속하기 때문에 위탁을 한 자(위임인이나 도급인)는 그 저작물을 이용할 수 있는 범위 또는 저작권이 위탁을 한 자에게 양도(이전)되는지 여부를 미리 계약으로 정해 둘 필요가 있다.[83]

(2) 판 례

롯데월드의 상징물인 '롯티'라는 너구리 도안에 관한 사안은 위탁저작물의 저작권 귀속에 대한 대표적 사건이다. 委託者(롯데월드 측)는 受託者(디자이너)에게 롯데월드의 상징물을 만들어 줄 것을 의뢰하였고, 수탁자는 너구리 도안을 창작하여 위탁자에게 인도하였다. 그 후 위탁자는 수탁자로부터 명시적인 허락을 얻지 않고서 임의로 해당 도안을 수정하여 그 도안을 최종 완성하였다. 이에 수탁자는 저작인격권 중 동일성유지권을 침해하였다는 이유로 저작물의 사용금지 가처분 신청을 하였다. 이 신청은 제1심에서 기각되었으나, 제2심에서는 기본도안과 4가지 응용도안에 대해 가처분이 인용되었다.[84] 그러자 위탁자는 그 취소를 구하는 가처분 이의신청을 하였다. 가처분 이의신청에 대하여 서울고법은 가처분 결정을 취소하고 신청을 기각하였다. ① 서울고법 판

---

82) 1957년 저작권법 제13조는 "타인의 촉탁에 의하여 저작된 사진·초상의 저작권은 그 촉탁자에게 속한다"고 규정하여 위탁(촉탁)저작물의 일반에 대해서가 아닌 寫眞과 肖像에 한정하여 그 저작권 귀속에 관한 규정을 두었다. 위 규정의 목적은 肖像本人의 인격권 문제를 저작권 귀속의 특례를 통하여 해결하려는 것이었다. 초상본인의 인격권 보호는 저작권 귀속 문제와는 관계없는 것이라는 점에서 이러한 입법 목적은 문제점으로 지적되었다. 그래서 현행 저작권법은 초상본인의 인격권 보호규정(제35조 제4항)을 마련하였고 위탁저작물의 저작권 귀속에 관한 별도의 규정을 두지 않았다.

83) 참고로 과거 일부 견해 중에는 구 컴퓨터프로그램보호법(1994. 1. 5. 법률 제4712호로 개정되기 전의 것) 제7조(법인 등 사용자 명의의 공표요건이 삭제되기 전의 것으로 저작권법 제9조와 동일)의 해석과 관련하여, ① 민법상 도급에 있어서는 수급인의 보수지급에 대해 민법상의 고용규정을 준용하고 있으므로(민법 제665조 제2항), 同條의 '업무에 종사하는 자'의 범위에 수급인이 포함되는 것으로 유추해석하여야 한다(송상현·김문환·양창수, 「컴퓨터프로그램보호법 축조연구」, 서울대출판부, 1989, 128면)든가, 또는 ② 주문자가 모든 기획과 투자를 하고 개발자로부터 납품받아 주문자의 이름으로 공표한 경우에는 同條를 준용하여 주문자를 저작자로 볼 수 있다 (임준호, "컴퓨터프로그램의 법적보호", 「지적소유권에 관한 제문제(하)」, 법원행정처, 1992, 489면)는 주장이 제기되었다. 그러나 이른바 '롯티' 사건에 관한 대법원 1992. 12. 24. 선고 92다31309 판결이 저작권법 제9조를 유추 내지 확장 해석하여 도급계약에 적용하는 것은 부당하다고 판시한 바와 같이, 위 ①②의 견해는 타당하지 않다.

84) 서울고법 1990. 6. 25.자 89라55 결정.

결은 "캐릭터의 저작권이 제작자에게 귀속되었다가 도급인에게 양도되는 것이 아니라 처음부터 도급인에게 귀속된다고 보아야 할 것이다(저작권법 제9조 소정의 단체명의의 저작물에 있어서 법인 등이 그 저작자가 되는 경우도 이와 유사하다)"고 설시한 다음 "따라서 위 도안에 대한 저작인격권이 신청인에게 있음을 전제로 한 이 사건 가처분 신청은…이유 없다"고 판시하여 위탁자의 가처분 이의를 받아들였다.[85] 그러나 ② 대법원 판결은 원심이 단체명의저작물의 법리, 즉 업무상 작성한 저작물의 법리를 확대·적용함으로써 저작권의 귀속에 관한 법리를 오해한 것은 잘못이라고 지적하면서도 이 사건에서는 수탁자가 도안의 수정에 대하여 묵시적으로 동의한 것으로 볼 수 있으므로 판결 결과에는 영향이 없다고 하여 수탁자의 상고를 기각하였다.[86]

한편, ③ 서울고법은 피신청인 바둑신문의 대표이사가 '조훈현 바둑교실'이라는 제목의 비디오 교재의 대본을 작성한 다음 신청인과 비디오 교재 제작계약을 체결한 사안에서, 위 계약을 도급계약이라 보고 소유권뿐만 아니라 저작권까지도 당연히 피신청인에게 양도되는 것이라고 판단하였다.[87]

또한, 광고물 사진제작 의뢰자(피고)가 광고사진 시안과 사진촬영에 필요한 햄 제품 및 그 배경 장식물의 대부분을 준비하여 광고물 제작자(원고)의 작업실에서 위 물건들을 이용하여 시안에 따라 피사체를 배치하였고 광고물 제작자는 의뢰자가 배치한 촬영대상을 의뢰자가 요구하는 구도대로 촬영하여 사진원판을 제작·납품한 광고물 사진제작 의뢰계약과 관련한 사건에서, ④ 서울지법 남부지원 판결은 "광고물 사진제작에 있어서 광고물 제작자가 타인의 의뢰를 받아 광고물을 제작한 경우 그 광고물 제작 의뢰자가 그 제작과정을 실질적으로 통제하고 감독하면서 그 제작 과정에서 실질적인 역할을 하였다면 그 광고물의 저작권은 원시적으로 광고물 제작 의뢰자에게 귀속된다고 할 것이며, 가사 그 광고물의 저작권이 원시적으로 광고물 제작자에게 귀속된다고 하더라도 그 후 광고물 제작자가 별다른 약정 없이 광고물 제작 의뢰자에게 광고물인 사진원판을 양도하였다면 이는 그 광고물의 저작권 전부를 광고물 제작 의뢰자에게 양도한 것으로 봄이 상당하다"[88]고 판시하여 원고의 사진저작권 침해에 기한 손해배상청구를 기각하였다. 그러나 항소심인 ⑤ 서울고법

85) 서울고법 1992. 6. 26. 선고 91카98 판결.
86) 대법원 1992. 12. 24. 선고 92다31309 판결.
87) 서울고법 1994. 12. 7.자 94라175 결정.
88) 서울지법 남부지원 1996. 8. 23. 선고 96가합2171 판결.

은 "저작권은 특별한 사정이 없는 한 이 사건 이미지 사진을 촬영, 제작한 원고에게 귀속된다고 할 것이고, …광고물로서 그 촬영, 제작을 광고대행업을 하는 피고 보조참가인이 의뢰하였다는 사실이나 피고 보조참가인이 그 제작과정에서 촬영대상물의 거의 대부분을 준비하고 촬영시안을 미리 작성하는 등의 주도적인 역할을 하였다는 사실만으로는 … 그 저작권이 피고 보조참가인에게 귀속한다고 보기 어렵다"고 한 다음 "나아가 원고가 촬영한 이미지 사진의 원판을 피고 보조참가인을 통하여 피고회사에 양도"하였다는 주장에 대하여 "원래 저작물에 대한 소유권과 저작권은 별개의 개념으로 저작물의 소유자라 하여 그 저작권까지 이를 취득하는 것은 아니라 할 것임은 물론 저작물이 양도되었다 하여 그에 대한 저작권까지 양도된 것으로 보아야 하는 것은 아니라 할 것"이라고 판시하여 원고의 손해배상 청구를 일부 인용하였다.[89] 이 사건의 상고심인 대법원 판결은 항소심의 사실인정이나 법리적용을 그대로 인정한 다음 이미지 사진의 저작물성을 인정하는 판시를 하였다.[90]

한편, 위탁 개발된 프로그램의 저작권 귀속에 관한 사건에서 ⑥ 대법원은 "업무상 창작한 프로그램의 저작자에 관한 구 컴퓨터프로그램보호법(1994. 1. 5. 법률 제4712호로 개정되기 전의 것, 이하 '법'이라고만 한다) 제7조의 규정은 프로그램 제작에 관한 도급계약에는 적용되지 않는 것이 원칙이나, 주문자가 전적으로 프로그램에 대한 기획을 하고 자금을 투자하면서 개발업자의 인력만을 빌어 그에게 개발을 위탁하고 이를 위탁받은 개발업자는 당해 프로그램을 오로지 주문자만을 위해서 개발·납품하여 결국 주문자의 명의로 공표하는 것과 같은 예외적인 경우에는 법인 등의 업무에 종사하는 자가 업무상 창작한 프로그램에 준하는 것으로 보아 법 제7조를 준용하여 주문자를 프로그램 저작자로 볼 수 있다"고 판시하였다.[91]

(3) 검   토

전술한 ② 대법원 판결 취지에 따르면, 프리랜서 디자이너가 창작한 저작물의 저작권이 디자이너에게는 발생하지 않고 맞바로 발주자인 회사에게 원시적으로 저작권이 귀속한다는 취지의 계약서 조항을 만들어 놓더라도 이는 强行規定의 내용인 '창작자원칙'에 위반하는 것이 되므로 이러한 내용의 계약 조항은 무효가 될 것이다. 특히 ② 대법원 판결은 창작자원칙을 선언함과 동시

---

89) 서울고법 1998. 7. 22. 선고 96나39570 판결.
90) 대법원 2001. 5. 8. 선고 98다43366 판결.
91) 대법원 2000. 11. 10. 선고 98다60590 판결.

에 그 예외 규정인 저작권법 제9조의 한계를 명시하였다는 점에서 그 의의가 크다. 또한 ⑤ 서울고법 판결은 ② 대법원 판결의 취지를 충실히 따른 판결로 평가할 수 있다.

이에 반하여 ① 서울고법 판결, ③ 서울고법 결정, ④ 서울지법 남부지원 판결, ⑥ 대법원 판결은 저작권법상의 기본법리인 창작자원칙과 관련하여 문제가 있다. ① 서울고법 판결은 해당 사건의 상고심인 ② 대법원 판결에 의해 그 법리 오해의 점이 명확히 지적되었다. 그러나 ③ 결정과 ④ 판결은 도급계약의 체결에 따라 작성된 위탁저작물을 수탁자가 그 대가를 수령하고 위탁자에게 인도하면 특별한 사정이 없는 한 저작재산권도 아울러 양도된다고 하였고, 특히 ④ 판결은 광고물 제작과정을 의뢰자가 실질적으로 통제·감독하였으므로 저작권법 제9조의 취지에 따라 의뢰자가 저작자가 된다고까지 판시하였다. ③ 서울고법 결정이 강조한 것처럼 창작위탁계약을 체결하고 창작물에 대한 대가를 지급한 위탁자의 경우에도 저작권 양도에 관한 약정을 하지 않는 한 위탁자가 저작권을 당연히 취득하는 것이 아니라는 점에서 ④ 판결은 그 타당성이 의문시된다.[92] 그러한 점에서 ④ 판결에서 나타난 법리 오해를 바로잡은 ⑤ 고등법원 판결은 기본법리에 충실한 판결이었다고 평가할 수 있다. 한편 ⑥ 대법원 판결은 프로그램 제작에 관한 도급계약에서도 일정한 사유가 인정되는 예외적인 경우에는 법인 등의 업무에 종사하는 자가 업무상 창작한 프로그램에 준하는 것으로 보아 업무상 저작에 관한 규정을 준용하여 주문자를 프로그램 저작자로 볼 수 있다고 하였으나 이러한 판시는 ② 대법원 판결의 취지에 비추어 문제가 있다. 즉 업무상 저작의 요건은 "엄격하게 해석할 필요가 있는 데다가 구체적인 사실관계에 비추어 또한 형평의 관점에서 주문자에게 저작권이 귀속된다고 판단된다면" 업무상 저작이 아니더라도 "주문자에게 저작재산권의 이전에 관한 합의가 있었는지 또는 주문자와 프로그램 개발업자가 공동저작을 한 것은 아닌지 등에 관한 검토를 했어야 할 것"이다.[93] 그러한 점에서 ⑥ 대법원 판결은 보편적 규범을 제공하는 판결이라기보다는 해당 사례에 대해서만 적용되는 이른바 '사례판결'이라고 이해하는 것이 타당하다. 대법원 판결은 여전히 ⑥ 대법원 판결의 추상적 법률론을 반복하고는 있지만,[94] 그 해설에서는 이를 매우 한정적인 취지라고 설명하는 것도 '사례판

---

92) 정상조·박준석, 앞의 책, 312면 및 각주197).
93) 정상조·박준석, 앞의 책, 311~312면 및 각주195).
94) 대법원 2013. 5. 9. 선고 2011다69725 판결.

결'이라는 점을 시사한다. 즉 ⑥ 대법원 판결의 "사안이 주문자가 개발자에게 기존의 프로그램을 제공하고 그 내용 중 일부의 수정·보완만을 의뢰한 것이고, 이에 대하여 개발자도 불과 10여 일만에 수정·보완을 완료한 것이라는 점을 고려하면, 위 판결은 개발된 프로그램의 저작권을 원시적으로 주문자에게 귀속시키는 것이 타당하다고 평가되는 극히 예외적인 경우를 전제로 한 것"[95] 이라고 해설하는 점에서 그러하다.

결론컨대, 전술한 판례 중 ② 대법원 판결과 ⑤ 서울고법 판결은 '창작자 원칙'이라는 저작권법의 일반원칙과 저작권법 제9조의 '업무상 저작'에 대한 기본법리를 충실히 반영한 것으로 타당하다. 저작권의 원시적 귀속에 관한 '창작자원칙'은 민법상의 加工이나 都給에 있어서 소유권의 귀속 문제와 차원을 달리하는 문제라는 점에 천착한다면 이는 당연한 결론이다. 민법상 도급계약에서는, 가령 도급인이 재료의 전부 또는 주요부분을 제공하는 경우 완성된 물건의 소유권은 원시적으로 도급인에게 귀속한다는 데에 판례와 학설은 일치한다.[96] 이에 반하여 '창작자원칙'에 의하면 저작물의 창작에 대하여 도급인인 법인 등이 계획을 하고, 또 수급인이 도급인으로부터 자료를 제공받아 도급인의 지시 또는 주문사항을 작품 속에 나타냈다 하더라도 실제로 창작행위를 한 수급인이 저작자가 되는 것이며, 다만 도급인은 특약에 의해 수급인에게 발생한 저작재산권을 승계이전 받을 수 있을 뿐이다. 물론 위탁자의 創作的 寄與가 인정되는 경우에는 위탁자와 수탁자가 해당 저작물의 공동저작자가 된다.

다. 타인의 노무를 이용하는 계약형태의 다양성

오늘날 타인의 노무를 이용하는 계약형태가 다양화하고 있는 실태에 비추어 볼 때, 저작권법 제2조 제31호의 업무상 저작물의 정의규정에서 말하는 '업무에 종사하는 자'를 고용관계에 국한하는 것으로 해석할 필요는 없다. 고용계약이 없더라도 실질적으로 지휘·감독에 복종하는 지위에 놓여있다면 저작권법 제2조 제31호의 '업무에 종사하는 자'로서 제9조의 적용 대상이 된다고 할 수 있다. 참고로 日本 最高裁는 "법인 등과 저작물을 작성한 자와의 관계를 실질적으로 볼 때에 법인 등의 지휘감독관계 아래에서 노무를 제공한다고 하는 實態에 있고, 법인 등이 그 자에 대하여 지급하는 금전이 노무제공의 대가라고 평가할 수 있는지 여부를 업무태양, 지휘감독의 유무, 대가액 및 지급방

---

95) 박태일, "위탁 개발된 프로그램저작권의 귀속에 직무저작 프로그램 규정을 적용할 수 있는지 여부", 「대법원 판례해설」 제96호, 법원도서관, 2013, 327면.

96) 곽윤직 편집대표, 「민법주해[XV]—채권(8)」, 박영사, 1997, 440면(김용담 집필).

법에 관한 구체적 사정을 종합적으로 고려하여 판단해야 한다"고 판시하였
다.[97] 위 판결은 '업무에 종사하는 자'의 판단기준으로서 ① 법인 등의 지휘감
독 아래에서 노무를 제공한다는 실태에 있을 것, ② 법인 등이 그 자에 대하여
지급하는 금전이 노무제공의 대가라고 평가할 수 있을 것의 두 가지 요소를
들고 있는 점이 주목된다.[98] 이와 관련하여 문제되는 것이 근로자파견제도에
따른 파견근로자의 경우이다. 피용자가 다른 회사에 파견되어 근무 중인 경우
에는 고용관계는 아니라 하더라도 실제로 파견근무 중인 회사의 업무에 종사
하고, 그 회사로부터 구체적인 지휘명령을 받고 있는 것이므로 被派遣회사가
사용자로서의 지위를 갖는다고 설명하는 것이 일반적이다.[99] 어느 회사의 피
용자가 다른 회사에 출장근무하게 된 경우에도 파견근무의 경우와 동일하다고
한다.[100] 또한 형식적으로만 도급계약일 뿐이고 실제로는 고용관계에 준하는
법률관계가 인정된다면 실질적인 지휘·감독관계를 인정할 수 있다. 우리나라
에서 근로자파견제도가 공식적으로 인정되기 전에는 '업무처리 노무도급'이라
는 '위장' 도급의 형태를 띠고서 행하여지는 경우가 많았다. 이러한 경우 전술
한 바와 같이 수급인의 창작행위의 본질은 被派遣회사로부터 지휘명령을 받으
면서 그 업무에 종사하는 것이므로 저작권법 제2조 제31호 소정의 업무종사자

---

97) 最高裁 2003(平成15)年 4月 11日 判決(RGB 어드벤처 사건). 사건의 개요는 노무비자 없이 일
본에서 생활하던 중국 국적의 디자이너X가 Y법인 사무실에서 디자인 작성행위를 하면서 매월
기본급 명목으로 일정액의 금전을 급여명세서와 함께 수령하였고 Y법인이 기획한 애니메이션에
사용하기 위한 캐릭터 디자인을 작성한 사안에서 X가 Y를 상대로 애니메이션 작품의 반포 등의
금지 등을 청구한 사건이다. 이 사건에서 원심인 東京高裁 2000(平成12)年 11月 9日 판결은 X
와 Y간에는 고용관계가 존재하지 않으므로 X는 Y의 '업무에 종사하는 자'에 해당하지 않는다고
하여 X의 청구를 일부 인용하였지만, 最高裁는 구체적 사정을 고려하여 X와 Y긴에는 고용관계
가 존재한다고 볼 수 있으므로 Y법인의 '업무에 종사하는 자'에 해당한다고 판시하면서 이를 부
정한 원심판결을 파기하였다.
98) 다만, 위 最高裁 判決은 어디까지나 고용계약이 존재하면 법인 등의 '업무에 종사하는 자'에 해
당한다는 것을 전제로 고용관계의 존부만이 쟁점이 된 사안에서 고용관계가 없으므로 일본 저작
권법 제15조의 직무저작물이 아니라고 판시한 원심판결을 파기한 사건일 뿐이고, 고용계약을 맺
지 않은 자가 법인 등의 '업무에 종사하는 자'에 해당하는지 여부를 직접적으로 판단한 사건이
아니라는 점에 유의해야 한다. 潮海久雄, "職務著作(1)—業務に從事する者", 「著作權判例百選」
第4版, 有斐閣, 2009, 68~69면 참조.
99) 加戶守行, 앞의 책, 147면; 中山信弘, 앞의 책, 209~210면 각 참조. 이와 반대로 업무상 저작물
에서 말하는 '업무종사자'란 고용계약을 전제로 한다는 견해를 취하는 논자에 따르면, 파견근로
자의 경우 고용계약은 파견회사하고만 체결되어 있고 근로자와 被派遣會社 간에는 지휘명령관
계는 있어도 고용관계는 존재하지 않으므로, 파견근로자가 창작한 저작물에 대하여 파견회사나
被派遣회사 어느 쪽도 저작권법 제9조에서 말하는 사용자의 지위에 있지 못하다고 한다. 따라서
해당 저작물의 저작자는 파견근로자 본인이라고 한다(齊藤博·牧野利秋 編, 앞의 책, 238~239면).
100) 하용득, 앞의 책, 117~118면.

에 해당한다고 볼 수 있다.

　　라. 미국 '고용저작물(works made for hire)'의 법리상 '피용자(employee)'의 개념
　　미국 1976년 저작권법 제101조는 고용저작물에 관해 정의하는데, 이는 우리 저작권법 제2조 제31호의 업무상 저작물의 개념과 유사한 것이다. 미국 저작권법상 고용저작물이란 ① 피용자가 그 고용의 범위 내에서 작성한 저작물이거나, ② 특별히 위탁이나 주문을 받은 것이라고 정의한다. 고용저작물로서 인정되는 특별히 위탁 또는 주문된 저작물의 종류는 법조항에 따라 다음과 같이 제한된다. 즉, (a) 집합저작물에의 기여분, (b) 영화 또는 시청각저작물의 일부, (c) 번역, (d) 보조적 저작물(가령, 서문, 발문, 삽화), (e) 편집물, (f) 교과서, (g) 시험, (h) 시험의 해답자료, (i) 도표집이다. 아울러 "당사자들은 그 저작물을 고용저작물로 간주한다고 문서에 의해 명시적으로 합의하여야 한다." 또한 동법 제201조(b)는 고용저작물의 저작권 귀속(ownership of copyright)에 관하여 "고용저작물의 경우에는 고용자 또는 당해 저작물을 그 자를 위하여 작성하게 한 자가 본 편 법전의 적용상 저작자로 간주되며, 당사자 사이에 서명한 문서에 의하여 명시적으로 달리 합의하지 아니하는 한, 당해 저작권을 구성하는 모든 권리를 가진다"고 규정한다.
　　우리 저작권법 제2조 제31호 및 제9조와는 달리 미국 1976년 법의 특징은, 위탁저작물 중 일정한 종류가 고용저작물의 범주에 포함된다고 명문으로 밝히고 있는 점이다. 그러나 1976년 법이 '피용자(employee)'라는 용어를 정의하지 않고 있기 때문에 그 해석을 둘러싸고서 위탁자와 수탁자간에 논란이 분분하였다. 이러한 논란에 종지부를 찍은 것이 1989년 미 연방대법원의 Community for Creative Non－Violence v. Reid 사건[101](약칭 CCNV 사건)이다.[102] 이 사건에

---

101) 490 U.S. 730, 109 S. Ct. 2166, 104 L. Ed. 2d 811 (1989).
102) CCNV 사건의 개요는 다음과 같다. CCNV는 집 없는 사람들의 복리증진을 목적으로 설립된 법인격 없는 비영리 사단으로서 조각가인 J.E. Reid에게 미국의 집 없는 가난한 가정을 묘사하는 조각상을 제작해 줄 것을 부탁하였다. CCNV는 여러 가지 아이디어를 제공하였고 Reid와 조각 내용에 대하여 상의를 하였다. 쌍방은 서면계약서를 작성하지 않았으며, 어느 쪽도 저작권에 관하여는 언급하지 않았다. 우선 Reid는 CCNV가 기금모집시에 활용하고 싶다는 요청에 따라 제작할 조각상의 스케치를 보내주었다. 그 제작과정에서는 Reid가 전적으로 작업에 관여하였으며 여러 번 CCNV측 사람들이 일을 도와주었고 현장을 방문하여 진행과정을 확인하였다. Reid는 조각상이 완성되자 이를 CCNV에 인도하였고 워싱턴의 전시장에서 전시를 하였다. CCNV는 집 없는 사람들을 위한 기금을 모금하기 위한 순회전시에 조각상을 이용하자고 제안하였지만 Reid는 조각상의 素材(Design Cast 62라는 합성소재)가 장기간 순회전시에 적합하지 않다는 이유로 거절하였고, 이에 대하여 CCNV는 Reid를 상대로 조각상의 반환 및 저작권 귀

대한 미 연방대법원의 판시 내용은 우리 저작권법 제2조 제31호 法文上의 '업무에 종사하는 자'의 해석에 있어서도 유익한 관점을 제공해 줄 것으로 생각된다. CCNV 사건에서 연방대법원은 제2차 法再錄(Restatement)(1958)의 代理에 관한 제220조(2)에 피용자(servant)인가 수탁자(independent contractor)[103]인가를 결정하는 요소들이 열거되어 있으므로 이에 따라 피용자인지 여부의 판정기준을 구하면 된다고 판시하였다. 이 사건에서 연방대법원은 제2차 法再錄 제220조(2)의 요소들 중 어느 것이 보다 중요한 요소인가를 밝히지 않았지만, 그 후 연방 제2고등법원은 Aymes v. Bonelli[104] 사건에서 제2차 法再錄 제220조(2)의 요소들 중에서 몇몇 요소들은 보다 중요하게 평가되어야 한다고 하였다. 즉 ⓐ 고용자측의 창작의 방법 및 수단에 대한 통제권, ⓑ 특정 업무에 필요한 기술, ⓒ 복리후생의 제공, ⓓ 피용자측에 대한 세금처리, ⓔ 고용자측이 추가적으로 일을 맡기는 권리의 보유 등의 요소들은, 고용관계의 진정한 성격을 고도로 증명하는 것이므로 다른 요소들보다 중요하게 평가되어야 한다고 판시하였다.

그 후 연방 제2고등법원은 Carter v. Helmsley – Spear[105] 사건에서 조각작품을 건물 로비에 설치하도록 건물 임대회사로부터 위탁받은 조각가 세 사람이 창작한 저작물을 고용저작물이라고 판시하였다. 그 이유로 동 법원은, 조

속에 관한 판결을 청구하였다. 미국 연방지방법원은 CCNV가 조각상의 제작에 동기를 부여하였기 때문에 미국 저작권법 제101조의 의미에서 볼 때 Reid는 CCNV의 '피용자'라고 하여 Reid가 제작한 조각상은 '고용저작물'이라고 판시하였다. 이에 대해 미국 연방고등법원은 이 사건 조각상은 고용저작물이 아니라고 원심판결을 취소하였다. 즉, Reid는 미국 저작권법상의 피용자(employee)가 아니라 수탁자(independent contractor)라고 판시하였다. 또한 동 조각상은 법 제101조(2)가 위탁저작물 중에서 고용저작물로서 인정하는 유형에 해당되지 않을 뿐만 아니라 서면계약도 작성되지 않았으므로 고용저작물로 분류될 수 없다고 하였다. 미국 연방대법원은 항소심 판결을 인용하였다.

103) 미국법상 independent contractor는 일반적으로 수급인으로 번역된다(田中英夫 編集代表, 「英米法辭典」, 東京大出版會, 1991, 438면에서는 請負人으로 번역하는데, 이는 우리 민법의 수급인에 해당한다. 임홍근·이태희, 「법률영어사전」, 법문사, 2007, 982면은 이를 '도급인'으로 옮기고 있으나 잘못이다). 우리 민법상 도급계약의 당사자인 수급인은 일의 완성을 목적으로 하여 경제적·사회적으로 독립하여 노무를 수행하는 사람을 가리킨다. 그러나 independent contractor는 일의 완성을 목적으로 하는 것이 아니라 자기의 재량으로 노무를 수행하는 사람을 의미하므로 위임과 도급계약을 포괄하는 위탁계약의 당사자(수탁자)에 가까운 것이라고 생각된다. 이에 따라 본문에서는 위탁계약의 당사자인 수탁자로 번역하였다. 물론 맥락에 따라서는 수급인과 수탁자를 혼용하여도 무방할 것이다.

104) 980 F. 2d 857 (2d Cir. 1992).

105) 71 F. 3d 77 (2d Cir. 1995).

각가들이 週給을 받았고 세금은 원천징수되었으며, 각종 복리후생 혜택도 받았다는 점, 또한 작업을 끝마치는 기간도 정해져 있지 않았으며, 건물 임대회사는 추가적인 작업을 맡길 수도 있었고, 조각가들은 회사 승인 없이 유급보조자를 고용할 수 없었다는 점 등을 인정한 다음, CCNV 사건과 Aymes 사건에서 도출된 요소들에 비추어 볼 때, 회사와 조각가들간에는 고용관계가 인정된다고 설시하였다.

3. 업무상 작성하는 저작물일 것

가. 저작물 작성이 업무범위에 속할 것

법인 등 사용자의 기획 하에서 업무상 작성하는 저작물이어야 한다. 여기서 '업무'란 직접 명령받은 것뿐만 아니라 '고용의 과정'에서 통상적으로 업무로서 기대되는 것을 포함한다.106) 예컨대 상품광고를 담당한 카피라이터(copy writer)가 광고 문안을 작성하는 것은 자기의 업무이며 사진기자가 보도사진을 찍는 것도 자기의 업무이다. 문제는 대학교수가 강의자료를 작성하거나 연구논문을 발표하는 것 등이 대학 당국에 의해 조직적으로 관리되는 업무범위에 해당한다고 볼 수 있을 것인가 하는 점이다.107) 저작물의 작성 자체가 업무가 되어야 하므로, 단지 업무수행에 있어서 파생적으로 또는 그 업무와 관련하여 작성되는 경우에 불과할 때는 법인 등 사용자가 아닌 저작물의 작성자 자신이 저작자로 된다.108) 예컨대 피용자가 자기가 담당하고 있는 업무를 효율적으로 처리하기 위하여 자신의 계획 하에 여가시간을 이용하여 저작물을 작성하는 경우, 또 대학교수가 강의를 위한 강의안을 작성하는 경우 등은 자기의 업무에 속한다고 할 수 없으므로 이러한 경우 저작물의 작성자가 저작자가 된다.109)

나. 업무범위의 판단기준

통상적인 업무로서 기대되는 행위에 속하는 것인지 아닌지는 해당 피용자의 권한·지위·업무의 내용·급여 등에 따라 구체적 사례별로 결정하지 않으면 안 된다.110) 예컨대 스포츠부에 속한 사진기자가 스포츠 행사와 관중 모습

---

106) 中山信弘, 앞의 책, 212면; 齊藤博·牧野利秋 編, 앞의 책, 239면.
107) 이에 관해서는 후술 '다. 대학교수가 집필한 논문 등에 대한 저작권법 제9조의 적용 여부' 참조.
108) 하용득, 앞의 책, 118면.
109) 박성호, "업무상 작성한 저작물의 저작권 귀속", 「한국저작권논문선집(I)」, 저작권심의조정위원회, 1992, 127면.
110) 中山信弘, 앞의 책, 212면; 日本新聞協會研究所 編, 「新聞と著作權」, 社團法人 日本新聞協會, 1993, 164~165면 각 참조.

등을 취재하라는 신문사의 지시에 따라 사진촬영을 하던 중 우연히 경기장 상공에 나타난 UFO를 목격하고 촬영에 성공한 경우, 이는 통상적인 업무로서 기대되는 취재 행위의 범위에 속한다고 할 수 있다.111) 이것이 신문에 보도되는 경우 UFO 사진의 저작자는 저작권법 제9조에 의해 신문사가 된다. 또한 업무의 범위에 속하는 것인지 아닌지는 근무시간이나 근무공간에 좌우되는 문제가 아니다. 가령 저작물의 작성이 근무시간 외에 또는 근무장소 밖에서 작성된 경우에도 그 작성이 저작물의 성질·내용 등에 비추어 업무범위에 속하는 경우가 있을 것이다. 이에 반하여 저작물의 성질과 내용 여하에 따라서는 근무시간 중에 근무장소 안에서 작성된 것이라도 업무상 저작물이 아닐 수 있다.112) 문제는, 예컨대 신문기자가 업무수행 과정에서 알게 된 정보나 입수한 자료 등을 기초로 외부청탁에 응하여 저작물을 작성한 경우 이것을 업무상 저작물이라 할 수 있는가이다. 이는 업무상 저작이라 말하기 어려울 것이다.113)

다. 대학교수가 집필한 논문 등에 대한 저작권법 제9조의 적용 여부

(1) 저작권법 제9조의 적용 가능성

대학교수가 교육목적으로 작성하는 강의안이나 연구성과로서 집필하는 논문의 경우, 이러한 저작물에 대해서 저작권법 제9조의 적용이 가능할 것인지 여부가 문제된다. 특히 그 적용 가능성이 문제가 되는 요건들은 앞서 살펴본 여러 요건들 중 '업무상 저작물'의 성립과 관련한 ① 법인·단체 그 밖의 사용자가 저작물의 작성에 관하여 기획할 것, ② 저작물이 법인 등의 업무에 종사하는 자에 의하여 작성될 것, ③ 업무상 작성하는 저작물일 것 등의 요건들이다.

(2) 저작권법 제9조와 관련된 구체적 쟁점의 검토

전술한 여러 요건들 가운데 그 적용에 문제가 되는 요건들을 개별적으로 검토하면, ① '법인·단체 그 밖의 사용자가 저작물의 작성에 관하여 기획할 것'이란 요건을 들 수 있다. 대학이라는 학문적 조직에서는 사회 일반의 법인

---

111) 이 경우 신문사의 명시적인 기획은 경기장에서 스포츠 행사 등을 취재하는 것이지만 여기에는 스포츠 행사가 열리는 경기장 안팎에서 예상치 못한 사건이 발생하였을 때 이를 취재하라는 묵시적 기획도 포함되는 것이다.

112) 한승헌, 앞의 책, 340~342면; 齊藤博·牧野利秋 編, 앞의 책, 239면; 半田正夫, 앞의 책, 67~68면 각 참조.

113) 日本新聞協會硏究所 編, 앞의 책, 166면. 다만 업무상 얻은 정보나 자료 등을 私的으로 어느 정도 이용할 수 있는가는 기자윤리의 각도에서 고찰해 보아야 한다는 지적이 있다(위 같은 면). 그러므로 사안에 따라서는 이것을 직무규정상 징계사유로 삼을 수도 있다.

이나 단체 등의 경우와는 달리 교수 등 연구자가 논문 등을 집필하는 데에 대학 당국이 조직적으로 개입하여 그 논문 등의 작성을 기획하는 경우 등은 좀처럼 상정하기 어려울 것이다. 다시 말해 사회 일반의 법인 등에서는 사업활동의 목적으로 인하여 법인 등 사용자의 '기획'이라는 요건이 推認될 수 있는 여지가 있으나 대학과 같은 학술 조직의 특성상 극히 예외적인 경우를 제외하고는 대학 조직에 의한 '기획' 요건이 추인된다고 보기는 어렵다. 또 ② '저작물이 법인 등의 업무에 종사하는 자에 의하여 작성될 것'과 관련하여 교수 등 연구자가 '법인 등의 업무에 종사하는 자'에 해당하는 것은 분명하다. 하지만 ③ '업무상 작성하는 저작물일 것'이란 요건과 관련하여, 교수 등 연구자에게 헌법상 보장되는 학문의 자유라는 관점을 고려할 때에, 교수가 작성하는 강의안이나 학술논문의 발표행위가 법인인 대학 당국에 의해 조직적으로 관리되는 업무범위에 속하는 것이라고 보기는 어렵다. 오히려 교수의 강의안 작성이나 연구행위는 그 테마, 연구방법의 선택이 연구자의 자주성에 맡겨져 있기 때문에 지휘명령에 따른 업무내용의 결정방식과는 크게 다르다. 더구나 후술하는 ④ '저작물이 법인 등 사용자의 명의로 공표될 것'이란 요건과 관련해서는 거의 대부분의 경우 대학교수 명의로 논문이 공표된다는 점을 감안한다면, 이 요건도 마찬가지로 적용 가능성이 없다. 그러한 점에서 대학교수가 작성한 논문에 대해 저작권법 제9조가 적용되기 위하여 ① 법인·단체 그 밖의 사용자가 저작물의 작성에 관하여 기획할 것, ② 저작물이 법인 등의 업무에 종사하는 자에 의하여 작성될 것, ③ 업무상 작성하는 저작물일 것, ④ 저작물이 법인 등 사용자의 명의로 공표될 것 등의 모든 요건이 충족되는 경우는, 대학이 조직적으로 관리하는 학술연구 등과 같이 극히 예외적인 경우에 한정될 것이다. 대학에 의한 조직적 관리가 강하게 요구되는 학술연구의 예로는 대학 조직이 외부 연구기관과 공동으로 연구를 기획하고 대학 구성원인 교수들에게 집필부분을 배정하면서 연구기금을 제공하는 등의 특별한 사정이 존재하는 경우 등을 들 수 있다.[114]

---

114) 이에 해당하는 일본 재판례로는 키타미[北見]공업대학 공동연구보고서 사건이 있다. 이 사건은 피고 Y(국립대학 법인 키타미공업대학)가 키타미 市와 그 인근 하천의 환경보전대책협의회로부터 의뢰를 받아 환경조사에 관한 공동연구를 실시하고, 그 연구성과로서 연구보고서를 키타미[北見]공업대학 명의로 작성하여 키타미[北見] 시와 그 환경보전대책협의회에 배포하였는데, 이에 대해 당해 공동연구 참가자인 피고 Y 소속 교수인 원고 X가 자신의 저작재산권(복제권) 및 저작인격권(동일성유지권)을 침해하였다고 주장하면서 위 연구보고서의 발행·배포의 금지 등을 청구하였다. 東京地裁 2010(平成22)年 2月 28日 判決은 본건 각 보고서는 피

(3) 미국 저작권법상 '교사의 예외'(teacher exception)의 법리

우리 저작권법상 '업무상 저작물의 저작자'를 인정하는 조항과 동일한 취지의 것으로 미국 저작권법상 발전되어온 것이 '고용저작물'(works made for hire)에 관한 법리이다. 이는 1976년 저작권법 제101조 및 제201조(b)로 규정되었다. 그리고 이와 함께 전개되어온 것이 '고용저작물'에 대한 이른바 '教師의 예외' 법리이다.

대학교수의 강의안을 둘러싼 대학 당국과 교수들 간의 저작권 귀속 분쟁에 대하여 미국의 1909년 저작권법 아래에서의 판례를 살펴보면, 먼저 William 사건을 들 수 있다. 이 사건에서 법원은 대학 당국이 아니라 교수에게 강의안에 대한 보통법상의 저작권(the common law copyright)이 귀속된다[115]고 하며 그 근거로 대학교수의 강의안은 독자적인 것이고 대학 당국이 교수의 강의내용을 이루는 사상의 표현방식을 지시·규율할 수 없다는 것을 들고 있다.[116] 또 강의안을 기초로 작성된 서적에 대한 저작권 역시 교수에게 귀속한다고 한다.[117] William 사건의 결론이 타당한 것은 만일 교수의 강의안 작성이 업무범위에 속하고 대학 당국에 강의안에 대한 저작권이 귀속된다고 하면 소망스럽지 못한 결론이 초래될지도 모른다고 한다. 가령, 어느 교수가 전적으로 새로운 일련의 강의내용을 구상할 필요성 때문에 다른 대학으로 옮겨 연구하고 저술하는 것을 방해하게 된다는 것이다.[118] William 사건의 결론은 고등학교나 초등학교 교사들에게도 마찬가지로 적용된다고 한다.[119] 그러나 대학 당국이

고 Y의 업무상 저작물로서 피고 Y가 그 저작자로 인정되고 업무종사자인 원고 X에게는 저작재산권 및 저작인격권이 인정되지 않는다는 이유로 원고 X의 청구를 기각하였다. 또한 知財高裁 2010(平成22)年 8月 4日 判決에서도 일본 저작권법 제15조(우리 저직권법 제9조와 거의 동일한 취지의 규정임)에서 규정하는 각 요건의 충족 여부를 검토한 다음 본건 보고서는 피고 Y의 發意(우리 저작권법상 용어로는 企劃)에 의해 원고 X 등이 업무종사자로서 작성한 업무상 저작물이므로 피고 Y가 그 저작자로 인정된다고 판시하여 원고 X의 항소를 기각하였다. 作花文雄, "研究教育者の創作活動と權利の歸屬", 「コピライト」, 2011. 1., 44면.

115) 대학교수에게 자기 저작물의 저작권이 귀속된다는 보통법상의 법리는 古來로부터 많은 지지를 받아왔다. 엘든 경에 따르면, 윌리엄 블랙스톤에게는 그의 법률 강의에 대한 저작권이 귀속되고 있었다고 하는데, 이 先例에 입각하여 엘든 경은 의학강의에 대하여 저작권을 주장하고 있던 原告에게 이를 인용하는 판결을 내렸다(Abernethy v. Hutchinson, 3 L.J. 209, 214~15(Ch.) (1825)). 이러한 영국의 보통법상 저작권에 대한 판례법 전통은 미국에 계수되었다.

116) William v. Weisser, 78 Cal. Rptr. 542 (Cal. App. 1969).

117) C.O. Sherrill v. L.C. Grieves, 57 Wash. L. Rep. 286, 20 C.O. Bull. 675 (1929).

118) M.B. Nimmer·D. Nimmer, *Nimmer on Copyright*, Vol. I., Matthew Bender, 1987, §5.03[B] p.5−15 n.31.

119) Ibid.

고용자라는 단순한 사실로부터 반드시 저작권이 피용자에게 유보된다는 결론이 도출되는 것은 아니라고 한다. 피용자가 대학의 행정직이거나 교수 이외의 직에서 업무를 수행하는 경우 대학의 업무 중 작성된 어문저작물은 일반적으로 대학당국에 속하게 된다고 한다.[120] 미국의 1976년 저작권법에서도 학술적 저작물(academic writings)이 고용저작물로서 그 저작자인 교수(또는 교사)가 근무하는 대학(또는 학교)에 귀속하는가의 여부를 둘러싼 사건이 있었다. 즉 연방 제7고등법원은 Weinstein v. University of Illinois[121] 및 Hays v. Sony Corp. of America[122] 사건에서 이 문제를 취급하였다. 양 사건에서 법원은 1976년 저작권법에서도 학술적 저작물에 대한 저작권이 교수에게 귀속된다는 전통은 존중되고 있다고 판시하였다.[123]

우리 저작권법의 해석론이나 판례에서는 미국의 '교사의 예외'에 관한 법리가 존재하지 않는다. 미국 저작권법의 '고용저작물'은 당사자 간에 서명한 문서에 의하여 달리 합의하지 않는 한 법인 등 사용자가 저작자로 인정된다. 이에 반하여 우리 저작권법 제2조 제31호의 해석상으로는 교수 등의 강의안이나 논문을 '업무상 저작물'이라고 보기 어려운 경우가 많을 것이다.[124] 앞서 본 것처럼 '업무상 저작물'에 해당하기 위해서는 저작물 작성이 업무범위에 속해야 하는데 이때의 '업무'란 저작물을 작성하는 것 자체가 업무가 되어야 한다는 의미이다. 따라서 저작물 작성 자체가 업무가 아니라 단지 업무수행에 있어서 파생적으로 또는 그 업무와 관련하여 저작물이 작성되는 것에 불과할 때

---

120) Manasa v. University of Miami, 320 So. 2d 467 (Fla. App. 1975). 동 사건의 요지는, 대학 사무국의 직원이 작성한 자금조달 기획서(funding proposal)는 대학에 그 저작권이 귀속된다는 것이다.

121) 811 F. 2d 1091 (7th Cir. 1987).

122) 847 F. 2d 412 (7th Cir. 1988).

123) 참고로 미 연방대법원의 Community for Creative Non—Violence v. Reid, 490 U.S. 730 (1989) 판결 이후에는 '교사의 예외'를 인정함이 없이 개별 사안별로 판단된다고 주장하는 견해가 있다. 이러한 견해는 특히 콜로라도 주에 소재한 일부 대학에서 교수의 강의안이나 연구프로젝트 논문의 저작권 귀속을 둘러싸고 벌어진 사건들에 대해 미 연방 제10고등법원 관할 하의 연방지법이 내린 몇몇 판결들{전자 Vanderhurst v. Colorado Mountain College District (D.Colo. 1998); 후자 University of Colorado Foundation, Inc. v. American Cyanamid Co. (D.Colo. 1995)}을 그 근거로 드는 경우가 많다. 그러나 미 연방 제7고등법원의 Posner 판사는 미 연방 의회가 1976년 저작권법 제정시에 1909년 저작권법 아래에서 형성·발전되어온 '교사의 특례'를 폐기하지 않았을 뿐 아니라 대학의 본질이라 할 수 있는 학문의 자유를 고려할 때 '교사의 특례'는 여전히 유효한 것이라고 설명한다. William M. Landers·Richard A. Posner, *The Structure of Intellectual Property Law*, Harvard University Press, 2003, pp.272~273 참조.

124) 이에 관해서는 본절 II. 3. 가. '저작물 작성이 업무범위에 속할 것' 참조.

에는 법인 등 사용자의 업무범위에 속한다고 볼 수 없다. 그러므로 교수가 작성하는 강의안이나 논문을 '업무상 저작물'에 해당한다고 보기는 어려울 것이다. 설령 '업무상 저작물'에 해당하는 예외적인 경우일지라도 저작권법 제9조에 의해 법인 등 사용자가 저작자로 인정되기 위해서는 '저작물이 법인 등 사용자의 명의로 공표될 것'과 '계약 또는 근무규칙 등에 다른 정함이 없을 것'의 두 가지 별도 요건이 요구되는데 그 중 전자의 요건을 법인 등 사용자가 충족할 수는 없을 것이다.125)

4. 저작물이 법인 등 사용자의 명의로 공표될 것

가. 법인 등 사용자 명의의 공표

법인 등 사용자의 명의가 업무상 저작물의 저작자 명의로서 표시되어 있을 필요가 있으며, 해당 저작물에 법인 등 사용자의 명칭이 단지 기재되어 있는 것만으로는 충분하지 않다. 문제는 법인 등 사용자의 명칭이 저작자 명의로서 표시된 것인지 여부를 어떻게 판단할 것인가이다. 결국 저작권법 제9조의 입법취지 중 하나인 업무상 저작물이 법인 등 사용자의 명의로 공표되는 경우에 사회적 책임 내지 대외적 신뢰보호를 위하여 법인 등에게 저작권을 원시적으로 귀속시킴으로써 해당 저작물에 대한 권리관계를 명확히 하여 제3자의 신뢰를 보호하고자 한다는 점이 고려되어야 한다. 즉 누가 그 저작물의 내용에 대하여 사회적 책임을 지는 주체인가 하는 점이 저작자 명의표시인지 여부를 판단할 때에 고려되어야 한다.126) 다만, 법인 등 사용자 명의의 공표요건

---

125) 위 두 요건 중 중요한 것은 '저작물이 법인 등 사용자의 명의로 공표될 것'이다. 이는 미국 저작권법에서는 요구하지 않는 요건이다. 이에 비해 '계약 또는 근무규칙 등에 다른 정함이 없을 것'은 미국 저작권법의 요건인 '당사자 간에 서명한 문서에 의해 달리 합의하지 않을 것' 요건과 그 취지가 거의 유사하다.

126) 유의할 것은 가령 법인의 업무상 저작물인 경우 그 법인 명의로 저작자 명의가 공표되어야 한다는 점이다. 따라서 해당 법인보다 그 대표자의 지명도가 높은 경우에는 있을 수 있는 일이지만, 해당 대표이사의 명의로 공표된 것은 법인 명의라고 할 수 없다(中山信弘, 앞의 책, 212~213면). 이에 관해서는, 東京地裁 2005(平成17)年 9月 28日 平成16(ワ) 第4697号 判決 참조. 이 판결 사안의 개요는, X는 운세판단 관련 서적을 출판하는 F법인의 대표이사로서 운세판단 서적을 X명의로 출판하였는데 F법인의 업무에 종사하던 Y가 그 후 동일·유사한 내용의 운세판단 서적을 간행하므로 X가 Y를 상대로 저작권 침해를 이유로 Y의 서적 판매 등의 금지 및 손해배상을 청구한 사건이다. 쟁점 중 하나는 Y의 서적 내용의 상당 부분이 Y가 F법인의 업무에 종사하는 자로서 작성하였던 것으로서 이는 F법인의 대표이사인 X의 명의로 출판된 서적에 상응하는 것이므로 Y가 작성한 것은 일본 저작권법 제15조에 따라 F법인의 직무상 저작물에 해당하는지 여부에 관한 것이었다. 이에 대해 재판부는 Y가 F법인의 업무에 종사

은 컴퓨터프로그램저작물의 경우에는 해당이 없다(제9조 단서).[127] 그 이유는 프로그램저작물의 경우 영업비밀에 해당하여 법인 등이 전략적으로 공표하지 않는 경우가 많고, 또 공표하더라도 無名이나 變名으로 공표하는 경우가 많기 때문이다. 이 요건이 컴퓨터프로그램저작물에 해당이 없다는 것과 관련하여, 하급심 판결은 "미공표 프로그램 즉, 개발진행 중인 프로그램도 법인 등에게 저작권이 귀속되도록 하기 위한 것"이라고 판시한 바 있다.[128] 따라서 프로그램저작물은 피용자 개인의 명의로 공표되거나 제3자 명의로 공표되더라도 그 밖의 요건을 모두 갖춘다면 법인 등 사용자가 저작자로 인정된다.

한편, 이 요건이 적용되는 신문이나 잡지와 같은 정기간행물의 경우에는 개개의 기사나 사진 등의 저작권과, 그 전체의 편집저작권이 누구에게 원시적으로 귀속하는가가 문제된다. 신문이나 잡지 등에는 題號가 표시되고 해당 제호 아래 또는 판권장에 발행자나 편집자의 이름이 명기되며 그 아래 'OO신문사 발행'이나 'ⓒ 某某신문사 2023'으로 표시하는 것이 보통이다. 따라서 제호 밑에 발행자나 편집자의 이름이 명기되고 그 아래 'OO신문사 발행' 또는 'ⓒ 某某신문사 2023'으로 표시되어 있는 경우에는, 저작권법 제9조에 따라 법인 등 사용자를 해당 편집저작물의 저작자라고 할 수 있다. 문제는 개개의 게재 사진이나 기사에 관하여 어떠한 경우에 저작권법 제9조가 요구하는 법인 등 사용자의 명의표시에 해당한다고 볼 수 있을 것인가이다. 이에 대해서는 법인 등이 저작자로서 표시되어 있어야 하며, 발행자 명의가 법인 등으로 되어 있는 것만으로는 충분하지 않다는 견해가 있다.[129] 그러나 일률적으로 이와 같이 해석할 것은 아니고 업무상 저작물의 구체적 유형에 따라 저작권법 제9조에서 요구하는 법인 등 사용자의 명의표시라고 볼 수 있는지 여부를 판

하는 자로서 작성한 저작물이 F법인의 저작명의가 아닌 그 대표이사 X의 저작명의로 공표되었으므로 "법인 등이 자기의 저작명의 하에 공표하는 것"에 해당하지 않는다고 하여 職務著作의 성립을 부정하였다(「判例タイムズ」No.1222, 2006. 12. 15., 254~255면).

127) 1986년 컴퓨터프로그램보호법(1994. 1. 5. 법률 제4712호로 개정되기 전의 것) 제7조는 법인 등 사용자 명의의 공표요건을 요구하였으므로 저작권법 제9조와 그 요건이 동일하였지만, 1994년 컴퓨터프로그램보호법 제7조에서는 법인 등 사용자 명의의 공표요건을 삭제하였다. 그 후 2000년 컴퓨터프로그램보호법(2009. 4. 22. 법률 제9625호로 폐지되기 전의 것)에서는 조문을 제5조(법인 등 사용자 명의의 공표요건이 삭제된 것을 제외하고는 저작권법 제9조와 동일)로 이동하였다.

128) 서울고법 2007. 7. 18. 선고 2006나58921 판결(상고심 : 대법원 2010. 1. 14. 선고 2007다61168 판결).

129) 加戶守行, 앞의 책, 147면.

단하면 충분할 것이다. 우선 신문·잡지 등의 정기간행물처럼 저작물 작성을 목적으로 하는 법인 등에서 작성된 저작물의 경우에는, 제호 밑에 발행자나 편집자의 이름이 명기되고 그 아래 '○○신문사 발행' 또는 'ⓒ 某某신문사 2023'으로 표시되어 있는 것만으로도, 피용자가 업무상 작성한 기사 등에 대하여 법 제9조에서 요구하는 '법인 등 사용자의 명의로 공표될 것'의 요건을 충족한다고 해석할 수 있다.[130] 저작물 작성을 목적으로 하지 않는 회사에서 작성된 非典型的 著作物, 가령 편지·계획서·설명서 등의 경우에도, 정기간행물의 예에 준하여 취급할 수 있다. 다만 회사 내에서 개인에 의해 작성된 저작물, 가령 홍보부서에서 작성한 포스터라든가 연설문의 경우에는 법인 등 사용자가 발행자로 표시되는 것만으로는 부족하고 저작자로 표시될 것이 요구된다고 하겠다.

나. 미공표저작물의 적용 여부

1986년 저작권법 제9조는 "법인 등의 명의로 공표된" 저작물을 업무상 저작물로 인정하였음에 반하여 2006년 저작권법 제9조는 "법인 등의 명의로 공표되는"으로 법문상의 표현을 변경하였다. 그 변경 이유는 미공표 상태에 있는 업무상 저작물이더라도 법인 등이 공표를 예정하고 있다면 그 저작자를 법인 등으로 보는 것이 법적 안정성의 유지에 바람직할 것이라는 점에서 '공표된'이란 문구를 '공표되는'으로 바꾼 것이라고 한다.[131] 그러나 일본 저작권법 제15조 제1항은 '공표한 것(公表したもの)'이 아니라 입법 당초부터 '공표하는 것(公表するもの)'으로 규정되어 있었음에도 불구하고 미공표저작물의 적용 여부를 둘러싸고 논란이 있었다는 점에 비추어 볼 때[132] 우리 저작권법 제9조의 법문상 표현을 변경하였나는 것만으로 해석상의 논란이 불식되었다고 보기는 어렵다. 따라서 1986년 저작권법 제9조의 '공표된'이란 문구의 해석을 둘러싸고서 전개된 학설상의 대립은 그 표현을 '공표되는'으로 변경한 현행 저작권법 하에서도 일정 정도는 유효할 것이다. 그러므로 법인 등 사용자가 자기 명의로 공표하여야 하나 법인 등이 그 저작물을 아직 공표하지 아니한 경우에는

---

130) 日本新聞協會硏究所 編, 앞의 책, 168면 참조.
131) 심동섭, "개정 저작권법 해설", 「계간 저작권」, 2006 겨울호, 51면.
132) 일본 학설 중에는 저작권법 제15조 제1항은 '공표하는 것(公表するもの)'으로 규정되어 있는데, 이러한 法文은 '공표한 것(公表したもの)'으로 새기는 것이 본래 정확한 표현이라 하면서 공표예정을 불포함해야 한다고 주장하는 견해도 있다(日本新聞協會硏究所 編, 앞의 책, 167면 참조).

어떻게 될 것인가 하는 문제와 관련해서는, 종전의 세 가지 견해를 여전히 살펴볼 필요가 있다. 제1설은 법인 등 사용자 명의로 이미 공표한 것만을 여기서의 공표로 보는 견해이고,[133] 제2설은 아직 공표되지 않았더라도 공표가 예정되어 있다면 공표요건에 해당한다고 보는 견해이다.[134] 제3설은 공표가 예정되어 있지 않더라도 만일 공표된다면 법인 명의로 공표할 성격의 것까지 포함하는 견해(일본 하급심 판례의 입장)이다.[135]

생각건대, 세 가지 학설 중 제2설이 타당하다고 본다.[136] 미공표저작물에는 ① 장래 공표될 것이 확실하나 아직 공표되지 않은 경우, ② 창작시에는 공표예정이었으나 그 후 사정변화로 공표될 수 없게 되었거나 공표가 보류된 경우, ③ 원래부터 공표가 전혀 예정되어 있지 않은 경우 등이 포함된다. 제2설을 취하더라도 '공표예정'을 일률적으로 취급할 것이 아니라 나누어 볼 필요가 있다. 즉 ①은 '공표예정'의 전형적인 경우이나, ②는 '공표예정' 자체가 불확실한 경우이므로 의문이 남는다. 만일 ②까지 '공표예정'에 포함된다고 보면, 사진기자가 재직 당시 사용하지 않았던 사진 또는 네가필름을 퇴직 후에 공표하는 경우도 신문사 측은 당초의 공표예정을 내세워 업무상 저작물의 저작자라는 주장을 할 수가 있다는 설명[137]도 가능하게 된다. 그러나 일률적으로 이렇게 설명할 것이 아니라, '공표예정'을 公示하는 조처를 취한 경우에 한하여, 가령 신문사 내 '포토 뱅크' 등에 보관하는 경우라면 ②의 경우도 저작권법 제9조

133) 황적인·최현호, 앞의 책, 60면; 허희성, 「신저작권법 축조개설」, 범우사, 1988, 69면 각 참조.
134) 한승헌, 앞의 책, 262면; 이기수 외 6인, 앞의 책, 849면; 하용득, 앞의 책, 119면; 허희성, 「2011 신저작권법 축조개설 상」, 명문프리컴, 2011, 119면('공표된'을 '공표되는'으로 변경하였으므로 제1설에서 제2설로 변경한다는 취지) 각 참조.
135) 東京地裁 1985(昭和60)年 12月 4日 判決(新潟鐵工 사건); 大阪地裁 1992(平成4)年 4月 30日 判決(공작기계 설계도 사건).
136) 제1설과 제2설의 논자들 중에는, 1986년 저작권법 제9조의 法文이 '공표되는' 것이 아닌 '공표된' 것으로 규정하고 있으므로 제1설이 타당하다는 주장(허희성, 「신저작권법 축조개설」, 범우사, 1988, 69면)이 있는가 하면, 이와 반대로 '공표된'으로 규정된 法文은 부정확한 것으로서 '공표하는 저작물'로 규정하는 것이 보다 정확한 표현이라고 주장하면서 제2설을 지지하는 견해(한승헌, 앞의 책, 262면)도 있다. 한편 전술한 것처럼 일본 저작권법 제15조 제1항은 '공표하는 것'으로 규정되어 있는데, 이러한 法文은 '공표한 것'으로 새기는 것이 본래 정확한 표현이라 하면서 공표예정을 불포함해야 한다는 일본 학설도 있다(日本新聞協會硏究所 編, 앞의 책, 167면 참조). 이와 같이 우리나라나 일본에서의 法文上 표현의 해석을 둘러싼 논의가 정반대의 양상으로 전개되었던 점에 비추어 볼 때, 제1설이든 제2설이든 法文의 문리해석을 그 주된 논거로 취하는 것은 설득력이 떨어진다. 그러한 점에서 현행 저작권법 제9조의 표현을 '공표된'에서 '공표되는'으로 변경하였다고 해석상의 논란이 해소되었다고 보기는 어려울 것이다.
137) 한승헌, 앞의 책, 262면.

의 공표요건을 충족한다고 볼 수 있겠지만, 그렇지 않다면 사진기자 개인을
저작자로 보아야 할 것이다.

다. 기명저작물의 경우

1986년 저작권법 제9조는 단서 규정(기명저작물의 예외)을 두어 법인 등 사
용자의 기획 하에 그 업무에 종사하는 자가 업무상 작성한 저작물이더라도 그
저작물이 피용자 자신의 명의로 공표된 경우, 즉 기명저작물인 경우에는 그
작성자가 저작자로 되도록 하였다. 1986년 저작권법의 단서 규정은, 일본 저작
권법 제15조 제1항의 해석론으로 일본 학설상 받아들여지고 있던 "기명저작물
의 경우에는 '직무상 저작'으로 인정되지 않는다"는 견해138)를 채용하여 단서
규정으로 입법화 한 것이었다.139) 이처럼 피용자를 배려하여 명문화한 단서
규정이 오히려 법인 등으로 하여금 기명저작물이 성립하지 않도록 차단하는
역효과를 초래하였기 때문에 2006년 저작권법은 단서 규정을 삭제한 것이라고
한다.140) 이에 따라 현행 저작권법 제9조의 업무상 저작물의 저작자 지위와
관련하여 기명저작물의 처리 문제는 일본 저작권법 제15조와 마찬가지로 해석
상 문제로 남게 되었다. 따라서 비록 단서 규정은 삭제되었더라도 현행 저작
권법 제9조를 해석함에 있어서는 저작물에 피용자의 성명이 표시된 저작물,
즉 기명저작물의 경우에는 저작권법 제9조의 적용이 없다고 해석되어야 한
다.141)142) 문제는 특파원이나 취재기자 또는 촬영기자의 성명이 표시된 저작

---

138) 加戶守行, 앞의 책, 147면; 半田正夫, 앞의 책, 68면; 千野直邦·尾中普子, 「著作權法の解說」
　　　新訂版, 一橋出版, 1993, 41면 각 참조.
139) 1986년 저작권법 입법 당시 법제처 사무관으로 관여한 바 있는(하용득, 앞의 책, 序文에는 "법
　　　의 개정과정에서 심사를 담당하였다"고 밝히고 있다) 하용득 변호사가 법 제정 직후 펴낸 해
　　　설서에는 "저작권법은 해석상 명백을 기하기 위하여 '다만 기명저작물의 경우에는 그러하지
　　　아니하다'(제9조 단서)라는 명문규정을" 둔 것이라고 설명한다(하용득, 앞의 책, 119면).
140) 심동섭, 앞의 논문, 51면 참조.
141) 심동섭, 앞의 논문, 51면은 현행 저작권법 제9조의 해석상 기명저작물이더라도 특약 등이 없
　　　는 한 법인 등을 저작자로 보아야 한다고 주장하는데, 이는 의문이다. 기명저작물에 해당하는
　　　경우에는 특약이 없더라도 실제 창작자인 피용자를 당해 저작물의 저작자로 보아야 한다. 예
　　　외적으로 특약이 필요한 경우란 기명저작물에 해당하는지 여부가 불분명한 경우에 국한된다
　　　고 할 것이다.
142) 서울고법 2007. 12. 12. 선고 2006나110270 판결은 저작권법 제9조의 단서 규정이 삭제되기 전
　　　원고(학교 교사)들이 작성한 각 저작물(중간고사 및 기말고사문제)을 무단 출판한 피고출판사
　　　를 상대로 한 손해배상청구 사건에서 저작물에 교사의 이름이 명기된 경우에는 기명저작물로
　　　서 교사 개인이 저작자가 될 것이지만, 그렇지 않은 경우에는 업무상 저작물로서 제9조에 따라
　　　학교설립·운영주체, 즉 공립은 교육청, 사립은 학교재단이 각 저작자로 인정된다는 취지로 판

물의 경우 그 기자 개인의 저작물이라고 할 수 있을 것인가이다. 그 성명표시가 신문사 내의 단순한 업무분담의 표시에 그친다면 업무상 저작물로서 법인 등이 저작자라고 보는 것이 옳고, 이에 반하여 적극적으로 집필자의 이름을 표시하려고 한 것이라면 기자 개인을 저작자로 보아야 한다. 이러한 판단을 위해서는 먼저 신문이나 잡지 등에서 특파원이나 기자의 성명표시가 갖는 의미를 살펴보아야 한다. 일본 신문협회 조사자료에 따르면, 신문제작의 어느 단계에서 기자의 성명표시 여부가 결정되는지, 어떤 종류의 기사에 성명표시가 되는지는, 개개의 신문사에 따라 그 기준이 다르다고 한다. 또한 특파원의 성명표시는 외국 통신사의 기사와 구별하기 위해 관행상 이루어지는 것으로서, 그 동기는 해당 신문사가 해외에 특파원을 파견하고 있다는 것을 홍보하기 위해서라고 한다. 결국 기자나 특파원의 성명표시는 법적효과와 실질적으로 관계가 없다는 것이다.[143] 그러므로 '○○○특파원'이나 '촬영기자○○○' 또는 '취재기자○○○' 등의 표시는 해당 신문사에 근무하는 피용자가 업무상 작성한 것으로서, 다만 그 자료의 출처와 신빙성 그리고 작성자의 책임을 분명히 하기 위한 업무분담표시에 불과한 것으로 보는 것이 타당하다.[144] 그러나 '○○○칼럼'이나 '○○○코너'와 같은 이른바 신문 칼럼의 경우에는 통상의 신문기사(시사보도 기사나 사진, 르포기사, 연재기획물 등)와는 달리 필자 개인의 이름과 그 개성이 강조된 점에 비추어 이러한 경우에는 저작권법 제9조의 적용이 배제되는 기명저작물에 해당된다고 할 것이다.[145] 다만 저작권법 제9조의 해석을 둘러싼 분쟁을 미리 막는다는 측면에서는 저작권 귀속에 관한 내부규정을 마련해 두는 것이 바람직하다.

5. 계약 또는 근무규칙 등에 다른 정함이 없을 것

전술한 요건들을 모두 갖춘 업무상 저작물에 대해서도 계약이나 근무규칙 등에서 피용자를 저작자로 한다는 취지의 정함이 있는 경우에는 저작권법 제9조의 적용은 없게 된다. 여기서 '계약'이라 함은 일반적인 고용계약이나 혹은

시하였다. 이에 대해 원고들이 상고하였으나 심리불속행으로 기각되었다(대법원 2008. 4. 10. 선고 2008다5004 판결 참조).

143) 日本新聞協會硏究所 編, 앞의 책, 174~175면.

144) 서울고법 2006. 11. 29. 선고 2006나2355 판결은 기자 이름 및 이메일 주소는 언론사 내부의 업무분담표시라고 판시하였다.

145) 한승헌, 앞의 책, 341~342면은, 과거 동아일보에 연재된 바 있는 '김중배 칼럼'을 구체적인 예로 들어 설명하고 있다.

저작물의 작성에 따른 특별계약 등을 말하며, '근무규칙'이란 법인 등 단체 내부의 취업규정이나 근무규정 등을 말한다.146) '다른 정함'이라 함은 일반적으로 피용자를 업무상 작성한 저작물의 저작자라고 명시하는 경우를 말한다. 그러나 이와 같이 적극적으로 명시하지 않더라도 법인 등 사용자의 저작물이 아니라는 취지를 정하고 있다면, 원칙으로 돌아가 당해 저작물을 실제로 창작한 피용자가 저작자가 되므로, 여기서 말하는 '다른 정함'에 해당된다. 그런데 이와 같이 계약 또는 근무규칙 등에 다른 정함이 있는 경우를 포함하여 피용자가 업무상 작성한 저작물이 기명저작물로 인정되는 등 저작권법 제9조의 적용이 없는 경우에도, 실제로는 현실적인 역학관계상 별도의 계약이나 근무규칙 등에 의하여 법인 등에 저작권이 귀속하게 되는 경우가 일반적이다. 그러나 이 경우 법인 등에게 '저작권이 귀속된다'는 것은 저작자인 피용자로부터 저작권을 양도받는다는 의미일 뿐이지 법인 등 사용자를 '저작자'로 의제하는 것은 아니라는 점에 유의하여야 한다. 왜냐하면 저작권법 제9조는 '창작자원칙'에 대한 예외 규정으로서 제한적으로 해석되어야 하는 것이므로, 법인 등이 업무상 저작물의 저작자로 인정되기 위하여 요구되는 요건을 갖추지 못하는 한 당사자 간에 어떠한 약정을 하더라도 실제로 창작행위를 하지 않은 자를 그 저작자로 할 수는 없기 때문이다.147)

Ⅲ. 저작권법 제9조의 검토

1. 저작권법 제9조의 효력―저작자 지위의 부여

이상의 요건을 충족하면 실제 창작자가 아닌 법인 등 사용자에게 저작자의 지위가 부여된다. 그 결과 법인 등 사용자에게는 저작재산권은 물론이고 저작인격권까지 원시적으로 귀속된다. 이에 대해 종래 다음과 같은 문제점이 지적되었다.

2. 1986년 저작권법 제9조의 문제점

가. 종래의 논의

종래 1986년 저작권법 제9조에 대해 지적되었던 문제점은 다음과 같다. ① 저작물과는 인격적 관계도 없는 법인 등에게 저작인격권을 귀속시키는 것

---

146) 저작권심의조정위원회 편, 「저작권 실무편람」, 1996, 1−Ⅰ−22면.
147) 정상조 편, 「저작권법 주해」, 박영사, 2007, 312면(박성호 집필).

은 법인 등으로 하여금 현실적으로 창작한 창작자의 의사와는 달리 법인 등의 목적을 위하여 저작물의 동일성을 손상하도록 내용변경을 허용하는 것이 되므로 타당치 않다. ② 법인 등의 명의로 공표되었다는 이유로 그 저작자를 법인 등으로 보는 것은 '저작자의 권리(author's right)' 체계를 취하는 우리 법제와는 맞지 않는다. ③ 1986년 저작권법 제9조의 법문상 용어가 '단체'와 '법인 등'으로 혼용되고 있어서 대표개념이 일치하지 않는다.

나. 代   案

① 법인 등 사용자에게 저작인격권이 귀속되는 문제에 대해 그 대안으로 저작인격권은 실제의 창작자에게 잔존하게 하고 저작재산권만을 법인 등 사용자에게 양도 간주되는 것으로 개정하자고 주장한다. ② 법인 등 사용자의 '기획' 요건이나 그 명의의 공표요건을 삭제하고 저작물의 성질에 따라 저작자 지위의 귀속여부를 정하자고 주장한다. ③ 법문상의 용어정리를 위해 저작권법 제9조의 표제를 '직무상 저작물'로 바꾸고, 법인·단체·사용자 중에서 사용자를 대표개념으로 하자고 주장한다.

다. 소   결

종래 ①②에 관한 것은 기본 법리의 논의에 머물렀을 뿐 본격적인 연구 차원으로 진행된 경우가 드물었다. 그런데 ①②에 관한 쟁점으로 저작권법 제9조는 창작자원칙을 훼손함으로써 헌법 제22조(저작자·발명자·과학기술자의 헌법상 기본권), 제119조(자유시장주의 경제원칙) 등과 관련하여 과잉금지원칙 등의 위반문제가 발생할 소지가 있다고 판단하여 하급심 법원이 직권으로 위헌 제청 결정을 한 사건이 있었으나,[148] 헌법재판소는 합헌이라고 판단한 바 있다.[149] 그러나 후술하는 '저작권법 제9조의 재음미'에서 보듯이 ①②에 관한 것은 오히려 긍정적인 요소로 평가될 수 있는 부분이 부각된 측면도 있다. ③ 에 대해서는 2006년 저작권법 제9조의 표제를 '업무상 저작물의 저작자'로 바꾸고 제2조 제31호에 '업무상 저작물'의 정의규정을 별도로 마련하였는데, 이는 현행 저작권법에서도 그대로 이어지고 있다.

---

148) 인천지법 2016. 7. 19.자 2013가합15964 위헌제청결정.
149) 헌재 2018. 8. 30. 선고 2016헌가12 결정.

3. 저작권법 제9조의 재음미

가. 법인 등 사용자의 '기획' 및 그 명의의 '공표' 요건에 대한 비교법적 고찰150)

(1) 저작권법 제9조의 법인 등 사용자의 '기획'과 그 명의의 '공표'요건은, 비교법적으로 고찰할 때 프랑스의 집합저작물 제도151)에서 유래한다. 프랑스의 집합저작물 제도는 19세기 초까지 거슬러 올라가 그 개념의 생성과정을 분석해 볼 수 있다. 이 개념의 배경에는 '저작자'란 창작자만을 지칭하는 것이 아니고, 타인에게 작품을 제작하게 하고 그 제작의 경제적 책임을 떠맡아 그것을 세상에 나오게 한 자, 즉 '저작물의 지배자'를 지칭한다는 사고방식이 있었다. 1853년의 Dibot 사건은 집합저작물 개념을 완성으로 이끈 오래된 것이지만 중요한 판결이다.152) 그 후 집합저작물 제도는 '저작물의 지배자'인 출판사의 청원이 강력하였기 때문에 프랑스의 1957년 저작권법에 도입되었다.153) 이러한 생성배경을 고려한다면 법인이 지적창작행위를 행하는 것이 불가능함에도 저작자의 지위를 부여하는 것이므로 집합저작물의 개념은 예외적인 것이고, 따라서 특별한 범주를 설정하는 것이 필요하다. 즉 이 개념을 확대하는 것은 불합리한 것이다.154) 또한 집합저작물의 요건에는 제작참여자와 기획·주도자 간에 고용관계가 있는 경우를 포함하고 있지 않다. 그러나 이러한 원칙에도 불구하고 현재 집합저작물 제도는 입법 당초 想定한 백과사전·辭書 등 문학적 저작물의 범위를 넘어서 조형예술이나 패션창작도 포함하는 모든 분야의 저작

---

150) 이에 대하여 상세한 것은, 박성호, "업무상 작성한 저작물의 저작자 지위에 관한 연구", 서울대 대학원 법학석사 학위논문, 1998, 96~107면 이하 참조.

151) 프랑스 저작권법 제113조의2 제3항은 "자연인 또는 법인의 기획에 의해 창작되고 그의 지시 및 명의로 편집되고 발행되어 공표된 저작물로서 그것의 작성에 참여한 여러 저작자의 개인적 기여가 전체 저작물에 흡수되고 각 저작자에게 창작된 저작물상의 여러 권리를 귀속시킬 수 없는" 것을 집합저작물로 정의하고, 법전 제113조의5 제1항은 "반증이 없는 한 집합저작물은 그것을 공표한 명의의 자연인 또는 법인의 저작물로 한다"고 규정하고 있다. 입법자가 의도한 집합저작물의 전형적인 예로서는 辭書·백과사전 등이고, 그 영역을 확대적용할 수 있는 것은 신문 등과 같은 정기간행물이라고 한다(C. Colombet, *Propriété Littéraire et artistique et droits voisins*, Dalloz, 1988, 宮澤溥明 譯, 「著作權と隣接權」, 第一書房, 1990, 91면).

152) 역사상의 인물에 관한 백과사전의 僞版을 둘러싸고서 오랜 세월에 걸쳐서 다투어진 사건이다. 백과사전을 구성하는 개개의 기사는 公有에 속하는 것이지만, 백과사전을 펴낸 출판사에게 '저작물의 지배자'라는 지위를 부여함으로써 해당 출판사를 백과사전의 僞版을 만드는 자들로부터 보호한 점에 특징이 있다.

153) 長塚眞琴, "フランスにおける集合著作物制度", 「著作權硏究」第22號, 著作權法學會, 1995, 59~60면.

154) C. Colombet, 宮澤溥明 譯, 앞의 책, 94면.

물로 확대되는 경향이 있다. 결국 이러한 적용범위의 확대를 통하여 집합저작
물 규정은 '업무상 저작' 일반을 규율하는 代替的 役割을 수행하고 있다.155)

  (2) 법률 규정을 대조하면 1986년 저작권법 제9조 및 현행 저작권법 제2
조 제31호와 제9조를 결합한 규정(이하, '현행 저작권법 제9조 등'으로 줄임)은, 일
본 저작권법 제15조 제1항을 거의 그대로 모방한 것임을 확인할 수 있다.
1986년 저작권법 제9조의 입법과정을 조사하면 '업무상 저작' 및 그 저작자를
결정하는 문제에 대해 특별히 심도 있는 논의가 이루어지지 않았다는 점도 확
인 가능하다.156) 그래서 부득이하지만 일본 저작권법 제15조의 입법과정에서
의 입법관여자의 의사를 탐색함으로써 간접적이나마 1986년 저작권법 제9조
의 비교법적 계보를 검토할 수밖에 없다. 이러한 검토 작업을 통해 1986년 저
작권법 제9조의 핵심 입법 내용을 그대로 유지하고 있는 현행 저작권법 제9조
에 대하여 다음과 같은 몇 가지 사항을 추단할 수 있다. 첫째, 현행 저작권법
제9조 등이 법인 등 사용자의 '기획'과 그 명의의 '공표'를 요구하는 것은 우리
나라나 일본만의 異例的 要件이 아니라 프랑스의 집합저작물제도의 요건으로
부터 유래하는 것이다. 둘째, 현행 저작권법 제9조 등의 요건은 프랑스의 집합
저작물과는 달리 고용계약을 포함하고, 또한 우리 저작권법은 피용자 1명만이
작성하는 경우나 전체 저작물에 흡수되지 않는 경우에도 적용되므로 그 적용
범위가 집합저작물의 그것보다 넓다. 셋째, 현행 저작권법 제9조 등의 적용범
위는, 물론 이에 국한된 것은 아니지만 고용계약을 전제로 하고, 법인 등 사용
자에게 저작권의 원시적 귀속을 인정한다는 점에서 미국의 고용저작물의 법리
와 유사하다. 그러나 우리 저작권법은 법인 등의 기획 요건과 그 명의의 공표
요건을 부과한 점, 위탁저작물을 업무상 저작물의 성립범위에서 제외한 점, 법
인 등 사용자에게 저작인격권까지 원시적으로 귀속하게 한 점에서 미국법상
고용저작물의 법리와는 그 요건과 효과가 다르다. 넷째, 프랑스 집합저작물 제
도의 적용범위가 확대되어 가는 추세에 있는 점에 비추어 볼 때, 결국 현행 저
작권법 제9조 등은 프랑스의 집합저작물 제도와 미국의 고용저작물 법리가 절
충된 입법 형태라고 평가할 수 있다. 이러한 점을 종합할 때, 대륙법계의 '저작
자의 권리' 입법방식을 취하는 우리 저작권법에서는 저작권법 제9조가 '창작자
원칙'에 대한 예외규정이라는 성격에 비추어 볼 때, 법인 등의 기획 요건과 그

---

155) 長塚眞琴, 앞의 논문, 52면, 59면 각 참조.
156) 가령, 관보, 제9724호, 1984. 4. 21., 3면; 관보, 제10281호, 1986. 3. 6., 3면; 제123회 국회 문교
    공보위원회의록, 제22호, 74면 각 참조.

사용자 명의의 공표 요건을 규정한 것은 부득이한 요건부과라고 이해할 수 있다. 따라서 기획 요건이나 공표 요건을 삭제하자는 주장은 결국 영미법계의 理念型이라 할 수 있는 미국의 '고용저작물(works made for hire)'의 법리를 추종하자는 것으로서, 이러한 주장은 대륙법계와 영미법계의 근본적인 상이점을 간과한 것일 뿐 아니라 현행 저작권법 제9조 등이 입법적 합리성을 도모하기 위하여 프랑스의 집합저작물 제도와 미국의 고용저작물 법리가 절충된 입법 형태를 취한 것이라는 점을 도외시한 주장이다. 요컨대, 현행 저작권법 제9조 등이 법인 등 사용자의 '기획'요건과 그 저작명의의 '공표'요건을 부과한 것은, 프랑스의 집합저작물 제도에서 요구하는 요건을 입법에 반영함으로써 대륙법계와는 그 법체계가 상이한 고용저작물의 법리와 일정한 선을 긋고자 하는 입법관여자의 의사가 반영된 것이라고 평가할 수 있다.

(3) 아울러 '업무상 저작물'에 대해 저작권법 제9조에 의해 법인 등 사용자에게 저작인격권이 귀속되는 법률효과에는, 바로 법인 등 사용자의 '기획' 및 그 명의의 '공표'요건이 결부되어 있다고 생각한다. 특허권 등 다른 지적재산권과는 달리 公示制度가 불충분한 저작권에 있어서 저작권법 제9조는 법인 등 사용자에게 그 명의로 공표된 저작물에 대하여 저작자의 지위를 부여함으로써 사회적 책임 내지 대외적 신뢰를 보호하는 기능을 한다. 이러한 점에서 저작권법 제2조 제31호와 제9조에서 규정하는 '기획' 및 '공표'요건으로부터 법인 등 사용자에게 저작인격권의 귀속을 정당화시키는 근거를 찾을 수 있다.[157]

나. 저작권법 제9조와 저작물의 창작·유통·이용의 활성화

한편, 법인 등 사용자에게 저작인격권이 귀속되는 것에 관하여 반드시 부정적으로만 볼 것인가 하는 근본적인 고찰도 필요하다. 요컨대 법인 등에게 저작인격권이 원시적으로 귀속되는 것을 정당화시키는 긍정적 요소를 발견할 수 있다는 점이다. '업무상 저작' 및 그 저작자에 관한 저작권법 제9조의 실질적 효과가 피용자가 아닌 법인 등이 저작인격권을 행사하는 데 있다는 점에 착안한다면, '업무상 저작' 및 그 저작자에 관한 규정은 창작자인 피용자에 의한 저작인격권의 행사를 제한·처분하는 기능을 가진다고 판단할 수 있다. 특히 저작물의 디지털화 및 네트워크화에 따라 저작물의 창작·유통·이용이 활

---

157) 더구나 법인 기타 단체에게는 인격권의 일종인 명예권을 인정할 수 있다는 것이 우리나라 학설 및 판례의 일치된 입장이다. 법인 등이 명예권의 향유주체가 될 수 있는 것이므로, 여기에 법인 등의 '기획' 및 법인 등 名義의 '공표'요건을 더하면 법인 등이 저작인격권의 향유주체가 될 수 있다는 논리가 법이론적으로 도출 가능한 것이 아닐까 생각한다.

발히 이루어지고 있는데, 저작인격권의 행사로 말미암은 거래·유통의 장애를
제거한다는 측면에서 보면, 법인 등에게 저작인격권의 귀속을 인정하는 현행
'업무상 저작' 및 그 저작자에 관한 규정에는 '저작물 이용의 편리성'이라는 일
정한 합리적 기능이 있다고 평가할 수 있다.

제4절 공동저작물의 저작자와 결합저작물의 저작자

Ⅰ. 공동저작물의 저작자

1. 의   의

저작자의 數에 의해 저작물을 분류하는 경우 1명이 1개의 저작물을 작성
하는 것을 단독저작물이라 하고 2명 이상이 1개의 저작물을 작성하는 것을 공
동저작물이라 한다. 우리 저작권법은 공동저작물에 대하여 2명 이상이 공동으
로 창작한 저작물로서 각자의 이바지한 부분을 분리하여 이용할 수 없는 것을
말한다(제2조 제21호)고 정의한다. 따라서 분리이용이 가능하면 공동저작물에
해당하지 않는다. 2명 이상이 외관상 하나의 저작물을 작성한 것처럼 보여도
분리이용이 가능한 경우, 즉 악곡과 가사처럼 여러 개의 단독저작물이 결합되
어 외형상 일체적으로 이용되는 경우를 결합저작물이라 한다. 공동저작물의
저작자는 공동저작자라고도 부른다. 공동저작물의 저작자에 해당하는 교과서
적인 예는 1장의 그림을 두 사람이 그린 경우이다. 또한 인터뷰 기사에서 질
문과 답변도 분리하여 이용할 수 없으므로 공동저작물에 해당한다.[158] 그 밖
에 흔히 드는 예로는 다수의 사람이 일정한 주제를 가지고 참여하여 대담을
나눈 좌담회나 토론회이다. 이 경우 좌담회 내용은 좌담회에 참석한 사람들의
개개의 발언에는 독자적인 가치가 없어 발언한 사람들의 기여부분을 분리하여
개별적으로 이용할 수 없으므로 발언한 모든 사람들의 공동저작물이 되고 참
석자들은 공동저작자가 된다고 설명한다.[159] 그 밖에도 이른바 '현대적 저작자

---

158) H. Schack, *Urheber— und Urhebervertragsrecht*, 10.Aufl., Mohr Siebeck, 2021, S.171. 이처럼
  인터뷰 기사가 질문과 답변으로 이루어진 경우 질문자(인터뷰어)와 답변자(인터뷰이)는 공동
  저작자가 되는 일반적이지만, 개별 사안에서 질문자와 답변자의 창작적 기여부분에 따라서는
  질문자만이 저작자가 되는 경우도 있을 수 있다{Schack, a.a.O., S.171의 각주32) 참조}.
159) 그렇다고 모든 좌담회가 일률적으로 공동저작물이 된다는 의미는 아니다. 학술 심포지엄과 같
  이 좌담회의 주제나 그 진행방식에 따라서는 개개의 발언에 독자적 가치가 있어서 참석자 각

들'(modern authors)이 창작적으로 관여하여 한 편의 영상저작물(ex 영화작품)을 만든 경우 이때의 영화작품은 공동저작물로서 영화감독, 촬영감독, 미술감독 등이 그 공동저작자가 된다.160)

2. 공동저작물의 성립요건

공동저작물의 성립요건은 "2명 이상이 공동으로 저작물을 창작할 것"과 "각자의 기여부분을 분리하여 이용할 수 없을 것"이다. 전자는 다시 '창작적 기여'와 '공동관계'로 나뉘므로, 공동저작물의 성립요건은 창작적 기여, 공동관계, 개별적 이용의 불가능이라는 세 가지이다.

가. 창작적 기여

첫째, 하나의 저작물을 작성함에 있어서 2명 이상이 기여하여야 한다. 여기서 2명 이상이라는 것은 자연인에 한하지 않으며 자연인과 법인이 함께 하는 경우나 複數의 법인간이어도 무방하다. 예컨대, 법인 A의 업무에 종사하는 피용자와 독자적으로 활동하는 프리랜서 프로그래머 B가 공동으로 컴퓨터프로그램을 창작하고 전자에 대하여 저작권법 제9조의 업무상 저작물의 저작자 요건이 성립하는 경우는 법인 A와 개인 B는 그 컴퓨터프로그램의 공동저작자가 된다. 마찬가지로 법인 C의 피용자와 법인 D의 피용자가 공동으로 컴퓨터프로그램을 창작하고 양자 모두 저작권법 제9조의 업무상 저작물의 저작자 요건이 성립하는 경우는 법인 C와 법인 D가 그 컴퓨터프로그램의 공동저작자가 된다.161) 다만, 사실행위로서의 창작행위는 자연인만이 행할 수 있고 저작권법 제9조는 창작자원칙의 예외규정이라는 점을 고려할 때에,162) 법인이 자금 등을 제공하는 등 공헌을 하였다는 이유만으로 저작권법 제9조의 요건을 검토하지 않은 채 법인을 공동저작자의 1명으로 인정하는 일이 없도록 유의하여야 한다.

둘째, 2명 이상이 하나의 저작물을 작성함에 있어서 '창작적으로' 기여하

자의 발언을 분리하여 이용할 수 있는 경우가 있다. 이때는 결합저작물이 된다고 보아야 한다. 이에 관해서는, 하용득, 「저작권법」, 법령편찬보급회, 1988, 120~121면 참조.

160) 그러나 만일 영상저작물이 저작권법 제2조 제31호의 업무상 저작물로서 인정되고 제9조의 요건을 충족한다면 영상제작자가 그 영상저작물의 저작자로 의제될 것이다. 이에 관해서는 본장 제3절 Ⅱ. 1. 나. '저작물의 종류—영상저작물에의 적용 여부' 참조.

161) Mary LaFrance, *Copyright Law*, Thomson/West, 2008, p.92; 島並良·上野達弘·横山久芳, 「著作權法入門」第2版, 有斐閣, 2016, 87면.

162) 이에 관해서는 본장 제2절 '저작자＝창작자' 참조.

지 않으면 안 된다. 창작적 기여라고 하기 위해서는 사실행위로서 창작행위를 하는 것이 필요하다. 따라서 기획안을 제시하거나 조언을 한 경우 또는 문장의 최종 확인만을 한 것에 지나지 않는 경우처럼 단지 보조적으로 관여함에 지나지 않는 자의 행위는 사실행위로서의 창작행위를 한 것이 아니기 때문에 공동저작물의 저작자가 아니다.163)164) 그러한 기획안이나 조언이 없었다면 저작물이 창작되는 일이 없었을 것이라고 해도 마찬가지이다. 문제는 어느 정도 기여하여야 '창작적으로' 기여한 것이라고 인정되는가 하는 점이다. 생각건대, 공동저작자로 인정되기 위해서는 통상(즉 단독저작물)의 경우에 저작자로 인정되기 위해 요구되는 기준과 동일한 기준이 적용되어야 한다. 따라서 공동저작자의 기여부분이 일반 저작물로서의 성립요건을 갖추고 있어야 비로소 공동저작물로서 성립한다고 보아야 한다('저작물성 테스트').

≪미국에서의 '창작적 기여'에 관한 논의 — '최소한의 기준' vs. '저작물성 테스트'≫
  미국 저작권법상 共同著作行爲(collaboration)의 성립과 관련하여 Nimmer는 '最小限의 기준(de minimis standard)'을 주장한다. 그에 따르면 공동저작자가 되기 위해서는 양적으로든지 아니면 질적으로 각 저작자의 기여가 반드시 동일할 필요는 없지만, 어떠한 경우라도 각 기여부분은 최소한도 이상이어야 하는데, 여기서 최소한이란 한 단어 또는 한 줄 이상(more than a word or a line)의 기여를 말한다고 한다. 이에 따르면 어느 1명의 기여부분이 그 자체만으로는 저작권으로 보호받을 수 없는 아이디어를 구상하는 정도에 국한되어 있더라도 나머지 1명이 구상된 아이디어를 바탕으로 어문적 표현을 완성하였다면 두 사람은 성립된 저작물의 공동저작자가 될 수 있다고 한다.165) 이에 대해 Goldstein 등이 주장

---

163) 결국 이것은 조언을 하는 등 협조한 행위가 '창작행위'라고 말할 수 있을 정도로 관여한 것인지 여부를 결정하는 사실인정의 문제로 귀착하게 된다. 따라서 창작행위라고 말할 수 있는 정도가 아닌 한 '보조적 관여'에 지나지 않는다고 평가되어 공동저작자로 인정되지 않는다.

164) 대법원 2009. 12. 10. 선고 2007도7181 판결은 "2인 이상이 저작물의 작성에 관여한 경우 그 중에서 창작적인 표현 형식 자체에 기여한 자만이 그 저작물의 저작자가 되는 것이고, 창작적인 표현 형식에 기여하지 아니한 자는 비록 저작물의 작성 과정에서 아이디어나 소재 또는 필요한 자료를 제공하는 등의 관여를 하였다고 하더라도 그 저작물의 저작자가 되는 것은 아니며, 설사 저작자로 인정되는 자와 공동저작자로 표시할 것을 합의하였다고 하더라도 달리 볼 것이 아니다"고 하였다. 같은 취지로 서울고법 2016. 12. 1. 선고 2016나2020914 판결은 발레 작품의 저작자는 안무가이고 그 안무에 대해 의견을 제시하고 수정을 요청한 공연기획자는 공동저작자가 아니라고 판시하였다.

165) M.B. Nimmer & D. Nimmer, *Nimmer on Copyright*, Vol. 1, LexisNexis, 2007, §6.07[A][1], p.6－20.

하는 것으로서 각 공동저작자의 기여부분은 반드시 각각 저작물로서의 성립요건을 갖추고 있어야 비로소 공동저작물로 성립된다는 '著作物性 테스트(copyrightability test)'에 입각한 견해가 있다.166) 위 두 견해를 비교하면, 공동저작자로 인정 (identification of joint authors)되기 위해 요구되는 기여의 정도와 관련해서는 '최소한의 기준'에도 최소한의 이론적 타당성이 있을지 모른다.167) 그러나 일반적인 저작물의 성립요건과 관련하여 생각할 때에 '최소한의 기준'은 아이디어가 저작권법의 보호대상이 되지 않는다는 저작권법의 전제와 모순되어 설득력이 떨어진다. 그러한 점에서 '저작물성 테스트'의 관점에서 창작적 기여의 인정기준을 이해하는 것이 타당하다.

나. 공동관계

(1) '공동창작'의 의미

2명 이상이 하나의 저작물을 작성함에 있어서 '공동으로' 창작적 기여를 하지 않으면 안 된다. 먼저 공동으로 창작적 기여를 한다는 것은 일반적으로 동일한 유형의 저작물 내에서 이루어지는 기여에 한정된다. 표현형식이 서로 다른 저작물이 함께 결합된 경우, 예컨대 어문저작물에 음악이 합쳐져 노래가 만들어지거나 어문저작물에 그림이 합쳐져 만화가 만들어진 경우는 분리하여 개별적으로 이용할 수 있으므로 공동저작물이 아니라 결합저작물일 뿐이다.168)

다음으로 저작물의 작성에 공동으로 창작적 기여를 한다고 할 때, '공동창작'을 구성하는 요소를 둘러싸고 학설상 견해의 대립이 있다. 즉 '공동창작'의 의미와 관련하여 '공동창작의 의사'라는 주관적 요소를 중시해야 한다는 견해가 있는 반면에 주관적 요소를 반드시 중시해야 하는 것은 아니라는 견해도 있다. 이는 사실행위로서의 창작행위를 공동으로 한다는 共同의 創作行爲(즉 객관적 공동성)로 충분한 것인지, 아니면 거기에 共同創作의 意思(즉 주관적 공

---

166) Paul Goldstein, *Copyright, Patent, Trademark and Related State Doctrines*, 5th ed., Foundation Press, 2004, pp.651~652; 同, *Copyright*, Vol. I, Little, Brown and Company, 1989, §4.2.1.2 p.379; William F. Patry, *Latman's The Copyright Law*, 6th ed., The Bureau of National Affairs, Inc., 1986, p.116. 참고로 미국의 제7항소법원은 '최소한의 기준'은 아이디어는 저작권법의 보호대상이 되지 않는다는 저작권법의 전제와 모순되어 타당하지 않고 '저작물성 테스트'가 타당하다고 판시하였다. Erickson v. Trinity Theatre, Inc., 13 F. 3d 1061 (7th Cir. 1994).

167) M.B. Nimmer & D. Nimmer, op. cit., §6.07[A][1], p.6−20 이하; Craig Joyce·Marshall Leaffer· Peter Jaszi·Tyler Ochoa, *Copyright Law*, 6th ed., Matthew Bender, 2003, p.300 이하 각 참조.

168) H. Schack, *Urheber− und Urhebervertragsrecht*, 10.Aufl., Mohr Siebeck, 2021, S.171.

동성)까지 필요한 것인지의 문제이다. 일본의 학설은 공동창작의 의사를 필요로 한다는 견해[169]와 반드시 필요한 것은 아니라는 견해[170]로 나뉜다. 국내 학설도 공동창작의 의사가 필요하다는 견해[171]와 반드시 필요한 것은 아니며 이를 추단할 수 있는 것으로 족하다는 견해[172]로 나뉘는데, 현재 전자가 다수설인 것처럼 보이고 다수설은 대법원 판결[173]도 그렇다고 설명한다.[174][175] 공동

---

169) 古城春實, "共同著作", 「裁判実務大系—知的財産関係訴訟法」, 靑林書院, 1997, 258면; 田村善之, 「著作権法概說」 第2版, 有斐閣, 2001, 372면; 中山信弘, 「著作権法」 第2版, 有斐閣, 2014, 197면.

170) 半田正夫, 「著作権法概說」 第15版, 法学書院, 2013, 59면; 齊藤博, 「著作権法」 第3版, 有斐閣, 2007, 112면; 半田正夫·紋谷暢男 編, 「著作権のノウハウ」 第6版, 有斐閣, 2002, 97면(生駒正文 집필); 上野達弘, "共同著作の要件論", 「知的財産法の理論と実務 4」, 新日本法規, 2007, 100~103면; 같은 취지, 作花文雄, 「詳解著作権法」 第4版, ぎょうせい, 2010, 183면.

171) 강신하, 「저작권법」 제2판, 진원사, 2014, 179면; 김정완, 「저작권법」 제2판, 전남대출판부, 2014, 111면; 송영식·이상정, 「저작권법개설」 제9판, 세창출판사, 2015, 2015, 165면; 오승종, 「저작권법」 제5판, 박영사, 2020, 356면; 이규호, 「저작권법」 제6판, 진원사, 2017, 63면; 이해완, 「저작권법」 제4판, 박영사, 2019, 397면; 임원선, 「실무자를 위한 저작권법」 제7판, 한국저작권위원회, 2022, 87면; 정상조·박준석, 「지식재산권법」 제5판, 홍문사, 2020, 313면; 최경수, 「저작권법개론」, 한울, 2010, 176면; 같은 취지, 윤태식, 「저작권법」 제2판, 박영사, 2021, 93면.

172) 김원오, "공동저작물의 성립요건을 둘러싼 쟁점과 과제", 「계간 저작권」, 2011 여름호, 24면; 도두형, "공동저작물에 대한 저작재산권의 행사방법과 침해행위", 「판례연구」 제29집 제1권, 서울지방변호사회, 2015, 195면; 우원상, "사후 참여에 의한 공동저작물 성립에 관한 소고", 「계간 저작권」, 2016 겨울호, 86면; 황적인·최현호, 「저작물과 출판권」, 한국문예학술저작권협회, 1990, 70면.

173) 대법원 2014. 12. 11. 선고 2012도16066 판결('친정엄마' 사건); 대법원 2016. 7. 29. 선고 2014도16517 판결('사극 김수로' 사건). 하급심 판결 중 대표적인 것으로는 서울고법 2009. 9. 3. 선고 2009나2950 판결.

174) 가령, 이해완, 앞의 책, 398면은 대법원 2014. 12. 11. 선고 2012도16066 판결('친정엄마' 사건)을 인용하면서 다수설의 입장에 따라 '공동창작의 의사'가 공동저작물의 요건임을 천명하였다고 설명한다.

175) 그러나 前註 다수설의 설명은 의문이다. 대법원 2014. 12. 11. 선고 2012도16066 판결('친정엄마' 사건)은 수필가(甲)가 자신의 수필을 연극화하기 위해 초벌대본을 작성하여 연출자에게 건네주고 그 연출자가 甲의 동의를 얻어 다른 작가(乙)에게 초벌대본을 공연에 적합하도록 수정하게 하여 최종대본을 작성하고 甲도 그 작성과정에 직간접적으로 관여한 사건에 관한 판결이다. 당시 재판연구관의 해설에서는, 대법원의 판시가 주관적 공동설(다수설)을 채용한 것이 아니라 객관적 공동설(소수설)을 채용한 것이라는 취지로 설명하고 있기 때문이다. 즉 "단일한 저작물을 만들어 내려는 의사는 공동으로 단일한 저작물을 만드는 객관적 행위에 의하여 추정이 가능한 것으로 봄이 타당하다"는 것이다(김창권, "공동창작의 의사의 의미 및 공동저작자 사이에 지적재산권침해가 성립하는지 여부", 「대법원판례해설」 제102호 2014년 하, 법원도서관, 2015, 251~252면). 한편, 대법원 2016. 7. 29. 선고 2014도16517 판결('사극 김수로' 사건)은 다수설의 입장을 드러내고 있다. 대법원은 드라마 대본의 일부를 집필한 선행 작가를 배제하고 후행 작가에게 후속 부분의 집필을 의뢰하여 완료한 경우 공동저작물의 성립 여부

창작의 요건과 관련하여 '공동창작의 의사'와 '공동의 창작행위'라는 두 요소 중 다수설은 주관적 공동성(의사)을 강조하는 견해이고, 소수설은 객관적 공동성(행위)을 강조하는 견해이다. 다수설은 '공동창작의 의사'에 대해 이는 "법적으로 공동저작자가 되려는 의사"가 아니라 "공동으로 저작물을 작성하고자 하는 의사"176) 혹은 "공동의 창작 결의"177)를 말하는 것이라고 설명한다.

생각건대, 우리 저작권법의 규정은 공동창작의 의사를 명시하는 미국 저작권법과는178) 달리 공동창작의 의사를 명문으로 요구하고 있지 않다. 물론 공동으로 저작물을 작성하고자 하는 의사의 연락이 당사자 간에 있는 경우가 보통일 것이지만, 공동창작의 의사의 존재를 외부에서 식별하는 것은 곤란한 일이다. 또한 당사자 간에도 그러한 의사가 존재하였다는 사실을 쉽게 은폐할 수 있다. 더구나 당사자 간에 공동저작물인지 여부를 둘러싸고 분쟁이 발생하는 경우를 고려한다면179) 외부의 제3자가 판단하기 어려운 당사자 간의 공동창작의 의사(주관적 공동성)라는 모호한 개념을 중시해야 할 것은 아니다.

다수설(주관적 공동설)은 '공동창작의 의사'에 대해 "법적으로 공동저작자가 되려는 의사"가 아니라 "공동의 창작 결의"나 "공동으로 저작물을 작성하고자 하는 의사"를 뜻하는 것이라고 설명한다. 대법원 판결은 공동창작의 의사라 함은 "공동의 창작행위에 의하여 각자의 이바지한 부분을 분리하여 이용할 수 없는 단일한 저작물을 만들어 내려는 의사를 뜻하는 것"이라고 하면서 "법적으로 공동저작자가 되려는 의사"를 뜻하는 것이 아니라고 한다.180) 문제는 "법

와 관련하여, 설령 선행 작가의 창작 부분이 완성되지 않은 상태에서 후행 작가의 수정·증감에 의해 분리이용이 불가능한 하나의 저작물이 완성되었더라도, 양자 간에 "공동으로 하나의 완결된 저작물을 완성한다는 의사", 즉 공동창작의 의사기 있다고 인정할 수 없다면 공동저작물로 볼 수 없다고 판시하였다. 이 판결은 공동창작의 의사는 "법적으로 공동저작자가 되려는 의사"(A)를 뜻하는 것이 아니라 "공동으로 하나의 완결된 저작물을 완성한다는 의사"(B)를 말하는 것이라고 공동창작의 의사를 구체적으로 제시하였다는 점에서 의의를 찾을 수 있지만, 문제는 여전히 A와 B의 구분이 모호하다는 점에서 의문이 남는다. 이에 관한 평석으로는, 우원상, "사후 참여에 의한 공동저작물 성립에 관한 소고",「계간 저작권」, 2016 겨울호, 77면 이하.

176) 이해완, 앞의 책, 396~397면.

177) 오승종, 앞의 책, 356면.

178) 미국 저작권법 제101조는 공동저작물(joint works)이란 "2인 이상의 저작자가 자기들의 기여 부분이 단일한 전체와 분리될 수 없거나 상호의존적이 될 것이라는 의사(intent)를 가지고 작성한 저작물을 말한다"고 규정한다.

179) 실제 사건에서 공동저작물인지 여부를 둘러싸고 당사자(또는 그 유족) 간에 분쟁이 발생하는 경우가 많다는 점을 고려해야 한다.

180) 대법원 2014. 12. 11. 선고 2012도16066 판결('친정엄마' 사건); 대법원 2016. 7. 29. 선고 2014도16517 판결('사극 김수로' 사건).

적으로 공동저작자가 되려는 의사"[①]와 "공동의 창작 결의"나 "공동으로 저작물을 작성하고자 하는 의사"[②] 그리고 "공동의 창작행위에 의하여 각자의 이바지한 부분을 분리하여 이용할 수 없는 단일한 저작물을 만들어 내려는 의사"[③]는 서로 모호하여 이러한 ①②③에 해당하는 여러 층위의 "~의사"들을 구별해 내기 어렵다는 점이다.

이에 비해 소수설(객관적 공동설)에서는 사실행위로서의 창작행위가 공동으로 이루어진다는 점에 초점을 맞추게 되므로 개념적 모호함은 없어진다. 창작행위의 공동관계가 인정되기 위해서는 '공동의 창작행위'에 일정한 동시성(즉 시간적 연관성)이 있어야 하고 그러한 '공동의 창작행위'는 객관적으로 파악 가능하기 때문이다. 물론 창작행위가 공동으로 이루어질 때에도 공동창작행위와 관련하여 의견교환이 수반되는 경우가 대부분일 것이지만 이는 공동창작행위에 수렴되는 것이므로 '공동의 창작행위'는 객관적으로 파악 가능하게 된다. 따라서 당사자 간에 실제 이루어진 사실행위로서의 창작행위를 공동으로 한다는 공동의 창작행위(객관적 공동성)를 중시하는 것이 타당하다.[181) 따라서 객관적으로 보아 당사자 간에 서로 상대방의 의사에 반하지 않는다고 하는 정도의 관계가 인정되면 이 요건을 충족한다고 보아야 한다.[182)

요컨대, 공동저작물에서는 2명 이상의 행위주체가 사실행위로서의 창작행위를 공동으로 한다는 共同의 創作行爲가 중요한 판단요소이므로 객관적으로 보아 '창작'이라는 행위가 '공동'으로 행하여졌는지 여부에 의하여 당사자 간에

---

181) 서울북부지법 2008. 12. 30. 선고 2007가합5940 판결은 만화가와 스토리작가가 완성된 만화의 공동저작자인지 여부가 문제된 사건이다. 이 판결에서는 인위적으로 설정하거나 왜곡 가능한 주관적 공동성이 아니라 객관적 공동성의 존재 여부를 판단할 수 있는 구체적 행위태양에 초점을 맞추어 공동저작물성 여부를 판단하였다. 이와 반대로 서울고법 2009. 9. 3. 선고 2009나 2950 판결은 영화 시나리오의 창작과 관련하여 "하나의 저작물에 2인 이상이 시기를 달리하여 창작에 관여한 경우 선행 저작자에게는 자신의 저작물이 완결되지 아니한 상태로서 후행 저작자가 이를 수정·보완하여 새로운 창작성을 부가하는 것을 허락 내지 수인하는 의사가 있고 후행 저작자에게는 선행 저작자의 저작물에 터잡아 새로운 창작을 부가하는 의사가 있다면… 공동창작의 의사가 있는 것으로 인정할 수 있을 것"이므로 이러한 공동창작의 의사 없이 선행 저작물에 후행 저작자가 새로운 창작성을 부가한 2차적 저작물과 구별된다는 취지로 판시한다. 그러나 이러한 판시는 의문이다. 공동창작의 의사라는 것은 외부에서는 쉽게 인식하기 어려울 뿐 아니라 사후에 당사자 간의 분쟁으로 쉽게 번의되거나 부인될 수 있기 때문이다. 오히려 공동저작물과 2차적 저작물의 구별 기준으로 중요한 것은 후술하는 바와 같이 공동의 창작행위라고 인정할 수 있는 일정한 동시성이 있는지 여부, 다시 말해 과연 창작행위의 공동성이 존재하는지 여부이다.
182) 半田正夫, 앞의 책, 59면.

공동창작의 의사, 즉 단일한 저작물을 만들어 내려는 의사를 추단할 수 있다면 그것으로 족하다고 해석하는 것이 타당하다.[183] 다만, 창작행위의 공동관계가 인정되기 위해서는 그러한 공동의 창작행위에 일정한 '동시성'이 있어야 한다. 즉 공동의 창작행위에 시간적인 연관성이 있어야 한다. 따라서 동시성이 없어 창작행위의 공동관계가 인정되지 않는 경우(異時創作)는 공동저작물이 아니라 2차적 저작물이 된다.[184] 예컨대, 스토리 작가가 미리 작성한 소설형식의 原稿에 기해 만화가가 만화를 그린 경우라면 설령 공동창작의 의사가 존재하더라도 해당 만화는 소설형식의 스토리를 원저작물로 하는 2차적 저작물이 된다. 스토리 작가는 만화라는 미술적 표현에 아무런 공동의 창작행위도 하지 않았기 때문이다. 그러나 이와 달리 스토리 작가(갑)가 만화의 장면 나누기, 구도, 등장인물이나 대사의 배치 등을 구체적으로 서술하면서 스토리를 제공하고 이에 따라 만화가(을)가 그림을 그린 경우라면 갑과 을 두 사람이 완성된 만화에 창작적으로 기여한 것이므로 공동저작물이 된다.[185][186]

　　문제는 어떠한 경우에 共同의 創作行爲에 일정한 同時性을 긍정할 수 있는가 하는 점이다. 전형적인 예는 두 사람이 1장의 종이에 함께 그림을 그린

---

183) 김원오, 앞의 논문, 24면; 齊藤博, 앞의 책, 112면.

184) 上野達弘, "共同著作の要件論", 「知的財産法の理論と実務 4」, 新日本法規, 2007, 102면.

185) 三村量一, "漫画の著作物の複製権, 翻案権の侵害", 「現代裁判法大系 26—知的財産権」, 新日本法規, 1999, 427~428면 참조.

186) 서울북부지법 2008. 12. 30. 선고 2007가합5940 판결. 만화가와 스토리작가가 완성된 만화의 공동저작자라고 인정된 사건이다. 재판부는, 만화스토리작가(원고)들이 ① 각 장면을 설정하고 그 장면에 해당하는 등장인물과 배경, 등장인물의 표정·동작 및 대사 등을 구체적이고 세부적으로 묘사하여 서술하는 시나리오 형식의 문서를 작성하거나, ② 출간되는 만화책의 형식과 같이 각 장면을 구분(컷, 만화 한 페이지를 다양한 모양의 여러 칸으로 나누어서 한 칸에 들어가는 장면)하여 각 해당 장면에 적합한 화면의 인물의 위치, 배경, 지문을 나타내는 말풍선의 위치 등을 배치하고 대사나 효과음을 정하거나 간단한 데생을 통하여 연출 및 구도 등을 지정하는 콘티 형식의 문서를 작성하는 등의 방법으로 만화스토리를 작성하여 만화가(피고)에게 제공한 사안(A)에서 "그 만화는 만화스토리작가와 만화가가 이를 만들기 위해 공동창작의 의사를 가지고 맡은 부분의 창작을 함으로써 주제, 스토리와 그 연출방법, 그림 등의 유기적인 결합으로 완성되어 각 기여부분을 분리하여 이용할 수 없는 공동저작물에 해당한다"고 판시하였다. 유의할 것은 재판부가 만화저작물의 경우 만화스토리 작가가 단순히 만화의 줄거리로 사용하기 위해 스토리를 제공한 사안(B)이라면 만화스토리를 원저작물, 만화를 2차적 저작물로 볼 수 있다고 판단하고 있는 점이다. 즉 사안 여하에 따라 완성된 만화는 공동저작물 혹은 2차적 저작물이 될 수 있다고 판단하고 있으므로 공동저작물로서 인정된 위 사안(A)에 특히 유념하여야 한다. 아울러 위 각 사안(A)(B)는 '공동의 창작행위'(行爲의 共同性)로 구별되는 것이지 '공동창작의 의사'(意思의 共同性)로 구별되는 것이 아니라는 점에도 유의하여야 한다.

미술저작물의 경우이지만, 두 사람 중 일방이 먼저 논문 原稿를 작성하여 상대방에게 보내고 다른 일방이 그 원고를 고치거나 가필하여 전문지에 연재한 어문저작물의 경우에도 공동의 창작행위라고 인정할 수 있는 일정한 동시성이 존재한다는 것을 긍정할 수 있다.[187] 전술한 대법원 판결도 공동의 창작행위라는 판단요소를 통해 보다 명확히 설명할 수 있다.[188] 이상의 논의를 정리하면, 결국 공동저작물과 2차적 저작물의 구별기준에 대해 다수설(주관적 공동설)은 공동창작의 의사가 존재하는지 여부로, 소수설(객관적 공동설)은 공동의 창작행위가 존재하는지 여부로 판단하게 된다. 창작행위는 '사실행위'이므로 누가 창작자인지는 기본적으로 사실인정의 문제이다. 그러나 창작과정에 여러 사람이 관여하는 경우 그들이 '공동으로' 창작적 기여를 한 자로서 공동저작자로 인정되는지는 결국 법적 판단의 문제이다.[189]

(2) 이른바 '遺著 補訂版'과 공동저작물의 문제

공동저작물의 성립요건과 관련하여 공동으로 기여하는 시점이 다른 경우, 가령 스승의 사후에 제자가 저작물을 정정하거나 보충하는 경우도 공동저작물이 될 수 있는가이다. 이것은 이미 창작한 저작물을 그 저작자의 사후에 타인이 수정하거나 보충 또는 개정하는 이른바 '유저보정' 형태의 저술에 대해 공동저작물의 성립을 인정할 것인가의 문제이다.[190] 이에 대해 공동관계의 요건과 관련하여 소수설인 '공동의 창작행위'(객관적 공동성)로 충분하다는 견해 쪽에서는 공동저작물의 성립을 긍정하고[191] 다수설인 '공동창작의 의사'(주관적 공동성)까지 필요하다는 견해 쪽에서는 이를 부정하는[192] 것이 일반적이다.

---

187) 上野達弘, 앞의 논문, 102~103면. 어문저작물의 공동의 창작행위에 있어서 그 동시성을 긍정한 사안에 관해서는, 東京地裁 2000(平成12)年 9月 28日 判決('전후일본경제의 50년' 사건) 참조.

188) 대법원 2014. 12. 11. 선고 2012도16066 판결('친정엄마' 사건); 대법원 2016. 7. 29. 선고 2014 도16517 판결('사극 김수로' 사건). 객관적 공동설(소수설)에 입각하더라도 '친정엄마' 사건에서의 최종대본은 일정한 동시성이 인정되는 수필가(갑)와 다른 작가(을)의 공동의 창작행위에 의해 작성된 단일한 저작물이라고 판단할 수 있다. 또한 '사극 김수로' 사건에서는 선행 작가를 배제한 다음 후행 작가에 의해 후속 부분의 집필이 이루어진 것이므로 그러한 배제행위에는 공동의 창작행위라고 인정할 수 있는 시간적인 연관성이 없다고 판단되므로 창작행위의 공동성이 인정되지 않는다. 따라서 이러한 일정한 동시성이 없어서 창작행위의 공동성이 인정되지 않는 후행 작가의 집필부분은 공동저작물이 아니라 2차적 저작물이 된다.

189) 대법원 2020. 6. 25. 선고 2018도13696 판결 참조.

190) 이에 관한 상세한 비교법적 연구로는, 松川実, "遺著補訂版と共同著作物—ドイツ, アメリカ, 日本の比較法的研究", 「青山ローフォーラム」 第1巻 第1号, 2012, 105면 이하,

191) 半田正夫, 앞의 책, 59~60면; 齊藤博, 앞의 책, 112면.

192) 田村善之, 앞의 책, 371면; 中山信弘, 앞의 책, 198~199면.

그러나 소수설을 취하더라도 이러한 '유저 보정판'과 관련해서는 공동저작물의 성립을 부정하는 것이 타당하다. 그 이유는 설령 스승이 생전에 제자에게 자신의 저작물을 개정하도록 승낙하였거나 아니면 그 저작권을 상속한 유족이 개정을 허락하였더라도, 스승의 死後에 제자에 의해서만 이루어진 개정작업에는 스승과 제자 간에 창작행위를 함께 한다는 의미에서의 '공동의 창작행위'(객관적 공동성) 자체가 존재하지 않기 때문이다. 따라서 어느 견해를 취하든지 간에 스승과 제자가 객관적인 면에서 공동으로 창작행위를 행한 적이 없으므로 공동저작물이 성립할 수는 없다. 다시 말해 공동창작의 의사가 반드시 요구되는 것이 아니라는 견해(소수설)를 취하면 '공동의 창작행위'(객관적 공동성) 자체가 존재하지 않으므로 공동저작물의 성립을 인정할 수 없는 것이고, 반대로 '공동창작의 의사'가 필요하다는 견해(다수설)를 취하면 만일 생전에 승낙하였다면 스승과 제자 간에 '공동창작의 의사'(주관적 공동성)는 인정할 수 있겠지만 '공동의 창작행위'가 존재하지 않으므로 마찬가지로 공동저작물의 성립을 인정할 수 없다. 다만 이미 완성된 스승의 저작물을 제자가 사후에 보정한 것에 지나지 않으므로 2차적 저작물로서 성립할 가능성이 있을 뿐이라고 해석하여야 한다.

다. 개별적 이용의 불가능

공동저작물이 성립하려면 각자의 기여부분을 분리하여 개별적으로 이용할 수 없어야 한다. 이는 기여부분의 '결합'의 정도를 "분리하여 이용할 수 없을 것"이라는 경제적 기준으로 판단하는 것을 말한다.[193] 즉 각자의 기여부분을 분리하여 개별적으로 이용할 수 없다는 것은 어느 저작물의 기여부분을 그 저작물로부터 분리하면 나머지 부분이 불완전하게 되어 나머지 부분을 이용하기 위해 무언가를 보완할 필요가 있는 경우를 말한다.[194] 다시 말해 하나의 저작물 중 각자의 기여부분을 분리하면 저작물을 물리적으로 파손하게 된다는 의미가 아니라, 분리하면 그 저작물의 경제적 효용을 손상시킨다는 의미이다. 따라서 물리적으로는 분리하여 개별적으로 이용할 수 있더라도, 그렇게 되면 분리된 기여부분이 본래의 경제적 의미를 상실하게 되는 경우이다. 결국 이러한 경제적 기준이란 것은 개개 저작물의 이용분야에 있어서의 관행에 의해 결정

---

193) P. Goldstein/B. Hugenholtz, *International Copyright: Principles, Law, and Practice*, 3rd ed., Oxford University Press, 2013, p.251.

194) Vgl. G. Schricker/Loewenheim, *Urheberrecht Kommentar*, 3.Aufl., C.H. Beck, 2006, §8 Rn.5.

할 수밖에 없다.195) 예컨대, 두 사람이 1장의 종이에 함께 그림을 그린 경우 각자의 기여부분을 분리하여 개별적으로 이용할 수 없으므로 이 요건을 갖춘 것이 된다. 그러나 한 사람이 작곡을 하고 다른 사람이 작사를 하여 1곡의 노래를 완성한 경우는 작사, 작곡 부분을 분리하여 개별적으로 이용할 수 있으므로 공동저작물이 아니라 결합저작물이다. 마찬가지로 여러 사람이 분담집필한 법학주석서(ex 민법주해)는 공동저작물이 아니라 결합저작물이다.196)

3. 공동저작물의 효과

공동저작물의 요건을 갖추면 우리나라 저작권법의 규정에 따라 그 권리행사의 방법 및 보호기간의 산정 등과 관련하여 다음과 같은 효과가 발생한다.

가. 권리행사의 방법과 권리침해의 구제

공동저작물의 저작인격권과 저작재산권의 행사는 원칙적으로 공동저작자 전원의 합의에 의하여 이루어져야 한다(제15조, 제48조).197) 여기서 말하는 행사란 저작권의 내용을 실현하는 적극적인 행위를 말하며 저작물의 이용과 그 허락을 의미한다. 따라서 공동저작자가 스스로 이용하는 경우는 물론이고 제3자에게 저작물의 이용을 허락하거나 출판권을 설정하는 경우 등이 포함된다. 또한 다른 저작재산권자의 동의가 없으면 그 지분을 양도하거나 質權의 목적으로 할 수 없다(제48조). 다만, 저작권 침해에 따른 금지청구권 등에 대해서는 개개의 공동저작자가 다른 공동저작자의 동의가 없더라도 단독으로 행사할 수 있으며, 손해배상청구권에 대해서도 공동저작자가 자신의 지분 비율에 따라 단독으로 손해배상청구를 할 수 있다(제129조).198) 이와 관련하여 공동으로 저작물을 창작한 경우(저작재산권의 '원시적 공동보유')가 아니라 단독으로 창작한 저작물의 저작재산권을 여러 사람이 공동상속하거나 또는 여러 사람에게 분리하여 저작재산권을 양도한 관계로 저작재산권을 공동으로 보유하게 된 경우(저작재산권의 '후발적 공동보유')에도 저작권법 제48조 규정이 적용 내지 유추적용되는가 하는 문제가 있다. 이에 관하여 일본 저작권법 제65조 제1항은 명문

---

195) 松川実, 앞의 논문, 121면.
196) 이처럼 결합저작물은 결합관계를 분리하여 개별적으로 이용할 수 있으므로 결합저작물 전체를 이용하려는 자는 결합저작물을 구성하는 개개의 저작물의 권리자와 출판계약 등을 체결할 때에 계약기간 중에는 '결합'관계를 분리하지 않고 그대로 유지할 수 있도록 약정하는 것이 필요하다.
197) 이에 관한 상세는 제6장 제9절 '공동저작물의 이용허락 등 권리행사' 참조.
198) 이에 관한 상세는 제9장 제2절 VI. '공동저작물의 권리 침해' 참조.

의 규정을 두고 있으나[199] 우리 저작권법은 그렇지 않기 때문에 해석론상 견해가 갈린다.[200] 생각건대, 우리 저작권법에 별도의 명문의 규정이 존재하지 않는다면, 민법의 관련 규정에 따라 문제를 해결하는 것이 타당하다. 민법상 공동소유관계는 소유권 이외의 재산권에 대해서도 성립한다. 이것이 準共同所有이다. 민법 제278조는 공동소유에 관한 규정은 "소유권 이외의 재산권에 준용한다. 그러나 다른 법률에 특별한 규정이 있으면 그에 의한다"고 규정한다. 이에 따라 準共同所有에는 다른 법률에 특별한 규정이 없으면, 準共有·準合有·準總有에 대하여 각각 공유·합유·총유에 관한 민법의 규정이 준용된다. 우리 저작권법 제48조는 저작재산권의 '원시적 공동보유'에 대해서만 규정하고 있을 뿐이고 '후발적 공동보유'에 대해서는 별도의 규정을 두고 있지 않다. 그렇다면 저작재산권의 '후발적 공동보유'에 대해서는 민법의 관련 규정에 따라 문제를 해결하는 것이 옳을 것이다. 즉 저작재산권의 공동보유자 사이에 별도의 계약이 존재하면 그 내용에 따라 저작물의 이용 및 저작재산권의 행사 등이 이루어지고, 계약상 구체적 약정이 없으면 그 인적 결합관계에 따라 공유에 관한 민법규정이나 합유에 관한 민법규정이 준용된다고 해석하는 것이 타당하다.[201]

나. 보호기간의 산정

저작권법은 공동저작물의 저작재산권에 대한 보호기간은 공동저작자 중 "맨 마지막으로 사망한 저작자가 사망한 후 70년간 존속한다"(제39조 제2항)고 규정한다. 이는 베른협약 제7조의2에 따른 것으로 각 저작자의 기여부분을 분

---

199) 일본 저작권법 제65조 제1항은 "공동저작물의 저작재산권 그 밖에 공유에 관계된 저작권(이히, 공유저작권이라 한다)에 대하여 각 공유자는 타공유자의 동의를 얻지 아니하면 그 지분을 양도하거나 질권의 목적으로 할 수 없다"고 규정하고, 제2항은 "공유저작권은 그 공유자 전원의 합의에 의하지 않으면 행사할 수 없다"고 규정한다.

200) 현재 국내 학설 중에는 적용설 내지 유추적용설이 다수설을 점하고 있고{가령, 허희성, 「신저작권법 축조개설」, 범우사, 1988, 191면 이하(적용설); 오승종, 「저작권법」 제5판, 박영사, 2020, 366면 이하(유추적용설) 등}, 일부 하급심 판결도 그러하다(서울고법 2008. 7. 22. 선고 2007나67809 판결 등). 그러나 유추적용을 통한 해석론의 전개라는 것은 무릇 실정법상 아무런 적용규정이 마련되어 있지 않은 '법률의 흠결'이 있는 경우에 이를 보충하기 위해 해석론상 시도되는 것이다. 엄연히 민법에 관련 규정이 존재하고 이에 따라 準共同所有의 법리로 해결가능한 문제에 대해서까지 저작권법 제48조의 '유추적용'을 시도할 필요가 있는 것인지 의문이다. 결과적으로 다수설은 저작권법상 관련 규정이 상이함에도 불구하고 일본 저작권법의 해석론을 모방·답습한 것이라고 할 수 있다. 다수설은 입법론과 해석론을 혼동한 것이라는 비판에서 벗어나기 어려울 것이다.

201) 정상조, "저작권의 공동보유", 「법학」 제40권 제2호, 서울대 법학연구소, 1999, 235~236면.

리하는 것이 불가능한 공동저작물에 대해 보호기간을 개별적으로 계산하게 되
면 권리관계가 복잡하게 된다는 점을 고려하여 마련된 규정이다.202) 공동저작
물의 보호기간이 맨 마지막으로 사망한 공동저작자의 사망시부터 기산된다는
사실을 고려한다면 나이 많은 저작자에게 있어서는 젊은 저작자를 공동저작자
로 선택하는 것이 유리하다. 이로 인해 실제로는 저작자 단독으로 작성할 수
있는 상당수의 저작물조차 젊은 저작자의 생존기간에 터 잡아 보호기간을 연
장할 목적으로 공동저작물 형태로 작성될 수도 있을 것이다. 물론 공동저작자
상호 간에 '공동의 창작행위'(객관적 공동성)가 존재하지 않는다면 이러한 법적
효과가 인정되어서는 안 된다. 따라서 결합저작물에 불과한 경우에 각 저작부
분은 각각의 저작자 사후 70년이 경과하면 보호기간이 종료한다.

공동저작물의 보호기간과 관련하여 검토할 것은, 전술한 것처럼 법인 A와
개인 B 간에, 또는 법인 C와 법인 D 간에 공동저작 관계가 성립하는 경우 그
보호기간의 산정을 어떻게 할 것인가 하는 점이다. 법인과 법인 간의 공동저
작물인 경우에는 업무상 저작물의 보호기간이 적용될 것이기 때문에 그 저작
재산권은 원칙적으로 공동저작물을 공표한 때로부터 70년간 보호될 것이다(제
41조 본문). 문제는 개인과 법인 간에 공동저작 관계가 성립하는 경우이다. 자
연인이 저작물의 저작자인 경우 그 저작재산권의 보호기간은 저작자의 생존기
간에 그 사후 70년을 더한 기간이고(제39조 제1항), 법인이 업무상 저작물의 저
작자로 인정되는 경우 그 보호기간은 공표 후 70년이다(제41조 본문). 위 두 보
호기간 중 어느 쪽을 적용할 것인지에 대해서 우리 저작권법은 침묵하고 있
다. 공동저작물의 경우 마지막까지 생존한 공동저작자의 사망시를 기산점으로
규정한 저작권법 제39조 제2항의 취지를 고려한다면, 위 두 보호기간 중 어느
쪽이든 더 긴 쪽을 토대로 저작재산권의 보호기간이 산정되어야 한다.203)

참고로 프랑스 저작권법 제113조의3은 각각 다른 사람이 작사와 작곡을
한 경우로서 가사가 수반되는 악곡을 공동저작물로 보는데 대하여, 독일 저작
권법 제8조 제1항은 이를 결합저작물로 본다. 이에 따라 예컨대, 뮤지컬의 경
우 프랑스에서는 뮤지컬을 구성하는 개별 기여부분에 대한 보호가 공동저작물
전체(즉 뮤지컬)에 대해 부여된 기간 동안 인정되는 데 반하여, 독일에서는 뮤
지컬을 구성하는 개별 저작물마다 보호기간이 달라진다는 문제가 생겼다.204)

---

202) 허희성, 「베른협약축조개설(파리규정)」, 일신서적출판사, 1994, 89~90면.
203) M.B. Nimmer/D. Nimmer, *Nimmer on Copyright*, Vol. 3, LexisNexis, 2007, §9.10[B] p.9－142 참조.
204) P. Goldstein/B. Hugenholtz, op. cit., p.252.

그러나 이러한 문제는 유럽연합의 2011년 보호기간 연장지침[205])에 의해 해결되었다. 이 지침에 따르면 가사가 수반되는 악곡에 대해 결합저작물로서 보호하든지(ex 독일), 이를 공동저작물로서 보호하든지(ex 프랑스)에 관계없이 마지막까지 생존한 기여자(작사자 또는 작곡자)의 사망 후부터 보호기간이 起算되도록 하고 있다.[206)207])

Ⅱ. 결합저작물의 저작자

1. 의   의

결합저작물이란 말 그대로 複數의 단독저작물이 결합되어 외형상 일체적으로 이용되는 것을 말한다. 가령, 여러 사람의 저작자에 의해 외관상 하나의 저작물이 작성된 것처럼 보이더라도 공동저작물과는 달리 각자의 기여부분을 분리하여 이용할 수 있는 경우이다. 결합저작물의 예로는 악곡과 가사가 결합된 경우[208)209])나 신문연재소설에 삽입된 삽화 등이 여기에 해당한다. 대법원

---

205) Directive 2011/77/EU of the European Parliament and of the Council of 27 September 2011 amending Directive 2006/116/EC of the European Parliament and of the Council on the term of protection of copyright and related rights, OJ No. L 265/1, October 11, 2011[Term Extension Directive].

206) P. Goldstein/B. Hugenholtz, op. cit., p.252.

207) 국내 학설 중에는 뮤지컬을 결합저작물이라고 판단한 대법원 2005. 10. 4.자 2004마639 결정을 비판하면서 그 논거로 뮤지컬을 공동저작물로 보지 않으면 "뮤지컬을 구성하는 악곡, 가사 등의 보호기간이 달라져서 권리의 획일적 처리가 곤란해진다는 문제"를 든다(김정완, "공연예술 보호에 관한 저작권법상의 고찰", 「법학논고」 제49집, 경북대 법학연구원, 2015. 2., 604면). 그러나 이러한 문제는 우리 저작권법상 공동저작물의 정의규정을 변경하여 해결하기보다는 유럽연합의 2011년 보호기간 지침처럼 보호기간에 관한 특칙을 마련하여 해결하는 것이 타당하다.

208) 대법원 1991. 8. 27. 선고 89도702 판결은, 1957년 저작권법상의 악곡의 전부와 가사를 그대로 편집한 이른바 '노가바 패러디' 사건에서 "구 저작권법상의 합저작물인 음악저작물의 작곡자, 작사자의 저작인격권과 저작재산권을 침해하여 출판한 것으로서 이는 부정출판공연의 죄에 해당한다"고 판시하였다. 1957년 저작권법 제12조의 '合著作物'이란 현행 저작권법의 공동저작물보다도 넓은 개념으로서, 같은 조 제2항은 합저작물 중 각 저작자의 분담부분이 명확하지 않은 이른바 '협의의 합저작물'에 관한 것으로, 제3항은 분담부분이 명확한 이른바 '결합저작물'에 관한 것으로, 각 나누고 노래가사와 악곡의 경우는 후자에 해당한다고 보는 것이 일반적이다(장인숙, 「저작권법개론」, 교학도서, 1965, 67~69면; 허희성, 「신고 저작권법개설」, 범우사, 1982, 67~68면). 이와 관련하여 비교법적으로 미국의 판례와 실무에서는 악곡과 가사를 공동저작물로 보는 것이 주류적 입장이라고 한다(오승종, 앞의 책, 116~117면).

209) 대법원 2015. 6. 24. 선고 2013다58460, 58477 판결(노래 중 가사 부분과 편곡 부분은 각각 분리하여 이용할 수 있으므로 공동저작물이 아니라 결합저작물이라는 취지).

은 뮤지컬은 단독 저작물의 결합에 불과한 결합저작물이므로 그 창작에 관여한 복수의 저작자들 각자의 창작활동의 성과를 분리하여 이용할 수 있다고 판시하였다.[210)

2. 효   과

결합저작물은 ① 각 저작자가 자기의 저작부분에 관해서 단독으로 저작권 행사를 할 수 있으며, ② 결합저작물 내의 자기 저작부분에 관한 저작권의 양도·질권의 설정은 각자 단독으로 할 수 있다. ③ 결합저작물의 각 저작부분은 각각의 저작자 사후 70년이 경과하면 보호기간이 종료한다.[211)

---

210) 대법원 2005. 10. 4.자 2004마639 결정. "뮤지컬은 음악과 춤이 극의 구성·전개에 긴밀하게 짜맞추어진 연극으로서, 각본, 악곡, 가사, 안무, 무대미술 등이 결합된 종합예술의 분야에 속하고 ··· 그 창작에 관여한 복수의 저작자들 각자의 이바지한 부분이 분리되어 이용될 수도 있다는 점에서, 공동저작물이 아닌 단독 저작물의 결합에 불과한 이른바 '결합저작물'이라고 봄이 상당하다."
211) 송영식·이상정, 「저작권법개설」 제9판, 세창출판사, 2015, 58~59면.

4

저작자의 권리

Copyright Law

제4장　저작자의 권리

제1절 개 관

Ⅰ. 저작자의 권리 발생

순수사실행위로서 저작물의 창작행위를 하면 창작자의 의사와 관계없이 일정한 법률효과가 창작자에게 부여된다. 즉 사실행위로서 저작물의 창작행위를 한 자에게는 그 법률효과로서 저작권법상 저작자의 지위가 부여되고, 이러한 지위로부터 저작권이 원시적으로 발생한다.[1] 따라서 저작권침해소송에서 "원고가 저작자다"라는 원고의 주장은 사실에 관한 주장이 아니라 법률효과의 존부에 관한 주장이고 피고가 이것을 인정하면 권리자백이 성립한다.[2] 이처럼 저작권은 창작한 때부터 발생하고 등록이나 납본 등 어떠한 절차나 형식의 이행이 필요하지 않다(제10조).

Ⅱ. 저작인격권과 저작재산권

1. 내 용

저작자는 자신이 창작한 저작물에 대하여 저작인격권과 저작재산권을 원시적으로 취득한다. 저작인격권은 저작자가 저작물에 대해서 가지는 인격적 이익의 보호를 목적으로 하는 권리이다. 이에는 공표권(제11조), 성명표시권(제12조), 동일성유지권(제13조)의 세 가지가 인정된다. 그 밖에 관련 규정으로 일신전속성에 관한 규정(제14조), 저작자의 사망 후 저작인격권의 보호에 관한

---

1) 이에 관해서는 제3장 제2절 2. 나. '사실행위로서의 저작물의 창작행위' 참조
2) 高部眞規子, 「實務詳說 著作權訴訟」, 金融財政事情硏究會, 2012, 209면.

규정(제128조) 등이 있다. 이에 따라 저작인격권은 저작자의 사망과 더불어 소멸하며(귀속상의 일신전속), 저작인격권은 원칙적으로 본인 스스로만 행사할 수 있다(행사상의 일신전속).[3][4] 저작재산권은 저작자의 재산적 이익을 보호하고자 하는 권리로서 주로 저작물을 제3자가 이용하는 것을 허락하고 그 대가를 받을 수 있는 권리이다. 이에는 복제권(제16조), 공연권(제17조), 공중송신권(제18조), 전시권(제19조), 배포권(제20조), 대여권(제21조), 2차적 저작물 작성권 등(제22조)이 포함된다.

2. 저작인격권과 저작재산권의 관계

저작인격권과 저작재산권의 관계에 대해서는 著作權一元論(the monistic theory of copyright)과 著作權二元論(the dualistic theory of copyright)이 대립하고 있다. 전자를 저작권의 일원적 구성, 후자를 저작권의 이원적 구성이라 부르기도 한다. 著作權一元論은 저작인격권과 저작재산권의 밀접한 관계를 중시하여 저작권이란 재산적 요소와 인격적 요소가 유기적으로 결합한 단일의 권리로 본다. 이 이론은 저작권으로부터 저작인격권과 저작재산권이 유출하는 것을 인정하나, 저작인격권과 저작재산권은 서로 밀접한 관계가 있어 분리하는 것이 불가능하다는 견해로서 저작권이란 양 권리가 혼연일체로 된 단일의 권리라고 이론구성한다. 따라서 저작인격권도 저작재산권과 같이 성립·양도·상속·소멸되며, 저작권의 양도는 '이전적 양도(translative Übertragung)'가 아니라 '설정적 양도(konstitutive Übertragung)'라고 해석한다. 이에 따라 저작인격권도 '설정적 양도'가 가능하다는 것이다. 이 이론은 독일의 통설적 견해이며 독일의 1965년 저작권법 제11조는 이러한 일원론적 접근방식을 입법한 것이다.

≪독일 저작권법의 일원주의(Monismus) 혹은 일원론(monistische Theorie)≫

독일 저작권법은 저작재산권과 저작인격권이 유기적으로 결합하여 저작권이라는 단일의 권리를 형성하고 있다는 저작권일원론을 취한다. 오이겐 울머(Eugen Ulmer)는 저작권일원론을 한 그루의 나무에 비유하여 설명하였다. 이것이 그 유명한 '나무이론(Baumtheorie)'이다. Ulmer는 저작권이 보호하는 두 가지 이익, 즉 인격적 이익과 재산적 이익을 한 그루 나무의 두 개의 뿌리로, 그리고 저작권은 그 나무의 몸통으로 비유한다. 저작권을 이루는 여러 가지 지분권들은 가지와 잔가지인데 이들은 어떤 때는 두 개의 뿌리로부터 또 어떤 때는 두 뿌리 중 어느 하

---

3) 황적인·정순희·최현호, 「저작권법」, 법문사, 1988, 239면.
4) 대법원 1995. 10. 2.자 94마2217 결정 참조.

나로부터 힘을 얻는다고 설명한다.[5] 그런데 Ulmer는 저작재산권(Verwertungsrecht)을 本權(Mutterrecht)의 구속 하에 있는 支分權(Tochterrecht)으로서 설정적 양도(konstitutive Übertragung)의 형식으로 처분할 수 있다는 것을 인정하면서도, 저작인격권적 권한의 처분에 대해서만은 이를 인정하지 않고 있다. 즉 저작인격권적 권한의 신탁적 위임과 저작인격권의 제한만을 인정하고 있고, 이전(translative)이나 설정(konstitutive) 형태의 양도를 인정하지 않는다.[6] 그러한 점에서 Ulmer는 저작권일원론의 관점에서 일원론으로 구성된 저작권의 성립·소멸·期間·상속 등의 장면에서 그 일원론을 전제로 하여 설명하면서도 저작권의 처분의 장면에서는 일원론을 관철하지 못하고 있다. 이러한 Ulmer 이론의 한계 때문에 저작권의 일원적 구성을 전제로 하여 저작인격권적 권한도 저작재산권과 마찬가지로 設定的으로 讓渡된다는 것을 일관성 있게 설명하기 위한 이론이 등장하였다. 이것이 바로 한스 포르켈(H. Forkel)이 주장한 '구속된 양도(gebundene Übertragung)' 이론이다. '구속된 양도' 이론의 특징은 저작재산권·저작인격권적 권한이 포기되거나 소멸된 경우, 저작자에게 권리가 되돌아간다고 봄으로써 저작자의 이익을 보호할 수 있다는 점이다. 또 '구속된 양도'에서는 제3자의 권리 침해에 대하여 창작자도 訴權을 가지게 된다. 요컨대, Forgel은 저작인격권과 저작재산권을 동일한 本權(Stammrecht)에서 파생한 밀접불가분의 권리로 보는 일원론을 전제로 한 다음, Ulmer와는 달리 저작재산권 내지 저작인격권적 권한이 모두 설정적으로 양도될 수 있다는 이론 구성을 취한 것이다.[7]

이에 비하여 著作權二元論은 저작인격권과 저작재산권의 차이점을 중시하여 저작권은 저작인격권과 저작재산권이라는 서로 다른 성질의 두 권리가 모여 이루어진 것이라고 한다. 즉 성질이 서로 다른 두 가지 권리의 複合權(droit double)이라고 보며 저작인격권과 저작재산권의 상호 독립을 인정한다. 따라서 저작재산권은 저작권의 보호기간 등으로 인하여 소멸하고 다른 재산권과 마찬가지로 양도·상속이 가능하나 저작인격권은 다른 인격권과 마찬가지로 일신전속권으로서 양도와 상속이 불가능하다고 한다.[8] 프랑스 저작권법은

---

5) E. Ulmer, *Urheber— und Verlagsrecht*, 3 Aufl., Springer, 1980, S.114ff.

6) E. Ulmer, a.a.O., S.116, 379.

7) 이에 관해서는, Hans Forkel, Gebundene Rechtsübertragungen, 1977, S.168ff; Forkel, "Linzenzen an Persönlichkeitsrechten durch gebundene Rechtsübertragung", GRUR, 1988, S.491; 潮海久雄, 「職務著作制度の基礎理論」, 東京大學出版會, 2005, 145~147면에서 각 재인용.

8) 프랑스 저작권법 제121조의1은 저작인격권이 양도는 불가능하지만 상속은 가능하다고 규정한다. 이 점에서 우리 저작권법 제14조 제1항과는 다르다.

이원론적 접근방식을 채택한 대표적 국가이며 일본 저작권법도 이에 속한다. 우리나라 저작권법도 저작인격권과 저작재산권을 별개의 권리로 구별하여 규정함으로써 저작권이원론을 취한다.

Ⅲ. 무방식주의의 원칙

1. 베른협약과 무방식주의

저작권법 제10조 제2항은 저작권이란 저작물을 창작한 때부터 발생하며 어떠한 절차나 형식의 이행을 필요로 하지 아니한다고 규정한다. 즉 저작물의 창작이라는 법률사실이 법률요건을 구성하고 여기에서 곧바로 저작권이란 법률효과가 생긴다.[9] 따라서 이때가 저작권 보호기간의 始期가 된다.[10] 이와 같이 저작권이 창작과 동시에 당연히 발생하는 것을 무방식주의라고 하는데, 베른협약이 취하는 입법주의이다(베른협약 제5조 제2항 참조). 우리나라뿐 아니라 독일, 프랑스, 일본 등 많은 국가들이 무방식주의를 채택하고 있다. 2023년 7월 1일 현재 WIPO 가입국 193개국 중에서 무방식주의를 취한 베른협약 가입국은 181개국이다.[11] 따라서 대다수의 국가들이 무방식주의를 채택하고 있음을 알 수 있다. 이에 반하여 방식주의란 저작권의 발생에 저작물의 납본[12]이나 등록(registration) 또는 저작권의 표시(notice) 등이 필요한 경우를 말한다. 과거 라틴아메리카의 여러 나라들과 미국이 방식주의를 취하였다. 현재 미국은 1989년 3월 1일 베른협약에 가입하면서 저작권법을 개정하여 "등록은 저작권 보호의 필요조건이 아니다"[13] 라고 규정함으로써 저작물의 완성으로 권리는 발생하지만, 저작권 침해의 소를 제기하기 위해서는 등록이 선행조건으로 요구된다고 규정한다.[14] 다만 이러한 조건은 미국이 본국(country of origin)인 저작물에만[15] 적용되는 것이고 베른협약 가입국 및 WTO/TRIPs 협정 가입국의

---

9) 저작물의 창작행위는 법률요건을 구성하는 개개의 법률사실 중에서도 특히 '사실행위'에 해당한다.

10) 저작권 보호기간의 終期에 관해서는, 저작권법 제39조 이하 참조.

11) 우리나라는 1996년 5월 21일 베른협약에 가입하였고 동 협약은 1996년 8월 21일부터 우리나라에서 발효되었다.

12) 납본제도(deposit system)는 새로 출판되는 출판물을 소정의 기관에 납입하는 제도이다.

13) 미국 저작권법 제408조(a).

14) 미국 저작권법 제411조(a). 여기서 말하는 '등록'이란 미국 저작권청에 등록이 완료된 시점을 의미한다. Fourth Estate Public Benefit Corp. v. Wall-Street.com, 586 U.S. ___ (2019).

15) 발행저작물의 경우는 최초발행지가 그 저작물의 본국이며 미발행저작물의 경우는 저작자의 국적이 그 본국이 된다.

저작물에는 적용되지 않는다.16)17)

2. 세계저작권협약과 ⓒ표시 제도

전술한 것처럼 과거 미국과 라틴아메리카 제국은 방식주의를 취하고 있었기 때문에 저작권을 국제적으로 보호하는 데에 문제가 많았다. 그래서 무방식으로 보호하는 베른협약 가입국의 저작물이 방식주의를 취하는 국가에서도 쉽게 보호받을 수 있도록 하기 위하여 제2차 세계대전 이후 유네스코의 노력으로 세계저작권협약이 1952년 스위스의 제네바에서 성립하였다. 이 협약에 의해 베른협약 가입국의 저작물에 ⓒ표시의 요건(ⓒ기호, 저작권자 이름, 최초의 발행연도)을 적당한 방법으로 적당한 위치에 표시하면 방식주의 국가에서도 저작물로 보호를 받을 수 있게 되었다.18) 그렇기 때문에 ⓒ표시 제도는 우리나라나 일본, 그리고 유럽 여러 나라와 같은 무방식주의 국가에서는 별도의 법적 의미는 없다고 할 것이다. 또한, 미국이 전술한 것처럼 베른협약에 가입함으로써 ⓒ표시 제도는 종전보다 더욱더 그 의미를 잃어 사실상 사문화 되었다.

제2절 저작인격권

I. 개 관

1. 의의·연혁

일반적으로 저작인격권은 지적자가 자신의 서작물에 대해 가지는 인격적·정신적 이익 또는 무형의 관념적 이익을 보호하는 권리를 말하며, 경제적 권리인 저작재산권과 더불어 저작권의 두 기둥을 이룬다.19) 저작인격권의 개념

---

16) Eric J. Schwartz, *International Copyright Law & Practice: United States*, Matthew Bender, 2004, p.132.

17) 이것은 미국을 '본국'으로 하는 저작물에 대해서는 등록을 소제기 요건으로 요구하는 것이므로 본국 저작물과 다른 저작물 간의 차별을 의미한다. 이러한 차별을 극복하기 위하여 미국인이 베른협약 제5조 제2항에 의거해 베른협약의 직접 적용을 주장할 수 있을 것인가 하는 문제가 제기될 수 있다. 결론만 말하면 국가 간의 관계에서 초래된 문제가 아니므로 불가능하다고 할 것이다. 최경수,「국제지적재산권법」개정판, 한울, 2017, 307면 및 309면의 각주17).

18) 세계저작권협약 제3조 참조.

19) 황적인·정순희·최현호,「저작권법」, 법문사, 1988, 236면; 송영식·이상정,「저작권법개설」제9판, 세창출판사, 2015, 196면; 半田正夫,「著作權法概說」第15版, 法學書院, 2013, 115면 각 참조.

과 그 정당화 근거는 저작자의 인격이 그의 저작물과 밀접하게 관련이 있고 그 저작물에 표현되어 있다는 관념에서 출발한다. 즉 저작인격권은 저작물이 그 창작자의 인격의 반영이라는 사실에서 유래한다. 또 저작인격권은 경제적 권리인 저작재산권과 달리 저작자로부터 분리될 수 없으며 저작자와 밀착되어 있다.20) 종래 대륙법계 국가에서는 저작권을 '저작자의 권리(author's right)'로 파악하여 저작자의 재산적 이익뿐 아니라 그 인격적 이익의 보호를 중요 내용으로 하고 있음에 반하여 영미법계 국가에서는 저작권을 '복제를 금지하는 권리(copyright)'로 파악함으로써 저작자의 재산적 이익의 확보에 중점을 두고 있다고 이해하여 왔다.21) 하지만 오늘날 저작인격권과 관련해서도 대륙법계와 영미법계의 차이점은 대부분 해소되고 있다.22) 현재 대부분의 국가들은 그 구체적인 내용에서는 다소간의 차이가 있지만 어떠한 방법으로든 저작인격권을 보호하고 있다. 각 나라에서 보호되는 저작인격권의 구체적 내용을 획일적으로 설명하는 것은 곤란하지만, 대체로 공표권(right of making the work public), 성명표시권(right to claim authorship of the work), 동일성유지권(right to the integrity of the work)이 포함된다. 법제사적으로 저작인격권은 19세기 초·중반을 거치면서 프랑스 법원의 판례를 통해 형성되었으며 그 이론적 발전은 독일 학자들의 연구성과에 힘입은 바가 크다. 또 베른협약 출범 당시에는 저작인격권에 관한 규정을 두고 있지 않았으나 1928년 베른협약 로마개정회의에서 저작인격권 중 성명표시권과 동일성유지권에 관한 내용을 명문화하면서(제6조의2) 국제법 차원에서도 저작인격권이 인정받기 시작하였다.23)

---

20) Gillian Davies · Kevin Garnett, *Moral Rights*, Sweet&Maxwell, 2010, pp.4~5.

21) 대륙법계와 영미법계의 이러한 차이에 대해 전자는 저작권법의 정당화 근거를 자연권 이론에서 후자는 공리주의 이론에서 찾는다는 데에서 연원한다고 설명하는 것이 일반적이다. 그러나 이러한 통념에 대하여 Jane C. Ginsburg, "A Tale of Two Copyrights : Literary Property in Revolutionary France and America", 64 *Tulane Law Review Association*, 1990, p.991 이하에서는 다음과 같이 반론한다. 이 논문은 입법자료 등 1차 사료에 근거하여 프랑스 혁명기의 저작권법은 오히려 공리주의적 성격이 짙었고, 미국 건국시기의 저작권법은 자연권 이론의 세례를 받은 바 있다고 논증한다. 또한 프랑스법이 전통으로 내세우는 저작인격권의 보호라는 것도 19세기 초·중반을 거치면서 비로소 그 모습을 드러낼 뿐이고 혁명기의 저작권법과는 무관한 것이라고 밝힌다.

22) 영국은 1988년 저작권법에서 저작인격권에 관한 보호규정(제77조 내지 제89조)을 마련하였으며, 미국은 1990년 저작권법을 일부 개정하여 시각적 미술저작물(works of visual arts)에 대해 저작인격권을 부여하는 조항(제106조의A)을 신설하였다.

23) Gillian Davies · Kevin Garnett, op. cit., p.21. 베른협약 제6조의2 법문에는 저작인격권이란 용어가 등장하지 않는다. 이 용어 자체는 제11조의2 제2항에 처음 도입되어 사용되었다(Ibid).

≪저작인격권에 관한 프랑스 판례의 형성과 독일 인격권 이론의 발전≫

　저작인격권(droit moral, moral rights)[24] 개념은 19세기 초 프랑스 법원이 최초로 인정한 '저작자의 인격권(droit moral de l'auteur, author's moral right)'에서 유래하며 20세기 중반까지 점차로 대륙법 전통이 있는 유럽 국가들의 저작권법 속에 도입되었다. 프랑스 법원은 명시적 혹은 묵시적으로 민법 제1382조(불법행위책임에 관한 일반조항)에 근거를 두고 저작인격권을 발전시켰다. 구체적으로 프랑스 판례는 '過責(faute)', 즉 위법·유책한 행위에 의하여 타인에게 손해를 가한 자는 이를 배상하여야 한다고 규정한 프랑스 민법 제1382조 일반조항에 기하여 저작자의 비재산적 손해, 즉 정신적 손해(dommage moral)의 배상을 허용하여 왔다.[25] 1814년 Seine 민사법원이 선고한 최초의 판결은 오늘날의 성명표시권과 동일성유지권에 관한 사건이었다. 법원은 출판업자가 저작자의 동의 없이 저작자의 이름이 표시되어 출판되도록 原稿의 내용을 수정하거나 편집할 권리가 없다고 판결하였다. 1828년 1월 11일 Paris 항소법원 판결은 채권자가 채무자의 미공표 음악저작물을 압류할 수 없다고 판시하였는데, 이 판결을 통해 공표권이 인정되었다. 19세기 후반에 접어들면서 저작자의 저작물에 대한 인격적 관계에 대한 이론, 즉 저작자가 사실상의 공표권, 동일성유지권, 성명표시권을 향유한다는 내용의 일반이론으로 발전하였다. 그리고 20세기 초에는 '저작인격권(droit moral)'이라는 용어가 본격적으로 사용되기 시작하였다. 그 후 저작인격권은 프랑스의 1957년 저작권법 제6조에서 비로소 법 규정으로 명문화되었다.[26] 한편, 20세기 진입을 전후하여 독일에서 저작자의 인격권은 기이르케(Gierke)와 콜러(Kohler) 같은 학자들의 선구적 연구에 힘입어 저작자의 저작물에 대한 재산권과는 별개의—아직 완결된 형태는 아니었지만—권리로서 등장하였다. 이와 같이 저작인격권 개념이 유럽 대륙에 등장하면서 프랑스에서 형성된 판례와 독일에서 발전된 저작자의 인격권을 주제로 한 학술적 성과는 상호 영향을 미쳤다. 독일 학자들은 인격권 개념을 연구하기 위해 프랑스 판례에 의존하였고 프랑스 법조계는 판례법을 발전시키는 데에 독일 학자들의 이론을 지적 뒷받침으로 삼았다. 이러한 판례와 이론 간의 상호 발전은 저작인격권을 입법화 하는 토대가 되었다.[27]

---

24) 우리가 저작인격권으로 번역하는 'droit moral' 또는 'moral rights' 용어에서 'moral'이라는 단어는 라틴어 'moralis'에서 유래한다. 'moralis'는 사회관습 및 규칙과 관련되어 있다. 저작인격권(droit moral)이란 표현은 도덕(morality)과 관련된 것이 아니라 저작자의 비재산적 이익과 관련되어 있다. 따라서 연혁적으로 저작인격권은 저작자의 비재산적 손해, 즉 정신적 손해(dommage moral)의 배상과 관련되어 있다. Gillian Davies·Kevin Garnett, op. cit., p.3.

25) Konrad Zweigert·Hein Kötz, 양창수 역, 「비교사법제도론」, 대광문화사, 1991, 633~634면.

26) Gillian Davies·Kevin Garnett, op. cit., pp.17~18.

27) Gillian Davies·Kevin Garnett, op. cit., pp.20~21.

≪그 밖의 저작인격권─저작자의 '접근권'과 '철회권'≫

　우리나라 저작권법은 공표권(제11조), 성명표시권(제12조), 동일성유지권(제13조)의 세 가지 저작인격권을 인정하고 있지만, 입법례에 따라서는 그 밖의 저작인격권으로 저작자의 '접근권'과 '철회권'을 각 인정하는 나라들이 있다. 예컨대, 독일 저작권법 제25조는 저작물이 표현된 유체물, 즉 저작물의 원본이나 그 복제물에 대한 저작자의 접근권을 인정하고 있다. 이에 따르면 복제물의 제작 또는 저작물의 개작을 위하여 필요한 경우 저작물의 원본 또는 복제물의 점유자에 대하여 점유자의 정당한 이익에 반하지 않는 한, 저작자는 저작물의 원본 또는 복제물에 접근할 수 있도록 요구할 수 있다(제25조 제1항). 이때 점유자는 원본 또는 복제물을 저작자에게 인도할 의무는 없다(제2항). 이 권리는 저작자의 권리와 저작물이 표현된 유체물의 소유자의 권리를 조정하기 위해 마련된 것이다.[28] 또한, 프랑스 저작권법 제121조의4 및 독일 저작권법 제42조는 저작물에 대한 확신의 변경을 이유로 저작자의 철회권을 인정하고 있다. 타인에게 저작물의 이용을 허락하거나 그 이용권을 이전한 저작자는 저작물의 내용이 자신의 확신과 일치하지 않게 된 경우에 그 저작물을 이용할 수 있는 권리를 철회할 수 있는 권리를 저작자에게 부여한 것이다. 저작자가 이 권리를 행사하기 위해서는 저작물의 이용자에게 발생할 수 있는 손실을 미리 보상하여야 한다.[29]

2. 법적 성격

　저작인격권은 물권과 마찬가지로 배타성을 가지는 절대권이다. 저작인격권은 저작자의 일신에 전속하는 것으로서(제14조 제1항) 그 주체의 인격에 전속하여 그 주체와 분리될 수 없는 것이므로 저작재산권과는 달리 양도나 상속의 대상이 될 수 없고, 따라서 법률에 특별한 규정이 없는 한 그 귀속주체가 사망함에 따라 소멸한다.[30] 이와 같이 저작인격권은 일신전속권으로서 그 양도나

---

28) 황적인·정순희·최현호, 앞의 책, 254~256면; 서달주, 「저작권법」 제2판, 박문각, 2009, 318면.

29) 황적인·정순희·최현호, 앞의 책, 252~254면; 이상정·김형렬·김근우, 「시각저작물의 저작인격권에 관한 연구」, 문화체육관광부, 2012. 2., 116~118면.

30) 대법원 2008. 11. 20. 선고 2007다27670 판결 참조. 이 판결의 다수의견 중 보충의견은 저작인격권이 아닌 '일반적 인격권'의 법적 성격과 관련하여 "사람은 생존하는 동안 권리와 의무의 주체가 되는 것이므로(민법 제3조), 사망한 후에는 그 주체가 될 수 없는 것이다. 또한 인격권은 일신전속권으로서 그 주체의 인격에 전속하여 그 주체와 분리될 수 없는 것이므로, 재산권과는 달리 양도나 상속의 대상이 될 수 없고, 따라서 법률에 특별한 규정이 없는 한 그 귀속주체가 사망함에 따라 소멸한다고 보아야 한다"고 판시한다.

상속이 불가능하고[31] 저작자의 사망과 동시에 소멸하는 성격을 가지고 있으므
로 '귀속상의 일신전속권'이라 한다. 또한 저작인격권은 타인이 그 권리를 행
사할 수 없고 오로지 저작자의 의사에 행사의 자유가 맡겨져 있으므로 이러
한 성격을 가리켜 '행사상의 일신전속권'이라 한다.[32] 따라서 저작인격권은 민
법상 채권자대위권의 객체가 될 수 없다(민법 제404조 제1항 단서). 다만, 저작인
격권의 본질을 해하지 않는 한도에서는 저작인격권을 대리하거나 위임하는 것
은 가능할 것이다.[33] 한편, 저작인격권의 포기에 대하여 우리 저작권법은 아무
런 규정도 두고 있지 않다. 저작자의 인격적 이익을 보호한다는 저작인격권의
본질과 그 일신전속성에 비추어 저작인격권의 포기는 허용되지 않는다고 해석
하는 것이 바람직할 것이다.

3. 저작인격권과 인격권의 관계

저작인격권과 인격권의 관계를 이해하기 위해서는 먼저 인격권에 관해 살
펴볼 필요가 있다. 인격권에 관하여 국내 학설은 독일에서의 이론 전개에 영
향을 받아[34] 一般的 人格權과 個別的 人格權으로 나누어 설명하는 것이 일반
적이다.[35] 우선 법적 근거에 대해서는 인격권에 관한 명문의 규정은 없지만
인간의 존엄과 가치를 규정한 헌법 제10조에서 일반적 인격권이 나온다고 설
명한다.[36] 우리 하급심 판결도 헌법 제10조가 규정하는 인간으로서의 존엄과
가치는 생명권, 명예권, 성명권, 초상권 등을 포괄하는 일반적 인격권을 의미

---

31) 그 당연한 귀결로 저작인격권은 권리이전을 전제로 하는 신탁관리의 대상이 될 수 없다(서울고
법 1996. 7. 12. 선고 95나41279 판결).
32) 곽윤직 편집대표, 「민법주해 IX—채권(2)」, 박영사, 1995, 765면(김능환 집필) 참조.
33) 대법원 1995. 10. 2.자 94마2217 결정 참조. 이 결정은 "저작인격권은… 그 권한 행사에 있어서
는 이를 대리하거나 위임하는 것이 가능"하더라도 "이는 어디까지나 저작인격권의 본질을 해하
지 않는 한도 내에서만 가능하다"고 설시하면서, 저작인격권이 피신청인들에게 포괄적으로 위임
되었다는 것을 전제로 "피신청인들에 의한 이 사건 저작물의 저작자표시 변경이 저작인격권의
침해로 되지 않는다고 판단하고 있는 바, 이는 실질상 저작인격권의 양도를 인정하는 결과로 되
어 저작인격권의 본질을 벗어나는 것이 되므로 허용되어서는 아니된다"고 판단하였다.
34) 직접적으로 독일 이론의 영향을 받은 부분도 있지만 적지 않은 부분이 일본을 통한 독일 이론의
간접적 영향이다.
35) 이에 관해서는, 지홍원, "인격권의 침해", 「사법논집」 제10집, 법원행정처, 1979, 215면; 김증한
편집대표, 「주석 채권각칙(IV)」, 한국사법행정학회, 1987, 118면(박철우 집필); 권성 외 4인, 「가
처분의 연구」, 박영사, 1994, 490면; 김상용, 「불법행위법」, 법문사, 1997, 103면; 권영준, "초상
권 및 사생활의 비밀과 자유, 그리고 이익형량을 통한 위법성 판단", 「민사판례연구 XXXI」, 박
영사, 2009, 528~529면 각 참조.
36) 김철수, 「헌법학개론」 제12전정신판, 박영사, 2000, 358면 이하.

한다고 한다.37) 또 우리 판례나 학설에서는 민법 제751조가 생명·신체와 자유 또는 명예에 관한 위법한 침해행위를 불법행위로 보고 있을 뿐이고 민법상 인격권에 관한 별도의 규정을 두고 있지는 않지만 인격권이라는 개념을 사용하고 그 권리성을 인정하고 있다.38) 또한 인격권의 개념은 다양하여 반드시 명확한 것은 아니지만, 통상 인격에 전속하는 자유·명예·신체 등 인격적 이익의 총체를 一般的 人格權이라 하고 자유권·명예권·신체권 등 한정된 구성요건을 갖는 실정법상의 개개의 권리를 個別的 人格權이라고 정의한다.39) 양자의 관계에 대해서는 일반적 인격권은 일반조항적 성격을 가지고 있고 개별적 인격권은 일반적 인격권으로부터 도출되는 것이라고 설명한다. 즉 일반적 인격권을 일종의 母權으로 하여 개별적 인격권이 파생된다는 것이다.40) 이러한 논의를 전제로 할 때, 저작인격권과 인격권의 관계를 어떻게 정립할 것인지가 문제가 된다. 다시 말해 이는 저작권법이 규정하는 공표권·성명표시권·동일성유지권과 같은 저작인격권을 일반적 인격권으로부터 파생하는 개별적 인격권의 유형으로 자리매김 할 수 있을 것인지의 문제이다. 즉 저작인격권이 일반적 인격권의 내용의 일부를 형성하고 있어서 두 권리가 서로 同質의 것인지 여부가 논의되어야 한다. 독일과 일본의 학설은 저작인격권은 일반적 인격권과 異質的인 권리이므로 분리되어야 한다는 견해(分離說)와 저작인격권은 일반적 인격권의 내용을 구성하며 개별적 인격권의 유형에 해당되는 것으로 파악되므로 양자는 일체라는 견해(一體說)로 나뉜다.41) 우리나라 학설 중에는 일본의 학설로부터 영향을 받아 저작권을 재산적 요소와 인격적 요소가 유기적으로 결합된 단일의 권리로 파악하는 著作權一元論의 입장에서 분리설을 주장하는 견해42)가 있는가 하면, 저작권을 저작재산권과 저작인격권이라는 두 개의 권리가 병존하는 것으로 파악하는 二元論의 입장에서 일체설을 주장하는 견해43)가 있다.

---

37) 서울지법 남부지원 1997. 8. 7. 선고 97가합8022 판결(항소기각, 확정).

38) 대법원 1980. 1. 15. 선고 79다1883 판결. 대법원이 인격권이란 용어를 최초로 사용한 판결이다.

39) 독일의 영향을 받은 일반적 인격권과 개별적 인격권의 구분을 비판하는 견해로는, 김재형, "인격권 일반: 언론 기타 표현행위에 의한 인격권 침해를 중심으로", 「민사판례연구 XXI」, 박영사, 1999, 638~639면 참조.

40) 곽윤직 편집대표, 「민법주해 XIX—채권(12)」, 박영사, 2005, 416~419면(이재홍 집필) 참조.

41) 이에 관해서는, 박성호, "인격권의 침해—저작인격권을 중심으로", 「변호사」 제27집, 서울지방변호사회, 1997, 308~309면.

42) 허희성, "저작인격권의 이론과 효용에 관한 연구", 국민대대학원 법학과 박사학위논문, 1995, 135면.

43) 황적인·정순희·최현호, 「저작권법」, 법문사, 1988, 240면; 이상정, "저작인격권—동일성유지권

생각건대, 우리 저작권법의 해석론으로서는 일체설이 타당하다고 할 것이다. 그 이유는 다음과 같다. 첫째, 우리 저작권법은 저작인격권과 저작재산권을 별도로 규정함으로써[44] 양 권리를 병존하는 별개의 권리로 보는 이원적 구성을 취하고 있다. 둘째, 일반적 인격권이나 저작인격권은 다 같이 헌법 제10조의 '인간의 존엄과 가치'에서 파생되는 것으로서 저작인격권의 연원에 관한 헌법적 모색을 충실히 한다면 양자의 연관성이 강조되어야 한다. 셋째, 권리주체라는 면에서 보더라도 저작자는 인간의 하위개념에 지나지 않는 것이며 저작인격권은 저작물만을 보호하기 위한 것이 아니라 저작물을 만들어낸 인격을 보호하기 위한 것이고 저작물을 보호하는 것은 인격을 보호하는 방법 내지 수단에 지나지 않으므로 저작인격권은 일반적 인격권의 내용을 구성하는 개별적 인격권의 유형에 해당한다고 보아야 한다. 따라서 이러한 일체설을 전제로 하면, 저작인격권을 규정한 저작권법 제11조(공표권), 제12조(성명표시권), 제13조(동일성유지권)는 개별적 인격권에 관한 명문의 규정으로 자리매김 할 수 있다.

II. 공표권

1. 내   용

공표권은 저작자가 자신의 저작물을 공표하거나 공표하지 않을 것을 결정하는 권리를 말한다(제11조 제1항). 공표권은 아직 공표하지 않은 저작물에 대하여 그 공표 여부를 결정하는 권리이므로 미공표 저작물의 경우에 그 의미가 있다. 또한 공표권은 저작자가 자신의 저작물을 언제, 어떠한 형식이나 조건으로 공표할 것인지 그 공표의 시기와 방법을 결정할 권리도 포함한다.[45] 공표권은 형식상으로는 무단 공표를 금지하고 공표하고자 하는 자에게 공표 허락을 하거나 그 조건을 다는 소극적인 권리이지만 그 실질은 저작물의 완성 여부를 결정하는 저작자의 고유의 권리이다.[46] 이처럼 공표권은 자신의 저작물을 최초로 공중에게 전달할 것을 결정하는 권리이므로 일단 공표되면 저작물에 대한 평가가 따르게 되고 그것은 저작자에게 영향을 미친다. 또한 공표권

을 중심으로", 「한국저작권 논문선집(I)」, 저작권심의조정위원회, 1992, 194면.

44) 저작권법 제10조 제1항. 이에 비하여 독일 저작권법 제11조는 "저작권은 저작물에 관한 저작자의 정신적, 인격적 관계에서 그리고 저작물의 이용에 있어서 저작자를 보호한다"고 규정함으로써 著作權一元論의 입장을 취하고 있다.

45) 황적인·정순희·최현호, 앞의 책, 241면; 하용득, 「저작권법」, 법령편찬보급회, 1988, 138면.

46) 송영식·이상정, 「저작권법개설」 제9판, 세창출판사, 2015, 196~197면.

은 저작자에 의한 최초의 행사로 소멸하고, 저작자가 이미 공표를 한 이상 공표권 침해는 발생할 여지가 없다. 다시 말해 "공표권은 저작자가 저작물을 공표하지 않은 경우에 타인이 저작자의 동의 없이 공표함으로써 문제가 되는 권리이므로" 저작자가 자신의 저작물을 공표한 이상 그 후 타인이 그 내용 일부를 표절하면 복제권 침해는 발생하더라도 저작자의 공표권 침해는 성립하지 않는다.[47] 따라서 저작자 또는 그로부터 허락 받은 자가 저작물을 공표한 경우에만 공표권이 소멸하며 제3자에 의한 무단 공표의 경우는 그렇지 않다고 해석하여야 한다.[48][49] 요컨대, 저작자 자신이나 저작자의 동의 아래 타인이 저작물을 공표하는 경우만이 적법한 공표권의 행사에 포함된다.[50] 만일 이렇게 해석하지 않는다면 공표권의 실질적 내용인 저작물의 완성 여부를 결정할 수 있는 저작자 고유의 인격적 권리는 형해화 하고 만다.[51] 또한 저작자의 공표권을 보호하기 위해 마련한 민사집행법 제195조 제12호의 미공표 저작물을 강제집행의 대상에서 제외한다는 취지의 규정도[52] 손쉽게 몰각될 것이다.

한편, 저작자는 자신의 저작물을 원저작물로 하는 2차적 저작물에 대해서도 공표권을 행사할 수 있다. 따라서 공표권은 원저작물을 그대로 공표한 경우에 미치는 것은 물론이고 이를 번역하거나 각색하는 등 2차적 저작물을 작성하여 공표하는 경우에도 미친다. 예컨대, 어느 소설작품이 미공개 상태에 있는 경우 이를 몰래 읽은 영화감독이 소설을 토대로 영화를 제작하여 무단 공표하면 소설가는 이 영화에 대해서 공표권을 주장할 수 있다.[53] 공표권에서의 '공표'란 저작물을 공연, 공중송신 또는 전시 그 밖의 방법으로 공중에게 공개

---

47) 대법원 1989. 10. 24. 선고 89다카12824 판결.
48) 후술하는 '3. 제한, 나. 공표 동의의 간주'에서 보듯이 저작권법 제11조 제4항의 반대해석상 무단 공표의 경우에 공표권은 소멸되지 않았다고 보아야 한다.
49) 입법론으로 송영식·이상정, 앞의 책, 197면은 특허법 제30조(공지 등이 되지 아니한 발명으로 보는 경우)를 참고하여 저작자의 의사에 반하여 공표된 저작물은 공표되지 아니한 것으로 본다는 내용을 명시할 필요가 있다고 제안한다.
50) 서울지법 2000. 1. 21. 선고 99가합52003 판결(피고가 원고의 저작물을 무단 게재하기 이전에 원고가 이미 PC통신 등을 통해 위 저작물을 일반공중에게 공개하였으므로 공표권 침해가 성립하지 않는다는 취지).
51) 이와 반대로 무단공표라도 일단 공표된 이상 공표권이 소멸한다는 취지의 견해는, 오승종,「저작권법」제5판, 박영사, 2020, 430~431면.
52) 민사집행법 제195조 제12호는 "공표되지 아니한 저작 또는 발명에 관한 물건"을 압류가 금지되는 물건의 하나로 규정하고 있다. 저작자는 공표권 및 위 규정을 근거로 하여 채권자가 자신의 채권을 집행할 목적으로 채무자(저작자)의 미공표 원고를 임의로 출판하는 행위를 하지 못하도록 막을 수 있을 것이다.
53) 이는 후술하는 저작권법 제11조 제4항의 반대해석상 당연한 것이다.

하는 경우와 저작물을 발행하는 경우를 의미한다(제2조 제25호). 여기서 말하는 '공중'이란 불특정 다수인뿐 아니라 특정 다수인도 포함한다(제2조 제32호). '발행'이란 저작물 또는 음반을 공중의 수요를 충족시키기 위하여 복제·배포하는 것을 말한다(제2조 제24호). 그렇다면 여기서 "공중의 수요를 충족시키기 위하여 복제·배포하는 것"이란 어느 정도의 부수를 말하는 것인지가 문제이다. 일본 하급심 판결은 유명 운동선수가 중학교 학생 때 창작한 詩가 학교 문집에 게재되어 300부 이상 복제·배포된 사안에서 이미 공표되었다고 인정한 바 있다.[54] 우리 하급심 판결 중에는 시험응시생에게만 시험장 내에서 문제지를 제시하여 시험을 치르게 하고 시험 후에 이를 회수함으로써 문제의 유출을 허용하지 않은 사안에서 제한된 범위 내에서의 배포는 일반 공중을 대상으로 한 것이 아니므로 공표권이 내용으로 하는 공표라 할 수 없을 것이라고 판시한 것이 있다.[55] 또 하급심 결정으로는 한국광고주협회가 조사한 '97년 인쇄매체 수용자조사' 자료 내용을 보도하려는 언론사에 대해 위 협회가 공표권 침해가 우려된다는 이유로 가처분신청을 제기한 사안에서 "미공표 저작물로서 저작자가 이를 공표하지 말 것을 요구하는 경우 신문사 등은 비록 시사보도 목적일지라도 저작물의 구체적 내용을 보도하여서는 안 된다"고 인쇄 및 배포금지 가처분을 받아들인 바 있다.[56]

2. 기   능

공표권은 저작자가 자신의 저작물에 대해 그 공표의 시기와 방법을 결정할 권리이므로 저작인격권의 범주에 포함되는 것이지만, 다른 한편 저작물의 공표는 출판, 연극, 방송 등의 매체에 의해 이루어진다는 점을 고려하면, 공표권은 필연적으로 저작재산권 중에 포함되어야 할 성질을 가지게 된다. 이러한 공표권의 이중적 성격으로 인해 독일에서는 1965년 저작권법 제정 직전에 이르기까지 공표권의 기능과 관련하여 그 독자성을 둘러싼 논의가 1930년대 드보아(de Boor)의 문제제기를 시발로 하여 후프만(H. Hubmann), 울머(E. Ulmer)

---

54) 東京地裁 2000(平成12)年 2月 29日 判決. 이 판결은 일본 저작권법상의 발행이란 저작물이 공중의 요구를 충족시킬 수 있는 상당 정도 부수의 복제물이 배포되는 경우를 말한다는 취지로 규정한 것(제3조 제1항)과 관련하여 나온 것이다.

55) 서울고법 1995. 5. 4. 선고 93나47372 판결('토플시험문제' 사건). 하지만 이 판결은 시험문제지가 시험장 내의 특정 다수인에게 배포되었다는 것과 배포의 태양 중에 대여가 포함된다는 것(제2조 제23호)을 고려하지 않았다는 점에서 의문이다. 같은 취지, 이해완, 「저작권법」 제4판, 박영사, 2019, 689~690면 참조.

56) 서울지법 1997. 11. 11.자 (사건번호 미상) 결정.

등 여러 학자들을 중심으로 전개된 바 있다.[57]

　우리나라에서도 공표권의 기능을 둘러싸고 그 독자성에 관한 논의가 제기된 적이 있는데,[58] 다음과 같은 이유로 공표권의 독자성은 이를 긍정하는 것이 타당할 것이다. 첫째, 권한 없는 제3자가 저작자의 저작물을 무단 공표한 경우이다. 이때 무단 공표는 저작재산권을 구성하는 복제권, 공연권, 공중송신권, 전시권 등과 같은 지분권들 중 어느 하나의 권리침해를 수반하므로 저작자는 저작재산권 침해를 주장하면 충분한 경우가 대부분이겠지만,[59] 언제나 반드시 그러한 것은 아니므로 공표권의 독자성을 인정할 실익이 있다. 공표권의 실질은 저작물의 완성 여부를 결정하는 저작자의 고유 권리이므로 미완성 저작물의 무단 공표로 인한 정신적·인격적 이익의 침해가 발생한 경우 이를 방지하는 데에 저작재산권 침해만을 주장하는 것으로는 충분하지 않을 것이기 때문이다. 둘째, 저작재산권을 전부 양도한 후에 권한 없는 제3자가 저작물을 무단 공표한 경우 저작자로서는 공표권 외에는 달리 이의 제기할 수 있는 방법이 없으므로 이때 공표권의 존재의의가 있다고 할 수 있다.[60] 셋째, 기계기술의 개발에 따라 저작재산권을 구성하는 지분권으로는 처리할 수 없는 새로운 저작물의 이용방법이 출현하여 이 방법으로 제3자가 무단으로 저작물을 이용한 때이다. 이러한 경우에는 저작재산권이 즉시 미치기 어려우므로 공표권의 독자적 존재의의를 인정할 실익이 있을 것이다.[61]

---

57) 공표권 기능의 독자성을 둘러싼 독일의 논의에 관해서는, 半田正夫, "著作物公表權の機能に關する一考察—西獨における公表權の獨自性に關する論爭に關連して—", 「著作權法の硏究」, 一粒社, 1971, 287~307면 참조.

58) 황적인·정순희·최현호, 앞의 책, 242~243면; 하용득, 앞의 책, 138~139면; 오승종, 앞의 책, 431~432면.

59) 하용득, 앞의 책, 138~139면과 半田正夫·松田政行 編, 「著作權法コンメンタール 1」第2版, 勁草書房, 2015, 781면(半田正夫·菊地史光 집필)은, 이러한 경우 언제나 저작재산권을 구성하는 지분권들 중 어느 한 권리의 침해에 해당하므로 공표권을 원용할 필요가 없으며 저작재산권 침해로 다투면 충분하다고 한다.

60) 하용득, 앞의 책, 139면과 半田正夫·松田政行 編, 앞의 책, 781면은, 이 경우도 저작재산권의 양수인이 적절하게 그 권리를 행사한다면 저작자의 구제는 그것으로 충분하고 그 밖에 달리 저작자 독자의 청구권을 인정할 필요는 없으며 그 양수인이 적절하게 권리를 행사하지 않은 경우에 한하여 그 존재의의가 있다고 한다. 그러나 저작물의 완성 여부를 결정하는 공표권의 실질을 고려할 때, 첫째 이유와 마찬가지로 설령 저작재산권의 행사가 가능하더라도 그것만으로 저작자의 인격적 이익에 대한 보호가 충분히 이루어진다고 보기는 어려울 것이다.

61) 황적인·정순희·최현호, 앞의 책, 243면; 하용득, 앞의 책, 139면; 오승종, 앞의 책, 432면; 半田正夫·松田政行 編, 앞의 책, 782면.

3. 제   한

저작자와 저작재산권자가 다르거나 또는 저작자와 저작물이 표현된 유체물의 소유자가 다른 경우, 공표권으로 인하여 저작재산권을 행사하거나 유체물의 소유권을 행사하는 데에 지장을 받을 수 있으므로 저작권법은 일정한 경우에 공표권을 제한하고 있다.

가. 공표 동의의 추정

(1) 저작재산권의 양도 · 이용허락 · 출판권 설정 · 배타적 발행권 설정

저작권법은 저작자가 공표되지 않은 저작물의 저작재산권을 양도, 이용허락, 출판권의 설정 또는 배타적 발행권의 설정을 한 경우에는 그 상대방에게 저작물의 공표를 동의한 것으로 추정한다고 규정한다(제11조 제2항). 여기서 저작재산권의 양도라는 것은 그 전부 양도뿐 아니라 일부 양도의 경우도 해당한다. 따라서 저작재산권의 일부인 공연권만을 양도한 경우에는 공연의 방법으로 저작물을 이용한 때에만 공표에 동의한 것으로 추정되고 공연 이외의 방법으로 공표하면 공표권 침해가 된다.[62] 위 조항은 어디까지나 추정규정에 불과하므로 반증을 제시함으로써 그 추정을 깨뜨릴 수 있다. 예컨대, 저작자가 공표권을 유보한다는 취지의 특약이 있었다는 사실을 입증하여 그 추정의 효과를 깨뜨릴 수 있다. 따라서 저작자가 미공표 저작물을 양도하면서 향후 10년간은 공표하지 않기로 하는 특약을 붙이는 것도 가능하다. 만일 이러한 특약에 반하여 공표한다면 공표권 침해가 된다.[63]

(2) 미술저작물 등의 원본의 양도

저작권법은 저작자가 미술저작물 · 건축저작물 또는 사진저작물의 원본을 양도한 경우에는 그 상대방에게 저작물의 원본을 전시하는 방식에 의해 공표하는 것을 동의한 것으로 추정한다고 규정한다(제11조 제3항). 이는 아직 공표하지 않은 미술저작물 등의 저작자가 갖는 공표권으로 인해 미술저작물 등이 표현된 유체물을 소유한 사람이 그 유체물을 전시함으로써 부득이 하게 초래하는 공표권과의 저촉 상황을 조정하기 위한 규정이다. 위 추정규정은 "원본의 전시방식에 의한 공표"의 경우에만 적용되며, 반증을 제시함으로써 그 추정을 깨뜨릴 수 있음은 물론이다.

---

62) 半田正夫 · 松田政行 編, 앞의 책, 767면.
63) 오승종, 앞의 책, 434면.

(3) 저작물의 도서관 등에 기증

저작권법은 공표하지 않은 저작물을 저작자가 제31조의 도서관 등에 기증한 경우 별도의 의사를 표시하지 아니하면 기증한 때에 공표에 동의한 것으로 추정한다고 규정한다(제11조 제5항). 도서관은 불특정 다수인이 이용하는 시설이므로 저작자가 미공표 저작물을 기증한 경우 공표에 동의한 것으로 추정하는 것이 기증자의 의사에 부합하기 때문에 위와 같은 규정을 둔 것이다.

(4) 공표 동의의 철회 가능성

건축설계도서의 작성과 각종 신청 등 관청업무 및 감리업무로 이루어지는 건축저작자와 건축주 간의 건축설계계약이 건축 공사 도중 해제된 사안에서 건축주에게 설계도면을 이용할 수 있는 권리가 여전히 존재하는지 여부와 공표권 동의를 철회할 수 있는지 여부가 문제되었다. 대법원은 건축설계계약에 의해 그 설계도서 등에 대한 저작재산권 중 복제권이 건축주에게 양도되었다가 위 계약이 건축주의 귀책사유로 해제되었더라도 설계비의 상당 부분이 이미 지급되었으며 그 설계도서 등에 따른 건축공사가 상당 정도 진척되었으므로 "일단 건축주에게 허여된 설계도서 등에 관한 이용권은 의연 건축주에게 유보된다"고 판단하였다. 또한 대법원은 건축설계계약이 해제되었더라도 건축저작자가 저작재산권(복제권)자로서의 지위를 회복하는 것이 아니라고 한 것은 건축저작자가 건축주에게 "위 설계도서의 복제권을 양도함으로써 그 설계도서의 공표에 동의한 것으로 추정되어 비록 그 설계도서가 완전히 공표되지 않았다 하더라도 그 동의를 철회할 수 없다는 취지"라고 판단하였다.[64] 요컨대, 위 대법원 결정은 저작자가 건축저작물(설계도면)의 공표를 동의하였다가 그 저작물이 공표되기 전에 그 동의를 철회하는 것은 가능하지 않다는 취지이다.[65]

나. 공표 동의의 간주

저작권법은 원저작자의 동의를 얻어 작성된 2차적 저작물 또는 편집저작물이 공표된 경우에는 그 원저작물도 공표된 것으로 본다고 규정한다(제11조 제4항). 2차적 저작물은 원저작물을 바탕으로 해서 작성되고, 또 편집저작물은

---

64) 대법원 2000. 6. 13.자 99마7466 결정; 대법원 2022. 5. 12. 선고 2020다240304 판결.
65) 그러나 공표 동의에 대해 철회가 불가능하다고 판단한 위 대법원 결정에는 의문이 남는다. 오히려 건축설계계약의 해제에도 불구하고 건축주에게 여전히 설계도서 등에 관한 이용권이 유보(즉 건축저작물에 대해 이용허락)된 것이므로 그 이용허락의 범위 내에서 공표 동의의 추정이 계속된다고 해석하는 것이 타당할 것이다.

원저작물을 소재로 하여 작성된다. 따라서 원저작자로부터 2차적 저작물 작성권에 대해 동의를 얻어 2차적 저작물을 작성하거나, 원저작물을 소재로 이용하기 위해 복제권에 대해 동의를 얻어 편집저작물을 작성한 경우, 작성된 당해 2차적 저작물 또는 편집저작물을 공표하는 경우에는 그 바탕이 되거나 소재가 된 원저작물에 대하여 비록 원저작자로부터 공표권에 대해 명시적인 동의를 받지 않았더라도 공표된 것으로 본다는 취지이다. 따라서 원저작자의 동의 없이 작성된 2차적 저작물이나 편집저작물이 공표된 경우 저작재산권이나 저작인격권 침해에 기한 금지청구와 손해배상청구를 할 수 있음은 물론, 제11조 제4항의 반대해석상 법적으로 그 원저작물은 공표되지 않은 것으로 보아야 한다.[66) 한편, 위 조항은 간주규정이므로 반대사실의 입증으로 번복할 수 없다.

4. 공표권과 정보공개제도와의 관계

'공공기관의 정보공개에 관한 법률'(이하 '정보공개법'이라 한다) 제3조는 "공공기관이 보유·관리하는 정보는 국민의 알권리 보장 등을 위하여 이 법에서 정하는 바에 따라 적극적으로 공개하여야 한다"고 규정함으로써 공공기관에 대한 정보공개청구권을 헌법이 보장하는 기본권으로서 뿐만 아니라 법률상의 권리로서도 천명하고 있다. 문제는 "공공기관이 직무상 작성 또는 취득하여 관리하고 있는 문서"(제2조 제1호) 등의 '정보' 속에는 공공기관 외의 제3자가 작성한 미공표 저작물이 포함될 수 있어서 정보공개제도와 저작권법상 저작인격권의 저촉문제가 발생할 가능성이 있다. 그래서 공개 대상 정보에 포함된 제3자의 미공표 저작물을 공공기관이 그대로 공개하는 경우 이것이 제3자에 대한 공표권 침해를 구성하는지 여부가 문제된다.[67) 정보공개법 제9조 제1항은 "공공기관이 보유·관리하는 정보는 공개 대상"이 되지만 그러한 정보 중에서 '예외적'으로 비공개 대상이 되는 정보를 한정 열거한다(제1호 내지 제8호). 그 중 제1호는 "다른 법률 또는 법률에서 위임한 명령…에 따라 비밀이거나 비공개 사항으로 규정된 정보"를 든다. 문제는 제3자의 미공표 저작물을 위 제1호에서 말하는 다른 법률에 따라 비밀 또는 비공개 사항으로 규정된 정보에 해당하는 것으로 해석할 수 있는지 여부이다. 일본 하급심 판결 중에는 공개 대상이 되는 문서에 제3자의 미공표 저작물이 포함된 사안에서 제3자의 공표

---

66) 이와 반대되는 견해는, 이해완, 「저작권법」 제4판, 박영사, 2019, 465면.
67) 이에 관해서는, 박성호, "정보공개제도와 저작권법의 관계", 「특별법연구」 제7권, 박영사, 2005, 759면 이하; 同, 「저작권법의 이론과 현실」, 현암사, 2006, 261면 이하 각 참조.

권을 침해하게 된다는 것을 이유로 원고의 정보공개청구를 기각한 사건이 있다.[68] 위 하급심 판결의 취지를 참조한다면,[69] 제3자의 미공표 저작물은 다른 법률에 따라 비밀 또는 비공개 사항으로 규정된 정보에 해당한다고 해석할 수 있을 것이다.[70]

Ⅲ. 성명표시권

1. 내   용

성명표시권은 저작자를 자신의 저작물과 관련시키는 권리이자 그 저작물의 저작자임을 주장할 권리이다. 베른협약 제6조의2 제1항은 성명표시권이란 "저작물의 저작자임을 주장할 권리"(right to claim authorship of the work)라고 규정한다. 우리 저작권법은 성명표시권이란 "저작물의 원본이나 그 복제물에 또는 저작물의 공표 매체에 그의 實名 또는 異名을 표시할 권리"를 말한다고 규정한다(제12조 제1항). 요컨대, 성명표시권이란 저작물의 저작자임을 주장하고 그 원본이나 복제물 등에 자신의 이름을 표시할 권리를 가리킨다.

저작물의 원본이란 미술저작물이 표현된 캔버스와 같은 유체물을 말하고 여기에 표시한 화가의 서명이 성명표시에 해당한다.[71] 저작물의 복제물이란 어문저작물이 인쇄된 서적과 같은 출판물을 가리키고 서적의 겉표지나 권두·권말의 백지에 표시한 저작자의 이름이 성명표시에 해당한다.[72] 저작물의 공

---

68) 東京高裁 1991(平成3)年 5月 31日 判決; 박성호, 앞의 책, 265~266면 참조.

69) 위 일본 하급심 판결은 비록 '법률에 따라 비밀이거나 비공개 사항으로 규정된 정보'(이른바 '法令秘情報')에 관해 직접적인 판단이나 언급을 하지는 않았지만 그러한 취지의 판결로서 이해할 수 있다(박성호, 앞의 책, 271면 참조).

70) 위 하급심 판결 이후 일본은 1999년 저작권법을 일부 개정하여 저작자가 미공표 저작물을 국가의 행정기관이나 지방공공단체에 제공한 경우에 정보공개 결정이 있을 때까지 별도의 의사표시를 하지 않는 경우에는 그 정보공개에 동의한 것으로 간주한다는 규정을 비롯하여, 일정한 경우에 미공표 저작물이 공개되더라도 공표권 침해가 되지 않는다는 취지를 명시하였다(일본 저작권법 제18조 제3항, 제4항 참조). 이에 관한 국내 논의로는, 저작권심의조정위원회 편, 「저작권법 전면 개정을 위한 조사연구 보고서(1)」, 2002. 12., 138~145면; 同, 「저작권법 전면 개정을 위한 조사연구 보고서(2)」, 2002. 12., 542~564면(박성호 집필) 각 참조.

71) 대법원 2000. 4. 21. 선고 97후860, 877, 884 판결은 미술저작물에 표시한 서명에 대해 "화가가 그의 미술저작물에 표시한 서명은… 저작자인 화가가 저작권법 제12조 제1항에 의한 성명표시권에 의하여 자기 저작물의 내용에 대한 책임의 귀속을 명백히 함과 동시에 저작물에 대하여 주어지는 사회적 평가를 저작자 자신에게 귀속시키려는 의도로 표시하는 것"이라고 하였다.

72) 대법원 1995. 10. 2.자 94마2217 결정{저작물을 발간하면서 공동저작자의 성명을 표시하지 않은 것은 1957년 저작권법 제14조의 귀속권(현행 저작권법의 성명표시권) 침해에 해당한다고 인정}; 서울중앙지법 2013. 7. 5. 선고 2012나24964, 2013나21337 판결(상고심—대법원 2015. 6. 24. 선

표 매체란 음악저작물이 공표되는 인터넷상의 음원 사이트 같은 곳을 말하고 여기에 표시한 작곡자나 작사자의 이름이 성명표시에 해당한다.73) 그러므로 저작물의 원본이나 복제물 또는 그 공표 매체가 아닌 저작물의 선전광고물에서 저작자의 성명표시를 하지 않은 것은 성명표시권 침해에 해당하지 않는다.74) 저작물의 공표 매체인지 아니면 그 선전광고물인지의 구별은 저작물의 구체적 이용 양태를 고려하여 검토되어야 한다.75) 또한, 法文上으로는 표시할 권리를 가진다고 하고 있으나 표시하지 않을 권리도 포함된다고 할 것이므로 자기의 저작물을 無名著作物로 공표할 권리도 가진다고 보아야 한다.76) 따라서 성명표시권이란 저작물에 저작자의 성명을 표시할 것인가 말 것인가, 만일 표시한다면 어떠한 이름(實名 또는 異名)으로 표시할 것인가를 결정하는 권리를 의미한다. 요컨대, 성명표시권이란 저작물의 저작자임을 주장하는 권리를 내포하는 성명표시방법의 결정권을 가리킨다. 이와 같이 성명표시권이 본질적으로 저작자임을 주장하는 권리를 내포한다는 의미는, 자신의 저작물에 대해서 어느 타인이 저작자라고 참칭하거나 저작자인 것 자체를 다투는 경우에 자신이 저작자임을 확실하게 보증할 수 있는 권리라는 것을 뜻한다.77) 그러므로 이러한 인격적 이익을 보호한다는 관점에서는, 원저작물을 원형 그대로 복제한 경우가78) 아니라 다소의 변경을 가한 경우라도 원저작물의 再製 또는 동일

고 2013다58460, 58477 판결)(피고가 신탁관리단체에 이 사건 노래의 작품신고를 할 때 작사자로 원고가 아닌 타인의 성명을 신고하여 방송프로그램이나 노래반주기, 악보 등에 이 사건 노래의 작사가로 타인의 성명이 표시되도록 한 것은 성명표시권 침해에 해당한다는 취지). 악보는 저작물의 복제물, 방송프로그램이나 노래반주기는 저작물의 공표 매체에 해당할 것이다.

73) 대법원 2012. 1. 12. 선고 2010다57497 판결(음악 사이트에서 MP3 파일 다운로드 등의 서비스를 제공하면서 작곡자의 성명을 표시하지 않고 가사보기 서비스에서는 작곡자의 성명을 다른 사람으로 잘못 표시한 사안에서 이는 모두 성명표시권 침해에 해당한다고 인정).

74) 대법원 1989. 1. 17. 선고 87도2604 판결(공동저작한 책자의 광고물에 저작자 표시를 하지 않은 것은 성명표시권 침해가 아니라는 취지); 대법원 2010. 9. 9. 선고 2010도4468 판결(저작물이 아닌 그 소개문에 피고인이 저작물을 단독 번역한 것으로 표시하여 공개된 웹사이트에 게시한 것은 성명표시권 침해가 아니라는 취지).

75) 따라서 음악저작물이 CD음반과 같은 복제물 형태로만 판매되고 있고 또 그 음반에 저작자의 성명을 표시하고 있다면, 설령 그 음반을 소개하는 웹사이트 게시물에 저작자의 이름이 생략되었더라도 이는 선전광고물에 불과하므로 성명표시권 침해에는 해당하지 않을 것이다. 이와 반대로 만일 어문저작물을 온라인상 전자책(e-book) 형태로 서비스를 제공하면서 그 웹사이트에서 저작자의 성명을 표시하지 않았다면 이는 저작물의 공표 매체에 해당하므로 성명표시권 침해가 성립하게 될 것이다.

76) 황적인·정순희·최현호, 앞의 책, 246면.

77) 半田正夫 外 4人 編, 「知的財産權事典」第2版, 丸善株式會社, 2005, 69면 참조.

78) 서울중앙지법 2006. 5. 10. 선고 2004가합67627 판결(원고의 작품을 원화로 하여 지하철역 벽화

성이 감지되는 정도이면 복제에 해당하므로 원저작자의 성명을 표시하여야 한다.[79] 또 2차적 저작물의 경우에는 그 바탕이 된 원저작자의 성명을 표시하여야 하고,[80] 편집저작물의 경우에는 편집저작물의 구성 부분인 소재저작물의 저작자 성명을 표시하여야 한다.[81]

한편, 저작인격권과 저작재산권은 각기 별개의 권리이므로 저작재산권 제한 규정에 합치되는 이용이더라도 저작인격권을 침해해서는 안 된다.[82] 그러므로 타인의 저작물을 허락 없이 이용한 것이 저작권 제한 규정에 의해 적법한 것이라 하더라도 저작자의 성명을 다른 사람의 이름으로 표시하는 것은 성명표시권 침해가 된다.[83]

2. 성명표시권과 성명권과의 관계

가. 성명권의 내용

성명은 사람의 동일성을 나타내는 것으로서 그 인격과 결합하여 당해 개인을 표상하는 기능을 하며, 성명권이란 사람이 자기의 성명에 대해 갖는 법적으로 보호할 가치 있는 이익(schutzwürdiges Interesse)을 말한다.[84] 성명권의 내용과 관련하여 우리 학설은, 타인이 자기의 성명을 무단으로 사용하는 경우 피해자는 "손해배상 외에 금지청구권을 행사할 수 있을 것"[85]이라거나 "그 사

로 무단 이용하면서 '작자 미상'이라고 표시한 사안에서 성명표시권 침해 인정).

79) 대법원 1989. 10. 24. 선고 89다카12824 판결(원고가 작성한 원저작물의 60 내지 70퍼센트를 복제하면서 이러한 복제물이 타인의 저작물로 공표된 사안에서 원고의 성명표시권 침해 인정); 같은 취지, 서울중앙지법 2010. 7. 23. 선고 2008나40136 판결(원고의 '재무관리'와 그 '해답집'의 기술 내용을 피고가 그대로 인용하거나 전후 서술 순서와 기호, 숫자 등을 바꾸는 등 약간의 변형을 가하여 복제하면서 이러한 복제물을 피고의 이름으로 공표한 사안에서 원고의 성명표시권 침해 인정).

80) 같은 취지, 이해완, 「저작권법」 제4판, 박영사, 2019, 469면. 이와 반대되는 서울서부지법 2006. 3. 17. 선고 2004가합4676 판결(2차적 저작물을 발표하면서 그 원저작물의 저작자 표시를 생략한 것이 성명표시권 침해가 아니라는 취지)은 의문이다.

81) 서울민사지법 1992. 6. 5. 선고 91가합39509 판결.

82) 저작권법 제38조는 저작재산권 제한에 관한 각 규정들은 "저작인격권에 영향을 미치는 것으로 해석되어서는 아니 된다"고 규정한다.

83) 대법원 1989. 10. 24. 선고 88다카29269 판결. 이 사건은 1957년 저작권법이 적용된 사안으로 同法 제14조는 '歸屬權'이란 표제 아래 "저작자는 저작물에 관한 재산적 권리에 관계없이 또한 그 권리의 이전 후에 있어서도 그 저작물의 창작자임을 주장할 권리가 있다"고 규정한다. "저작물의 창작자임을 주장할 권리"인 '귀속권'이란 현행 저작권법의 '성명표시권'에 해당한다.

84) 三井健, "氏名權の侵害", 「現代損害賠償法講座 2」, 日本評論社, 1972, 223면; Ulrich Loewenheim, *Handbuch des Urheberrechts*, C.H. Beck, 2003, S. 1744 각 참조.

85) 지홍원, "인격권의 침해", 「사법논집」 제10집, 법원행정처, 1979, 221면.

용금지를 청구할 수 있을 뿐만 아니라 손해배상을 청구할 수 있다고 하여야 할 것"86)이라고 설명한다. 또한 무단으로 사용한다는 의미에 대해서는, ① 무단으로 僭稱하거나 冒用하는 경우 뿐 아니라 ② 무단으로 또는 조건에 위반하여 광고 등에 이용하는 경우를 포함한다고 설명한다.87) ① 무단으로 타인의 성명을 冒用하는 경우란 甲이 乙이 아님에도 乙이라고 사칭하는 것을 말하고, ② 무단으로 또는 조건에 위반하여 광고 등에 이용하는 경우란 甲이 乙의 동일성을 침해하지 않으면서 乙의 성명을 사용하는 것, 즉 乙의 성명을 乙을 표시하는 데에 이용하는 것을 말한다. 일본 학설은 ①의 경우처럼 무단으로 참칭(또는 모용)되지 않을 권리를 '專用使用權'88) 혹은 '姓名專用權'89)이라 하고, ②의 경우처럼 무단으로 이용되지 않을 권리를 '姓名의 無斷使用禁止權'90)이라고 부른다.91) 이에 비해 성명표시권은 타인이 어느 저작물의 저작자임을 참칭하거나 저작자인 것을 다투는 경우에 자신이 그 저작물의 저작자라는 것을 확실하게 보증할 수 있는 권리이다. 그런데 姓名의 참칭을 방지한다는 면에 주목하면, 성명표시권은 성명권과 서로 비슷한 권리로 생각될 수 있다. 이러한 점에서 성명권과 성명표시권의 관계를 어떻게 이해할 것인지가 문제된다.

---

86) 김중한 편집대표, 「주석 채권각칙 Ⅳ」, 한국사법행정학회, 1987, 126면(박철우 집필); 박준서 편집대표, 「민법—채권각칙(7)」, 한국사법행정학회, 2000, 57면(박철우 집필); 같은 취지, 곽윤직 편집대표, 「민법주해 ⅩⅨ—채권(12)」, 박영사, 2005, 434면(이재홍 집필).

87) 지홍원, 앞의 논문, 221면; 김중한 편집대표, 앞의 책, 126면(박철우 집필); 박준서 편집대표, 앞의 책, 57면(박철우 집필); 곽윤직 편집대표, 앞의 책, 434면(이재홍 집필) 각 참조.

88) 森英樹, "氏名權と個人の尊重", 「最新判例演習室—法學セミナー增刊」, 日本評論社, 1989, 39면; 菅原崇, "氏名權の侵害", 「新·裁判實務大系—名譽·プライバシー保護關係訴訟法」, 靑林書院, 2001, 304면.

89) 五十嵐淸, 「人格權法槪說」, 有斐閣, 2003, 152면.

90) 五十嵐淸, 위의 책, 156면.

91) 독일 민법 제12조의 성명권(Namensrecht) 규정에 의한 보호는 그 성명에 의해 표상되는 본인의 동일성을 침해하는 경우에 한정되므로 제12조는 위 본문에서 상정한 ①의 경우만을 보호한다는 취지로 설명하고 이는 독일법상 個別的 人格權의 침해에 해당한다고 한다. 이에 반하여 가령 저명한 예술가의 성명을 그의 동의 없이 광고에 사용하는 경우(BGH 1959. 3. 18. 판결. BGHZ 30, 7), 즉 위 본문의 ②에 해당하여 姓名冒用의 요건을 갖추지 못한 경우에는 제12조의 개별적 인격권 침해가 아닌 一般的 人格的의 침해에 해당한다고 설명한다(三島宗彦, 「人格權の保護」, 有斐閣, 1965, 50면; 川井健, 앞의 논문, 224면 각 참조). 나아가 독일 하급심(OLG Hamburg GRUR 1989, 666)은 명확히 규정된 인격요소가 아닌 목소리나 몸동작 같은 것을 타인이 권한 없이 상품화 하는 경우에는 일반적 인격권에 의해 보호 받을 수 있다고 한다(Ulrich Loewenheim, *Handbuch des Urheberrechts*, C.H. Beck, 2003, S. 1744). 그런데 우리나라나 일본의 경우에는 독일 민법 제12조와 같은 규정이 없기 때문에 위 ①②의 경우는 모두 일반적 인격권의 침해가 될 것이고, 다만 實演者나 저작자의 성명표시권의 침해가 문제되는 경우에는 개별적 인격권의 침해에 해당될 것이다.

나. 성명표시권과 성명권의 구별

저작인격권이 일반적 인격권의 내용을 구성하는 개별적 인격권의 유형에 해당한다고 보면,[92] 당연히 저작권법상 명문의 규정이 있는 성명표시권은 개별적 인격권의 한 유형에 속한다고 보아야 한다. 그리고 성명권이란 인간 일반에게 인정되는 권리임에 반하여, 성명표시권은 인간의 하위개념인 저작자에게만 인정되는 권리로서 특정 저작물을 만들어낸 저작자의 인격을 보호하기 위한 권리이다. 성명권과 성명표시권의 관계를 명확히 이해하기 위해서는 다음의 세 가지 경우로 나누어 고찰해 볼 필요가 있다. ① 타인의 저작물에 대해 그 저작자의 이름으로 자신의 실명이나 널리 알려진 이명을 표시한 경우, ② 타인의 저작물에 대해 그 저작자의 이름으로 제3자의 실명이나 널리 알려진 이명을 표시한 경우, ③ 자신의 저작물에 유명한 타인의 실명이나 널리 알려진 이명을 저작자 이름으로 표시한 경우 등이다.

①과 ②의 경우는 만일 해당 저작물이 저작권법에 의해 보호되는 경우라면 모두 전형적인 성명표시권의 침해에 해당한다. 즉 타인의 저작물에 자기의 이름이나 제3자의 이름을 부착하여 저작자임을 참칭함으로써 해당 저작물의 저작자의 성명표시권을 침해한 경우이기 때문이다. 이에 반하여 ③의 경우는 해당 저작물과 아무런 관련이 없는 유명인의 성명을 冒用한 경우이기 때문에 성명권의 침해에 해당한다.[93][94] 본래 저작권은 저작물에 관련을 맺고 있는 저작자의 이익이 실행되도록 보증하는 것이므로, 저작물 개념을 통해 한정되는 저작자의 이익의 부분만이 저작권에 의해 보호를 받는다.[95] 이와 마찬가지로 저작인격권의 하나인 성명표시권도 저작물과 관련이 있는 저작자의 이익만을 보호하는 것이므로, 저작물의 보호와는 관계없이 보호가 이루어지는 성명권과는 구별되어야 한다. 그러므로 누군가가 유명한 역사소설가의 이름을 冒用하

---

92) 이에 관해서는, 본장 제2절 I. 3. '저작인격권과 인격권의 관계' 참조.
93) 서울지법 1998. 7. 31. 선고 94가합97216 판결('이휘소' 사건)은 타인이 망인의 일기를 임의로 작성하여 망인이 작성한 것처럼 표시한 사안에서 저작자 아닌 자를 저작자로 하여 저작물을 공표하였더라도 이름을 도용당한 자의 인격권 침해가 되는지 여부는 별론으로 하고 저작인격권 침해가 성립하는 것은 아니라고 판시하였다.
94) 독일 연방대법원은 에밀 놀데(Emil Nolde)라는 유명 화가의 서명이 부착된 미술작품을 위조한 사건에서 독일 민법 제12조의 성명권 침해를 인정한 바 있다(BGHZ 107, 384). 또한 일본 하급심은 자기의 성명과 유사한 이름을 저작자 이름으로 冒用하여 정계의 내막을 폭로한 책을 출판한 사안에 대해서 성명권 및 명예권의 침해를 인정하였다{東京地裁 1987(昭和62)年 10月 21日 昭和58年(ワ) 第9422号 判決. 判例タイムズ 第652号, 92면}.
95) Manfred Rehbinder, *Urheberrecht*, 14. Aufl., C.H. Beck, 2006, S. 39.

여 그의 이름으로 시를 발표함으로써 일반인들로 하여금 그 시를 유명소설가의 작품인 것처럼 오해하게 만든 경우 그 소설가는 저작인격권이 아니라 성명권에 의해서만 보호를 받을 수 있다.[96][97] 요컨대, 특정 저작물과 관련이 있는 저작자의 인격적 이익을 보호하는 성명표시권과 저작물에 관한 인격적 이익의 보호와는 관계없이 성명 일반에 대해 보호가 이루어지는 성명권은 그 보호대상과 영역이 다르다는 점에서 구별되어야 한다.[98] 그런데 우리 학설 중에는 양자의 관계설정에 관한 명확한 문제의식 없이 성명권 침해의 하나의 유형으로 성명표시권의 침해를 소개하는 경우가 발견된다.[99] 그러나 이러한 국내 학설은 성명표시권과 성명권이 서로 비슷한 권리라는 점에만 착안하였을 뿐이지 양자가 그 보호대상과 영역에 있어서 구별된다는 점에 관해서는 제대로 인식하지 못한 상태에서 성명표시권에 관한 판례를 성명권의 침해 유형으로 단순히 열거·소개한 것이 아닌가 생각된다.

3. 제　한

가. 부득이하다고 인정되는 경우 성명표시의 생략

저작물을 이용하는 자는 그 저작자의 특별한 의사표시가 없는 때에는 저작자가 그의 실명 또는 이명을 표시한 바에 따라 표시하면 된다(제12조 제2항 본문). 하지만 구체적인 이용 상황에 따라서는 저작자의 성명표시를 생략할 수밖에 없는 경우가 있을 수 있다. 이러한 상황을 고려하여 저작권법은 "다만, 저작물의 성질이나 그 이용의 목적 및 형태 등에 비추어 부득이하다고 인정되는 경우에는 그러하지 아니하다"고 규정한다(제12조 제2항 단서). 이에 해당하는 예로는 호텔의 로비나 백화점 등의 매장에서 고객들의 안락함을 고취하기 위한 분위기 조성 차원에서 배경음악을 방송하는 경우를 들 수 있다. 이때에

---

96) Rehbinder, a.a.O., S. 39.

97) 참고로 저작권법 제137조 제1항 제1호의 저작자 명의 허위표시·공표죄는 저작권 침해와 직접 관련이 없는 인격권으로서의 성명권을 보호할 뿐만 아니라 실제 저작자의 성명표시권을 보호하고 저작자 명의에 관한 사회 일반의 신뢰도 보호하기 위한 것이다.

98) 성명권(인격권)과 성명표시권(저작인격권)을 구별하는 것은 우리나라를 비롯한 독일·프랑스·일본 등 대륙법계 국가의 공통된 법리이다. 이에 반해 미국과 영국 등 영미법계 국가에서는 양자의 개념을 혼용하여 구별하지 않고 사용한다. 가령, 미국 저작권법 제106조의A(a)(1)(B)는 성명권으로 보호할 대상(즉 타인의 저작물에 자신의 성명이 잘못 표시되는 경우)을 성명표시권 개념 속에 포함하여 규정하고, 영국 저작권법 제84조는 이를 저작인격권의 일종으로 규정한다.

99) 가령, 박준서 편집대표, 앞의 책, 58면(박철우 집필); 곽윤직 편집대표, 앞의 책, 434면(이재홍 집필) 등 각 참조. 위 각 문헌은 성명표시권의 침해에 관한 대법원 1989. 10. 24. 선고 88다카 29269 판결을 성명권의 침해 유형으로 소개하고 있다.

는 저작자의 성명표시를 생략할 수 있다고 일반적으로 해석된다.[100] 호텔이나 백화점 측이 음악저작물의 저작재산권자로부터 허락을 얻어 배경음악을 방송하는 경우는 호텔이나 매장의 분위기 조성이라는 "이용의 목적 및 형태 등에 비추어 부득이하다고 인정되는 경우"(제12조 제2항 단서)에 해당하므로 성명표시의 생략이 용인될 수 있다. 오히려 방송 때마다 일일이 작곡자의 성명을 알려주게 되면 분위기 조성을 해치게 되어 당초의 목적에 부합하지 않을 수도 있다.[101] 그러나 같은 음악 방송이라도 텔레비전이나 라디오 방송의 음악프로그램에서 음악저작물을 방송하는 경우에는 TV 자막이나 방송진행자의 멘트로 작곡자를 알려주어도 그 이용의 목적 및 형태 등에 비추어 프로그램의 진행상 아무런 번거로운 문제도 발생하지 않는다. 즉 "이용의 목적 및 형태 등에 비추어 부득이하다고 인정되는 경우"라고 보기 어렵다.[102] 그러므로 이러한 경우에는 저작자의 성명표시를 생략할 수 없다고 보아야 한다.

나. 성명표시의 생략이 '공정한 관행'에 합치해야 하는지 여부

성명표시권의 제한 문제와 관련하여 국내 학설 중에는 성명표시의 생략이 '공정한 관행'에 합치하는 경우에는 저작자의 동의가 없더라도 무방하다는 해석론을 취하는 경우가 있다.[103] 이는 일본 저작권법 제19조 제3항의 "저작자명의 표시는 저작물 이용의 목적 및 태양에 비추어 저작자가 창작자임을 주장하는 이익을 해할 우려가 없다고 인정되는 경우는 공정한 관행에 반하지 않는 한 생략할 수 있다"는 규정과 이에 따른 일본 해석론에 영향을 받은 것으로 생각된다. 그러나 우리 저작권법에는 명시적으로 '공정한 관행'을 성명표시권 제한의 판단기준으로 규정하고 있지 않음에도 불구하고, 일본법 규정과 그 해석론을 원용하여 '공정한 관행'을 성명표시권 제한의 판단요소 중 하나로 받아들이는 우리 학설의 입장에는 문제가 있다. 그 이유는 일본의 학설이나 판례를 보면, 일본법의 두 요건, 즉 ① 저작물 이용의 목적 및 태양에 비추어 이익

---

100) 오승종, 「저작권법」 제5판, 박영사, 2020, 441면.
101) 송영식·이상정, 「저작권법개설」 제9판, 세창출판사, 2015, 201면.
102) 서울고법 2021. 10. 21. 선고 2019나2016985 판결('프로야구 응원가' 사건)은 홈구장 전광판을 관리하는 프로야구 구단(피고)들로서는 전광판에 어떤 방식으로든지 저작자의 성명을 표시할 수 있었다는 점에서 "저작물의 성질이나 그 이용목적 및 형태 등에 비추어 부득이하다고 인정되는 경우"라고 보기 어렵다고 판단하여 성명표시권 침해를 긍정하였다. 이에 대해 제1심인 서울중앙지법 2019. 2. 18. 선고 2018가합516867 판결은 "…부득이하다고 인정되는 경우"에 해당한다고 판단하여 그 침해를 부정하였다.
103) 오승종, 앞의 책, 435면.

을 해할 우려가 없을 것과, ② 공정한 관행에 반하지 않을 것의 해석과 관련하여, 양 요건을 동시에 모두 충족해야 하는지 아니면 그 중 하나만을 충족하면 족한지를 둘러싸고 논의가 전개되고 있기 때문이다. 더욱이 실연자의 성명표시권에 대한 제한을 규정한 일본 저작권법 제90조의2 제3항의 해석과도 결부되어 그 논의는 한층 복잡하다.[104] 이러한 일본의 논의 상황을 고려할 때, 우리법의 규정 중에 '공정한 관행'이란 문언이 없음에도 일본법의 해석론을 그대로 받아들여 우리법의 해석론으로 삼는 것은 의문이다.

4. 성명표시권과 정보공개제도와의 관계

정보공개법에 따라 공공기관이 보유·관리하는 정보 중에 공공기관 외의 제3자가 작성한 저작물이 포함되는 수가 있는데,[105] 그 저작물이 포함된 정보가 공개 대상 정보에 해당할 경우에 그 저작물의 성명표시 방법을 구체적으로 어떻게 하는가에 따라서 성명표시권 침해 문제가 발생할 수 있다. 즉 성명표시가 '저작자 이름'의 표시라고 보기 어려운 방법으로 이루어지거나 생략된 경우에 성명표시권 침해 문제가 발생할 것이다.[106]

Ⅳ. 동일성유지권

1. 의   의

저작자는 그의 저작물의 내용·형식 및 제호의 동일성을 유지할 권리를 가진다(제13조 제1항). 同一性維持權(right to the integrity of the work)이란 저작물의 원상 그대로의 원전성을 유지함으로써 저작물에 관한 저작자의 인격적 이익을 보호하기 위한 권리를 말한다. 原狀維持權이라고도 한다.[107] 아무리 고쳐진 내용·형식·제호가 원래의 것보다 좋아졌더라도, 예컨대 저명한 소설가

---

104) 이러한 일본법의 문제 상황에 대해서는, 諏訪野大, "氏名表示權と公正な慣行", 「著作權判例百選」第4版, 有斐閣, 2009, 164~165면 참조.

105) 공개 대상이 제3자가 작성한 미공표 저작물인 경우에 관해서는, 본장 제2절 Ⅱ. 4. '공표권과 정보공개제도와의 관계' 참조.

106) 이 문제와 관련하여 일본은 1999년 저작권법을 일부 개정하여 정보공개법 등의 규정에 따라 저작물을 공중에게 제공·제시하는 경우 해당 저작물에 대해 이미 그 저작자가 표시하고 있는 바에 따라 저작자 이름을 표시한 경우, 또는 해당 저작물의 저작자 이름의 표시를 생략하는 것으로 되는 경우에 성명표시권 침해에 해당하지 않는다는 규정을 마련하였다(일본 저작권법 제19조 제4항 참조).

107) 社團法人 著作權情報센터編者, 「新版 著作權事典」, 出版뉴스社, 1999, 274면.

가 무명작가의 소설작품에 수정·가필을 함으로써 그 소설의 객관적 가치가 높아진 경우라도, 오자나 탈자의 정정이라면 모르지만 저작자의 동의 없이 삭제하거나 추가 또는 변경하는 등 왜곡행위를 하는 것은 허용되지 않는다.[108]

동일성유지권은 저작자의 인격적 이익 외에 원형 그대로의 저작물을 이용하고자 하는 일반 공중의 이익을 보호하는 측면도 함께 가지고 있다. 다시 말해 동일성유지권은 저작물에 구현된 저작자의 사상이나 감정의 표현에 완전성을 유지하는 한편 해당 저작물을 이용하는 일반 공중에게 그 저작물에 표현된 저작자의 사상 또는 감정이 왜곡되거나 그 저작물의 내용 또는 형식이 오인되지 않도록 하기 위해 인정되는 측면도 가지는 권리이다. 이러한 일반 공중의 이익을 보호하는 측면은 문화유산으로서의 저작물을 원상태 그대로 보존하여 후손에게 전달해주는 역할을 한다.[109] 문제는 저작물을 원상태 그대로 유지해야 한다는 동일성유지권의 보호범위 속에 저작물이 표현된 유체물 자체를 파괴해서는 안 된다는 의미까지 포함되는 것으로 이해할 수 있을 것인가 하는 점이다. 동일성유지권에 문화유산을 보존하는 측면이 내포되어 있다고 하더라도, 원칙적으로는 유체물에 대한 소유권 행사가 동일성유지권보다 우선할 수밖에 없을 것이라는 점에서 부정적으로 해석할 수밖에 없을 것이다.

저작자의 인격과 명성은 그의 저작물과 밀접하게 결부되어 있다. 따라서 동일성유지권과 관련하여 베른협약 제6조의2 제1항은 "저작자는… 저작물과 관련하여 그의 명예(honor)나 명성(reputation)을 해할 우려가 있는 왜곡·삭제 (mutilation)[110]·그 밖의 변경 또는 그 밖의 훼손행위에 대하여 이의를 제기할 권리를 가진다"고 규정한다. 우리나라 1957년 저작권법 제16조의 원상유지권과 1986년 저작권법 이래 현행 저작권법 제13의 동일성유지권은 모두 베른협약의 그것을 모태로 하여 규정된 것이지만 1986년 저작권법은 "명예나 명성을 해할 우려가 있는"이라는 문언, 즉 사회적 명예·명성이 훼손될 객관적 개연성이라는 요건을[111] 삭제하였다는 점에서 1957년 저작권법[112]과 차이가 있다.[113] 따라

---

108) 이기수 외 6인, 「지적재산권법」, 한빛지적소유권센터, 1996, 923면(김문환 집필); 장인숙, 「저작권법원론」개정판, 보진재, 1996, 70~71면; 하용득, 「저작권법」, 법령편찬보급회, 1988, 142면.

109) 황적인·정순희·최현호, 「저작권법」, 법문사, 1988, 248면; 허희성, 「신저작권법 축조개설」, 범우사, 1988, 79면; 배대헌, "현행 저작권법상 저작인격권의 법리에 관한 검토", 「산업재산권」제21호, 2006. 12., 178~179면.

110) 1957년 저작권법 제16조(원상유지권)에서는 베른협약의 'mutilation'을 '절제'로 옮겨 법문상의 용어로 사용하였고, 일본 현행 저작권법 제20조 제1항에서도 '절제'(mutilation)로 표현하고 있다. 베른협약 번역문에서는 '삭제' 또는 '절제'를 혼용하여도 무방할 것이다.

111) 유의할 것은 베른협약 제6조의2 제1항의 '명예·명성'이나 1957년 저작권법 제16조가 규정하

서 우리 저작권법의 해석상으로는 동일성유지권의 침해를 판단함에 있어서 저작자의 명예나 명성의 훼손(될 개연성)이 그 요건이 아니므로 저작물의 동일성을 해치는 변경이 저작자의 동의 없이 이루어진 이상 그와 같은 변경이 실제로 저작자의 명예와 명성을 해한 것인지 여부를 묻지 않고 동일성유지권 침해에 해당한다.114)

2. 내 용

가. 권리의 본질

동일성유지권은 강학상 두 가지 권리, 즉 '저작물 변경권'과 '저작물 변경이의신청권'으로 나눌 수 있다. 前者는 동일성유지권의 적극적 측면에 관한 권리로서 저작물의 내용 및 형식의 변경은 저작자만이 할 수 있는 권리라는 의미이다. 이에 대해 後者는 동일성유지권의 소극적 측면에 관한 권리로서 저작자의 의사에 반하여 저작물의 왜곡·삭제 그 밖의 변경이 타인에 의해 행해진 경우 그 제거를 청구하는 것을 내용으로 한다.115) 양자는 상호 의존적일 뿐만 아니라 표리의 관계를 이루고 있는데, 1986년 저작권법 이래 현행 저작권법은 "저작물의 내용·형식 및 제호의 동일성을 유지할 권리"라고 규정하여 '維持'라는 소극적 성격을 부각시키고 있다. 저작자의 이른바 '작품지배'(Werkherrschaft)에서 당연히 도출되는 作品(저작물)의 變更權이라는 적극적 측면보다는, "저작

는 '명예·성망'을 주관적 요건으로 이해해서는 안 된다는 점이다. 여기서 말하는 명예·명성(성망)이란 주관적 명예감정이 아니라 사회적 명예·명성이라는 객관적 평가를 가리키는 것이다. 따라서 베른협약 제6조의2 제1항의 "명예나 명성을 해할 우려"라는 것은 사회적 명예·명성이 훼손될 객관적 개연성을 의미하는 것으로 이해하여야 한다. 半田正夫·松田政行 編, 「著作權法コンメンタール 1」第2版, 勁草書房, 2015, 830면(松田政行 집필) 참조.

112) 우리나라 1957년 저작권법은 1986년 저작권법과 달리 동일성유지권을 소극적 측면의 '原狀維持權'(제16조)과 적극적 측면의 '變更權'(제17조)으로 나누어 규정하였다. 특히 제16조는 "저작자는 저작물에 관한 재산적 권리에 관계없이 또한 그 권리의 이전 후에 있어서도 그 저작물의 내용 또는 제호를 개찬, 절제 또는 기타 변경을 가하여 그 명예나 성망을 해한 자에 대하여 이의를 주장할 권리가 있다"고 하여 베른협약과 유사하게 "명예나 성망을 해한"이라는 요건을 부가함으로써 그 침해행위의 성립요건을 가중하였다. 장인숙, 「저작권법개론」, 교학도서주식회사, 1965, 54면; 허희성, 「신고 저작권법개설」, 범우사, 1982, 83면.

113) 우리나라 외에 동일성유지권의 침해 요건으로 "저작자의 명예나 명성의 훼손(될 가능성)"을 요구하지 않는 입법례로는 프랑스, 독일, 일본 등을 들 수 있다.

114) 서울고법 2008. 9. 23. 선고 2007나70720 판결. 이에 반하여 서울고법 2007. 2. 7. 선고 2005나20837 판결은 저작자의 명예와 명성을 해하는 방법으로 변경할 경우에만 동일성유지권이 침해되었다고 볼 수 있다는 취지로 판시하였다.

115) 전술한 것처럼 1957년 저작권법은 동일성유지권의 이러한 양 측면을 모두 규정하고 있었다.

물의 변경에 반대할 수 있는 권리"라는 그 본질적 성격을 부각시키고 '저작물의 존중' 내지 '저작물의 불가침성'을 강조하기 위해 소극적 측면에 초점을 맞추어 규정한 것으로 이해된다.[116]

나. "저작물의 내용·형식 및 제호의 동일성을 유지"한다는 것의 의미

(1) "저작물의 내용·형식"이란 문언의 유래

"저작물의 내용·형식 및 제호의 동일성을 유지할 권리"라는 것은, 저작자는 저작물의 내용·형식 및 제호를 타인이 변경하는 것을 금지시킬 권리를 갖는다는 의미이다. 외국 입법례와 비교할 때 "저작물의 내용·형식 및 제호"라는 문언 중 특히 "저작물의 내용·형식"이란 밑줄 친 문구는 우리 저작권법에서만 발견되는 특징적인 표현이다.[117] 프랑스 저작권법은 "저작물에 대하여 존중받을 권리"라는 표현을,[118] 독일 저작권법은 "저작물에 대한 개변 또는 기타 침해"라는 표현을 각 사용하고,[119] 일본 저작권법은 "저작물 및 그 제호의 동일성을 유지할 권리"라고 규정한다.[120] 그 밖에 다른 주요국의 입법례를 보더라도[121] 동일성유지권에 관한 법률 규정 중에 "저작물의 내용·형식"이란 문언을 사용한 경우는 발견되지 않는다.

다만, 1981년 12월 유네스코의 저작권 전문가들이 공동 집필하여 펴낸 저작권 입문서의 내용 중 동일성유지권에 대해 "어느 누구도 저작자의 동의 없이 저작물의 형식(form)이나 내용(contents)을 변경할 권리를 가지고 있지 않다"고 설명한 대목이 눈에 띈다.[122] 이것보다 좀 더 오래된 법률문헌으로 프랑스에서는 저작물의 정신(내용) 또는 형식에서 그 동일성이 유지되어야 한다는

---

116) 같은 취지, 허희성, 「신저작권법 축조개설」, 범우사, 1988, 78~79면.

117) 국내 학설 중에는 우리 입법 중 "형식…의 동일성을 유지할 권리"라는 부분에 관해 "우리 저작권법이 저작물의 형식의 동일성을 유지할 권리를 저작인격권으로 규정한 것은 입법의 오류이며 해석론으로는 내면형식, 즉 저작물의 본질의 변경이라고 축소 해석되어야 할 것"(송영식, "저작권침해와 위자료", 「민사판례연구 XIII」곽윤직 교수 정년기념호, 박영사, 1991, 167면)이라고 비판하는 견해가 있다.

118) 프랑스 저작권법 제121조의1 "저작자는 그의 성명, 저작자의 지위 및 그의 저작물에 대하여 존중받을 권리를 가진다."

119) 독일 저작권법 제14조(저작물의 변경) "저작자는 저작물상 자신의 정당한 정신적 또는 인격적 이익을 해치게 하는 자신의 저작물에 대한 개변 또는 기타 침해를 금지시킬 권리를 가진다."

120) 일본 저작권법 제20조(동일성유지권) 제1항 "저작자는 그 저작물 및 그 제호의 동일성을 유지할 권리를 가지며 그 의사에 반하여 이들의 변경, 절제 기타 개변을 받지 않는 것으로 한다."

121) 가령, 이탈리아, 오스트리아, 스위스, 영국, 미국, 캐나다, 호주 등.

122) UNESCO, *The ABC of copyright*, 1981, p.24; 유네스코 편, 백승길·박관희 옮김, 「저작권이란 무엇인가」, 보성사, 1983, 41면.

'동일성유지권의 두 가지 측면'을 강조한 판례 이론이 존재한다.[123] 이것은 파리 항소법원 1932년 7월 28일 판결을 시발로 하여 저작물은 그 정신(내용) 또는 형식에서 동일성이 유지되어야 한다는 것을 강조한 일련의 판결들을 통해 형성·발전되어왔다.[124] 이러한 판례 이론에서 우리 입법의 단초를 찾아볼 수도 있을 것이다.

그런데 "저작물의 내용·형식"이란 표현은 우리나라 1957년 저작권법에서도 발견된다. 1957년 저작권법 제16조(원상유지권)는 "저작자는 저작물에 관한 재산적 권리에 관계없이 또한 그 권리의 이전 후에 있어서도 그 저작물의 내용 또는 제호를 개찬·절제 또는 기타 변경을 가하여 그 명예와 성망을 해한 자에 대하여 이의를 주장할 권리가 있다"고, 제17조(변경권)는 "저작자는 그 저작물의 내용·형식과 제호를 변경할 권리가 있다"고 각 규정하고 있었다. 1957년 저작권법은 일본 구 저작권법(1899년 제정)을 토대로 하고 베른협약 등을 참조하여 제정되었을 뿐 아니라 당시 일본 학계의 이론적 동향으로부터도 적지 않은 영향을 받아 만들어진 것이다.[125] 특히 1957년 저작권법이 원상유지권과 변경권의 두 가지로 나누어 동일성유지권을 입법한 것이나, 그 법문 중에 "저작물의 내용 또는 제호" 혹은 "저작물의 내용·형식과 제호"라는 밑줄 친 표현이 포함된 것 등은 독일의 '내용과 형식의 구별'에 관한 논의를 수용하여 체계화한 당시 일본 학계로부터 적지 않은 이론적 영향을 받았음은 물론이고 내용(Inhalt)에 속하는 일정 부문을 '내면적 형식'으로 파악하고 형식(Form)을 '외면적 형식'으로 이해하고 있었음을 짐작하게 하는 증좌이다.[126] 따라서 저작물의

---

123) 프랑스 판례 이론에 따르면, 동일성유지권의 첫 번째 측면은 추가나 삭제 또는 변경 등과 같이 물리적으로 왜곡하지 않는 형태로 저작물을 유지하는 것이다. 두 번째 측면은 저작물을 구상하고 창작할 때의 조건과 정신을 존중하는 것이다. 즉 저작자가 의도하지 않은 방법과 맥락으로 저작물을 이용함으로써 해당 저작물의 정신이 훼손되지 않도록 하는 것이다. 가령, 종교적 영감을 받아 창작된 음악저작물이 그 저작물의 목적과 무관한 광고영화에 이용되었다면 해당 저작물의 정신은 존중되지 않은 것이 된다{파리 대심법원(TGI) 1991년 5월 15일 판결}. Elizabeth Adeney, *The Moral Rights of Authors and Performers: An International and Comparative Analysis*, Oxford University Press, 2006, p.182; Gillian Davies·Kevin Garnett, *Moral Rights*, Sweet&Maxwell, 2010, p.373.

124) E. Adeney, op. cit., p.182; William Strauss, "The Moral Right of the Author", *Copyright Law Revision*, July 1959, p.119. 위 문헌들 중 전자는 저작물의 정신(spirit) 또는 형식(form)이라는 표현을, 후자는 그것과 함께 저작물의 내용(contents) 또는 형식(form)이라는 표현을 사용하고 있다.

125) 이에 관해서는, 제1장 제1절 III. 2. 가. '대한민국의 성립과 1957년 저작권법의 제정' 참조.

126) 종래 일본 학설은 '내용과 형식(Inhalt-Form)의 구별' 이론에 관하여 '내용'(Inhalt), 즉 '사상'(Gedanke)에 속하던 일정 부분을 '내면적 형식'으로 파악하고 종래의 형식(Form)을 '외면

내용 또는 형식에서 그 동일성이 유지되어야 한다는 '동일성유지권의 두 가지 측면'을 강조한 프랑스의 판례 이론을 참조하고,[127] 독일에서의 '내용과 형식의 구별'에 관한 논의를 검토하면서,[128] "저작물의 내용·형식의 동일성을 유지"한다는 것이 의미하는 바를 살펴보고 그 침해의 유형에 따라 정리할 필요가 있을 것이다.

(2) "저작물의 내용·형식" 및 그 "동일성을 유지"한다는 것의 의미

전술한 "저작물의 내용·형식"이란 문언의 유래에 관한 논의를 토대로 하여 여기서는 우리 저작권법 제13조 제1항이 규정한 "저작물의 내용·형식의 동일성을 유지"한다는 것이 의미하는 내용을 개관하고자 한다. 첫째, 저작물의 형식이란 어문저작물에서 언어의 배열순서나 문장표현 등과 같은 '외면적 (표현)형식'을 말하고, 저작물의 동일성을 유지한다는 것은 저작자의 동의 없이 저작물의 외면적 형식을 삭제하거나 추가 또는 변경(alterations)하는 등 왜곡 (distortions)행위를 해서는 안 된다는 것을 뜻한다. 아울러 저작물의 형식에 대해 그 동일성을 유지한다는 것은 저작물이 표현된 유형적 매체, 즉 유체물의 물리적 동일성을 변경해서는 안 된다는 의미를 포함한다.[129] 저작물의 '외면적 형식'을 삭제하거나 추가 또는 변경하는 등 왜곡하는 행위나 유체물의 물리적 동일성을 변경하는 행위는 '내면적 형식'에도 영향을 미쳐 궁극적으로는 '내면적 형식'의 변경으로까지 이어질 수 있다.[130] 둘째, 저작물의 내용이란 어문저작물인 소설의 플롯(plot)이나 등장인물의 설정 등과 같은 '내면적 (표현)형식'을 말한다. 따라서 '내면적 형식'의 동일성을 유지한다는 것은, 가령 어문저작

적 형식'으로 이해하는 독일 이론을 수용함으로써 외부적 형식이 변경되더라도 그 내면적 형식이 유지되는 한 원저작물의 동일성은 침해되지 않는다고 해석하고 있었다(末川博, "著作權の本質", 「民法に於ける特殊問題の硏究 第1卷」, 弘文堂, 1925, 119~120면; 榛村專一, 「著作權法槪論」改訂版, 巖松堂書店, 1936, 53면 이하; 飯塚半衛, 「無體財産法論」, 巖松堂書店, 1940, 192면 이하 등).

127) 이에 관해서는, Gillian Davies·Kevin Garnett, *Moral Rights*, Sweet&Maxwell, 2010, pp.373~383; E. Adeney, op. cit., pp.181~192 각 참조.

128) 이에 관해서는, 제2장 제2절 II. 2. '독일에서의 내용과 형식의 구별' 및 4. '소결' 각 참조.

129) 유체물의 물리적 동일성을 변경하는 행위와 유체물 자체의 파괴행위는 구별되어야 한다. 요컨대, 저작물의 외면적 형식의 동일성을 유지해야 한다는 것이 저작물이 표현된 유체물 자체를 파괴해서는 안 된다는 것을 의미하는 것으로 이해되어서는 안 될 것이다. 이에 관해서는 후술하는 '나. 관련문제, (3) 저작물이 표현된 유체물의 파괴' 참조.

130) 이에 비해 저작물의 '외면적 형식'을 번역·편곡·개작하는 등 2차적 저작물 작성행위를 하더라도 그 '외면적 형식'을 삭제하거나 추가하는 등 왜곡한 것이 아닌 한 '내면적 형식'에는 아무런 영향을 미치지 않으므로 저작물의 동일성은 그대로 유지된다.

물의 영상화를 허락을 받은 영상제작자가 원저작자의 동의 없이 소설의 플롯이나 캐릭터의 설정 등과 같은 '내면적 형식'을 변경하면서 영상저작물을 작성해서는 안 된다는 것을 의미한다. 이와 같이 '내면적 형식'의 변경, 즉 플롯이나 캐릭터의 설정 등이 변경되면 이것은 동시에 '외면적 형식'의 변경으로 이어지게 된다.

(3) "저작물의 제호" 및 그 "동일성을 유지"한다는 것의 의미

"저작물의 제호"를 동일성유지권의 보호대상으로 한 입법례로는 우리나라 외에 일본 등 여러 나라가 있다.[131] "저작물의 제호"와 관련하여 학설은 제호가 저작물의 본질적 내용이 아니며 또한 독립한 별개의 저작물도 아니므로 제호에 관해서는 일반적으로 저작권이 성립하지 않지만, 제호는 저작물의 내용을 집약하여 나타내는 것으로서 저작물과 결합하여 저작물의 동일성을 표상하는 역할을 하고 저작물과 밀접한 관계가 있기 때문에 동일성유지권의 보호대상으로 한 것이라고 설명한다.[132] 우리 판례는 동일성유지권에 의해 "저작물의 제호"가 보호된다는 의미는, 저작물과 분리된 제호 자체는 저작권법에 의해 보호되는 것이 아니지만,[133] 동일한 저작물의 제호를 다른 것으로 마음대로 변경하게 되면 해당 제호가 그 저작물과 결합하여 전체적으로 형성하고 있는 그 저작물의 동일성을 훼손하게 되므로 동일성유지권의 침해가 된다는 뜻이라고 판시한다.[134][135] 이것은 동일한 저작물의 저작자를 다른 사람 이름으로 마음대로 변경하여 표시하면 해당 저작물에 대한 저작자의 성명표시권이

---

131) "저작물의 제호"를 동일성유지권의 보호대상으로 한 그 밖의 입법례로는 오스트리아, 스페인, 아르헨티나, 우루과이, 코스타리카, 니카라과 등이 있다.

132) 황적인·정순희·최현호, 앞의 책, 248~249면; 허희성, 앞의 책, 192면; 하용득, 앞의 책, 143면; 정상조 편, 「저작권법 주해」, 박영사, 2007, 352면(유영선 집필) 각 참조.

133) 대법원 1977. 7. 12. 선고 77다90 판결(만화제명 '또복이' 사건) 등.

134) 서울중앙지법 2001. 3. 16. 선고 99나45306 판결(저작자인 원고의 '고객만족경영'이란 제호를 피고가 '전사원고객만족'으로 무단 변경한 사안에서 동일성유지권 침해를 인정); 서울북부지법 2008. 12. 30. 선고 2007가합5940 판결은 "공동저작물의 저작인격권은 저작자 전원의 합의에 의하지 아니하고는 이를 행사할 수 없는바(저작권법 제15조 제1항), … 피고가 원고 1의 동의 없이 이 사건 만화들을 재출판하면서 … 각 제목을 변경하였으므로, 피고는 공동저작물인 위 만화에 관하여 원고 1의 제호의 동일성을 유지할 권리를 침해하였다"고 판시하였다.

135) 東京地裁 1935(昭和10)年 12月 7日 判決('Juli '14' 사건). 독일어 서적을 일본어로 번역하면서 원제목(Juli '14)을 번역제목(누가 세계대전을 일으켰는가)으로 무단 변경한 사안에서, "원저작물의 저작자가 그 저작물의 제호에 대해 동일성을 유지해야 하는 인격적 권리를 갖는다고 해석해야 할 것인데(일본 구 저작권법 제18조 참조)" 번역자가 전혀 다른 제목으로 改題發行한 것은 前記 인격적 권리를 침해한 것에 해당한다고 하였다.

침해된다는 것과 마찬가지 의미이다.

다. 그 "동일성을 유지"한다는 것의 의미

"동일성을 유지할 권리"에서 말하는 '동일성'이란 무엇보다 먼저 '저작물'과의 관계 속에서 그 의미가 모색되고 그 기준이 설정되어야 한다. 따라서 '동일성'이란 곧 '저작물의 동일성'이란 무엇을 의미하는 것인가 라는 문제에 다름 아니다. 저작물의 동일성이란 미학에서 말하는 '예술작품의 동일성'의 문제이다. 미학적 관점에서 詩(원작품)와 그 번역물, 희곡 텍스트(원작품)와 그 상연물은 해당 원작품에 부여된 내적 질서를 유지하는 한 그 원작품과 동일한 작품으로 인정된다.136) 이것을 법학적으로 설명하면 저작물의 내면적 형식이 유지되는 한 저작물의 동일성은 인정되므로 동일성유지권 침해가 성립하지 않는다는 의미이다. 따라서 '동일성'을 유지한다는 것은 이러한 '내면적 형식'을 유지한다는 의미로 새겨야 한다. 그러므로 동일성유지권의 문제는 원작품과 그 번역물의 관계를 규율하는 2차적 저작물 작성권의 문제와는 논의의 차원을 달리한다. 이것에 대해 1970년 일본 저작권법의 제정에 관여한 입법관여자는 저작물의 내면적 형식에 허락 없이 변경을 가한 경우가 동일성유지권 침해이고, 내면적 형식을 그대로 유지하면서 번역·번안 등에 의해 외면적 형식을 허락 없이 변경한 경우가 2차적 저작물 작성권 침해라고 설명한다.137) 즉 동일성유지권의 입법취지는 번역·번안 등에 의한 변경에 대해서는 본래 동일성유지권의 대상이 아닌 것이며, 예외적으로 번역·번안 등에 의해 저작물의 내면적 형식에 변경이 이루어진 경우에 동일성유지권의 문제로 된다는 것이다.138)

여기서 말하는 '내면적 형식'이란 어떤 정신적인 것을 표현하고자 하는 경우 저작자에게 요구되는 내면적 질서(inneren Ordnung)를 의미한다. 가령 學術著作物에 있어서 계획, 사고의 과정 및 논증, 소설에 "나타난 사건의 전개, 구체적인 줄거리, 등장인물의 성격과 상호관계, 배경설정 등",139) 회화의 구상과 구성, 음악저작물에 있어서 구성양식, 악장과 박자 등이 이에 해당한다. 이러한 내면적 형식은 저작물 창작자의 정신에서 형성되며, 여기에서 저작자의 고

---

136) 미학적 관점에서 '예술작품의 동일성'에 대해서는, Joseph Margolis, "The Identity of a Work of Art", *Mind* Vol. LXVIII, No. 269, January, 1959, 森匡史 譯, "藝術作品の同一性", 「藝術哲學の根本問題」, 晃洋書房, 1978, 256면 이하 및 ≪해설≫ 413~414면.

137) 加戶守行, 「著作權法逐條講義」六訂新版, 著作權情報センター, 2013, 176~177면.

138) 加戶守行, 위의 책, 177면 참조.

139) 대법원 2007. 3. 29. 선고 2005다44138 판결.

유한 사유방법, 견해, 관념의 방식 등이 나타난다. 따라서 내면적 형식은 개성적 정신의 표현이므로 저작자에게 귀속된다. 그러므로 저작자의 동의 없이 '외면적 형식'을 번역, 편곡, 변형, 각색·영상제작·그 밖의 방법으로 개작(adaptation)하는 등 2차적 저작물 작성행위를 하더라도 '내면적 형식'이 변경되지 않는 한 저작물의 동일성은 유지된다. 따라서 저작물의 동일성 유지 여부에 대한 판단기준은 바로 '내면적 형식'의 유지 여부에 달려 있다. 만일 '내면적 형식'이 변경됨으로써 그 동일성이 침해되었다면 이러한 사실은 저작자가 입증하여야 한다.

이와 같이 저작자의 동의 없이 저작물의 '외면적 형식'을 번역, 편곡, 변형, 각색·영상제작·그 밖의 방법으로 개작하는 등 2차적 저작물 작성행위를 하더라도 그 '외면적 형식'을 삭제하거나 추가 또는 변경하는 등 왜곡행위를 하지 않는 한 저작물의 '내면적 형식'은 변경되지 않고 그 동일성이 유지된다. 예컨대, 어문저작물을 기반으로 제작된 영상저작물에서 보듯이 원저작물과 2차적 저작물 간에는 장르 전환이 이루어지는 경우가 많으며, 이러한 장르 전환에는 불가피하게 개작 등이 수반된다. 그러나 이러한 개작행위가 반드시 동일성유지권 침해에 해당하는 것은 아니다. 그러한 점에서 번역이나 편곡 등의 개작행위와 관련되는 2차적 저작물 작성권 침해행위와 삭제나 추가 등의 왜곡행위와 관련되는 동일성유지권 침해행위는—물론 어디까지가 개작(adaptation)이고 어디부터가 왜곡(distortions)인지 양자의 경계가 항상 명백한 것은 아니지만—개념적으로 구별되어야 한다.140) 그리고 개작행위와 왜곡행위 간의 경계가 불명료한 모든 경우에 있어서 이에 대한 판단은 법원의 몫이다.141)142) 이 경우에 저작물의 동일성 유지 여부에 대한 판단기준이 바로 '내면적 형식'의 유지 여부이다. 따라서 만일 '외면적 형식'이 삭제되거나 추가 또는 변경되는 등 왜곡

---

140) Gillian Davies·Kevin Garnett, op. cit., pp.378~379; William Strauss, op. cit., p.118 각 참조.
141) S. M. Stewart, *International Copyright and Neighbouring Rights*, Butterworths, 1983, p.60.
142) 서울고법 2007. 2. 7. 선고 2005나20837 판결은 개작 등과 같은 2차적 저작물 작성권 침해행위와 왜곡 등과 같은 동일성유지권 침해행위의 구별을 시도하였다는 점에서 긍정적으로 평가할 수 있다. 그러나 위 판결은 현행 저작권법이 동일성유지권의 침해 요건으로 "저작자의 명예와 명성을 해할 것"을 규정하고 있지 않음에도 위 요건을 개작과 왜곡의 구별기준으로 삼았다는 점에서 법리 오해의 잘못이 있다. 참고로 프랑스 저작권법 제121조의1 "저작물에 대하여 존중받을 권리"(즉 동일성유지권)에서는 우리의 경우와 마찬가지로 그 침해의 요건으로 "저작자의 명예나 명성의 훼손(될 가능성)"을 요구하지 않는다. 이에 따라 프랑스에서는 구체적 사안 별로 개작과 왜곡을 개념적으로 구별하여 판단하고 있다. 이에 관해서는 Gillian Davies·Kevin Garnett, op. cit., pp.378~379; William Strauss, op. cit., p.118 각 참조.

됨으로써 내면적 형식의 동일성이 유지되지 않고 침해되었다면, 이러한 사실, 즉 저작물의 외면적 형식을 삭제하거나 추가 또는 변경하는 등 왜곡행위가 있었다는 사실과 그로 인해 내면적 형식이 변경되었다는 사실은, 저작자가 입증하여야 한다. 이와 같이 어떤 저작물의 내면적 형식이 변경되어 그 동일성이 침해되었다면, 그로 인해 해당 저작물을 이용하는 일반 공중에게 그 저작물에 표현된 저작자의 사상 또는 감정이 왜곡되거나 그 저작물의 내용 또는 형식이 오인될 우려가 생긴다.[143)]

동일성유지권이란 저작자에게 귀속되는 것이고 저작물의 가치나 목적이 무엇이든지 간에 모든 저작물은 그 동일성이 유지되어야 하므로 저작자는 일반 공중에게 자신의 저작물에 표현된 사상·감정이 왜곡되거나 저작물의 내용·형식이 오인되지 않도록 그 동일성을 유지할 절대적 권리를 가진다. 따라서 누군가가 저작물을 이용하면서 '내면적 형식'이나 '외면적 형식'을 변경함으로써 그 동일성을 상실하면 이 권리를 침해하게 된다. 요컨대, 동일성유지권의 침해라는 것은 저작물의 내용(즉 내면적 형식)이나 형식(즉 외면적 형식)의 변경으로 저작물의 동일성이 침해되었다는 것을 의미하므로, 저작자는 '내면적 형식'이나 '외면적 형식'의 변경으로 저작물의 동일성이 침해되었다는 것을 입증하는 것으로 충분하고 이러한 변경으로 인해 저작자가 손해를 입었다는 것까지 입증할 필요는 없다.

3. 침해의 유형

가. 어문저작물의 침해

어문저작물의 내용을 누락하거나 새로운 스토리를 추가하는 것 등은 외면적 형식을 왜곡하여 내면적 형식을 변경하는 것으로 동일성유지권 침해에 해당한다. 예컨대, 작가가 집필한 대본을 영상화하여 2차적 저작물인 드라마로 제작하면서 작가의 동의 없이 드라마 중간에 사망하도록 한 주인공을 하관 직전 관속에서 살아나도록 줄거리를 변경한 것은 동일성유지권 침해에 해당한다.[144)] 또한 작가가 쓴 소설에 대해 출판사가 당초 플롯과 달리 그 결말을 뒤바꾸거나 소설을 마치 논픽션 전기물인 것처럼 과장하여 출판하는 경우는 내면적 형식을 변경하여 동일성을 침해하는 경우에 해당한다.

대법원 판결 중에는 원고가 작성한 글에서 관계 구절을 그대로 인용하거

---

143) 대법원 2015. 4. 9. 선고 2011다101148 판결 참조.
144) 서울중앙지법 2015. 1. 16. 선고 2013가합85566 판결(드라마 '더 이상은 못 참아' 사건)(확정).

나 문장을 일부 수정하여 작성함으로써 전체적으로 그 60 내지 70퍼센트 정도
를 소외인이 원고의 글을 표절하여 작성한 사안에서 "원저작물을 원형 그대로
복제하지 아니하고 다소의 변경을 가한 것이라고 하여도 원저작물의 再製 또
는 동일성이 감지되는 정도이면 복제가 되는 것이고… 원저작물을 복제함에
있어 함부로 그 저작물의 내용, 형식, 제호에 변경을 가한 경우에는 원저작자
의 동일성유지권을 침해한 경우에 해당한다"고 판시한 것이 있다.[145] 유의할
것은 복제권 침해에 해당하는 원저작물의 再製 또는 동일성이 감지되는 정도
로 다소의 변경이 가하여진 경우, 그것이 언제나 저작물의 외면적 형식을 삭
제하거나 추가 또는 변경하는 등의 왜곡행위를 수반하는 것은 아니라는 점이
다.[146] 따라서 복제권 침해에 해당하는 원저작물의 재제 또는 동일성이 감지
되는 정도로 다소의 변경을 가한 경우와, 동일성유지권 침해에 해당하는 저작
물의 외면적 형식을 삭제하거나 추가 또는 변경하는 등의 왜곡행위는 개념적
으로 구별하여 판단하여야 한다.[147] 요컨대, 동일성유지권이란 저작물의 완전

---

145) 대법원 1989. 10. 24. 선고 89다카12824 판결('문익환 가 사람들' 사건); 같은 취지의 대법원 판
결로는, 대법원 1999. 5. 25. 선고 94다41216 판결('세계대역학전집' 중 일부 삽화 및 그 내용
을 무단 이용한 사안에서 동일성유지권 침해 인정); 대법원 1999. 11. 26. 선고 98다46259 판
결('고려수지요법강좌'에 기술된 내용을 그대로 인용하거나 약간의 변경을 가하는 방법으로
이용한 사안에서 동일성유지권 침해 인정); 같은 취지의 하급심 판결로는, 서울고법 1995. 10.
19. 선고 95나18736 판결(피고가 원고의 소설 '하얀나라 까만나라' 중 일부를 그대로 피고의
대본에 무단이용하여 그 표현을 수정·변경한 사안에서 동일성유지권 침해 인정); 서울중앙지
법 2010. 7. 23. 선고 2008나40136 판결(원고의 '재무관리'와 그 '해답집'의 기술 내용을 피고가
그대로 인용하거나 전후 서술 순서와 기호, 숫자 등을 바꾸는 등 약간의 변형을 가한 사안에
서 동일성유지권 침해 인정) 등.

146) 서울지법 2000. 1. 21. 선고 99가합52003 판결('민주저널' 사건). 사안은 원고가 PC통신과 인터
넷상에 쓴 '노벨상 욕심 때문에 나라가 망하겠다'라는 취지의 글(이하 '제1저작물'이라 한다)과
'김대중 정권의 부패상이 드러나고 있다'라는 취지의 글(이하 '제2저작물'이라 한다)을 피고가
원고의 허락을 받지 않고 피고 발행의 당보인 민주저널 'PC통신중계탑' 란에 제1저작물과 제2
저작물의 일부를 발췌하여 게재하였다. 원고는 피고를 상대로 저작인격권 침해를 이유로 그
손해의 배상 및 명예회복을 위한 조치를 청구한 사건이다. 이에 대해 법원은 제1, 제2 각 저작
물을 축약하여 게재한 것이 복제권 침해 등 저작재산권 침해에 해당함은 별론으로 하고 위 각
저작물의 "본래의 취지를 바꾸거나 왜곡할 정도라고 보기 어렵다"고 판단하여 동일성유지권
침해를 부정하였다.

147) 그러한 점에서 이와 반대취지의 전술한 대법원 1989. 10. 24. 선고 89다카12824 판결('문익환
가 사람들' 사건)은 의문이다. 마찬가지로 전술한 대법원 94다41216 판결 및 98다46259 판결
('세계대역학전집' 및 '고려수지요법강좌' 사건)과 하급심 판결들('하얀나라 까만나라' 및 '재무
관리' 사건)도 의문이다. 그러나 만일 위 판결들이 어문저작물에 관한 것이 아니라 미술저작물
이나 사진저작물에 관한 복제권 및 동일성유지권 침해가 각 문제된 사안들이었다면 복제권

성에 관한 저작자의 인격적 이익을 보호하기 위한 권리이므로, 복제권과 같은 저작자의 재산적 이익을 보호하기 위한 권리와는 그 구체적 침해 태양을 구별하여 판단하여야 한다.

한편, 동일성유지권은 타인의 저작물의 창작성이 인정되는 표현 부분에 삭제나 추가 또는 변경 등의 왜곡행위가 이루어진 경우에만 적용되므로[148] 동일성유지권 침해가 성립하기 위해서는 타인의 저작물의 표현형식상 창작적 특성이 감지될 정도로 이용되어야 한다.[149] 따라서 타인의 저작물을 대폭적으로 변경한 결과 더 이상 타인의 저작물의 창작적 표현을 감지할 수 없는 경우에는 동일성유지권 침해가 성립하지 않는다. 가령, 타인의 저작물의 38행에 걸쳐 서술된 내용을 불과 3행으로 요약하여 소개한 사례에서 동일성유지권 침해가 부정되었다.[150]

나. 음악저작물의 침해

뮤지컬 쇼를 구성하는 음악저작물의 특정 부분을 삭제함으로써 전체 뮤지컬의 시간을 단축하는 경우는 외면적 형식을 왜곡하는 경우에 해당한다. 그러나 음악저작물들을 선택하여 배열만을 달리하여 편집하였을 뿐이고 개개 음악저작물의 내면적 형식을 그대로 유지하면서 음악저작물들을 재편집하는 행위는 외면적 형식을 삭제하거나 추가 또는 변경하는 등 왜곡행위를 한 것이 아니므로 동일성유지권 침해에 해당하지 않는다.[151] 요컨대, 외면적 형식을 삭제

침해와 동일성유지권 침해의 병존을 인정하기가 다소 수월하였을지 모른다. 미술이나 사진의 경우는 무단 이용할 때에 삭제와 추가 등의 변경행위가 뒤따르는 경우가 많을 것이기 때문이다. 가령, 원고의 사진저작물을 피고가 무단 변형하여 광고 포스터에 이용한 사안에서 복제권 침해와 동일성유지권 침해의 병존을 인정한 일본 하급심 화해 사건{東京地裁 1974(昭和49)年 5月 8日 和解} 및 그 해설 참조. 秋吉稔弘 外, 「著作權關係事件の硏究」, 判例時報社, 1987, 106~111면, 279면.

148) 서울고법 1994. 9. 27. 선고 92나35846 판결은, 원고가 방송출연계약에 따라 60분간 학술의 범위에 속하는 강연을 하기로 약정하고 63분에 걸쳐 녹화한 강연물에 대해 피고가 23분에 해당하는 중요부분의 내용을 임의로 삭제·수정하여 40분간 방송하였다면 강연자인 원고의 동일성유지권을 침해한 것이라고 판시하였다.

149) 中山信弘, 「著作權法」第2版, 有斐閣, 2014, 496~497면 참조.

150) 最高裁 1998(平成10)年 7月 17日 判決('제군!' 사건)은, 피고가 집필한 본건 평론부분 중 첫머리 3행은 원고의 본건 저작부분 내용의 일부를 불과 3행으로 요약한 것에 지나지 않고 38행에 걸친 본건 저작부분에 있어서 표현형식상의 창작적 특성이 감지될 정도로 이용한 것이 아니므로 본건 저작부분에 관한 원고의 동일성유지권을 침해하는 것이 아니라는 점은 명백하다는 취지로 판시하였다.

151) 서울고법 1995. 3. 21. 선고 94나6668 판결은 "가창의 원형을 변형시키지 않고 동일한 가수들

하거나 추가 또는 변경하는 등 왜곡함으로써 내면적 형식의 동일성을 변경하는 경우에는 동일성유지권의 침해에 해당한다.

과거 하급심 판결 중에는 악곡을 디지털압축파일로 변환하고 그 음원의 일부분을 잘라서 1분 내지 1분 30초 분량의 미리듣기 서비스로 제공하거나 벨소리 통화연결음으로 이용하는 서비스를 제공한 사안에 대해 동일성유지권 침해를 긍정한 것이 있었다.[152] 이와 달리 뮤지컬의 녹화물을 14개 부분으로 나누어 인터넷 홈페이지에 VOD 방식으로 방송한 사안에서 뮤지컬에 대한 동일성유지권 침해를 부정한 판결도 있었다.[153] 위 사안에서 법원은 "피고는 이 사건 뮤지컬의 내용을 삭제하거나 순서를 바꾸는 등의 편집은 가하지 아니한 채 단순히 전체 뮤지컬의 일부씩을 발췌하여 나열한 것에 불과하고, 또 당시의 기술수준으로는 파일의 용량이나 전송속도의 제한 등으로 인하여 인터넷 방송을 하기 위해서는 전체 뮤지컬을 3~4분씩의 여러 파일로 나누어야 했던 사정 등을 인정할 수 있는바 그렇다면 위와 같은 피고의 행위는 이 사건 뮤지컬에 실질적 개변을 가하여 그 동일성을 손상하였다고 보기 어려울 뿐만 아니라, 가사 일부 동일성의 손상이 있다고 하더라도 이는 이용의 형태상 '부득이한 변경'에 해당한다고 볼 것이므로 동일성유지권을 침해하였다고 인정하기 부족하다"고 판시하였다.[154]

생각건대, 위 두 하급심 판결들 중 첫 번째 사안은 전체 악곡 중 일부분을 잘라내어 들려주는 서비스를 제공한 것으로서, 비록 판결문에서는 "잘라냈다"는 표현을 사용하였더라도 그 객관적 실질은 음원의 일부만을 이용함으로써 그 부분만을 그대로 들려준 것에 불과하므로 외면적 형식이나 내면적 형식에서 그 동일성을 손상시키는 아무런 변경도 가하지 않은 경우라고 할 것이다. 그러한 점에서 첫 번째 사안에 대해 과연 동일성유지권을 침해한 것이라고 판

의 가창을 선곡하여 배열만 달리하여 편집한 것에 불과한 것이라 함은 앞서 본 바와 같으므로, 이러한 정도의 재편집이 위 가창에 대한 저작자의 동일성유지권 등 인격적 이익을 침해하는 것으로는 볼 수 없[다]"고 판시하였다. 내면적 표현형식을 유지하면서(가창의 원형을 변형시키지 않으면서) "선곡하여 배열만 달리하여 편집한 것"은 외면적 표현형식의 변경에 해당하지 않으므로 인격적 이익의 침해에 해당하지 않는다는 취지라고 이해할 수 있다.

152) 서울고법 2008. 9. 23. 선고 2007나70720 판결. 이 사건의 1심 판결은 동일성유지권 침해를 부정하였다(서울중앙지법 2007. 6. 21. 선고 2006가합26606 판결).

153) 서울고법 2002. 10. 15. 선고 2002나986 판결('지저스 크라이스트 슈퍼스타' 사건).

154) 위 서울고법 2002나986 판결은 2000년 저작권법이 전송권을 도입하기 이전에 발생한 사안에 관한 것으로서 1986년 저작권법 제2조 제8호가 규정한 방송 개념에 이른바 인터넷 방송이 포함되는지 여부를 판단한 대법원 2003. 3. 25. 선고 2002다66946 판결의 원심 판결이다.

단할 수 있을 것인지 의문이다. 만일 전체 음악저작물 중 특정 부분을 삭제하여 들려주지 않고 나머지 부분만을 들려줌으로써 그와 같이 연주시간이 일부 단축된 상태에서 마치 그것이 원래의 음악저작물인 것처럼 이용자들이 오인하도록 서비스를 제공한 것이라면, 그 단계에서는 외면적 (표현)형식이나 내면적 (표현)형식에 변경을 가한 것이라고 인정할 수도 있다. 그러나 첫 번째 사안은 그러한 경우가 아니라, 단지 기존 음악저작물의 일부분만을 '미리듣기 서비스'라는 제목 아래 그대로 들려주는 서비스를 제공한 것에 지나지 않기 때문에, 그와 같이 음원의 일부분만을 그대로 이용한 것에 대해서는 저작재산권 침해가 발생하는 것은 별론으로 하고, 동일성유지권 침해까지 발생한 것이라고 단정할 수 없다.[155]

이와 관련하여 대법원은 피고가 원고의 이용허락을 받지 않고 음악저작물을 노래반주기 등에 이용하면서 30초 정도 분량으로 미리듣기 서비스를 제공한 사안에서 "음악저작물…의 일부만을 이용하더라도, 그 부분적 이용이 저작물 중 일부를 발췌하여 그대로 이용하는 것이어서 이용되는 부분 자체는 아무런 변경이 없고, …일반 대중이나 당해 저작물의 수요자가 그 부분적 이용이 전체 저작물의 일부를 이용한 것임을 쉽게 알 수 있어 저작물 중 부분적으로 이용된 부분이 그 저작물의 전부인 것으로 오인되거나, 그 부분적 이용으로 그 저작물에 표현된 저작자의 사상·감정이 왜곡되거나 저작물의 내용이나 형식이 오인될 우려가 없는 경우에는, 그러한 부분적 이용은 그 저작물 전부를 이용하는 것과 이용하는 분량 면에서만 차이가 있을 뿐이어서 저작자의 동일성유지권을 침해한 것으로 볼 수 없다. 이는 그 부분적 이용에 관하여 저작재산권자의 이용허락을 받지 않은 경우에도 마찬가지이다"라고 판시하였다.[156] 대법원 판결은 일부 하급심 판결로 인해 흔들리던 동일성유지권의 침해에 관한 법리를 명확하게 정립하였다는 점에서 그 의의가 있다.

---

155) 이는 온라인상에서 어문저작물의 일부 내용만을 그대로 이용하여 읽을 수 있도록 하거나 영상저작물의 일부 내용만을 그대로 이용하여 보여주는 것이 동일성유지권의 침해에 해당한다고 단정할 수 없는 것과 마찬가지의 이치이다.

156) 대법원 2015. 4. 9. 선고 2011다101148 판결. 쟁점은 2가지이다. 원고(X)는 저작권신탁관리업자(Z)와 체결한 음악저작물 신탁계약을 해지하였는데, 계약해지 전에 피고(Y)가 Z와 맺은 포괄적 이용허락의 효력을 신탁계약 종료와 무관하게 X에게 주장할 수 있는지 여부(쟁점①), Y가 제공한 미리듣기 서비스가 동일성유지권 침해인지 여부(쟁점②)이다. 대법원은 쟁점①에 대해 X와 Z 간에 Z가 행한 이용허락을 X가 승계한다는 약정이 존재하는 등 특별한 사정이 없는 한 신탁계약 종료 후 Y의 이용행위는 저작재산권 침해라고 판단하였다.

다. 미술저작물 등의 침해

나체화가 그려진 미술저작물 원본의 소유자가 나체화의 주인공인 여인이 옷을 입은 것과 같은 효과를 내기 위해 나체화 위에 색을 덧칠하는 것처럼 그림을 수정·가필하는 것은 미술저작물의 외면적 형식을 변경함으로써 내면적 형식의 동일성마저 훼손하는 경우에 해당한다. 우리 하급심은 올림픽 상징 거리 조형물을 변형한 사안에서 "피고가 이 사건 조형물 중 공익광고물 부분을 철거한 후 전광판을 부착하면서 설치한 원반형의 스테인레스 구조물은… 마치 이 사건 조형물의 구성부분을 이루는 것으로 보이는 등… 원고의 창작의도를 중대하게 훼손하였다고 인정되므로, 이는 이 사건 조형물의 본질적인 부분의 변경에 해당한다"고 판시하였다.[157] 이 판결은 피고가 공익광고물 부분을 철거하여 외면적 형식을 변경하였음은 물론이고 이로써 원고의 창작의도를 중대하게 훼손하여 내면적 형식에도 변경을 가한 것이라는 취지로 판시하여 동일성유지권 침해를 인정한 것이다. 만일 내면적 형식은 물론 외면적 형식에도 아무런 변경이 없다면 동일성유지권 침해는 성립할 여지가 없을 것이다.[158]

사진저작물과 관련해서는 "피고가 원고의 허락 없이 이 사건 사진을 축소하여 썸네일 이미지로 변환시켰으나, 단순한 축소에 불과하여 본질적인 내용에는 변경이 없고, 앞에서 본 인터넷 검색 서비스 중 이미지 검색 서비스를 위한 썸네일 이미지의 필요성, 썸네일 이미지의 이용 목적 및 그 형태 등을 고려하여 보면, 이는 저작권법 제13조 제2항 제3호[159]가 규정하는 부득이하다고 인정되는 범위 내에 해당한다고 볼 수 있으므로, 피고가 원고의 이 사건 사진에 관한 동일성유지권을 침해하였다고 할 수 없다"고 한 판결[160] 및 같은 사건의 항소심 판결[161]이 있다. 위 하급심 판결들은 썸네일 이미지로 변환한 것이 단순한 축소에 불과하여 외면적 형식은 물론 내면적 형식에 변경을 가한

---

157) 서울동부지법 2004. 9. 30. 선고 2004가합4292 판결('빛의 세계' 사건). 법원은 "원고에 의하여 이 사건 조형물에 반영된 사상과 감정을 훼손하고 이 사건 조형물의 구성 및 표현방법을 변경하는 것으로서 원고의 동일성유지권을 침해하는 행위에 해당한다"고 판시하였다.

158) 이와 반대취지의 서울지법 1998. 12. 18. 선고 97가합89063 판결은 의문이다. 원고의 사진저작물을 무단 전시하면서 일부 사진의 상하를 뒤바꾸어 전시한 것에 대해 동일성유지권 침해가 인정된다고 판시하였다. 사진저작물의 내면적 형식은 물론이고 외면적 형식의 변경도 없었다는 점에서 동일성유지권 침해는 성립할 수 없으며 전시권 침해만이 문제되는 사안으로 이해하는 것이 옳을 것이다.

159) 현행 저작권법 제13조 제2항 제5호.

160) 서울중앙지법 2004. 9. 23. 선고 2003가합78361 판결('썸네일 이미지 검색 서비스' 사건).

161) 서울고법 2005. 7. 26. 선고 2004나76598 판결('썸네일 이미지 검색 서비스' 사건).

것으로 볼 수 없다는 취지로 이해할 수 있다. 한편, 피고가 원고의 수영경기 모습이 담긴 사진저작물을 무단 복제하여 광고 포스터에 이용하면서 사진 속의 수영장의 레인 번호를 바꾸고 레인을 나타내는 로프를 삭제하는 등 외면적 형식에 변형을 가한 사안에서 복제권 침해와 동일성유지권 침해를 인정한 사건이 있다.[162]

라. 영상저작물의 침해

영화의 비극적 결말을 해피엔딩으로 바꾸는 것, 또는 흑백영화로 제작된 영상저작물에 색상을 더하여 컬러화 하는 것[163] 등은 내면적 형식을 변경한 것이거나 외면적 형식에 변경을 가한 것에 해당하므로 모두 동일성유지권 침해가 인정된다.[164] 우리 하급심 판결은 영상저작물(극영화)에 대한 TV방영권의 양수인이 해당 극영화의 저작자인 영화제작자(영화감독)의 동의 없이 해당 극영화의 장면 중 일부를 삭제하거나 극영화에 포함되어 있던 한글 자막이 없이 TV로 방송되도록 하였다면 이는 TV방송의 기술적 제약으로 불가피한 것으로 인정되지 않는 한 동일성유지권을 침해한 것이라고 판시하였다.[165] 일본 하급심 판결 중에는 영화제작자가 영화를 비디오로 제작하고 또 이를 TV에서 방영하면서 비스터 비전(vista vision) 사이즈의 영화를 스탠더드 사이즈로[166] 트리밍하여 화면의 일부를 잘라낸 것에 대하여 영화감독이 동일성유지권 침해를

---

162) 東京地裁 1974(昭和49)年 5月 8日 화해 사건 참조. 이 사건에 관해서는, 秋吉稔弘 外, 「著作權關係事件の硏究」, 判例時報社, 1987, 106~111면, 279면 각 참조.

163) Judgment of May 28, 1991, Cass. civ. 1re, France, 149 RIDA 97 (1991). 이 사건은 John Huston과 John Maddows가 공동으로 시나리오를 쓰고 John Huston이 감독한 미국의 흑백영화 'Asphalt Jungle'을 컬러화하는 문제와 관련된 것이다. Huston이 사망한 후 이 영화는 영화제작사인 Turner Entertainment社에 의해 컬러화되었다. Huston의 상속인들과 Maddows는 흑백영화의 컬러판을 방송하려는 프랑스의 TV 방송국을 피고로 하여 동일성유지권을 근거로 방송금지를 청구하였다. 쟁점은 감독과 시나리오작가(script-writer)가 프랑스에서 영화에 대한 저작자의 권리를 주장할 수 있는지 여부, 그들의 저작인격권에 기하여 프랑스 내에서 컬러판이 배포되는 것을 금지시킬 수 있는지에 관한 것이었다. 상고심인 파기원(Cour de cassation)은 감독과 시나리오작가가 그 영화의 실제 창작자이므로 영화저작물의 저작자로서의 지위에서 동일성유지권을 침해하는 컬러판이 프랑스에서 일반 대중에게 방영되는 것을 금지시킬 수 있다고 인정하였다. 이에 관해서는, 박성호, "영상저작물의 저작권 귀속에 관한 준거법의 결정", 「국제사법」 제14호, 2008. 12., 118~121면.

164) 황적인·정순희·최현호, 앞의 책, 248면; 이상정, "저작인격권—동일성유지권을 중심으로", 「계간 저작권」, 1991 겨울호, 14면.

165) 서울고법 2001. 10. 11. 선고 2000나36738 판결('빛은 내 가슴에' 사건).

166) 비스터 비전 사이즈는 가로세로 비율이 1.85 : 1 내지 1.66 : 1이고 스탠더드 사이즈는 그 비율이 1.33 : 1이다. 스탠더드 사이즈는 과거 TV브라운관 규격과 동일한 것이다.

주장한 사안이 있다. 이에 대해 판결은 영화감독이 비디오 제작을 하면서 편집작업이 이루어지는 것을 미리 양해하고 있었던 점, 편집내용에 합리성이 인정되는 점, 영화제작자가 제작을 총지휘하면서 편집 등에 관계하고 있었고, 그것에 대해 감독이 이의를 제기하지 않았던 점 등 여러 사정을 감안하여 결론적으로 영화제작자가 화면 일부를 잘라낸 편집행위는 "저작물의 성질이나 그 이용의 목적 및 태양에 비추어 부득이 하다고 인정되는 개변"에 해당한다고 판단하였다.[167]

4. 제   한

가. 법률 규정

저작권법은 일정한 경우에 동일성유지권의 침해에 해당하지 않는다고 규정함으로써 동일성유지권을 제한하고 있다(제13조 제2항). 즉 같은 조 제2항에는 네 개의 개별 규정(제1호 내지 제4호)과 하나의 일반조항(제5호)을 두고 있다. 다만, 위와 같은 다섯 가지 제한사유에 해당하더라도 "본질적인 내용의 변경"에 대해서는 동일성유지권의 침해에 해당한다고 규정한다(제13조 제2항 단서).

(1) 학교교육 목적을 위하여 부득이 하다고 인정되는 범위 안에서의 표현의 변경(제1호)

저작권법 제25조의 규정에 따라 교과용 도서에 저작물을 게재하는 경우, 또는 수업 등의 목적상 저작물의 일부분을 공연하거나 방송 또는 전송 등을 하는 경우, 학교교육 목적을 위하여 부득이하다고 인정되는 범위 안에서 표현을 변경하는 것은 동일성유지권 침해로 되지 않는다. 예컨대, 소설을 교과용 도서에 게재할 때에 어려운 한자를 교육 대상 학생의 수준에 맞게 쉬운 우리말로 고치거나 영어교과서의 경우 학년에 따라 어려운 단어를 쉬운 단어로 바꾸는 경우 등이다.

(2) 건축물의 증축·개축 그 밖의 변형(제2호)

건축물의 증축·개축 그 밖의 변형은 동일성유지권 침해로 되지 않는다. 예컨대, 건축물을 사용하면서 파손된 곳을 수리하는 경우 또는 이용하는데 불편한 곳을 해소하기 위해 개축하는 경우, 학생 수가 늘어나서 교육의 필요에서 증축하거나 개축해야 하는 경우 등이다.[168] 이것은 특히 건축물이 가지는 실용성을 고려하여 건축물 소유자의 경제적 이용권과 저작자가 가지는 저작인

---

167) 東京高裁 1998(平成10)年 7月 13日 判決('스위트 홈' 사건).
168) 서달주, 「저작권법」 제2판, 박문각, 2009, 313면.

격권 간의 조정을 도모한 것이다.169) 따라서 본호가 예정하고 있는 것은 어디 까지나 경제적·실용적 관점에서 필요한 범위의 증축·개축을 말하는 것이고, 개인적인 미적 가치에 따른 자의적인 변형이나 필요한 범위를 초월한 변형은 이에 해당하지 않는다.170) 일본 하급심 판례 중에는 법과대학원 개설이라는 공공목적을 위하여 대학 부지 내의 한정된 공간 내에서 신축하기 위한 것으로서 기존 건물을 일단 해체하여 가능한 한 현상에 가까운 형태로 복원하여 이전·건축한 사안에 대하여, 본호의 제한 사유가 적용되므로 동일성유지권 침해에 해당하지 않는다고 판단한 것이 있다.171)

(3) 특정 목적의 컴퓨터프로그램과 관련한 필요한 범위에서의 변경(제3호·제4호)

본호는 컴퓨터프로그램의 기능성과 실용성을 고려하여 규정한 것이다. 먼저 "특정한 컴퓨터 외에는 이용할 수 없는 프로그램을 다른 컴퓨터에 이용할 수 있도록 하기 위하여 필요한 범위에서의 변경"(제3호)이란 기종 변경에 수반하여 행하는 프로그램의 변경(conversion)을 말한다. 다음으로 "프로그램을 특정한 컴퓨터에 보다 효과적으로 이용할 수 있도록 하기 위하여 필요한 범위에서의 변경"(제4호)이란 처리속도의 향상이나 기능을 부가하는 등 '버전업'에 수반되는 변경을 말한다.

(4) "부득이 하다고 인정되는 범위 안에서의 변경"(제5호)

위 제1호 내지 제4호 외에 "그 밖에 저작물의 성질이나 그 이용의 목적 및 형태 등에 비추어 부득이 하다고 인정되는 범위 안에서의 변경"(제5호)이 발생한 경우도 동일성유지권의 침해에 해당하지 않는다. 본호는 전술한 개별 규정(제1호 내지 제4호)이 한정적으로 열거한 각각의 사유에 포섭되기 어려운 사안들 중에서 저작물의 성질이나 저작물 이용의 목적 및 형태 등에 비추어 달리 선택의 여지가 없는 변경이 발생한 경우를 상정하여 마련된 규정이다. 그러한 점에서 본호는 일반조항으로서의 성격을 가지는 것이다.172) 예컨대, 복제 기술의 한계로 인해 원작의 색채를 충분히 구현하지 못하는 경우나 연주·가창 실력의 미숙으로 음악적 표현을 충분히 나타내지 못하는 경우 등을 들

---

169) 서달주, 위의 책, 313면; 三浦正廣, "同一性保持權(2)―建築物の移設", 「著作權判例百選」第4版, 有斐閣, 2009, 169면.

170) 三浦正廣, 위의 논문, 169면.

171) 東京地裁 2003(平成15)年 6月 11日 決定.

172) 上野達弘, "著作物の改變と著作者人格權をめぐる一考察(1)", 「民商法雜誌」第120卷 第4·5號, 有斐閣, 1999. 8., 750면 참조.

수 있다. 일본 하급심 판결 중에는 극장용 영화를 TV로 방영할 때 비스터 비전 사이즈를 스탠더드 사이즈로 트리밍한 경우,[173] 요약인용에 의해 수반되는 개변의 경우[174)는 각 '부득이한 개변'에 해당한다고 판시한 것이 있다. 우리 하급심 판결은 당시의 인터넷 전송속도나 기술 수준 때문에 전체 뮤지컬을 3~4분 분량씩 여러 파일로 나누어 이른바 '인터넷 방송'을 내보낸 행위에 대해 "피고의 행위는 이 사건 뮤지컬에 실질적 개변을 가하여 그 동일성을 손상하였다고 보기 어려울 뿐만 아니라 가사 일부 동일성의 손상이 있다고 하더라도 이는 이용의 형태상 '부득이한 변경'(구 저작권법 제13조 제2항 제3호[175) 참조)에 해당한다고 볼 것이므로 동일성유지권을 침해하였다고 인정하기에 부족하다"고 하여 동일성유지권 침해를 부정하였다.[176) 프로야구 응원가 사건에서도 프로야구 구단(피고)들이 작곡가(원고)들의 악곡을 응원가 목적으로 사용하기 위해 주된 가락의 변경 없이 일부를 다르게 한 것은 응원가로 사용하는 과정에서 부득이한 변경이라고 판단하여 동일성유지권 침해를 부정하였다.[177)

(5) "본질적인 내용의 변경"이 아닐 것(제13조 제2항 단서)

동일성유지권의 각 제한 사유(제13조 제2항 제1호 내지 제5호)에 해당하더라도 그것이 "본질적인 내용의 변경"인 경우에는 동일성유지권을 행사할 수 있다(제13조 제2항 단서). 여기서 "내용"이란 전술한 '내면적 (표현)형식'을 말하고, 따라서 "내용의 변경"이란 내면적 형식의 변경을 의미한다. 그런데 내면적 형식이 변경되기 위해서는 외면적 형식도 변경될 수밖에 없는 것이므로, 결국 "내용의 변경"이란 내면적 형식의 변경과 그에 수반하는 외면적 형식의 변경을 뜻한다고 할 것이다. 그러면 "본질적인 내용"이란 무엇을 가리키는 것일까? 중요한 것은 "본질적인"이란 한정어가 지향하는 의미 내용을 파악하는 것인데, 이는 동일성유지권에 관하여 베른협약 제6조의2 제1항이 규정하고 있는 저작자의 명예·명성을 가리키는 것이라고 보아야 한다. 명예·명성이란 저작자의 인격적 요소 중 가장 중요하고 포기될 수 없는 핵심 요소이기 때문이다. 그러므로 "본질적인 내용의 변경"이란 '내면적 (표현)형식'의 변경과 그에 수반

---

173) 東京高裁 1998(平成10)年 7月 13日 判決('스위트 홈' 사건).
174) 東京地裁 1998(平成10)年 10月 30日 判決('혈액형과 성격의 사회사' 사건).
175) 현행 저작권법 제13조 제2항 제5호.
176) 서울고법 2002. 10. 15. 선고 2002나986 판결('지저스 크라이스트 슈퍼스타' 사건).
177) 서울고법 2021. 10. 21. 선고 2019나2016985 판결('프로야구 응원가' 사건). 이 사건 판결은 작사가(원고)들의 동일성유지권 침해 주장에 대해서는 원곡의 가사와 응원가 가사 간에 실질적 유사성이 없어 별개의 새로운 저작물이라고 판단하고 동일성유지권 침해를 부정하였다.

하는 '외면적 (표현)형식'의 변경 가운데서도 특히 저작자의 사회적 명예·명성을 해할 우려가 있는 변경을 의미하는 것이라고 해석하여야 한다.178)

나. 관련문제
(1) 저작자의 '묵시적 동의'에 의한 동일성유지권의 제한

대법원 판결 중에는 '묵시적 동의'를 이유로 동일성유지권 침해를 부정한 사건이 두 건 있다. 최초의 판결은 이른바 테마파크의 상징 도안의 창작과 관련된 이른바 '롯티' 사건에 관한 것이다.179) 이 사건은 도안의 창작을 수탁자(디자이너)에게 위탁한 위탁자(테마파크 법인)가 수탁자로부터 명시적인 허락을 얻지 않고서 임의로 해당 도안을 수정함으로써 수탁자의 동일성유지권을 침해하였다는 이유로 저작물 사용금지 가처분신청이 제기된 사안이다. 대법원은 이 사건 도안이 응용미술작품인 점, 피신청인(위탁자)에게 위 도안에 대한 저작재산권이 양도되었음은 물론이고 도안변경요구권도 인정되었다는 점, 신청인(수탁자)이 피신청인의 수정요구에 대해 몇 차례 수정을 하였지만 나중에 가서는 신청인 자신이 아무리 수정을 하더라도 같은 도안밖에 나오지 않는다면서 더 이상의 수정을 거절한 사정 등을 인정한 다음 이를 종합하면, 신청인은 피신청인이 위 도안을 변경하더라도 이의를 제기하지 않겠다는 취지의 묵시적 동의를 한 것이라고 보아 동일성유지권의 침해에 해당하지 않는다고 판시하였다. 두 번째 판결은 출판사가 임의로 역사교과서의 내용을 수정하자 저작자들이 출판사를 상대로 동일성유지권 침해를 이유로 수정된 교과서의 복제·배포금지를 청구한 이른바 '역사교과서' 사건에 관한 것이다. 대법원은 교과서를 집필한 저작자들이 한국교육과정평가원에 교과서 검정신청을 하면서 교육부장관의 지시사항을 성실히 이행하겠다는 내용으로 '동의서'를 제출하였기 때문에 저작자들의 동일성유지권을 제한할 수 있는 묵시적 동의가 있었음이 인정된다는 이유로 위 동의서에 의해 동일성유지권이 제한되었다고 판시하였다.180)

두 대법원 판결의 논거가 된 '묵시적 동의' 법리의 근본 문제는, 동일성유지권의 제한을 명시적으로 규정한 저작권법 제13조 제2항의 각 호(제1호 내지 제5호)의 해석, 그 중에서도 특히 제5호에 대한 해석론을 전개하여 동일성유지권의 침해를 부정한 것이 아니라, '묵시적 동의'에 의거하여 동일성유지권의

---

178) 이러한 해석론은 후술하는 '동일성유지권의 불행사 특약'에 대하여 그 특약의 한계를 설정하는 해석론과 직접적으로 관련된다.
179) 대법원 1992. 12. 24. 선고 92다31309 판결('롯티' 사건).
180) 대법원 2013. 4. 26. 선고 2010다79923 판결('역사교과서' 사건).

침해 주장을 배척하였다는 데에 있다. 저작권법이 규정한 明文의 제한사유를 배제한 채 '묵시적 동의'라는 不文의 적용제외 논리를 동원하는 것은181) 저작인격권에 대한 사실상의 포기를 묵인하는 것과 마찬가지라는 점에서 문제의 심각성이 있다.182)

'롯티' 사건 대법원 판결에 관해서는 이미 몇 차례 판례평석이 이루어진 바 있는데, 그 가운데 공통되는 논지는 동일성유지권의 제한을 규정한 "부득이하다고 인정되는 범위 안에서의 변경"(제13조 제2항 제5호)183)에 대한 해석론을 전개하여 사안을 해결하였더라면 선례로서 가치 있는 유용한 판결이 되지 않았을까 하는 아쉬움을 지적한 것이 대부분이었다. 적극적 사유인 "부득이하다고 인정되는 범위 안에서의 변경"과 소극적 사유인 "본질적인 내용의 변경"이 아닐 것(제13조 제2항 단서)을 상관적으로 고려하는 해석론이 필요하다는 문제제기일 것이다. 그러나 20년이란 시간적 격차를 두고 등장한 '역사교과서' 사건 판결은 '롯티' 사건 판결의 추상적 법명제를 그대로 반복하고 있을 뿐이다. 저작권법 제13조 제2항 제5호에 근거한 해석론은 여전히 이루어지고 있지 않다. 더구나 "본질적인 내용의 변경"이어서는 안 된다는 점과 관련해서는 '롯티' 판결은 물론이고 '역사교과서' 판결에서도 아무런 판단도 이루어지지 않았다. '역사교과서' 판결에서 교과서 저작자들이 교육부의 수정권고와 이에 뒤이은 수정명령에 반발한 것은 저작자들이 쉽게 받아들일 수 없는 내용, 즉 '史觀의 變更'과 관련된 것이었기 때문이라고 볼 수밖에 없다.184) 역사서술에서 사관을 변경하는 것보다 더 본질적인 변경은 없을 것이다. 사관의 변경이야말로 저작자의 명예나 명성을 해치는 내면적 (표현)형식의 변경에 해당한다고 보아야 한다. 대법원 판결이 그 내용이 명확하지도 않고 정부의 일방적인 요구에

---

181) 대법원 판례의 이러한 양상은 일본의 상황과 매우 닮아 있다. 上野達弘, 앞의 논문, 751~753 면은 일본의 종래 통설과 판례가 일본 저작권법 제20조 제2항 제4호(우리 저작권법 제13조 제2항 제5호)의 제한사유를 매우 엄격하게 해석하면서도, 다른 한편으로는 이 제한사유를 '회피' 하여 묵시적 동의{東京地裁 1997(平成9)年 8月 29日 判決} 또는 권리남용 등의 논리를 원용 함으로써 동일성유지권 침해 주장을 부정하여 왔다는 점을 비판한다. 그러면서 묵시적 동의나 권리남용 등과 같이 不文의 適用除外 논리를 사용하는 것은 도리어 불명확한 판단구조를 초래한다고 비판한다.

182) 정상조·박준석, 「지식재산권법」 제5판, 홍문사, 2020, 348면은 '롯티' 사건 대법원 판결에 대해 묵시적 동의가 있었다는 해석론은 "결과적으로 장래에 향한 동일성유지권의 포기와 동일한 결과로 된다"고 비판한다.

183) 1986년 저작권법 제13조 제2항 제3호.

184) 남형두, "역사교과서 논쟁—저작인격권 침해를 중심으로", 「출판문화」Vol. 575, 16면.

따라 제출한 위 '동의서'를 역사교과서라는 저작물의 본질적인 부분인 사관까지도 임의로 고칠 수 있도록 동의한 것이라고 해석한 것은 문제이다. 대법원 판결은 학자들이 역사교과서를 집필한다는 본질적 성격이나 동일성유지권에 대한 이해 부족에서 기인한 것이라는 비판을 피하기 어려울 것이다.[185] 이러한 문제는 후술하는 '동일성유지권의 불행사 특약'의 적법성과 관련해서도 의미가 있다.

(2) 패러디

패러디는 그 본질적 특성상 널리 알려진 타인의 저작물(이하, '원작'이라 한다)을 이용하여 이를 풍자적 또는 비평적으로 개작함으로써 그 원작을 상기시키는 예술장르이다. 패러디는 널리 알려진 원작을 대상으로 창작되는 것이므로 패러디의 특성상 원작이 변경되더라도 일반 공중이 이미 인식하고 있는 원작과 패러디물의 표현형태를 비교하면서 풍자의 묘미를 감상하는 것이기 때문에 원작을 패러디물로 오인하거나 혼동하지 않을 것이다. 이처럼 원작이 널리 알려져 있어서 누가 보더라도 공공연하고 명백하게 패러디한 것임을 알아차릴 수 있어 패러디물이 예술작품으로 인정되는 이른바 '성공한 패러디'의 경우에는 동일성유지권의 침해 문제가 발생하지 않는다고 규범적으로 평가할 수 있다. 이러한 규범적 평가는 ① 원작이 사회적 공유재산(Gemeingut)이라 할 정도로 널리 알려져 있을 것, ② 원작을 야유하지 않을 것, ③ 원작을 통하여 사회적으로 형성된 고정관념을 해체·풍자할 것, ④ 예술적 문제제기일 것, ⑤ 독립성을 가질 것, ⑥ 필요최저한 일 것 등의 요건 아래에서 인정될 수 있을 것이다.[186]

문제는 예술적으로 성공한 패러디라고 인정되더라도 거꾸로 동일성유지권 침해에 해당한다고 규범적으로 판단되는 경우가 있을 수 있다는 점이다. 패러디는 그 특성상 원작에 필연적으로 변경을 가하는 것이므로 전혀 원작을 변경해서는 안 된다고 한다면, 패러디물의 창작은 사실상 불가능하게 될 것이다. 따라서 만일 해당 패러디에 대해서 공표된 저작물의 인용 등 저작재산권의 제한사유가 적용되는 경우라면,[187] 패러디의 목적 및 형태에 비추어 그 변경행위가 합리적인 범위에 그치고 있는 한 저작권법 제13조 제2항 제5호에서 말하는 "부득이하다고 인정되는 범위 안에서의 변경"에 해당한다고 보아 동일성유

---

185) 남형두, 위의 논문, 17면.
186) 染野啓子, "パロディ保護の現代的課題と理論形成", 「法律時報」, 日本評論社, 1983. 7., 41면.
187) 이에 관해서는 제7장 제2절 Ⅷ. '3. 관련문제—패러디' 참조.

지권의 제한을 인정해야 할 것이다.[188] 패러디라는 예술장르의 특성은 물론이
고 그 표현의 자유를 고려하여 동일성유지권의 제한규정을 적용할 수 있도록
적극적인 해석론을 전개하는 것이 바람직할 것이다.

(3) 저작물이 표현된 유체물의 파괴

미술저작물이 표현된 유체물이 양도된 경우에는 미술저작물에 대한 저작
인격권의 귀속주체(저작자)와 유체물에 대한 소유권의 귀속주체(소유자)가 분리
됨으로 말미암아 그 유체물 위에 표현된 저작물의 존중(동일성유지)과 관련하
여 매우 난해하고 미묘한 문제가 발생한다. 저작물이 표현된 유형적 매체의
파괴에 대해서 동일성유지권이 미치는 것인지에 관해서는 어떤 법률에서도 구
체적으로 언급하고 있지 않기 때문에 양자 간의 이해관계를 조정하는 일은 상
당히 어려운 문제일 수밖에 없다. 참고로 1948년 베른협약의 브뤼셀 개정회의
에서 동일성유지권의 내용 속에 저작물이 표현된 유체물의 파괴에 대해서 이
의를 제기할 수 있는 권리를 포함시키자는 의안이 제시된 바 있으나 소위원회
단계에서 받아들여지지 않았다.[189] 이 문제와 관련해서는, 우선 동일성유지권
이란 저작물(무체물)의 동일성을 유지함으로써 저작물에 관한 저작자의 인격적
이익을 보호하기 위한 권리라는 점에 유의하여야 한다. 또한 저작물이 표현된
유체물의 물리적 동일성을 변경하는 행위와 유체물 자체의 파괴행위는 구별해
서 고찰하여야 한다. 전자의 경우로는, 예컨대 미술저작물이 표현된 유체물(=
원작품, 또는 원본)의 일부가 훼손되어 그와 같이 훼손된 상태에서 그것이 마치
본래의 미술저작물인 것처럼 세상에 알려지는 경우를 말한다. 이와 같이 유체
물의 물리적 동일성을 변경하는 행위에 관해서는 동일성유지권의 침해에 해당
한다고 판단할 수 있다. 그러나 후자의 경우처럼 유체물 자체가 파괴되는 경
우는 소유권의 행사와 경합하는 영역이기 때문에 동일성유지권의 침해에 해당
한다고 단정적으로 판단하기는 어려울 것이다.

생각건대, 동일성유지권에 문화유산을 보존한다는 측면이 내포되어 있다
고 하더라도 그 보호범위 속에 저작물이 표현된 유체물 자체를 파괴해서는 안
된다는 의미까지 포함되는 것으로 해석하기는 어려울 것이다. 이것은 저작물
(무체물)에 대한 저작자의 인격적 이익을 보호하는 저작인격권 제도의 내재적
한계일 수밖에 없다. 그러므로 소유권의 행사를 제한하는 별도의 법률규정(가

---

188) 小泉直樹, "パロディと著作権", 「コピライト」No.624 Vol.53, 2013. 4., 3면; 橫山久芳, "著作
權法—'パロディ'から考える著作權法入門", 「法學敎室」No.380, 2012. 5., 33~34면.

189) Gillian Davies · Kevin Garnett, *Moral Rights*, Sweet&Maxwell, 2010, p.48.

령, 문화재보호법 또는 문화예술진흥법)190)에 해당하지 않는 한, 문화유산의 보존 내지 문화예술의 보호라는 가치구현이 유체물에 대한 소유권의 행사보다 우선한다고 보기는 어려울 것이다. 다만, 저작물이 표현된 유체물의 파괴와 관련해서는 민법상 불법행위에 해당하는 경우에 위자료 청구가 인정될 수는 있을 것이다. 이와 관련하여 피고(대한민국)의 주문에 따라 원고(미술가)가 창작하여 역구내에 설치한 벽화를 피고가 임의로 떼어낸 후 폐기한 사안에서 서울고등법원은 해당 벽화의 소유자인 피고의 폐기행위가 저작권법상 동일성유지권의 침해에는 해당하지 않지만 민법상 불법행위에는 해당한다고 판시하였다.191) 대법원은 "저작물의 단순한 변경을 넘어서 폐기 행위로 인하여 저작자의 인격적 법익 침해가 발생한 경우에는 …동일성유지권 침해의 성립 여부와는 별개로 저작자의 일반적 인격권을 침해한 위법한 행위가 될 수 있다"고 설시한 다음 이 사건 저작물의 종류와 성격, 설치 장소의 개방성과 공공성의 정도, 설치하게 된 경위, 피고가 폐기하는 이유와 폐기 결정에 이른 과정 및 폐기 방법 등을 종합적으로 고려할 때 "피고 소속 공무원의 해당 저작물의 폐기행위가 현저하게 합리성을 잃고 저작자로서의 명예감정 및 사회적 신용과 명성 등을 침해하는 방식으로 이루어져 객관적 정당성을 결여한 행위로서 위법하다"고 판시하고192) 국가배상법에 따라 피고(국가)의 위자료 책임을 인정한 원심(서울고등법원) 판결을 확정하였다.193)

---

190) 문화재보호법 제53조(국가등록문화재의 등록), 문화예술진흥법 제9조(건축물에 대한 미술작품의 설치 등) 참조.

191) 서울고법 2012. 11. 29. 선고 2012나31842 판결('도라산역 벽화 철거' 사건)은 "국가가 물품관리법 시행령의 관련 규정을 위반하여 이 사건 벽화를 폐기하였고 그 절차가 공론의 장을 충분히 거쳤다고 볼 수도 없으며 원고는 작품의 보존에 대하여 상당한 이익을 가지고 있음에도 원고에게 알리지도 않고 소각한 피고의 이 사건 벽화 폐기행위는 원고의 인격권을 침해하는 불법행위를 구성한다"고 하여 피고는 원고에게 1천만 원을 지급하라고 판결하였다.

192) 대법원 2015. 8. 27. 선고 2012다204587 판결('도라산역 벽화 철거' 사건). 이 판결에서는 피고만이 상고하였기 때문에 동일성유지권 침해 여부는 판단되지 않았다. 대신 동일성유지권이 아닌 예술가의 명예(권)의 보호라는 법리를 통해서 예술작품의 보호를 도모하면서 원고가 예술창작자로서 갖는 명예감정 및 사회적 신용이나 명성을 피고가 침해한 것이라고 판단하였다. 이에 관한 평석으로는, 박성호, "국가에 의한 '예술 반달리즘'과 예술가의 인격권 침해", 「계간 저작권」, 2015 겨울호, 37면 이하.

193) '도라산역 벽화 철거' 사건을 계기로 입법론과 해석론의 차원에서 통합미술(integrated art)의 일종으로 유체물의 구성부분 중 하나가 그 작품의 위치인 것을 가리키는 '장소 특정적 미술' (site-specific art)에 관한 논의가 활발하게 이루어졌다. 위 사건을 둘러싼 학설 동향 및 관련 문헌의 상세는, 박성호, 위의 논문, 45~48면 참조.

(4) 동일성유지권의 포기와 불행사 특약

(가) 불행사 합의(불행사 특약)의 유효성

저작인격권의 불행사 특약에 대한 논의 중 가장 핵심적인 사항은 동일성 유지권의 불행사 합의의 유효성에 관한 것이다. 동일성유지권은 저작자의 일 신에 전속하는 권리로서 양도할 수 없으며 상속의 대상도 되지 않는다. 또한 저작자는 동일성유지권을 포기할 수 없으며 포기하는 합의는 무효이다. 동일 성유지권의 양도나 포기가 무효라면, 이 권리를 행사하지 않는다는 합의는 유 효인가 하는 의문점이 생긴다. 실무상 동일성유지권을 행사하지 않기로 합의 하는 경우가 있을 수 있기 때문이다. 일반적으로 인격권을 행사하지 않기로 하는 취지의 합의는 인격을 부정하는 것이 된다는 점에서 포기의 경우와 마찬 가지로 무효라고 보아야 한다. 문제는 저작인격권인 동일성유지권에 대해서도 인격권의 경우와 같은 차원에서 논의해야 하는가 하는 점이다.[194]

동일성유지권의 입법내용을 비교법적으로 검토해 보면, ① "명예(honor) 또는 명성(reputation)을 해하는… 변경"(캐나다 저작권법 제28조 제2항, 영국 저작 권법 제80조), ② "명예 또는 명성을 해할 우려가 있는… 변경"(베른협약 제6조의2 제1항, 이탈리아, 포르투갈, 러시아, 인도, 태국, 필리핀, 남아프리카공화국, 나이지리 아), ③ '변경＋주관적 의사'의 입법으로서 "저작자의 의사에 반하는… 변경" (일본 저작권법 제20조 제1항), "저작자의 동의 없는… 변경"(오스트리아 저작권법 제21조 제1항), "정신적 또는 인격적 이익을 해하는… 변경"(독일 저작권법 제14 조), "인격을 침해하는… 왜곡"(스위스 저작권법 제11조 제2항), ④ 변경행위가 있 으면 ① 내지 ③의 명예·명성 또는 그 밖의 주관적 의사의 침해를 요건으로 하지 않고 동일성유지권 침해가 성립하는 입법례(우리나라, 프랑스) 등이 있다. 이러한 네 가지 유형의 입법례들을 동일성유지권의 침해가 성립하는 범위의 대소 관계를 순서대로 정리하면, ①＜②＜③＜④가 될 것이다.[195]

결국 동일성유지권에 관한 우리 저작권법의 입법태도(④)는 베른협약이 규범적으로 요구하는 것(②)보다 넓게 보호하는 것이라고 이해된다. 베른협약 이 요구하는 동일성유지권의 보호범위는 "명예 또는 명성을 해할 우려가 있 는… 변경"인데, 이것은 사회적 명예·명성이 훼손될 객관적 개연성을 의미하 는 것이고, 바로 일반적 인격권(특히 사회적 명예·명성)의 보호범위에 해당하는

---

194) 半田正夫·松田政行 編,「著作權法コンメンタール 1」第2版, 勁草書房, 2015, 830면(松田政行 집필).

195) 松田政行,「同一性保持權の研究」, 有斐閣, 2006, 58~59면.

것이다. 따라서 동일성유지권의 보호범위 중 일반적 인격권에 해당하는 사회
적 명예·명성의 보호를 넘어서는 부분에 대해서는 어느 정도 임의규정으로서
의 성질을 긍정할 수 있을 것이다. 그러므로 일반적 인격권의 보호범위를 넘
어서는 부분에 대해서는 입법정책상의 문제임과 동시에 저작자의 의사에 관련
하게 하는 해석의 하나의 근거가 될 수 있다. 요컨대, 동일성유지권을 행사하지
않는다는 취지의 합의가 유효하게 되는 범위가 존재한다고 해석할 수 있다.196)

(나) 유효성의 범위

그러면 동일성유지권의 불행사의 합의는 어느 범위에서 유효할 것인가에
대해서 고찰해 본다. 일반적 인격권을 행사하지 않는다는 합의는 그것의 포기
와 마찬가지의 효과를 생기게 하여 무효가 되므로 동일성유지권에 대해서도
이것과 일치시키는 것이 합리적일 것이다. 전술한 베른협약이 요구하는 보호
범위는 동일성유지권을 인격권으로서 보호하여야 하는 최저한의 기준이라고
할 것이므로 사회적 명예·명성을 해치는 데에 이르지 않는 범위에서는 동일
성유지권의 불행사의 합의를 하더라도 그 합의는 유효하다고 할 것이다.197)
이러한 해석론은 저작권법 제13조 제2항 단서의 "본질적인 내용의 변경"이 무
엇을 가리키는 것인지 그 의미를 모색하는 해석론과도 직접적인 관련이 있다.
따라서 저작자의 사회적 명예·명성을 해할 우려가 있는 변경은 제13조 제2항
단서의 "본질적인 내용의 변경"을 의미하는 것이므로 동일성유지권의 불행사
의 합의가 본질적인 내용의 변경에 관한 것이 아니라면 그 불행사 특약은 유
효하게 성립된다고 할 것이다.198)

(다) 실무상 '철회'의 의미

실무상 동일성유지권의 불행사 합의는 컴퓨터프로그램 개발위탁계약, 저
작권 양도계약 또는 출판에 관한 계약 등에서 발견할 수 있는데, 그 의미는 저
작자에게 동일성유지권을 행사하지 않는다는 부작위채무를 부담하게 하는 합
의라고 할 수 있다. 이러한 불행사 특약은 동일성유지권의 적용대상인 변경의
범위를 정하지 않거나, 또는 미리 그 변경의 내용을 특정할 수 없는 상황에서
합의가 이루어지는 경우가 대부분이다. 그러한 점에서 나중에 실제로 행하여
지는 변경행위가 저작자의 사회적 명예·명성을 해하는 것인지 여부에 의해서

---

196) 半田正夫·松田政行 編, 앞의 책, 831면.
197) 半田正夫·松田政行 編, 앞의 책, 831~832면.
198) 이에 관해서는 전술한 'Ⅳ. 동일성유지권, 4. 제한, (5) "본질적인 내용의 변경"이 아닐 것' 참조.

불행사 특약의 유효성을 판단하게 될 것이다.[199] 이러한 경우에 저작자는 불행사 특약의 효력을 다투면서 특약을 '철회'한다는 취지의 주장을 하는 경우가 있다. 만일 철회의 의사표시가 그 특약 중 저작자의 사회적 명예·명성을 해할 우려가 있는 변경에 관한 것이라면 이는 무효라 할 것이고, 불행사 합의의 일부분이 무효인 때에는 원칙적으로 그 전부를 무효로 하지만(민법 제137조 본문), 그 무효부분이 없더라도 법률행위를 하였을 것이라고 인정될 때에는 그 특약의 나머지 부분은 유효하다(제137조 단서). 그렇다면 특약 중 유효로 되는 부분 외에 무효로 되는 범위에서 그 특약은 원래 법적 효력을 가지지 않는 것(즉, 저작자는 부작위채무를 부담하지 않는 것)이므로, 이것을 확인하기 위해서 불행사 특약의 일부를 '철회'한다는 취지의 주장을 하는 것은 타당하다고 할 것이다.

5. 동일성유지권 침해와 2차적저작물 작성권 침해의 관계

가. 문제의 제기

저작물에 대한 복제권 침해, 2차적 저작물 작성권 침해를 주장하는 소송에서는 성명표시권 외에 동일성유지권 침해를 함께 주장하는 경우가 많다. 특히 문제가 되는 것은 제3자가 원저작물의 저작자로부터 허락을 받지 않고 2차적 저작물을 작성한 경우에 2차적 저작물 작성권 침해가 성립하는 것은 물론이고 원저작물에 대한 동일성유지권 침해도 당연히 성립하는 것으로 볼 수 있는가 하는 점이다.

나. 학설과 판례

학설은 2차적 저작물 작성권 침해는 물론이고 동일성유지권의 침해도 당연히 성립한다고 보는 견해[200]와 이를 부정하는 견해[201]로 나뉜다.

판례 중에서 이를 긍정하는 대법원 판결로는 '문익환 가의 사람들' 사건이 있다.[202] 전술한 것처럼 이 사건은 원고가 작성한 글을 그대로 인용하거나 문

---

199) 半田正夫·松田政行 編, 앞의 책, 832~833면.
200) 오승종, 「저작권법」제5판, 박영사, 2020, 464~465면; 이해완, 「저작권법」제4판, 박영사, 2019, 483면.
201) 송영식·이상정, 「저작권법개설」제9판, 세창출판사, 2015, 213~214면.
202) 대법원 1989. 10. 24. 선고 89다카12824 판결('문익환 가의 사람들' 사건). 이 대법원 판결이 긍정적인 견해를 명백히 표명한 것은 아니지만, 학설 중 긍정설은 위 판결의 취지에 찬동을 표하고 부정설은 위 판결이 복제권 침해와 동일성유지권 침해를 개념적으로 구별한 것인지, 과연 그 사안이 동일성유지권 침해에 해당한다고 판단할 수 있는 것인지 의문이라고 비판하고 있다.

장을 일부 수정하여 작성함으로써 전체적으로 보아 그 60 내지 70% 정도를 표절하여 작성한 사안인데 "원저작물을 원형 그대로 복제하지 아니하고 다소의 변경을 가한 것이라고 하여도 원저작물의 재제 또는 동일성이 감지되는 정도이면 복제가 되는 것이고… 원저작물을 복제함에 있어 함부로 그 저작물의 내용, 형식, 제호에 변경을 가한 경우에는 원저작자의 동일성유지권을 침해한 경우에 해당한다고 보아야 할 것"이라고 판시하였다. 하급심 판결로는 "피고가… '가요드라마'라는 연속 프로그램에서 원고의 승낙이나 동의 없이 위 단막극 '고독'을 그 작사·작곡자의 성명도 밝히지 아니한 채 그 원곡 그대로 또는 이를 편곡하여 아코디언이나 전자오르간 등의 악기나 남자의 휘파람, 콧노래 등으로 부르거나 연주하게 하여 이를 위 가요드라마의 주제음악 및 배경음악으로 이용한 사실을 인정할 수 있고 달리 반증이 없으니 이에 비추어보면 피고는 원고가 그의 저작물인 위 가요 '고독'에 대하여 방송할 권리인 방송권, 위 가요를 원저작물 또는 구성부분으로 하는 2차적 저작물 등의 작성, 이용권 등의 저작재산권과 그 내용 및 형식의 동일성을 유지할 권리인 동일성유지권 등의 저작인격권을 침해하였다고 할 것이다"고 판시한 것이 있다.203)

부정설의 입장을 취한 하급심 판결들도 있다. 이른바 '야록 통일교회사' 사건에서 1심 법원은 "원고들은… 피고들이 이 사건 제2저작물을 번역, 출판함에 있어 원저작물의 18개 부분을 삭제하고 15개 부분 및 사진 18장을 무단으로 보충하여 이 사건 제2저작물에 관한 망 박○○의 동일성유지권을 침해하였으므로 피고들은 이로 인하여 망 박○○가 받은 정신적 고통도 배상해 주어야 한다고 주장하나, 원고들의 위 주장이 사실이라고 하더라도 동일성유지권은 원저작물 자체에 어떠한 변경을 가하는 것을 금지하는 내용의 권리이므로 원저작물 자체에 변경을 가하는 것이 아니라 원저작물로부터 2차적 저작물을 작성하는 경우에는 동일성유지권의 효력이 미친다고 볼 수 없고, 더구나 무단번역의 경우에는 저작재산권인 2차적 저작물 작성권을 침해하는 행위에 해당할 뿐 동일성유지권의 침해 여부는 거론될 여지가 없다고 할 것이므로, 원고들의 위 주장은 이유 없다"고 하였고,204) 항소심도 같은 취지로 판결하였다.205)206) 또 다른 하급심 판결로는 "피고는 소외 6의 동의 없이 '돌아와요 충

---

203) 서울지법 남부지원 1989. 12. 8. 선고 88가합2442 판결('가요 고독' 사건).
204) 서울지법 1998. 5. 29. 선고 96가합48355 판결('야록 통일교회사' 사건).
205) 서울고법 1998. 9. 25. 선고 98나35459 판결('야록 통일교회사' 사건).
206) 이 사건에 대해서는 2차적 저작물 작성권 침해 책임이 인정된 피고들만이 상고하였으나 상고 기각되었다(대법원 1999. 12. 21. 선고 99다31520 판결).

무항에' 가사를 토대로 이 사건 '돌아와요 부산항에' 가사를 만들고 그에 곡을
붙인 노래가 수록된 조용필의 음반을 제작·발표하였으므로, 소외 6의 '돌아와
요 충무항에' 가사의 저작권에 기한 2차적 저작물작성권을 침해하였다고 할
것이고, 그로 인하여 소외 6이 입은 손해를 그 단독 재산상속인인 원고에게
배상할 의무가 있다고 할 것이다. 다만, …새로운 독창성을 갖는 2차적 저작물
로 인정된 이상 원저작자에 대한 2차적 저작물작성권 침해가 성립되는 외에
저작인격권인 동일성유지권도 덧붙여 침해된다고 할 수는 없다"고 판시한 것
이 있다.207)

　다. 검 　토

　전술한 것처럼 "저작물의 내용"(제13조 제1항)이나 "본질적인 내용"(제13조
제2항 단서)에 변경이 가해진 경우, 다시 말해 '내면적 형식'을 변경한 경우이거
나 또는 '저작자의 명예·명성'을 해할 우려가 있는 변경에 해당하는 경우에는,
2차적 저작물 작성의 허락을 얻었는지의 여부와 관계없이, '언제나' 동일성유
지권 침해가 발생한다. '내면적 형식'의 유지 여부는 동일성유지권 침해의 판
단기준이고, 또한 '저작자의 명예·명성'이란 저작자의 인격적 징표 그 자체에
해당한다고 할 수 있기 때문이다. 이에 비하여 "저작물의 형식"(제13조 제1항)
에 변경이 가해진 경우에는, 저작자의 동의 없이 저작물의 '외면적 형식'을 번
역, 편곡, 변형, 각색·영상제작·그 밖의 방법으로 개작하는 등 2차적 저작물
작성행위를 하더라도 그 '외면적 형식'을 삭제하거나 추가 또는 변경하는 등
왜곡행위를 하지 않는 한 저작물의 '내면적 형식'은 변경되지 않고 그 동일성
이 유지된다. 예컨대, 어문저작물을 기반으로 제작된 영상저작물에서 보듯이
원저작물과 2차적 저작물 간에는 장르 전환이 이루어지는 경우가 많으며, 이
러한 장르 전환에는 불가피하게 개작 등이 수반된다. 그러나 이러한 개작행위
가 반드시 동일성유지권 침해에 해당하는 것은 아니다. 그러한 점에서 번역이
나 편곡 등의 개작행위와 관련되는 2차적 저작물 작성권 침해행위와 삭제나
추가 등의 왜곡행위와 관련되는 동일성유지권 침해행위는—물론 어디까지가
개작(adaptation)이고 어디부터가 왜곡(distortions)인지 양자의 경계가 항상 명백
한 것은 아니지만—개념적으로 구별되어야 한다.208) 그리고 개작행위와 왜곡

---

207) 서울서부지법 2006. 3. 17. 선고 2004가합4676 판결('돌아와요 부산항에' 사건). 이 사건은 항
　　소되었으나 항소심에서 조정으로 종결되었다.
208) Gillian Davies·Kevin Garnett, op. cit., pp.378~379; William Strauss, op. cit., p.118 각 참조.

행위 간의 경계가 불명료한 모든 경우에 있어서 이에 대한 판단은 법원의 몫이다.209)210)

따라서 원저작물의 저작자로부터 2차적 저작물 작성에 대해 허락을 얻은 경우라도 동일성유지권 침해가 발생할 수 있다.211)212) 이와 마찬가지의 이치에서 원저작물의 저작자로부터 2차적 저작물 작성에 대해 허락을 얻지 않았다고 해서 2차적 저작물 작성권 침해는 물론이고 동일성유지권의 침해가 당연히 발생하는 것은 아니다.213) 동일성유지권의 침해 문제는 원저작물과 2차적 저작물의 관계를 규율하는 2차적 저작물 작성권의 침해 문제와는 개념적으로 구별되는 것일 뿐만 아니라, 그 논의의 차원(즉 저작'인격권'인가 아니면 저작'재산권'인가)을 달리하는 것으로서 침해의 양상 자체(즉 저작'인격권 침해'인가 아니면 저작'재산권 침해'인가)가 다르다는 점에 유의할 필요가 있다.

V. 저작인격권 침해 의제행위

저작권법은 "저작자의 명예를 훼손하는 방법으로 저작물을 이용하는 행위는 저작인격권의 침해로 본다"고 규정한다(제124조 제2항). 이 규정의 입법취지는 저작물을 창작한 저작자의 창작의도에 어긋나는 이용행위를 함으로써 그의 창작의도를 의심스럽게 만들거나 또는 저작물로 표현된 예술적 가치를 크게 손상시키는 방법으로 저작물이 이용되는 것을 방지하려는 것이다.214) 이 규정은 베른협약 제6조의2 제1항 중 "저작자는… 저작물과 관련하여 그의 명예나

---

209) S. M. Stewart, *International Copyright and Neighbouring Rights*, Butterworths, 1983, p.60.
210) 서울고법 2007. 2. 7. 선고 2005나20837 판결은 개작 등과 같은 2차적 저작물 작성권 침해행위와 왜곡 등과 같은 동일성유지권 침해행위의 구별을 시도하였다는 점에서 긍정적으로 평가할 수 있다.
211) 서울동부지법 2004. 9. 30. 선고 2004가합4292 판결('빛의 세계' 사건).
212) 원저작물의 저작자로부터 2차적 저작물 작성에 대해 허락을 얻었더라도 2차적 저작물의 작성에 필연적으로 수반되는 '외면적 (표현)형식'을 변경하는 것 외에 '외면적 형식'을 삭제하거나 추가 또는 변경하는 등 왜곡행위를 함으로써 원저작물의 "본질적 내용" 또는 '내면적 (표현)형식'을 변경하면 동일성유지권 침해가 성립하기 때문이다.
213) 원저작물의 저작자로부터 2차적 저작물 작성에 대해 허락을 얻지 않고서 그 작성에 필연적으로 수반되는 '외면적 형식'을 변경한 경우 그 변경이 '외면적 형식'을 삭제하거나 추가 또는 변경하는 등 왜곡행위를 하여 '내면적 형식'을 변경하는 것으로 판단되지 않는다면 동일성유지권 침해는 성립하지 않을 것이기 때문이다.
214) 加戶守行, 「著作權法逐條講義」六訂新版, 著作權情報センター, 2013, 756면; 허희성, 「2011 신저작권법 축조개설 하」, 명문프리컴, 2011, 649면.

명성을 해할 우려가 있는… 그 밖의 훼손행위(derogatory action)"에 상응하는 입법이라고 할 수 있다. 즉 "저작물과 관련하여 저작자의 명예나 명성을 해할 우려가 있는 왜곡·삭제·그 밖의 변경" 가운데 하나에는 해당하지 않지만, 그럼에도 저작자의 명예나 명성을 해할 우려가 있는 일체의 행위를 포괄하기 위한 것이다. 그러한 점에서 제124조 제2항에 의해 보호되는 것은 저작인격권 중에서도 동일성유지권에 가까운 것이라 할 수 있다.

"저작자의 명예를 훼손하는 방법으로 저작물을 이용하는 행위"란 예컨대 예술적 가치가 높은 누드화를 성인용품 상점의 입간판에 사용하거나 장엄한 종교음악을 스트립쇼의 배경음악으로 이용하는 것, 또는 종교적 성령으로 충만한 음악저작물을 사채금융업자 광고의 배경음악으로 반복하여 이용함으로써 해당 광고의 상업적 이미지가 연상되도록 하는 경우 등을 말한다. 이러한 예들은 모두 저작자가 자신의 저작물에 부여한 생명력을 말살하는 이용행위이다.[215] 위 규정에서 말하는 "저작자의 명예"란 주관적인 명예감정이 아니라 사회로부터 받는 객관적인 평가, 즉 사회적 명예를 가리킨다. 물론 이러한 사회적 명예는 민법상의 명예권에 의해 보호되는 것이지만, 위 규정은 그와 같은 명예권과는 별도로 그 저작물의 이용행위라는 측면에서 저작자의 명예를 보호하는 권리를 실질적으로 보호하는 취지를 가지는 것이다.[216]

VI. 저작인격권의 보호기간

1. 논의의 단서

저작권법은 저작재산권의 보호기간에 관한 규정을 두고 있다(제39조 내지 제42조). 원칙적으로 저작재산권은 저작자 사후에도 70년간 보호된다(제39조 제1항). 그러나 저작인격권의 보호기간에 대해서는 아무런 규정도 두고 있지 않다. 다만, 저작인격권은 저작자의 일신에 전속한다고 규정하고 있으므로(제14조 제1항) 법률에 특별한 규정이 없는 한 저작자의 사망과 함께 소멸한다고 보는 것이 자연스러울 것이다. 우리 대법원 판결의 취지도 그러하다.[217] 그러나 아무리 저작인격권이 소멸하였더라도 저작자의 사후에 그의 명예를 훼손하는 방법으로 저작물의 이용을 방치하는 것은 바람직스럽지 못한 일이다. 그래서

---

215) 加戶守行, 위의 책, 756면; 허희성, 위의 책, 649면.
216) 島並良·上野達弘·横山久芳,「著作權法入門」第2版, 有斐閣, 2016, 134~135면.
217) 대법원 2008. 11. 20. 선고 2007다27670 판결 참조.

저작권법은 저작자의 사망 후에도 명예훼손에 해당되는 저작인격권의 침해가
될 행위를 해서는 안 된다는 규정(제14조 제2항)과 저작자의 사망 후 인격적 이
익을 보호할 수 있도록 법적 구제 방법에 관한 규정(제128조)을 두고 있다. 이
와 관련하여 우리 저작권법의 규정 내용과 베른협약 및 외국 입법례를 비교하
여 살펴보면, 저작인격권이 저작자 사후에도 보호될 수 있는지, 만일 보호된다
면 어느 정도 보호되며 그 보호기간은 언제까지인지 등에 대하여 각 나라의
입법태도가 다르다.

2. 베른협약과 외국 입법례

가. 베른협약

베른협약 제6조의2 제1항은 저작인격권 중 성명표시권과 동일성유지권의
보호에 대해서 규정하고, 제2항은 저작자 사후 저작인격권의 보호에 대해서
다음과 같이 규정한다. 즉 제2항은 "전 항에 따라 저작자에게 부여되는 권리는
그의 사망 후에 적어도 재산권의 만기까지 계속되고, 보호가 주장되는 국가의
입법에 의한 권한이 있는 사람이나 단체에 의하여 행사될 수 있다. 다만, 이
의정서를 비준하거나 또는 이에 가입할 당시에, 저작자의 사망 후에 전 항에
규정된 모든 권리의 보호를 입법으로 규정하지 아니한 국가는 이러한 권리 중
일부를 저작자가 사망한 후에는 존속하지 아니하도록 할 수 있다"고 규정한
다. 제3항은 "이 조에 의하여 부여되는 권리를 보전하기 위한 구제의 방법은
보호가 주장되는 국가의 법률이 정하는 바에 따른다"고 규정한다.

위 제2항 및 제3항은 1967년 스톡홀름 개정회의에서 채택된 것이다(스톡홀
름 의정서). 특히 제2항 본문은 저작인격권이 적어도 저작재산권의 만기까지
보호되어야 한다는 것을 가입국에게 최소한의 의무로서 부여한 것이다. 따라
서 국내 입법으로 이보다 더 긴 기간 동안 보호할 수 있음은 물론이고 프랑스
저작권법(제121조의1 제3항)처럼 영구히 보호하는 것도 가능하다. 다만, 이와 같
이 가입국에게 최소한의 의무로서 부여한 저작인격권의 보호기간에도 예외가
마련되어 있다. 즉 제2항 단서는 베른협약 스톡홀름 의정서를 비준하거나 이
에 가입할 당시 저작자 사후 저작인격권의 보호를 입법하지 않고 있던 국가는
그러한 국내 입법 태도를 그대로 유지할 수 있다고 규정한다. 요컨대, 제2항
단서는 유보조항으로 저작인격권의 보호기간을 저작자의 생존기간 동안으로
한정할 수 있도록 한 것이다.[218)]

나. 외국의 입법례—프랑스와 독일의 경우

프랑스 저작권법에서는 성명표시권과 동일성유지권은 양도할 수 없지만 (제121조의1 제3항), 저작자가 사망하면 상속인에게 이전된다(제121조의1 제4항). 또한, 이들 권리는 영구히 존속하며 시효에 걸리지 않는다고 규정한다(제121조 의1 제3항). 따라서 저작자의 상속인에는 제2 세대 이하의 상속인이 포함된다. 프랑스 저작권법이 저작인격권을 두텁게 보호하고 있다는 평가는 이러한 입법 태도에서도 알 수 있다. 이는 우리 저작권법이 채택하고 있는 저작자의 사망 후 인격적 이익의 보호 규정(제128조)과는 다른 입법방식이다. 또한, 성명표시 권과 동일성유지권을 행사할 권한은 유언에 의해 제3자에게 수여할 수 있다 (제121조의1 제5항). 공표권은 저작자 사망 후 저작자가 지명한 유언집행인에 의해 그 생존기간 중에 행사된다. 유언집행인이 존재하지 않는 경우 또는 그 사후에는 저작자의 반대의 의사가 없는 한 법률로 정한 범위의 유족이 우선 순위에 따라 행사할 수 있다(제121조의2 제2항). 그 행사는 저작재산권의 보호 기간이 만료한 후에도 가능하다(제121조의2 제3항).[219]

독일 저작권법에서 저작인격권은 양도할 수 없지만(제29조 제1항), 저작자 가 사망하면 상속인에게 이전한다(제28조 제1항). 그런데 독일은 일원론을 채택 하고 있어서 저작재산권과 저작인격권은 상호 유기적으로 결합된 불가분적인 단일의 권리(저작권)를 구성하고(제11조), 저작권은 저작자 사후 70년이 경과하 면 소멸한다(제64조). 따라서 저작인격권은 저작재산권과 함께 저작자의 사후 70년이 경과할 때까지는 존속한다. 이는 독일 저작권법이 채택한 일원론의 당 연한 귀결이다.[220]

3. 우리 저작권법에 있어서 저작자의 사망 후 인격적 이익의 보호

가. 저작인격권의 일신전속성

저작권법은 저작인격권이란 저작자의 일신에 전속하는 것이라고 규정한다 (제14조 제1항). 따라서 독일이나 프랑스 저작권법과는 달리 우리 저작권법에서 저작인격권은 상속의 대상이 될 수 없고 법률에 특별한 규정이 없는 한 저작 자가 사망함에 따라 소멸한다. 여기서 말하는 법률에 특별한 규정을 둔 경우

---

218) 저작자의 생존기간 동안 저작인격권을 보호하는 것은 이미 1948년 브뤼셀 개정회의에서 채택 된 것이다.

219) 澁谷達紀, 「著作權法」, 中央經濟社, 2013, 551면.

220) 澁谷達紀, 위의 책, 552면.

란 저작자의 사망 후 인격적 이익의 보호에 관하여 규정한 저작권법 규정들이
다. 즉 저작자의 사망 후에도 명예훼손에 해당되는 저작인격권의 침해가 될
행위를 해서는 안 된다는 규정(제14조 제2항)과 저작자의 사망 후 인격적 이익
을 보호할 수 있도록 마련한 법적 구제 방법에 관한 규정(제128조)이다.

나. 저작권법 제14조 제2항 및 제128조
(1) 입법 취지

저작자가 사망한 후 인격적 이익의 보호를 규정한 위 조항들의 입법 취지
에 대해서는 견해에 따라 다양한 설명이 이루어진다. ① 국가적인 견지에서
보호하는 것이라는 견해, ② 망인에 대한 고유한 인격권을 보호한다는 견해,
③ 유족의 인격권을 보호한다는 견해, ④ 저작자의 생전의 인격적 이익을 보
호한다는 견해 등이다. 어느 견해에 따르든 저작자가 사망한 후 저작인격권
자체는 소멸하는 것이고 다만 일정한 범위 내에서 소멸한 저작인격권에 갈음
하는 사망한 저작자에 대한 인격적 이익의 보호가 직접적이든 간접적이든 도
모되고 있는 것이라고 해석할 수 있다.221)

(2) 규정 내용

저작권법 제14조 제2항은 "저작자의 사망 후에 그의 저작물을 이용하는
자는 저작자가 생존하였더라면 그 저작인격권의 침해가 될 행위를 하여서는
아니된다. 다만, 그 행위의 성질 및 정도에 비추어 사회통념상 그 저작자의 명
예를 훼손하는 것이 아니라고 인정되는 경우에는 그러하지 아니하다"고 규정
한다. "저작자의 사망 후에"라고 규정되어 있지만 법인 등이 저작자로 의제되
는 업무상 저작물의 경우(제9조)와 관련하여 해석할 때에는 "법인의 해산 후
에"라는 의미로 이해하여야 할 것이다. 저작인격권은 일신에 전속하는 것(제14
조 제1항)이므로 법인이 해산하게 되면 그 일신전속의 성질상 법인이 저작자로
의제되는 업무상 저작물의 저작인격권도 역시 소멸하게 될 것이다. 문제는 법
인 해산 후의 인격적 이익의 보호와 관련하여 우리 저작권법은 이에 관한 아
무런 명문규정도 마련하고 있지 않으므로222) 위와 같이 해석하여 이해할 수밖

---

221) 관점을 달리하여 설명하면, 저작인격권이 저작자의 사망으로 모두 소멸하는 것이 아니라 제14
조 제1항과 제128조의 규정이 적용되는 범위 내에서는 저작인격권이 여전히 존속하는 것이라
고 해석할 수도 있다. 즉 베른협약 제6조의2 제2항 단서에 따라 저작인격권의 보호기간을 저
작자의 생존기간 동안으로 한정한 것이지만, 저작인격권 중 베른협약 제6조의2 제1항에서 규
정한 저작자의 명예나 명성을 해할 우려가 있는 핵심부분에 한해서는 저작자의 사망 후에도
여전히 저작인격권이 존속하는 것이라는 해석론을 취할 수도 있는 것이다.

에 없을 것이다.

제14조 제2항 본문은 저작물을 이용하는 자가 그 이용행위와 관련하여 저작재산권에 대한 합법성 여부와는 관계없이 저작자가 사망한 후에도 저작자가 생존하였더라면 저작인격권의 침해가 될 행위를 하여서는 안 된다는 금지적 규정방법을 채택하여 저작자의 사후에도 인격적 이익의 보호를 도모한 것이다.[223) 그러나 저작자의 사후에는 생존 시처럼 그때그때 저작자의 의사에 따라 허용 여부를 판단할 수 없다는 점을 고려하여, 제14조 제2항에 단서를 두어 저작인격권의 침해가 될 행위의 성질 및 정도에 비추어 사회통념상 저작자의 명예를 훼손하는 것이 아니라고 인정되는 경우에는 그러한 행위를 허용하도록 규정하였다. 여기서 말하는 "사회통념상 저작자의 명예를 훼손하는 것"이란 주관적인 명예감정이 아니라 사회로부터 받는 객관적인 평가, 즉 사회적 명예를 가리킨다. 따라서 저작자가 사망한 후 저작인격권 자체는 소멸하는 것이지만, 제14조 제2항에 의해 저작자의 사회적 명예와 관련된 범위 내에서는 소멸한 저작인격권에 갈음하는 사망한 저작자에 대한 인격적 이익의 보호가 도모되는 것이라고 설명할 수 있다.[224)

저작권법 제128조는 "저작자가 사망한 후에 그 유족(사망한 저작자의 배우자·자·부모·손·조부모 또는 형제자매를 말한다)이나 유언집행자는 당해 저작물에 대하여 제14조 제2항의 규정을 위반하거나 위반할 우려가 있는 자에 대하여는 제123조의 규정에 따른 청구를 할 수 있으며, 고의 또는 과실로 저작인격권을 침해하거나 제14조 제2항의 규정을 위반한 자에 대하여는 제127조의 규정에 따른 명예회복 등의 청구를 할 수 있다"고 규정한다. 즉, 저작자가 사망한 후에 유족의 일정 범위의 자는 저작자를 대신하여 제14조 제2항을 위반하는 행위의 정지·예방을 청구할 수 있다(제123조). 제123조에 의해 정지 가능

---

222) 참고로 우리 저작권법 제14조 제2항에 해당하는 일본 저작권법 제60조는 자연인의 사망 및 법인의 해산 모두를 고려하여 "저작자의 사망 후에"가 아니라 "저작자가 존재하지 않게 된 후에"라고 규정하고 있다.

223) 加戶守行, 「著作權法逐條講義」六訂新版, 著作權情報センター, 2013, 432면; 허희성, 「2011 신저작권법 축조개설 상」, 명문프리컴, 2011, 153면.

224) 관점을 달리하여 설명한다면, 저작자의 사회적 명예를 훼손하는 경우에 한하여 저작자의 사후에도 저작인격권은 그 한도에서 보호되는 것이라고 해석할 수도 있을 것이다. 다시 말해, 베른협약 제6조의2 제2항 단서에 따라 저작인격권의 보호기간을 저작자의 생존기간 동안으로 한정한 것이지만, 저작인격권 중에서 베른협약 제6조의2 제1항에서 규정한 저작자의 명예나 명성을 해할 우려가 있는 핵심부분에 한해서는 저작자의 사망 후에도 이를 보호하는 것이라고 해석할 수도 있다는 것이다.

한 위반행위에는 저작자의 생존 중에 시작하여 그 사후에도 계속하는 행위도 포함한다. 또한 저작자의 생존 중에 고의·과실로 저작인격권을 침해하거나 고의·과실로 제14조 제2항에 위반하는 행위를 한 자에 대해서는 제127조에서 규정하는 명예회복을 위하여 필요한 조치를 청구할 수 있다. 아울러 제14조 제2항의 위반행위에 대해서는 "1년 이하의 징역 또는 1천만 원 이하의 벌금에 처한다"(제137조 제1항 제3호)고 규정하고 있는데, 이것은 비친고죄 규정이다(제140조 단서 제2호).

다. 보호기간

저작자가 사망한 후 저작인격권 자체는 소멸하는 것이지만, 저작권법 제14조 제2항에 의해 저작자의 사회적 명예와 관련된 범위 내에서는 소멸한 저작인격권에 갈음하는 사망한 저작자에 대한 인격적 이익의 보호가 도모되는 것이라고 설명하는 것이 일반적이다. 그러면 소멸한 저작인격권에 갈음하여 존재하는 저작자의 사망 후 인격적 이익의 보호는 언제까지 존속하는 것인가?[225] 전술한 것처럼 베른협약 제6조의2 제2항 본문은 저작인격권에 대해서 적어도 저작재산권의 만기까지 보호하도록 최소한의 의무를 부여한 것이라고 해석되고 있으므로, 이와 마찬가지의 취지에서 저작권법 제14조 제2항 및 제128조에 따라 저작자의 사망 후 인격적 이익이 보호되는 기간에 대해서도 저작재산권의 보호기간까지 존속한다고 해석하는 것이 타당할 것이다.

제3절 저작재산권

I. 총 설

1. 저작재산권 보호규정의 입법적 변천

1957년 저작권법은 "본법에서 저작권이라 함은 저작자가 그 저작물 위에 가지고 있는 일체의 인격적·재산적 권리를 말한다"(제7조)고 규정하였다. 그 재산적 권리(저작재산권)로서는 原狀利用權으로서의 발행권 내지 전람권(제18조 내지 제24조)을 규율하고 改作利用權으로서의 번역권 내지 편집권(제25조 내지 제27조)을 규정하였다.[226] 이채로운 것은 저작재산권 중 가장 본질적 권리인

---

225) 일부 국내 견해는 영구적이라고 설명한다(가령, 허희성, 앞의 책, 153면).
226) 이항녕, "저작권의 본질—저작권법안과 관련하여", 「국회보」, 1956. 5., 108면.

복제권이 독립된 권리로서 규정되지 않았다는 점이다. 1957년 저작권법 책에서는 "저작자의 복제권에 관하여 저작권법에는 직접적인 명문은 없으나 제18조, 제19조에 의하여 저작자에게 발행권과 출판권이 있고 이 발행·출판권에는 복제의 권능이 포함되므로 결국 저작자는 복제권을 가진다는 결론이 나온다"고 설명하였다.[227)]

1957년 저작권법은 그 시행 이후 약 30년이 경과한 1986년 12월 31일 전부 개정(법률 제3916호)되어 1987년 7월 1일부터 시행되었다. 1986년 저작권법은 복제권(제16조), 공연권(제17조), 방송권(제18조), 전시권(제19조), 배포권(제20조), 2차적 저작물 등의 작성권(제21조)으로 저작재산권을 정리하여 규정하였다.[228)] 그 중 특히 발행권·출판권으로 흩어져서 규율되던 복제의 권능을 복제권이라는 독립된 권리로서 명시적으로 규정한 것이 1957년 저작권법과는 구별된다. 아울러 1957년 저작권법에서 발행권에 포함되어 규율되던 배포의 권능을 배포권이라는 독립된 권리로 규정하고, 종전에는 번역권, 개작권으로 분리하여 규정되던 것을 번역 및 개작 이외에 편곡, 변형, 각색, 영상제작 등의 행위태양을 포함하는 2차적 저작물 등의 작성권이라는 권리로 정리하여 규정한 점도 1986년 저작권법의 특징이다.[229)] 1986년 저작권법의 저작재산권에 관한 보호규정들 중 그 후 크고 작은 입법적 변화를 겪은 것으로는 복제권, 공연권, 방송권, 배포권, 2차적 저작물 작성권이 있고 새롭게 입법된 것으로는 전송권, 공중송신권, 대여권이 있다. 그간 저작권법에는 수차례에 걸쳐 크고 작은 개정들이 더해졌지만, 전체적으로는 1986년 저작권법의 기본적 구성과 체제를 그대로 유지하고 있다.[230)] 1986년 저작권법의 구성과 체제를 모태로 한다는 점에서 이를 '1986년 체제'라고 일컬을 수 있다. 그러한 점에서 현행 저작권법에 이르기까지 전개된 일련의 모든 개정작업들은 이른바 '1986년 체제' 아래에서 이루어진 것이라고 말할 수 있다.

---

227) 장인숙, 「저작권법개론」, 교학도서주식회사, 1965, 57면; 같은 취지, 허희성, 「신고 저작권법개설」, 범우사, 1982, 125면.
228) 최현호, "저작권법의 개정방향에 관한 연구", 서울대 대학원 법학석사 학위논문, 1986., 58면 참조.
229) 황적인, "신·구 저작권법의 비교", 「사법행정」, 1987. 6., 48면 참조.
230) 이것은 독일이 1965년 저작권법을, 일본이 1970년 저작권법을, 미국이 1976년 저작권법을, 영국이 1988년 저작권법을 해당 국가 저작권법의 기본적 구성과 체제로 유지하면서 현재에 이르고 있다고 인식하는 것과 동일한 것이다.

2. 저작재산권의 특징

저작재산권은 有限性, 배타적 지배권성, 可分性을 특징으로 하는 物權 類似의 절대권이다. 저작재산권의 가분성이란 의미는 저작재산권이 복제권, 공연권, 공중송신권, 전시권, 배포권, 대여권, 2차적 저작물 작성권 등과 같은 다수 권리의 집합으로 이루어진 '권리의 다발'(bundle of rights)이라는 것을 뜻한다. 저작재산권을 母權으로 하여 복제권, 배포권, 전시권 등 개개 支分權으로 나누어진다는 의미이다. 저작재산권에 있어서 '권리의 다발'을 구성하는 支分權은, 소유권의 共有에 있어서 그 分量的 일부분을 의미하는 持分權과는 그 개념이 구별된다.231) 저작재산권은 이러한 가분성을 가지고 있기 때문에, 저작권자는 저작재산권을 이루는 개개의 支分權 중에서, 가령 甲에게는 복제권을, 乙에게는 공연권을 각각 분리하여 양도하거나 그 밖에 필요한 처분을 할 수가 있다(제45조 제1항 참조). 이와 같이 저작재산권은 개개의 支分權의 다발로 이루어지는데, 각 지분권의 구체적 내용은 이하에서 살펴보는 것처럼 해당 지분권마다 다르다. 다만, 그 구체적 내용을 살펴보기에 앞서 우선 개개의 지분권이 기능하는 이용양태의 유형에 따라 '著作物의 作成行爲'(복제권, 2차적 저작물 작성권)와 '著作物의 傳達行爲'(공연권, 공중송신권, 전시권, 배포권, 대여권)로 크게 나누어 볼 수 있다. 다시 '저작물의 작성행위'는 기존의 저작물을 그대로 유형적으로 새롭게 작성하는 행위(복제권)와 기존의 저작물에 종속하는 새로운 저작물을 작성하는 행위(2차적 저작물 작성권)로 나눌 수 있다. '저작물의 진달행위'는 유체물(원본·복제물)의 점유의 이전을 수반하는 행위, 즉 유체물의 점유를 이전하여 저작물을 전달하는 유형적 전달행위(배포권, 대여권)와, 유체물의 존재를 전제하지 않고 저작물을 전달하는 무형적 전달행위(공연권, 공중송신권) 및 유체물의 존재를 전제하지만 그 유체물의 점유를 이전하지 않고서 저작물을 전달하는 무형적 전달행위(전시권)로 나눌 수 있다.

---

231) 참고로 共有의 성질에 관하여 우리나라 학설은 일치하여 "공유는 한 개의 소유권이 分量的으로 분할되어 數人에게 속하는 것"이라고 설명한다(이른바 양적 분할설). 곽윤직 편집대표, 「민법주해(V)」, 박영사, 1992, 546면(민일영 집필).

Ⅱ. 복제권

1. 의   의

저작재산권 중에서 가장 기본적이고 대표적인 것이 '저작물을 복제할 권리'인 복제권이다(제16조). 문제는 복제권의 핵심 개념인 '복제'라는 것이 무엇을 의미하는가이다. WIPO의 *Guide to the Berne Convention*에 따르면, 복제란 "이미 알려졌거나 또는 앞으로 개발되는 모든 방법을 포함하는 것"을 말하고 "저작물을 어떤 유형적 형태로 고정하는 것(fixing the work in some material form)을 의미할 뿐이다"고 설명한다.[232] 이러한 복제의 개념 또는 복제권이 미치는 범위와 관련해서는 1986년 저작권법의 제정 이래 현행 저작권법에 이르기까지 그 동안 상당한 입법적 변화가 있었다.

2. '복제' 개념의 변천

가. "유형물로 다시 제작하는 것"에 있어서 '다시 제작'이란 표현의 유래와 그 의미

복제의 개념과 관련하여 1986년 저작권법 제2조 제14호는 '복제'를 "인쇄·사진·복사·녹음·녹화 그 밖의 방법에 의하여 유형물로 다시 제작하는 것을 말하며, 건축물의 경우에는 그 건축을 위한 모형 또는 설계도에 따라 이를 시공하는 것을, 각본·악보 그 밖의 이와 유사한 저작물의 경우에는 그 저작물의 공연·방송 또는 실연을 녹음하거나 녹화하는 것을 포함한다"고 정의하였다. 이러한 정의 가운데 '다시 제작'이라는 法文은, 일본 저작권법 제2조 제1항 제15호의 복제에 관한 정의규정 중에서 '再製'라는 한자 용어를 순화·정비한 표현이다.[233] 이처럼 1986년 저작권법 제2조 제14호의 복제의 정의규정은 일본 저작권법의 복제에 관한 정의규정을 거의 그대로 받아들이면서 '재제'라는 한자 용어만을 '다시 제작'이라는 표현으로 변경한 것이다.

중요한 것은 일본의 학설은 일본 저작권법 제2조 제1항 제15호가 규정하는 "有形的으로 再製하는 것"이란 法文上 표현에 固定이 포함되는 것으로 해

---

232) WIPO, *Guide to the Berne Convention for the Protection of Literary and Artistic Works* (Paris Act, 1971), 1978, p.54.

233) '다시 제작'을 再製와 동일한 의미로 설명하는 견해와 판례는 다수 존재한다. 가령, 장인숙, 「저작권법원론」, 보진재, 1988, 74면; 한승헌, 「저작권의 법제와 실무」, 삼민사, 1988, 47면; 허희성, 「신저작권법 축조개설」, 범우사, 1988, 33면; 하용득, 「저작권법」, 법령편찬보급회, 1988, 153면 등; 대법원 1989. 10. 24. 선고 89다카12824 판결 등 각 참조.

석하고 있다는 점이다.[234] 1986년 저작권법 제정 당시 우리나라의 연구자들도 '다시 제작'(재제)에는 고정이 포함되는 것으로 이해하거나 고정에 상응하는 의미로 해석하고 있었다.[235]

한편, 저작권법의 특별법적인 성격으로 1986년 12월 31일 법률 제3920호로 제정·공포되고 1987년 7월 1일부터 시행된 컴퓨터프로그램보호법 제2조 제3호는 "'복제'라 함은 프로그램을 유형물에 고정시켜 새로운 창작성을 더하지 아니하고 다시 제작하는 것을 말한다"고 정의하였다. 즉 저작권법이 복제를 "유형물로 다시 제작하는 것"으로 정의하였음에 반하여 컴퓨터프로그램보호법은 固定과 再製(다시 제작) 개념을 분리하여 "유형물에 고정시켜…다시 제작하는 것"으로 정의하였다.[236] 이와 같이 저작권법과 컴퓨터프로그램보호법 간에 '복제'의 정의를 둘러싸고 빚어진 '불협화음'은 저작권법의 해석과 관련하여 다음과 같은 '결말'을 초래하였다. 즉 '디지털 복제'와 '고정'이 복제의 개념 속에 포함되는지 논란이 될 수 있으므로 독일 저작권법 제16조 제2항처럼 "유

---

234) 가령, 齊藤博,「著作權法」, 有斐閣, 2000, 157면은 E. Ulmer의 저작권법 교과서를 인용하면서 유형적 재제라 함은 저작물이 유체물로서의 작품(Werkstücken) 중에 再生(Wiedergabe)되는 것을 의미하므로 再製라는 표현보다 재생이란 용어를 사용하는 것이 정확하다고 설명한다. 이러한 齊藤博의 주장은 일본 구법 하에서 좁은 의미의 복제라 함은 원저작물을 유형적으로 재생표현한 것을 말한다고 설명한 城戶芳彦의 주장(城戶芳彦,「著作權法研究」, 新興音樂出版社, 1943, 172면 참조)과 일맥상통한다. 또 일본 신법의 입법관여자 중의 한 사람은 "유형적인 再製란 구체적으로 존재하는 물건 중에 저작물 등을 수록하는 행위"(加戶守行,「著作權法逐條講義」六訂新版, 著作權情報センター, 2013, 53~54면)를 말한다고 설명한다. 소장학자들이 쓴 입문서에도 "저작물의 유형적 재제란 저작물이 새로운 유체물에 고정됨으로써 장래 반복하여 사용될 가능성이 생기는 것을 말한다"(島並良·上野達弘·横山久芳,「著作權法入門」第2版, 有斐閣, 2016, 145면)고 설명한다.

235) 가령, 장인숙,「저작권법원론」, 보진재, 1988, 74면; 한승헌,「저작권의 법제와 실무」, 삼민사, 1988, 47면; 허희성,「신저작권법 축조개설」, 범우사, 1988, 33면; 하용득,「저작권법」, 법령편찬보급회, 1988, 153면 각 참조. 그 밖에 "우리 저작권법에서 복제를 정의하면서 쓰여진 용어에 있어서의 문제를 언급하고 싶다. 복제란 유형물에의 고정을 뜻하므로 [제2조 제14호—필자주] 전단의 '유형물로 다시 제작하는'이란 구절보다는 '유형물에 고정하는'이 나은 것 같다"(최경수, "복제—저작권 용어해설(6)",「계간 저작권」, 1989 가을호, 125면)고 설명하는 견해도 '다시 제작'(再製)을 고정에 상응하는 것으로 이해하는 견해라고 볼 수 있다.

236) 흥미롭게도 컴퓨터프로그램보호법 제2조 제3호의 해설에서는 法文上의 표현과는 달리 "本號에서의 複製(reproduction)는 프로그램을 有形的으로 再製하는 행위를 말[한다]"고 설명한다(송상현·김문환·양창수,「컴퓨터프로그램보호법 축조연구」, 서울대학교출판부, 1989, 105면). 이는 再製에 고정이 포함된다고 해석하는 것이 되는데, 결과적으로 컴퓨터프로그램의 복제에 대해 "유형적으로 그대로 재제하는 것"을 말한다고 해석하는 일본 쪽의 해석론(가령, 紋谷暢男 外 2人,「プログラム著作權とは何か」, 有斐閣, 1988, 107~108면)과 동일한 것이 되고 만다.

형물에의 고정도 복제의 개념에 포함되도록 우리 저작권법상의 '복제' 개념이 보완되어야 한다"237)는 개정 방안을 제시하도록 유도하고 말았다. 결국 양 법률 간에 복제의 개념 정의를 둘러싸고 빚어진 '혼돈'은 2000년 1월 12일 법률 제6134호로 저작권법이 일부 개정될 때 '복제'의 정의규정이 개정되는 하나의 빌미로 작용하였다. 이리하여 2000년 저작권법 복제의 정의 속에 "유형물에 고정하는 것"이란 문구가 추가되기에 이른 것이다.

나. "유형물에 고정하는 것"이란 문구의 추가

2000년 저작권법 제2조 제14호는 복제라 함은 "인쇄·사진촬영·복사·녹음·녹화 그 밖의 방법에 의하여 유형물에 고정하거나 유형물로 다시 제작하는 것"을 말한다고 정의하였다.238) 이것은 종전의 복제의 정의인 '유형물로 다시 제작하는 것' 외에 '유형물에 고정하는 것'을 추가한 것이다. 당시의 입법관여자는 "'유형물에 고정하는 것'을 복제의 개념에 포함시켜 디지털 복제 개념을 도입하였는바, 이는 멀티미디어 환경 하에서 복제 개념을 명확히 하려는 취지"라고 개정 이유를 설명하였다.239) 이에 대해서는 "재생 가능한 복제인 녹음·녹화가 유형물에의 고정을 의미하는 것이고 디지털화의 고정도 재생 가능한 복제이므로 불필요한 2중적 정의"라는 이유를 들어 "이를 다시 명확히 할 필요가 있는 것인지 의문"이라는 비판이 제기되었다.240) 전술한 것처럼 '유형물로 다시 제작하는 것'이란 1986년 저작권법의 法文은 일본 저작권법 제2조 제1항 제15호의 '유형적으로 再製하는 것'에서 영향을 받은 것이고, 유형적 再製에는 유형적 固定이 포함되는 것으로 충분히 해석할 수 있다는 점에서,241) 불필요한 개정이라고 비판하는 위 견해에 수긍이 간다. 해석론으로 해결 가능한 문제를 '디지털화'를 통한 이용 양태를 '명확히' 한다는 명분 아래 '확인적 문구'에 지나지 않는 표현(즉 '유형물에 고정하는 것')을 덧붙인 결과 오히려 '디

---

237) 이상정, "디지털 시대의 저작권법 개정 방향에 관한 소고", 「계간 저작권」, 1998 봄호, 15~16면. 위 논문에서는 "유형물에 고정하거나 유형물로 다시 제작하는 것"이라는 문구가 포함된 개정 안까지 제시하고 있다.

238) "유형물에 고정하거나 유형물로 다시 제작하는 것"이란 표현은 前註의 모델조항 중의 문구와 동일하다.

239) 김태훈, "개정 저작권법 해설", 「계간 저작권」, 2000 봄호, 5면.

240) 허희성, 「2000 신저작권법 축조개설 상」, 저작권아카데미, 2000, 78면.

241) 복제의 정의에 관한 개정 의견 제창자도 '디지털 복제'에 대해서는 "디지털 복제가…우리 법상의 복제에 포함된다고 본다. 그러나 입법론으로는 앞으로 제기될지도 모를 논쟁의 여지를 없애다는 의미에서…복제에 해당됨을 명시하는 것이 바람직하다"(이상정, 앞의 논문, 15면)고 설명한다.

지털 복제'와 관련하여 복제의 개념을 '오판'하도록 만들고 말았다. 즉 1986년 저작권법은 복제 개념 중에 '디지털 복제'를 포섭할 수 없고 2000년 저작권법에 이르러서야 비로소 포섭 가능하게 되었다는 이해하기 어려운 기이한 결말을 이끌어내고야 말았다.242)

결국 이와 같은 기이한 결말은 '다시 제작'이란 표현의 원형이라 할 수 있는 '再製'라는 용어의 의미에 '고정' 개념이 포함되지 않는다고 오해한 것에서 비롯된 것이다. 그러나 유형적 再製라 함은 "구체적으로 존재하는 물건 중에 저작물 등을 수록하는 행위"를 의미하는 것이라고 이해하는 것이 타당할 것이다.243) 다시 말해 有形的 再製라 함은 저작권의 보호대상인 저작물(Werk)과 소유권의 보호대상인 유형물(Werkstücken)이 구별되는 것을 전제로, 그 有形物 중에 저작물이 再現(Wiedergabe)되는 것을 의미하는 것244)이라고 이해하여야 한다. 따라서 1986년 저작권법의 법문상 표현인 "유형물로 다시 제작하는 것", 즉 유형적 재제라는 용어에는 독일 저작권법 제16조 제2항과 마찬가지로 다시 제작(재제)하는 것이라는 의미의 복제 개념 속에 固定이라는 개념이 당연히 내포되는 것이라고 해석하는 것이 타당할 것이다.

다. 이른바 '무형복제'에 대한 녹음·녹화를 복제로 정의하던 규정 내용의 삭제
2000년 저작권법까지는 복제의 정의 속에 "각본·악보 그 밖의 이와 유사한 저작물의 경우에는 그 저작물의 공연·실연 또는 방송을 녹음하거나 녹화하는 것을 포함한다"고 규정하였다. 그러나 2006년 12월 28일 법률 제8101호로 저작권법이 전부 개정되면서, 즉 2006년 저작권법에서는 위 내용을 삭제하였다. 그 개정 의도에 대해서는 저작물이 무형적으로 재현되는 것을 다시 녹음하거나 녹화하는 행위는 이미 복제의 정의규정 전단 문구 중에 포함되어 있

---

242) 이러한 결말을 상징적으로 보여주는 것이 바로 대법원 2007. 12. 14. 선고 2005도872 판결이다. 이 사건에서 대법원은 "저작권법 제2조의 유형물에는 특별한 제한이 없으므로 컴퓨터의 하드디스크가 이에 포함됨은 물론이지만, 하드디스크에 전자적으로 저장하는 MPEG-1 Audio Layer-3 (MP3) 파일을 일컬어 유형물이라고는 할 수 없으므로, 음악 CD로부터 변환한 MP3 파일을 Peer-To-Peer(P2P) 방식으로 전송받아 자신의 컴퓨터 하드디스크에 전자적으로 저장하는 행위는 구 저작권법(2000. 1. 12. 법률 제6134호로 개정되기 전의 것) 제2조 제14호의 복제행위인 '유형물로 다시 제작하는 것'에는 해당하지 않고, 구 저작권법(2006. 12. 28. 법률 제8101호로 전문 개정되기 전의 것) 제2조 제14호의 복제행위인 '유형물에 고정하는 것'에 해당한다"고 판시하였다.

243) 가령, 齊藤博, 앞의 책, 157면; 加戸守行, 앞의 책, 53~54면; 島並良·上野達弘·橫山久芳, 앞의 책, 145면.

244) Eugen Ulmer, *Urheberrecht- und Verlagsrecht*, 3 Aufl., Springer, 1980, S.12, S.228~229.

기 때문에 중복을 피하고 복제의 정의를 간명하게 위하여 삭제한 것이라고 설명한다.[245] 아울러 삭제된 위 규정 내용은 일본 저작권법의 영향을 받은 것으로 불필요한 규정이었다고 설명하기도 한다. 즉 일본 구 저작권법(1899년)에서는 이른바 무형복제도 복제의 개념 속에 포함시켰으나 현행 일본 저작권법은 유형복제만을 복제로 파악하고 있기 때문에 구법상의 개념인 무형복제를 유형복제하는 것이 현행법상 복제 개념에 포함되는지 여부를 분명히 할 필요가 있었지만 우리 법상으로는 복제의 예시로 녹음·녹화가 이미 포함되어 있어서 불필요한 것이었다는 취지이다.[246] 이러한 정의규정의 일부 삭제에 대해서는 각본을 공연하는 것을 녹음 또는 녹화하는 것은 그 공연 자체의 복제이지 각본의 복제라고 할 수 없다는 등의 이유를 거론하면서 "복제의 개념을 정확하게 이해하지 못한 조치로서 앞으로 혼란이 예상된다"고 비판하는 견해가 있다.[247] 일부 삭제된 위 정의규정이 당연한 것을 확인하는 차원에서 규정한 것에 불과한 것이었다면 삭제하는 것이 타당하겠지만, 만일 그렇지 않고 본래의 복제 개념을 확대하여 복제권이 미치는 범위를 넓히는 의미를 가지는 것이라면 문제의 양상은 전혀 달라진다.[248] 이에 관한 연구 성과의 집적을 좀 더 기다린 후에 삭제하였더라면 하는 아쉬움이 남는다.

라. 일시적 저장의 복제 개념에의 포섭

컴퓨터 주기억 장치인 램(RAM)에 저작물이 일시적으로 저장되는 경우를 복제의 개념에 해당하는 것으로 볼 것인가 하는 문제이다. 램이 유형물인 것은 분명하지만 램은 하드디스크에 비하여 상당히 작은 용량을 가진 임시적인 작업공간에 불과하고 보조기억장치인 하드디스크에 의식적으로 이를 저장해 두지 않는 한 전원의 차단과 동시에 사라져 버린다.[249] 종래 우리나라에서는 램(RAM)에의 일시적 저장은 "유형물에 고정하거나 유형물로 다시 제작하는

---

245) 문화관광부, 「2007—개정저작권법 설명자료」, 15면; 오승종, 「저작권법」, 박영사, 2007, 409면에서 재인용.

246) 최경수, 「저작권법 개론」, 한울, 2010, 244면 각주10).

247) 허희성, 「2007 신저작권법 축조개설 상」, 명문프리컴, 2007, 49~50면.

248) 참고로 현재 일본의 학설은 이른바 '무형복제'에 대한 녹음·녹화를 복제로 정의하는 규정의 성질을 둘러싸고 복제개념을 확인하는 규정으로 보는 說(가령, 半田正夫, 中山信弘 등의 견해)과 복제개념을 확장하는 규정으로 보는 說(가령, 加戶守行, 澁谷達紀 등의 견해)로 나뉘어 있다.

249) 현재는 전원이 끊어져도 램에 저장된 자료를 상실하지 않으나(가령, bubble memory 등) 이러한 경우에도 그 저장의 영구성을 확보하기 위해서는 하드디스크에 저장하는 것이 필요하다.

것"에 해당하지 않으므로 복제에 해당하지 않는다고 해석하는 것이 대체적인 학설의 흐름이었다.250) 그러다가 2011년 12월 2일 법률 제11110호로 저작권법이 일부 개정될 때 복제의 정의규정이 "일시적 또는 영구적으로 유형물에 고정하거나 다시 제작하는 것"이라고 개정됨으로써 일시적 저장이 복제의 개념에 포함되는 것이 명확히 규정되기에 이르렀다. 이러한 개정은 전자적 형태를 포함하는 일시적 저장을 복제에 해당하도록 입법화할 의무를 지우는 한미 FTA 협정문 제18.4조 제1항에 따른 것이다.251) 이에 따라 복제권이 미치는 범위는 종전보다 확대되었고, 저작물 이용과정에서의 편의를 도모하기 위하여 일정한 기준을 충족하는 다양한 형태의 '일시적 복제'에 대하여는 포괄적으로 그 예외를 인정하는 규정도 아울러 신설되었다.252)

3. 복제권의 내용

가. 개 관

저작재산권 중 가장 중요한 것은 "저작물을 복제할 권리"인 복제권이다(제16조). 복제라는 것은 "인쇄·사진촬영·복사·녹음·녹화 그 밖의 방법으로 일시적 또는 영구적으로 유형물에 고정하거나 다시 제작하는 것(①)을 말하며, 건축물의 경우에는 그 건축을 위한 모형 또는 설계도서에 따라 이를 시공하는 것(②)을 포함한다"고 정의된다(제2조 제22호). 위 法文 중 "인쇄·사진촬영·복사·녹음·녹화 그 밖의 방법으로"는 기술적 수단을 예시적으로 열거한 것으로 그 기술적 수단에 제약이 없다는 것을 의미하는데 지나지 않는다. 따라서 "유형물에 고정하거나 다시 제작하는 것"과 관련된 것인 이상 모든 기술적 수단이 포함되므로 그 중 어떠한 기술적 수단을 채택하더라도 그 효과는 동일하고 이를 특정할 實益은 없다. 예컨대, 인쇄기나 복사기를 사용하여 종이에 인쇄하거나 복사하는 경우 또는 사진으로 촬영하는 경우처럼 저작물을 직접 확인할 수 있는 경우뿐 아니라, 녹음·녹화처럼 재생장치를 사용하여 저작물을 확인할

---

250) 강신하, 「저작권법」, 진원사, 2010, 205면; 오승종, 「저작권법」, 박영사, 2007, 417~419면; 이해완, 「저작권법」, 박영사, 2007, 305~308면; 임원선, 「실무자를 위한 저작권법」, 저작권심의조정위원회, 2006, 107~109면; 최경수, 앞의 책, 245~249면 각 참조. 이에 대해 그 반대 취지의 견해로는, 이대희, 「인터넷과 지적재산권법」, 박영사, 2002, 445~446면; 허희성「2007 신저작권법 축조개설 상」, 명문프리컴, 2007, 154~156면 각 참조.
251) 2011년 12월 저작권법 개정과 관련하여 '일시적 복제'의 보호를 둘러싼 쟁점을 검토한 것으로는, 임원선, "일시적 복제의 보호 입법에 관한 연구", 「계간 저작권」, 2011 봄호, 4면 이하 참조.
252) 저작권법 제35조의2(저작물 이용과정에서의 일시적 복제) 참조.

수 있는 경우, 컴퓨터의 하드디스크에 다운로드 하는 등 전자적으로 저장하는 경우253) 등도 복제에 해당한다.

나. "유형물에 고정하거나 다시 제작하는 것"

복제의 정의에는 "유형물에 고정하거나 다시 제작하는 것(①)"과 "건축물의 경우에는 그 건축을 위한 모형 또는 설계도서에 따라 이를 시공하는 것(②)을 포함한다." 유형물에 고정하거나 '다시 제작'(再製)하는 것이란 어떤 저작물이 '새로운' 유형물에 再製 또는 固定됨으로써 장래 반복하여 사용될 가능성이 있는 경우를 말한다. 이와 같이 복제의 정의에서 한정적으로 열거한 ①·②의 행위는 모두 유형적으로 무엇인가를 '새롭게' 만들어 내는 것을 뜻하므로 이를 講學上 '有形'복제라고 부른다. '유형복제'는 일시적이든 영구적이든 유형물에 '固定'하거나 '다시 제작'(再製)하는 것이어야 성립한다. '다시 제작'(再製)이란 기본적으로는 동일한 것을 만드는 것이지만, 완전히 동일할 필요는 없고 또한 같은 표현형식일 필요도 없다.254) 즉 "원저작물을 원형 그대로 복제하지 아니하고 다소의 변경을 가한 것이라고 하여도 원저작물의 再製 또는 동일성이 감지되는 정도이면 복제가 되는 것"이다.255) 따라서 실질적으로 동일하면 되고, 원저작물에 창작성이 가미되지 않으면 '다시 제작'한 것이 된다. 예컨대, 암호문을 통상의 문장으로 바꾼 경우, 즉흥곡을 악보로 옮긴 경우, 강연을 원고로 받아 적은 경우, 소스 프로그램을 기계적으로 오브젝트 프로그램으로 변환한 경우 등도 복제에 해당한다. 또한 조각작품과 같이 입체적으로 표현된 저작물을 모사하거나 사진촬영하여 평면적으로 재제하는 것도 복제이다(제35조 제2항 제4호 참조). 거꾸로 평면적 표현을 입체적 표현으로 바꾼 경우에도 거기에 새로운 창작성이 가미되지 않았다면 복제가 된다.256) 예컨대, 만화영화에 등장하는 주인공 캐릭터가 표현된 原畵를 근거로 하여 봉제인형을 제작하거나 입체적인 플라스틱 인형을 만든 경우257) 등도 복제에 해당할 것이다.258)259) 이와

---

253) 대법원 2007. 12. 14. 선고 2005도872 판결 참조.

254) 中山信弘, 「著作權法」第2版, 有斐閣, 2014, 248면.

255) 대법원 1989. 10. 24. 선고 89다카12824 판결.

256) 中山信弘, 앞의 책, 248면.

257) 참고로 미국 연방 제2항소법원은 디즈니의 캐릭터인 미키마우스, 도널드 덕 등을 입체적인 플라스틱 장난감으로 만든 것이 2차적 저작물에 해당하는 것인지가 문제된 사안에서 새로운 창작성이 가미되지 않았으므로 2차적 저작물에 해당하지 않는다고 판시하였다{Durham Indus. v. Tomy Corp., 630 F. 2d 905 (2d Cir. 1980). 장주영, 「미국저작권판례」 제2증보판, 육법사, 2017, 43~44면}. 하지만 구체적 사안에 따라서는 2차적 저작물 작성권 침해가 성립하는 경우

같이 저작권법은 복제권이 미치는 범위를 저작물의 유형적 이용의 경우에 한정하고 있기 때문에, 무형적 再製에 해당하는 공연, 실연, 방송 등은 복제권의 대상에서 제외된다. 따라서 음악저작물, 연극저작물 등을 공연하거나 실연 또는 방송하는 것은 공연권(제17조)이나 공중송신권(제18조)에 의해 별도로 보호된다. 그러나 음악저작물 등의 공연, 실연, 방송을 '녹음'하거나 '녹화'하는 것은 위 ①의 유형적 이용에 속하므로 복제권의 규율 대상인 복제에 해당한다.

다. "일시적 또는 영구적으로" 유형물에 고정하는 것

(1) 일시적 복제의 의미

일시적 복제(temporary reproduction)란 디지털화된 저작물이나 저작인접물 또는 그 밖의 콘텐츠 등을 컴퓨터를 통하여 이용하거나 인터넷을 통하여 검색·열람 또는 전송할 때에 해당 저작물 등이 컴퓨터의 램(RAM)에 일시적으로 저장되고 그 결과 램에서 이루어지는 복제를 일컫는 용어이다.[260] 일시적 복제를 행위적인 관점에서는 일시적 저장(temporary storage)이라 부르는데, 이를 규범적인 관점에서 평가한 것이 일시적 저장을 복제 개념 속에 포섭하는 문제이다. 전술한 것처럼 우리나라에서는 종래 컴퓨터의 램에서 이루어지는 일시적 저장은 저작권법상 복제에 해당하지 않는다고 보는 것이 대체적인 해석론이었으나, 2011년 저작권법(12월 2일 개정법)은 '일시적으로' 유형물에 固定하거나 再製하는 것도 복제라고 규정함으로써 램에의 일시적 저장이 복제 개념 속에 포섭된다는 것을 명확히 하였다. 일시적 복제에 대해 복제권이 미친다고 입법한 것은 아날로그 기술을 전제로 하여 형성·발전되어온 그간의 복제 개념이 디지털 기술로 인해 그 복제의 방식과 양상이 변모하였다는 것을 상징적으로 보여준다.

도 있을 것이다. 가령, 寫實的인 일러스트로 표현된 시각적 캐릭터를 입체화하는 경우에는 인형의 눈과 코, 체형의 미묘한 굴곡이나 채색이 인형의 아름다움이나 추함 또는 그 특징을 결정하게 되고 이러한 굴곡 등의 표현에 대해 창작성이 발휘된다고 해석되는 경우에는 2차적 저작물 작성권 침해에 해당하게 될 것이다(박성호, 「캐릭터 상품화의 법적 보호」, 현암사, 2006, 268면).

258) 위와 같이 이차원적 저작물을 삼차원적인 표현형식으로 바꾼 경우에는 새로운 창작성이 가미된 것으로 인정될 것인지 여부에 따라 복제권 침해 혹은 2차적 저작물 작성권 침해가 성립하게 된다.

259) 참고로 영국 저작권법 제17조 제3항은 "미술저작물의 경우 복제는 이차원적 저작물을 삼차원적으로 복제하고 삼차원적 저작물을 이차원적으로 복제하는 것을 포함한다"고 규정한다.

260) 이에 대해 저작물을 컴퓨터 하드디스크 드라이브(HDD) 등 보조기억장치에 설치하는 것은 영구적 복제에 해당한다(대법원 2017. 11. 23. 선고 2015다1017, 1024, 1031, 1048 판결).

일시적 복제 또는 일시적 저장과 관련하여 유의할 것은 '순간적인(transitory) 저장'과 '일시적(temporary) 저장'을 구별하는 해석론이다. 일시적 저장이나 순간적 저장이나 모두 전원을 끄면 정보가 사라져 버린다는 점에서는 동일하지만, 일시적 저장이란 순간적이지 않고 일정한 시간 지속적인 것이기 때문에 순간적인 저장과 구별할 필요가 있다. 즉 일시적 저장이란 순간적인 기간(transitory duration) 이상의 시간 동안 저작물을 인식하거나 복제 또는 전달할 수 있을 정도로 지속적인(permanent) 것이므로 장래 반복하여 사용될 가능성이 있다는 점에서261) 순간적 저장과는 구별된다. 따라서 일시적 저장과 달리 순간적인 저장은, 장래 반복하여 사용될 가능성이 없다는 점에서 유형물에 고정하거나 재제하는 것이라고 규범적으로 평가될 수 없으므로 처음부터 복제에 해당하지 않는다고 보아야 한다.262) 요컨대, '순간적인 저장'은 처음부터 복제에 해당하지 않는다는 점에서 저작권법 제35조의2(저작물 이용과정에서의 일시적 복제)의 권리제한 규정은 '순간적인 저장'에는 적용될 여지가 없다. 따라서 위 권리제한 규정이 적용될 실익이 있는 경우는 순간적인 기간 이상의 시간 동안 저작물을 인식하거나 복제 또는 전달할 수 있을 정도로 지속적이어서 반복하여 사용될 가능성이 있는 '일시적 저장'의 경우에 국한된다고 보아야 한다.

(2) 국제 동향

유럽연합은 1991년의 '컴퓨터프로그램의 법적 보호에 관한 지침'(컴퓨터프로그램지침)과 1996년의 데이터베이스지침에서 일시적 저장을 복제 개념 속에 수용하였고, 2001년의 '정보사회에서의 저작권 및 저작인접권에 관한 일정한 측면의 조화에 관한 지침'(저작권지침)에서도 이를 그대로 받아들였다. 상당수의 국가들도 유럽연합의 입법례에 따라 일시적 저장을 복제 개념 속에 포섭하고 이에 대해 저작자 등에게 배타적인 권리를 부여하였다.263) WIPO 저작권조

---

261) 미국 저작권법 제101조 '고정'의 정의 참조. 이 정의규정에서는 "순간적인 기간(transitory duration) 이상의 시간 동안 저작물을 인식하거나 복제 또는 그 밖에 전달할 수 있을 정도로 충분히 지속적(permanent)이거나 안정적으로 수록한 때"에, 이러한 경우에는 장래 반복하여 사용될 가능성이 있다는 점을 고려하여 이를 '고정'이라고 정의한다.

262) 우리 저작권법이 직접적인 명문의 규정을 두고 있는 일시적 복제의 의미에 대하여 미국 저작권법 제101조 '고정'의 정의규정을 참조하여 위와 같이 '일시적 저장'과 '순간적인 저장'을 규범적으로 구별하여 해석하는 것은, 일시적 복제에 관하여 판례에 그 해석을 맡기면서 그에 관한 직접적인 명문의 규정을 두고 있지 않은 미국 저작권법의 입법태도를 염두에 두고 이를 고려한 우리 나름의 능동적인 해석 방향이 될 수 있을 것이라고 생각한다.

263) 최경수, 앞의 책, 247면; 이대희, "WIPO 저작권협약과 사이버 저작권", 「사이버지적재산권법」, 법영사, 2004, 141면.

약(WCT) 및 WIPO 실연·음반조약(WPPT) 체결 당시 각 조약안에는 일시적 저장을 복제 개념 속에 포함시키는 규정이 마련되어 있었다.264) 예컨대, 위 저작권조약안 제7조는 "저작물의 배타적 복제권은 영구적 복제이건 일시적 복제이건 간에 어떤 방식이나 형태로 저작물을 직접적 및 간접적으로 복제하는 것을 포함한다"고 하였으나, 이 조약안 제7조는 1996년 12월 저작권 및 저작인접권에 관한 WIPO 외교회의에서 채택되지 못한 채 이 회의에 참여한 160여 개국의 합의로 '합의의사록'만을 남기게 되었다.265) 이 합의의사록은 베른협약 제9조의 복제권 규정을 디지털 환경에서도 완전히 적용하며, 특히 저작물의 디지털 이용에 대하여 적용할 뿐만 아니라 저작물을 전자매체에 디지털 형태로 저장하는 것도 베른협약 제9조의 복제로 본다고 언급하고 있다. 이 합의의사록은 조약안 제7조에서 규정하였던 일시적 복제 등에 관하여 전혀 언급을 하지 않아, 램에의 일시적 저장을 베른협약 제9조의 복제 범위에 포함되는 것으로 해석할 수 있을지 여전히 의문을 남기고 있다.266)

미국은 1995년 9월 발표한 NII(National Information Infrastructure) 최종보고서(백서)에서 1976년 미국 저작권법의 입법연혁이나 판례 등에 비추어 볼 때 램에 저장되는 것은 복제라고 기술하였다.267) 또한, 램에의 일시적 저장은 '고정' 요건을 충족하므로 복제라고 판시한 MAI Sys. Corp. v. Peak Computer 사건은 그 선례로 자주 인용되고 있다. 그러나 NII 최종보고서가 근거로 삼고 있는 1976년 미국 저작권법은 그 입법연혁 및 목적 등에 비추어 볼 때, 오히려 램에의 일시적 저장을 복제의 개념에서 제외시키고 있음을 알 수 있다. 즉 하원보고서는 "화면에 짤막하게 투사되거나… 컴퓨터의 기억장치에 순차적으로 머무는 것(captured momentarily in the memory of a computer)과 같은 순간적인 복제(evanescent or transient reproduction)는 고정의 정의에서 배제된다"268)고 기술하고 있기 때문이다. 따라서 NII 최종보고서의 견해는 하원보고서의 내용과

---

264) 위 저작권조약안 제7조, 위 실연음반조약안 제7조 및 제14조 각 참조.

265) 당시 외교회의에서 상당수의 국가들이 일시적 저장이 기술적인 과정의 일환으로 "순간적이거나 부수적인 성격(transient or incidental nature)"을 갖는 경우 이는 복제 개념 속에 포섭될 수 없거나 복제 개념 속에 포섭되더라도 복제권이 미치지 않아야 한다는 의견을 강력하게 주장하였기 때문에 위 조약안 제7조는 채택되지 못하였고 그 결과 위와 같은 합의의사록이 나왔던 것이다(최경수, 앞의 책, 247면).

266) 채명기, "디지털 시대의 복제권—일시적 복제를 중심으로", 「계간 저작권」, 1997 봄호, 25~26면.

267) 문화체육부 옮김, 「멀티미디어시대의 저작권—미국 NII 지적소유권 작업반 최종보고서 III」, 1995, 55면; 임원선 옮김, 「초고속통신망과 저작권」, 한울아카데미, 1996, 64~65면.

268) H.R. Rep. No. 1476, 94th Cong., 2d Sess. 53 (1976).

배치된다고 볼 수 있다.

MAI Systems Corp. v. Peak Computer, Inc. 사건[269]에 관한 미 연방항소법원 판결은 저작물의 램에의 일시적 저장(temporary storage)이 복제에 해당한다고 판시한 미국의 대표적 선례(leading case)이다. 위 판결에서는 "소프트웨어를 램에 복제하는 행위(copying)가 저작권법상 '복제물'(copy)을 만드는 것에 해당한다고 구체적으로 인정한 판결을 찾아볼 수 없다. 그러나 소프트웨어를 컴퓨터에 올려놓는(load) 것이 저작권법상 복제물을 만드는 것에 해당한다는 것은 일반적으로 받아들여지고 있다"고 설시한 다음 "램에서 만들어진 복제물(copy)은 '인식되거나 복제 또는 그 밖에 전달'될 수 있다고 인정되므로 소프트웨어를 램에 올려놓는 것은 미국 저작권법 제101조에 따른 복제물을 만드는 것에 해당한다"고 판시하였다.

미국 저작권법 제117조(c)는 컴퓨터의 유지·관리 또는 수리를 위한 목적으로 컴퓨터 프로그램을 실행하는 과정에서 그 프로그램의 복제물이 만들어진 경우 그 복제권에 대한 침해책임을 면제한다고 규정한다. 제117조(c)는 1998년 DMCA(Digital Millennium Copyright Act) 제3편에서 일시적 저장도 복제에 해당한다는 MAI 판결로 인한 문제점을 해결하기 위하여 마련한 것으로서, 일정한 목적 하에서 이루어진 복제에 대해 저작권 침해책임을 면책시키는 예외규정이다. 미국 저작권법은 우리 저작권법과 달리 일시적 저장을 복제 개념 속에 포섭시키는 직접적인 명문의 규정을 두고 있지는 않지만, 위 제117조(c)는 일시적 복제 개념을 입법에 의하여 간접적으로 인정하는 취지의 규정이라고[270] 이해할 수 있다.[271]

라. "건축물의 경우에는 그 건축을 위한 모형 또는 설계도서에 따라 이를 시공하는 것"

한편, 건축물의 경우에는 그 건축을 위한 모형 또는 설계도서에 따라 이를 시공하는 것(②)을 복제의 개념에 포함하는데, 이것은 설계도의 대상인 건축물 자체가 건축저작물로 보호되기 때문에,[272] 건축저작물이 표현된 설계도면 자

---

269) MAI Systems Corp. v. Peak Computer, Inc., 991 F.2d 511 (9th Cir. 1993)

270) 이대희, 앞의 논문, 141면.

271) 일본 저작권법도 미국 저작권법과 마찬가지로 일시적 저장을 복제 개념 속에 포섭시키는 직접적인 명문의 규정을 두고 있지 않다. 2009년 개정된 일본 저작권법은 인터넷상의 통신에서 정보처리 과정상의 부수적인 이용행위(제47조의8)가 권리제한에 해당하도록 규정함으로써 적법한 행위로 인정하고 있다. 따라서 일본 저작권법의 제47조의8 규정도 미국 저작권법 제117조(c)와 마찬가지로 일시적 복제 개념을 간접적으로 인정하는 취지의 규정이라고 이해할 수 있다(中山信弘, 앞의 책, 382~384면).

체를 복제하는 것(①)은 물론이고 그 설계도면에 따라 건축물을 시공하는 것(②)도 복제의 개념에 포함한다는 취지의 규정이다.[273] 따라서 ②는 설계도면에 따라 완성한 것, 즉 건축물 자체가 저작물로서 보호되는 건축설계도면 등의 경우에 적용되는 것이고 기계나 선박과 같은 일반 설계도면에 대해서는 적용되지 않는다.[274] 왜냐하면 도면에 따라 완성한 것이 저작물이 아닌 경우, 예컨대 기계 등의 경우에는 적용될 여지가 없기 때문이다. 바꿔 말하면 기계가 저작물로 보호되는 것이 아니므로 기계 자체를 복제하더라도 저작물을 복제한 것으로는 되지 않기 때문이다. 그러므로 설계도에 따라 기계를 제작하거나 도면에 따라 선박을 건조한 경우는 복제권 침해에 해당하지 않는다.[275] 한편, 新藥의 製法에 대해 특허권이 부여되어 있는데, 그 특허권자가 해당 제법에 관한 논문을 작성한 경우에 제3자가 그 제법에 따라 동일한 신약을 무단 제조·판매한 경우 저작권(특히 복제권) 침해에는 해당하지 않지만, 특허로 보호되는 기술적 사상을 침해한 것이 되어 특허권 침해가 될 수는 있다. 또한 이에 관한 그 논문을 허락 없이 베낀 경우는 '표현의 도용'에 해당하여 복제권 침해가 될 수 있다.[276]

마. 일부 복제

저작물의 일부에 대해 유형적으로 고정하거나 다시 제작하는 것이라도 그 부분에 창작적 표현이 존재하는 한 복제가 된다. 저작물은 특허에서의 청구항과 같이 청구범위를 확정하는 수단을 가지고 있지 않으므로 권리 주장의 대상 부분에 창작적 표현이 존재하는지 여부만이 문제가 된다.[277] 복제권 침해를

---

273) 저작권법 제4조 제1항 제5호는 건축저작물이란 "건축물·건축을 위한 모형 및 설계도서 그 밖의 건축저작물"(밑줄은 저자)을 말한다고 규정한다.

273) 대법원 2019. 5. 10. 선고 2016도15974 판결은 저작권법 제2조 제22호 후문(②)에 대해 "이는 저작물인 '건축물을 위한 모형 또는 설계도서'에 따라 건축물을 시공하더라도 복제에 해당한다는 점을 명확히 하려는 확인적 성격의 규정에 불과"하므로 도안으로만 존재하는 피해자의 작품(건축물이 아닌 환경조형물)을 피고인이 입체조형물로 제작한 것은 복제에 해당한다고 판시하였다. 이 사건 판결은 설계도면의 형태로 존재하던 권리자의 저작물을 허락 없이 입체조형물로 제작한 경우에 이는 저작권법상 복제에 해당한다고 판시한 최초의 사례이다. 3D 프린터기의 도입과 과학기술의 발전으로 2차원적 저작물을 3차원으로 구현하는 일이 많이 발생할 것으로 예상되는 상황에서 앞으로 복제권 침해여부 판단에 도움이 될 수 있는 선례로서 의의가 있다.

274) 즉 저작권법 제2조 제22호 후문(②)은 설계도면에 따라 완성한 3차원적 입체형상이 저작물로서 보호되는 경우에 적용되는 것이고 기계 등과 같은 일반 설계도면에는 적용되지 않는다.

275) 유네스코 편, 백승길·박관희 옮김, 「저작권이란 무엇인가」, 보성사, 1983, 49면 참조.

276) 岡本薫, 「著作權の考え方」, 岩波書店, 2003, 22면 참조.

이유로 제기되는 실제 소송 사건의 대부분은, 예컨대 1개의 저작물 중 어느 일부분에 대해 복제가 이루어졌다는 것을 이유로 하는 것이다. 일부 복제를 주장하는 이유 중에는 다른 부분에 복제권 침해라고 주장할 수 있는 부분이 없는 경우도 있겠지만, 그 밖에 심리를 촉진함으로써 신속하게 판결이 선고될 수 있도록 쟁점을 한정하기 위한 경우도 있다. 따라서 1개의 저작물 전체에 대해 복제권 침해를 주장하는가, 아니면 그 일부에 대해서 복제권 침해를 주장하는가, 일부 복제를 주장하는 경우에도 어느 부분에 복제권 침해를 주장하는가는 변론주의가 적용되는 사항이다.[278] 만일 피고의 1개의 저작물에 의해서 원고의 1개의 저작물에 대한 복제권 침해가 발생하고 이를 이유로 손해배상청구(또는 금지청구)의 소가 제기된다면, 이때 복제권 침해를 이유로 제기되는 소송 사건에서 소송물은 1개로 보는 것이 사회적인 분쟁의 파악으로서 타당할 것이다. 예컨대 피고의 1개의 저작물 중 그 일부인 甲부분이 원고의 1개의 저작물 중 그 일부인 A부분에 대한 복제권 침해를 이유로 하는 손해배상청구와, 동일한 피고 저작물 중 그 일부인 乙부분이 동일한 원고 저작물 중 그 일부인 B부분에 대한 복제권 침해를 이유로 하는 손해배상청구는, 1개의 소송물에 포함되는 것이라고 보아야 한다.[279]

바. 링크행위와 복제

인터넷상 링크(linking)는 복제에 해당하는가? 링크란 HTML 태그를 이용하여 어떤 웹화면을 다른 웹화면과 연결시키는 것을 말하며 하이퍼링크(hyperlinking) 또는 하이퍼텍스트 링크라고도 한다. 링크는 단순링크와 심층링크로 크게 나누어 볼 수 있는데, 단순링크(simple link)란 다른 홈페이지의 메인화면으로 링크시키는 것으로서 초기화면 링크(surface link)라고도 한다. 심층링크(deep link)란 다른 홈페이지의 초기화면을 생략하고 내부화면으로 직접 링크시키는 것을 말한다. 그래서 심층링크를 '내부화면 링크'라고 옮기는 경우도 있으며 직접링크(direct link)라고도 부른다. 심층링크 중에서 자신의 웹페이지의 프레임을 유지하면서 타인의 웹페이지상의 콘텐츠를 보여주는 것을 프레이밍 링크(framing link)라고 한다. 한편, 인라인 링크(in-line link)라는 것은 링크된 정보를 불러오기 위해 이용자가 클릭을 할 필요 없이 링크 제공 정보를 포

---

277) 中山信弘, 「著作權法」第2版, 有斐閣, 2014, 249면.
278) 西田美昭, "複製權侵害の判斷の基本的考え方", 「裁判實務大系27—知的財産關係訴訟法」, 靑林書院, 1997, 123면.
279) 西田美昭, 위의 논문, 123~124면.

함하는 웹페이지에 접속하면 자동으로 링크된 정보가 바로 재생되는 방식의 링크를 말하며 임베디드 링크(embedded link)라고도 한다.[280]

복제란 유형물에 고정하거나 '다시 제작'(再製)하는 것을 말하고 이는 어떤 저작물이 '새로운' 유형물에 再製 또는 固定되는 경우를 의미한다. 따라서 인터넷상에서 링크를 하는 행위는, 접속정보의 인터넷 주소(URL)를 복사하여 해당 정보의 위치 내지 경로를 나타낸 것에 불과할 뿐이고 해당 접속정보에 포함된 저작물 그 자체를 '새로운' 유형물에 "일시적 또는 영구적으로… 고정하거나 다시 제작하는 것"이 아니므로, 저작권법상의 복제에 해당하지 않는다. 대법원은 어느 인터넷 이용자(A)가 자신의 홈페이지에서 다른 사람(B)의 웹페이지로 쉽게 이동하려고 심층링크(deep link) 또는 직접링크(direct link)를 걸어 놓은 경우 A는 그 웹페이지상의 저작물에 대한 B의 복제권을 침해한 것이 되는지가 문제된 사안에서 다음과 같이 판시하였다. "인터넷에서 이용자들이 접속하고자 하는 웹페이지로의 이동을 쉽게 해주는 기술을 의미하는 인터넷 링크 가운데 이른바 심층링크(deep link) 또는 직접링크(direct link)는 웹사이트의 서버에 저장된 저작물의 인터넷 주소(URL)와 하이퍼텍스트 태그(tag) 정보를 복사하여 이용자가 이를 자신의 블로그 게시물 등에 붙여두고 여기를 클릭함으로써 위 웹사이트 서버에 저장된 저작물을 직접 보거나 들을 수 있게 하는 것으로서, 인터넷에서 링크하고자 하는 저작물의 웹 위치 정보 내지 경로를 나타낸 것에 불과하다. 따라서 이는 구 저작권법 제2조 제14호[281]에 규정된 '유형물에 고정하거나 유형물로 다시 제작하는 것'에 해당하지 아니하고, 또한 저작물의 전송의뢰를 하는 지시 또는 의뢰의 준비행위로 볼 수 있을지언정 같은 조 제9의 제2호[282]에 규정된 '송신하거나 이용에 제공하는 것'에 해당하지도 아니한다. 그러므로 위 심층링크 내지 직접링크를 하는 행위는 구 저작권법이 규정하는 복제 및 전송에 해당하지 않는다"고 판시하였다.[283][284]

---

280) 인라인 링크의 정의 및 인라인 링크와 임베디드 링크가 동일한 의미라는 설명에 대해서는, 서울고법 2017. 3. 30. 선고 2016나2087313 판결 참조. 본문의 설명처럼 프레이밍 링크와 인라인 링크를 구별하는 것으로는, 松本恒雄 編, 「平成28年版 電子商取引及び情報財取引等に關する 準則と解說」, 商事法務, 2016, 170면 참조. 이와 달리 양자의 구별에 비판적인 견해로는, 박준석, 「인터넷상 정보 유통에 대한 새로운 저작권 규율 방향 모색」, 집문당, 2015, 96~97면 참조.

281) 구 저작권법 제2조 제14호는 복제 개념 내에 일시적 저장을 포함하고 있지 않았다. 그러나 위 규정에 상응하는 현행 저작권법 제2조 제22호는 일시적 복제를 인정하고 있다는 것이 차이점이다.

282) 현행 저작권법 제2조 제10호.

283) 대법원 2009. 11. 26. 선고 2008다77405 판결; 같은 취지 대법원 2010. 3. 11. 선고 2009다4343 판결. 후자의 판결은 특히 심층링크에 속하는 프레이밍 링크의 저작권 침해 문제를 다룬 것으

Ⅲ. 공연권

1. 서 론

공연권은 저작물의 무형적 전달행위 중 가장 빈도가 높은 것으로 저작물의 유형적 작성행위에 해당하는 복제권과 더불어 전통적인 저작물 이용형태에 속한다. 1986년 저작권법의 시행 이래 복제 개념 못지않게 많은 변화를 겪은 것이 공연 개념이다. 현행 저작권법은 공연이란 "저작물 또는 실연·음반·방송을 상연·연주·가창·구연·낭독·상영·재생 그 밖의 방법으로 공중에게 공개하는 것을 말하며, 동일인의 점유에 속하는 연결된 장소 안에서 이루어지는 송신(전송은 제외한다)을 포함한다"(제2조 제3호)고 정의한다. 이것은 2006년 저작권법의 정의와 동일한 것인데, 공연의 대상으로 저작물 뿐 아니라 실연·음반·방송과 같은 저작인접물까지 포함시킴으로써 이른바 '1986년 체제' 아래에서는 가장 넓게 공연의 대상을 定立한 것이다.

2. '공연' 개념의 변천

가. 1986년 저작권법에서 2000년 저작권법까지

1986년 저작권법은 공연을 "저작물을 상연·연주·가창·연술·상영 그 밖의 방법으로 일반공중에게 공개하는 것을 말하며, 공연·방송·실연의 녹음물 또는 녹화물을 재생하여 일반 공중에게 공개하는 것을 포함한다"(제2조 제3호)고 정의하였다. 현행 저작권법에서의 공연의 정의와는 달리 저작인접물을 공연의 대상으로 삼지 않았기 때문에 다소 좁은 개념을 취하고 있었지만 저작인접물의 복제물의 재생을 공연의 개념에 포함시킨 점에서는 현행 저작권법과 동일하였다. 문제는 공연의 개념이 축소된 2000년 저작권법에서의 공연의 정의규정이다. 2000년 저작권법에서는 저작인접물의 복제물을 재생하여 공개하는 것을 공연의 개념에서 삭제하는 대신에 정의규정의 後段에 "동일인의 점유에 속하는 연결된 장소 안에서 이루어지는 송신을 포함한다"는 法文을 추가하였다. 그 결과 정의규정은 "공연은 저작물을 상연·연주·가창·연술·상영 그

로서 링크를 전제로 한 인터넷의 특징과 링크가 이루어지는 기술적 과정에 비추어 볼 때 인터넷 포털사이트 운영회사인 피고에 의한 심층링크는 저작권 침해에 해당하지 않는다는 점을 밝힌 것이다.

284) 현행 저작권법 제2조 제22호는 일시적 저장을 복제 개념 내에 포섭시키고 있지만, 구 저작권법이 적용된 위 대법원 판결의 결론과 마찬가지로 링크행위에 대해서는 복제권 침해는 물론이고 전송권 침해 역시 성립하지 않을 것이다.

밖의 방법으로 일반 공중에게 공개하는 것과 이의 복제물을 재생하여 일반 공중에게 공개하는 것"에 위와 같이 후단의 법문을 덧붙이는 형태가 되었다. 2000년 저작권법에서 공연의 개념이 축소된 것에 대해 당시의 입법관여자는 "국제협약 및 각국의 실정법 규정은 일반적으로 공연의 객체를 저작물에 한정하고" 당시 우리 저작권법도 실연자와 방송사업자의 공연권을 보호하지 않았음에도 저작인접물의 복제물을 재생하여 공개하는 것을 공연에 포함하여 혼선을 초래하였으므로 이를 불식하기 위해 녹음, 녹화물을 공연의 객체에서 제외한 것이라고 설명한다.[285] 아울러 후단의 법문이 추가된 것에 관해서는 1986년 저작권법에서 일정한 제한된 장소가 물리적으로 차단되었는지 여부에 따라 방송과 공연의 경계를 구분해오던 입법에[286] 내포된 문제점을 인식하여 이러한 규율태도를 포기하고, 그 제한된 장소에서의 저작물의 송신을 방송의 개념에서 공연의 개념으로 조정한 것이라는 취지로 설명한다.[287]

　　2000년 저작권법의 공연에 관한 정의규정은 전단과 후단으로 구분할 수 있고 前段은 다시 실황 공연("저작물을 상연·[…]·상영 그 밖의 방법으로 일반 공중에게 공개하는 것")과 재생 공연("이의 복제물을 재생하여 일반 공중에게 공개하는 것")으로 나누어 규정하려는 취지로 보이지만 다음과 같은 입법적 모호함이 있었다. 첫째, 실황 공연의 행위유형을 열거하면서 '上映'(cinematographic presentation)과 같은 재생 공연의 행위태양을 포함시켜 규정함으로써 법문의 내용을 전체적으로 이해하기 곤란하게 만들었다.[288] 둘째, 재생 공연에 해당하는 "이의 복제물을 재생하여…"라는 부분과 관련하여 '이의 복제물'이 무엇을 의미하는지 모호하였다는 점이다.[289] 만일 그 의미가 개정 전의 "공연·방송·실연의 녹음물 또는 녹화물을 재생하여 일반 공중에게 공개하는 것"과 같은 것이라면[290] 이는 2000년 저작권법의 공연 개념에 대한 입법관여자의 전술한

---

285) 김태훈, "개정 저작권법 해설", 「계간 저작권」, 2000 봄호, 5면.

286) 1986년 저작권법 제2조 제8호는 "차단되지 아니한 동일 구역 안에서 단순히 음을 증폭 송신" 하는 것을 방송의 개념에서 제외하고 있었다.

287) 김태훈, 앞의 논문, 5~6면.

288) 최경수, 「저작권법개론」, 한울, 2010, 257면 각주36) 참조.

289) 여기서 "이의"는 "저작물의"를 의미하는가, 아니면 "상연·[…]·상영 그 밖의 방법으로 일반 공중에게 공개하는 것의"를 의미하는가의 문제이다. 이와 관련하여 허희성 박사는 후자로 해석하여 결국 "개정 전의 '공연·방송·실연의 녹음물 또는 녹화물을 재생하여 일반 공중에게 공개하는 것'과 같은 내용"이라고 보았다(허희성, 「2000 신저작권법 축조개설 상」, 저작권아카데미, 2000, 41면).

290) 허희성, 위의 책, 41면 참조.

해설 내용과 부조화를 이룬다.

나. 2000년 저작권법 이후의 변화

그런데 2006년 저작권법에서는 공연의 대상에 저작물뿐 아니라 실연·음반·방송과 같은 저작인접물도 포함되는 것으로 개정되었다.[291] 1986년 체제 아래에서 공연의 대상이 가장 넓게 확장된 것이다. 특히 2006년 저작권법은 2000년 저작권법의 공연에 관한 정의규정 중 후단에 괄호를 하여 전송이 제외되도록 한정하였다. 즉 2006년 저작권법은 공연에 관한 정의규정 중 후단에 "동일인의 점유에 속하는 연결된 장소 안에서 이루어지는 송신(전송을 제외한다)을 포함한다"고 밑줄 친 부분을 추가한 것이다. 이처럼 2006년 저작권법은 공연과 방송을 구별함은 물론 공연과 전송도 구별함으로써 공연 개념에는 시간적 및 장소적으로 한계가 설정되었다. 아울러 실연자에게 고정되지 않은 生實演에 대한 공연권을 새로이 부여하였다(제72조). 이에 대해 입법관여자는 WIPO 실연·음반조약(WPPT) 제6조가 실연자에게 방송되지 않은 생실연에 대해 공중전달권을 부여할 것을 체약국의 의무로 규정하고 있기 때문에 당시 위 조약의 가입을 준비하고 있던 우리나라는 위와 같은 개정을 하게 된 것이라고 설명한다.[292] 하지만 2006년 저작권법은 실연자에게만 공연권을 새롭게 인정하였을 뿐이고 음반제작자 및 방송사업자에게는 여전히 공연권을 인정하지 않고 있었다. 이러한 상황을 고려하면 전술한 2000년 저작권법에서 개정된 공연의 정의규정에 대한 입법관여자의 해설과, 불과 6년 뒤인 2006년 저작권법에서 재차 개정된 공연의 정의규정 간에는 이론적 일관성이라는 면에서 석연치 않은 점이 있다. 물론 그 후 2009년 3월 25일 법률 제9529호로 저작권법이 일부 개정되면서 음반제작자에게 상업용음반을 사용한 공연에 대해 보상청구권을 인정하는 규정이 신설되었고(제83조의2), 또한 한·EU 간에 체결된 FTA의 이행과 관련하여 2011년 6월 30일 법률 제10807호로 저작권법이 일부 개정되면서 방송제작자에게 "공중의 접근이 가능한 장소에서 방송의 시청과 관련하여 입장료를 받는 경우에" 공연권을 인정한다는 규정이 신설되었다(제85조의2). 이에 따라 결과적으로는 공연의 정의규정과 공연권 부여규정 간의 이론적 정합성에 별다른 문제가 없게 되었다.

---

291) 2006년 저작권법의 공연 개념에 대한 비판으로는, 허희성, 「2007 신저작권법 축조개설 상」, 명문프리컴, 2007, 17~18면 참조.
292) 심동섭, "개정 저작권법 해설" 「계간 저작권」, 2006 겨울호, 56~57면 참조.

3. 공연권의 내용

가. 개   관

저작자는 자신의 저작물을 공연할 권리를 가진다(제17조). 공연이란 "저작물 또는 실연·음반·방송을 상연·연주·가창·구연·낭독·상영·재생 그 밖의 방법으로 공중에게 공개하는 것을 말하며, 동일인의 점유에 속하는 연결된 장소 안에서 이루어지는 송신(전송은 제외한다)을 포함한다"(제2조 제3호). 공연의 대상에는 저작물 뿐 아니라 실연·음반·방송과 같은 저작인접물도 포함된다. 전술한 '공연' 개념의 변천에서 살펴본 것처럼 이러한 정의는 공연의 대상으로 저작물 뿐 아니라 실연·음반·방송과 같은 저작인접물까지 포함시킴으로써 가장 넓게 공연의 대상을 정립한 것이다.

나. 공연의 행위유형

공연에 해당하는 행위유형 중 '上演'(presentation)이란 각본이나 舞譜 그 밖에 연극저작물을 무대 위에서 연기하여 表現하는 것을 말한다. '연주'는 음악저작물을 악기를 가지고 실연하는 것이고 '가창'은 음악저작물을 음성으로 실연하는 것을 뜻한다. '구연'과 '낭독'은 어문저작물을 구두로 표현하는 것이다. '上映'(cinematographic presentation)은 영상저작물은 물론이고 사진이나 회화 같은 정지화면으로 이루어진 저작물 등을 시각적 또는 시청각적으로 인식할 수 있도록 顯示하는 행위를 말한다. 강의나 강연회 등에서 파워 포인트를 이용하여 저작물을 현시하는 것도 상영에 해당한다. 유의할 것은 공연의 행위유형에는 실황 공연(생공연) 뿐만 아니라 '재생'에 의한 공연도 포함된다는 점이다.[293] 그러므로 저작물의 재생은 물론이고 상연이나 연주 등의 복제물을 재생하여 공중에게 공개하는 것도 공연에 해당한다. 따라서 노래방에서 노래방기기에 복제·수록된 음악저작물을 재생하는 행위도 공연에 해당할 수 있다.[294]

다. "공중에게 공개하는 것"
(1) 공중의 정의규정 신설 전

公衆에게 공개하는 것, 특히 '공중'의 의미에 대해서 2006년 이전 종래 저작권법에서는 아무런 규정도 두고 있지 않았으므로 그 의미에 대해서는 판례

---

[293] 오승종, 「저작권법」 제5판, 박영사, 2020, 528면; 최경수, 앞의 책, 257~258면; 社團法人 著作權情報センター 編著, 「新版 著作權事典」, 出版ニュース社, 1999, 176~178면 각 참조.

[294] 대법원 1996. 3. 22. 선고 95도1288 판결; 같은 취지, 대법원 2001. 9. 28. 선고 2001도4100 판결 각 참조.

와 학설에 따를 수밖에 없었다. 종래 대법원 판결은 노래방에서 노래방기기에 복제·수록된 음악저작물을 재생하는 것이 저작권법상의 공연에 해당하는지가 문제된 사안에서 다음과 같이 판시하였다.[295] "여기서 일반 공중에게 공개한다 함은 불특정인 누구에게나 요금을 내는 정도 외에 다른 제한 없이 공개된 장소 또는 통상적인 가족 및 친지의 범위를 넘는 다수인이 모여 있는 장소에서 저작물을 공개하거나, 반드시 같은 시간에 같은 장소에 모여 있지 않더라도 위와 같은 불특정 또는 다수인에게 전자장치 등을 이용하여 저작물을 전파, 통신함으로써 공개하는 것을 의미한다"고 설시한 다음 "노래방의 구분된 각 방실이 4~5인 가량의 고객을 수용할 수 있는 소규모에 불과하다 하더라도… 일반 고객 누구나가 요금만 내면 제한 없이 이용할 수 있는 공개된 장소인 위 노래방에서 고객들로 하여금 노래방기기에 녹음 또는 녹화된 음악저작물을 재생하는 방식으로 저작물을 이용하게" 하였다면 이는 "일반 공중에게 저작물을 공개하여 공연한 행위에 해당된다"고 판결하였다.[296] 요컨대, 위 판결은 공중이란 불특정 다수인을 말하며 특정 다수인을 포함한다는 취지로 판시한 것이라는 점에서 그 의의가 크다. 다만, 위 판결은 1986년 저작권법의 공연 개념을 전제로 한 것이어서 위 판결 중 "반드시 같은 시간에 같은 장소에 모여 있지 않더라도 위와 같은 불특정 또는 다수인에게 전자장치 등을 이용하여 저작물을 전파, 통신함으로써 공개하는 것"도 공연의 개념에 포함된다고 판시한 부분과 관련해서는 구체적 행위 태양에 따라 공연이 아닌 방송이나 전송에 해당할 수도 있다는 점에 유의해야 한다. 앞서도 언급하였고 뒤에서 詳述하는 것처럼 2006년 저작권법 이후 현행 저작권법에서의 공연 개념은 공연과 방송을 구별함은 물론 공연과 전송도 구별하고 있기 때문이다.[297]

(2) 공중의 정의규정 신설 이후

2006년 저작권법은 公衆에 대한 정의를 신설하여 공중이란 불특정 다수인

---

295) 대법원 1996. 3. 22. 선고 95도1288 판결. 이에 관한 해설로는, 이성호, "저작권법상 '공연'의 의미와 노래방 업주의 책임", 「대법원 판례해설」 제25호, 법원도서관, 1996, 590면 이하.

296) 같은 취지, 대법원 2001. 9. 28. 선고 2001도4100 판결. 이에 관한 평석으로는, 안기순, "노래방 기기 제작업자에 대한 음악저작물 이용허락의 효력이 그 기기를 구입하여 영업하는 노래방 영업자에게도 미치는지 여부", 「정보법 판례백선(I)」, 박영사, 2006, 409면 이하.

297) 대법원 2022. 11. 17. 선고 2019다283725, 283732, 283749 판결은 2006년 저작권법 이후 정립된 현행 저작권법의 공연 개념이 적용된 사건임에도 대법원 95도1288 판결을 잘못 인용함으로써 "반드시 같은 시간에 같은 장소에 모여 있지 않더라도" 공연에 해당한다고 잘못 판단하였다.

을 말하며, 특정 다수인을 포함한다고 정의한다(제2조 제32호). 이는 전술한 대
법원 판결의 취지를 받아들인 것이다. 공중이란 일반적으로 불특정 다수인을
말하는 것이지만, 저작권 보호의 목적상 통상적인 가족 및 친지의 범위를 넘
는 특정 다수인도 이에 포함된다는 의미이다. 공중의 개념은 세 가지 유형으
로 범주화 할 수 있다. 첫째, 공개된 장소에 함께 모인 다수인이다. 이것에는
불특정 다수인과 특정 다수인이 모두 해당된다. 예를 들어, 음악회에 모인 관
객, 공공장소에서 텔레비전을 보는 시청자, 노래방에 입장한 손님 등이 이에
속한다. 둘째, 비공개 장소에 함께 모인 다수인이다. 예를 들어, 주최자의 초청
을 받아 모인 특정 다수를 생각할 수 있다. 회사 건물 내에서 이루어지는 이른
바 '사내방송'(저작권법상 공연)을 보거나 듣는 직원들도 이에 속한다. 셋째, 서
로 다른 장소에 있는 특정 또는 불특정 다수인이다. 장소의 공개 여부는 묻지
않는다.298) 이러한 세 가지 범주에 속하는 공중이란 그러한 가능성이 있으면
충분하고 반드시 다수인이 실제로 참여해야 한다는 의미는 아니다. 예컨대 일
반에 공개된 음악회에 단 한 명의 관객만 입장하였더라도 그를 대상으로 음악
저작물을 연주하였다면 공연에 해당한다.299)

　　대법원은 공연권 침해가 문제된 형사 사건에서, 음악저작물의 복제 및 배
포에 관한 이용허락을 얻어 노래방기기 제작업자들이 노래방기기를 제작하는
것과 노래방 업주가 이 기기를 설치하고 저작물을 재생하는 것은 각각 별개의
이용행위이므로, 노래방 업주가 노래방기기 제작업자로부터 노래방기기를 구
입하여 노래방에 설치하여 영업을 한 사안에서, 그 공연에 관해 음악저작권자
의 권리를 신탁 받은 한국음악저작권협회로부터 별도의 이용허락을 얻지 않았
다면 공연권 침해를 구성한다고 판시하였다.300) 이와 관련하여 전술한 세 가
지 범주 중 첫째와 둘째 유형이 저작권법상 공연에 해당한다는 점에는 異論이
없다.301) 그러나 셋째 유형은 구체적 행위 태양에 따라 저작권법상 공연이나
방송 또는 전송에 해당하는 경우로 나뉠 것이다. 예컨대, 특정 인터넷 카페의
회원들은 그 범위가 특정되어 있지만 사적인 범위를 벗어나 있으므로 이들을
대상으로 하여 저작물을 공개하는 것은 공개의 구체적인 행위 태양에 따라 공

---

298) 최경수, 앞의 책, 241면.
299) 임원선, 「실무자를 위한 저작권법」 제7판, 한국저작권위원회, 2022, 141면.
300) 대법원 1994. 5. 10. 선고 94도690 판결; 대법원 1996. 3. 22. 선고 95도1288 판결; 대법원
　　　2001. 9. 28. 선고 2001도4100 판결.
301) 물론 첫째와 둘째의 경우라도 만일 저작물 등이 전송의 방법으로 전달된다면 그것은 공연이
　　　아닌 전송에 해당될 것이다.

연이나 방송 또는 전송에 해당하게 될 것이다. 이에 대해서는 바로 다음에서 후술한다.

라. "동일인의 점유에 속하는 연결된 장소 안에서 이루어지는 송신(전송은 제외한다)을 포함"할 것

구체적 문제 상황으로는, 회사의 각 사무실이나 학교의 각 교실에 설치된 확성기나 수상기 또는 백화점의 각 매장에 설치된 확성기 등을 통하여 음악을 들려주거나 영상을 보여주는 경우 일반적으로 이것을 이른바 '사내방송' 혹은 '교내방송'이라 부르는데, 이러한 사내방송 등이 공연에 해당하는지가 문제될 수 있다. 저작권법 제2조 제3호의 '공연'의 정의에는 "동일인의 점유에 속하는 연결된 장소 안에서 이루어지는 송신(전송은 제외한다)을 포함한다"고 규정하고 있으므로 사무실이나 교실 또는 매장에 설치된 확성기나 수상기를 통하여 음악이나 영상을 송신하는 경우, 즉 음악을 들려주거나 영상을 보여주는 경우는 모두 저작권법상 공연에 해당한다고 할 것이다. 다만, 이른바 사내방송 등이 공연에 해당하기 위해서는 "동일인의 점유"와 "연결된 장소"라는 요건을 충족해야 한다. 만일 동일 건물에 여러 점포가 입주한 경우 입주자가 각 건물의 일부씩을 점유하고 있다면 이곳에서 이루어지는 송신은 공연이 아니라 방송이될 것이다.302) "연결된 장소"라는 것은 통상 하나의 건물을 상정한 것이지만, 여러 건물이더라도 서로 장소적으로 밀접한 연관성이 있어야 할 것이다.303) 여러 건물이 연결통로와 계단 및 복도로 이어진 학교의 각 교실이나 백화점의 각 매장이 이에 해당한다. 만일 물리적인 연결성이 존재하지 않는다면 "연결된 장소"라고 말하기 어려울 것이다.304) 한편, "동일인의 점유에 속하는 연결된 장소 안에서" 이루어지더라도 전송하는 경우, 예컨대 학교의 각 교실이나 백화점의 각 매장에서 이루어지더라도 음악을 송신이 아닌 전송하여 들려주는 경우는 저작권법 제2조 제3호 괄호가 "전송은 제외한다"고 규정하고 있으므로 저작권법상 공연이 아니라 전송에 해당한다. 마찬가지로 예컨대 호텔 내 각 방실에 제공되는 VOD 서비스는 "동일인의 점유에 속하는 연결된 장소 안에서" 이루어지더라도 송신이 아니라 전송이므로 공연이 아닌 전송에 해당한

---

302) 최경수, 앞의 책, 259면.

303) 최경수, 앞의 책, 259면.

304) 예컨대, 건물이 여러 곳에 흩어져 있는 대학 캠퍼스를 전체적으로 "연결된 장소"라고 하기는 어려울 것이다. 따라서 이곳에서 이루어지는 저작물의 송신(이른바 '교내방송')은 저작권법상 공연이 아니라 방송이 될 것이다(최경수, 앞의 책, 259면).

다.305) 따라서 만일 특정 인터넷 카페의 회원들을 대상으로 하여 저작물을 공개하는 경우에도 이들을 동일한 장소에 모아 놓고 저작물을 송신한다면 공연에, 건물이 여러 곳으로 흩어져 "연결된 장소"가 아닌 곳에 분산하여 모이게 하고 저작물을 송신한다면 방송에 각 해당한다. 나아가 만일 이들에게 저작물을 전송하는 경우라면 전송에 해당한다.

마. 공연과 실연의 구별

공연과 구별해야 할 개념으로 '實演'이 있다. 실연이란 "저작물을 연기·무용·연주·가창·구연·낭독 그 밖의 예능적 방법으로 표현하거나 저작물이 아닌 것을 이와 유사한 방법으로 표현"하는 것을 말한다(제2조 제4호 참조). 실연은 상영을 제외하고는 저작물을 인간이 직접 표현하는 것이라는 점에서 공연의 개념에 포함되지만, 공중에게 공개한다는 요건이 없다는 점에서 공연과 구별된다. 또한 공연은 저작물 또는 실연·음반·방송과 같은 저작인접물을 대상으로 하지만, 실연은 마술이나 곡예, 서커스와 같이 저작물이 아닌 것을 예능적 방법으로 표현한 것도 포함한다. 공연은 그 구성 개념에 실연이라는 요소 이외에 실연의 복제물을 재생하여 전달하는 것도 포함하지만, 실연에는 실연의 복제물을 재생하는 것이 포함되지 않는다. 따라서 노래와 연주가 녹음된 음반을 오디오 기기로 재생하는 것은 실연이 아니라 공연에 해당한다.306)

4. 입법례―미국의 경우307)

미국 저작권법은 공연권(the right of public performance), 즉 '공개적으로 실연하는 권리'로서 "언어, 음악, 연극 및 무용저작물, 무언극 및 영화 그 밖의 시청각 저작물의 경우 저작권이 있는 저작물을 공중에게 실연…하거나 또는 이를 허락하는 배타적 권리"를 인정하고 있다.308) 여기서 '실연'(perform)이란 "직접적으로 또는 어떤 장치나 공정에 의하여 그 저작물을 낭독, 표현, 연주하거나 또는 상연하는 것을 의미하거나 또는 영화나 그 밖의 시청각 저작물의 경우 연속적으로 그 영상을 보여주거나 그에 수반되는 소리를 들을 수 있도록

---

305) 같은 취지, 안기순, 앞의 논문, 419면.
306) 오승종, 앞의 책, 529~530면; 하동철, 「디지털시대의 음악공연권 해설」, 커뮤니케이션북스, 2011, 17~20면.
307) 이에 관해서는, 윤호진 외 2인, 「디지털 융합시대 방송콘텐츠의 효율적 보호방안과 정책과제」, 한국방송영상산업진흥원, 2009, 125~126면(박성호 집필); 이성호, 앞의 논문, 597~598면, 600~601면; 안기순, 앞의 논문, 415~416면 각 참조.
308) 미국 저작권법 제106조 제4호.

하는 것"을 말한다고 정의한다.[309] 따라서 실연에는 전시 이외의 모든 것을 '공중에게 전달하는 것'이 포함된다. 따라서 우리 저작권법상 상연, 연주, 상영 또는 공중송신 중의 방송에 해당하는 것은 미국 저작권법상 '공개적 실연'에 해당한다. 즉 우리 저작권법의 공중송신권에 속하는 무선방송이나 유선방송도 모두 공연권(public performance right)에 해당한다. 한편, '공개적으로'(publicly) 실연하는 것이란 직접적으로 또는 어떤 장치나 공정을 이용하여 간접적으로 ① 공개된 장소에서 또는 ② 공중에 대해서, 실연하는 경우에 '공중에게' 실연하는 것에 해당한다. 어떤 장치나 공정을 이용하여 간접적으로 실연하는 것이란 송신 또는 그 밖에 전달하는 것(transmit or otherwise communicate)을 말한다. 미국 판례를 보면, 호텔 프런트가 비디오를 대여하여 호텔의 객실에 설치된 VTR을 통해 고객에게 이를 감상하게 한 경우와 관련하여, 호텔의 객실이 공개된 장소이거나 반공개(semi-public)된 장소인지가 문제되었다. 호텔은 불특정 다수인이 이용하지만, 다른 한편으로 호텔의 객실은 투숙객에게는 자택의 방실과 같은 역할을 하기 때문이다. 판례는 "호텔 자체는 공중에게 개방되어 있는 것이 분명하지만, 호텔의 객실에 일단 투숙하면 공개된 장소라고 할 수 없다"고 하여 공개적 실연, 즉 공연을 부정하였다.[310] 한편, 비디오대여점에서 대여한 비디오를 대여점 내에 설치된 별도의 방에서 대여점 측이 일괄 관리·조작하는 VTR로부터 수신하여 감상하는 경우와 관련하여, 비디오를 시청할 수 있도록 별도의 방(room)을 제공하는 경우 개개의 방에 있는 시청자는 특정인이라 하더라도 그 방의 장소적 성격이 공중에게 개방된 공개된 장소에 해당하므로 당해 비디오의 재생은 공중에게 실연한 것에 해당한다고 판시하였다.[311]

Ⅳ. 공중송신권

1. 개   관

가. 의   의

저작권법은 "저작자는 그의 저작물을 공중송신할 권리를 가진다"(제18조)고 규정한다. 공중송신은 공연과 더불어 저작물의 무형적 이용형태의 중심 개

---

309) 미국 저작권법 제101조.

310) Columbia Pictures Indus., Inc. v. Professional Real Estate Investors, Inc., 866 F. 2d 278 (9th Cir. 1989).

311) Columbia Pictures Indus., Inc. v. Redd Horne, Inc., 749 F. 2d 154 (3d Cir. 1984).

념이다. 공중송신이란 "저작물, 실연·음반·방송 또는 데이터베이스(이하 '저작물 등'이라 한다)를 공중이 수신하거나 접근하게 할 목적으로 무선 또는 유선통신의 방법에 의하여 송신하거나 이용에 제공하는 것을 말한다"(제2조 제7호). 저작물을 전달하는 이용방법은 유형적인 것과 무형적인 것으로 구분될 수 있는데, 배포권이 '유형적 전달행위'에 관한 것이라면 공중송신권은 '무형적 전달행위'에 관한 것이다.

나. 상위개념으로서의 '공중송신'과 세 가지 하위개념 — 방송·전송·디지털음성송신

현행 저작권법은 공중송신을 상위개념으로 하고 그 하위개념으로서 방송·전송·디지털음성송신의 세 가지로 나누어 규정한다. 종래 무형적 형태로 저작물을 이용자에게 전달하는 방법 중 대표적인 것이 '방송'이었고 디지털 환경 아래에서 새롭게 등장한 무형적 형태의 전달방법이 '전송'이었기 때문에, 이에 상응하여 2000년 저작권법은 종래의 방송권과는 별도로 저작자에게 전송권을 새로이 부여하였다. 그런데 2006년 저작권법은 '디지털음성송신'이란 무형적 형태의 전달방법을 새롭게 추가하였다. 그리고 '방송'과 '전송' 및 '디지털음성송신'을 포괄하는 상위개념으로 '공중송신'이란 개념을 신설하였고, 이에 상응하여 저작자에게는 공중송신권을 부여하였다. 여기서 유의해야 할 것은 공중송신이라는 상위개념을 신설한 취지이다. 공중송신은 세 가지 하위개념만을 포함하는 데 그치는 것이 아니라, 그 밖에 앞으로 기술발전에 따라 새롭게 등장하는 공중에 대한 다양한 송신형태도 포괄하고자 하는 취지에서 마련된 열린 개념이다.[312]

1986년 저작권법의 기본구성과 체제를 그대로 유지하는 이른바 '1986년 체제' 아래에서 2006년 저작권법 성립에 이르기까지 방송권은 어떠한 모습으로 변모해왔는지를 전송권 도입 이전과 그 이후로 나누어서 살펴보는 것은 방송과 전송의 개념을 좀 더 명확히 이해하는 데에 유용하다. 현행 저작권법은 2006년 저작권법에서 처음 도입된 상위개념으로서의 공중송신과 그것의 세 가지 하위개념인 방송·전송·디지털음성송신의 규정을 그대로 유지하고 있으므로, 세 가지 하위개념 체계를 체계적으로 이해하는 데에도 도움이 된다.

---

312) 물론 이러한 열린 개념이 필요한 것인지는 별도로 논의해야 할 문제이다.

2. 2006년 저작권법 성립에 이르기까지 방송권의 변모와 전송권의 도입 과정 고찰

가. 전송권 도입 이전의 '방송' 개념과 방송권

1986년 저작권법 제2조 제8호는 방송을 "일반 공중으로 하여금 수신하게 할 목적으로 무선 또는 유선통신의 방법에 의하여 음성·음향 또는 영상 등을 송신하는 것(차단되지 아니한 동일구역 안에서 단순히 음을 증폭송신하는 것을 제외한다)을 말한다"고 정의하였다. 이에 따라 방송 요건을 분석하면, 첫째 일반 공중이 수신할 수 있도록 의도된 송신만을 방송이라고 할 수 있다. 둘째 유선방송과 무선방송 모두 구별 없이 방송이 된다. 따라서 공개성의 요건을 충족하는 유선방송은 저작권법상 방송이 된다. 셋째 '차단되지 아니한 동일구역 안에서 단순히 음을 증폭 송신하는' 것은 방송이 아니고 공연이 된다.[313] 특히 첫째 요건과 관련하여 "전통적으로 방송도 공연과 마찬가지로, 공중, 즉 다수의 사람이 '동시에' 수신하는 것을 전제로 하기 때문에 쌍방향의 방송이나 송신의 경우에 적합한 정의라고 할 수 없을 것이다." 따라서 "우리 법에서 말하는 방송이 디지털 송신의 개념까지 염두에 두고 입안되었다고 말하기는 어렵다."[314] 요컨대, 1986년 저작권법의 방송의 정의규정에 비록 수신의 동시성이 명시되어 있지는 않지만, 방송이란 일반 공중이 수신할 수 있도록 의도된 송신만을 의미하는 것이고 전통적으로 방송은 공연 개념을 장소적으로 확대하는 관점에서 이해되어 왔다는 점에 주목한다면 방송이란 다수인이 동시에 수신하는 것을 전제로 한 것이라고 해석되어야 한다.[315] 하지만 흥미롭게도 대법원 2003. 3. 25. 선고 2002다66946 판결은 1986년 저작권법의 방송 개념과 관련하여 여기서의 방송이란 전송을 포함하는 넓은 의미로 해석될 수 있다고 판시하였다.[316]

---

313) 최경수, 「위성방송과 저작권」, 저작권심의조정위원회, 1990. 1., 29~30면; 박문석, 「뉴미디어 시대의 방송과 저작권」, 한국방송협회, 1993, 28면.

314) 최경수, 「멀티미디어와 저작권」, 저작권심의조정위원회, 1995. 12., 41~42면; 오승종·이해완, 「저작권법」, 박영사, 1999, 284면.

315) 같은 취지, 박성호, 「저작권법의 이론과 현실」, 현암사, 2006, 227면. 이에 대한 반대 취지의 견해로는, 장인숙, 「저작권법원론」개정판, 보진재, 1996, 82면. 장인숙 박사는 위 같은 책에서 "근래 보급되기 시작한 데이터베이스가 가입자에게 온라인으로 정보를 공급하는데, 그 정보가 저작물의 요건을 갖추었을 때에는 저작물의 방송에 해당되는 것이다"고 함으로써 수신의 '동시성'을 전제하지 않는 디지털 송신도 방송 개념에 포함되는 것처럼 기술하였다.

316) 따라서 위 대법원 판결에 관해서는 2000년 저작권법이 전송권을 도입하기 이전에 발생한 사건임에도 불구하고 1986년 저작권법의 "방송 개념을 지나치게 확대한 해석론에 해당한다"고 비판할 수 있다. 아울러 위 대법원 판결의 "그러한 해석론을 아무런 비판도 없이 형사책임의

나. 전송권 도입 이후의 방송권·전송권의 행로

(1) 序 — 전송권 도입 前史

1996년 6월 27일 저작권심의조정위원회는 ≪초고속 정보통신망 시대의 저작권 대책≫이라는 대주제로 저작권 세미나를 개최하였다.[317] 이 저작권 세미나는 당시 '멀티미디어 시대의 저작권대책'이라는 제목으로 저작권심의조정위원회가 진행 중이던 저작권 제도 연구사업의 중간 점검의 일환으로 개최된 것이었다.[318] 그리고 이 저작권 세미나의 소주제 중 하나가 바로 '디지털 송신'(digital transmission)의 법적 취급을 어떻게 할 것인가와 관련하여 "정보의 디지털화에 따른 저작재산권의 대응방향"을 비교법적으로 검토하는 것이었다.[319] 당시 우리나라 저작권법 연구자들은 '디지털 송신'을 기존 저작권법의 이론 체계 속에 어떻게 자리매김할 것인가에 관하여 암중모색하고 있었다. 이에 관한 연구성과들은[320] 2000년 저작권법에 전송권이 신설되는 데에 이론적 토대가 되었다.

(2) 공연·방송·전송의 개념적 구별과 방송권이 미치는 범위의 재정립

2000년 저작권법이 저작자에게 저작재산권 중 그 支分權의 하나로서 전송권을 새롭게 부여하고 전송 개념을 신설하면서, 방송의 정의규정도 "일반 공중으로 하여금 동시에 수신하게 할 목적으로 무선 또는 유선통신의 방법에 의하여 음성·음향 또는 영상 등을 송신하는 것을 말한다"(제2조 제8호)는 것으로 변경되었다. 1986년 저작권법은 물리적 차단성을 기준으로 차단되는 경우는 방송으로, 그렇지 않으면 공연으로 보아 양자를 구별하였으나 2000년 저작권법은 이러한 구별을 없애고 그 차단 여부와 관계없이 "동일인의 점유에 속하는 연결된 장소 안에서 이루어지는 송신"을 일괄적으로 공연의 개념에 포함시

판단에 그대로 원용한 서울지법 2003. 7. 7. 선고 2002노11814 판결은 확대해석을 금하는 죄형법정주의에 정면으로 반하는 판결"라고 비판할 수 있다{정상조·박준석, 「지식재산권법」 제5판, 홍문사, 2020, 362면의 각주233)}.

317) 저작권심의조정위원회, 「초고속 정보통신망 시대의 저작권 대책」저작권 세미나 자료집(1996. 6. 27.) 참조.

318) 이것은 당시 저작권심의조정위원회 전영동 위원장의 위 저작권 세미나의 개회사 중에서 인용한 것이다("종합토론요약", 「계간 저작권」, 1996 가을호, 84면).

319) 박성호, "정보의 디지털화에 따른 저작재산권의 대응방향—'디지털 송신'의 법적 취급을 중심으로", 「계간 저작권」, 1996 가을호, 65면 이하.

320) 저작권심의조정위원회, 「멀티미디어 시대의 저작권 대책」, 저작권연구자료 24, 1996. 12., 25면(특히 85면) 이하; 저작권심의조정위원회, 「멀티미디어 시대의 저작권 대책 최종보고서」, 저작권연구자료 15, 1997. 12., 62~66면, 144~147면, 205~208면 각 참조.

컸다. 아울러 방송의 정의에 '수신의 동시성' 개념을 명시함으로써 방송권과 전송권을 준별하는 기준으로 삼았다. 그리하여 방송권이 미치는 범위도 현행 저작권법의 그것과 동일한 내용으로 定立되었다. 이러한 방송권의 범위에 따르면, 음악청취 사이트에서 이용자들 각자가 선택한 곡의 음원을 스트리밍 방식으로 개별 이용자의 컴퓨터에 전송하고 실시간으로 재생하게 하는 이른바 '인터넷 방송'은 저작권법상의 '방송'이 아니라 '전송'에 해당한다.[321]

(3) 전송권의 신설에 따른 저작재산권의 변모

2000년 저작권법의 가장 중요한 특징은 '멀티미디어 신기술의 발달에 따른 법 규정의 정비'에 있으며 그 중에서도 온라인상의 저작물 송신과 관련하여 저작자에게 '전송권'을 신설한 것을 들 수 있다. 2000년 저작권법은 신설된 전송권에 관하여 소급효를 제한하는 부칙 규정을 두지 아니하였으므로 이 법 시행 전에 발행된 저작물에 관하여도 전송권이 인정된다.[322] 전송권의 등장은 저작권법의 이론체계에서 패러다임의 변화를 상징하는 하나의 사건이다. 전송권은 "PC 통신·인터넷 등을 통해 이용자가 개별적으로 원하는 시간과 장소에 저작물을 전달하는 형태의 자료 이용"과 관련된 것으로서 "이러한 전달 형태는 기존 저작권법이 예상하지 못했던 것"[323]이기 때문이다. 이러한 전송권은 WIPO 저작권조약(WCT) 제8조의 '공중전달권'(right of communication to the public) 중에 포함하여 규정하고 있는 저작물에 대한 '공중이용제공권'(right of making available to the public)을 국내법에 수용한 것으로 기존의 공연·방송·배포 개념과 달리 수신의 이시성, 쌍방향성, 공중성(1 대 多·多 대 多)을 특징으로 한다. 이처럼 기존의 방송과 같이 송신행위자의 일방적인 의사에 의해 정보가 전달되던 일방향성 방식에서, 공중의 구성원이 적극적으로 송신 과정에 참여하는 쌍방향성과 수신의 異時性을 구현하는 주문형(on demand) 전달 방식으로 저작자의 통제력이 미치는 권리의 발현 층위는 크게 변모하였다. 아울러 2004년 10월 16일 법률 제7233호로 저작권법이 일부 개정될 때 저작인접권자인 실연자와 음반제작자에게도 전송권이 새롭게 부여되었다. 이것은 우리나라가 WIPO 실연·음반조약(WPPT)의 가입을 전제로 동 조약 제10조·제14조가 규정하는 공중이용제공권(right of making available to the public)을 국내법에 수용한 것이다.

---

321) 서울지법 2003. 9. 30.자 2003카합2114 결정.
322) 대법원 2016. 4. 28. 선고 2013다56167 판결.
323) 김태훈, "개정 저작권법 해설", 「계간 저작권」, 2000 봄호, 3면.

(4) 방송권·전송권의 공중송신권에의 포섭

그 후 2006년 저작권법에서는 송신을 방송과 전송의 이원적 권리범주로 설정한 것만으로는 새로운 형태의 저작물 이용방법에 대한 권리 적용이 곤란할 것으로 생각하여, 방송과 전송 등 송신행위를 포괄할 수 있는 상위개념으로 공중송신(public communication or communication to the public)이라는 새로운 개념324)을 도입하고 저작자에게 공중송신권을 부여하였다.325) 이러한 취지에 따라 공중송신이라는 상위개념 속에 디지털음성송신이라는 새로운 형태의 저작물 이용방법을 추가로 도입하였다. 그러나 디지털음성송신의 도입은 입법상 방향착오가 아닌가 생각한다.326)

3. 공중송신권의 내용

가. 방송·전송·디지털음성송신·그 밖의 공중송신

방송이란 "공중송신 중 공중이 동시에 수신하게 할 목적으로 음·영상 또는 음과 영상 등을 송신하는 것을 말한다"(제2조 제8호). 요컨대, 방송이란 '1 對 多'와 '일방향성', 그리고 수신의 '同時性'을 그 특징으로 한다. '일방향성'이란 방송과 같이 보내는 쪽에서 받는 쪽에 대해 일방적으로 정보를 송신하는 형태, 즉 일방향 송신을 말한다. 여기에는 지상파 방송은 물론 유선방송, 위성방송, DMB 등이 해당한다. 이에 비하여 전송이란 "공중송신 중 공중의 구성원이 개별적으로 선택한 시간과 장소에서 접근할 수 있도록 저작물 등을 이용에 제공하는 것을 말하며, 그에 따라 이루어지는 송신을 포함"(제2조 제10호)하므로, '1 대 多' 또는 '多 대 多'의 '雙方向性'과 수신의 '異時性'을 특징으로 한다. '雙方向性'(interactivity)이란 비유하자면 전화와 같이 쌍방이 서로 정보 교환을 할 수 있는 송·수신 시스템의 형태로서, 컴퓨터 네트워크(정보통신망)의 서버와 클라이언트(C/S) 환경에 따른 송신자와 이용자 간에 주고받는 관계(즉 쌍방향적 관계)의 설정을 의미한다.327) 수신의 이시성이란 "공중의 구성원이 개별적

---

324) 최경수, "디지털 방송의 쟁점과 저작권 정책", 「계간 저작권」, 2004 가을호, 71면 참조.

325) 이상정, "우리 저작권제도의 회고와 전망—디지털환경에 대한 대응을 중심으로", 「계간 저작권」, 2009 가을호, 32면.

326) 2006년 당시 우리 입법관여자들이 컴퓨터 네트워크를 통해 공중이 동시에 수신하게 하는 송신을 방송의 범주에 넣어서 이해하지 못한 결과이다. 즉 쌍방향성과 수신의 동시성이 '방송'의 범주에 포함될 수 있다는 국제조약 및 비교법적 관점에서의 해석론을 소홀히 하였기 때문이다. 이에 관한 상세는, 박성호, "저작권법상 방송·전송·디지털음성송신 관련 쟁점의 재검토—키메라의 권리, 디지털음성송신권의 생성 및 전개에 관한 비판적 고찰을 중심으로", 「정보법학」 제21권 제1호, 2017. 4., 86면 이하.

으로 선택한 시간과 장소에서 접근할 수 있도록" 하는 주문형 송신(on demand transmission)을 의미한다. 예컨대, 벅스뮤직과 같은 주문형 서비스, 지상파 방송의 인터넷 다시보기 서비스,[328] '딩가라디오' 서비스 등이 이에 해당한다.[329]

저작권법 제2조 제10호에서 정의하는 전송 개념은 "공중의 구성원이 개별적으로 선택한 시간과 장소에서 접근할 수 있도록 저작물 등을 이용에 제공하는 것을 말하며"라는 전단 부분과 "그에 따라 이루어지는 송신을 포함한다"는 후단 부분의 두 요소로 이루어진다. 이 중 전송의 핵심 요소는 주문형 송신, 즉 수신의 이시성을 가능하게 하는 공중이용제공의 전단 부분이고 그에 따라 이루어지는 송신은 부수적인 것이다.[330] WIPO 저작권조약(WCT) 제8조 및 WIPO 실연·음반조약(WPPT) 제10조·제14조가 규정하는 '공중이용제공'(making available to the public)의 경우도 이와 마찬가지로 해석된다.[331] 즉 공중이용제공행위는 주문형 송신을 위해 어떤 저작물 등을 공중에게 이용가능하게 제공함으로써 완료되는 것(completed)이다. 그에 따라 주문형 송신이 실제로 이루어졌는지 또 얼마나 그와 같은 방식으로 이루어져 어떤 결과를 가져왔는지는 부수적 요소로서 손해배상액 산정(the calculation of damages) 등을 할 때에 의미가 있을 뿐이다.[332][333]

---

327) 최경수, 「저작권법 개론」, 한울, 2010, 271~272면.
328) 송영식·이상정, 「저작권법 개설」 제9판, 세창출판사, 2015, 248면.
329) 서울고법 2018. 5. 3. 선고 2017나2058510 판결('딩가라디오' 사건). 이 판결은 개별 이용자에게 자신이 원하는 음원을 선곡하여 리스트를 만들고 개별적으로 자신이 선택한 시간과 장소에서 자신이 원하는 음원들로 채널을 만들어 접근할 수 있도록 모바일 앱 서비스를 제공한 '딩가라디오'에 대해서, 통상적인 디지털음성송신서비스에서는 불가능한 '음원의 선택'이 가능하고, 다른 사람의 채널에 접속하여 동시에 듣기보다는 자신의 새로운 채널을 생성하여 청취하는 것이 일반적으로 보인다는 점에서 위 서비스는 '전송'에 해당한다고 판시하였다.
330) 같은 취지 오승종, 「저작권법」 제5판, 박영사, 2020, 551면(전단을 주된 개념, 후단을 부수적 개념으로 설명); 최경수, 앞의 책, 268면(전단을 중심 개념, 후단을 부수적 개념으로 설명) 각 참조.
331) 이는 EU 정보사회지침 제3조 제1항의 '공중이용제공'(making available to the public)의 해석과 관련해서도 마찬가지이다.
332) Mihály Ficsor, The Law of Copyright and The Internet: The 1996 WIPO Treaties, their Interpretation and Implementation, Oxford University Press, 2002, p.508.
333) 위와 같은 Mihály Ficsor의 해석론에 주목해야 하는 이유는 Ficsor는 인터넷조약(WIPO저작권조약, WIP실연·음반조약)을 위한 준비작업과 외교회의 당시 WIPO 사무차장보로서 WIPO저작권조약 제8조, WIPO실연·음반조약 제10조·제14조에 공중이용제공권이 규정되도록 하는 데에 결정적 역할을 한 '입법관여자'이기 때문이다. Ficsor의 해석론을 소개한 국내 문헌으로는, 홍승기, "통화연결음 서비스의 저작권법적 쟁점", 「법학연구」 제19집 제3호, 인하대 법학연구소, 2016. 9., 43~44면.

한편, 디지털음성송신은 "공중송신 중 공중으로 하여금 동시에 수신하게 할 목적으로 공중의 구성원의 요청에 의하여 개시되는 디지털 방식의 음의 송신을 말하며, 전송은 제외한다"(제2조 제11호)고 정의된다. 디지털음성송신의 "공중으로 하여금 동시에 수신"하게 한다는 정의 요소는 수신의 '동시성'을 뜻하고, "공중의 구성원의 요청에 의하여 개시"된다는 정의 요소는 쌍방향적인 특성을 의미한다.334) 요컨대, 디지털음성송신은 동시성과 쌍방향성을 그 특징으로 한다는 점에서 방송 및 전송과 구별된다. 디지털음성송신은 기존의 음악 웹캐스팅이 방송인지, 전송인지 의견이 분분하였던 점을 감안하여 음악(음성)에 한정한 것이기는 하지만 웹캐스팅을 포함하는 개념으로 신설된 것이다. 그런데 디지털음성송신 수신의 '동시성'은 주문형(on demand)이 아닌 실시간형(realtime)에 해당되는 것이므로 결국 디지털음성송신은 실시간형인 음악(음성)만의 웹캐스팅, 즉 이른바 인터넷라디오방송이 이에 해당됨을 알 수 있다. 다시 말해 이것은 디지털음성송신사업자가 온라인을 통해 실시간으로 음악(음성)을 서비스하고, 이용자는 흘러나오는 음악(음성)을 실시간으로 듣는 것을 기본 개념으로 한다.335) 따라서 디지털음성송신에는 개인 인터넷방송(Winamp 방송), 지상파 방송사의 방송물을 동시에 웹캐스팅(Simulcast) 하는 것 등이 해당한다.336) 그리고 이러한 세 가지 하위개념(방송·전송·공중송신)에 해당하지 않는 그 밖의 공중송신이 있을 수 있다.337)

---

334) 따라서 "공중의 구성원의 요청에 의하여 개시되는"이란 표현을 전송, 즉 주문형(on demand) 송신을 의미하는 것으로 오해하는 일이 있어서는 안 된다.

335) 심동섭, "개정 저작권법 해설", 「계간 저작권」, 2006 겨울호, 49면; 윤종수, "저작권법상 방송 및 웹캐스팅의 지위에 관한 고찰", 「정보법학」 제11권 제1호, 2007. 7., 79면.

336) 송영식·이상정, 앞의 책, 248면.

337) 실시간형 음악(음성) 웹캐스팅은 디지털음성송신에 따른 보호를 받게 되는데 대하여, 영상물을 포함하는 실시간형 웹캐스팅(가령, On Air TV)은 방송·전송·디지털음성송신·그 밖의 공중송신 중 무엇에 따른 보호를 부여할 것인지가 문제된다. 이에 대해서는 ① 방송설, ② 전송설, ③ 디지털음성송신설, ④ 그 밖의 공중송신설 등으로 나누어 볼 수 있겠으나, 입법관여자는 "인터넷상 음악 웹캐스팅은 앞으로 디지털음성송신에 따른 권리보호를 받게 되며, 영상물을 포함하는 웹캐스팅은 방송의 범주에 포함시켜 보호받을 수 있게 된다"(심동섭, 위의 논문, 49면)고 하여 ① 방송설을 취하고 있다. 그러나 방송설에 대해서는 디지털음성송신이라는 개념을 방송과 분리하여 정의함으로써 웹캐스팅이 방송에 포함되지 않음을 명백히 한 것이므로 "음성이 아닌 영상의 웹캐스팅의 경우도 이를 방송에 포섭시킬 여지가 없어지고 만 것"이며, 이와 같이 "분리하였음에도 영상의 경우에는 방송으로 볼 수 있다는 해석은 납득하기 어렵다"(윤종수, 앞의 논문, 79~80면)는 비판이 뒤따른다. 그래서 학설로는 ④ 그 밖의 공중송신설도 유력하게 제기되고 있는데(이해완, "저작권법상 공중송신의 유형 및 그 법적 취급에 관한 연구", 「성균관법학」 제24권 제4호, 2012, 400~401면), 문제는 실연자의 권리 범주에는 '그

디지털음성송신은 WIPO 저작권조약이나 WIPO 실연·음반조약을 비롯하여 어느 국제조약에서도 논의된 적이 없는 개념이다. 녹음물의 법적 보호와 관련하여 매우 특이한 입법연혁을 갖고 있는 미국을 제외하고는 주요 외국의 저작권법에서 이와 유사한 권리를 인정하여 보호하고 있지 않다. 미국 저작권법에는 방송권 개념이 존재하지 않으며 방송은 공연권에 포함되어 보호되고 있는데, 녹음물에 대해서도 공연권을 인정할 것인지 여부를 둘러싸고 장구한 법적 논의가 진행되던 중 디지털녹음물에 대한 디지털음성송신이라는 이용양태를 디지털음성송신권이라는 신규의 권리 형태로 보호하게 되었다. 이는 미국 특유의 입법적 배경에서 비롯된 산물임에도 미국법과는 전혀 입법적 맥락과 양상을 달리하여 이미 저작인접물에 대해서도 방송권을 인정하고 있는 우리 저작권법에 디지털음성송신이라는 불필요한 개념을 추가함으로써 디지털음성송신권이라는 키메라(chimera)와 같은 권리를 만들어내고 말았다.338) 이로 인해 불필요한 법적 논란과 문제점을 초래하고 있다. 디지털음성송신은 기존의 방송 개념에 포함하여 보호하면 족하고 그것으로 충분하다.

나. 링크행위와 전송

대법원은 심층링크 내지 직접링크를 하는 행위는 저작권법이 규정하는 복제 및 전송에 해당하지 않는다고 판시한 바 있다.339) 위 대법원 판결은 저작권자가 게재한 콘텐츠에 대해 피고가 링크를 한 사안에 관한 것이다.340) 문제는,

---

밖의 공중송신'이 포함되어 있지 않아서 실연자의 권리보호에 미흡하므로 입법적 보완이 있어야 한다는 것이 이 견해의 한계이다. 이에 따라 음성이 수반되는 동영상 웹캐스팅에 대해서는 ③ 디지털음성송신설을 적용할 수 있다는 견해도 일각에서 주장되고 있다. 즉 기술적으로는 '그 밖의 공중송신'에 해당하지만 보호측면에서는 영상물이 포함되었더라도 '디지털음성송신'의 측면에서 보호하면 될 것이라고 보는 견해이다(宋영식·이상정, 앞의 책, 247~248면 각주 298) 참조). 私見으로는 방송설에 찬동한다. 이른바 WIPO 방송 신조약 제정을 둘러싼 논의, WIPO 저작권조약 등의 해석론, 독일 저작권법 제19조a와 제20조, 영국 저작권법 제6조의 규정 취지에 비추어 볼 때 방송설이 타당하다. 이에 관해서는, 박성호, "저작권법상 방송·전송·디지털음성송신 관련 쟁점의 재검토—키메라의 권리, 디지털음성송신권의 생성 및 전개에 관한 비판적 고찰을 중심으로", 「정보법학」 제21권 제1호, 2017. 4., 82면 이하.

338) 이러한 논란과 문제점에 관한 상세는, 박성호, 위의 논문, 68면 이하.

339) 대법원 2009. 11. 26. 선고 2008다77405 판결. 이에 관해서는 본장 제3절 II. 3. 바. '링크행위와 복제' 참조.

340) 대법원 판결과 유사한 취지로 유럽사법재판소 2014년 2월 13일 판결 참조. 同 판결은 누구나 자유롭게 접근할 수 있는 사이트에 게재된 신문기사에 대해 그 저작권자의 허락 없이 링크를 한 행위는 저작권자가 사이트에 신문기사를 처음 게재할 때에 想定(contemplate)하지 않았던 새로운 公衆(new public)을 대상으로 한 것이 아니므로 공중전달권(우리법의 전송권) 침해에

예컨대 성명불상의 제3자가 저작권자의 허락 없이 동영상 콘텐츠(ex 영화, 애니메이션 등)를 해외 동영상 공유사이트인 B사이트에 업로드 하였고 A는 자신이 개설·운영하는 A사이트 게시판에 B사이트에 게시된 불법 동영상 콘텐츠에 연결되는 링크를 게재한 경우이다. 이러한 경우에도 링크행위를 한 A가 운영하는 A사이트가 링크로 연결되는 B사이트상의 콘텐츠를 저장한 뒤 이를 인터넷 이용자의 웹브라우저로 전송하는 것이 아니라 인터넷 이용자에게 콘텐츠를 전송하는 것은 어디까지나 B사이트라는 점에서, A사이트의 운영자 A가 링크를 한 행위 자체는 일반적으로 저작권(특히 전송권) 침해에 해당하지 않는다. 다만, A사이트 운영자 A가 링크로 연결되는 B사이트상의 콘텐츠가 위법한 것임을 알면서도 링크행위를 한 경우에는 A에게 저작권 침해의 방조자로서 불법행위책임을 추궁할 수는 있을 것이다.[341] 이처럼 민사상 방조책임이 문제된 사안에서는 콘텐츠가 위법한 것임을 알면서(또는 과실로 알지 못하고) 링크행위를 한 경우 그 이후 실제로 송신되었는지 또 얼마나 송신되었는지가 손해배상액의 산정과 관련하여 중요할 수 있기 때문에 損害의 塡補를 목적으로 하는 민사상 방조책임은 인정될 수 있을 것이다.[342]

위와 같은 사안에서 A가 개설·운영한 사이트는 이른바 '리치사이트'(leech site)이다.[343] 리치사이트란 권리자 허락 없이 인터넷에 업로드 된 저작물(불법 공개 저작물) 그 자체를 게재하지 않았지만 불법 공개 저작물에 접속할 수 있는 웹 위치 정보(링크)를 모아놓음으로써 인터넷 이용자의 접속을 유도하는 사이트를 말한다. 영화나 드라마, 애니메이션 등 불법공개 저작물로 유도하는 것이 전형적인 리치사이트의 모습이다. 저작물을 불법 공개하는 사이트에 거머리(leech)처럼 기생하는 사이트라는 의미이다. 리치사이트의 유형에는 사이트 운영자와 링크 게시자가 동일한 '링크 수집형(모음형)'과 사이트 운영자와 링크 게시자가 다른 '링크 투고형(게시판형)'이 있다. 위 사안의 경우는 링크 수집형

해당하지 않으며 단순링크든 프레이밍 링크든 마찬가지라고 판시하였다.

341) 大阪地裁 2013(平成25)年 6月 20日 平成23年(ワ) 第15245号 判決('로켓 뉴스 24' 사건) 참조.

342) 서울고법 2017. 3. 30. 선고 2016나2087313 판결(해외 동영상 공유 사이트에 게시된 방송 프로그램에 링크를 설정한 피고에 대해 전송권 침해의 민사상 방조책임을 인정, 일부 승소한 원고들만 상고); 대법원 2017. 9. 7. 선고 2017다222757 판결(피고의 링크설정행위는 전송권 직접 침해행위에 해당하지 않는다는 기존 판례의 입장만을 확인하고 전송권 침해의 방조책임에 대해서는 언급하지 않음).

343) 리치사이트 용어를 최초 사용한 사례로 소개되는 문헌으로는, Piotr Stryszowski & Danny Scorpecci, *Piracy of Digital Content*, OECD, 2009, pp.31~32. < https://www.ifap.ru/library/book443.pdf > (2023. 5. 20. 최종접속)

에 해당한다. 어느 유형이든 중요한 것은 리치사이트는 링크의 집합체라는 사실이다. 이는 저작권 침해 게시물로 연결되는 링크 게시 행위를 둘러싼 법적 책임의 범위와 성격에 관한 논의로 이어질 수밖에 없다. 즉 민사상 방조책임을 넘어 형사상 방조책임까지 인정할 수 있을 것인지의 문제가 제기된다. 다시 말해 성명불상의 제3자(정범)의 전송권 침해를 방조하였다는 저작권법 위반 방조죄 책임이 링크행위자 A에게 인정될 수 있을 것인지 하는 점이다.

종전 대법원 판결은 "형법상 방조행위는 정범의 실행을 용이하게 하는 직접, 간접의 모든 행위를 가리키는데, 링크를 하는 행위 자체는 인터넷에서 링크하고자 하는 웹페이지 등의 위치 정보나 경로를 나타낸 것에 불과하여, 인터넷 이용자가 링크 부분을 클릭함으로써 … 저작권자의 복제권이나 공중송신권을 침해하는 웹페이지 등에 직접 연결된다고 하더라도 침해행위의 실행 자체를 용이하게 한다고 할 수는 없으므로, 이러한 링크행위만으로는 저작재산권 침해행위의 방조행위에 해당한다고 볼 수 없다"고 판시하여 형사상 방조책임을 부정하였다.344) 이에 대해 대법원 전원합의체는 다음과 같이 판시하면서 종전 판결을 변경하였다.345) 즉 "정범이 침해 게시물을 인터넷 웹사이트 서버 등에 업로드하여 공중의 구성원이 개별적으로 선택한 시간과 장소에서 접근할 수 있도록 이용에 제공하면, 공중에게 침해 게시물을 실제로 송신하지 않더라도 공중송신권 침해는 기수에 이른다. 그런데 정범이 침해 게시물을 서버에서 삭제하는 등으로 게시를 철회하지 않으면 이를 공중의 구성원이 개별적으로 선택한 시간과 장소에서 접근할 수 있도록 이용에 제공하는 가벌적인 위법행위가 계속 반복되고 있어 공중송신권 침해의 범죄행위가 종료되지 않았으므로, 그러한 정범의 범죄행위는 방조의 대상이 될 수 있다. (따라서) 저작권 침해물 링크 사이트에서 침해 게시물에 연결되는 링크를 제공하는 경우 등과 같이, 링크행위자가 정범이 공중송신권을 침해한다는 사실을 충분히 인식하면서 그러한 침해 게시물 등에 연결되는 링크를 인터넷 사이트에 영리적·계속적으로 게시하는 등으로 공중의 구성원이 개별적으로 선택한 시간과 장소에서 침해 게시물에 쉽게 접근할 수 있도록 하는 정도의 링크행위를 한 경우에는 침해 게시물을 공중의 이용에 제공하는 정범의 범죄를 용이하게 하므로 공중송신권 침해의 방조범이 성립한다"는 것이다.

---

344) 대법원 2015. 3. 12. 선고 2012도13748 판결.
345) 대법원 2021. 9. 9. 선고 2017도19025 전원합의체 판결(조재연·김선수·노태악 대법관은 판례 변경에 반대).

전술한 것처럼 전송은 "공중의 구성원이 개별적으로 선택한 시간과 장소에서 접근할 수 있도록 저작물 등을 이용에 제공하는 것"(전단)과 "그에 따라 이루어지는 송신"(후단)의 두 요소로 구성된다. 이 중 전송의 핵심 요소는 '공중의 이용에 제공하는 것'(전단)이고 그에 따라 실제로 송신되었는지 또 얼마나 송신되었는지(후단)는 부수적 요소로서 손해배상액 산정 등을 할 때에 의미가 있을 뿐이다. 종전 대법원 판결의 취지는 이러한 전송의 본질에 주목하여 링크행위만으로는 전송권 침해의 실행 자체를 용이하게 한 것이 아니고 전송권이 침해되고 있는 상태를 이용한 것에 불과하므로 전송권 침해 방조죄에 해당하지 않는다고 판단한 것이다. 즉 전송권 침해의 본질을 종전 대법원 판결은 '상태범'으로 판단하고 민사 방조와 형사 방조를 구별하였으나, 대법원 전원합의체 판결은 이를 '계속범'으로 판단하고 민사 방조와 형사 방조를 구별하지 않았다는 점에서 차이가 있다.346)

생각건대, 대법원 전원합의체 판결(다수의견)에는 다음과 같은 문제점이 있다. 우선 리치사이트에 대한 규제와 처벌의 필요성을 내세워 저작권 침해물 링크 사이트에서 침해 게시물에 연결되는 링크를 제공하는 링크행위를 처벌하고자 형법 총칙상 개념인 방조에 대한 확장해석, 링크행위 및 방조행위와 정범의 범죄 사이의 인과관계에 관한 확장해석을 통해 형사처벌의 대상을 확대하고 있다는 점이다. 다수의견은 방조범 성립 범위의 확대로 말미암아 초래될 부작용을 축소하고자 영리적·계속적 형태의 링크행위만을 방조범으로 처벌하도록 설시하고 있으나 이는 일반적인 방조범의 성립과 종속성, 죄수 등의 법리에 반하고, 법원으로 하여금 방조범의 성립이 문제될 때마다 그 성립 요건을 일일이 정해야만 하는 부담을 지우며, 죄형법정주의 원칙에 따른 법적 안정성과 예측가능성에 커다란 혼란을 가져올 수밖에 없다. 특히 다수의견의 문

---

346) 종전 대법원 판결(종전판결)과 대법원 전원합의체 판결(현행판결)이 저작권법상 전송의 본질을 이해하는 관점의 차이를 정리하면 다음과 같다.
  * 전송 = ① 저작물 등을 공중의 이용에 제공 [and/or] ② 실제 공중에게 송신
  * 종전판결 = ① 저작물 등을 공중의 이용에 제공[기수]; ② 실제 공중에게 송신 = 침해상태 유지 → 공중의 이용제공으로 범죄 종료; 기수시기와 종료시기가 일치; 범죄 종료시까지 공동정범/종범 가능; 따라서 공중의 이용제공[범죄 종료] 이후 실제 송신이 종료하기 전에 링크행위를 하는 것은 전송권 침해방조[×]; 형사 방조 ≠ 민사 방조
  * 현행판결 = ① 저작물 등을 공중의 이용에 제공[기수]; ② 실제 공중에게 송신 = 위법행위 계속 → 송신이 종료해야 범죄 종료; 기수시기와 종료시기가 불일치; 범죄 종료시까지 공동정범/종범 가능; 따라서 실제 송신이 종료하기 전에 링크행위를 하는 것은 전송권 침해 방조[O]; 형사 방조 = 민사 방조

제점으로는 ① 불법 전송의 본질을 상태범(거동범)으로 판단하는 것이 법리상 타당할 것임에도 이를 계속범으로 판단한 점,[347] ② 저작권법상 전송의 본질적 측면을 고려할 때 민사 방조와 형사 방조는 구별해서 논의해야 할 것임에도[348] 이를 구별하지 않은 점, 그리하여 ③ 링크행위의 민사책임(즉 우리법의 공중송신권의 침해방조 또는 그 직접침해에 상응하는 것)에 관해 판시한 외국 재판례를 오해하여[349] 민사 방조책임의 이론을 구성하는 경우에나 합당할 논리를 형사 방조책임의 이론구성에 끌어다 쓴 점이다. 위와 같은 이유로 대법원 전원합의체 판결에는 찬성할 수 없다.

4. 입법례

WIPO 저작권조약 제8조(공중이용제공권, right of making available to the public)는 우리 저작권법의 '공중송신' 중 '전송'에 해당하는 권리를 규정한다. 미국은 공중송신 중 전송(공중이용제공)에 해당하는 권리를 별도로 저작권법에 규정하지 않고 공중이용제공이 문제되는 구체적인 양태에 따라 배포권을 비롯한 기존 권리의 범주에 포섭하여 해결하고 있다. 예컨대, 공중의 구성원에게 다운로드 방식으로 저작물을 제공하는 경우는 배포권을, 스트리밍 방식으로

---

347) 다수의견이 불법 전송을 계속범으로 본 것은 전송의 본질을 오해한 것에서 비롯된 것이다. 전송은 올려놓는 행위로 완료되는 것이며 그 이후의 위법상태는 부작위에 의해 유지되는 것에 불과하므로 상태범으로 판단해야 할 것임에도 그 부작위에 마치 보증인적 지위(Garantenstellung)가 부여되는 것처럼 오해하여 이를 계속범으로 판단한 잘못이 있다.

348) 대법원 1998. 12. 23. 선고 98다31264 판결은 "불법행위의 방조는 형법과 달리 손해의 전보를 목적으로 하여 과실을 원칙적으로 고의와 동일시하는 민법의 해석으로서는 과실에 의한 방조도 가능하다"고 판시하여 민사 방조책임과 형사 방조책임을 구별한 바 있다.

349) 박윤석·신창환, "대법원 링크 판결에 대한 비판적 고찰", 「계간 저작권」, 2021 겨울호, 115면 이하는 유럽사법재판소(CJEU)가 영리목적, 필수적 개입, 불법 콘텐츠에 대한 인식 등의 조건이 충족되는 경우 링크사이트 운영행위를 저작권 침해 방조가 아닌 유럽정보사회지침(Directive 2001/29/EC) 제3조 제1항의 공중전달권(right of communication to the public)(우리법의 공중송신권을 포괄하는 권리) 침해라고 판단하였음을 거론하면서, 링크사이트 운영행위도 그러할진대 링크행위에 대해 방조책임만을 긍정한 것에는 아쉬움이 남는다는 취지로 대법원 전원합의체 판결(다수의견)을 비판하고 있다. 그러나 이러한 비판은 ① 유럽정보사회지침 제3조 제1항의 공중전달권은 그 해석상 우리법의 공중송신권 외에 '그 밖의 공중전달권'도 포함하고 있는 점, ② CJEU 판결들은 모두 민사책임에 관한 것으로 대부분 '그 밖의 공중전달권'이 문제되었다는 점, ③ CJEU 판결에서 공중전달권의 침해방조가 아닌 공중전달권의 직접침해를 인정할 수밖에 없었던 이유는 EU 회원국 중에는 민법전에 방조에 의한 공동불법행위책임 규정을 두고 있지 않은 국가들이 있어서 이를 고려한 판결이었다는 점 등을 감안할 때, 적절한 비판이라고 보기 어렵다.

제공하는 경우는 공연권을, 이미지를 보여주는 방식으로 제공하는 경우는 전시권을 각 적용하고 있다. 이에 더하여 공중이용제공행위가 복제물을 생성하는 경우에는 복제권도 문제될 수 있다.[350][351] 그 중 배포권에 관하여 미국 저작권법 제106조 제3항은 "저작권으로 보호되는 저작물의 복제물이나 음반을 판매 또는 그 밖의 소유권의 이전, 또는 대여, 리스 또는 대출에 의하여 공중에게 배포하는 행위"를 배타적 권리의 하나로 규정한다. 이와 관련하여 A&M Recordings, Inc. v. Napster, Inc. 사건에 대한 미 연방항소법원 판결을 보면, P2P 파일교환 프로그램을 이용자들에게 무료로 제공하고 파일교환을 용이하게 하는 사이트를 운영한 냅스터 사이트 운영자의 기여침해책임 등을 인정한 사안에서, 법원은 인터넷상에서 저작물을 송신하는 경우 다운로드 방식으로 저작물이 제공되어 이용자의 컴퓨터에 복제물이 만들어지게 되므로 그 송신행위는 저작물의 배포에 해당한다고 판시하였다.[352] 이처럼 전송행위를 규율하는 별도의 명시적 규정을 두고 있지 않은 미국 저작권법은 구체적인 전송의 양태에 따라 배포, 공연, 전시의 개념을 적용하고 있다. 이에 더하여 공중이용제공행위가 복제물을 생성하는 경우에는 복제의 개념을 적용하여 규율한다.

한편, 일본 저작권법 제23조는 공중송신권에 대해 규정하고 있는데, 공중송신은 자동공중송신, 송신가능화, 방송 및 유선방송, 그 밖의 공중송신을 포함한다. 우리 저작권법의 전송 개념은 주문형 송신을 가능하게 하는 공중이용제공(전단)과 그에 따라 실제로 이루어진 송신(후단)을 포함하고 있음에 반하여 일본 저작권법은 전단의 송신가능화(제2조 제9호의5)와 후단의 자동공중송신(제2조 제9호의4)을 별개의 개념으로 구별하여 정의한다.

V. 전시권

1. 개   관

저작권법은 저작자는 미술저작물·건축저작물 또는 사진저작물의 원본이

---

350) U.S. Copyright Office, *The Making Available Right in the United States: A Report of the Register of Copyrights*, 2016. 2., p.18, p.74; 이주연, "WIPO 인터넷조약 (WCT와 WPPT)상 공중이용제공권과 그 권리침해에 관한 연구: 저작권법과 국제사법의 관점에서", 한양대 대학원 법학박사 학위논문, 2017. 8., 59면 이하.

351) 참고로 본장 'Ⅲ. 공연권 4. 입법례―미국의 경우'에서 살펴본 것처럼, 우리 저작권법의 공중송신 중 방송에 해당하는 권리는 미국 저작권법상 '공연권'에 해당한다.

352) A&M Recordings, Inc. v. Napster, Inc., 239 F. 3d 1004 (9th Cir. 2001).

나 그 복제물을 전시할 권리를 가진다(제19조)고 규정한다. 이러한 내용의 전시권은 2006년 저작권법에서 '원작품'이란 용어가 '원본'으로 변경된 것 외에는 1986년 저작권법 이래 현행 저작권법에 이르기까지 그대로이다. 문제는 공표 여부를 가리지 않고 미술·건축·사진저작물에 대해서 그 원본이든 복제물이든 상관없이 넓게 전시권을 부여하고 있다는 점이다. 이로 인해 "세계에서 유래가 없는 입법일 뿐만 아니라 이러한 규정대로 법을 운용하면 지나치게 권리자에게 유리하게 되어 저작권법의 또 하나의 축인 공공의 이익은 무시되고 만다"353)는 비판을 받고 있다. 이것은 지금까지 해소되지 못한 태생적 문제라고 할 수 있다.354)

2. 내　용

저작자는 미술저작물·건축저작물 또는 사진저작물의 원본이나 그 복제물을 전시할 권리를 가진다(제19조). 미술·건축·사진저작물만이 전시권의 대상이므로 그 밖의 저작물에 대해서는 전시권이 적용되지 않는다.355) '원본', 즉 원작품(original work)이란 저작자의 사상 또는 감정을 창작적으로 표현한 저작물이 화체되어 있는 유체물을 말한다. '전시'는 공중에게 저작물을 공개하는 방법 중의 하나로서 '공표'의 한 형태를 말한다(제2조 제25호 참조).356) 따라서 미술저작물이나 건축저작물 또는 사진저작물을 전시한다는 것은 공중의 출입이 가능한 장소에 이들 저작물을 공개하는 것을 말하고, 가정과 같은 사적 공간에 미술저작물을 걸어두는 경우를 의미하는 것이 아니다. 그러므로 자기 집 거실에 미술저작물을 전시하는 경우에는 그 저작물의 저작자의 허락을 얻을 필요가 없다.

학설 중에는 '전시'의 개념 속에는 미술·건축·사진저작물의 원본이나 그 복제물 등의 유형물을 일반인이 자유롭게 직접 관람할 수 있도록 진열하거나 게시하는 것(이른바 '직접전시') 외에 미술·건축·사진저작물을 필름, 슬라이드,

---

353) 이상정, 「미술과 법」 제2판, 세창출판사, 2016, 336~337면. 이에 관한 상세는, 이상정, "우리 저작권법상의 전시권의 문제점", 「경희법학」 제41권 제2호, 2006. 12., 225면 이하 참조.

354) 비교법적으로는 후술하는 입법례(독일 저작권법 제18조 및 일본 저작권법 제25조) 참조.

355) 대법원 2010. 9. 9. 선고 2010도4468 판결은, 어문저작물의 전시권이 문제된 사안에서 "저작권법 제11조 제3항 및 제19조는 '전시권'의 보호대상인 저작물을 '미술저작물·건축저작물 또는 사진저작물'에 한정하여 열거하고 있으므로, 미술저작물 등 외의 저작물은 전시의 방법으로는 그 저작재산권이 침해되지 아니한다"고 판시하였다.

356) 저작권법 제2조 제25호는 '공표'라 함은 "<u>저작물</u>을 공연, 공중송신 또는 <u>전시 그 밖의 방법으로 공중에게 공개</u>하는 경우와 저작물을 발행하는 경우를 말한다"(밑줄은 저자)고 정의한다.

텔레비전 영상, 또는 그 밖의 다른 장치나 공정에 의하여 그의 복제물을 보여주는 것(이른바 '간접전시')도 포함된다는 견해가 있다.357) 그러나 '간접전시'라는 개념에 속하는 양상들은 공연, 그 중에서도 상영에 해당한다고 보는 것이 옳을 것이다. 우리 저작권법 제2조 제25호는 '공표'에 대해 정의하면서 '전시'를 공표의 한 형태로서 공연 및 공중송신과 나란히 열거하면서 개념적으로 공연 및 공중송신과 구별한다. 또한 공연의 행위유형 중 '上映'(cinematographic presentation)이란 영상저작물은 물론이고 사진이나 회화 같은 정지화면으로 이루어진 저작물 등을 시각적 또는 시청각적으로 인식할 수 있도록 顯示하는 행위를 말한다. 따라서 우리 저작권법상 '전시'는 미술·건축·사진저작물의 원본이나 그 복제물 등의 유형물을 일반인이 아무런 매개체도 거치지 않고 자유롭게 직접 관람할 수 있도록 진열하거나 게시하는 것만을 의미하고, 이른바 '간접전시'는 공연의 행위유형 중 상영에 해당한다고 보는 것이 타당하다.358) 나아가 미술·건축·사진저작물을 인터넷을 통해 전송하여 감상하도록 모니터에 현시하는 이른바 '인터넷 전시'에 대해서도 저작권법상의 전시에 해당한다고 보는 견해가 있으나359) 미술저작물 등을 인터넷을 통해 감상하도록 하는 경우는 저작권법상 전시가 아니라 전송이므로 저작권법상 전송의 법리에 의해 규율하는 것이 타당하다.360) 요컨대, 이른바 '직접전시'는 유체물의 존재를 전제하지만 그 유체물의 점유를 이전하지 않는 저작물의 무형적 전달행위(전시)에, 이른바 '간접전시'는 유체물의 존재를 전제하지 않는 저작물의 무형적 전달행위(공연)에, 이른바 '인터넷 전시'는 유체물의 존재를 전제하지 않는 저작물의 무형적 전달행위(전송)에 각 해당한다고 파악할 수 있다.

한편, 전시권 침해와 관련하여, 우리 하급심 판결 중에는 사진작가가 당초 달력 제작을 위하여 사진저작물을 복제, 배포 및 전시하도록 이용허락 한 것이라면, 그 달력 중에서 사진저작물 부분만을 따로 오려내어 액자에 넣은 다음 공개된 장소에 전시하는 것은 당초 달력의 사진으로 이용하도록 허락한 범

---

357) 정상조 편, 「저작권법 주해」, 박영사, 2007, 417면(이대희 집필); 송영식·이상정, 「저작권법 개설」 제9판, 세창출판사, 2015, 249면.
358) 같은 취지, 오승종, 「저작권법」 제5판, 박영사, 2020, 584~585면.
359) 정상조 편, 앞의 책, 417면(이대희 집필).
360) 그런데 우리 저작권법상 '전시' 개념 속에 이른바 '간접전시'가 포함된다고 보는 위 학설 중에는 미술저작물 등을 인터넷을 통해 감상하도록 하는 경우를 이른바 '인터넷 전시'라고 부르며 '간접전시'와 구별하면서 '인터넷 전시'는 '전시' 개념 속에 포함되지 않으므로 저작권법상 전송의 법리에 의해 규율되어야 할 것이라고 한다(송영식·이상정, 앞의 책, 249면).

위를 벗어난 것이므로, 사진작가의 전시권을 침해한 것이라고 판시한 사건이 있다.[361)

3. 입법례

미국 저작권법은 "영화나 그 밖의 시청각저작물의 개별 영상을 포함한 어문, 음악, 연극 및 무용저작물과 무언극 및 회화, 도면, 또는 조각저작물의 경우에는 저작권으로 보호되는 저작물을 공개적으로 전시하는 행위"를 배타적 권리의 하나로 저작권자에게 인정한다.[362) 미국 저작권법은 우리 저작권법과는 달리 전시권의 대상을 미술저작물이나 건축저작물 또는 사진저작물에 한정하지 않는다. 이에 비해 독일 저작권법은 아직 공표하지 않은 미술저작물이나 건축저작물, 또는 사진저작물의 원본 혹은 복제물에 대해서만,[363) 일본 저작권법은 미술저작물과 아직 발행되지 않은 사진저작물의 각 원본에 대해서만 각 전시권을 인정한다.[364) 전술한 것처럼 미국 저작권법은 전시권에 의한 보호대상 저작물이 광범위하며 우리 저작권법처럼 미술저작물이나 건축저작물 또는 사진저작물에 한정되지 않는다.[365) Perfect 10, Inc. v. Amazon.com, Inc. 사건에서 미 연방항소법원은, 피고 온라인서비스제공자가 인라인 링크(in-line

---

361) 서울중앙지법 2004. 11. 11. 선고 2003나51230 판결은, 그 이유에서 "달력을 판매함에 있어 전시를 허락한 직접적인 대상은 어디까지나 달력 전체이고 그 안에 포함된 사진은 <u>달력 전체를 하나의 저작물</u>로 전시할 수 있는 범위 내에서 부수적으로 그 사진에 대한 전시도 허락된 것에 불과한 점, 달력에서 사진을 분리하여 이를 독자적으로 전시하는 것은 달력의 일부로서가 아니라 새로운 사진작품을 전시하는 것에 해당되는 점"(밑줄은 저자) 등을 감안해야 한다고 하였다. 그러나 이 판결에 대해서는 사진을 포함하는 달력 자체가 별도의 저작물로서 인정되지 않는 한 달력 자체를 걸어놓은 것과 사진만을 분리하여 걸어놓은 것을 구별할 필요가 있는지 의문이 제기된다(계승균 외 4인 공저, 「로스쿨 지적재산권법」, 법문사, 2010, 532면). 사진을 포함하는 달력 전체가 하나의 저작물로서 인정된다는 의미는, 날짜와 요일이 인쇄된 부분만으로도 날짜와 요일의 배치나 그 디자인에 창작성이 인정되어 사진 부분을 포함한 달력이 전체적으로 하나의 저작물로서 인정되는 경우를 말한다. 이러한 경우 달력에서 사진을 떼어내면 달력과 사진 두 개의 저작물로 분리될 것이므로 이때에는 사진만을 분리하여 별도로 걸어놓은 것을 구별할 필요가 있다. 그러나 그렇지 않은 경우라면 날짜와 요일이 포함된 달력을 걸어놓은 경우나 사진만을 걸어놓은 경우는 동일한 저작물을 걸어놓은 것에 지나지 않으므로 전시권 침해에 해당하지 않는다고 보는 것이 타당하다. 결론적으로 전시권 침해를 부정한 제1심 판결(서울중앙지법 2003. 9. 18. 선고 2003가단215194 판결)이 타당하다고 생각한다.

362) 미국 저작권법 제106조(5).

363) 독일 저작권법 제18조 참조.

364) 일본 저작권법 제25조 참조.

365) 따라서 미국 저작권법상 전시 개념에는 이른바 '인터넷 전시'도 포함된다.

linking)366)를 통해서 피고의 프레임 안에서 원고의 웹페이지(framed page)가 보이도록 검색서비스를 제공한 것에 대해서 피고가 원고의 전시권을 침해한 것이 아니라고 판시하였다. 또한 검색서비스를 제공하는 피고 온라인서비스제공자가 어느 한 이용자가 게재한 위법 복제물을 다른 이용자가 검색할 수 있도록 하는 것에 대해서도 전시하고 있는 것처럼 보이지만 피고의 전시권 침해를 인정하지 않았다. 어느 경우나 전시권 침해가 인정되지 않은 것은 온라인서비스제공자가 위법 복제물 자체를 자신의 서버에 보관하고 있는 것이 아니므로 그 전시행위의 주체가 아니라는 이유 때문이다.367) 그러나 온라인서비스제공자가 위법 복제물의 썸네일 판을 만들어서 이를 서버에 보관한 다음 이용자에게 송신한 것에 대해서는 전시행위를 인정하였다. 다만 그 전시행위에 대해서는 공정이용이 성립한다고 판시하였다.368)

VI. 배포권

1. 개 관

배포권은 저작물을 전달하는 이용방법 중 '유형적 전달행위'에 관한 것으로 '무형적 전달행위'를 규율하는 공중송신권과 구별된다. 원래 배포권은 불법 복제물이나 도난 또는 그 밖의 불법적 복제물에 대비하여 저작권자를 충분히 보호할 목적으로 복제권에 보완적으로 수반되는 권리로 인식되어왔지만, 기술발달에 따라 다양한 배포수단이 보급되면서 오늘날은 저작재산권의 주된 권리의 하나로 인식되기에 이르렀다. 1957년 저작권법 제18조는 발행권을 규정하였는데 그 발행권 속에 배포의 권능을 포함하여 규율하였다. 이에 대해 1986년 저작권법 제20조는 배포권을 독립된 권리로 규정하였고369) 이는 현행 저작권법에서도 마찬가지이다. 다만, '배포'의 개념에는 약간의 변화가 있었다.

---

366) 인라인 링크(in-line linking)라는 것은 링크된 정보를 불러오기 위해 이용자가 클릭을 할 필요 없이 링크 제공 정보를 포함하는 웹페이지에 접속하면 자동으로 링크된 정보가 바로 재생되는 방식의 링크를 말한다. 그런데 Perfect 10 사건에서 문제가 된 링크는 자신의 웹페이지의 프레임을 유지하면서 타인의 웹페이지상의 콘텐츠를 보여주는 것을 의미하므로 프레이밍 링크(framing link)라고 이해하는 것이 보다 정확할 것이다. 본장 II. 3. 바. '링크행위와 복제' 참조.

367) 이것을 이른바 '서버 테스트(server test)'라고 한다.

368) Perfect 10, Inc. v. Amazon.com, Inc., 487 F. 3d 701 (9th Cir. 2007).

369) 1986년 저작권법의 입법과정에서 '배포권'을 둘러싼 논의 상황에 대해서는, 최현호, "배포권에 관하여", 「저작권학회보」 제8호, 한국저작권법학회, 1986. 9. 20., 6면; 장인숙, "개정안의 배포권의 문제점", 「저작권학회보」 제9호, 한국저작권법학회, 1986. 11. 20., 1면 각 참조.

1986년 저작권법은 배포를 "저작물의 원작품 또는 그 복제물을 일반 공중에게 대가를 받거나 받지 아니하고 양도 또는 대여하는 것을 말한다"(제2조 제15호)고 정의하였다. 2006년 저작권법은 기존 배포의 정의에서 "저작물의 원작품 또는 그 복제물" 중 "저작물의"라는 문구를 "저작물등의"라는 표현으로 변경함으로써 저작물 외에 "실연·음반·방송 또는 데이터베이스"[370]까지 배포의 대상이 된다는 점을 명확히 하였다. 그와 함께 배포의 정의 중 '원작품'이란 용어를 '원본'으로 변경하였다.[371]

2. 내   용

저작자는 저작물의 원본이나 그 복제물을 배포할 권리를 가진다(제20조). 배포란 "저작물등의 원본 또는 그 복제물을 공중에게 대가를 받거나 받지 아니하고 양도 또는 대여하는 것을 말한다"(제2조 제23호). 따라서 저작자의 배포권이란 ① 저작물을 ② 원본이나 복제물의 형태로 ③ 공중을 대상으로 하여 ④ 유상이나 무상으로 양도 또는 대여하는 것을 말한다. 배포권은 저작물의 원본이나 그 복제물을 보호대상으로 하므로 저작물의 복제물(즉, 상업용 음반이나 상업용 프로그램)만을 대상으로 하는 대여권(제21조 참조)과 구별된다. 배포권은 저작자가 복제에 관한 계약을 체결하면서 실제로는 복제허락 속에 배포허락이 포함되었다고 인정되는 경우(예컨대, 출판·음반제작허락은 배포허락을 포함하는 것이 보통)가 대부분일 것이므로 이를 인정할 실익이 적다고 볼 수도 있지만,[372] 복제와 배포를 각기 다른 사람이 행하는 예가 오히려 적지 않을 뿐 아니라(출판사와 서점, 음반제작자와 유통업자 등), 계약 당시 예정하지 못한 배포방법이 생긴다면 이에 대해 당사자들 간에 분쟁이 생길 수도 있기 때문에 배포권은 여전히 독자적인 권리로서 규정할 법적인 의미가 있다.[373] 다만, 배포권에 대해서는 저작권자가 일단 저작물의 원본이나 그 복제물의 판매를 허락하여 최초 판매가 이루어진 경우 그 이후 저작물의 원본이나 그 복제물의 판

---

370) 저작권법 제2조 제7호 공중송신의 정의규정 중 "저작물, 실연·음반·방송 또는 데이터베이스(이하 '저작물등'이라 한다)"라는 문구 참조.
371) 개정이유에서는 "원작품이란 문학작품이나 미술작품을 보호하는 근대 저작권법에서 원본을 지칭하는 것으로 사용되었으나, 저작권법의 보호대상이 확대되고 있는 현대에서는 원본이라는 포괄적인 의미의 용어가 적절하다"고 설명한다(허희성, 「2011 신저작권법 축조개설 상」, 명문프리컴, 2011, 51면 참조). 이러한 용어변경에 대한 비판으로는, 허희성, 위의 책, 51면 참조.
372) 장인숙, 「저작권법원론」개정판, 보진재, 1996, 84~85면.
373) 최경수, 「저작권법개론」, 한울, 2010, 252면.

매에 대해서는 배포권이 미치지 않는다는 취지의 규정, 즉 최초판매원칙에 관한 명문의 규정을 마련하고 있다(제20조 단서).

3. 제한 ― 최초판매원칙 또는 권리소진원칙

가. 의   의

배포권은 저작물의 원본이나 그 복제물의 양도나 대여가 있을 때마다 행사되는 것이므로 일일이 저작권자의 허락을 얻어야 하는 번거로움이 발생할 수 있다. 또한 저작물의 배포권자와 저작물의 원본이나 그 복제물의 소유권자 간에 충돌이 생길 수도 있다. 나아가 배포권이 당초 저작권법에 따른 보호 목적을 넘어서 남용되는 경우 공정한 경쟁과 정보의 자유로운 유통을 방해할 우려도 있다. 이에 따라 저작권자와 저작물이 담긴 유체물의 소유자 간의 이익 균형을 도모하고 저작권자에게 충분한 보상을 보장하는 한편 자유롭고 방해받지 않은 저작물 거래를 보호하기 위하여,[374] 저작권자의 배포권은 저작물의 원본이나 그 복제물이 처음 판매되거나 양도 그 밖에 소유권이 이전된 후에는 消盡된다고 하여 배포권을 제한하는 원칙이 확립되었다. 이것을 '최초판매원

---

[374] 권리소진원칙의 이론적 근거에 대해 독일에서는 ① 소유권이론, ② 보상설, ③ 거래보호설이 주장되고 있다. ① 소유권이론은 저작물이 화체된 유체물을 구매한 자의 소유권과 저작자의 배포권의 효력 사이에 발생한 모순을 해결하기 위해 배포권이 소진되어야 한다는 것인데, 이에 대해서는 저작권에 의해 오히려 소유권이 제한된다고 보아야 할 것이므로 소유권이론은 소유권과 저작권의 관계를 오해한 잘못된 주장이라는 비판이 제기된다. 따라서 배포권의 목적은 보상을 받는 데에 있으므로 이미 보상을 받았다면 그 목적을 달성한 배포권은 소진되어야 한다는 ② 보상설과, 자유롭고 방해받지 않는 저작물 거래를 보호하고자 하는 ③ 거래보호설이 권리소진의 이론적 근거로 타당하다고 한다(계승균, "권리소진이론에 관한 연구: 저작권을 중심으로", 부산대 대학원 법학박사 학위논문, 2003. 2., 40~43면; 안효질, "저작물의 디지털거래와 권리소진원칙", 「산업재산권」 제15호, 2004, 61~66면). 최초판매원칙의 이론적 근거에 대해 미국에서는 ① 정당한 보상(Just Reward)이라는 경제이론과 ② 동산의 양도제한 금지라는 보통법상의 법리를 들고 있으며 위 두 이론을 종합하여 "저작권자에게는 이미 충분한 보상이 이루어졌기 때문에 유체물 소유자의 거래를 보장하기 위하여 저작권자의 권리를 소진시키는 것으로 이해하면 적합할 것"이라고 한다(김인철, "미국 저작권법하에서 권리소진의 원칙에 대한 소고", 「정보법학」 제14권 제3호, 2010, 112~113면). 실제 사안에서도 미국 법원은 "동산의 양도를 제한하는 것에 대해 반감(aversion to limiting the alienation of a personal property)을 가지는 보통법에서 최초판매원칙의 근거를 찾는다"{Sebastian Int'l, Inc. v. Consumer Contacts (PTY) Ltd., 847 F.2d 1093, 1096 (3d Cir. 1988)}. 미국에서의 이러한 이론적 근거의 모색은 독일의 세 가지 학설인 ① 소유권이론, ② 보상설, ③ 거래보호설을 종합한 것으로 이해할 수 있다. 즉 "저작권자에게 이미 충분한 보상이 이루어졌다는 것"(② 보상설)과 "유체물 소유자의 거래를 보장하기 위한 것"(① 소유권이론 및 ③ 거래보호설)으로 이해할 수 있다.

칙'(first sale doctrine) 혹은 '권리소진'(exhaustion of rights)원칙이라 부른다.[375] 이와 같이 배포권은 저작권자가 저작물의 원본이나 그 복제물을 최초 판매하거나 양도 등 소유권을 이전한 이후에 소진하는 것이므로, 저작권자가 저작물의 원본이나 그 복제물을 최초 대여한 경우에는 배포권이 소진하지 않는다.

나. 관련 규정의 변천

저작권법은 "저작물의 원본이나 그 복제물이 해당 저작재산권자의 허락을 받아 판매 등의 방법으로 거래에 제공된 경우에는" 배포권이 미치지 않는다(제20조 단서)고 최초판매원칙을 규정함으로써 배포권을 제한한다. 최초판매원칙은 1986년 저작권법 제43조의 '저작자의 거래에의 제공'이라는 표제 아래 처음 규정되었고, 1994년 1월 7일 법률 제4717호로 저작권법이 일부 개정되면서 1994년 저작권법 제43조 제2항에 배포권에 포함된 권능 중 하나로 '대여를 허락할 권리'가 신설될 때 최초판매원칙은 같은 조 제1항에 규정되었다. 2006년 저작권법에 이르러 최초판매원칙은 제20조 '배포권' 조항의 단서로 옮겨와서 규정됨으로써 조문의 체계가 현재와 같이 정리되었다. 구체적 규정 내용과 관련해서도 1994년 저작권법은 "저작물의 원작품이나 그 복제물이 배포권자의 허락을 받아 판매의 방법으로 거래에 제공된 경우에는 이를 계속하여 배포할 수 있다"고 규정하였으나 2006년 저작권법은 "다만, 저작물의 원본이나 그 복제물이 당해 저작재산권자의 허락을 받아 판매 등의 방법으로 거래에 제공된 경우에는 그러하지 아니하다"고 법문상의 표현을 수정하였다. 즉 '배포권자'는 결국 저작재산권자를 의미하는 것이므로 '당해 저작재산권자'[376]로 변경하였고, 또한 거래에 제공하는 방법에는 판매 이외에도 여러 가지 방법이 있을 수 있으므로 '판매 등'으로 문구를 수정한 것이다.[377] 따라서 여기서 '판매 등'이란 판매는 물론 그 밖에 교환이나 증여 또는 상속 등의 방법으로 저작물의 원본이나 그 복제물을 거래에 제공하는 경우를 의미한다.[378]

---

375) 이에 관한 개관으로는, 계승균, "권리소진이론에 관한 연구: 저작권을 중심으로", 「계간 저작권」, 2003 가을호, 88면 이하.

376) 2009년 4월 22일 법률 제9625호로 저작권법이 일부 개정될 때 '당해 저작재산권자'라는 표현을 '해당 저작재산권자'로 변경하였다.

377) 문화관광부, 「2005—개정 저작권법 설명자료」, 33면; 오승종, 「저작권법」, 박영사, 2007, 462면에서 재인용.

378) 허희성, 앞의 책, 192면 참조. 1986년 저작권법은 제43조에서, 1994년 저작권법은 제43조 제1항에서 각 "판매의 방법으로 거래에 제공"이라고, 즉 '판매'의 경우에만 배포권이 제한된다는 취지로 규정하였기 때문에 증여나 상속의 경우에는 일일이 배포권자의 허락을 받아야 하는

다. 쟁   점

(1) 적용요건

최초판매원칙과 관련해서는, 예컨대 업무상 프로그램저작물을 창작하여 판매하는 회사로부터 그 프로그램이 담긴 CD를 구입한 소비자가 그 이후 이 CD를 제3자에게 중고 판매의 방법으로 거래에 제공한 사안의 경우 이는 프로그램 저작자의 배포권을 침해한 것에 해당하는지, 아니면 최초판매원칙 또는 권리소진원칙이 적용되어 배포권이 소진되는지가 문제될 수 있다. 이는 저작권법 제20조 단서에 해당하는지 여부가 쟁점이다. 즉 ① 저작물의 원본이나 그 복제물이, ② 해당 저작재산권의 허락을 받아 ③ 판매 등의 방법으로 거래에 제공된 경우인가를 살펴보아야 한다. 위 세 가지 요건을 순서대로 살펴보면, ① 저작물의 원본이나 그 복제물이어야 한다는 것은 저작물이 화체된 유체물의 유통과 같은 유형적 전달행위만이 배포권 소진의 대상이 된다는 의미이다. 따라서 온라인상 다운로드 방식의 무형적 전달행위(전송)는 그 적용대상이 아니다. ② 해당 저작권자의 허락을 받아야 한다. 이것은 저작권자가 스스로 저작물을 거래에 제공하거나 또는 적어도 저작권자로부터 거래의 제공에 대해 허락을 받은 적법한 거래이어야 한다는 의미이다. 따라서 불법 제작된 복제물의 배포에 대해서는 저작권자의 허락을 받지 않은 것이므로 배포권이 소진되지 않는다.379) ③ 판매 등의 방법으로 거래에 제공되어야 한다. 판매는 물론 그 밖에 교환이나 증여 또는 상속 등의 방법으로 저작물의 원본이나 그 복제물의 소유권을 이전하는 것이어야 한다는 의미이다.

따라서 위 사안에서는 특히 ③의 요건인 '판매 등'인지 여부, 즉 판매 또는 교환이나 증여 혹은 상속 등의 방법으로 저작물의 원본이나 그 복제물의 소유권을 이전한 것인지 여부가 문제된다. 그렇기 때문에 위 사안에서는 프로그램저작물의 저작재산권자인 프로그램회사는 소비자로부터 대금을 받고 프로그램이 담긴 CD를 판매한 것인지 아니면 CD에 수록된 프로그램에 대한 라이선

것이 아닌가 하는 비판이 제기된 바 있었다(장인숙, 「저작권법」, 보진재, 1989, 132면; 同, 「저작권법」개정판, 보진재, 1996, 141면 각 참조).

379) 문제는 불법 제작된 복제물 또는 훔친 원본을 취득할 때에 그러한 사실에 대해 선의·무과실인 제3자가 공중에게 그 원본이나 복제물을 재차 판매하거나 양도한 경우 그 법적 취급을 어떻게 할 것인가이다. 위 경우는 적법하게 이루어진 거래가 아니므로 배포권이 소진되지 않는다. 따라서 위 제3자가 비록 선의·무과실이라 하더라도 배포권 침해책임을 겨야 할 것이다. 입법론으로서는 일본 저작권법 제113조의2의 경우처럼 선의·무과실인 제3자의 배포행위(일본법상 양도행위)는 배포권을 침해하지 않은 것으로 본다는 특례규정을 참고할 필요가 있다.

스만을 부여한 것인지가 문제된다. 만일 위 CD의 오프라인상 유통이 판매라면 배포권이 소진되므로 배포권 침해 문제는 생기지 않을 것이다. 그러나 만일 판매가 아니라 라이선스, 즉 이용허락만을 부여한 것이라면 배포권이 그대로 유효하게 적용된다고 주장할 수 있을 것이다. 특히 프로그램회사가 소비자에게 프로그램이 담긴 CD를 판매하면서 프로그램회사와 소비자 사이에 이른바 수축포장형 이용허락계약(shrink-wrap license)이나 온라인상 이용허락계약(click-wrap license)이 체결되는 경우가 많은데, 그 계약 내용 중에 CD를 구입한 소비자는 CD에 저장된 프로그램을 비독점적이고 양도불가능한 조건 아래 이용할 수 있는 권한만을 가진 라이선시(licensee)일 뿐이고 프로그램회사는 CD 복제물에 대해 처분권을 포함한 모든 권리를 여전히 보유한다고 명시하는 경우이다. 그렇지만 이러한 경우 CD라는 유체물을 오프라인상 유통하면서 이를 구입한 소비자에게 CD라는 유체물을 판매한 것이 아니라 CD에 담긴 프로그램의 이용허락만을 한 것이라는 주장이[380] 과연 법 논리적으로 유효한 것인지 의문이다. 만일 이러한 논리가 관철된다면 최초판매원칙은 계약서의 내용과 거래의 성격을 종합적으로 고려하여 판단한다는 법 논리 속에 함몰되어 결국 유명무실해지고 말 것이다.[381] 오히려 거래 실태는 저작물이 화체된 유체물(CD)이 오프라인에서 유통된 것이므로, 이와 같이 점유이전이 수반되는 복제물의 유형적 전달행위에 의해 CD라는 복제물의 소유권 이전이 이루어졌다고 해석하는 것이 사회통념상 정당할 것이다. 설령, 프로그램 자체에 대해서는 이용허락을 하는 것이라고 하더라도 프로그램이 담긴 CD는 판매되었다고 보는 것이 기존 상거래 관행에 부합할 것이다. 따라서 이러한 점들을 고려하면 소비자가 CD를 제3자에게 중고 판매의 방법으로 거래에 제공하더라도 결국 배포권은 소진된다고 해석하는 것이 타당할 것이다.[382]

또한, 프로그램회사가 소비자에게 프로그램이 담긴 CD를 판매하면서 프

380) 이러한 주장을 받아들인 미국 연방항소법원의 '문제적 판결'이 바로 Vernor 판결이다{Vernor v. Autodesk, Inc., 621 F.3d 1102 (9th Cir. 2010)}. 이 판결에 대해, 손승우, "소프트웨어 거래와 권리소진의 원칙", 「계간 저작권」, 2010 가을호, 36면은 "동 판결이 의미가 있는 것은 권리소진이 적용되는지 여부는 계약서의 라이선스 명시조항만으로 판단할 것이 아니라 계약서의 모든 조항과 거래의 성격 등을 종합적으로 고려해서 판단해야 한다는 것이다. 즉 저작권자가 계약서에 라이선스라고 명시한다고 하여 권리소진이 제한되는 것은 아니며, 이용자가 복제물을 무기한 점유한다고 하여 권리소진이 적용되는 것도 아닌 것이다"라고 긍정적 평가를 내린다.
381) 이렇게 되면, 소설이나 게임 또는 음악 등이 담긴 CD라는 복제물에 대해서도 수축포장형 이용허락계약에 의해 최초판매원칙이 배제되는 일이 발생하게 될 것이다.
382) 정상조 편, 「저작권법 주해」, 박영사, 2007, 420면 이하(특히 422면)(이형주 집필) 참조.

로그램회사와 소비자 사이에 전술한 수축포장형 이용허락계약 등을 체결하면
서, 그 계약 내용 중에는 CD의 양도금지를 규정하는 문구가 포함되는 경우도
있을 수 있다. 문제는 이러한 이용허락계약에 포함된 문구에 대해 계약으로서
의 유효성을 인정할 수 있을 것인가이다. 최초판매원칙은 저작권자와 유체물
의 소유자 간의 이익균형을 도모하고 저작권자에게 충분한 보상을 보장하는
한편 자유롭고 방해받지 않은 저작물 거래를 보호하기위한 원칙이라는 점을
고려할 때, 그러한 양도금지 문구가 CD라는 유체물의 자유로운 유통을 저해
하고 법적 안정성을 해칠 수 있을 뿐 아니라 최초판매원칙을 무력화하고 사실
상 배포권에 상응하는 권리를 '부활'시키는 것과 마찬가지라고 할 것이므로,
저작권법상 최초판매원칙에 반하는 것이어서 무효라고 해석하여야 할 것이
다.[383]

(2) 적용범위

저작권법 제20조 단서는 배포권이 소진되는 지역적 적용범위에 대해서는
아무런 규정도 하고 있지 않다. 따라서 저작물의 원본이나 그 복제물이 판매
등의 방법으로 거래에 제공되어 배포권이 소진되었을 때 그 효력이 미치는 지
역적 범위를 둘러싸고 견해의 대립이 있을 수 있다. 즉 저작물의 원본이나 그
복제물이 저작권자의 허락을 얻어 판매 등의 방법으로 거래에 제공된 특정 국
가의 영토 내에서만 권리소진의 효력이 미친다고 볼 것인지(국내소진), 아니면
저작권자의 허락을 얻어 어느 나라에서건 한번 거래에 제공되었으면 전 세계
적으로 권리소진의 효력이 미친다고 볼 것인지(국제소진)의 문제이다. 이와 관
련해서는 우선 저작권의 속지주의원칙과 결부시켜 생각해 보아야 한다. 속지
주의원칙이란 어느 한 국가에서 인정된 저작권을 비롯한 지적재산권의 효력은
그 국가의 통치권이 미치는 영토 내에서 한정되고, 그 성립·내용·효력·소멸
은 조약이 정한 범위 외에는 모두 그 권리를 인정하는 국가의 법률에 의하는
것을 말한다. 그 결과 각 국가는 원칙적으로 자국이 인정하는 저작권 등에 대
하여 외국의 법률을 적용하지 않고, 또한 외국법에 의하여 인정된 저작권 등
을 자국의 영토 내에서 승인하지 않는다.[384] 요컨대, 속지주의원칙이란 각 국
가의 저작권법의 효력이 그 영토에 따라 공간적으로 제한된다는 것이다. 이렇
게 본다면, 최초판매원칙이나 권리소진원칙의 적용범위도 해당 저작물의 원본

---

383) 정상조·박준석, 「지식재산권법」 제5판, 홍문사, 2020, 449~450면; 이대희, "디지털정보거래에
　　서의 계약법과 저작권법의 관계", 「국제거래법연구」 제8집, 1999, 193면 각 참조.
384) 紋谷暢男, "知的財産權の國際的保護", 「國際私法の爭點」 新版, 有斐閣, 1996, 25면.

이나 그 복제물이 판매 등의 방법으로 거래에 제공된 국가의 영토 내에서만 미치는 것이라고 보는 것(국내소진)이 원칙적으로 타당할 것이다.[385][386]

다만, 국내소진의 입장을 취하면, 저작권자의 허락을 받은 국내 독점수입업자 등이 아닌 제3자가 외국에서 저작권자의 허락을 받아 적법하게 제조되어 판매 등의 방법으로 거래에 제공된 특정 저작물의 복제물(예컨대, 정품 CD)을 직접 수입하여 국내시장에 판매하는 것을 뜻하는 이른바 '진정상품의 병행수입'(parallel importation of genuine goods)이 불가능하게 되지 않을까 하는 의문이 제기될 수 있다. 생각건대, 저작권법상 병행수입의 문제는 국제소진 이론을 채택하여 일률적으로 해결하기보다는 해당 외국에서 저작물의 원본이나 그 복제물이 저작권자의 허락을 얻어 판매 등의 방법으로 거래에 제공될 때에 저작권자가 이를 명시적으로 금지한 것이 아닌 경우거나 혹은 묵시적으로 허락한 경우인지 여부 등을 살펴 병행수입의 허용 여부를 판단하는 것이 타당할 것이다.[387]

(3) 적용대상 — 전송권에의 유추 적용 문제

한편, 전술한 최초판매원칙 또는 권리소진원칙이 적용되는 세 가지 요건 중 첫 번째 요건인 ① '저작물의 원본이나 그 복제물'의 판매인지 여부와 관련하여 문제되는 사안이 있다. 예컨대, 컴퓨터프로그램이 온라인상 디지털 다운

---

385) 같은 취지, 안효질, 앞의 논문, 69~70면.

386) 학설 중에는 저작권법 제124조 제1항 제1호가 "수입 시에 대한민국 내에서 만들어졌더라면 저작권 그 밖에 이 법에 따라 보호되는 권리의 침해로 될 물건을 대한민국 내에서 배포할 목적으로 수입하는 행위"를 저작권 등의 침해로 본다고 규정하고 있음을 근거로 다음과 같이 주장하는 견해가 있다. 즉 "위 규정은 침해 물품의 수입을 금지하는 것이지 다른 국가에서 적법하게 제작된 물품의 수입(병행수입)을 금지하는 것은 아니다. 위 규정은 우리 법이 국제소진 이론을 채택하고 있다는 점을 간접적으로 확인해주고 있다"(최경수, 앞의 책, 253~254면)는 것이다. 그러나 위 규정은 속지주의원칙을 전제로 하여 우리 저작권법이 미치지 않는 외국에서 불법 복제된 이른바 '해적판'이 대한민국 내로 수입되는 것을 규제하기 위한 입법에 불과할 뿐이다. 속지주의원칙(즉 국내소진)을 전제로 마련된 규정에 대해 그와 반대되는 결론(즉 국제소진)을 채택하고 있음을 '간접적으로'라도 확인해준다는 식으로 해석할 수 있을지 의문이다.

387) 예컨대, 저작권자가 외국에서 저작물의 복제·배포 등 이용허락계약을 체결하면서 그 이용권자와의 사이에 해당 복제물의 배포지역에서 우리나라를 제외한다는 취지로 명시적으로 합의하고 이를 복제물에 명확히 표시한 경우가 아니라면 제3자가 그 복제물을 외국에서 구입하여 우리나라에 병행수입하는 것을 금지할 수 없다고 보아야 할 것이다. 또한 저작권자가 외국에서 위와 같은 취지를 복제물에 표시하지 않고 판매 등의 방법으로 거래에 제공한 경우 저작권자는 이를 구입한 제3자에게 그 복제물을 우리나라에서 배포할 수 있는 권리를 묵시적으로 허락한 것이라고 보아야 할 것이다. 이에 관해서는 특허제품의 병행수입에 대한, 日本 最高裁判所 1997(平成9)年 7月 1日 判決(BBS 병행수입 사건) 참조. 이 판결의 평석으로는, 中山信弘 외 2인 편, 비교특허판례연구회 역, 「특허판례백선」 제3판, 박영사, 2005, 657면 이하.

로드 방식으로 유통(전송)될 때에 배포의 경우와 마찬가지로 전송에 대해서도 최초 판매 이후 전송권이 소진된다고 해석할 수 있는가의 문제이다. 우리 저작권법상 배포와 전송은 엄격하게 구별되는 개념이고 온라인상 유통은 배포가 아니라 전송에 해당하는 것이 명백하므로 이는 결국 최초판매원칙을 규정한 저작권법 제20조 단서가 전송권에도 유추 적용될 수 있을 것인가의 문제이다. 결론부터 말하면, 디지털 다운로드 방식의 무형적 전달행위(전송)는 그 적용대상이 아니며, 그 유추 적용에 대해서도 현 단계에서는 부정적으로 해석할 수밖에 없다.388) 이와 관련하여 WIPO저작권조약(WCT)은 체약국이 배포권의 소진을 국내법으로 정할 수 있다고 규정하고(제6조 제2항), 배포권의 대상은 유체물에 한정된다는 제6조의 해석에 관한 합의성명(agreed statement)을 제시하였다. 또 우리법의 전송권에 상응하는 공중전달권(제8조)의 소진에 대해서는 아무런 언급도 하고 있지 않다. 따라서 WCT의 규정상으로도 부정적으로 해석할 수밖에 없을 것이다.389)

---

388) 서달주, 「저작권법」 제2판, 박문각, 2009, 339~340면; 이해완, 「저작권법」 제4판, 박영사, 2019, 597면; 허희성, 앞의 책, 187면. 반대로 디지털 저작물의 전송에 대해서도 최초판매원칙을 적용할 수 있도록 하는 방안을 모색해야 한다는 견해는, 강신하, 「저작권법」 제2판, 진원사, 2014, 306면; 입법론으로서 디지털 저작물의 일대일 송신 원칙, 송신 즉시 저작물 삭제 원칙, 예외적인 경우 당사자 간의 계약으로 재판매 제한을 허용하는 원칙 등을 설정하여 디지털 권리소진을 새로이 인정할 필요가 있다는 견해는, 신창환, "디지털 저작권 소진이론에 관한 연구", 서울대 대학원 법학박사 학위논문, 2018. 8., 216면 이하 참조.

389) 이 문제와 관련하여 유럽사법재판소 2012년 7월 3일 판결은 오라클(Oracle)과 중고 소프트웨어 판매업체인 유즈드소프트(UsedSoft) 간의 저작권 분쟁에서 디지털 다운로드 방식을 통한 컴퓨터프로그램의 재판매에 대해서도 권리소진원칙이 적용될 수 있다고 판시하였다. 그러나 이 판결은 유럽연합 정보사회 지침(2001/29)의 특별법적 지위에 있는 소프트웨어 지침(2009/24) 제5조 제1항, 제4조 제2항 등의 적용에 관한 것으로서 제4조 제2항에서 소진의 대상으로 규정하는 컴퓨터프로그램의 카피(copy)에는 무체 카피(intangible copy)도 포함된다는 것이 판결의 내용이다. 따라서 소프트웨어 지침의 적용대상(컴퓨터프로그램)이 아닌 일반 저작물(ex 전자책이나 음원파일)에 대해서도 위와 같은 법리가 적용될 수 있다는 취지는 아니다(이에 대한 상세는, 김병일, "소프트웨어 중고거래에 관한 저작권법적 해석과 문제점", 「계간 저작권」, 2013 겨울호, 40면 이하). 이러한 취지에 입각하여 유럽사법재판소 2019년 12월 19일 판결은 중고 전자책을 다운로드 방식으로 재판매하는 것에 대해 권리소진원칙이 적용되는지가 문제된 톰 카비넷(Tom Kabinet) 사건에서 유즈드소프트 판결은 컴퓨터프로그램에만 적용되는 것이고 전자책의 재판매에는 권리소진원칙이 적용되지 않는다고 판시하였다. 한편, 미국 연방지법은 2013년 3월 30일 판결에서 이용자가 아이튠스(iTunes)에서 적법하게 구입한 음원파일을 재판매한 경우 최초판매원칙이 적용되는지 여부가 문제된 리디지(ReDigi) 사건에서 배포권의 소진을 부정하였다{Capitol Records, LLC v. ReDigi, Inc., 934 F. Supp. 2d 640 (S.D.N.Y. 2013)}. 미국 저작권법은 배포의 개념을 넓게 해석하여 전송을 배포의 한 양태

4. 비교법적 검토—미국의 경우

가. 미국 저작권법 제106조(3) 및 제109조(a)

우리나라를 비롯하여 세계 각국은 유형물의 유통만을 배포권의 대상으로 하고 있으나, 미국만이 유일하게 '송신에 의한 배포'(distribution by transmission)를 인정한다. 이에 따라 미국은 전송행위 중 다운로드 방식으로 전달하는 것에 해당하는 것은 배포권으로 해석하여 포섭하고 있다. 미국 저작권법 제106조(3)은 저작권으로 보호되는 저작물의 복제물이나 음반을 판매 또는 그 밖의 소유권의 이전, 또는 대여, 리스 또는 대출에 의하여 공중에게 배포하는 행위를 저작권자의 배타적 권리의 하나로 인정하고,[390] 제109조(a)는 제106조(3)의 규정에도 불구하고 적법하게 만들어진 복제물이나 음반의 소유자 또는 그로부터 권한을 부여받은 자는 저작권자의 허락 없이 그 복제물이나 음반을 판매하거나 그 밖에 처분을 할 수 있다고 규정한다.[391] 이하에서 소개하는 두 가지 사건은 미국 저작권법상 배포권의 소진 여부와 관련하여 제기된 이른바 '진정상품의 병행수입'에 관한 것이다.

나. 미국 판례

(1) Quality King Distributors, Inc. v. L'anza Research International, Inc. 사건

배포권의 소진에 관한 유명한 사건 중 하나이다. 사건개요는 다음과 같다. L'anza는 샴푸와 컨디셔너 등 모발 관련 상품을 제조·판매하는 회사로 위 상품에 부착된 표지(labels)에 저작권을 보유하고 있다. L'anza는 미국 내에서 광고나 판매촉진활동을 적극적으로 행하였기 때문에 그 가격을 높게 책정하여 판매하고 있었다. 한편, 해외 시장용 상품은 미국 국내용보다 35%에서 40% 낮은 가격을 책정하고 광고활동도 적극적으로 펼치지 않았다. 그런데 L'anza가 미국 내에서 제조하여 해외에 판매한 상품이 L'anza의 허락 없이 Quality King에 의해 미국 내에 역수입되어 판매되었다. 이에 L'anza는 Quality King을 상대로 저작권법 제106조, 제602조[392] 등에 기하여 복제권 및 배포권 침해의 소

로 파악하면서도 디지털 저작물의 전송에 대해서는 최초판매원칙의 적용을 부정하였다는 점에서 주목받은 사건이다.

390) 우리 저작권법 제20조 본문에 상응한다.

391) 우리 저작권법 제20조 단서에 상응한다.

392) 미국 저작권법 제602조(a)는 저작권자로부터 허락을 얻지 않고 미국 이외의 지역에서 취득한 저작물의 복제물 또는 음반을 미국 내에 수입하는 것은 제106조의 규정에서 정하는 복제물 또는 음반을 배포할 배타적 권리의 침해라는 취지로 규정되어 있다. 이것은 수입권을 규정한 것으로서 우리 저작권법에는 없는 조항이다. 수입권은 병행수입을 제한하기 위해 배포권과는

를 제기하였고, Quality King은 제109조(a)의 최초판매원칙에 해당한다고 다투
었다. 연방지법은 Quality King의 최초판매원칙에 기초한 항변을 배척하였고
연방제9항소법원도 지방법원의 판결을 認容하였다. 이에 Quality King은 상고
하였고, 미 연방대법원은 최초판매원칙의 적용을 인정하여 다음과 같이 판시
하였다. 최초판매원칙을 규정하는 제109조(a)는 저작권법에 따라 적법하게 만
들어진(lawfully made) 복제품의 소유자가 이를 저작권자의 허락 없이 판매할
수 있다고 규정하고 있다. 적법하게 만들어진 저작물이 최초로 판매된 후 국
내 또는 국외에서 전매자(reseller)로부터 그 저작물을 구입한 자는 명백히 그
물건의 소유자(owner)이다. 제109조(a)는 그러한 소유자가 저작권자의 허락 없
이 그 물건을 판매할 수 있다고 분명히 밝히고 있다. 제602조(a)는 수입금지권
을 규정한 것이 아니라 "불법수입이 제106조의 배타적 권리, 즉 배포권의 침
해라고 규정하고 있을 뿐"이고, 그 배타적 권리는 합법적인 소유자가 다시 판
매하는 것을 포함하지 않으므로 제602조(a)의 法文은 L'anza의 상품을 수입하
여 미국 내에서 다시 판매한 국내 또는 국외 소유자에게는 적용되지 않는
다.[393]

(2) Kirtsaeng v. John Wiley & Sons, Inc. 사건

사건개요는 다음과 같다. 태국 국적의 미 코넬대 학생인 Kirtsaeng은 자신
의 가족이 태국에서 구입한 John Wiley & Sons 출판사 발행의 대학교재 해외
판을 미국 내로 수입하여 웹사이트에서 저렴한 가격으로 재판매(배포)하는 사
업을 시작하였다. 그러자 위 출판사는 2008년 위 학생이 저작권법 제602조의
수입권 및 제106조(3)의 배포권을 각 침해하였다는 이유로 고의에 의한 저작권
침해의 소를 제기하였다. 위 학생은 위 교재들이 적법하게 만들어진(lawfully
made) 것이며 적법하게 취득하였으므로 제109조(a)가 규정하는 최초판매원칙
에 의해 대학교재의 재판매는 허용된다고 다투었다. 이에 대해 연방지법과 연
방제2항소법원은 미국 저작권법상 최초판매원칙은 외국에서 판매된 제품에는
적용되지 않는다면서 위 학생에게 저작권 침해책임이 인정된다고 판시하였다.
이에 따라 위 학생에게는 고의에 의한 저작권 침해를 이유로 60만 달러의 손

별도로 규정된 것이지만 최초판매원칙이 우선적으로 적용된다는 미국 연방대법원 본문(1)(2)
의 판례로 인해 그 적용대상이 크게 축소되었다. 이에 관해서는, 임원선, 「실무자를 위한 저작
권법」 제7판, 한국저작권위원회, 2022, 158면, 201~203면; 최경수, 「저작권법개론」, 한울,
2010, 254면 각 참조.
393) Quality King Distributors, Inc. v. L'anza Research International, Inc., 523 U.S. 135 (1998).

해배상책임이 인정되었다. 그러나 미 연방대법원은 2013년 3월 19일 외국에서 적법하게 만들어져 판매된 저작물의 복제물을 미국 내에 수입한 것에 대해서도 최초판매원칙이 적용된다고 판시하면서 위 학생의 최초판매 항변을 받아들이지 않은 연방제2항소법원의 판결을 파기하였다.394) 이 판결은 Quality King 판결과의 정합성을 중시한 것으로서 '국제소진'을 정면으로 인정한 최초의 판결이라고 평가할 수 있다.

Ⅶ. 대여권

1. 개 관

전술한 것처럼 배포는 양도와 대여를 포함하는 넓은 개념이다. 배포권은 저작물의 원본이나 그 복제물이 해당 저작재산권자의 허락을 받아 판매 등의 방법으로 거래에 제공된 후에는 소진되므로(제20조 단서), 이를 구입한 사람은 아무런 제한 없이 원본이나 그 복제물을 재판매하거나 대여 또는 그 밖에 처분할 수 있다. 그러나 이러한 최초판매원칙을 무한정 관철하면, 저작자는 배포의 한 형태인 영리 목적의 대여에 대해서까지 아무런 권리를 행사하지 못하는 결과가 되므로 저작자의 이익에 적지 않은 타격을 입힐 수 있다. 현행 저작권법은 그러한 이유 때문에 "상업적 목적으로 공표된 음반(이하 '상업용 음반'이라한다)이나 상업적 목적으로 공표된 프로그램을 영리를 목적으로 대여"하는 경우 최초판매원칙을 제한하여 저작자에게 대여권을 인정하고 있다(제21조). 종전의 '판매용 음반'과 '판매용 프로그램'이란 용어가 2016년 3월 22일 법률 제14083호로 저작권법이 일부 개정될 때 '상업용 음반'과 '상업적 목적으로 공표된 프로그램'395)이란 용어로 변경되었다. 대여권은 저작물의 복제물만을 보호 대상으로 하므로 저작물의 원본이나 그 복제물을 대상으로 하는 배포권과는 구별된다.

---

394) Kirtsaeng v. John Wiley & Sons, Inc., 133 S.Ct. 1351 (2013).
395) '상업적 목적으로 공표된 프로그램'에 대해서도 이하 '상업용 프로그램'으로 약칭한다.

2. 입법연혁 및 비교법적 고찰

가. 입법연혁 및 법 규정의 변천

1986년 저작권법은 대여권의 보호를 규정하지 않았다. 다만, 1993년 12월 15일 '관세 및 무역에 관한 일반협정'(GATT)의 우루과이 라운드(UR)협상이 타결된 이후 그 합의내용[396]을 이행하는 일환으로 우리나라는 1994년 저작권법에서 '대여권' 조항을 신설하였다.[397] 대여권 조항은 1994년 저작권법 제43조 제1항에 '최초판매원칙'을 규정하고 제2항에서 그 원칙의 예외로서 배포권자에게 "제1항의 규정에 불구하고 판매용 음반의 영리를 목적으로 하는 대여를 허락할 권리"를 부여하는 형태로 규정되었다. 즉 배포권자에게 배포권에 포함되는 권능 중의 하나로 대여를 허락하는 권리를 인정한 것이었다. 그러다가 2006년 저작권법에 이르러 제20조 '배포권'의 단서에 최초판매원칙을 규정하고 제21조에서 '대여권'이란 표제 아래 "제20조 단서의 규정에 불구하고 저작자는 판매용 음반을 영리를 목적으로 대여할 권리를 가진다"고 규정함으로써 비로소 배포권과는 별개의 독립된 권리로서 대여권이 명시되었다. 그 후 컴퓨터프로그램보호법을 저작권법에 흡수·통합하기 위하여 2009년 4월 22일 법률 제9625호로 저작권법이 일부 개정될 때에 제21조는 "제20조 단서에도 불구하고 저작자는 판매용 음반이나 판매용 프로그램을 영리를 목적으로 대여할 권리를 가진다"는 내용으로 개정되었다. 그리고 전술한 것처럼 2016년 3월 22일 법률 제14083호로 저작권법이 일부 개정될 때 '상업용 음반'과 '상업용 프로그램'으로 용어가 변경되었다.

나. 비교법적 고찰

음반에 대한 대여권이 저작권자 등에게 부여된 배경은 다음과 같다. 1979년 소니사의 워크맨이 발매될 당시 일본에서 음반은 평균 2,800엔 정도로 비싼 편이었는데, 1980년 6월경 일본 대학생 2~3명이 책대여점에서 힌트를 얻어 개설한 음반대여점이 큰 성공을 거두어 일본 전역으로 확산되었다. 음반대여점이 급증한 이유는 사람들이 음반을 그냥 듣기 위해 빌려간 것이 아니라 워크맨으로 듣기 위해 복제하려고 빌려갔기 때문이다. 이로 인해 음반의 매출

---

396) 이러한 UR의 합의내용은 1994년 4월 15일 WTO 설립협정과 그 부속협정(TRIPs 등)으로 서명·채택되었고 1995년 1월 1일부터 발효되었다.

397) 1994년 구 컴퓨터프로그램보호법 제16조의2 제2항에 판매용 프로그램에 대한 대여권을 신설하였다.

이 격감하자 권리자에게 통제권을 부여할 필요가 생겼고 일본은 1984년 저작권법을 일부 개정하여 저작자인 작사자·작곡자와 저작인접권자인 실연자·음반제작자에 대하여 음반의 대여권을 인정하게 되었다.[398]

WTO/TRIPs 제11조(대여권)는 "컴퓨터프로그램과 영상저작물에 … 대한 상업적 대여를 허가 또는 금지할 수 있는 권리를 부여한다"고, 제14조(실연자, 음반제작자 및 방송기관의 보호) 제4항은 "컴퓨터 프로그램에 관한 제11조 규정은 음반제작자 및 … 음반 관련 그 밖의 권리자에게 준용된다"고 각 규정한다. 우리나라 1994년 저작권법과 구 컴퓨터프로그램보호법은 상업용 음반과 상업용 프로그램에 대해서만 대여권을 인정하였고 영상저작물에 대해서는 WTO/TRIPs의 예외에 해당한다는 전제 하에서 대여권을 인정하지 않았다. WTO/TRIPs 제11조는 영상저작물의 경우에는 권리자의 배타적인 복제권을 실질적으로 침해하는 저작물의 광범위 복제를 초래하지 않는다는 조건 하에서 예외를 인정하고 있기 때문이다.

참고로 일본은 1984년 저작권법을 개정하여 모든 저작물에 대해 대여권을 인정한 다음 그 부칙에서 서적 또는 잡지에 대해서는 그 적용을 유보해 오다가 2004년 개정법을 통해 위 부칙을 폐지함으로써 영상저작물을 제외한 모든 저작물에 대여권이 미치게 되었다.[399]

3. 내   용

저작자는 상업용 음반이나 상업용 프로그램을 영리를 목적으로 대여할 권리를 가진다(제21조). 상업용 음반이란 판매를 목적으로 한 것으로 일반 공중의 수요를 충족시킬 수 있도록 발행된 것이어야 한다. 상업용 프로그램의 경우도 마찬가지이다. 대여권은 영리 목적의 대여에 대해서만 주장할 수 있다. 영리 목적이란 경제적 이익을 취득할 목적이라 할 수 있는데, 해당 대여 행위가 직접적인 이익 취득 목적이든 아니면 다른 영업 목적에 부수적이든 이를 묻지 않는다.[400] 한편, 1994년 저작권법 개정으로 판매용 음반(현 상업용 음반)에 대해 저작자에게 대여권을 인정하는 규정을 신설할 때에 그 부칙(1994. 1. 1.) 제2항(대여권에 관한 경과조치)에서 "이 법 시행 전에 발행된 저작물이 수록된

---

398) 김문환, "일본 저작권법상의 대여권에 관한 고찰", 「기업법의 현대적 과제」행솔 이태로 교수 화갑기념, 조세통람사, 1992, 558~561면.
399) 일본 저작권법 제26조에 따르면 영화저작물은 대여권이 아니라 반포권의 대상이 된다고 한다.
400) 최경수, 「저작권법개론」, 한울, 2010, 256면.

판매용 음반의 대여에 관하여는 종전의 규정에 의한다"는 경과규정을 마련하
였다. 따라서 1994년 저작권법 시행 전에 발행된 저작물이 수록된 상업용 음
반의 대여에 관하여는 대여권이 인정되지 않는다고 보아야 한다.[401]

4. 대여와 공공대출의 구별[402]

대여(rental)와 구별할 개념으로 공공대출(public lending)이 있다.[403] 대여
(rental)란 '영리목적으로 일정기간 이용을 위한 제공'을 하는 것을 의미하고 공
공대출(public lending)이란 '공중이 접근할 수 있는 기관을 통해서 행해지는, 직
접적인 영리 이외의 목적으로 일정기간 이용을 위한 제공'을 하는 것을 의미
한다. 예컨대, 도서관에서 책을 빌려주는 것은 public lending이고, 음반대여점
에서 음반을 빌려주는 것이 rental이다. 통상 public lending은 lending과 혼용하
며 구별하지 않는다. 그 이유는 lending도 비영리성의 의미를 가지기 때문이다.

5. 대여권 조항의 입법 방향

저작권법은 상업용 음반과 상업용 프로그램에 대해서만 대여권을 인정하
고 있지만 실제로 우리나라에 상업용 음반이나 상업용 프로그램과 관련된 영
리 목적의 대여시장이 거의 형성되어 있지 않다.[404] 그러한 점에서 대여권 조
항은 사실상 '사문화'되어 있다고 평가해도 지나친 말은 아니다. 우리의 저작
권 규범이 저작권 현실과 동떨어지게 주된 원인 중의 하나는 대여권 제도가
국내의 저작권 현실[405]을 반영하여 입법화된 것이 아니라 TRIPs 협정의 의무
를 이행하는 것과 같이 주로 외부적인 문제 상황을 해결하기 위한 방편으로
이루어졌기 때문일 것이다.[406] 저작권 규범과 저작권 현실 간에 빚어지는 '격
차'를 해소하기 위해서는 문화산업의 현실을 실증적으로 조사·연구하여 이에
부응하는 형태로 입법 방향을 조정할 필요가 있을 것이다.

---

401) 대법원 2016. 4. 28. 선고 2013다56167 판결.
402) 최경수, "Rental과 Lending—저작권용어해설(11)", 「계간 저작권」, 1991 여름호, 74면; 송영식·
이상정, 「저작권법개설」 제9판, 세창출판사, 2015, 252면.
403) 최경수, 위의 용어해설, 74면은 Rental과 Lending의 우리말 번역 용어에 대해 "굳이 번역을 한
다면 전자는 대여(좁은 의미의 영리목적의 대여로서), 후자는 공공대여(공익목적의 비영리 대
여라는 의미에서)라고" 할 수 있다고 한다.
404) 최경수, 앞의 책, 255면; 조용순, 「문화콘텐츠와 저작권」, 전략과문화, 2008, 167면 각 참조.
405) 국내 저작권 현실은 음반이나 프로그램이 아니라 만화·잡지·소설책이나 영상저작물에 관한
대여시장이 활성화되어 있(었)다. 최경수, 앞의 책, 257면 참조.
406) 조용순, 앞의 책, 167면, 172~173면 각 참조.

Ⅷ. 2차적 저작물 작성권

1. 개   관

저작자는 그의 저작물을 원저작물로 하는 2차적 저작물을 작성하여 이용할 권리를 가진다(제22조). 2차적 저작물이란 "원저작물을 번역·편곡·변형·각색·영상제작 그 밖의 방법으로 작성한 저작물"을 말하며 독자적인 저작물로서 보호된다(제5조 제1항). 1986년 저작권법은 "저작자는 그 저작물을 원저작물로 하는 2차적 저작물 또는 그 저작물을 구성부분으로 하는 편집저작물을 작성하여 이용할 권리를 가진다"(제21조)고 규정하였다. 그런데 2006년 저작권법은 종전 조항에서 편집저작물 부분을 제외하여 "저작자는 그의 저작물을 원저작물로 하는 2차적 저작물을 작성하여 이용할 권리를 가진다"(제22조)고 개정하였다. 개정이유에 대해 입법관여자는 "편집저작물은 원저작물을 구성부분으로 하는 신저작물로서 원저작자의 복제권이 미치는 대상이고 복제권으로 충분히 통제가 가능하므로 … 편집저작물 작성권을 삭제하였다"고 설명한다.[407)

2. 내   용

2차적 저작물이란 "원저작물을 번역·편곡·변형·각색·영상제작 그 밖의 방법으로 작성한 창작물"을 말하는데, 이러한 2차적 저작물은 "독자적인 저작물로서 보호된다"(제5조 제1항). 이와 같이 2차적 저작물이란 기존의 저작물을 토대로 이것에 새로운 창작성을 가미하여 새로운 저작물이 작성된 경우 그 저작물을 말하는 것이다. 2차적 저작물은 기존의 저작물을 전제로 그로부터 파생된 것이므로 파생저작물(derivative work), 원저작물을 개작하여 작성된 것이므로 개작저작물(das bearbeitete Werk)이라고 하며, 원저작물에 종속된 창작이므로 종속창작물(abhängige Nachschöpfung)이라고도 한다.[408) 2차적 저작물의 작성방법은 대체로 ① 번역, ② 편곡, ③ 변형, ④ 각색 및 영상제작 그 밖의 개작 등의 네 가지 행위로 분류할 수 있다. 이 가운데 번역은 어문저작물에, 편곡은 음악저작물에, 변형은 미술저작물에 각각 관련된 행위유형이다. 그 외의 나머지 2차적 저작물 작성행위가 "각색·영상제작 그 밖의 방법으로 改作하는 것"에 해당한다.[409)

---

407) 심동섭, "개정 저작권법 해설",「계간 저작권」, 2006 겨울호, 51면.

408) 황적인·최현호,「저작물과 출판권」, 한국문예학술저작권협회, 1990, 41면.

409) 저작권법 제5조 제1항에는 "개작하는 것"이란 문구가 존재하지 않으나 권리제한에 관해 규정한 제36조 제1항의 "저작물을 번역·편곡 또는 개작하여 이용할 수 있다"는 표현에 견주어 2

저작권법 제22조는 "저작자는 그의 저작물을 원저작물로 하는 2차적 저작물을 작성하여 이용할 권리를 가진다"는 규정을 두고 있는데, 이 조문은 두 부분으로 나뉘어 있다. 즉 저작자가 자신의 저작물을 원저작물로 하는 2차적 저작물을 '작성'할 권리를 가진다는 부분(제22조 전단)과 원저작물의 저작자가 이미 만들어진, 즉 작성된 2차적 저작물에 대해서 '이용'할 권리를 가진다는 부분(제22조 후단)이다. 그 중 제22조 후단이 규정하고 있는 것이 바로 2차적 저작물의 이용에 관한 원저작물의 저작자의 권리이다. 따라서 누군가가 이미 완성된 2차적 저작물을 이용하려는 경우 2차적 저작물의 저작자로부터 허락을 얻는 것은 물론이고(제5조 제1항) 2차적 저작물의 토대가 된 원저작물의 저작자로부터도 허락을 얻어야 하는 것이다(제22조 후단). 이러한 관점에서 2차적 저작물의 이용과 관련해서는 2차적 저작물의 저작자의 권리와 원저작물의 저작자의 권리가 중첩 내지 병존한다고 말할 수 있다. 그래서 2차적 저작물이 "독자적인 저작물로서 보호"(제5조 제1항)되더라도 "그 원저작물의 저작자의 권리에 영향을 미치지 아니한다"(제5조 제2항)는 규정을 두고 있는 것이다. 따라서 원저작물의 저작권자 또는 2차적 저작물의 저작권자 중 어느 한 쪽이 2차적 저작물을 이용하는 경우에는 각각 상대방의 허락을 얻을 필요가 있다.[410)]

IX. 저작자의 실명 등록 · 창작연월일 등록 · 최초공표연월일 등록

1. 의 의

저작권법은 "저작권은 저작물을 창작한 때부터 발생하며 어떠한 절차나 형식의 이행을 필요로 하지 아니한다"고 규정함으로써(제10조 제2항) '무방식주의'를 채택하고 있으나, 그와는 별도로 저작자의 실명 등록을 비롯하여 창작연월일 등록, 최초공표연월일 등 일정한 사항을 등록할 수 있도록 하는 등록 제도를 마련하고 있다(제53조). 등록 제도는 저작권의 권리변동과 관련하여 "등록하지 아니하면 제3자에게 대항할 수 없다"는 對抗要件으로서의 효과를 부여하므로(제54조) 그 법적 의미가 큰 제도이다.[411)] 저작자의 실명 등록 · 창작연월

차적 저작물을 작성하는 행위유형 일반을 지칭하는 용어로 개작(Bearbeitung)이란 말을 사용한 것이다.

410) 이에 관해서는, 제3장 제4절 II. 5. '2차적 저작물의 이용에 관한 원저작물의 저작권자의 권리' 참조.

411) 이에 관해서는, 제6장 제10절 '등록 및 인증' 참조.

일 등록·최초공표연월일 등록에 대해서도 일정한 추정 효과를 부여하고 있다.

2. 요   건

저작권법은 "저작자로 실명이 등록된 자는 그 등록저작물의 저작자로, 창작연월일 또는 맨 처음의 공표연월일이 등록된 저작물은 등록된 연월일에 창작 또는 맨 처음 공표된 것으로 추정한다. 다만, 저작물을 창작한 때부터 1년이 경과한 후에 창작연월일을 등록한 경우에는 등록된 연월일에 창작된 것으로 추정하지 아니한다"고 규정한다(제53조 제3항). 이에 따라 추정이라는 법적 효과를 받기 위해서는 저작자로 실명을 등록하거나 창작연월일 또는 맨 처음 공표연월일을 등록하여야 한다. 특히 창작연월일 등록의 경우에는 창작한 때부터 1년 이내에 등록하지 않으면 안 된다. 이러한 등록의 신청권자는 저작물을 창작한 저작자이다.

3. 효   과

전술한 바와 같은 일정한 사항을 등록한다는 요건을 전제사실로서 충족한 자는 저작자로, 등록연월일에 창작, 또는 최초공표한 것으로 각 추정된다. 전제 사실이 증명되면 법률의 적용에 의하여 저작자라는 사실, 등록연월일에 창작, 또는 최초공표한 것이라는 사실이 각 추인되는 것이므로 법률상의 추정 중에서도 '법률상의 사실추정'에 해당한다.[412] 추정을 깨뜨리기 위해서는 상대방은 추정사실에 반대되는 사실의 존재를 증명하지 않으면 안 된다.

---

412) 오석락, 「입증책임론」 제3판, 일신사, 1981, 104면 참조.

5

저작인접권 등

Copyright Law

제5장　저작인접권 등

제1절 서　론

I. 저작인접권 제도의 의의

저작권법은 저작물의 창작자를 보호함과 동시에, 저작물을 公衆에게 傳達하기 위하여 중요한 역할을 하는 실연자(가수, 배우, 연주자 등), 음반제작자, 방송사업자를 저작권법에 따라 일정하게 보호한다. 이것을 저작인접권(Neighbouring rights 또는 Related rights), 쉽게 풀어서 '저작권에 이웃하는 권리'(certain rights called neighbouring on copyrights)라고 부른다(제3장 제64조 내지 제90조). 저작권법의 관점에서 보면, 작곡자나 작사자는 악곡이나 가사를 창작한 사람이므로 저작자로서 저작권이 인정된다. 문제는 '창작활동'을 실제로 하였다고 생각하기 어려운 영역에서 발생한다. 가령, 악곡을 보고 연주하는 연주자나 악곡과 가사에 따라 노래를 부르는 가수와 같은 실연자의 경우가 그러한 예에 해당한다. 실연자는 음악작품을 '창작'하는 사람이 아니라 이미 창작된 음악작품을 보고 노래를 부르거나 연주를 함으로써 대중에게 음악작품을 전달하는 사람이다. 음악작품의 창작자가 아니므로 저작권법에 따른 저작권을 인정받을 수 없다. 음반제작자는 자신의 전체적인 기획과 책임 아래 음악작품을 實演한 音이 담긴 음반을 제작함으로써, 방송사업자는 그러한 음반을 재생하거나 실연자로 하여금 직접 실연하게 한 音을 전파를 통해 방송함으로써, 각기 음악을 대중에게 전달하는 역할을 한다. 이들도 창작자는 아니므로 저작권법에 따른 저작권이 인정될 수 없는 것은 실연자와 마찬가지이다. 그런데 대중이 음악을 향유할 수 있도록 환경을 조성하여 문화발전에 기여한다는 관점에서 본다면 이러한 전달행위도 음악작품의 창작활동에 못지않은 중요한 행위이다. 그래서 저작물과 같은 정보의 전달행위를 법적으로 보호하기 위하여 창안된 것이 '저작인접권' 제도이다. 저작인접권의 발생은, 실연과 방송의 경우에는 그 실연을 하거나 그 방송을 한 때부터 권리가 발생하고 음반의 경우에는 그 음을 맨 처음 음반에 고정한 때부터 권리가 발생하며, 저작권과 마찬가지로 권리의 발생에 어떠한 절차나 형식의 이행을 필요로 하지 않는다(제86조 제1항).

한편, 저작권법은 데이터베이스제작자의 권리에 대해서도 '저작인접권에 유사한 권리'로서 법적으로 보호한다(제4장 제91조 내지 제98조). 저작인접권과 데이터베이스제작자의 권리의 상호관계를 논하면, 전자가 文化的 산물이라면 후자는 文化産業的 산물이다. 전자가 저작인접권 그 자체를 규정한 것이라면, 후자는 '저작인접권에 유사한 권리'를 채용하여 규정한 것이라고 설명할 수 있다. 본장의 제목을 '저작인접권 등'이라고 한 것도 기존의 저작인접권에 데이터베이스제작자의 권리를 포괄하여 설명하려는 관점을 반영한 것이다.

우리 저작권법과 달리 미국 저작권법에는 저작인접권 제도가 존재하지 않는다. 미국 저작권법 제102조에 의하면 실연, 음반제작, 방송은 창작성과 고정(fixation)의 요건을 갖춘 경우 저작물로 보호된다. 즉 청각적 실연, 음반제작 및 라디오 방송은 '녹음물'(sound recordings)로, 시청각 실연 및 TV방송은 '영화 그 밖의 시청각 저작물'로 보호된다. 음악의 실연이 수록된 녹음물은 실연자와 음반제작자의 공동저작물이라고 볼 수 있지만, 실무상으로는 '고용저작물'(work made for hire)의 합의에 따라 음반제작자가 녹음물의 저작자로 되는 경우가 대부분이다. 영국 저작권법도 방송, 음반 등을 저작권으로 보호하고 그 권리자 역시 저작자가 된다고 규정한다(영국 저작권법 제9조 제2항). 그러나 실연에 대해서는 권리의 성격을 명확히 규정하지 않아 실연도 방송, 음반과 마찬가지로 저작권으로 보호된다는 견해가 있는 반면 저작인접권으로 보호된다고 이해하는 견해도 있다.[1] 요컨대, 저작인접권 제도는 우리나라, 일본, 독일, 프랑스, 이탈리아, 오스트리아와 같은 대륙법계 국가에서 성립·발전해온 제도이다.

---

1) 이에 관해서는, C. Waelde, et al., *Contemporary Intellectual Property: Law and Policy*, 3rd ed., Oxford University Press, 2013, p.229 참조.

≪대륙법계 국가에서 '저작인접권' 제도의 성립과 발전, 그리고 국제적 보호의 동향≫

독일 저작권법의 학설사에 따르면, 저작인접권이란 개념이 맨 처음 등장한 시기는 1920년대 후반으로 거슬러 올라간다. 이 무렵부터 저작인접권이란 개념의 맹아라고 인정되는 '급부보호'(Leistungsschutz)를 둘러싼 논의가 시작되었다. 법학용어로는 '급부'(Leistung)라고 번역하는 것이 일반적이지만 '활동'이나 '성과'라는 말로 바꿔서 사용할 수도 있다. 예컨대 가수가 음악작품의 악보를 보고 그에 따라 노래를 부르는 '활동'을 하는 경우, 다시 말해 음악작품을 그대로 '재현'하는 '활동'을 하였을 때, 그 '재현'활동은 '창작'활동이 아니기 때문에 저작권으로 보호될 수 없다. 그래서 가수의 음악을 재현하는 활동, 즉 그러한 가수의 '급부'를 어떻게 보호할 것인가가 문제되었다. 그 결과 1930년대에 이 문제를 둘러싼 논의는 '급부보호권'(Leistungsschutzrechte)이란 권리 개념의 생성으로 발전하였고, 마침내 1965년 독일 저작권법이 새로 제정될 때에 저작권에 '유사한 보호권'(verwandte Schutzrechte)이라는 용어, 즉 우리나라나 일본이 현재 '저작인접권'(verwandte Schutzrechte)으로 번역하는 법률용어로 입법화되었다. 이러한 역사적 이유로 인해 이 '급부보호권'이란 개념은 오늘날 '저작인접권'과 동일한 의미를 갖는 것으로 통용되고 있다. 이와 같이 급부보호의 논의가 처음 시작된 독일은 저작인접권 보호의 입법까지 약 40년의 세월이 걸렸지만, 다른 유럽의 몇몇 국가에서는 독일보다 앞서 이미 저작권법으로 '저작인접권'을 보호하고 있었다.[2] 1936년 오스트리아 저작권법은 '저작인접권'(verwandte Schutzrechte)의 보호를 최초로 입법하였고, 1941년 이탈리아 저작권법은 제80조 이하에서 인접권(diritti connessi)이라는 개념을 도입하여 사용하였으며, 1948년 베른협약 개정을 위한 브뤼셀 외교회의에서도 동 개념을 채택한 것으로 알려지고 있다.[3] 그 후 WIPO(세계지적재산권기구)의 전신인 BIRPI(지적재산권보호합동국제사무국)가 ILO(국제노동기구) 및 유네스코와 협력한 결과 1961년 '실연자·음반제작자 및 방송사업자의 보호를 위한 국제협약'(일명 '로마협약')이 성립되어 저작인접권의 보호는 국제조약으로 보호되기에 이르렀다. 일본은 1970년 저작권법에서, 우리나라는 1986년 저작권법에서 각 저작인접권 제도를 규정하였다.[4] 프랑스는 저작권법(1985년 7월 3일 개정

---

2) 이 부분은 주로 本山雅弘, "著作隣接權の理論に關する基礎的考察―戰前期ドイツ學說史の考察を中心として―(一)(二)", 「民商法雜誌」(第130卷 第2号·第3号), 有斐閣, 2004. 5·6, 276면 이하(一), 435면 이하(二)를 각 요약·정리한 것이다. 그 밖에 박익환, "독일저작권법개요(1)", 「계간 저작권」, 1994 여름호, 23면 이하; 山田晟, 「ドイツ法概論」, 有斐閣, 1972, 307면 이하를 각 참조하였다.

3) 박영길, "저작인접권제도에 관한 서설적 검토", 「지적재산권의 현재와 미래」소담 김명신 선생 화갑기념논문집, 2004, 169면; 박덕영·이일호, 「국제저작권과 통상문제」, 세창출판사, 2009, 155면.

4) 그런데 그 이전 저작권법(우리나라 1957년, 일본 1920년)에서는 저작권의 보호대상인 저작물에 실연과 음반 등을 포함하여 보호하는 매우 특이한 입법을 취하였다.

법)에서 저작인접권에 관한 규정을 마련하였는데, 그 이전에는 사안에 따라 판례에 의해 민법상 불법행위법으로 보호하였다.[5]

한편, 저작인접권의 보호를 위해 1961년 출범한 로마협약은 현재(2023년 7월 1일 기준) 우리나라를 비롯한 97개국이 가입하고 있지만 미국은 미가입국으로 남아 있다. ILO 및 유네스코와 공동으로 로마협약을 관리하고 있는 WIPO는 1989년을 마지막으로 로마협약 내용을 개정하고 있지 않다. 그 대신 WIPO의 제창에 따라 1996년 WIPO실연·음반조약이, 2012년 'WIPO 시청각 실연에 관한 베이징 조약'이 각 성립됨으로써 인터넷 환경에 적합하도록 사실상 부분적으로 로마협약을 현대화 하는 작업이 이루어지고 있다. 다만 방송사업자의 권리와 관련해서는 이른바 'WIPO 방송사업자의 보호를 위한 조약'이 아직 성립되고 있지 않으며 현재도 그 성립을 위한 논의가 계속되고 있다.[6]

Ⅱ. 저작인접권자의 권리 추정

2011년 저작권법(6월 30일 개정법)은 실연·음반·방송과 관련하여 실연자, 음반제작자 그리고 방송사업자로서의 실명 또는 널리 알려진 異名이 일반적인 방법으로 표시된 자는 실연자, 음반제작자 또는 방송사업자로서 그 실연·음반·방송에 대하여 각각 실연자의 권리, 음반제작자의 권리 또는 방송사업자의 권리를 가지는 것으로 추정한다(제64조의2)는 규정을 신설하였다. 저작자는 저작물의 원본이나 그 복제물에 또는 저작물의 공연 또는 공중송신하는 경우에 저작자로서의 실명 또는 이명으로서 널리 알려진 것이 일반적인 방법으로 표시된 경우 "저작자로서 그 저작물에 대한 저작권을 가지는 것으로 추정한다"는 규정을 두고 있다(제8조 참조). 그런데 저작인접권자에 대해서는 이러한 추정 규정이 없었기 때문에 저작인접권 관련 분쟁에서 저작인접권자임을 증명하는 것이 곤란한 경우가 종종 발생하였다. 이러한 입증상의 곤란함을 해소하고 저작인접물의 이용 활성화 및 저작인접권자의 권리 구제와 보호를 강화하기 위

---

5) Claude Colombet, *Propriété littéraire et artistique et droits voisins*, Dalloz, 1988, 宮澤溥明 訳, 「著作権と隣接権」, 第一書房, 1990, 271면 이하 참조.

6) WIPO가 로마협약을 개정하지 않고 실연자, 음반제작자, 시청각 실연자, 방송사업자별로 새로운 조약 체제를 정립하는 방안을 채택하는 이유에 대해서는, 음반산업이나 방송산업이 경제적으로 중요한 위치를 차지하는 미국은 저작인접권 제도를 가지고 있지 않기 때문에 미국의 참여를 유도하기 위해서는 로마협약이 아닌 새로운 조약 체제의 정립이 요구되었던 것이라고 설명한다(上原伸一, "条約論議から見た放送事業者の隣接権について", 「知的財産権法と競争法の現代的展開」紋谷暢男教授古稀記念, 発明協会, 2006., 1002면 이하 참조).

하여 저작인접권에 대해서도 저작자의 추정 규정과 유사한 취지의 규정을 신
설한 것이다.

제2절 실연자의 보호

Ⅰ. 실연자의 의의

1. 실연자의 정의

저작권법은 實演이란 "저작물을 연기·무용·연주·가창·구연·낭독 그 밖
의 예능적 방법으로 표현하는 것"뿐 아니라 "저작물이 아닌 것을 이와 유사한
방법으로 표현하는 것"이라고 정의한다(제2조 제4호). 실연자에는 위와 같은 실
연을 하는 자 외에 오케스트라의 지휘자나 연극의 연출자와 같이 "실연을 지
휘, 연출 또는 감독하는 자를 포함한다"(제2조 제4호). 이러한 정의에 따르면 사
람의 동작을 창작적으로 표현한 연극저작물(가령, 연극이나 무용)을 연기하거나
무용하는 사람은 물론이고 저작물이 아닌 것을 예능적인 방법으로 표현하는
경우, 예컨대 요술, 마술, 곡예, 복화술, 흉내 내기 등을 하는 사람도 실연자에
포함된다.[7] 그러나 저작물을 단순히 읽는 것만으로는 실연(즉 구연·낭독)에 해
당하지 않으며 예능적 방법으로 표현한 것으로 인정되어야 실연자로서 보호된
다.[8] 또한 축구와 같은 스포츠에서 경기 활동을 하는 선수는 예능적 방법으로
표현한 것이 아니므로 실연자로서 보호될 수 없다. 하지만 같은 스포츠라고
하더라도 피겨 스케이팅이나 아이스댄싱 경기처럼 창작성이 인정될 여지가 있
어서 저작물로 보호될 수 있다면, 이러한 종목의 선수들은 실연자로서 보호받
을 수 있다.[9] 설령, 피겨 스케이팅에 저작물성이 인정되지 않더라도 이를 예
능적 방법으로 표현한 경우 그 선수는 실연자로서 보호될 수 있을 것이다.[10]

문제는 실연자에 포함되는 "실연을 지휘, 연출 또는 감독하는 자"의 의미
이다. '지휘'는 음악을 공연하는 경우의 지휘자를, '연출'은 연극이나 무용 또는
무언극 등을 공연하는 경우의 연출자를 의미하는 것으로 보아야 한다. '감독'

---

7) 로마협약은 저작물을 실연한 자만을 실연자로서 보호한다(제3조(a)항). 다만, 마술사나 곡예사
와 같이 저작물이 아닌 것을 실연한 자들에 대해서는 그 보호 여부를 국내법으로 결정하도록 함
으로써 실연자로서 보호할 수 있도록 허용하고 있다(제9조 참조).

8) 같은 취지, 허희성, 「2011 신저작권법 축조개설 상」, 명문프리컴, 2011, 24면 참조.

9) 이에 관해서는, 제2장 제3절 Ⅳ. '연극저작물' 참조.

10) 같은 취지, 하동철, 「디지털 시대의 음악공연권 해설」, 커뮤니케이션북스, 2011, 19면 참조.

은 영화감독(film director)이 아닌 무대감독(stage director)을 뜻하는 것으로 해석하여야 한다.[11]

2. 보호받는 실연

저작권법으로 보호받는 실연은 다음의 네 가지이다(제64조 제1항 제1호). ① 대한민국 국민(대한민국 법률에 따라 설립된 법인 및 대한민국 내에 주된 사무소가 있는 외국법인을 포함한다)이 행하는 실연, ② 대한민국이 가입 또는 체결한 조약에 따라 보호되는 실연, ③ 저작권법으로 보호받는 음반에 고정된 실연, ④ 저작권법으로 보호받는 방송에 의하여 송신되는 실연(송신 전에 녹음 또는 녹화되어 있는 실연은 제외한다)이다. 실연의 보호와 관련하여 우리나라가 가입 또는 체결한 조약에는 제네바음반협약, WTO/TRIPs협정, 로마협약, WIPO 실연·음반조약, 위성협약 그리고 'WIPO 시청각 실연에 관한 베이징조약'이 있다. 이들 조약에 의해 보호 의무를 지는 실연이나 그러한 음반에 수록된 실연은 우리나라에서 보호된다. 저작권법으로 보호받는 방송에 의하여 송신되는 실연에서 송신 전에 녹음 또는 녹화되어 있는 실연을 제외한(④) 이유는, 방송 전에 실연자의 승낙을 얻어 녹음 또는 녹화가 이루어졌다면 이중으로 권리를 행사하는 것이 적절하지 않기 때문이다.[12]

3. 저작인접권의 인정 이유

가수나 연주자와 같은 실연자에게 저작인접권이 인정되는 이유는 음반제작자나 방송사업자의 경우와 마찬가지로 저작물과 같은 정보의 전달행위를 법적으로 보호하기 위해서이다. 실연자의 경우에는 가수가 노래를 부른다고 해서 새로운 저작물이 창작되는 것은 아니지만, 같은 노래라도 가수의 역량과 창법에 따라서, 또한 같은 음악작품이라도 연주자의 작품 해석 능력과 기량에

---

11) 영화감독은 이른바 '현대적 저작자'(modern authors)로서 영상저작물의 저작자가 될 수 있지만 연극저작물의 공연을 연출하는 연출가나 무대감독은 실연자(performing artists)일 뿐이다. 연극저작물의 저작자는 대본이나 무보의 창작자이지 그 연출가가 아니다. 다만 연극저작물을 기초로 '창작적 기여'를 한 경우에 한하여 연극저작물에 대한 2차적 저작물의 저작자로 인정될 수 있을 것이다. 여러 저작물들의 결합저작물인 오페라나 뮤지컬을 기초로 '창작적 기여'를 한 경우에도 연출가나 무대감독은 2차적 저작물의 저작자로 취급될 수 있을 것이다. 이는 영상저작물이 이른바 '고전적 저작자'(classical authors)의 원저작물을 기초로 창작된 2차적 저작물로서 현대적 저작자(영화감독)가 그 저작자로 인정되는 것과 마찬가지의 이치이다. 차이점은 영상저작물도 그 본질은 2차적 저작물인 경우가 대부분이지만 저작권법 제4조 제1항에 저작물 종류의 예시로서 영상저작물 자체가 열거되어 있다는 점이다.

12) 임원선, 「실무자를 위한 저작권법」 제7판, 한국저작권위원회, 2022, 309면.

따라서 이를 듣는 사람들의 감흥은 달라질 수 있다. 이와 같이 실연은 실연자의 개성이 발휘될 여지가 있으므로 저작물의 창작과 '유사'하거나 이에 '準'하는 행위라고 할 수 있다. 그러한 점에서 실연자는 저작물의 전달에 중요한 역할을 수행할 뿐 아니라, 저작물의 창작활동에 버금가는 準창작행위자로서 개성을 발휘할 여지도 있으므로 실연의 이용태양에 따라서는 실연자의 인격적 이익이 침해되는 상황이 발생할 수 있다. 이러한 실연의 특성은 실연자의 인격권을 인정할 수 있는 근거가 된다.

II. 실연자의 법적 지위 — 음반의 "3층의 권리" 구조

저작권법상 음반이란 음(음성이나 음향)이 유형물에 고정된 것을 말하며 음을 디지털화한 것을 포함한다(제2조 제5호). 하나의 음반에는 ① 작곡자, 작사자, ② 가창자, 연주자, ③ 음반제작자의 권리가 한데 얽혀 있다. 건물로 비유하자면 한 장의 음반은 "3층의 권리" 구조를 이룬다. 저작권법에 따르면 ① 작곡자, 작사자에게는 작곡, 작사를 하였을 때 작곡 및 작사에 대한 저작권이 각 발생한다. ② 가수나 연주자와 같은 실연자의 저작인접권은 녹음실에서 노래를 부르고 연주하였을 때 발생한다. 즉 音을 原盤(Master Tape 또는 Master CD)에 맨 처음 녹음하여 고정하였을 때, 가수는 가창한 노래에 대하여, 연주자는 연주에 대하여 각 저작인접권을 갖는다. ③ 音을 原盤에 고정하는데 있어 전체적으로 기획하고 책임을 지는 자인 음반제작자[13]는 음을 원반에 고정하였을 때 저작인접권이 발생한다. 이처럼 하나의 음반에는 ①②③의 세 가지 층위로 이루어진 권리가 중첩하여 존재하며, 이들 권리는 각각 별개의 독립된 권리이다. 요컨대, 저작인접권은 저작권과 구별되는 권리이며 저작권과는 독립하여 행사할 수 있는 권리이다(제65조 참조). 이러한 "3층의 권리" 구조라는 비유를 통하여 실연자의 법적 지위를 가늠해 보면, 같은 권리자들 사이에서도 실연자 쪽의 경제적 상황은 작곡·작사자나 음반제작자와 비교할 때 상대적으로 열악하다.[14] 그러한 점에서 대부분의 실연자들은 작곡·작사자와 음반제작자의 사

---

13) 저작권법 제2조 제6호는 "음을 음반에 고정하는 데 있어 전체적으로 기획하고 책임을 지는 자"라고 음반제작자를 정의한다. 본문에서는 '음반'의 실제 의미를 명확히 이해할 수 있도록 '원반'(Master Tape)이란 용어를 사용한 것이다.

14) 대다수의 가수와 연주자들을 고려할 때 실연자 일반의 경제적 상황은 상대적으로 열악하다. 가수 등 실연자는 음반제작계약을 체결할 때 저작인접권을 음반제작자에게 양도하도록 요구받는 경우가 많다. 특히 음반기획사 등 연예매니지먼트회사는 전속실연자계약 중에 원반에 수록된 실

이에 끼인 상대적으로 취약한 계층의 권리자라는 사실을 이해할 필요가 있다.

Ⅲ. 실연자의 저작인접권

1. 개 요

실연자의 저작인접권 중 실연자의 인격적 권리로서 성명표시권(제66조), 동일성유지권(제67조)이 있으며, 실연자의 재산적 권리로서 복제권(제69조), 배포권(제70조), 대여권(제71조), 공연권(제72조), 방송권(제73조), 전송권(제74조)이 인정된다. 또한 실연자에게는 저작인접권의 일종인 실연이 녹음된 상업용 음반의 방송사용에 대한 보상청구권(제75조), 실연이 녹음된 음반의 디지털음성송신에 대한 보상청구권(제76조), 실연이 녹음된 상업용 음반의 공연사용에 대한 보상청구권(제76조의2)이 인정된다. 실연자의 보상청구권에 대해서는 설명의 편의상 목차를 달리하여 후술한다.

2. 실연자의 인격권

가. 개 관

실연자의 인격권으로 규정된 성명표시권(제66조)과 동일성유지권(제67조)은 WIPO실연·음반조약(WPPT) 제5조에서 실연자의 인격권으로 성명표시권과 동일성유지권을 보호함에 따라 2006년 저작권법에서 신설된 것이다. 실연자의 인격권은 저작인격권과 마찬가지로 일신전속성을 특징으로 한다(제68조). 저작인격권과는 달리 공표권이 포함되어 있지 않다. WIPO실연·음반조약에서 실연자의 공표권 보호를 의무화 하고 있지 않으므로 도입하지 않은 것이라고 설명하고 있다.15) 하지만 미공표의 실연에 대해서도 보호할 실익이 없는 것은 아니라는 점에 유의할 필요가 있다.16) 실연자에게 성명표시권과 같은 인격권이 인정되기 전에도 실연자인 가수의 성명을 음반에 표시하여야 한다는 하급심

연에 대한 가수 등 실연자의 저작인접권이 음반기획사 등 연예매니지먼트회사(음반제작자)에게 양도되는 것으로 규정하는 경우가 많다. 이러한 경우 음반기획사 등은 전속기간이 종료된 후에도 전속기간 중 발생한 권리를 계속 행사하게 된다(최정열, "전속 매니지먼트계약", 「엔터테인먼트법(상)」, 진원사, 2008, 272~273면).

15) 임원선, 앞의 책, 310면.

16) 예컨대, 제3자가 리허설 연주나 연기를 녹음·녹화하여 공표하는 경우를 들 수 있다. 이러한 미공표의 실연을 공표한 경우에는 저작권법상 공표권 침해는 아니지만 일반적 인격권의 침해에 해당될 수가 있다. 또한 사안에 따라서는 실연자의 복제권이나 방송권 침해로 대처할 수도 있을 것이다(中山信弘, 「著作權法」第2版, 有斐閣, 2014, 560면 참조).

결정이 있었다.[17] 실연자는 저작물의 창작활동에 버금가는 準창작행위자로서 개성을 발휘할 여지가 있으며 실연의 이용태양에 따라서는 일반론으로서 실연자의 인격적 이익이 침해되는 경우가 생긴다는 점을 반영한 재판례이다.

나. 성명표시권

실연자는 그의 실연 또는 실연의 복제물에 그의 실명 또는 이명을 표시할 권리를 가진다(제66조 제1항). 예컨대, 실연자는 자신의 노래가 수록된 CD음반 자켓이나 자신이 출연한 영화의 엔딩 자막에 성명을 표시하거나 표시하지 않을 것을 요구할 수 있다. 또한 방송할 때에도 자기의 성명을 호명하거나 호명하지 않을 것을 요구할 수 있다. 실연을 이용하는 자는 그 실연자의 특별한 의사표시가 없는 때에는 실연자가 그의 실명 또는 이명을 표시한 바에 따라 이를 표시하여야 한다(제66조 제2항). 실연의 원활한 이용을 저해하지 않기 위해 실연자의 별도의 의사표시가 없는 한 실연자가 이미 표시한 실명이나 이명을 표시하면 충분하고 거듭 실연자에게 확인할 필요는 없다는 의미이다. 다만, 실연의 성질이나 그 이용의 목적 및 형태 등에 비추어 부득이하다고 인정되는 경우에는 성명표시를 하지 않더라도 성명표시권 침해가 아니다(제66조 제2항 단서). 예컨대, 백화점이나 커피전문점 등에서 배경음악(BGM)으로 음반을 틀 때에 실연자의 이름을 호명하지 않거나 영화의 엔딩 자막에 보조출연자의 성명표시를 생략하는 경우 등이 여기에 해당한다.

다. 동일성유지권

실연자는 그의 실연의 내용과 형식의 동일성을 유지할 권리를 가진다(제67조 본문). 예컨대, 영화 속에 등장하는 배우의 얼굴모습이나 연기가 코믹하게 보이도록 변경하거나, 가수의 목소리를 만화영화 주인공 도널드 덕처럼 경박하게 들리도록 변형하여 전달하는 행위 등은 동일성유지권 침해에 해당한다. 다만, 실연의 성질이나 그 이용의 목적 및 형태 등에 비추어 부득이하다고 인정되는 경우에는 동일성유지권 침해가 아니다(제67조 단서). 예컨대, 어느 영화를 공개하면서 상영시간 관계로 일부 장면을 잘라내어 편집하는 등의 행위는 부득이하다고 인정되는 경우라 할 것이므로 동일성유지권 침해에 해당하지 않는다. 저작권법은 저작자의 동일성유지권에 관한 규범 내용과 실연자의 동일성유지권에 관한 그것을 거의 동일하게 규정하고 있다. 실연은 상품화되는 과정에

---

17) 서울민사지법 1995. 1. 18.자 94카합9052 결정('칵테일 사랑' 사건).

서 편집되어 이용되거나 부분적으로만 이용되는 경우가 많다는 점을 고려할 때에 실연의 원활한 이용을 저해하지 않도록 일본 저작권법처럼[18] 양자의 규범 내용에 차등을 두는 것도 입법적으로는 고려할 필요가 있다.

3. 실연자의 재산권

가. 복제권

실연자는 그의 실연을 복제할 권리를 가진다(제69조). 복제란 인쇄·사진촬영·복사·녹음·녹화 그 밖의 방법으로 일시적 또는 영구적으로 유형물에 고정하거나 다시 제작하는 것을 말한다(제2조 제22호). 예컨대, 실연을 CD나 DVD 등으로 녹음·녹화하는 경우가 이에 해당한다. 실연을 맨 처음 녹음·녹화하는 것은 물론이고 실연을 고정한 CD나 DVD 등을 增製하는 것도 복제에 해당한다. 또한 실연의 고정물을 사용한 방송·공연 등의 음이나 영상을 CD나 DVD 등에 녹음·녹화하는 것도 이에 해당한다. 뿐만 아니라 실연자가 실연하는 모습을 사진촬영하거나 촬영된 사진을 增製하는 것도 복제에 해당한다. 다만, 실연자가 단지 무대에 서 있는 모습을 사진촬영한 경우는 그러한 모습 자체를 '실연'이라고 평가할 수 없는 한 실연자의 복제권이 미치지 않는다.

한편, 저작권법 제100조 제3항에 의해 영상저작물에 녹음·녹화된 실연에 대해서는 실연자의 복제권이 제약될 수 있다. 실연자가 영상저작물에 자신의 실연을 녹음·녹화할 것을 허락한 경우 그 영상저작물의 이용과 관련하여 실연자의 복제권 등은 특약이 없는 한 영상제작자는 이를 양도받은 것으로 추정하기 때문이다. 이때 양도되는 것으로 추정하는 것은 본래의 영상창작물로서 이용하는 데 따른 권리에 한정되는 것이므로 그 영상저작물을 본래의 창작물로 이용하는 것이 아니라 별개의 새로운 영상저작물을 제작하는 데 이용하는 경우에는 실연자의 복제권 등이 미친다.[19] 따라서 실연자가 과거에 출연한 텔

---

18) 加戶守行, 「著作權法逐條講義」六訂新版, 著作權情報センター, 2013, 563면 참조. 일본 저작권법은 저작자의 동일성유지권은 저작자의 의사에 반하는 개변 일반에 적용되도록 규정(제20조)하면서도, 실연자의 동일성유지권은 실연자의 명예나 성망을 해하는 개변에 대해서만 적용되도록 규정(제90조의3)하고 있다.

19) 대법원 1997. 6. 10. 선고 97도2856 판결은, 영화상영을 목적으로 제작된 영상저작물 중 특정 배우들의 실연장면만을 모아 가라오케용 LD음반을 제작하는 것은 그 영상저작물을 본래의 창작물로 이용하는 것이 아니라 별개의 새로운 영상저작물을 제작하는 데 이용하는 것에 해당하므로, 영화배우들의 실연을 LD음반에 녹화하는 권리는 영상제작자에게 양도되는 권리의 범위에 속하지 않으므로 실연자들로부터 별도의 허락을 얻지 않는 한 복제권 등 저작인접권 침해가 성립한다고 판시하였다.

레비전방송의 일부 장면을 별도의 방송에서 영상물이나 정지화면으로 이용하는 경우에는 실연자의 복제권이 미친다.[20]

　실연자의 복제권과 관련해서는 한 가지 유의할 점이 있다. 실연자의 복제권이란 실연자가 실제로 행한 실연 그 자체를 복제하는 데에만 권리가 미치고 그 실연과 유사한 다른 실연을 녹음·녹화하는 등 복제하는 것에는 권리가 미치지 않는다는 점이다.[21] 따라서 유명 배우의 연기를 다른 개그맨이 흉내 내는 것이나, 유명 가수의 노래를 이른바 이미테이션 가수가 모창하는 것을 녹음·녹화하는 등 유사한 다른 실연의 복제에 대해서는 실연자의 복제권이 미치지 않는다. 다만, 이러한 경우에 이른바 퍼블리시티권의 침해가 성립하는지 여부는 별개의 문제이다.[22] 우리 하급심 판결도 "실연자가 저작권법 제63조(녹음·녹화권 등)[23] 등에 의하여 가지는 저작인접권은 실연자가 특정 시점에서 실제로 행한 실연 그 자체를 녹음·녹화 또는 사진촬영하는 등 복제할 수 있는 권리일 뿐, 그 실연과 유사한 다른 실연에 대하여는 권리가 미치지 않는 바, 원고의 주장에 의하더라도 피고들은 원고가 초연한 뮤지컬의 개별 공연시 행한 연출 그 자체를 복제한 것이 아니므로, 피고들은 초연 뮤지컬의 연출에 관한 원고의 실연자로서의 저작인접권을 침해하지 않았다"고 판시하였다.[24]

---

20) 예컨대, 방송사업자(영상제작자)가 제작한 드라마(영상저작물)의 일부 장면을 별도의 방송에서 자료화면으로 이용하는 경우이다. 이때에는 그 영상저작물을 본래의 창작물로 이용하는 것이 아니라 별개의 목적으로 이용하는 것이어서 실연자의 복제권은 저작권법 제100조 제3항에 의해 영상제작자에게 양도되는 권리의 범위에 속하지 않으므로(대법원 1997. 6. 10. 선고 97도2856 판결), 실연자의 복제권이 적용된다.

21) 송영식·이상정, 「저작권법개설」 제9판, 세창출판사, 2015, 395면; 오승종, 「저작권법」 제5판, 박영사, 2020, 968면; 허희성, 「2011 신저작권법 축조개설 하」, 명문프리컴, 2011, 415면.

22) 가령, 성대모사(sound-alike)에 관한 미국의 재판례로는, Midler v. Ford Motor Co., 849 F.2d 460 (9th Cir. 1988). 이 사건은, 저명한 여성 가수인 배트 미들러의 1970년대 히트곡 "Do You Want To Dance"를 포드사의 자동차 광고에 사용하기 위해 광고회사가 미들러 측과 교섭하였지만 거절당하자 광고회사는 미들러의 백 코러스를 10년간 해온 여성에게 그 가수의 특징적인 목소리(distinctive voice of a professional singer)를 그대로 흉내 내어 위 노래를 부르게 한 다음 이것을 광고로 방송한 사건이다. 항소심 법원은 퍼블리시티권 침해를 인정하여 광고회사에게 40만 달러의 손해배상 지급을 명하였고 광고주인 포드사에 대한 청구는 기각하였다.

23) 현행 저작권법 제69조(복제권).

24) 서울고법 2007. 5. 22. 선고 2006나47785 판결. 이 판결에 관한 평석으로는, 최성준, "뮤지컬과 관련된 저작권법상 쟁점", 「Law&Technology」 제3권 제3호(통권 제12호), 서울대기술과법센터, 2007, 133면 이하.

≪퍼블리시티권의 정의 · 기원 · 발전, 그리고 그 법적 성격과 적용상의 한계≫

(1) 퍼블리시티권의 정의 · 기원 · 발전

퍼블리시티권은 미국의 판례법 또는 성문법상 형성 · 발전되어온 것으로서 사람이 자신의 성명, 초상, 사진, 목소리, 서명, 이미지 등을 상업적으로 이용하거나 그 이용을 허락할 수 있는 권리를 말한다.[25] 이를 간단히 정의하면 "초상 · 성명 등의 상업적 이용에 관한 권리", 즉 "사람의 초상 · 성명 등 그 사람 자체를 가리키는 것(identity)을 광고, 상품 등에 상업적으로 이용하여 경제적 이익을 얻을 수 있는 권리"를 말한다고 설명한다.[26]

퍼블리시티권의 기원과 그 발전을 살펴보면, 먼저 '명예훼손'에서 '프라이버시권'으로 그 다음에는 '프라이버시권'에서 '퍼블리시티권'으로 이론이 전개되어 왔다.[27] 1890년 하버드 로스쿨 출신 워렌(Samuel D. Warren)과 브랜다이스(Louis D. Brandeis)는 '혼자 있을 권리'(right to be let alone)로서의 프라이버시권을 이론화함으로써[28] 사회적 평판의 침해를 의미하는 명예훼손 법리와 구별하였다. 그 후 1960년 불법행위법(Torts)의 대가인 William L. Prosser 교수는 "Privacy"라는 논문에서 '프라이버시권'에서 '퍼블리시티권'의 근거를 모색한 이론구성을 제창하였다.[29] 그는 프라이버시권 침해를 ① 사생활의 침해(intrusion), ② 개인적인 일의 공개 내지 무단 공표(public disclosure of private facts), ③ 오해를 낳게 하는 표현(false light in the public eye), ④ 성명이나 초상의 영리적 이용(appropriation)의 네 가지로 유형화하고, ④ 유형에서 퍼블리시티권을 도출하였다.[30] 이러한 이론적 근거의 모색에 힘입어 퍼블리시티권에 관한 논의는 더욱 발전하였다. 특히 1977년 미 연방대법원의 Zacchini 사건 판결을 계기로 퍼블리시티권의 법적 성격이 재산권이라는 것이 명확히 판시되었다.[31] 또한 위 판결을 전후하여 퍼블리시티권은 미국 여러 주에서 양도나 상속이 가능한 것으로 법률로 규정되어 퍼블리시티권의 권리자 또는 그 권리를 양수하거나 상속한 자는 침해

---

25) 미국에서 성명과 초상, 사진에 대해서는 모든 주에서 퍼블리시티권을 인정하며, 목소리, 서명 등에 대해서는 주에 따라 퍼블리시티권을 인정한다.

26) 정상조, 「부정경쟁방지법 원론」, 세창출판사, 2007, 132~133면; 한위수, "퍼블리서티권의 침해와 민사책임(상)", 「인권과 정의」, 1996. 10., 27면; 남형두, "세계시장 관점에서 본 퍼블리시티권", 「저스티스」 제86호, 2005. 8., 89면의 각주10).

27) 홍승기, "퍼블리시티권—그 실체와 입법론", 「국제법률경영」, 2005 겨울호, 74~79면.

28) S.D. Warren and L.D. Brandeis, "The Right to Privacy", 4 *Harvard Law Review*, 1890, pp.193~220.

29) W.L. Prosser, "Privacy", 48 *California Law Review*, 1960, p.383 이하; Prosser and Keeton, *The Law of Torts*, 5th ed., West Publishing Co., 1984, p.849 이하.

30) Prosser and Keeton, op. cit., pp.849~868.

31) Zacchini v. Scripps—Howard Broadcasting Co., 433 U.S. 562 (1977).

자에 대해 손해배상은 물론 금지청구도 할 수 있게 되었다.

(2) 퍼블리시티권의 법적 성격과 그 적용상의 한계

한편, 대륙법계 전통에 입각한 우리나라에서는 퍼블리시티권의 법적 성격[32]과 그 적용상의 한계[33]를 둘러싸고 많은 논의가 전개되었다. 이에 관한 우리 대법원 판결은 아직 없는 상황이기 때문에 참고 사례로서 여성잡지에 핑크레이디라는 인기 여성 듀오의 흑백사진을 무단 게재한 사건에 관한 일본 최고재판소 판결을 소개한다.[34] 먼저 퍼블리시티권의 법적 성격에 관하여 동 판결은 "사람의 성명, 초상 등(이하, 초상 등이라 한다)은 개인 인격의 상징이므로 당해 개인은 인격권에서 유래하는, 함부로 이용되지 않을 권리를 가진다고 해석된다. 또한 초상 등은 상품 판매 등을 촉진하는 고객흡인력을 가지는 경우가 있고, 이러한 고객흡인력을 배타적으로 이용할 권리(이하, 퍼블리시티권이라 한다)는 초상 등 그것 자체의 상업적 가치에 기초한 것이므로, 위 인격권에서 유래하는 권리의 한 부분을 구성하는 것이라고 할 수 있다. 한편, 초상 등에 고객흡인력을 가지는 자는 사회의 이목을 집중시켜서 그 초상 등이 시사보도, 논설, 창작물 등에 사용될 수도 있으므로, 정당한 표현행위 등으로서 그 사용을 受忍해야 할 경우도 있다"고 판시하였다. 아울러 퍼블리시티권의 적용한계와 직결되는 퍼블리시티권의 침해요건에 관해서는 "초상 등을 승낙 없이 사용하는 행위는 ① 초상 등 그 자체를 독립하여 감상의 대상으로 하는 상품 등에 사용하고, ② 상품 등의 차별화를 도모하는 목적으로 초상 등을 상품 등에 붙이며, ③ 초상 등을 상품 등의 광고로서 사용하는 등 오로지 초상 등이 가지는 고객흡인력 이용을 목적으로 한다고 할 수 있는 경우에 퍼블리시티권을 침해하는 것으로 불법행위법상 위법이 된다고 해석하는 것이 상당하다"고 판시하였다.[35] 최고재 판결의 의의는 퍼블리시티권의 법

---

32) 예컨대, 권태상, 「퍼블리시티권의 이론적 구성」, 경인문화사, 2013, 259면 이하 참조.

33) 예컨대, 박성호, 「문화산업법」, 한양대출판부, 2012, 133~135면 참조.

34) 最高裁 2012(平成24)年 2月 2日 平成21(受)2056号 判決(핑크레이디 사건).

35) '핑크레이디 사건' 最高裁 判決 당시 담당조사관이던 실무가의 설명에 따르면, '인격권에서 유래하는 권리'는 '인격권으로서의 명예권'보다도 그 중요성에서 한 단계 낮은 권리라고 한다. 따라서 명예권의 손상행위는 바로 위법하게 되지만 '인격권에서 유래하는 권리'로서의 퍼블리시티권은 초상 등의 고객흡인력을 이용하는 행위를 하였다고 해서 바로 위법하게 되는 것이 아니라 3가지 유형, 즉 ① 독립적 감상대상으로 초상 등 사용(제1유형), ② 상품화로 사용(제2유형), ③ 광고에서 사용(제3유형) 등 어느 하나의 유형에 해당하여야 비로소 위법하게 되어 불법행위가 성립한다고 한다(中島基至, "スナップ写真等と肖像権をめぐる法の問題について", 「判例タイムズ」 No.1433, 判例タイムズ社, 2017. 4., 6면). 예컨대 유명 스포츠 스타의 그라비아 사진이 1페이지 전체에 걸쳐 게재되었더라도 서적의 기사 내용과 관계가 있고 동 기사가 걸치레로 작성된 형식적인 것이 아닌 이상 제1유형에 해당하지 않는다고 한다. 제2유형과 관련해서는 퍼블리시티권이 대상으로 하는 것은 '상품 등'이므로 유체물의 상품뿐만 아니라 서비스, 무체물에 사용하는 것도 포함된다고 한다. 제3유형과 관련해서는 상품 등의 출처를 표시하면서 초상 등을 사용하는 것은

적 성격이 인격권이라는 것을 명확히 하였고[36] 표현의 자유와의 관계에서 퍼블리시티권의 적용한계를 설정하였다는 점이다.

나. 배포권·대여권

실연자는 그의 실연의 복제물을 배포할 권리를 가진다(제70조 본문). WIPO 실연·음반조약을 반영하여 입법한 것이다. 배포란, 예컨대 실연이 수록된 녹음물(CD 등)이나 녹화물(DVD 등)을 공중에게 대가를 받거나 받지 아니하고 양도 또는 대여하는 것을 말한다(제2조 제23호 참조). 다만, 실연의 복제물이 실연자의 허락을 받아 판매 등의 방법으로 거래에 제공된 경우에는 그러하지 아니하다(제70조 단서). 저작재산권 중 배포권과 마찬가지로 실연자의 배포권에도 최초판매원칙 또는 권리소진원칙이 적용되어[37] 그 배포권이 제한된다는 의미이다. 또한, 실연자는 실연이 녹음된 상업용 음반을 영리를 목적으로 대여할 권리를 가진다(제71조). 전술한 것처럼 배포는 양도와 대여를 포함하는 넓은

'광고'에 해당하지 않는다고 한다. 예컨대, 책 광고에 그 책 저자의 초상 등을 사용하는 행위는 퍼블리시티권 침해가 아니며(리스테이트먼트 제47조 코멘트 b 참조), 레스토랑 등에 연예인이 방문한 사진을 식당 내에 장식하는 행위도 방문사실을 나타내는 것에 지나지 않고 '광고'라고 할 수 없으므로 침해가 되지 않는다는 것이다(中島基至, "最高裁判所判例解說", 「法曹時報」第65卷 第5號, 法曹會, 2013. 5., 155~161면, 173~179면 각 참조).

36) 국내 학설 중에는 위 최고재 판결이 '인격권에서 유래하는 권리'에 대해 퍼블리시티권이라는 이름을 붙이고 그 내용도 '고객흡인력을 배타적으로 이용할 권리'로 보고 있으며 '침해시 재산적 손해를 인정할 수 있는 근거'로 삼기 위한 것이라는 점에 비추어 볼 때 퍼블리시티권의 법적 성격을 인격권설에 입각한 것이라고 보기 어렵다는 견해가 있다(이해완, 「저작권법」 제4판, 박영사, 2019, 1035~1036면). 그러나 초상권의 3가지 권능 중 하나인 초상영리권이나 성명권의 2가지 권능 중 하나인 성명영리권이 침해되는 경우 인격권 침해에 의해 얼마든지 재산적 손해가 발생할 수 있다. 우리 대법원도 인격권 중 초상권에 대해 촬영·작성거절권, 공표거절권, 초상영리권이라는 3가지 권능이 있다고 판시한 바 있는데(대법원 2006. 10. 13. 선고 2004다16280 판결), 그 가운데 초상영리권 침해가 바로 인격권 침해에 의해 재산적 손해가 발생하는 것을 의미하는 것이다. 더구나 일본에서는 위 최고재 판결에 대해 인격권설을 채택한 것으로 설명하는 것이 일반적이다. 이른바 물건의 퍼블리시티권에 관한 '갤럽 레이서 사건'에서 일본 하급심 판결은 재산권설에 입각하여 물건의 소유자에게는 그 소유물(경주마)의 명칭 등에 내재된 고객흡인력이 가지는 경제적 가치나 이익을 지배할 권리가 있다고 판시하여 물건의 퍼블리시티권을 긍정하였으나{名古屋高裁 2001(平成13)年 3月 8日 判決}, 최고재 판결이 이를 부정한 이래{最高裁 2004(平成16)年 2月 13日 判決} 일본 재판례의 흐름이 인격권설로 수렴되었다는 것이다{瀬戶口壯夫, 「最高裁判所判例解說民事篇平成16年度(上)」, 法曹會, 2007, 119면; 設樂隆一, "パブリシティの權利", 「新·裁判實務大系22 著作權關係訴訟法」, 靑林書院, 2004, 552면 이하}. '핑크레이디 사건' 당시 最高裁 담당조사관 해설에 따르면, 동 판결은 퍼블리시티권의 법적 성격이 인격권설로 귀착되었다는 것을 명확히 밝힌 것이라고 설명한다(中島基至, 앞의 해설, 157면).

37) 최초판매원칙·권리소진원칙에 관해서는, 제4장 제3절 Ⅵ. 3. '제한—최초판매원칙 또는 권리소진원칙' 참조.

개념인데, 그 가운데 상업용 음반의 영리 목적의 대여에 한하여 최초판매원칙을 제한함으로써 배포권과는 구별되는 대여권을 부여한 것이다.

다. 공연권

실연자는 그의 고정되지 아니한 실연을 공연할 권리를 가진다. 다만, 그 실연이 방송되는 실연인 경우에는 그러하지 아니하다(제72조). 방송되는 실연에 대해서 예외로 한 것은 실연자에게 이미 방송권이 부여되어 있기 때문이다. 본조는 WIPO실연·음반조약 제6조가 청각 실연자에게 방송되지 않은 생실연(live performance)에 대한 공중전달권을 체약국의 의무로 규정하고 있으므로 이를 반영하여 입법한 규정이다. 동 조약에서 공중전달이란 "방송 이외의 모든 매체에 의하여 실연의 소리를 공중에게 송신하는 것"을 말한다. 여기에는 대부분 유선방송이 해당하지만 생실연의 유선방송에 대해서는 이미 실연자에게 방송권을 부여하고 있으므로, 유선방송을 제외한 나머지 부분, 즉 소리의 생실연을 확성기나 멀티비전을 통하여 실연 장소 이외의 지역에 있는 공중에게 실시간으로 전달하는 것에 대해서 통제권을 부여하기 위하여 2006년 저작권법에서 실연자에게 공연권을 신설한 것이다.[38] 유의할 것은 이러한 입법취지에도 불구하고 법문상 그 행사주체에는 아무런 제한이 없으므로 시청각 실연자에게도 공연권이 인정된다는 점이다.[39]

라. 방송권

실연자는 그의 실연을 방송할 권리를 가진다(제73조 본문). 다만, 실연자의 허락을 받아 녹음된 실연에 대하여는 그렇지 않다(제73조 단서). 실연자의 방송권은 복제권에서 설명한 것과 마찬가지로 실연 자체의 방송에 대해서 인정되는 권리이지 타인의 모방 실연에 대해서까지 미치는 것은 아니다. 또한 방송권은 본조 단서에 따라 실연자의 허락을 받아 녹음된 실연(예컨대, 음반제작자와의 음반제작계약 체결에 따라 음반에 녹음된 실연)에 대해서는 미치지 않으므로 방송권이 적용되는 범위는 ① 직접 실연의 생방송, ② 직접 실연의 방송을 수신하여 행하는 그 방송의 재방송, ③ 실연자의 허락 없이 녹음·녹화한 복제물을 사용한 방송 등이다.[40] 아울러 실연자의 허락을 받아 녹화된 실연에 대해서는

---

38) 문화관광부·저작권심의조정위원회, 「개정 저작권법 해설」(2007. 1. 30.), 30~31면.
39) 참고로 'WIPO 시청각 실연에 관한 베이징조약'이 2012년 6월 24일 외교회의에서 채택되었는데, 동 조약 제11조는 방송권 및 공중전달권에 관해 규정하고 있다.
40) 허희성, 「2011 신저작권법 축조개설 하」, 명문프리컴, 2011, 423면.

본조 단서가 적용되지 않으므로 본조 본문에 따라 실연자는 방송권을 행사할 수 있지만 그 경우에도 저작권법 제100조 제3항에 의해 제한되는 경우가 생긴다. 따라서 실연자의 방송권의 적용범위는 본조 단서에 의해 제한될 뿐 아니라 저작권법 제100조 제3항에 의해서도 제한되는 경우가 생긴다는 점에 유의하여야 한다. 영상제작자가 기획한 영상저작물(영화나 드라마)에 출연하기로 약속하고 계약을 체결한 실연자는 그 영상저작물의 이용에 관한 실연자의 방송권 등을 다른 약정이 없는 한 영상제작자에게 양도한 것으로 추정하고(제100조 제3항) 있기 때문이다.[41) 따라서 청각 실연자의 방송권은 본조 단서에 의해 제한되고,[42) 시청각 실연자의 실연이 녹음·녹화된 영상저작물에 대한 실연자의 방송권은 영상저작물 출연계약에서 별도의 약정을 하지 않는 한 제100조 제3항에 의해 행사할 수 없게 되므로 역시 제한된다. 그러므로 실연자는 음반제작계약이나 영상저작물 출연계약을 체결할 때에 자신의 권익을 충분히 보장받을 수 있도록 계약 체결 단계에서부터 그 의사를 분명히 하여 이를 계약 내용에 반영하도록 노력할 필요가 있다.[43) 이처럼 최초 계약에서 실연자의 권리를 보장받을 수 있도록 노력하지 않으면 그 이후에는 실연자의 권리가 작동하지 않는다는 것을 일컬어 흔히 '원 찬스' 주의라고 부른다.[44)

마. 전송권

실연자는 그의 실연을 전송할 권리를 가진다(제74조). 실연자의 전송권은 2004년 저작권법에서 신설된 것으로 이는 WIPO실연·음반조약(WPPT) 제10조를 입법에 반영한 것이다. 실연자는 자신의 실연을 공중의 구성원이 개별적으로 선택한 시간과 장소에서 접근할 수 있도록 이용에 제공하는 것을 허락할 권리를 가진다.

---

41) 그러나 만일 영상저작물이 본래의 창작물로 이용되지 않고 별개의 목적으로 이용되는 경우에는 실연자의 방송권은 저작권법 제100조 제3항에 의해 영상제작자에게 양도되는 권리의 범위에 속하지 않는다(대법원 1997. 6. 10. 선고 97도2856 판결 참조).

42) 이와 관련해서는 후술하는 것처럼 실연이 녹음된 상업용 음반의 방송사용에 대해서 저작권법 제75조에 따라 채권적 성격의 권리인 보상청구권이 인정되고 있을 뿐이다.

43) TMI總合法律事務所 編,「著作權の法律相談」第2版, 靑林書院, 2005, 177~178면(石原修 집필) 참조.

44) 로마협약(제7조, 제19조)에서 실연자의 권리는 그 '실연'이 이용될 때마다 그 권리가 작동되는 것이 아니라 최초 실연의 이용을 허락하는 계약을 체결할 때에 그 이후 실연의 이용 상황까지 감안하여 이익 확보를 도모하는 길이 남아 있을 뿐이다. '원 찬스' 주의라는 표현은 이러한 로마협약상 실연자의 권리의 성격을 설명하기 위하여 일본의 입법관여자들이 편의상 사용하기 시작한 용어일 뿐이고 국제적으로 통용되는 정식 용어는 아니라는 점에 주의할 필요가 있다(著作權情報センター編,「新版 著作權事典」, 出版ニュース社, 1999, 409면 참조).

본조와 관련해서는 일종의 과잉 입법이 아닌지 의심된다는 견해가 있다. 이에 따르면, 첫째, WPPT 제10조는 실연자에 대하여 공중에게 '고정된 실연을 이용에 제공할 권리'(right of making available of fixed performances)를 인정하고 있음에 반하여, 본조는 모든 실연을 대상으로 전송권을 부여하고 있어서 전송권의 남용이 우려된다고 한다.[45] 둘째, 저작자의 전송권과 관련된 WIPO저작권조약(WCT) 제8조는 네트워크에 업로딩 하는 행위와 쌍방향 송신행위를 모두 포괄하는 것임에 반하여 WPPT 제10조는 네트워크에 업로딩 하는 행위만을 규율하는 것이어서 그 권리의 적용범위가 좁음에도 불구하고, 본조는 저작자에게 인정되는 전송권과 동일한 내용으로 실연자의 전송권을 규정하고 있어서 문제라고 한다.[46] 생각건대, 우선 WCT 제8조나 WPPT 제10조에서 각 규정하는 공중이용제공(making available to the public)의 개념은 주문형 송신(on-demand transmission)을 가능하게 하는 요소와 이러한 가능성에 입각하여 실제로 송신을 실행하는 요소를 모두 포함하는 것이다. 다만 전송개념의 핵심 포인트는 송신을 가능하게 하는 요소에 있다. 그에 따라 실제로 송신되었는지 또 얼마나 송신되었는지는 중요한 것이 아니며 부수적인 요소일 뿐이다.[47] 그러한 점에서 저작자의 전송권과 실연자의 그것을 구별하는 것은 타당하지 않다.[48] 아울러 WCT나 WPPT는 최소한의 보호(minimum protection)를 규정한 것이라는 점에서 설령 그보다 보호범위가 넓다고 가정하더라도 전송권의 남용이 우려된다고 보기는 어려울 것이다.

Ⅳ. 실연자의 보상청구권

1. 개   요

저작권법은 실연자에 대해서 실연이 녹음된 상업용 음반[49]을 사용하여 방

---

45) 허희성, 앞의 책, 424면.

46) 허희성, 앞의 책, 424~425면.

47) Mihály Ficsor, *The Law of Copyright and the Internet: The 1996 WIPO Treaties, their Interpretation and Implementation*, Oxford University Press, 2002, p.508, p.628.

48) 오히려 위와 같이 구별하는 것은 WCT나 WPPT의 관점이 아니라 저작자에게는 공중송신권 (public transmission right)을, 실연자에게는 송신가능화권(right of making transmittable)을 부여하는 일본 저작권법 특유의 관점에 입각한 것이다(Ficsor, op. cit., p.506, p.508).

49) 2016년 저작권법(2016. 3. 22. 법률 제14083호, 2016. 9. 23. 시행)은 '판매용 음반'이라는 용어를 '상업용 음반'으로 변경하고 저작권법 제21조에서 상업용 음반이란 '상업적 목적으로 공표된 음반'을 말한다고 정의한다. 여기서 말하는 '상업용 음반'이란 로마협약 제12조와 WIPO실연·음반

송하는 경우에는 방송사업자를 상대로 상당한 보상금을 청구할 수 있도록 인정한 것(제75조)을 비롯하여, 실연이 녹음된 음반을 사용하여 송신하는 경우에는 디지털음성송신사업자를 상대로(제76조), 실연이 녹음된 상업용 음반을 사용하여 공연을 하는 경우에는 그 공연자를 상대로(제76조의2) 각 상당한 보상금을 청구할 수 있도록 규정하고 있다. 실연자의 저작인접권의 일종인 이들 권리를 총칭하여 실연자의 보상청구권이라 한다. 이들 청구권의 법적 성격과 그 행사방법에 관해서는 상업용 음반의 방송사용에 대한 보상청구권을 중심으로 이하에서 살펴본다.

2. 상업용 음반의 방송사용에 대한 보상청구권

가. 연혁·내용

실연자에 대해서는 실연이 녹음된 상업용 음반의 방송사용에 대하여 방송사업자를 상대로 상당한 보상금을 청구할 수 있도록 인정하고 있다. 이러한 보상청구권을 실연자에게 인정하게 된 역사적 배경은 녹음 기술 등의 발달에 따라 음악 산업계에 종사하는 노동자들에게 '기술적 실업'(technological unemployment)이 발생하였기 때문이다. 대표적인 예가 상업용 음반의 방송사용으로 인하여 가수나 연주자들이 각종 음악회에서 '라이브'로 노래를 부르고 연주하거나 방송에 출연할 기회를 상실하게 되어 발생한 실업 문제이다. 이 문제를 해결하기 위해 국제노동기구(ILO)는 가수나 연주자에 대한 보상을 제창하였고, '실연자·음반제작자 및 방송사업자의 보호를 위한 국제협약'(일명 '로마협약')은 이를 반영하여 제12조에서 방송사업자가 실연자 또는 음반제작자에게 보상하도록 하는 규정을 마련하였다. 우리 저작권법 제75조도 이 협약 제12조와 유사한 규정을 두고 있다.[50] 즉 제75조 제1항은 방송사업자가 상업용 음반을 구입하여 방송에 사용하였을 경우 방송사업자는 그 음반에 담긴 노래를 부른 가수나 연주를 한 연주자들에게 음반의 방송사용에 대한 보상을 하도록 규정하고 있다. 또한 방송사업자는 음반의 방송사용과 관련하여 음반제작자에게도 보상을 하여야 하는데, 저작권법 제82조는 실연자의 보상청구권에 관한 규정을 음반제작자에게도 준용하도록 하고 있다. 그러한 점에서 실연자와 음반제작자에게

조약(WPPT) 제15조의 '상업적인 목적으로 발행된 음반'과 같은 개념이다. 그런데 변경 전의 '판매용 음반'에 대해서도 학설은 위와 마찬가지로 해석하였다. 이에 관한 상세는 제7장 제2절 IX. 3. 나. '요건' 참조.

50) 이러한 규정은 우리나라가 로마협약에 가입하여 2009년 3월 18일 발효되기 이전인 1986년 저작권법 제65조(현행 저작권법 제75조)에서부터 마련되어 있었다는 점에 유의해야 한다.

인정한 보상청구권 제도는 상업용 음반이 통상적으로 예정하고 있는 사용범위를 초과하여 방송에 사용되는 경우51) 그로 인하여 실연자의 실연 기회 및 음반제작자의 음반판매 기회가 부당하게 상실될 우려가 있으므로 그 부분을 보상해 주고자 하는 데에 그 목적이 있다.52)

이 제도의 특징은, 이론적으로 볼 때에 準物權的 성격을 갖는 '저작인접권'을 부여하는 것이 원칙이었겠지만, 그렇게 하지 않고 처음부터 채권적 성격으로 변용하여 약화시킴으로써 '先허락 後사용'이 아닌 '先사용 後보상'이 가능하게 한 점에 있다. 다시 말해 物權에 準하는 효력을 가지는 '저작인접권'을, 그보다는 권리의 성격이 약한 '보상청구권'이라는 債權으로 변화시켰기 때문에, 방송사업자는 권리자의 허락 여부와 관계없이 음반을 먼저 방송에 사용하고 나중에 그 사용료 상당액을 실연자와 음반제작자에게 보상하기만 하면 아무런 문제도 발생하지 않게 된다. 이처럼 이 제도는 입법에 의해 '先사용 後보상 시스템'을 채택한 것이기 때문에 보상청구권에 대해서는 저작권법 제123조의 금지청구 등이 적용되지 않는다. 아울러 放送의 경우뿐 아니라 저작권법 제76조는 디지털 기술의 발전을 반영하여 디지털음성송신사업자가 실연이 녹음된 음반을 사용하여 送信하는 경우에도 실연자에게 보상하게 하는 '先사용 後보상' 시스템의 장점을 받아들였다. 또한 저작권법 제83조는 디지털음성송신사업자가 음반을 사용하여 송신하는 경우 음반제작자에 대한 보상에 관해서도 실연자의 보상에 관해 규정한 제76조를 준용하도록 하였다. 위와 같이 저작인접권이라는 배타적 권리(준물권적 권리)를 약화시켜 보상금 지급의무를 조건으로 자유롭게 이용 가능하도록 하는 규정들은 모두 법정허락(statutory license), 즉 '넓은 의미'의 권리제한 규정에 해당한다.53)

나. 보상청구권자 및 그 청구권의 행사자

저작권법 제75조 제1항은 실연이 녹음된 상업용 음반이 방송에 사용된 경

---

51) 상업용 음반이 통상적으로 예정하고 있는 사용범위(공중이 구매하여 사적으로 감상하는 것)를 초과하여 사용되는 것을 로마협약과 WIPO실연·음반조약에서는 상업용 음반의 이차적 사용 (secondary uses)이라고 한다. 이차적 사용에 대해 로마협약 제12조는 상업용 음반의 '직접적' 사용에 한정하고 있지만, WIPO실연·음반조약 제15조는 '직접적' 사용(ex 상업용 음반을 사용한 방송)뿐만 아니라 '간접적' 사용(ex 상업용 음반을 사용한 방송의 재방송)도 보상청구권의 대상으로 하고 있다는 점에서 WIPO실연·음반조약은 로마협약을 상회하는 보호를 하고 있다.

52) 같은 취지, 대법원 2015. 12. 10. 선고 2013다219616 판결(현대백화점 사건) 참조.

53) 이에 관해서는 제7장 제1절 II. 2. "넓은 의미의 '저작권의 제한' = 좁은 의미의 '저작권의 제한' + 비자발적 이용허락" 참조.

우에 실연자는 방송사업자에게 보상청구권을 가진다고 규정한다. 따라서 보상
청구권을 가지는 실연자는 상업용 음반에 자신의 실연을 녹음한 실연자를 말
한다.54) 다만, 실연자가 외국인인 경우에 그 외국에서 우리나라 국민인 실연자
에게 상업용 음반의 방송사용에 대한 보상청구권을 인정하지 않는 때에는
WIPO실연·음반조약이 규정한 상호주의원칙에 따라 해당 외국인 실연자에게
보상청구권을 인정하지 않는다(제75조 제1항 단서). 저작권법 제75조 제2항은
보상청구권의 행사방법 등과 관련하여 제25조 제7항 내지 제11항을 준용하도
록 하고 있다. 방송사업자들이 상업용 음반에 수록된 실연을 사용할 때마다
개개의 실연자들에게 보상금을 지급하는 것은 현실적으로 불가능에 가까운 일
이다. 만일 방송사업자들이 실연자들에게 일일이 보상금을 지급해야 한다면
방송사업자들에게 많은 어려움이 있을 것임은 물론이고 궁극적으로는 실연자
의 보호마저 유명무실하게 될 것이다. 이러한 이유 때문에 보상청구권자인 실
연자와 보상청구권의 행사자를 개념적으로 구별하고 있다. 즉 실연자의 보상
청구권은 그 청구권자로 구성된 단체를 통하여 행사되어야 한다고 규정한다
(제75조 제2항, 제25조 제7항). 이로써 방송사업자들은 보상청구권자인 다수의 실
연자를 개별적으로 상대하는 불편을 면하고 또 다수의 실연자 입장에서도 방
송사업자들을 상대로 보상금을 청구하는 불편을 덜게 된다.

저작권법 제75조 제2항에 의해 준용되는 규정들에 따라 설명하면 다음과
같다. 보상청구권의 행사자는 "대한민국 내에서 보상을 받을 권리를 가진 자
로 구성된 단체"(제25조 제7항 제1호)로서 영리를 목적으로 하지 않고 보상금의
징수 및 분배55) 등의 업무를 수행하기에 충분한 능력을 갖추고 있어야 하며
(제25조 제7항 제2·3호) 문화체육관광부장관로부터 지정을 받은 단체이어야 한
다(제25조 제7항). 이러한 단체가 법적으로 한 개의 단체에 한정되는 것이 아님

---

54) 東京地裁 1982(昭和57)年 5月 31日 判決(제1심); 東京高裁 1985(昭和60)年 2月 28日 判決(항
소심). 일반 유흥업소에서 연주활동을 하는 원고(실연자)들이 제기한 상업용 음반의 방송사용에
대한 보상금 분배청구사건에서 원고들이 상업용 음반의 녹음에 참가한 실연자들이 아니라는 이
유로 청구를 기각하였다.
55) 서울지법 동부지원 1997. 10. 15. 선고 95가단16616 판결(확정)은, 보상금 분배와 관련하여 보상
청구권 행사자로 지정된 한국예술실연자단체연합회(현 한국음악실연자연합회)가 분배규정으로
개별 실연자에 대한 보상금 분배를 할 수 없도록 정하였더라도 보상청구권에 관한 저작권법의
취지에 반하거나 사회질서에 위배되어 무효라고 볼 수 없다고 판시하였다. 당시의 '보상금 분배
규정'은 개별 실연자에 대한 기여도 산정의 현실적 난점을 이유로 소속 단체(음악협회, 국악협회
등)에 대해 분배하는 데 그쳤고 개별 실연자에게는 분배하지 않았기 때문에 위와 같은 판결이
나온 것이다. 그러나 현재는 '상업용 음반 방송보상금 분배규정'에서 실연자에 대한 보상금 분배
방법을 구체적으로 정하고 이에 따라 개별 실연자에게 분배하고 있다.

은 법문상 명백하므로 문화체육관광부장관은 복수의 단체를 지정하여 그 업무를 행사하게 할 수 있음은 물론이다.56) 보상청구권의 행사자인 단체는 그 단체의 구성원이 아니더라도 보상청구권자로부터 신청이 있을 때에는 그 자를 위하여 그 권리행사를 거부할 수 없으며 이 경우 그 단체는 자기의 명의로 그 권리에 대한 재판상 또는 재판 외의 행위를 할 권한을 가진다(제25조 제8항). 저작권법은 보상청구권의 행사자인 단체가 보상청구권자인 실연자를 위하여 청구할 수 있는 보상금의 금액은 매년 그 단체와 방송사업자가 협의하고 정하도록 하고(제75조 제3항) 그 협의가 성립하지 않을 경우에는 그 단체와 방송사업자는 대통령령으로 정하는 바에 따라 한국저작권위원회에 조정을 신청할 수 있다고 규정한다(제75조 제4항).

3. 음반의 디지털음성송신에 대한 보상청구권

실연자는 자신의 실연이 녹음된 음반을 사용하여 디지털음성송신하는 경우에 디지털음성송신사업자에게 상당한 보상금을 청구할 수 있다(제76조 제1항). 디지털음성송신이란 음반을 사용한 웹캐스팅을 말하는데,57) 여기서는 '상업용 음반'이 아닌 '음반'이라고 규정한 점에 유의하여야 한다.58)59) 상업용 음

---

56) 음악실연자를 위하여 이 업무를 수행하도록 지정된 단체는 사단법인 한국음악실연자연합회(약칭 음실련)이다. 현재는 음실련만이 방송사용의 경우뿐 아니라 후술하는 디지털음성송신에의 사용(제76조) 및 공연사용(제76조의2)에 대해서도 각 보상청구권을 행사할 수 있는 독점적 지위를 부여받고 있다.

57) 디지털음성송신에 관해서는 제4장 제3절 IV. 3. 가. '방송·전송·디지털음성송신·그 밖의 공중송신' 참조.

58) 현행 저작권법의 상업용 음반에 대해 구 저작권법에서는 '판매용 음반'이란 용어를 사용하였다. 구 저작권법상 디지털음성송신과 관련하여 '판매용 음반'이 아닌 '음반'이라고 규정하여 입법한 이유에 대해 방송과 전송의 중간 영역인 웹캐스팅으로 대표되는 디지털음성송신의 특성에서 기인한다고 설명하고 있다. 즉 디지털음성송신을 WIPO실연·음반조약의 공중전달의 한 유형으로 보고 판매용 음반에 한정하여 보상청구권을 부여할 경우에 동 조약의 국내법적 이행에는 문제가 없으나, 디지털음성송신을 전송의 한 유형으로 보았을 때 비판매용 음반에 대해서만 아무런 권리를 행사할 수 없게 되는 문제점이 나타나게 되었기 때문에, 디지털음성송신의 경우에는 '판매용 음반'이 아닌 '음반'에 대하여 보상청구를 할 수 있도록 규정한 것이라고 설명하고 있다(김찬동, "저작권법상 '음반' '판매용 음반'의 의미와 해석, 그 적용", 「계간 저작권」, 2013 여름호, 218~219면). 이러한 논법에 따른다면 판매용 음반이 상업용 음반으로 변경된 현행 저작권법 제76조의 디지털음성송신에 대해서도 상업용 음반과 비상업용 음반이 모두 보상청구권의 적용대상이라는 설명이 가능할 것이다. 그러나 바로 아래 각주에서 지적하는 것처럼 위와 같은 입법태도에는 문제가 있다.

59) 현행 저작권법 제76조가 국제조약상 공중전달의 한 유형인 디지털음성송신에 대해서 상업용, 비상업용을 가리지 않고 "실연이 녹음된 음반"을 사용한 경우 보상청구권의 대상에 포함된다고 규정한 것은 다음과 같이 문제가 있다. 즉 국제조약상 상업용 음반이란 실연자의 허락을 받아 실

반의 방송사용에 대한 보상청구권과 달리 음반의 디지털음성송신에 대한 보상
청구권에 대해서는 이를 상호주의의 대상으로 하지 않고 있다. 즉 내국민대우
(national treatment)의 원칙을 적용하여 특정 외국에서 우리나라 국민인 실연자
에게 디지털음성송신에 대하여 보호를 하지 않더라도 그 외국인의 실연이 녹
음된 음반에 대하여 보호를 한다. 디지털음성송신은 전통적인 방송과 달리 주
파수가 미치는 범위에 의해 그 송신권역이 제한되는 것이 아니라 세계 어느
곳이든 서비스 권역에 포함될 수 있기 때문에, 외국인의 실연이 녹음된 음반
을 사용한 디지털음성송신의 서비스 대상에 그 외국도 포함될 수 있다는 점을
고려한 것이다.[60] 저작권법은 보상청구권의 행사자인 단체가 보상청구권자인
실연자를 위하여 청구할 수 있는 보상금의 금액은 매년 그 단체와 디지털음성
송신사업자가 협의하고 정하도록 하고(제76조 제3항) 그 협의가 성립하지 않을
경우에는 문화체육관광부장관이 정하여 고시하는 금액을 지급한다고 규정한
다(제76조 제4항). 이는 방송사업자와 달리 디지털음성송신사업자의 규모가 영
세하고 그 수가 많다는 점을 고려한 것이다.

4. 상업용 음반의 공연사용에 대한 보상청구권

　실연자는 자신의 실연이 녹음된 상업용 음반을 사용하여 공연하는 경우에
그 공연자에게 상당한 보상금을 청구할 수 있다(제76조의2 제1항). 본조는 고정
되지 않은 실연에 대해서 공연권을 인정하는 것(제72조)과 관련된 것이다. 즉
고정되지 않은 실연에 대해서는 공연권을, 음반에 고정된 실연의 공연에 대해
서는 보상청구권을 각 인정한 것이다.[61] 판례는 구 저작권법 제76조의2 판매
용 음반의 공연사용에 대한 보상청구권 사건에서 실연자에게 보상청구권을 인
정하는 것은 판매용 음반이 통상적으로 예정하고 있는 사용범위를 초과하여

연이 고정되었다는 것을 전제로 하는 것임에 반하여 비상업용 음반은 어떠한 경위로든 실연이
고정된 일체의 녹음물을 의미하므로 "실연자의 허락 없이 이루어진 녹음물"을 포괄하는 개념이
다. 그렇기 때문에 저작권법 제76조는, 로마협약과 WIPO실연·음반조약에서 규정한 실연자의
방송권이나 공중전달권이 미치는 "실연자의 허락 없이 이루어진 녹음물"에 대해서까지 보상청
구권의 대상인 것처럼 해석될 여지를 남기고 있다. 그러한 점에서 저작권법 제76조는, 로마협약
제7조나 WIPO실연·음반조약 제6조에서 규정하는 실연자의 공중전달권에 저촉되는 것은 물론
이고 실연자의 고정되지 않은 실연을 고정할 배타적 권리에도 저촉될 수 있어서 국제조약상
문제가 될 수 있다. 이에 관해서는, 박성호, "저작권법상 방송·전송·디지털음성송신 관련 쟁점
의 재검토—키메라의 권리, 디지털음성송신권의 생성 및 전개에 관한 비판적 고찰을 중심으로",
「정보법학」 제21권 제1호, 2017. 4., 78~82면.

60) 임원선, 「실무자를 위한 저작권법」 제7판, 한국저작권위원회, 2022, 318~319면.
61) 임원선, 위의 책, 319면.

공연에 사용되는 경우 그로 인하여 실연자의 실연 기회가 부당하게 상실될 우려가 있으므로 그 부분을 보상해 주고자 하는 데에 그 목적이 있다고 하였다. 또한 여기서 말하는 '판매용 음반'에는 불특정 다수인에게 판매할 목적으로 제작된 음반뿐만 아니라 어떠한 형태이든 판매를 통해 거래에 제공된 음반이 모두 포함되고 '사용'에는 판매용 음반을 직접 재생하는 직접사용뿐만 아니라 판매용 음반을 스트리밍 등의 방식을 통하여 재생하는 간접사용도 포함된다고 해석함이 타당하다고 판시하였다.[62] 현행 저작권법의 상업용 음반이란 공중에게 음반을 판매의 방법으로 거래에 제공하거나 해당 음반의 판매와 관련된 간접적인 이익을 얻을 목적으로 공표된 음반을 의미하므로[63] 위와 같은 판례의 해석은 상업용 음반에 대해서도 그대로 타당하다.

한편, 저작권법은 상업용 음반의 공연사용에 대해서도, 상업용 음반의 방송사용에 대한 보상청구권의 경우와 마찬가지로 상호주의를 적용하고 있다(제76조의2 제1항 단서). 또한 저작권법은 디지털음성송신의 경우를 준용하여 보상청구권의 행사자인 단체가 보상청구권자인 실연자를 위하여 청구할 수 있는 보상금의 금액은 매년 그 단체와 상업용 음반을 사용하여 공연한 자가 협의하고 정하도록 하고(제76조의2 제2항, 제76조 제3항), 그 협의가 성립하지 않을 경우에는 문화체육관광부장관이 정하여 고시하는 금액을 지급한다고 규정한다(제76조의2 제2항, 제76조 제4항). 이것 역시 상업용 음반을 공연에 사용한 공연자들의 규모가 영세하고 그 수가 많다는 점을 고려한 것이다.

V. 공동실연

실연에는 오케스트라의 연주나 연극에서의 실연과 같이 하나의 작품을 여러 사람의 실연자가 공동으로 실연하는 경우가 있다. 이러한 경우에 각 실연자의 실연을 따로따로 파악하여 각 실연자가 자신의 실연부분에 대해 개별적으로 저작인접권을 취득한다고 해석할 것인지, 아니면 여러 사람의 실연을 통합적으로 하나의 실연으로 파악하여 실연자 전원이 하나의 실연에 대해 저작인접권을 공동으로 행사한다고 볼 것인지의 문제이다. 여러 사람의 실연자가 공동으로 하나의 작품을 실연한 경우에 작품 전체의 원활한 이용을 촉진할 필

---

62) 대법원 2015. 12. 10. 선고 2013다219616 판결(현대백화점 사건).
63) 문화체육관광부·한국저작권위원회, 「개정 저작권법에 따른 상업용 음반(상업적 목적으로 공표된 음반) 바로알기」, 2016, 11면.

요가 있다는 점에서 저작인접권을 공동으로 행사하는 것이 바람직할 것이다. 이러한 경우에는 저작인접권을 대표자에 의해 행사하도록 정할 필요성이 크다고 할 것이다.[64] 이러한 관점에서 우리 저작권법은 공동실연과 관련하여 실연자의 권리는 공동으로 실연하는 자가 선출하는 대표자가 이를 행사하되, 대표자의 선출이 없는 경우에는 지휘자 또는 연출자 등이 이를 행사한다고 규정한다(제77조 제1항). 그리고 이에 따라 실연자의 권리를 행사하는 경우에 독창 또는 독주가 함께 실연된 때에는 독창자 또는 독주자의 동의를 얻도록 규정한다(제77조 제2항).

제3절 음반제작자의 보호

I. 음반제작자의 의의

1. 음반 및 음반제작자의 정의

저작권법상 '음반'(phonogram)이란 "음(음성·음향을 말한다. 이하 같다)이 유형물에 고정된 것(음을 디지털화한 것을 포함한다)을 말한다. 다만, 음이 영상과 함께 고정된 것은 제외한다"고 정의된다(제2조 제5호). 여기서 음(sounds)이란 음성 또는 음향을 말하므로 인간의 가창·연주음[65]은 물론이고 자연음(파도소리나 새소리), 기계음(효과음) 등을 의미한다. "음이 유형물에 고정된 것"이란 음이 유형물인 기록매체(media)에 수록되어 존재한다는 것, 다시 말해 기록매체에 고정되어 있는 음의 추상적 존재를 의미한다.[66] 그리고 음의 유형물에의 고정에는 음의 디지털화를 포함한다고 규정함으로써 전자기기를 사용하여 음으로 재생할 수 있도록 데이터 형태로 고정된 '디지털 음원' 자체도 음반에 해당한다고 정의한 것이다.[67] 다만, 음이 영상과 함께 고정된 것은 영상물 또는

---

64) 加戶守行, 「著作權法逐條講義」六訂新版, 著作權情報センター, 2013, 685~686면; 齊藤博, 「著作權法」 제3版, 有斐閣, 2007, 301면.

65) 대법원 2021. 6. 3. 선고 2020다244672 판결은 음반제작자의 저작인접권의 대상이 되는 '음반'이란 음반 제작과정에서 만들어지는 MR(Music Recorded) 파일, 즉 가수 목소리가 빠진 악기 연주만으로 제작된 음원도 포함된다고 하였다. 즉 음반제작자 저작인접권의 보호범위에 포함되는 음반이란 "음반 = 가수의 보컬 + 악기별 MR"이라는 취지이다.

66) 加戶守行, 위의 책, 28면.

67) 로마협약 제3조(b)는 음을 청각적으로 고정한 것만(exclusively aural fixation of sounds)이 음반에 해당한다고 규정하였다. 그런데 WIPO실연·음반조약(WPPT) 제2조(b)는 음의 표현이 고정

영상저작물에 해당하므로 음반의 개념에서 제외된다.

저작권법상 '음반제작자'(producer of phonogram)에게는 저작인접권이 인정되므로 누가 저작권법에서 정의하는 음반제작자, 즉 "음을 음반에 고정하는 데 있어 전체적으로 기획하고 책임을 지는 자"(제2조 제6호)에 해당하는지를 결정하는 것이 중요하다. 예컨대, 상업용 음반을 기계적으로 '리프레스'(repress)하여 제작하는 레코드회사가 저작권법상의 '음반제작자'인지, 아니면 음반을 기획한 후에 음을 음반에 고정하여 '마스터 테이프' 혹은 '마스터 CD'로 불리는 原盤을 제작하는 음반기획사 등이 저작권법상의 '음반제작자'인지 하는 문제이다. 우리나라에서는 1990년대 중반부터 이른바 '음원제작자'라는 용어가 음악 산업계에서 통용되고 있다. 이 용어가 생긴 배경에는 상업용 음반을 리프레스(repress)하여 제작·유통하는 레코드회사를 저작권법상의 음반제작자와 동일시하는 사회 일반의 시각을 바로잡기 위한 목적이 있었던 것으로 생각된다. 일본 음악 산업계에서는 原盤權이란 용어가 사용되고 있고 음반제작자를 원반제작자로 부르기도 한다. 그래서 원반권은 실무적으로 음반제작자의 권리를 의미하는 것으로 사용된다.[68] 대법원 판결도 원반이란 용어를 사용하면서 음반제작자란 원반의 기획, 녹음 및 편집, 홍보 등 제작 업무를 담당하면서 그 비용을 부담하는 자를 말한다고 판시한 바 있다.[69]

일반적으로 음반의 제작과정은 크게 나누어 ⓐ 음반의 원반을 기획, 녹음 및 편집, 홍보하는 등 원반 제작 업무를 수행하면서 그 비용을 부담하고 ⓑ 원반에 기하여 상업용 음반(ex 테이프나 CD 음반)을 제작하는 리프레스 과정으로 이루어진다. 이 중 원반의 제작자만이 저작권법상의 음반제작자이고 리프레스(repress)를 하는 쪽은 음반의 기계적 복제자에 지나지 않는다. 그러므로 음반제작의 실제과정에서 누가 법률적 주체로서 저작권법상 '음반제작자'에 해당하는 것인지를 파악하는 것이 중요하다. 만일 레코드회사가 ⓑ의 리프레스(repress)

된 것(the fixation… of a representation of sounds)도 음반에 포함된다고 규정함으로써 음의 형태로 고정된 것뿐 아니라 디지털 기술의 발전에 의해 전자기기를 사용하여 음으로 재생할 수 있는 데이터 형태로 고정된 것, 즉 '디지털 음원' 자체도 음반에 해당한다고 정의한다. 구 저작권법 (2016. 3. 22. 법률 제14083호로 개정되기 전의 것, 이하 같다)에서는 음이 유형물에 고정된 것을 '음반'이라 정의하고(제2조 제5호) 음을 디지털화한 것에 대해서는 그 포함 여부를 언급하지 않았지만, 구 저작권법의 '음반'에 관해서도 WPPT의 정의에 따라 디지털 음원을 포함하는 것으로 해석할 수 있었다. 현행 저작권법은 이를 명확히 하고자 음의 디지털화를 명시적으로 포함한 것이다.

68) 安藤和宏,「よくわかる音樂著作權ビジネス 基礎編」3訂版, Rittor Music, 2005, 11면.
69) 대법원 2006. 12. 22. 선고 2006다21002 판결(베이비복스 5.5집 스페셜 사건).

과정뿐 아니라 ⓐ의 과정까지 행하는 경우에는 레코드회사가 저작권법상 음반
제작자가 된다. 요컨대, ⓐ에 해당하는 과정을 행하는 자가 저작권법상 음반제
작자이다. 그러므로 기존의 레코드회사뿐 아니라 음악출판사나 음반기획사,[70]
연예매니지먼트사, 실연자[71] 등도 음반제작자가 될 수 있다. 또한 이들이 공동
으로 음반제작자가 되는 경우 등 다양한 형태가 있을 수 있다.[72] 나아가 방송
사업자나 영상제작자도 음반제작자에 해당하는 경우가 있다.[73]

　레코드회사가 음반제작자가 아닌 경우 레코드회사가 상업용 음반을 제작·
판매하기 위해서는 음반제작자로부터 독점적 이용허락을 얻는 계약(이 계약을
'원반공급계약'이라 부른다)을 체결하거나, 상업용 음반의 제작·판매를 위해 필
요한 범위 내에서 음반제작자의 권리를 양도받는 계약(이 계약을 '원반양도계약'
이라 부른다)을 체결하여야 한다. 원반양도계약은 영구적으로 양도받거나 일정
기간 동안, 즉 期限附로 양도받는 계약[74]으로 이루어진다. 이러한 원반공급계
약이나 원반양도계약의 경우 레코드회사는 음반제작자에게 상업용 음반의 판
매수량에 따라 정한 사용료를 그 대가로 지급하는 경우가 일반적이다.[75]

2. 보호받는 음반

　저작권법으로 보호받는 음반은 다음의 네 가지이다(제64조 제1항 제2호). ①
대한민국 국민(대한민국 법률에 따라 설립된 법인 및 대한민국 내에 주된 사무소가
있는 외국법인을 포함한다)을 음반제작자로 하는 음반, ② 음이 맨 처음 대한민
국 내에서 고정된 음반, ③ 대한민국이 가입 또는 체결한 조약에 따라 보호되
는 음반으로서 조약체결국 내에서 최초로 고정된 음반, ④ 대한민국이 가입
또는 체결한 조약에 따라 보호되는 음반으로서 조약체결국의 국민(해당 조약체
결국의 법률에 따라 설립된 법인 및 해당 조약체결국 내에 주된 사무소가 있는 법인을
포함한다)을 음반제작자로 하는 음반이다. 음반의 보호와 관련하여 우리나라가

---

70) 서울고법 2015. 3. 26. 선고 2014나25889 판결(장사익 사건)(심리불속행 상고기각).
71) 서울중앙지법 2006. 10. 10. 선고 2003가합66177 판결은 "가수가 음반에 수록될 곡을 직접 선정
　　하고 스스로 비용을 지출하여 녹음 작업 및 편집 과정을 거쳐 음반의 마스터테이프를 제작한 점
　　등에 비추어" 실연자인 가수가 음반제작자라고 판시하였다.
72) 공동으로 음반제작자가 되는 경우에는 그 권리를 행사하는 대표자를 정하는 것이 일반적이다.
73) 半田正夫·松田政行 編, 「著作權法コメンタール 1」第2版, 勁草書房, 2015, 102면(篠田憲明
　　집필) 참조.
74) 이러한 기한부 양도계약에 관해서는 제6장 제2절 III. 2. 다. '저작재산권의 기한부 양도' 참조.
75) 久保利英明·內田晴康, 「著作權ビジネス最前線」 三訂版, 中央經濟社, 1990, 204~210면; 前田
　　哲男·谷口元, 「音楽ビジネスの著作權」, 著作權情報センター, 2008, 179~180면 각 참조.

가입 또는 체결한 조약에는 현재 제네바음반협약과 WTO/TRIPs협정, 그리고 로마협약과 WIPO실연·음반조약이 있다. 이들 조약에 따라 보호 의무를 지는 국가에서 맨 처음 고정된 음반 또는 그 국가의 국민을 음반제작자로 하는 음반은 우리나라에서 보호를 받게 된다(③④) 또한 비록 이들 국가의 국민이 아니더라도 음반이 우리나라에서 맨 처음 고정되었다면 보호를 받을 수 있다(②). 로마협약은 음반의 보호와 관련하여 음반이 맨 처음 고정된 곳을 기준으로 하는 固定地主義와 맨 처음 발행된 곳을 기준으로 하는 發行地主義를 선택할 수 있도록 하고 있는데, 우리나라는 고정지주의에 따른 입법을 선택한 것이다.76)

Ⅱ. 음반제작자의 권리

1. 개   요

음반제작자에게 인정되는 저작인접권으로는 복제권(제78조), 배포권(제79조), 대여권(제80조), 전송권(제81조)이 있다. 그리고 저작인접권의 일종인 상업용 음반의 방송사용에 대한 보상청구권이 음반제작자에게도 인정된다(제82조). 그밖에도 음반의 디지털음성송신에 대한 보상청구권(제83조), 상업용 음반의 공연사용에 대한 보상청구권(제83조의2)도 음반제작자에게 인정된다고 규정한다.

2. 저작인접권

가. 복제권

음반제작자는 그의 음반을 복제할 권리를 가진다(제78조). 여기서 말하는 복제에는 녹음물에 수록되어 있는 음을 다른 고정물에 녹음하는 행위와 음반 그 자체를 리프레스(repress) 등의 방법에 의하여 增製하는 행위가 모두 포함된다. 복제는 음반에 복제하는 경우(리프레스)에 한정되지 않으므로 일단 음반에 최초 고정된 음을 영화의 사운드트랙에 수록하는 경우에도 본조가 적용된다. 또한 사운드트랙에 음반의 음이 수록된 해당 영화를 DVD 등에 증제하는 경우에도 본조의 복제권이 미친다.77) 다만, 실연의 경우와 마찬가지로 음반에 수록된 음 자체를 복제한 경우에만 복제권이 미칠 뿐이고, 음을 모방하여 녹음하

---

76) 임원선, 앞의 책, 323면.
77) 加戶守行, 앞의 책, 625면.

거나 다른 음반제작자가 동일한 악곡을 새롭게 녹음하여 고정한 것에는 음반
제작자의 복제권이 미치지 않는다.

　　한편, 하나의 음반에는 ① 작곡자, 작사자의 저작재산권, ② 실연자의 저
작인접권, ③ 음반제작자의 저작인접권이라는 "3층의 권리" 구조로 이루어진
권리들이 중첩하여 존재하며, 이들 권리는 각각 별개의 독립된 권리이다. 이처
럼 음반제작자의 저작인접권은 작곡자나 작사자의 저작물에 관한 저작재산권,
실연자의 음반에 수록된 실연에 관한 저작인접권과는 별개의 독립된 권리이지
만, 저작인접물인 음반의 복제·배포에는 필연적으로 그 음반에 수록된 저작물
의 이용이 수반되므로 음반제작자 자신도 그 저작물의 저작재산권자로부터 이
용허락을 받지 않으면 그 음반을 복제·배포할 수 없다.[78] 따라서 저작권자가
자신의 저작재산권 중 복제·배포권의 처분권한까지 음반제작자에게 부여하였
다거나, 또는 음반제작자로 하여금 저작인접물인 음반 이외에 저작권자의 저
작물에 대하여까지 이용허락을 할 수 있는 권한 내지 저작물의 이용권을 제3
자에게 양도할 수 있는 권한을 부여하였다는 등의 특별한 사정이 인정되지 않
는 한, 음반제작자에 의하여 제작된 원반 등 저작인접물에 수록된 내용 중 일
부씩을 발췌하여 이른바 '편집앨범'을 제작하고자 하는 자는 그 음반제작자의
저작인접물에 대한 이용허락 이외에 저작권자로부터도 음악저작물에 대한 이
용허락을 얻어야 한다.[79] 이와 마찬가지로 음반에 수록된 실연에 관한 가수
등 실연자의 저작인접권에 대해서도 음반제작계약 등에서 그 저작인접권이 음
반제작자에게 양도되는 것으로 계약이 체결되지 않는 한 실연자로부터 이용허
락을 받지 않으면 음반제작자는 그 음반을 복제·배포할 수 없다.[80]

　　나. 배포권·대여권

　　음반제작자는 그의 음반을 배포할 권리를 가진다(제79조 본문). 다만 음반
의 복제물이 음반제작자의 허락을 받아 판매 등의 방법으로 거래에 제공된 경
우에는 그러하지 아니하다(제79조 단서). 실연자의 배포권과 마찬가지로 음반제
작자의 배포권에도 최초판매원칙 또는 권리소진원칙이 적용되어 그 배포권이
제한된다. 또한, 음반제작자는 자신의 상업용 음반을 영리를 목적으로 대여할
권리를 가진다(제80조). 배포는 양도와 대여를 포함하는 넓은 개념이므로, 그
가운데 상업용 음반의 영리 목적의 대여에 한하여 최초판매원칙을 제한함으로

---

78) 대법원 2007. 2. 22. 선고 2005다74894 판결; 동 2006. 12. 22. 선고 2006다21002 판결.
79) 대법원 2006. 7. 13. 선고 2004다10756 판결.
80) 이에 관해서는, 본장 제2절 II. '실연자의 법적 지위 — 음반의 "3층의 권리" 구조' 참조.

써 배포권과는 구별되는 대여권을 부여한 것이다.

다. 전송권

음반제작자는 그의 음반을 전송할 권리를 가진다(제81조). 이 권리는 실연자의 전송권과 마찬가지로 WIPO실연·음반조약 제14조를 반영하여 입법한 것이다. 음반제작자는 자신의 음반을 공중의 구성원이 개별적으로 선택한 시간과 장소에서 접근할 수 있도록 이용에 제공하는 것을 허락할 권리를 가진다. 이로써 음반제작자는 자신의 음반을 주문형 서비스(ex 다운로드 또는 스트리밍 서비스) 방식으로 인터넷 등에서 제공하는 경우에 해당 음반에 수록된 곡의 저작자 및 그 음반에 자신의 실연을 고정한 실연자와 마찬가지로 통제권을 가진다.[81]

3. 보상청구권

음반제작자에게는 상업용 음반의 방송사용에 대한 보상청구권이 인정된다(제82조).[82] 음반제작자에게 인정되는 상업용 음반의 방송사용에 대한 보상청구권을 비롯하여 음반의 디지털음성송신에 대한 보상청구권(제83조), 상업용 음반의 공연사용에 대한 보상청구권(제83조의2)의 내용과 취지, 보상청구권자 및 그 청구권의 행사자 등에 관해서는 실연자의 보상청구권을 설명한 부분을 참조하기 바란다. 판례는 구 저작권법 제83조의2 판매용 음반의 공연사용에 대한 보상청구권 사건에서 음반제작자에게 보상청구권을 인정하는 것은 판매용 음반이 통상적으로 예정하고 있는 사용범위를 초과하여 공연에 사용되는 경우 그로 인하여 음반제작자의 음반판매 기회가 부당하게 상실될 우려가 있으므로 그 부분을 보상해 주고자 하는 데에 그 목적이 있다고 하였다. 또한 여기서 말하는 '판매용 음반'에는 불특정 다수인에게 판매할 목적으로 제작된 음반뿐만 아니라 어떠한 형태이든 판매를 통해 거래에 제공된 음반이 모두 포함되고 '사용'에는 판매용 음반을 직접 재생하는 직접사용뿐만 아니라 판매용 음반을 스트리밍 등의 방식을 통하여 재생하는 간접사용도 포함된다고 해석함이 타당하다고 판시하였다.[83] 이러한 판례의 해석은 현행 저작권법상 상업용 음

---

81) 임원선, 앞의 책, 316면, 325~326면 각 참조.
82) 방송사용에 대한 보상금의 징수 및 분배 등의 업무를 수행하도록 지정된 단체는 사단법인 한국연예제작자협회(약칭 연제협)이다. 현재는 연제협만이 위 업무뿐 아니라 디지털음성송신에의 사용(제83조) 및 공연사용(제83조의2)에 대해서도 각 보상청구권을 행사할 수 있는 독점적 지위를 부여받고 있다.
83) 대법원 2015. 12. 10. 선고 2013다219616 판결(현대백화점 사건).

반에 대해서도 그대로 타당하다. 다만 유의할 것은 상업용 음반의 방송이나 공연사용에 대해 음반제작자에게 보상청구권을 인정한 취지가 실연자의 경우와는 조금 다르다는 점이다. 즉 실연자에게는 방송권과 공연권을 인정하고 있지만 음반제작자에게는 이를 인정하고 있지 않기 때문에 그에 대한 입법보완으로서의 성격이 더 강하다는 점이다.84)

제4절 방송사업자의 보호

I. 방송사업자의 의의

1. 방송 및 방송사업자의 정의

저작권법은 방송이란 "공중송신 중 공중이 동시에 수신하게 할 목적으로 음·영상 또는 음과 영상 등을 송신하는 것을 말한다"고 정의한다(제2조 제8호).85) 이러한 방송의 정의에는 무선에 의한 경우는 물론 유선방송의 경우까지 포함된다. 라디오나 텔레비전방송프로그램을 인터넷을 통하여 실시간으로 청취하거나 시청할 수 있도록 하는 것, 즉 인터넷 송신(internet transmission)에 의한 사이멀 캐스팅(simulcasting)도 방송에 해당한다고 보는 것이 타당할 것이다. 다만, 2006년 저작권법은 라디오방송프로그램처럼 음성에 관한 실시간 웹캐스팅을 디지털음성송신으로 정의하여 방송이나 전송과 구별하고 있으므로 IP-TV와 같은 텔레비전방송프로그램의 실시간 웹캐스팅에 대해서만 방송에 해당한다고 보아야 할 것이다.

방송사업자란 "방송을 업으로 하는 자를 말한다"고 정의하므로(제2조 제9호) 유선방송사업자도 여기에 포함된다. 방송사업자의 전형적인 예가 텔레비전방송국이나 라디오방송국이다. 방송을 업으로 하는 자라는 것은 법인에 한정되는 것이 아니므로 개인도 방송사업자가 될 수 있다. 방송사업자는 방송프로그램을 제작하여 방송하는 데에 많은 인적 자원과 물적 설비를 투자하였기

---

84) 그러한 점에서 음반판매 기회의 상실을 보상한다는 취지는 부수적인 것이라 할 것이며 오히려 음반홍보에 기여하여 판매가 증가하는 경우도 있을 수 있다(같은 취지 加戶守行, 앞의 책, 628면 참조).

85) 방송법에서 방송이란 방송프로그램을 기획·편성 또는 제작하여 이를 공중에게 전기통신설비에 의하여 송신하는 텔레비전방송, 라디오방송, 데이터방송, 이동멀티미디어방송을 말한다고 정의한다(방송법 제2조 제1호).

때문에 저작인접권자로서 보호된다. 여기서 저작인접권의 보호대상인 '방송'이란 방송프로그램을 전달하는 신호, 즉 프로그램 전달신호(programme−carrying signal)라고 해석된다.[86] 전술한 음반제작자가 음반에 고정된 음악의 저작물성 여부와 관계없이 보호되는 것처럼 방송사업자도 자신이 제작한 방송프로그램의 저작물성 여부와 관계없이 방송사업자가 방송프로그램에 투자한 경제적 이익을 보호할 필요성 때문에 저작인접권자로서 보호된다. 만일 방송사업자가 제작한 방송프로그램이 저작물로 인정되는 경우라면 방송사업자는 저작인접권자임과 동시에 저작자로서도 보호를 받을 수 있다.

≪국제조약과 비교법적 관점에서 방송의 정의 및 방송사업자의 보호≫

'문학·예술저작물의 보호를 위한 베른협약'(약칭 베른협약)이나 '실연자·음반제작자 및 방송사업자의 보호를 위한 국제협약'(일명 로마협약) 또는 WIPO실연·음반조약에서 각 정의하는 방송이란 무선방송에 한정되는 개념이지만 각 조약은 그 회원국이 국내법으로 유선방송을 보호하는 것을 방해하지 않는다. WIPO는 1998년 11월 이른바 'WIPO 방송사업자의 보호를 위한 조약'을 제정하기 위해 '저작권 및 저작인접권에 관한 상설위원회'(Standing Committee on Copyright and Related Rights, SCCR) 제1차 회의를 개최한 이래 현재까지 논의가 계속 중이다.[87] SCCR에서는 방송의 정의와 관련하여 방송과 유선방송을 별도로 정의하는 안, 방송의 정의 중에 유선방송을 포함하는 안이 논의되고 있다. 또한 방송사업자의 보호범위와 관련하여 인터넷 송신(internet transmission)을 ① 사이멀 캐스팅(전통적인 방송사업자가 방송프로그램을 동시 또는 거의 동시에 웹캐스팅하는 것), ② 방송프로그램의 異時 웹캐스팅, ③ 방송프로그램의 주문형 송신, ④ 인터넷상에서 독자적으로 편성한 프로그램의 송신(웹캐스팅)의 4가지로 나누어 논의되고 있다. 이 중 ④에 대해서는 보호범위에서 제외하여야 한다는 점에 대해 대체적인 의견일치(consensus)가 이루어지고 있다. 한편, 독일 저작권법은 저작자의 방송권(Senderecht)이란 유선이나 무선을 불문하고 공중이 저작물에 접근할 수 있도록 허락하는 권리라고 규정하면서 간접적으로 방송을 정의한다(제20조).

---

86) 홍승기, "방송사업자의 동시중계방송권", 「법학연구」 제22집 제1호, 인하대 법학연구소, 2019. 3., 17면. 이러한 해석이 가능하게 된 계기는 'WIPO 방송사업자의 보호를 위한 조약'의 논의 과정 중 2007년 WIPO 총회에서 저작인접권의 보호대상인 '방송'에 대해 종래의 '콘텐츠에 기초한 접근법'(contents−based approach)이 아닌 '신호에 기초한 접근법'(signal−based approach)을 채택하였기 때문이다(윤종수, "저작인접권에 관한 고찰", 「사법논집」 제45집, 2007, 630면 이하 참조).

87) 2023년 3월 13일부터 17일까지 개최된 SCCR 제43차 회의가 가장 최근 논의이다.

우리 저작권법과 마찬가지로 방송에 유선과 무선의 방법을 모두 포함하는 입법
례이다. 독일 저작권법은 방송사업자(Sendeunternehmen)의 저작인접권에 대해
규정하는데, 이에는 유선방송(Kabelfunk)을 행하는 자도 포함된다(제87조). 일본
저작권법은 방송의 정의에서 무선방송만을 의미하는 것으로 규정하고(제2조 제1
항 제8호) 유선방송에 대해서는 별도의 정의규정을 두고 있다(제2조 제1항 제9호
의2). 일본 저작권법은 방송사업자를 저작인접권자로 보호할 뿐 아니라(제98조
내지 제100조) 유선방송사업자도 저작인접권자로 보호한다(제100조의2 내지 제
100조의5).

2. 보호받는 방송

저작권법으로 보호받는 방송은 다음의 세 가지이다(제64조 제1항 제3호). ①
대한민국 국민(대한민국 법률에 따라 설립된 법인 및 대한민국 내에 주된 사무소가
있는 외국법인을 포함한다)인 방송사업자의 방송, ② 대한민국 내에 있는 방송설
비로부터 행해지는 방송, ③ 대한민국이 가입 또는 체결한 조약에 따라 보호
되는 방송으로서 조약체결국의 국민인 방송사업자가 해당 조약체결국 내에 있
는 방송설비로부터 행하는 방송이다. 방송의 보호와 관련하여 우리나라가 가
입 또는 체결하고 있는 조약에는 WTO/TRIPs협정과 위성방송협정이 있다. 따
라서 우리나라에서는 WTO/TRIPs협정과 위성방송협정 가입국의 국민인 방송
사업자가 행하는 방송이 보호된다. 또한 국내에서 방송되는 외국인의 방송도
보호되는데, 예컨대 주한미군 방송이 이에 해당한다.[88]

Ⅱ. 방송사업자의 저작인접권

1. 복제권

방송사업자는 자신의 방송을 복제할 권리를 가진다(제84조). 예컨대, 방송
을 녹음·녹화하거나 사진 그 밖의 방법으로 복제하는 것이 여기에 해당한다.
녹음은 방송을 청각적인 형태로, 녹화는 시각적인 형태로 연속적인 고정을 하
는 것이며, 사진 그 밖의 방법은 방송을 시각적 형태의 정지적 영상 데이터로
고정하는 것을 말한다. 따라서 본조의 복제권은 방송의 고정 및 그 고정물의
增製에 관한 권리이다. 그러므로 본조의 권리는 주로 녹음물과 녹화물 등을

---

88) 임원선, 앞의 책, 330면.

대상으로 한 것으로서, 이들 고정물을 이용하여 방송프로그램이 공중에게 전달될 가능성을 방지함과 동시에 방송의 복제 단계에서 방송사업자의 권리가 작용되도록 하는 것이다.[89] 따라서 방송프로그램을 녹음·녹화하려고 하거나 텔레비전에 나오는 화면을 사진으로 촬영하려는 자는 방송사업자의 허락을 얻지 않으면 안 된다. 예컨대, 제3자가 텔레비전방송의 일부 장면을 영상물이나 정지화면으로 이용하고자 하는 경우 방송사업자의 복제권이 미친다. 이때 만일 일부 장면에 실연이 포함되어 있으면 실연자의 복제권도 미치므로(제69조) 제3자는 방송사업자의 허락과 함께 실연자의 허락도 얻어야 한다. 방송사업자의 복제권은 방송프로그램의 녹음·녹화뿐 아니라 그 녹음·녹화물을 또 다시 복제하는 것에도 미치므로, 텔레비전 드라마를 녹화하여 판매한 DVD를 임의로 녹화하여 이용할 수 없다.

2. 동시중계방송권

가. 내 용

방송사업자는 자신의 방송을 동시중계방송할 권리를 가진다(제85조). 본조는 로마협약의 재방송(rebroadcasting)에 상응하는 권리이다. 일반적으로 再放送(rebroadcast)이란 동시적 재방송과 異時的 재방송(repeat broadcast)을 포괄하는 의미로 사용되고 있지만,[90] 로마협약은 "'재방송'이란 방송사업자가 다른 방송사업자의 방송을 동시에 방송하는 것(simultaneous broadcasting)을 말한다"고 규정함으로써{제3조(g)} 이시적 재방송은 포함되지 않는다는 것을 명확히 하고 있다.[91] 우리 저작권법은 로마협약의 규정 취지를 입법에 반영하면서 그 의미를 더욱 분명히 하고 오해의 여지를 없애기 위해 '동시적 재방송' 혹은 '동시중계의 재방송'이라는 의미를 내포하는 동시중계방송권이란 용어를 사용하고 있다.

본조의 동시중계방송권이란 어떤 방송사업자의 방송을 다른 방송사업자가 수신하여 동시에 중계하여 재방송하는 경우를 말한다. 따라서 방송사업자의 권리란 다른 방송사업자가 자신의 방송을 수신하여 동시중계방송을 할 수 있게 허락하고 허락 없는 동시중계방송을 하지 못하도록 금지하는 권리이다.[92]

---

89) 허희성, 「2011 신저작권법 축조개설 하」, 명문프리컴, 2011, 451면.

90) 北川善太郞·齊藤博 監修, 「知的財産權辭典」, 三省堂, 184~185면{재방송(rebroadcast)}, 601~602면{리피트 방송(repeat broadcast)}.

91) WIPO, *GUIDE to the ROME CONVENTION and to the PHONOGRAMS CONVENTION*, 1981, 허희성 역, 「로마협약과 음반협약의 해설」, 한국저작권법학회, 1986, 33~34면.

92) 허희성, 「2011 신저작권법 축조개설 하」, 명문프리컴, 2011, 453면.

하급심 판결도 동시중계방송권이란 방송신호를 다른 지역에 설치한 안테나 등을 통하여 수신한 다음 이를 해당 지역에 재송신하거나 또는 제3자에게 그 재송신을 허용하거나 무단 재송신의 금지를 구할 수 있는 저작인접권을 말한다고 판시한다.[93] 요컨대, 본조의 실질적 의미는 이른바 해적방송을 행하는 자에 대해서 방송사업자가 이를 규제하여 금지시킬 수 있는 권리를 부여하였다는 데에 있다. 본조의 적용과 관련하여 한국방송공사(KBS)는 전국적 네트워크를 가진 법률상 하나의 방송사업자이므로 동시중계방송권이 적용될 여지가 없으며, 또한 MBC 방송의 경우에는 별개 법인인 서울MBC와 지방MBC 간에 '방송프로그램의 상호교환에 관한 계약'에 의해 본조가 적용되기 이전에 이미 계약으로 처리한 것이므로, 우리나라에서는 본조의 동시중계방송권이 적용될 여지가 없다는 견해가 있다.[94] 전국적인 단일 방송사업자인 한국방송공사에 대해서는 일리 있는 지적이지만, 주식회사 문화방송의 경우는 오히려 동시중계방송권이 적용되는 것을 전제로 위와 같은 계약이 체결되었다고 보는 것이 타당하다. 즉 서울MBC나 지방MBC가 각 동시중계방송권을 가지고 있기 때문에 위와 같은 계약을 체결할 권원이 생긴 것이라고 보아야 한다.[95]

나. 저작권법상 방송의 '수신'과 방송법상 '의무재송신'

본조의 동시중계방송권이란 방송사업자의 방송을 수신하여 동시에 중계하여 재방송하는 것을 말하므로, 방송의 수신행위는 본조의 적용대상이 아니며 저작권법상 의미를 가지지 않는다. 따라서 오로지 수신만을 가능하게 하고 이를 용이하게 하는 일체의 시설은 저작권법적으로 아무런 문제가 없다. 그런데 현실적으로는 저작권법의 동시중계방송권에 저촉하는 재송신행위와, 이에 저촉하지 않는 수신행위를 어떻게 구별할 것인지의 문제가 남아 있다. 예컨대, 12세대의 주거단지에서 사용하는 주거용 공동안테나는 수신행위를 위한 시설이고 재송신행위를 위한 시설이 아니라고 할 수 있다. 그러나 잡음제거와 주파수 변경을 하여 5가지 TV채널과 6가지 라디오 프로그램을 1.2 평방킬로미터 내의 약 6천 세대에게 제공하는 시설은 더 이상 단순한 수신시설이 아니라 재송신행위를 위한 시설이라고 인정될 것이다.[96] 이러한 전형적인 사례에서는

---

93) 서울고법 2011. 7. 20. 선고 2010나97688 판결(상고취하 확정).
94) 허희성, 「신저작권법 축조개설」, 범우사, 1988, 308~309면; 허희성, 위의 책, 453면.
95) 한승헌, 「정보화시대의 저작권」, 도서출판 나남, 1992, 183면.
96) Gerhard Schricker, *Urheberrechtliche Probleme des Kabelrundfunks*, Nomos, 1986, 土肥一史 譯, 「ケーブル放送と著作權法」, 信山社, 1995, 68~69면.

양자를 구별하기가 비교적 용이하지만, 실제 제기되는 다양한 사안들 속에서 방송사업자의 배타적 권리가 미치는 방송의 재송신행위와, 그렇지 않은 단순 수신행위를 명확히 구별하는 것은 어려운 일이다. 생각건대, 양자를 구별하기 위한 한 가지 방안으로는 계쟁 대상인 특정시설이 방송사업자의 전형적인 유형에 근접하는지, 아니면 수신행위를 위한 시설의 전형적인 유형에 근접하는지를 기준으로 하면서, 개별적인 사안에 따라 구별해 나가야 할 것이다. 이러한 경우에 방송의 재송신행위로 인정되기 위해서는 기업경제적인 사업자의 관여, 방송 송신 내용의 변경, 시스템 기술상의 이용, 가입자의 절대수의 많음 등과 같은 여러 요소들에 의해 이루어져야 할 것이다. 반면에 단순히 수신행위를 위한 시설의 유형이라고 할 수 있는 경우는 해당 시설을 운영하는 것이 수신자 자신이거나 그 임대인 또는 부동산관리단체일 것, 방송 송신의 내용에 변경이 가해지지 않을 것, 수신 상태가 '통상의' 상태와 비교하여 본질적으로 증강된 것이 아닐 것, 시설이 협소한 한정된 지역 주민에 한정하여 이용될 것 등의 요소들에 의해 이루어져야 할 것이다.[97]

한편, 본조의 동시중계방송권이 미치는 방송의 재송신행위와 관련하여 방송법상 일정한 조건에 해당할 때에는 재송신이 법률상 의무로서 부과됨으로써 동시중계방송권이 적용되지 않는 경우가 있다. 방송법은 의무재송신의 대상이 KBS1 채널 방송 및 EBS 채널 방송으로 규정되어 있으므로(방송법 제78조 제1항과 제2항), 이들 방송에 대해서는 저작권법의 동시중계방송권이 적용되지 않는다고 규정한다(방송법 제78조 제3항). 문제는 그 외의 채널 방송과 관련하여 해당 지상파방송사업자가 아닌 다른 방송사업자의 지상파방송을 수신 및 재송신하는 행위를 하였을 때 이것이 저작권법의 동시중계방송권 침해인지, 아니면 수신보조행위에 불과한 것인지 다투어질 수 있다. 실제로 종합유선방송사업자가 지상파방송사업자의 방송신호를 수신하여 실시간으로 가입자에게 재송신한 것이 지상파방송사업자의 동시중계방송권을 침해한 것인지, 아니면 수신보조행위에 불과한 것인지 문제된 사건들이 있었다.[98] 이들 사건 가운데 하급심 본안 사건 판결은, 종합유선방송사업자가 종합유선방송사업을 통해 가입자에게, 지상파방송사업자가 송신탑 등을 통해 공중에 송출하는 디지털 지상파방송의 방송신호를 종합유선방송사업자가 설치한 안테나 등으로 수신한 후 실시간으로 방송신호를 직접 또는 디지털 유선방송용 셋톱박스를 거쳐 가입자가

---

97) Gerhard Schricker, 위의 책, 73~74면.
98) 서울중앙지법 2009. 12. 31.자 2009카합3358 결정; 서울고법 2011. 6. 2.자 2010라109 결정.

보유한 텔레비전에 재송신한 사안에서, "종합유선방송사업자가 동시재송신을 통해 지상파방송사업자의 동시중계방송권을 침해하고 있고…동시재송신이 지상파방송사업자의 저작인접권을 침해하지 않는다고 평가할 정도로 사회통념상 단순히 수신의 영역에 머무르면서 가입자인 수신자의 수신을 보조하는 행위에 불과하다고 볼 수 없…으므로, 종합유선방송사업자의 디지털 지상파방송 동시재송신을 금지한다"고 판시하였다.99)

3. 공연권

2011년 저작권법(6월 30일 개정법)에서 방송사업자의 공연권을 신설하였다. 방송사업자는 공중의 접근이 가능한 장소에서 방송의 시청과 관련하여 입장료를 받는 경우에 그 방송을 공연할 권리를 가진다(제85조의2). 이는 방송을 시청할 수 있는 시설에서 그 방송의 시청에 대한 입장료 등 직접적인 반대급부를 받고 시청하게 하는 경우에 한하여 인정되는 권리이다. 상영의 대가로 입장료를 받지 않는다면 일반 업소(음식점, 술집 등)에서 방송프로그램을 상영하는 것에 대해서는 적용되지 않는다.100)

제5절 데이터베이스제작자의 보호

I. 서   론

데이터베이스는 정보의 편집물로서 정보화시대에 그 경제적 가치가 크고 인류의 지적 활동의 필수적인 기반이 된다는 점에서 그에 관한 보호는 경제적으로나 사회적으로 중요한 의미를 가진다.101) 그러나 데이터베이스는 그 제작에 막대한 노력이 요구되는 것과는 달리 데이터베이스로부터 정보를 무단으로 복제하는 것은 비교적 용이하다는 특성을 지닌다. 이러한 데이터베이스 침해의 위험은 디지털 형태의 데이터베이스가 나타나면서 더욱 증가하고 있다. 데이터베이스에 대한 적절한 법적 보호가 보장되지 않는다면 데이터베이스제작

---

99) 서울고법 2011. 7. 20. 선고 2010나97688 판결(상고취하 확정); 같은 취지 부산고법 2018. 8. 16.
    선고 2015나55441(본소), 2015나55458(반소), 2015나55465(병합) 판결(심리불속행기각 확정).
100)「한·EU FTA 개정 저작권법 해설」, 문화체육관광부/한국저작권위원회(2011. 7. 8.), 11면.
101) 정상조, "우리나라의 데이터베이스 보호",「세계의 언론법제」통권 제19호, 2006 상권, 7면.

자는 그 제작에 투자된 막대한 제작비용을 정보 이용자로부터 회수하지 못하고 손해를 입게 된다. 이로 인해 데이터베이스의 제작 및 투자 의욕을 감소시켜 데이터베이스 산업의 발전을 가로막는 결과가 초래될 수 있다.[102] 데이터베이스의 법적 보호의 필요성을 인식하여 2003년 저작권법은 창작성이 없는 데이터베이스라도 상당한 투자가 이루어진 경우에 데이터베이스제작자의 권리를 보호하도록 하는 내용을 규정하였다.

Ⅱ. 데이터베이스 및 데이터베이스제작자의 정의

1. 데이터베이스의 정의

가. 개 념

저작권법은 데이터베이스란 "소재를 체계적으로 배열 또는 구성한 편집물로서 개별적으로 그 소재에 접근하거나 그 소재를 검색할 수 있도록 한 것을 말한다"(제2조 제19호)고 정의한다. 여기서 편집물이란 "저작물이나 부호·문자·음·영상 그 밖의 형태의 자료(이하, '소재'라 한다)의 집합물"을 말한다(제2조 제17호). 요컨대, 데이터베이스란 ① 소재(정보, 데이터)의 집합물로서 ② 체계적으로 소재가 배열 또는 구성되어 ③ 개별적인 접근 또는 검색이 가능한 것을 말한다. 문제는 소재의 배열 또는 구성의 체계성의 의미이다. 소재의 배열에 체계성이 없더라도 그 구성에 체계성이 있으면 데이터베이스로서 보호대상이 되기 때문에 그 의미를 명확히 이해할 필요가 있다. 소재의 '배열'이 인간이 직접 인식 가능한 물리적인 순서인 데 비하여 '구성'이란 컴퓨터를 이용하는 이용자에게 효율적인 검색을 가능하게 하는 논리구조를 말한다. 즉 전자적으로 검색하는 데이터베이스는 종이 매체와는 달리 소재의 배열이 공간적인 위치가 부여되어 존재하지 않고 효율적인 검색을 목적으로 하여 결정되기 때문에 파일 내에서 소재가 어디에 저장되어 있는가는 중요하지 않다.[103] 전자적으로 검색하는 데이터베이스에서는 검색의 결과 이용자가 보는 데이터의 배열과 데이터베이스에 축적된 정보의 배열은 다른 것이므로 정보의 물리적 '배열'보다는 검색을 효율성 있게 수행하도록 '구성'하는 것이 중요하다.[104] 요컨대, 데이

102) 한지영, "저작권법상 데이터베이스 관련 규정의 해석에 관한 고찰", 「인권과 정의」, 2006. 3., 195~196면.
103) 蘆立順美, 「データベース保護制度論」, 信山社, 2004, 140~141면.
104) 梅谷眞人, 「データベースの法的保護」, 信山社, 1999, 11면; 東海保林, "データベースの著作

터베이스가 이용가치를 지니는 이유는 방대한 자료들의 집합물 중에서 원하는 정보를 용이하게 찾을 수 있다는 점에 있다. 그러므로 데이터베이스에서 요구되는 배열 또는 구성의 '체계성'이란 소재에 개별적으로 접근하거나 검색할 수 있도록 하기 위해 필요한 정도와 의미로 이해하는 것이 바람직하다.[105] 아울러 저작권법이 보호대상으로 하는 데이터베이스는 전자적으로 검색하는 것에 한정하지 않으므로 전자적 방법에 의한 검색은 물론이고 비전자적으로 검색 가능한 데이터베이스도 포함한다.

나. 보호받는 데이터베이스

저작권법으로 보호받는 데이터베이스제작자는 다음의 두 경우이다(제91조 제1항). ① 대한민국 국민(대한민국 법률에 따라 설립된 법인 및 대한민국 내에 주된 사무소가 있는 외국법인을 포함한다),[106] ② 데이터베이스의 보호와 관련하여 대한민국이 가입 또는 체결한 조약에 따라 보호되는 외국인이다. 문제는 아직 데이터베이스의 보호에 관한 국제조약이 존재하지 않으므로 외국인의 데이터베이스는 장래 조약이 체결되면 그에 따라 보호가 이루어질 것이다. 다만, 국제조약이 존재한다 하더라도 상호주의에 의해 그 보호가 제한된다.[107] 즉 외국인의 데이터베이스라도 그 외국에서 대한민국 국민의 데이터베이스를 보호하지 않는 경우에는 그에 상응하게 조약에 따른 보호를 제한할 수 있다(제91조 제2항). 그런데 보호대상이 되는 데이터베이스라고 하더라도 다음 두 가지 경우에는 그 보호가 적용되지 않는다. 첫째, 데이터베이스의 제작·갱신 등 또는 운영에 이용되는 컴퓨터프로그램, 둘째, 무선 또는 유선통신을 기술적으로 가능하게 하기 위하여 제작되거나 갱신 등이 되는 데이터베이스이다(제92조). 전자는 당연한 것으로 주의 규정으로 이해할 수 있다. 후자는 도메인이름 등록부와 인터넷 주소록 등과 같은 특정 부류의 데이터베이스를 보호하게 되면 네트워크 통신에 심대한 장애가 초래될 수 있으므로 미리 그 보호대상에서 제외한 것이다.[108]

物性", 「新·裁判實務大系(22)—著作權關係訴訟法」, 靑林書院, 2004, 186~187면.

105) 한지영, 앞의 논문, 203면.

106) 저작권법 제64조 제1항 제1호 가목 "대한민국 국민(대한민국 법률에 따라 설립된 법인 및 대한민국 내에 주된 사무소가 있는 외국법인을 포함한다. 이하 같다)이 행하는 실연"(밑줄은 저자) 참조.

107) 최경수, 「저작권법개론」, 한울, 2010, 357면.

108) 최경수, 위의 책, 358면; 임원선, 「실무자를 위한 저작권법」 제7판, 한국저작권위원회, 2022, 341면.

2. 데이터베이스제작자의 정의

저작권법은 데이터베이스제작자란 "데이터베이스의 제작 또는 그 소재의 갱신·검증 또는 보충(이하 '갱신 등'이라 한다)에 인적 또는 물적으로 상당한 투자를 한 자를 말한다"(제2조 제20호)고 정의한다. 해석상 유의해야 할 것은 '데이터베이스의 제작'과 '상당한 투자'의 의미이다. 먼저 '데이터베이스의 제작'에 어떠한 범위의 행위가 포함되는가이다. 특히 데이터베이스를 구성하는 소재 자체를 생산하는 행위가 데이터베이스의 제작에 해당하는지가 쟁점이다. 예컨대, 특정 경기에 관한 자료들로 이루어진 데이터베이스의 경우에, 만일 그 구성 자료들인 소재를 만들어내는 경기 운영 행위가 데이터베이스의 제작에 해당한다면, 경기 운영에 투자를 한 것만으로도 데이터베이스제작자가 될 수 있을 것이다.[109] 이와 관련하여, 유럽사법재판소는 영국 경마협회가 도박회사(William Hill)를 상대로 경마협회의 데이터베이스를 무단 이용하였다고 제소한 사건에서, 소재(데이터)의 '생산'은 데이터베이스의 '제작'에 해당하지 않는다고 판시하였다.[110] 이 사건에서 유럽사법재판소는 영국 경마협회가 경주대회를 조직하기 위해 경주일시, 장소, 명칭과 경주마를 결정하는 데에 행한 투자는 데이터베이스를 구성하는 소재(데이터) 자체의 생산을 위한 투자일 뿐이므로, 이를 제외하고 기존의 소재를 수집·배열·구성하는 데이터베이스의 '제작'행위만을 고려한 결과 데이터베이스의 제작을 위한 상당한 투자가 이루어지지 않았다고 판단하여 영국 경마협회는 데이터베이스의 제작자로서 보호받지 못한다고 판시하였다.[111] 이처럼 소재(데이터)의 '생산'과 데이터베이스의 '제작'을 구별하는 취지에서 우리 하급심 판결은 소재 자체는 사용자들이 만들었더라도 UCC(User Created Contents) 사이트 운영자가 해당 사이트를 운영하면서 체계와 카테고리, 항목 등을 설계하였을 뿐만 아니라 그 소재의 갱신·검증·보충을 위해 인적·물적으로 상당한 투자를 하였고 체계적 검색 기능도 도입하였으므로 데이터베이스제작자에 해당한다고 판시하였다.[112]

한편, 데이터베이스제작자가 되기 위해서는 '인적 또는 물적으로 상당한 투자'를 하여야 하는데, '상당성'이란 용어는 불확정 개념이기 때문에 그 해석과 관련하여 많은 어려움이 제기된다. 사례별 해석을 통한 판례의 집적을 기

---

109) 한지영, 앞의 논문, 203면.
110) 유럽사법재판소 2004년 11월 9일 판결.
111) 한지영, 앞의 논문, 206면.
112) 서울고법 2016. 12. 15. 선고 2015나2074198 판결.

대할 수밖에 없을 것이다. 참고로 '투자의 상당성'과 관련하여 유럽 각국의 판결들은 다음의 기준에 따라 판단하였다고 한다. ① 데이터베이스를 구성하기 위해 지출된 비용의 정도, ② 데이터베이스의 외양(수집된 데이터의 양적 규모, 데이터가 웹사이트에서 제시되는 모양을 디자인하였는지 여부, 디지털 형태로의 정보 전환 여부 등), ③ 데이터베이스가 보호할 가치가 있는지(개별 사건에서는 정보의 가치를 광범위하게 인정) 여부 등을 판단 기준으로 삼았다는 것이다.[113] 결국 데이터베이스제작자의 권리로 데이터베이스가 보호되기 위해서는 투자의 상당성을 판단하는 문제가 관건이 되는데, 상당성의 판단은 투자보호의 관점에서 질적인 면과 양적인 면을 모두 고려하면서 구체적인 사안에 따라 법관의 재량에 의하여 판단되어야 할 법원의 몫이라고 할 것이다.[114]

Ⅲ. 데이터베이스제작자의 권리

1. 입법취지

종래에는 소재의 선택이나 배열 또는 구성에 창작성이 있는 편집물(데이터베이스 포함)은 저작권법으로 보호되었지만, 많은 자본과 노력을 투자하여 모든 소재를 빠짐없이 일반적인 방법(가령, 가나다순)으로 구축한 데이터베이스는 저작권법으로 보호받지 못하였다. 이에 따라 창작성에 따른 보호가 아니라 투자를 기반으로 한 보호의 필요성이 대두되었다. 그 대표적 입법례가 창작성 유무에 관계없이 편집물을 독자적인(sui generis) 권리로서 파악하여 15년간 보호하는 '유럽연합 데이터베이스 지침'(Directive 96/6/EC on the Legal Protection of Database of the European Parliament and of the Council of 11 March 1996)이다. 유럽연합 국가들(독일, 프랑스 등)을 비롯한 세계 40여 개국에서 이를 입법화하여 시행하고 있다. 유럽연합 데이터베이스 지침은 데이터베이스제작자에게 저작인접권에 유사한 권리를 부여하는 방식을 채택하고 있는데,[115] 이에 영향을 받아 우리나라 2003년 저작권법도 데이터베이스를 '저작인접권에 유사한 권리'로서 보호하게 되었다.[116] 만일 데이터베이스의 소재의 선택이나 배열 또는

---

113) 한지영, 앞의 논문, 206~207면.
114) 박익환, "데이터베이스의 보호", 「사이버지적재산권법」, 법영사, 2004, 176면.
115) 안효질, "데이터베이스의 보호에 관한 유럽공동체의 동향", 「계간 저작권」, 1997 여름호, 35~36면.
116) 그러나 우리 저작권법이 '저작인접권 유사의 권리'로서 창작성 없는 데이터베이스를 보호하는
     것은 저작권법의 목적 및 취지에 반할 뿐만 아니라 지적재산권 보호의 헌법적 근거인 헌법 제
     22조 제2항에 위반될 소지가 있다는 비판을 받고 있다(정상조, 앞의 논문, 24면; 같은 취지, 한

구성에 창작성이 인정되면 편집저작물로서 보호된다. 따라서 데이터베이스제작자의 권리를 보유한 자와 편집저작물의 저작자가 동일인이라면 해당 데이터베이스는 데이터베이스제작자의 권리와 편집저작물의 저작권에 의해 중첩적으로 보호된다.

2. 권리의 성격

저작권법은 데이터베이스제작자의 권리에 대하여 '저작인접권에 유사한 권리'로서 보호한다(제4장 제91조 내지 제98조). 기존의 저작인접권이 文化的 산물이라면 데이터베이스제작자의 권리는 文化産業的 산물이라고 할 수 있고, 전자가 저작인접권 그 자체를 규정한 것이라면, 후자는 '저작인접권에 유사한 권리'를 채택하여 규정한 것이라고 이해할 수 있다.

3. 권리의 내용

가. 복제·배포·방송 또는 전송권

데이터베이스제작자는 그의 데이터베이스의 전부 또는 상당한 부분을 복제·배포·방송 또는 전송(이하 '복제 등'이라 한다)할 권리를 가진다(제93조 제1항). 여기서는 '데이터베이스의 상당한 부분'의 구체적 의미가 해석상 문제될 수 있다. 이에 관해 유럽연합 데이터베이스 지침은 '量的 그리고/또는 質的으로 상당한 부분'(qualitatively and/or quantitatively substantial part)이라고 규정한다.[117] 이에 따르면 '양적 상당성'과 '질적 상당성'을 종합적으로 고려하여 판단해야 한다는 의미로 이해할 수 있다. 하급심 판결 중에는 데이터베이스제작자의 권리 침해와 관련하여 '상당한' 부분의 복제 등에 해당하기 위해서는 기본적으로 '양적 상당성'과 '질적 상당성' 기준을 모두 고려하여 판단하여야 한다는 관점을 취하는 것을 전제로 하면서 구체적 사안에서 양적으로 적은 양만을 이용하였다 하더라도 그 이용된 부분이 데이터베이스 전체에서 질적으로 중요한 부분을 차지하고 있다면 그 질적인 상당성을 침해 여부를 판단하는 기준으로 삼아야 한다고 판단한 것이 있다.[118] 그 후 대법원 판결은 "상당한 부분의

지영, "데이터베이스의 법적 보호에 관한 연구", 서울대 대학원 법학박사 학위논문, 2005. 8., 167면; 박성호, "지적재산권에 관한 헌법 제22조 제2항의 의미와 내용", 「법학논총」 제24권 제1호, 한양대 법학연구소, 2007. 4., 112면).

117) 유럽공동체 데이터베이스 보호지침 제7조 제1항.

118) 서울고법 2010. 6. 9. 선고 2009나96306 판결(확정)('물가정보지' 사건). 이 판결은 원고의 데이터베이스가 20여만 건의 가격정보로 구성되어 있는데 피고가 그 중 아주 적은 양인 7천여 건을

414 제5장 저작인접권 등

복제 등에 해당하는지를 판단할 때는 양적인 측면만이 아니라 질적인 측면도
함께 고려하여야 한다"고 판시하고[119) "양적으로 상당한 부분인지 여부는 복
제 등이 된 부분을 전체 데이터베이스의 규모와 비교하여 판단하여야 하며,
질적으로 상당한 부분인지 여부는 복제 등이 된 부분에 포함되어 있는 개별
소재 자체의 가치나 그 개별 소재의 생산에 들어간 투자가 아니라 데이터베이
스제작자가 그 복제 등이 된 부분의 제작 또는 그 소재의 갱신·검증 또는 보충
에 인적 또는 물적으로 상당한 투자를 하였는지를 기준으로 제반 사정에 비추
어 판단하여야 한다"고 하였다.[120)

　　데이터베이스의 개별 소재는 해당 데이터베이스의 상당한 부분으로 간주
되지 아니한다(제93조 제2항 본문). 이같이 규정한 이유는 데이터베이스제작자
의 정당한 이익을 보호하면서도 정보의 원활한 유통이 저해되지 않도록 하기
위해서 데이터베이스의 개별 소재는 보호대상이 되지 않게 한 것이다. 다만,
데이터베이스의 개별 소재 또는 그 상당한 부분에 이르지 못하는 부분의 복제
등이라 하더라도 반복적이거나 특정한 목적을 위하여 체계적으로 함으로써 해
당 데이터베이스의 일반적인 이용과 충돌하거나 데이터베이스제작자의 이익
을 부당하게 해치는 경우에는 당해 데이터베이스의 상당한 부분의 복제 등으
로 본다(제93조 제2항 단서).[121) 이는 데이터베이스의 상당한 부분에 이르지 못
하는 부분의 복제 등이라 하더라도 일정한 경우에 해당하는 때에는 상당한 부
분의 복제 등으로 의제하여 권리보호를 확장한다는 취지이다. 데이터베이스제
작자의 권리가 이 침해간주 규정에 의해 그 보호범위마저 확장된다면, 정보

　　분기별로 이용하였지만 피고가 무단 이용한 가격정보는 검색순위 1위부터 100위 사이에 이르
　　는 이용빈도가 높은 정보들로 구성되어 있어서 적은 양이지만 질적인 상당성을 기준으로 침해
　　라고 판단하였다. 이 판결에 대한 해설로는, 함석천, "데이터베이스제작자의 권리 인정의 요
　　건", 「Law&Technology」 제7권 제1호, 서울대 기술과법센터, 2011. 1., 124면 이하.

119) 대법원 2022. 5. 12. 선고 2021도1533 판결('야놀자' 사건). 다만, 이 판결의 한계로서 양적 상
　　당성과 질적 상당성 양자의 관계를 명확히 설정하지 않았다는 점을 지적하면서 양자 중 어느
　　하나만 충족하더라도 그 침해를 인정할 수 있다는 견해로는, 류시원, "저작권법상 데이터베이
　　스 보호규정의 재검토", 「지식재산연구」 제18권 제1호, 2023. 3., 35~36면 참조.

120) 前註의 대법원 판결은 결론적으로 피고인들이 수집한 정보는 다른 이용자들도 앱을 이용하면
　　얻을 수 있고 피고인들의 크롤링 프로그램은 피해자의 데이터베이스에 무단 접근한 것이 아
　　니라 피해자가 제공하는 AIP 서버에 문의하여 제공받은 것이라고 하여 데이터베이스제작자의
　　권리 침해를 부정하였다.

121) 서울고법 2017. 4. 6. 선고 2016나2019365 판결(심리불속행 기각)('잡코리아' 사건)은 영업에
　　이용할 목적으로 반복적, 체계적으로 경쟁자 데이터베이스의 채용정보 부분을 복제하여 게재
　　함으로써 데이터베이스제작자의 권리를 침해하였다고 판단하였다.

독점화의 위험은 더 높아지게 되고 그만큼 거래의 안전을 해칠 수 있게 된다는 점에 유의하여야 한다.[122] 그러한 점에서 이 침해간주 규정은 데이터베이스제작자의 권리를 적극적으로 확대하는 근거로 삼을 것이 아니라 구체적 사안에서 데이터베이스제작자의 권리가 인정되는 경우에 데이터베이스의 개별 소재를 이용하였을 뿐이라는 피고의 주장을 배척하는 해석 기준 정도로만 고려하는 것이 타당할 것이다.[123]

이와 관련하여 대법원 판결은 "데이터베이스의 개별 소재 또는 상당한 부분에 이르지 못하는 부분의 반복적이거나 특정한 목적을 위한 체계적 복제 등에 의한 데이터베이스제작자의 권리 침해는 데이터베이스의 개별 소재 또는 상당하지 않은 부분에 대한 반복적이고 체계적인 복제 등으로 결국 상당한 부분의 복제 등을 한 것과 같은 결과를 발생하게 한 경우에 한하여 인정함이 타당하다"고 판시하였다.[124] 이는 침해간주 규정에 의해 데이터베이스제작자의 권리가 확대 적용되지 않도록 판단 기준을 제시하였다는 점에서 의미가 있다.

나. 권리의 대상

데이터베이스제작자의 권리의 보호는 데이터베이스의 구성부분이 되는 소재 그 자체에는 미치지 아니한다(제93조 제4항). 이처럼 규정한 이유는 데이터베이스제작자의 권리 보호가 데이터베이스의 구성부분이 되는 소재 자체에는 미치지 않도록 함으로써 '소재 그 자체'에 새로운 권리가 창설되는 것이 아니라 소재를 체계적으로 배열 또는 구성한 '데이터베이스의 전부 또는 상당 부분'이 보호되는 권리의 대상이라는 것을 분명히 하기 위해서이다.

문제는 데이터베이스를 구성하는 소재의 상당 부분을 이용하면서 그 소재의 배열이나 구성의 체계만을 달리한 경우 데이터베이스제작자의 권리 침해에 해당하는지 여부이다. 저작권법이 데이터베이스제작자의 권리를 보호하는 것은 데이터베이스의 제작 또는 그 소재의 갱신·검증·보충에 인적 또는 물적으로 상당한 투자를 하였기 때문이다. 이러한 입법취지에 비추어 볼 때 데이터

---

122) 박익환, 앞의 논문, 177면; 함석천, 앞의 논문, 129면. 후자의 논문은 저작권법 제93조 제2항 단서의 삭제도 고려해 보아야 한다는 입법론도 제안한다(위 같은 면).
123) 이러한 취지의 판결로는 서울고법 2010. 6. 9. 선고 2009나96306 판결(확정)('물가정보지' 사건); 함석천, 앞의 논문, 129면.
124) 대법원 2022. 5. 12. 선고 2021도1533 판결('야놀자' 사건). 다만, 저작권법 제93조 제2항 단서는 "반복적이거나 …체계적으로"라고 규정하였음에도 이 판결에서는 "반복적이고 체계적으로"라고 판시하였다는 점에서 법문언상 표현과 어긋나는 판시 부분이 존재한다는 문제점이 있다. 이에 관해서는 류시원, 앞의 논문, 37면 참조.

베이스를 구성하는 소재의 상당 부분을 이용하면서 그 배열이나 구성을 달리하였더라도 침해라고 보아야 한다.[125]

다. 권리의 침해판단

데이터베이스제작자의 권리의 침해판단에 관한 하급심 판례 중 '법조인대관' 사건이 있다. 신청인은 법조인 인물정보 데이터베이스를 서비스하고 있었는데 피신청인이 이를 무단으로 이용하여 유사한 검색 및 열람서비스를 제공하자 데이터베이스제작자 권리의 침해금지 가처분 신청을 제기한 사안이다. 이에 대해 법원은 "피신청인 회사가 제공하는 데이터베이스는 신청인 회사의 법조인대관의 구성 항목 대부분을 포함하고 있을 뿐 아니라 소재의 내용과 배열 역시 동일 또는 유사"하고 "법조인대관 데이터베이스의 오류들까지 공통적으로 발견되는 만큼 신청인 회사의 권리를 침해하였다"고 판단하여 가처분 신청을 받아들였다.[126]

제6절 저작인접권 등의 보호기간

I. 저작인접권의 보호기간

1. 보호기간 개요

실연자의 인격권을 제외한 저작인접권은 다음의 각 경우에 해당하는 때부터 발생한다. ① 실연의 경우는 그 실연을 한 때, ② 음반의 경우는 그 음을 맨 처음 음반에 고정한 때, ③ 방송의 경우는 그 방송을 한 때이다(제86조 제1항). 저작인접권은 다음의 각 경우에 해당하는 때의 다음 해부터 기산하여 70년(방송의 경우는 50년)간 존속한다.[127] ㉮ 실연의 경우는 그 실연을 한 때, 다만 실연을 한 때부터 50년 이내에 실연이 고정된 음반이 발행된 경우에는 음반을 발행한 때, ㉯ 음반의 경우는 그 음반을 발행한 때, 다만 음을 음반에 맨 처음 고정한 때의 다음 해부터 기산하여 50년이 경과한 때까지 음반을 발행하지 아니한 경우에는 음을 음반에 맨 처음 고정한 때, ㉰ 방송의 경우는 그 방

---

125) 오승종, 「저작권법」 제5판, 박영사, 2020, 1068면.
126) 서울중앙지법 2009. 10. 18.자 2008카합1775 결정('법조인대관' 사건).
127) 2011년 저작권법(12월 2일 개정법)은 방송을 제외한 저작인접권의 보호기간을 50년에서 70년으로 20년 연장하였다(2013년 8월 1일 시행).

송을 한 때이다(제86조 제2항).

실연과 방송의 경우는 그 실연을 하거나 그 방송을 한 때부터 권리가 발생하고 그 다음해부터 기산하여 실연의 경우는 70년간, 방송의 경우는 50년간 존속한다(①㉮, ③㉰). 그러나 음반의 경우는 그 음을 맨 처음 음반에 고정한 때부터 권리가 발생하지만(②), 그 권리보호기간은 그 음반을 발행한 때의 다음 해부터 기산하는 점에서 차이가 있다(㉯). 다만, 음을 맨 처음 고정한 때의 다음 해부터 기산하여 50년이 경과한 때까지 음반을 발행하지 아니한 경우는 음을 맨 처음 고정한 때부터 기산한다(㉯). 저작인접권의 일종인 실연자의 보상청구권, 음반제작자의 보상청구권의 경우도 마찬가지이다.[128] 저작인접권의 발생시점과 보호기간의 기산시점을 분리하고, 음반의 보호기간의 기산점을 '고정'에서 '발행'한 때로 변경한 것은 2006년 저작권법부터이다. 음반의 보호기간과 관련하여, 2006년 저작권법 이전까지 우리나라는 음반에 음이 맨 처음 '고정'된 때를 그 보호기간의 기산점으로 채택해왔다. 음반의 보호기간의 기산점에 대해서는 로마협약 제14조(a) 및 WTO/TRIPs 제14조(5)는 모두 음반에 음이 '고정'된 때를 기산점이라고 규정한다. 이와 같이 보호기간의 기산점을 음반에 음이 맨 처음 고정된 때로 하면, 한 장의 CD앨범에 보호기간의 만료시점이 제각각 다른 여러 '음원'들이 수록됨으로써 권리자·이용자 모두에게 불편하고 번거로운 일이 발생한다. 그래서 이러한 불합리성을 해소하기 위해 WIPO실연·음반조약 제17조 제2항은 음반의 보호기간의 기산점을 음반이 '발행'된 때(고정 후 50년 이내에 발생되지 않은 경우는 고정된 때)라고 규정한 것이고, 2006년 저작권법은 이러한 규정을 따른 것이다. 실연자의 인격권에 대해서는 별도의 보호기간이 적용된다. 저작권법은 저작자에 대해서는 사망 후에도 그 인격적 이익을 보호하지만(제14조 제2항, 제128조), 실연자에게는 그러한 보호를 부여하지 않고 있다. 따라서 실연자의 인격권은 실연자의 일신에 전속하므로 그의 사망과 더불어 종료되는 것으로 보아야 한다.[129]

---

128) 유의할 것은 실연자의 보상을 받을 수 있는 법적 지위로서의 보상청구권(전자)과 이에 따라 구체적으로 발생한 금전채권으로서의 보상청구권(후자)을 구별해야 한다는 점이다(加戶守行, 앞의 책, 599면 참조). 전자는 저작인접권의 보호기간과 그 운명을 같이하지만 후자는 민법 제162조 제1항에 따라 10년이 경과하면 소멸한다(서울고법 2001. 9. 4. 선고 2001나15127 판결). 음반제작자의 보상청구권의 경우도 마찬가지이다.

129) 임원선, 앞의 책, 311면.

2. 보호기간의 연장 특례와 그 문제점

가. 특례규정의 내용

2011년 저작권법(12월 2일 개정법, 2013년 8월 1일 시행) 부칙 제4조 제1항 내지 제4항은 저작인접권의 보호기간을 연장하는 특례에 관하여 규정한다. 이 것은 1987년 7월 1일부터 1994년 6월 30일 사이에 발생한 저작인접권에 대한 보호기간을 연장하는 것을 내용으로 한다. 특히 보호기간의 연장을 규정한 부 칙 제4조에 '저작인접권 보호기간의 특례'라는 표제를 사용한 까닭은 다음과 같다. 1986년 저작권법(1987년 7월 1일 시행)은 저작인접권의 보호기간을 20년 으로 규정하였는데, 1994년 저작권법(1994년 7월 1일 시행)은 저작인접권의 보 호기간을 50년으로 연장하여 규정하면서 같은 법 부칙에서 1987년 7월 1일부 터 1994년 6월 30일 사이에 발생한 저작인접권(이하, '특례 대상 저작인접권')을 보호기간의 연장 대상에서 제외하였다. 이에 따라 특례 대상 저작인접권의 상 당수는 2011년 저작권법(12월 2일 개정법) 시행 전에 이미 소멸한 상태에 있었 다. 그런데 2011년 저작권법(12월 2일 개정법) 부칙 제4조 제2항은 특례 대상 저작인접권 중 2011년 저작권법 시행 전에 보호기간 20년이 경과하여 소멸한 저작인접권을 2011년 저작권법 시행일인 2013년 8월 1일부터 회복하여 저작 인접권자에게 귀속하되, 회복되는 보호기간은 특례 대상 저작인접권이 처음 발생한 때의 다음 해부터 기산하여 50년간 존속하는 것으로 하여 보호되었더 라면 인정되었을 보호기간의 잔여기간 동안 존속한다고 규정한다.

나. 특례규정의 문제점

저작인접권의 보호기간 연장 특례 규정의 문제점은 이미 보호기간이 만료 되어 저작인접권이 소멸함으로써 公有(public domain)의 대상이 된 저작인접물 을 그 공유의 대상에서 부활시켜 종전 권리자에게 귀속시켰다는 데에 있다. 公有란 "저작권이나 특허에 의해 보호되지 않는 출판, 발명 및 방법의 영역"으 로서 "공유 상태에 놓인 지적재산에 대해서는 누구라도 침해책임을 지지 않고 이용할 수 있게 된다."130) 다시 말해 "공유란 어떤 형태의 지적재산권에 의해 서도 발명, 창작물, 상업심벌이나 그 밖의 창작품이 보호되지 않는 상태에 있 는 것으로서, 공유란 지적재산권이 제한·배제되는 원칙을 말한다."131) 요컨대,

---

130) Bryan A. Garner (ed.), *Black's Law Dictionary*, 7th ed., West Group, 1999, p.1243.
131) J. Thomas McCarthy, *McCarthy on Trademarks and Unfair Competition*, 3d ed., 1996, §1.01[2], pp.1~3; *Black's Law Dictionary*, p.1243에서 재인용.

공유란 지적재산권이 제한·배제되어 일반 공중의 자유로운 이용이 가능한 상태를 말한다. 저작권이나 특허권과 같은 지적재산권에는 권리보호요건, 보호기간의 한정 등과 같은 내재적 한계가 설정되어 있는데, 가령 저작권에 있어서 그 보호기간의 한정, 창작성 요건, 아이디어와 표현의 이분법 등은 公有의 영역을 유지·확보하는 데에 기여를 한다.132) 공유의 대상에 속하는 저작물 등을 만인이 자유롭게 이용하고 향유할 수 있는 것을 가리켜 일부 논자들은 법적으로 보호되지 않는 반사적 이익이나 기대이익에 불과한 것이라고 말하지만, 이는 19세기적 낡은 권리관념의 소산일 뿐 아니라 저작권 정책(copyright policy)이 공유 정책(public domain policy)과 동전의 앞·뒷면 관계에 있다는 것조차 몰이해한 것이다. 공유 정책의 관점에서 보면, 이미 확보된 공유의 대상을 유지·관리해 달라고 국민들이 국가에 대해 요구하는 것은 법적으로 보호받아야 할 이익일 뿐 아니라 이미 하나의 권리라고 보아야 한다.133)

저작인접권의 보호기간 연장 특례규정의 비교법적 논거로서 미국 연방대법원이 2012년 1월 18일 합헌이라고 선고한 Golan v. Hoder 사건 판결134)을 들기도 하는데,135) 이것은 미국 내에서 이미 소멸한 미국인의 저작권을 미국 저작권법을 개정하여 회복시킨 사안이 아니라, 종래 미국 저작권법이 요구하던 방식주의를 이행하지 않아 미국 내에서는 보호되지 않던 외국인의 저작물 가운데 해당 외국인의 본국이 베른협약 가입국이고 그 외국에서 아직 저작권이 만료되지 않은 저작물의 저작권을 미국 내에서 회복하는 것에 관한 것이다. 이것은 마치 우리나라 1996년 저작권법 부칙 제3조 제1항이 1987년 10월 1일 전에 발행된 외국인의 저작물 중 해당 외국인의 본국에서는 보호되고 있음에도 1986년 저작권법 제3조 제1항 단서136)로 말미암아 우리나라에서 보호

---

132) J. Litman, "The Public Domain", 39 *Emory Law Journal*, 1990, p.975; Lucie Guibault, *Copyright Limitations and Contracts*, Kluwer Law International, 2002, p.15에서 재인용.

133) 헌법재판소 2013. 11. 28. 선고 2012헌마770 결정은 "종래 청구인이 음반을 제작함에 있어 누렸던 음원을 무상으로 사용할 수 있는 이익은 저작인접권자의 권리가 소멸함으로 인하여 얻을 수 있는 반사적 이익에 불과할 뿐 헌법이 보장하는 재산권이라 할 수 없다"는 등의 이유를 들어 2011년 저작권법(12월 2일 개정법) 부칙 제4조 위헌확인심판청구를 기각하였다. 헌재의 위 결정은 공유(public domain)의 대상이라는 관점에서 볼 때에 의문이다. 위 헌재 결정에 대해 소급입법에 의한 재산권 침해 여부, 직업의 자유 침해 여부 등의 쟁점으로 나누어 비판적으로 검토한 평석으로는, 이규홍, "저작권법의 개정에 의한 소멸된 저작인접권의 회복", 「정보법 판례백선(II)」, 박영사, 2016, 265~274면 참조.

134) Golan v. Holder, 132 S.Ct. 873 (2012).

135) 가령, 임원선, 앞의 책, 305~306면.

136) 1986년 저작권법 제3조 제1항 "외국인의 저작물은 대한민국이 가입 또는 체결한 조약에 따라

되지 않던 외국인의 저작물을 '회복저작물'(restored works)로서 보호하게 된 것과 법리적인 면에서는 전적으로 동일한 사안이다. 요컨대, 위 Golan v. Hoder 사건 판결은 내국인의 저작(인접)권이 보호기간의 만료로 소멸한 뒤에 저작권법을 개정하여 회복시킨 사안이 아니라 외국인 저작물의 국제적 보호 문제에 관한 사안이라는 점에 유의하여야 한다.

Ⅱ. 데이터베이스제작자의 권리의 보호기간

데이터베이스제작자의 권리는 데이터베이스의 제작을 완료한 때부터 발생하며, 그 다음 해부터 기산하여 5년간 존속한다(제95조 제1항). 데이터베이스의 갱신 등을 위하여 인적 또는 물적으로 상당한 투자가 이루어진 경우에 당해 부분에 대한 데이터베이스제작자의 권리는 그 갱신 등을 한 때부터 발생하며, 그 다음 해부터 기산하여 5년간 존속한다(제95조 제2항).

제7절 저작인접권 등의 제한 · 양도 · 행사 · 등록

Ⅰ. 저작인접권의 제한 · 양도 · 행사 · 등록

저작인접권의 목적이 된 실연 · 음반 또는 방송의 이용에 관하여는 저작재산권의 제한에 관한 제23조, 제24조, 제25조 제1항부터 제3항까지, 제26조부터 제32조까지, 제33조 제2항, 제34조, 제35조의2부터 제35조의5까지, 제36조 및 제37조를 준용한다(제87조 제1항). 예컨대, 저작인접권자에게 인정되는 상업용 음반의 공연사용에 대한 보상청구권(제76조의2, 제83조의2)에 대해서는 제29조 제2항을 준용하여 그 보상청구권의 행사를 제한할 수 있다.[137]

보호된다. 다만, 당해 조약 발효일 이전에 발행된 외국인의 저작물은 보호하지 아니한다"(밑줄은 저자). 당시 우리나라가 가입한 세계저작권협약(UCC)의 발효일이 1987년 10월 1일이다. 이에 관한 상세는, 제7장 제1절 Ⅱ. 1. 나 '公有(public domain)' 참조.

137) 다만, 제29조 제2항의 준용과 관련하여 그 단서("다만, 대통령령이 정하는 경우에는 그러하지 아니하다.")에 유의해야 한다. 판례는 매장음악서비스를 이용하여 스트리밍 방식으로 전송받은 음원을 백화점 매장에 틀어놓는 것이 상업용 음반의 공연사용에 해당하여 저작인접권자의 보상청구권이 인정된 사안에서, 저작인접권자의 보상청구권에 대해서는 제29조 제2항이 준용되어 저작권자의 공연권의 경우와 마찬가지로 보상청구권도 제한될 수 있지만, 저작권법 시행

저작인접권의 양도에 관하여는 제45조 제1항을, 실연·음반 또는 방송의 이용허락에 관하여는 제46조를, 저작인접권을 목적으로 하는 질권의 행사에 관하여는 제47조를, 저작인접권의 소멸에 관하여는 제49조를, 실연·음반 또는 방송의 배타적 발행권의 설정 등에 관하여는 제57조부터 제62조까지를 준용한다(제88조).

저작인접권의 등록과 관련하여 제53조부터 제55조까지 및 제55조의2부터 제55조의5까지의 규정은 저작인접권 또는 저작인접권의 배타적 발행권의 등록, 변경등록 등에 관하여 준용한다. 이 경우 제55조, 제55조의2 및 제55조의3 중 '저작권등록부'는 '저작인접권등록부'로 본다(제90조).

Ⅱ. 데이터베이스제작자의 권리의 제한 · 양도 · 행사 · 등록

데이터베이스제작자의 권리의 목적이 되는 데이터베이스의 이용에 관하여는 제23조, 제28조부터 제34조까지, 제35조의2, 제35조의4, 제35조의5, 제36조 및 제37조를 준용한다(제94조 제1항). 다음 ①②의 두 가지 경우와 관련해서는 누구든지 데이터베이스의 전부 또는 그 상당한 부분을 복제·배포·방송 또는 전송할 수 있다. ① 교육·학술 또는 연구를 위하여 이용하는 경우이다. 다만, 영리를 목적으로 하는 경우에는 그렇지 않다. ② 시사보도를 위하여 이용하는 경우이다. 다만, 위 ①②의 경우에 해당하더라도 해당 데이터베이스의 일반적인 이용과 저촉되는 경우에는 그렇지 않다(제94조 제2항).

데이터베이스의 거래제공에 관하여는 제20조 단서를, 데이터베이스제작자의 권리의 양도에 관하여는 제45조 제1항을, 데이터베이스의 이용허락에 관하여는 제46조를, 데이터베이스제작자의 권리를 목적으로 하는 질권의 행사에 관하여는 제47조를, 공동데이터베이스의 데이터베이스제작자의 권리행사에 관하여는 제48조를, 데이터베이스제작자의 권리의 소멸에 관하여는 제49조를, 데이터베이스의 배타적 발행권의 설정 등에 관하여는 제57조부터 제62조까지의 규정을 각 준용한다(제96조).

데이터베이스제작자의 권리의 등록과 관련하여 제53조부터 제55조까지 및 제55조의2부터 제55조의5까지의 규정은 데이터베이스제작자의 권리 및 데

령 제11조 제6호의 예외에 따라 백화점에 대해서는 결과적으로 저작인접권자의 보상청구권을 행사할 수 있다고 판시하였다{서울고법 2013. 11. 28. 선고 2013나2007545 판결(현대백화점—항소심 판결)}.

이터베이스제작자의 권리의 배타적 발행권의 등록, 변경등록 등에 관하여 준용한다. 이 경우 제55조, 제55조의2 및 제55조의3 중 '저작권등록부'는 '데이터베이스제작자권리등록부'로 본다(제98조).

6

저작물 등의
경제적 이용

Copyright Law

제6장   저작물 등의 경제적 이용

제1절 서   론

저작물, 실연·음반·방송 또는 데이터베이스(이하 '저작물 등'이라 한다)에 관한 계약에는 저작재산권, 배타적발행권, 출판권, 저작인접권 또는 데이터베이스제작자의 권리(이하 '저작권 등' 또는 '저작재산권 등'이라 한다)를 이전하는 권리양도계약, 저작물 등의 이용을 허락하는 이용허락계약, 배타적발행권이나 출판권을 설정하는 배타적발행권 등의 설정계약, 저작권 등을 신탁에 제공하거나 질권 등의 담보에 제공하는 계약 등이 있다. 이러한 계약들은 모두 저작권자 등이 저작물 등을 경제적으로 이용하여 수익을 얻기 위한 법적 수단이다. 한편, 타인의 저작권 등을 이전받았거나 그 밖에 경제적으로 이용할 권한을 가지는 자는 저작권 등의 침해주장으로부터 벗어날 수 있다. 예컨대, 원고가 저작권 등의 침해 소송에서 모든 요건사실을 주장·입증하더라도 피고는 저작물 등의 경제적 이용과 관련이 있는 사유를 주장(부인 또는 항변)하거나 입증(항변의 경우)함으로써 저작권 등의 침해책임에서 벗어날 수 있다. 저작물 등의 경제적 이용과 관련하여 이하에서 순서대로 살펴볼 '저작권 등의 이전'(제1절), '저작물 등의 이용허락'(제2절), '법정허락'(제3절) 등의 사유가 여기에 해당한다.

제2절 저작권 등의 이전

Ⅰ. 개   관

저작권 등의 이전이란 그 권리의 상대적인 발생과 소멸을 뜻한다. 이는 양도, 증여 등과 같은 특정승계와 상속, 포괄유증, 회사의 합병 등과 같은 포괄승계로 나눌 수 있다. 이하에서는 準物權行爲인 저작권 등의 양도를 중심으로 권리의 이전에 대하여 설명한다. 특히 권리자라면 누구에게나 자유롭게 양도가 가능한 저작재산권·저작인접권·데이터베이스제작자의 권리의 양도에 관하여 살펴본다.[1] 물론 저작권법상 재산권의 양도에는 배타적 발행권이나 출판권의 양도 등도 포함되지만, 후자의 양도는 전자의 권리자, 즉 저작재산권자·저작인접권자·데이터베이스제작자의 권리의 보유자로부터 동의를 얻지 못하면 그 양도가 불가능하다는 점에서[2] 전자의 양도와는 다르다.

Ⅱ. 저작재산권의 양도

1. 전부 양도와 일부 양도

저작재산권의 양도라는 것은 타인이 가지고 있는 기존의 준물권(저작재산권)이 意思에 기하여 이전적으로 승계됨으로써 어떤 주체가 그 권리를 취득하는 것을 말하며 유상·무상을 불문한다. 저작인격권이나 실연자의 인격권은 저작자나 실연자의 일신에 전속하는 권리이므로(제14조, 제68조) 다른 사람에게 양도할 수 없지만, 저작재산권·저작인접권·데이터베이스제작자의 권리는 물권 유사의 재산권(준물권)이기 때문에 자유롭게 양도할 수 있다. 저작재산권은 당사자 사이에 저작재산권의 양도를 직접 목적으로 하는 준물권계약이 체결되면 별다른 절차 없이 양수인에게 이전되는 것이고, 저작재산권의 양도를 목적으로 하는 계약이 무효이면 저작재산권은 처음부터 이전되지 않았다고 보아야 한다.[3] 저작재산권은 복제권, 배포권, 공연권, 전시권, 공중송신권, 대여권, 2차적 저작물 작성권이 포함되는 권리의 다발(bundle of rights)로 이루어진다.[4] 저

---

1) 저작인접권에 준용(제88조), 데이터베이스제작자의 권리에 준용(제96조).
2) 저작권법 제62조 제1항, 제63조의2 각 참조.
3) 대법원 2003. 4. 22. 선고 2003다2390, 2406 판결 참조.
4) 저작인접권이나 데이터베이스제작자의 권리도 마찬가지이다. 가령, 실연자의 저작인접권은 복제권·배포권·대여권·공연권·방송권·전송권으로, 데이터베이스제작자의 권리는 복제권·배포권·방

작권자는 저작재산권이 이러한 지분권의 다발로 구성되어 있으므로 개개의 지분권들을 분할함으로써 지분권마다 양도하는 것이 가능할 뿐 아니라, 후술하는 것처럼 개개의 지분권들을 보다 세분화하여 그 전부 또는 일부를 다른 사람에게 양도할 수도 있다(제45조 제1항). 이 점이 지분권 구성을 취하지 않은 특허권과 다른 점이다.

2. 전부 양도의 경우 2차적 저작물 작성·이용권에 관한 특례 조항

가. 2차적 저작물 작성·이용권에 관한 留保의 推定(제45조 제2항 본문)

저작권법은 저작재산권의 전부를 양도하는 경우 "특약이 없는 때에는 제22조에 따른 2차적 저작물을 작성하여 이용할 권리는 포함되지 아니한 것으로 추정한다"(제45조 제2항 본문)는 특례 조항을 두고 있다. 이러한 留保의 推定 조항을 마련한 취지는 다음의 몇 가지 점들을 고려한 때문일 것이다. 첫째, 예컨대 출판사 등에 의한 현상소설 공모전 모집요강 등 약관에는 "모든 저작권은 공모전 주최자에게 귀속한다"는 취지로 기재되어 있는 경우가 대부분인데,[5] 이 경우 일반적으로 想定할 수 있는 것은 해당 소설을 출판하는 등에 그치는 것이지 이를 번역하거나 영상제작하는 경우까지 포함하는 것은 아니다.[6] 둘째, 2차적 저작물 작성·이용권은 원저작물을 번역하거나 영상제작하는 등 개작하는 행위가 전제되는 것이므로 저작물을 그대로 이용하는 다른 지분권과는 이질적인 것이라는 점이 고려된 것이다.[7] 셋째, 2차적 저작물을 작성하여 이용할 것인지에 관해 구체적인 예정조차 없는 상태에서 이들 권리까지 이전된다고 보는 것은 저작자의 권리 보호를 소홀히 하는 것이므로 창작활동을 장려한다는 의미에서 그 나름의 합리성을 인정할 수 있는 규정이다.[8] 위 특례 조항은 약관과 같이 획일적인 형식과 일방적인 내용으로 저작재산권 양도계약이 체결되는 경우 경제적 약자인 저작권자를 보호하기 위해 마련된 것이지만,[9]

송권·전송권으로 각 구성된다.
5) 가령, 민법상의 현상광고계약(제675조)이나 우수현상광고계약(제678조)을 들 수 있다.
6) 허희성, 「2011 신저작권법 축조개설 상」, 명문프리컴, 2011, 310면
7) 허희성, 위의 책, 311면 참조.
8) 田村善之, 「著作權法槪說」第2版, 有斐閣, 2001, 507면 참조.
9) 참고로 한국음악저작권협회(KOMCA)의 신탁계약약관(2023. 6. 1. 현재) 제3조(저작재산권의 신탁) 제1항은 "위탁자는 현재 소유하고 있는 저작권 및 장차 취득하게 되는 저작권을 본 계약기간 중 신탁재산으로 수탁자에게 저작권을 이전"한다고만 규정하고 "위탁자가 수탁자에게 이전하는 저작권에는 저작권법 제22조에서 규정하는 권리를 포함한다"고 규정하고 있지 않으므로 본문의 특례 조항의 적용에 따라 저작권법 제22조의 2차적 저작물 작성·이용권은 신탁의 대상

그에 한정되는 것은 아니고 대등한 당사자 간의 자유로운 의사에 기해 체결되는 저작재산권의 양도계약에도 적용된다.[10] 이와 같이 전부 양도계약의 경우 2차적 저작물 작성·이용권에 관해서는 유보의 추정 조항이 적용되는 것이므로 계약상 특약이 없음에도 이들 권리를 양도 받았다고 주장하는 자는 그 사실을 주장·입증할 필요가 있다. 결국 어떠한 내용의 권리를 양도 받은 것인가 하는 문제는 양도의 범위에 관한 양도계약의 해석론의 문제로 귀결된다. 따라서 계약에 명시적인 규정이 존재하지 않아 불명료한 경우라도 계약의 취지, 목적, 배경, 당사자의 지위, 계약 체결에 이른 사정, 양도할 때 대가로 받은 액수와 그 지급방법, 업계의 관행 등 여러 사정 등을 종합하여 2차적 저작물 작성·이용권을 포함한 저작권이 양도되었다고 인정할 수 있는 경우에는 留保의 推定은 뒤집어진다.

나. 2차적 저작물 작성·이용권에 관한 讓渡의 推定(제45조 제2항 단서)

그러나 기능적 저작물인 프로그램의 경우는 그 특성상 컴퓨터의 종류나 프로그램의 이용환경에 따라 양수인이 이를 개변하거나 개작하여 이용할 수밖에 없는 경우가 적지 않을 뿐 아니라 오히려 그러한 態樣으로 이용하는 것이 일반적이다. 그리하여 컴퓨터프로그램저작물의 저작재산권의 전부를 양도하는 경우에는 "특약이 없으면 2차적 저작물 작성권도 함께 양도된 것으로 추정한다"(제45조 제2항 단서)는 규정을 두었다. 따라서 컴퓨터프로그램저작물의 저작재산권을 전부 양도하는 경우에는 특약이 없으면 한 제22조가 규정하는 2차적 저작물 작성권, 즉 2차적 저작물의 작성·이용권도 함께 양도된 것으로 추정된다.

Ⅲ. 저작재산권의 양도의 樣態

1. 저작재산권의 일부 양도의 의미

저작재산권은 그 전부 또는 일부를 양도할 수 있다(제45조 제1항)고 규정한다. 그런데 여기서 말하는 '일부'란 어떠한 단위를 가리키는 것인가, 이용형태, 기간, 지역에 의한 세분화가 인정될 수 있는가에 대하여 분명하지 않은 점이 있다. 결론부터 말하면 저작권법 제45조는 저작재산권의 일부 양도를 인정하

이 되지 않으며 위탁자인 저작권자에게 유보되는 것으로 추정된다. 같은 취지의 일본 판결로는 東京地裁 2003(平成15)年 12月 19日 판결 참조.

10) 허희성, 앞의 책, 310면.

고 있기 때문에 해석론상 저작재산권을 구성하는 개개의 지분권마다 양도할 수 있는 것은 물론이고, 지분권마다 내용, 장소, 시간의 제한을 붙여 양도하는 것도 가능하다. 이하에서는 ㈎ 저작권법에 구체적으로 규정되어 있는 개별적 이용태양에 따른 양도, 즉 개개의 지분권마다 양도하는 것을 비롯하여 ㈏ 개개의 지분권을 보다 세분화한 권리의 양도, ㈐ 기한부 양도, ㈑ 지역을 한정한 일부 양도 등에 대하여 살펴본다.

2. 저작재산권의 세분화의 한계

가. 저작재산권을 구성하는 개개의 지분권마다의 양도

저작권법 제16조부터 제22조까지 규정하는 복제권, 공연권, 공중송신권, 전시권, 배포권, 대여권, 2차적 저작물 작성권에 대해서는 저작재산권의 지분권에 따른 가분적 성격에 비추어 지분권 단위로 양도가 인정된다는 것은 지극히 당연한 일이다.[11] 유의할 것은 제22조가 규정하는 2차적 저작물 작성권의 구체적 내용은 저작자가 그의 저작물을 "원저작물로 하는 2차적 저작물을 작성하여 이용할 권리"이므로 2차적 저작물을 작성할 권리와 작성된 2차적 저작물을 이용할 권리라는 두 가지 권리로 이루어진다는 점이다. 따라서 위 두 권리는 각기 양도할 수 있다고 보아야 한다. 아울러 저작권법의 개정으로 지분권의 내용이 변경된 것과 관련해서도 제18조의 공중송신권의 구체적 내용은 방송·전송·디지털음성송신할 권리로 구성되므로 방송권, 전송권, 디지털음성송신권으로 나누어 각기 양도하는 것이 가능하다는 점에 유의하여야 한다.

나. 개개의 지분권을 보다 세분화한 권리의 양도

저작권법에 규정되어 있는 개개의 지분권을 보다 세분화한 권리로 양도하는 것도 가능하다. 예컨대, 음악저작물에 대한 복제권을 출판권, 녹음권, 녹화권으로 나눈 다음 각기 다른 사람에게 양도하는 것, 어문저작물인 소설에 대한 2차적 저작물 작성권을 영어로 번역하여 출판할 권리, 일본어로 번역하여 출판할 권리, 영상제작할 권리 등으로 세분화하여 각기 다른 사람에게 양도하는 것 등을 들 수 있다. 학설은 실무상 개별적인 권리로 구별되고 또한 사회적으로도 그렇게 다루어져야 할 필요성이 높은 것에 대해서는 지분권을 세분화

---

11) 대법원 2000. 4. 21. 선고 99다72989 판결('조용필' 사건)은 "피고가 작사한 가사 또는 작곡한 악보에 의하여 만들어진 이 사건 노래에 대한 저작재산권 중 복제권과 배포권"의 양도를 인정하였다. 마찬가지로 서울고법 1997. 11. 28. 선고 96나5256 판결('불씨·유리벽' 사건)도 "음반에 대한 원고의 저작재산권 중 복제, 배포권"의 양도를 인정하였다.

하는 것이 가능하다 보는 견해가 일반적이다.12) 다만, 그 세분화에는 적정한 한계가 그어져야 할 것인데, 해당 일부 양도를 인정할 사회적 필요성과 그 일부 양도를 인정할 경우 권리관계의 불명확·복잡화 등 사회적 불이익을 종합적으로 고려하여 그 허용범위를 판단해야 한다.13) 요컨대, 지분권을 세분화하여 양도할 사회적 필요성이 있고 또 그와 같이 분할된 권리를 서로 명확하게 구별할 수 있는 한 원칙적으로 그러한 분할양도는 유효하다고 해석하여야 한다.14) 이에 관한 국내 판례는 아직 찾아보기 어렵지만, 일본 하급심 판례 중에는 저작권법에 구체적으로 규정된 개개의 지분권을 보다 세분화한 권리로 양도하는 것이 가능하다는 것을 전제로 한 판결들이 있다.15)

다. 저작재산권의 기한부 양도

학설은 저작재산권을 시간적으로 한정하여 양도하는 것도 가능하다고 보는 것이 일반적이다.16) 즉 저작재산권의 기한부 양도에 대해서는 저작권등록부에 등록이 가능하다는 것이 실무이므로, 예컨대 어느 유명화가가 화랑대표에게 양도기간을 3년으로 하여 자신의 작품 1점을 복제·배포하는 권리를 양도하는 경우처럼 기간을 정한 저작재산권의 일부 양도도 가능하다. 이에 따르면 3년의 기간이 경과하면 권리는 자동적으로 원 권리자에게 귀속된다는 것이다.17) 기한부 양도는 실질적으로는 독점적인 이용권에 가깝지만, 법적으로는

---

12) 송영식·이상정,「저작권법개설」제9판, 세창출판사, 2015, 283면; 오승종,「저작권법」제5판, 박영사, 2020, 610~611면; 이해완,「저작권법」제4판, 박영사, 2019, 610~611면; 하용득,「저작권법」, 법령편찬보급회, 1988, 227면; 허희성,「2011 저작권법축조해설 상」, 명문프리컴, 2011, 306면 각 참조.

13) 東京地裁 2002(平成14)年 10月 24日 判決 참조.

14) 같은 취지 오승종, 위의 책, 611~612면; 이해완, 위의 책, 610~611면; 허희성, 위의 책, 307면 각 참조.

15) 가령, ① 東京地裁 1979(昭和54)年 8月 31日 判決은, 음악저작물의 공연권(일본법상 연주권)에 대하여 연극적(dramatic) 공연권과 비연극적(non-dramatic) 공연권으로 구분하여 후자만이 음악저작권관리단체(JASRAC)에게 신탁적으로 양도되었고 전자는 저작권자가 그대로 유보하였다고 인정하였다. ② 東京地裁 2002(平成14)年 10月 24日 判決은, 지상파에 의한 방송권만이 양도되고 유선방송·위성방송에 관한 권리는 원저작권자에게 유보되었다고 인정하였다. 그러나 ③ 東京地裁 1994(平成6)年 10月 17日 判決은, 연재만화 주인공 뽀빠이의 특정한 모습의 그림에 대해 피고가 취득시효항변을 한 사안에서 피고의 항변을 배척하면서 미술저작물 중 특정한 그림에 대해서만 복제권을 양도하는 것은 허용되지 않는다고 판시하였다. 저작물의 量的 一部(만화 주인공이 등장하는 개개의 장면마다)에 복제권의 양도를 인정하는 것은 사실상 이중양도를 허용하는 결과가 되므로 허용되지 않는다는 취지의 판결이다. ③판결에 대해서는, 中山信弘,「著作權法」第2版, 有斐閣, 2014, 414~415면.

16) 이해완, 앞의 책, 611면; 하용득, 앞의 책, 227면; 허희성, 앞의 책, 308면.

17) 하용득, 앞의 책, 227면; 허희성, 앞의 책, 308면.

정해진 기간 동안 저작재산권이 이전한 것이기 때문에 양수인은 저작권자의
지위에 선다는 점에서 그 장점이 있다. 기한부 양도는 환매특약부나 해제조건
부 양도로 보는 것도 가능하지만 위험부담 등의 미묘한 점에서 차이가 생긴다
고 한다.18)

≪기한부 양도에 관한 이론구성≫

　기한부 양도를 둘러싼 일본에서의 이론구성은 기한부 양도를 시간적으로 분할
된 저작재산권의 일부 양도로19) 이론구성(一部讓渡說)하는 경우와 저작재산권이
나 그 지분권의 전부 양도에 해제조건부나 환매특약부와 같은 일정한 조건이나
특약이 부가된 양도계약으로 이론구성(條件附說)하는 경우로 대별된다.20) 양자
의 차이는 기한의 도래 전에 양도인·양수인이 파산한 경우 등에서 나타난다고
한다. 즉 전자는 기간이 한정되어 있는 것이 등록부에 등록되어 공시되었다면 원
래의 저작권자는 제3자에게 기간의 제한을 주장할 수 있지만, 후자는 등록부에
공시되었더라도 원래의 저작권자는 양수인의 파산시에 기간 제한의 존재를 가지
고 제3자에게 주장할 수 없게 될 가능성도 있다는 것이다.21)

이에 반해 기한부 양도의 유효성을 전면적으로 인정하고 기한의 도래로
저작재산권이 원래의 양도인에게 자동적으로 환원된다고 하면 상당히 복잡한
법률관계가 형성될 수 있으므로22) 이를 제한적으로 해석할 필요가 있다는 견
해가 있다.23) 이에 따르면 저작재산권의 기한부 양도계약이 체결된 경우 그
계약 내용의 실질을 구체적으로 살펴서 정해진 기간 동안 독점적 이용허락이
부여된 것으로 해석하든가, 아니면 저작재산권의 완전 양도를 인정하되 일정

18) 中山信弘, 앞의 책, 415~416면.
19) 시간적으로 분할된 저작재산권의 일부 양도로 이론구성하는 견해는, 가령 저작권자 甲으로부터
　　제3자 乙에게 "2013부터 2016년까지 저작재산권"이 양도된 경우 3년이라는 기간이 경과하면
　　권리가 자동적으로 원래의 저작권자 甲에게 복귀한다기보다는, 논리적으로는 乙은 2013년부터
　　2016년까지 유효한 저작재산권을 가지고 甲은 2016년 이후 보호기간의 만료시까지 유효한 저작
　　재산권을 가지게 되는 것이라고 설명한다.
20) 半田正夫·松田政行 編, 「著作權法コンメンタール 2」第2版, 勁草書房, 2015, 747~748면(飯島
　　澄雄·飯島純子 집필).
21) 日本 文化廳, 「文化審議会著作權分科会法制問題小委員会 契約·利用ワーキングチーム検討
　　結果報告」"4. 著作權法第61條第1項の解釋について(一部讓渡における權利の細分化の限界)"
　　(2005. 7.) 참조.
22) 가령, 기한 도래 전에 제3자에게 저작재산권이 재차 양도되거나 제3자로부터 압류나 가압류, 가
　　처분 등이 있을 경우 양도인과 양수인 그리고 제3자 간의 권리관계가 복잡해질 수 있다고 한다.
23) 오승종, 앞의 책, 613~616면.

기간이 경과하면 원래의 권리자가 되살 수 있는 환매특약부 양도계약으로 해석하는 것이 옳다고 한다.24) 저작재산권의 기한부 양도를 긍정한 국내 판례는 아직 눈에 띄지 않는다. 다만, 하급심 판결 중에는 만화가와 출판사 간에 동일성유지권 침해와 미지급 저작권사용료 지급청구가 다투어진 사건에서 '저작권 양도계약서'라는 제목 아래에 유효기간을 10년으로 하는 '저작권 양도'라고 기재되었다 하더라도 그러한 제목이나 내용에도 불구하고 '저작권 이용'에 관한 계약이라고 해석하는 것이 타당하다고 판시한 것이 있다.25) 일본 하급심 중에는 기한부 양도가 가능하다는 것을 전제로 한 판결들이 있다.26)

라. 지역을 한정한 저작재산권의 양도

저작권법 제45조는 저작재산권의 일부 양도를 인정하고 있으므로 지리적으로 제한을 붙여 저작재산권을 양도하는 것도 가능하다. 학설도 전반적으로 이를 긍정한다.27) 물론 긍정하는 입장 중에도 장소를 한정한 양도에 관해서는 부정적인 견해가 있을 수 있지만, 예컨대 강원도에서의 공연권 또는 '예술의 전당'에서의 공연권과 같이 세분화한 일부 양도도 이론상으로는 가능하다.28) 지역적으로 세분화 하는 일부 양도에 대해서는 이를 인정할 사회적 필요성과 그러한 일부 양도를 인정할 경우 권리관계의 불명확·복잡화 등 사회적 불이익을 종합적으로 판단하여 그 타당성과 합리성이 인정되는 것이라면 부정할 이유는 없다.29)

---

24) 오승종, 앞의 책, 616면.

25) 서울고법 2007. 2. 7. 선고 2005나20837 판결.

26) 가령, ① 東京地裁 1997(平成9)年 9月 5日 判決은 저작권은 정해진 일정한 기간(1987년 2월 19일부터 2004년 5월 11일까지) 완전히 양수인에게 이전한다고 판시하였다. 그 밖에 ② 東京地裁 2000(平成12)年 8月 29日 판결과 ③ 東京高裁 2003(平成15)年 5月 28日 판결 등이 있다. ②판결은 저작재산권의 시간적 일부 양도계약이라고 인정하였지만 그 항소심인 ③판결은 신탁적 의미를 가지는 기간을 정한 양도라고 판시하였다.

27) 송영식·이상정, 앞의 책, 283면; 오승종, 앞의 책, 612~613면; 이해완, 앞의 책, 611면; 하용득, 앞의 책, 227면; 허희성, 앞의 책, 308면 각 참조.

28) 中山信弘, 앞의 책, 415면.

29) 中山信弘, 앞의 책, 416면; 같은 취지 허희성, 앞의 책, 309면.

Ⅳ. 양도계약의 해석

1. "의심스러울 때는 저작자를 위하여"(In dubio pro auctore)—이용허락 계약인가, 양도계약인가?

저작물의 이용허락계약과 저작재산권의 양도계약은 개념적으로 구분 가능하지만, 실제로 체결되는 계약 중에는 양자 중 어느 계약에 해당하는지 불명확한 경우가 종종 있다. 이에 대해 대법원은 "저작권에 관한 계약을 해석함에 있어 과연 그것이 저작권 양도계약인지 이용허락계약인지는 명백하지 아니한 경우, 저작권 양도 또는 이용허락 되었음이 외부적으로 표현되지 아니한 경우에는 저작자에게 권리가 유보된 것으로 유리하게 추정함이 상당하며, 계약내용이 불분명한 경우 구체적인 의미를 해석함에 있어 거래관행이나 당사자의 지식, 행동 등을 종합하여 해석함이 상당하다"고 판시하였다.30) 요컨대, 계약에 명시적인 규정이 존재하지 않아 계약 내용이 불분명한 경우 "의심스러울 때는 저작자를 위하여"(In dubio pro auctore)라는 일반적인 해석원칙에 입각하면서,31) 그 구체적 의미를 해석함에 있어서는 계약의 취지, 목적, 배경, 당사자의 지위, 계약 체결에 이른 사정, 대가로 받은 액수와 그 지급방법, 업계의 관행 등 여러 사정 등을 종합하여 해석하여야 한다.

2. 이른바 '買切' 계약

종래 출판계에서는 저작권을 양수한다는 의미로 '원고의 매절'이나 '매절'계약이라는 용어가 사용되고 있는데,32) 이는 발행부수에 따라 저작권사용료를 지급하는 인세방식이 아니라 발행부수에 관계없이 그 사용료를 한 번에 미리 일괄해서 원고료방식으로 지급하는 것을 말한다. 이러한 방식은 이미 작성된 저작물보다는 새로운 저작물의 작성을 의뢰할 때에 많이 사용되는데, 그 대표적인 것이 사전이나 연감 등 편집저작물의 출판이나 외국저작물의 번역출판 또는 사진·일러스트 출판이나 일부 학습참고서를 출판하는 경우 등이다.33)

---

30) 대법원 1996. 7. 30. 선고 95다29130 판결; 同 2012. 1. 27. 선고 2010다50250 판결 등.

31) 이에 관해서는, 계승균, "In dubio pro auctore", 「창작과 권리」, 2004 가을호, 117면 이하.

32) '買切'은 일본식 용어이지만 정작 일본에서는 그와 같은 의미로 '原稿의 買取'나 '買取契約 (buyout contract)이라는 용어가 사용되고 있다. 社團法人 著作權情報センター 編著, 「新版 著作權事典」, 出版ニュース社, 1999, 58~59면 참조.

33) 김성재, 「출판의 이론과 실제」 제3판, 일지사, 1990, 307~308면; 저작권심의조정위원회 편, 「저작권용어해설」, 1988, 274면; 한승헌, 「정보화시대의 저작권」, 나남, 1992, 173면 각 참조.

이때에 그 계약이 저작재산권 양도계약인지 아니면 저작물 이용허락계약인지 불분명하여 이를 둘러싸고서 당사자 간에 법적 분쟁이 자주 발생한다.[34] 매절 계약으로 저작권사용료가 일괄 지급되었더라도 반드시 저작재산권이나 그 지분권의 양도를 의미하지는 않는다. 오히려 출판권설정이나 독점적 이용허락계약에 불과한 경우가 대부분을 차지한다고 할 것이다. 결국은 계약 해석의 문제로서 개개의 구체적인 경우에 사실인정의 문제로 귀착될 수밖에 없다. 우리 하급심은 무협소설 '녹정기' 사건에서[35] "저작물 이용대가를 판매부수에 따라 지급하는 것이 아니라 미리 일괄 지급하는 형태로서 소위 매절계약이라 할 것이므로, 그 원고료로 일괄지급한 대가가 인세를 훨씬 초과하는 고액이라는 등의 소명이 없는 한 이는 출판권 설정계약 또는 독점적 출판계약이라 봄이 상당하므로 위 계약이 저작권 양도계약"이라 할 수 없다고 판결하였다.[36] 일본 하급심 판결 중에도 매절계약(일본 용어로는 買取契約)과 관련된 것이 있다. 사안은 '秘錄 대동아전사'라는 출판물에 게재할 저작물의 원고 집필을 의뢰받은 저작자X가 400자 원고지 매당 500엔의 비율로 매절하기로 약정하고 원고를 출판사Y에게 인도하였는데, Y출판사가 약 5년간 출판하다가 다른 출판사Z에게 그 저작권을 양도함으로써 Z가 출판을 하자 X가 저작권 침해를 주장한 사건이다. 재판부는 지급받은 원고료가 인세 상당액을 훨씬 상회하는 것으로서 책자의 편집출판 전에 미리 지급하였고, 발행부수나 再版의 경우에 관한 약정이 없으며 계약서도 작성되지 않았고, 또 출판된 이래 현재까지 각 집필자가 인세를 청구한 사실도 없으며 저작물이 편집물의 작은 일부분에 불과한 점 등을 들어 이러한 경우 "적어도 출판물에 대하여 복제할 권리의 양도가 있었다

---

34) 이에 관한 상세는, 권영상, "매절", 「한국저작권논문선집 II」, 저작권심의조정위원회, 1995, 289 면 이하.

35) 이 사건의 개요는 대만 작가 김용이 쓴 무협소설 '녹정기'의 번역자가 제1차 출판자와 번역출판 계약을 체결(1987. 3. 31.)한 이후 다시 제2차 출판자와 출판권설정계약을 체결(1992. 7. 30.)하고 그 등록(1994. 1. 26.)까지 마치자 제1차 출판자(신청인)가 제2차 출판자(피신청인)를 상대로 서적인쇄판매금지 가처분신청을 하면서 제1차 출판자가 번역자로부터 번역저작권을 양도 받았다고 주장한 사안이다. 신청인은 1994. 4. 8. 서울민사지법으로부터 가처분결정을 받았으나 같은 해 6. 1. 피신청인이 제기한 가처분이의 사건에서 가처분결정 취소판결을 받았다. 그 경과는 後註에서 소개하는 ①②③ 판결 참조.

36) ① 서울민사지법 1994. 6. 1. 선고 94카합3724 판결(가처분이의). ② 서울고법 1994. 12. 16. 선고 94나23267 판결(항소심—제1차 출판자와 번역자 간의 계약으로 번역저작권이 제1차 출판자에게 양도되었다고 인정하면서도 그 등록을 하지 않아서 출판권설정등록을 마친 제2차 출판자에게는 대항할 수 없다는 이유로 신청인의 항소를 기각). ③ 대법원 1995. 9. 26. 선고 95다3381 판결(상고심—신청인의 상고를 기각).

고 인정하는 것이 상당하다"고 판시함으로써 X의 청구를 기각하였다.[37)

3. 저작권 양도계약과 새로운 형태의 권리 양도

저작권법의 개정으로 저작재산권을 구성하는 지분권에 변화가 생겨 새로운 지분권이 창설될 수가 있다. 이 때 제기되는 문제는 양도계약을 체결할 때 想定하지 않았던 새로 창설된 지분권 또는 그 지분권과 관련된 새로운 이용방법도 양도의 범위에 포함될 수 있는지 여부이다. 일본 하급심 판례 중에는 저작인접권의 포괄적인 양도가 이루어진 후에 저작권법의 개정으로 새로운 지분권이 창설된 경우 해당 지분권도 양도계약의 대상에 포함된다고 판시한 것이 있다.[38) 그런데 권리양도가 포괄적으로 이루어진 경우와는 달리 일부 양도의 경우에는 권리를 세분화하여 양도한 취지에 비추어 양도의 범위를 한정하여 해석해야 할 경우가 대부분일 것이다.[39) 일본 하급심은 TV프로그램의 '방송권'이 양도된 사안에서 해당 '방송권'에는 유선방송권과 위성방송권이 포함되지 않는다고 판시한 바 있다.[40) 특히 저작권 양도계약과 관련해서는 저작자를 위한 입법적 보호의 필요성을 제기하는 견해가 있어서 주목된다.[41)

---

37) 東京地裁 1975(昭和50)年 2月 24日 判決. 유의할 것은 출판자에게 저작재산권의 양도를 인정하면 출판의 범위를 초월한 강력한 권리를 인정하는 것이 되므로 '출판물에 대한 복제권의 양도'만을 인정하였다는 점이다.

38) 東京地裁 2007(平成19)年 1月 19日 判決(THE BOOM 사건); 東京地裁 2007(平成19)年 4月 27日 判決(HEAT WAVE 사건) 후자는 HEAT WAVE 라는 명칭의 록 밴드 멤버(X)들과 음반회사(B) 간에 체결된 전속실연자계약 중에 X들은 레코드 "原盤에 관련된 일체의 권리(X들의 저작인접권을 포함)"를 아무런 제한 없이 B에게 양도한다는 내용의 규정이 있었는데, 이에 대해 계약의 문언, 계약체결 당시 音源送信의 상황, 계약체결 당시 저작권법의 규정, 업계 관행, 대가의 상당성 등에 비추어 계약체결 당시 저작권법상 규정하지 않았던 실연자의 송신가능화권(우리법의 전송권)도 '일체의 권리'에 포함되어 B에게 양도되었고 그 후 B의 계약상의 지위를 승계한 Y에게 승계된 것이라고 판시하였다. 이에 관한 평석으로는, 升本喜郎, "讓渡契約の解釋(1)", 「著作權判例百選」第4版, 有斐閣, 2009, 140~141면.

39) 島並良・上野達弘・横山久芳, 「著作權法入門」第2版, 有斐閣, 2016, 259~260면.

40) 東京高裁 2003(平成15)年 8月 7日 判決. 양수인이 양도인에 비해 우월한 입장에 있었음에 비추어 볼 때 계약 당시 저작권법상 이미 규정되어 있던 유선방송에 대해서는 양도계약의 대상으로 명기하지 않았고 또 계약 당시 실행되지 않았던 위성방송에 대해서는 "장래 발생할 방송형태도 포함한다"고 규정할 수 있었음에도 명기하지 않았으므로 이 사건 양도계약의 대상인 방송권에 유선방송권과 위성방송권은 포함되지 않는다고 하였다. 이에 관한 평석으로는, 安藤和宏, "讓渡契約の解釋(2)", 「著作權判例百選」第4版, 有斐閣, 2009, 142~143면.

41) 이영욱, "공정한 저작권계약을 위한 입법적 보완방안에 관한 연구", 고려대 대학원 법학박사 학위논문, 2015. 2., 139면 이하에서는 독일・프랑스・미국의 법제와 판례를 소개하면서 유사한 입법적 대책을 제시한다. 이에 대한 유력한 반론으로는, 홍승기, "저작권계약 수정요구권 입법론에 대한 반론", 「계간 저작권」, 2017 봄호, 153면 이하.

≪목적양도이론(Zweckübertragungstheorie)≫

　목적양도이론이란 독일의 Goldbaum이 제창한 이론으로 저작재산권을 양도하는[42] 계약의 경우 처분범위에 대해 아무런 제한이 부과되어 있지 않더라도 거기에는 스스로 제약이 있어서 처분의 범위는 양수인의 저작물이용의 '목적'에 필요한 한도로 한정된다는 견해이다.[43] 이에 따르면 예컨대 출판자에 대하여 저작권의 전부양도계약이 체결된 경우라도 당사자가 특히 명시적인 의사표시를 하지 않는 한 이전의 대상은 출판행위의 목적으로부터 정해지게 된다. 따라서 이러한 경우 방송권이나 공연권 등은 이용목적 이외 것이므로 저작자에게 유보되게 될 것이다. 개개의 지분권을 양도하는 경우에도 마찬가지이다. 예컨대, 라디오방송회사에게 방송권을 양도한 경우 그것은 텔레비전 방송권의 양도를 포함하지 않는 것으로 해석될 것이다.[44]

제3절　저작물 등의 이용허락

I. 이용허락의 성질

　저작물, 실연·음반·방송 또는 데이터베이스(이하 '저작물 등'이라 한다)를 이용하기를 원하는 사람이 그 저작물 등의 권리자와 체결하는 계약의 형태에는 여러 가지가 있지만 가장 일반적인 것이 이용허락이다. 우리 저작권법은 그 중 저작물의 이용허락에 관하여 "저작재산권자는 다른 사람에게 그 저작물의 이용을 허락할 수 있다"(제46조 제1항)는 규정을 두고 있다. 여기서 '이용'이란 저작권법 제16조부터 제22조에 규정되어 있는 저작재산권을 구성하는 지분권의 내용을 형성하는 행위를 말하고, '허락'이란 저작물을 이용하기를 원하는 사람에게 일정한 이용방법 및 조건의 범위 안에서 저작물의 이용을 인정하는 저작재산권자의 의사표시를 말한다. 이러한 이용허락의 대상에는 저작물 외에 실연·음반·방송 또는 데이터베이스도 포함된다.[45]

---

42) 참고로 독일 저작권법에서 저작재산권의 양도는 '이전적 양도(translative Übertragung)'가 아니라 '설정적 양도(konstitutive Übertragung)'의 형식으로만 처분할 수 있다. 이에 관해서는 제4장 제1절 II. '저작인격권과 저작재산권' 참조.

43) Wenzel Goldbaum, *Urheberrecht und Urhebervertragsrecht Kommentar*, 1961, S.73ff. 半田正夫, "出版契約", 「注釋民法 17」, 有斐閣, 1969, 510면에서 재인용.

44) 半田正夫, 「著作權法槪說」第15版, 法學書院, 2013, 199면.

45) 저작인접권에 준용(제88조), 데이터베이스제작자의 권리에 준용(제96조).

따라서 저작물 등의 이용허락이란 권리자가 자신의 저작재산권, 저작인접권 또는 데이터베이스제작자의 권리(이하 '저작권 등'이라 한다)를 그대로 보유하면서 단지 다른 사람에게 자신의 저작물 등을 이용할 수 있도록 허용하는 의사표시이다. 따라서 저작물 등의 이용허락계약이란 저작권자 등이 상대방(이용권자·피허락자)에 대하여 '저작권 등의 불행사의무'를 最低限의 구성요소로 하고 여기에 여러 가지 권리의무관계가 합의에 의해 부가된 것을 말한다. 저작권자 등의 권리불행사의무라는 것을 이용권자의 관점에서 파악하면 저작물 등을 이용하더라도 저작권자 등으로부터 금지청구와 손해배상청구를 받지 않을 權原, 즉 저작권자 등에 대한 부작위청구권이 된다.[46] 요컨대, 이용허락계약이란 이용권자가 저작권자 등에 대한 관계에서 자신의 이용행위를 정당화 할 수 있는 채권으로서의 성질을 가진다. 이와 같이 이용권자는 이용허락계약을 체결함으로써 일정한 범위 안에서 저작물 등을 이용할 수 있는 채권적인 지위를 인정받게 되고, 이용허락계약의 내용으로 기재된 이용 방법 및 조건의 범위 안에서 그 저작물 등을 이용할 수 있게 된다(제46조 제1항, 제2항). 이용허락계약은 저작권자 등과 이용권자 간의 신뢰관계를 토대로 체결되는 것이고 그 이용 방법 및 조건은 이용권자가 누구냐에 따라 달라질 수 있기 때문에, 이용권자는 저작권자 등의 동의 없이 그 계약상의 지위를 제3자에게 양도할 수 없다(제46조 제3항).

II. 이용허락의 종류와 그 효력

1. 단순 이용허락과 독점적 이용허락

저작물 등의 이용허락의 내용은 계약에 의해 자유로이 정할 수 있다. 양 당사자 간에 다른 사람에게 이용허락을 하지 않는다는 특약이 체결되는지 여부에 따라 이용허락계약은 단순 이용허락(non-exclusive license)과 독점적 이용허락(exclusive license)으로 나눌 수 있다. 단순 이용허락의 경우에는 저작권자가 동일한 이용허락을 여러 사람에게 중복해서 허락하는 것이 가능하다. 이에 반해서 독점적 이용허락은 저작권자가 한 사람에게만 저작물을 이용할 수 있도록 허락하고 그 외의 다른 사람에게 허락해서는 안 되는 경우를 말한다. 만

---

46) 中山信弘, 「特許法」第2版, 弘文堂, 2012, 461~462면; 島並良, "著作權ライセンシーの法的地位", 「コピライト」No.569, 2008. 9., 3면; 島並良, "ライセンシーの義務", 「法學教室」No.389, 2013. 2., 132면 각 참조.

일 저작권자가 다른 사람에게 이용허락을 하는 경우 저작권자는 독점적 이용권자에 대하여 그 계약 위반 책임을 부담해야 한다. 독점적인지 여부는 계약에 의해 결정되는 것이며 경우에 따라서는 묵시적 계약에 의해 독점적 이용허락이 성립할 수도 있다. 한편, 독점적 이용허락계약은 저작권자 자신도 저작물을 이용하지 않는다고 약정하는 完全 독점적 이용허락계약과 저작권자 자신도 저작물을 이용하는 것이 가능한 不完全 독점적 이용허락계약으로 구분할 수 있다.[47] 단순 이용허락과 독점적 이용허락은 제3자의 저작권 침해와 관련하여 그 효력상 다음과 같은 차이가 있다.

2. 단순 이용허락의 효력과 제3자의 저작권 침해

단순 이용허락의 효력과 관련하여 문제가 되는 것은 제3자가 저작물을 이용(가령, 무단출판)함으로써 저작권을 침해하는 경우 이용권자에 대해서 제3자의 채권침해에 의한 불법행위가 성립하는가이다. 단순 이용권자는 제3자의 저작권 침해가 있더라도 자신의 이용 자체는 방해받지 않고 계속할 수 있으므로 채권의 귀속 침해는 존재하지 않는다. 게다가 이용권자는 저작권자 등으로부터 금지청구나 손해배상청구를 받지 않는다고 하는 부작위청구권을 가지고 있는 것에 지나지 않는다. 그러한 점에서 제3자의 저작권 침해는 이용권자에게 경제적 이해관계는 있더라도 법적인 이해관계는 존재하지 않으므로 이용권자에 대한 불법행위는 성립하지 않는다.[48]

3. 독점적 이용허락의 효력과 제3자의 저작권 침해

가. 독점적 이용권자의 채권자대위권 행사

문제는 독점적 이용허락계약의 경우 독점적 이용권자나 저작권자의 허락 없이 제3자가 저작물을 이용(가령, 무단출판)함으로써 저작권을 침해하는 경우이다. 독점적 이용권자도 계약상으로는 채권적인 지위를 인정받고 있는 것에 지나지 않기 때문에, 제3자를 상대로 독자적으로 저작권 등의 침해정지청구를 하거나 손해배상청구를 할 수는 없다. 저작권자만이 제3자를 상대로 저작권 침해정지청구 또는 손해배상청구를 할 수 있을 뿐이다. 다만, 독점적 이용허락은 계약에 의해 해당 이용권자에게만 그 이용을 허락한다는 특약이 체결되어

47) 이에 관해서는, 松田俊治, "著作權の利用許諾をめぐる問題點", 「知的財産法の理論と實務 4」, 新日本法規出版, 2007, 165면 참조.
48) 이에 관해서는, 中山信弘, 「特許法」第2版, 弘文堂, 2012, 464~465면 참조.

독점적으로 저작물을 이용할 수 있는 권원을 부여한 것이므로, 독점적 이용권자는 저작권자가 제3자에게 침해정지청구 등을 하지 않을 경우 자신의 권리를 보전하기 위하여 저작권자를 대위하여 침해정지청구나 손해배상청구를 할 수는 있을 것이다(민법 제404조 참조).[49] 이와 관련하여 우리 대법원 판결도 저작권법이 보호하는 저작재산권의 침해가 발생하였으나 그 권리자가 스스로 저작권법 제123조의 침해정지청구권을 행사하지 않은 경우 그 저작재산권의 독점적인 이용권자가 권리자를 대위하여 위 침해정지청구권을 행사할 수 있다고 판시하고 있다.[50]

나. 독점적 이용권자의 제3자(가령, 무단출판자)를 상대로 한 직접 손해배상청구의 가능성

그러면 독점적 이용권자는 저작권자를 대위하여 손해배상청구를 하지 않고 저작권 침해자(가령, 무단출판자)인 제3자를 상대로 직접 손해배상청구를 하는 것도 가능할 것인가? 결론부터 말하면, 이것은 제3자의 무단출판행위가 독점적 이용권자에 대한 불법행위로 인정될 수 있는가의 문제이다. 즉 제3자의 채권침해에 의한 불법행위의 성립문제이다. 그러므로 제3자의 채권침해에 의한 불법행위 성립 여부는 그 침해행위의 위법성 유무를 포함하여 민법 제750조 요건의 충족 여부를 검토하여야 한다.[51] 위법성이 인정되는 채권침해의 유형으로서는 ① 채권의 귀속 자체를 침해한 경우, 또는 ② 채권의 목적인 급부를 침해함으로써 급부의 전부 또는 일부를 불능하게 한 경우 등을 들 수 있다.[52] 그런데 저작물은 무체물이기 때문에 여러 사람이 동시에 중복하여 저작물을 이용(가령, 출판)하는 것이 가능하다. 그러므로 제3자의 무단출판행위로 ① 채권의 귀속 자체가 침해되는 경우, 다시 말해 독점적 이용권자의 채권 자체가 제3자의 무단출판행위로 인하여 상실되는 상황은 원칙적으로 발생하기 어려울 것이다. 또한 ② 독점적 이용권자의 채권의 목적인 급부 자체가 침해되는 경우도 원칙적으로 존재하기 어렵다고 할 것이다. 그러나 예외적으로 사실관계 여하에 따라서는 독점적 이용허락계약이 체결되어 독점적 이용권자가

---

49) 다만, 私見으로는 '4. 독점적 이용허락과 채권자대위권'에서 후술하는 것처럼 이용권자가 저작권자로부터 독점적 이용허락을 받았다는 것 외에 '저작권자의 침해배제 의무'와 같은 별도의 추가 요건이 명시적이든 묵시적이든 요구된다고 보아야 하지 않을까 생각한다.
50) 대법원 2007. 1. 25. 선고 2005다11626 판결.
51) 곽윤직, 「채권총론」 제6판, 박영사, 2004, 63면; 김상용, 「채권총론」 개정판증보, 법문사, 2003, 91면 각 참조.
52) 곽윤직, 위의 책, 65면; 김상용, 위의 책, 94~95면 각 참조.

저작물을 '독점적으로 출판할 수 있는 권리'를 가지고 있고 제3자가 독점적 이용권자를 해한다는 사정을 알면서도[53] 법규에 위반하거나 선량한 풍속 또는 사회질서에 위반하는 등 위법한 행위를 함으로써 채권자인 독점적 이용권자의 이익을 침해한 경우라면 ① 채권의 귀속 자체를 침해한 경우에 해당한다고 볼 수 있으므로 불법행위가 성립한다고 판단할 수 있다.[54] 아울러 제3자인 무단출판자가 저작권자와 적극 공모하였다거나 또는 제3자가 기망·협박 등 사회상규에 반하는 수단을 사용하거나 채권자인 독점적 이용권자를 해할 의사로 제3자가 저작권자와 계약을 체결하였다는 등의 사정이 있는 경우라면 ② 독점적 이용권자의 채권의 목적인 급부를 침해하는 불법행위의 성립을 인정할 수 있다.[55] 따라서 위와 같이 제3자가 고의 내지 해의에 의한 채권침해를 하고 그 침해에 위법성이 있다고 평가되는 경우에는[56] 독점적 이용권자가 제3자인 무단출판자를 상대로 직접 손해배상청구를 하는 것이 가능하다.[57]

4. 독점적 이용허락과 채권자대위권

가. 독점적 이용허락과 단순 이용허락이 경합하는 경우 채권대위권 행사의 미존

독점적인 이용권자가 침해자를 상대로 저작권자를 대위하여 침해정지청구권을 행사할 수 있다고 하더라도 다음과 같은 사례에도 대위행사가 가능할 것인가? 즉 저작권자가 A에게 독점적 이용허락을 하였는데, 저작권자가 제3자(B)에 대해 동일한 저작물을 중복해서 이용허락을 한 경우 독점적 이용권자(A)는 저작권자를 대위하여 B를 상대로 침해정지를 청구할 수 있는가? 위 사례의 경우에는 독점적 이용권자(A)와 제3자(B)가 모두 저작권자로부터 이용허락을 받은 자라는 점에서 대법원 2007. 1. 25. 선고 2005다11626 판결과는 차이가 있다. 따라서 위 사례에서 독점적 이용허락권자(A)의 경우 저작권자가 제3자(B)

---

53) 학설은 제3자의 채권침해에 의한 불법행위의 성립을 사실상 고의의 경우로 한정하고 있다(곽윤직, 위의 책, 66면).
54) 대법원 2003. 3. 14. 선고 2000다32437 판결(독점적 판매권 침해 사건) 참조.
55) 대법원 2001. 5. 8. 선고 99다38699 판결(독립한 경제주체 간의 경쟁적 계약관계에서의 이중계약 사건) 참조.
56) 곽윤직, 앞의 책, 64면, 66~67면; 김상용, 앞의 책, 97면 각 참조.
57) 독점적 이용허락계약에 대해 제3자에 의한 채권침해가 불법행위에 해당하는지가 문제된 사안에서 대법원 2011. 6. 9. 선고 2009다52304, 52311 판결은 "피고가 원고 큐로컴(독점적 이용권자—괄호는 인용자 주, 이하 같다)이 이 사건 제2 이용허락(독점적 이용허락)계약에 기하여 원고 FNS(저작권자)에 대하여 가지는 채권을 해한다는 사정을 알면서 신종합온라인시스템의 소스코드를 이용했다고 단정할 수 없어 채권침해의 위법성이 인정된다고 보기 어렵다"는 이유로 원고 큐로컴의 손해배상청구를 받아들이지 않았다.

에 대해 동일한 저작물을 중복해서 이용허락하면 저작권자는 A의 독점적 지위를 해치는 것이지만 A는 저작권자의 저작권을 B를 상대로 대위하여 행사할 수는 없다. 왜냐하면 B도 또한 저작권자로부터 이용허락을 얻은 자이기 때문이다. 따라서 A는 저작권자에게 손해배상청구만을 할 수 있을 뿐이다.

나. 채권자대위권 행사에 있어서 '저작권자의 침해배제 의무'의 필요성

이와 관련하여 만일 B가 무단 이용자인 경우 설령 저작권자가 B를 상대로 손해배상이나 금지청구를 하지 않고 있더라도 저작권자로서는 A의 독점적 지위를 해치는 어떠한 행위도 행한 바가 없기 때문에 A는 B를 상대로 저작권자의 저작권을 대위행사 할 이유가 없는 것이 아닐까? 그렇다면 A가 무단 이용자인 B를 상대로 저작권자의 저작권을 대위행사하기 위해서는 저작권자로부터 독점적 이용허락을 받았다는 것 외에 예컨대 '저작권자의 침해배제 의무'와 같은 별도의 추가요건이 명시적이든 묵시적이든 요구되는 것은 아닐까?[58]

위 사례의 경우에는 계약서 내용에 독점적 이용을 허락한다는 점만 단순히 기재된 경우(전자)와, 어떠한 방법으로 이용권자에게 저작권자가 독점적 이용을 허락하는지에 관하여 저작권자에게 침해배제 의무를 부과하는 등 구체적으로 기재한 경우(후자)는 구별되어야 한다. 만일 독점적 이용허락계약이 前者와 같이 이루어진 경우라면, B가 무단 이용자라도 저작권자가 A의 독점적 지위를 해치는 어떠한 행위도 행한 바가 없기 때문에 A는 B를 상대로 저작권자의 저작권을 대위행사 할 이유가 인정되지 않을 수도 있다. 그러나 後者와 같은 독점적 이용허락의 경우에는 침해배제의무가 저작권자에게 부과되어 있기 때문에, 이용허락을 받은 자는 異論의 여지없이 저작권자에게 침해배제를 청구할 수 있다. 허락을 얻은 자의 채권(독점적 이용권)을 실현하기 위해서는 침해배제를 하는 것 그 자체가 불가결의 전제이기 때문이다. 또한 계약의 해석상 저작권자의 침해배제의무가 인정된다면, 묵시적이더라도 무방할 것이다. 다만 입증단계에서 침해배제의무를 묵시적으로 인정받기가 상당히 어려울 수 있으므로 명시적으로 약정하는 것이 중요하다는 것은 말할 필요조차 없다.

---

58) 이에 관한 논의의 상세는, 諏訪野大, "トントゥぬいぐるみ 事件", 「著作權研究」No. 30, 著作權法學會, 2003, 236면 이하; 半田正夫·松田政行 編, 「著作權法コンメンタール 2」第2版, 勁草書房, 2015, 786~787면(諏訪野大 집필) 각 참조.

Ⅲ. 이용허락의 해석

1. 이용허락의 범위의 해석

저작재산권자는 이용허락을 할 때에 이용권자에게 이용방법 및 조건을 붙일 수 있다(제46조 제2항 참조). 여기서 '이용방법'이란 가령 출판·녹음·공연·방송과 같은 이용태양, 몇 천부와 같은 이용수량, 강원도 지역에서의 공연과 같은 이용장소, 문고본이나 전자책, CD 녹음 등과 같은 세부적인 이용방법도 포함한다. '조건'이란 저작물 이용대가의 지급조건, 우선이용권의 부여와 같은 특약조항을 생각할 수 있다.59) 이러한 이용방법 및 조건이 붙은 경우 허락받은 이용권자는 그 범위 안에서 해당 저작물을 이용하여야 한다(제46조 제2항). 문제는 이용허락의 내용에 대하여 분쟁이 발생한 경우이다. 계약의 문언 등에서 허락의 범위에 관한 저작재산권자의 의사가 분명하지 않은 경우에는 이용허락의 목적이나 그 성립경위, 당사자의 지위, 거래관습이나 사회통념 등 여러 가지 사정을 고려하여 저작재산권자의 허락의 의사표시를 합리적으로 해석함으로써 이용허락의 범위를 확정할 필요가 있다. 저작권법은 저작물의 영상화 이용허락에 대해서는 특약이 없는 경우 일정한 범위의 이용허락을 추정하는 '영상저작물에 관한 특례'를 마련하고 있다.60)

한편, 이용허락의 범위에 관한 다툼에는 해당 계약이 양도계약인지 이용허락계약인지 여부가 불분명하여 이에 관한 다툼이 선행하는 경우가 있다. 대법원은 "저작권에 관한 계약을 해석함에 있어 과연 그것이 저작권 양도계약인지 이용허락계약인지 명백하지 아니한 경우, 저작권 양도 또는 이용허락 되었음이 외부적으로 표현되지 아니한 경우에는 저작자에게 권리가 유보된 것으로 유리하게 추정함이… 상당하다"고 판시하였다.61)

2. 이용허락과 새로운 이용방법

가. 문제의 제기

저작물의 이용허락계약을 체결할 당시에는 미처 예상하지 못해서 계약서에 명시하지 못했던 새로운 이용방법이 생겼을 경우 당초의 이용허락의 범위

---

59) 허희성, 「2011 신저작권법 축조개설 상」, 명문프리컴, 2011, 317~318면; 加戸守行, 「著作權法逐條講義」六訂新版, 著作權情報センター, 2013, 449면.
60) 이에 관해서는 본장 제8절 '영상저작물의 특례' 참조.
61) 대법원 1996. 7. 30. 선고 95다29130 판결. 이 판결에 관해서는 후술하는 '2. 이용허락과 새로운 이용방법' 참조.

안에 새로운 이용방법이 포함될 것인가를 둘러싸고서 분쟁이 발생할 수 있다. 요컨대, 저작재산권자로부터 별도의 허락 없이 새로운 이용방법에 따라 저작물을 이용하는 것이 가능할 것인가 하는 문제이다. 이것은 이용허락범위의 해석에 관한 문제로서 거래관행이나 계약 당시 당사자의 의도 등을 종합하여 판단해야 하는 어려운 문제이다. 1957년 저작권법의 해석에 관한 것이지만 새로운 이용방법이 기존의 저작물 이용허락계약의 대상이 되는지 여부가 다투어진 것으로 선도적 사건(leading case)에 해당하는 관련 판례를 소개한다.

나. 이용허락의 범위와 새로운 매체 — 대법원 1996. 7. 30. 선고 95다29130 판결[62])

(1) 사실개요

피고회사 Y는 작사·작곡자들인 원고 X1, X2와 1984. 4.경 로얄티 방식이 아닌 정액제 방식으로 음반제작계약을 口頭로 체결하였는데, 당시 가수인 원심 원고 A의 지명도가 높지 않아 투자비용의 회수가 불분명하여 음반의 제작과 관련된 일체의 비용을 피고회사 Y가 부담하는 대신 피고회사 Y는 녹음물 일체에 복제하는 권리를 가지기로 하며, 가수, 작사 및 작곡자는 정액을 받지 아니하기로 하되 반주는 가수의 개성에 맞도록 대규모의 악단에 의하여 하기로 약정하였다. 피고회사는 원고 X1이 작사하고 원고 X2가 작곡 및 편곡한 가요와 소외 B, C, D가 각 작사하고 원고 X2가 작곡 및 편곡한 가요들에 대한 원심 원고 A의 가창을 녹음한 원반(Master Tape)을 제작하고 이를 LP(Long Playing)음반으로 복제·판매하였다. 그 후 피고회사 Y는 1992. 무렵부터 LP음반에 수록된 가요에 원심 원고 A가 가창한 소외 E 작곡의 가요를 추가하여 재편집한 원반을 제작한 다음 'A전집, 당신은 안개였나요. 깊은밤 내리는 비는'이라는 제목의 CD(Compact Disc)음반으로 복제하여 판매하였다. 이에 원고 X1, X2는 피고회사 Y에 대하여 위 음반제작계약은 피고회사 Y가 1회에 한하여 LP음반을 복제·판매하는 것을 허락하는 이용허락계약이지 저작권 양도계약이 아니며, 저작권 양도계약이라 하더라도 피고회사가 그 후 새로운 매체인 CD음반을 제작·판매하는 것은 원고 X1, X2의 이용허락 범위를 벗어난 것이라고 하여 복제권, 배포권 등 저작재산권과 동일성유지권 등 저작인격권을 침해하였다는 이유로 손해배상 등을 청구하였다.

---

62) 이에 관한 판례평석으로는, 김문환, "음반제작계약의 의미 및 그 적용범위", 「민사판례연구XX」, 박영사, 1998, 426면 이하.

이 사건 원심인 서울고법 1995. 6. 1. 선고 94나19909 판결은 위 음반제작 계약은 원고 X1, X2가 피고회사 Y로 하여금 원반을 이용하여 그에 수록된 원고 X1, X2의 저작물을 LP음반 등 녹음물 일체에 복제하는 것을 허락하는 내용의 것으로서 계약 당시 그 이용기간이나 복제의 횟수를 정하지 아니한 이상 1회에 한하여 LP음반을 제작·판매하기로 하는 계약이라고 볼 수 없으며, CD음반은 소리의 수록방식과 재생과정만 차이가 있을 뿐 소리를 기계적으로 기록하여 재생한다는 점에서는 LP음반과 동일하여 그 대체물인 경향이 강하므로 CD음반의 복제·판매가 저작물의 이용범위를 벗어난 것이라고 할 수 없다는 이유로 원고 X1, X2의 청구를 기각하였다. 이에 원고 X1, X2는 상고하였다.

(2) 판결요지

저작권에 관한 계약을 해석함에 있어 과연 그것이 저작권 양도계약인지 이용허락계약인지 명백하지 아니한 경우, 저작권 양도 또는 이용허락 되었음이 외부적으로 표현되지 아니한 경우에는 저작자에게 권리가 유보된 것으로 유리하게 추정함이 상당하며, 계약내용이 불분명한 경우 구체적인 의미를 해석함에 있어 거래관행이나 당사자의 지식, 행동 등을 종합하여 해석함이 상당하다.[63]

저작권에 관한 이용허락계약의 해석에서 저작권 이용허락을 받은 매체의 범위를 결정하는 것은 분쟁의 대상이 된 새로운 매체로부터 발생하는 이익을 누구에게 귀속시킬 것인가의 문제이다. '녹음물 일체'에 관한 이용권을 허락하는 것으로 약정하였을 뿐 새로운 매체에 관한 이용허락에 대한 명시적인 약정이 없는 경우 과연 당사자 사이에 새로운 매체에 관하여도 이용을 허락한 것으로 볼 것인지에 관한 의사해석의 원칙은, ① 계약 당시 새로운 매체가 알려지지 아니한 경우인지 여부, 당사자가 계약의 구체적 의미를 제대로 이해한 경우인지 여부, 포괄적 이용허락에 비하여 현저히 균형을 잃은 대가만을 지급받았다고 보여지는 경우로서 저작자의 보호와 공평의 견지에서 새로운 매체에 대한 예외조항을 명시하지 아니하였다고 하여 그 책임을 저작자에게 돌리는 것이 바람직하지 않은 경우인지 여부 등 당사자의 새로운 매체에 대한 지식, 경험, 경제적 지위, 진정한 의사, 관행 등을 고려하여야 한다. 또한 ② 이용허락계약 조건이 저작물 이용에 따른 수익과 비교하여 지나치게 적은 대가만을 지급하는 조건으로 되어 있어 중대한 불균형이 있는 경우인지 여부, 이용을 허락 받은 자는 계약서에서 기술하고 있는 매체의 범위 내에 들어간다고 봄이

---

63) 이러한 판시내용은 대법원 2013. 2. 15. 선고 2011도5835 판결에서 그대로 되풀이 되고 있다.

합리적이라고 판단되는 어떠한 사용도 가능하다고 해석할 수 있는 경우인지 여부 등 사회일반의 상식과 거래의 통념에 따른 계약의 합리적이고 공평한 해석의 필요성을 참작하여야 한다. 그리고 ③ 새로운 매체를 통한 저작물의 이용이 기존의 매체를 통한 저작물의 이용에 미치는 경제적 영향, 만일 계약 당시 당사자들이 새로운 매체의 등장을 알았더라면 당사자들이 다른 내용의 약정을 하였으리라고 예상되는 경우인지 여부, 새로운 매체가 기존의 매체와 사용, 소비 방법에 있어 유사하여 기존 매체시장을 잠식, 대체하는 측면이 강한 경우이어서 이용자에게 새로운 매체에 대한 이용권이 허락된 것으로 볼 수 있는지 아니면 그와 달리 새로운 매체가 기술혁신을 통해 기존의 매체시장에 별다른 영향을 미치지 않으면서 새로운 시장을 창출하는 측면이 강한 경우이어서 새로운 매체에 대한 이용권이 저작자에게 유보된 것으로 볼 수 있는지 여부 등 새로운 매체로 인한 경제적 이익의 적절한 안배의 필요성 등을 종합적으로 고려하여 사회정의와 형평의 이념에 맞도록 해석하여야 한다.

(3) 정리 · 검토

위 판결은 저작권의 이용허락계약시 예상하지 못한 매체인 CD음반을 음반회사가 제작 · 판매하는 것이 그 이용허락 범위에 포함된 것으로 볼 수 있는지에 관하여 의사해석원칙 ①②③ 등을 종합적으로 고려하여 사회정의와 형평의 이념에 맞도록 해석해야 한다고 하였다. 여기서 주목되는 것은 ③의 기준인데, 이것은 다른 특별한 사정이 없는 한 새로운 매체가 기존의 매체와 사용 · 소비 방법이 유사하여 기존 매체시장을 잠식 · 대체하는 측면이 강한 경우 이용자에게 새로운 매체에 대한 이용권이 허락된 것으로 보고, 그와 달리 새로운 매체가 기술혁신을 통해 기존의 매체시장에 별다른 영향을 미치지 않으면서 새로운 시장을 창출하는 측면이 강한 경우에는 이용자에게 새로운 매체에 대한 이용권이 허락되지 않은 것으로 볼 것임을 전제로 하고 있다. 이에 따르면 CD음반이 LP음반과 소비 · 사용기능에 있어 유사하여 LP음반시장을 대체 · 잠식하는 성격이 강한 점을 다른 구체적인 여러 사정들과 함께 고려하여 위 이용허락에는 CD음반에 대한 이용허락까지도 포함되어 있는 것으로 판단하는 것이 타당하다는 것이다: 위 대법원 판결은 1957년 저작권법의 해석에 관한 것이지만 1986년 저작권법 시행 이후 현행 저작권법의 해석에도 그대로 적용된다.[64]

---

64) 위 대법원 판결과 같은 취지로는 대법원 2008. 4. 24. 선고 2006다55593 판결; 同 2012. 1. 27. 선고 2010다50250 판결 등 참조.

Ⅳ. 이용허락계약 위반의 효과

1. 문제의 소재

이용허락계약에서 당사자가 합의한 이용방법이나 조건을 위반한 경우 민법이 정한 채무불이행의 효과가 발생한다. 이러한 계약위반의 효과가 발생하는 것은 지극히 당연한 것이지만 문제는 이와 함께 불법행위인 저작권 침해의 효과도 발생하는지 여부이다.[65] 채무불이행의 경우와 달리 저작권 침해에는 손해배상액의 산정에 특칙이 적용(제125조 내지 제126조)될 뿐 아니라 저작권자인 라이선서는 이용권자인 라이선시를 상대로 침해정지청구(제123조)를 할 수 있으며 또한 저작권 침해의 경우에는 형사벌도 부과된다(제136조 이하).[66] 더구나 이용권자의 허락받은 행위가 유체물(가령 복제물)의 생산인 경우에는 이용허락계약 위반의 효과가 채무불이행에 그치는지 아니면 이와 함께 저작권 침해까지 포함하는지에 따라 복제물의 법적 성질도 달라진다. 즉 이용권자가 채무불이행책임을 지는데 그치는 것이라면 이용권자가 생산한 복제물은 저작권법의 관점에서 어디까지나 眞正商品(genuine goods)이므로 저작권의 효력은 소진된다. 이에 반하여 이용권자가 저작권침해책임도 지는 경우라면 이용권자가 생산한 복제물은 不眞正商品이므로 권리소진의 대상이 되지 않는다. 아울러 이용권자가 이용허락계약 위반으로 채무불이행과 저작권침해의 성립요건을 동시에 충족하는 경우 청구권 경합의 문제도 발생한다.[67]

2. 채무불이행과 저작권 침해의 구별기준

문제는 이용허락계약에 포함되어 있는 여러 가지 조항들 가운데 어떤 조항을 위반하면 채무불이행에 그치고 어떤 조항을 위반하면 채무불이행은 물론 저작권 침해에까지 해당되는지 하는 점이다. 채무불이행과 저작권 침해의 구별기준에 관해서는 다양한 견해가 존재한다. ① 이용허락계약에서 허용한 이용방법의 위반의 경우(가령, 복제의 허락을 받았음에도 공연을 한 경우)에는 저작재산권 침해가 될 것이나, 이용방법이 아닌 기타의 이용조건을 위반한 경우에는 저작물의 이용허락은 받았으나 계약상의 약정사항만 위반한 것이므로 채무

---

65) 加戶守行, 「著作權法逐條講義」六訂新版, 著作權情報センター, 2013, 450면; 허희성, 「2011 신저작권법 축조개설 상」, 명문프리컴, 2011, 318면.
66) 허희성, 위의 책, 318면 참조.
67) 島並良, "著作權ライセンシーの法的地位", 「コピライト」No.569, 2008. 9., 10면; 島並良, "ライセンシーの義務", 「法學敎室」No.389, 2013. 2., 133면.

불이행책임에 그친다고 한다.[68] ② 이용허락에 관한 이용방법·조건을 위반하였다고 해서 모든 위반행위가 저작권 침해가 되는 것은 아니며 이용방법 및 조건이 저작권의 본래적 내용인지 아니면 저작권을 행사할 때에 저작권자가 부가한 채권·채무인지에 따라 판단할 것이라고 한다.[69] ③ 이용허락계약에서 정한 범위 밖의 이용행위를 하면(가령, 복제의 허락을 받았음에도 영화화한 경우) 계약위반 및 저작권 침해가 되지만, 단순히 계약내용을 위반하는 행위(가령, 수량제한위반, 이용료의 미지급)는 계약위반에 그친다고 한다.[70] ④ 이용허락계약의 조건에 위반한 경우 저작권 침해가 되는지, 그렇지 않으면 단순한 계약위반에 지나지 않은 것인지는 해당 계약위반이 지분권의 본래적 내용에 대한 위반인지 여부로 판단할 수밖에 없다고 한다. 가령, 복제권 이용허락계약에서 복제부수는 본질적인 것이므로 그 위반은 단순한 계약위반에 그치는 것이 아니라 저작권 침해가 된다고 한다.[71]

그러나 이러한 견해는 이용방법인지 이용조건인지 여부(①), 본래적 내용인지 여부(②), 계약범위인지 계약내용인지 여부(③), 본질적 내용인지 여부(④) 등과 같이 기준 자체가 모호하여 논자에 따라 그 기준이 자의적일 수밖에 없다는 단점이 있다.[72] 오히려 이용허락계약이란 저작권자가 상대방(이용권자·피허락자)에 대하여 '저작권의 불행사의무'를 最低限의 구성요소로 하면서 여기에 여러 가지 권리의무관계가 합의에 의해 부가된 것을 말하므로, 이용권자가 부담하는 의무관계를 그 발생근거에 따라서 저작권법에 의해 설정된 의무(즉, 그 의무가 저작권의 효력에 의해 부여된 것)와 당사자의 합의에 의해 비로소 발생한 의무(즉, 그 의무가 계약의 효력에 의해 부여된 것)로 구별한 다음, 전자의 위반은 저작권 침해에 이르지만 후자의 위반은 채무불이행에 그친다고 이해하는 것이 타당할 것이다.[73]

구체적인 예를 들면 서울에서 영화 상영을 허락받은 이용권자가 춘천에서 상영하는 것이 허용되지 않는 것은 해당 상영허락계약의 효력이 아니라 저작권(공연권)의 효력 자체가 춘천에 미치는 것과 다름이 없다. 저작권은 對世的

68) 허희성, 앞의 책, 318면.
69) 加戸守行, 앞의 책, 450면.
70) 中山信弘, 「著作權法」第2版, 有斐閣, 2014, 425~427면.
71) 作花文雄, 「詳解 著作權法」第4版, ぎょうせい, 2010, 446면.
72) 예컨대, 논자에 따라 동일한 사항에 대해 복제권 이용허락계약의 경우 복제부수 위반에 대해 복제부수는 본질적인 것이므로 복제권 침해가 된다는 견해(作花文雄, 앞의 책, 446면)와 채무불이행책임에 그친다는 견해(中山信弘, 앞의 책, 427면)로 설명이 어긋나는 것 등이다.
73) 島並良, "著作權ライセンシーの法的地位", 12면; 同, "ライセンシーの義務", 135면.

인 배타권을 가지므로 누구나 무단으로 이용하지 않을 의무를 당연히 부담한다. 즉 상영의 장소적 제한 위반이 저작권(공연권)침해에 해당하는 것은 장소제한에 반하는 이용행위를 금지하는 취지의 규범이 저작권법에 의해 규정되어 있기 때문이다. 이와 달리 대가의 지급을 조건으로 저작물 이용허락계약이 체결된 경우 저작권자는 저작권을 행사하더라도 이용권자에게 대가의 지급을 강제할 수 없다. 저작권의 효력은 저작물의 무단이용을 금지하는 것에만 미치기 때문에 타인에 의한 저작물 이용에 대하여 그 대가를 지급하도록 타인을 강제하기 위해서는 그러한 내용의 계약을 미리 체결할 필요가 있다. 즉 저작권이용료 채무에 대하여 이용권자는 저작권의 효력이 아닌 계약의 효력으로서 이행의무를 부담하는 것이 되므로 이러한 의무위반은 채무불이행에 지나지 않는다.[74]

3. 소   결

이상을 정리하면 결국 이용권자가 '저작권의 효력으로서 부담하는 의무(저작권법이 규정한 의무)'에 위반하면 저작권침해에 해당하지만, '계약(합의)의 효력으로서 부담하는 의무'에 위반한 경우에는 단순히 채무불이행에 그치게 된다. 이러한 구별은 "이 법은 「저작권법」, 「특허법」, 「실용신안법」, 「디자인보호법」 또는 「상표법」에 따른 권리의 정당한 행사라고 인정되는 행위에 대해서는 적용하지 아니한다"는 '독점규제 및 공정거래에 관한 법률'(이하, '독점규제법'이라 한다) 제117조의 적용범위를 정할 때에도 유효하다고 생각한다. 즉 저작권자인 라이선서가 저작권의 효력으로서 부담해야 하는 의무를 이용권자인 라이선시에게 강제하는 것은 독점규제법 제117조에서 규정하는 "저작권법에 따른 권리의 정당한 행사라고 인정되는 행위"이므로 대체로 독점규제법 위반의 문제는 발생하지 않는다. 한편, 저작권자인 라이선서가 계약(합의)의 효력으로서 저작권법이 규정한 것 이외의 의무를 이용권자인 라이선시에게 강제하는 것은 저작권의 행사라고 인정되지 않으며 독점규제법에 의한 심사에 따르게 된다.[75]

---

74) 島並良, "著作權ライセンシーの法的地位", 13면; 同, "ライセンシーの義務", 135~136면.
75) 島並良, "ライセンシーの義務", 137면.

제4절 법정허락

I. 개 관

강제허락 혹은 비자발적 이용허락(non‒voluntary license)은, 법률이 정하는 일정한 요건이 충족되기만 하면 저작권자와의 사전 협의를 거치지 않고 소정의 보상금을 지급하고 저작물을 이용할 수 있는 저작권법 제25조 또는 31조에 의한 法定許諾(statutory license)과, 저작권자와의 협의가 성립되지 않거나 불가능할 때 권한 있는 기관의 승인을 전제로 저작권자에게 소정의 보상금을 지급하거나 공탁하고 그 저작물의 이용허락을 강제하는 좁은 의미[狹義]의 强制許諾(compulsory license)으로 나뉜다. 좁은 의미의 강제허락에 해당하는 것이 저작권법 제50조 내지 제52조이다. 학설 중에는 저작권법에서 양자를 구별하지 않고 일률적으로 '법정허락'이란 용어만을 사용하므로 그 구별의 실익이 없다고 보는 견해가 있다.[76] 그러나 저작권법의 개별 조문을 체계적으로 해석·이해하는 경우 전자는 저작권자와의 협의를 요하지 않고 기능하는 것이지만, 후자는 저작권자와의 사전 협의(또는 그 시도)를 전제로 하되 그 협의가 성립되지 않거나 불가능한 경우에 비로소 기능하는 제도라는 점에서 그 구별의 실익이 있다.[77] 따라서 만연히 '법정허락'으로 표기할 것이 아니라 영어 표현을 병기하여 구별하는 것이 바람직할 것이다.

저작권법상 좁은 의미의 강제허락, 즉 법정허락(compulsory license)은 다음의 세 가지 경우에 적용된다. ㈎ 상당한 노력을 기울였어도 저작재산권자가 누구인지 알지 못하거나 그의 거소를 알 수 없어 저작물의 이용허락을 받을 수 없는 경우(제50조), ㈏ 공표된 저작물을 공익을 위한 필요에 따라 방송하고자 협의하였으나 협의가 성립되지 않은 경우(제51조), ㈐ 상업용 음반이 우리나라에서 처음으로 판매되어 3년이 경과하고 그 음반에 녹음된 저작물을 녹음하여 다른 상업용 음반을 제작하고자 협의하였으나 협의가 성립되지 않은 경우(제52조)이다. 이러한 법정허락의 대상에는 저작물 외에 실연·음반·방송 또는 데이터베이스도 포함된다.[78]

---

76) 이해완,「저작권법」제2판, 박영사, 2012, 555면(제3판에서는 "구별하여 논할 이유도 없다"는 표현을 생략).

77) 송영식·이상정,「저작권법개설」제9판, 세창출판사, 2015, 377~378면; 오승종,「저작권법」제5판, 박영사, 2020, 929면 이하; 같은 취지 정상조 편,「저작권법 주해」, 박영사, 2007, 674면 이하(하상익 집필); 임원선,「실무자를 위한 저작권법」제7판, 한국저작권위원회, 2022, 283면 이하 각 참조.

78) 저작인접권에 준용(제89조), 데이터베이스에 준용(제97조).

Ⅱ. 법정허락(compulsory license)의 사유와 그 절차

1. 법정허락의 사유

가. 저작재산권자 불명인 저작물의 이용

(1) 저작재산권자나 그 거소 불명의 의미

저작권법은 "누구든지 대통령령으로 정하는 기준에 해당하는 상당한 노력을 기울였어도 공표된 저작물의 저작재산권자나 그의 거소를 알 수 없어 그 저작물의 이용허락을 받을 수 없는 경우에는 대통령령이 정하는 바에 따라 문화체육관광부장관의 승인을 얻은 후 문화체육관광부장관이 정하는 기준에 의한 보상금을 위원회에 지급하고 이를 이용할 수 있다"고 규정한다(제50조 제1항). 본조는 저작재산권자를 알 수 없거나 저작재산권자의 소재를 파악할 수 없는 이른바 '고아저작물'(orphan works)의 경우 그 법정허락(compulsory license)에 관한 규정이다.

먼저 "저작재산권자나 그의 거소를 알 수 없어"라는 것, 즉 저작재산권자가 不明이거나 그 거소가 不明이라는 것의 정확한 의미를 이해하여야 한다. 저작재산권자가 불명이라는 것은 저작재산권자가 누구인지 알 수 없거나, 저작자는 판명되지만 이미 사망해서 그 저작권자인 상속인 등이 누구인지 알 수 없는 경우를 말한다. 거소 불명이라는 것은 누가 저작자 내지 저작권자인지는 알고 있으나 그 거소를 알 수 없는 경우이다. 단지 저작권자가 여러 사람이어서 연락하는 것이 번거롭고 귀찮다는 것은 거소 불명에 해당하지 않음은 물론이다. 다음으로 "대통령령으로 정하는 기준에 해당하는 상당한 노력"의 의미이다. 대통령령(저작권법 시행령)으로 정하는 기준이란 저작권법 시행령 제18조에서 규정하고 있는 다음의 ①②③④ 요건을 모두 충족한 경우를 말한다. 즉 ① 저작권등록부의 열람 또는 그 사본의 교부신청을 통하여 해당 저작물의 저작재산권자나 그의 거소를 조회할 것, ② 해당 저작물을 관리하는 저작권신탁관리업자(해당 저작물이 속하는 분야의 저작물을 관리하는 저작권신탁관리업자가 없는 경우에는 저작권대리중개업자 또는 해당 저작물에 대한 이용을 허락받은 사실이 있는 이용자 중 2명 이상)에게 저작재산권자나 그의 거소를 조회하는 확정일자 있는 문서를 보냈으나 이를 알 수 없다는 회신을 받거나 문서를 발송한 날로부터 1개월이 지났는데도 회신이 없을 것, ③ 저작재산권자나 그의 거소 등 문화체육관광부령(저작권법 시행규칙)으로 정하는 사항을 다음 중 어느 한 가지 매체(즉, 보급지역을 전국으로 하여 등록한 일반일간신문 또는 문화체육관광부의 인터넷 홈페이지와 저작권법 시행규칙에서 규정한 권리자가 불명인 저작물 등의 권리자 찾기 정보시스템)에 공고한 날부터 10일이 지났을 것, ④ 국내의 정보통신망 정보 검색도구를 이용하여 저작재산권자나 그의 거소를 검색할 것이다.

만일 누군가가 저작재산권자도 알고 있고 그의 거소도 알고 있어서 저작물을 이용하고자 상당한 노력을 기울였음에도 그 저작재산권자와 연락이 되지 않는 경우가 있을 수 있다. 문제는 이러한 경우에도 저작물을 이용하고자 하는 자는 법정허락을 받을 수 있는가 하는 의문이 제기될 수 있다. 법정허락에 관한 제50조 제1항의 요건은 엄격하게 해석되어야 하므로, 저작재산권자가 누구인지도 알고 또 그 거소도 알고 있는 경우에는 상당한 노력을 기울였음에도 저작재산권자와 연락이 되지 않는다는 이유로 법정허락을 받을 수는 없다. 다만, 유의할 것은 저작자가 누구인지 밝혀졌고 또 그 거소가 어디인지 확인되었음에도 상당한 노력을 기울이고도 연락이 이루어지지 않았다는 것은, 결국 저작권자가 누구인지 判明되지 않았음에도 판명된 것으로 착각하였거나 그 정확한 거소를 알고 있지 못함에도 알고 있다고 오인한 까닭일 수 있다. 따라서 만일 전술한 ①②③④ 요건을 모두 충족하는 상당한 노력을 기울였음에도 저작권자 내지 그 소재가 불명한 경우라면 법정허락제도의 요건에 해당하게 될 것이다.

(2) 저작재산권자의 출판 중지의 의사표명

저작재산권자가 자신의 저작물이 출판되거나 그 밖의 방법으로 이용되는 것을 앞으로는 중지하겠다는 의사를 명확히 표명한 다음 거소를 밝히지 않고 隱居에 들어간 경우에도 그 저작물을 이용하고자 하는 자는 저작재산권자의 거소 불명을 이유로 법정허락을 받을 수 있는가 하는 문제가 있다. 이와 관련하여 먼저 분명히 해두어야 할 것은, 저작권법 제50조 제1항의 취지는 공익을 고려하여 일정한 경우 저작재산권을 법정허락 할 수 있도록 허용한 것이지 저작인격권에 관한 법정허락을 허용한 것이 아니라는 점이다. 문제는 위의 경우처럼 저작재산권자가 스스로 자신의 저작물을 이른바 '절판'하겠다고 선언하고 종적을 감추는 경우인데, 엄밀하게 말하면 이것은 자신의 저작물에 자신의 성명이 명기되어 유통되는 것을 앞으로는 용인하지 않겠다는 저작자의 인격적 이익의 보호에 관한 의사표현이라고 할 수 있다. 이것은 우리 저작권법상 인정되지 않는 확신변경에 의한 철회권[79]을 행사한 것과 마찬가지의 취지라고 이해할 수 있다. 어쨌든 결론적으로 위와 같은 경우에는 법정허락을 받을 수

---

79) 이에 관해서는 제4장 제2절 I. 1. ≪그 밖의 저작인격권―저작자의 '접근권'과 '철회권'≫ 참조.

없다고 보아야 한다. 저작권법 시행령 제22조 제1항 제3호가 "저작재산권자가 저작물의 출판이나 그 밖의 이용에 제공되지 아니 하도록 저작물의 모든 복제물을 회수할 경우" 문화체육관광부장관은 법정허락의 승인신청을 기각한다고 규정한 것도 위와 같은 취지를 고려한 규정이라고 생각한다. 다만, "이용에 제공되지 아니 하도록 모든 복제물을 회수할 경우"로 국한하는 것은 그 취지를 제대로 반영하지 못한 것이므로,[80] 이용에 제공하지 않을 의사를 명백히 한 경우까지 포함되도록 위 시행령의 규정 내용을 개정할 필요가 있다.

(3) 외국인의 저작물과 법정허락제도

구 저작권법(2019. 11. 26. 법률 제16600호로 개정되기 전의 것) 제50조 제1항은 법정허락의 대상에서 외국인의 저작물을 제외하였다. 2006년 저작권법에서 법정허락대상이 되는 '저작물'에 괄호를 하고 "외국인의 저작물을 제외한다"고 명기하였기 때문이다. 당시 입법관여자는 이러한 법 개정 이유에 대해 "현행법[81]에 따르면 외국인의 저작물이라도 居所 불명이라는 이유로 문화부장관의 행정명령을 통해 자유로이 사용할 수 있는데, 이에 대해 국제조약 위반이라는 지적이 많았다. 이에 따라 우리 저작권법을 국제 기준에 맞출 필요가 있다는 지적을 받아들여 외국인의 저작물을 법정허락대상에서 제외하였다"고 밝힌 바 있다.[82] 따라서 상당한 노력을 기울였음에도 해당 저작물의 저작재산권자인 외국인의 거소를 알 수 없는 경우이더라도 그 외국인의 저작물을 이용할 수 있는 방법은 존재하지 않았다. 외국인의 저작물을 법정허락대상에서 제외한 것에 대해서는 우리 국민의 저작물을 외국인의 저작물에 비하여 차별대우하는 것이라는 비판이 제기되었다.[83] 2019년 저작권법은 이러한 비판을 받아들여 2006년 저작권법 이전으로 되돌아간 것이다.

---

80) 저작권법 시행령이 위와 같이 규정된 것은 일본 학설의 해석을 받아들인 때문일 것으로 추측된다. 일본 저작권법 제70조 제4항 제1호는 저작자가 그 "이용을 폐절하고자 한 것이 명백한 때"에는 裁定에 의한 저작물 이용을 허용해서는 안 된다고 규정하고 있고, 加戶守行, 「著作權法逐條講義」六訂新版, 著作權情報センター, 2013, 482~483면은, 여기서 말하는 '폐절'의 전형적인 예로 "발행된 책을 전부 회수한 경우"를 들고 있기 때문이다. 문제는 그러한 해석은 전형적인 예일 뿐이지 '폐절'이란 용어를 전부 포괄하는 해석은 아니라는 점이다.

81) 구 저작권법(2006. 12. 28. 법률 제8101호로 개정되기 전의 것) 제47조 제1항을 말한다. 위 조항은 저작재산권자가 불명한 저작물의 강제허락을 통한 이용대상에 외국인의 저작물이 포함되는 것으로 규정하고 있었다.

82) 심동섭, "개정 저작권법 해설", 「계간 저작권」, 2006 겨울호, 53면.

83) 임원선, 「실무자를 위한 저작권법」 제5판, 한국저작권위원회, 2017, 301면.

나. 공표된 저작물의 방송

저작권법은 "공표된 저작물을 공익을 위한 필요에 의하여 방송하려는 방송사업자가 그 저작재산권자와 협의하였으나 협의가 성립되지 아니하는 경우" 법정허락(compulsory license) 제도를 이용할 수 있다고 규정한다(제51조). 본조는 방송의 공공성에 비추어 저작재산권자의 허락 거부에 정당한 이유가 없는 경우에 방송사업자가 저작물을 방송에 이용하는 것을 인정하기 위하여 마련된 규정이다. 본조의 대상은 1957년 저작권법과는 달리 공표된 저작물에 한정하고 미공표저작물은 그 대상이 아니다. 저작자의 저작인격권 중 공표권을 존중하기 위해 이와 같이 규정한 것이다. 또한 본조는 '공익을 위한 필요'를 요건으로 하는데, 그 해당성 여부에 대한 판단은 사회통념에 비추어 구체적으로 할 수밖에 없을 것이다.[84] 방송사업자는 저작재산권자와 협의를 하여야 하므로 전혀 협의조차 하지 않은 경우에는 본조가 적용되지 않는다. 그리고 처음부터 저작재산권자 불명인 사유로 협의를 할 수 없는 경우에는 제50조의 규정에 따라야 한다.[85]

다. 상업용 음반의 제작

저작권법은 "상업용 음반이 우리나라에서 처음으로 판매되어 3년이 지난 경우 그 음반에 녹음된 저작물을 녹음하여 다른 상업용 음반을 제작하려는 자가 그 저작재산권자와 협의하였으나 협의가 성립되지 아니한 때"에는 법정허락(compulsory license) 제도를 이용할 수 있다고 규정한다(제52조). 본조의 취지는 상업용 음반의 경우에 특정한 음반제작자가 음악저작물의 저작권자와 전속계약을 체결하여 음악저작물에 대한 독점적 녹음권을 장기간 행사함으로써 음악 산업계에서 독점적 지위를 누리게 되고, 이로 인해 음악저작물의 이용이 크게 제한되는 것을 방지하기 위한 것이다.[86] 본조의 적용대상에는 오페라와 같은 연극적 음악저작물은 포함되지 않으며 오로지 비연극적 음악저작물(nondramatic musical works)만이 그 적용대상이라는 점에 유의해야 한다.[87] 본

84) 이호흥, "저작권법상 강제허락제도에 관한 고찰", 명지대학교 대학원 법학석사 학위논문, 1996, 60~61면.
85) 이호흥, 위의 논문, 61면.
86) 加戸守行, 앞의 책, 478면.
87) 참고로 본조와 그 규정 취지가 같은 미국 저작권법 제115조도 비연극적인 음악저작물에 적용되는 강제허락(compulsory license)이다. 일단 비연극적 음악저작물의 음반이 저작권자의 허락을 받아 미국 내에서 공중에게 배포되면, 제3자는 당해 음악저작물의 음반을 작성하고(reproduce the music onto phonorecords) 이를 공중에게 배포하는 강제허락을 얻을 수 있다. 이 강제허락

조는 우리나라에서 처음으로 시판된 상업용 음반에만 적용되므로 외국에서 처음으로 판매된 음반에는 적용되지 않으며, 이렇게 제작된 음반의 경우에는 이러한 제도를 가지고 있지 않은 국가에 수출될 수 없다. 그 국가에서는 합법적으로 제작된 음반이 될 수 없기 때문이다.[88]

2. 법정허락의 절차

전술한 세 가지 법정허락(compulsory license)의 사유가 인정되는 경우에 법정허락제도를 이용하기 위한 절차는 다음과 같다. 저작재산권자 불명인 저작물의 이용(제50조)과 관련하여 그 저작물의 이용허락을 받을 수 없는 경우에는 대통령령으로 정하는 바에 따라 문화체육관광부장관의 승인을 얻은 후 문화체육관광부장관이 정하는 기준에 의한 보상금을 한국저작권위원회에 지급하고 그 저작물을 이용할 수 있다. 또한 공표된 저작물의 방송(제51조)이나 상업용 음반의 제작(제52조)을 위하여 그 저작재산권자와 협의를 하였으나 협의가 성립되지 않는 경우에는 대통령령으로 정하는 바에 따라 문화체육관광부장관의 승인을 얻은 후 문화체육관광부장관이 정하는 기준에 따른 보상금을 해당 저작재산권자에게 지급하거나 공탁하고 이를 방송하거나 다른 상업용 음반을 제작할 수 있다. 이때 문화체육관광부장관의 승인은 행정처분의 일종이다.

제5절 배타적 발행권의 설정

I. 배타적 발행권의 신설

과거 저작권법은 특허법이 전용실시권제도를 마련한 것[89]과는 달리 침해정지청구권을 행사할 수 있는 이른바 '배타적 이용권'을 부여하는 제도를 두고 있지 않았다.[90] 그러다가 한미 FTA 제18.10조 제4항의 내용[91]을 이행하기 위

은 비연극적 음악저작물을 이용하여 새로운 별개의 녹음물을 만들고자 하는 경우, 예컨대 이른바 'cover version'(또는 'cover') 녹음물을 제작하는 경우에 적용된다.

88) 임원선, 앞의 책, 301~302면.

89) 특허법 제100조 참조. 마찬가지로 상표법 제95조에는 전용사용권 제도가 규정되어 있다.

90) 대법원 2007. 1. 25. 선고 2005다11626 판결 참조.

91) 한미 FTA 제18.10조 제4항 "각 당사국은 모든 지적재산권 집행에 관한 민사 사법절차를 권리자 (주27)에게 이용 가능하도록 한다." "(주27) : 제18.10조의 목적상 '권리자'는 그러한 권리를 주장할 수 있는 법적 지위와 권한을 가진 협회 또는 조합을 포함하고, 지적재산에 포함된 하나 이상의 지적재산권을 배타적(exclusive)으로 가지고 있는 인을 포함한다."

하여 2011년 저작권법(12월 2일 개정법)은 '배타적 발행권' 제도를 신설하였다 (제57조 내지 제62조). 이것은 저작물을 발행하거나 복제·전송의 방법으로 이용하고자 하는 자에게 배타적 권리를 부여함으로써 침해정지청구권을 행사할 수 있도록 한 것이다. 이에 따라 '전자책'(electronic book)을 온라인상에서 이른바 '전자출판'의 방법으로 유통하려는 자에 대해서도 채권적 권리가 아닌 준물권적 권리를 부여할 수 있게 되었다. 저작권법 중에 배타적 발행권 제도가 신설됨으로써 법적으로 어떠한 의미를 가지게 되었는지 살펴본다.

Ⅱ. 배타적 발행권과 이른바 '전자출판'

1. '전자책'의 출현과 '전자출판'의 개념

스마트폰의 출현과 다양한 전자책 전용단말기의 등장으로 인하여 전자책과 전자출판을 둘러싼 법적 문제가 제기되고 있다. 전자책(electronic book; e-book)이란 문서 또는 도화로 발행되는 기존의 종이책과는 달리 컴퓨터, 휴대전화, 전용단말기 등의 기기를 사용하여 읽을 수 있는 문자나 화상으로 표현된 콘텐츠를 말한다. 전자책하면 흔히 소프트웨어인 콘텐츠는 물론이고 이를 재생하여 읽을 수 있는 전용단말기, 즉 하드웨어까지 의미하는 경우도 있지만, 저작권법상 논의 대상이 되는 전자책이란 전자화된 콘텐츠 그 자체이다. 한편, 출판문화산업진흥법 제2조 제4호는 "'전자출판물'이란 이 법에 따라 신고한 출판사가 저작물 등의 내용을 전자적 매체에 실어 이용자가 컴퓨터 등 정보처리장치를 이용하여 그 내용을 읽거나 보거나 들을 수 있게 발행한 전자책 등의 간행물을 말한다"고 정의한다. 同法의 이러한 정의에 따르면, 전자책 내지 전자출판물이란 CD-ROM 등의 전자출판물까지 포함하는 개념이라고 이해할 수 있다.

이와 같이 전자출판과 관련하여 종래 전자책의 유형으로는 인터넷을 통하여 저작물을 전송받아 컴퓨터 화면이나 전용단말기를 통하여 읽거나 사용할 수 있는 이른바 화면책(screen book)뿐만 아니라, CD-ROM, CD-I, DVD 등에 저장하는 이른바 디스크책(disk book)도 포괄하는 개념으로 이해되었다. 하지만 현재 전자책 및 전자출판 관련 영업모델은 전자거래를 중심으로 이루어지기 때문에, 저작권법에서 논의 대상이 되는 것은, 현실 공간에서 종이책과 동일하게 유형적으로 유통되는 CD-ROM과 같은 전자책이 아니라, 정보통신망인 인터넷을 통하여 무형적으로 유통되는 전자책이다.

2. 저작권법에서 '출판'의 정의

저작권법 제2조는 저작권법에서 사용하는 주요 용어들을 정의하고 있지만, 이들 정의 속에 '출판'은 포함되어 있지 않으며,[92] 간접적으로 출판에 관한 정의를 이끌어낼 수 있는 조항이 존재할 뿐이다. 배타적 발행권 제도가 신설되기 전의 구 저작권법 제57조 제1항(현행 저작권법 제63조 제1항)은 "저작물을 복제·배포할 권리를 가진 자(이하 '복제권자'라 한다)는 그 저작물을 인쇄 그 밖에 이와 유사한 방법으로 문서 또는 도화로 발행하고자 하는 자에 대하여 이를 출판할 권리(이하 '출판권'이라 한다)를 설정할 수 있다"고 출판권의 설정에 관해 규정하고 있(었)다. 위 조항의 기술 내용을 圖式化 하면 '출판 = 문서·도화 + 발행'이 되기 때문에, '문서 또는 도화' 및 '발행'을 분석하면 '출판'의 정의를 이끌어낼 수 있다.

우선, 문서란 문자 또는 그 밖의 부호에 의해 일정한 의사표시를 지속성 있게 표현한 유형물이고, 도화란 그림을 그려서 유형물 위에 지속성 있게 일정한 사상을 표현한 것으로서 넓은 의미의 문서에 속한다. 원칙적으로는 컴퓨터 입력자료나 CD-ROM과 같이 시각영상을 통하여 스크린에 상영되는 의사표시는 아직 문서가 아니며, 그것이 프린트기에 의해 기록인쇄물로 출력된 경우에 문서가 된다고 할 수 있다. 요컨대, '문서 또는 도화'는 원칙적으로 종이 등과 같은 유형물을 전제로 할 때 성립하는 개념이다. 이러한 원칙과 관련하여 유의할 것이 '전자문서'이다. 전자문서 및 전자거래기본법 제4조 제1항은 "전자문서는 전자적 형태로 되어 있다는 이유만으로 법적 효력이 부인되지 아니한다"고 규정한다. 이렇게 보면, '전자출판'은 전자적 형태로 되어 있어도 문서에 해당하는 것으로 해석되기 때문에 별 문제가 없어 보인다.

문제는 전자출판이 '발행'에 해당하느냐 하는 점이다. 저작권법 제2조가 정의하는 '발행'이란 "저작물 또는 음반을 공중의 수요를 충족시키기 위하여 복제·배포하는 것"(24호)을 말한다. '복제'란 "인쇄·사진촬영·복사·녹음·녹화 그 밖의 방법으로… 유형물에 고정하거나 유형물로 다시 제작하는 것"(22호)을, '배포'란 "저작물 등의 원본 또는 그 복제물을 공중에게 대가를 받거나 받지 아니하고 양도 또는 대여하는 것"(23호)을 의미한다. 결국 '발행'이란 유형물을 전제로 하는 것이 된다. 따라서 전자출판 중에서 CD-ROM과 같은 전

---

92) 참고로 1957년 저작권법 제8조는 "출판이란 문서, 회화 등의 저작물을 인쇄술 기타의 기계적, 화학적 방법에 의하여 복제하여 발매 또는 배포하는 것"이라는 일반적인 정의규정을 두고 있었다.

자책을 출판하는 경우는 유형적으로 전달되는 것이므로 발행에 해당한다고 할수 있지만, 인터넷상에서 전용단말기로 전송받아 사용하는 전자책의 경우는 저작물의 유형적 전달행위(배포)가 아니라 무형적 전달행위(전송)이므로 저작권법상 발행에 해당하지 않음이 명백하다.

3. 배타적 발행권 제도의 의미

저작권법에서 정의하는 출판의 개념은 출판권설정계약을 전제로 하는 것이다. 결국 인터넷을 통해 전용전단말기로 전송받아 사용하는 전자책은 출판권설정계약의 대상이 될 수 없다는 것을 의미한다. 다시 말해 저작권법 제63조의 '출판'은 출판권설정계약에서의 출판을 의미하는 것이고, 이때의 출판은 원칙적으로 종이책의 제작과 유통인 복제·배포를 전제로 하는 개념인데 비하여, 전자책과 전자출판은 복제 및 '전송'이 핵심 이용 형태이기 때문에 CD-ROM 형태의 전자책에는 출판권설정계약이 적용 가능하지만 인터넷을 통하여 전용단말기로 전송받아 사용하는 전자책을 전자출판 하는 경우에는 출판권설정계약이 적용될 수가 없다. 이러한 전자출판이 출판권설정계약에 해당하기 위해서는 복제·전송을 포괄하는 새로운 출판 개념의 정립이 요구되었다.[93] 따라서 기존 출판권설정계약에 전자책에 관한 조항이 포함되어 있더라도 이 부분은 단순한 출판허락계약이나 독점적 출판허락계약에 관한 것, 즉 단순한 이용허락 혹은 독점적 이용허락계약이 체결된 것으로 보아야 할 것이고,[94] 출판권설정계약에 따라 설정출판권이 부여되는 것으로 보기는 어렵다고 해석되었다.[95] 그런데 저작권법 제57조는 저작물을 발행하거나 복제·전송의 방법으로 이용하려는 사에게 배타적 발행권이라는 준물권을 설정할 수 있도록 함으로써 전자출판에 대해서도 종래의 출판권설정계약이 체결된 것과 동일한 효력을 부여하게 된 것이다.

---

93) 같은 취지, 정상조 편, 「저작권법 주해」, 박영사, 2007, 734면(강영수 집필).
94) 다만, CD-ROM 등과 같이 유형적 형태로 유통되는 전자책에 관해서는 본문에서 언급한 것처럼, 저작권법이 전제로 하는 '문서'와 '발행'의 양 요건을 모두 갖춘 것으로 판단되므로, 출판권설정계약의 적용이 가능할 것으로 생각되었다.
95) 같은 취지, 안효질, "e-book과 저작권", 「계간 저작권」, 2000 겨울호, 43~44면 참조.

Ⅲ. 배타적 발행권의 내용

1. 개 요

배타적 발행권 설정계약과 관련하여 저작권법이 규정하는 주요 내용은 배타적 발행권의 설정(제57조)을 비롯하여 배타적 발행권자의 9개월 이내 발행의무·계속발행의무·저작재산권자 표지의무(제58조), 저작자의 수정증감권·배타적 발행권자의 반복 이용시 통지의무(제58조의2), 저작자 사후의 저작물의 발행 등(제59조 제2항), 배타적 발행권 소멸 후 복제물의 배포(제61조) 등이 있다. 배타적 발행권 설정계약의 해지와 관련하여 소멸통지권을 규정하고 있지만(제60조), 그 밖에 민법의 해제, 해지 조항도 준용될 수 있음은 물론이다.

2. 배타적 발행권의 설정

저작권법상 배타적 발행권이란 저작물을 배타적으로 發行(복제·배포)하거나 복제·전송할 수 있는 권리를 말한다. 저작재산권자는 타인에게 배타적 발행권을 설정할 수 있고(제57조 제1항), 또 저작재산권자는 그 저작물을 발행하거나 복제·전송하는 방법 및 조건이 중첩되지 않는 범위 내에서 새로운 배타적 발행권을 설정할 수 있다(같은 조 제2항). 設定이란 저작재산권자가 자신의 권리를 그대로 보유하면서, 다만 그 권리에 기하여 그 권리와 성질·내용을 같이하지만 내용 및 존립에 관하여 제약된 일부 권리를 승계하는 것을 말한다.96) 배타적 발행권을 설정받은 자(즉 배타적 발행권자)는 그 설정행위에서 정하는 바에 따라 그 배타적 발행권의 목적인 저작물을 발행하거나 복제·전송하는 방법으로 이용할 권리를 가진다(같은 조 제3항). 그 밖에 배타적 발행권의 설정에 관한 자세한 설명은 후술하는 출판권의 설정의 해당부분으로 미룬다. 다만, 여기서 강조하고자 하는 것은 출판권의 설정의 경우는 설정출판권자가 복제·배포만을 할 수 있음에 비하여 배타적 발행권자는 복제·배포는 물론이고 복제·전송까지 할 수 있다는 점이다. 그러한 점에서 전술한 것처럼 배타적 발행권자의 권한은 이른바 '전자출판'과 관련하여 그 實益이 매우 크다.

3. 배타적 발행권자의 의무

배타적 발행권자는 그 설정행위에 특약이 없는 때에는 배타적 발행권의

---

96) 이것을 설정적 승계라 하는데 저작재산권자의 권리가 동일성을 유지하면서 그대로 승계되는 이전적 승계나 양도와 구별된다.

목적인 저작물을 복제하기 위하여 필요한 原稿 또는 이에 상응하는 물건을 받은 날부터 9개월 이내에 이를 발행 등의 방법으로 이용하여야 한다(제58조 제1항). 배타적 발행권자는 그 설정행위에 특약이 없는 때에는 관행에 따라 그 저작물을 계속하여 발행하거나 복제·전송의 방법으로 이용하여야 한다(같은 조 제2항). 배타적 발행권자는 특약이 없는 때에는 각 복제물에 대통령령으로 정하는 바에 따라 저작재산권자의 표지를 하여야 한다(같은 조 제3항 본문). 그 밖에 배타적 발행권자의 의무에 관한 자세한 설명은 후술하는 출판권의 설정의 해당부분으로 미룬다.

4. 저작물의 수정증감

배타적 발행권자가 배타적 발행권의 목적인 저작물을 발행하거나 복제·전송의 방법으로 다시 이용하는 경우에 저작자는 정당한 범위 안에서 그 저작물의 내용을 수정하거나 증감할 수 있다(제58조의2 제1항). 배타적 발행권자는 배타적 발행권의 목적인 저작물을 발행하거나 복제·전송의 방법으로 다시 이용하고자 하는 경우에 특약이 없는 때에는 그때마다 미리 저작자에게 그 사실을 알려야 한다(같은 조 제2항). 그 밖에 배타적 발행권자의 저작물의 수정증감과 관련한 자세한 설명은 후술하는 출판권의 설정의 해당부분으로 미룬다.

5. 배타적 발행권의 등록과 그 존속기간

배타적 발행권의 설정·이전·변경·소멸 또는 처분제한에 관해서는 이를 등록할 수 있으며 등록하지 않으면 제3자에게 대항할 수 없다(제54조 제2호). 배타적 발행권을 목적으로 하는 질권의 설정·이전·변경·소멸 또는 처분제한의 경우도 마찬가지이다(같은 조 제3호). 배타적 발행권은 그 설정행위에 특약이 없는 경우에는 맨 처음 발행 등을 한 날부터 3년간 존속하고, 다만 저작물의 영상화를 위하여 배타적 발행권을 설정한 경우에는 5년으로 한다(제59조 제1항). 그 밖에 배타적 발행권자의 등록과 그 존속기간에 관한 자세한 설명은 후술하는 출판권의 설정의 해당부분으로 미룬다.

6. 배타적 발행권의 소멸통지

배타적 발행권자가 9개월 이내에 발행하거나 복제·전송하는 의무를 이행하지 않거나 발행하거나 복제·전송을 계속하지 아니하는 경우에는 저작재산권자는 6개월 이상의 기간을 정하여 그 이행을 최고하고 그 기간 내에 이행하지 아니하는 때에는 배타적 발행권의 소멸을 통지할 수 있다(제60조 제1항). 배타적 발행권자가 그 저작물을 발행하거나 복제·전송하는 방법으로 이용하는 것이 불가능하거나 이용할 의사가 없음이 명백한 경우에는 이행 최고 기간 없이 즉시 배타적 발행권의 소멸을 통지할 수 있다(같은 조 제2항). 이렇게 저작재산권자가 배타적 발행권의 소멸을 통지한 때에는 배타적 발행권자가 그 통지를 받은 때에 배타적 발행권이 소멸한 것으로 본다(같은 조 제3항). 이때 재산권자는 배타적 발행권자에 대하여 언제든지 원상회복을 청구하거나 발행 또는 복제·전송을 중지함으로 인한 손해의 배상을 청구할 수 있다(같은 조 제4항). 그 밖에 배타적 발행권자의 소멸통지에 관한 자세한 설명은 후술하는 출판권의 설정의 해당부분으로 미룬다.

7. 배타적 발행권 소멸 후의 복제물의 배포

배타적 발행권이 그 존속기간의 만료 또는 그 밖의 사유로 소멸한 경우에 배타적 발행권을 가지고 있던 사람은 다음의 두 가지 경우를 제외하고는 그 배타적 발행권의 존속기간 중에 만들어진 복제물을 배포할 수 없다(제61조). 첫째, 배타적 발행권 설정행위에 특약이 있는 경우, 둘째, 배타적 발행권의 존속기간 중 그 저작재산권자에게 그 저작물의 발행에 따른 대가를 지급하고 그 대가에 상응하는 부수의 복제물을 배포한 경우이다. 이는 설정출판권자가 설정출판권 소멸 후에 복제물을 배포하는 경우에도 마찬가지로 적용된다(제63조의2, 제61조).

제6절 출판권의 설정

Ⅰ. 서 론

1. 출판의 개념

저작권법 제63조 제1항은 "저작물을 복제·배포할 권리를 가진 자(이하 '복제권자'라 한다)는 그 저작물을 인쇄 그 밖에 이와 유사한 방법으로 문서 또는 도화로 발행하고자 하는 자에 대하여 이를 출판할 권리(이하 '출판권'이라 한다)를 설정할 수 있다"고 출판권의 설정에 관해 규정한다. 위 조항으로부터 간접적으로 '출판'의 개념을 정의할 수 있다. '문서 또는 도화'는 원칙적으로 종이 등과 같은 유형물을 전제로 할 때 성립하는 개념이지만 문서에는 전자문서도 포함되므로 반드시 유형물을 전제로 할 필요는 없다(전자문서 및 전자거래기본법 제4조 제1항 참조). 하지만 저작권법 제2조가 정의하는 '발행'이란 "저작물 또는 음반을 공중의 수요를 충족시키기 위하여 복제·배포하는 것"(24호)을 말하므로 결국 '발행'이란 유형물을 전제로 하는 개념이다. 그러한 점에서 발행을 구성 요소로 하는 저작권법상의 출판의 개념은 유형적 전달행위를 전제로 하는 개념이다.

2. 출판계약의 본질과 그 종류

출판계약이란 출판자가 복제·배포권을 취득[97]함과 동시에 복제·배포의무를 부담하는 계약이라고 정의할 수 있다.[98] 복제·배포가 출판자의 의무라는 것은, 출판자가 자기의 계산으로 출판을 하여야 한다는 것을 의미한다. 출판계약의 본질적 요소는 출판자가 자기의 계산으로 저작물을 복제·배포하는 출판자의 의무에 있다고 할 수 있다. 출판권설정계약도 출판권자에게 출판의무가 부과되어 있으므로(제63조의2, 제58조) 출판계약에 해당한다. 출판계약은 넓은 의미와 좁은 의미 두 가지로 나눌 수 있는데, 넓은 의미로는 출판허락계약과 출판권설정계약의 양자를 모두 말하며, 좁은 의미로는 출판허락계약만을 말한다. 출판허락계약은 諾成·不要式의 채권계약에 속한다(제46조 참조). 일반적으로 출판계약하면 넓은 의미로 해석된다. 출판권설정계약은 저작권자(또는 복제·배포권자)와 출판자간에 체결되는 출판권의 설정을 목적으로 하는 準物權契約을 말한다(제63조). 출판권설정계약도 낙성·불요식계약인데, 이에 의하여 출판권자는 배타적·독점적인 출판권을 취득한다. 이 계약은 저작재산권양도계약이나 복제·배포권양도계약과는 달리 이전적 승계가 아니라 '설정적 승계' (konstitutive Übertragung)를 하는 것이므로 권리의 주체가 종국적으로 그 권리를 상실하는 것이 아니다. 따라서 민법상의 제한물권과 마찬가지로 출판권이 소멸하면 저작권은 제한이 없는 원래의 상태로 복귀한다. 출판권설정계약에 따라 준물권적 성질을 갖는 이러한 출판권을, 저작물을 출판할 수 있는 채권적 권리에 불과한 출판권과 구별하기 위하여 특히 '설정출판권'이라 부른다.

이상의 논의를 정리하면, 출판계약의 본질적 요소는 출판자가 자기의 계

---

97) 여기서 출판자가 복제·배포권을 취득한다는 것은 그 성질이 물권적이든 채권적이든 가리지 않고 복제·배포할 수 있는 권한을 획득한다는 의미이다.

98) 半田正夫, "出版契約の法理と實態", 「著作權法の現代的課題」, 一粒社, 1980, 156면.

산으로 저작물을 복제·배포하는 것이다. 또한 출판계약은 민법상의 非典型契約에 해당한다.[99] 출판계약은 넓은 의미로는 출판허락계약과 출판권설정계약 양자를 포함하지만, 좁은 의미로는 출판허락계약만을 말한다. 그 이유는 당사자 간에 별도의 약정이 없는 한 준물권적 효력을 갖는 출판권설정계약의 체결은 예외이고 채권적 효력을 갖는 출판허락계약이 체결된 것으로 보는 것이 일반적이기 때문이다.[100]

3. 출판권설정계약

저작권법은 "저작물을 복제·배포할 권리를 가진 자(이하 '복제권자'[101]라 한다)는 그 저작물을 인쇄 그 밖에 이와 유사한 방법으로 문서 또는 도화로 발행하고자 하는 자에 대하여 이를 출판할 권리(이하 '출판권'이라 한다)를 설정할 수 있다"(제63조 제1항)고 출판권의 설정에 관해 규정한다. 출판권설정계약은 저작권자(또는 복제·배포권자)와 출판자간에 체결되는 출판권의 설정을 목적으로 하는 準物權契約이다. 출판권설정계약의 장점은 출판권을 설정 받은 자(=설정출판권자)가 제3자의 권리 침해에 대하여 직접 독자적으로 침해정지 청구를 할 수 있다는 점이다. 이것이 출판권설정계약과 독점적 출판허락계약의 차이점이다. 독점적 출판허락을 받은 자는 독점적 이용허락을 받은 자와 마찬가지로 독자적으로 침해정지청구권을 행사할 수는 없고 저작권자의 침해정지청구권을 대위행사 할 수 있을 뿐이다. 대법원 판결은 저작권법이 보호하는 저작재산권의 침해가 발생하였으나 권리자가 스스로 저작권법 제123조의 침해정지청구권을 행사하지 않은 경우 그 저작재산권의 독점적인 이용권자가 권리자를 대위하여 침해정지청구권을 행사할 수 있다고 판시하였다.[102]

---

99) 대법원 2000. 5. 26. 선고 2000다2375, 2382 판결은 "출판허락계약에서 약정한 인세의 감액청구는 그 성질상 법률의 규정이 있는 경우에 한하여 허용되는 형성의 소에 해당하고, 또 출판계약은 민법상 비전형계약에 해당하는 것이므로 임대차계약에 관한 민법 제628조 소정의 차임감액청구에 관한 규정을 출판허락계약상에 유추 적용할 수 없다"고 판시하였다.

100) 우리법과는 반대로 독일의 '出版權에 관한 法律'(Gesetz über das Verlagsrecht) 제8조는 저작자가 "복제 및 배포를 스스로 행하지 아니하고 이를 출판자에게 허용하는 의무를 부담하는 범위 내에서 계약상 별도의 정함이 없는 한 복제 및 배포를 위한 배타적 권리(출판권)를 설정해야 한다"고 규정한다. 즉 독일법은 "계약상 별도의 정함이 없는 한" 출판권의 설정(Verschaffung des Verlagsrechts)을 저작자의 의무로 하고 있다.

101) 법문상으로는 '복제권자'라고 줄여 쓰고 있으나 본서에서는 이해의 편의를 위하여 '복제·배포권자'라고 약칭하고자 한다.

102) 대법원 2007. 1. 25. 선고 2005다11626 판결.

≪'설정출판권' 제도의 기원≫

저작권법 제63조가 규정하는 준물권적 성질을 갖는 출판권을 지칭하여 흔히 '설정출판권'이라 부른다. 원래 '설정출판권'이란 용어의 유래는, 저작권의 일부로서 저작권자가 갖는 출판할 수 있는 권리, 즉 저작권자의 출판권 또는 저작출판권과, 출판자가 저작권자의 출판권설정행위에 의하여 부여받는 출판권을 구별하기 위하여, 후자를 '설정출판권'이라 지칭한 것에서 유래한다.[103] 우리 저작권법의 설정출판권 제도는 1957년 저작권법(제3장 제47조 이하)에 있던 제도를 승계한 것이고, 1957년 저작권법의 설정출판권 제도는 일본 저작권법에 있던 제도를 그대로 도입한 것이다. 1920년대 일본에서는 동일 작가의 같은 작품이 여러 문학전집 속에 수록되는 일이 많아 혼란스러웠다. 작가는 이중으로 저작권사용료를 받으므로 당장은 도움이 되었으나 각 전집마다 서로 예상 부수를 잠식하는 과당 경쟁으로 말미암아 우선 출판사가 손해를 보게 되고 그 손해는 작가에게도 파급되어 영향을 미치게 되었다.[104] 그래서 종래의 출판허락계약만으로는 출판자의 이익보호가 충분하지 않다는 출판계의 요망을 반영하여 저작권법 개정안(1926년), 발행권법안1926년), 출판권법안(1928년), 출판권법안(1933년) 등 네 차례에 걸친 법안 제출의 시도 끝에,[105] 드디어 1934년 5월 일본 구 저작권법 제4차 개정 시에 출판자의 권리가 '출판권'이란 명칭으로 새로이 法定되었다. 이때 선례의 하나로 삼은 것이 1901년 독일에서 제정된 '出版權에 관한 法律'(Gesetz über das Verlagsrecht)이다.[106] 당시 저작권법에 출판권 조항을 도입하기로 정한 단계에서 입법관여자가 출판자의 권리를 보호하는 방법으로 상정한 안에는 세 가지가 있었다. ① 모든 출판계약에 준물권적인 출판권을 성립하게 한다, ② 저작권 중에서 출판에 관한 권능을 출판자에게 양도하게 한다, ③ 저작권자가 준물권적인 출판권을 출판자에게 설정하게 한다는 것이었다. ①은 1933년 제출된 출판권법안과 같은 내용이었지만 모든 출판계약에 대해 대세적 효력을 갖는 출판권을 부여

---

103) 社團法人著作權情報センター 編者, 「新版 著作權事典」, 出版ニュース社, 1999, 170~171면.
104) 일본 출판계는 1926년 말에 시작된 이른바 '엔혼'[円本] 소동으로 혼란에 빠졌다고 한다. 당시 출판 불황에서 벗어날 목적으로 改造社는 1책 1엔이라는 염가본의 '현대일본문학전집'을 내놓아 성공을 거두게 되자 각 출판사들이 앞 다투어 염가판 전집출판 경쟁에 뛰어들게 됨으로써 출판계약을 무시하는 중복 출판과 과당 경쟁이 벌어지게 되었다. 이러한 상황 하에서 특히 저자들이 출판계약을 무시하는 경우가 빈번하였기 때문에 법률에 의해 출판업자를 보호할 필요성이 대두되었다고 한다. 諏訪野大, "出版權設定契約の法的性質と信託法理", 「法學研究」第82卷 第12号, 慶応義塾大學 法學研究會, 2009, 517면.
105) 諏訪野大, 위의 논문, 518~519면.
106) 美作太郎, 「著作權と出版權—いま何が問題か」, 日本エディタースクール出版部, 1981, 135~136면, 141면.

하는 것이므로 '과도'하다는 점에서, ②는 일부라도 저작권을 양도하는 것은 '중
대문제'이고 저작자의 희생 하에 출판업자를 보호하는 것이 되어 저작자가 심정
상 용인하기 어렵다는 점에서 채택되지 않았고, 절충적인 방안인 ③이 받아들여
졌다.[107] 다만, 출판권의 성질에 대해서는 권리의 목적인 저작물이 토지와 같은
유체물이 아니라 무체물이기 때문에, 하나의 用益權을 설정하여도 다른 용익권
을 재차 설정하는 것이 허용될 수 있어서, 지상권이나 임차권의 법리만으로는 설
명하기 어려운 특수한(sui generis) 용익권으로 이해하였다.[108]

Ⅱ. 출판권설정계약의 성립

1. 당사자

출판권설정계약의 당사자는 저작권자(또는 복제·배포권자)와 출판자이다.
출판자는 자기의 계산으로 저작물을 복제·배포할 것을 인수하는 자를 말하며,
일반적으로 출판자는 출판에 관한 행위를 업으로 하는 자, 즉 상인으로서 출
판업자를 말하지만 반드시 출판업자일 것을 요하지 않는다.[109]

2. 합   의

출판권설정계약의 당사자 간에는 출판권의 설정에 관한 합의가 있어야 한
다. 독일의 '出版權에 관한 法律'(Gesetz über das Verlagsrecht)은 "출판권은 출판
자에게 저작물을 인도함과 동시에 발생"한다고 규정하여[110] 출판권설정계약이
要物契約임을 밝히고 있다. 이에 반하여 저작권법 제63조 제1항은 "저작물을
복제·배포할 권리를 가진 자는 … 출판할 권리를 설정할 수 있다"고 규정하고
있어서 복제·배포권자의 의사에 따라 출판권의 설정이 좌우된다. 따라서 우리
저작권법에서는 당사자 간의 합의만으로 출판권이 설정될 수 있다.

3. 질권자의 허락

출판권을 설정하려는 저작물의 복제권을 목적으로 하는 질권이 설정되어
있는 경우에는 그 질권자의 허락이 있어야 한다(제63조 제3항). 법문에는 복제

---

107) 美作太郎, 위의 책, 179~180면; 諏訪野大, 앞의 논문, 520~521면.
108) 諏訪野大, 앞의 논문, 521면.
109) 하용득, 「저작권법」, 법령편찬보급회, 1988, 262면.
110) 독일 출판권에 관한 법률 제9조.

권을 목적으로 하는 질권만을 규정하고 있으나 출판의 내용에는 배포도 포함하므로 배포권을 목적으로 하는 질권이 설정되어 있는 경우에도 질권자의 허락이 있어야 한다고 해석하여야 한다.[111)]

4. 출판권설정의 등록

출판권의 설정은 등록할 수 있으며 이때의 등록은 제3자에 대한 대항요건이고 성립요건이 아니므로 등록이 없더라도 계약은 유효하게 성립한다(제54조 제2호).

Ⅲ. 출판권설정계약의 효력

1. 출판권

가. 성 질

출판권설정계약에 의해 출판자에게 설정된 권리를 출판권(또는 설정출판권)이라 한다. 출판권은 출판자에 대하여 계약에 의해 정해진 범위 내에서 출판의 목적을 위하여 저작물의 직접적 지배를 허용하는 권리이므로 준물권적 권리이며, 저작권자 및 그 권리승계인은 출판권자에 의한 저작물 이용을 용인하지 않으면 안 되는 의무를 부담한다. 그러나 출판권자에 의한 저작물의 직접적·배타적 지배는 출판의 목적에서, 또한 설정행위에서 정한 범위 내에서 한정되는 것이므로 그 밖의 저작물의 이용권능은 저작권자 또는 복제·배포권자에게 유보된다.[112)]

나. 내 용

출판권은 저작물을 원작 그대로 인쇄 그 밖의 이와 유사한 방법으로 문서 또는 도화로서 복제·배포하는 권리이다(제63조 제1항, 제2항). 원작 그대로란 저작물을 그대로 재현 복제하는 것을 말하며 저작물의 내용을 변경하는 것은 허락되지 않지만 漢字·脫字·맞춤법 등을 보정하는 것은 특약이 없는 한 허락 범위에 속한다.[113)] 그러나 한자나 영어를 국어로 고치는 것은 허락되지 않는다.[114)] 대법원은 "여기서 '원작 그대로'라 함은 원작을 개작하거나 번역하는 등

---

111) 황적인·정순희·최현호, 「저작권법」, 법문사, 1988, 343면.
112) 半田正夫, 「著作權法槪說」第15版, 法學書院, 2013, 235면.
113) 半田正夫, 앞의 책, 235면.
114) 황적인·정순희·최현호, 앞의 책, 345면.

의 방법으로 변경하지 않고 출판하는 것을 의미할 뿐 원작의 전부를 출판하는 것만을 의미하는 것은 아니므로, 침해자가 출판된 저작물을 전부 복제하지 않았다 하더라도 그 중 상당한 양을 복제한 경우에는 출판권자의 출판권을 침해하는 것"이라고 판시하였다.115)

출판권이 설정되면 출판자는 저작물을 출판할 독점적·배타적 권리를 갖게 되므로 저작권자는 출판권의 목적인 저작물을 원작 그대로 출판할 수 없게 되는 것은 물론이고, 그 저작물을 全集 그 밖의 편집물에 수록하는 것도 허용되지 않는다.116) 다만 복제·배포권자는 출판권의 존속기간 중에 그 출판권의 목적인 저작물의 저작자가 사망한 경우에는 저작자를 위하여 저작물을 전집 그 밖의 편집물에 수록하거나 전집 그 밖의 편집물의 일부인 저작물을 분리하여 따로 출판할 수 있다고 규정한다(제63조의2, 제59조 제2항). 따라서 저작자가 사망한 경우에는 출판자의 출판권에 제한을 받지 않고 저작자의 기념출판 등을 할 수 있다. 이 경우 저작자는 복제·배포권자일 필요가 없다는 점에 주의하여야 한다.117) 이것은 저작자의 명예와 저작물의 사회성을 고려한 예외규정이므로 당사자 간의 합의에 의하여도 그 적용을 배제할 수 없는 강행규정으로 보아야 한다.118)

다. 출판권의 존속기간

출판권의 존속기간은 설정행위에 의하여 임의로 결정할 수 있으나 설정행위에 특약이 없는 때에는 맨 처음 출판한 날부터 3년간 존속한다(제63조의2, 제59조 제1항). 출판권은 설정행위로부터 발생하나 실제로 최초 출판이 없는 경우에는 출판권을 사실상 행사할 수 없으므로 출판권의 존속기간을 실질적으로 보장하기 위하여 맨 처음 출판일을 기산점으로 삼은 것이다.119) "맨 처음 출판한 날"이란 출판물이 시장의 유통과정에 올라 일반 공중에게 배포될 수 있는 상태에 놓인 날을 가리키는데, 인쇄소에서 출고되는 때 등이 이에 해당한다.120) 출판권의 존속기간을 無期限으로 약정한 경우 다수설은 존속기간을 약정한 것이라고 볼 수 없고 특약이 없는 경우에 해당한다고 보아 3년간 존속하

---

115) 대법원 2003. 2. 28. 선고 2001도3115 판결.
116) 半田正夫, 앞의 책, 236면.
117) 황적인·정순희·최현호, 앞의 책, 345면.
118) 장인숙, 「저작권법원론」개정판, 보진재, 1996, 172면; 허희성, 「2011 신저작권법 축조개설 상」, 명문프리컴, 2011, 387면; 황적인·정순희·최현호, 앞의 책, 345면.
119) 황적인·정순희·최현호, 앞의 책, 345~346면.
120) 장인숙, 앞의 책, 167면; 허희성, 앞의 책, 387면.

는 것으로 해석한다.[121] 그러나 무기한이란 저작재산권이 만료할 때까지라는 의미이므로 당사자의 의사를 존중하여 무기한의 출판권 설정도 가능하다고 해석해야 할 것이다.[122]

라. 讓渡 · 入質
(1) 복제 · 배포권자의 동의

출판권은 복제 · 배포권자의 동의 없이 이를 양도 또는 질권의 목적으로 할 수 없다(제63조의2, 제62조). 출판권은 準用益物權的 性質을 가지므로 양도할 수 있음은 당연하다. 그러나 복제 · 배포권자(특히 저작권자)는 자기의 저작물을 출판함에 있어서 출판자의 지명도나 사회적 신용도 등을 고려하여 특정 출판자와 출판권설정계약을 체결한 것이므로 출판권의 양도 · 입질은 복제 · 배포권자의 이해에 중대한 영향을 미친다.[123] 따라서 저작권법에 위와 같은 조항을 둔 것이다. 유의할 점은 이것은 어디까지나 출판권설정계약에 따른 출판권, 즉 설정출판권의 경우에 한하는 것이며 저작재산권 자체 또는 출판권능(복제 · 배포권)을 양도받은 경우에는 위 조항이 적용되지 않는다는 점이다.[124] 대법원 판례도 출판권능을 양도받은 경우에는 위 조항이 적용되지 않는다고 하였다.[125] 이러한 취지에 비추어 볼 때, 명문의 규정은 없지만 강제집행 또는 출판사의 파산 등에 의한 출판권의 이전인 경우에도 복제 · 배포권자의 동의를 필요로 한다고 해석해야 할 것이다. 그러나 출판권자의 사망에 의한 상속이나 출판권자인 법인의 합병과 같은 포괄승계의 경우에는 복제 · 배포권자의 동의가 필요 없음은 물론이다.[126]

복제 · 배포권자의 동의를 얻지 못한 출판권의 양도 · 입질은 그 讓渡 · 入質의 당사자 간에는 유효하나, 복제 · 배포권자에게는 대항할 수 없다고 새겨야 한다. 따라서 출판권의 무단 양도를 받은 양수인이 출판행위를 시작한 경우에는 그 출판행위는 복제 · 배포권자에 대한 관계에서는 불법 출판이 되는 것이므로 복제 · 배포권자는 그 양수인에 대하여 출판의 금지를 청구할 수 있다고

---

121) 이해완, 「저작권법」 제4판, 박영사, 2019, 936면; 정상조 편, 「저작권법 주해」, 박영사, 2007, 746~747면(강영수 집필); 하용득, 앞의 책, 264면; 허희성, 앞의 책, 385~386면.
122) 이성호, "출판계약의 유형과 실제", 「법조」Vol.616, 2008. 1., 254~255면; 田村善之, 「著作權法槪說」第2版, 有斐閣, 2001, 496면 각주1); 中山信弘, 「著作權法」第2版, 有斐閣, 2014, 441면.
123) 半田正夫, 앞의 책, 236면.
124) 오승종, 「저작권법」 제5판, 박영사, 2020, 1049면.
125) 대법원 1979. 5. 15. 선고 78다1263 판결.
126) 황적인 · 정순희 · 최현호, 앞의 책, 346면; 허희성, 앞의 책, 394면.

보아야 한다.127)

(2) 양도·입질의 대항요건

출판권의 양도·입질에 대하여 등록을 제3자에 대한 대항요건으로 한다(제54조 제2호, 제3호). 이 경우 복제·배포권자의 동의와의 관계를 어떻게 볼 것인가를 검토한다. 전술한 것처럼 출판권의 양도·입질에 대하여 복제·배포권자에게 출판권의 취득을 주장하려면 복제·배포권자의 동의가 있어야 한다. 따라서 양도·입질의 등록이 있어도 복제·배포권자의 동의가 없으면 복제·배포권자에게 대항할 수 없고, 복제·배포권자의 동의가 있으면 등록이 되지 않았더라도 출판권의 양수인은 복제·배포권자에게 대항할 수 있다고 새겨야 한다.

출판권의 이중 양수인, 출판권에 대한 질권자 등 복제·배포권자 이외의 제3자에 대한 관계에서는, 출판권의 양수인은 등록하지 않고서는 대항할 수 없다고 새겨야 한다. 생각건대, 출판권의 양도는 복제·배포권자의 동의 유무에 관계없이 양도 당사자 간에는 유효하다. 출판권과 출판권의 제2 양수인 또는 출판권자와 질권자 간에도 마찬가지이다. 따라서 출판권의 양수인과 출판권의 제2 양수인 또는 질권자 등 제3자와의 관계에서는 등록의 유무 또는 선후에 의해서만 우열을 결정할 수 있다.128) 여기서 제3자는 정당한 이익이 있는 자만을 의미하므로 출판권의 무단 침해자에 대해서는 등록 없이도 대항할 수 있다.129)

2. 출판권자의 의무

가. 원작 그대로 출판할 의무

출판권자는 출판권의 목적인 저작물을 원작 그대로 출판할 의무를 진다. 명문의 규정은 없으나 출판권의 성질상 당연하다. 원작 그대로 출판하지 않으면 저작권자에 대하여 채무불이행 책임을 지게 되고 경우에 따라서는 저작인격권, 특히 동일성유지권을 침해하게 된다.130)

---

127) 半田正夫, 앞의 책, 236면.
128) 半田正夫, 앞의 책, 237면.
129) 대법원 2002. 11. 26. 선고 2002도4849 판결(저작재산권을 양도받은 사람은 그 양도에 관한 등록 여부에 관계없이 그 저작재산권을 침해한 사람을 고소할 수 있다고 판시); 서울지법 남부지원 1994. 2. 14. 선고 93카합2009 판결(설정출판자가 무단 출판자를 상대로 제기한 재판에서 제3자는 정당한 이익이 있는 자만을 의미하므로 권원 없이 무단 출판한 자는 여기서 말하는 제3자에 해당하지 않는다고 판시).
130) 하용득, 앞의 책, 268면.

나. 9개월 이내 출판할 의무

출판권자는 그 설정행위에 특약이 없는 때에는 출판권의 목적인 저작물을 복제하기 위하여 필요한 原稿 또는 이에 상응하는 물건을 받은 날부터 9개월 이내에 이를 출판하여야 한다(제63조의2, 제58조 제1항). 출판권자의 출판의무는 출판권설정계약의 본질적 요소이므로 출판의무를 면제하는 내용의 특약은 공서양속에 반하여 무효이다. 원고 또는 이에 상응하는 물건이란 原稿 또는 악보와 그 사본 그리고 미술·사진저작물의 경우에는 그 원작품 등을 가리키며 전자메일로 원고 등을 전송한 경우도 포함된다. 기간 내에 출판하여야 한다는 것은 위 기간 내에 출판물을 시장의 유통과정에 두어 공중에게 배포될 수 있는 상태가 되어야 한다는 뜻이다. 원고를 인쇄소에 보내는 것만으로는 부족하고 출판물을 서점에 진열 또는 거래소에 발송하는 정도에 이르러야 한다.[131]

다. 계속 출판할 의무

출판권자는 그 설정행위에 특약이 없는 때에는 관행에 따라 그 저작물을 계속하여 출판하여야 한다(제63조의2, 제58조 제2항). 계속하여 출판한다는 것은 항상 수요자로 하여금 당해 출판물을 입수할 수 있는 상태에 있게 하는 것을 가리키지만, 출판물이 항상 시장에 존재해야 하는 것을 의미하지 않는다. 출판권자의 창고 등에 출판물이 보관되어 수요자가 언제라도 입수할 수 있는 상태에 있다면, 출판이 계속되고 있다고 말할 수 있다.[132] 여기서 관행이란 출판관행을 의미한다. 예컨대, 종전의 반품 비율을 참작한 소량 출판으로 인해 발생한 몇 개월간의 품절상태 등은 계속출판의 의무위반으로 보지 않는다는 것으로 출판권자의 경제적 위기부담을 완화하려는 규정이다.[133]

라. 복제·배포권자[134] 표지의무

출판권자는 특약이 없는 때에는 각 출판물에 대통령령으로 정하는 바에 의하여 복제·배포권자의 표지를 하여야 한다(제63조의2, 제58조 제3항 본문). 다만 2020년 저작권법(2020. 2. 4. 법률 제16933호)은 제58조 제3항 단서를 신설하여 다른 법률에 따라 등록 또는 신고된 신문과 정기간행물에 대해서는 특약이 없더라도 표지의무를 면제한다고 규정한다. 복제·배포권자의 표지에 관하여

---

131) 하용득, 앞의 책, 268면.
132) 半田正夫, 앞의 책, 237면.
133) 허희성, 앞의 책, 381면; 황적인·정순희·최현호, 앞의 책, 349면.
134) 법문상으로는 '복제권자'라고 약칭하지만, 본래의 의미대로 '복제·배포권자'라고 한 것이다.

저작권법 시행령 제38조는 다음과 같이 규정한다. 복제의 대상이 외국인의 저작물일 경우에는 복제·배포권자의 성명 및 맨 처음의 발행연도의 표지(제1호), 복제의 대상이 대한민국 국민의 저작물일 경우에는 제1호에 따른 표지 및 복제·배포권자의 검인(제2호),[135] 출판권자가 복제·배포권의 양도를 받은 경우에는 그 취지의 표시(제3호)를 하여야 한다. 위 시행령에서 말하는 검인은 반드시 도장에 한하지 않고 서명이나 拇印도 검인이 될 수 있다.[136] 복제·배포권자 표지의무 조항은 출판권의 설정자인 복제·배포권자가 받게 될 보수의 계산과 징수를 쉽게 하기 위하여 마련한 규정이다. 표지할 위치에 관하여는 법령상 규정이 없으나 출판관행에 따라 卷末이나 卷頭 등 적절한 곳에 표지하여야 할 것이다.[137] 출판권자가 위 표지의무를 위반한 때에는 500만 원 이하의 벌금에 처한다(제138조 제3호).

마. 재판발행 통지의무

출판권자는 출판권의 목적인 저작물을 다시 출판하고자 하는 경우에 특약이 없는 때에는 그때마다 미리 저작자에게 그 사실을 알려야 한다(제63조의2, 제58조의2 제2항). 이 규정은 저작자의 후술하는 수정·증감권을 실질적으로 보장하기 위한 것이므로 저작자가 저작권자가 아니더라도 저작자에게 통지하여야 한다.[138] 여기서 말하는 출판이란 복제하는 것을 말하고 배포하는 것을 말하는 것이 아니며, 출판은 再版·再刷의 어느 것이라도 가능하다.[139] 출판권자가 재판발행 통지의무를 게을리하여 이를 저작자에게 알리지 않은 때에는 500만 원 이하의 벌금에 처한다(제138조 제4호).

---

135) 저작권법 및 그 시행령에 규정은 없으나 저자와 출판권자의 특약에 의하여 검인을 생략하는 경우에도 그 취지는 표시하여야 한다고 본다. 황적인·정순희·최현호, 앞의 책, 349면.

136) 황적인·정순희·최현호, 앞의 책, 350면.

137) 장인숙, 앞의 책, 170면.

138) 저작물의 복제·배포권을 제3자에게 양도하였기 때문에 그 저작자가 출판권설정계약의 당사자가 아니더라도 출판권자는 저작자에게 재판발행 통지의무를 부담한다는 의미이다. 이와 같이 저작자가 출판권설정계약의 당사자가 아닌 경우에는 출판권자는 복제·배포권자와의 특약으로 이 의무를 배제할 수 없다.

139) 판(edition)과 쇄(reprint, impression)는 구별되어야 한다. 동일한 지형이나 원판 또는 그것으로 인쇄한 저작물의 총체가 '판'이고 동일한 판을 매번 찍어 내는 것이 '쇄'이다. 가령, 초판 2쇄란 출판물을 처음 펴낸 경우에 그 판을 두 번 찍었다는 의미이다(김성재, 「출판의 이론과 실제」 제3판, 일지사, 1990, 41~42면).

바. 보수지급의무

출판권자의 보수지급의무는 출판권설정계약에서 본질적인 요소는 아니다. 따라서 특약이 없는 한 출판자는 보수를 지급할 필요가 없다. 물론 명시적으로 정한 바가 없는 경우에도 정기간행물에 기고하는 경우 등에서 볼 수 있는 것처럼 보수지급이 관행으로 되어 있는 때에는 보수지급의 의사가 묵시적으로 되어 있는 것으로 볼 수 있다. 그러나 대부분의 경우에는 보수지급의 정함이 있으므로 이 점에 대해서 크게 문제가 없다.[140)

사. 원고반환의무

출판자가 저작물의 복제를 완료한 후 저작자에게 原稿를 반환할 의무를 부담하는가? 독일 '出版權에 관한 法律'은 저작자가 복제의 개시 전에 원고의 반환을 유보한 경우에 한하여 복제 종료 후에 출판자는 원고를 반환할 의무를 부담한다고 규정한다.[141) 따라서 원칙적으로 독일에서는 출판자가 원고반환의 의무를 부담하지 않는다. 그러나 독일의 출판법과 같은 명문의 규정이 없는 우리나라에서는 일반원칙으로 돌아가 원고 소유권은 출판자에게 이전하는 것이 아니고, 다만 복제를 행하기 위하여 필요하기 때문에 원고의 점유를 이전한 것에 지나지 않는다. 따라서 그 소유권은 여전히 저작권자에게 귀속되어 있는 것이므로 복제 · 배포권자는 원고의 반환을 청구할 수 있고, 출판자는 반환할 의무를 부담한다고 새겨야 한다.[142)

3. 복제 · 배포권자의 권리

가. 전집 · 편집물에 수록 · 출판할 권리

전집 · 편집물에 수록 · 출판할 권리는 복제 · 배포권자에게만 인정된다(제63조의2, 제59조 제2항). 복제 · 배포권자가 저작자와 아무런 인적관계를 맺고 있지 않기 때문에 이 권리를 행사하지 않는 경우 저작자의 유족은 저작자를 위한 기념 출판을 할 수 없다. 입법론으로는 이 권리를 유족이나 일정한 인적관계에 있는 자에게 부여하고, 다만 영리를 취할 수 없도록 하는 것이 바람직할 것이다.[143)

---

140) 半田正夫, 앞의 책, 233면, 238면.
141) 독일 출판권에 관한 법률 제27조.
142) 半田正夫, 앞의 책, 233면, 238면.
143) 황적인 · 정순희 · 최현호, 앞의 책, 351면.

나. 출판권 소멸통지권

복제·배포권자는 출판권자가 9개월 이내 출판의무 또는 계속출판의무를 위반한 경우에는 6개월 이상의 기간을 정하여 그 이행을 催告하고 그 기간 내에 이행하지 않는 때에는 출판권의 소멸을 통지할 수 있다(제63조의2, 제60조 제1항). 출판권자가 출판이 불가능하거나 출판할 의사가 없음이 명백한 경우에는 즉시 출판권 소멸을 통지할 수 있다(제63조의2, 제60조 제2항). 출판권 소멸통지는 출판권자가 통지를 받은 때에 출판권이 소멸한 것으로 본다(제63조의2, 제60조 제3항). 이는 일방적 의사표시에 의하여 출판권을 소멸하게 하는 일종의 형성권이다. 여기서 '통지를 받은 때'란 출판권자가 통지의 내용을 알고 있는 상태가 아니라 출판권자의 지배권 내에 들어가 사회통념상 알 수 있는 상태인 것을 말한다.144) 이 경우 복제·배포권자는 출판권자에게 언제든지 원상회복을 청구하거나 출판의 중지로 인한 손해배상을 청구할 수 있다(제63조의2, 제60조 제4항). 원상회복이란 출판권을 설정하지 않았던 상태로 복귀시키는 것을 말하므로 출판권이 등록되어 있으면 등록의 말소를 청구할 수 있다.145)

4. 복제·배포권자의 의무

복제·배포권자는 출판권자에게 저작물을 인도하고 복제·배포를 용인할 의무가 있다. 또한 복제·배포권자는 동일 저작물을 직접 출판하거나 제3자에게 그 출판권설정을 하여서는 안 된다. 직접 출판금지 및 출판권설정 금지의무는 출판권의 준물권적 성질로부터 도출되는 당연한 의무이며 특약이 없어도 복제·배포권자는 이를 부담하여야 한다.146)

5. 저작자의 수정·증감권

출판권자가 출판권의 목적인 저작물을 다시 출판하는 경우에 저작자는 정당한 범위 안에서 그 저작물의 내용을 수정·증감할 수 있다(제63조의2, 제58조의2 제1항). 이 권리는 저작인격권인 동일성유지권에서 유래하는 것으로 저작자만이 이 권리를 행사할 수 있다. '정당한 범위 안에서'라는 것은 수정·증감의 범위, 시기 등과 다시 출판하는 사람들을 전반적으로 고려하여 신의성실의

---

144) 황적인·정순희·최현호, 앞의 책, 352면.
145) 하용득, 앞의 책, 273면.
146) 半田正夫, 앞의 책, 239면.

원칙에 반하여 출판자에게 지나친 부담을 주는 것은 허락되지 않는다는 의미이다.[147] 저작물의 내용을 수정·증감할 수 있는 저작자의 권리는 전술한 출판권자의 재판발행 통지의무와 표리관계에 있다.

Ⅳ. 출판권설정계약과 출판허락계약의 관계

1. 출판권설정계약과 출판허락계약의 상호관계

출판권설정계약은 반드시 출판허락계약을 전제로 하여야 성립하는지의 문제이다. 실제 출판계의 관행으로는 출판허락계약을 기초로 출판권 설정에 관한 합의가 이루어지는 경우가 상당수 존재한다. 즉 좁은 의미의 출판계약(출판허락계약) 체결시에는 출판권을 설정하지 않았지만 출판계약 존속 중에 별도로 출판권을 설정하거나, 또는 좁은 의미의 출판계약과 함께 출판권 설정을 하는 경우 등이다. 물론 출판계약을 체결하더라도 출판권 설정의 특약을 하지 않을 수도 있다.

2. 출판계약 종류의 구별

출판계약의 내용이 불명확한 경우 이를 출판권설정계약으로 볼 것인지, 아니면 좁은 의미의 출판계약으로 볼 것인지도 문제이다. 출판권의 설정이 명시되지 않는 한, 좁은 의미의 출판계약이 합의된 것으로 보아야 한다는 견해도 있을 수 있지만, 반드시 그렇게 해석할 필요는 없다. 궁극적으로는 당사자의 의사표시에 관한 해석의 문제로서 묵시적 의사표시도 탐구해 보아야 한다. 따라서 계약상 명시되지 않았더라도 묵시적 의사표시의 해석에 의하여 출판권의 설정이 있었다고 인정되는 경우도 있을 수 있다.[148] 계약서가 작성된 경우에도 그 표제만으로 출판계약의 종류를 판단할 것은 아니다. 즉 계약서의 제목이 '출판허락계약'이더라도 출판자에게 출판권을 설정하는 취지가 명백한 경우에는 출판허락계약이라고 해석해서는 안 된다. 또한 출판계약의 내용을 해석할 때 계약상의 문언에 얽매이지 말고 당사자의 실질적인 의사를 탐구하는 것이 필요하다. 모든 해석방법에 의하여도 출판계약의 성질을 밝힐 수 없을 때에는 좁은 의미의 출판계약, 즉 출판허락계약이 체결되었다고 보는 것이 타당하다.[149] 한편, 정기간행물에 대한 기고의 경우에는 1회의 이용을 목적으로

---

147) 황적인·정순희·최현호, 앞의 책, 353면.
148) 황적인·최현호, 「저작물과 출판권」, 한국문예학술저작권협회, 1990, 98면.

하는 것이 일반적이므로 출판허락계약이 체결되었다고 보아야 할 것이다.

제7절 저작권 등의 집중관리

I. 개 요

저작물, 실연·음반·방송 또는 데이터베이스(이하 '저작물 등'이라 한다)는 무체의 정보이므로 여러 장소에서 동시에 여러 사람이 이용할 수 있다. 유체물과 비교할 때 저작물 등은 그 이용 상황을 개별적으로 확인하여 관리하기가 어렵다. 더구나 인터넷 환경 아래에서는 복제 등의 이용행위가 손쉽게 빈번히 이루어지기 때문에 권리자가 저작물 등을 개별 관리하는 것은 더욱 어려운 일이다. 설령 개별 관리가 기술적으로 가능하더라도 막대한 투자를 필요로 하는 경우가 많다. 그렇기 때문에 특히 음악저작물이나 실연·음반처럼 폭넓고 다양하게 이용되는 저작물 등에 대해서는 권리자에 의한 개별 관리는 사실상 불가능에 가깝다. 이용자의 입장에서도 저작물 등을 이용할 때마다 개별적으로 권리자에게 허락을 얻는다는 것은 번거로운 일이다. 그러한 점에서 특히 음악저작물을 중심으로 저작권의 집중관리제도가 채택되어 활용되고 있다.

집중관리제도(collective management)는 저작재산권, 배타적 발행권, 출판권, 저작인접권 또는 데이터베이스제작자의 권리(이하 '저작권 등'이라 한다)를 해당 권리자가 개별 관리(individual management)하는 대신에 일정한 단체에 임의로 위탁(신탁·위임)하여 집중적으로 관리하게 함으로써 권리자의 권리보호와 이용자의 이용편의를 꾀하는 제도를 말한다. 우리 저작권법은 저작권 등을 위탁하여 집중관리 하는 제도로서 저작권위탁관리업을 마련하고 이를 다시 저작권신탁관리업과 저작권대리중개업 두 가지로 구분하여 규정한다. 전자는 그 설립에 문화체육관광부장관의 허가를 필요로 하나 후자는 신고만으로 가능하다(제105조 제1항). 저작권신탁관리는 권리자의 권익보호에 직접적인 영향을 미치

---

149) 출판허락계약의 내용이 불명확한 경우에 출판권설정계약에 관한 저작권법의 조항들을 유추 적용할 수 있을 것인지도 문제이다. 생각건대, 출판계약의 본질적 요소인 '출판의무'와 관련된 조항들은 대부분 유추 적용 가능하다고 보아야 할 것이다. 즉 9개월 이내 출판의무·계속출판의무·표지의무(제58조), 수정증감권·재판통지의무(제58조의2), 저작자 사후 저작물출판(제59조), 출판권소멸후의 배포(제61조) 등이다. 박성호, "'설정출판권'과 출판계약", 「계간 저작권」, 1992 가을호, 32면 참조.

는 一任型 집중관리이고 저작권대리중개는 그렇지 않은 非一任型 집중관리이기 때문이다.

저작권신탁관리업이란 저작재산권자, 배타적 발행권자, 출판권자, 저작인접권자 또는 데이터베이스제작자의 권리를 가진 사람을 위하여 그 권리를 신탁 받아 이를 지속적으로 관리하는 업을 말하며, 저작물 등의 이용과 관련하여 포괄적으로 대리하는 경우를 포함한다(제2조 제26호). 저작권대리중개업이란 저작재산권자, 배타적 발행권자, 출판권자, 저작인접권자 또는 데이터베이스제작자의 권리를 가진 사람을 위하여 그 권리의 이용에 관한 대리 또는 중개행위를 하는 업을 말한다(제2조 제27호). 그런데 집중관리제도에는 위와 같이 권리자가 자신의 저작권 등을 일정한 단체에 任意로 위탁하여 집중적으로 관리하는 유형뿐 아니라 법률의 규정에 의해 집중관리를 통해서만 권리행사가 가능하도록 제도 설계가 이루어진 유형도 포함된다. 전자를 임의의 집중관리(optional collective management), 후자를 法定 집중관리(compulsory collective management)라고 부른다.150) 후자에 해당하는 것으로는 상업용 음반의 방송사용 등에 따른 보상제도 등을 들 수 있다.151) 권리자가 임의로 위탁하는 집중관리와 달리 법정 집중관리제도는 저작권 등 권리의 법적 성격 자체를 준물권이라는 강한 권리에서 보상청구권이라는 채권적 성격의 약한 권리로 변화시키는 것과 직접적으로 관련이 있다. 인터넷상에서 제기되는 저작권 문제를 저작권자 중심이 아닌 저작물을 이용하는 이용자의 자유를 중심에 두고 접근하게 되면, 필연적으로 '디지털 저작권'의 성격 문제를 논의할 수밖에 없게 될 것이다. 이러한 경우 저작권의 준물권적 권리(배타적 허락권)로서의 성격을 채권적 권리(보상청구권)로 변용 · 완화시켜 파악하고 이를 저작권의 집중관리제도와 연결하는 방향으로 논의를 발전시켜 갈 수 있을 것이다.152)

---

150) 후자에 'mandatory collective management'라는 용어가 사용되기도 하고{Silke von. Lewinski ed., *Remuneration for the Use of Works: Exclusivity vs. Other Approaches*, De Gruyter, 2016, p.123 및 각주65) 참조}, 우리말 번역어로 '의무적 집중관리'라는 용어가 사용되기도 한다(박성호, "저작권의 역설: 저작권법의 '오래된 미래'를 생각한다", 「계간 저작권」, 2010 여름호, 114면).

151) 현행 저작권법 제75조, 제76조, 제83조 참조.

152) 이에 관해서는, 박성호, "현행 저작권 제도의 패러다임의 전환―배타적 권리에서 보상청구권 체제로의 변화를 중심으로", 「인터넷, 그 길을 묻다」, 중앙북스, 2012, 515면 이하(특히 530면) 참조.

Ⅱ. 저작권위탁관리업(=저작권신탁관리업+저작권대리중개업)

여기서는 집중관리제도 중에서 권리자가 자신의 저작권 등을 일정한 단체에 任意로 위탁하여 집중적으로 관리하는 유형, 즉 우리 저작권법이 마련한 저작권위탁관리업에 관해서 살펴본다.

1. 저작권신탁관리업

가. 개   관

저작권위탁관리업 중에서 주목해야 할 것은 저작권신탁관리업이다. 저작권신탁관리업이란 저작재산권자, 배타적 발행권자, 출판권자, 저작인접권자 또는 데이터베이스제작자의 권리를 가진 자를 위하여 그 권리를 신탁받아 이를 지속적으로 관리하는 업을 말하며, 저작물 등의 이용과 관련하여 포괄적으로 대리하는 경우를 포함한다(제2조 제26호). 저작권신탁관리업을 하고자 하는 자는 대통령령으로 정하는 바에 따라 문화체육관광부장관의 허가를 받아야 한다(제105조 제1항). 저작권신탁관리업자는 소제기의 권한을 포함한 모든 관리처분권을 가지고 있으므로 ① 이용자에 대해 임의로 사용료 금액 등을 결정하여 저작권 등을 이용허락 할 수 있고 ② 누군가 허락 없이 이를 이용하면 그 침해자를 상대로 민·형사상 법적 조치를 취할 수 있다.

나. 그 권리의 신탁

'그 권리'라 함은 저작재산권, 배타적 발행권, 출판권, 저작인접권 또는 데이터베이스제작자의 권리와 같이 신탁의 대상이 될 수 있는 권리를 의미하므로(제2조 제26호 참조) 재산권이 아닌 저작인격권은 일신전속적인 권리로서 신탁의 대상이 될 수 없다. 그 권리의 '신탁'이란 저작재산권 등을 신탁적으로 양도하는 것을 말하므로 저작권신탁관리계약의 법적 성질은 신탁법상의 신탁에 해당한다.153)154) 신탁법상의 신탁은 위탁자와 수탁자 간의 특별한 신임관계에 기하여 위탁자가 특정의 재산권을 수탁자에게 이전하거나 기타의 처분을 하고 수탁자로 하여금 수익자의 이익을 위하여 또는 특정의 목적을 위하여 그 재산

---

153) 대법원 2012. 7. 12. 선고 2010다1272 판결.
154) 저작권신탁관리계약의 법적 성질을 '신탁법상의 신탁'으로 파악하는 것이 다수설과 판례의 입장이지만, '민법상의 신탁'이나 '특별한 신탁'으로 이해하는 소수설도 있다. 이에 관한 상세는, 박성호, "저작권신탁관리업에서 '포괄적 대리'의 의미와 '신탁범위 선택제'의 실천방안", 「계간 저작권」, 2016 가을호, 47~49면 참조.

권을 관리·처분하게 하는 법률관계를 말한다. 위탁자와 수탁자 간에 어떤 권리에 관하여 신탁계약이 체결되면 그 권리는 법률상 위탁자로부터 수탁자에게 완전히 이전하여 수탁자가 권리자가 되고 그 권리에 대하여 소제기의 권한을 포함한 모든 관리처분권이 수탁자에게 속하게 된다.155)

한국음악저작권협회(이하 '음저협'이라 한다)의 신탁계약약관156) 제3조(저작재산권의 신탁) 제1항은 "위탁자는 현재 소유하고 있는 저작권 및 장차 취득하게 되는 저작권을 본 계약기간 중 신탁재산으로 수탁자에게 저작권을 이전"한다고 규정한다. "저작권"이라는 것은 저작권법 제45조 제2항에 따라 특약이 없는 때에는 "제22조에 따른 2차적 저작물을 작성하여 이용할 권리는 포함되지 아니한 것으로 추정한다."157) "장차 취득하게 되는 저작권"이란 위탁자가 장래에 창작할 저작물의 저작권을 이전한다는 것을 미리 약정한 것이라고 해석하는 것이 일반적이다.158) 이처럼 음저협의 신탁약관은 회원인 권리자가 창작한 모든 저작물은 물론이고 장차 창작할 저작물의 권리에 대해서도 신탁을 하도록 규정한다. 이를 이른바 人別信託이라 한다. 이용자 입장에서는 신탁관리단체와 일원적으로 접촉하면 된다는 점에서 거래의 신속화, 거래비용의 감소 등 장점이 있다. 하지만 권리자 입장에서는 저작물의 성격을 고려하지 않고 모든 저작물을 일률적으로 신탁하도록 하는 인별신탁 제도는 권리자의 선택권을 부당하게 침해하는 결과가 된다. 결국 신탁관리단체가 독점적 지위를 남용하여 권리자에게 횡포를 부리는 것이라는 비판을 받아왔다. 이에 따라 인별신탁이 아니라 저작권자가 신탁범위를 선택할 수 있도록 하는 분리신탁 방식이 대안으로 제시되고 있다.159) 즉 ① 신탁대상인 개개의 저작물마다 분리하여 권리자가 신탁 여부를 선택하는 곡별 분리신탁, 또는 ② 권리자가 개개의 권리나 이용형태별로 분리하여 신탁 여부를 선택하는 권리별이나 이용형태별 분리신탁을 말한다. 주요 외국에서는 권리별로 복수의 집중관리단체가 존재하고 있을 뿐 아니라 그렇지 않은 경우에도 권리별 또는 곡별 분리신탁을 허용하고 있다.160)

---

155) 대법원 2012. 7. 12. 선고 2010다1272 판결; 서울고법 1996. 7. 12. 선고 95나41279 판결.
156) 2023년 6월 1일 현재 <http://www.komca.or.kr/CTLJSP> 참조.
157) 같은 취지의 일본 판결로는 東京地裁 2003(平成15)年 12月 19日 判決 참조.
158) 紋谷暢男 編, 「JASRAC槪論—音樂著作權の法と管理」, 日本評論社, 2009, 33면(上野達弘 집필).
159) 신탁범위 선택제에 관해서는, 박성호, 위의 논문, 58면 이하.
160) 그렇지만 음저협은 인별신탁을 유지하면서 권리자가 신탁범위를 선택할 수 있는 분리신탁 방식을 채택하지 않고 있다. 오히려 인별신탁을 강화한 측면도 있다. 예컨대, 2015년 당시 음저

음악저작물의 저작권자로부터 저작재산권을 신탁적으로 양도받은 저작권신탁관리업자는 저작권법상 등록을 하지 않았더라도 저작권침해자에게 손해배상 등을 청구할 수 있는지 여부가 문제된다. 저작권법 제54조에 따른 저작재산권의 양도등록은 그 양도의 유효요건이 아니라 제3자에 대한 대항요건이다. 등록하지 않으면 제3자에게 대항할 수 없다고 할 때의 '제3자'란 해당 저작재산권의 양도에 관하여 양수인의 지위와 양립할 수 없는 법률상 지위를 취득한 경우 등 저작재산권의 양도등록의 흠결을 주장하는 데에 정당한 이익을 가지는 제3자에 한한다. 저작재산권을 침해한 사람은 여기서 말하는 제3자에 해당하지 않는다. 따라서 음악저작물의 저작권자로부터 저작재산권을 신탁적으로 양도받은 저작권신탁관리업자는 저작권법상 등록을 하지 않았더라도 저작권침해자에 대하여 손해배상 등을 청구할 수 있다.161)

한편, 저작권신탁관리계약에서 신탁자의 해지청구 등으로 신탁이 종료한 경우 신탁재산인 음악저작물에 관한 저작재산권이 신탁자에게 당연히 복귀하는지 여부에 관하여, 대법원은 신탁행위로 달리 정하였다는 등 특별한 사정이 없는 한 신탁자의 해지청구 등으로 신탁이 종료하더라도 수탁자가 신탁재산의 귀속권리자인 수익자나 신탁자 등에게 저작재산권 등 신탁재산을 이전할 의무를 부담하게 될 뿐 신탁재산이 수익자나 신탁자 등에게 당연히 복귀되거나 승계되는 것은 아니라고 판시하였다.162)

협의 신탁약관 제4조(위탁 관리범위에서의 제외) 제1항 (가)목에서는 음악저작물을 영화의 사운드 트랙에 복제하는 경우 권리자가 이를 관리범위에서 제외할 수 있도록 허용하였지만, 현재는 허용하지 않는다.

161) 대법원 2006. 7. 13. 선고 2004다10756 판결; 同 2002. 11. 26. 선고 2002도4849 판결.

162) 대법원 2012. 7. 12. 선고 2010다1272 판결. 이 판결은 음악저작권자(신탁자)인 유명 가수가 자신의 노래 '컴백홈'을 패러디한 가수의 음반에 대해 저작권 사용허락을 하지 말도록 한국음악저작권협회(수탁자)에게 요구하였음에도 이를 허락하자 신탁계약해지의 의사표시를 하고 위 협회를 상대로 손해배상청구를 한 사안에 관한 것이다. 신탁재산이 부동산과 같은 유체물인 경우에는 소유권 이전등기절차가 요구되므로 신탁종료사유의 발생에 의해 신탁재산이 당연히 귀속권리자에게 이전되는 것이 아니라고 할 것이나(대법원 2003. 5. 16. 선고 2003다11134 판결 참조), 신탁재산이 무체물인 음악저작물에 관한 저작재산권인 경우에는 그 권리이전이 의사표시만으로 이루어지고 등록은 대항요건에 불과한 것이기 때문에(더구나 위 사안에서는 저작재산권자의 신탁해지통고와 법원에 의한 신탁관리중단 가처분결정이 있었다) 과연 위 대법원 판결처럼 판단해야 하는지 의문이다. 오히려 신탁재산의 개개의 유형에 따라 개별적으로 당연 복귀 여부를 검토할 필요가 있을 것이다.

다. 저작물 등의 이용에 관한 포괄적 대리

저작권법 제2조 제26호의 저작권신탁관리업의 정의 속에 "저작물 등의 이용과 관련하여 권리자를 포괄적으로 대리하는 경우"를 포함시킨 이유는, 포괄적 대리가 신탁관리 그 자체에 해당하기 때문이 아니라 신탁과 대리는 엄연히 별개의 제도이지만, 저작권관리를 '포괄적으로 대리'하는 경우는 신탁관리와 마찬가지로 권리자의 권익 보호에 직접적인 영향을 미치므로 허가제의 적용대상으로 삼을 필요가 있었기 때문이다. 저작권신탁관리업에서 포섭하는 '포괄적 대리'는 일본의 '저작권등관리사업법'에서 말하는 '일임형 대리'에 상응하는 것으로서 위임인(권리자)이 수임인(대리중개업자)에게 저작물 등의 대리중개를 위임하면서 그 저작물 등을 이용자에게 이용허락 할 때에 사용료 액의 결정을 포함하여 이용의 허락권한을 일괄하여 위임한 경우, 또는 저작물 등을 특정하지 않고 장래 발생할 저작물 등을 모두 포함하여 위임한 경우를 의미한다. 문화체육관광부는 2016년 12월 7일 '저작권대리중개업자에게 금지되는 행위'로서 '포괄적 대리행위'에 대한 지침을 마련하여 공지하고 있다.[163][164] 저작권대리중개업자가 포괄적 대리행위를 하는 경우 허가 없이 신탁행위를 한 것에 해당하므로 형사처벌의 대상이 된다(제137조 제1항 제4호). 이는 비친고죄에 해당하므로 고소 없이 수사기관의 인지나 고발에 의하여 처벌이 가능하다(제140조 제2호).[165]

---

163) 공지된 금지행위 지침의 내용(www.cocoms.go.kr)은 "저작권법 제2조 제26호에 따라 '저작물 등의 이용과 관련하여 권리자를 포괄적으로 대리하는 경우'에 해당하여 대리중개업자에게 금지되는 행위라 함은 다음 ㈎ 또는 ㈏의 예시 중 어느 하나에 해당하는 행위를 말함; ㈎ 사용료 요율 또는 금액을 '권리자'가 직접 정하지 않고 '대리중개업자'가 정하는 행위[예시 생략]; ㈏ 대리중개의 대상 저작물을 특정하지 않고 장래 발생할 지작물을 모누 포함하는 행위[예시 생략]; ㈐ 기타 금지되는 행위[형사고소, 민사소송 제기 등]"이다.

164) 대법원 2019. 7. 24. 선고 2015도1885 판결은 "포괄적 대리를 하였는지를 판단함에 있어서는 저작권대리중개업자의 저작물 등의 이용에 관한 행위 가운데… 저작권신탁관리의 실질이 있는지를 참작하여야 한다"고 설시한 다음 그 판단기준으로 대리중개업자가 "저작물에 대한 이용허락뿐만 아니라 침해에 대한 민·형사상 조치에 대해서도 일체의 권한을 위임받았고[②]… 저작물에 대한 홍보·판매 및 가격 등을 스스로 결정[①]"(꺽쇠괄호 속 표기는 저자)하였다는 것을 제시하였다. 이 판결에서 제시한 ①②는 본문 '가. 개관'에서 전술한 저작권신탁관리업자의 권한, 즉 ① 이용자에 대해 임의로 사용료 금액 등을 결정하여 저작권 등을 이용허락 할 수 있고 ② 누군가 허락 없이 이를 이용하면 그 침해자를 상대로 민·형사상 법적 조치를 취할 수 있다는 것에 상응한다. 또한 ①②는 前註에서 대리중개업자에게 포괄적 대리로서 금지되는 행위[㈎]와 기타 금지되는 행위[㈐]에 상응한다. 결국 위 대법원 판결은 대리중개업자의 행위 중 ①②는 저작권신탁관리의 실질에 해당하는 것이고 특히 ①은 포괄적 대리로서 금지되는 행위라는 취지로 판시한 것이라고 이해할 수 있다. 이에 대한 해설로는, 박성호, "저작권신탁관리업에 포함되는 '포괄적 대리'의 판단기준", 「저작권 문화」, 2019. 10., 22면 이하 참조.

라. 신탁의 효과

저작권 등의 신탁의 효과를 이해하기 위한 사례를 소개한다. 작곡자(A)가 자신이 작곡한 곡(a)의 저작재산권을 한국음악저작권협회(KOMCA)에 신탁하였는데 음반기획자(B)가 허락 없이 이것을 녹음하여 음반으로 판매한 경우이다. 이때 작곡자(A)는 음반기획자(B)를 상대로 음악저작물(a)에 관한 저작재산권의 침해금지 및 손해배상청구의 소를 제기할 수 있는지, 소제기를 할 수 없다면 그 이유는 무엇인지, 만일 작곡자(A)가 소제기를 할 수 없는 것으로 판명된다면 법원은 작곡자(A)의 소제기에 대하여 어떠한 재판을 하여야 하는지 등이 문제된다.

음악저작물에 관한 저작재산권의 신탁은 신탁법상의 신탁으로 음악저작재산권에 관한 모든 권리는 수탁자인 한국음악저작권협회에 속한다. 소제기 권한을 포함한 모든 관리처분권이 수탁자에게 귀속되기 때문이다.[166] 위 사례에서 A는 B를 상대로 침해금지 및 손해배상청구의 소를 제기할 수 없다. 만일 A가 소제기를 하였다면, 법원은 A의 음악저작권이 한국음악저작권협회에 신탁되었음을 이유로 청구기각 판결을 하여야 한다. 민사소송법상 당사자적격의 문제는 민법상 관리처분권에 대응하는 개념이므로, 만일 신탁자가 음악저작권 침해자를 상대로 저작권 침해금지청구 및 손해배상청구의 소(이행의 소)를 제기하는 경우 이는 관리처분권 없는 자의 소제기에 해당하여 당사자적격의 흠결이 문제가 된다. 주의할 것은 당사자적격 문제는 소송요건에 해당하는 것이지만, '이행의 소'의 경우에는 당사자적격에 흠결이 있다고 하더라도 소 각하를 할 것이 아니라 청구기각을 해야 한다는 점이다.[167] 이에 따라 신탁자의 소제기에 관하여 우리 하급심에서는 당사자적격의 부존재를 이유로 청구기각 판결을 한 바 있다.[168]

---

165) 심동섭, "개정 저작권법 해설", 「계간 저작권」, 2006 겨울호, 50면 참조.

166) 대법원 2012. 7. 12. 선고 2010다1272 판결; 서울고법 1996. 7. 12. 선고 95나41279 판결.

167) 이행의 소의 경우 당사자적격의 흠결이 있으면 본안적격(Sachlegitimation)의 흠결을 이유로 청구기각을 하여야 한다. 이와 동일한 취지에서 대법원 1987. 4. 28. 선고 86다카1757 판결은 "이행의 소에 있어서는 원고의 청구 자체로서 당사자적격이 판가름되고 그 판단은 청구의 당부에 흡수된다"고 판시하였다.

168) 서울지법 1999. 7. 23. 선고 98가합83680 판결.

마. 신탁관리업자의 업무

(1) 사용료의 징수·분배

저작권신탁관리업자는 저작물 등에 관한 권리자로 구성된 단체로서 영리를 목적으로 하지 않아야 한다. 핵심 업무는 이용자로부터 사용료를 징수하여 일정 요율의 수수료를 공제한 다음 권리자에게 분배하는 것이다(제105조 제2항, 제8항 참조). 저작권신탁관리업자가 이용자로부터 받는 사용료의 요율 또는 금액 및 권리자로부터 받는 수수료의 요율 또는 금액에 대하여, 저작권신탁관리업자는 문화체육관광부장관의 승인을 얻어 이를 정한다(제105조 제9항). 문화체육관광부장관은 저작권신탁관리업자가 승인된 사용료 이외의 사용료를 받거나 승인된 수수료를 초과하여 받은 경우에는 6개월 이내의 기간을 정하여 업무의 정지를 명할 수 있다(제109조 제1항 제1호, 제2호).

(2) 서류열람의 청구

저작권신탁관리업자는 그가 신탁관리하는 저작물 등을 영리목적으로 이용하는 자에 대하여 해당 저작물 등의 사용료 산정에 필요한 서류의 열람을 청구할 수 있다. 이 경우 이용자는 정당한 사유가 없으면 그 청구에 따라야 한다(제107조).

(3) 목록의 작성·공개

저작권신탁관리업자는 그가 관리하는 저작물 등의 목록과 이용계약 체결에 필요한 정보를 대통령령으로 정하는 바에 따라 분기별로 도서 또는 전자적 형태로 작성하여 주된 사무소에 비치하고 인터넷 홈페이지를 통해 공개하여야 한다(제106조 제1항).

(4) 정보의 제공

저작권신탁관리업자는 이용자가 서면으로 요청하는 경우에는 정당한 사유가 없으면 관리하는 저작물 등의 이용계약을 체결하기 위하여 필요한 정보로서 대통령령으로 정하는 정보를 상당한 기간 이내에 서면으로 제공하여야 한다(제106조 제2항).

(5) 사용료·보상금의 통합징수 의무

저작권신탁관리업자는 음반사용의 공연의 사용료 및 상업용 음반사용 공연의 보상금 징수에 관해 문화체육관광부장관으로부터 통합징수 요구를 받은 경우 정당한 사유가 없으면 이에 따라야 한다(제106조 제3항).

(6) 이용허락의 거부금지

저작권신탁관리업자는 정당한 이유가 없으면 관리하는 저작물 등의 이용허락을 거부해서는 아니 된다(제106조의2). 이는 저작권신탁관리업자에게 이용자 차별금지 의무를 부과한 것이다. 저작권신탁관리와 같은 일임형 관리의 경우 처음부터 위탁자(권리자)는 이용자에 대해 허락하는 것을 전제로 권리를 맡긴 것이므로 정당한 이유가 없음에도 저작권신탁관리업자가 이용허락을 거부하는 것은 위탁자에 대한 배신행위이다. 저작권신탁관리업자가 이를 위반하여 정당한 이유 없이 이용허락을 거부한 경우 1천만 원 이하의 과태료 처분을 받는다(제142조 제2항).

2. 저작권대리중개업

가. 개　　관

저작권대리중개업이란 저작재산권자, 배타적 발행권자, 출판권자, 저작인접권자 또는 데이터베이스제작자의 권리를 가진 자를 위하여 그 권리의 이용에 관한 대리 또는 중개행위를 하는 업을 말한다(제2조 제27호). 저작권대리중개업을 하고자 하는 자는 대통령령으로 정하는 바에 따라 문화체육관광부장관에게 신고하여야 한다(제105조 제1항).

나. 권리의 이용에 관한 대리 · 중개

(1) 대리 · 중개

대리란 저작재산권자, 배타적 발행권자, 출판권자, 저작인접권자 또는 데이터베이스제작자의 권리를 가진 자를 위하여 한다는 것을 표시하여(즉 권리자의 이름으로) 이용자와 저작물 등의 이용허락계약을 체결하여 그 효과를 직접 본인인 권리자에게 귀속시키는 것을 업무로 하는 것을 말한다. 대리업무는 권리자의 이름으로 법률행위를 하는 것이 요구되므로 이 점에서 간접대리와 구별된다. 대리인은 권리자가 수여한 대리권의 범위 안에서 법률행위를 할 수 있으며 대리권을 수여할 때는 그와 동시 또는 그 이전에 저작권 등의 사무위임계약이 권리자와 대리인 간에 체결되는 것이 보통이다.

중개란 타인(즉 권리자와 이용자) 간의 법률행위(즉 저작물 등의 이용허락계약)의 성립에 조력하는 사실행위를 말한다. 권리자를 위하여 행위를 하지만, 권리자를 대리하는 것은 아니라는 점에서 대리업무와 다르며, 또한 자기 이름으로 계약을 체결하는 것이 아니라는 점에서 간접대리와도 다르다. 간접대리란 상법상의 周旋(위탁매매업)과 같이 타인의 계산으로, 그러나 자기의 이름으로 법률행위를 하고 그 효과는 행위자 자신에게 생기며, 후에 그가 취득한 권리를 타인에게 이전하는 관계를 말한다.[169] 요컨대, 중개업자는 사실행위로서 중개를 할 뿐이고 자신이 계약의 당사자가 되지 않는 점에서 주선업자(위탁매매업자)와 다르다.

≪일본의 '저작권등관리사업법'에서 규정하는 '取次'의 의미≫

일본은 1939년 '저작권에 관한 중개업무에 관한 법률'을 제정·시행하여 왔는데, 이 중개업무법은 우리나라가 1986년 저작권법을 제정하면서 저작권위탁관리업을 신설하고 그 업무를 신탁관리와 대리·중개로 구분하는 데에(법 제78조, 영 제29조) 적지 않은 영향을 끼쳤다.[170] 그런데 일본은 지난 2000년 '저작권등관리사업법'을 제정하여 2001년부터 시행하면서 중개업무법을 폐지하였다. 이 관리사업법상의 관리위탁계약은 신탁계약과 위임계약으로 대별된다. 그 중 위임계약이란 저작권자 등(위탁자)이 관리사업자(수탁자)에게 저작물 등의 이용허락에 대한 取次 또는 代理를 하게 하면서 아울러 당해 取次 또는 代理에 따르는 저작권 등의 관리를 행하게 하는 것을 내용으로 하는 계약을 말한다(동법 제2조 제1항 2호). 문제는 여기서 말하는 '취차'의 의미이다. 우리나라의 경우 대부분 이를 '중개'라고 번역하여 소개하고 있으나[171] 이는 오해이다. 取次는 우리 상법상의 周旋에 해당하는 것으로 간접대리를 말하므로 '중개'와는 그 법적 성격이 다르다. 즉 '취차'란 저작권자 등의 계산으로, 그러나 관리사업자가 자기 이름으로 저작물 등의 이용허락을 행하는 것으로 관리사업자가 이용자와의 거래에서 자기가 계약의 주체가 되지만 그 경제상 효과는 저작권자 등에게 귀속하는 것을 의미한다는 점에[172] 유의해야 한다.

---

169) 간접대리에 관한 설명은, 곽윤직, 「민법총칙」신정판, 박영사, 1990, 446면 참조.
170) 최현호, "저작권법의 개정방향에 관한 연구", 서울대 대학원 법학석사 학위논문, 1986., 97면.
171) 가령, (사)한국저작권법학회(허희성 외 3인), 「저작권 위탁관리제도 개선방안 연구」, 문화관광부, 2004. 8., 103면; (사)한국디지털재산법학회(이상정 외 5인), 「저작권관리사업법' 제정을 위한 연구」, 문화관광부, 2008. 2., 61면; 이해완, 「저작권법」 제4판, 박영사, 2019, 1096면 등.
172) 半田正夫, 「著作權法槪說」第15版, 法學書院, 2013, 338면; 紋谷暢男 編, 「JASRAC槪論—音樂著作權の法と管理」, 日本評論社, 2009, 108~110면(鈴木道夫 집필).

(2) 권리의 이용

'권리의 이용'이라 함은 저작재산권, 배타적 발행권, 출판권, 저작인접권 또는 데이터베이스제작자의 권리에 대하여 다른 사람에게 그 권리의 이용을 허락하는 것을 말한다. 권리의 이용에 관한 '대리·중개'란 권리자를 대리하여 저작물 등의 이용허락계약을 체결하고 그 계약의 효과를 직접 본인에게 귀속시키거나, 또는 그 이용허락계약을 체결함에 있어서 권리자와 이용자 사이에 중개하는 행위를 말한다. 대리행위와 관련하여 유의할 것은 포괄적 대리는 허용되지 않는다는 점이다. 앞서 살펴본 것처럼 저작권대리중개업자가 포괄적 대리행위를 하는 것은 저작권신탁관리업에 대한 허가 없이 신탁행위를 한 것에 해당하므로 형사처벌의 대상이 된다(제137조 제1항 제4호).

3. 저작권위탁관리업자에 대한 규제

가. 감　독

문화체육관광부장관은 저작권위탁관리업자에게 위탁관리업의 업무에 관하여 필요한 보고를 하게 할 수 있고(제108조 제1항), 저작자의 권익보호와 저작물의 이용편의를 도모하기 위하여 그 업무에 관하여 필요한 명령을 할 수 있다(동조 제2항). 또한 문화체육관광부장관은 소속 공무원 또는 공인회계사, 그 밖의 전문기관으로 하여금 저작권위탁관리업자의 사무 및 재산상황을 조사하게 할 수 있으며, 저작권위탁관리업자에게 조사 등에 필요한 자료를 요청할 수 있다(동조 제3항 내지 제5항). 문화체육관광부장관은 저작권위탁관리업자가 제108조 제1항 내지 제5항에 따른 업무에 필요한 보고나 명령, 조사 및 자료요청에 불응한 경우 6개월 이내의 기간을 정하여 업무의 정지를 명할 수 있다(제109조 제1항).

나. 허가의 취소 등

문화체육관광부장관은 저작권위탁관리업자가 제108조 제1항 내지 제5항에 따른 업무에 필요한 보고나 명령, 조사 및 자료요청에 불응한 경우뿐 아니라 승인된 수수료를 초과하여 받거나 승인된 사용료 이외의 사용료를 받은 경우, 통합징수 요구를 받고 정당한 사유 없이 이에 따르지 않은 경우 등에는 6개월 이내의 기간을 정하여 그 업무의 정지를 명할 수 있다(제109조 제1항). 또한 업무의 정지명령을 받고도 그 업무를 계속하거나 거짓이나 그 밖의 부정한 방법으로 허가를 받거나 신고를 한 경우 저작권위탁관리업의 허가를 취소하거나 영업의 폐쇄명령을 내릴 수 있다(동조 제2항). 허가가 취소되었음에도 저작권신탁관리업을 한 자 또는 영업의 폐쇄명령을 받고도 계속 그 영업을 한 자는 각각 형사처벌에 처한다(제137조 제1항 제4호, 제138조 제5호 참조).

《확대된 집중관리제도》

북유럽 국가들인 덴마크, 핀란드, 아이슬란드, 노르웨이, 그리고 스웨덴에서 시행하고 있는 이른바 확대된 집중관리(Extended Collective Licenses, 이하 'ECL'이라 한다)제도는 우리나라에서도 여러 차례 연구 검토된 바 있다. 그 중 도입에 긍정적인 견해를 표명한 것도 없지 않지만, 우리의 기존 법제도와 비교할 때 그 도입의 필요성이 크지 않다거나, 기존 집중관리단체의 실태에 비추어 시기상조라고 보는 것이 일반적인 견해이다. ECL제도는 망라적이고 대량적인 저작물의 권리처리가 불가피한 상황에서 이용대상이 되는 저작물의 권리자가 집중관리단체의 회원인지 여부를 조사하지 않고도 저작물의 이용을 인정함으로써(ECL의 비회원에 대한 효력확장) 권리 처리에 많은 거래비용이 소요되기 때문에 저작물을 이용할 수 없게 되는 이른바 시장의 실패를 보완하는 제도라 할 수 있다. 더구나 최근에는 권리자가 불명인 이른바 고아저작물(Orphan Works) 문제의 해결 방안의 하나로 ECL제도가 비교법적으로 연구되고 있다. ECL제도가 북유럽 국가들에서 발달해온 사회·문화적 배경에는 사용자와 노동자의 대타협을 가능하게 하는 북유럽 사회민주주의 국가의 사회보장제도가 기능하고 있다. ECL제도는 비회원인 권리자의 허락을 얻지 않고 당해 저작물을 집중관리단체가 관리하는 것을 인정하는 제도이기 때문에 제도의 정당성을 어떻게 확보하느냐가 중요하다. ECL제도의 본질은 저작권이용허락을 위한 시장의 집단화(collectivization of the market for copyright licensing)에 있기 때문이다. 그러한 점에서 ECL모델이 지적재산법과 노동법에 두루 밝은 스웨덴 법학교수(Svante Bergström)에 의해 처음 창안되었다는 사실에 주목할 필요가 있다. 북유럽 국가들의 법제도를 그와 환경이 다른 나라의 입법에 반영할 때에는 문화적 맥락(cultural context)을 충분히 고려하여야 한다. 즉 ECL제도를 국내법에 도입하기 위해서는 ECL규정들을 그대로 모방하여 수용하는 것만으로는 불충분하다. 그보다 먼저 모든 영역에 높은 수준의 노조가 형성되어 있고 또 노동법 이슈들을 사용자와 노동자를 각각 대표하는 단체들 간의 집단적 합의를 통해 해결하는 북유럽 국가들의 사회적 제도부터 본받음으로써 ECL제도가 성공적으로 정착할 수 있는 환경을 조성하는 것이 순서일 것이다. 북유럽 국가에서 단체협약의 비조합원에 대한 효력확장은 ECL의 비회원에 대한 효력확장과 유사한 것이다. ECL제도의 본질과 사회·문화적 배경에 대한 이해 없이 그 제도의 장점에만 주목하여 관련 입법을 표층적으로 모방·답습하려는 태도는 바람직하지 않다. 입법적 성과에만 매달린 나머지 우리와는 문화적 맥락을 달리하는 제도를 무분별하게 도입하려는 자세는 止揚되어야 한다.

제8절 영상저작물의 특례—이용허락의 추정 및 저작재산권 양도의 추정 등

Ⅰ. 영상제작자의 정의

저작권법 제2조 제14호는 영상제작자(maker of cinematographic works)란 "영상저작물의 제작에 있어 그 전체를 기획하고 책임을 지는 자"라고 규정한다. 여기서 '기획'과 '책임'이라는 양 요소가 요구된다. '기획'이란 자신의 결정에 의해 영상저작물을 제작하는 것을 말하므로 단순히 기획하였다는 것만으로는 부족하다. 또 스스로 기획할 필요까지는 없으며 외부로부터 위탁받아 기획을 결정하고 영상저작물을 제작하는 경우도 포함된다. '책임'이란 자기의 경제적 부담으로 영상저작물을 제작하는 것을 말한다.[173] 자기의 경제적 부담으로 한다는 것은 영상저작물의 제작에 관한 "법률상 권리·의무의 귀속 주체로서 경제적인 수입·지출의 주체가 된다"[174]는 의미이다. 따라서 영상저작물의 제작을 기획하고 자금을 제공한 경우에도 단순한 외주제작을 의뢰한 것에 불과하다고 판단되는 경우에는 '책임'이 인정되지 않기 때문에 영상제작자라고 할 수 없다.[175] 그러므로 저작권법상의 영상제작자란 영상제작에 기업적인 창의와 책임을 가지고 많은 자본을 투자하며 예술가, 기술자 등을 총괄하고 영화감독·촬영감독 등 실제로 영상저작물의 제작에 참여하는 '현대적 저작자'에게 제작 지시 등을 행하여 영상제작의 주체가 되는 영상제작회사나 프로덕션을 가리키는 것이 일반적이다. 영상제작자는 극장용 영화의 경우 대개 법인인 경우가 많으나 비교적 소규모의 다큐멘터리 영화의 경우에는 자연인도 영상제작자가 될 수 있다.[176] 극장용 영화를 제작하는 영화제작자나 TV 드라마를 자체

---

173) 金井重彦·龍村全 編著, 「エンターテインメント法」, 學陽書房, 2011, 114면(矢吹公敏·根本藍 집필) 참조.

174) 東京高裁 2003(平成15)年 9月 25日 判決('마크로스 영화' 사건).

175) 島並良·上野達弘·橫山久芳, 「著作權法入門」第2版, 有斐閣, 2016, 111~112면 참조.

176) 社團法人 著作權情報センター編者, 「新版 著作權事典」, 出版ニュース社, 1999, 32~33면 참조.

제작하는 방송사업자 또는 이를 외주 제작하는 독립제작사가 저작권법상 영상
제작자에 해당하는 전형적인 예이다.

일반적으로 '프로듀서'(producer)는 '영화제작자'라는 의미로 사용하지만 엄밀
하게 말하면 프로듀서를 한 마디로 정의하기는 어려우며 다양한 의미로 사용
된다. 즉 프로듀서에는 영상제작회사의 대표를 의미하는 Executive producer
(영화사 대표), 예산과 스케줄에 따라 제작을 진행하는 Line Producer(제작실장),
구체적 스케줄에 따라 실제 예산을 집행하고 일을 진행하는 Production
Manager(제작팀장) 등이 포함된다. 그렇다면, 저작권법에서 말하는 영상제작자
는 이들 각 프로듀서를 고용하거나, 이들 프로듀서들과 위임이나 도급계약에
의하여 영화를 제작하는 제작사 혹은 독립제작사를 의미한다.177) 요컨대, 저작
권법상 영상제작자는 여러 가지 유형의 프로듀서들을 포괄하는 상위 개념으로
'현대적 저작자'와는 구별되는 개념이라고 이해하는 것이 타당하다.

Ⅱ. 영상저작물에 관한 특례규정의 취지

영상제작자는 흥행의 성패가 불분명한 상태에서 위험을 무릅쓰고 영상저
작물의 제작에 많은 자본을 투자한다.178) 만일 영상저작물의 제작과정에 창작
적으로 관여한 사람들이 모두 저작자로서 권리를 행사하게 되면, 영상제작자
는 영상저작물을 원활히 유통시킬 수 없게 되므로 이들 사이의 이해관계를 명
확히 해 둘 필요가 있다. 그래서 "저작권법은 영상저작물의 창작 및 이용을 장
려하기 위하여 영상저작물을 그 소재인 각본, 음악 등과 별개의 독자적인 저
작물로 보호하면서 제5장에서 영상저작물의 권리관계에 관한 특례를 두고 있
다."179) 이러한 이유로 저작권법은 영상저작물에 관한 특례를 별도의 장(제5장
제99조 내지 제101조)으로 마련하여 영상제작자가 영상저작물을 원활히 유통시
킬 수 있도록 하고 있다. 특례규정의 골자는 영상저작물의 제작과 관련하여
영상화 이용허락의 추정(제99조)과 영상저작물에 대한 저작재산권 양도의 추정
등(제100조)이다. 특례규정은 당사자 간에 특약이 없는 경우에 발효되는 의사

---

177) 홍승기, "영화제작자의 권리", 「Entertainment Law」, 박영사, 2007, 184면; 미도리 몰 지음, 조
   원준 옮김, 「할리우드 비즈니스」, 엔북, 2002, 190면.
178) 송영식·이상정·황종환, 「지적소유권법 하」 제9판, 육법사, 2005, 554면(이상정 집필).
179) 서울고법 2007. 5. 22. 선고 2006나47785 판결; 최성준, "뮤지컬과 관련된 저작권법상 쟁점",
   「Law&Technology」 제3권 제3호, 서울대 기술과법센터, 2007, 134면 이하 참조.

표시 보충규정으로 "In dubio pro auctore(의심스러울 때는 저작자를 위하여)"라는 저작권 계약 일반적인 해석원칙의 예외이다.

Ⅲ. 영상화 계약과 영상제작계약

1. 서

영상저작물의 제작 과정을 크게 나누면, ① 기획(영상화 계약 등), ② 제작준비(감독계약, 배우출연계약, 스태프 계약), ③ 제작(촬영), ④ 완성(편집, 사운드 추가, 크레딧 삽입 등), ⑤ 배급으로 구성된다.[180] 영상화 계약은 ① '기획' 단계에 속하고, 영상제작계약은 ② '제작 준비' 단계에 해당한다. 특히 '영상화 계약'에 관해서는 저작권법 제99조가, '영상제작계약'에 관해서는 제100조가 특례조항을 두고 있기 때문에, 두 유형의 계약에 관한 법률적 의미를 정확히 이해하는 것이 필요하다.

2. 영상화 계약

영상저작물이 기존의 저작물을 전제로 하지 않고 제작되는 경우도 있으나 (예컨대, 풍경영화나 기록영화 등 實寫영화), 일반적으로 영상저작물은 소설, 각본 등 기존의 저작물(즉, 원저작물)을 바탕으로 하여 이를 '영상제작'한 2차적 저작물이 대부분이다.[181] 이와 같이 기존의 저작물을 2차적 저작물인 영화나 텔레비전 드라마 등의 영상저작물로 만들 수 있는 권리를 '영상화권'이라 하고,[182] 이때의 계약을 보통 '영상화 계약'이라 한다.[183] 그런데 기존의 저작물을 영상화하기 위해서는 그 저작권자로부터 계약에 의하여 2차적 저작물 작성권의 하나인 영상제작을 할 수 있는 권리, 즉 영상화권을 '양도'받거나 그 '이용허락'을 받아야 한다. 예컨대, 시나리오계약의 경우에는 영상화권을 양도받는 형태를 취하는 것이 보통이고 소설을 원작으로 하는 경우에는 영상화의 이용허락을 얻는 경우가 통상적이다.[184] 영상화 계약은, 기존 저작물의 저작권자(즉, 원저작물의 저작권자)와 영상제작자와의 사이에 체결되는 것이 보통이다. 영상화 계

---

180) 福井健策 編著, 「新編 エンタテインメントの罠」, すばる舍, 2003, 167~168면.
181) 하용득, 「저작권법」, 법령편찬보급회, 1988, 289면.
182) 영상화의 의미와 그 대상에 관해서는 Ⅳ. '영상화 이용허락의 추정'에서 후술한다.
183) 저작권심의조정위원회 편, 「저작권용어해설」, 1988, 173면.
184) 임상혁, 「영화와 저작권」, 세창출판사, 2004, 81~82면.

약 중에서 특히 영상화의 이용허락의 경우를 영상화 허락계약이라고 한다.

영화업계에서는 영상화 계약을 다시 소설 등의 원작의 사용권 취득(또는 영화판권 취득, 원작권 구입)에 관한 '영상화 허락계약'과, 이러한 원작을 기초로 시나리오를 작성하는 '시나리오계약'으로 구분하는 것이 일반적이다. 물론 소설 등의 원작 없이 맞바로 시나리오가 작성되는 경우(이른바 '오리지널 시나리오')에는 시나리오작가와 체결하는 시나리오계약 자체가 영상화 계약에 해당하게 된다.185) 특히 '시나리오'의 완성도는 영화의 흥행을 좌우하는 중요 요소 중에 하나이므로 시나리오의 수정에 관한 사항을 '시나리오계약' 내용 중에 구체적이고 상세하게 명기하는 것이 요구된다.186)

3. 영상제작계약

영상저작물의 제작에는 많은 이해관계인이 참여한다. 우선 원저작자, 시나리오작가를 비롯하여 촬영기사, 작곡가, 음향전문가, 의상 및 장치담당자, 필름현상자 등이 있고, 실연자로서 배우도 있다. 또한 이들을 지휘하는 감독이 있으며 최종적으로는 영상제작자가 있다. 이러한 이해관계인 중에서 영상화의 대상이 되거나 영상저작물의 제작을 위하여 각색되는 소설 등 원저작물의 저작자, 영화의 시나리오를 작성한 시나리오작가, 방송작가 및 영화 속에서 사용되는 음악이나 미술저작물의 저작자를 '고전적 저작자'(classical authors)라 한다. 또한 극장용 영상저작물의 감독(director), TV 드라마의 프로듀서, 촬영을 담당하는 촬영감독(chief cameraman 포함) 및 미술감독, 음악감독 등을 '현대적 저작자'(modern authors)라 한다. 즉 현대적 저작자는 영상저작물의 제작, 감독, 연

---

185) 시나리오작가(screenwriters)는 시나리오(screenplay)를 쓰는 사람을 말한다. 여기서 주의할 것은 시나리오의 개념이다. 특히 시나리오, 트리트먼트, 시놉시스의 상호 관계이다. 과거에 시나리오(scenario)라고 부르던 것을 요즘에는 'screenplay' 또는 'script'라고 부르고 있는데, 용어 사용상의 혼동을 피하기 위하여 'screenplay'나 'script'에 대해서도 우리 영화 업계에서는 시나리오라는 번역어를 사용하는 것이 일반적이다. 참고로 시나리오(screenplay; script)의 작성에 이르기까지의 단계를 살펴보면, 제작하려는 영화의 플롯과 주요 장면의 개요를 그린 '시놉시스'(synopsis)가 만들어지면 그 다음 단계인 '트리트먼트'(treatment)를 거쳐 최종적으로 '시나리오'의 완성에 이르게 된다. 즉, '시놉시스→트리트먼트→시나리오'라는 단계별 과정을 거치게 된다. Emphraim Katz, The Film Encyclopedia, 3d ed., HarperPerennial, 1998, p.1214, 1230, 1335, 1371 각 참조.

186) 최근에는 미국 영화업계에서 주로 활용하는 이른바 '옵션 계약'(option agreement) 형태로 영상화 허락계약이 체결되는 경우도 있다. 이에 관해서는, 박성호, 「문화산업법」, 한양대출판부, 2012, 108~109면 참조.

출, 촬영, 미술 등을 담당하여 그 영상저작물의 전체적 형성에 창작적으로 기여한 자를 말한다.[187]

영상제작계약이란 영상제작자와 현대적 저작자 간에, 영상제작자와 실연자 간에, 그리고 영상제작자와 그 밖의 스태프 간에 각기 체결되는 계약들을 일컫는 용어이다. 따라서 영상제작계약에는 영상제작자와 현대적 저작자 간에 체결되는 감독계약, 프로듀서계약, 영상제작자와 실연자 간에 체결되는 배우출연계약, 그리고 영상제작자와 그 밖의 스태프 간에 체결되는 스태프계약 등이 포함된다.

Ⅳ. 영상화 이용허락의 추정

1. 영상화의 의미

전술한 것처럼 영상화 계약에는 영상화권 양도계약이 체결되는 경우(예컨대, 시나리오계약)가 있는가 하면 소설을 원작으로 하는 경우처럼 통상 영상화 이용허락계약이 체결되는 경우도 있다. 그러면 '영상화'란 무엇을 의미하는 것인가? 영상화라는 것은 주로 어문저작물을 기초로 하여 2차적 저작물인 영상저작물을 제작하는 것을 말하는데, 어문저작물과 미술저작물의 양면성을 가지는 스토리성이 있는 만화를 영상화하는 경우도 있다.[188] 즉 소설, 각본, 스토리성이 있는 만화 등 기존의 어문저작물(원저작물)을 기초로 하여 2차적 저작물로 '영상제작'하는 것을 의미한다. 영상화란 '저작물의 이용형태'에 속하는 것이지만, 모든 저작물의 이용형태가 곧 '영상화'는 아닌 점에 유의하여야 한다. 따라서 저작권법 제99조에서 규정하는 '영상화' 또는 '영상제작'과 제100조 제2항에서 규정하는 '영상저작물의 제작에 사용'은 개념상 구별되어야 한다. 요컨대, 제99조의 '영상화'는 제100조 제2항의 '영상저작물의 제작에 사용'에 포함되는 개념이지만 그 역은 성립되지 않으며, 따라서 '영상화'와 '영상저작물의 제작에 사용'은 동일한 의미가 아닌 것이다.[189]

---

187) 이러한 '현대적 저작자'의 정의는 현대적 저작자가 영화저작물의 저작자라는 명문의 규정을 두고 있는 일본 저작권법 제16조의 규정내용을 그대로 옮긴 것이다.

188) 加戶守行, 「著作權法逐條講義」六訂新版, 著作權情報センター, 2013, 50면 참조.

189) 저작권법 제5조 제1항은 2차적 저작물 작성의 행위유형으로 '영상제작', 즉 '영상화'를 규정한다. 또한 제99조의 '영상화'와 달리 제100조 제2항은 "영상저작물의 제작에 사용되는 소설·각본·미술저작물 또는 음악저작물…"(밑줄은 저자)이라고 규정한다. '사용'이란 저작권의 효력이 미치는 복제나 2차적 저작물 작성 등의 '이용'행위를 포괄하는 넓은 의미이다. 그렇기 때문

한 편의 영상저작물이 완성되는 데에는 많은 저작물들이 이용되지만, 그 중에서 가장 중심적인 저작물은 바로 원작소설(또는 그 각본)이나 스토리성이 있는 원작만화(또는 그 각본)와 같은 어문저작물이라고 할 수 있다. 왜냐하면 이러한 원저작물은 영상저작물의 전체적 줄거리를 형성하는 기본 틀일 뿐만 아니라, 실연자인 배우는 이에 입각하여 연기를 하고 감독은 자신의 예술적 시각이나 세계관에 따라 원작을 해석하여 배우의 연기, 무대세트, 조명방법의 설치 등을 지도해 나가기 때문이다. 이러한 '영상화'의 과정을 거쳐 원작소설 (또는 그 각본)이나 원작만화(또는 그 각본) 등은 영상저작물로 제작되는 것이다.[190]

2. 영상화의 대상

영상화의 대상이 되는 기존의 저작물에는 그 성격상 소설, 각본, 시 등과 같은 어문저작물에 한정된다는 설(한정설)[191]이 있는가 하면, 소설, 각본 등의 어문저작물은 물론이고 미술저작물, 음악저작물도 영상화의 대상이 된다고 보는 설(비한정설)[192]도 있다. 한정설은 음악이나 미술저작물 등을 각본으로 작성하는 절차 없이 곧바로 영화로 만드는 것이 불가능하기 때문에 각본 등과 같은 어문저작물만이 영상화의 대상이라고 본다. 이에 대해 비한정설은 영상화란 기존의 저작물을 '영상저작물의 작성에 이용'하는 것을 의미하는 것이라고 전제하면서, 한정설은 저작권법 제99조와 제100조 제2항의 취지에 반하는 해석이라고 비판한다.[193]

우선 이러한 견해의 대립은 '영상화'(또는 '영상제작')의 의미를 이해하는 개념 차이에서 비롯되는 것이라고 생각한다. 전술한 것처럼 저작권법 제99조의 '영상화'(또는 '영상제작')와 제100조 제2항의 '영상저작물의 제작에 사용'은 개념상 구별하여야 한다. 아울러 '영상저작물의 제작에 사용'은 '영상화'를 포섭하

에 제100조 제2항의 '영상저작물의 제작에 사용'한다는 것은 실제로는 '영상저작물의 제작에 이용'하는 것을 내포하는 것으로서 제99조의 '영상화'보다 넓은 개념이라고 이해된다.

190) 박성호, "'영상저작물에 관한 특례규정'의 해석상 몇 가지 문제점", 「계간 저작권」, 1992 가을 호, 51~52면.

191) 허희성, 「신저작권법 축조개설」, 범우사, 1988, 323면; 앞의 「저작권용어해설」, 178면; 같은 취지, 장인숙, 「저작권법원론」, 보진재, 1989, 214면; 同, 「저작권법원론」 개정판, 보진재, 1996, 228면.

192) 최현호, "영상저작물에 관한 특례(상)", 「계간 저작권」, 1992 봄호, 62면; 송영식·이상정·황종환, 앞의 책, 659면; 이해완, 「저작권법」 제4판, 박영사, 2019, 1073면. 이해완, 위의 책, 1073면은 장인숙 박사의 견해(초판 214면—前註 참조)를 후자의 학설로 분류하고 있으나 이는 의문이다.

193) 최현호, 위의 논문, 62면.

는 개념이라는 것(大는 小를 포함하지만 그 逆은 성립하지 않는다는 것)을 고려하여야 한다. 그러한 점에서 영상화의 소설, 각본 등 어문저작물에 한정된다고 보는 한정설이 타당하다. 따라서 영상화 또는 영상제작이란 2차적 저작물의 작성을 의미하는 것이라고 이해하여야 한다.[194] 다만, 풍경영화나 기록영화가 아닌 일반적인 영상저작물의 경우 각본 자체는 영상화의 과정에서 반드시 작성되어야 하는 것이므로,[195] 미술이나 음악저작물에서 받은 이미지를 기초로 하여 각본을 작성하는 경우 이들 저작물도 간접적인 의미에서 영상화의 대상이 된다고 할 수 있을 뿐이다.[196] 대법원 판결은 저작권법 제99조 제1항에서 말하는 '영상화'에는 영화의 주제곡 등과 같이 음악저작물을 특별한 변형 없이 사용하는 것도 포함되고 이를 반드시 2차적 저작물을 작성하는 것으로 제한해석할 것이 아니라고 하여 비한정설을 따랐으나,[197] 의문이다.[198][199]

다만, 저작권법 제99조 제1항의 영상화의 대상이 어문저작물에 국한된다고 해석하더라도 제100조 제2항의 '영상저작물의 제작에 사용'한다는 것은 '영상화' 또는 '영상제작'을 포함하는 의미이므로 '직접적'으로 영상화 또는 영상제작의 대상이 될 수 없는 음악이나 미술저작물을 영상저작물의 제작에 사용(이용을 포함)하는 경우에도 영상저작물의 원활한 이용을 도모하기 위하여 제정된 '영상저작물에 관한 특례' 규정의 입법정신에 비추어 볼 때에 영상화 허락에 관한 특례규정 제99조가 적용된다고 넓게 해석하는 것이 바람직할 것이다.[200]

---

194) 이에 대한 반대설로는, 이해완, 앞의 책, 1073면.
195) 가령, 화가 요하네스 베르메르의 작품인 '진주 귀걸이를 한 소녀'(Girl with a Pearl Earring)가 미술사에 남는 명작이고, 또 많은 영화감독들에게 감동을 주었다 하더라도 트레이시 슈발리에가 쓴 同名의 소설이 없었거나, 이에 기초한 시나리오가 없었다면, 영상화는 불가능하였을 것이다.
196) 같은 취지, 박원순, "영상저작물의 이용과 저작권", 「계간 저작권」, 1988 여름호, 69면.
197) 대법원 2016. 1. 14. 선고 2014다202110 판결.
198) 위 대법원 판결의 문제점은 ①기획→②제작준비→③제작→④완성→⑤배급→⑥상영 등으로 이루어지는 영화제작과정을 의식하지 않았다는 데에 있다. '영상저작물에 관한 특례' 조항 중 제99조는 ① '기획' 단계의 '영상화 계약'과 관련되고, 제100조는 ② '제작준비' 단계의 감독계약, 배우출연계약 등 '영상제작계약'과 관련된다는 점을 고려할 때, 편집이나 사운드 추가 등 ④ '완성' 단계의 취급사항을 ① '기획' 단계의 '영상화 계약'과 결부시켰다는 점에서 의문이다.
199) 홍승기, "'공연 영상화'에 따른 연극 연출가와 공공단체 예술감독의 보호", 「계간 저작권」, 2021 봄호, 44면은 "주제곡과 배경음악을 선정하고 음악을 영상에 입히는 synchronization, mixing 업무는 제작을 종료한 이후인 '제작 후 단계(post-production)'에서의 업무"라고 설명한다. 이는 ④ '완성' 단계의 취급사항이라는 의미이다.
200) 장인숙, 「저작권법원론」개정판, 보진재, 1996, 228면.

3. 영상화 이용허락의 범위

가. 포괄적 허락의 추정 규정

(1) 서

영상제작자는 2차적 저작물인 영상저작물의 저작자[201] 또는 저작권자[202]로서, 원저작자의 허락과 관계없이 영상저작물에 대하여 어떠한 이용행위를 할 수 있는가? 2차적 저작물도 독립한 저작물로서 보호되는 것이므로(제5조 제1항), 2차적 저작물의 저작자는 그에 대한 새로운 저작권을 갖는다. 다른 한편으로 2차적 저작물의 보호는 원저작물의 저작자의 권리에 영향을 미치지 않는다(제5조 제2항)고, 또 원저작물의 저작자는 완성된 2차적 저작물에 대해서 이용할 권리를 가진다(제22조 후단)고 각 규정한다. 그러므로 저작권법 제5조 제1항 및 제2항 그리고 제22조 후단을 유기적으로 해석한다면, 2차적 저작물의 저작자라 하더라도 2차적 저작물에 대하여 당초 원저작물의 저작자로부터 2차적 저작물을 이용하도록 허락받은(즉, 영상화 이용허락계약의) 범위를 넘어서 2차적 저작물을 이용하고자 할 때에는, 원저작물의 저작자로부터 이에 대한 별도의 이용허락을 얻어야 한다.

가령, 방송작가와 TV 방송국 간에 영상화 계약이 체결되는 경우에는 원저작물인 각본을 토대로 2차적 저작물인 TV 드라마를 제작하여 공중파 방송을 하도록 허락하는 것이 보통일 것이다. 따라서 2차적 저작물의 일반 법리에 의할 경우, 공중파 TV 방송 이외에 별도의 이용방법인 DVD에 의한 복제·배포 또는 케이블방송을 통한 방송 등에 관해서는 방송작가로부터 별도의 이용 허락이 없는 한, 설령 TV 방송국이 TV 드라마의 저작자 또는 저작권자라 하더라도 당해 TV 드라마를 DVD에 수록하여 일반인에게 판매하거나 케이블방송을 통해 방송할 수는 없다고 보아야 한다.[203]

---

201) 업무상 저작물의 저작자(제9조)에 해당하는 경우이다.

202) 영상저작물에 관한 특례규정에 의하면, 영상저작물의 이용을 위하여 필요한 권리는 영상제작자에게 양도된 것으로 추정되므로(제100조 제1항), 그와 같이 추정되는 권리에 관하여 영상제작자는 영상저작물의 저작권자가 된다.

203) 1957년 저작권법 아래에서 방송작가의 각본을 토대로 제작한 TV 드라마를 방송한 것과는 별도로 미국 등 해외에서 판매하기 위하여 방송작가의 허락 없이 TV 방송국이 비디오테이프로 복제하여 배포한 사안에서, 법원은 방송작가의 저작권을 침해하였다는 이유로 방송국의 손해배상책임을 인정하였다(1심 서울지법 남부지원 1983. 10. 21. 선고 83가합7 판결; 항소심 서울고법 1984. 11. 28. 선고 83나4449 판결; 상고심 대법원 1985. 5. 28. 결정 84다카2514 판결—상고허가신청기각으로 확정). 1심과 항소심의 판결 이유를 살펴보면, '영상저작물에 관한 특례' 조항이 없던 1957년 저작권법 하에서 '2차적 저작물의 일반 법리'에 따라 문제해결을 하였

저작권법상 영상저작물에 관한 특례규정이 마련되어 있지 않다면, 위와 같은 법리가 그대로 적용될 것이다. 그런데 저작권법은 일정한 경우에 포괄적 허락이 추정된다는 '특례규정'을 두고 있다. 그 특례규정의 내용은 원저작물의 저작자가 영상제작자에게 2차적 저작물인 영상저작물을 작성하여 이용하는 것을 허락한 경우에는, '특약이 없는 때'에는 원저작물의 각색에 대한 허락 및 영상저작물의 복제와 배포, 공개상영, 방송, 전송, 영상저작물의 번역물을 그 영상저작물과 같은 방법으로 이용하는 것을 각 허락한 것으로 추정하는 것이다 (제99조 제1항).[204] 특례조항은 이용허락의 경우만을 규정하고 있으나 양도한 경우에도 적용된다고 새겨야 한다.[205] 또한 특례조항에 의해 포괄적 허락이 추정되는 범위는 당사자 간의 특약으로 조정할 수 있다. 최근에는 영상저작물 제작 시장이 거대화하면서 영상화 계약의 내용이 정형화 내지 정밀화 하고 있어서 특약이 없는 경우에 보충적으로 적용되는 특례조항의 적용 여지는 현저하게 감소해가고 있는 것으로 보인다.[206] 특례조항에 의해 허락한 것으로 추정되는 '다음 각 호의 권리'에 관한 내용을 살펴보면 다음과 같다.[207]

음을 알 수 있다. 위 판결들에 대한 평석으로는, 박원순·방희선, 「저작권법」증보판, 법경출판사, 1986, 190~195면 참조.

204) 구 저작권법(2003. 5. 27. 법률 제6881호로 개정되기 전의 것) 제74조 제1항은 "···다음 각 호의 권리를 포함하여 허락한 것으로 본다"는 허락'간주' 규정으로 되어 있었으나 이를 허락'추정' 규정으로 개정하였고, 또한 '다음 각 호의 권리'에 관한 내용도 개정하여 현행 저작권법 제99조 제1항에 이른 것이다.

205) 황적인·정순희·최현호, 「저작권법」, 법문사, 1988, 374면.

206) 정상조 편, 「저작권법 주해」, 박영사, 2007, 931면(홍승기 집필).

207) 구 저작권법(2003. 5. 27. 법률 제6881호로 개정되기 전의 것) 제74조 제1항의 '다음 각 호의 권리' 중 현행 저작권법 제99조 제1항과 크게 다른 부분은 "영상저작물을 복제·배포하는 것" (제2호), "영상저작물을 공개상영하는 것"(제3호)이었다, 그런데 구법 제74조 제1항 2호와 3호를 법문 그대로 해석하면 "허락한 것으로 '간주'(현행법의 '추정')되는" 범위가 너무 포괄적으로 된다는 문제가 있었다. 그래서 필자는 위 구법의 규정은 "특약이 없는 경우에 보충적으로 적용되는 해석규정이므로 이러한 입법취지를 고려한다면, 위 각 호의 내용은 가능한 한 축소 해석되어야 할 것"이고, 따라서, 가령 "방송용 영상저작물을 비디오테이프로 복제·배포하는 경우에는 원저작권자로부터 복제·배포에 대한 별도의 허락을 얻지 않으면 저작재산권 침해가 된다고 보아야 하는 것"이고, 또 가령 "방송용 영상저작물을 극장과 같은 곳에서 공개상영 하는 경우에는 원저작권자로부터 별도의 허락을 얻어야 된다고 보아야 하는 것"이라고 제한 적으로 해석한 바 있다(박성호, "'영상저작물에 관한 특례규정'의 해석상 몇 가지 문제점", 「계간 저작권」, 1992 가을호, 54~55면). 또한 독일의 목적양도이론을 원용하여 필자의 해석론과 유사한 취지의 제한적 해석론을 전개한 견해도 있었다(최현호, "영상저작물에 관한 특례(상)", 「계간 저작권」, 1992 봄호, 67~68면). 그 후 이러한 해석론들을 반영하여 현행법 제99조 제1항과 같이 "공개상영을 목적으로 한 영상저작물을 공개상영하는 것"(제2호), "영상저작물을

(2) "영상저작물을 제작하기 위하여 저작물을 각색하는 것"(제1호)

각색이라 함은 소설 등의 어문저작물에만 적용되는 것처럼 해석하기 쉬우나 반드시 그러한 것은 아니고 전술한 것처럼 음악이나 미술저작물 등도 그 이미지를 각본화할 수 있는 것이므로 음악이나 미술저작물에도 적용된다고 보아야 한다. 또한 여기서 말하는 각색이란 원저작물을 각본화하는 경우는 물론이고, 원저작물을 윤색하거나 수정, 증감하는 것도 포함하는 넓은 개념으로 보아야 한다. 즉 각본화뿐만 아니라 영상화에 알맞도록 개작하는 경우도 포함한다고 새겨야 한다.208) 본래 '각색'은 2차적 저작물을 작성하는 행위 태양 중의 하나인 '영상제작'과는 별개의 형태로 명시되어 있으므로(제5조 참조), 각색의 허락은 영상제작의 허락(즉 영상화의 허락)과는 별도로 이루어져야 하는 것이 원칙이지만, 허락의 번잡성을 피하고 영상제작자의 편의를 위하여 영상화의 허락에는 영상제작을 위한 각색이 포함되는 것으로 추정한 것이다.209)

(3) "공개상영을 목적으로 한 영상저작물을 공개상영하는 것"(제2호)

영상저작물은 2차적 저작물로서 성격상 원저작물과 관계없이 독립된 저작물로서 보호되므로 영상저작물의 저작자나 저작권자는 그에 대한 별개의 저작권을 가지게 된다. 그러나 그로 인하여 원저작물의 저작자의 권리가 영향을 받는 것은 아니므로(제5조 제2항 참조) 원저작자는 2차적 저작물의 이용행위에 대하여 저작권을 행사할 수 있다(제22조 후단). 따라서 영상저작물의 저작권자가 영상화 계약의 허락범위를 넘어서 2차적 저작물인 영상저작물을 이용하고자 하는 경우에는 원저작자로부터 그 범위를 넘는 이용에 대하여 별도의 허락을 얻어야 한다. 그러므로 영상저작물의 이용과 관련해서는 구체적인 영상화 계약의 내용을 검토하여 그 허락범위를 살펴보는 것이 원칙일 것이다. 저작권법은 이러한 원칙에도 불구하고 영상저작물의 원활한 이용과 유통을 도모하기 위하여 원저작자로부터 영상화의 허락이 있는 경우, 영상화 계약에 별도의 '특약이 없는 때'에는 공개상영을 목적으로 제작한 영상저작물을 공개상영하는 것에 대하여 허락이 있는 것으로 추정한 것이다. 공개상영이라 함은 영상저작물을 극장 등 공개 장소에서 상영하는 것을 말하며, 이는 저작재산권 중 공연(제2조 제3호) 내지 공연권(제17조)의 한 형태를 말한다. 예컨대 극장에서의 상

그 본래의 목적으로 복제·배포하는 것"(제6호) 등으로 각 호를 명시적으로 제한하여 열거하고 허락'간주'를 허락'추정'으로 변경하는 개정이 이루어졌다.
208) 장인숙, 앞의 책, 229면; 황적인·정순희·최현호, 앞의 책, 375면.
209) 같은 취지, 허희성, 「2011 신저작권법 축조개설 하」, 명문프리컴, 2011, 491면.

영과 같이 공개상영을 목적으로 제작한 영상저작물의 경우에는 영상화 계약에 이에 관한 구체적인 약정이 없더라도 극장에서 공개상영하는 것이 추정된다. 그러나 허락이 추정되는 것은 '공개상영'의 경우이기 때문에, 공개상영을 목적으로 한 영상저작물을 공개상영하는 외에 '방송'하거나 '전송'하고자 하는 경우 '방송' 또는 '전송'에 대하여 각 별도의 이용허락을 얻지 않으면 안 된다.[210]

(4) "방송을 목적으로 한 영상저작물을 방송하는 것"(제3호)

마찬가지로 방송을 목적으로 제작한 영상저작물을 방송하는 경우에는 영상화 계약에 별도의 특약이 없더라도 그 방송에 대하여 허락이 있는 것으로 추정한다. 따라서 '방송'을 목적으로 제작한 영상저작물을 방송하는 외에 '공개상영'하거나 '전송'하고자 하는 경우에는 '공개상영' 또는 '전송'에 대하여 각 별도의 이용허락을 얻어야 한다. 가령, TV 드라마는 방송을 목적으로 한 영상저작물이므로 원저작자인 방송작가로부터 별도의 이용허락이 없더라도 TV 드라마를 방송할 수 있지만, 이를 극장 등지에서 공개상영하고자 할 때에는 별도의 이용허락을 얻어야 한다. 또한 TV 드라마를 방송하는 것이 추정된다 하더라도 그 재방송의 경우까지 추정된다고 할 수 있는지가 문제될 수 있다. 즉 원저작물의 저작자인 방송작가가 TV 드라마의 재방송료를 청구할 수 있는지 여부가 문제된다. 제3호를 보면, 1회 방송이라 한정하거나 방송의 횟수를 제한하고 있지 않으므로 그 횟수를 제한하는 특약이 없는 한 원저작자는 재방송에 대하여 이용료 청구를 할 수 없다고 보아야 한다. 그러므로 이러한 문제를 해결하기 위하여, 한국방송작가협회는 표준계약서 등을 통하여 원저작자인 방송작가가 1회 방송에 대한 영상화 허락임을 명시하는 것이 바람직하다.[211]

(5) "전송을 목적으로 한 영상저작물을 전송하는 것"(제4호)

전송을 목적으로 제작한 영상저작물을 전송하는 경우에도 영상화 계약에 별도의 특약이 없더라도 그 전송에 대하여 허락이 있는 것으로 추정하는데, 이에 관한 내용은 제2호 및 제3호의 경우와 마찬가지이다.

(6) "영상저작물을 그 본래의 목적으로 복제·배포하는 것"(제5호)

영상저작물의 복제·배포라 함은 영상저작물의 化體物인 네가필름이나 복사필름 또는 비디오테이프와 같은 것을 복제·배포하는 것을 말한다. 주의할 것은 "본래의 목적으로" 복제·배포하는 것이 추정된다는 점이고 그 목적 외의

---

210) 같은 취지, 오승종, 「저작권법」 제5판, 박영사, 2020, 1138면.
211) 황적인·정순희·최현호, 앞의 책, 376면.

복제·배포까지 허락한 것으로 추정되지는 않는다는 점이다. 방송을 목적으로 제작된 TV 드라마를 난시청 지역의 방송을 위해 복제하여 난시청 지역 방송국에 배포하여 방송하게 하는 것은 "본래의 목적으로" 복제·배포하는 허락의 추정 범위에 속하지만, 방송의 목적을 벗어나 미국이나 일본 지역에서 TV 드라마를 비디오테이프나 DVD로 복제하여 배포하기 위해서는 이에 대한 별도의 이용허락을 얻어야 한다.212)

(7) "영상저작물의 번역물을 그 영상저작물과 같은 방법으로 이용하는 것"(제6호)

제6호는 영상저작물이 국내적인 이용만이 아니라 국제적인 이용도 성행하고 있음을 감안하여, 영상저작물의 국외 수출 또는 외국 영상저작물의 국내 이용에 있어서 당초의 언어를 다른 언어로 번역하여 영상저작물에 더빙(dubbing)하거나 字幕으로 삽입하여 원래의 영상저작물과 같은 방법으로 이용하기 위한 것이다.213) 주의할 것은 "같은 방법으로 이용하는 것"이어야 하므로 원래 공개상영 목적으로 번역한 것을 방송에 이용하거나 방송용으로 번역한 것을 공개상영하는 것은 같은 방법으로 이용하는 것에 해당하지 않는다는 점이다.214) 다만, 같은 방법으로 이용하는 것인 한, 가령 영상저작물의 번역물을 원래 목적에 따라 공개상영하거나 방송 또는 전송하는 것, 혹은 영상저작물의 번역물을 그 본래의 목적에 따라 복제·배포하는 것도 영상화의 허락 속에 포함된 것으로 해석하여야 한다. 따라서 이러한 경우에는 번역물이라 해서 그것을 이용하는 데 별도로 원저작자의 허락을 받을 필요가 있는 것은 아니다.

나. 영상화권의 독점적 허락

저작권법은 "저작재산권자는 그 저작물의 영상화를 허락한 경우에 특약이 없는 때에는 허락한 날부터 5년이 지난 때에 그 저작물을 다른 영상저작물로 영상화하는 것을 허락할 수 있다"(제99조 제2항)고 규정한다. 이에 따라 저작재산권자로부터 영상화 허락을 받은 영상제작자는 특약이 없는 한 허락을 받은 날부터 5년간 독점적으로 영상화권을 향유한다. 즉 특약이 없는 한 최초 영상화 허락을 한 때에, 저작재산권자는 영상제작자에 대하여 5년간은 재영상화권(remake right)을 허락하지 않겠다는 약정의 효과가 있게 된다. 이 규정의 취지

212) 1957년 저작권법 아래에서 문제가 되었던 전술한 재판례(1심 서울지법 남부지원 1983. 10. 21. 선고 83가합7 판결; 항소심 서울고법 1984. 11. 28. 선고 83나4449 판결; 상고심 대법원 1985. 5. 28. 결정 84다카2514 판결—상고허가신청기각으로 확정) 각 참조.
213) 허희성, 앞의 책, 494면.
214) 허희성, 앞의 책, 494면; 오승종, 앞의 책, 1140면..

는 영상저작물의 제작에 많은 자본이 소요된다는 점을 고려하여 투하자본의 회수에 필요한 최소한의 일정 기간 동안의 독점권을 인정한 것이다. 기간을 5년으로 한 것은 일반적으로 영상저작물의 제작에 2년 정도의 기간이 소요되고 영상저작물의 상영에 따른 최소한의 자본회수 기간을 3년 정도로 고려하여 5년으로 정한 것이다. 이 독점적 기간은 특약으로 연장이나 단축이 가능하다.215)

문제는 특약으로 독점적 영상화 자체를 배제할 수 있는가 하는 점이다. 이에 관해서는 영상제작자의 보호와 영상예술의 건전한 발전을 위한다는 위 규정의 취지에 비추어 볼 때 기간의 長短 이외에 독점적 영상화 자체를 배제할 수는 없다는 부정설이 있다.216) 그러나 저작권법 제99조 제1항과 제2항의 유기적 관련성을 고려하고 제99조의 전체의 입법취지를 살펴보건대, 제2항만을 강행규정으로 해석할 이유가 없으므로, 당사자 간의 특약으로 기간의 장단은 물론이고 독점적 영상화 자체도 배제할 수 있다고 보아야 한다.217) 즉 제99조 제2항은 제1항과 마찬가지로 특약이 없는 경우에만 적용되는 보충적 규정으로 이해하여야 한다. 이 규정에 따라 영상제작자가 5년간 독점적 영상화권을 향유하는 경우 저작재산권자가 이에 위반하여 제3자에게 재영상화권의 허락을 하는 때에는 영상제작자는 저작재산권자에게 채무불이행책임을 물을 수 있다. 다만, 저작재산권자가 재영상화 이외의 방법으로 원저작물을 이용하는 경우, 가령 영상화한 소설이나 각본을 책으로 출판하거나 연극으로 공연하는 등 영상저작물 제작 이외의 목적으로 허락하는 것은 가능하다고 할 것이다.218)

V. 영상저작물에 대한 저작재산권 및 저작인접권의 양도 추정

1. 영상저작물의 저작자 결정에 관한 입법례

영상저작물의 저작자는 누구인가? 영상제작자인가, 감독인가, 아니면 시나리오작가인가? 영상저작물의 대표 격인 영화는 종합예술의 한 형태이며 그 창작 과정에 수많은 사람들이 참여하여 인적 범위가 광범위하기 때문에 저작자를 결정하는 문제가 복잡하다. 저작권에 관한 국제조약인 베른협약에서의 논의가 가장 대표적이다. 베른협약의 개정에 관한 1967년 6월 스톡홀름 개정회

---

215) 허희성, 앞의 책, 495면 참조.
216) 허희성, 앞의 책, 495면.
217) 오승종, 1141면; 같은 취지, 장인숙, 앞의 책, 233면.
218) 장인숙, 앞의 책, 233면; 허희성, 앞의 책, 489면.

의에서는 "영상저작물의 저작권의 귀속(ownership of copyright)은 보호가 요구되는 국가의 법률로 정한다"(제14조의2 제2항)는 개정안을 채택하였다.

여기서 주의할 것은 베른협약 제14조의2 제2항이 영상저작물의 '저작자'(author)를 어떻게 정할 것인지 여부를 국내법에 맡긴 것이 아니라, '저작권의 귀속'(ownership of copyright) 문제를 어떻게 할 것인가를 국내법에 맡겼다는 점이다. 저작자와 저작권자는 개념적으로 구별된다. 저작물을 창작한 저작자에게는 저작권이 원시적으로 귀속되지만, 저작자가 제3자에게 저작권을 양도하면 제3자가 저작권자가 되기 때문이다. 따라서 위 조항은 영상저작물의 '저작자'(author)는 실제 창작자인가, 아니면 영상제작자인가에 초점을 맞춘 것이 아니라, 완성된 영상저작물의 이용에 관한 편의를 도모하기 위해서는 그 이용에 관한 권리를 누구에게 어떻게 귀속시키는 것이 중요한가를 염두에 두고 내린 타협의 산물이다. 그러므로 위 조항은 '저작자' 이외의 자를 저작권의 원시취득자로 인정할 수 있는 여지를 남겼다는 점에서 그 의의를 찾을 수 있다.219)220)

영상저작물의 저작자를 결정하는 입법례는 크게 사례방법(Fallmethode)과 범주방법(Kategorienmethode)의 두 가지 유형으로 나눌 수 있다. 전자는 사안별로 창작자원칙(Schöpferprinzip)에 입각하여 누가 영상저작물의 저작자인지를 결정하는 것을 말하고, 후자는 법적 안정성을 도모하기 위해 영상저작물의 창작(또는 제작) 과정에 관여한 일정한 범주에 속하는 자(가령, 시나리오 작가, 영화감독, 영상제작자)들 중에서 저작자를 결정하는 것을 말한다.221) 같은 대륙법계 전통을 따르더라도 우리나라와 독일은 사례방법에 입각한 입법례에 해당하지만, 프랑스, 이탈리아, 스페인, 일본은 범주방법에 입각한 입법례에 해당한다. 한편, 영미법계 입법례는 '고용저작물' 혹은 '업무상 저작물' 조항을 두고 있는 경우가 많다. 이는 실제로 저작물을 창작하지 않았더라도 그 창작자를 고용한

---

219) 박성호, "영상저작물의 저작권 귀속에 관한 준거법의 결정", 「국제사법연구」 제14호, 2008. 12., 115~116면.

220) '저작자' 이외의 자를 저작권의 원시취득자로 인정한 특이한 입법례로 대표적인 것이 영화저작물에 관한 일본 저작권법이다. 동법 제16조는 "제작, 감독, 연출 등을 담당하여 그 영화저작물의 전체적 형성에 창작적으로 기여한 자"들, 즉 이른바 '현대적 저작자들'(modern authors)이 영화저작물의 공동저작자가 된다는 점을 밝히고 있다. 한편 동법 제29조 제1항은 "영화저작물의 저작권은 그 저작자가 영화제작자에 대하여 당해 영화저작물의 제작에 참가할 것을 약속하고 있는 경우에는 당해 영화제작자에게 귀속한다"고 규정하여 영화저작물의 저작재산권이 영화제작자에게 원시적으로 귀속되는 것으로 하고 있어서 영화저작물의 성립 당초부터 저작자와 저작권자를 분리하는 특이한 입법형식을 취하고 있다.

221) Manfred Rehbinder, *Urheberrecht*, 14. Aufl., C.H. Beck, 2006, S.102.

법인이나 사용자도 일정한 요건을 갖춘 경우 저작자가 될 수 있다는 규정이다. 영미법계 입법례는 범주방법 중에서도 영상제작자를 그 저작자로 인정하는 방법을 택한 것으로 이해할 수 있다.

대륙법계 입법례에서는 창작자원칙에 따라 실제로 창작행위를 한 자연인들이 영상저작물의 저작자가 된다. 또 사례방법과 범주방법 어느 것을 취하든 영상저작물에는 많은 사람들이 관여하므로 영상저작물은 여러 사람의 공동저작물이 되는 경우가 많다.222) 이와 같이 여러 사람이 공동저작자가 되면 영상저작물을 이용하기가 불편하므로 원활한 이용을 위하여 영상저작물의 저작자들이 그 저작재산권을 영상제작자에게 양도하는 입법 형태를 취하는 것이 일반적이다. 예컨대, 프랑스와 독일 저작권법은 반증이 없는 한 저작재산권의 양도가 추정된다("presumptio juris tantum" 원칙)고 입법하고, 오스트리아와 이탈리아 저작권법은 저작재산권의 양도가 의제된다("presumptio juris et de jure" 원칙)는 입법을 하고 있다.223) 영미법계 입법례에서는 영상저작물이 영상제작자의 '고용저작물'로서 만들어지는 경우가 많으므로 결과적으로 영상제작자가 영상저작물의 저작자로 인정된다. 따라서 영상제작자는 별도의 법적 조치 없이 영상저작물을 손쉽게 이용할 수 있어서 편리하다. 또한 이때 영상제작자는 법인 형태를 취하는 것이 일반적이기 때문에 자연인이 아닌 법인을 영상저작물의 저작자로 인정하는 결과가 된다. 미국, 영국, 호주, 그리고 뉴질랜드 등의 입법례가 여기에 해당한다.224)

2. '현대적 저작자'의 공동저작물로서의 영상저작물

가. 영상저작물을 경제적으로 이용하기 위해서는 영상저작물의 저작권을 누가 가지고 있는지를 확인해야 한다. 어떤 저작물이든 그 저작물의 저작권을 최초로 가지는 것은 바로 그 저작자이다. 따라서 누가 영상저작물의 '저작권자'인지를 확인하는 문제는 누가 영상저작물의 '저작자'인지를 확인하는 문제에서 시작해야 한다. 그렇다면 우리나라 저작권법은 영상저작물의 저작자를 누구라고 규정하고 있는가? 우리 저작권법은 독일의 경우와 마찬가지로 영상저

---

222) 대륙법계 국가 중에서 독일은 창작자원칙에 입각하여 개개의 사례에 관하여 저작자인지 여부를 결정하는데 결과적으로 영상저작물은 현대적 저작자의 공동저작물인 경우가 많다. 이에 대해 프랑스, 이탈리아, 스페인은 개개의 사례가 아닌 범주 별로 창작자원칙을 관철하여 영상저작물은 고전적 저작자와 현대적 저작자의 공동저작물이라는 명문의 법 규정을 두고 있다.

223) J.A.L. Sterling, *World Copyright Law*, 2nd ed., Sweet & Maxwell, 2003, pp.194~195.

224) Ibid., pp.195~196.

작물의 저작자에 관한 별도의 규정을 가지고 있지 않다. 그러므로 저작권법의 일반원칙인 '창작자원칙'(Schöpferprinzip)에 입각하여 개개의 영상저작물의 저작자를 결정할 수밖에 없다(이른바 '사례방법'). 즉 저작물을 실제로 창작한 자연인만이 저작자로 인정된다는 일반원칙에 입각하여 영상저작물의 저작자를 결정하여야 한다. 결국 이 문제는 영상저작물의 제작에 관여하는 이해관계인들 중에서 누가 저작권법 제2조 제2호에서 말하는 저작물의 창작자인가 하는 해석상의 문제로 귀착하게 될 것이다.

이러한 관점에서 영상저작물의 저작자를 판단하면, 일반적으로는 영상저작물의 제작, 감독, 연출, 촬영, 미술 등을 담당하여 영상저작물의 전체적 형성에 창작적으로 기여한 자를 저작자로 인정할 수 있을 것이다. 다시 말해 이른바 '현대적 저작자'(modern authors)인 프로듀서, 감독, 디렉터, 연출가, 촬영감독, 미술감독, 녹음감독, 필름편집자 등이 완성된 영상저작물의 공동저작자가 된다고 해석할 수 있을 것이다. 이에 반하여 조감독이나 보조카메라맨 등의 보조자는 공동저작자가 될 수 없으며, 영상저작물 제작의 토대로 이용된 소설 등과 같은 원저작물의 저작자들, 즉 이른바 '고전적 저작자'(classical authors)도 영상저작물의 저작자로 보기는 어려운 경우가 많을 것이다.[225] 이와 같이 통상적으로 현대적 저작자들은 영상저작물에 대해 공동저작자의 관계에 있는 것이지만, 언제나 그러한 것은 아니다. 예컨대, 찰리 채플린이 원작과 각본을 작성하고 제작, 감독, 연출, 주역을 혼자서 처리한 영화는 찰리 채플린의 단독저작물[226]이라고 판시한 일본 하급심 재판례가 있다.[227] 국내 학설 중에는 영상제작자에 의한 영상저작물의 '제작'을 저작권법 제2조 제2호의 '창작'과 같은 개념으로 이해하여 우리 저작권법의 해석상 영상저작물의 저작자는 영상제작자라고 보아야 한다는 견해가 있으나[228] 이는 타당하지 않다. 다만, 영상제작자라도 영화감독과 함께 주요배우의 캐스팅에서부터 편집작업에 이르기까지 깊이 관여하여 실질적으로 창작적 기여를 하는 경우가 있을 수 있는데, 이러한 경우에는 영상제작자도 영상저작물의 공동저작자 중의 1인이 된다고 할 것이다.[229] 아울러 영상저작물의 저작자를 결정하는 문제와 관련해서는 저작권

---

225) 황적인·정순희·최현호, 앞의 책, 377면.
226) 단독저작물인가 공동저작물인가는 저작권 보호기간의 계산과도 관계가 있다(제39조 제2항).
227) 知財高裁 2008(平成20)年 2月 28日 判決('영화 라임라이트' 사건).
228) 장인숙, 앞의 책, 225~227면 참조.
229) 이해완, 앞의 책, 1070면. 이해완 교수는, 예외적인 경우이기 하지만 주연배우가 영화의 구체적 내용에 창작적으로 관여하는 경우에는 실연자로서의 지위와는 별도로 영상저작물의 공동

법 제9조의 적용 문제가 제기될 수 있다.[230]

한편, 영상저작물인지 다른 저작물인지에 따라 영상저작물 특례규정의 적용 여부가 결정되기 때문에, 가령 영화제작의 어느 단계에 이르러야 영상저작물로서 완성된 것인지를 판단하는 것은 중요한 문제가 된다.[231] 일본 하급심 판결 중에는 영상저작물이 완성되었다는 것은 그 창작과정이 종료되었다는 의미이므로, 가령 영화의 미편집 필름은 아직 창작과정이 종료되지 않은 상태이므로 저작권법상의 영상저작물에 해당하지 않는다고 판시한 것이 있다.[232]

나. 전술한 것처럼 영상저작물을 '현대적 저작자'의 공동저작물이라고 본다면, 영상저작물을 제작하는 데 많은 자본을 투자한 영상제작자가 영상저작물을 이용하는 데에 여러 가지 불편함이 따른다. 영상제작자가 영상저작물을 극장에서 상영하거나 DVD 등으로 제작하기 위해서는 영상저작물의 공동저작자인 '현대적 저작자'로부터 영상저작물의 저작재산권을 양도받거나 그 이용허락을 얻어야 하기 때문이다. 또한 특정 영화에 출연하여 등장인물로서 연기를 한 배우들은 영상저작물에 포함된 자신들의 실연(performance)에 대해서 저작인접권을 가진다. 따라서 영상제작자가 영상저작물을 이용하기 위해서는 출연 배우들의 저작인접권을 양도받거나 그 이용허락을 얻어야 한다.

그러므로 영상제작자는 감독계약이나 프로듀서계약을 체결할 때에 그 계약 내용 중에 영상저작물에 대해서 '현대적 저작자'인 감독에게 발생할 저작재산권을 영상제작자가 양도받거나 그 이용허락을 얻는다는 내용을 미리 명시할 필요가 있다. 마찬가지로 영상제작자는 배우출연계약 중에 영상저작물에 대해서 실연자인 배우에게 발생할 저작인접권을 영상제작자가 양도받거나 그 이용허락을 얻는다는 내용을 미리 명시할 필요가 있다.

저작자가 될 수 있고, 시나리오 작가 등도 그러한 점에서 다르지 않다고 주장한다(이해완, 앞의 책, 1070면). 이 견해는 일본법의 해석론에 의거한 것이긴 하지만, '창작자원칙'에 따라 영상저작물을 실제로 창작한 자가 누구인지를 결정하는 문제는 결국 事實認定 문제에 귀착되는 것이므로, 예외적인 사례를 들어 이 점을 강조한 것이 아닌가 생각된다.

230) 이에 관해서는 후술하는 Ⅵ. '관련문제' 참조.

231) 일본 저작권법 제29조는 영화저작물의 완성과 동시에 그 저작재산권이 영화제작자에게 法定 讓渡된다는 취지로 규정한다. 따라서 우리 저작권법 제100조의 양도한 것으로 추정된다는 규정에 비해 영상저작물인지 여부를 구별할 실익이 더욱 크다고 할 것이다. 後註의 일본 東京高裁 판결은 그와 같은 쟁점을 둘러싼 판결이다.

232) 東京高裁 1993(平成5)年 9月 9日 判決.

3. 저작권법 제100조 및 제101조의 특례조항

가. 서

문제는 감독계약이나 프로듀서계약 또는 배우출연계약 등의 내용이 불분명한 경우이다. 이러한 사태에 대비하여 저작권법은 불분명한 계약 내용을 보충하는 특례 규정을 마련하고 있다.

나. 영상저작물에 대한 저작재산권의 양도추정

(1) 양도추정의 내용

저작권법 제100조 제1항은 "영상제작자와 영상저작물의 제작에 협력할 것을 약정한 자가 그 영상저작물에 대하여 저작권을 취득한 경우 특약이 없으면 그 영상저작물의 이용을 위하여 필요한 권리는 영상제작자가 이를 양도받은 것으로 추정한다"[233]고 규정한다. 위 조항을 두 부분으로 나누어 설명한다.

첫째, 저작권법 제100조 제1항의 앞부분인 "영상저작물의 제작에 협력할 것을 약정한 자가 그 영상저작물에 대하여 저작권을 취득한 경우"의 의미이다. "협력할 것을 약정한" 경우라는 것은, 영상저작물의 제작, 감독, 연출, 촬영, 미술 등을 담당하는 자, 그 밖의 제작 스태프 및 실연자로서의 배우 등 수 많은 이해관계인과 영상제작자간에 체결되는 '영상제작계약'을 말한다.[234][235] 그러나 영상저작물의 제작에 협력할 것을 약정한 이해관계인 모두가 영상저작물의 저작

---

233) 구 저작권법(2003. 5. 27. 법률 제6881호로 개정되기 전의 것) 제75조 제1항은 "…양도된 것으로 본다"는 양도'간주' 규정으로 되어 있었으나 이를 양도'추정' 규정으로 개정하여 현행 저작권법 제100조 제1항에 이른 것이다.

234) 영상제작계약에 속하는 개별 계약으로는 영상제작자와 '현대적 저작자'인 감독 간에 체결되는 감독계약, 영상제작자와 실연자 간에 체결되는 배우출연계약, 영상제작자와 그 밖의 스태프 간에 체결되는 스태프계약 등이 있다.

235) 저작권법 제100조 제1항의 "협력할 것을 약정한다"라 함은 '현대적 저작자'(modern authors)와 영상제작자 간에 체결되는 계약이라고 보는 견해가 있다(허희성, 앞의 책, 497면). 이 견해는 일본 저작권법 제16조의 "영화저작물의 저작자는… 제작, 감독, 연출, 촬영, 미술 등을 담당하여 그 영화저작물의 전체적 형성에 창작적으로 기여한 자로 한다"는 규정과, 제29조 제1항의 "영화저작물의 저작권은 그 저작자가 영화제작자에 대하여 당해 영화저작물의 제작에 참가할 것을 약속하고 있는 경우에는 당해 영화제작자에게 귀속한다"는 규정에 관한 해석론을 그대로 옮긴 것이다. 그런데 우리 저작권법에는 영상저작물의 저작자에 대한 명문의 규정이 없을 뿐 아니라 우리 저작권법 제100조 제1항과 일본 저작권법 제29조 제1항은 그 규정 내용이 다르므로 "협력할 것을 약정한 자"를 '현대적 저작자'에 국한하여 해석할 필요는 없다. 따라서 "협력할 것을 약정한 자"라 함은 영상제작에 참여하는 모든 이해관계인이라고 이해하는 것이 타당할 것이다. 그런 다음 이러한 이해관계인들 중에서 누가 창작적으로 기여한 자인지를 판단해야 할 것이다.

자가 된다는 의미가 아니며, 저작권법의 일반원칙인 '창작자원칙'(Schöpferprinzip)에 입각하여 이러한 이해관계인들 중에서 영상저작물을 실제로 창작한 자가 누구인지를 살펴보고 저작자를 결정해야 한다. 즉 이해관계인들 중에서 누가 저작권법 제2조 제2호에서 말하는 영상저작물의 창작자인가 하는 해석상의 문제로 귀착된다. 이러한 관점에서 "영상저작물의 제작에 협력할 것을 약정한 자가 그 영상저작물에 대하여 저작권을 취득한 경우"라는 것은, 영상제작자와 영상제작계약을 체결한 여러 이해관계인들 중에서 영상저작물의 창작에 관여한 '현대적 저작자'들이 영상저작물의 공동저작자가 되어 저작권의 원시적 취득(originären Erwerb)을 한 경우를 말한다. 요컨대, 창작자원칙(제2조 2호)이 적용되어 실제 창작행위를 한 자가 저작자로서 저작권을 최초로 취득하는 경우를 의미한다.

둘째, 저작권법 제100조 제1항 뒷부분인 "특약이 없으면 그 영상저작물의 이용을 위하여 필요한 권리는 영상제작자가 이를 양도받은 것으로 추정한다"는 것은, 감독계약 등에 특약이 없는 한 보충적으로 적용되는 것으로서 '영상저작물의 이용을 위하여 필요한 권리'가 영상제작자에게 양도되는 것으로 추정한다는 의미이다. 따라서 감독계약 등에 별도의 특약이 있다는 것을 반증하면 그 추정은 깨진다. 반증이 없는 한 저작재산권의 양도가 추정된다("presumptio juris tantum" 원칙)는 프랑스와 독일 저작권법의 입법례와 마찬가지이다.

여기서 '영상저작물의 이용을 위하여 필요한 권리'란 구체적으로 무엇을 말하는가? 저작권법 제101조 제1항은 "영상저작물의 제작에 협력할 것을 약정한 자로부터 영상제작자가 양도 받는 '영상저작물의 이용을 위하여 필요한 권리'는 영상저작물을 복제·배포·공개상영·방송·전송 그 밖의 방법으로 이용할 권리"를 말한다고 규정한다. 이와 같이 영상저작물의 이용을 위하여 필요한 권리는 저작재산권에 국한되며, 저작인격권은 영상저작물의 공동저작자에게 유보된다. 영상저작물의 저작인격권의 행사는 공동저작자 전원의 합의에 따라서 행하여야 한다(제15조). 판례는 영화제작사가 영화의 가정용 비디오테이프 출시본을 제작하는 과정에서 시나리오 작가 겸 연출가의 승낙 없이 정사 장면 등 선정적인 장면을 길게 삽입하는 방식으로 극장에서 상영된 영화(상영시간 94분)의 내용과 다르게 비디오테이프(상영시간 84분)를 제작하였다면 동일성유지권의 침해가 성립한다고 인정하였다.[236]

---

236) 서울지법 2002. 7. 9. 선고 2001가합1247 판결.

저작권법 제100조 제1항은 제99조와 마찬가지로 당사자 간에 특약이 없는 경우에 발효되는 의사표시 보충규정이다. 따라서 영상저작물의 저작자는 영상제작자에게 양도되는 것으로 추정되는 권리의 전부 혹은 일부에 대하여 사적자치의 원칙에 따라서 얼마든지 유보의 특약을 할 수 있다.[237]

(2) 양도추정과 원저작물의 저작재산권

저작권법 제100조 제1항은 영상저작물에 대한 저작재산권의 양도추정에 관해 규정한다. 그렇다면 영상저작물의 창작에 기초가 된 원저작물의 저작재산권은 어떻게 되는가? 저작권법 제100조 제2항은 "영상저작물의 제작에 사용되는 소설·각본·미술저작물 또는 음악저작물 등의 저작재산권은 제1항의 규정으로 인하여 영향을 받지 아니한다"고 규정한다. 이것은 당연한 사항을 注意的으로 명시한 것에 불과하다.[238] 따라서 위 조항이 없더라도 영상저작물에 사용된 소설이나 각본 등 원저작물의 저작재산권자는 영상화 계약에서 특약을 하였다면 그 특약에 의한 제약을, 만일 특약이 없다면 제99조에 따른 추정 규정의 적용을 받을 뿐, 그 이외에는 아무런 제한 없이 계속하여 원저작자는 원저작물을 이용하거나 그에 대한 저작재산권을 행사할 수 있다. 또한 미술이나 음악저작물의 저작재산권자도 영상제작자와 체결한 저작물 이용허락계약에서 별도의 특약을 하였다면 그 특약에 의한 제한을 받을 뿐이고 그 이외에는 자유롭게 당해 저작물을 이용하거나 그에 대한 저작재산권을 행사할 수 있다.

다. 영상저작물에 대한 저작인접권의 양도추정

다음으로 배우출연계약의 내용이 불분명한 경우이다. 저작권법 제100조 제3항은 "영상저작물의 제작에 협력할 것을 약정한 실연자의 그 영상저작물의 이용에 관한 제69조의 규정에 따른 복제권, 제70조의 규정에 따른 방송권 및 제74조의 규정에 따른 전송권은 특약이 없으면 영상제작자가 이를 양도 받은 것으로 추정한다"고 규정한다. 이 조항도 제100조 제1항과 마찬가지로 별도의 특약이 없는 경우에 적용되는 보충규정이다. 이 규정에 의하여 영상저작물의 제작에 출연한 실연자인 배우 등의 저작인접권은 특약이 없으면 영상제작자에

---

237) 황적인, "영상저작물에 대한 특례 해석", 「계간 저작권」, 1988 봄호, 22~23면; 박원순, "저작권법상 영상저작물", 「대한변호사협회지」, 1988. 3., 12면 각 참조. 다만, 위 두 논문은 구 저작권법(2003. 5. 27. 법률 제6881호로 개정되기 전의 것) 제75조 제1항의 양도'간주' 규정에 관한 해석론이다.

238) 저작권법 제100조 제2항은, 제5조 제2항의 "2차적 저작물의 보호는 그 원저작물의 저작자의 권리에 영향을 미치지 아니한다"는 규정과 동일한 취지의 조항이다.

게 양도된 것으로 추정되기 때문에 실연자는 영상저작물에 대하여 거의 아무
런 권리도 가지지 않는 결과가 된다. 따라서 이러한 불이익을 고려할 때 실연
자는 영상제작자와 배우출연계약을 체결할 경우 출연료나 그 밖의 보수 등으
로 미리 보완해 두거나, 아니면 별도의 특약을 마련하는 등 조처를 취해 놓아
야 할 것이다.

문제는 영상제작자에게 양도되는 것으로 추정되는 저작인접권을 어느 범
위까지 이용할 수 있을 것인가 하는 그 이용 態樣의 범위이다. 판례는 구 저작
권법 제75조 제3항(현행법 제100조 제3항)과 제76조(현행법 제101조)에 의하여 영
상제작자에게 부여하는 권리의 범위는 위 영화에 관하여 본래의 영상창작물로
서 이용하는 데 따른 권리에 한정되는 것이지, 출연자들의 출연 당시 나체사
진을 인터넷사이트에 유료관람하도록 게시하는 데까지 확장되는 것은 아니라
고 하였다.[239] 또한 영화상영을 목적으로 제작된 영상저작물 중에서 특정 배
우들의 실연장면만을 모아 가라오케용 LD음반을 제작하는 것은, 그 영상저작
물을 본래의 창작물로 이용하는 것이 아니라 별개의 새로운 영상저작물을 제
작하는 데 이용하는 것에 해당하므로, 영화배우들의 실연을 이와 같은 방법으
로 LD음반에 녹화하는 권리는 제75조 제3항(현행법 제100조 제3항)에 의하여 영
상제작자에게 양도되는 권리의 범위에 속하지 아니하므로 실연자들로부터 별
도의 허락을 얻지 않는 한 실연자들 각각에 대한 저작인접권 침해가 성립한다
고 판시하였다.[240]

VI. 관련문제—영상저작물에 대한 저작권법 제9조의 적용 가능성

1. 문제의 소재

영상저작물에 관하여 저작권법은 제5장에서 '영상저작물에 관한 특례' 규
정을 마련하고 있지만 영상저작물의 저작자가 누구인지에 대해서까지 특례 규
정을 두고 있지는 않다. 따라서 영상저작물의 저작자를 정하려면, 저작권법 제
2조 제2호의 '창작자원칙'에 따라 실제로 창작행위를 한 자를 그 저작자로 인
정하여야 한다. 문제는 '창작자원칙'의 예외에 해당하는 '업무상 저작물의 저작
자' 규정이 영상저작물에도 적용 가능한지 여부이다. 요컨대, 저작권법 제9조

---

239) 서울지법 2002. 3. 8.자 2001카합3219 결정.
240) 대법원 1997. 6. 10. 선고 97도2856 판결.

가 영상저작물에 적용되어 법인 등 사용자, 즉 영상제작자가 영상저작물의 저작자로 인정될 수 있는지의 문제이다.

2. 저작권법 제9조의 적용 가능성에 관한 논의[241]

영상저작물에 저작권법 제9조가 적용되는지를 둘러싸고 긍정설과 부정설로 학설이 갈리지만,[242] 결론부터 말하자면 '업무상 저작물의 저작자'에 대해 규정한 저작권법 제9조는 영상저작물에도 적용 가능하다고 말할 수 있다.[243][244] 영상저작물의 제작 실태를 살펴보면, 상당수의 영상저작물은 법인 등 사용자(영상제작자)가 기획하여 법인 등의 업무종사자(피용자인 영화감독)로 하여금 창작하게 한 다음 법인 등의 명의로 공표하는 업무상 저작물에 해당한다고 말할 수 있다. 이러한 경우 영상저작물의 저작자는 법인 등 사용자이다. 방송국이 제작하는 TV 드라마는 그 전형적인 예이다. 다만, 저작물에 실제 창작자인 피용자의 성명이 저작자로 표시된 저작물, 즉 記名저작물의 경우는 저작권법 제9조의 적용이 배제된다고 해석하는 것이 일반적이다.[245]

한편, 영상저작물의 제작에는 많은 사람들이 참여하기 때문에 많은 이름들이 기여자로서 표시(credit)[246]되는 경우가 대부분이다. 문제는 이러한 기여자들의 명의 표시와 법인 등 사용자의 명의 표시를 어떻게 이해할 것인가이다. 만일 기여자들의 명의 표시 중에서 창작적 기여자들의 명의 표시에 주목하여 이를 기명저작물로서 저작자 명의 표시에 해당하는 것으로 판단한다면, 저작권법 제9조의 적용이 배제되어 영상저작물은 그 창작적 기여자들의 공동저직물이 될 것이다. 그렇기 때문에 기여자들의 명의 표시와 법인 등의 공표 명의를 어떻게 이해할 것인가는 중요한 문제이다. 이러한 경우 방송사업자나

---

241) 이에 관해서는 제3장 제3절 II. 1. 나. '저작물의 종류—영상저작물에의 적용 여부' 참조.

242) 이에 관해서는, 정상조 편, 「저작권법 주해」, 박영사, 2007, 943~945면(홍승기 집필).

243) 이에 관해서는, 박성호, "영화와 저작권법 제9조", 「Entertainment Law」, 박영사, 2007, 165면 이하.

244) 참고로 미국 저작권법 제101조는 우리나라 업무상 저작물 규정과 유사한 내용의 '고용저작물'(works made for hire)에 시청각 저작물, 즉 영상저작물이 포함된다고 규정하고 있고, 일본 저작권법 제16조 단서는 직무상 저작물에 관한 조항이 영화저작물에 대하여도 적용 가능하다고 밝히고 있다.

245) 정상조 편, 앞의 책, 310면(박성호 집필).

246) 크레딧(credit)이란 영화의 스크린이나 포스터, 예고편, 그 밖의 선전 매체에 아티스트가 영화제작에 기여한 바를 나타내는 표시이다. 크레딧은 아티스트를 영화작품과 관련짓게 하고 동시에 각각의 기여 형태를 나타낸다. 따라서 우리말 용어로는 '크레딧'을 '영화제작의 기여자 표시'로 번역하는 것이 타당할 것이다.

영상제작자를 명기하는 '○○○기획·제작' 또는 '△△△제작·저작'이라는 표
시는 법인 등 사용자의 명의를 공표한 것으로서 저작권법 제9조의 저작명의요
건에 해당한다고 해석한다. 이에 반해 영화감독이나 출연자 등의 성명 표시는
기명저작물의 저작자 명의를 표시한 것이 아니라 업무상 저작물을 작성함에
있어서 업무 분담 표시를 한 것에 불과한 것으로 해석하는 것이 일반적이다.
하급심 재판례는 영상저작물에 대해 저작권법 제9조의 적용을 인정하고 있
다.[247]

3. 영상저작물에 관한 우리나라 입법의 특징

영상저작물에 관한 특례 규정 중의 하나인 저작권법 제100조 제1항은, 영
상저작물에 대해 저작권법 제9조의 '업무상 저작물의 저작자' 규정이 적용되지
않는 경우 영상저작물의 유통을 원활히 하고 그 이용에 관한 권리관계를 명확
히 하기 위해 마련된 규정이라고 설명할 수 있다. 따라서 영상저작물이 저작
권법 제9조의 요건을 갖추어 법인 등 사용자(영상제작자)가 영상저작물의 저작
자가 되는 경우에는, 영상저작물을 이용하는 데에 필요한 복제권이나 배포권
등은 당연히 그 저작자인 영상제작자에게 귀속되므로,[248] 저작권법 제100조
제1항은 적용될 여지가 없게 된다.[249]

지금까지 설명한 영상저작물의 저작자의 결정에 관한 우리 저작권법의 태
도를 정리하면 다음과 같다. 첫째, 우리나라는 독일과 마찬가지로 영상저작물
의 저작자를 규정한 별도의 조항이 존재하지 않는다. 따라서 영상저작물의 저
작자를 결정하려면 이른바 '사례방법'에 입각하여 '창작자원칙'에 따라 영상저
작물의 저작자를 결정하여야 한다. 저작권법 제2조 제2호는 저작권법의 일반
원칙인 '창작자원칙'에 관한 조항이다. 그리고 영상저작물의 원활한 이용을 위
하여 영상저작물의 저작재산권이 영상제작자에게 양도된 것으로 추정한다는
특례조항이 저작권법 제100조 제1항이다. 이러한 입법 태도는 영상저작물에
관한 대륙법계 입법의 전형적인 모습이다. 둘째, 우리 저작권법은 여타 대륙법
계 국가의 그것과는 달리 '업무상 저작물'에 대해 규정한 저작권법 제9조와 같
은 조항이 존재한다. 그리고 영상저작물에도 '업무상 저작물'에 관한 조항이
적용된다. 이러한 법 논리는 영상저작물에 관한 영미법계의 입법과 마찬가지

247) 서울고법 2000. 9. 26.자 99라319 결정; 서울지법 2003. 7. 11. 선고 2001가합40881 판결.
248) 같은 취지, 정상조 편, 앞의 책, 943~945면(홍승기 집필).
249) 그러나 그 밖의 특례 규정인 제99조, 제100조 제3항, 제101조 제2항은 그대로 적용될 것이다.

이다. 결국 영상저작물의 저작자의 결정에 관한 우리 저작권법의 입법 태도는 대륙법계와 영미법계의 모델이 병행하여 존재하는 특이한 입법례라고 할 수 있다.

제9절 공동저작물의 이용허락 등 권리행사

Ⅰ. 서 론

공동저작물이란 2인 이상이 공동으로 창작한 저작물로서 각자 이바지한 부분을 분리하여 이용할 수 없는 것을 말한다. 공동저작물에서는 2인 이상의 복수의 저작자가 당해 저작물에 대한 하나의 저작권을 원시적으로 공유하게 되고, 또한 저작자 각자의 저작인격권이 당해 저작물에서 경합하게 된다. 그러한 연유로 저작권법은 공동저작물을 이용허락하거나 권리행사하는 등의 경제적 이용과 관련하여 특별규정을 두고 있다. 저작권법 제15조 및 제48조가 공동저작물의 저작인격권 및 저작재산권의 행사에 관한 특별규정이다.

Ⅱ. 공동저작물의 이용허락 등 권리행사의 원칙

1. 전원의 합의 또는 전원의 동의

저작권법 제15조 제1항은 "공동저작물의 저작인격권은 저작자 전원의 합의에 의하지 아니하고는 이를 행사할 수 없다. 이 경우 각 저작자는 신의에 반하여 합의의 성립을 방해할 수 없다"고 규정하고, 제48조 제1항은 "공동저작물의 저작재산권은 그 저작재산권자 전원의 합의에 의하지 아니하고는 이를 행사할 수 없으며, 다른 저작재산권자의 동의가 없으면 그 지분을 양도하거나 질권의 목적으로 할 수 없다. 이 경우 각 저작재산권자는 신의에 반하여 합의의 성립을 방해하거나 동의를 거부할 수 없다"고 규정한다. 즉 공동저작물의 저작인격권과 저작재산권의 행사는 원칙적으로 공동저작자 전원의 합의에 의하여 이루어져야 한다. 여기서 말하는 행사란 저작권의 내용을 실현하는 적극적인 행위를 말하며 저작물의 이용과 그 허락을 의미하는 것이다.[250] 따라서

---

250) 허희성, 「2011 신저작권법 축조개설 상」, 명문프리컴, 2011, 155면, 324면.

공동저작자가 스스로 이용(이하, '자기이용'이라 한다)하는 경우는 물론이고 제3자에게 저작물의 이용을 허락하거나 출판권을 설정하는 경우 등이 포함된다. 만일 공동저작자 중 1인이 전원의 합의에 의하지 않고 해당 저작물을 '자기이용'하거나 제3자에게 이용허락하는 경우 저작권 침해가 된다.[251][252] 이에 따라 공동저작물의 저작권에 대해서는 민법상 물건의 "공유자는⋯ 공유물 전부를 지분의 비율로 사용·수익할 수 있다"(민법 제263조)는 규정의 적용이 배제되는 것으로 해석된다. 그 이유는 물건은 그 사용에 양적인 한계가 있어서 공유자가 그 지분에 따라 사용하는 것이 가능하지만, 이와 달리 저작물의 이용양태는 그 양적인 한계가 없고 이론상으로 무한한 이용 가능성이 있어서 지분에 따른 자기이용이라는 것을 생각하기 어렵기 때문이다.[253] 이와 관련하여 저작권법 제129조는 공동저작자는 그 저작인격권이나 그 저작재산권의 침해행위에 대하여 각자가 단독으로 제123조의 금지청구권 등을 행사할 수 있다고 규정하고 있다. 이는 저작권법 제15조 제1항과 제48조 제1항의 예외규정이 아니라 제15조 제1항과 제48조 제1항의 실효성을 보증하기 위하여 당연한 것을 확인한 규정이라는 점에 유의하여야 한다.[254] 또한 제48조 제1항 전문은 공동저작물의 저작재산권은 다른 저작재산권자의 동의가 없으면 그 지분을 양도하거나 질권의 목적으로 할 수 없다고 규정한다. 같은 항 후문은 이 경우 각 저작

---

251) 이와 달리 특허법 제99조 제3항은 "특허권이 공유인 경우에는 각 공유자는 계약으로 특별히 약정한 경우를 제외하고는 다른 공유자의 동의를 받지 아니하고 그 특허발명을 자신이 실시할 수 있다"고 규정한다. 즉 특허권의 공유자는 특별한 약정이 없는 한 공유자의 지분에 구애되지 않고 당해 발명을 '자기실시'할 수 있다. 이처럼 저작권법과 달리 규정한 이유는 발명은 순수한 經濟財(economic goods)임에 반해 저작물은 상대적으로 저작자의 개인적인 조건이나 특성이 강하게 반영되어 있기 때문이다.

252) 대법원 2014. 12. 11. 선고 2012도16066 판결은 공동저작물의 '자기이용'에 대해 저작재산권을 침해하는 행위까지 되는 것은 아니고 저작권법 제48조 제1항 전문에서 정하는 저작재산권의 행사방법을 위반한 행위가 되는 것에 그칠 뿐이라고 판시하였다. 결국 행사방법에 위반하는 위법행위를 이유로 민사상의 손해배상 그 밖의 불법행위책임을 부담할 수는 있겠지만 저작재산권 침해죄에는 해당하지 않는다는 취지이다. 그러나 이 판결은 저작권 침해의 私法的 해석과 刑法的 해석이 별개로 존재하는 것처럼 오해를 불러일으킨 '문제적 판결'이라는 점에서 학설로부터 '십자포화'(Kreuzfeuer)를 받았다. 학설의 비판을 발표순으로 소개하면, 안효질, "저작권침해죄의 고소권자에 대한 소견", 「고려법학」 제74호, 2014, 379면; 박성호, "2014년 지적재산법 중요 판례", 「인권과정의」 제448호, 2015. 3., 216~217면; 이해완, 「저작권법」 제3판, 박영사, 2015, 349~352면; 김병일, "공동저작물과 저작재산권의 행사", 「정보법 판례백선 II」, 박영사, 2016, 226~227면 각 참조.

253) 中山信弘, 「著作權法」 第2版, 有斐閣, 2014, 223면.

254) 이에 관해서는 제9장 제2절 VI. '공동저작물의 권리 침해' 참조.

재산권자는 신의에 반하여 동의를 거부할 수 없다고 규정한다. 따라서 동의 없는 지분양도계약이나 질권설정계약은 무효이고255) 이 경우 지분양수인에 의한 이용은 저작재산권 침해가 된다. 한편, 전원의 합의에 의한 권리행사가 불편한 경우에는 공동저작자 간에 별도의 약정으로 대표자를 선정하여 그로 하여금 권리를 행사하게 할 수 있다(제15조 제2항, 제48조 제4항). 대표자의 대표권에 제한이 있는 경우 그 제한은 선의의 제3자에게 대항할 수 없다(제15조 제3항, 제48조 제4항).

2. '신의에 반하는 합의성립의 방해 또는 동의거부'의 금지

저작권법 제15조 제1항 후문은 공동저작물의 저작인격권의 행사와 관련하여 각 저작자는 신의에 반하여 합의의 성립을 방해할 수 없다고 규정하고, 제48조 제1항 후문은 공동저작물의 저작재산권의 행사에 요구되는 전원의 합의와 그 지분의 양도 등에 요구되는 다른 저작재산권자의 동의와 관련하여 각 저작재산권자는 신의에 반하여 합의의 성립을 방해하거나 동의를 거부할 수 없다고 규정한다. 무엇이 신의에 반하여 합의의 성립을 방해한 것인지의 판단 기준을 일률적으로 정하기는 어렵지만, 특별한 사정이 없는 한 기본적으로 저작물의 효율적인 이용을 통해서 공동저작자들의 재산적 이익을 극대화하기 위한 것이라고 인정되는 대부분의 저작재산권의 행사에 있어서 합의의 성립을 방해하거나 동의를 거부하는 것은 신의에 반한다고 볼 수 있는 경우가 많을 것이다.256) 이처럼 저작재산권의 행사에서는 재산적 가치의 객관적 판단이 중요할 것이나 저작인격권의 행사에서는 저작자의 주관적인 판단이 보다 중요시되기 때문에 신의에 반한 것인지 여부를 판단함에 있어 저작재산권의 행사보다는 저작인격권의 행사에서 공동저작자의 주관적 판단을 보다 존중할 필요가 있을 것이다.257) 우리 하급심은 5인이 공동으로 작성한 보고서의 출판에 대해 그 중 1인인 원고가 공표권에 기해 출판금지를 구한 사안에서 원고의 작성부분은 전체 455면 중 10면에 불과하고 원고 명의를 삭제해주겠다고 제의하였음에도 이를 거부하면서 위 보고서는 유명인사의 명예를 훼손하는 것으로 출판되면 원고가 손해배상청구를 당할 우려가 있다는 이유만으로 보고서의 제작

---

255) 서울중앙지법 2013. 11. 25.자 2012카합2882 결정(확정)(응용미술저작물의 공동창작이 인정된다는 가정적 판단 아래 공동저작물의 일방 저작재산권자가 다른 저작재산권자의 동의 없이 공동저작물을 타인에게 양도하는 것은 다른 특별한 사정이 없는 한 무효라는 결정).
256) 정상조·박준석, 「지식재산권법」 제5판, 홍문사, 2020, 319면, 340~341면.
257) 정상조 편, 「저작권법 주해」, 박영사, 2007, 370~371면(유영선 집필).

완료단계에서 출판금지를 청구하는 것은 신의칙에 반하여 허용될 수 없다고
판시하였다.258)

3. '신의에 반하는 합의성립의 방해 또는 동의거부'의 구제

다른 공동저작자가 신의에 반하여 합의의 성립을 방해하거나 동의를 거부
하는 경우 저작권의 행사를 희망하는 공동저작자는 다른 공동저작자를 피고로
하여 소송을 제기하고 피고의 의사표시를 명하는 판결(민사집행법 제263조 제1
항)을 얻어 저작재산권을 행사하거나 지분을 처분할 수 있다는 것이 다수설이
다.259) 의사표시를 명하는 판결이 확정되면 피고와의 사이에서 저작권의 행사
에 대해 합의가 성립한 것으로 의제되기 때문이다. 그러나 위와 같은 경우에
공동저작자 중 일방이 다른 공동저작자를 상대방으로 하여 의사표시를 명하는
판결절차를 거치라고 요구하는 것은 너무 에두르는 번거로운 해석론이라는 비
판이 있다.260) 이에 따르면 다른 공동저작자가 신의에 반하여 합의의 성립을
방해하거나 동의를 거부하는 경우 공동저작자 중 일방은 공동저작물을 제3자
에게 이용허락하거나 지분을 처분하는 것이 가능하고 그에 반대한 다른 공동
저작자로부터 제기된 침해소송에서 신의에 반하여 합의의 성립을 방해하거나
동의를 거부한 것이 인정된다면 다른 공동저작자의 청구는 기각되어야 할 것
이고 공동저작자 중 일방의 저작재산권 행사나 지분의 처분은 유효한 것으로
판단되어 저작권 침해가 성립하지 않는다는 것이다.261) 이러한 경우 신의에
반하는 것인지 여부를 판단할 때에는 합의나 동의를 얻을 수 없었던 상황에
이른 경위를 참작해야 한다고 한다.262) 다만 이러한 해석은 저작재산권의 행
사와 지분의 처분의 경우에만 허용될 수 있는 것이고 인격적 요소가 강한 저
작인격권의 행사에서는 여전히 원칙에 따라 다른 공동저작자의 허락 없는 행
사는 무효가 된다고 한다.263)

생각건대, 저작권법 제48조 제1항은 공동저작자 전원의 합의가 성립되거

---

258) 서울민사지법 1995. 4. 28. 선고 94가합50354 판결(확정).
259) 정상조 편, 위의 책, 371면(유영선 집필); 정상조·박준석, 앞의 책, 341면; 허희성, 앞의 책,
   156면, 326면. 일본 학설로는 加戸守行,「著作權法逐條講義」六訂新版, 著作權情報センター,
   2013, 461면; 作花文雄,「詳解 著作權法」第4版, ぎょうせい, 2010, 181면.
260) 오승종,「저작권법」제5판, 박영사, 2020, 367~368면; 古城春實, "共同著作",「裁判實務大系
   27—知的財産關係訴訟法」, 靑林書院, 1997, 248면.
261) 오승종, 위의 책, 368면; 古城春實, 위의 논문, 248~249면.
262) 田村善之,「著作權法槪說」第2版, 有斐閣, 2001, 375면 각주1).
263) 오승종, 위의 책, 368면.

나 다른 공동저작자의 동의를 얻어야 하는 것을 저작재산권의 행사나 지분의 처분을 위한 요건으로 규정하고 있는 점에 유의하여야 한다. 그러한 점에서 공동저작자 중 일방(Y)이 다른 공동저작자(X)의 합의나 동의를 얻기 위해 성실하게 교섭에 임하여 노력하였지만 타협점을 찾지 못하고 결렬되어 결국 X가 Y에게 침해금지소송을 제기하거나 Y가 X에게 금지청구권부존재확인소송을 제기한 경우일 때 공동저작자 간에 실질적인 협의의 기회가 존재하였다고 할 것이므로 이때 비로소 제48조 제1항의 취지는 절차적으로 충족되었다고 볼 수 있을 것이다.264) 이러한 경우에는 실체법상 합의나 동의의 성립이 의제된 것이 아니므로 원칙적으로 공동저작자 중 일방(Y)의 행위가 합의를 얻지 않고 저작재산권을 행사한 것이라면 저작재산권 침해에 해당할 것이고 동의를 얻지 않고 지분을 처분한 것이라면 무효가 될 것이지만,265) 그 판결이유에서 다른 공동저작자(X)가 신의에 반하여 합의의 성립을 방해하거나 동의를 거부한 것으로 판단된다면 다른 공동저작자(X)의 청구는 권리남용으로서 허용되지 않는다고 해석하여야 할 것이므로266) 결과적으로 저작권 침해는 성립하지 않고 지분의 처분도 유효로 될 것이다.267)

제10절 질권의 설정

저작재산권은 이것을 목적으로 하여 질권을 설정할 수 있다(제47조 제1항). 질권 설정은 등록함으로써 제3자에게 대항할 수 있다(제54조 제3호). 저작재산권자는 설정행위에 별도의 정함이 없으면 한 스스로 저작재산권을 행사할 수 있고(제47조 제2항), 다른 사람에게 이용허락을 부여하는 데에 질권자의 허락을 얻을 필요는 없다. 저작재산권에는 양도담보권을 설정하는 것도 가능하다.

---

264) 島並良·上野達弘·橫山久芳,「著作權法入門」第2版, 有斐閣, 2016, 277면.
265) 中島基至,"著作權の共有者の權利行使について",「知的財産法の理論と實務4」, 新日本法規, 2007, 260면 참조.
266) 그러나 만일 공동저작자 간에 아무런 협의의 기회가 존재하지 않았음에도 공동저작자의 일방이 무단으로 저작권 행사를 한 것이라면 법원은 신의에 반하여 합의의 성립을 방해하거나 동의를 거부한 것인지 여부를 판단할 필요조차 없이 다른 공동저작자가 제기한 침해금지청구를 인용하여야 할 것이다.
267) 三村量一, "共同著作物",「新·裁判實務大系22—著作權關係訴訟法」, 靑林書院, 2004, 279면; 島並良·上野達弘·橫山久芳, 앞의 책, 276~277면 각 참조.

제11절 등록 및 인증

저작권의 양도 또는 배타적 발행권의 설정이나 출판권의 설정과 같은 '저작권의 경제적 이용'과 관련해서는 거래의 안전 등을 확보하기 위하여 등록 및 인증 제도가 이용된다.

I. 등   록

저작권법은, 저작권은 저작물을 창작한 때로부터 발생하며 등록이나 납본 등 특정한 형식이나 절차의 이행을 요구하지 않는 '무방식주의'를 채택하고 있으나(제10조 제2항), 저작권의 권리변동 등 일정한 사항을 등록할 수 있게 함으로써 일정한 법적 효과나 거래의 안전을 도모하고 있다. 즉 저작권에 관한 일정한 사항을 저작권등록부에 등록하게 함으로써 公示的인 효과를 기대함과 동시에 일정한 등록사항에 대해서는 분쟁 발생시 입증의 편의를 위한 추정적 효력을 부여한다(제53조 제3항, 제125조 제4항). 가령, 저작자로 실명이 등록된 자는 그 등록저작물의 저작자로, 창작연월일 또는 맨 처음의 공표연월일이 등록된 저작물은 등록된 연월일에 창작 또는 맨 처음 공표된 것으로 추정된다(제53조 제3항 본문).[268] 또 등록된 저작권, 배타적 발행권, 출판권, 저작인접권 또는 데이터베이스제작자의 권리를 침해한 자는 그 침해행위에 과실이 있는 것으로 추정된다(제125조 제4항). 이때의 추정은 '법률상의 사실추정'에 해당한디. 전제 사실이 증명되면 법률의 적용에 의하여 저작자라는 사실, 등록연월일에 창작 또는 맨 처음 공표하였다는 사실, 침해에 과실이 있었다는 사실이 각 추정된다.[269] 추정을 깨뜨리기 위해서는 상대방은 추정사실에 반대되는 사실의 존재를 증명하여야 한다.

또한 저작권의 권리변동 등과 관련하여 등록제도는 거래의 안전을 위해 제3자에게 대항할 수 있는 대항력을 부여한다(제54조 참조). 따라서 저작재산권의 양도등록은 그 양도의 유효요건이 아니라 제3자에 대한 대항요건에 불과하고, 이때의 제3자라는 것은 저작재산권의 이중 양수인과 같이 당해 저작재산권의 양도에 관하여 그 최초 양수인의 지위와 양립할 수 없는 법률상의 지위

---

268) 다만, 저작물을 창작한 때부터 1년이 경과한 후에 창작년월일을 등록한 경우에는 등록된 연월일에 창작된 것으로 추정하지 아니한다(제53조 제3항 단서).

269) 오석락, 「입증책임론」 제3판, 일신사, 1981, 104면 참조.

를 취득한 경우 등의 정당한 이익을 가지는 제3자에 국한된다.[270] 배타적 발행권이나 출판권의 설정등록 등과 관련해서도 마찬가지이다(제54조 제2호).

한편, 저작물의 등록은 신설된 법정손해배상청구를 위한 선결 요건으로 요구된다. 저작권법은 저작재산권자등이 제1항에 따른 청구를 하기 위해서는 침해행위가 일어나기 전에 제53조부터 제55조까지의 규정(제90조 및 제98조에 따라 준용되는 경우를 포함한다)에 따라 그 저작물등이 등록되어 있어야 한다고 규정한다(제125조의2 제3항). 이는 후술하는 미국 저작권법 제412조의 내용과 유사하다.

저작권법상의 등록은 크게 저작권의 등록과 저작재산권의 변동에 대한 등록으로 나누어 볼 수 있는데, 그 등록은 등록권리자의 신청에 의하는 신청주의를 원칙으로 한다. 2020년 저작권법(2020. 2. 4. 법률 제16933호)은 종래 한국저작권위원회가 문화체육관광부로부터 위탁을 받아 수행하던 저작권 등록업무를 동 위원회가 직접 저작권 등록업무의 주체가 되도록 규정하고 있다(제55조 제1항, 제112조 제1항).

Ⅱ. 인   증

한편, 저작권법은 '인증'이란 저작물 등의 이용허락 등을 위하여 정당한 권리자임을 증명하는 것이라고 정의하고, 저작물 등의 거래의 안전과 신뢰보호를 위하여 문화체육관광부장관으로 하여금 인증기관을 지정할 수 있도록 하고, 인증기관의 지정이나 인증절차 등에 대해서는 대통령령으로 정하도록 하고 있다(제2조 제33호 및 제56조). 한국저작권위원회는 문화체육관광부로부터 인증기관으로 지정받아 2012년 2월 23일부터 저작권 인증업무를 수행하고 있다.

---

270) 대법원 2002. 11. 26. 선고 2002도4849 판결. 이 판결은 "저작권법 제52조(현행법 제54조)에 따른 저작재산권의 양도등록은 그 양도의 유효요건이 아니라 제3자에 대한 대항요건에 불과하고, 여기서 제3자란 당해 저작재산권의 양도에 관하여 양수인의 지위와 양립할 수 없는 법률상의 지위를 취득한 경우 등 저작재산권의 양도에 관한 등록의 흠결을 주장함에 정당한 이익을 가지는 제3자에 한하고 저작재산권을 침해한 사람은 여기서 말하는 제3자가 아니므로 저작재산권을 양도받은 사람은 그 양도에 관한 등록 여부에 관계없이 그 저작재산권을 침해한 사람을 고소할 수 있다"고 판시하였다.

Ⅲ. 입법례—미국 저작권법에서의 등록

미국은 1989년 3월 1일 베른협약 가입국이 되었다. 위 협약 가입 전 미국 저작권법은 저작물을 발행(publication)할 때 저작권 표시(copyright notice)가 없으면 저작권은 失效되었고, 저작권의 등록(registration)은 침해소송을 제기하기 위한 소송요건으로 되어 있었다. 그러나 위 협약 가입 후 저작권 표시는 任意的인 것으로 되었고, 다만 그 표시가 있으면 피고가 善意侵害 抗辯(innocent infringement defense)을 하지 못하는 實益이 인정될 뿐이다.[271] 또한 저작권 등록은 미국 내에서 창작된 저작물에 대해서는 여전히 소송제기 요건이나, 베른협약 가입국의 저작물에 대해서는 등록 여부와 관계없이 소를 제기할 수 있게 되었다. 다만 저작권 등록을 하면 법정손해배상(statutory damages)을 받을 수 있는 實益이 있다(제412조).

---

271) 유효한 저작권 표시로서 녹음물을 제외한 저작물의 복제물(copies)에는 ⓒ 기호 또는 Copyright나 Corp. 표시 다음에 최초발행연도 및 저작권자 명칭을 나란히 기재하면 된다. 녹음물(phonorecords)의 경우에는 ⓟ 기호만 사용하면 된다.

7

저작권 등의
예외와 제한

Copyright Law

제7장　　저작권 등의 예외와 제한

제 1 절　개　　관

I. 저작권의 내재적 한계

　　헌법 제22조 제2항은 "저작자, 발명가, 과학기술자와 예술가의 권리는 법률로써 보호한다"고 규정함으로써 지적재산권의 헌법적 보장을 명시하고 있다. 헌법 제22조 제2항은 제23조의 보호대상인 지적재산권 중 저작권과 같이 創作法에 속하는 권리들에 대해 특별한 법적 보호의 근거를 마련한 것이다.[1] 또한 사유재산권에는 저작권도 당연히 포함되기 때문에 일반적인 재산권 보장 규정인 헌법 제23조에 의해 저작권이 보장되는 것은 당연한 것이지만, 헌법은 저작권을 보장하면서도 저작권의 행사가 일정한 제약을 받는다는 점을 명백히 밝히고 있다(제23조 제2항). 즉 "재산권의 행사는 공공복리에 적합하도록 하여야"할 재산권의 내재적 한계를 가지는데, 이것을 재산권의 사회적 구속성이라고 한다. 따라서 재산권의 사회적 구속성은 헌법에서 이미 보장된 사유재산권의 내용을 전제로 하여 그 한계를 설정하는 것에 관한 것이다. 그러므로 헌법적 관점에서 현행 헌법상 저작권의 구체적 모습은 그 내용과 한계를 정하는 법률에 의하여 형성되는데(제23조 제1항 제2문), 그것은 저작권의 사회적 구속성을 구체화해서 저작권 행사의 내재적 한계를 명백히 하기 위한 것이다.[2] 이와 같이 저작권은 법률에 의해 형성되는 것은 물론이고 그 내재적 한계도 법률에 의해 구체화된다. 그렇다면 저작권법은 저작권의 내용을 형성하는 입법(재산권의 형성)을 하는 한편으로 저작권의 내재적 한계를 구체화하기 위해 어

---

　1) 이에 관해서는 제1장 제2절 II. '저작권 보호의 헌법적 근거' 참조.

　2) 권영성, 「헌법학원론」개정판, 법문사, 2010, 565~566면; 허영, 「헌법이론과 헌법(중)」전정증보판, 박영사, 1992, 320면; 허영, 「헌법이론과 헌법」 제6판, 박영사, 2013, 592~594면 각 참조.

떻게 '저작권의 제한'에 관한 입법(재산권의 제한)을 하고 있는지 살펴볼 필요가 있다.

저작권법의 목적은 "저작자의 권리와 이에 인접하는 권리를 보호하고 저작물의 공정한 이용을 도모함으로써 문화 및 관련 산업의 향상발전에 이바지" 하는 것이다(제1조). 저작권자 등의 권리자와 이용자 상호간에 권리와 이익의 상충을 형량하여 조정할 필요성 때문에 일정한 경우 저작권자 등의 권리를 제한하고 있다. 즉 저작권의 내재적 한계를 정하기 위한 저작권의 제한으로서 강학상 가장 넓은 의미[最廣義]로는 가. 비보호저작물(제7조), 나. 公有(public domain), 그리고 다. 넓은 의미[廣義]의 저작권의 제한이 포함된다. '넓은 의미의 저작권의 제한'은 다시 (1) 좁은 의미[狹義]의 저작권의 제한과 (2) 비자발적 허락으로 나누어지고, (2)에는 ㉮ 법정허락과 ㉯ 강제허락이 포함된다. 이상의 설명을 도식화하면 다음과 같다.

≪가장 넓은 의미의 '저작권의 제한'≫

가. 비보호저작물 (제7조)

나. 公有(public domain)

다. 넓은 의미의 '저작권의 제한'

　　(1) 좁은 의미의 '저작권의 제한' {제23조~제38조(법정허락 제외), 제101조
　　　 의3~제101조의5}

　　(2) 비자발적 허락 (non-voluntary license)

　　　㉮ 법정허락(statutory license) (제25조 제6항, 제31조 제5항)

　　　㉯ 강제허락(compulsory license) (제50조 내지 제52조)

※우리 저작권법은 'statutory license'와 'compulsory license'를 구별하지 않고 일률적으로 법정허락이라는 용어를 사용하고 있음에 유의해야 한다.

Ⅱ. 저작권의 제한에 관한 일반론

1. 가장 넓은 의미의 '저작권의 제한'

가. 비보호저작물

비보호저작물이란 특정한 종류의 저작물에 대하여 처음부터 아예 저작권법에 의한 보호의 대상에서 제외하는 경우를 말한다. 국민의 알권리를 보장하기 위한 법 정책적 이유에서 저작물에 해당하지만 저작권 효력을 인정하지 않

는 정부의 법령 또는 국가 · 지방자치단체의 고시 · 훈령 등이나 법원의 판결 등의 경우(제7조 제1호 내지 제4호)와, 사실 그 자체에 해당하는 것으로서 창작적 표현이 아니므로 저작권 보호를 받지 못하는 사실의 전달에 불과한 시사보도의 경우(제7조 제5호)가 이에 해당된다. 저작권법 제7조는 저작권 보호의 예외 규정으로서 예시적으로 열거된 것이 아니라 한정적으로 열거된 것이라는 점에 유의하여야 한다.

(1) 헌법 · 법률 · 조약 · 명령 · 조례 및 규칙(제1호)

여기에는 법률과 동일한 효력을 가지는 국제법규도 포함된다. 제1호의 취지에 비추어 볼 때에 외국의 법령, 아직 비준되지 않은 조약, 정부가 작성한 법률안 등도 포함된다고 해석해야 할 것이다. 그러나 제1호는 입법자 또는 이에 준하는 주체가 작성한 것을 상정한 것이므로 사인이 작성한 법안 등에는 본호가 적용되지 않는다.[3] 또한 법령의 내용을 해설한 해설서 등에도 적용되지 않는다.[4]

(2) 국가 또는 지방자치단체의 고시 · 공고 · 훈령 그 밖에 이와 유사한 것(제2호)

고시 · 공고 · 훈령은 국가 · 지방자치단체가 그 의사를 전달하기 위한 것으로서 국민들의 권리의무의 기준이 되는 것이기 때문에 널리 알릴 필요가 있다는 점에서 비보호저작물로 한 것이다. 예컨대, 특허공보와 그 핵심내용을 이루는 특허명세서가 여기에 해당한다. "그 밖에 이와 유사한 것"도 포함되므로 행정청의 의사를 전달하는 공문서인 통지나 조회에 대한 회답도 여기에 해당된다. 그러나 국가나 지방자치단체가 발행하는 각종 연감이나 교육백서 또는 보고서 등은 국민의 권리의무에 직접 관계가 없는 것이므로 제2호에 포함되지 않는다.[5] 다만, 이러한 각종 연감이나 백서 등에 대해서는 저작권법 제24조의2가 적용되는 경우에 자유로운 이용이 가능할 것이다.

(3) 법원의 판결 · 결정 · 명령 및 심판이나 행정심판절차 그 밖에 이와 유사한 절차에 의한 의결 · 결정 등(제3호)

"그 밖에 이와 유사한 절차에 의한 의결 · 결정 등"이란 한국저작권위원회의 저작권 등의 분쟁에 대한 조정, 각종 노동위원회 등에서 행하는 노동관계

---

3) 半田正夫 · 松田政行 編, 「著作權法コメンタール 1」第2版, 勁草書房, 2015, 705면(名越秀夫 집필); 中山信弘, 「著作權法」第2版, 有斐閣, 2014, 184면.

4) 다만, 국가 · 지방자치단체가 법령 해설서의 저작자인 경우에는 제24조의2(공공저작물의 자유이용)에 의해 자유이용이 가능할 것이다.

5) 半田正夫 · 松田政行 編, 앞의 책, 705~706면.

분쟁에 대한 중재나 조정 등을 포함한다. 그러나 판결문 중에 감정인의 의견서가 포함된 경우 해당 의견서는 제3호에 포함되지 않는다.[6] 마찬가지로 재판기록에 포함된 변호사의 준비서면이나 변론요지서 등도 여기에 해당되지 않으며 저작물로서 보호된다. 또한 당사자의 합의에 기해 국가기관 외의 사적분쟁 해결절차를 이용한 것, 가령 중재결정문의 경우에도 독일 학설은 비보호저작물에 해당하지 않고 저작권법의 보호대상이 된다고 한다.[7]

(4) 국가 또는 지방자치단체가 작성한 것으로서 제1호부터 제3호까지에 규정된 것의 편집물 또는 번역물(제4호)

원칙적으로 제1호부터 제3호까지에 규정된 것의 편집물이나 번역물은 저작권으로 보호되는 것이 당연한 것이지만, 이것을 국가 또는 지방자치단체가 작성한 경우에는 제1호부터 제3호까지와 마찬가지로 국민의 알권리를 보장하는 차원에서 비보호저작물로 한 것이다. 따라서 국가나 지방자치단체가 작성한 경우에 한정하여 그 적용이 있다. 가령, 교육부가 펴낸 교육법령집, 대법원이 간행한 판례집 등이 여기에 해당한다. 그러나 사적기관이나 단체, 개인이 편집하거나 번역한 각종 법령집, 훈령·예규집, 판례집 등은 제4호에 해당하지 않는다.

(5) 사실의 전달에 불과한 시사보도(제5호)

인사발령이나 부고 기사, 화재나 교통사고 기사 등 간단한 사건 기사가 이에 해당한다. 이러한 기사들은 인간의 사상·감정의 창작적 표현이 아니거나 아이디어와 표현이 합체된 경우에 해당하므로 저작물로 보호되지 않는다는 점에서 이러한 확인적인 의미의 注意 규정을 둔 것이다.[8]

나. 公有(public domain)[9]

본래 公有라는 것은 지적재산 전반에 관련되는 것으로 지적재산권이 제한·

---

6) 加戶守行,「著作權法逐條講義」六訂新版, 著作權情報センター, 2013, 140면.

7) 계승균, "보호받지 못하는 저작물",「창작과권리」제38호, 2005 봄호, 83면.

8) 대법원 2006. 9. 14. 선고 2004도5350 판결; 대법원 2009. 5. 28. 선고 2007다354 판결은 '사실의 전달에 불과한 시사보도'를 저작권법의 보호대상에서 제외한 취지에 대하여 "시사보도는 여러 가지 정보를 정확하고 신속하게 전달하기 위하여 간결하고 정형적인 표현을 사용하는 것이 보통이어서 창작적인 요소가 개입될 여지가 적다는 점 등을 고려하여, 독창적이고 개성 있는 표현 수준에 이르지 않고 단순히 '사실의 전달에 불과한 시사보도'의 정도에 그친 것은 저작권법에 의한 보호대상에서 제외한 것"이라고 한다.

9) 참고로 대법원 2020. 3. 26. 선고 2016다276467 판결 등에서는 'public domain'에 관하여 '공공영역'이라는 용어를 사용하고 있다.

배제되어 일반 공중의 자유로운 이용이 가능한 상태를 말한다. 저작권법만을 대상으로 하면 公有라는 것은 (1) 저작재산권의 時的 限界를 의미하는 보호기간의 만료(제39조 내지 제44조), (2) 저작재산권에 대한 상속인의 부존재나 저작재산권자인 법인의 해산으로 인한 저작재산권의 소멸(제49조), 그리고 (3) 저작재산권의 포기 또는 그 밖의 사유로 인하여 저작재산권이 소멸되거나 인정되지 않는 경우를 말한다.

이러한 공유의 세 가지 유형 중 주목할 것은 "그 밖의 사유로 인하여 저작재산권이 소멸되거나 인정되지 않는 경우", 즉 그 밖의 사유로 인한 公有이다. 이에 해당하는 것으로 표현이 아닌 아이디어이거나 표현이더라도 창작성이 인정되지 않기 때문에 보호되지 않는 경우를 들 수 있다. 이처럼 저작재산권의 時的 限界뿐만 아니라 창작성 요건, 아이디어와 표현의 이분법 등은 公有에 속하는 영역을 유지·확보하는 데에 기여를 한다.

이와 관련하여 유의할 것은 외국인의 저작물이 본국에서는 보호되고 있음에도 우리나라에서는 저작권법 규정 때문에 보호되지 않는 경우도 그 밖의 사유로 인한 公有에 해당한다는 점이다. 구 저작권법(1995. 12. 6. 법률 제5015호로 개정되기 전의 것) 제3조 제1항은 "외국인의 저작물은 대한민국이 가입 또는 체결한 조약에 따라 보호된다. 다만 당해 조약 발효일 전에 발행된 외국인의 저작물은 보호되지 아니한다"고 규정하였는데, 바로 제3조 제1항 단서가 적용되는 외국인의 저작물이 이에 해당하였다. 당시 우리나라가 가입한 저작권 조약은 세계저작권협약(Universal Copyright Convention, 약칭 UCC)이었고, 동 협약은 1987. 10. 1. 우리나라에서 발효되었다. 그런데 동 협약 제7조는 외국인의 저작물의 불소급보호를 허용하고 있었기 때문에, 저작권법 제3조 제1항 단서에 따라 1987. 10. 1. 전에 발행된 외국인의 저작물은 우리나라에서 보호되지 않았다. 그러나 세계무역기구(WTO) 협정이 1995. 1. 1.부터 우리나라에서 발효되고 위 협정의 일부분을 구성하는 WTO/TRIPs 제70조가 외국인 저작물의 소급보호를 규정함에 따라 1995. 12. 6. 법률 제5015호로 저작권법이 일부 개정되면서 제3조 제1항 단서가 삭제되고 이것이 1996. 7. 1. 시행됨으로써 1987. 10. 1. 전에 발행된 외국인의 저작물도 저작권법 부칙 제3조 제1항에 따라 '회복저작물'(restored works)로서 우리나라에서 보호되기에 이른다. 따라서 현재는 외국인의 저작물이 본국에서는 보호되고 있음에도 우리나라 저작권법 규정 때문에 보호되지 않는 경우는 존재하지 않는다.

다. 넓은 의미의 '저작권의 제한'

넓은 의미의 '저작권의 제한'에 관해 저작권에 관한 국제조약 등에서는 '저작권의 제한과 예외'(혹은 '저작권의 제한 또는 예외')라는 명칭으로 규율하는 경우가 많다. 넓은 의미의 '저작권의 제한'은 다시 좁은 의미의 '저작권의 제한' {제23조 내지 제38조(법정허락에 해당하는 경우 제외), 제101조의3 내지 제101조의5}과 비자발적 이용허락(non-voluntary license)(제25조 제6항, 제31조 제5항, 제50조 내지 제52조)으로 나뉜다. 이에 관해서는 아래에서 설명한다.

2. 넓은 의미의 '저작권의 제한' = 좁은 의미의 '저작권의 제한' + 비자발적 이용허락

저작권법의 보호 대상이 되는 타인의 저작물이라 하더라도 일정한 목적 및 방식에 따른 경우에는 저작권자의 허락 없이 저작물을 이용하는 것이 허용된다. 이는 다시 보상금과 같은 아무런 대가의 지급이 없더라도 타인의 저작물을 이용하는 것이 허용되는 좁은 의미의 '저작권의 제한'과, 반드시 상당한 보상금을 지급하여야 허용되는 비자발적 이용허락으로 나뉜다. 우리가 통상 '저작권의 제한'이나 '저작재산권의 제한'이라고 말하는 경우가 좁은 의미의 '저작권의 제한'에 해당한다. 이와 관련하여 저작권법은 제23조부터 제38조에 이르기까지 저작재산권의 제한에 관한 규정을 열거하고 있다. 프로그램 저작권에 대해서는 제101조의3 내지 제101조의5에서 별도의 특례규정을 두고 있다. 다만 제25조 제6항과 제31조 제5항은 뒤에서 설명하는 법정허락(statutory license)에 해당한다.

비자발적 이용허락(non-voluntary license)은 강학상 넓은 의미[廣義]의 강제허락이라고도 한다. 이는 다시 법률이 정하는 일정한 요건이 충족되기만 하면 이용자가 저작권자와의 사전협의를 거치지 않고 저작권자에게 소정의 보상금을 지급하고 저작물을 이용할 수 있는 법정허락(statutory license)과, 저작권자와의 협의가 성립되지 않거나 불가능할 때 권한 있는 기관의 승인을 얻은 후 저작권자에게 소정의 보상금을 지급하거나 공탁을 하는 것을 전제로 저작권자에게 그 저작물의 이용허락을 강제하는 좁은 의미[狹義]의 강제허락(compulsory license)으로 나뉜다. 법정허락(statutory license)에 해당하는 것이 저작권법 제25조 제6항과 제31조 제5항이고, 좁은 의미의 강제허락(compulsory license)에 해당하는 것이 저작권법 제50조 내지 제52조이다.[10]

전자(statutory license)는 저작물에 대한 이용허락이 저작권자의 의사와 관계없이 직접 법률에 의해(*ex lege*, by the law) 허용됨으로써 그 결과 저작재산권이 제한된다. 후자(compulsory license)는 저작권자에게 이용허락을 할 '의무'가 부여된다는 점에서 전자와 구별된다. 그런데 우리 저작권법에서는 전자와 후자를 구별하지 않고 양자 모두에 대해 '법정허락'이란 용어를 사용하고 있다. 실무상으로는 혼동의 여지를 없애기 위해서라도 괄호 속에 영어 표현을 병기하는 것이 바람직할 것이다.

한편, 저작재산권의 제한에 관한 입법이나 그 해석과 관련해서는 복제권의 제한에 대해 이른바 '3단계 테스트'(three-step test)를 천명한 베른협약 제9조 제2항 및 이를 이어 받아 모든 저작재산권의 제한으로까지 확대한 WTO/TRIPs 협정 제13조의 '3단계 테스트' 규정에 유의해야 한다. WTO/TRIPs 협정 제13조(제한과 예외)는 "회원국은 배타적 권리에 대한 제한 또는 예외를 일부 특별한 경우에 저작물의 통상적 이용과 충돌하지 아니하고 권리자의 정당한 이익을 부당하게 해치지 아니하는 경우로 한정하여야 한다"고 규정한다.11) 이 규정의 내용인 ① 일부 특별한 경우에 ② 저작물의 통상적 이용과 충돌하지 아니하고 ③ 권리자의 정당한 이익을 부당하게 해치지 않아야 한다는 세 가지 요건을 '3단계 테스트'(three step test)라고 한다. 요컨대, '3단계 테스트'란 배타적 권리에 대한 제한 또는 예외 규정을 제정하거나 이를 해석할 때 적용되는 기준을 일컫는다. 따라서 저작재산권의 제한 규정을 입법하는 경우는 물론 그 규정을 적용할 때에도 3단계 테스트에 부합하도록 해석하여야 한다.

≪저작재산권의 제한에 관한 입법형식≫

저작재산권의 제한에 관한 입법형식은 대략 네 가지로 나눌 수 있다. 첫째, 독일이나 프랑스처럼 개별적이고 한정적으로 권리제한사유를 열거하는 경우, 둘째, 미국처럼 이용목적을 특정하지 않고 공정하다고 판단되는 모든 이용행위에 대해 권리제한을 인정하는 공정이용(fair use)에 관한 포괄적 일반조항을 두는 경우,12)

---

10) 저작권법 제50조 내지 제52조의 규정들은 강학상 강제허락으로 분류되어야 할 것임에도 이 규정들이 속한 저작권법 제5절의 표제는 '저작물 이용의 법정허락'으로 되어 있다. 이에 관해서는 제6장 제4절 '법정허락' 참조.

11) WIPO 저작권조약 제10조(제한과 예외)와 WIPO 실연·음반조약 제16조(제한과 예외)도 같은 취지로 규정한다.

12) 물론 미국 저작권법 제108조 내지 제122조까지 15개의 개별적인 권리제한규정이 존재하지만 이

셋째, 영국처럼 이용목적을 특정하여 권리제한을 인정하는 공정취급(fair dealing)에 관한 반(半)포괄적 일반조항을 두고 여기에 개별·한정적인 권리제한규정을 덧붙이는 경우, 넷째, 개별·한정적으로 권리제한규정을 열거한 다음 '마지막에 그 밖의 권리제한 유형'(final residual category of limitations)을 추가하는 경우이다.

우리 저작권법 제35조의5 {종전(2020. 5. 26.까지) 제35조의3} 제1·2항은 규범적 성격을 달리하는 국제조약의 3단계 테스트(three step test)(제1항 후단)와 미국 저작권법의 공정이용(fair use) 조항의 4가지 고려요소(제2항)를 하나의 조문 아래 결합·절충한 매우 독특한 입법을 취하고 있다. 이는 넷째 입법형식에 해당한다. 특히 제1항 상단은 한정 열거된 권리제한규정(제23조~제35조의4, 제101조의3~제101조의5)의 "…<u>경우 외에</u>…"(밑줄은 저자) 해당하더라도 제1항 후단(3단계 테스트)에 부합하는 경우에는 추가적(즉 보충적)으로 권리제한이 된다고 규정한다. 이는 동일성유지권의 제한에 관한 제13조 제2항 제5호처럼 그 밖의 권리제한 유형을 덧붙이는 방식이다.[13] 그래서 제35조의5를 '보충적 일반조항'이라 부른다.

3. 저작권의 제한과 예외

저작권의 제한과 예외(혹은 저작권의 제한 또는 예외)라는 용어는 예컨대 WTO/TRIPs 협정 제13조나 WIPO 저작권조약 제10조, WIPO 실연·음반조약 제16조 등과 같은 국제 저작권 조약에서 언제나 상호 연관적으로 사용되고 있다.[14] '저작권의 제한과 예외'(혹은 '저작권의 제한 또는 예외')라는 용어와 관련하여 그 표현의 유래와 의미에 대해 여러 가지 견해가 제시되고 있지만, 이 책에서는 양자를 구별하지 않고 넓은 의미의 '저작권의 제한'이나 '저작재산권의 제한'을 의미하는 것으로 사용하고자 한다.

≪'제한(limitations)과/또는 예외(exceptions)'라는 표현의 의미≫
첫째, WTO/TRIPs 협정 제13조에서 '제한과/또는 예외'를 병렬적으로 사용한 것은 서로 다른 저작권 전통을 절충한 타협의 산물이라는 견해이다. 저작권 제도

는 매우 구체적이고 상세하게 그 자체로 적법한(perse lawful) 이용행위를 병렬적으로 규정한 것으로 그 적용범위가 극히 한정되어 대부분의 권리침해 사건에서는 적용되는 일이 드물다. 따라서 권리제한의 중심적 역할은 공정이용에 관한 포괄적 일반규정인 제107조가 수행한다.

13) 이러한 방식은 민법 제840조(재판상 이혼원인) 제6호 "기타 혼인을 계속하기 어려운 중대한 사유가 있을 때"에서도 찾아볼 수 있다.

14) 각주11) 참조.

의 정당화 근거로 자연권 이론을 강조하는 대륙법계 전통에서는 '예외'(exceptions)
라는 용어를 적절하다고 보아 선호하고, 공리주의적인 인센티브 이론에서 정당화
근거를 찾는 영미법계 전통에서는 '제한'(limitations)이라는 용어를 더 선호하므
로 양자를 포괄하기 위해 의도적으로 위와 같은 표현을 사용한 것이라고 한다.
저작권을 자연권으로 이해하는 경우에는 저작물의 이용과 관련하여 상정 가능한
모든 방법을 포괄하는 배타적 권리를 원칙적으로 인정하므로 여기에서 제외되는
영역은 '제한'보다는 '예외'라고 부르는 경향이 있다는 것이다. 이에 반해 창작을
유인하여 공익을 증대시키는 것으로 저작권을 이해하는 경우에는 창작을 유인하
는 데에 상응하는 범위에서만 배타적 권리가 인정되는 것이고 일정 영역은 처음
부터 배타적 권리에서 제외될 수밖에 없으므로 허락 없이 이용할 수 있는 자유영
역을 확보할 수 있도록 개방적이고 유연한 규정이 채택될 수 있다고 한다. 따라
서 저작권은 '제한'되는 것이며 권리의 '예외'가 아니라는 것이다.[15] 이러한 관점
과 유사한 것으로 '예외'는 권리보호에 비해 서열상 열등한 것이고 "배타권이라는
바다 가운데 자유라는 섬"에 불과하므로 '예외'는 허용되는 이용형태를 의미하는
것임에 반해 '제한'은 "자유라는 바다 가운데 배타권이라는 섬"으로 생각할 수 있
어서 '제한'이 보다 명확한 것이라고 설명하는 견해도 있다.[16]

둘째, WIPO 저작권조약 제10조에서 '제한과/또는 예외'라는 표현을 사용하는
것에 대해서 '제한'은 'statutory license'와 'compulsory license'를 포괄하는 비자
발적 이용허락(non-voluntary license)의 경우를, '예외'는 권리자의 허락 없이
보상금을 지급하지 않고도 이용할 수 있는 저작권의 제한(좁은 의미)의 경우를
가리킨다는 견해이다. 3단계 테스트는 비자발적 이용허락과 저작권의 제한(좁은
의미) 모두에 적용되도록 하기 위해 위와 같은 표현을 사용한 것이라고 한다.[17]

셋째, WTO/TRIPs 협정 제13조에서 사용하는 '제한과/또는 예외'에 대해 용어
적 관점에서 국제 기준상 어떤 합의나 획일적 관행은 존재하지 않으므로 양자는
표면적으로 동의어로 취급할 수 있으며 양자 중 어느 쪽인가를 선택해야 한다고
주장할만한 논거는 존재하지 않는다는 견해이다. 다만, 동 협정이 3단계 테스트
를 상표나 디자인 또는 특허에 적용하는 것과 관련하여 사용하는 '예외'라는 용어

15) Martin Senftleben, *Copyright, Limitations and the Three-Step Test: An Analysis of the Three-Step Test in International and EC Copyright Law*, Kluwer Law International, 2004, pp.22~24.
16) Christophe Geiger, "Promoting Creativity through Copyright Limitations: Reflections on the Concept of Exclusivity in Copyright Law", *Vanderbilt Journal Of Entertainment and Technology Law*, Vol. 12, 2010, p.521.
17) Mihaly Ficsor, *The Law of Copyright and the Internet: The 1996 WIPO Treaties, their Interpretation and Implementation*, Oxford University Press, 2002, p.257.

(제17조, 제26조 제2항, 제30조)에 대해서는 적절한 용어라고 설명한다. 참고로 이 견해는 공용저작물(official works)과 같이 처음부터(*ab initio*) 보호대상에서 제외되는 비보호저작물의 경우에는 '배제'(exclusions)라는 용어를 사용하는 것이 타당하다고 한다.[18]

넷째, WIPO의 용역과제를 수행한 한 연구에서는 특정한 유형의 이용에 대해 제기된 침해소송에서 면책을 허용하는 규정들에 대해서는 '예외'라는 용어를 사용하고, 이에 반해 특정한 범주의 저작물을 보호대상에서 배제하거나 그러한 배제를 허용하는 조항들에 대해서는 '제한'이라는 용어를 사용해야 한다는 견해도 제시된 바 있다.[19] 이는 저작권의 제한(좁은 의미)에 대해서는 '예외'를 비보호저작물에 대해서는 '제한'이라는 용어를 사용하자는 것으로 이해된다.

제2절 저작재산권의 제한

I. 개 관

저작권법 제2장 제4절 제2관 '저작재산권의 제한'(제23조 내지 제38조, 제101조의3 내지 제101조의5)은 저작재산권을 구성하는 개개의 지분권(제16조 내지 제22조)이 적용되는 저작물의 이용행위에 해당하더라도 저작권자의 허락 없이 저작물을 자유롭게 이용할 수 있는 일정한 사유를 개별적으로 열거하고 있다. 이러한 저작재산권의 제한사유에 해당하는 경우에는 저작권 침해는 성립하지 않는다. 전술한 '저작권의 제한에 관한 일반론'에서 분류한 좁은 의미의 '저작권의 제한'이 바로 여기에 해당한다. 저작재산권의 제한은 '권리제한'이라 약칭되는 경우가 많으며 권리제한규정의 상당 부분은 저작인접권에 준용된다(제87조).

저작권법상 권리제한규정은 저작자의 권리보호로 인하여 정보유통이 저해되는 것을 방지하고 통상적인 정보의 이용을 활성화함으로써 표현의 자유를 보장하고 공공의 이익과의 균형을 모색하기 위한 취지에서 마련된 것이다. 이

---

18) Annette Kur, "Of Oceans, Islands, and Inland Water: How much Room for Exceptions and Limitations under the Three-step Test?", *Richmond Journal of Global Law & Business*, Vol. 8, 2009, pp.290~292.

19) World Intellectual Property Organization Standing Committee on Copyright and Related Rights, *WIPO Study on Limitations and Exceptions of Copyright and Related Rights in the Digital Environment*, WIPO Doc. SCCR/9/7 (Apr. 5, 2003). 이 연구는 Sam Ricketson이 수행하였다고 한다(Kur, op. cit., p.291).

처럼 권리제한규정을 두는 이유 중의 하나는 표현의 자유와의 조화에 있다. 저작권법의 권리제한규정의 목적과 취지는 개별 조문마다 다르지만 권리제한 규정 중 표현의 자유와 관련하여 중요하게 생각되는 것은 다음과 같다. 정치적 연설 등의 이용(제24조), 공공저작물의 자유이용(제24조의2), 시사보도를 위한 이용(제26조), 시사적인 기사 및 논설의 복제 등(제27조), 공표된 저작물의 인용(제28조), 사적 이용을 위한 복제(제30조), 저작물의 공정한 이용(제35조의5) 등이다. 이 가운데 표현의 자유와 관련하여 특히 중요한 것은 공표된 저작물의 인용(제28조)과 보충적 일반조항인 저작물의 공정한 이용(제35조의5)이다.[20]

유의할 점은 여기서 열거하는 권리제한규정은 저작인격권에 영향을 미치는 것으로 해석되어서는 안 되므로(제38조), 권리제한사유에 해당하는 이용행위라도 동시에 저작인격권을 침해하는 경우에는 결과적으로 위법한 행위가 될 수밖에 없다. 따라서 이러한 경우에는 저작인격권의 제한을 규정한 관련 조항들[21]의 해석을 통해서 저작인격권을 둘러싼 권리자와 이용자 상호간의 권리와 이익의 상충을 조정해야 할 것이다.[22]

한편, 당사자 간의 계약으로 권리제한규정을 배제할 수 있는지의 문제와 관련하여 권리제한규정의 강행규정성 여부가 논의될 수 있는데, 권리제한규정은 저작권의 내재적 한계를 입법으로 구체화한 것이라는 점에서 계약으로 배제할 수 없는 강행규정이라고 이해하는 것이 합당할 것이다. 이하에서는 저작재산권이 제한되는 개별 조항들을 순서에 따라 설명한다.

Ⅱ. 재판 등에서의 복제

저작권법 제23조는 "재판 또는 수사를 위하여 필요한 경우"(제1호)이거나 "입법·행정 목적을 위한 내부자료로서 필요한 경우"(제2호)에는 그 한도 안에서 저작물을 복제할 수 있다고 규정한다. "다만, 그 저작물의 종류와 복제의 부수 및 형태 등에 비추어 해당 저작재산권자의 이익을 부당하게 침해하는 경우에는" 허용되지 않는다.

"재판 또는 수사를 위하여 필요한 경우"라는 것은, 예컨대 판결문작성, 증

---

20) 본문에서 언급하지 않은 그 밖의 권리제한규정들도 직·간접적으로 표현의 자유를 보장하는 데에 기여하는 점에서는 마찬가지라고 생각한다.
21) 공표권의 제한(제11조 제2항 내지 제5항), 성명표시권의 제한(제12조 제2항 단서), 동일성유지권의 제한(제13조 제2항 제1호 내지 제5호) 각 참조.
22) 이에 관해서는 제4장 제2절 Ⅱ. '공표권', Ⅲ. '성명표시권', Ⅳ. '동일성유지권' 각 참조.

거서류나 변론서류 등 소송자료의 제출과 관련하여 복제하는 경우를 말하며, 판·검사뿐 아니라 원·피고·변호사도 복제가 가능하다. 수사기관이 형사재판에 사용할 증거를 수집할 목적으로 텔레비전 뉴스를 녹화하는 것을 예로 들 수 있다.23) 재판에는 행정청의 準사법절차(특허심판원이나 국세심판원 등 행정심판 등)도 포함되는지를 둘러싸고 견해가 나뉜다. 저작재산권 제한규정의 엄격·한정해석을 논거로 재판절차에 한정하고 준사법절차는 포함되지 않는다는 불포함설24)이 타당하다고 생각한다. "입법목적"이라 함은 국회의 법률 제정, 지자체 의회의 조례 제정 등을 의미하고, "행정목적"이라 함은 행정청의 소관사무 수행상의 필요를 위한 경우를 말한다. 입법·행정 목적의 "내부자료"로서 필요한 경우에만 허용되므로 그 복제의 주체는 입법기관이나 행정기관의 직원에 한정된다. 또 내부적으로만 사용해야 하므로 대외적으로 공표하는 경우 예컨대 외부의 홍보용 자료로 이용하는 것은 허용되지 않는다. 허용되는 행위는 복제(제23조)와 번역(제36조 제2항)에 한정되며, 공중송신은 허용되지 않는다.25) 복제와 번역의 대상이 되는 것은 공표저작물 뿐만 아니라 미공표저작물도 포함된다. 또한 재판 또는 수사에서의 복제·번역에는 출처를 명시하여야 한다 (제37조). 예컨대, 판사는 판결문을 작성할 때 제28조(공표된 저작물의 인용)의 정당한 범위를 벗어나서 복제할 수 있지만 그 출처는 명시하여야 한다.

Ⅲ. 정치적 연설 등의 이용

저작권법은 "공개적으로 행한 정치적 연설 및 법정·국회 또는 지방의회에서 공개적으로 행한 진술은 어떠한 방법으로도 이용할 수 있다. 다만, 동일한 저작자의 연설이나 진술을 편집하여 이용하는 경우에는 그러하지 아니하다"고 규정한다(제24조). 어떠한 방법으로도 이용할 수 있으므로 복제·전송 등 모든 이용행위가 가능하다. 아울러 번역하여 이용하는 것도 가능하며(제36조 제2항) 이용할 때에는 그 출처를 명시하여야 한다(제37조). 이는 국민의 알권리

---

23) 東京地裁 1980(昭和55)年 3月 26日 決定 참조.

24) 오승종, 「저작권법」 제5판, 박영사, 2020, 690면.

25) 일본 하급심 판결로는 행정청(사회보험청) LAN 시스템의 전자게시판에 보도기사를 발췌하여 게재한 사안에 대해 공중송신권 침해라고 판시한 것이 있다. 東京地裁 2008(平成20)年 2月 26日 判決. 참고로 2023년 일본 저작권법 제42조(재판절차 등에서의 복제)가 개정되어 그 표제가 '입법 또는 행정목적을 위한 내부자료로서의 복제 등'으로 변경되었고 "내부자료를 이용하는 자 간에 공중송신하거나 수신장치를 사용하여 공중에게 전달할 수 있다"는 것이 추가되었다(2024년 1월 1일 시행).

를 충족시키기 위한 저작재산권의 제한규정이다. 단서에 유의해야 하므로, 예컨대 어느 정치인의 연설이나 진술을 개별적으로 이용하는 경우는 본문에 해당하여 허용되지만, 그 연설이나 진술을 따로 수집하여 편집·출판하는 것은 허용되지 않는다.

Ⅳ. 공공저작물의 자유이용

1. 의　　의

저작권법은 국가 또는 지방자치단체가 업무상 작성하여 공표한 저작물이나 계약에 따라 저작재산권의 전부를 보유한 저작물, 즉 공공저작물은 허락 없이 이용할 수 있다고 규정한다(제24조의2 제1항 본문). 본조는 2013년 저작권법(2013. 12. 30. 법률 제12137호, 2014. 7. 1. 시행) 일부 개정으로 신설된 것이다. 국가나 지방자치단체가 저작권을 전부 보유하는 공공저작물에 대해서는 공익적인 관점에서 원칙적으로 일반 공중의 정보접근 및 그 자유로운 이용이 보장되어야 한다. 국가 또는 지방자치단체가 업무상 작성하여 공표한 저작물은 물론이고 공공재원의 지원을 통해 창작되는 저작물은 그 대부분이 국민의 세금이나 각종 준조세로 형성되는 기금의 지원으로 작성된 것이다. 따라서 국가나 지방자치단체가 이들 저작물의 저작재산권의 전부를 원시적이든 후발적으로 취득한 경우 공익적인 관점에서 일반 공중에게 그 자유로운 이용이 보장되어야 한다는 취지이다.[26]

2. 요　　건

가. 국가 또는 지방자치단체가 업무상 작성하여 공표한 저작물이거나 계약에 따라 저작재산권의 전부를 보유한 저작물일 것

국가나 지방자치단체가 업무상 작성하여 공표한 저작물은 저작권법 제9조에 따라 국가 또는 지방자치단체가 그 저작물의 저작자로 인정되므로 국가나 지방자치단체에게 해당 저작물의 저작재산권 및 저작인격권이 원시적으로 귀속된다.[27] 국가나 지방자치단체가 저작자로 인정되는 저작물로서는 각종 연감이나 백서 등을 들 수 있다. 한편, 국가나 지방자치단체가 계약에 따라 저작물

---

26) 이러한 점에서 전자도서관에 대한 시민들의 정보접근 및 그 자유로운 이용의 활성화 문제도 본 조항에 따라 자유이용이 가능한 공공저작물을 활용하는 것에서부터 시작하여야 할 것이다.

27) 이에 관해서는 제3장 제3절 '업무상 저작물의 저작자' 참조.

에 대한 저작재산권의 전부를 보유하는 경우는 국가 등이 연구용역계약을 체
결하여 그 성과물에 대한 저작재산권의 전부를 양수할 때에 발생한다.[28] 국가
나 지방자치단체는 저작물에 대한 저작재산권의 전부를 보유하여야 하므로
2차적 저작물을 작성하여 이용할 권리를 포함한 모든 저작재산권을 양수하여
야 한다(제45조 제2항 본문 참조). 저작권자가 국가나 지방자치단체에게 저작물
에 대한 저작재산권을 한시적으로 양도하는 것도 가능하므로 그러한 경우에는
그 기간 동안만 자유이용이 가능하다. 또한 위와 같이 공공저작물을 이용하는
경우에는 그 저작물을 번역·편곡 또는 개작하여 이용할 수 있다(제36조 제1항).
이 경우 이용자는 그 출처를 명시하여야 한다(제37조).

나. 국가안전보장에 관련되는 정보 등을 포함하지 않는 저작물일 것

다만, 공공저작물이 국가안전보장에 관련되는 정보를 포함하는 경우(제1항
제1호)를 비롯하여 개인의 사생활 또는 사업상 비밀에 해당하는 경우(제2호),
다른 법률에 따라 공개가 제한되는 정보를 포함하는 경우(제3호),[29] 제112조에
따른 한국저작권위원회에 등록된 저작물로서 '국유재산법'에 따른 국유재산 또
는 '공유재산 및 물품관리법'에 따른 공유재산으로 관리되는 경우(제4호)[30]에는
제24조의2 제1항 본문이 적용되지 않는다.

3. 공공저작물 이용활성화 시책의 수립·시행 등

저작권법 제24조의2 제1항은 국가나 지방자치단체가 원시적이든 후발적
으로 저작재산권을 취득하여 보유한 공공저작물에 대해서만 적용되고 공공저
작물이더라도 '공공기관의 운영에 관한 법률' 제4조에 따른 공공기관이 업무상
작성하여 공표한 저작물이나 계약에 따라 저작재산권의 전부를 보유한 저작물

---

28) 참고로 2020. 6. 9. 제정된 국가연구개발혁신법(이하 '혁신법'이라 한다) 제16조 제1항은 "연구개
   발성과는 해당 연구개발과제를 수행한 연구개발기관이 해당 연구자로부터 연구개발성과에 대한
   권리를 승계하여 소유하는 것을 원칙으로 한다"고 규정한다. 따라서 "국가 또는 지방자치단체가
   직접 설치하여 운영하는 연구기관"(혁신법 제2조 제3호 가목)이 해당 연구자로부터 "연구개발성
   과의 지식재산권"(혁신법 제2조 제5호) 중 저작재산권의 전부를 승계하여 보유하는 경우, 또는
   혁신법 제16조 제3항 제2호의 "공공의 이익을 목적으로 연구개발성과를 활용하기 위하여 필요
   한 경우" 등 해당 연구개발성과에 대한 저작재산권의 전부를 국가가 보유하는 경우로서 저작권
   법 제24조의2 제1항 단서에 해당하지 않는 경우에는 제24조 제1항 본문이 적용되어 해당 연구
   개발성과를 공공저작물로서 자유이용 할 수 있을 것이다.
29) 가령, '공공기관의 정보공개에 관한 법률' 제9조 소정의 '비공개대상정보' 또는 '부정경쟁방지 및
   영업비밀보호에 관한 법률' 제2조 제2호 소정의 '영업비밀' 등을 들 수 있다.
30) 즉 공공저작물이 국·공유재산으로 관리되는 경우에는 제24조 제1항의 자유이용의 대상이 아니다.

에 대해서는 적용되지 않는다. 이에 따라 제24조의2 제2항은 국가로 하여금 공공기관(국가·지방자치단체가 아닌 법인·단체 또는 기관)이 저작재산권을 원시적이든 후발적으로 취득하여 보유한 공공저작물에 대해서도 저작권법시행령으로 그 이용활성화 시책을 수립하여 시행할 수 있는 내용을 마련할 수 있도록 규정하고 있다.[31] 아울러 전술한 제24조의2 제3항은 국가나 지방자치단체로 하여금 제1항 제4호에 따라 국유재산 또는 공유재산으로 관리되는 공공저작물에 대해서도 저작권법시행령으로 자유이용이 가능하도록 하는 규정을 마련할 수 있도록 하고 있다.[32]

V. 학교 교육 목적 등에의 이용

1. 공표된 저작물을 교과용 도서에 게재하여 이용하는 경우

고등학교 및 이에 준하는 학교 이하의 학교의 교육 목적을 위하여 필요한 교과용 도서에는 공표된 저작물을 게재할 수 있다(제25조 제1항). '고등학교 및 이에 준하는 학교 이하의 학교'에만 적용되므로 전문대학이나 대학은 해당되지 않는다. 또한 '학교의 교육 목적을 위하여 필요한 교과용 도서'가 아닌 학습참고서류에는 적용되지 않는다.[33] '공표된 저작물'이 그 대상이므로 미공표저작물에는 적용되지 않는다. 교과용 도서를 발행한 자는 교과용 도서를 본래의 목적으로 이용하기 위하여 필요한 한도 내에서 제1항에 따라 교과용 도서에 게재한 저작물을 복제·배포·공중송신할 수 있다(제25조 제2항). 다만, 공표된 저작물을 교과용 도서에 게재하여 이용(복제·배포·공중송신)하는 경우에는 문화체육관광부장관이 정하여 고시하는 기준에 따른 보상금을 해당 저작재산권자에게 지급하여야 한다(제25조 제6항 본문).

---

31) 저작권법시행령 제1조의3 제1항은 "공공저작물 이용활성화 시책"에는 제1호(자유이용할 수 있는 공공저작물의 확대 방안) 내지 제7호(그 밖에 … 이용활성화를 위하여 필요한 사항)의 사항이 포함되어야 한다고 규정한다. 이에 따라 국가·지방자치단체 외의 공공기관에 의한 공공저작물이더라도 문화체육관광부장관이 정한 기준에 따른 표시(이하 '공공누리 유형 표시'라고 한다)를 하게 되면 '공공누리 저작물'로서 자유이용이 가능하다.

32) 저작권법시행령 제1조의3 제2항은 국·공유재산으로 관리되는 공공저작물이더라도 공공누리 유형 표시를 하면 '공공누리 저작물'로서 국민이 개별적으로 이용허락을 받을 필요 없이 자유롭게 이용하게 할 수 있다고 규정한다. 공공누리 유형 표시와 '공공누리 저작물'의 이용방법은 공공누리 사이트(www.kogl.or.kr)에서 확인할 수 있다.

33) 서울민사지법 1992. 6. 5. 선고 91가합39509 판결('표준전과' 사건). 참고도서는 교과용 도서에 해당하지 않는다는 취지의 판결이다.

교과용 도서에는 타인의 공표된 저작물을 게재하여 이용할 수 있을 뿐 아니라(제25조 제1항·제2항) 그 저작물을 번역·편곡 또는 개작하여 이용할 수도 있다(제36조 제1항). 또한 교과용 도서에 이용할 때에는 저작자의 실명 등을 명시하는 방법으로 그 출처를 명시하여야 한다(제37조). 이 경우 저작자의 실명 등을 표시하지 않으면 출처명시의무 위반이 될 뿐 아니라 성명표시권 침해에도 해당한다.[34)]

2. 학교 또는 교육기관 및 그 수업지원기관에서 복제 등의 이용

가. 법률규정

특별법에 따라 설립되었거나 '유아교육법', '초·중등교육법' 또는 '고등교육법'에 따른 학교, 국가나 지방자치단체가 운영하는 교육기관 및 이들 학교 또는 교육기관의 수업을 지원하기 위하여 국가나 지방자치단체에 소속된 수업지원기관은 그 수업지원을 위하여 필요한 경우에는 공표된 저작물의 일부분을 복제·배포·공연·전시 또는 공중송신(이하 이 조에서 '복제 등'이라 한다)할 수 있다고 규정한다(제25조 제3항·제4항 각 본문). 다만, 공표된 저작물의 성질이나 그 이용의 목적 및 형태 등에 비추어 해당 저작물의 전부를 복제 등을 하는 것이 부득이한 경우에는 전부 복제 등을 할 수 있다(제25조 제3항·제4항 각 단서).

나. 이용주체

(1) 특별법에 따라 설립되었거나 유아교육법, 초·중등교육법, 또는 고등교육법에 따른 '학교'

특별법에 따라 설립된 학교라 함은 예컨대 '평생교육법'에 의하여 설치·운영되는 각종 평생교육기관을 들 수 있다. 그 밖에 '직업교육훈련촉진법'에 의해 설치된 직업교육훈련기관도 특별법에 따라 설립된 학교에 해당하므로 제25조 제3항이 적용된다. '유아교육법'에 따른 유치원이나, '초·중등교육법'에 따른 초·중등·고등학교, 고등기술학교, 특수학교 등, '고등교육법'에 따른 대학·산업대학·교육대학·전문대학·원격대학 등도 제25조 제3항이 적용되는 학교에 해당한다. 원격대학은 고등교육법이 적용되는 사이버대학과 평생교육

---

34) 대법원 1989. 10. 24. 선고 88다카29269 판결. 이 판결은 국어교과서에 저작자의 저작물을 게재하면서 그 실명을 기재하지 않은 것에 대해 1957년 저작권법 제14조 소정의 "저작자에게 전속되는 창작자임을 주장할 수 있는 귀속권을 침해"한 것이라고 판시하였다. 1957년 저작권법 제14조가 규정한 "저작물의 창작자임을 주장할 권리"인 '귀속권'이란 현행 저작권법의 성명표시권에 해당한다.

법이 적용되는 사이버대학으로 구별된다. 그러나 '학원의 설립·운영 및 과외 교습에 관한 법률'의 적용 대상이 되는 학원이나 교습소는 영리를 목적으로 하여 설립된 시설이므로 제25조 제3항에서 정하는 학교에 해당하지 않는다.

(2) 국가나 지방자치단체가 운영하는 '교육기관'

국가나 지방자치단체가 운영하는 '교육기관'이란 공무원의 각종 교육·연수·훈련을 위한 교육기관을 말한다. 예컨대, 중앙 및 지방공무원연수원, 각 시도 교육연수원 등을 들 수 있다.

(3) 학교 또는 교육기관의 수업을 지원하기 위해 국가나 지방자치단체에 소속된
　　'수업지원기관'

학교 또는 교육기관의 수업을 지원하기 위한 '수업지원기관'은 국가나 지방자치단체에 소속된 기관이어야 한다. 먼저 국가의 소속기관이란 특별지방행정기관과 부속기관을 말하고,[35] 지방자치단체의 소속기관이란 국가의 경우와 마찬가지로 이에 준하여 해당 지방자치단체의 부속기관을 말한다. 따라서 국가나 지방자치단체의 소속기관인 수업지원기관이란 그 구성원의 신분이 국가(지방)공무원법상 공무원인 경우를 의미한다. 그러므로 그 구성원의 신분이 공무원이 아닌 EBS나 한국교육개발원 등은 여기에 해당하지 않는다.

(4) 학교 또는 교육기관의 교육업무 담당자 및 그 수업지원기관의 수업지원업무
　　종사자

저작권법 제25조 제3항·제4항에서 규정하는 공표된 저작물의 일부분을 복제·배포·공연·전시 또는 공중송신할 수 있는 이용주체에는 전술한 위 각급 학교나 교육기관에서 직접 교육 업무를 담당하는 교원도 포함된다고 보아야 한다. 또한 수업지원기관에서 직접 수업지원업무에 종사하는 자의 경우도 마찬가지이다. 그러나 학교나 교육기관에서 교육을 받는 자는 그 이용주체에 포함되지 않는다. 교육을 받는 자에 대해서는 제25조 제5항에서 별도로 규정하고 있다.

다. 이용행위의 목적 및 그 태양

저작권법 제25조 제3항·제4항에 의해 학교 또는 교육기관이나 그곳에서 교육업무를 담당하는 자, 학교 또는 교육기관의 수업지원기관이나 그곳에서

---

35) 정부조직법과 다른 법령에 의하여 설치되는 국가행정기관의 조직 및 정원에 관한 기준을 정하고 있는 '행정기관의 조직과 정원에 관한 통칙' 제2조 제5호에 따르면, 소속기관이란 "중앙행정기관에 소속된 기관으로서 특별지방행정기관과 부속기관"을 말한다. 그리고 정부조직법 제3조는 특별지방행정기관의 설치에 관하여, 제4조는 부속기관의 설치에 관하여 각 규정하고 있다.

수업지원업무에 종사하는 자에게 허용되는 것은, 공표된 저작물의 일부분을 복제·배포·공연·전시 또는 공중송신(이하 이 조에서 '복제 등'이라 한다) 할 수 있는 것이다. 즉 공표된 저작물의 '일부분'만을 복제 등을 할 수 있는 것이 원칙이다. 다만, 예외적으로 시나 그림 또는 사진을 이용하는 경우처럼 저작물의 성질이나 그 이용의 목적 및 형태 등에 비추어 저작물의 '전부'를 복제 등을 하는 것이 부득이한 경우에는 전부 복제 등을 할 수 있다(제25조 제3항·제4항 각 단서). 아울러 공표된 저작물을 공중송신하는 경우에는 "저작권 그 밖에 이 법에 의하여 보호되는 권리의 침해를 방지하기 위하여 복제방지조치 등 대통령령으로 정하는 필요한 조치를 하여야 한다"(제25조 제12항).

수업목적으로 저작물을 이용(복제 등)하는 경우(제25조 제3항), 수업지원목적으로 저작물을 이용(복제 등)하는 경우(제25조 제4항)에는 문화체육관광부장관이 정하여 고시하는 기준에 따른 보상금을 해당 저작재산권자에게 지급하여야 한다(제25조 제6항 본문). 다만, 고등학교 및 이에 준하는 학교 이하의 학교에서 수업목적이나 수업지원목적으로 저작물의 복제 등을 하는 경우에는 보상금 지급을 요하지 않는다(제25조 제6항 단서).

한편, 학교 또는 교육기관이나 그 수업지원기관에서는 공표된 저작물의 일부분을 복제 등을 할 수 있을 뿐 아니라(제25조 제3항·제4항) 그 저작물을 번역·편곡 또는 개작하여 이용할 수도 있다(제36조 제1항). 또한 이용할 때에는 그 출처를 명시하여야 한다(제37조).

3. 교육기관에서 교육을 받는 자의 복제·공중송신

저작권법 제25조 제5항은 "제3항 각 호의 학교 또는 교육기관에서 교육을 받는 자"에게 수업 목적을 위하여 필요하다고 인정되는 경우에는 "제3항의 범위 내에서" 공표된 저작물을 복제하거나 공중송신할 수 있다고 규정한다.

교육을 받는 자는 "제3항의 범위 내에서" 공표된 저작물을 복제·공중송신할 수 있다. 이것은 학교나 교육기관에서 이용 가능한 범위 내에서 그 피교육자도 복제·공중송신할 수 있다는 의미이다. 요컨대, 학교나 교육기관에서의 이용을 전제로 그것과 연관하여 이루어지는 이용행위라는 뜻이다. 이러한 종속적인 이용관계에서 피교육자가 공중송신하는 것이므로 이때의 공중송신에는 복제방지조치 등이 불필요하다고 새겨야 한다. 왜냐하면 "제3항의 범위 내에서" 피교육자가 행하는 공중송신은 학교나 교육기관이 이미 권리침해를 방지하기 위해 복제방지조치 등 필요한 조치를 강구한 것(제25조 제12항)을 전제로 특정 사이버 공간 내에서[36] 이루어지는 것이기 때문이다.

이와 같이 피교육자의 복제·공중송신은 학교나 교육기관에서의 이용을 전제로 그것과 관련하여 이루어지는 것이므로 학교나 교육기관은 피교육자의 이용행위에 대해서도 저작권자에게 보상금 지급책임을 져야 한다. "제3항의 범위 내에서"라는 법문의 규정 취지도 보상금 지급책임의 귀속을 고려한 것이라고 생각된다. 문제는 피교육자 차원에서 수업과 관련하여 발생 가능한 복제행위의 대부분은 학교나 교육기관의 보상금 지급책임과 무관한 저작권법 제30조의 '사적이용을 위한 복제'의 영역에도 해당한다는 데에 있다. 실제 피교육자의 복제의 실태를 보면, 학교나 교육기관에서 수업 목적상 이루어지는 복제와 연계된 것인지, 아니면 이와 무관하게 피교육자의 사적이용의 차원에서 이루어지는 복제인지 여부가 불분명한 경우가 대부분이라는 점에서, 이것은 매우 중요한 문제이다.[37]

4. 보상금을 지급하고 저작물을 이용할 수 있는 법정허락(statutory license) 제도

가. 개　　관

저작권법 제25조 제6항은 교과용 도서에 저작물을 게재하여 이용(복제·배포·공중송신)하는 경우(제1항·제2항), 수업목적으로 저작물을 이용(복제 등)하는 경우(제3항), 수업지원목적으로 저작물을 이용(복제 등)하는 경우(제4항), 그 이용자는 문화체육관광부장관이 정하여 고시하는 기준에 따른 보상금을 해당 저작재산권자에게 지급하여야 한다고 규정한다. 이는 법정허락(statutory license)에 관한 것으로 저작물에 대한 이용허락이 저작권자의 의사와 관계없이 직접 법률에 의해(ex lege, by the law) 허용됨으로써 저작재산권이 제한되는 경우를 말한다. 법정허락이란 저작권법에서 규정하는 일정한 요건이 충족되기만 하면

---

36) 예를 들면, 피교육자만이 로그인 가능한 학교나 교육기관 홈페이지 내 게시판이나 자료실과 같은 사이버 공간을 말한다.

37) 이와 관련하여 가령 저작권법 제25조 제7항 소정의 단체가 피교육자인 학생들의 복제를 이유로 대학들을 상대로 보상금 지급을 청구한다고 가정할 때에 위 단체가 부담하여야 하는 주장·입증책임이 문제될 수 있다. 즉, 이 단체는 학생들의 복제가 저작권법 제30조에 해당하지 않고 제25조 제5항에 기한 것이라는 점을 주장·입증해야 하는지의 문제이다. 만일 이를 긍정한다면 해당 단체는 학생들의 복제행위와 관련하여 매년 광범위한 실태조사를 실시하여 학생들의 복제가 제25조 제5항에 기한 것으로서 학교나 교육기관에서 저작물을 이용하는 것과 연계되어 행하여진 것인지를 밝혀야 할 것이다. 만일 이를 부정한다면 수업목적과는 무관하게 학생들이 '사적이용을 위한 복제'를 한 것이라는 점을 관련 대학들이 주장·입증하여야 할 것이다.

이용자는 저작권자와의 사전협의를 거치지 않고 문화체육관광부장관이 정하여 고시하는 기준에 따른 보상금을 저작권자에게 지급하고 저작물을 이용할 수 있는 제도이다. 저작권법은 보상청구권자 및 그 청구권의 행사자에 대해서도 규정하고 있다(제7항·제8항).

나. 보상청구권자와 그 청구권 행사자의 법률관계

저작권법 제25조 제1항 내지 제4항에 따른 저작물의 이용과 관련하여 저작권자에게 지급하여야 하는 보상금은 미미한 액수에 불과한 경우가 많다. 따라서 저작물을 이용할 때마다 개별적으로 보상금을 지급해야 한다면 이용자에게 많은 불편함이 발생한다. 만일 이로 인해 실제로 보상금 지급이 이루어지지 않는다면 결과적으로 저작권자의 보호마저 유명무실해지고 만다. 저작권법은 이러한 문제를 해결하기 위해 보상청구권자인 개개의 저작권자와 보상청구권의 행사자를 개념적으로 구별하여 규정한다. 즉 저작권자의 보상청구권은 그 청구권자로 구성된 소정의 단체를 통하여 행사되어야 한다고 규정한다(제25조 제7항). 이로써 이용자는 보상청구권자인 저작권자에게 개별적으로 보상금을 지급해야 하는 불편함을 덜고, 저작권자는 소정의 단체를 통하여 간편하게 보상청구권을 행사할 수 있게 되었다.

보상청구권의 행사자는 "대한민국 내에서 보상을 받을 권리를 가진 자로 구성된 단체"(제25조 제7항 제1호)로서 영리를 목적으로 하지 않고 보상금의 징수 및 분배 등의 업무를 수행하기에 충분한 능력을 갖추고 있어야 하며(제25조 제7항 제2·3호) 문화체육관광부장관로부터 지정을 받은 단체이어야 한다(제25조 제7항). 이러한 단체가 법적으로 한 개의 단체에 한정되는 것이 아님은 법문상 명백하므로 문화체육관광부장관은 복수의 단체를 지정하여 그 업무를 행사하게 할 수 있음은 물론이다. 보상청구권의 행사자인 단체는 그 단체의 구성원이 아니더라도 보상청구권자로부터 신청이 있을 때에는 그 자를 위하여 그 권리행사를 거부할 수 없으며 이 경우 그 단체는 자기의 명의로 그 권리에 대한 재판상 또는 재판 외의 행위를 할 권한을 가진다(제25조 제8항).

다. 미분배 저작권 보상금의 처리

(1) 문제의 관찰

전술한 것처럼 저작권법 제25조 제6항에 따른 저작권 보상금은, ① 교과용 도서 게재·이용(제25조 제1항·제2항) 보상금, ② 수업목적 저작물 이용(제25

조 제3항) 보상금, ③ 수업지원목적 저작물 이용(제25조 제4항) 보상금의 3가지 유형으로 나뉜다. 문화체육관광부장관은 위 각 보상청구권을 행사하는 저작권법 제25조 제7항에 따른 보상금 수령단체로 사단법인 한국문학예술저작권협회를 지정하고 있다.

문제는 한국문학예술저작권협회를 통해 수령된 보상금이 저작재산권자에게 실제로 분배되는 비율이 높지 않다는 데에 있다. 미분배의 원인은 체계적인 분배시스템이 작동되고 있지 못하다는 데에서 찾을 수 있겠지만, 부적절한 법규범을 제정·집행해온 그간의 제도 환경적 요인도 무시할 수 없을 것이다. 바로 저작권법 제25조 제10항이 규정하는 미분배 보상금의 이른바 '공익목적 사용' 제도이다.

(2) 미분배 보상금과 이른바 '공익목적 사용' 조항

저작권법 제25조 제10항은 보상금 수령단체가 보상금 분배 공고를 한 날로부터 5년이 지난 미분배 보상금에 대하여 문화체육관광부장관의 승인을 받아 "다음 각 호의 어느 하나에 해당하는 목적을 위하여 사용"(이하 '공익목적 사용'이라 한다)할 수 있다고 규정한다. 즉 "저작권 교육·홍보 및 연구"(제1호), "저작권 정보의 관리 및 제공"(제2호), "저작물 창작 활동의 지원"(제3호), "저작권 보호 사업"(제4호), "창작자 권익옹호 사업"(제5호), "보상권리자에 대한 보상금 분배 활성화 사업"(제6호), "저작물 이용 활성화 및 공정한 이용을 도모하기 위한 사업"(제7호)이다. 위 7가지 '공익목적 사용' 중 저작권법 제25조의 권리제한규정에 따라 관련 권리를 제한당하고 있는 해당 저작재산권자들에게 직접적으로 관련이 있는 것은 제6호뿐이다. 나머지는 모든 권리자들에 대해 포괄적으로 관련이 있는 것에 불과하다.

(3) 사회보장적 공익목적의 '간접분배' 규정의 필요성

저작권법 제25조 제10항의 '공익목적 사용' 규정은 권리를 제한당한 저작재산권자들에 대해 '간접분배'를 실천하는 방향으로 개정되어야 한다. '간접분배'라 함은 권리자 본인이나 자녀의 장학금, 사망한 권리자의 배우자 연금이나 권리자의 실업보조금 등 권리자의 복지를 위해 사용하는 것을 말한다. 보상금을 분배받는 것이 당연하지만 분배 시스템의 불완전성 때문에 분배받지 못한 저작재산권자들의 상당수는 그 지명도가 낮은 이른바 '무명'에 가까운 사람들이 대부분이다. 이들을 위해서는 사회보장적 공익목적의 '간접분배' 규정을 마련할 필요가 있다. 이에 관해서는 실연자의 저작인접권 사용과 관련하여 발생

한 미분배 보상금의 '간접분배'에 관하여 천명한 이른바 '런던원칙'을 참조할 필요가 있다.

≪국제음악가연맹(FIM)과 국제배우연맹(FIA)에 의해 채택된 이른바 '런던원칙'≫

국제음악가연맹과 국제배우연맹에 의해 채택된 실연자(performer)의 저작인접 권에 관한 이른바 '런던원칙'은 다음의 4개 항목으로 이루어져 있는데, ① 내지 ③ 은 1969년 2월 14일 채택되었고, ④는 1978년 12월 20일 추가 채택된 바 있다.[38] ① 징수단체의 당연한 노력에도 불구하고 권리자가 판명되지 않아 개개의 실 연자에게 분배할 수 없을 때에는 상업용 음반의 방송사용료는 실연자 직업의 전 체적 이익을 위하여 사용되어야 한다. 단, 이 사용료를 받을 단체는 징수단체에 대하여 음반의 방송사용에 대한 개인으로부터의 클레임에 대하여 책임을 면하는 적절한 보증을 해 주어야 한다. ② 필요한 정보가 없기 때문에 사용시간에 따라 개개의 실연자에게 분배할 수 없을 때에는, 그 음반의 공개사용료는 실연자 직업 의 전체의 이익을 위하여 사용되어야 한다. 단, 이 사용료를 받을 단체는 징수단 체에 대하여 음반의 공개사용에 관한 개인의 클레임에 대하여 책임을 면하는 적 절한 보증을 해 주어야 한다. ③ 음반의 방송사용 또는 공개연주에 대하여 실연 자가 사용료를 받을 권리를 가지고, 또한 필요한 정보가 없기 때문에 또는 권리 자를 판명하지 못하기 때문에 이 사용료를 개개의 실연자에게 분배할 수 없는 국 가에서는, 그 분배불능의 사용료는 그 발생국에 유보하여야 한다. ④ 일반적으로 각국에 대한 징수분배는 그 국가의 법률과 국가에서 인정한 단체의 규정에 의하 여 관리되며, 또한 당사국에게 송금되는 어떠한 사용료의 분배도 그 국가의 법률 과 국가에서 인정한 단체의 규정에 의하여 관리되어야 한다.

위와 같은 '런던원칙'에 따라 실연자에게 직접분배 방식을 채택하였더라도 해 당 실연자가 판명되지 않아 미분배된 보상금에 대해서는 '간접분배' 방식을 인정 하여 장학금, 사망한 실연자의 배우자 연금이나 실연자의 실업보조금 등 실연자 의 복지를 위하여 사용할 수 있도록 하였다.

(4) 미분배 보상금에 대해 '간접분배'를 실천하는 방안

위 '런던원칙'에 비추어 보면, 저작권법 제25조 제10항의 '공익목적 사용' 규정은 '간접분배' 방식을 충분히 고려하지 않았다는 문제점이 있다. 미분배

---

38) 이에 관해서는, 박성호, "판매용음반의 방송사용에 대한 실연자의 보상청구권", 「계간 저작권」, 1996 여름호, 34~36면 참조.

보상금 등 이른바 'Tantieme'를 사회복지기금으로 충당하고 있는 독일 등의 입법례를 참조하여[39] 저작권법 제25조 제10항을 개정할 필요가 있다. 현재 시행 중인 예술인복지법이 직면한 가장 큰 문제는 재원 마련의 어려움이다. 미분배 보상금을 예술인복지법의 예술인 복지기금에 出捐하는 것은 '간접분배'를 실천 하는 방안 중 하나일 수 있다.[40]

5. 참고사례—독일 헌법재판소의 '교과서 사건' 재판

독일의 1965년 저작권법 제46조는 종교용, 학교용, 교육용 이용을 위한 편집물에 있어서 보상금의 지급의무가 면제된다고 규정하고 있었다. 이에 대한 이른바 '교과서 사건' 판결(1971년 7월 7일 제1법정 판결)에서 독일 헌법재판소는 "이미 발표된 저작물을 공공의 목적을 위해서 학교의 교과서 등에 발췌·수록 하는 것은 저작권의 침해라고 볼 수 없지만, 저작자가 이 경우 일정한 대가를 요구하는 것을 금지할 수는 없다"고 판시하였다.[41] 특히 헌법재판소는 저작자 의 권리에 대한 입법상 제한의 합헌성 여부를 판단함에 있어서는 다음의 사항 을 고려하는 것이 요구된다고 판시하였다. "입법부는 개인의 이익을 보장해야 할 뿐만 아니라 또한 개인의 권리와 권한의 한계를 설정해야 하는 임무도 맡 고 있는 바, 그러한 한계는 일반 공중의 이익과 관련하여 필요한 것이다. 그것 은 개인의 영역과 공공이익 간에 적절한 균형을 이루는 것이어야 한다"면서 "재산권 보장에 의하여 저작자는, 일반 공중의 이익이 저작자의 이익보다 우 선하지 않는 범위 내에서 원칙적으로 그의 저작물에 대한 경제적 가치를 귀속 받을 권리를 갖는다"고 하였다. 따라서 공공이익 때문에 저작자가 그의 저작 물을 교과서 등에 이용하지 못하게 할 수는 없지만 보상받을 권리는 있다고 판시한 것이다.[42] 위 헌법재판소의 판결에 따라 1972년 11월 10일 저작권법의

---

39) 이에 관해서는, 황적인·서달주, 「저작자를 위한 사회부조제도」, 한국음악저작권협회, 2008, 16면 이하.

40) 이에 관해서는, 박성호, "저작권법상 수업목적 저작물의 이용과 보상금의 분배", 「정보법학」 제22권 제1호, 2018, 62~66면 참조.

41) Vgl. BVerfGE 31, 229 : Kirchen— und Schulgebrauch. 허영, 「헌법이론과 헌법(중)」전정증보 판, 박영사, 1992, 320면에서 재인용. 독일 헌법재판소의 '교과서 사건' 재판을 참고하여 1994년 저작권법(1994. 1. 7. 법률 제4717호, 1994. 7. 1. 시행)의 일부 개정으로 국정·검인정 교과서에 공표된 저작물을 게재하는 경우 보상의무를 면제하고 있던 당시의 저작권법 제23조 제3항 단서 부분이 삭제되었다. 이에 관해서는, 홍성방, "저작권법 제23조 제3항 단서의 위헌여부", 「고시연 구」, 1994. 7., 64면 이하 참조.

42) Gillian Davies, *Copyright and the Public Interest*, VCH, 1994, pp.124~125.

일부 개정에 의해 저작권법 제46조 제4항에는 교과용 도서의 경우에 "그 복제 및 배포에 대해서는 저작자에게 적정한 보상(angemessene Vergütung)을 지급하여야 한다"는 규정이 추가되었다.

Ⅵ. 시사보도를 위한 이용

1. 개   관

저작권법은 방송·신문 그 밖의 방법에 의하여 시사보도를 하는 경우에 그 과정에서 보이거나 들리는 저작물은 보도를 위한 정당한 범위 안에서 복제·배포·공연 또는 공중송신할 수 있다고 규정한다(제26조). 언론이 시사보도를 하는 과정에서 부득이하게 또는 우발적으로 타인의 저작물을 이용하는 경우까지 저작권 침해책임을 지게 된다면 언론의 자유를 지나치게 제약하여 공익을 침해하는 결과가 되므로 언론의 자유를 보장하기 위하여 마련된 규정이다. 이는 국민의 '알 권리'의 충족을 위한 시사보도의 과정에서 불가피하게 타인의 저작물을 복제·배포·공연 또는 공중송신하게 되는 경우를 예정한 규정이다.[43]

2. 요   건

가. 시사보도를 하는 경우에 그 과정에서 보이거나 들리는 저작물

'시사'의 요건에 대해서 엄밀한 정의가 있는 것은 아니지만 객관적으로 판단하여 뉴스로서 가치가 있는 사건이라는 정도의 의미라고 해석된다. '보도'에 대해서도 마찬가지로 엄밀한 정의가 있는 것은 아니지만 사건이나 사실을 취재·편집하여 발표 내지 전달하는 것을 말하는 것으로 해석된다. 요컨대, 시사보도란 단순히 과거의 기록이 아니라 특정한 날짜에 발생한 뉴스 가치를 가지는 사건이나 사실을 말하므로 뉴스 가치의 존재 여부가 하나의 판단기준이 된다.[44] "시사보도를 하는 경우에 그 과정에서 보이거나 들리는 저작물"이란 예컨대 TV 뉴스 시간에 축제행사를 보도하는 과정에서 밴드가 연주하는 대중음악이 흘러나오는 경우, 또는 미술관 도난사건을 보도하는 과정에서 뉴스 배경

---

43) 정상기, "사진저작물의 인용의 한계", 「한국저작권판례평석집(I)」, 저작권심의조정위원회, 1998, 70면.

44) 原秋彦, "時事の事件の報道―TBS事件", 「著作權判例百選」第3版, 有斐閣, 2001, 161면; 梅田康宏, "時事の事件の報道―バーンズコレクション事件", 「著作權判例百選」第4版, 有斐閣, 2009, 131면 각 참조.

화면으로 전시되고 있는 미술작품이 보이는 경우 등을 말한다. 이때 보도의 대상이 되는 저작물은 공표 저작물이든 미공표 저작물이든 묻지 않는다. "그 과정에서 보이거나 들리는" 경우에 한정되므로 어디까지나 부득이하거나 우발적인 경우를 염두에 둔 것이다. "방송·신문 그 밖의 방법에 의하여 시사보도를 하는 경우"에 적용되는데, "그 밖의 방법"에는 방송·신문 외에 영화나 사진을 이용한 시사보도를 생각할 수 있다. 문제는 인터넷인데 이에 관해서는 목차를 달리하여 따로 논한다.

나. 보도를 위한 정당한 범위

전술한 것처럼 저작권법 제26조는 국민의 '알 권리'의 충족을 위한 시사보도의 과정에서 불가피하게 타인의 저작물을 복제·배포·공연 또는 공중송신하게 되는 경우를 예정한 규정이지만, 과연 어디까지를 시사보도와 관련하여 "보도를 위한 정당한 범위 안"이라고 볼 것인지가 문제이다.[45] "보도를 위한 정당한 범위 안"이라는 것은 제28조의 인용에서 보듯이 주종관계가 요구되지 않으며 또한 방송시간·게재량에 대해서도 상당히 길게 인정되는 경우도 있을 수 있다. 그러나 필요 이상으로 길게 이용하거나 시사보도를 빙자하여 감상용으로 이용하는 경우까지 "정당한 범위 안"이라고 허용되는 것은 아니다.[46] 대법원은 타인의 사진저작물을 허락 없이 잡지에 게재한 사건에서 "비평기사보다는 사진이 절대적 비중을 차지하는 화보형식으로 구성되어 있어서 위 사진들은 보도의 목적이라기보다는 감상용으로 인용되었다고 보이므로 결국 보도를 위한 정당한 범위 안에서 이용되었다고 볼 수 없다"고 판시하였다.[47]

위와 같은 요선에 모두 해당하는 경우에는 시사보도와 관련된 저작물을 복제·배포·공연 또는 공중송신할 수 있을 뿐만 아니라 그 저작물을 번역하여 이용할 수도 있다(제36조 제2항). 하지만 저작권법 제37조에 따른 출처명시의무는 없다.

3. 관련문제

가. '해당 사건을 구성하는 저작물'의 적용 가능성

일본 저작권법 제41조(시사사건의 보도를 위한 이용)는 "사진, 영화, 방송 그 밖의 방법으로 시사사건을 보도하는 경우에는 해당 사건을 구성하거나 해당

---

45) 정상기, 앞의 논문, 70면.
46) 中山信弘, 「著作權法」第2版, 有斐閣, 2014, 356면.
47) 대법원 1990. 10. 23. 선고 90다카8845 판결.

사건의 과정에서 보이거나 들리는 저작물은 보도의 목적상 정당한 범위 내에서 복제 및 해당 사건의 보도에 수반하여 이용할 수 있다"고 규정한다. 일본 저작권법 제41조는 우리 저작권법 제26조와는 달리 '해당 사건을 구성하는 저작물' 자체도 시사보도를 위한 이용에 해당한다고 명시적으로 규정한다. 그 실익은 어떤 미술관에서 유명작가의 그림이 도난당한 사례에서 그 사건을 공중에게 알리기 위하여 해당 그림의 복제사진을 신문에 게재하거나 방송으로 내보내는 경우에 이것이 저작권법 제26조에 해당하는지 여부와 관련된다.

이와 관련하여 긍정설은 제26조의 적용이 가능하다고 해석한다. 그림 도난 사건을 보도하는 경우에 도난당한 그림처럼 '해당 사건을 구성하는 저작물'을 보도에 이용하는 것은 불가피한 일이기 때문에 우리 저작권법에 그에 관한 언급이 빠져 있더라도 일본 저작권법 제41조와 마찬가지로 해석해야 한다는 것이다.[48][49] 이에 반하여 부정설은 위 사례의 경우는 해당 저작물을 보도를 위하여 적극적으로 인용하는 것이므로 제28조가 적용되는 것은 별론으로 하더라도 제26조가 적용될 수는 없다고 본다.[50] 생각건대, 이에 관한 명시적 내용을 두고 있는 일본 저작권법 제41조 아래에서라면 몰라도 그렇지 아니한 우리 저작권법의 해석으로 '해당 사건을 구성하는 저작물'에 대하여 제26조를 적용하는 것은 국제조약이나 일본을 제외한 다른 나라의 입법례에 비추어 볼 때 적절하지 않다.[51] 오히려 제28조의 요건을 갖추었을 때 '공표된 저작물의 인용'으로서 허용될 수 있을 것이라고 새기는 것이 타당할 것이다.

나. '인터넷을 이용한 개인적인 사건보도'의 적용 가능성

한편, 저작권법 제26조는 방송, 신문 그 밖의 방법에 의한 시사보도라고 규정하고 있는데, 여기서 보도라는 것은 종래의 신문, 잡지, TV, 라디오 등 매스컴에 의한 보도에 국한되는 것인지 아니면 인터넷을 이용하여 개인적으로

---

48) 한승헌, 「정보화시대의 저작권」, 나남, 1992, 188면. 한승헌 변호사는 "일본 저작권법 제41조와 마찬가지로 해석하든지 아예 법으로 명문을 두는 것이 좋겠다"고 함으로써 해석론과 함께 입법의 필요성도 제기한다.

49) 전술한 대법원 1990. 10. 23. 선고 90다카8845 판결의 취지에 비추어 볼 때, '보도를 위한 정당한 범위 안'이면 '해당 사건을 구성하는 저작물'을 보도에 이용하는 것도 가능하다는 취지(긍정설)로 위 판결을 이해할 수도 있다.

50) 오승종, 「저작권법」 제5판, 박영사, 2020, 724~725면.

51) 베른협약(현행 파리규정) 제10조의2 제2항은 물론이고 일본 저작권법 제41조의 제정 당시에 참조한 베른협약(브뤼셀규정) 제10조의2에도 '당해 사건을 구성하는 저작물'이라는 문언은 존재하지 않는다. 독일 저작권법 제50조(영상 및 소리에 의한 보도)에도 위와 같은 문언은 포함되어 있지 않다.

행하는 사건 보도도 포함되는 것인지의 의문이 제기될 수 있다. 문제의 핵심은 "그 밖의 방법에 의한 시사보도"가 무엇을 의미하는가이다. 오늘날 인터넷의 발전에 따라 개인적으로도 사건을 보도하는 것이 가능하게 되었다는 점을 감안할 때, 기존 언론의 보도내용을 수집하여 단순히 블로그 등에 올리는 것이 아니라 개인이 독자적으로 취재한 다음 인터넷을 이용하여 불특정 다수인에게 전달하는 개인적인 사건보도는 제26조에서 말하는 시사보도에 해당한다고 말할 수 있을 것이다.

Ⅶ. 시사적인 기사 및 논설의 복제 등

저작권법은 "정치·경제·사회·문화·종교에 관하여「신문 등의 진흥에 관한 법률」제2조의 규정에 따른 신문 및 인터넷신문 또는「뉴스통신진흥에 관한 법률」제2조의 규정에 의한 뉴스통신에 게재된 시사적인 기사나 논설은 다른 언론기관이 복제·배포 또는 방송할 수 있다. 다만, 이용을 금지하는 표시가 있는 경우에는 그러하지 아니하다"고 규정한다(제27조). 이것은 '그대로 옮겨 싣는 것', 즉 이른바 轉載 규정에 관한 것이다. 정치·경제·사회·문화·종교에 관한 시사적인 기사나 논설은 국민의 알권리 충족 등을 위해 국민에게 원활하게 전달될 필요가 있다는 점을 고려하여 전재를 허용하는 규정을 마련한 것이다. 전재 대상이 되는 저작물은 신문 및 인터넷신문 또는 뉴스통신에 게재된 시사적인 기사나 논설이다. 잡지나 방송은 제외되어 있으므로 시사적인 기사나 논설이더라도 잡지에 게재된 것이나 방송된 것에 대해서는 전재가 허용되지 않는다는 점에 유의하여야 한다. 외국의 시사적인 기사나 논설에 대해서도 이용이 확보되어야 위 규정의 실효성이 보장되므로 외국 언론사의 기사나 논설도 번역하여 전재할 수 있다(제36조 제2항).[52] 또 기사 전재의 경우에는 출처표시 의무가 있다(제37조). 다만, 전재하여 이용하는 것을 금지하는 규정이 있으면 전재가 허용되지 않는다(제27조 단서). 전재할 수 있는 이용주체는 신문사, 잡지사, 방송사 등의 언론기관만이 해당된다. 이용방법은 시사적인 기사나 논설을 복제, 배포 또는 방송하거나(제27조) 이를 번역하여 복제, 배포 또는 방송하는 것(제36조 제2항)에 한정되며 전송이나 디지털음성송신은 포함되지 않는다.

---

52) 심동섭, "개정 저작권법 해설",「계간 저작권」, 2006 겨울호, 53면.

VIII. 공표된 저작물의 인용

1. 인용의 개념

가. 정   의

인용은 citation이나 quotation이란 용어로 표현할 수 있다. 법률용어사전에서는 양자의 의미에 대해 인용(citation)이란 "주어진 입장을 입증하거나 아니면 반박하기 위하여 판례나 법령, 또는 문헌과 같이 법적 선례나 典據에 관하여 언급하는 것"이라 풀이하고,53) 인용(quotation)에 대해서는 "서술이나 구절의 출처를 밝히고 再製하면서 언급하는 것"을 말한다고 설명한다.54) 전자가 문헌 등을 인용한 특정 부분, 즉 문헌의 권·호·발행연도와 면수를 나타내는 것을 뜻한다면, 후자는 문헌으로부터 특정한 기재내용을 취하여 이용하는 것을 가리킨다.55) 저작권용어사전에서는 인용(quotation)에 대해 저작자 자신의 견해를 논증하거나 명확히 나타내기 위하여 또는 다른 저작자의 견해를 정확하게 언급하기 위하여 다른 저작물로부터 상대적으로 짧은 구절을 끌어다 이용하는 것을 말한다고 정의한다.56)

나. 국제조약과 입법례

저작권법 제28조는 "공표된 저작물은 보도·비평·교육·연구 등을 위하여는 정당한 범위 안에서 공정한 관행에 합치되게 이를 인용할 수 있다"고 규정한다.57) 본조는 베른협약의 1967년 스톡홀름 개정규정 제10조 제1항으로부터 영향을 받아 조문화된 것인데, 베른협약은 "언론 요약 형태로 신문기사와 정기간행물을 인용하는 것을 포함하여, 이미 적법하게 공중에게 제공된 저작물로부터 인용하는 것은, 그 인용이 공정한 관행에 합치하고 그 목적상 정당한 범위 안에서 이루어지는 것이면 허용된다"고 규정한다. 여기서도 인용이 공정한 관행(fair practice)에 합치되어야 하고 목적상 정당한 범위 안에서 이루어져야 한다(their extent does not exceed that justified by purpose)는 요건이 강조되고 있다.58) 다만, 저작권법은 인용의 목적을 보도·비평·교육·연구 등으로 한정

---

53) *Black's Law Dictionary*, 7th ed., West Group, 1999, p.236.

54) Ibid., p.1293.

55) 早川武夫, 「法律英語の基礎知識」, 商事法務研究會, 1992, 248면.

56) *WIPO Glossary of Terms of the Law of Copyright and Neighboring Rights*, WIPO, 1980, p.213.

57) 1986년 저작권법 제정 당시는 제25조이었으나 그 후 조문만 이동하여 동일한 내용으로 현재에 이르고 있다.

58) '목적상 정당한 범위 내'라는 문구는 이미 베른협약의 1948년 브뤼셀 개정규정 당시 도입된 것이

한 것처럼 규정하고 있으나 후술하듯이 이는 예시적으로 열거한 것이며 한정적인 것은 아니다.[59] 이러한 '인용' 관련 조항은 1957년 저작권법에도 이미 존재하였다. 즉 제64조(비침해행위) 제1항은 "이미 발행된 저작물을 다음의 방법에 의하여 복제하는 것은 이를 저작권 침해로 보지 않는다"고 하고 제2호에서 "자기의 저작물 중에 정당한 범위 내에 있어서 절록인용하는 것"을 규정하였다. 節錄引用의 의미에 관해서는 "타인의 저작물의 일부분을 원작 그대로 자기 저작물의 일부로서 인용하는 것"을 가리키거나[60] "요약하여 기재하는 것"이 節錄이므로 "자기의 저작 목적에 적합하도록 발췌 또는 생략하여 적록(摘錄)하는 것"을 말한다고[61] 하였다.

2. 인용의 적법요건

저작권법은 "공표된 저작물은 보도·비평·교육·연구 등을 위하여 정당한 범위 안에서 공정한 관행에 합치되게 이를 인용할 수 있다"고 규정한다(제28조). 적법한 인용이 되기 위해서는, ㈎ '공표된 저작물'을 ㈏ '보도·비평·교육·연구 등을 위하여' ㈐ '정당한 범위 안에서' ㈑ '공정한 관행에 합치되게' ㈒ '인용할 수 있다'는 다섯 가지의 요건을 갖추어야 한다. 그 가운데에서 해석론상 중요한 의미를 차지하는 것은 ㈏㈐㈑의 세 가지 요건이다.

가. 공표된 저작물

'공표된 저작물'만이 인용의 대상이다. 공표란 저작물을 공연, 방송 또는 전시 그 밖의 방법으로 일반 공중에게 공개하는 경우와 저작물을 발행하는 경우를 말한다. 공표된 저작물이면 어문지직물뿐 아니라 미술, 음악 등의 저작물도 인용의 대상이다. 하급심 판결은 토플시험문제 인용 사건에서 저작권자가 토플시험응시생들에게 문제지의 소지·유출을 허용하지 아니하고 그대로 회수하여 시험문제가 공중에게 공개되는 것을 방지하였고, 시험시행 후 저작권자의 판단에 따라 재사용 여부나 공개 여부, 공개시기 등을 별도로 결정하고 있으므로, 제한된 범위의 응시생들이 토플시험을 치르는 행위만으로는 이를 공표라 할 수 없다고 하였다. 따라서 인용의 적법요건 중 하나인 '공표된 저작물'

고 1967년 스톡홀름 개정규정에서 '공정한 관행에 합치'되어야 한다는 표현이 추가되었다. 그 후 1971년 베른협약의 파리개정규정은 스톡홀름 개정규정 제10조의 내용을 그대로 계승하고 있다.

59) 허희성, 「베른협약축조개설(파리규정)」, 일신서적출판사, 1994, 104면.
60) 장인숙, 「저작권법개론」, 교학도서주식회사, 1965, 165면.
61) 허희성, 「신고 저작권법개설」, 범우사, 1982, 161면 및 같은 면 각주12).

에 해당하지 않으므로 저작권자의 허락 없이 토플 기출문제를 인용하여 이용할 수 없다고 판단하였다.[62] 하지만 이 판결은 시험문제지가 시험장 내의 특정 다수인인 '공중'에게 복제·배포됨으로써 '발행'되었다는 것과 배포의 태양 중에 대여가 포함된다는 것(제2조 제23호)을 고려하지 않았다는 점에서 의문이다.[63]

나. 보도·비평·교육·연구 등을 위하여

법 문언상 인용의 목적으로 "보도·비평·교육·연구 등"을 열거하고 있으나 이에 한정된다고 볼 것은 아니며,[64] 이들은 어디까지나 헌법상 표현의 자유의 적용대상이 되는 것들을 예시한 것에 불과하다. 따라서 그 밖에 예증·해설·보충·소개·강조를 위한 인용도 물론 가능하다고 보아야 한다. 인용은 무엇인가의 목적을 위하여 행해지는 것이므로 인용하는 측의 저작물 중에 인용된 부분에 대하여 설명 또는 언급이 이루어져야 한다. 베른협약 제10조 제1항은 인용의 목적상 정당한 범위 안에서 그 인용이 이루어져야 한다는 취지로 규정한다. 인용의 목적에 해당하더라도 그 인용은 '정당한 범위' 내에서 이루어져야 한다는 것이다. 이로써 알 수 있듯이 (내) '보도·비평·교육·연구 등을 위하여' 라는 인용의 목적 요건과 후술하는 (대) '정당한 범위 안에서' 라는 요건은 상호 밀접한 관련 아래에서 검토되어야 한다. 예컨대, 광고나 영리 목적의 표현행위도 헌법상 표현의 자유의 적용대상이 될 수 있다는 점을 고려할 때에 광고나 영리를 목적으로 타인의 공표된 저작물을 인용하는 것이 가능하다고 해석할 수 있겠지만, 그 인용의 목적상 '정당한 범위' 내에 속한다고 판단되는 경우는 다른 인용의 목적과 비교할 때 상당히 좁아질 수밖에 없다고 보아야 한다.[65] 그러므로 일반적으로 이러한 경우에는 저작권자로부터 미리 허락을 받아두는 쪽이 보다 안전할 것이다.

다. 정당한 범위 안에서

(1) 개   관

저작권법 제28조는 인용이 '정당한 범위' 내에서 행해질 것을 요건으로 하고 있지만 구체적으로 인용의 범위를 명확하게 규정하고 있지 않다. 물론 이

---

62) 서울고법 1995. 5. 4. 선고 93나47372 판결.
63) 같은 취지, 이해완, 「저작권법」 제4판, 박영사, 2019, 689~690면 참조.
64) 대법원 1998. 7. 10. 선고 97다34839 판결; 대법원 2013. 2. 15. 선고 2011도5835 판결.
65) 대법원 1997. 11. 25. 선고 97도2227 판결 참조. 이 판결은 "영리적인 교육목적을 위한 이용은 비영리적 교육목적을 위한 이용의 경우에 비하여 자유이용이 허용되는 범위가 상당히 좁아진다" 고 판시하였다.

는 저작물의 성질마다 인용의 목적과 관련하여 정당하다고 판단되어 허용되는 범위가 다르다는 점에서 '정당한 범위'라는 추상적이고 규범적인 표현을 사용하였을 것이라고 생각된다. 따라서 정당한 범위 안에서 이루어진 인용인지 여부는 저작물의 성질이나 인용의 목적에 따라 판단되어야 할 것이다. 특히 '인용의 목적상 정당한 범위 안에서'라는 요건의 해석과 관련하여 지금까지 우리 학설과 재판례는 (2)에서 후술하듯이 피인용저작물이 인용저작물과의 관계에서 '부종적 성질'을 가져야 한다는 이른바 '주종관계설'의 관점에서 해석론을 전개하여왔다. 즉 인용하는 저작물(인용저작물)이 主이고 인용되는 저작물(피인용저작물)이 從인 관계에 있다고 인정되어야 한다는 것이다. 이때의 주종관계는 양적·질적 주종관계를 포함하는데, 양적 주종관계는 그 판단이 비교적 용이한 데 비하여 질적 주종관계는 그 판단이 쉽지 않다는 점이 문제이다. 일반적으로 피인용저작물을 제외하더라도 인용저작물에 독자적 의의를 갖는 창작 부분이 존재하고 피인용저작물의 시장수요를 대체하지 않으면 질적 주종관계의 존재를 인정할 수 있다고 설명한다. 또한 판례는 '주종관계설'을 수정·보완하여 (3)에서 후술하듯이 '정당한 범위 안에서 공정한 관행에 합치되게' 인용하였는지 여부를 판단할 때에 인용의 목적이나 저작물의 성질 등 6가지 요소들을 종합적으로 고려하여 판단하여야 한다는 이른바 '종합고려설'의 입장도 채택하여 왔다.

(2) 이른바 '주종관계설'의 형성과 그 전개

우리나라 판결들 중 인용의 '정당한 범위' 요건의 충족 여부와 관련하여 '주종관계' 법리를 최초로 세시한 것은 '사진저작물의 인용'에 관한 대법원 판결(이하, '① 판결'로 줄임)[66]이다. ① 판결에 따르면 '정당한 범위'에 해당하기 위해서는 그 표현 형식상 피인용저작물이 보족·부연·예증·참고자료 등으로 이용되어 인용저작물이 主이고 피인용저작물이 從인 관계에 있어야 한다고 한다. 이러한 법리에 따라 ① 판결의 사실관계를 살펴보면, 월간잡지에 게재된 사진저작물을 제외한 그 해설기사가 3분의 1 정도에 불과하고(양적 측면) 인용된 사진들의 성상, 크기, 배치 등(질적 측면)을 종합하면 오히려 인용저작물(해설기사)이 從이고 피인용저작물(사진)이 主인 관계에 있어서 인용의 목적상 정당한 범위에 합치되지 않으므로 저작권 침해에 해당한다고 판시한 것이다. 정당한 범위의 판단과 관련하여 자기의 저작물보다 인용부분이 양적으로 많은

---

66) 대법원 1990. 10. 23. 선고 90다카8845 판결.

경우는 저작권법상의 인용으로 볼 수 없다는 견해도 있으나, 일률적으로 그와 같이 판단할 문제는 아니며 개별 사안에서 인용의 목적상 필요한 최소한도의 인용인지 여부에 따라 결정하여야 한다. 또한 반드시 타인의 저작물의 일부 인용에 한정할 필요도 없다. 따라서 '주종관계'를 전제로 하면서 인용저작물과 피인용저작물의 성질이나 인용의 목적, 일부 인용의 가능 여부 등을 고려할 때에 전부 인용이 허용된다고 판단된다면, 시조·단편 시와 같은 짧은 어문저작물이나 회화·서예와 같은 미술저작물 또는 사진저작물의 경우에는 그 전부를 인용하는 것도 가능하다.[67]

① 판결이 제시한 '주종관계'의 법리는 '패러디 몽타주 사진' 사건에 관한 일본 최고재판소 판결[68]에서 유래한다. 위 사건은 일본 구 저작권법 제30조 제1항 제2호의 "자기의 저작물 중에 정당한 범위 내에서 節錄引用"하는 경우 저작권 침해가 성립하지 않는다는 것과 관련한 해석론을 전개한 판결이었다. 우리 구 저작권법인 1957년 저작권법 제64조 제1항 제2호도 "자기의 저작물 중에 정당한 범위 내에 있어서 절록인용하는" 경우 저작권 침해에 해당하지 않는다는 동일한 규정을 두고 있었다. 이 조항에 관한 '노가바(노래가사 바꿔 부

---

67) 이형하, "저작권법상의 자유이용", 「지적소유권에 관한 제문제(하)」, 법원행정처, 1992, 367~368면. 유의할 것은 같은 미술저작물이라도 조각·공예와 같은 입체적인 작품을 사진으로 촬영하거나 그림으로 묘사하여 인용하는 것은 전부 인용이 아니라 일부 인용이라는 점이다. 또한 사진저작물의 경우에 전부 인용인지 일부 인용인지를 결정하는 것은 양의 문제가 아니라 질의 문제인 경우도 있다. 예컨대, 감상용으로 제작된 칼라사진을 그 보다 화질이 떨어지는 흑백사진으로 시사보도에 이용하였다면 이는 질적으로 전부 인용이라 할 수 없을 것이다(이형하, 위의 논문, 368면).

68) 日本 最高裁 1980(昭和55)年 3月 28日 判決('패러디 몽타주 사진' 사건). 사안은 원고가 눈 덮인 산을 배경으로 눈의 경사면을 스키자국을 내면서 활강하는 스키어들을 소재로 촬영한 사진을 사진집에 발표하고 광고용 달력에도 게재하였는데, 피고가 눈 덮인 산의 왼쪽 일부를 잘라내고 커다란 스노우타이어를 배치하여 합성한 몽타주 기법의 사진을 만들어 자신의 사진집에 게재하고 이를 주간지에도 발표하자 원고가 저작재산권 및 저작인격권의 침해를 이유로 50만엔의 위자료와 사죄광고를 구하는 소송을 제기한 사건이다. 제1심 판결은 원고의 청구를 전부 認容하였다. 그런데 제2심에서는 원고가 저작재산권에 기한 청구를 취하하여 저작인격권 침해 여부만이 문제되었는데 원심(제2심)판결은 피고의 몽타주 사진이 구 저작권법상의 '절록인용'에 해당하고 그 일부에 개변이 있더라도 패러디의 특성을 고려할 때 동일성유지권의 침해라고 볼 수 없다고 판시하여 제1심 판결을 취소하고 원고의 청구를 기각하였다. 이에 원고가 상고하였고 最高裁는 먼저 '절록인용'에 해당하기 위한 요건을 설시한 다음 피고의 몽타주 사진에서 원고 사진의 "본질적인 특징 자체를 직접 감득하는 것이 충분히 가능한 것"이므로 피고가 원고의 사진을 일부 개변하여 이용한 것은 동일성유지권 침해에 해당한다고 판시하여 파기 환송하였다. 최고재 판결의 인용에 관한 판시사항을 정리하면 ① 인용저작물과 피인용저작물을 명료하게 구별하여 인식할 것(명료구별성), ② 인용저작물이 주, 피인용저작물이 종일 것(주종관계), ③ 피인용저작물의 저작인격권을 침해하지 않을 것(저작인격권의 비침해)이지만, 저작재산권 제한사유인 '인용'과 관련하여 의미를 가지는 것은 ①②이다.

르기) 패러디' 사건에서 대법원 판결(이하, '② 판결'로 줄임)[69]은 "자기의 저작물 중에… 節錄引用하는 것"이란 타인의 저작물을 종된 자료로 인용하거나 설명하는 자료로 삽입하는 것을 의미한다는 취지로 판시하였다. 이러한 경우를 통상 '종적' 인용 혹은 '삽입형' 인용이라 한다.

그런데 우리 현행 저작권법 제28조나 일본의 현행 저작권법 제32조 그 어디에도 우리나라·일본의 구 저작권법에서 각 규정하는 바와 같은 "자기의 저작물 중에"라는 주종관계의 전제조건이 법 문언상 요구되고 있지 않아서 과연 현행 저작권법 아래에서도 '주종관계'가 필요한 것인지 의문이 제기될 수 있다. 하지만 현행 저작권법에서도 '주종관계'라는 기준이 요구된다는 점에 대해서 학설은 대체적으로 異論없이 수긍하여 왔다.[70]

문제는 자기의 저작물 중에 타인의 저작물을 종적 관계로 끌어들이는 '종적' 인용 혹은 '삽입형(insert type)' 인용이 아니라, 자기의 저작물이 존재하지 않거나 설령 존재하더라도 사소한 상태에서 오로지 타인의 저작물을 전부 인용하는 '전유형(appropriation type)' 인용의 경우에 발생한다. 다시 말해 저작권법 제28조는 '專有型' 引用도 포함하는 규정인가 하는 문제인데, 만일 이를 긍정한다면 이른바 '주종관계설'은 수정될 수밖에 없을 것이다.

(3) 이른바 '종합고려설'의 등장과 그 체계형성

저작권법 제28조는 '전유형' 인용도 포함하는 규정인가 하는 문제는 특히 인터넷 환경 하에서 타인의 저작물을 이용하는 쟁점과 관련하여 부각되었는데, 구체적 사안으로 제기된 것이 후술하는 '썸네일 이미지' 사건에 관한 대법원 판결이다.[71] 특히 '썸네일 이미지' 사건에서 이른바 '종합고려설'이 크게 주목을 받았다. 그런데 이것보다 앞서 '주종관계' 법리를 수정·보완한 것처럼 보이는 '종합고려설'이 우리나라에서 맨 처음 등장한 것은 '대입 본고사 입시문제' 사건에 관한 대법원 판결(이하, '③ 판결'로 줄임)[72]이다. ③ 판결에서는 정당한 범위 안에서 공정한 관행에 합치되게 인용한 것인지 여부는 인용의 목적,

---

69) 대법원 1991. 8. 27. 선고 89도702 판결.
70) 강신하, 「저작권법」 제2판, 진원사, 2014, 346면; 서달주, 「저작권법」 제2판, 박문각, 2009, 391~392면; 송영식·이상정, 「저작권법개설」 제9판, 세창출판사, 2015, 391면; 오승종, 「저작권법」 제5판, 박영사, 2020, 733면 이하; 윤태식, 「저작권법」 제2판, 박영사, 2021, 232면 이하; 이해완, 「저작권법」 제4판, 박영사, 2019, 688면 이하; 정상조 편, 「저작권법 주해」, 박영사, 2007, 515면 이하(김기영 집필); 최경수, 「저작권법 개론」, 한울, 2010, 405~406면; 허희성, 「2011 신저작권법 축조개설 상」, 명문프리컴, 2011, 230면 각 참조.
71) 대법원 2006. 2. 9. 선고 2005도7793 판결.
72) 대법원 1997. 11. 25. 선고 97도2227 판결.

저작물의 성질, 인용된 내용과 분량, 피인용저작물을 수록한 방법과 형태, 독자의 일반적 관념, 원저작물에 대한 수요를 대체하는지의 여부 등 6가지 요소를 종합적으로 고려하여 판단해야 한다고 판시하였다. 이 중 '인용의 목적'과 관련해서는 "반드시 비영리적인 이용이어야만 교육을 위한 것으로 인정될 수 있는 것은 아니라 할 것이지만, 영리적인 교육목적을 위한 이용은 비영리적 교육목적을 위한 이용의 경우에 비하여 자유이용이 허용되는 범위가 상당히 좁아진다고 볼 것"이라고 하였다. 그리고 '인용된 내용과 분량'을 판단하면서 "개개 문제의 질문을 만들기 위해 그 질문의 '일부분으로' 대학입시문제를 인용한 것"이어야 하는데 그렇게 하지 않았다는 점을 지적함으로써 간접적이지만 여전히 피인용저작물이 '부종적 성질'을 가져야 한다는 '주종관계'의 관점을 유지하였다. 따라서 ③ 판결의 사안에서는 교육을 위한 정당한 범위 안에서 공정한 관행에 합치되는 인용이라고 볼 수 없다고 판시하였다. 요컨대, ③ 판결에서는 '주종관계설'을 전제로 하면서 이를 보완하는 관점에서 '종합고려설'을 채택한 것이라고 이해할 수 있다.

여기서 유의할 점은 '주종관계설'은 제28조의 인용 요건들 중 ㈏ '보도·비평·교육·연구 등을 위하여'라는 인용의 목적 요건과 ㈐ '정당한 범위 안에서'라는 요건을 결합하여 '인용의 목적상 정당한 범위 안에서'라는 요건에 해당하는지를 판단하는 기준으로 제시된 것이었다. 즉 '주종관계설'이 ㈏㈐요건에 초점을 맞춘 판단기준이었다면, '종합고려설'은 ㈏ 인용의 목적 요건을 6가지 고려 요소 중의 하나로 그 판단의 층위와 위계를 낮추는 대신 ㈐ '정당한 범위 안에서'라는 요건과 ㈑ '공정한 관행에 합치되게'라는 요건을 함께 검토하기 위한 판단기준으로 제시된 것이었다. 결국 '종합고려설'은 ㈐㈑요건에 초점을 맞춘 판단기준이라고 평가할 수 있다.

③ 판결의 6가지 고려 요소들 중 "원저작물에 대한 수요를 대체하는지 여부"라는 요소는, 3단계 테스트의 둘째·셋째 기준에 각 상응하는 것으로서 제28조의 ㈑ '공정한 관행에 합치되게'라는 요건의 판단요소에 수렴되고,[73] 이를

---

[73] ③ 판결의 "원저작물에 대한 수요를 대체하는지 여부"라는 요소는 ㈑ '공정한 관행에 합치되게'라는 요건과 관련이 있는 요소라고 보아야 할 것이다. WIPO가 펴낸 베른협약 안내서에 따르면, 베른협약 제10조 제1항에서 말하는 '공정한 관행에 합치'하여야 한다는 요건에서 '공정한'이란 피인용저작물과 인용저작물이 시장에서 경합하지 않는다는 것을 나타내는 의미이므로 위 요건은 인용이 원저작물을 위한 시장을 저해하는지 여부에 좌우되는 것이라고 설명한다[WIPO, *Guide to the Berne Convention for the Protection of Literary and Artistic Works* (Paris Act, 1971), 1978, pp.58~59]. 아울러 베른협약 제10조 제1항이 규정하는 '공정한 관행에 합치'라는 요건 자체와 '공정한'이란 문구는 이른바 3단계 테스트(three-step test)의 둘째 기준과 셋째 기

제외한 나머지 5가지 요소들은 '주종관계' 기준을 보완하기 위해 ㈐ '정당한 범위 안에서'라는 요건의[74] 판단요소에 수렴되는 것이라고 이해할 수 있다.[75]

③ 판결 이후 '소설 무궁화 꽃이 피었습니다' 사건에 관한 대법원 판결(이하, '④ 판결'로 줄임)[76]은 '주종관계' 법리와 '종합적 고려'를 결합하여 판단해야 한다는 법리를 처음 제시하였다. 즉 "인용의 '정당한 범위'는 인용저작물의 표현 형식상 피인용저작물이 보족, 부연, 예증, 참고자료 등으로 이용되어 인용저작물에 대하여 부종적 성질을 가지는 관계(즉, 인용저작물이 주이고, 피인용저작물이 종인 관계)에 있다고 인정되어야 하고, 나아가 정당한 범위 안에서 공정한 관행에 합치되게 인용한 것인지 여부는 인용의 목적, 저작물의 성질, 인용된 내용과 분량, 피인용저작물을 수록한 방법과 형태, 독자의 일반적 관념, 원저작물에 대한 수요를 대체하는지 여부 등을 종합적으로 고려하여 판단하여야 한다"고 판시하였다.

그 후 '썸네일 이미지' 사건에서 대법원 판결(이하, '⑤ 판결'로 줄임)[77]은 위 6가지 요소를 종합적으로 고려해야 한다는 점을 강조하면서도 피인용저작물의 '부종적 성질'에 대해서는 일절 언급하지 않음으로써 '공표된 저작물의 인용' 요건의 해석과 관련하여 새로운 국면에 접어드는 계기가 마련되었다. 즉 ⑤ 판결은 검색서비스의 한 형태로 인터넷상에 공개된 이미지 자료들을 검색할 수 있도록 제공하면서 타인의 저작물인 이미지를 이른바 썸네일(thumb nail) 이미지로 축소하여 게재하고 원래의 이미지가 있는 사이트로 링크를 걸어둔 것이 저작권 침해가 되는지 여부가 문제된 사안에서 저작권법 제28조의 "정당한 범위 안에서 공정한 관행에 합치되게 인용한 것인지 여부는 인용의 목적, 저작물의 성질, 인용된 내용과 분량, 피인용저작물을 수록한 방법과 형태, 독자의 일반적 관념, 원저작물에 대한 수요를 대체하는지 여부 등을 종합적으로

준에 상응하는 것이고 제10조 제1항의 적용범위가 제한되어 있으므로 첫째 기준은 이미 충족되어 있다는 것이다(Sam Ricketson and Jane C Ginsburg, *International Copyright and Neighbouring Rights: The Berne Convention and Beyond*, Vol. I, 2nd ed., Oxford University Press, 2006, p.786, p.858).

74) 여기서 제28조의 ㈐ '보도·비평·교육·연구 등을 위하여'라는 인용의 목적 요건과 ㈐ '정당한 범위 안에서'라는 요건을 결합하여 '인용의 목적상 정당한 범위 안에서'라는 관점에서 검토할 필요가 있다는 전술한 관점을 언급하지 않는 이유는, 인용의 목적 요건이 이미 나머지 5가지 고려 요소들 중의 하나로 그 판단의 위치를 낮추어 수렴되어 있기 때문이다.

75) 이에 관한 상세는, 박성호, "인터넷 환경 하에서 저작권의 제한에 관한 연구—저작권법 제28조 및 제30조를 중심으로", 「정보법학」 제19권 제3호, 2015. 12., 142~146면 참조.

76) 대법원 1998. 7. 10. 선고 97다34839 판결.

77) 대법원 2006. 2. 9. 선고 2005도7793 판결.

고려하여 판단하여야 한다"고 밝히면서 썸네일 이미지로 축소하여 게재한 것은 공표된 저작물의 인용요건에 해당한다고 보았다. 요컨대, ⑤ 판결은 '주종관계'에 구애받을 필요가 없다는 취지로 판시한 것이다.

이처럼 ⑤ 판결은 인용요건을 해석하면서 '주종관계' 대신에 종합적으로 고려하여 판단할 것을 강조함으로써 '인용'이라는 문구를 '이용' 전반을 의미하는 것으로 확장하여 해석하기에 이른 것이다.[78] 이로 인해 자기의 저작물(인용저작물) 중에 타인의 저작물(피인용저작물)을 종적 관계로 끌어들이는 '삽입형(insert type)' 인용뿐 아니라 자기의 저작물 자체가 존재하지 않는 상태에서 오로지 타인의 저작물을 전부 인용하는 '전유형(appropriation type)' 引用 내지 利用 일반도 제28조의 적용범위에 포함시킬 수 있는 계기가 마련되었다. 전유형 인용의 경우는 특히 저작권법상 패러디의 허용과 관련하여 그 논의의 실익이 매우 크다고 말할 수 있다.

(4) 저작권법 제28조의 적용범위와 그 한계—제35조의5(구 제35조의3) '공정이용' 조항의 신설에 따른 적용범위의 재조정

③ 및 ⑤ 각 판결에서 정리·소개한 인용의 목적을 비롯한 6가지 요소들을 종합적으로 고려할 때 제28조의 핵심 요건인 ㈐ '정당한 범위 안에서' ㈑ '공정한 관행에 합치되게'라는 각 요건을 함께 갖춘 것으로 판단되면 피인용저작물을 인용저작물에 ㈒ '인용(하여 이용)할 수 있다'는 것이다.

문제는 2011년 저작권법(12월 2일 개정법)에서 제35조의3(현행 제35조의5) '공정이용' 조항이 신설됨으로써 제28조의 적용범위를 어떻게 설정할 것인지의 논의가 再論되었다는 점이다. ⑤ 판결처럼 '삽입형' 뿐 아니라 '전유형' 인용까지 모두 제28조에 의해 해결 가능하다는 취지라면, '공표된 저작물의 인용'에 관한 한 제35조의5 조항은 별다른 기능과 역할을 수행하지 못하는 결과가 초래될 수도 있다. 이러한 문제와 관련하여 '리프리놀' 사건에 관한 대법원 판결(이하, '⑥ 판결'로 줄임)[79]은, 다음의 【사건개요】 및 【판결요지】에서 보듯이, 비록 제35조의5 '공정이용' 조항의 적용이 직접 문제된 사건은 아니었지만, 제35조의5 신설조항과 제28조 기존규정 간에 그 적용범위를 둘러싸고 앞으로 전개될 해석 방향과 관련하여 일정한 적용 기준을 암시하고 있다는 점에서 그 의의가 크다.

---

78) 박준석, "저작권법 제28조 인용조항 해석론의 변화 및 그에 대한 비평", 「법학」 제57권 제3호, 서울대법학연구소, 2016. 9., 191면.
79) 대법원 2013. 2. 15. 선고 2011도5835 판결.

【사건개요】

공소외 법인의 대표이사인 피고인은 식약청으로부터 '리프리놀—초록입홍합 추출 오일복합물'을 개별인정형 기능성 원료로 인정받기 위해 신청서를 제출하면 서 의학저널에 실린 피해자들의 논문 전체를 허락 없이 그대로 복제·첨부하였 다. 이에 피해자들이 피고인을 저작권법 위반으로 고소하였고 원심에서 피고인은 저작권법 제28조의 소정의 권리제한 등을 주장하면서 다투었지만 법원은 피고인 에게 유죄판결을 선고하였다. 피고인이 상고하였지만 대법원 2013. 2. 15. 선고 2011도5835 판결(⑥ 판결)은 상고를 기각하였다.

【판결요지】

구 저작권법(2009. 3. 25. 법률 제9529호로 개정되기 전의 것) 제28조는 "공표 된 저작물은 보도·비평·교육·연구 등을 위하여는 정당한 범위 안에서 공정한 관행에 합치되게 이를 인용할 수 있다."고 규정하고 있다. 이 규정에 해당하기 위 하여는 인용의 목적이 보도·비평·교육·연구에 한정된다고 볼 것은 아니지만, 인용의 '정당한 범위'는 인용저작물의 표현 형식상 피인용저작물이 보족, 부연, 예증, 참고자료 등으로 이용되어 인용저작물에 대하여 부종적 성질을 가지는 관 계(즉, 인용저작물이 주이고, 피인용저작물이 종인 관계)에 있다고 인정되어야 하고, 나아가 정당한 범위 안에서 공정한 관행에 합치되게 인용한 것인지는 인용 의 목적, 저작물의 성질, 인용된 내용과 분량, 피인용저작물을 수록한 방법과 형 태, 독자의 일반적 관념, 원저작물에 대한 수요를 대체하는지 여부 등을 종합적 으로 고려하여 판단하여야 한다.

⑥ 판결은 제28조의 '공표된 저작물의 인용'에는 인용저작물과 피인용저작 물 간의 '주종관계'를 전제로 한 '삽입형' 인용만이 적용될 수 있을 것이고, 이 와 달리 제35조의5 '공정이용' 조항에는 제28조가 적용될 수 없는 利用 양태가 적용 가능하다는 것, 예컨대 '전유형' 인용이 적용될 수 있다는 점을 암시함으 로써 제35조의5 조항에 관해 전개될 앞으로의 해석방향을 제시한 것으로 판단 할 수 있다.

(5) 소 결

정리하면 ⑥ 판결은 '주종관계'와 '종합적 고려'를 결합하여 판단해야 한다 는 법리를 제시한 '소설 무궁화 꽃이 피었습니다' 사건에 관한 ④ 판결의 입장 으로 회귀한 것이다. '종합적 고려'만을 강조하여 '전유형' 인용에까지 그 적용 범위를 확대하였던 ⑤ 판결의 적용범위를 2011년 '공정이용' 조항의 신설 이후

554 제7장 저작권 등의 예외와 제한

다시 축소할 필요가 있다고 판단하였기 때문이다.[80] 그러한 점에서 '주종관계' 대신에 '종합적으로 고려'하여 판단할 것을 강조한 '썸네일 이미지' 사건에 관한 ⑤ 판결은 이제 그 역사적 소임을 다한 것이라고 평가할 수 있다.

⑥ 판결과 마찬가지로 제35조의5 '공정이용' 조항의 적용이 직접 문제가 된 것은 아니지만, 'Be The Reds' 도안이 새겨진 티셔츠 등을 착용한 모델들의 사진을 촬영한 후 이 사진들을 사진판매업체에 제공하여 이를 인터넷상에서 공개한 사안에서 그 사진들 속에 'Be The Reds' 도안을 이용한 것이 저작권법 제28조의 요건에 해당되는지 여부가 문제된 사건이 있다. 이 사건에서 대법원은 종합고려설의 관점을 재확인하면서 영리적인 목적을 위한 이용은 비영리적인 목적을 위한 이용의 경우에 비하여 자유이용이 허용되는 범위가 상당히 좁아진다고 전제하고 이 사건 사진들 속에서 피인용저작물인 'Be The Reds' 도안은 부수적으로 이용된 것이 아니라 그 양적·질적 비중이나 중요성이 상당한 정도를 차지하고 있으며 더구나 영리목적을 위해 이용한 것이므로 그 허용범위가 상당히 좁아진다는 점에서 정당한 범위 안에서 공정한 관행에 합치되게 인용된 것이라고 볼 수 없다는 취지로 판시하였다.[81]

라. 공정한 관행에 합치되게

대법원 판례는 정당한 범위 안에서 공정한 관행에 합치되게 인용한 것인지는 인용의 목적, 저작물의 성질, 인용된 내용과 분량, 피인용저작물을 수록한 방법과 형태, 독자의 일반적 관념, 원저작물에 대한 수요를 대체하는지 여부 등을 종합적으로 고려하여 판단하여야 한다고 판시한다.[82] 이것은 앞에서 소개한 '종합고려설'의 관점으로서, 우리 판례는 저작권법 제28조의 '공정한 관행에 합치되게'라는 요건을 판단함에 있어서 '정당한 범위 안에서'라는 요건과

---

80) 박준석, 위의 논문, 199면 참조.
81) 대법원 2014. 8. 26. 선고 2012도10786 판결('Be The Reds' 사건)은 추상적 법률론은 타당하지만 그 결론에 몇 가지 의문이 있다. ① 'Be The Reds' 도안은 미술저작물 중 '서예'로 보호되는 것이지 서체도안으로 보호되는 것이 아니다. 만일 후자라면 서체도안의 저작물성을 부정한 대법원 1996. 8. 23. 선고 94누5632 판결과의 정합성이 문제되는 판결이다. ② 위 도안이 복제된 티셔츠를 착용한 모델을 사진촬영한 경우 서예작품의 미적 감상에 초점을 맞추어 촬영한 경우가 아닌 한 그 '부수적 이용성'을 긍정해야 할 사건이다. ③ 그렇지 않더라도 저작권법 제35조의5 (저작물의 공정한 이용) 신설조항이 적용되는 사안과의 형평을 고려하여 제28조의 적용범위를 유연하게 해석할 필요가 있는 사건이다. ④ 요컨대, 이 판결의 사안과 관련하여 권리제한 규정을 유연하게 해석하거나, 권리남용의 법리를 원용하여 사실상 공정이용에 해당한다는 결론을 도출하였어야 할 판결이다.
82) 대법원 1997. 11. 25. 선고 97도2227 판결; 대법원 2006. 2. 9. 선고 2005도7793 판결; 대법원 2013. 2. 15. 선고 2011도5835 판결.

함께 위와 같이 '종합적으로 고려하여 판단'하여 왔다. '정당한 범위'와 '공정한 관행'은 대개 구별하지 않고 함께 판단되어 왔지만 양자의 의미를 서로 대비하여 보면, 전자가 인용의 범위에 관한 것이라면 후자는 인용의 방법에 초점을 맞춘 것이라고 할 수 있다.83) 그리고 인용의 방법과 관련하여 공정한 관행에 합치되기 위해서는, ① 타인의 저작물의 인용부분이 자기의 저작물과 명료하게 구별될 수 있어야 하고(이른바 '명료구별성'), 또한 ② 타인의 저작물을 인용함에 있어서 원문 그대로 혹은 원형 그대로 인용하지 않으면 안 된다(이른바 '원형 그대로 인용'). 인용부분의 명료한 구별방법으로서는, 가령 어문저작물의 경우에 따옴표를 쓴다든가 줄을 바꾸거나 크기나 모양이 다른 글자체로 표시하는 것이 일반적이다. 또는 註를 붙임으로써 인용부분을 구별할 수도 있다.84)

'공정한 관행에 합치되게'라는 요건의 판단기준의 하나인 이른바 '명료구별성'이라는 것은 저작물의 성질마다 관행이 다르므로 무엇이 공정한 것인지 일률적으로 제시하기 어려운 측면이 있다. 또한 공정한 관행은 '정당한 범위 안'이라는 요건과도 밀접하게 관련되어 판단되어야 한다는 점에서, 공정한 관행의 합치 여부는 그 판단이 결코 용이한 일이 아니다. 따라서 우리 대법원 판결이 이른바 '종합고려설'이라는 관점을 채택한 것은 '정당한 범위 안에서'라는 요건의 판단기준인 이른바 '주종관계설'의 입장과 '공정한 관행에 합치되게'라는 요건의 판단기준인 이른바 '명료구별성'의 입장을 각 보완하기 위한 것이라고 이해할 수 있다.85) 아울러 또 하나의 판단기준은 이른바 '원형 그대로 인용'이다. 저작권법 제28조에는 제36조 제1항의 "저작물을 … 개작하여 이용할 수 있다"는 규정이 적용되지 않고 같은 조 제2항의 "저작물을 번역하여 이용할 수 있다"는 규정만이 적용된다. 따라서 타인의 저작물을 인용할 때에는 원문 그대로 인용해야 하는 것이 원칙이고, 다만 원문을 그대로 번역하여 인용하는 것이 허용될 뿐이다. 그러나 이러한 원칙이 모든 경우에 엄격히 지켜질 것이 요구되는 것은 아니다.86) 어문저작물의 경우에 인용을 하면서 그것이 요약이라는 점을 명확하게 나타냈다면 원문 그대로 인용하지 않고 大意를 要約하여 引用할 수 있다. 마찬가지로 모든 문장을 인용하지 않고 중략 표시 등의 방법으로 앞뒤를 연결하여 인용하는 것도 허용된다.87) 이와 같은 취지에서 일본

---

83) 곽경직, 앞의 논문, 42면.
84) 하용득, 앞의 책, 186면.
85) 이형하, 앞의 논문, 367면, 374면 각 참조.
86) 곽경직, "저작권의 제한에 관한 연구", 서울대 대학원 법학석사 학위논문, 1990. 1., 43면.
87) 內田晋, 「問答式 入門著作權法」, 新日本法規出版株式會社, 1979, 209면.

하급심 판결은 "타인의 저작물을 그 취지에 충실하게 요약하여 인용하는 것도 … 허용되는 것으로 해석하여야 한다"고 판시한 바 있다.[88] 다만, 요약 인용을 할 때 주의할 점은 인용에 의하여 피인용저작물의 저작자가 가지는 저작인격권에 영향을 주어서는 안 된다는 것이다(제38조). 예컨대, 타인의 논문을 인용하는 경우 그 논문의 전체 논지를 무시하고 인용자에게 편리한 부분만을 선택하여 인용한다면 논문을 집필한 저작자의 의도가 잘못 전해질 수 있다. 이러한 인용방법은 공정한 관행에 합치되는 인용이라고 할 수 없으며 저작인격권을 침해할 가능성이 있다는 점에 유의하여야 한다.[89]

한편, 저작권법은 타인의 저작물을 인용하여 이용하는 경우에는 "저작물의 이용 상황에 따라 합리적이라고 인정되는 방법"으로 그 출처를 명시하여야 한다는 '출처명시의무' 규정(제37조)을 두고 있다. 일반적으로는 인용부분에 가까운 장소에 저작자의 이름 및 저작물의 제호를 표시하여 출처를 명시한다. 책의 앞부분이나 끝부분에 인용된 저작물을 열거하여도 그것만으로는 인용부분과의 결부관계를 알 수 없으므로 "합리적이라고 인정되는 방법"(제37조 제2항)이라고 할 수 없을 것이다. 문제는 '출처명시의무'만을 이행하지 않은 인용을 어떻게 취급할 것인가 하는 점이다. 저작권법은 타인의 저작재산권을 침해한 경우의 권리침해죄(제136조)와는 별개의 조항으로 출처명시위반죄(제138조)를 규정하고 있으므로, '출처명시의무'만을 이행치 않은 인용은 저작재산권 침해로 되는 것은 아니며, 다만 저작재산권의 제한규정에 의하여 인용자에게 부과된 일반적 의무위반에 따른 책임만을 지는 것으로 보아야 한다고 해석하는 것이 일반적이다. 바꿔 말하면 출처명시의무는 공정한 관행에 합치되는 인용

---

88) 東京地裁 1998(平成10)年 10月 30日 判決('혈액형과 성격의 사회사' 사건). 이 판결은 다음의 다섯 가지 이유에서 요약 인용을 인정한다. 즉 ① 인용이 원저작물을 그대로 사용하는 경우에 한정된다고 해석해야 할 근거는 없다는 점, ② 요약하여 인용하기보다도 타인의 어문저작물의 전체 또는 상당히 넓은 범위를 원문 그대로 인용하는 쪽이 그 저작권자의 권리를 침해하는 정도가 더 크다는 점, ③ 일정한 관점에서 요약한 것을 이용하면 충분하고 모든 문장을 인용할 필요까지는 없는 경우가 있다는 점, ④ 원문의 일부를 생략하면서 군데군데 인용하기보다도 원문의 취지에 충실하게 요약하여 인용하는 것을 인정하는 쪽이 타당하다는 점, ⑤ 현실적으로도 요약 인용은 사회적으로 널리 행하여지고 있다는 점을 그 이유로 든다. 나아가 위 판결은 인용에 대해 적용되는 일본 저작권법 제43조 제2호(우리 저작권법 제36조 제2항)에는 번역에 의한 이용밖에 규정하고 있지 않음에도 불구하고 위 규정의 취지에 비추어 볼 때 위 규정에는 개작의 한 형태인 요약 인용의 경우도 포함된다고 판시하고, 일본법 제43조(우리법 제36조)를 적용함으로써 이용할 수 있을 때에는 "부득이 하다고 인정되는 범위 안에서의 변경"이므로 동일성유지권 침해도 성립하지 않는다는 취지로 판시하였다. 三山裕三, 「著作權法詳說」第8版, LexisNexis, 2010, 323~325면 참조.
89) 內田晋, 앞의 책, 211면.

인지 여부를 판단하기 위한 하나의 고려요소에 불과한 것이므로 이에 위반하더라도 얼마든지 제28조 소정의 인용이 성립할 수 있는 것이다. 한편, 출처의 명시는 "저작자의 실명 또는 이명이 표시된 저작물의 경우에는 그 실명 또는 이명을 명시하여야 한다"(제37조 제2항). 따라서 이러한 출처의 명시가 없을 때에는 출처명시위반죄 외에 성명표시권 침해가 된다.

마. 인용할 수 있다

저작권법 제28조의 핵심 요건인 ㈐ '정당한 범위 안에서' ㈑ '공정한 관행에 합치되게'라는 각 요건을 함께 갖춘 것으로 판단되면 피인용저작물을 인용저작물에 ㈒ '인용(하여 이용)할 수 있다.' 제28조 법문은 단지 "인용할 수 있다"고만 규정하고 있으나 인용만 가능하고 인용한 것을 이용할 수 없으면 제28조는 아무런 의미가 없는 규정이 되므로 위 요건들을 모두 갖추면 타인의 저작물을 인용하여 이용할 수 있다고 보아야 하는 것은 당연하다.[90] 따라서 제28조의 요건에 해당하면, 복제뿐만이 아니라 공중송신, 공연 등 저작물의 모든 이용행위를 적법하게 할 수 있으므로[91] 제28조는 그 적용범위가 매우 넓은 규정이다. 또한 이와 같이 타인의 저작물을 인용하는 경우에는 그 저작물을 번역하여 인용할 수 있다(제36조 제2항).

3. 관련문제 ― 패러디[92]

가. 개념 및 유형

패러디란 풍자나 비평 등의 목적을 이루기 위해 널리 알려진 타인의 저작물의 문체, 어구 능을 흉내 내어 그 저작물의 내용과는 다른 내용으로 창작하는 것을 말한다. 음악저작물 중에서 곡조는 같고 노래 가사만을 바꾼 노래, 즉 개사곡의 경우도 패러디에 속한다. 요컨대, 패러디란 '풍자적 개작' 내지 '비평적 개작'을 말한다. 패러디의 유형에는 타인의 저작물 자체를 비평의 대상으로 삼는 이른바 '타겟(대상) 패러디'(target parody)와 타인의 저작물을 비평의 수단으로 이용하지만 그와는 무관한 사회현상을 비평하는 이른바 '무기(수단) 패러

90) 같은 취지, 허희성, 「2011 신저작권법 축조개설 상」, 명문프리컴, 2011, 228면.
91) 서울고법 2010. 10. 13. 선고 2010나35260 판결('가수 손담비 어린이 동영상' 사건).
92) 패러디와 저작권에 관한 쟁점에 대해서는, 박성호, "포스트모던 시대의 예술과 저작권", 「저작권법의 이론과 현실」, 현암사, 2006, 239면 이하; 강신하, "지적재산법에 있어서 패러디를 둘러싼 권리자와 이용자 사이의 이익균형에 관한 연구", 한양대 대학원 법학박사 학위논문, 2014. 2., 8면 이하 각 참조.

디'(weapon parody)가 있다. 전자를 직접적 패러디(direct parody), 후자를 매개적 패러디(vehicle parody)라고도 부른다.

학설 중에는 저작재산권의 제한규정의 적용대상이 될 수 있는 패러디는 널리 알려진 타인의 저작물 자체를 비평의 대상으로 삼는 '대상 패러디', 즉 직접적 패러디에 국한된다는 견해가 있다. 이에 따르면 무기(수단) 패러디, 혹은 매개적 패러디는 타인의 저작물 자체를 비평의 대상으로 삼는 것이 아니라 그 저작물과는 관계없는 사회현상을 비평하기 위해 타인의 저작물을 수단으로 하여 간접적으로 이용하였을 뿐이므로 저작재산권의 제한사유의 대상으로 논의될 수 있는 패러디에 해당하지 않는다는 것이다.[93] 왜냐하면 무기 패러디의 경우는 타인의 저작물 자체가 패러디의 대상이 아니기 때문에 그 저작권자로부터 이용허락을 받을 가능성이 열려 있으나, 대상 패러디의 경우는 타인의 저작물 자체가 희화화의 대상이 되는 관계로 그 저작권자가 이용허락에 소극적인 태도를 보이는 경우가 대부분일 것이기 때문이라는 것이다.[94][95]

그러나 직접적 패러디인지 매개적 패러디인지를 구별하는 것 자체가 쉬운 일이 아닐 뿐만 아니라, 설령 그 구별을 전제하더라도 권리자로부터 이용허락

---

93) 정재훈, "패러디 광고와 저작권 침해", 「광고연구」, 1998 여름호, 11면; 허희성, 「2011 신저작권법 축조개설 상」, 명문프리컴, 2011, 146면 각 참조.

94) Richard A. Posner, "When is Parody Fair Use?", *Journal of Legal Studies*, vol. 21, 1992, pp.69~73 참조. Posner 판사는, 패러디에 이용된 저작물이 패러디의 대상이 아니라 수단 (weapon)일 수 있는데 이러한 경우 패러디된 저작물이 호감을 불러일으킬 수도 있기 때문에 그 저작권자가 패러디를 허락하기를 꺼려할 이유가 없으므로 공정이용이 성립할 여지가 없다고 한다. 이에 반하여 패러디된 저작물이 비평의 대상(target)이 되는 경우에는 公益(the social interest)때문이 아니라 그 저작권자의 私益 때문에 그 저작물에 대한 비평이 억압될 수 있으므로 공정이용의 항변이 원용되어야 한다고 한다(Ibid.).

95) 이와 관련한 미국 판결로서 Dr. Seuss의 유명한 "모자를 쓴 고양이(The Cat in the Hat)"에 등장하는 만화 캐릭터인 고양이를 무단으로 사용하여 O.J. 심슨 사건을 풍자한 "모자를 안 쓴 고양이(The Cat Not in the Hat)"라는 책에 대해 패러디로서의 공정이용(fair use) 항변이 적용될 수 있는지 여부가 문제된 사건이 있다. 이 사건에서 미연방 제9항소법원은 피고가 풍자를 위해 Dr. Seuss의 스토리와 스타일을 인용한 것이 아니라 심슨 사건을 재론하기 위해 이를 흉내 냈을 뿐이라는 이유로 공정이용의 항변을 받아들이지 않았다{Dr. Seuss Enterprises, L.P. v. Penguin Books USA, Inc., 109 F.3d 1394 (9th Cir. 1997)}. 즉, 패러디에 대해 공정이용이 성립되기 위해서는 이용되는 저작물 자체가 비평·비판의 대상(target)이 되어야 하는데, 위 사건에서는 해당 캐릭터에 대한 비평이 아니라 심슨 사건의 비판을 위한 수단(weapon)으로 사용되었기 때문에 공정이용이 성립하지 않는다고 판단한 것이다. Posner 판사는, O.J. 심슨의 살인 사건 재판을 풍자하기 위하여 Dr. Seuss의 책을 패러디한 것이 저작권법적으로 문제가 된 위 제9소법원 사건을, 패러디에 이용된 저작물이 패러디의 대상이 아닌 수단(weapon)이 된 例로서 소개하고 있다(William M. Landes · Richard A. Posner, *The Economic Structure of Intellectual Property Law*, The Belknap Press of Harvard University Press, 2003, p.152).

을 받기 어려운 것은 대상 패러디(target parody)에 국한된다고 할 수 없으며 수
단 패러디의 경우도 허락을 받기 어려운 것은 마찬가지이다. 따라서 패러디라
는 예술장르의 존립을 보호하기 위해서는 직접적(대상) 패러디인지 매개적(수
단) 패러디인지를 구별할 필요가 없으며 어느 경우나 권리제한의 문제로서 창
작의 자유와 표현의 자유를 보장해줄 실익이 존재한다고 할 것이다.

나. 쟁점 및 판례
(1) 쟁   점

패러디는 그 본질적 특성상 널리 알려진 타인의 저작물을 이용하여 이를
풍자적 또는 비평적으로 개작함으로써 그 저작물을 상기시키는 것이 요구되는
예술장르이다. 따라서 저작권법과의 관계에서 패러디에 대해 가장 먼저 제기
되는 쟁점은 패러디로 인한 복제권 침해 또는 2차적 저작물 작성권 침해의 문
제이다. 만일 어떤 패러디물이 그 이용 대상이 된 저작물의 복제물이나 2차적
저작물이라고 규범적으로 평가된다면 그 패러디물은 예술적으로도 이른바 '실
패한 패러디'에 지나지 않는 경우가 대부분일 것이다. 따라서 실패한 패러디의
경우에는 저작권법상 보호대상으로 논의할 실익과 가치가 없을 것이다. 그러
나 이와는 달리 어떤 패러디물이 하나의 예술작품으로 평가받는 경우, 즉 이
른바 '성공한 패러디'로 판단되는 경우에 그 패러디물이 소재로 삼은 원저작물
의 2차적 저작물이 아니라 별개의 독립한 새로운 저작물이라고 규범적으로 평
가되는 경우가 적지 않을 것이다.[96] 구체적으로 살펴보면, 패러디물이 소재로
삼은 원저작물의 창작적 표현을 이용한 것이 아니라, 표현의 토대가 되는 아
이디어라든가 창작적 표현이 아닌 부분만을 이용한 것에 지나지 않는 경우에
는 이미 2차적 저작물이 아니라 완전히 독립한 새로운 저작물이므로 원저작물
의 저작권이 미치지 않는다.[97] 나아가 원저작물의 창작적 표현을 이용하였더
라도 거기에 패러디물의 저작자가 창작한 부분이 더해져서 그 패러디물을 전
체적으로 볼 때에 원저작물의 창작적 특성이 감지될 수 없다고 판단되면 원저
작물과의 실질적 유사성을 인정할 수 없으므로[98] 2차적 저작물 작성권 침해가

---

96) 성공한 패러디의 경우에 언제나 독립한 새로운 저작물로서 성립한다는 견해로는, 김원오, "패러
   디 항변을 둘러싼 저작권법상 쟁점", 「안암법학」 제14호, 2002, 339면; 이상정, "패러디와 저작
   권", 「산업재산권」 제31호, 2010, 183~184면; 정재훈, 앞의 논문, 11면 각 참조.
97) 橫山久芳, "著作權法─'パロディ'から考える著作權法入門", 「法學教室」No.380, 有斐閣, 2012. 5.,
   30~31면.
98) 대법원 2007. 3. 29. 선고 2005다44138 판결.

성립하지 않는다.99) 이처럼 성공한 패러디로 판단되는 경우(예술적 판단)에는 2차적 저작물 작성권 침해가 성립하지 않는 경우(규범적 판단)가 상당수 존재할 수 있다. 따라서 이러한 경우에는 저작재산권의 제한을 논의할 필요조차 없다.

　문제는 패러디물이 예술작품으로 인정되는 성공한 패러디의 경우라도 규범적으로 판단하여 2차적 저작물 작성권 침해에 해당하는 경우가 있을 수 있다는 점이다. 예술적 판단으로는 성공한 패러디라고 인정됨에도 불구하고 규범적 판단으로는 2차적 저작물 작성권 침해에 해당하는 경우가 얼마든지 존재할 수 있기 때문이다. 이처럼 예술적으로 성공한 패러디에 대해서 2차적 저작물 작성권 침해라는 규범적 판단이 성립하는 경우에 비로소 저작재산권의 제한사유, 특히 저작권법 제28조 소정의 '공표된 저작물의 인용'에 해당하는지 여부를 논의할 실익이 존재하게 된다. 요컨대, 예술적 판단으로는 성공한 패러디라고 인정됨에도 불구하고 규범적 판단으로는 2차적 저작물 작성권 침해가 성립되는 경우에 저작재산권의 제한이라는 해결수단을 통하여 패러디라는 예술장르에 있어서 창작의 자유와 표현의 자유를 보장해줄 실익이 존재하는 것이다.

　저작권법 제28조가 규정하는 인용이란 "정당한 범위 안에서 공정한 관행에 합치되게" 인용하는 것이어야 한다. 전술한 것처럼 "정당한 범위 안에서"라는 요건은 '주종관계'를 토대로 판단되는 것이고 "공정한 관행에 합치되게"라는 요건은 '명료구별성'과 '원형 그대로 인용'이라는 기준에 의해 판단된다. 그런데 패러디라는 것은 타인의 저작물을 전부(이른바 '전유형' 인용) 또는 그 상당부분을 이용하는 경우가 대부분이어서 주종관계와 명료구별성의 기준에 부합하기 어려운 경우가 많을 것이다. 또한 패러디는 타인의 저작물을 개작하여 이용하는 경우가 대부분이어서 원형 그대로의 인용에도 해당하지 않는 경우가 많을 것이다. 이들 문제점 가운데 먼저 주종관계와 명료구별성의 기준에 대해 살펴보면, 두 기준을 수정하는 '종합고려설'의 관점에서는100) 패러디에 대해서도 제28조 소정의 '공표된 저작물의 인용'에 해당하여 적법하다고 해석할 수 있는 여지가 존재한다. 그리고 개작하여 이용하는 것과 관련해서는 저작권법 제28조에는 제36조 제1항의 "저작물을 … 개작하여 이용할 수 있다"는 규정이

---

99) 小泉直樹, "パロディと著作權", 「コピライト」No.624 Vol.53, 社團法人 著作權情報センター, 2013. 4., 3면.

100) 대법원 1997. 11. 25. 선고 97도2227 판결; 대법원 2006. 2. 9. 선고 2005도7793 판결; 대법원 2013. 2. 15. 선고 2011도5835 판결.

적용되지 않고 같은 조 제2항의 "저작물을 번역하여 이용할 수 있다"는 규정만이 적용되므로 개작하여 인용하는 것이 과연 가능한지 의문일 수 있다. 하지만 제28조에는 제36조 제1항이 적용되지 않는다는 것일 뿐이지 해석론상 개작의 한 형태인 요약 인용이 허용된다는 점을 고려하면101) 개작하여 인용하는 것이 언제나 금지된다는 취지는 아니라고 해석할 수 있다. 따라서 패러디와 같은 예술장르에 한해서는 개작하여 인용하더라도 공정한 관행에 합치된다고 해석할 여지는 있을 것이다. 요컨대, 패러디라는 예술장르의 특성은 물론이고 그 표현의 자유를 고려하여 '인용' 규정을 다소 유연하게 해석하여 적용하되, 그렇게 하더라도 해결할 수 없는 저작권 문제는 제35조의5의 적용을 통해 그 해결을 도모해야 할 것이다.

(2) 판 례

먼저 ① '노가바(노래가사 바꿔 부르기) 패러디' 사건을 들 수 있다. 이 사건은 기존 가요의 곡조에 노동자들 사이에 구전되던 노동현실을 풍자하는 개사곡의 가사를 수집·정리한 60여 개의 가사를 해당 악곡의 악보와 함께 편집하여 100부를 출판하였다는 이유로 피고인을 1957년 저작권법 제71조 제1항의 부정출판공연죄로 기소한 사안이다. 이에 대해 대법원은 "원곡의 악보를 轉寫하고 … 악곡의 전부와 가사를 그대로 편집한 것은 자기의 저작물의 종된 자료로서 이를 이용하거나 또는 학문적, 예술적 저작물을 설명하는 자료로서 이를 삽입한 것으로 볼 수도 없어" 비침해행위를 규정한 1957년 "저작권법 제64조 제1항 각호의 어느 것에도 해당하지 아니한다"고 판시하여 부정출판공연죄를 인정하였다.102)

다음으로 ② 이른바 '안티 포스코 홈페이지' 사건이다. 삼미특수강 노동자들의 고용승계 주장을 담고 있는 안티 포스코 홈페이지가 포스코 홈페이지의 디자인을 베낀 것은 신청인의 저작권을 침해한 것이라며 홈페이지 운영자 등을 상대로 도안 사용금지 가처분 신청을 한 사안이다. 하급심 법원은 피신청인 측의 표현의 자유 주장은 전혀 판단하지 아니한 채 신청인의 신청을 이유 있다고 받아들여 포스코 건물 사진, 영문 포스코 도안 등을 메인페이지에 표시해서는 안 된다고 결정하였다.103) 이에 대해 피신청인 측은 패러디에 해당

---

101) 전술한 東京地裁 1998(平成10)年 10月 30日 判決('혈액형과 성격의 사회사' 사건)의 판시 내용 참조.
102) 대법원 1991. 8. 27. 선고 89도702 판결.
103) 서울지법 2000. 4. 17.자 2000카단52171 결정.

한다고 주장하면서 가처분 이의신청을 제기하였는데, 같은 법원은 포스코 로고에 'X'표시를 하고 홈페이지 디자인을 사용하였다는 것만으로는 저작인격권과 저작재산권을 침해한 것이라고 단정할 수 없다는 이유로 위 가처분결정을 취소하고 신청인의 가처분신청을 기각하였다.[104]

③ 'Come Back Home 패러디' 사건이다. 이 사건은 신청인이 작사·작곡한 원곡(가사와 악곡)에 대해 피신청인들이 가사를 변형하고 악곡의 음정과 박자를 달리하는 노래(개사곡)를 녹음한 음반을 제작·판매하고, 또한 피신청인들이 신청인이 출연한 원래의 뮤직비디오와 비슷한 모습으로 분장한 가수가 등장하여 춤을 추면서 개사곡을 부르는 뮤직비디오를 제작·판매한 것에 대해서 신청인이 저작인격권 등의 침해를 이유로 판매금지 등 가처분 신청을 하자 피신청인들이 패러디 주장을 하면서 공표된 저작물의 인용에 해당한다고 주장한 사안이다. 이에 대해 하급심 법원[105]은 패러디가 공표된 저작물의 인용에 의해 허용될 여지가 있으나 동일성유지권의 본질적인 부분을 침해하지 않는 범위 내에서 예외적으로 허용된다고 전제한 다음, 패러디로서 저작물의 변형적 이용이 허용되는 경우인지 여부는 구 저작권법 제25조 및 제13조 제2항(현행 저작권법 제28조 및 제13조 제2항)의 규정취지에 비추어 원저작물에 대한 비평·풍자 여부, 원저작물의 이용목적과 성격, 이용된 부분의 분량과 질, 이용된 방법과 형태, 소비자들의 일반관념, 원저작물에 대한 시장수요 내지 가치에 미치는 영향 등을 종합적으로 고려하여 신중하게 판단해야 한다고 하였다. 아울러 법원은 피신청인들의 개사곡은 원곡에 나타난 독특한 음악적 특징을 흉내 내어 단순히 웃음을 자아내는 정도에 그치고, 원곡에 대해 비평적 내용을 부가하여 새로운 가치를 창출한 것으로 보이지 아니한 점(피신청인들은 자신들의 노래가 음치가 놀림 받는 우리사회의 현실을 비판하거나 대중적으로 우상화된 신청인도 한 인간에 불과하다는 등의 비평과 풍자가 담겨있다고 주장하나, 패러디로서 보호되는 것은 당해 저작물에 대한 비평이나 풍자인 경우라 할 것이고 당해 저작물이 아닌 사회 현실에 대한 것까지 패러디로서 허용된다고 보기 어렵다) 등을 이유로 피신청인들의 개사곡은 패러디로서 보호받을 수 없는 것이라고 판단하였다.

㉠ 판결에 대해서는 개사곡을 수집·정리하게 된 연구목적 등에 비추어 볼 때, 대법원의 논리대로 판단하더라도 피고인이 원곡의 악보(＝악곡＋가사)를 전사한 행위는 주된 저작물인 '개사곡'과 원곡 가사와의 대비를 통하여 그것이

104) 서울지법 2001. 7. 20. 선고 2000카합2526 판결.
105) 서울지법 2001. 11. 1.자 2001카합1837 결정.

풍자하고자 하는 대상을 명확히 하기 위한 설명자료로써 부수적으로 활용된 것에 지나지 않는다고 볼 수 있으므로 비침해행위에 해당한다고 보아야 하는 것이 아닌가 하는 의문이 남는다.106) ② 판결은 결과적으로 패러디 주장을 인용한 것이라는 긍정적인 평가를 내릴 수는 있지만 어떠한 이유로 저작재산권 및 저작인격권 침해에 해당하지 않는지를 구체적으로 설시하지 않았다는 점에서 패러디에 관해 보편적 규범을 제시하는 판결이라기보다는 해당 사례에 대해서만 적용되는 이른바 '사례판결'에 불과한 것이라고 생각된다. ③ 결정에 대해서는 패러디의 허용 여부를 '공표된 저작물의 인용'(제28조)은 물론이고 동일성유지권의 제한(제13조 제2항)의 관점에서도 판단하였다는 점에서 긍정적으로 평가할 수 있을 것이나, 패러디의 정의와 관련하여 수단 패러디 내지 매개적 패러디는 허용되지 않는 것처럼 판단하면서도 그 이유를 명확히 밝히지 않았다는 점에서 아쉬움이 남는 재판례이다.

다. 소   결

위 판례 중 ③ 결정의 요지는, 타인의 저작물을 패러디로서 이용하기 위해서는 해당 저작물이 널리 알려져 있어야 하고 비평적 내용을 부가하여 새로운 가치를 창출한 것으로 보일 정도에 이르러야 하는 것을 전제로 한 다음 저작권법 제28조 및 제13조 제2항에 비추어 원저작물에 대한 비평·풍자 여부 등 여러 요소들을 종합적으로 고려하여 타인의 저작물을 개작하여 변형적으로 이용하는 것이 허용되는지 여부를 신중하게 판단해야 한다는 것이다. 다만, 전술한 것처럼 ③ 결정은 구체적 이유의 제시도 없이 대상 패러디 또는 직접적 패러디만이 허용된다는 취지로 판시하였다는 점에서 논리적 설득력이 부족하다는 한계가 있다. 인용의 적법요건 중 "정당한 범위 안에서"에 대해서는 이미 설명한 것처럼, 저작권법 제28조는 주종관계를 전제로 하는 '삽입형' 인용에 대해서 적용되는 규정이고 주종관계와 무관한 '專有型' 引用 내지 利用 일반에 대해서는 제35조의5 조항이 적용 가능하다는 쪽으로 그 해석 방향을 정리한다면, 제28조에 의한 패러디 문제의 해결에는 일정한 한계가 있을 수밖에 없다. 달리 말하면 패러디는 그 특성상 '전유형' 인용이 대부분이라는 점을 고려할 때에 저작권법 제28조 소정의 '공표된 저작물의 인용'을 통해 해결할 수 있는 패러디에 관한 저작권 문제는 그 범위가 좁을 수밖에 없다. 따라서 앞으로 제

---

106) 이에 관해서는, 박성호, "'노가바' 저작권법 위반사건", 「민주사회를 위한 변론」창간호, 역사비평사, 1993, 143면 이하(특히 157~158면) 참조.

기될 패러디 관련 저작권 문제의 상당 부분은 제35조의5(저작물의 공정한 이용)
규정을 통해 그 해결을 도모해 나가야 할 것이다.

IX. 영리를 목적으로 하지 않는 공연과 방송

1. 의   의

저작권법에서는 다른 지적재산법과[107] 달리 타인의 저작물을 비영리적으
로 이용한 경우라도 저작권 침해가 성립한다. 따라서 영리인지 비영리인지 여
부에 따라 저작권 침해의 성립이 좌우되지 않는다. 다만, 저작재산권의 제한사
유 중 하나로 비영리 목적이라는 요건이 명시적으로 요구되는 경우에 예외적
으로 영리와 비영리를 구별할 실익이 있다. 그 중 하나가 저작권법 제29조의
비영리 목적의 공연·방송이다. 제29조 제1항은 공표된 저작물을 비영리 목적
으로 공연 또는 방송한 것에 관하여 저작권 비침해를 규정한 것으로 무형적이
며 일과성에 그치는 저작물 이용양태의 공익적 측면을 고려하여 마련된 저작
재산권 제한조항이다.[108] 제2항은 반대급부 없이 이루어지는 상업용 음반·영
상저작물의 공연에 대해 저작권 비침해를 규정한 것인데, 그 입법취지는 저작
물의 무형적 이용에 해당하는 것에 대해 국가적 차원에서 문화적 소산의 혜택
을 전 국민에게 확산시킨다는 분배적 정의의 원리를 표현한 것이다.[109]

≪저작권법 제29조의 입법연혁≫

우리 저작권법 제29조 제1항은 일본 저작권법 제38조 제1항 및 독일 저작권법
제52조 제1항에서 직접 또는 간접적으로 영향을 받았다. 제29조 제2항은 1999년
삭제된 일본 저작권법 부칙 제14조로부터 영향을 받았다.[110] 일본 저작권법 부칙
제14조는 "적법하게 녹음된 음악저작물의 연주의 재생에 대해서는 방송 또는 유
선송신에 해당하는 것 및 영리를 목적으로 음악저작물을 사용하는 사업으로 政
令에서 정하는 경우", 즉 저작권법시행령 부칙 제3조에서 정하는 경우를 제외하

---

107) 가령, 특허법 제94조, 제126조, 제127조 등은 타인의 특허발명을 업으로서 실시한 경우에, 상
표법 제2조 제1항 제10호, 제89조, 제107조, 제108조 등은 타인의 등록상표를 자기 상품 등의
출처표시로 사용한 경우에 권리침해가 성립한다는 취지로 규정한다.
108) 장인숙, 「저작권법원론」개정판, 보진재, 1996, 99면.
109) 안경환, "공연·전시에 있어서의 신·구법 차이점", 「계간 저작권」, 1988 봄호, 19면.
110) 최경수 외 10인, 「저작권법 전면 개정을 위한 기초 조사연구」, 문화관광부, 2001. 12., 80면 이
     하 참조.

고는 연주권의 침해로 되지 않는다고 하였다. 또한 저작권법시행령 부칙 제3조는 "손님에게 음악을 감상하게 하는 것을 영업내용으로 하는 것을 … 광고하거나 손님에게 음악을 감상하게 하기 위한 특별설비 …등을 갖춘 경우" 또는 "카바레, 나이트클럽, 댄스홀 등 그 밖에 플로어에서 손님에게 댄스를 하게 하는 영업" 등을 저작권법 부칙 제14조의 적용이 제외되는 경우로 규정하였다. 아울러 부칙 제14조에서 규정하는 '적법하게 녹음된 음악저작물'이란 시판되는 음반은 물론 백그라운드 음악용으로 녹음허락을 받아 제작된 음반도 포함된다고 해석하였다.[111]

그러면 우리 저작권법 제29조 제2항은 어떠한 연유로 일본 저작권법의 관련 조항들로부터 영향을 받을 수밖에 없었던 것일까? 그 이유는 전술한 위 제2항의 입법취지와 관련된다. 과거 우리 구 저작권법(1957년법)은 이미 발행된 "음반, 녹음필름 등을 공연 또는 방송의 用에 供하는 것"을 저작권의 비침해로 간주하였다(제64조 제8호). 마찬가지로 일본 구 저작권법(1899년)은 적법하게 제작된 음반을 "흥행 또는 방송의 用에 供하는 것"을 저작권 침해로 보지 않았다(제30조 제8호). 그러다가 일본은 1970년에, 우리나라는 1986년에 각각 저작권법을 전면 개정하면서, 종래 폭넓게 허용되던 음반 등에 대한 공연권의 제한의 폭을 입법적으로 조정하였다. 그 결과가 일본은 저작권법 부칙 제14조로, 우리는 저작권법 제29조 제2항으로 귀결된 것이다. 종전까지 자유롭게 허용되던 음반의 재생에 의한 공연에 대해 '급작스럽게' 저작권 침해라고 규제함으로써 초래될 수 있는 사회적 혼란을 고려한 입법적 대응이라고 할 수 있다.

2. 공표된 저작물의 비영리목적의 공연 또는 방송

가. 개 관

저작권법은 "영리를 목적으로 하지 아니하고 청중이나 관중 또는 제3자로부터 어떤 명목으로든지 대가를 지급받지 아니하는 경우에는 공표된 저작물을 공연(상업용 음반 또는 상업적 목적으로 공표된 영상저작물을 재생하는 경우는 제외한다) 또는 방송할 수 있다. 다만, 실연자에게 일반적인 보수를 지급하는 경우에는 그러하지 아니하다"고 규정한다(제29조 제1항). 위 규정의 전형적인 예로는 군경음악대의 야외연주, 학교 학예회에서의 연주 등을 드는 것이 일반적이다. 위 규정 내용을 요건 별로 나누면 (1) 영리를 목적으로 하지 아니하고, (2) 누구로부터 어떤 명목으로든지 대가를 지급받지 않으며, (3) 실연자에게 일반적인

---

111) 文化庁, 「著作権法ハンドブック」, 1989, 120면, 132면.

보수를 지급하지 않고서, (4) 공표된 저작물을 공연 또는 방송하는 경우이어야 한다. 만일, 위 요건들 중 어느 하나라도 갖추지 못하면 저작권 제한을 주장할 수 없다.

나. 요   건
(1) 영리를 목적으로 하지 않을 것

영리 목적이란 널리 경제적인 이익을 취득할 목적을 말한다. 영리 목적은 해당 행위와 직접적으로나 간접적으로 연결되어야 한다(행위의 영리성). 직접적인 영리 목적의 공연이나 방송은 관람이나 시청의 직접적인 대가(관람료나 시청료)를 받는 것이다. 간접적인 영리 목적의 공연이나 방송은 공연이나 방송의 주체가 관람자나 시청자로부터 해당 공연이나 방송에 대한 직접적인 대가를 받는 것은 아니지만 그러한 이용행위로 인해 경제적인 이익을 얻거나 경제적인 이익이 증대되는 경우를 말한다.[112] 따라서 무료 공연이더라도 광고나 홍보 또는 판매촉진의 일환으로 연주회를 여는 경우 영리 목적의 공연에 해당한다.[113][114]

이렇게 볼 때 '비영리 목적의 공연이나 방송'은 한정적이라는 것을 알 수 있다. 앞서 든 전형적인 예를 비롯하여, 가족행사에서 이루어지는 공연, 종교집회 중의 공연, 축제일이나 경축일 공연 또는 자선공연이 이에 해당한다. 저작물의 이용주체가 기업 등과 같이 영리 목적의 단체라 하더라도 그러한 이용행위로 인해 경제적 이익을 얻지 않은 경우에는 영리 목적이 인정되지 않는다고 보아야 한다. 그러므로 회사에서 직원들의 능률향상을 위해 사내에서 이루어지는 연주는 영리 목적의 공연에 해당하겠지만,[115] 회사 체육대회에서 이루어지는 공연과 같이 아무런 경제적 이익을 얻지 않는 경우에는 비영리 목적의 공연에 해당한다고 볼 수 있다.[116]

---

112) 최경수, 「저작권법개론」, 한울, 2010, 411~412면.
113) 서달주, 「저작권법」 제2판, 박문각, 2009, 400~401면; 최경수, 위의 책, 412면.
114) 서울고법 2002. 10. 15. 선고 2002나986 판결. 기독교 영상 선교사업 등을 목적으로 설립된 주식회사인 피고가 원고의 허락 없이 원고의 저작물인 '지저스 크라이스트 수퍼스타'라는 뮤지컬을 녹화하여 이를 인터넷 방송으로 송신한 사안에 관한 것이다. 피고는 영리를 목적으로 하지 않고 시청자나 제3자로부터 어떤 대가도 받지 않았으므로 구 저작권법 제26조(현행법 제29조)에 해당한다고 주장하였으나, 법원은 피고가 주식회사일 뿐 아니라 인터넷 방송을 송신하는 피고의 홈페이지에 상업광고를 게재한 사실이 인정되므로 이 사건 뮤지컬에 대한 인터넷 방송이 영리를 목적으로 하지 않은 방송이라고 할 수 없다고 판시하였다. 상고심은 대법원 2003. 3. 25. 선고 2002다66946 판결인데, 위 쟁점은 상고되지 않고 그대로 확정되었다.
115) 장인숙, 앞의 책, 100면; 서달주, 앞의 책, 401면.

(2) 누구로부터 어떤 명목으로든지 대가를 지급받지 않을 것

청중이나 관중 또는 제3자로부터 어떠한 목적이나 용도로든지 대가를 지급받아서는 안 된다. 예컨대, 야외 음악당에서 무료 연주회를 열면서 시민들로부터 청소비나 격려금 조로 금전을 걷는 경우, 자선 목적을 내걸고 관객들로부터 기부금을 받는 경우[117] 등은 모두 위 요건에 위배된다.[118] 청중이나 관중으로부터 대가를 지급받는다면 직접적인 영리 목적과 연결되므로 위 '영리를 목적으로 하지 않을 것'의 요건에도 어긋난다. 제3자로부터 대가를 지급받는 대표적인 예는 후원이다.

(3) 실연자에게 일반적인 보수를 지급하지 않을 것

실연자에게 일반적인 보수를 지급하지 않아야 한다. 실연자에게 보수를 지급할 수 있다면 저작재산권자에게도 당연히 저작물 이용료를 지급하여 정상적으로 이용허락을 얻을 것이지 굳이 저작재산권자의 권리를 제한하면서까지 그 이용을 허용할 이유는 없다는 취지이다.[119] 여기서 말하는 '일반적인 보수'라는 것은 공연 등의 대가에 상응하는 금액이라고 새겨야 한다. 다만, 공연 장소까지 이동하는 데 지출한 교통비나 식사비용을 지급한 경우까지 '일반적인 보수'의 지급에 해당한다고 보기는 어려울 것이다.[120]

(4) 공표된 저작물을 공연 또는 방송할 것

그 이용의 양태는 공표된 저작물을 '공연 또는 방송'하는 경우이다. 여기서 말하는 공연이라 함은 본조 제1항 단서 및 제2항과 관련하여 해석할 때 상업용 음반 등의 재생은 해당하지 않으며 라이브(生) 공연의 경우 또는 생 공연을 녹음하거나 녹화한 후 이를 재생한 경우를 가리킨다고 보아야 한다. 이러한 해석은 당연한 것이라고 할 수 있으나 일부 異見이 있을 수 있다는 점을 고려하여[121] 2016년 3월 22일 저작권법을 일부 개정할 때 여기서의 공연에는

---

116) 하동철, 「디지털 시대의 음악 공연권 해설」, 커뮤니케이션북스, 2011, 234면; 같은 취지, 최경수, 앞의 책, 412면.

117) 자선 목적의 공연에 대해 저작재산권의 예외 규정을 두고 있는 입법례로는 독일 저작권법(제52조)과 미국 저작권법(제110조(4)) 등을 들 수 있다. 특히 독일 저작권법 제52조 제1항에서 그 요건으로 ① 영리목적이 아닐 것, ② 향유자로부터 반대급부를 받지 않을 것, ③ 실연자에게 보수를 지급하지 않을 것을 규정하고 있다.

118) 오승종, 「저작권법」 제5판, 박영사, 2020, 787면; 임원선, 「실무자를 위한 저작권법」 제7판, 한국저작권위원회, 2022, 243면.

119) 장인숙, 앞의 책, 100면.

120) 서달주, 앞의 책, 401면; 오승종, 앞의 책, 788면; 최경수, 앞의 책, 413면.

상업용 음반이나 상업용 영상저작물을 재생하는 경우는 제외한다고 괄호 부분 기재를 추가하였다. 또한 여기서의 방송이라 함은 본조 제1항의 비영리성 요건과 관련할 때에 각급 학교의 교내 방송국에서 라이브로 실연하거나 상업용 음반 등을 재생함으로써 이루어지는 이른바 교내방송이 이에 해당한다고 할 것이다. 또한 제1항에서 인정되는 공표된 저작물을 공연 또는 방송하여 이용할 때에는 그 저작물을 번역·편곡 또는 개작하여 이용할 수 있다(제36조 제1항).

3. 대가지급 없이 이루어지는 상업용 음반·상업용 영상저작물의 공연

가. 개 관

저작권법은 "청중이나 관중으로부터 해당 공연에 대한 대가를 지급받지 아니하는 경우에는 상업용 음반 또는 상업용 영상저작물을 재생하여 공중에게 공연할 수 있다. 다만, 대통령령으로 정하는 경우에는 그러하지 아니하다"고 규정한다(제29조 제2항). 위 규정 내용을 요건 별로 나누면 (1) 영리 또는 비영리 목적에 관계없이, (2) 청중이나 관중으로부터 해당 공연에 대한 대가를 지급받지 않고서, (3) 상업용 음반이나 상업용 영상저작물을 재생하여 공연하는 것으로서, (4) 대통령령으로 정하는 경우에 해당하지 않아야 한다. 위 (1) 내지 (4) 요건들 중 중요한 것은 (4) 대통령령으로 정하는 경우에 해당하지 않아야 한다는 것이다.

나. 요 건

(1) 영리 또는 비영리 목적에 관계없을 것

제29조 제1항과 달리 제2항은 반드시 비영리일 필요가 없으며 영리나 비영리 목적 여부를 묻지 않는다. 따라서 제2항에 의거하여 타인의 저작물을 이용하는 공연자는 저작재산권의 제한사유에 해당하여 면책될 가능성이 상대적으로 높다.

(2) 청중이나 관중으로부터 해당 공연에 대한 대가를 지급받지 않을 것

제29조 제1항은 "어떤 명목으로든지 대가를 지급받지 아니하는 경우"로 규정함에 비하여 제2항은 "해당 공연에 대한 대가를 지급받지 아니하는 경우"로 규정한다. 즉 제2항의 대가라는 것은 "해당 공연에 대한" 대가를 말하는 것이므로 그 공연에 대한 직접적인 대가를 의미하는 것이라고 보는 것이 타당하

121) 오승종, 앞의 책, 786면.

다.[122) 이처럼 공연에 대해 직접적인 대가를 지급받지 않으면 되는 것이므로 공연과는 무관한 다른 명목으로 대가를 지급받는 것은 문제가 되지 않는다.[123)

(3) 상업용 음반이나 상업용 영상저작물을 재생하여 공연하는 것일 것

제29조 제2항은 상업용 음반이나 상업용 영상저작물을 재생하는 경우에만 적용되고 제1항의 경우처럼 저작물을 직접 라이브(生)로 공연하는 경우에는 제2항이 적용되지 않는다. 상업용 음반이나 상업용 영상저작물이란 공중이 이를 구매하여 개인적으로 감상하는 데에 사용하는 음반이나 영상저작물을 말한다. 문제는 제29조 제2항이 상정하는 상업용 음반의 범위 속에 백그라운드 음악용으로 제작된 음반이 포함되는지 여부이다. 2016년 3월 22일 일부 개정된 저작권법은 제21조(대여권)에서 '상업용 음반'이란 '상업적 목적으로 공표된 음반'을 말한다고 정의한다.[124) 이는 WTO/TRIPs 협정 제14조 및 '실연자·음반제작자 및 방송사업자의 보호를 위한 국제협약'(로마협약) 제12조와 WIPO실연·음반조약(WPPT) 제15조의 '상업적인 목적으로 발행된 음반'(a phonogram published for commercial purposes)과 같은 개념이다. 여기서 말하는 '상업적인 목적으로 발행된 음반'이란 시중에서 판매되는 것을 목적으로 제작된 음반과 거의 같은 개념이라 할 수 있지만, 반드시 '시판'에 목적을 한정한 것이 아니라는 점에서 시판용 음반보다 넓은 개념이다. 따라서 백그라운드 음악용으로 제작된 음반이나 샘플 음원을 녹음한 이른바 데모테이프는 시판용 음반은 아니지만, 그 복제물이 '상당한 수량'(reasonable quantity)으로[125) 공중에게 제공되는 것인 한 로마협약이나 WPPT의 '상업적 목적으로 발행된 음반'에 해당한다.[126) 그렇다면 제29조 제2항의 '상업용 음반'에는 백그라운드 음악용으로 제작된 음반이 포함된다고 할 것이다. 2016년 3월 22일 저작권법을 일부 개정하기 전의 '판매용 음반'에 대해서도 로마협약 제12조와 WPPT 제15조의 '상업적인 목적으로 발

---

122) 최경수, 앞의 책, 413면.

123) 임원선, 앞의 책, 244면.

124) 참고로 일본 저작권법 제2조 제1항 제7호는 "상업용 음반 : 시판의 목적으로 제작되는 음반의 복제물을 말한다"고 정의한다.

125) 음반의 경우 '상당한 수량'이란 음반의 종류·성질에 따라 사안 별로 판단되겠지만, 대체로 50부를 넘으면 '상당한 수량'에 해당한다. 이에 관해서는 後註에서 소개하는 日本 文化庁著作權課 자료(WPPT 가입에 따라 저작권법의 일부를 개정하는 법률 해설) 참조.

126) 半田正夫·松田政行 編,「著作權法コンメンタール 1」第2版, 勁草書房, 2015, 108면(前田哲男 집필); 小倉秀夫·金井重彦 編著,「著作權法コンメンタール」, LexisNexis, 2013, 80면(伊藤ゆみ子 집필); 文化庁著作權課, "著作權法の一部を改正する法律について",「コピライト」No.496, 2002. 8., 35면 각 참조.

행된 음반'과 같은 개념이라고 설명하고 있다.[127] 그러므로 '판매용 음반'에도 백그라운드 음악용으로 제작된 음반이 포함되는 것은 마찬가지이다.[128]

(4) 대통령령으로 정하는 경우에 해당하지 않을 것

저작권법 제29조 제2항 단서는 "대통령령으로 정하는 경우"에 해당하지 않아야 한다고 규정한다. 따라서 (1) 내지 (3)의 요건을 갖추었더라도 "대통령령으로 정하는 경우"에 해당하면 권리자가 공연권을 행사할 수 있다. "대통령령으로 정하는 경우"란 저작권법시행령 제11조(2008년 개정 전까지는 제2조)를 말하는데, 시행령 제11조는 몇 차례 개정을 거쳐 저작권법 제29조 제2항의 적용 범위를 좁히고 원칙대로 공연권이 미치는 범위를 확대하여왔다.

2017년 8월 22일 개정된 저작권법시행령 제11조는 아래 ① 내지 ⑱의 공연에 대하여 권리자가 공연권을 행사한다고 규정한다(시행일 2018년 8월 23일). 먼저 ① 한국표준산업분류에 따른 커피 전문점, 기타 비알콜 음료점, 생맥주 전문점, 기타 주점업을 영위하는 영업소에서의 공연, ② 식품위생법시행령에 따른 단란주점과 유흥주점에서의 공연, ③ ①②에 해당하지 않는 공연으로서 음악이나 영상저작물을 감상하게 하는 것을 영업의 주요 내용의 일부로 하여 이를 광고하고 음악 또는 영상저작물을 감상하게 하기 위한 특별 설비를 갖춘 영업장소(ex 음악감상실, 영화감상실)에서의 공연이 이에 해당한다. 그 외에 ④ 경마장, 경륜장 또는 경정장, ⑤ 골프장, 스키장, 에어로빅장, 무도장, 무도학원, 체력단련장 또는 전문체육시설, ⑥ 여객용 항공기, 해상여객운송사업용 선박 또는 여객용 열차, ⑦ 호텔, 휴양콘도미니엄, 카지노 또는 유원시설, ⑧ 면적 3,000㎡ 이상의 대규모점포(대형마트, 전문점, 백화점, 쇼핑센터, 복합쇼핑몰, 그 밖의 대규모점포)(전통시장은 제외), ⑨ '공중위생관리법'상의 숙박업소 및 목욕장(상업용 영상저작물에 한함)에서의 공연에도 공연권을 행사할 수 있다. 아울러 ⑩ 국가 및 지방자치단체의 청사 및 그 부속시설, ⑪ 공연장, ⑫ 박물관·미술관, ⑬ 도서관, ⑭ 지방문화원, ⑮ 사회복지관, ⑯ '양성평등기본법'의 여성인력개발센터 및 여성사박물관, ⑰ 청소년수련관, ⑱ 시·군·구민회관에서 영상저작물을 감상할 수 있는 설비를 갖추고 발행일로부터 6개월이 경과하지 않은

---

127) 오승종, 「저작권법」 제4판, 박영사, 2016, 773면; 임원선, 「실무자를 위한 저작권법」 제4판, 한국저작권위원회, 2014, 264~265면; 최경수, 앞의 책, 333면 각 참조.

128) 그러나 대법원 2012. 5. 10. 선고 2010다87474 판결('스타벅스' 사건)은 구 저작권법 제29조 제2항의 '판매용 음반'이란 시중에서 판매할 목적으로 제작된 음반만을 의미하는 것으로 제한하여 해석하여야 한다고 판시하였다. 이 판결에 관한 상세는 다. '관련 판례(1)'에서 후술한다.

상업용 영상저작물을 재생하는 형태의 공연에도 공연권이 미친다.

개정 시행령 제11조에 따르면, 커피숍이나 호프집(①), 피트니스 클럽(⑤), 복합쇼핑몰이나 그 밖의 대규모점포(⑧)에서 상업용 음반이나 상업용 영상저작물을 공연하는 경우 2018년 8월 23일부터 공연권이 미친다. 결국 예컨대, 분식집과 같은 일반 영세음식점, 소형서점 또는 공항휴게실이나 고속버스 대합실에서 노래테이프나 CD 또는 비디오테이프나 DVD를 재생하여 공연하는 경우 등에만 공연권의 제한이 허용되는 것에 그친다고 할 것이다.

저작권법 제29조 제2항은 제87조의 '저작인접권의 제한'과 관련하여 의미가 있다. 저작인접권의 보호대상인 실연·음반 또는 방송의 이용에 관하여도 본조가 준용되기 때문이다. 공연의 개념에는 실연이나 음반 또는 방송과 같은 저작인접물을 공중에게 공개하는 것이 포함되므로 본조 제2항은, 예컨대 방송사업자의 동시중계방송권(제85조)에 준용될 수 있다. 그러므로 영리목적이더라도 해당 공연에 대한 반대급부를 받지 않는 경우 음식점이나 호텔 로비 등에서 통상의 TV수신기 등을 통하여 TV프로그램 방송 등을 고객들에게 보여주는 행위는 본조 제2항이 준용되므로 저작인접권의 침해에는 해당하지 않게 될 것이다.129)

다. 관련 판례(1) — 대법원 2012. 5. 10. 선고 2010다87474 판결
('스타벅스' 사건)

(1) 사실개요

피고가 자신의 매장에서 원고가 신탁 받아 관리하는 음악저작물들이 담긴 CD를 재생하여 공연한 사안에서 원고는 음악저작권을 침해한 것이므로 피고의 매장, 영업장소에서 위 음악저작물들을 공연해서는 안 된다고 공연금지청구를 하였다. 이에 대해 피고는 구 저작권법 제29조 제2항에 따라 공연권이 제한된다고 항변하였고, 원고는 이 사건 CD가 피고의 매장만을 대상으로 특별히 제작되어 대가를 받고 배포된 것으로서 일반 소비자에게 판매되지 않는 비매품이므로 위 제2항이 규정하는 '판매용 음반'130)이 아니라고 주장하였다. 제1심 법원은 제29조 제2항의 문언이 판매용 음반을 시판용 음반으로 제한하고 있지 않고(문언해석), 입법경과를 보아도 그와 같이 제한 해석해야 할 특별

---

129) 다만, 본조 제2항은 단순한 공개가 아니라 '재생'하는 행위를 전제로 하고, 제1항은 '비영리목적'을 요건으로 하므로 '저작인접권의 제한'과 관련하여 본조를 준용하는 데에는 해석상 문제가 남아 있다.
130) 2016년 3월 22일 저작권법의 일부 개정으로 '판매용 음반'은 '상업용 음반'으로 변경되었다.

한 이유를 발견하기 어려우며(역사적 해석), 이 사건 CD와 같이 특정 다수인에게 대가를 받고 양도하기 위해 제작된 음반도 판매용 음반으로 보는 것이 체계적 해석에 부합한다(체계적 해석)고 하여 피고의 항변을 받아들였다.131) 그러나 항소심 법원은 제2항의 '판매용 음반'이란 '시판용 음반'으로 해석하여야 한다고 전제하면서 피고의 항변을 받아들이지 않았다.132) 이에 피고가 상고하였다.

(2) 판결요지

구 저작권법 제29조 제2항은, 청중이나 관중으로부터 당해 공연에 대한 반대급부를 받지 않는 경우 '판매용 음반' 또는 '판매용 영상저작물'을 재생하여 공중에게 공연하는 행위가 저작권법 시행령에서 정한 예외사유에 해당하지 않는 한 공연권 침해를 구성하지 않는다고 규정하고 있다. 그런데 위 규정은, 공연권의 제한에 관한 구 저작권법 제29조 제1항이 영리를 목적으로 하지 않고 청중이나 관중 또는 제3자로부터 어떤 명목으로든지 반대급부를 받지 않으며 또 실연자에게 통상의 보수를 지급하지 않는 경우에 한하여 공표된 저작물을 공연 또는 방송할 수 있도록 규정하고 있는 것과는 달리, 당해 공연에 대한 반대급부를 받지 않는 경우라면 비영리 목적을 요건으로 하지 않고 있어, 비록 공중이 저작물의 이용을 통해 문화적 혜택을 향수하도록 할 공공의 필요가 있는 경우라도 자칫 저작권자의 정당한 이익을 부당하게 해할 염려가 있으므로, 위 제2항의 규정에 따라 저작물의 자유이용이 허용되는 조건은 엄격하게 해석할 필요가 있다. 한편 구 저작권법 제29조 제2항이 위와 같이 '판매용 음반'을 재생하여 공중에게 공연하는 행위에 관하여 아무런 보상 없이 저작권자의 공연권을 제한하는 취지의 근저에는 음반의 재생에 의한 공연으로 음반이 시중의 소비자들에게 널리 알려짐으로써 당해 음반의 판매량이 증가하게 되고 그에 따라 음반제작자는 물론 음반의 복제·배포에 필연적으로 수반되는 당해 음반에 수록된 저작물의 이용을 허락할 권능을 가지는 저작권자 또한 간접적인 이익을 얻게 된다는 점도 고려되었을 것이므로, 이러한 규정의 내용과 취지 등에 비추어 보면 위 규정에서 말하는 '판매용 음반'이란 그와 같이 시중에 판매할 목적으로 제작된 음반을 의미하는 것으로 제한하여 해석하여야 한다.

(3) 판결해설

'스타벅스' 사건 판결은 구 저작권법 제29조 제2항에서 규정한 '판매용 음

---

131) 서울중앙지법 2009. 4. 29. 선고 2008가합44196 판결.
132) 서울고법 2010. 9. 9. 선고 2009나53224 판결.

반'의 의미에 대하여 판시한 최초의 대법원 판결이다. 이에 관해서는 종래 일반 소비자와 같은 불특정 다수인을 대상으로 시판하는 음반에 한정할 것인지, 그렇지 않으면 특정 다수인에게 대가를 받고 양도하는 음반도 포함할 것인지를 둘러싸고 논란이 있었다. 제1심은 후자의, 제2심은 전자의 해석에 따른 것이다. 대법원은 저작권자의 정당한 이익이 부당하게 침해될 염려가 있다고 하여 판매용 음반의 의미를 '시중에 판매할 목적으로 제작된 음반', 즉 시판용 음반에 국한하는 것으로 좁게 해석해야 한다고 판시함으로써 전자의 입장을 취하였다. 그러나 시판용 음반을 구입하여 이를 디지털 파일로 전환하거나 편집하여 다른 매체에 저장하더라도 '판매용 음반'으로서의 성격이 바뀌는 것이 아니므로 판매용 음반의 의미를 시판용 음반으로 제한하여 해석할 것이 아니라 제29조 제2항의 입법취지 및 판매용 음반 관련 규정들의 취지에 따라 본래의 의미대로 해석할 필요가 있다.133) 그것이 저작권법 제1조(목적)의 대의에도 부응하는 일이 될 것이다. 더구나 권리제한규정이 권리자와 이용자 간의 이익균형을 도모하는 취지의 규정임을 고려할 때에 판매용 음반을 본래의 의미보다 제한하여 해석할 필요는 없을 것이다. 해석론을 전개하는 데에 입법론적 관점을 과도하게 개입시키는 것은 바람직하지 않다.

라. 관련 판례(2) — 대법원 2015. 12. 10. 선고 2013다219616 판결('현대백화점' 사건), 대법원 2016. 8. 24. 선고 2016다204653 판결('롯데하이마트' 사건)

한편, 구 저작권법상 '판매용 음반'의 해석에 관한 대법원 판결로는 '스타벅스' 사건 외에도 '현대백화점' 사건,134) '롯데하이마트' 사건135)이 있다. '롯데하이마트' 사건에서도 제29조 제2항의 '판매용 음반'이란 시중에서 판매할 목적으로 제작된 음반을 의미하는 것이지 매장음악서비스 제공업체가 매장에 전송한 음원은 이에 해당하지 않는다고 판단하였다. 이에 반해 '현대백화점' 사건은 구 저작권법 제76조의2 및 제83조의2에서 각 규정하는 판매용 음반의 공연사용에 대한 보상금 청구에 관한 것이다. 이 사건에서는 판매용 음반이란

---

133) 즉 시판되는 음반은 물론 백그라운드 음악용으로 녹음허락을 받아 제작된 음반도 포함된다고 해석할 필요가 있다. 전술한 ≪저작권법 제29조의 입법연혁≫ 참조.
134) 대법원 2015. 12. 10. 선고 2013다219616 판결('현대백화점' 사건). 이 판결에 관해서는 제5장 제2절 IV. 4. '상업용 음반의 공연사용에 대한 보상청구권', 제3절 II. 3. '보상청구권' 각 참조.
135) 대법원 2016. 8. 24. 선고 2016다204653 판결('롯데하이마트' 사건).

불특정 다수인에게 판매할 목적으로 제작된 음반뿐만 아니라 어떠한 형태이든 판매를 통해 거래에 제공된 음반이 모두 포함되고 그 사용에는 판매용 음반을 직접 재생하는 직접사용뿐만 아니라 판매용 음반을 스트리밍 등의 방식을 통하여 재생하는 간접사용도 포함된다고 판시하였다. 이와 같이 '스타벅스' 사건과 '롯데하이마트' 사건에서 각 판시한 구 저작권법 제29조 제2항에서의 '판매용 음반'에 대한 해석과 '현대백화점 사건'에서 판시한 구 저작권법 제76조의2 및 제83조의2에서의 '판매용 음반'에 대한 해석은 서로 어긋나고 있다. 즉 전자는 판매용 음반을 좁게 해석하고 후자는 넓게 해석하고 있기 때문이다.

본래 구 저작권법 제29조 제2항은 저작재산권(공연권)에 대해 보상금 지급 의무가 따르지 않는 '좁은 의미'의 권리제한규정이고, 제76조의2, 제83조의2는 저작인접권(공연권)에 대해 보상금 지급의무가 따르는 '넓은 의미'의 권리제한 규정 즉 법정허락(statutory license) 규정으로[136] 양자 모두 권리제한규정이라는 점에서 공통되므로, 양자에서 규정한 '판매용 음반'은 원칙적으로 동일한 의미로 해석되어야 마땅하다. 그러나 '스타벅스' 사건이나 '롯데하이마트' 사건 판결은 제29조 제2항이 채택한 특이한 입법형식, 즉 기술발전에 대응하여 대통령령인 저작권법 시행령 제11조 개정으로 공연권 제한의 적용범위를 좁히는 입법형식을 고려하여, '판매용 음반'의 해석론을 전개하는 데에 입법론적 관점을 과도하게 개입시켜 '판매용 음반'의 의미를 제한하여 해석한 일종의 이른바 '사례판결'이었다고 이해하는 것이 타당할 것이다. '현대백화점' 사건의 대법원 판결해설에서도 '스타벅스' 사건 대법원 판결이 '판매용 음반'의 개념을 제한적으로 해석한 이유는 저작권법 제29조 제2항이 외국의 입법사례에서 찾아보기 어려울 정도로 광범위하게 저작권을 제한하고 있는 특수성 때문인 것으로 보인다면서, 이에 대법원은 '스타벅스' 사건에서 '판매용 음반'을 '시판용'으로 제한 해석함으로써 저작권자의 권리가 제한되는 범위를 축소하는 판단을 한 것으로 보인다고 설명한다.[137] 요컨대, '스타벅스' 사건의 대법원 판결에서는 저작권법 제29조 제2항의 특수성을 반영하여 부득이 축소 해석할 수밖에 없었다는 취지로 읽힌다.[138]

---

136) 넓은 의미의 권리제한과 좁은 의미의 권리제한에 관해서는 본장 제1절 II. 2. '넓은 의미의 저작권의 제한 = 좁은 의미의 저작권의 제한 + 비자발적 이용허락' 참조.

137) 김정아, "저작인접권자의 공연보상청구권", 「대법원판례해설」 제106호 2015년 하, 법원도서관, 2016, 402면; 김정아, "저작인접권자의 공연보상금 청구", 「정보법 판례백선(II)」, 박영사, 2016, 260면.

138) 이처럼 대법원이 '스타벅스' 사건이나 '롯데하이마트' 사건에서 '판매용 음반'을 시판용 음반으로 제한하여 해석한 것은 제29조 제2항의 특수한 입법형식을 고려하였기 때문이라는 것을 확

결국 대법원 판결 간에 판매용 음반(현행 상업용 음반)의 해석이 서로 어긋 난 것은, 기술발전을 감안하여 그때그때 저작권법 시행령 제11조를 개정함으 로써 공연과 관련된 음악시장의 변화에 대비하여 제29조 제2항의 공연권 제한 의 적용범위를 좁혀놓아야 마땅함에도 그렇게 하지 않았다는 법령상의 흠결에 그 원인이 있었다고 보는 것이 옳을 것이다. 따라서 저작권법 시행령 제11조 를 개정하여 마케팅 차원에서 상업용 음반을 이용하는 커피전문점 등에 대해 서는 저작권자의 공연권이 미치도록 규정할 필요가 있었다.[139] 다행스럽게도 2017년 8월 22일 개정된 저작권법 시행령 제11조는 이러한 취지를 반영하고 있다. 이러한 우리 특유의 입법형식이야말로 기술발전을 반영하여 공익과 사 익의 균형을 도모할 수 있는 '기술중립적 규정'이라고 긍정적으로 평가할 수 있다.[140][141]

X. 사적 이용을 위한 복제

1. 의　　의

저작권법은 "공표된 저작물을 영리를 목적으로 하지 아니하고 개인적으로 이용하거나 가정 및 이에 준하는 한정된 범위 안에서 이용하는 경우에는 그 이용자는 이를 복제할 수 있다. 다만, 공중의 사용에 제공하기 위하여 설치된 복사기기, 스캐너, 사진기 등 문화체육관광부령으로 정하는 복제기기에 의한 복제는 그러하지 아니하다"고 규정한다(제30조). 그러면 사적영역에서의 복제

인할 수 있는 문헌들이 존재한다. 그럼에도 지금도 여전히 '스타벅스' 사건에서 대법원이 '판 매용 음반'의 개념을 잘못 이해하여 판결한 것이라고 오해하는 연구자들이 있다. 2016년 3월 22일 저작권법을 일부 개정하여 '판매용 음반'이란 용어를 '상업용 음반'으로 변경한 것도 일부 연구자들의 이러한 오해가 입법에 영향을 미친 것이다.

139) 박성호, "구 저작권법 제29조 제2항, 제76조의2 및 제83조의2에서 규정하는 '판매용 음반'의 개념과 의미", 「정보법학」 제20권 제3호, 2016. 12., 134~137면 참조.

140) 헌재 2019. 11. 28. 선고 2016헌마1115, 2019헌가18(병합) 결정(다수의견)은, 저작권법 제29조 제2항 본문의 위헌성과 관련하여 제29조 제2항 본문이 공중의 문화적 혜택을 누릴 수 있도록 하고 상업용 음반에 대한 공중의 접근성을 향상시키는 점, 제29조 제2항 단서의 위임에 따라 서 재산권 보장과 공익이 조화롭게 달성할 수 있도록 정책적 고려를 하고 있는 점 등을 들어 헌법에 위반되지 않는다고 판단하였다.

141) 이러한 우리 특유의 입법형식에 대해 원칙과 예외가 뒤집힌 것이라고 비판하고 위 헌재 결정 에 반대하는 견해로는, 신창환, "저작권법상 저작재산권자 등의 공연권 제한 사건—헌법재판 소 2019.11.28. 2015헌마1115, 2019헌가18(병합) 결정 평석", 「인권과 정의」 Vol.490, 2020. 6., 198면 이하 참조.

에 대해 저작권을 제한하는 것은 어떠한 이유에 근거하는 것일까? 개인의 사적 영역에서 이루어지는 사적 복제(private copying)도 본래는 저작재산권 침해에 해당하는 것이지만 사적 영역에서 개인의 활동의 자유를 보장해줄 필요가 있으며(적극적 관점), 사적 영역에서 최종 이용자(end user)에 대해서 저작권을 집행하는 것은 비용이 많이 들 뿐 아니라 번거롭고 또한 이로 인한 침해도 사소(de minimis)한 것이기 때문에(소극적 관점), 저작권이 미치지 않는 비침해로 한 것이다.142) 그렇기 때문에 사적 이용을 위한 복제는 베른협약 제9조 제2항이 규정하는 3단계 테스트(three-step test)143)에도 부합한다. 저작권법 제30조 소정의 사적 이용을 위한 복제에 해당하기 위해서는 (1) 공표된 저작물, (2) 비영리목적, (3) 개인 또는 가정이나 이에 준하는 한정된 범위 안에서 이용, (4) 이용자에 의한 복제, (5) 공중의 사용에 제공하기 위하여 설치된 복제기기에 의한 복제가 아닐 것 등의 요건을 갖추어야 한다.

2. 요   건

(1) 공표된 저작물일 것

타인의 공표된 저작물(정확히 말하면, '공표된 저작물의 복제물')에 대하여는 사적 영역에서 개인적으로 이용하기 위하여 자유롭게 복제할 수 있다. 이와 같이 사적으로 복제할 때에 그 복제대상이 되는 '공표된 저작물의 복제물'이 적법한 복제물인지 위법한 복제물인지 여부를 묻지 않는 것이 원칙이다. 그런데 인터넷 환경 아래에서는 온라인상 유통되는 불법복제물을 다운로드하여 사적 영역에서 이용하는 일이 빈번하므로 저작권자에게 많은 경제적 불이익이 발생한다. 이러한 경우에 제30조 소정의 사적 이용을 위한 복제에 해당하는지 여부가 문제된다. 우리 하급심은 사적 이용을 위한 복제의 대상은 공표된 저작물로서 적법한 복제물인 경우에 한정되므로 업로드 된 영화파일이 명백히 불법복제파일인 경우에 이를 개개의 이용자가 사적으로 다운로드하였더라도 사적 이용을 위한 복제 규정이 적용되지 않는다고 판단한 바 있다.144)

---

142) Jane Ginsburg & Yves Gaubiac, "Private Copying in the Digital Environment", in : Jan J.C. Kabel & Gerard J.H.M. Mom (ed.), *Intellectual Property and Information Law*, Kluwer Law International, 1998, pp.149~150.

143) 3단계 테스트에 관해서는, 본장 제1절 II. 2. 참조.

144) 서울중앙지법 2008. 8. 5.자 2008카합968 결정. 이 하급심 결정에 관한 상세는 '3. 관련문제, 나. 불법복제물을 복제한 경우 '사적 이용을 위한 복제'에 해당하는지 여부'에서 후술한다.

(2) 영리를 목적으로 하지 않을 것

저작권법 제30조에서 말하는 영리의 목적이란 제29조 제1항의 영리 목적과는 달리 타인에게 복제물을 판매하거나 타인으로부터 복제 의뢰를 받아 유상으로 복제를 대행하는 등 복제행위를 통하여 직접 이득을 취하는 경우와 같은 직접적인 영리 목적을 의미하는 것이다. 따라서 저작물의 구입비용을 절감한다는 간접적인 영리 목적까지 포함하는 의미가 아니라고 해석하여야 한다.[145] 저작권법 제29조 제1항의 행위양태는 공중을 대상으로 하는 공연과 방송이므로 간접적인 경우까지 포함하여 영리 목적을 해석하고 그에 따라 비영리목적 요건의 충족 여부를 판단하여야 할 것이지만, 제30조의 행위양태는 사적 영역에서 개인이나 가정 내의 범위를 대상으로 하는 복제에 국한되는 것이므로 영리 목적에 저작물의 구입비용 절감과 같은 간접적인 것까지 포함하면 그 적용 가능성이 거의 없을 것이다. 따라서 제30조의 영리 목적은 직접적인 영리 목적에 한정하여 해석할 필요가 있으며[146] 그에 따라 비영리목적 요건의 충족 여부도 판단되어야 할 것이다.[147]

비영리목적 요건과 관련하여 해석상 문제되는 사안으로는, 예컨대 어느 회사가 타인에게 판매할 의사 없이 회사 내부에서 이용하기 위하여 저작물을 복제하는 경우나 교사가 수업준비 자료로 이용하기 위하여 복제하는 경우를 들 수 있다. 이러한 경우에 비영리목적 요건은 충족된다고 할 수 있지만 후술하는 (3) '개인 또는 가정이나 이에 준하는 한정된 범위' 요건은 충족되기 어려

---

145) 이형하, "지작권법상의 자유이용", 「지적소유권에 관한 제문제(하)」, 법원행정치, 1992, 376면; 오승종·이해완, 「저작권법」, 박영사, 1999, 334면; 반대 취지 최경수, 「저작권법개론」, 한울, 2010, 418면.

146) 수원지법 성남지원 2003. 2. 14. 선고 2002카합284 판결(가처분이의)은 "일반적으로 소극적으로 저작물의 구입비용을 절감하는 정도만으로는 영리의 목적을 인정하기에 부족하다 할 것이나, 시판되는 게임프로그램 등을 다른 사람이 구입한 게임CD로부터 복제하는 경우와 마찬가지로 통상 대가를 지급하고 구입해야 하는 것을 무상으로 얻는 행위에는 영리의 목적이 인정된다"고 판시하였다. 이 판결은 이른바 '소리바다' 사건에 관한 것인데 구입비용 '절감'과 구입비용 '대체'를 개념적으로 구별한 다음 전자에는 영리 목적이 인정되지 않으나 후자에는 인정된다고 함으로써 사적 이용을 위한 복제는 부분 복제만이 허용되고 전부 복제는 허용되지 않는다는 취지로 판시하였다. 사적 이용을 위한 복제는 전부 복제도 포함하여 허용된다는 점에서 볼 때에 위 판결은 영리 목적을 너무 넓게 인정하고 있어서 문제이다(같은 취지 최경수, 앞의 책, 418면). 게다가 위 판결은 제30조의 영리 목적은 직접적인 것에 한정하여 해석할 필요가 있다는 것을 도외시하였다는 점에서 법리적으로도 문제가 있다(같은 취지 박준석, 「인터넷서비스제공자의 책임」, 박영사, 2006, 277~278면).

147) 일본 저작권법 제30조(사적사용을 위한 복제)는 비영리목적을 요건으로 하지 않는다.

운 경우가 많을 것이므로 결론적으로는 제30조 규정이 적용되지 않는 경우가 대부분일 것이다.148) 하지만 사안에 따라서는 일률적으로 (3) 요건이 충족되지 않는다고 판단하기 어려운 경우도 존재한다. 예컨대, 기업연구소에 근무하는 연구원이 해외출장을 떠나면서 짐을 덜기 위해 서적의 필요부분을 복사하여 가지고 가는 경우나, 눈이 나쁜 회사원이 경영학 서적의 필요부분을 확대 복사하는 경우를 들 수 있다. 나아가 예컨대, 변호사가 의뢰인과의 구체적인 상담을 준비하기 위해 법률문헌을 복사하여 이용하는 행위는 (3) 요건을 충족하지 못한다고 판단할 수 있겠지만, 현재의 구체적인 변호사 업무와는 관계없이 장래에 업무에 도움이 될 수 있는 분야를 폭넓게 공부하기 위해 법률문헌을 복사하여 개인적으로 이용하는 경우에 전문직업인의 특성상 비록 업무관련성을 말끔히 떨쳐 없앨 수는 없다고 하더라도 사적 영역에서 이루어지는 행위라는 점 또한 긍정하지 않을 수 없을 것이다. 이 점은 대학의 연구자나 의사의 경우에도 마찬가지이다.149) 이러한 사안들과 관련해서는 사적 영역에서 개인의 활동의 자유를 보장한다는 제30조의 입법취지와 권리자의 경제적 이익침해의 정도를 상관적으로 고려하여 (3) 요건의 충족 여부를 구체적 사안에 따라 개별적으로 판단하여야 할 것이다.150) 생각건대, 결론적으로 위 사안들의 경우에는 (3) 요건의 충족을 인정할 수 있을 것이다.

(3) 개인 또는 가정이나 이에 준하는 한정된 범위 안에서의 이용일 것

저작권법 제30조는 "개인적으로 이용하거나 가정 및 이에 준하는 한정된 범위 안에서 이용하는 경우"라고 규정한다. 여기서 '개인적으로'라는 것은 '혼자서'라는 취지이고 조직적인 활동의 일환으로 행해지는 경우에는 '개인적으로'라고 해석할 수 없다. 예컨대, 기업 그 밖의 단체 내에서 회사원이 업무상 이용하기 위해 저작물을 복제하는 경우에는 설령 그 회사원만이 이용하는 경우라도 허용되지 않는다. 바꿔 말하면 개인이 어떤 조직의 일원으로 그 조직의 목적을 수행하는 과정에서 복제하는 경우는 본조에 해당하지 않는다고 해석된다.151) 대법원은 "기업 내부에서 업무상 이용하기 위하여 저작물을 복제

---

148) 다만, 위 사안 중 교사가 수업준비 자료로 이용하기 위하여 복제하는 경우에 대해서는 '학교나 교육기관에서의 복제 등 이용' 규정(제25조 제3항)이 적용될 수 있다.
149) 作花文雄, 「詳解 著作權法」第4版, ぎょうせい, 2010, 313면.
150) 横山久芳, "著作權の制限(1)—知的財産法の重要論点第19回", 「法學教室」No.341, 有斐閣, 2009. 2., 141면; 島並良・上野達弘・横山久芳, 「著作權法入門」第2版, 有斐閣, 2016, 175면 각 참조.
151) 半田正夫・松田政行 編, 「著作權法コンメンタール 2」第2版, 勁草書房, 2015, 158면(宮下佳之 집필).

하는 행위는 이를 '개인적으로 이용'하는 것이라거나 '가정 및 이에 준하는 한정된 범위 안에서 이용'하는 것이라고 볼 수 없다"고 판시한 바 있다.152) 전술한 (2) 요건에서 언급한 것처럼, 변호사가 현재의 구체적인 업무와는 관계없이 장래에 변호사 업무에 도움이 될 수 있는 분야를 폭넓게 공부하기 위해 법률문헌을 복사하여 개인적으로 이용하는 경우에 전문직업인의 특성상 비록 업무관련성을 말끔히 떨쳐 없앨 수는 없더라도 사적 영역에서 이루어지는 행위라는 점은 긍정하지 않을 수 없을 것이다. 결론적으로 (3) 요건에 해당한다는 것을 인정할 수 있을 것이다. 사적 영역에서 개인적으로 이용한다는 측면만을 엄격하게 해석하여 업무관련성을 완벽하게 제거하도록 요구할 수는 없을 것이다. 이는 대학의 연구자나 의사의 경우에도 마찬가지이다.

다음으로 '가정 및 이에 준하는 한정된 범위'의 의미이다. '가정'이란 동일한 가정을 의미하는 것이므로 그 범위를 벗어나서 여러 가정 내에서 이용하는 것은 허용되지 않는다.153) '이에 준하는 한정된 범위'란 공간적 범위를 의미하는 것이 아니라 인적 범위를 말하는 것이므로 이용하는 인원이 소수이고 그들 간에 가정에 준하는 친밀한 유대관계가 있을 것이 필요하다.154) 대표적 예로는 학교나 회사 내의 동호회나 서클과 같이 10인 이하의 구성원이 같은 취미나 활동을 목적으로 모인 소수의 집단을 말한다.155) 구체적으로는 10인 정도까지의 서클이나 동호회에서 악보를 복사하여 교부하거나 10인 정도의 범위 내에서 애니메이션의 패러디 同人誌를 배부하는 행위 등이 이에 해당한다.156)

마지막으로 본조에서 말하는 '이용'이란 저작권의 지분권의 내용에 포함되는 행위를 말하는 것이 아니라 타인의 공표된 저작물을 복제한 다음 그 복제물을 사적으로 읽는다거나 듣는다거나 가족에게 빌려준다거나 하는 경우를 말

152) 대법원 2013. 2. 15. 선고 2011도5835 판결.
153) 半田正夫·松田政行 編, 앞의 책, 159면.
154) 수원지법 성남지원 2003. 2. 14. 선고 2002카합284 판결(가처분이의—제1심); 서울고법 2005. 1. 12. 선고 2003나21140 판결(항소심) 참조. 이 판결들은 '소리바다' 사건에 관한 것이다. 위 판결들은 모두 '사적이용을 위한 복제'에 해당하려면, 개인적으로 이용하거나 가정 및 이에 준하는 한정된 범위 안에서 이용하는 것이어야 하는데, 한정된 범위 안에서의 이용에 해당하려면 적어도 그 이용인원이 소수이고 그들 사이에 강한 인적결합이 존재해야 할 것이라고 하였다. 따라서 소리바다 서비스를 이용한 MP3 파일 다운로드 행위는 인터넷상에서 소리바다 서버에 접속하였다는 점 외에 아무런 인적결합 관계가 없는 불특정 다수인인 동시접속자 5,000명 사이에 연쇄적이고 동시다발적으로 광범위하게 이루어진다는 점에서, 한정된 범위 안에서 이용하기 위한 복제행위라 할 수 없다고 판시하였다.
155) 허희성,「2011 신저작권법 축조개설 상」, 명문프리컴, 2011, 241면.
156) 田村善之,「著作權法概說」第2版, 有斐閣, 2001, 200면.

한다. 강학상으로는 저작권의 효력이 미치는 복제나 공중송신 등의 행위태양을 '이용'(exploitation)이라 하고, 그 효력이 미치지 않는 행위태양, 즉 책을 읽거나 음악·영화를 듣거나 보는 행위태양을 '사용'(use, utilization)이라 하여 구별하는 것이 일반적이므로[157] 법문상으로는 '이용'보다 '사용'이라는 용어로 표현하는 것이 타당할 것이다.

(4) 이용자에 의한 복제일 것

저작권법 제30조가 적용되기 위해서는 이용자의 지배하에 있는 복사기기를 사용하여 이용자가 직접 복제하는 경우이어야 한다. 이때에 이용자가 직접 복제하는 대신 이용자의 통제 아래에 있는 사람을 보조자로 활용하여 복제할 수도 있다. 예컨대, 사장이 취미생활로 공부하는 역사책을 비서에게 복사시키는 경우이다.[158] 유의할 것은 개인적으로 이용하기 위한 것이더라도 복사를 업으로 하는 사람에게 복사를 의뢰하는 것에 대해서는 본조가 적용되지 않는다는 점이다. 이용자의 지배하에 있는 복사기기 등이 아닐 뿐 아니라 실제 복제행위자도 복사업자이기 때문이다. 이는 다음의 (5) 요건과 관련된 것이므로 후술한다. 본조에 의해 허용되는 행위는 복제에 한정되는 것이고 배포나 전송은 포함되지 않는다. 사적 이용을 위한 복제에 해당하는 한 저작물의 일부 복제는 물론이고 필요하다고 인정되는 경우에는 전부 복제도 허용된다고 할 것이다. 복제의 부수도 "개인적으로 이용하거나 가정 및 이에 준하는 한정된 범위 안에서 이용하는" 것인 한 여러 부수를 복제하는 것도 가능하다.[159] 본조에

---

157) 齊藤博, 「著作權法」第3版, 有斐閣, 2007, 55면; 같은 취지 최경수, "사용과 이용—저작권 용어 해설(1)", 「계간 저작권」, 1988 봄호(창간호), 48면.

158) 같은 취지 허희성, 앞의 책, 242면.

159) 같은 취지 최경수, 앞의 책, 419~420면; 반대 견해로는 이형하, 앞의 논문, 383면. 이형하 변호사는 '전부 복제'는 원칙적으로 허용되지 않는다는 취지로 서술하고 있다. 위 논문의 각주 인용출처를 보건대 이러한 주장은, 하용득, 「저작권법」, 법령편찬보급회, 1988, 195~198면에서 영향을 받은 것으로 보인다. 그런데 하용득 변호사의 저작권법 책의 위 해당부분은, 半田正夫, "著作物の私的使用のための複製—著作權審議會第四小委員會の審議に關連して", 「著作權法の現代的課題」, 一粒社, 1980, 69~75면을 발췌 번역하여 소개한 것이다. 결국 이형하 변호사의 위 논문은 半田 교수의 논문으로부터 영향을 받은 것이라고 할 수 있다. 유의할 것은 半田 교수의 견해는 일본 저작권법 제30조(사적사용을 위한 복제)와 제31조(도서관 등에서의 복제)(우리 저작권법에서도 동일한 조문임) 간의 해석론상의 문제점을 지적한 다음 그 해결방안으로 제30조의 개정론을 일본 저작권심의회에 제시한 것(위의 논문, 74면)이라는 점이다. 그런데 이형하 변호사는 半田 교수의 논문이 제30조와 제31조 간에 해석상 불합리란 문제점이 나타나기 때문에 장차 제30조를 개정할 필요가 있다고 주장한 입법론이라는 점은 도외시한 채 입법론의 논거 중의 하나로 지적한 내용, 즉 "제30조에 의하면 저작물 전부 복제가 가능 …

의해 저작물을 복제하여 이용할 때에 필요한 경우 그 저작물을 번역·편곡 또는 개작하여 이용할 수 있으며(제36조 제1항), 출처명시의무는 면제된다(제37조 제1항 단서).

(5) 공중의 사용에 제공하기 위하여 설치된 복제기기에 의한 복제가 아닐 것

저작권법 제30조 단서는 "공중의 사용에 제공하기 위하여 설치된 복사기기, 스캐너, 사진기 등 문화체육관광부령으로 정하는 복제기기에 의한 복제는 그러하지 아니하다"고 규정한다. '문화체육관광부령으로 정하는 복제기기'란 복사기, 스캐너, 사진기뿐 아니라 이들 여러 기기의 기능을 복합하여 갖추고 있는 복제기기를 말한다.[160] 종전의 본조 단서는 "공중의 사용에 제공하기 위하여 설치된 복사기기에 의한 복제는 그러하지 아니하다"고 규정하였는데, '복사기기'의 해석 범위를 둘러싸고 학설상 다툼이 있어서[161] 현행 단서와 같이

한 것에 대하여 제31조 제1호에서는 복제는 원칙적으로 저작물의 일부분에 한정되고 … 1인 1부로 제한된다. …따라서 도서관에 있는 책 1권을 전부 복사하기를 원하는 자는 도서관에 의뢰하여 복사할 수는 없지만, 이것을 빌려서 다른 수단에 의해 복사하는 것은 제30조에 의해 허용된다고 하는 불합리한 결과가 되므로 제31조 제1호의 취지가 부정되고 만다"는 내용에만 집중한 나머지 우리 저작권법 제30조를 '제한 해석'하는 방향으로 해석론을 이끌고 간 것이 아닌가 생각된다. 저작권법 제30조와 제31조는 그 입법취지가 다르다는 점을 고려한다면, 제31조와의 관련성에만 집착하여 제30조를 '제한 해석'할 이유는 없다고 보는 것이 옳을 것이다.

160) 저작권법 시행규칙 제2조의2 참조.

161) 복사기기란 문헌 복제(reprographic reproduction)나 복사 복제(photocopy)에 한정되는 것이고 공중의 사용에 제공하기 위하여 설치된 녹음·녹화기기는 제외된다는 설(이해완, 「저작권법」 제3판, 박영사, 2015, 655면; 같은 취지 최경수, 앞의 책, 420면)과, 녹음·녹화기기까지 그 범위에 포함된다는 설{오승종, 「저작권법」 제2판, 박영사, 2012, 636면. 다만, 679면(제3판), 785~786면(제4판)에서 제외설로 변경}의 대립이었다. 전자의 의미로 해석하면 공중의 사용에 제공하기 위하여 설치된 녹음·녹화기기에 의한 복제는 본조의 단서에 해당하지 않으므로 곧바로 본조가 적용되어 면책되지만, 후자의 견해에 따르면 본조의 단서에 해당하여 본조가 적용될 여지가 없게 된다.

서울고법 2009. 4. 30. 선고 2008나86722 판결('엔탈녹화시스템' 사건)은 후자의 견해를 취하였다. 이 사건에서 피고는 엔탈(ental.co.kr)이라는 인터넷 사이트를 개설하여 가입 회원(개별 이용자)들이 텔레비전 방송콘텐츠의 녹화 예약 신청을 하면 방영 중인 방송콘텐츠를 동영상파일로 인코딩하여 위 사이트 서버에 저장한 후 다운로드 받을 수 있는 서비스(즉 '엔탈녹화시스템')를 제공하였고, 이에 방송콘텐츠의 저작권자인 방송사업자가 저작권 침해를 주장하자, 피고는 개별 이용자들의 사적 이용을 위한 복제에 해당한다고 항변하였다. 이에 대해 법원은 이 사건 복제행위의 주체는 개별 이용자들이 아닌 피고이고 또 '엔탈녹화시스템'에 의한 녹화는 제30조 단서의 공중의 사용에 제공하기 위하여 설치된 복사기기에 의한 복제에 해당한다는 이유로 위 항변을 배척하고 피고의 저작권 침해를 인정하였다. 피고의 상고는 대법원에서 심리불속행으로 기각되었다.

개정한 것이다.[162)]

  본조 단서에 따르면 학교, 회사, 도서관, 그 밖에 공공기관이나 복사전문업체 등에 설치된 복사기, 스캐너, 사진기 등 복제기기를 이용하는 경우에는 본조가 적용되지 않으므로 저작권자로부터 이용허락을 얻어야 한다.[163)] 따라서 본조가 적용되기 위해서는 이용자의 지배하에 있는 복제기기를 사용하여 이용자가 직접 복제하거나 그 통제 아래에 있는 보조자를 활용하여 복제하는 경우이어야 한다. 즉 본조는 복제행위의 주체가 개별 이용자라고 판단되는 경우에 한하여 적용된다. 그러므로 서적을 스캐닝 하여 전자파일로 만드는 전문업자에게 이용자가 자신의 서적을 맡겨 전자파일로 변환하는 것은 공중의 사용에 제공하기 위하여 설치된 복제기기에 의한 복제에 해당하므로 본조가 적용되지 않는다.[164)]

3. 관련 문제

가. 컴퓨터 프로그램 저작물에 관한 특례

  저작권법 제37조의2는 컴퓨터 프로그램 저작물에 대해서는 제30조를 적용하지 않는다고 규정하고 이에 관한 별도의 특례규정을 두고 있다. 즉 제101조의3 제1항 제4호는 "가정과 같은 한정된 장소에서 개인적인 목적(영리를 목적으로 하는 경우를 제외한다)으로 복제하는 경우"에는 "그 목적상 필요한 범위에서 공표된 프로그램을 복제 또는 배포할 수 있다. 다만, 프로그램의 종류·용도, 프로그램에서 복제된 부분이 차지하는 비중 및 복제의 부수 등에 비추어 프로그램의 저작재산권자의 이익을 부당하게 해치는 경우에는 그러하지 아니하다"고 규정한다.

  문제는 저작권법 제30조의 "가정 및 이에 준하는 한정된 범위"라는 인적 범위와는 달리 제101조의3 제1항 제4호는 "가정과 같은 한정된 장소에서 … 복제하는 경우"라고 규정함으로써 컴퓨터 프로그램 저작물에 대해서는 공간적 범위를 요건으로 하고 있다는 점이다. 이 특례규정의 해석과 관련해서는 가정

---

162) 2020년 2월 4일 법률 제16933호로 저작권법의 일부 개정(같은 해 8월 5일 시행).

163) 다만, 공공기관에 설치된 복제기기라도 도서관에서는 보관된 도서 등을 사용하여 "조사·연구를 목적으로 하는 이용자의 요구에 따라 공표된 도서 등의 일부분의 복제물을 1명당 1부에 한하여" 종이로 복제할 수 있으나 디지털 형태의 복제는 허용되지 않는다(제31조 제1항 제1호).

164) 知財高裁 2014(平成26)年 10月 22日 平成25年(ネ)第10089号 判決('자취대행' 사건)(上告不受理 확정). 이 판결을 둘러싼 일본 학계의 찬성·반대 논의에 관해서는, 靑木大也, "私的複製(2)—'その使用する者'", 「著作權判例百選」 第6版, 有斐閣, 2019, 134~135면 참조.

이라는 한정된 장소에서 복제한 경우에만 개인적인 목적으로 이용하는 것이 가능하다는 견해165)와, 어디에서 복제하였든지 간에 가정이라는 장소에서 개인적인 목적으로 이용하는 것을 허용한다는 견해166)로 나뉜다. 별도의 특례규정을 마련한 취지에 비추어 보건대 전자의 의미로 해석할 수밖에 없는 것이 아닐까 생각한다. 입법론적으로는 재고를 요하는 규정이다.

나. 불법복제물을 복제한 경우 '사적 이용을 위한 복제'에 해당하는지 여부

(1) 문제의 소재

저작권법 제30조가 규정하는 사적 이용을 위한 복제의 대상은 공표된 저작물로서 적법한 복제물인 경우에 한정되는지 여부가 문제이다.167) 예컨대, 이용자들이 저작권자로부터 이용허락을 받지 않은 영화 파일을 업로드 하여 웹스토리지에 저장하거나 다운로드 하여 개인용 하드디스크 또는 웹스토리지에 저장하는 행위는 저작권자의 복제권을 침해하는 것이 된다. 그런데 저작권법 제30조에 따라 웹스토리지에 공중이 다운로드 할 수 있는 상태로 업로드 되어 있는 영화파일을 다운로드하여 개인용 하드디스크 또는 비공개 웹스토리지에 저장하는 행위가 사적 이용을 위한 복제에 해당하여 면책될 수 있는지 여부가 그 전형적인 사안이다. 즉 업로드 된 영화파일이 명백히 불법복제파일인 경우에 이를 개개의 이용자가 사적으로 다운로드하였을 때 사적 이용을 위한 복제에 해당한다고 할 수 있을 것인지의 문제이다.

(2) 재판례

위와 같은 사안에 대하여 하급심은 다음과 같이 재판하였다.

"웹스토리지에 공중이 다운로드 할 수 있는 상태로 업로드 되어 있는 영화 파일을 다운로드 하여 개인용 하드디스크 또는 비공개 웹스토리지에 저장하는 행위는 영리의 목적 없이 개인적으로 이용하기 위하여 복제를 하는 경우에 해당할 수는 있으나, 업로드 되어 있는 영화 파일이 명백히 저작권을 침해

---

165) 임원선, 「실무자를 위한 저작권법」 제5판, 한국저작권위원회, 2017, 263면. 이 견해는 덧붙이기를 "컴퓨터프로그램보호법에 있던 내용을 옮긴 것인데, 사적복제에 관하여 보다 엄격한 기준이 필요하다는 점은 이해되지만 일반저작물과 이렇듯 차이를 두어야 할 이유는 찾기 어렵다"고 서술한다{위 같은 면의 각주343)}.

166) 최경수, 앞의 책, 421면. 이 견해는 덧붙이기를 자신의 "이러한 해석에 따를 경우 특례규정의 실익이 거의 없는 듯하다"고 서술한다(위 같은 면).

167) 이에 관해서는, 박준석, "인터넷상 불법원본을 다운로드 받는 행위는 불법인가?—우리 저작권법상 사적복제의 요건과 관련하여", 「법조」 제59권 제1호, 2010. 1., 241면 이하.

하여 불법인 파일인 경우에까지 이를 원본으로 하여 사적이용을 위한 복제가 허용된다고 보게 되면 저작권침해의 상태가 영구히 유지되는 부당한 결과가 생길 수 있기 때문에, 다운로더 입장에서 복제의 대상이 되는 파일이 저작권을 침해한 불법파일인 것을 미필적으로나마 알고 있었다고 보아야 할 이 사건에서는 위와 같은 다운로드 행위를 사적이용을 위한 복제로서 적법하다고 하기는 어렵다."168)

(3) 검   토

위 하급심 결정은 온라인상에서 유통되는 불법복제물을 복제한 경우 사적이용을 위한 복제에 해당하지 않는다고 판단한 국내 최초의 재판례이다. 이와 관련하여 독일에서 발생한 슬라이드 복제(Dia‒Duplika) 사건 판결은 우리 하급심 결정 내용을 검토하는 데에 유용한 참고 사례가 된다. 이것은 저작권자의 슬라이드 사진을 피고가 훔쳐서 복제한 것이 사적 이용을 위한 복제에 해당하는지가 문제된 사건이다. 독일 항소심 및 대법원(BGH) 판결은 사적 복제를 위해서 피고가 원본을 적법하게 취득해야 한다는 것은 비록 명시적 요건은 아니지만, 사적 이용을 위한 복제를 규정한 독일 저작권법 제53조의 불문의 구성요건에 해당한다고 하였다. 이들 판결은 피고가 저작권자의 슬라이드 원본을 훔쳐서 복제하였고 그 복제물을 영업적으로 이용한 사실이 인정된다고 하여 사적 이용을 위한 복제를 부인하였다. 이들 판결의 영향으로 독일 저작권법 제53조 제1항이 개정되었다.169) 2004년 개정된 독일 저작권법 제53조 제1항은 "사적 이용을 위하여 자연인이 저작물을 임의의 매체로 개개 복제하는 행위는, 그것이 직·간접적으로 영업목적에 이용되지 않는 경우, 복제를 위하여 명백히 위법하게 제작되거나 공중송신된 원본을 이용한 사실이 없는 한 허용된다"고 규정함으로써 불법복제물을 다시 복제하는 것은 사적복제로 허용되는 범위에서 제외된다고 규정한다. 한편, 일본도 이 문제를 입법적으로 해결하고 있다. 즉 2009. 6. 19. 개정되어 2010. 1. 1.부터 시행되는 일본 저작권법 제30조 제1항 제3호는 저작권 등을 침해한 송신임을 알고 수신하여 디지털방식의 녹음 또는 녹화를 한 경우 사적이용 목적의 복제에 해당하지 않는다는 내용을 신설하여 규정하고 있다.

위 하급심 결정은 온라인상에서 유통되는 불법복제물을 복제한 경우 사적

---

168) 서울중앙지법 2008. 8. 5.자 2008카합968 결정.
169) 독일 슬라이드 사진 복제 사건에 관한 상세는, 서달주, 「저작권법」 제2판, 박문각, 2009, 406~408면 참조.

이용을 위한 복제에 해당하지 않는다고 판단한 점에서 일견 주목할 가치가 있고 또 일정 정도는 그 의의를 인정할 수도 있다. 그러나 다른 한편으로 독일 저작권법과 일본 저작권법이 불법복제물을 복제한 경우 '사적 이용을 위한 복제'에 해당하는지 여부에 관하여 명시적 내용을 규정하는 방식으로 법률을 개정하고 있음에 비추어 보면, 위 결정은 우리 저작권법 제30조의 명시적 문언을 넘어서는 해석이라고 비판받을 수 있다. 국내 학설의 대부분은 위 결정을 명문의 규정 내용에 반하는 해석이라고 비판하였다.170) 생각건대, 위 결정이 제시한 이유는 해석론이라기보다는 입법론에 가까운 입법적 해석을 시도한 것이다. 우리 저작권법상 저작재산권 침해가 곧바로 형사처벌로 이어질 수 있다는 점을 고려할 때, 위 결정과 같이 권리제한사유를 축소 해석하는 것은 저작재산권 침해죄의 구성요건을 확대하는 결과가 되므로 해석론으로 취하기는 곤란하다고 할 것이다.171)

다. 사적복제보상금제도

저작권법 제30조에 의해 허용되는 '사적 이용을 위한 복제'는 사적 영역에서 개인의 활동의 자유를 보장해줄 필요가 있으며, 사적 영역에서 이루어진 이용행위에 대해서 저작권을 집행하는데 소요되는 비용 문제와 침해의 사소함 때문에 저작권 침해의 예외를 인정한 것이지만, 자동복사기기 내지 녹음·녹화 기기가 발전하면서 사적 이용을 위한 복제로 인하여 저작권자의 이익이 크게 위협받는 상황이 초래되고 있다. 이러한 상황이 방치된다면 사적 복제를 위한 예외는 자칫 베른협약상의 3단계 테스트를 통과하기 어려울 수도 있을 것이다. 이러한 상황을 고려하여 독일은 이미 1965년 사적 복제로 인한 저작권자의 피해를 보전해주기 위한 방편으로 사적복제보상금제도(private copying levy)를 저작권법에 처음 도입하였다. 사적복제보상금제도란 복사기·녹음기·녹화기 등 복제기기 또는 녹음테이프·녹화테이프 등 기록매체에 대해 일정한 금액을 부과하여 징수하는 제도를 말한다. 독일을 비롯하여 오스트리아(1980년), 프랑스(1985년), 스페인(1987년), 네덜란드(1989년), 덴마크(1990년), 핀란드(1991년),

---

170) 송영식·이상정, 「저작권법개설」 제9판, 세창출판사, 2015, 332면; 오승종, "2008년 분야별 중요판례분석: (21)지적재산권", 「법률신문」, 2009. 8. 6.자, 13면; 오승종, 「저작권법」 제5판, 박영사, 2020, 814~815면; 이종석, "사적이용 복제의 허용범위", 「저작권 문화」, 2009. 3., 29면; 같은 취지 최상필, "웹스토리지 서비스에 관한 법률관계", 「동아법학」 제44호, 2009. 8., 237면.

171) 이해완, "디지털 환경에서의 저작권법의 새로운 과제", 「제1회 저작권 포럼」, 문화체육관광부·한국저작권위원회, 2009. 11. 25., 52면.

이탈리아(1992년) 등 유럽 여러 나라와 미국(1992년), 일본(1992년) 등에서 이 제도를 시행하고 있다. 우리나라에서도 디지털 복제나 인터넷을 통한 저작물의 이용행태와 관련하여, 사적 이용을 위한 복제에 해당하는지 여부와 관계없이 사적복제보상금제도를 도입하여야 한다는 입법적 요구가 강력히 제기되고 있으나[172] 아직 입법에는 이르지 못하고 있다.

≪각국의 사적복제보상금제도 비교≫

　사적복제보상금제도의 구체적 내용은 시행하는 나라마다 차이가 있다. 예컨대, 독일·스페인은 녹음·녹화기기와 그 기록매체가 비용부과의 대상이고, 프랑스·네덜란드·오스트리아는 녹음·녹화용 기록매체가 그 대상이다. 미국은 디지털 방식의 녹음기기와 그 기록매체만이 대상이고, 캐나다는 녹음용 기록매체만이 대상이다. 일본은 디지털 방식의 녹음·녹화기기와 그 기록매체가 비용부과의 대상이다.

XI. 도서관 등에서의 복제 등

1. 개　　관

　저작권법 제31조는 '도서관 등'에서의 복제 등에 관하여 규정한다. 본조에서 말하는 '도서관 등'이란 '도서관법'에 따른 도서관과 국가, 지방자치단체, 영리를 목적으로 하지 않는 법인 또는 단체가 도서·문서·기록 그 밖의 자료(이하 '도서 등'이라 한다)를 보존·대출하거나 그 밖에 공중의 이용에 제공하기 위하여 설치한 시설을 말한다.[173] 제31조가 적용되는 '도서관 등'의 범위를 제한하는 이유는 이러한 '도서관 등'만이 사회구성원의 지적 향유와 지식의 발전이라는 공공적 기능을 수행하기 때문이다.[174] 이에 따라 본조는 이러한 도서관 등이 주체가 되어 일정한 요건을 충족한 경우에 저작권자의 허락을 받지 않고도 도서 등의 보존이나 이용자의 요구에 응하여 저작물을 복제하고, 도서관 내에서의 열람을 목적으로 도서 등을 디지털 방식으로 복제·전송하거나 다른 도서관에 복제·전송할 수 있도록 규정한다. 종래 도서관 등은 그 소장 도서

---

172) 이에 관해서는, 한국저작권단체협의회 편, 「사적복제보상금제도」, 삼지원, 1997 참조.
173) 저작권법 시행령 제12조 제2호.
174) 정경희·이호신, 「도서관 사서를 위한 저작권법」, 한울, 2017, 156면.

등을 이용자에게 열람·대출할 수 있게 허용함으로써 저작물의 수집과 보존 및 전파라는 사회·문화·공공적 기능을 수행하였으나, 오늘날에는 다양한 기술의 발전에 따라 이용자로부터 도서관 등이 소장하는 저작물 등의 복제를 요청하는 수요도 크게 증가하였다. 대부분의 국가들은 도서관 등이 저작물의 수집과 보존 및 전파를 통하여 저작물의 창작과 향유에 기여하는 공공적 기능을 좀 더 원활하게 수행할 수 있도록 저작권 제한사유의 하나로서 일정한 요건 아래에서 도서관 등의 복제를 허용하고 있다.175)

2. 도서관 등에 보관된 도서 등을 사용한 저작물의 복제

가. 내 용

저작권법은 일정한 경우에 도서관 등에 보관된 도서 등을 사용하여 저작물을 복제할 수 있다고 규정한다(제31조 제1항 본문). 이에 해당하는 경우로는 ① 조사·연구를 목적으로 하는 이용자의 요구에 따라 공표된 도서 등의 일부분의 복제물을 1명당 1부에 한정하여 제공하는 경우(제1호), ② 도서 등의 자체 보존을 위하여 필요한 경우(제2호), ③ 다른 도서관 등의 요구에 따라 絕版 그 밖에 이에 준하는 사유로 구하기 어려운 도서 등의 복제물을 보존용으로 제공하는 경우이다(제3호). 다만, 디지털 형태로 복제하는 것이 가능한 경우는 ②의 경우에 한정되며 ①과 ③의 경우는 아날로그 형태로만 가능하다(제31조 제1항 단서). 본조에 의해 도서관 등에게 허용하는 도서 등의 복제를 하기 위해서 도서관 등이 갖추어야 할 요건은 다음과 같다. 첫째 도서관 등이 복제의 주체일 것, 둘째 도서관 등에 보관된 자료를 사용할 것, 셋째 이용자의 요구에 의한 복제일 것, 넷째 도서관 등의 자체보존 필요가 있을 것, 다섯째 다른 도서관 등의 요구에 의해 보존용으로 제공하는 경우일 것이다.176)

나. 일반요건

(1) 도서관 등이 복제 등의 주체일 것

저작권법 제31조에서 복제의 주체는 이용자가 아니라 도서관 등이다. 여기서 복제의 주체가 되는 도서관 등은 당연히 공공적 기능을 수행하기 위한 개방성과 비영리성을 갖추고 있어야 한다.177) 복제의 주체가 도서관 등이라는

---

175) 이에 관해서는, 名和小太郎·山本順一, 「圖書館と著作權」, 日本圖書館協會, 2005, 35면 이하.
176) 이호복, "대학도서관에서의 저작물 이용과 저작권법 제31조의 적용에 관한 연구", 한양대 행정·자치대학원 법학석사 학위논문, 2009. 2., 40면.
177) 정경희·이호신, 앞의 책, 170~171면.

것은, 복제행위가 해당 도서관의 책임 아래 감독권을 행사하여 이루어지는 것
이라면 그 도서관 등의 소속직원에 의한 복제행위뿐 아니라 외부의 용역이나
보조도 여기서 말하는 복제에 해당할 수 있다는 의미이다.178) 또한 카드식 무
인복사기의 경우에 이용자가 복제하더라도 도서관 등의 직원의 지시 감독 하
에 복제가 이루어지는 경우면 이에 해당한다.179) 그러나 카드식 무인복사기를
설치한 후 특별한 관리 없이 이용자가 자유롭게 도서관 등에 비치된 도서를
복제하는 경우,180) 또는 대학도서관 구내에 외부 복사업자가 복사기를 설치한
후 도서관 등의 관리 없이 이용자들이 자유롭게 소장 도서 등을 복제하는 경
우181)는 도서관 등이 주체적으로 복제 업무를 수행하는 것으로 보기 어렵다.

(2) 도서관 등에 보관된 도서 등일 것

복제 대상은 반드시 그 도서관 등이 보관하고 있는 도서 등이어야 한다.
예컨대, 도서관 등이 보관하는 장서를 활용해서 이루어져야 한다. 도서관 등이
보관하고 있는 것이라면 도서 등의 소유권이 해당 도서관 등에 귀속하는지 다
른 도서관 등으로부터 빌려온 것인지를 묻지 않는다.182) 그러나 도서관 등의
내에서 이루어지는 복사라도 이용자가 외부에서 가져온 도서를 복제하는 경우
는 이 조항에 해당되지 않는다. 도서관 등이 보관하는 도서 등이란 서적 등의
문서자료 외에 지도, 도형, 모형, 사진, 음반, 영상물 등 모든 정보매개물을 포
함하는 개념이다. 따라서 복제의 방법에는 복사, 사진촬영, 녹음, 녹화, 또는
마이크로 필름화 등도 포함된다.183) 그러나 디지털 형태로 복제하는 것은 제
31조 제1항 제2호 '도서 등의 자체보존을 위하여 필요한 경우'에만 허용된다.

다. 유형별 요건

(1) 이용자의 요구에 의한 복제

도서관 등에서의 복제 중 ① 조사·연구를 목적으로 하는 이용자의 요구
에 따라 공표된 도서 등의 일부분의 복제물을 1명당 1부에 한정하여 제공하는
경우(제1호)에 해당하기 위해서는, 첫째 조사·연구를 목적으로 할 것, 둘째 공
표된 저작물을 대상으로 할 것, 셋째 일부분의 복제일 것, 넷째 이용자의 요구

---

178) 장인숙, 「저작권법원론」개정판, 보진재, 1996, 103~104면.
179) 홍재현, 「도서관과 저작권법」, 조은글터, 2008, 220면.
180) 이형하, "저작권법상의 자유이용", 「지적소유권에 관한 제문제(하)」, 법원행정처, 1992, 387면.
181) 이해완, 「저작권법」 제4판, 박영사, 2019, 759면.
182) 이형하, 앞의 논문, 387면; 이해완, 위의 책, 761면; 정경희·이호신, 앞의 책, 172면.
183) 장인숙, 앞의 책, 104면.

에 의할 것, 다섯째 1명당 1부에 한정하여 제공할 것의 요건을 갖추어야 한다. 이 중 문제가 되는 것은 도서 등의 '일부분'이란 어느 정도를 의미하는가이다. 이에 대해서는 일정한 기준이 정해져 있지 않다. 참고로 현재 사단법인 한국문학예술저작권협회는 이를 10퍼센트로 정하고 있고, 호주 저작권법도 일반적으로 10퍼센트를 기준으로 정하고 있다(호주 저작권법 제10조).[184] 이와 관련하여 악보나 詩처럼 분량이 적은 저작물은 이를 일률적으로 적용하기 어려운 점이 있다거나, 미술저작물이나 사진저작물처럼 하나의 저작물로서 불가분성을 갖는 것은 그 일부분을 복제하는 것만으로는 의미가 없을 뿐 아니라 동일성유지권 침해의 문제도 생길 우려가 있으므로 현실적으로는 저작물 전체를 복제의 대상으로 허용하는 것이 부득이한 경우도 있을 수 있다는 논의가 있다.[185] 유의할 점은 '저작물'과 '도서 등'의 법적 개념의 구별이다. 어느 논문집에 실린 개개의 논문들은 모두 별개의 '저작물'이지만 논문집은 '도서 등'에 해당한다. 2000년 저작권법은 종전 '저작물의 일부분'이란 표현을 '도서 등의 일부분'으로 개정하였으므로 논문집에 수록된 논문 1편을 전부 복제하더라도 저작권법의 해석으로는 '도서 등의 일부분'에 부합한다.[186] 따라서 미술저작물이나 사진저작물이 화보나 사진첩과 같은 '도서 등'의 일부분을 구성하는 경우에는 미술저작물이나 사진저작물 1개 전부를 복제하더라도 '도서 등의 일부분'이라고 해석하는 데에 큰 무리는 따르지 않는다. 문제는 도서 등의 일부분이 아니라 낱개로 보관되어 있는 지도나 악보 등의 경우인데, 이때에는 그 전부를 복제하는 것은 해석론이 허용하는 한계를 넘는다고 보아야 한다.[187]

본조 제1항 제1호에 의해 해당 도서관 등이 보관 중인 디지털 형태의 도서 등을 이용자의 요구에 따라 아날로그 형태로 복제(출력)한 경우에는 본조 제5항의 규정에 따라 문화체육관광부장관이 정하여 고시하는 기준에 따른 보상금을 해당 저작재산권자에게 지급하여야 한다. 또한 본조 제3항에 의해 해당 도서관 등이 다른 도서관 등으로부터 복제·전송받은 도서 등을 사용하여 이용자의 요구에 따라 아날로그 형태로 복제한 경우에도 저작재산권자에게 소정의 보상금을 지급하여야 한다.

---

184) 임원선, 「실무자를 위한 저작권법」 제7판, 한국저작권위원회, 2022, 255면.
185) 加戶守行, 「著作權法逐條講義」, 六訂新版, 著作權情報センター, 2013, 257면 참조.
186) 다만, 논문집 등에 수록된 논문 한 편을 일본 저작권법처럼 발행 후 상당기간의 경과와 같은 제한을 두지 않고 복제할 수 있도록 허용하는 것은 3단계 테스트와 같은 국제규범에 어긋나는 것일 수 있다는 지적이 있다{정상조 편, 「저작권법 주해」, 박영사, 2007, 566~567면(임원선 집필)}.
187) 같은 취지, 이해완, 앞의 책, 763면.

(2) 도서관 등의 자체 보존을 위한 복제

도서관 등에서의 복제 중 ② 도서 등의 자체 보존을 위하여 필요한 경우(제2호)는, 예컨대 보관공간의 부족으로 마이크로필름 등으로 축소복제를 한 후 보존하거나 소장 자료의 손상으로 인해 이를 보완하기 위해 복제하는 경우 등을 말한다.[188] 그러나 정기간행물의 결호를 보완하기 위해 복제물을 만드는 것은, 시장에서의 구입 가능성 여부를 떠나 본조 본문에서 말하는 '그 도서관 등에 보관된 도서 등'을 복제하는 행위에 해당하지 않으므로 본호가 적용되지 않는다.[189] 본호의 요건에 해당하여 디지털 형태로 복제하는 것이 가능하더라도 그 도서가 이미 디지털 형태로 제작되어 판매되고 있다면 디지털 형태로 복제할 수 없다(제31조 제4항). 이러한 경우에는 판매되는 도서 등을 구입하거나 이용허락을 받아서 활용하여야 한다. 이는 도서관 등이 도서 등을 디지털 형태로 복제할 필요성을 인정하면서도 '3단계 테스트'에 의거할 때 이러한 예외가 저작물의 통상적인 이용과 충돌하지 않도록 고려한 것이다.[190]

(3) 다른 도서관 등의 요구에 따른 복제

도서관 등에서의 복제 중 ③ 다른 도서관 등의 요구에 따라 絶版 그 밖에 이에 준하는 사유로 구하기 어려운 도서 등의 복제물을 보존용으로 제공하는 경우(제3호)는, 도서관 간의 상호 자료 제공을 일정한 한도 안에서 인정하는 취지의 규정이다. '절판 그 밖에 이에 준하는 사유로 구하기 어려운 도서 등'이라 함은 절판된 단행본, 발행 후 장기간을 경과한 정기간행물 등으로 헌책방 등에서도 쉽게 구할 수 없는 것을 말한다. 가격이 비싸다거나 구입하는데 시간이 오래 걸린다는 등의 사정은 정당한 이유가 될 수 없다. 이때 복제행위의 주체는 입수 곤란한 자료를 소장하여 복제물을 제공하는 도서관 등이 된다.[191]

3. 도서관 내 디지털 복제 · 전송

도서관 등이 제공하는 인쇄 자료의 열람서비스는 저작권 행사와 무관하므로 자유롭게 허용된다. 그러나 전자책(e-book)과 같은 디지털 자료의 열람서비스는 서버에 저장된 자료를 컴퓨터 화면으로 불러오는 과정에서 복제와 전송이 이루어지므로 그 복제 · 전송을 자유이용의 대상으로 한 것이다. 이에 따

---

188) 홍재현, 앞의 책, 227~228면.
189) 이해완, 앞의 책, 764~765면.
190) 임원선, 앞의 책, 256~257면 참조.
191) 이해완, 앞의 책, 765면.

라 도서관 등은 컴퓨터를 이용하여 관내에서의 열람을 목적으로 보관된 도서 등을 복제하거나 전송할 수 있다. 이 경우 동시에 열람할 수 있는 이용자의 수는 그 도서관 등에서 보관하고 있거나 저작권 그 밖에 이 법에 따라 보호되는 권리를 가진 자로부터 이용허락을 받은 그 도서 등의 부수를 초과할 수 없다(제31조 제2항). 이에 따라 도서관이 서비스하는 전자책(e-book)의 동시 열람자 수는 제한된다. 이는 디지털 도서관의 취지를 인정하면서도 그 운영으로 인하여 저작권자가 입는 경제적 손실을 최소화하려는 취지를 규정한 것이다.[192] 이 경우 디지털 형태로 복제하는 것이 가능하더라도 그 도서가 이미 디지털 형태로 제작되어 판매되고 있다면 디지털 형태로 복제할 수 없다(제31조 제4항). 그 이유는 전술한 바와 같다. 또한 복제·전송을 하는 경우에 권리의 침해를 방지하기 위하여 복제방지조치 등 대통령령으로 정하는 필요한 조치를 취하여야 한다(제31조 제7항). 한편, 도서관 등이 디지털 자료 열람서비스의 일환으로 제공하는 DVD 등의 영상저작물을 둘러싸고 저작권법 제31조 제2항의 규율대상인 도서관 등이 보관하는 도서 등의 열람인지 아니면 저작권법 제29조 제2항의 규율대상인 공연인지 견해가 나뉠 수 있다.[193] 생각건대, 보관하는 도서 등(ex 상업용 영상저작물)의 열람(ex 재생을 통한 시청)이 저작권법상 공연에 해당하는 경우 저작권법 제29조 제2항의 규율대상이 되는 것은 당연한 것이므로 발행일로부터 6개월이 경과하지 않은 상업용 영상저작물에 대해서는 권리자로부터 허락을 얻어야 할 것이다.

4. 도서관 간 디지털 복제·전송

도서관 등은 컴퓨터 등을 이용하여 이용자가 다른 도서관 등의 안에서 열람할 수 있도록 보관된 도서 등을 복제하거나 전송할 수 있다. 다만, 도서 등의 전부 또는 일부가 판매용으로 발행된 경우에는 그 발행일부터 5년이 지난 후에야 가능하다(제31조 제3항). 이 경우 디지털 형태로 복제하는 것이 가능하더라도 그 도서가 이미 디지털 형태로 제작되어 판매되고 있다면 디지털 형태로 복제할 수 없다(제31조 제4항). 그 이유는 전술한 바와 같다. 이때에도 복제·전송과 관련하여 권리의 침해를 방지하기 위하여 복제방지조치 등 대통령령이 정하는 필요한 조치를 취하여야 한다(제31조 제7항).

---

192) 이호복, 앞의 논문, 52면.
193) 정경희·이호신, 앞의 책, 162면.

5. 보상금의 지급

도서관 등이 도서관 내에서 이용자의 요구에 따라 디지털 형태의 도서 등을 아날로그 형태로 복제하는 경우 및 다른 도서관에서 열람할 수 있도록 도서 등을 복제하거나 전송한 경우에는 문화체육관광부장관이 정하여 고시하는 기준에 따른 보상금을 해당 저작재산권자에게 지급하여야 한다(제31조 제5항 본문). 이는 저작권법 제25조에서 설명한 것처럼 법률이 정하는 일정한 요건이 충족되기만 하면 저작권자와의 사전협의를 거치지 않고 소정의 보상금을 지급하거나 공탁하고 저작물을 이용할 수 있는 법정허락(statutory license)이다. 다만, 국가, 지방자치단체 또는 '고등교육법' 제2조에 따른 학교를 저작재산권자로 하는 도서 등(그 전부 또는 일부가 판매용으로 발행된 도서 등을 제외한다)의 경우에는 보상금을 지급하지 않아도 된다(제31조 제5항 단서).

6. 온라인 자료 보존을 위한 면책

저작권법은 도서관법 제22조에 따라 국립중앙도서관이 온라인 자료의 보존을 위하여 수집하는 경우에는 해당 자료를 복제할 수 있다고 규정한다(제31조 제8항). 그 입법취지는 다음과 같다. 첫째, 정보기술의 비약적 발달에 따라 지식정보의 생산 및 이용 환경은 온라인으로 급속히 확산되고 있는 추세이나, 오프라인 자료에 비하여 생성·소멸주기가 짧은 이들 온라인 자료에 대한 관리는 미약한 상황을 고려한 것이다. 둘째, 이러한 상황 아래에서 국가 기록물의 전반적 법정 수집기관인 국립중앙도서관이 정보통신망을 통하여 공중의 이용에 제공되는 저작물 중 국가차원에서 보존가치가 높은 도서 등을 수집하여 보존할 수 있도록 복제의 근거규정을 마련한 것이다. 셋째, 국립중앙도서관의 온라인 자료에 대한 수집 권한이 있는지에 대한 법적 근거는 도서관법 제22조에 반영하였고 이를 근거로 저작권법 중에 자료 보존을 위한 복제의 근거규정을 둔 것이다.

XII. 시험문제로서의 복제

저작권법은 영리를 목적으로 하지 않는 경우, 학교의 입학시험 그 밖에 학식 및 기능에 관한 시험 또는 검정을 위하여 필요한 경우에는 그 목적을 위하여 정당한 범위 안에서 공표된 저작물을 복제·배포 또는 공중송신할 수 있다고 규정한다(제32조). 저작물을 시험문제로서 이용하는 경우에는 그 성질상 事前에 저작권자의 허락을 얻는 것이 곤란하며 또 시험문제로서 이용은 저작물의 통상의 이용을 방해하는 것이 아니기 때문에 위와 같은 권리제한 규정을 마련한 것이다. 위 규정의 내용을 요건 별로 나누어 살펴본다.[194)

① 공표된 저작물이어야 한다. 공표된 저작물인 이상 어문·음악·미술저작물 등 그 종류를 묻지 않는다. 미공표저작물인 경우에는 저작권자의 허락을 얻어야 한다.

② 시험이나 검정의 목적을 위한 경우이어야 한다. 따라서 입학시험, 입사시험, 학교의 중간·기말고사, 각종 면허시험 등 사람의 학력·지식·기술 및 능력에 관한 시험 또는 검정의 목적이 아닌 경우는 제외된다. 예컨대, 시험문제 출제의 목적이 아니라 기출문제를 수집하여 예상문제집 등의 참고서를 만들기 위해 복제하는 행위는 이에 해당하지 않는다. 이러한 행위는 후술하는 영리를 목적으로 하지 않아야 한다는 요건에도 어긋난다.

③ 시험이나 검정의 목적을 위하여 필요한 경우에 그 정당한 범위 안에서 복제·배포하여야 한다. 타인의 저작물에서 시험문제를 전부 복제하는 경우에는 정당한 범위라고 볼 수 없다. 또한 시험문제의 출제를 위해 필요한 범위를 넘어 관련 저작물의 상당한 부분을 복제하는 행위도 허용되지 않는다. 결국 구체적인 사안에 따라 정당한 범위 안에서의 복제인지 여부를 결정할 수밖에 없다.

④ 영리를 목적으로 하여서는 안 된다. 따라서 시험문제의 제작을 영업으로 하는 자가 외부의 의뢰를 받아 대가를 받고 시험문제를 제작하는 경우는 위 규정에 해당하지 않는다. 학습참고서 회사가 예상문제집을 발간하기 위해 복제하는 경우도 영리목적으로 복제하는 전형적인 예에 해당하므로 위 규정의 적용을 받을 수 없다. 그러나 시험을 출제하는 주체가 영리기업이더라도 자기 회사 직원의 채용시험을 위해 출제하는 것이라면 그 자체가 영리목적이 아닌 한 위 규정의 적용을 받을 수 있다.

⑤ 저작물의 이용양태는 복제·배포하여 이용하는 것이다. 이때에는 그 저작물을 번역하여 이용할 수도 있다(제36조 제2항).

---

194) 오승종,「저작권법」제5판, 박영사, 2020, 837~838면; 임원선,「실무자를 위한 저작권법」제7판, 한국저작권위원회, 2022, 261~262면; 하용득,「저작권법」, 법령편찬보급회, 1988, 206면 각 참조.

XIII. 시각장애인 등을 위한 복제 등

1. 시각장애인 등을 위한 복제 · 배포

저작권법은 누구든지 시각장애인과 독서에 장애가 있는 사람으로서 대통령령으로 정하는 사람(이하 '시각장애인 등'이라 한다)을 위하여 공표된 저작물을 '점자법' 제3조에 따른 점자로 변환하여 복제 · 배포할 수 있다고 규정한다(제33조 제1항). 제1항의 적용을 받는 시각장애인, 즉 '앞을 못 보는 사람'과 일정 기준 이하의 저시력자의 범위[195] 및 독서에 장애가 있는 사람, 즉 신체적이거나 정신적 장애로 인해 도서를 다루지 못하거나 독서능력이 뚜렷하게 손상되어 정상적인 독서를 할 수 없는 사람의 범위는[196] 대통령령으로 정한다. 제1항의 행위주체는 제한이 없으므로 누구나 자유롭게 설령 영리목적을 가지고 있더라도 공표된 저작물이면 저작물의 종류를 가리지 않고 점자로 복제 · 배포할 수 있다. 이것은 제2항과 다른 점이다. 허용되는 행위태양은 점자로 복제 · 배포하는 것이다. 점자란 시각장애인이 촉각을 활용하여 스스로 읽고 쓸 수 있도록 튀어나온 점을 일정한 방식으로 조합한 표기문자를 말한다. 이 경우 도형 · 그림 등을 촉각으로 인지할 수 있도록 제작된 촉각자료를 포함한다(점자법 제3조 제1호). 점자로 복제하는 방법으로는 점자기나 점자용 타자기를 사용하는 방법, 또는 전자적 형태의 점자 정보기록방식이 있다. 다만 전자적 형태의 점자 정보기록방식은 제2항의 요건을 갖춘 경우에 허용된다. 제1항에 따라 저작물을 점자로 복제 · 배포하여 이용하는 경우에는 번역하여 이용할 수 있고(제36조 제2항) 그 출처를 명시하여야 한다(제37조).

2. 시각장애인 등이 인지할 수 있는 대체자료의 복제 · 배포 · 공연 또는 공중송신

저작권법은 시각장애인 등의 복리증진을 목적으로 하는 시설 중 대통령령으로 정하는 시설(해당 시설의 장을 포함한다)은 비영리목적으로 시각장애인 등의 이용에 제공하기 위하여 공표된 저작물 등에 포함된 문자 및 영상 등의 시각적 표현을 시각장애인 등이 인지할 수 있는 대체자료로 변환하여 이를 복제 · 배포 · 공연 또는 공중송신할 수 있다고 규정한다(제33조 제2항). 제2항의 행위

---

195) 저작권법 시행령 제15조(시각장애인 등의 범위) 제1호 "'장애인복지법 시행령' 별표1 제3호에 따른 시각장애인" 참조.
196) 저작권법 시행령 제15조(시각장애인 등의 범위) 제2호.

주체는 시각장애인 등의 복리증진을 목적으로 하는 시설 중 대통령령으로 정하는 시설에 한정된다.197) 허용되는 행위태양은 공표된 저작물 등에 포함된 문자 및 영상 등의 시각적 표현을 시각장애인 등이 인지할 수 있는 대체자료로 변환하여 이를 복제·배포·공연 또는 공중송신하는 것이다. 다만 행위태양 중 복제는 일정한 경우 시각장애인 등과 보조자를 포함한 그의 보호자에게도 허용된다. 즉 이들이 공표된 저작물 등에 적법하게 접근하는 경우 시각장애인 등의 개인적 이용을 위해서는 그 저작물 등에 포함된 문자 및 영상 등의 시각적 표현을 시각장애인 등이 인지할 수 있는 대체자료로 변환하여 이를 복제할 수 있다(제33조 제3항). 대체자료의 범위는 대통령령으로 정한다(제33조 제4항). 제2항의 적용대상은 '공표된 저작물 등'이므로 '공표된 저작물'만을 대상으로 하는 제1항과 다르다. 따라서 공표된 것이면 어문저작물은 물론 음악저작물이나 영상저작물 등 모든 저작물에 대해서 적용되며, 실연·음반·방송 또는 데이터베이스도 포함된다(제2조 제7호 참조). 제2항에 따라 복제·배포·공연 또는 공중송신하여 이용하는 경우에는 번역하여 이용할 수 있고(제36조 제2항) 그 출처를 명시하여야 한다(제37조).

3. 시각장애인 등을 위한 저작물 접근권 개선 방안

2023년 저작권법(법률 제19597호 2023. 8. 8.) 일부 개정으로 제33조 제1항은 공표된 저작물을 시각장애인 등을 위하여 점자로 복제·배포하는 것을, 제2항은 공표된 저작물 등을 시각장애인 등이 인지할 수 있는 대체자료로 변환하여 이를 복제·배포·공연 또는 공중송신하는 것을 각 허용한다. 제1항은 종전과 차이가 없으나 제2항은 공표된 모든 저작물뿐 아니라 저작인접물과 데이터베이스까지 그 적용대상으로 하고 공연과 공중송신까지 허용하는 대폭적인 개정이 이루어졌다(2024. 2. 9. 시행). 종전과 비교할 때 시각장애인 등을 위한 저작물 접근권이 개선되었다고 평가할 수 있다. 다만 오늘날 정보통신기술의 발전으로 인해 디지털화된 문자파일만 제공되면 시각장애인 등의 편의에 맞추어 손쉽게 점자도서 또는 소리도서를 제작할 수 있음에도 도서관법에 따른 '디지

---

197) 저작권법 시행령 제14조(복제 등이 허용된 시각장애인 등의 시설 등) 제1항은 대통령령으로 정하는 시설이란 시각장애인 등 거주시설, 점자도서관, 시각장애인 등 보호시설(제1호), 장애인 등을 위한 특수학교와 시각장애인 등을 위한 특수학급을 둔 각급학교(제2호), 국가·지방자치단체, 비영리목적의 법인 또는 단체가 시각장애인 등의 교육·학술 또는 복리증진을 목적으로 설치·운영하는 시설(제3호)을 말한다고 규정한다.

털 납본제도'가 실효성 있게 이루어지고 있지 않아 시각장애인 등이 정보통신
기술 발전의 혜택을 제대로 누리지 못하고 있다.[198] 시각장애인 등의 저작물
접근권을 실질적으로 보장하기 위해서는 디지털화된 문자파일을 필요한 때에
제공받아 이를 점자도서나 소리도서로 제작하여 이용할 수 있도록 제도 개선
이 이루어져야 한다.[199][200]

XIV. 청각장애인 등을 위한 복제 등

1. 입법취지

2013년 저작권법(2013. 7. 16. 법률 제11903호) 일부 개정으로 청각장애인 등
을 위한 제33조의2 권리제한 조문이 신설되었다. 입법취지는 저작권법에 시각
장애인의 저작물 접근권만을 명시하였을 뿐이고 청각장애인에 대해서는 관련
규정을 두고 있지 않았기에 새롭게 입법한 것이다. 즉 청각장애인도 일반인과
동등하게 공표된 저작물을 적극적으로 향유할 수 있도록 공표된 저작물을 한
국수어나 자막으로 변환하고 이를 복제·배포·공연 또는 공중송신할 수 있도
록 허용함으로써 청각장애인의 저작물 접근권을 개선하려는 것이다. 이 조문
은 2016년 개정되었고 2023년 저작권법(법률 제19597호 2023. 8. 8.) 일부 개정으
로 재차 개정되었다.

2. 청각장애인 등을 위한 복제·배포·공연 또는 공중송신

저작권법은 누구든지 공표된 저작물을 청각장애인 등을 위하여 한국수어
로 변환할 수 있고, 이러한 한국수어를 복제·배포·공연 또는 공중송신할 수
있다고 규정한다(제33조의2 제1항). '청각장애인 등'의 범위는 대통령령으로 정

---

198) 남형두, "시각장애인의 정보접근과 출판사의 책무", 「출판문화」 Vol.554, 2012. 1., 30~33면.
199) 도서관법 제24조 제3항은 국립장애인도서관이 장애인을 위한 도서관자료의 수집 등을 위하여
    필요한 경우 해당 출판사에게 디지털 파일형태의 도서관자료의 제출을 요청하고 그 출판사는
    대통령령으로 정하는 정당한 사유가 없는 한 이에 응하도록 규정하고 있다. 그러나 출판사가
    이에 불응할 경우 법적 강제수단이 없다는 점에서 이 제도의 성패는 오로지 출판사의 협조에
    달려있다.
200) 2013년 6월 27일 모로코의 마라케시에서 개최된 WIPO가 주관하는 외교회의에서 인권적 관점
    에서 저작권을 제한하는 최초의 국제조약인 '시각장애인 등의 발행 저작물 접근권 개선을 위
    한 마라케시 조약'이 채택되었다는 점에 주목할 필요가 있다. 이에 관해서는, 정은영, "'시각장
    애인 등의 저작물 접근권 개선을 위한 마라케시 조약' 체결과 그 의의", 「계간 저작권」, 2013
    겨울호, 124면 이하.

한다.201) 한국수어(Korean Sign Language)란 "대한민국 농문화 속에서 시각·동작 체계를 바탕으로 생겨난 고유한 형식의 언어를 말한다"(한국수화언어법 제3조 제1호).

3. 청각장애인 등이 인지할 수 있는 대체자료의 복제·배포·공연 또는 공중 송신

저작권법은 청각장애인 등의 복리증진을 목적으로 하는 시설 중 대통령령으로 정하는 시설(해당 시설의 장을 포함한다)은 비영리목적으로 청각장애인 등의 이용에 제공하기 위해 필요한 범위에서 공표된 저작물 등에 포함된 음성 및 음향 등을 자막 등 청각장애인 등이 인지할 수 있는 대체자료로 변환하여 이를 복제·배포·공연 또는 공중송신할 수 있다고 규정한다(제33조의2 제2항). 다만 복제는 일정한 경우 청각장애인 등과 보조자를 포함한 그의 보호자에게도 허용된다. 즉 이들이 공표된 저작물 등에 적법하게 접근하는 경우 청각장애인 등의 개인적 이용을 위해서는 그 저작물 등에 포함된 음성·음향 등을 자막 등 청각장애인 등이 인지할 수 있는 대체자료로 변환하여 이를 복제할 수 있다(제33조의2 제3항). 대체자료의 범위는 대통령령으로 정한다(제33조의2 제4항). 제2항의 적용대상은 '공표된 저작물 등'이므로 '공표된 저작물'만을 대상으로 하는 제1항과 다르다. 제2항에 따라 복제·배포·공연 또는 공중송신하여 이용하는 경우에는 번역하여 이용할 수 있으며(제36조 제2항) 그 출처를 명시하여야 한다(제37조).

XV. 방송사업자의 일시적 녹음·녹화

저작물을 방송할 권한을 가지는 방송사업자는 자신의 방송을 위하여 자체의 수단으로 저작물을 일시적으로 녹음하거나 녹화할 수 있다(제34조 제1항). 이와 같이 만들어진 녹음물 또는 녹화물은 녹음일 또는 녹화일부터 1년을 초과하여 보존할 수 없다. 다만, 그 녹음물 또는 녹화물이 기록의 자료로서 대통령령으로 정하는 장소에 보존되는 경우에는 이를 초과하여 보존할 수 있다(제34조 제2항). 저작재산권을 구성하는 지분권인 복제권(특히 녹음·녹화권)과 또 다른 지분권인 공중송신권(특히 그 하위개념인 방송권)은 별개의 권리이므로 방송사업자가 저작권자로부터 저작물의 방송을 허락받았다 하더라도 녹음·녹화

---

201) 저작권법 시행령 제15조의3(청각장애인 등의 범위) 참조.

의 허락까지 받았다고 볼 수는 없다. 그러나 방송의 허락을 얻은 방송사업자가 방송을 하는 데에 필요한 일시적인 녹음·녹화에 대해서까지 별도로 허락을 받도록 요구하는 것은 지나친 형식논리로 번잡이 따른다고 보아 방송을 위한 일시적 녹음·녹화를 적법한 행위로서 허용한 것이다.202)203) 위 규정의 내용을 요건별로 나누어 살펴본다.204)

① 행위주체는 방송사업자이어야 한다. 방송사업자란 공중송신 중 공중이 동시에 수신하게 할 목적으로 음·영상 또는 음과 영상 등을 송신하는 것을 업으로 하는 자를 말한다(제2조 제8호, 제9호 참조).

② 저작물을 방송할 권한을 가지고 있어야 한다. 즉 저작권자로부터 방송의 허락을 얻었거나 또는 법정허락(제51조)이나 그 밖에 권리제한규정에 의해 합법적으로 방송할 수 있는 경우를 말한다.

③ 방송사업자가 자신의 방송을 위하여 녹음·녹화하는 경우이어야 한다. 따라서 다른 방송사업자의 방송을 위하여 녹음·녹화하거나 판매·교환하는 것은 여기에 해당하지 않는다.

④ 방송사업자가 자체 수단으로 녹음·녹화하는 경우이어야 한다. 자체 수단이란 방송사업자의 인적 수단(직원)과 물적 수단(시설·설비)을 이용하여 녹음·녹화가 이루어져야 한다는 의미이다. 따라서 외부의 업자에게 위탁하는 등 방송사업자의 지배 아래 있지 않은 인적·물적 수단을 이용하여 녹음·녹화하는 것은 이에 해당하지 않는다.205)

⑤ 일시적으로 녹음·녹화하여야 한다. 즉 만들어진 녹음물·녹화물은 녹음일·녹화일부터 1년을 초과하여 보존할 수 없으며 그 기간이 경과하면 반드시 폐기되어야 한다. 다만, 그 녹음물·녹화물이 기록의 자료로서 대통령령이 정하는 장소206)에 보존되는 경우에는 이를 초과하여 보존할 수 있다(제2항 단

---

202) 한승헌, 「정보화시대의 저작권」, 나남, 1992, 189~190면.
203) 베른협약 제11조의2 제3항은 "방송사업자가 자체 수단에 의하여 자기의 방송을 위하여 행하는 일시적인 녹음·녹화에 관한 규칙은 동맹국의 입법에 따라 결정한다"고 규정한다.
204) 하용득, 「저작권법」, 법령편찬보급회, 1988, 210~211면; 허희성, 「2011 신저작권법 축조개설 상」, 명문프리컴, 2011, 267~270면 각 참조.
205) 학설 중에는 '자체 수단'에 의한 녹음·녹화만이 허용된다면, KBS와 같은 전국 규모의 방송사업자와 지방의 가맹사가 각기 별개의 법인체로서 네트워크를 이루고 있는 방송사업자(가령, MBC나 SBS, CBS) 간에 불균형이 초래되어 불합리하다는 견해가 있다. 이에 따르면 일본 저작권법 제44조 제1항의 "자신의 수단 또는 해당 저작물을 동일하게 방송할 수 있는 다른 방송사업자의 수단에 의하여"라는 규정 내용을 참조하여 입법적 보완을 할 필요가 있다고 한다(한승헌, 앞의 책, 190면).

서). 예외적으로 1년을 초과하여 보존이 허용되는 이유는 '기록의 자료'로서 보존한다는 목적 때문이므로 제3자가 학술연구목적으로 녹음·녹화물을 일시적으로 재생하여 열람하는 것은 무방하지만, 이를 기록보존소 외부로 반출하여 방송에 이용하거나 판매하는 것은 복제권(즉 녹음·녹화권) 침해가 된다. 따라서 기록보존소에서 녹음·녹화물을 반출하여 이용할 필요가 있을 때에는 미리 권리자로부터 녹음·녹화권에 대해 이용허락을 얻어야 한다.207)

최근 방송과정이 디지털화 되면서 음악 등을 디지털 파일 형태로 전환하여 저장한 후 매 방송 때마다 활용하는 사례가 늘고 있다. 이렇게 저장된 음악 등의 파일은 기간과 횟수에 관계없이 보존되고 활용되고 있으며, 심지어 다른 방송사업자에게 유상 또는 무상으로 제공되기도 한다. 이러한 사례는 이 규정의 취지를 벗어나는 것이므로 주의하여야 한다.208)

XVI. 미술저작물 등의 전시 또는 복제

1. 의   의

베른협약 제2조 제1항은 미술저작물의 개념 속에 건축저작물과 사진저작물을 포함하여 넓은 의미[廣義]로 미술저작물을 규정한다. 이와 달리 우리 저작권법 제4조는 미술저작물(제4호), 건축저작물(제5호), 사진저작물(제6호)을 각기 구별하여 규정함으로써 좁은 의미[狹義]로 미술저작물을 이해한다. 이와 같이 좁은 의미로 미술저작물을 이해하면서도 전시권 또는 전시라는 이용양태와 관련해서는 '미술저작물 등'이라는 표현이 '미술저작물·건축저작물 또는 사진저작물'을 포괄하여 지칭하는 용어로 사용되고 있다.209) 그래서 마치 넓은 의미로 미술저작물을 이해하는 것처럼 보이기도 한다. 우리 저작권법이 '미술저작물 등'이라는 표현을 사용하는 이유는, 미술저작물 등이 표현된 유체물인 원작품 자체를 공중이 관람할 수 있도록 진열하는 '전시'라는 이용양태가 미술저작물 등에 대해서만 공통적으로 인정되는 특성일 뿐 아니라, 미술저작물 등은 다른 저작물(가령, 어문저작물·음악저작물·연극저작물 등)과는 달리 그 저작물

---

206) 저작권법 시행령 제16조(녹음물 등의 보존시설)는 대통령령이 정하는 장소라 함은 기록보존 목적으로 국가나 지방자치단체가 운영하는 시설 등을 말한다고 규정한다.
207) 淸水行雄 編, 「著作權 實務百科」, 學陽書房, 1992, 9－51~9－52면(谷井精之助 집필).
208) 임원선, 「실무자를 위한 저작권법」 제7판, 한국저작권위원회, 2022, 268면.
209) 저작권법 제11조 제3항, 제19조, 제35조 등 참조.

을 담고 있는 유체물인 원작품 자체가 중요한 거래대상이 되기 때문이다. 그 결과 원작품의 거래가 중시되는 미술저작물 등에서는 원작품의 소유권이 양도 됨으로써 무체물(즉 미술저작물 등)의 저작재산권자와 유체물(즉 미술저작물 등이 화체된 원작품)의 소유권자가 서로 분리되는 경우가 자주 발생한다. 그런데 미술저작물 등을 예술적으로 감상하기 위해서는 그 원작품을 현실 공간에 배치하여 공개할 수 있는 환경이 마련되어야 한다. 결국 유체물인 원작품 자체를 배타적으로 지배하는 소유권이 중심적 역할을 할 수밖에 없다. 그러다 보니 원작품의 소유자에 의해 이루어지는 전시행위와 미술저작물 등의 저작재산권자가 가지는 전시권이 서로 충돌하여 양자 간에 이해관계가 대립하는 일이 발생한다. 그래서 저작재산권자가 가지는 전시권과 소유자가 가지는 소유권과의 관계설정을 어떻게 할 것인지가 문제된다. 그 밖에도 미술저작물 등의 원작품이 공중에게 개방된 옥외 장소에 항상 전시되어 있는 경우에 그 원작품을 복제하여 이용하는 것을 어떻게 규율할 것인지, 위탁에 의한 초상화 또는 이와 유사한 사진저작물이 창작된 경우에 그 저작자와 위탁자 간의 이해관계를 어떻게 조정할 것인지 등의 문제가 발생한다.

이러한 문제들을 해결하기 위하여 우리 저작권법 제35조는 미술저작물 등에 관한 특별규정을 마련하여 저작재산권자의 전시권이나 복제권 등을 제한하고 있다. 제35조에서는 미술저작물 등을 담고 있는 유체물을 지칭하는 '원작품'이란 용어 대신에 그 법문상의 표현으로 '원본'이란 용어를 사용하고 있으므로,[210] 이하에서는 주로 원본이라는 용어를 사용하되 필요한 경우에는 원작품이란 표현을 혼용하기로 한다.

2. 원본의 소유자에 의한 전시 — 미술저작물 등의 저작권자의 전시권에 대한 일부 제한

저작권법은 미술저작물 등의 원본의 소유자나 그의 동의를 얻은 자는 그 저작물을 원본에 의하여 전시할 수 있지만, 가로 · 공원 · 건축물의 외벽 그 밖에 공중에게 개방된 장소에 항시 전시하는 경우에는 저작권자의 허락을 받아야 한다고 규정한다(제35조 제1항). 원본 자체가 중시되는 미술저작물 등에서는 저작재산권자와 원본의 소유권자가 서로 분리되는 경우가 발생하지만, 미적 감상을 위해서는 원본을 예술적으로 향유할 수 있는 환경이 조성되어야 하므

---

210) 1986년 저작권법 이래 '원작품'이란 용어를 사용하여 왔으나 2006년 저작권법에서 '원작품'이란 용어를 '원본'으로 변경하였다.

로 결국 원본의 소유권이 중심적 기능을 하게 되어 그 소유자와 저작권자의
이해관계가 대립되는 경우가 발생한다. 그래서 양자 사이의 이해를 조정하는
규정이 필요하여 저작권자의 전시권을 일부 제한하는 규정을 둔 것이다. 제1항
의 내용을 요건별로 나누어 살펴본다.

① 미술저작물 등의 원본의 소유자나 그의 동의를 얻은 자가 전시하여야 한다.

제1항에서 말하는 '미술저작물 등'이란 '미술저작물·건축저작물 또는 사진
저작물'을 가리키는 것이 아니라 건축저작물을 제외한 미술·사진저작물만을
의미한다. 건축저작물은 그 특성상 개방된 장소에 전시되어야 하는 것이기 때
문이다. '소유자'란 所有權留保附 賣買나 양도담보의 경우에는 형식적 소유자
가 아닌 실질적 소유자를 의미한다. 원본에 대해 리스계약이 체결된 경우에는
리스회사가 제1항에서 말하는 '소유자'이고 그 이용자는 리스회사의 동의를 얻
은 경우에 제1항에 따라 전시할 수 있다고 해석하여야 한다. 원본이 여러 사
람의 공유인 경우에는 공유자 전체를 하나의 '소유자'로 취급하면 충분하다.
이때 원본의 전시행위는 공유물의 관리행위에 해당한다.211)

② 미술저작물 등이 원본에 의해 전시되어야 한다.

'원본', 즉 원작품(original work)이란 저작자의 사상 또는 감정을 창작적으
로 표현한 저작물이 화체되어 있는 유체물을 의미하고 그 복제물이 아닌 것을
말한다. 화가가 캔버스에 직접 그린 그림이나 조각가가 대리석을 직접 쪼아
만든 조각과 같이 원본이 하나인 경우에는 별 문제가 없다. 그러나 원판으로
찍어내는 판화나 거푸집(주형)으로 제작되는 조소작품과 같은 복수미술품
(multiples)의 경우에는 저작자의 의사를 나타내는 서명이나 한정 번호 또는 그
밖에 일정한 조건을 갖춘 '오리지널 카피'에 한하여 원본으로 인정된다.212) 사
진의 경우에는 네거티브 필름은 원본이 아니며 그에 기해 인화지에 프린트된
것만이 원본이라고 한다.213) 이에 대해 네거티브 필름이나 그에 기해 인화지
에 다수 프린트된 것이나 모두 원본이라는 견해도 있다.214) 미술저작물 등의
원본을 전시한다는 것은 공중의 출입이 가능한 장소에 이들 저작물을 공개하

---

211) 小倉秀夫·金井重彦 編著, 「著作權法コンメンタール」, LexisNexis, 2013, 770면(小倉秀夫 집필).
212) 이에 관해서는, 이상정, 「미술과 법」 제2판, 세창출판사, 2016, 138면 이하; 長谷川公之, 「現代版
 畵の基礎知識」, 沖積舍, 1994, 구자현 옮김, 「현대판화의 기초지식」, 시공사, 2002, 14면 이하.
213) 加戶守行, 「著作權法 逐條講義」六訂新版, 著作權情報センター, 2013, 197면. 이 견해에 따르
 면 사진의 경우에는 "원작품과 … 복제물의 구별이 곤란하므로 … 작품이 공중에게 반포되지
 않는 한 전시권이 작동하는 사진의 원작품은 다수 존재할 수 있다"고 한다(위 같은 면).
214) 半田正夫·松田政行 編, 「著作權法コンメンタール 2」第2版, 勁草書房, 2015, 441면(久々湊伸一 집필).

는 것을 말하고, 가정과 같은 사적 공간에 미술저작물 등의 원본을 걸어두는 경우를 의미하는 것이 아니다. 그러므로 자기 집 거실에 미술저작물 등의 원본을 전시하는 경우에는 그 저작물의 저작권자의 허락을 얻을 필요가 없으므로 제35조 제1항의 적용 여부를 고려할 필요가 없다.

　③ 가로·공원·건축물의 외벽 그 밖에 공중에게 개방된 장소에 항시 전시하는 경우가 아니어야 한다.

　'그 밖에 공중에게 개방된 장소'라는 것은 예시적으로 열거한 가로·공원·건축물의 외벽 등으로 알 수 있듯이 건물 밖에 있는 '옥외 장소'를 의미하고 건물 안의 '실내 장소'를 말하는 것이 아니다. 따라서 예컨대 호텔 로비 라운지 한쪽 벽면에 미술저작물이 설치된 것은 이에 해당하지 않는다.[215] 또한 미술저작물 등이 건물 내부에 설치되어 있는 경우에는 설령 건물이 유리와 같은 투명한 소재로 건축된 관계로 외부에서 쉽게 들여다 볼 수 있는 상태에 있더라도 '옥외 장소'에 해당한다고 볼 것은 아니다.[216] 요컨대, 공중에게 개방된 장소란 입장료의 유무와 관계없이 공중이 출입할 수 있는 옥외 장소이면 모두 여기에 해당한다. '항시 전시하는 경우'라는 것은 사회통념상 어느 정도 장기간에 걸쳐 계속하여 공중이 열람할 수 있는 상태에 두는 것을 가리키는 것이고 반드시 토지나 건물 등 부동산에 고정할 필요는 없다고 보아야 한다.[217][218] 따라서 버스의 차체 외관에 미술저작물을 그려 부착한 경우도 이에 해당하는 것으로 볼 수 있다.[219]

---

215) 서울중앙지법 2007. 5. 17. 선고 2006가합104292 판결. 이 판결의 평석으로는, 최진원, "미술저작물의 전시와 파노라마의 자유", 「정보법학」 제12권 제1호, 2008. 7., 35면 이하.

216) 같은 취지 小倉秀夫·金井重彦 編著, 앞의 책, 773면(小倉秀夫 집필).

217) 中山信弘, 「著作權法」第2版, 有斐閣, 2014, 365면; 小倉秀夫·金井重彦, 앞의 책, 774~775면(小倉秀夫 집필).

218) 이와 달리 '항시 전시하는 경우'를 좀 더 엄격하게 해석하는 견해로는, 加戶守行, 앞의 책, 344~345면; 오승종, 「저작권법」 제5판, 박영사, 2020, 856면; 허희성, 「2011 신저작권법 축조개설 상」, 명문프리컴, 2011, 273면 각 참조. 이 견해를 대표하는 加戶守行의 설명에 따르면, '항시 전시하는 경우'란 "상시 계속하여 공중이 열람할 수 있는 상태에 두는 것을 말하므로 … 공원의 … 동상처럼 용이하게 분리할 수 없는 상태로 토지 위의 좌대에 고정한 경우, 벽화처럼 건조물 그 자체와 일체가 된 경우, 건조물의 외벽에 부착·고정한 경우가 이에 해당한다. 계절에 따라 작품을 교체하는 경우는 이에 해당하지 않는다"고 한다(위 같은 면).

219) 東京地裁 2001(平成13)年 7月 25日 判決. 버스 차체에 원고의 미술저작물을 그린 노선 버스가 낮에는 시내를 주행하고 밤에는 차고에 보관되어 있는 사안에서, 이 판결은 '항시 전시하는 경우'란 사회통념상 어느 정도 장기간에 걸쳐 계속하여 공중이 열람할 수 있는 상태에 두는 것을 가리키는 것이므로 위 사안처럼 버스 차체에 그려진 미술저작물의 경우도 항시 전시하는 것에 해당한다고 판시하였다. 이 판결의 또 다른 쟁점은 일본 저작권법 제46조 제4호(우리

3. 개방된 장소에 항시 전시된 미술저작물 등의 복제 및 이용

저작권법은 저작권자의 허락을 받아 공중에게 개방된 장소에 항시 전시되어 있는 미술저작물 등은 저작권자의 허락이 없더라도 어떠한 방법으로든지 이를 복제하여 이용할 수 있다고 규정한다(제35조 제2항 본문). 미술저작물 등이 공중에게 개방된 장소에 항시 전시되어 있는 경우에 공중이 그 미술저작물 등을 사진촬영이나 녹화 등의 방법으로 복제하기 위해서는 원칙적으로 권리자로부터 허락을 얻어야 할 것이지만, 개방된 장소에 항시 전시되는 경우에는 어느 정도 권리제한을 하더라도 사회상규에 비추어 볼 때 저작자의 권리를 해한다거나 그 의사에 반하는 것이 아니므로 복제하여 이용하는 것을 허용한 것이다. 유의할 것은 위 조항은 어디까지나 저작재산권의 제한규정에 지나지 않으므로 2차적 저작물을 작성하여 이용하는 경우, 즉 개작하여 이용하는 경우에는 동일성유지권의 침해로 되는 경우가 있을 수 있다는 점이다.

공중에게 개방된 장소에 항시 전시되는 경우란 제35조 제1항에서 이미 설명한 것처럼 공중에게 개방된 옥외 장소에 사회통념상 어느 정도 장기간에 걸쳐 계속하여 공중이 열람할 수 있는 상태에 두는 것을 가리키는 것이다. 어느 정도 장기간이어야 '항시적'이라고 판단할 수 있는지는 일률적으로 정할 수 있는 것이 아니고, 저작물의 성질, 전시의 목적·태양, 이용행위의 목적·성질·태양 등과의 상관관계에 따라 '항시적'인지 여부를 유연하게 해석할 필요가 있다.220)221) 여기서 말하는 "어떠한 방법으로든지 이를 복제하여 이용할 수 있

저작권법 제35조 제2항 제4호)에 해당하는지 여부인데, 이에 관해서는 후술한다.

220) 예컨대, 백화점이 계절상품의 판매를 광고할 목적으로 여름 풍경을 그림으로 그린 대형 현수막을 백화점 외벽 전면에 내건 경우에 계절마다 교체하는 광고물의 성격상 '일시적'일 수밖에 없는 것이지만, 일반 공중이 그 현수막 그림을 도시 풍경사진의 일부로서 촬영한 경우라면 저작물(광고물 그림)의 성질이나 풍경사진으로 촬영한 것이라는 이용태양과의 관계에 비추어 '항시적'이라고 해석할 수 있다. 그러나 만일 풍경의 일부로서가 아니라 현수막 그림 자체를 찍을 의도로 이용한 것이라면 저작권자의 허락이 필요하다고 해석하여야 한다{半田正夫·松田政行 編, 앞의 책, 473~474면(前田哲男 집필) 참조}.

221) 우리 저작권법 제35조 제2항에 해당하는 독일 저작권법 제59조은 공공장소에 항시 전시되는 저작물을 사진 등의 방법으로 공개 재현하는 것은 허용된다는 취지로 규정한다. 독일 저작권법상 '파노라마의 자유'(Panoramafreiheit)라고 불리는 규정이다. 유명 설치미술가 부부가 옛 독일제국 국회의사당 건물 전체를 천으로 포장하여 14일 간 전시한 '포장된 국회의사당'(Verhüllter Reichstag)을 어느 사진작가가 허락 없이 촬영하여 우편엽서로 제작한 사건에서, 독일 연방대법원(BGH) 2002년 1월 24일 판결은 14일간 전시하고 포장을 철거한 것은 '항시 전시'에 해당하지 않으므로 이러한 경우 '파노라마의 자유'는 인정되지 않는다고 판시하였다(BGHZ 150, 6 = NJW 2002, 2394 - Verhüllter Reichstag).

다”는 것은 제35조 제2항의 입법취지와 그에 관한 비교법적 입법태도[222])에 비추어 볼 때 이른바 ‘무형복제’를 포함하는 넓은 의미로 이해하여야 한다. 따라서 사진촬영·녹화 등과 같은 제2조 제22호의 복제(이른바 ‘유형복제’) 뿐 아니라 방송·공중송신 등과 같은 이른바 ‘무형복제’ 방법으로 이용하는 경우를 포함한다.[223]) 이와 같이 복제하여 이용하는 경우에는 그 출처를 명시하여야 한다(제37조). 다만, 다음의 네 가지 이용행위에 대해서는 권리자로부터 그 허락을 얻어야 한다(제35조 제2항 단서, 제2항 제1호 내지 제4호).

① 건축물을 건축물로 복제하는 경우(제1호).

건축저작물이란 건축물에 의해 저작자의 사상 또는 감정을 표현한 것을 말한다. 건축물이란 인간이 그곳에 거주하거나 출입하는 등의 실용성을 가지고 있어야 한다. 따라서 ‘건축물을 건축물로 복제하는 경우’란 새로운 건물을 건축함으로써 복제하는 것을 말하고 미니어처와 같이 건축물로서 실용성이 없는 복제물을 만드는 것은 여기에 해당하지 않는다. 만일 개방된 장소에 항시 전시하기 위하여 건축물을 미니어처로 복제한 경우라면 제3호에 해당하여 규제될 것이다.[224]) 또 본호의 적용대상은 ‘복제행위’에 한하므로 새로운 건축물을 설계한 자의 창작성이 가미된 ‘2차적 저작물 작성행위’에는 본호가 적용되지 않는다.[225])

② 조각 또는 회화를 조각 또는 회화로 복제하는 경우(제2호).

조각에는 나무를 깎거나 돌을 쪼아 입체적으로 표현한 좁은 의미의 조각(sculpture)뿐 아니라, 점토 등을 빚어 일정한 형태를 만든 다음 그것으로 거푸집을 제작하고 거기에 청동쇳물이나 석고액 등을 부어 만든 조소(modeling)도 포함된다. 회화(painting)란 안료를 사용하여 색이나 선에 의해 2차원적 화면에 평면적으로 형상을 표현하는 것을 말한다.[226]) 본호의 규제대상은 조각을 조각으로 복제하거나 회화를 회화로 복제하는 경우이다. 이러한 경우까지 허용하면 미술저작물 등의 무분별한 모방까지 허용하는 결과가 되므로 불허한 것이

---

222) 영국 저작권법은 그림·사진·영화로 복제·배포하는 것, 시각적 영상으로 방송하는 것, 유선 프로그램서비스에 삽입하는 것(제62조 제2항)을, 독일 저작권법은 회화·그래픽아트·사진·영화로 복제·배포·공개재현하는 것(제59조)을, 일본 저작권법은 모든 방법으로 이용하는 것(제46조)을 각 허용한다.

223) 허희성, 앞의 책, 273면.

224) 半田正夫·松田政行 編, 앞의 책, 463~464면(前田哲男 집필); 오승종, 앞의 책, 860면.

225) 小倉秀夫·金井重彦 編著, 앞의 책, 781~782면(小倉秀夫 집필).

226) 월간미술 편, 「세계미술용어사전」, 중앙일보사, 1989, 351~352면, 465면 참조.

다. 그러나 조각을 회화로 복제하거나 회화를 조각으로 복제하는 경우에는 본호가 적용되지 않는다.[227)

③ 개방된 장소 등에 항시 전시하기 위하여 복제하는 경우(제3호).

제35조 제2항 본문은 미술저작물 등이 공중에게 개방된 장소에 항시 전시되어 있는 경우에는 공중이 그 미술저작물 등을 사진촬영·녹화·방송·공중송신 등의 방법으로 복제하여 이용하더라도 사회상규에 비추어 볼 때 저작자의 권리를 해한다거나 그 의사에 반하는 것이 아니므로 이를 자유롭게 허용한 것이다. 여기서 한 발 더 나아가 개방된 장소에 항시 전시하기 위하여 복제하는 것까지 공중에게 허용하면, 이미 개방된 장소에 항시 전시되고 있는 미술저작물 등의 '원본'과 그 복제물이 경합하게 되어 미술저작물 등의 저작자의 전시권은 물론이고 그 원본 소유자의 이익과도 상충하게 되므로 이를 규제하기 위해 본호를 마련한 것이다.[228) 전술한 것처럼 제1호가 적용되지 않아 건축물을 미니어처로 복제하는 것이 허용되고, 또 제2호가 적용되지 않아 조각을 회화로 복제하거나 회화를 조각으로 복제하는 것이 허용되더라도, 이들 각각의 복제물을 개방된 장소에 항시 전시하는 것은 허용되지 않는다.

④ 판매의 목적으로 복제하는 경우(제4호).

제3호의 입법취지와 마찬가지로 제35조 제2항 본문에 해당하거나, 제1호나 제2호가 적용되지 않아 복제가 허용되는 경우라도 이를 판매할 목적으로 복제하는 경우에는 본호가 적용되어 불허된다. 그러므로 개방된 장소에 항시 전시된 미술저작물 등을 달력이나 엽서, 포스터, 슬라이드 사진 등의 형태로 복제하여 판매하기 위해서는 권리자로부터 허락을 얻어야 한다.[229) '복제'만이 규제대상이고 '2차적 저작물의 작성'은 포함되지 않는다.[230) '판매'란 유상양도만을 말하므로[231) 무상으로 증여하는 것을 목적으로 미술저작물 등을 복제하

---

227) 허희성, 앞의 책, 274면.
228) 같은 취지 小倉秀夫·金井重彦 編著, 앞의 책, 782~783면(小倉秀夫 집필).
229) 加戶守行, 앞의 책, 348면. 다만 엽서, 포스터 등의 형태로 복제·판매되는 경우라도 미술저작물 등이 우연히 배경으로 포함되는 등 부수적인 이용에 불과한 경우라고 인정된다면(대법원 2014. 8. 26. 선고 2012도10786 판결 참조) 권리자로부터 허락을 받지 않아도 될 것이다(임원선, 앞의 책, 271면).
230) 小倉秀夫·金井重彦 編著, 앞의 책, 784면(小倉秀夫 집필).
231) '판매'란 불특정 다수인에게 유상양도하는 것만을 의미하는지 아니면 특정 소수인에게 유상양도하는 경우까지 포함하는지를 둘러싸고 학설 대립이 있다. 전자가 다수설이고 후자는 소수설이다. 후자에 따르면 본호는 판매목적이 공중을 대상으로 할 것을 요구하고 있지 않으므로 특정 소수인에게 판매할 목적으로 복제하는 것도 포함된다고 한다(田村善之,「著作權法槪說」第

는 행위에는 본호가 적용되지 않는다. 광고·선전 활동을 포함한 영리활동의 일환으로 증여되는 경우에도 마찬가지이다.[232] 또한 미술저작물 등을 상영하거나 공중송신할 목적으로 행하는 복제나 그 복제물을 전시하거나 대여할 목적으로 행하는 복제에는 본호가 적용되지 않는다.[233] 따라서 방송 프로그램에서 광화문 세종대왕상을 촬영하여 방송하는 것은 허용된다. 또한 미술저작물 등이 잡지 등에 게재된 경우라도 미술저작물 등 그 자체가 독립된 감상의 목적으로 복제된 것이 아니라면 본호의 적용대상이 아니다. 그러므로 미술저작물 등이 잡지의 표지나 잡지 앞부분의 화보, 그라비어(gravure) 사진으로 게재되어 독자의 주목을 끌게 됨으로써 잡지를 판매하는 데에 큰 비중을 차지하고 있는지의 여부에 따라 본호의 적용대상인지 여부가 판단되어야 한다.[234] 문제는 판매에 큰 비중을 차지하는지 여부의 판단기준을 어떻게 설정할 것인가이다. 생각건대, 잡지에서 표지나 앞부분 화보, 그라비어 사진 부분만을 분리하여도 독립된 상품가치를 가진다고 평가할 수 있는 경우에는 본호에 해당한다고 해석할 수 있다. 그러나 표지나 화보, 그라비어 사진 부분만으로 독립된 상품가치를 가지는 것은 예외적인 경우에 한정될 것이다.[235] 이와 관련하여 원고의 미술저작물이 노선 버스 차체에 그려져 있고 위 버스는 낮 시간에 시내를 주행하고 있는데 피고가 유아용 그림책을 만들면서 그 표지 및 본문 중에 위 버스 사진을 게재한 사안에서, 일본 하급심 판결은 피고의 서적은 유아용 그림책으로서 사진을 이용하여 시내를 주행하는 각종 자동차를 설명할 목적으로 만들어진 것이지 버스 차체에 그려진 미술저작물의 복제물을 판매할 목적으로 제작된 것이 아니므로 본호에 해당하지 않는다고 판시하였다.[236]

4. 미술저작물 등의 전시·판매에 수반되는 복제 및 배포

저작권법 제35조 제1항의 규정에 따라 전시를 하는 자 또는 미술저작물 등의 원본을 판매하고자 하는 자는 그 저작물의 해설이나 소개를 목적으로 하는 목록 형태의 책자에 이를 복제하여 배포할 수 있다고 규정한다(제35조 제3

2版, 有斐閣, 2001, 211~212면).

232) 加戶守行, 앞의 책, 348면; 半田正夫·松田政行 編, 앞의 책, 468면(前田哲男 집필); 오승종, 앞의 책, 861면.

233) 小倉秀夫·金井重彦 編著, 앞의 책, 784면(小倉秀夫 집필).

234) 加戶守行, 앞의 책, 348면; 허희성, 앞의 책, 275면.

235) 半田正夫·松田政行 編, 앞의 책, 469면(前田哲男 집필).

236) 東京地裁 2001(平成13)年 7月 25日 判決.

항). 종래부터 미술저작물 등을 전시할 때에 관람자의 편의를 위해 전시 작품을 해설하거나 소개하는 목록이나 카탈로그 등에 전시 작품을 복제하여 게재하는 것이 통상적이었다. 이는 미술저작물 등의 원본을 판매하기 위하여 해당 미술저작물 등에 관한 정보를 제공할 경우에도 마찬가지이다. 이러한 경우에는 그 복제양태도 감상용의 화집이나 사진집 등과 다르기 때문에 저작권법은 위 조항과 같은 한정적인 범위의 복제·배포에 한하여 이를 허용한 것이다. 그리고 이와 같이 복제하여 배포하는 경우에는 그 출처를 명시하여야 한다(제37조).

행위주체 중 '제1항의 규정에 따라 전시를 하는 자'란 미술저작물 등의 원본의 소유자로서 그 원본을 전시하는 자 또는 그 원본의 소유자로부터 동의를 얻어 그 원본을 전시하는 자를 말한다. '미술저작물 등의 원본을 판매하고자 하는 자'란 그 원본의 소유자는 물론이고 원본의 소유자로부터 판매를 위탁받은 자를 포함한다. '원본'이란 저작자의 사상 또는 감정을 창작적으로 표현한 저작물이 화체되어 있는 유체물을 의미하고 그 복제물이 아닌 것을 말한다. 원본은 다른 말로 원작품(original work)이라고도 한다.[237] '해설'이란 전시나 판매 대상인 미술저작물 등에 대해서 학술적인 설명을 하는 것이고 '소개'란 미술저작물 등의 저작자, 제호, 창작연도, 창작 모티프, 소장장소 등의 정보를 알려주는 것을 말한다. '해설'과 '소개'를 구별할 실익은 없다.[238] 결국 '목록 형태의 책자'란 일반적으로 해설 또는 소개를 목적으로 하는 것인 이상 그 내용에 있어서 저작물의 해설 위주로 구성되어 있거나 저작물에 관한 자료적 요소가 상당 부분일 것을 필요로 한다고 해석하여야 한다.[239] 그러나 언제나 반드시 이와 같이 해설 또는 자료적 요소를 갖추어야 할 필요는 없으며[240] '목록 형태의 책자'에 따라서는 긴 해설문이나 소개문이 필요하지 않은 경우도 있고, 또 전시 작품을 복제한 인쇄의 질이 낮은 경우에는 반드시 해설이나 자료적 요소 위주로 구성되어 있을 필요는 없을 것이다.[241] 중요한 것은 '목록 형태의 책자'에 해당하는지 여부를 판단하는 기준인데, 그러한 기준이 되는 것은 당해 목

---

237) 이에 관해서는 제35조 제1항 설명 부분 참조.
238) 小倉秀夫·金井重彦 編著, 앞의 책, 792면(小倉秀夫 집필).
239) 東京地裁 1989(平成元)年 10月 6日 判決('레오나르 후지타展' 사건); 東京地裁 1997(平成9)年 9月 5日 判決('살바도르 달리展' 사건). 이 판결들은 일본 저작권법 제47조 소정의 '저작물의 해설 또는 소개를 하는 것을 목적으로 하는 소책자'에 관한 것(우리 저작권법 제35조 제3항 소정의 '저작물의 해설이나 소개를 목적으로 하는 목록 형태의 책자'에 상응하는 것)으로서 그 소책자에 해당하지 않는다고 판시하여 저작권 침해를 인정하였다.
240) 東京地裁 1998(平成10)年 2月 20日 判決('반즈 콜렉션' 사건).
241) 田村善之, 앞의 책, 222면; 半田正夫·松田政行 編, 앞의 책, 481면(上村哲史 집필).

록 형태의 책자가 감상용 화집이나 사진집과 동일한 것으로 평가될 수 있는지 여부이다. 그러므로 그와 같이 평가할 수 있는지 여부는 '목록 형태의 책자'의 종이의 질, 책자의 제본이나 표지 등 디자인 형태, 전시 작품을 복제한 규모나 복제의 양태, 전시작품의 해설·자료적 요소와 복제부분의 비율 등 여러 가지 사정을 종합적으로 고려하여 판단하여야 한다.242) 문제는 이때의 판단은 목록 형태의 책자를 전체적으로 고려하여 이루어져야 하는지, 아니면 개개의 복제 부분마다 개별적으로 판단하여 이루어져야 하는 것인지 하는 점이다. 제35조 제3항의 취지에 비추어 볼 때, '목록 형태의 책자'의 종이의 질이나 책자의 제 본이나 표지 등 디자인 형태 등에서 그 책자가 전체적으로는 감상용 화집이나 사진집 등보다 뒤떨어지는 것으로 보일지라도 거기에 게재된 개개의 전시 작 품의 복제의 질이 시판되는 포스터나 그림엽서 등과 동일한 것으로 평가될 수 있는 경우에는, 해당 복제부분에 대해서는 제35조 제3항 소정의 '목록 형태의 책자'에 해당하지 않는다고 보아야 한다.243)

제35조 제3항에 의해 허용되는 행위는 미술저작물 등의 해설이나 소개를 목적으로 하는 목록 형태의 책자에 이를 복제하여 배포하는 것이다. 따라서 미술저작물 등의 원본의 소유자나 그로부터 판매를 위탁받은 화랑이 그 전시 또는 판매의 대상이 되는 미술저작물 등의 카탈로그를 복제하여 배포하는 경 우에는 저작권자로부터 허락을 받을 필요가 없다. 그러나 미술저작물 등 자체 의 전시나 판매 목적의 일환이 아니라 미술저작물 등을 감상할 수 있도록 도 록을 복제하여 판매하는 경우에는 위 규정의 적용을 받을 수 없다. 또한 복제 하여 배포하는 행위만이 허용될 뿐이고 전송행위까지 허용되는 것은 아니 다.244)245) 한편, 해설이나 소개를 목적으로 하는 목록 형태의 책자를 전시회

---

242) 東京地裁 1998(平成10)年 7月 24日 判決; 半田正夫·松田政行 編, 앞의 책, 480면(上村哲史 집필). 일본 학설 중에는 미술저작물이 컬러로 인쇄된 경우에는 일본 저작권법 제47조(우리 저작권법 제35조 제3항)의 적용을 받을 수 없다는 견해가 있다(田村善之, 앞의 책, 222면). 그 러나 오늘날 컬러 인쇄비용이 낮아져서 일반 공중 사이에서도 컬러 인쇄는 특별한 것으로 인 정되고 있지 않은 점, 색채를 무시하면 작품을 충분히 해설하거나 소개하기가 곤란한 경우가 적지 않은 점 등에 비추어 볼 때, 컬러로 인쇄되었다고 하여 바로 '게재된 작품의 복제를 감상' 하게 하는 것을 주된 목적으로 하고 있다고는 말할 수 없다{小倉秀夫·金井重彦 編著, 앞의 책, 792~793면(小倉秀夫 집필)}.

243) 半田正夫·松田政行 編, 앞의 책, 481면(上村哲史 집필).

244) 입법론으로는 '전송행위'까지 포함되도록 개정할 필요가 있겠지만 해석론으로는 전송행위에 대해 무리하게 제35조 제3항을 유추 적용할 것은 아니라고 생각한다. 학설 중에는 전송행위에 대해서 공표된 저작물의 인용에 관한 제28조 또는 공정이용에 관한 일반조항인 제35조의5를

등의 수익을 위하여 실제 제작비 이상의 가격으로 판매하더라도 무방하지만, 관람 예정 인원을 훨씬 상회하는 부수를 복제하여 일반인에게 판매하는 것은 허용되지 않는다.[246)

5. 위탁에 의한 초상화 등

저작권법은 위탁에 의한 초상화 또는 이와 유사한 사진저작물의 경우에는 위탁자의 동의가 없는 때에는 이를 이용할 수 없다고 규정한다(제35조 제4항). 여기서 위탁자란 초상화나 사진의 대상 또는 피사체가 되어 그 초상 또는 사진에 대하여 초상권을 가지는 사람을 말한다. 위 규정의 주된 목적은 肖像本人의 인격권을 보호하기 위한 규정이다. 즉 미술저작물 등의 저작자의 저작권과 초상본인의 인격권이 경합하는 경우에 이를 조정하기 위하여 초상본인의 동의가 없으면 저작권자라도 미술저작물 등을 이용할 수 없도록 한 규정이다.

적용할 수 있다는 견해가 있지만(오승종, 앞의 책, 865면), 대법원 2013. 2. 15. 선고 2011도 5835 판결의 취지에 비추어 볼 때 미술저작물의 전부를 인용하는 이른바 '專有(Appropriation)型' 인용의 경우에는 제35조의5의 적용만이 가능한 것이라고 해석하여야 한다. 이에 관해서는 전술한 Ⅷ. '공표된 저작물의 인용' 참조

246) 서울중앙지법 2008. 10. 17. 선고 2008가합21261 판결. 위 판결은 피고 화랑이 미술저작물 원본의 소유자로부터 판매위탁을 받아 경매를 위해 개설한 피고의 홈페이지 상에 위 미술저작물의 축소 이미지를 게시한 행위에 대하여 일정한 한도의 해상도(＝화소) 아래에서 판매시까지는 저작권법 제35조 제3항이 유추 적용될 수 있지만 판매 완료 이후의 게시행위에 대해서는 위 조항에 해당하지 않으며 원고 화가의 공중송신권 침해를 구성한다고 판시하였다. 요컨대, 위 판결의 핵심 판시 부분인 제35조 제3항의 유추 적용에 관한 내용은, 일정한 한도의 해상도 아래에서 판매 완료 전까지만 유추 적용이 가능하고 판매 완료 후에는 공중송신권 침해에 해당한다는 취지이다(허희성, "경매를 위한 미술저작물의 홈페이지 게시와 공중송신권 침해", 「저작권 문화」, 2009. 1., 29면). 참고로 2009년 6월 개정되어 2010년 1월부터 시행되는 일본 저작권법 제47조의2 및 그에 따른 시행령(政令 제299호) 제7조의2, 시행규칙(文部科學省令 제38호) 제4조의2를 종합하면, 일본에서는 축소 이미지의 畫素(＝해상도)를 제한하고 있을 뿐이고 우리의 위 하급심 판결처럼 "판매 완료시까지"라는 식으로 '전송'이 허용되는 시기까지 제한하고 있지 않음에 유의하여야 한다. 그러한 점에서 위 판결은 전면적으로 유추 적용을 인정한 것이 아니라 두 가지의 허용 조건 아래에서 유추 적용이 가능하다는 것을 판시한 소극적인 의미밖에 없는 것이라고 생각한다.

246) 加戸守行, 앞의 책, 350면; 허희성, 앞의 책, 276면; 오승종, 앞의 책, 864면.

XVII. 저작물 이용과정에서의 일시적 복제

1. 의   의

저작권법은 "컴퓨터에서 저작물을 이용하는 경우에는 원활하고 효율적인 정보처리를 위하여 필요하다고 인정되는 범위 안에서 그 저작물을 그 컴퓨터에 일시적으로 복제할 수 있다. 다만, 그 저작물의 이용이 저작권을 침해하는 경우에는 그러하지 아니하다"고 규정한다(제35조의2). 2011년 저작권법(12월 2일 개정법)에서 신설된 규정이다. 일시적 복제에 관한 면책규정을 둔 취지는 2011년 저작권법(12월 2일 개정법)이 일시적 저장을 복제의 개념에 포함(제2조 제22호)함으로써 복제권이 미치는 범위가 종전보다 확대되었기 때문에 "새로운 저작물 이용환경에 맞추어 저작권자의 권리보호를 충실하게 만드는 한편, 이로 인하여 컴퓨터에서 저작물 이용과 유통이 과도하게 제한되는 것을 방지함으로써 저작권의 보호와 저작물의 원활한 이용의 적절한 균형을 도모"하기 위해서이다.[247)]

2. 요   건

본조의 내용에 따라 복제권의 침해책임이 면책되는 요건을 살펴본다.

가. 컴퓨터에서 저작물을 이용하는 경우

법문상의 '컴퓨터'라는 용어는 "컴퓨터 등 정보처리능력을 가진 장치"를 의미하는 것으로 저작권법에서 사용하는 略語이다.[248)] 각종 스마트 디바이스도 정보처리능력을 가진 장치인 이상 법문상의 '컴퓨터'에 해당한다. '컴퓨터에서 저작물을 이용하는 경우'라는 것은 컴퓨터 환경에서 저작물을 이용(주된 이용)하는 경우를 말하고, 이러한 경우에 부수적으로 그 일부 내용이 램에 저장되거나 캐시 파일로 하드디스크에 일시적 복제가 이루어지는 것을 상정한 요건이다.[249)] 따라서 이때의 저작물의 이용이란 컴퓨터 등의 내부의 저장장치나 외부의 저장장치에 수록된 저작물의 복제물을 이용하는 것과, 저작물의 송신이 외부로부터 이루어지는 경우에 이를 수신하여 그 컴퓨터에서 이용하는 경우가 모두 포함된다.[250)] 구체적으로는 컴퓨터 내의 저장매체에 설치되어 있는

247) 대법원 2017. 11. 23. 선고 2015다1017, 1024, 1031, 1048 판결.
248) 저작권법 제2조 제16호 참조.
249) 오승종, 「저작권법」 제5판, 박영사, 2020, 868면; 이해완, 「저작권법」 제4판, 박영사, 2019, 803~804면.
250) 임원선, 「실무자를 위한 저작권법」 제7판, 한국저작권위원회, 2022, 275면.

컴퓨터프로그램을 이용하거나 DVD에 수록된 영화를 감상하는 것은 물론이고 웹사이트에서 동영상을 수신하여 그 영상을 감상하거나 음악스트리밍서비스로부터 음원을 수신하여 휴대전화기로 감상하는 행위 등이 이에 해당한다. 그리고 여기서 말하는 '저작물의 이용'에는 저작권의 효력이 미치는 복제나 공연, 공중송신 등의 행위태양은 물론이고 위에서 예를 든 DVD 감상이나 동영상이나 음원 감상 등과 같이 저작물을 보고, 읽고, 듣거나 작동하는 것을 포함한다.251)

나. 원활하고 효율적인 정보처리를 위하여 필요하다고 인정되는 범위

'원활하고 효율적인 정보처리를 위하여 필요한 범위 내'라는 것은 저작물의 이용과정에서 다양하게 발생하고 기술발전에 따라 새롭게 등장할 수 있는 일시적 복제의 여러 형태를 포괄하는 의미이다. 따라서 저작물을 이용하는 기술적 과정의 일부로서 이루어지는 사실상 모든 형태의 일시적 복제를 포괄하려는 취지의 표현이다. '원활하고 효율적인'에는 저작물의 안정적인 이용을 위한 것도 포함된다. 컴퓨터 등에서 저작물을 송신받아 이용하거나 또는 컴퓨터 내의 저장매체나 그 밖의 저장매체에 저장된 저작물을 이용하는 경우에 버퍼링(buffering)252)이나 캐싱(caching)253) 등을 포함하여 이를 원활하고 효율적으로 처리하기 위해서 필요한 범위 내의 일시적 복제가 모두 이에 해당한다.254) 입법관여자의 설명에 따르면, 위 요건에 해당하기 위해서는 그러한 일시적 복제가 반드시 저작물 이용에 부수적이어야 한다거나 불가피한 것이어야 할 필요는 없다고 한다.255) 이와 달리 '원활하고 효율적인 정보처리를 위하여 필요하다고 인정되는 범위'에 해당하기 위해서는 저작물의 이용(주된 이용)에 대한 관계에서 '부수적 이용'일 필요가 있을 것이라고 보는 견해도 있다.256) 원활하고

---

251) 강학상으로는 저작권의 효력이 미치는 복제나 공연, 공중송신 등의 행위태양을 '이용'이라 하고, 그 효력이 미치지 않는 행위태양, 즉 저작물을 보고, 읽고, 듣거나 작동하는 행위태양을 '사용'이라 하여 구별하는 것이 일반적이다. 본조의 '저작물의 이용'은 강학상의 '이용'과 '사용'을 모두 포함하는 개념이다. 본조의 '이용'을 이와 같이 해석하지 않으면 저작권의 효력이 미치는 이용을 하면서 일시적 복제가 이루어지면 면책이지만, 단순 사용행위를 하면서 일시적 복제가 이루어진 경우는 책임을 진다는 이상한 결과가 되므로 부당하다.
252) 정보의 송·수신을 원활하게 하기 위해서 정보를 일시적으로 저장하여 처리 속도의 차를 흡수하는 방법을 말한다.
253) 데이터를 디스크 캐시에 일시적으로 저장하는 것을 말한다.
254) 문화체육관광부·한국저작권위원회 편,「한·미 FTA 이행을 위한 개정 저작권법 설명자료」(2011. 12. 14.), 6면; 문화체육관광부·한국저작권위원회 편,「개정 저작권법 해설서」(2012. 5.), 30면 각 참조.
255) 임원선, "일시적 복제의 보호 입법에 관한 연구",「계간 저작권」, 2011 봄호, 8면.
256) 오승종, 앞의 책, 868면; 이해완, 앞의 책, 803~804면.

효율적인 정보처리를 위하여 필요하다고 인정되는 범위에 해당하는지 여부를 결정하는 중요 판단기준 중 하나가 저작물의 '주된 이용'에 따르는 '부수적 이용'인지 여부라고 할 것이므로 두 견해는 대립하는 것이라기보다 서로 수렴관계에 있는 것이라고 생각된다.

아울러 그러한 복제가 컴퓨터에서 저작물을 일정하게 이용하기 위한 정보처리를 위한 것이어야 하므로 그러한 이용 이외의 다른 목적을 위해 복제되거나 그렇게 복제된 것이 다른 이용을 위해 활용되는 경우에는 이에 해당하지 않는다. 이러한 경우는 어느 저작물을 이용하는 경우에 원활하고 효율적인 정보처리를 위하여 필요하다고 인정되는 범위를 넘어서 독자적인 의미를 가지는 복제가 되기 때문이다.[257] 예컨대, A회사는 중앙서버에 의해 A소프트웨어를 동시에 사용하는 최종사용자의 PC 수가 허용된 숫자를 초과하지 않도록 관리하는 동시사용방식의 라이선스를 부여하여 B회사와 A소프트웨어에 관한 판매 대리점계약을 체결하였는데, B회사가 최대 동시사용자 수를 초과하여 A소프트웨어의 라이선스를 추가 확보할 수 있는 기능을 가진 B소프트웨어를 개발하였고 이를 사용하면 최종사용자의 PC 램에 A소프트웨어가 일시적으로 복제된 상태로 남게 되어 최종사용자의 PC 수가 허용된 숫자를 초과하게 되는 경우를 생각해 보자. 이때의 일시적 복제는 B소프트웨어에 의해 발생한 것이므로 라이선스 대상인 A소프트웨어의 이용과정에서 불가피하게 수반되거나 안정성이나 효율성을 높이는 것으로만 보기 어렵고, 독립한 경제적 가치를 가지는 것으로 볼 수 있을 것이다. 따라서 이러한 경우에는 본조가 적용되지 않으므로 B소프트웨어는 A회사의 일시적 복제권을 침해한 것이 된다.[258]

---

257) 임원선, 앞의 책, 276면.
258) 대법원 2018. 11. 15. 선고 2016다20916 판결. 이에 관한 해설로는, 이대희, "컴퓨터프로그램의 동시이용허락에 따른 일시적 복제의 해석", 「저작권 문화」, 2019. 1., 19면 이하. 이대희 교수는 B소프트웨어에 의해 최종사용자 PC에 A소프트웨어가 일시적으로 복제된 상태에 있더라도 전체 최종사용자 PC에서 실제로 구동되는 A소프트웨어의 최대 숫자는 라이선스에 따라 준수되는 것이므로 구동되지 않고 램에 일시적 복제된 것만으로 독립된 경제적 가치를 가지는 것이라고 판단할 수 있는지 의문을 제기할 수도 있지만, 대법원 판결의 취지는 램에 일시적 복제가 된 상태에서 A소프트웨어를 구동하는 경우(전자)와 그렇지 않고 처음부터 다시 A소프트웨어를 최종사용자 PC에 불러와서 구동하는 경우(후자)를 비교하면 전자가 속도 등의 면에서 20퍼센트 효율적이라고 할 수 있는데, 대법원 판결은 이 점에 대해 독립된 경제적 가치가 있다고 판단한 것이라고 설명한다(위의 판례해설, 22면).

다. 일시적 복제

저작권법 제2조 제22호는 "일시적 … 으로 유형물에 고정하거나 다시 제작하는 것"을 복제의 개념에 포함하고 있다. 여기서 '일시적'(temporary)과 '순간적'(transitory)이란 두 개념을 구별할 필요가 있다. 일시적 저장이나 순간적 저장이나 모두 전원을 끄면 정보가 사라져 버린다는 점에서는 동일하지만, 순간적인 저장은 장래 반복하여 사용될 가능성이 없다는 점에서 유형물에 재제 또는 고정하는 것이라고 평가될 수 없으므로 처음부터 복제에 해당하지 않는다. 이에 반해 일시적 저장이란 순간적이지 않고 일정한 시간 영속하기 때문에 장래 반복하여 사용될 가능성이 있다는 점에서 순간적 저장과는 달리 복제에 해당한다.259) 요컨대, 본조의 法文에서 '일시적 복제'라고 하는 것은 위와 같이 복제의 범위에 포함되는 '일시적 저장'을 말하는 것이다.

라. 그 저작물의 이용이 저작권을 침해하는 경우가 아닐 것

본조 단서는 전술한 세 가지 요건에 해당하더라도 일시적 복제를 수반하는 그 저작물의 이용(주된 이용)이 저작권을 침해하는 경우에는 본조 본문이 적용되지 않는다고 규정한다. 다시 말해 '주된 이용'이 저작권법상 복제권, 공중송신권 등 저작재산권의 지분권을 침해하는 경우에는 그에 부수하여 이루어지는 일시적 복제만을 본조에 따라 침해가 아닌 것으로 볼 필요가 없다는 이유에서 그러한 경우에는 일시적 복제도 침해가 된다는 취지의 규정이다.260) 요컨대, 주된 이용행위가 저작권 침해를 구성하지 않아야 한다는 의미이다.261) 또한, 저작물의 사용 자체가 저작권자의 허락을 받아야 하는 이용행위는 아니지만 저작권법이 특별히 저작권 침해로 간주하는 경우에도 해당하지 않아야 한다.262) 저작권법은 프로그램의 저작권을 침해하여 만들어진 프로그램의 복제물을 그 사실을 알면서 취득한 자가 이를 (무단으로) 업무상 이용하는 행위를 침해로 간주한다(제124조 제1항 제4호). 따라서 '주된 이용'이 저작권을 침해하는 경우가 아니어야 한다는 본 요건은 기존의 침해간주 규정이 영향을 받지 않도록 이를 면책의 대상에서 제외한 것이라는 의미도 내포한다.

---

259) 이에 관해서는, 제4장 제3장 II. 3. '복제권의 내용' 참조.

260) 이해완, 앞의 책, 806면.

261) 송영식·이상정, 「저작권법개설」 제9판, 세창출판사, 2015, 242면; 오승종, 앞의 책, 852면; 이해완, 앞의 책, 871~872면.

262) 문화체육관광부·한국저작권위원회 편, 「한·미 FTA 이행을 위한 개정 저작권법 설명자료」 (2011. 12. 14.), 7면; 문화체육관광부·한국저작권위원회 편, 「개정 저작권법 해설서」(2012. 5.), 31면.

만일 주된 이용행위가 저작권법에 의해 설정된 의무를 위반한 저작권 침해(또는 침해간주)가 아니라 당사자 간의 합의에 의해 발생한 의무를 위반한 채무불이행에 불과하다면[263) 본조 단서에 해당하지 않으므로 본조 본문이 적용되어 면책된다. 하급심은 개별 사용자가 '오픈캡처' 프로그램 이용허락계약을 위반하여 컴퓨터에서 프로그램을 실행하여 사용한 사안에서, 이용허락계약 위반행위 자체는 채무불이행책임을 부담하는 것은 별론으로 하고 저작권법상 복제권 등 지분권을 침해하는 경우에 해당하지 않으므로 본조 단서가 적용되지 않는다고 보아 개별 사용자가 이용조건에 위반하여 '오픈캡처' 유료 버전을 업무용으로 실행하였더라도 그와 같은 실행과정에서 이루어지는 컴퓨터 내 램에서의 일시적 복제행위는 본조 본문에 따라 면책된다고 판결하였다.[264)

컴퓨터프로그램 이용과정에서 발생하는 일시적 복제의 경우 무엇을 주된 이용으로 보는지에 따라 본조의 적용여부에 대한 판단방법이 달라질 수 있다. 제1설은 프로그램의 이용과정에서 주된 이용을 해당 프로그램을 하드디스크에 저장 및 설치하는 복제행위(이용행위)로 보는 견해이고, 제2설은 프로그램을 실행하는 행위(사용행위)로 보는 견해이다. 제1설에 따르면 프로그램의 설치가 적법한 이상 그 이후 실행을 통해 발생하는 일시적 복제는 주된 이용에 부수적인 것으로서 본조 단서가 적용되지 않는다고 해석되지만, 제2설에 따르면 프로그램의 저장 및 설치가 적법하더라도 주된 행위인 프로그램의 실행행위가 저작권 침해에 해당하는지 여부를 다시 살펴보아야 한다.[265) '오픈캡처' 사건에서 대법원은 "피고의 허락 하에 오픈캡처 유료버전이 원고들 직원들의 컴퓨터 하드디스크 드라이브에 복제된 이상 저작권법 제35조의2 단서가 일시적 복제권의 침해에 대한 면책의 예외로 규정하고 있는 '저작물의 이용이 저작권을 침해하는 경우'에 해당되지 않는다"고 판시하여 제1설의 관점을 취하였다.[266)

---

263) 이에 관해서는 제6장 제3절 IV. 2. '채무불이행과 저작권 침해의 구별기준' 참조.

264) 서울고법 2014. 11. 20. 선고 2014나19631, 19648, 19655, 19662 판결('오픈캡처' 사건 항소심). 이에 관한 평석으로는, 송재섭, "컴퓨터프로그램 실행 과정에서의 일시적 복제", 「계간 저작권」, 2015 가을호, 131면 이하.

265) 문선영, "저작권법 제35조의2에 의한 일시적 복제의 허용범위—최근 대법원 판례의 비판적 검토를 포함하여", 「선진상사법률연구」 통권 제88호, 2019. 10., 79면. 문선영 교수는 제2설의 관점에서 컴퓨터프로그램은 메모리에 일시적으로 저장되어 일정한 동작을 수행하는 '실행'이 유상거래의 핵심 대상이며, 프로그램의 설치는 이러한 주된 이용인 '실행'을 위한 선행행위에 불과한 것임에도 주된 이용을 프로그램의 '설치'에 의한 복제라고 판단한 後註 대법원 판결의 설시는 부적절한 것이라고 비판한다(위의 논문, 79~80면).

266) 대법원 2017. 11. 23. 선고 2015다1017, 1024, 1031, 1048 판결('오픈캡처' 사건 상고심). 즉 주

하지만 항소심은 제2설의 관점에서 "개별 사용자가 피고와의 사이에 사용계약을 위반하여 오픈캡처 유료버전을 컴퓨터에서 실행하여 사용하였다고 하더라도 이는 저작권법상의 복제권 등의 저작재산권의 지분권을 침해하는 경우에 해당하지 않으므로 저작권법 제35조의2 단서가 적용되지 않는다"고 판시하였다.[267]

XVIII. 부수적 복제 등

사진촬영, 녹음 또는 녹화를 하는 과정에서 보이거나 들리는 저작물이 촬영 등의 주된 대상에 부수적으로 포함되는 경우에는 이를 복제·배포·공연·전시 또는 공중송신할 수 있다. 다만, 그 이용된 저작물의 종류 및 용도, 이용의 목적 및 성격 등에 비추어 저작재산권자의 이익을 부당하게 해치는 경우에는 그렇지 않다(제35조의3). 본조는 2019년 저작권법(2019. 11. 26. 법률 제16600호)의 일부 개정으로 신설되었다. 그 입법취지는 가상현실(Virtual Reality, VR)이나 증강현실(Augmented Reality, AR) 기술이 발전함에 따라 관련 기기를 사용한 콘텐츠 제작이 증가하면서 그 기기를 사용하는 과정에서 타인의 저작물이 부수적으로 포함되는 경우가 많이 발생하여 저작권 침해 논란이 제기될 수 있다는 점을 고려하여 저작권 제한사유로 추가한 것이다. 본조의 내용을 요건별로 살펴본다.

① '주된 대상'을 '사진촬영, 녹음 또는 녹화'(이하 '촬영 등'이라 한다) 하는 과정에서 타인의 저작물이 부수적으로 포함되어야 한다. '주된 대상'이란 예컨대 관광 명소 등에서 촬영 등을 할 때 그 대상이 된 '축제행사 모습', 또는 미술관이나 음악회에서 예술작품을 감상한 것을 기념하여 촬영 등을 할 때 그 대상이 된 '참석자들의 모습' 등을 말한다.

② 주된 대상을 촬영 등을 하는 과정에서 '보이거나 들리는 저작물'로서 '부수적'으로 포함되어야 한다. '보이거나 들리는 저작물'이란 예컨대 관광 명소의 축제행사 모습을 녹화하는 과정에서 밴드가 연주하는 대중음악이 흘러나오는 경우, 또는 미술관 참석자들의 기념사진을 찍을 때 실내에 전시된 미술작품이 보이는 경우 등을 말한다. '부수적'이란 주된 대상을 촬영 등을 하는 과

된 이용은 오픈캡처 프로그램을 하드디스크에 저장·설치한 복제행위인데, 이는 피고의 허락에 따라 이루어진 것이므로 복제권 침해가 아니고, 따라서 부수적 이용인 일시적 복제에는 본조 단서가 적용되지 않는다는 취지이다.

267) 서울고법 2014. 11. 20. 선고 2014나19631, 19648, 19655, 19662 판결('오픈캡처' 사건 항소심).

정에서 결과적으로(즉 우연히) 저작물이 포함되었다는 의미이다. 본조에 대해 출처명시의무를 제외(제37조 제1항 참조)한 것은 우연히 포함된 타인의 저작물에 대해서까지 출처명시를 요구할 수 없다는 사정을 고려한 것이다. 따라서 주된 대상에 '종적'으로 이용된다는 것을 전제로 '부수적'이라는 것의 의미를 확대하여 '의도적'으로 접근하여 이용한 경우까지[268] 포함된다고 해석해서는 안 될 것이다.[269]

③ '복제·배포·공연·전시 또는 공중송신'할 수 있다. 주된 대상을 촬영 등을 하는 과정에서 부수적으로 타인의 저작물이 포함되었다는 것은 주된 대상과 함께 그 저작물이 복제되었음을 뜻한다. 따라서 주된 대상의 추후 이용 양태(복제·배포·공연·전시 또는 공중송신)에 따라 그 저작물도 함께 이용될 수 있어야 한다는 의미이다. 이때에는 그 저작물을 번역·편곡 또는 개작하여 이용할 수 있지만(제36조 제1항), 그 출처를 명시할 의무는 없다(제37조).

④ '저작재산권자의 이익을 부당하게 해치는 경우'가 아니어야 한다. 타인의 저작물에 대한 부수적 이용이 사회통념상 양적으로나 질적으로 경미한 경우이어야 한다는 의미이다.

XIX. 문화시설에 의한 복제 등

국가나 지방자치단체가 운영하는 문화예술 활동에 지속적으로 이용되는 시설 중 대통령령으로 정하는 문화시설(국립중앙도서관, 국회도서관, 국립중앙박물관, 국립현대미술관 등)은 대통령령으로 정하는 기준에 해당하는 상당한 조사를 하였어도 공표된 저작물(제3조에 따른 외국인의 저작물은 제외)의 저작재산권자나 그의 거소를 알 수 없는 경우 그 문화시설에 보관된 자료를 수집·정리·분석·보존하여 공중에게 제공하기 위한 목적(영리를 목적으로 하는 경우는 제외)으로 그 자료를 사용하여 저작물을 복제·배포·공연·전시 또는 공중송신할 수 있다(제35조의4 제1항). 본조는 2019년 저작권법(2019. 11. 26. 법률 제16600호)의 일부 개정으로 신설되었다. 그 입법취지는 다음과 같다. 대통령령(저작권법 시행

---

[268] 이러한 경우는 제28조(공표된 저작물의 인용) 또는 제35조의5(공정한 이용)의 적용문제로 보아야 한다.

[269] '부수적'이란 주된 대상에 우연히 이용된 경우뿐 아니라 의도적으로 접근하여 이용한 경우까지 포함하는 것으로 해석하는 것이 바람직하다는 견해로는, 김경숙, "'저작물의 부수적 이용'에 관한 신설 조항의 검토", 「IT와 법연구」 제20집, 2020. 2., 27~28면.

령 제16조의2)으로 정하는 문화시설(국립중앙도서관, 국립중앙박물관 등)에 대하여, '도서관 등에서의 복제 등'(제31조) 이용의 한계, 도서관이 아닌 박물관 등 문화시설에 의한 저작물 이용의 한계 등을 고려하여, 개별적 영리적 목적의 이용을 전제로 규정된 '저작물 등 이용의 법정허락'(제50조)과는 그 절차 및 보상금 지급 등에 관한 사항을 달리 규정함으로써, 점차 증가하고 있는 저작재산권자 불명의 저작물을 보다 용이하게 활용할 수 있도록 배려한 것이다.[270]

이에 따라 대통령령으로 정하는 문화시설은 저작재산권자 불명의 저작물 이용을 위하여 기존의 법정허락 절차를 거치지 않아도 되므로 사전에 보상금을 지급할 필요조차 없이 먼저 해당 저작물을 이용하고 나중에 저작권자로부터 저작물 이용 중단을 요구받은 경우 지체 없이 그 이용을 중단하면 된다(제35조의4 제2항). 저작재산권자가 그때까지의 이용에 대하여 보상금을 청구하면 해당 문화시설은 일련의 절차를 거쳐 사후적으로 보상금을 지급하면 된다(제35조의4 제3항 내지 제5항).

XX. 컴퓨터프로그램저작물의 저작재산권의 제한 등

1. 서 론

저작권법 제5장의2 '프로그램에 관한 특례'에는 '프로그램의 저작재산권의 제한'(제101조의3)과 '프로그램코드역분석'(제101조의4)에 관한 규정이 마련되어 있다. '프로그램'이라 함은 저작권법 제4조 제1항 제9호의 컴퓨터프로그램저작물을 의미하는 서작권법상 略語이다.[271] 이하에서는 '프로그램의 저작재산권의 제한'에 해당하는 내용 중에서 '컴퓨터의 유지·보수를 위한 일시적 복제'(제101조의3 제2항)와 '프로그램의 블랙박스분석'(제101조의3 제1항 제6호)에 관해서 살펴보고,[272] '프로그램코드 역분석'(제101조의4)에 관해서도 설명한다.

---

270) 본조는 유럽연합 고아저작물 지침을 모델로 한 것인데, 유럽에서는 해당 지침이 여전히 활성화되지 않았고 앞으로의 발전 가능성에 대해서도 의문이 제기되고 있는 상황이다. 그러한 점에서 본조의 운영과 관련해서는 향후 문제점을 찾아 보완하여야 할 과제를 남기고 있다. 최진원, "저작권법 제35조의4에 대한 연구―안방 도서관과 문화시설에서의 고아저작물 이용", 「정보법학」 제25권 제1호, 2021. 5., 69면 이하 참조.

271) 저작권법 제9조 단서 참조.

272) 그 밖의 '프로그램의 저작재산권의 제한'에 관한 규정(제101조의3 제1항 제1호 내지 제5호, 제3항) 중에서 제101조의3 제1항 제4호에 대해서는 전술한 저작재산권의 제한(제23조 내지 제35조의4)에 관한 부분에서 이미 설명하였다.

2. 컴퓨터의 유지·보수를 위한 일시적 복제

저작권법은 "컴퓨터의 유지·보수를 위하여 그 컴퓨터를 이용하는 과정에서 프로그램(정당하게 취득한 경우로 한정한다)을 일시적으로 복제할 수 있다"(제101조의3 제2항)고 규정한다. 2011년 저작권법(12월 2일 개정법)에서 신설된 것이다.

오늘날 컴퓨터가 고장이 날 경우에 컴퓨터를 수리하는 과정에서 그 운영체계를 새로 깔아 설치하는 등의 경우에 기존의 하드디스크 등에 설치되어 있던 프로그램을 일시적으로 다른 저장매체에 복제해 두었다가 다시 원래 컴퓨터에 복제하여 복원시키는 과정을 거치지 않으면 컴퓨터를 정상적으로 이용할 수 없게 되는 경우가 많다. 이 규정은 이러한 상황에 대비하여 일시적으로 프로그램을 다른 매체에 복제하는 등의 행위를 허용하기 위한 목적으로 마련된 것이다.[273) 그러므로 새로운 컴퓨터를 구입하여 기존의 구 컴퓨터에 설치되어 있던 프로그램을 옮겨 복제하는 것은 '컴퓨터의 유지·보수를 위하여' 하는 행위도 아닐 뿐 아니라 '일시적 복제'를 하는 것에도 해당하지 않으므로 이 규정의 적용대상이 아니다. 또한, 일시적 복제의 대상은 '정당하게 취득한 프로그램'이어야 하므로 불법 복제된 프로그램의 경우에는 이 규정이 적용되지 않는다. 정당하게 취득한 프로그램의 경우에도 수리 과정에서 그 프로그램을 다른 저장매체에 복제하였다가 수리가 끝난 다음에 원래의 컴퓨터에 다시 복제한 후에는 다른 저장매체에 일시 복제하였던 해당 프로그램을 삭제한 경우이어야, 이 규정에서 허용하는 '일시적 복제'의 개념에 해당한다.[274) 참고로 미국 저작권법 제117조(c)는 컴퓨터를 유지·관리 또는 수리를 위한 목적으로 컴퓨터 프로그램을 실행하는 과정에서 그 프로그램의 복제물이 만들어진 경우 그 복제권에 대한 침해책임을 면제한다고 규정한다.

3. 프로그램의 블랙박스 분석

저작권법은 "프로그램의 기초를 이루는 아이디어 및 원리를 확인하기 위하여 프로그램의 기능을 조사·연구·시험할 목적으로 복제하는 경우(정당한 권한에 따라 프로그램을 이용하는 자가 해당 프로그램을 이용 중인 경우로 한정한다)"에는 "그 목적을 위하여 필요한 범위에서 공표된 프로그램을 복제할 수 있[으며]" "다만, 프로그램의 종류·용도, 프로그램에서 복제된 부분이 차지하는 비

---

273) 이해완, 「저작권법」 제4판, 박영사, 2019, 797면.
274) 이해완, 위의 책, 797~798면.

중 및 복제의 부수 등에 비추어 프로그램의 저작재산권자의 이익을 부당하게 해치는 경우에는 그러하지 아니하다"(제101조의3 제1항 제6호)고 규정한다. 위 규정을 요건 별로 설명하면, (1) 어느 프로그램을 이용할 권한이 있는 자는 (2) 해당 프로그램을 실행하여 이용 과정에서 (3) 그 프로그램의 기초를 이루는 아이디어 및 원리를 확인하기 위하여 (4) 해당 프로그램의 기능을 조사·연구·시험을 목적으로 복제할 수 있다는 것이다. 따라서 위 규정은 정당한 이용권자가 프로그램의 실행 과정에서 그 내용을 연구 등의 목적으로 면밀히 관찰하고 분석하여 아이디어 및 원리를 확인하는 경우에 이때 프로그램에 대한 복제가 이루어지더라도 책임을 묻지 않겠다는 취지이다.

이와 같이 프로그램의 원시코드를 직접 다루거나 목적코드를 원시코드로 역분석하는 과정 없이 프로그램을 컴퓨터상에서 실행하는 과정을 통하여 프로그램에 포함된 아이디어 및 원리를 분석하여 확인하는 것을 '블랙박스 분석' (black box analysis)이라 한다. 그러한 점에서 저작권법 제101조의3 제1항 제6호는 '프로그램의 블랙박스 분석'에 관한 규정이다. '블랙박스 분석'에는 프로그램코드 역분석을 의미하는 디컴파일(逆컴파일) 및 디스어셈블(逆어셈블) 행위가 포함되지 않으므로 '블랙박스 분석'에 관한 위 규정은 '프로그램코드 역분석'에 관한 제101조의4 규정과는 구별하여 이해할 필요가 있다.[275] 블랙박스 분석의 방법으로는 프로그램에 특정 자료를 입력하고 그 결과를 관찰하는 방법, 디버거(debugger)[276]로 컴퓨터프로그램을 실행하여 자료의 흐름을 관찰하는 방법, 모니터를 통해 16진수 형태로 목적코드를 보면서 컴퓨터프로그램에 포함된 기능을 분석하는 방법 등이 있다. 이러한 블랙박스 분석을 통하여 프로그램의 개발원리에 대한 정보와 상호운용성(interoperability) 정보를 분석할 수 있지만, 블랙박스 분석에는 프로그램에 관한 정보를 얻기 위해 많은 시간과 노력이 소요된다. 특히 개발자가 프로그램이 사용하는 모든 인터페이스 정보를 재구성하는 것은 지극히 어렵고 많은 시간이 걸린다. 예컨대, 컴퓨터프로그램의 목적코드를 16진수 형태로 보면서 이것을 분석하는 것은 숙련된 개발자에게도 많은 시간과 노력이 필요하다. 블랙박스 분석을 통해서 정보를 얻을

---

275) 이에 관한 상세는, 강기봉, "컴퓨터프로그램 리버스 엔지니어링의 저작권법상 허용범위에 관한 연구" 한양대 대학원 법학박사 학위논문, 2012. 8., 15면, 17면 각 참조.

276) 디버깅(debugging)은 컴퓨터프로그램의 오류를 찾아내고 고치는 작업을 말한다. 디버깅 작업에는 주로 디버거(debugger)가 사용되는데 디버거는 컴퓨터프로그램의 오류를 찾아내기 위한 소프트웨어를 총칭하는 말이다.

수 없다면, 결국 프로그램코드 역분석에 의할 수밖에 없을 것이다.[277] 참고로 '블랙박스 분석'에 관한 우리 저작권법 제101조의3 제1항 제6호는 유럽연합의 컴퓨터프로그램 지침 제5조 제3항의 내용을 모방하여 입법한 것이라고 이해하는 것이 일반적이다.[278]

4. 프로그램코드 역분석

가. 의   의

저작권법은 "정당한 권한에 의하여 프로그램을 이용하는 자 또는 그의 허락을 받은 자는 호환에 필요한 정보를 쉽게 얻을 수 없고 그 획득이 불가피한 경우에는 해당 프로그램의 호환에 필요한 부분에 한정하여 프로그램의 저작재산권자의 허락을 받지 아니하고 프로그램코드 역분석을 할 수 있다"(제101조의 4 제1항)고 규정한다. 또한 위 "제1항에 따른 프로그램코드 역분석을 통하여 얻은 정보는" "호환 목적 외의 다른 목적을 위하여 이용하거나 제3자에게 제공하는 경우"(동조 제2항 제1호) 또는 "프로그램코드 역분석의 대상이 되는 프로그램과 표현이 실질적으로 유사한 프로그램을 개발·제작·판매하거나 그 밖에 프로그램의 저작권을 침해하는 행위에 이용하는 경우"(동항 제2호)에는 이용할 수 없다(동항)고 규정한다.

'프로그램코드 역분석'이란 "독립적으로 창작된 컴퓨터프로그램저작물과 다른 컴퓨터프로그램과의 호환에 필요한 정보를 얻기 위하여 컴퓨터프로그램저작물코드를 복제 또는 변환하는 것을 말한다"(제2조 제34호). 여기서 말하는 '코드 역분석'이란 목적코드(object code) 형태로 존재하는 프로그램을 원시코드(source code) 형태로 변환하는 작업을 의미한다. 코드 역분석 과정에서 이루어지는 코드의 변환, 즉 목적코드에서 원시코드로의 변환은 디스어셈블러(disassembler) 또는 디컴파일러(decompiler)라는 소프트웨어에 의해서 자동적으로 이루어지는 것으로, 인간의 창작성이 개입할 여지가 없기 때문에 2차적 저작물 작성행위에 해당하는 것이 아니며 오히려 불완전한 복제 또는 창작성 없는 코드의 변환으로 보아야 한다.[279] 강학상으로 '블랙박스 분석'과 '프로그램코드 역분석'을 포괄하여 '리버스 엔지니어링'이라는 용어를 사용하는데, 그 중

---

277) 강기봉, 위의 논문, 16~17면.
278) 강기봉, 위의 논문, 211~212면.
279) 안효질, "프로그램코드역분석 규정의 비교법적 분석: EU 소프트웨어지침을 중심으로", 「창작과 권리」 제47호, 2007 여름호, 92~94면.

에서도 '프로그램코드 역분석'만을 가리켜 '리버스 엔지니어링'(좁은 의미)이라고도 한다.280)

나. 내   용

(1) 요   건

위 규정의 내용을 요건 별로 나누어 보면, ㈎ 정당한 권한에 의하여 프로그램을 이용하는 자 또는 그의 허락을 받은 자는 ㈏ 호환에 필요한 정보를 쉽게 얻을 수 없고 그 획득이 불가피한 경우에는 ㈐ 해당 프로그램의 호환에 필요한 부분에 한정하여 프로그램의 저작재산권자의 허락을 받지 아니하고 ㈑ 프로그램코드 역분석을 할 수 있다.

먼저 살펴보아야 할 것은 法文上 '호환'의 의미이다. 컴퓨터프로그램저작물은 일반 저작물과는 달리 단독으로 이용되기보다는 컴퓨터 시스템의 다른 소프트웨어나 하드웨어, 그리고 사용자와의 관계(user interface)에서 그 기능을 발휘한다. 그런데 프로그램이 당초 의도한대로 작동할 수 있으려면 이러한 다른 구성요소들과 적절히 연결되어 함께 작동되어야 하는데, 이를 法文에서는 '호환(성)'으로 표현하고 있다.281) 하지만 정확하게 표현하면 이는 相互運用性(interoperability)282)이라 하여야 한다. 요컨대, '상호운용성'이란 컴퓨터 시스템에서 소프트웨어와 하드웨어의 모든 요소들이 그들이 기능하도록 의도된 모든 방식으로, 다른 소프트웨어와 하드웨어 및 사용자들과 함께 작동할 수 있도록 하기 위해서, 물리적인 상호연결과 상호작용이 요구되는 것을 말한다고 정의할 수 있다.283)

그런데 프로그램이 제작되는 때에 이러한 상황이 모두 고려될 수 없기 때문에 결국 이러한 '상호운용(성)'을 위한 노력은 상당 부분은 상호연결과 상호작용을 담당하는 후속 개발자가 감당해야 할 몫이다.284) 그리고 이를 위해서는 '상호운용성'을 달성하는 데에 필요한 프로그램의 일부 정보를 인식할 필요

---

280) 안효질, 「개정 컴퓨터프로그램보호법의 축조개설」, 프로그램심의조정위원회, 2000, 150~151면.
281) 임원선, 「실무자를 위한 저작권법」 제7판, 한국저작권위원회, 2022, 279면 참조.
282) 여기서 주의할 것은 저작권법 제2조 제34호나 제101조의4 제1항의 法文에는 相互運用性 대신에 '호환성'이란 용어가 사용되고 있는데, 이는 적절한 용례가 아니다. 왜냐하면 互換性은 'compatability'에 대한 번역어로 사용되는 것이 일반적이고, 그 의미는 특정 하드웨어나 소프트웨어와 대체 가능한 상품이라는 뜻으로 사용되고 있기(가령, IBM 호환 등) 때문이다.
283) 미국 저작권법과 유럽연합 컴퓨터프로그램 지침에서는 모두 '상호운용성'(interoperability)이란 용어를 사용하고 있다.
284) 임원선, 위의 책, 280면.

622 제7장 저작권 등의 예외와 제한

가 있다. 그런데 프로그램은 일반적으로 기계만이 이해할 수 있는 언어로 컴파일된 목적코드(object code) 형태로 유통되기 때문에, 일반 저작물의 경우와 달리 그 자체로는 내용을 알아 볼 수 없다. 그래서 원시코드(source code)로 되돌리는 디컴파일(decompile) 작업이 필수적으로 수반될 수밖에 없는데, 이와 같은 디컴파일(逆컴파일) 과정에서 프로그램에 대한 복제 또는 변환이 발생한다.[285] 이것은 프로그램을 정상적으로 이용하기 위하여 인정되는 공정한 이용에 해당한다. 따라서 프로그램 저작재산권자의 허락을 받지 않고서도 가능하도록 허용된다.

(2) 사   례

프로그램코드 역분석에 의한 저작권 침해의 발생 상황과 면책의 허용 범위를 다음과 같은 사례를 통해 설명할 수 있다.[286] 예컨대, 어떤 컴퓨터프로그램이 원시코드(source code) A로 창작되었다고 가정하자. A는 컴파일에 의해 목적코드(object code) B로 변환된 후 유통된다. B는 제3자에 의해 구매되는데, 이때 저작권자와 구매자 간에는 채권적 이용허락계약이 존재한다. 제3자는 B를 디(역)컴파일하여 원시코드 C를 추출한다. 그리고 C를 분석, 연구하여 때로는 새로운 프로그램인 D를 창작하기도 한다. 이를 포워드 프로그래밍(forward programming)이라고 한다.

문제는 ① 포워드 프로그래밍으로 창작된 D가 A의 저작권을 침해하는지, ② C의 추출이 A의 저작권을 침해하는지 하는 점이다. 우선 ①의 경우는 D의 창작이 A에 依據하였고 D가 A와 실질적으로 유사하면 저작권 침해가 성립할 것이다. 다음으로 ②의 경우는 A는 B로 변환되어 전전유통된다. 이 B를 재변환시켜 인간이 이해할 수 있는 C로 다시 변환시키는 것이 '프로그램코드역분석'이다. 이때 B를 C로 변환시키는 과정은 역변환프로그램(decompilation program)을 이용하여 자동적으로 이루어진다. B는 A를 컴파일(compile)하여 탄생되는 것이지만, 기억장소 할당과 최적화와 같이 실행에 필요한 정보가 덧붙여지게되어 A와 정확히 일대일로 맵핑(mapping)되는 것은 아니다. 그러나 컴파일러또는 역컴파일러에 의한 기계적 치환에는 인간의 정신활동인 창작성이 가미될

---

285) 임원선, 위의 책, 280면.
286) 이에 관해서는, 鄭鎭根, "コンピュータ・プログラムの保護に關する米・EU・日・韓の比較法的 研究 ープログラム・リバース・エンジニアリングを中心にー", 「日本 特許廳委託 平成17年 度 報告書」, 財團法人 知的財産研究所, 2006. 3., 7~8면을 현행 저작권법의 규정 내용에 따라 정리한 것이다.

여지가 없어서 법률적으로 판단하면 A와 C 간에는 동일성이 인정되거나 감지되는 것이 인정되므로 '복제'에 해당한다고 보아야 한다. 결론적으로 역분석으로 인해 추출된 C가 A의 복제권을 침해한다는 것이 문제이다. 그러나 ②의 경우에는 ⑴ 요건에서 언급한 요건들을 충족하면 저작권 침해가 성립하지 않고 면책된다. 제101조의4 제1항의 규정 취지도 바로 이 점에 있다. 이에 반해 ①의 경우는 제101조의4 제2항의 "프로그램코드 역분석의 대상이 되는 프로그램과 표현이 실질적으로 유사한 프로그램을 개발·제작·판매하거나 그 밖에 프로그램의 저작권을 침해하는 행위에 이용하는 경우"에 해당하므로 프로그램 저작재산권자의 허락 없이는 이용할 수 없다. 즉 저작권 침해가 성립한다.

XXI. 저작물의 공정한 이용

1. 의   의

저작권법 제35조의5는 제23조부터 제35조의4까지, 제101조의3부터 제101조의5까지의 경우 외에 저작물의 일반적인 이용 방법과 충돌하지 아니하고 저작자의 정당한 이익을 부당하게 해치지 아니하는 경우에는 "보도·비평·교육·연구 등을 위하여"[Ⓐ] 저작물을 이용할 수 있다고 규정한다(제1항). 또한, 저작물 이용 행위가 제1항에 해당하는지를 판단할 때에는 ① "영리성 또는 비영리성 등"[Ⓑ] 이용의 목적 및 성격, ② 저작물의 종류 및 용도, ③ 이용된 부분이 저작물 전체에서 차지하는 비중과 그 중요성, ④ 저작물의 이용이 그 저작물의 현재 시장 또는 가치나 잠재적인 시장 또는 가치에 미치는 영향 등의 사항을 고려하여야 한다고 규정한다(제2항). 본조는 2011년 저작권법(12월 2일 개정법)에서 신설된 것인데 2016년 저작권법이 일부 개정될 때 본조 중 전술한 [Ⓐ][Ⓑ] 부분을 각 삭제하였다. 본조 제1항은 이른바 '3단계 테스트'의 법리를, 제2항은 미국 저작권법의 '공정이용'의 법리를 각 모방하여 이루어진 입법이라고 일반적으로 설명되고 있다. 본조는 입법안 제출 당시부터 역사적 성장 배경을 달리하는 두 가지 법 이론을 하나의 조문 아래 결부시켜 놓았다는 점에서 많은 비판과 주목을 받았다.

2. 공정이용 조항과 '3단계 테스트' ― 제35조의5 제1항

본조 제1항은 처음부터 '3단계 테스트'(three-step test)를 모방하여 입법이 시도되었다. '3단계 테스트'란 배타적인 권리에 대한 제한 또는 예외규정을 제정하거나 이를 해석할 때에 적용되는 기준을 말한다. TRIPs 협정 제13조는 "회원국은 배타적 권리에 대한 제한 또는 예외를 일부 특별한 경우에 저작물의 통상적 이용과 충돌하지 아니하고 권리자의 합법적인 이익을 부당하게 해치지 아니하는 경우로 한정하여야 한다"고 규정한다.

"① 일부 특별한 경우에 ② 저작물의 통상적 이용과 충돌하지 아니하고 ③ 권리자의 합법적인 이익을 부당하게 해치지 아니하는 경우로 한정하여야 한다"는 ① 내지 ③의 세 가지 기준을 일컬어 '3단계 테스트' 또는 '3단계 기준'이라고 한다. 베른협약 제9조 제2항은 복제권의 일반 예외 규정으로 3단계 테스트를 적용하였으나, TRIPs 협정 제13조는 복제권뿐만 아니라 '배타적 권리' 전반에 대하여 3단계 테스트를 적용한다. 따라서 복제권 뿐만이 아니라 공연권, 방송권 등의 배타적 권리에 대한 제한이 3단계 테스트를 충족하지 못할 경우에 침해가 된다. '베른 플러스' 정신의 산물이라 할 수 있다.[287] 3단계 테스트의 핵심은 ①②③의 세 가지 기준을 반드시 그 순서에 따라 단계별로, 즉 '누적적'(cumulative) 적용을 하여야 하고 이를 모두 충족하는 방식으로 저작재산권의 제한이 이루어져야 한다는 것이다.[288] 학설 중에는 저작권법 제35조의5 제1항이 3단계 테스트의 내용을 규정한 것이라고 설명하는 견해가 있다.[289] 그러나 본조 제1항에 관한 그 간의 입법안 내용[290]과 비교하여 보면, 본조 제1항은 '3단계 테스트' 중 "일부 특별한 경우에" 또는 "특정한 경우에"라는 첫 번째 요건을 생략하고 그 대신에 "보도·비평·교육·연구 등을 위하여"[Ⓐ]라는 例示的 열거에 해당하는 法文을 추가하여 입법되었다. 그러한 점에서 3단계 테스트 중 첫 번째 요건을 누락한 이른바 '2단계 테스트' 입법이라고 할 수 있다. 2016년 저작권법 일부 개정으로 [Ⓐ] 부분을 삭제한 이유는 개별 저작재산권 제한규정인 제28조의 요건과 중복되는 것이어서 보충적 일반조항이라는

---

287) 최경수, 「국제지적재산권법」 제2판, 한울, 2017, 343~345면 참조.

288) 최경수, 위의 책, 445면; 박성호, "인터넷 환경 하에서 저작권의 제한에 관한 연구", 「정보법학」 제19권 제3호, 2015. 12., 145면 각주30) 각 참조.

289) 이해완, 「저작권법」 제4판, 박영사, 2019, 817~819면 참조.

290) 2007년 9월 당시 정부가 제출한 저작권법 개정안 제35조의3 제1항 "제23조 내지 제35조의2에 규정된 경우 외에도 저작물의 통상적인 이용방법과 충돌하지 아니하고 저작자의 합법적인 이익을 불합리하게 해하지 아니하는 <u>특정한 경우</u>에는 저작물을 이용할 수 있다."(밑줄은 저자, 이하 같음); 2008년 당시 변재일 의원이 대표 발의한 저작권법 개정안 제35조의2 제1항 "제23조 내지 제35조까지에 규정된 경우 외에도 저작물의 통상적인 이용방법과 충돌하지 아니하고 저작자의 합법적인 이익을 불합리하게 해하지 아니하는 <u>특정한 경우</u>에는 저작물을 이용할 수 있다."

본조의 입법취지와 부합하지 않기 때문이라고 한다.[291] 이러한 삭제로 인해 본조 제1항이 '2단계 테스트' 입법에 해당한다는 점이 보다 명확히 부각되었다.

'3단계 테스트' 중 첫 번째 요건인 "일부 특별한 경우"(certain special cases) 라는 것은, 저작물을 이용할 수 있는 범위가 명확하게 정의되고 그 이용은 '특정한 목적'에 한정되어야 한다는 것이고, 특히 '특별한'이라는 것은 '공공정책적인 명확한 이유'(clear reason of public policy) 또는 '그 밖의 예외적 상황'에 의해 정당화되어야 한다는 의미이다.[292] 요컨대, "일부 특별한 경우"란 저작물의 이용범위가 특정 목적에 한정되고 공공정책적인 명확한 이유나 그 밖의 예외적 상황으로 정당화되는 경우이어야 한다는 것이다. 그런데 2011년 12월 저작권법 개정으로 본조를 신설할 당시 우리 입법관여자는 첫 번째 요건을 삭제하고 그 대신에 추가한 일련의 목적들, 즉 "보도·비평·교육·연구 등"〔Ⓐ〕은 한정적 열거가 아닌 예시적 열거에 해당하는 문구라고 설명하였다.[293] 그렇다면 제35조의3 제1항은 '3단계 테스트'가 아닌 '2단계 테스트'를 입법한 것이라고 볼 수밖에 없을 것이다. 두 번째 요건인 "저작물의 통상적(일반적)인[294] 이용방법과 충돌하지 아니하고"에서, '통상적인 이용방법'이란 단순히 경험적인 의미에서 '통상적인' 이용방법을 가리키는 용어가 아니라 "상당한 경제적 또는 실용적 중요성을 가지고 있거나, 그러한 중요성을 취득할 가능성이 있는 모든 형태의 저작물 이용행위"를 의미하는 규범적 성질을 가지는 문언이라고 이해된다. 따라서 두 번째 요건의 의미는 "상당한 경제적 또는 실용적 중요성을 가지고 있거나, 그러한 중요성을 취득할 가능성이 있는 모든 형태의 저작물 이용행위는, 반드시 저작권자에게 유보되어야 한다"는 것이다.[295] 세 번째 요건

---

291) 장석인, "디지털 시대 저작권 보호 및 이용활성화를 위한 저작권법 개정", 「저작권 문화」, 2016. 4., 33면 참조.

292) Sam Ricketson, *The Berne Convention for the Protection of Literary and Artistic Works: 1886–1986*, Centre for Commercial Law Studies/Kluwer, 1987, p.482; Sam Ricketson & Jane C. Ginsburg, *International Copyright and Neighbouring Rights: The Berne Convention and Beyond*, 2nd ed., Vol. I, Oxford University Press, 2006, p.764.

293) 문화체육관광부·한국저작권위원회 편, 「개정 저작권법 해설서」(2012. 5.), 33면은 "'보도·비평·교육·연구'는 저작물 이용행위의 목적을 例示한 것으로서 반드시 이에 국한되는 것이 아님"이라고 밝히고 있다.

294) 2023년 저작권법(법률 제19592호 2023. 8. 8.) 일부 개정으로 제35조의5 제1항 중 '통상적인'이 '일반적인'으로 변경되었으나 TRIPs 협정 제13조에 관해 종래 사용되었던 번역 용어에 따라 본문 내용을 설명한다.

295) Mihaly Ficsor, *The Law of Copyright and the Internet: The 1996 WIPO Treaties, their Interpretation and Implementation*, Oxford University Press, 2002, p.516.

인 "저작자의 정당한 이익을 부당하게 해치지 않아야"와 관련하여, '정당한 이익'이란 권리자의 법적 이익 중 사회규범이나 공공정책에 의해 뒷받침될 수 있는 이익을 가리키는 것으로 이해할 수 있다.

그러면 우리 입법관여자들은 어떠한 이유로 법안 단계에서 존재하던 "특정한 경우"라는 문구를 삭제하고 본조 신설 당시 예시적 열거사유로 교체한 것일까 하는 의문을 제기해 볼 수 있다. 생각건대, 그것은 아마도 미국 저작권법 제107조의 공정이용 조항은 3단계 테스트 중 "일부 특별한 경우"라는 첫 번째 요건을 충족하지 못하는 것이 아닌가 하는 이론적 문제에 직면하게 되었고, 나아가 공정이용 조항 자체가 애당초 3단계 테스트에 부합하지 못하는 것이 아닌가 하는 본질적 문제 제기를 의식하였기 때문일 것이다.296) 미국의 공정이용(fair use) 조항은 공정이용에 해당하는 예를 열거하고 있지만 그것은 어디까지나 예시인 데다가 보도 · 비평 · 교육 · 연구라는 광범위한 이용행위를 포괄한 것이고 권리제한의 대상이 되는 행위를 특정하는 데에 기여하지 못하고 있다. 또한 공정이용 조항에 열거된 고려요소도 추상적이고 광범위한 내용을 포함하고 있어서 이와 같이 열거된 고려요소를 가지고 권리제한의 대상이 되는 행위가 특정되었다고 말하기는 어려울 것이다.297) 더구나 공정이용 조항에서 열거하는 추상적 고려요소를 토대로 사법 판단이 진행되어야 비로소 구체적 규범내용이 결정되는 미국식의 사법 판단 의존형 권리제한 규정은, 3단계 테스트가 대전제로 하는 확실성의 기준에 어긋나는 것이 아닌가 하는 본질적 의문이 제기된다. 이에 따라 이러한 문제점들을 해소시킬 필요가 있었을 것이다. 요컨대, 제35조의5 입법과 관련하여 3단계 테스트의 첫째 요건을 삭제하고 예시적 열거사유로 교체하였던 것은 위와 같은 상황인식을 토대로 이루어진 불가피한 최소한의 입법적 수정이었을 것으로298) 생각한다.

---

296) Jehoram H. Cohen, "Einige Grundsätze zu den Ausnahmen im Urheberrecht", *Geverblicher Rechtsschutz und Urheberrecht Internationaler Teil*, 2001, S.808; Joachim Bornkamm, "Der Dreistufentest als urheberrechtliche Schrankenbestimmung – Karriere eines Begriffs", in: Hans–Jürgen Ahrens et al., *Festschrift für Willi Erdmann zum 65. Geburtstag*, Carl Heymann, 2002, SS.45~46; Martin Senftleben, *Copyright, Limitations and the Three–Step Test*, Kluwer Law International, 2004, p.162에서 재인용.

297) 橫山久芳, "英米法における權利制限", 「著作權硏究」No.35, 著作權法學會, 2008, 45면 각주54).

298) 3단계 테스트 쪽에 충실할 것인지, 아니면 공정이용 조항 쪽에 충실할 것인지 선택의 갈림길에서, 입법관여자는 각주296) 문헌 중 M. Senftleben이 제시하는 논리(Ibid., pp.133~168), 즉 첫째 요건은 "명확하게 한정된 경우만을 의미하는 것이 아니다"라는 논리를 근거로 3단계 테스트 중 첫째 요건을 삭제하는 쪽으로 입법 방향을 선회한 것으로 생각된다.

3. 공정이용 조항 적용시의 고려 사항 ― 제35조의5 제2항

가. 미국 '공정이용' 법리를 해석기준으로 활용

저작권법 제35조의5 제2항은 미국 저작권법 제107조의 '공정이용'(fair use) 조항을 참조하여 입법한 것이다. 저작재산권에 관한 기존의 권리제한 규정들은 한정적으로 열거된 것이어서 기술 발전에 따라 급변하는 저작물의 이용환경에 제대로 적응하지 못한다는 비판이 제기되었다. 이러한 비판을 고려하여 미국의 공정이용 조항과 같이 권리제한에 관한 일반조항을 도입한 것이라고 설명할 수 있다. 따라서 미국에서 그간 확립되어온 공정이용에 관한 법리는 본조 제2항의 해석기준을 정립하는 데에 참조가 될 수 있다.

나. 공정이용 조항의 장점과 그 한계의 인식

본조 제2항이 규정하는 공정이용 조항의 장점과 그 한계를 명확히 인식함으로써 우리 저작권법상 규정된 기존 권리제한 조항들의 해석론을 보충하는 데에 순기능적 역할을 다할 수 있도록 하여야 한다.

첫째, 본조 제2항이 모델로 삼은 미국 저작권법 제107조의 공정이용 규정은 미국 법원이 1841년 이래 약 130년간 판례이론으로 형성하여온 공정이용의 법리를 조문화한 것이다. 즉 그간 축적된 미국의 판례이론을 체계화·추상화하여 일반조항으로 입법한 것이 제107조이다. 그렇기 때문에 일반조항에 제시된 고려요소들은 추상적이고 광범위한 내용들을 포괄하는 것이어서 기술발전이나 환경변화에 따라 새롭게 등장하는 이용형태에 대해서도 사안별로 이익형량을 꾀함으로써 능동적인 해결책을 강구할 수 있다는 장점이 있다.

둘째, 권리제한에 관한 입법에는 우리나라나 일본 또는 독일의 저작권법처럼 개별적이고 구체적이며 한정적으로 권리제한 사유를 열거하는 입법방식(전자)이 있는가 하면, 미국 저작권법처럼 한정 열거된 구체적 권리제한 규정을 일부 가지고는 있지만 그 밖의 거의 대부분의 권리제한 관련 사안들은 공정이용에 관한 일반조항에 따라 해결하도록 규정하는 입법방식(후자)도 있다. 양자의 입법방식은 그 역사적 배경을 달리하는 것일 뿐 아니라 입법방식의 차이로 인하여 그 해석론의 전개방법이나 司法 判斷의 논리구조가 상이하다는 점을 인식하지 않으면 안 된다. 전자는 ① 구체적 규범결정(입법단계)→② 구체적 규범을 전제로 행동(당사자의 행동단계)→③ 행동에 대한 구체적 규범의 적용(법원의 적용단계)으로 권리제한 규정의 해석이 이루어진다. 이와 달리 후자는 ① 추상적 규범결정(입법단계)→② 추상적 규범을 전제로 행동(당사자의 행동

단계)→③ 법관에 의한 구체적 규범결정 및 행동에 대한 구체적 규범의 적용 (법원의 적용단계)으로 일반조항의 해석이 이루어진다.299) 이와 같이 일반조항 방식의 입법은 권리제한의 구체적 내용이 법원에 의한 개별적·사후적 판단에 맡겨져 있다는 점에서 사법부가 수행하는 역할이 매우 크다.

셋째, 미국 저작권법상 공정이용 규정과 같은 일반조항을 입법 체계를 달리하는 우리나라에 도입한 입법취지 자체가, 한정적으로 열거된 권리제한 규정들의 한계를 보충하여 기술 발전에 따라 급변하는 저작물의 이용환경에 능동적으로 대처한다는 데에 있다는 점을 고려하면서 기존 권리제한 규정들에 대한 해석론에 임해야 한다는 것이다. 다시 말해, 본조는 기술발전과 사회상황에 대응하기 위해 어디까지나 보충적으로 마련된 조문이므로 권리자나 이용자 모두의 예측가능성을 해하지 않도록 기존 권리제한 규정들과의 상관관계를 고려하면서 본조를 해석하여야 한다.

4. 적 용

본조 제1항은 "제23조부터 제35조의4까지, 제101조의3부터 제101조의5까지의 경우 외에 … 저작물을 이용할 수 있다"고 규정한다. 제35조의3 제1항은 기존의 개별적인 저작재산권의 제한에 해당하는 경우 '외에'라고 규정하고 있으므로, 이것은 제23조부터 제35조의4까지, 제101조의3부터 제101조의5까지의 규정에 각 해당하는 이용행위가 제35조의5를 충족하면 권리제한이 된다는 것이 아니라, 제23조부터 제35조의4까지, 제101조의3부터 제101조의5까지의 규정에 해당하는 경우에는 무조건 권리제한이 되는 것이고, 그렇지 않은 경우라도 제35조의5에 해당하는 경우에는 추가적(즉, 보충적)으로 권리제한이 된다는 의미이다. 요컨대, 본조가 신설되었다고 하더라도 그 논리적 판단순서는 우선 기존의 권리제한규정 중 가령 제28조나 제30조 등에 해당하는지를 살펴보고, 그 이후에 다시 본조에 해당하는지 여부를 판단하여야 한다.300)

아울러 공정이용 규정은 그 기준을 충족하는 한 기존의 저작재산권 제한 규정이 존재하는 영역에 대해서도 중첩적으로 적용될 수 있다.301) 또한 기존의 제한 규정들을 보완하는 기능도 할 수 있다. 가령, 저작권법 제28조는, 본

---

299) 島並良, "權利制限の立法形式", 「著作權研究」No.35, 著作權法學會, 2008, 94면.

300) 최승재, "저작권법 제28조의 해석방법과 저작권법 제35조의3과의 관계", 「대한변협신문」, 2013. 4. 15.자 13면 참조.

301) 문화체육관광부·한국저작권위원회 편, 「한미 FTA 이행을 위한 개정 저작권법 설명자료」 (2011. 12. 14.), 11면.

래 주종관계를 전제로 한 공표된 저작물의 삽입형(insert type) 引用에만 적용할
수 있었기 때문에, 미공표 저작물이나 전유형(appropriation type) 인용 또는 利用
행위 일반에 대해서까지 제28조를 적용하는 것은 불가능하였다. 이러한 경우
에는 제35조의5가 제28조를 보완하는 역할을 할 수 있다.[302]

　전술한 것처럼 본조 제1항은 3단계 테스트 중 첫째 단계가 누락된 2단계
테스트에 불과한 것이지만 대개는 3단계 테스트를 규율한 것이라고 이해한다.
제1항은 "저작물의 일반적인 이용 방법과 충돌하지 아니하고 저작자의 정당한
이익을 부당하게 해치지 아니하는 경우"를 '저작물의 공정한 이용', 즉 '공정이
용'에 해당하는 것이라고 규정하고 이에 해당하면 타인의 저작물에 대한 이용
을 허용한다. 본조 제2항은 제1항의 '공정이용'에 해당하는지를 판단할 때에는
제2항의 제1호 내지 제4호의 4가지 요소를 고려해야 한다고 규정한다.

　본조 제2항의 4가지 요소는 미국 저작권법 제107조 공정이용 조항의 4가
지 요소로부터 영향을 받아 규정된 것이다. 문제는 본조 제1항은 3단계(또는 2
단계) 테스트로서 3가지(또는 2가지) 단계가 누적적으로 적용될 것이 요구되므
로 그 중 하나의 단계라도 통과하지 못하면 적용될 수 없는 것이다. 이와 달리
본조 제2항의 4가지 요소는 종합적 고려사항에 지나지 않으므로 한두 가지 요
소가 결여되거나 부족하더라도 그것을 초과하는 공익이 있다고 판단되면 얼마
든지 그 적용이 가능하다.

　이처럼 규범적 성격을 달리하는 국제조약의 3단계 테스트(본조 제1항)와
미국 공정이용의 4가지 종합고려 요소(본조 제2항)를 하나의 조문 아래 결부시
켜 놓았다는 특징이 있다. 특히 3단계 테스트를 판단의 순거로 삼아 공정이용
의 법리 그 자체 또는 그 법리를 적용한 구체적 결과가 3단계 테스트에 부합
하는 것인지를 판단(또는 심사)하는 것이 아니라, 거꾸로 본조 제2항에서 규정
하는 미국 공정이용의 4가지 요소를 고려하여 본조 제1항에서 규정하는 3단계
(또는 2단계) 테스트에 부합하는지 여부를 판단하는 입법형식을 취하고 있다는
점에서 해석상 복잡한 문제를 제기한다. 이러한 입법형식은 분명 문제가 많은
것이지만 본조는 이미 10년 이상 시행 중에 있으므로 법률가로서의 책무는 보
충적 일반조항이라는 본조의 입법 목적을 달성할 수 있도록 합리적 해석을 전
개하는 데 노력하는 것이다.

---

302) 위 저작권법 설명자료, 11면 참조.

지금까지 재판실무에서 저작권법 제35조의5 공정이용 조항이 본격적으로 적용된 사례는 매우 드물게 발견된다.303) 그 가운데 거론할 만한 하급심 판결 2건이 있는데,304) 그 하나는 의료기기를 이용한 특정 치료방법에 관한 원고의 논문 사본을 첨부하여 피고의 의료기기에 의한 치료행위를 건강보험심사평가원에 비급여대상으로 신청한 사건에서 공정이용을 긍정한 사건이고,305) 다른 하나는 국내 골프장들의 골프코스를 이용하여 스크린골프 시뮬레이션용 3D 골프코스 영상을 제작하여 스크린골프장 운영업체에 제공하는 것에 대해 공정이용을 부정한 사건이다.306)

≪텍스트 및 데이터 마이닝(TDM)과 저작권법 제35조의5≫

텍스트 및 데이터 마이닝(Text and Data Mining, TDM)은 빅데이터를 분석하여 통계적 규칙, 경향 등 가치 있는 정보를 찾아내는 기술을 말한다. '유럽연합의 디지털 단일시장의 저작권에 관한 지침' 제2조 제2항은 TDM이란 "유형(patterns), 경향(trends) 그리고 상관관계 등의 정보를 생성하기 위해 디지털 형태의 텍스트와 데이터를 분석하는 것을 목적으로 하는 모든 자동화된 분석기술을 말한다"고 정의한다. 인공지능(AI)은 기계학습(machine learning)이나 심층학습(deep learning) 등을 통해 특정한 결과를 구현하는 기술인데, AI의 기계학습 등이 바로 TDM에

---

303) 이일호, "우리 저작권법상 공정이용의 운영 현황과 과제—판례를 중심으로—",「계간 저작권」, 2023 봄호, 162~163면은 그 적용에 관한 특징과 경향을 다음과 같이 정리한다. ① 공정이용의 주장·항변을 검토한 판례가 절대적으로 부족한 점, ② 11년간 대법원 판례가 1건도 나오지 않은 점, ③ 공정이용의 '개별요소'를 적극적 또는 개별적으로 검토한 판례가 상당히 적은 점, ④ 기존 제한규정에서 허용되지 않은 이용을 공정이용으로 정당화 한 경우가 거의 없는 점, ⑤ 특히 인용(제28조)과의 구별을 명확하게 하지 않는 경우가 많은 점, ⑥ 공정이용 검토와 관련하여 판결·결정 간에 서로 인용하는 경우를 발견할 수 없는 점, ⑦ 판결·결정에서 다른 문헌을 인용하는 경우를 발견할 수 없는 점 등이다. 그 중 주목할 특징은 ⑥이다. 대법원 판결이 1건도 존재하지 않는 상황에서 하급심 판결·결정 상호 간에 인용한 사례를 발견할 수 없었다는 것은, 과거 퍼블리시티권 관련 하급심 판결·결정들과 대비해 볼 때 현격한 차이점이다. 생각건대, 이는 공정이용에 관한 한 재판실무상 활용 가치가 있는 법리가 아직 생성되지 않았다는 것을 반증한다.

304) 이는 이일호, 위의 논문, 163면에서 위 ③과 관련하여 "공정이용의 개별 요소 검토에 가장 충실한 판례"로 선정한 2건이다. 다만 이 2건이 제35조의5 제1항과 제2항의 관계에 대해 언급하지 않았음을 한계로 든다.

305) 서울중앙지법 2017. 6. 15. 선고 2016가합534984 판결. 특히 이 판결이 주목되는 이유는 "미국에서 전개되는 공정이용의 법리를 차용하여 우리 저작권법상 공정이용의 각 요소에 적용하기 위해 상당한 노력을 기울인" 점이다(이일호, 위의 논문, 164면).

306) 서울고법 2016. 12. 1. 선고 2015나2016239 판결.

해당한다. 데이터의 수집 및 처리는 AI의 기계학습 등을 목적으로 이루어지는 일련의 행위이므로 그러한 행위를 모두 포괄하여 TDM에 대한 권리제한 문제로 취급할 수 있다.

유럽연합 지침이나 독일·영국·일본 저작권법은 별도의 권리제한규정을 마련하여 TDM에 대처하고 있다. 반면 미국은 권리제한에 관한 포괄적 일반조항인 공정이용 규정을 적용하여 이 문제를 해결하고 있다. TDM은 변용적 이용 (transformative use)에 해당하여 공정이용 법리를 적용할 수 있다는 취지의 미국 판결들은 우리 저작권법 제35조의5 조항의 해석기준을 정립하는 데에 유력한 자료로서 참조할 수 있다.[307] 다만 보충적 일반조항의 성격상 그 예측 가능성이 담보되지 않는다는 한계가 있으므로 TDM에 대한 별도의 권리제한 규정의 입법도 준비할 필요가 있다.

XXII. 관련문제 — 출처의 명시

저작권법은 일부의 경우를 제외한 상당수의 권리제한 규정에 따라 저작물을 이용하는 자에게 그 출처를 명시할 것을 요구한다(제37조 제1항). 출처명시의 방법은 해당 저작물에 표시된 저작자의 실명 또는 이명을 명시하는 방법으로 이루어지는 경우가 많다(제37조 제2항). 저작권법은 출처의 명시는 저작물의 이용 상황에 따라 합리적이라고 인정되는 방법으로 하여야 한다고 규정한다(제37조 제2항). 저작물의 이용 상황에 따른 합리적인 방법이란 전문서적이나 학술논문의 경우에는 저작자의 이름, 책의 제호(논문이나 글의 경우에는 그 제호와 수록된 간행물의 명칭), 발행기관(출판사 등), 판수, 발행연도(일간신문의 경우에는 월, 일), 해당 페이지를 밝혀 놓고 본문 속의 주나 각주 또는 후주 등의 방법을 사용하는 것을 말한다. 신문 등 정기간행물의 기사나 논설, 해설에서는 그것의 특수한 성격과 제한 때문에 학술논문의 경우보다는 간략한 표시방법이 허용될 수 있다. 따라서 저작자의 이름과 저작물의 제호만 명시하면 무방할 것이다. 교양서적이나 보통의 글에서도 저작자의 이름이나 저작물의 제호만은 표시하여야 한다. 그러나 책의 끝부분에 "본고 또는 본서의 집필에는 ○○책이나 ○○논문을 참고하였다"는 식의 표시만으로는 부족하다.

---

307) TDM 관련 미국 판결들에 관한 상세는, 박성호, "텍스트 및 데이터 마이닝을 목적으로 하는 타인의 저작물의 수집·이용과 저작재산권의 제한—인공지능의 빅데이터 활용을 중심으로", 「인권과 정의」, 2020. 12., 55~63면.

본조는 저작물 이용자의 의무를 규정한 것이지만 저작권 침해와는 무관하므로 출처명시의무를 위반한 경우라도 저작권 침해가 되는 것은 아니다. 벌칙도 저작권 침해죄(제136조)와 출처명시위반죄(제138조)를 구별하여 규정한다. 출처가 명시되는 이익은 제37조에 의해 법적으로 보호되는 이익이므로 저작물의 이용자가 고의 또는 과실로 출처명시를 하지 않은 경우에 민사상의 청구로서 그 이용자를 상대로 불법행위책임을 추궁할 수 있을 것이다(민법 제750조). 그 밖에도 이용자를 상대로 출처명시를 위한 필요한 조치를 청구할 수도 있을 것이다. 문제는 민사상 청구를 할 수 있는 주체에 저작재산권자 외에 저작자가 포함될 수 있는지 여부이다. 제37조는 저작자의 성명표시권과는 별도로 규정되어 있고 저작재산권의 제한에 따르는 부수적 규정이지만, 저작재산권자가 아닌 저작자에 관한 정보를 출처로서 명시할 것을 요구하고 있다는 점에서 볼 때, 저작재산권자의 이익과 함께 저작자의 인격적 이익도 함께 보호하는 것이라고 해석하는 것이 타당할 것이다. 따라서 출처명시의무에 관한 민사상의 청구주체에는 저작권자는 물론 저작자도 포함된다고 할 것이다.308)

제3절 저작재산권의 보호기간

Ⅰ. 서 론

1. 보호기간의 의의

저작권법 제14조는 일신전속적 성질을 가지는 저작인격권의 존속기간에 대해서는 아무런 규정도 두고 있지 않다. 더구나 저작자 사망 후 인격적 이익의 보호에 대해서는 마치 기간의 제한 없이 보호되고 있는 것처럼 보이기도 한다.309) 이에 반하여 저작권법 제39조 내지 제44조는 저작재산권의 존속기간에 관한 규정을 두고 있다. 그 이유는 저작권법 제1조(목적)에서 보는 바와 같다. 즉 저작권법은 저작자에게 독점적 권리를 부여함으로써 저작자의 권리를 보호하고자 하는 목적에서 만들어진 법제도이지만, 다른 한편으로는 先人들이 이룩한 문화적 유산을 바탕으로 창작되는 저작물의 성격에 비추어 저작재산권

---

308) 같은 취지, 加戶守行, 「著作權法逐條講義」六訂新版, 著作權情報センター, 2013, 381~382면.
309) 그러나 저작자 사망 후 인격적 이익의 보호기간은 저작재산권의 보호기간과 동일한 것이라고 해석하여야 할 것이다. 이에 관해서는 제4장 제2절 Ⅵ. '저작인격권의 보호기간' 참조.

의 보호를 영구화 하는 것은 저작물의 공정이용을 위해서는 물론이고 문화의
향상발전을 위해서도 타당하지 않기 때문에 저작재산권의 보호에 일정한 시간
적 한계를 설정하여 그 이후에는 저작물이 公有(public domain) 상태에 놓이도
록 하여 누구나 자유롭게 이용할 수 있도록 허용한 것이다. 다시 말해 저작재
산권의 보호기간은 저작권의 사회적 구속성으로부터 발생하는 저작권의 내재
적 제약이라 할 것이고310) 이러한 공익의 관점에서 세계의 모든 법제도는 저
작재산권의 보호기간을 일정한 기간으로 한정하고 있다.311)

2. FTA 협정의 이행에 따른 보호기간의 연장

한·EU FTA 협정 내용을 이행하기 위한 2011년 저작권법(6월 30일 개정법)
에서 자연인의 경우에는 저작자 사후 50년에서 70년으로, 법인의 경우에는 저
작물의 공표 후 50년에서 70년 또는 창작 후 50년 내에 공표하지 않은 경우에
는 창작 후 70년으로 그 보호기간을 20년 연장하는 것 등을 내용으로 개정이
이루어져 2013년 7월 1일부터 시행되고 있다.

Ⅱ. 보호기간의 원칙

1. 보호기간의 始期와 終期

저작권법 제39조 제1항은 저작재산권은 원칙적으로 저작자가 생존하는 동
안과 사망 후 70년간 존속한다고 규정한다. 종래의 사망 후 50년 보호기간은
2013년 7월 1일부터 70년으로 연장되어 보호된다. 저작권은 저작물을 창작한
때부터 발생하므로(제10조 제2항) 이때가 저작재산권 보호기간의 始期가 된다.
저작권법 제39조를 비롯한 이하 4개의 규정은 저작재산권의 終期를 규정한 것
이다.

2. 사망시 기산주의

보호기간의 終期를 결정하는 기준에 관해서는 사망시 기산주의와 공표시
기산주의가 있다.312) 저작권법 제39조 제1항은 보호기간의 終期를 산정하는

---

310) 半田正夫,「著作權法の硏究」, 一粒社, 1971, 67면.
311) Sam Ricketson, "The Copyright Term", 23 IIC, 1992, p.755; Gilliam Davies, *Copyright and the Public Interest*, VCH, 1994, p.157에서 재인용.
312) 半田正夫,「著作權法槪說」第15版, 法學書院, 2013, 192면 참조.

경우 저작자가 사망한 때를 기준으로 한다는 사망시 기산주의를 원칙으로 채택한 것이다. 저작권법은 "저작재산권의 보호기간을 계산하는 경우에는 저작자가 사망하거나 저작물을 창작 또는 공표한 다음 해부터 기산한다"고 규정한다(제44조). 따라서 저작자가 사망한 그 다음 해부터 70년의 보호기간을 계산한다.

≪국제법 저서 '해양법'과 소설 '표본실의 청개구리'의 저작재산권 보호기간≫

우리나라가 낳은 세계적인 국제법 학자 박춘호 선생이 2008년 11월 12일 돌아가셨다. 선생의 대표 저서 '해양법'(민음사, 1986)과 시론집 '절대로 아무것도 아닌 사람'(문학사상사, 1996)의 저작재산권 보호기간은 2009년 1월 1일부터 기산하여 사후 70년이 경과한 2078년 12월 31일 만료된다. 또 '표본실의 청개구리'라는 소설로 유명한 염상섭 선생은 1963년 돌아가셨으므로 1964년 1월 1일부터 기산하여 당초대로라면 사후 50년이 경과한 2013년 12월 31일 보호기간이 만료될 예정이었으나 그 만료 직전인 2013년 7월 1일부터 보호기간이 20년 연장되었으므로 2033년 12월 31일까지 보호기간이 연장된다.

≪외국인 저작물의 저작재산권 보호기간과 상호주의≫

저작권법 제3조 제1항은 "외국인의 저작물은 대한민국이 가입 또는 체결한 조약에 따라 보호된다"고 규정하고 있지만 같은 조 제4항은 "제1항…에 따라 보호되는 외국인의 저작물이라도 그 외국에서 보호기간이 만료된 경우에는 이 법에 따른 보호기간을 인정하지 아니한다"고 규정하여 외국인의 저작물의 저작재산권 보호기간이 상호주의[313]에 의해 제한된다는 것을 규정하고 있다. 예컨대, 베른협약 가입국인 일본 저작권법 제51조는 저작자 사망 후 50년까지만 보호하고 있으므로,[314] 우리나라에서도 일본인의 저작물은 사후 50년까지만 보호된다. 그러므로 히로시마 원폭 피해의 참상을 소설로 발표한 일본의 유명 소설가 오타요코[大田洋子, 1963년 사망]의 소설 '半人間'의 우리나라에서의 보호기간은 1964년 1월 1일부터 기산하여 사후 50년이 경과한 2013년 12월 31일로 만료되었다. 우리나라 저작권법의 저작재산권 보호기간이 2013년 7월 1일부터 20년 연장되었지만 상호주의에 의해 일본인의 저작물에는 연장된 기간이 적용되지 않는다.

---

313) 상호주의에 관해서는 제10장 제1절 III. '내국민대우의 원칙·상호주의·연결점' 참조.
314) 참고로 일본은 2016년 저작권법을 개정하여 보호기간 사후 70년으로 연장하였다(2018년 12월 30일 시행).

3. 공동저작물

보호기간의 원칙을 적용함에 있어서 저작권법 제39조 제2항은 공동저작물의 저작재산권은 맨 마지막으로 사망한 저작자의 사망 후 70년간 존속한다고 규정한다. 가령, 갑과 을이 공동으로 작성한 저작물에 있어서 갑은 1980년에 사망하고 을은 1990년에 사망하였다면, 그 저작물에 대한 저작재산권의 보호기간은 1991년 1월 1일부터 70년 후인 2060년 12월 31일까지 존속하게 되므로 갑과 을의 유족은 다 같이 그때까지 저작재산권을 주장할 수 있다. 그러면 법인과 개인 간에 공동저작물이 작성된 경우에는 어떻게 해석해야 할 것인가. 이에 대해서는 법인 등 사용자의 업무상 저작물의 보호기간에 관한 저작권법 제41조에 따라 공표 후 70년으로 해야 한다는 견해도 있을 수 있으나, 우선 보호기간을 장기로 하는 것이 저작자 보호의 취지에 합치한다는 점, 공표 후 70년을 규정한 여러 규정들은 사망시 기산주의 원칙에 따를 수 없는 예외적인 경우를 규정한 것이라는 점 등에 비추어 본다면, 개인의 사후 70년으로 하는 것이 타당할 것이다.[315)

Ⅲ. 공표시를 기준으로 하는 저작물

1. 무명 또는 이명저작물

가. 저작권법 제40조 제1항—사망시 기산주의의 예외

(1) 공표시 기산

저작권법 제40조 제1항 본문은 무명 또는 널리 알려지지 않은 이명저작물에 대해서는 저작자의 사망 시점을 객관적으로 확정하기 곤란하여 제39조 제1항 본문에서 규정한 사망시 기산주의를 적용하기 어렵기 때문에, 저작물의 공표 후 70년을 저작재산권의 보호기간으로 정한 것이다.[316) 위 같은 항의 단서는 아직 공표되지 않은 무명 또는 널리 알려지지 않은 이명저작물의 경우에는 보호기간의 기산 시점이 없는 관계로 영구적으로 보호될 가능성이 있기 때문에 이를 피하기 위하여 규정한 것이다.[317)

---

315) 이에 관해서는 제3장 제4절 4. 나. '보호기간의 산정' 참조.
316) 오승종, 「저작권법」 제5판, 박영사, 2020, 942면; 이해완, 「저작권법」 제4판, 박영사, 2019, 870면; 허희성, 「2011 신저작권법 축조해설 상」, 명문프리컴, 2011, 295면 각 참조.
317) 허희성, 위의 책, 295면 참조.

(2) 무명 또는 널리 알려지지 않은 이명저작물

무명저작물이란 저작자의 이름이 표시되지 않은 저작물을 말한다. 이명저 작물의 이명이라 함은 필명, 아호, 약칭, 예명 등 실명을 대신하여 사용되는 것을 말하고 이러한 필명 등이 표시된 저작물을 이명저작물이라고 지칭한다. 여기서 '널리 알려지지 않은'이란 조건이 붙은 이유는 '널리 알려진' 이명의 경 우에는 저작권법 제8조 제1항에 의해 그 이명의 보유자가 저작자로 추정될 뿐 만 아니라 그 사망 시점을 객관적으로 확인하기 용이하기 때문이다.

나. 저작권법 제40조 제2항—사망시 기산주의

무명 또는 널리 알려지지 않은 이명저작물이더라도, 첫째 공표 후 70년의 기간 내에 저작자의 실명 또는 널리 알려진 이명이 밝혀진 경우, 둘째 공표 후 70년의 기간 내에 제53조 제1항에 의한 저작자의 실명등록이 있는 경우에는 제40조 제1항을 적용하지 않고 사망시 기산주의라는 제39조 제1항의 원칙으로 돌아간다. 다시 말해 무명 또는 널리 알려지지 않은 이명저작물이어서 공표 후 70년의 보호기간만이 적용되고, 또한 아직 그 보호기간이 만료되지 않고 존속 중인 동안에, 우연히 실명 또는 널리 알려진 이명이 밝혀지거나 실명등 록이 이루어져 저작자의 사망 시점을 객관적으로 확인할 수 있는 경우라면 사 망시 기산주의의 원칙이 적용된다는 의미이다.

2. 업무상 저작물의 보호기간

가. 저작권법 제41조—사망시 기산주의의 예외

저작권법 제41조는 업무상 저작물의 저작재산권은 공표한 때부터 70년간 존속한다고 규정한다. 이와 같이 사망시 기산주의의 예외를 인정하는 이유는 업무상 저작물에서는 자연인의 사망시에 해당하는 법인 등 단체의 해산·소멸 등을 기준으로 보호기간을 기산하는 것이 적절하지 못하기 때문이다.[318] 위 같은 조 단서는 업무상 저작물의 미공표로 인한 보호기간의 연장을 방지하기 위하여 창작한 때부터 50년 이내에 공표되지 않은 경우에는 창작한 때부터 70 년간 존속하는 것으로 규정한다.

---

318) 황적인·정순희·최현호, 앞의 책, 310면 참조.

나. 저작권법 제41조의 적용범위

(1) 구 저작권법 제38조와의 비교

구 저작권법(2006. 12. 28. 법률 제8101호로 전면 개정되기 전의 것) 제38조 본문은 "단체명의저작물의 저작재산권은 공표한 때부터 50년간 존속한다"고 규정하였다. 위 같은 조의 적용과 관련해서는 구 저작권법 제9조의 요건을 충족하였는지 여부와 관계없이 그 저작물의 공표명의가 단체명의이면 제38조가 적용되는 것인지(제1설),[319] 아니면 제9조의 요건을 갖춘 단체명의저작물의 경우에만 제38조가 적용되는 것인지(제2설)[320]로 나뉘었다.

요컨대, 제9조의 요건인 "① 법인·단체 그 밖의 사용자의 기획 하에 ② 법인 등의 업무에 종사하는 자가 ③ 업무상 작성하는 저작물로서 ④ 법인 등의 명의로 공표되는 것의 저작자는 ⑤ 계약 또는 근무규칙 등에 다른 정함이 없는 때에는 그 법인 등이 된다" 중에서 ④ 요건만을 갖추고 나머지 요건의 전부나 일부를 충족하지 못한 경우에도 제38조가 적용될 것인지의 문제이다. 이러한 구법 하의 학설 대립과 관련하여 私見으로는, 가령 법인 등 단체의 위탁을 받은 자유기고가가 작성한 저작물을 법인 등 단체의 명의로 공표하였더라도 제38조가 적용되는 것이 아니라, 단체명의를 실제 창작자인 자유기고가의 '널리 알려지지 않은 이명'으로 보아 구법 제37조 제1항(현행법 제40조 제1항)이 적용된다고 할 것이므로 제2설이 타당하다고 보았다.[321]

---

319) 허희성, 「2000 신저작권법 축조개설 상」, 저작권아카데미, 2000, 364면.

320) 황적인·정순희·최현호, 앞의 책, 311면.

321) 참고로 제1설은 일본 학설(加戸守行, 「著作權法逐條講義」六訂新版, 著作權情報センター, 2013, 406~407면)의 영향을 받은 것으로 추측되는데, 일본에서 이러한 해석이 가능하였던 것은 일본 법 제53조 제1항(우리 구법 제38조 및 현행법 제41조에 상응하는 것)과 같은 조 제2항(우리 법에는 상응하는 조항 없음)의 유기적 관련성 때문이라고 생각된다. 즉, 일본 법 제53조 제1항은 제15조(우리 법 제9조에 상응하는 것)의 적용 유무와는 관계없이 공표명의가 단체명의라면 그것만으로 제53조 제1항을 적용하고 위 같은 조 제2항은 실제 창작자인 개인의 보호를 도모하기 위하여 제1항의 기간 내에 당해 저작물의 저작자인 개인의 실명 또는 널리 알려진 이명을 저작자 명의로 표시하여 그 저작물을 공표한 경우에는 제1항을 적용하지 않는다고 규정하고 있기 때문이다. 그래서 일본 학설은 거의 대부분 제1설과 같이 해석하고 있다(가령, 田村善之, 「著作權法槪說」第2版, 有斐閣, 2001, 274면 참조). 그런데 우리 구법 제38조의 경우에는 일본 법 제53조 제2항과 같은 규정이 없으므로 제1설의 해석론은 무리이고 제2설과 같이 새기는 것이 타당하다고 본다. 또한 우리 구법 제9조의 적용이 없는 단체명의저작물의 단체명의라는 것은 異名의 한 態樣에 지나지 않는 것이므로 구법 제37조 제1항이 적용된다고 보면 족하다고 할 것이다.

(2) 저작권법 제9조의 요건을 갖추지 못한 업무상 저작물의 경우

저작권법 제2조 제31호의 업무상 저작물에 해당하기 위해서는, ① 법인·단체 그 밖의 사용자가 저작물의 작성에 관하여 기획할 것, ② 저작물이 법인 등의 업무에 종사하는 자에 의하여 작성될 것, ③ 업무상 작성하는 저작물일 것의 세 가지 요건을 갖추어야 한다. 그리고 제9조에 의거하여 법인·단체 그 밖의 사용자가 업무상 저작물의 저작자가 되기 위해서는 ④ 그 저작물이 법인 등의 명의로 공표되는 것일 것, ⑤ 계약 또는 근무규칙 등에 다른 정함이 없을 것의 요건을 충족해야 한다. 저작권법 제41조 본문은 '업무상 저작물의 저작재산권'의 보호기간에 관해서 규정하는 것이므로 업무상 저작물에 관한 위 ① 내지 ③ 요건을 모두 갖춘 경우에 한하여 제41조가 적용된다. 따라서 구 저작권법 제38조의 적용범위를 둘러싼 학설 대립은 현행법 제41조 하에서는 되풀이 될 가능성이 없다.[322]

그런데 제41조와 관련하여 대두되는 새로운 문제는 위 ④ 및 ⑤ 요건과 관련해서이다. 즉 위 ④와 ⑤ 양 요건을 갖추지 못함으로써 업무상 저작물의 저작자가 법인 등이 아니고 실제로 창작한 자연인이 되는 경우에도 제41조가 적용될 것인가이다. 우선 제41조의 법문을 충실하게 해석한다면, 업무상 저작물에 해당하는 한, 즉 위 ① 내지 ③ 요건을 충족하는 한, 설령 제9조가 요구하는 위 ④와 ⑤ 요건을 갖추지 못하였더라도 제41조가 적용된다고 할 것이다.[323]

(3) 저작권법 제9조의 요건을 갖춘 업무상 저작물의 저작자가 사용자로서 자연인인 경우

업무상 저작물이 제9조의 요건을 모두 갖춘 경우라도 그 공표명의가 법인 등 단체가 아니라 자연인인 사용자일 경우에는 그 보호기간과 관련하여 문제가 있을 수 있다. 즉 제41조에 의하여 공표시 기산주의를 취할 것인가, 아니면 자연인인 사용자의 사망시 기산주의를 취할 것인가 하는 점이다. 학설상 사망

---

322) 이에 반하여 구법 제38조는 '단체명의저작물의 저작재산권'의 보호기간에 관해 규정하였던 관계로 설령 위 ① 내지 ③ 요건을 갖추지는 못했더라도, 위 ④ 요건만 갖추면 단체명의에 해당하는 것이었기 때문에 전술한 제1설과 제2설의 학설 대립이 발생하였던 것이다.

323) 이와 같이 해석하는 것이 타당한 또 하나의 이유는, 위 ④ 요건과 관련하여 현행 저작권법 제9조는 종전의 "법인 등의 명의로 공표된"을 "…공표되는"으로 법문상의 표현을 변경하였는데, 그 변경 취지는 아직 법인 등의 명의로 공표하지 않은 상태에 있는 업무상 저작물이더라도 장차 법인 등의 명의로 공표를 예정하고 있다면 그 저작자를 법인 등으로 보는 것이 법적 안정성의 유지에 바람직할 것이라고 설명하고 있기 때문이다. 또한 위 ⑤ 요건은 나머지 요건들과는 달리 소극적 요건에 불과한 것이라는 점에서도 그러하다.

시 기산주의를 취해야 한다는 견해가 있을 수 있으나,[324] 私見으로는 공표시 기산주의를 취하는 것이 타당할 것으로 생각한다. 제9조는 '창작자원칙'의 예외규정으로서, 실제로 창작행위를 하지 않은 법인이나 법인격 없는 단체 또는 자연인인 사용자를 일정한 요건 아래에서 저작자로 의제하는 규정이므로, 저작자로 의제되는 자가 법인이든 자연인이든 이를 구별할 필요가 없다. 또한 제41조는 창작자원칙의 예외규정을 염두에 두고서 만들어진 보호기간의 원칙규정(제39조)에 대한 특례규정이므로, 이러한 특례규정은 제9조의 요건을 갖춘 저작물에는 일률적으로 적용될 필요가 있기 때문이다.

3. 영상저작물의 보호기간

가. 저작권법 제42조—사망시 기산주의의 예외

영상저작물은 다른 저작물과는 달리 종합예술로서 그 저작물의 창작에는 수많은 사람, 즉 원작자, 시나리오 작가, 감독, 배우, 음악·촬영기사, 필름현상자, 장치·의상담당자, 편집자 등이 관여하여 각각 예술적, 기술적 기여를 하고 있을 뿐 아니라 영상저작물의 제작에서는 그 전체를 기획하고 책임을 가진 자, 즉 영상제작자가 별도로 존재한다. 이와 같이 영상저작물의 제작에는 다양한 범주의 많은 사람들이 관여하기 때문에 과연 누가 영상저작물의 저작자인지를 결정하는 것은 어려운 문제가 된다. 저작권법은 제5장 '영상저작물에 관한 특례'(제99조 내지 제101조)를 규정하여 종합예술로서의 특성을 갖는 영상저작물에 관하여 배려하고 있지만, 영상저작물의 저작자의 결정에 관한 '특례'는 규정하고 있지 않다. 다만, 저작권법 제100조 제1항은 영상저작물의 제작에 협력할 것을 약정한 자가 저작자가 될 수 있음을 '간접적'으로 시사하고 있을 뿐이고 영상저작물의 저작자가 누구인가를 정하고 있지는 않다. 요컨대, 제100조 제1항은 영상제작자에게 저작재산권이 양도되는 것으로 추정된다는 조항일 뿐이다. 따라서 영상저작물에 관해서는 '창작자원칙'으로 돌아가 제2조 제2호에 따라 저작자를 결정하거나, 아니면 당해 영상저작물이 법인 등 단체 내부에서 업무상 창작되는 경우에는 제9조에 의해 법인 등 단체를 저작자로 의제하는 경우가 있을 것이다.

이와 같이 영상저작물의 저작자를 결정하는 문제의 복잡성 때문에 영상저작물의 보호기간에 대해서는 제39조의 사망시 기산주의의 원칙을 적용하는 것

---

324) 일본 학설 중에는 이 경우 사망시 기산주의를 취해야 한다는 견해가 있다. 松村信夫·三山峻司, 「知的財産關係法の解說」, 新日本法規, 1996, 637~638면.

은 적절하지 않으므로, 제42조는 그 저작권의 보호기간을 공표한 때로부터 70년으로 하거나 창작한 때로부터 50년 이내에 공표하지 않은 상태가 계속된다면 창작한 때부터 70년으로 한 것이다. 결국 영상저작물의 보호기간은, 전술한 업무상 저작물의 보호기간의 경우와 동일하게 된다.

나. "제39조와 제40조의 규정에 불구하고"의 의미

구체적인 창작 실태에 따라 영상저작물의 저작자는 저작권법 제2조 제2호에 따라 자연인이 될 수도 있고, 아니면 제9조에 의해 법인 등이 될 수도 있다. 또한 자연인 내지 법인 사이의 공동저작물이 될 수도 있다. 따라서 원래대로라면 실명의 자연인이 저작자인 경우에는 제39조를, 무명이거나 널리 알려지지 않은 이명인 경우에는 제40조를, 그리고 법인 등이 저작자인 경우에는 제41조를 각 적용하여 보호기간을 정하면 되겠지만, 저작권법 제42조는 "제39조와 제40조의 규정에 불구하고" 공표 후 70년 또는 창작 후 50년 이내에 미공표인 상태라면 창작 후 70년으로 한다고 규정한다. 즉 원래대로라면 제39조 또는 제40조에 해당하는 경우라도 위 조항들을 적용하지 않고 제42조의 규정에 따르겠다는 의미이다.

이와 같이 규정한 이유는 전술한 것처럼 영상저작물의 저작자를 결정하는 문제는 복잡할 뿐 아니라, 설령 영상저작물의 저작자가 결정되었더라도 영상저작물은 그 창작 이후에 제100조 제1항에 의해 저작재산권이 영상제작자에게 양도되는 것으로 추정된다. 또한 실제 영상제작계약이 체결되는 경우 영상제작자에게 그 저작재산권이 양도되는 것으로 규정되는 경우가 대부분이다. 이러한 점 때문에 수십 년이 경과한 후 어느 영상저작물의 보호기간을 산정하는 문제에 당면하는 경우 종합예술로서의 영상저작물의 특성상 그 저작자가 누구인가를 추적하여 보호기간을 산정하는 것은 복잡하고 곤란한 일이 된다. 이러한 영상저작물의 특성을 고려하여 제39조와 제40조를 적용하지 않고 보호기간에 관해서도 특례를 두어 제42조를 적용한 것이다.[325]

---

325) 위와 같이 영상저작물의 보호기간에 관하여 특례를 규정한다는 취지를 살린다면, 제42조의 법문에는 제41조도 적용하지 않는다는 내용을 포함할 수 있도록 "제39조 내지 제41조의 규정에도 불구하고"라고 규정하는 것이 보다 명확하다고 할 것이다. 다만, 제41조의 내용이 제42조와 동일하다는 점에서는 현행 규정대로 하더라도 무방하다 할 것이다.

4. 계속적 간행물 등의 공표시기

가. 의　　의

사망시 기산주의의 예외인 공표시 기산주의에 따라 보호기간을 산정하기 위해서는 그 기준이 되는 공표시를 확정하지 않으면 안 된다.[326] 특히 공표시를 확정함에 있어서 문제가 되는 것은 신문·잡지 등과 같이 계속적으로 간행되는 저작물이나 백과사전이나 연재소설과 같이 순차적으로 간행되는 저작물에 대하여 그 보호기간의 기산점이 되는 공표시기이다.[327] 계속적 간행물 등의 공표시기에 관해 규정한 제43조의 취지는, 이와 같이 책·호·회에 따라 계속적으로 공표되는 저작물과 처음부터 전체적인 계획 하에 일부분씩 순차적으로 공표하여 전체를 완성하는 저작물에서는 공표의 시기를 언제로 보느냐에 따라 보호기간이 각기 달라지는 것을 방지하기 위해서이다.[328]

나. 계속적 저작물의 공표시기

(1) 서

저작물의 분류는 계속성의 유무에 따라 일회적 저작물과 계속적 저작물로 나눌 수 있다. 일회적 저작물이란 단행본이나 회화·조각 등의 미술저작물처럼 1회의 발행이나 공표로써 종료되는 것을 말하고, 계속적 저작물이란 신문, 잡지 등과 같이 계속적 간행물을 말한다. 구별의 실익은 보호기간을 산정할 때에 발생한다.[329] 제43조는 계속적 저작물의 공표시기에 관해 규정한 것이며, 계속적 저작물은 다시 '책·호 또는 회 등으로 공표하는 저작물'(제43조 제1항 전단)과 '일부분씩 순차적으로 공표하여 완성하는 저작물'(제43조 제1항 후단), 즉 순차저작물로 나뉜다.[330]

---

326) 사망시 기산주의의 예외인 제40조 제1항, 제41조, 제42조가 각 공표시 기산주의에 해당하게 된다.

327) 허희성, 「2011 신저작권법 축조해설 상」, 명문프리컴, 2011, 301면.

328) 허희성, 위의 책, 301면 참조.

329) 半田正夫, 앞의 책, 85면.

330) 제43조 제1항 전단을 逐次著作物으로, 그 후단을 順次著作物로 구별하여 칭하는 견해가 있으나(가령, 오승종, 앞의 책, 944면; 이해완, 앞의 책, 878~879면) 이는 잘못이다. 즉, 후단의 저작물을 순차저작물이라 부르는 것은 법문상의 표현에 따른 것이므로 정당한 것이나, 전자의 저작물을 축차저작물이라 부르는 것은 잘못된 것이다. '축차'란 국어사전적으로 "차례를 따라감"을 의미하는 것으로서 '순차'와 전적으로 동일한 의미이다. 우리 저작권법 제43조 제1항 후단의 "일부분씩 순차적으로 공표하여 완성하는 저작물"에 대해서 일본 저작권법 제56조 제1항 후단은 "일부분씩 축차적으로 공표하여 완성하는 저작물"로 규정한 것도 그 때문이다. 그래서 우리 법 제43조 제1항 후단의 저작물을 '순차저작물'이라고 칭하는 것과 마찬가지로 일본법 제56조 제1항 후단의 저작물을 '축차저작물'이라고 부르고 있다(가령, 半田正夫, 앞의 책, 196면).

(2) 책·호 또는 회 등으로 공표하는 저작물

이것은 책·호 또는 회 등으로 공표하는 저작물로서 그 공표 시기는 每冊·每號 또는 每回 등의 공표시로 한다(제43조 제1항 전단). 일간·주간·월간·계간 등의 신문이나 잡지 등 간행물을 비롯하여 각종 연감·연보류 등과 같이 終期를 예정하지 않고 속간되는 저작물을 말한다.331) 제43조 제1항은 사망시 기산주의의 예외인 공표시 기산주의가 적용되는 경우로서 영상저작물을 명시하고 있지는 않지만 해석상 당연히 이것도 포함된다.332) 따라서 같은 제명 아래 매회의 줄거리가 독립된 TV 연속드라마(ex '대추나무 사랑 걸렸네') 등도 이에 해당한다.333)

그러므로 무명 또는 널리 알려지지 않은 異名저작물, 업무상 저작물, 영상저작물 등이 책·호 또는 회 등으로 공표되는 경우 그 보호기간은 매책·매호 또는 매회의 공표시로부터 기산하여 70년간 존속한다.334) 日本 最高裁는 뽀빠이 캐릭터 사건에서 "一話完結形式의 연재만화에서는 당해 등장인물이 묘사된 각 回의 만화 각각이 저작물에 해당"한다고 판시하였는 바,335) 이는 매회의 스토리가 독립하여 완결되는 연재만화의 경우 각각 완결된 스토리마다 각각 하나의 저작물이 성립한다는 것을 의미한다. 위 최고재 판결은 매회 스토리가 완결되는 연재만화에서 첫 회에 이어지는 후속의 연재만화는 그 선행하는 만화와 기본적인 발상, 설정 외에 주인공을 비롯한 주요 등장인물의 용모·성격 등의 특징을 같이 하며, 여기에 새로운 이야기를 덧붙임과 동시에 새로운 등장인물을 추가하여 작성하는 것이 통상적이고, 이러한 경우 후속 만화는 선행 만화저작물을 원저작물로 하는 2차적 저작물로 해석해야 한다고 판시하였다. 또한 2차적 저작물(후속 만화)에 등장하는 캐릭터가 원저작물(선행 만화)에 등장하는 캐릭터와 동일한 것이고 원저작물이 기간 만료로 저작권이 소멸되었다면, 비록 2차적 저작물의 저작권 보호기간이 만료하지 않았더라도 당해 캐릭터는 저작권에 의해 보호되지 않는다고 판시하였다.

(3) 일부분씩 순차적으로 공표하여 완성하는 저작물(순차저작물)

이것은 일부분씩 순차로 공표하여 최종회로써 완성하는 저작물을 말하며,

---

331) 하용득, 「저작권법」, 법령편찬보급회, 1988, 222면.
332) 하용득, 위의 책, 221면.
333) 오승종, 앞의 책, 944면; 이해완, 앞의 책, 878면.
334) 하용득, 앞의 책, 222면 참조.
335) 日 最高裁 1997(平成9)年 7月 17日 平成4(オ) 第1443号 判決.

최종부분의 공표시기를 공표시로 한다(제43조 제1항 후단). 일부분씩 순차적으
로 공표하여 완성하는 저작물에는 分冊으로 발행된 長篇의 저작물, 신문 등에
연재되는 소설, 일정한 권수로 완결되는 백과사전이나 記錄類 등이 여기에 속
하며,336) 스토리가 계속 연결되어 마지막 회로써 완결되는 TV 연속극 등도 이
에 해당한다.337) 그러므로 무명 또는 널리 알려지지 않은 異名저작물, 업무상
저작물, 영상저작물 등이 이러한 형식을 취하면서 일부분씩 순차적으로 공표
되는 경우에는 그 보호기간은 완결편에 해당하는 최종 부분의 公表時로부터
기산하여 70년이 된다. 일부분씩 순차적으로 공표되는 저작물은 완성된 최종
의 저작물과 비교한다면 그 일부분에 지나지 않는다. 따라서 그 전부가 공표
되어 완성될 때까지는 보호기간도 기산되지 않는다.338)

그러나 일부분씩 순차적으로 공표하여 완성하는 저작물의 계속되어야 할
부분이 최근의 공표시기로부터 3년이 지나도 공표되지 아니하는 경우에는 이
미 공표된 맨 뒤의 부분을 제43조 제1항 후단의 최종 부분으로 본다(제43조 제
2항). 가령, 10회째가 공표된 때로부터 3년이 지나도 11회째가 공표되지 않는
다면 그 10회까지 공표된 부분의 저작물에 대해서는 그 10회째 공표시점을 공
표시로 본다는 것이다. 따라서 미완성 부분에 대해서는 미완성인 상태에서 그
것의 공표시가 별도로 결정될 것이고 보호기간도 별도로 산정하게 된다.339)

Ⅳ. 보호기간의 기산

1. 의   의

저작권법은 "저작재산권의 보호기간을 계산하는 경우에는 저작자가 사망
하거나 저작물을 창작 또는 공표한 다음 해부터 기산한다"고 규정한다(제44
조). 저작재산권의 보호기간을 계산하는 기산점은 저작자의 사망시점, 저작물
의 공표시점 및 창작시점의 세 가지 경우가 있으므로 그 계산을 가장 엄밀하
게 하기 위해서는 저작자의 사망일, 저작물의 창작일 또는 공표일로부터 기산
하는 것이 정확할 것이지만, 그렇게 되면 저작자나 저작물마다 그 보호기간의
終期가 달라지고 계산이 번잡하게 된다. 사망의 경우에는 그 정도가 조금 덜

336) 하용득, 앞의 책, 222면.
337) 오승종, 앞의 책, 945면; 이해완, 앞의 책, 879면.
338) 하용득, 앞의 책, 222면.
339) 허희성, 앞의 책, 303면.

하다고 할 수 있으나 창작이나 공표의 경우에는 오랜 시간이 경과한 후에 정확한 창작일이나 공표일을 확인하는 것이 곤란하여 보호기간의 계산과 관련하여 혼란이 초래될 우려가 있다.340) 이에 저작권법은 보호기간의 계산을 간명하게 하기 위하여 사망, 공표, 창작한 해의 다음 해부터 기산하도록 한 것이다.

2. "다음 해부터 기산한다"의 의미

제44조의 "다음 해부터 기산한다"의 의미는 다음 해 1월 1일 오전 0시부터 계산을 시작하는 것을 말한다.341) 가령, 어느 유명한 소설가가 2023년 2월 25일 사망하였다면 그 소설가가 쓴 소설작품에 대한 저작재산권의 보호기간은 그 소설가가 생존하는 동안과 사망 후 70년간 존속하므로 그 보호기간은 2024년 1월 1일 오전 0시부터 기산한다.

제4절 저작재산권의 포기

원고의 저작재산권 침해의 소에 대하여 피고는 원고가 저작재산권을 포기하였다고 항변할 수 있다. 다만 원고가 저작재산권을 포기하였다고 주장하기 위하여서는 저작재산권자인 원고가 저작재산권을 포기한다는 의사를 대외적으로 표시하여야 하는데, 현실적으로 저작재산권의 포기가 이루어지는 경우는 거의 없다.342) 물론 저작재산권 역시 재산권인 이상 그 권리주체의 의사에 의하여 포기하는 것은 저작재산권에 대한 담보권자 등의 이익을 해하지 않는 한 금지할 이유는 없다고 할 것이다. 그러나 포기의 의사표시는 저작재산권을 포기한다는 '적극적 의사표시'이어야 하며, 단순히 저작권을 행사하지 않겠다는 취지의 소극적 의사표시만으로는 저작재산권의 포기가 있었다고 볼 수 없을 것이다.343)

---

340) 하용득, 앞의 책, 223면.
341) 민법 제157조 단서, 제159조 각 참조.
342) 권영준, 「저작권침해판단론」, 박영사, 2007, 43면.
343) 오승종, 「저작권법」 제5판, 박영사, 2020, 668~669면.

제5절 저작권의 남용

Ⅰ. 서   언

권리남용의 법리는 권리 자체는 하자가 없는 유효한 것이지만 그 권리의 행사에 남용이 있는 경우에 정당한 권리의 행사로서 인정하지 않는 것을 말한다. 저작권 관련 재판에서도 피고는 원고의 저작권 주장이 저작권의 남용에 해당한다고 항변할 수 있다. 저작권의 남용과 관련해서는 후술하는 것처럼 국내 하급심 재판례에서 인용되는 사례가 나타나고 있다. 학설상으로는 일반적인 관점이나 비교법적 방법론에 의한 논의가 주로 이루어진다.[344] 이하에서는 저작권 남용의 판단과 관련하여 민법 제2조 권리남용의 법리에 따른 경우와, 독점규제 및 공정거래에 관한 법률(이하, '독점규제법'이라 한다)의 위반행위에 해당하는 경우로 나누어 살펴본다.

Ⅱ. 민법상 권리남용의 법리

민법상 권리남용의 법리에 따라 저작권 남용을 검토할 때 문제가 되는 것은 저작권자의 가해의사라는 주관적 요건이다. 가해의사라는 요건을 이용자 쪽에서 입증하지 못하는 한 민법상 권리남용 법리는 적용되지 못하기 때문이다. 대법원 판결도 민법상 권리가 남용되었는지 여부를 판단함에 있어서 주관적 요건이 필요하다는 취지로 판시하였다.[345] 그런데 상표권의 행사가 권리남용에 해당한다고 판시한 대법원 판결에서는 주관적 요건이 필요하지 않다고 판시한 바 있다.[346] 그 후 이러한 대법원 판시 취지에 영향을 받아 저작권의 남용을 적극적으로 인정한 하급심 판결이 등장하였는데, 그것이 바로 음악저작권 신탁관리단체인 한국음악저작권협회가 방송사업자들을 상대로 음악저작물의 사용금지청구를 한 것에 대해 권리남용을 인정하여 원고의 청구를 기각한 사건이다.[347]

---

344) 가령, 오승종, 위의 책, 914~915면 이하; 권영준, 위의 책, 43~45면; 유대종·신재호·김형렬·김윤명, 「인터넷서비스와 저작권법」, 경인문화사, 2010, 413면 이하 등.

345) 대법원 2003. 11. 27. 선고 2003다40422 판결 등.

346) 대법원 2008. 7. 24. 선고 2006다40461, 40478 판결. 다만, 상표권의 행사를 둘러싼 해당 사건의 사실관계를 살펴보면 상표권자의 가해의사가 충분히 인정되는 사안에서 상표권의 남용을 인정한 것이어서 과연 주관적 요건을 필요로 하지 않는다는 대법원 판시를 그대로 받아들이는 데에는 의문이 있을 수도 있다고 생각한다.

347) 서울중앙지법 2013. 2. 5. 선고 2012가합508727 판결(원·피고들 간에 계약기간 만료 후 사용

Ⅲ. 독점규제법상 불공정거래행위 규제 · 시장지배적 지위의 남용금지의 법리

다음으로 독점규제법의 위반행위를 근거로 하여 저작권의 남용 여부를 판단하는 경우이다. 예컨대, 저작권자가 이용허락을 하면서 이용권자에게 저작권으로 보호되지 않는 비보호저작물을 끼워팔기를 하거나, 이용허락된 저작물을 이용권자가 복제 배포하려고 할 때에 배포 장소나 판매가격을 제한한다면 불공정거래행위에 해당하게 될 것이다. 이러한 경우에 시정조치, 과징금 부과, 형사벌 등의 제재를 저작권자가 받게 될 것이지만, 민법상 권리남용에는 해당하지 않는다고 보는 것이 일반적인 학설의 태도이다. 저작권자가 시장지배적 지위를 남용하는 경우에도 마찬가지이다. 그 이유는 독점규제법의 제재조항에 따라 해결하는 것으로 충분하다고 보기 때문이다. 그런데 하급심 재판례 중에는 시장지배적 지위의 남용을 이유로 저작권에 기한 온라인 동영상 강의금지 가처분신청에 대해 권리남용에 해당한다고 판단한 사건이 있다.[348] 사안은 교과서를 펴낸 출판사와 그 저작권자들이 교과서를 온라인 강의에 이용할 수 있도록 피신청인들에게 허락하였다가 계약이 만료되자 출판사 측이 직접 온라인 강의사업을 하기 위해 계약갱신을 거부하였는데, 피신청인들이 교과서 내용을 칠판에 옮겨 쓰는 방식으로 강의를 계속하자 저작권에 기해 인터넷 동영상 강의금지 가처분신청을 한 사건이었다.[349]

Ⅳ. 소　결

국내 민법학계 학설은 권리남용의 법리의 적용에 부정적인 태도를 보이는 경우가 대부분이다(이른바 권리남용의 '남용'론). 권리남용의 법리와 같은 일반적 조항이 대륙법계와 같은 성문법 체계에서는 법 적용 및 해석의 안정성을 파괴하거나 입법권을 침해하는 결과를 초래하기 때문이라는 것이 그에 관한 일반적인 설명이다.[350] 대법원은 특허권 및 상표권 관련 사건에서 권리남용을 긍

료의 산정방식 · 요율에 관한 입장 차이로 새로운 계약체결이 지연되었는데, 이에 원고가 방송사업자인 피고들을 상대로 음악저작물의 사용금지 등을 청구한 사안).

348) 서울중앙지법 2011. 9. 14.자 2011카합709 결정.

349) 서울고법 2012. 4. 4.자 2011라1456 결정은 제1심 결정을 그대로 인용하고 신청인들의 항고를 기각하였지만 그 이유는 독점규제법 위반이 아니라 보전의 필요성이 없다는 점을 들어 기각하였다.

350) 이영준, 「한국민법론(총칙편)」 수정판, 박영사, 2004, 57면 및 68~79면(특히 70면, 77면).

정하는 판결들을 선고한 바 있다.351) 전술한 것처럼 권리남용의 법리란 권리 자체에 하자가 없어도 권리의 행사에 남용이 있는 경우 그 권리행사를 인정하지 않는 것이다. 그런데 특허권 및 상표권에 관한 위 대법원 판결들은 권리 자체에 하자가 있는 경우에 권리남용의 법리를 적용하여 그 권리행사를 인정하지 않는 결론을 이끌어냈다는 점에서 본래의 권리남용과는 그 성격을 달리한다는 데에 유의할 필요가 있다.

---

351) 대법원 2012. 1. 19. 선고 2010다95390 전원합의체 판결; 대법원 2012. 10. 18. 선고 2010다 103000 전원합의체 판결.

8

권리침해 등

Copyright Law

제8장   권리침해 등

본장에서는 저작권 등의 '권리침해'(제1절)와 '권리침해간주'(제2절)에 대해서 설명한다. 이어서 권리침해나 권리침해간주와는 구별되는 독자적 성격의 보호방식으로 여섯 가지 유형의 금지행위를 규정한 '기술적 보호조치의 무력화 금지 등'(제3절)에 대해서 설명한다. 끝으로 권리침해에 대한 '온라인서비스제공자의 책임 제한'(제4절)에 대하여 살펴본다.

제 1 절   권리침해

I. 요   건

저작물, 실연·음반·방송 또는 데이터베이스(이하 '저작물 등'이라 한다)의 이용 양태는 적법하거나 위법한 이용행위로 크게 나눌 수 있다. 저작물 등의 위법한 이용행위는 저작재산권, 저작인격권, 배타적발행권, 출판권, 저작인접권, 실연자의 인격권 또는 데이터베이스제작자의 권리(이하 '저작권 등'이라 한다)에 대한 침해행위를 말한다. 적법한 이용행위는 대개 저작권 등의 권리자에게 대가를 지급하고 그로부터 저작물 등의 이용허락을 받거나 저작권 등을 이전 받는 등의 경제적 이용을 통해 이루어진다. 그 밖에 저작권 등의 예외와 제한규정이 적용되는 이용 태양도 적법한 이용행위에 해당한다.[1] 요컨대 적법한 이용행위란 저작물 등의 이용을 정당화하는 법률상의 원인에 근거한 행위를 말한다. 따라서 이러한 적법한 이용행위에 해당하지 않는 행위, 다시 말해 권

---

1) 예컨대, 저작재산권의 제한에 관한 제23조 내지 제37조의2가 적용되는 경우가 이에 해당한다.

원2) 없이 타인의 저작물 등을 이용하는 행위가 저작권 등의 권리침해행위이다. 그런데 구체적인 저작권 등 침해소송에서 권리자가 자신의 저작권 등이 침해되었다고 주장하면, 상대방은 저작권 등의 권리자로부터 이용허락을 받았다거나 저작권 등의 예외와 제한에 해당한다고 주장하는 경우가 대부분이다. 그러므로 저작권 등의 침해소송 사건을 체계적으로 이해하기 위해서는 저작권 등의 침해→ 저작권 등의 경제적 이용→ 저작권 등의 예외와 제한 순으로 관련 쟁점을 살펴볼 필요가 있다.

　　저작권 등 침해소송에서 침해금지나 손해배상 어느 것을 청구하든 모두 저작권 등의 권리침해를 주장·입증해야 한다는 공통점이 있다. 즉 권리자는 다음 각 요건에 대해 주장·입증책임을 진다. 첫째 권리자가 저작물 등에 대해 저작권 등을 가질 것, 둘째 침해자에 의한 이용행위가 존재할 것, 셋째 양자의 저작물 등이 실질적으로 유사할 것이다. 구체적으로 원고의 저작재산권을 피고가 침해한 사건을 예로 들어 설명하면, 원고는 권리침해의 성립요건으로 ① 원고가 해당 저작물에 대해 저작재산권을 보유(ownership of the copyright by the plaintiff)할 것, ② 피고가 원고의 저작물을 베끼는 등 이용행위(copying by the defendant)를 하였을 것,3) ③ 원고의 저작물과 피고의 저작물 간에 실질적 유사성(substantial similarity)이 있을 것, 이렇게 ① 내지 ③ 요건을 모두 갖추어야 한다.4) ① 요건은 저작물성과 권리귀속주체의 문제로 귀결된다. 따라서 원고는 해당 저작물에 저작물성이 인정될 뿐 아니라 그 권리를 原始(또는 승계)取得하였다는 점을 주장·입증하여야 한다. 즉 권리취득의 원인사실로서 원고는 ㉮ 사실행위로서 저작물의 창작행위(원시취득)자(=저작자), 또는 ㉯ 저작권자로부터 저작권의 후발적 취득(승계취득)자, 또는 ㉰ 저작권법 제9조에 의한 업무상 저작물의 저작(원시취득)자, 또는 ㉱ 저작권법 제100조 제1항에 의해

---

2) 權原(Rechtstitel)이란 법률적 행위 또는 사실적 행위를 하는 것을 정당화하는 법률상의 원인을 말한다. '권원'이란 용어 대신 '법률상의 권한'이란 표현을 사용하기도 한다.

3) 여기서 베끼기(copying)란 저작물을 유형물(material objects)로 복제하는 것(reproduce)뿐 아니라 원고의 저작물을 피고가 공연하는 경우와 같이 무형적으로 이용하는 행위를 포괄하는 일반적인 의미의 베끼기를 말한다. M.B. Nimmer & D. Nimmer, *Nimmer on Copyright*, Vol. 2, LexisNexis, 2007, §8.02, p.8-30.

4) 우리나라 판결에서는 ②③ 요건만을 설시하는 것이 일반적이지만 ①은 권리침해 성립의 당연한 전제 요건이므로 생략된 것이라고 이해해야 한다. ②③ 요건만을 설시한 것으로는, 대법원 2000. 10. 24. 선고 99다10813 판결('까레이스키' 사건)과 그 원심인 서울고법 1999. 1. 20. 선고 96나45391 판결; 서울고법 1995. 10. 19. 선고 95나18736 판결('하얀나라 까만나라' 사건)과 그 제1심인 서울지법 1995. 4. 14. 선고 93가합52070 판결; 서울중앙지법 2007. 7. 13. 선고 2006나16757 판결(확정)('바람의 나라' 및 '태왕사신기' 사건) 등.

"영상저작물의 이용을 위하여 필요한 권리"를 양수(승계취득)한 것으로 추정되는 영상제작자 중 어느 하나를 주장·입증하여야 한다. 권리침해의 요건 중 특히 중요한 것은 주관적 요건인 ② '베끼기 등의 이용행위'와 객관적 요건인 ③ '실질적 유사성'이다. 우리나라 판결에서는 ② '베끼기 등의 이용행위' 요건을 기존의 저작물에 "의거하여 그것을 이용하여 저작"되어야 한다는 식으로 표현하는 경우가 일반적이다.5) 학설은 주관적 요건으로서의 '의거'나 '의거성' 또는 '의거관계'라는 용어를 사용하는 경우가 대부분이다.6)7) 의거(이용)라는 것은 피고가 원고의 저작물을 보거나 접하여 그것을 이용하였을 것이라는 의미이다. ③ 실질적 유사성이란 원고의 저작물과 피고의 저작물 간에 동일성(예컨대, 복제권 침해) 또는 종속성(예컨대, 2차적 저작물 작성권 침해8))이 인정되는 경우를 포괄하는 개념이다.9) 아울러 ② '베끼기 등의 이용행위', 즉 '의거(이용)성'과 ③ '실질적 유사성'이라는 두 요건은 저작자의 모든 권리에 공통되는 침해요건이다.10) 저작자의 支分權이 기능하는 이용양태가 어떤 유형이든, 즉 저작

---

5) 대법원 2000. 10. 24. 선고 99다10813 판결; 대법원 2007. 3. 29. 선고 2005다44138 판결 등; 하급심 판결로는 서울고법 1995. 10. 19. 선고 95나18736 판결과 그 제1심인 서울지법 1995. 4. 14. 선고 93가합52070 판결; 서울중앙지법 2007. 7. 13. 선고 2006나16757 판결 등. 참고로 저작권침해의 성립요건으로 '의거'라는 용어가 처음 등장한 것은 日本 最高裁判所 1978(昭和53)년 9월 7일 판결(소위 '원 레이니 나이트 인 도쿄' 사건)이다.

6) 권영준, 「저작권침해판단론」, 박영사, 2007, 28면은 '의거관계', 박익환, "저작권침해소송에서의 기본공격방어방법", 「21세기 한국민사법학의 과제와 전망」심당 송상현선생 화갑기념논문집, 박영사, 2002, 882면은 '의거성', 오승종, 「저작권법」 제5판, 박영사, 2020, 1249면은 '의거', 이해완, 「저작권법」 제4판, 박영사, 2019, 1132면은 '의거관계'라고 각 표현한다.

7) 엄밀하게 말하면, '의거'나 '의거성'이란 표현보다는 '의거·이용(성)'이나 '의거·이용관계'라는 표현이 더 적절할 것이다. 그런데 전술한 것처럼 학설은 이용 또는 작성행위가 의거를 전제로 하여 이루어진다는 점 때문인지 의거(성) 또는 의거관계라고만 표현한다. 하지만 의거를 전제로 행해지는 이용 또는 작성행위라는 측면도 무시되어서는 안 된다고 생각되므로 이하 본문 중에서는 '의거(이용)'나 '의거(이용)성'이라는 표현을 병용한다.

8) 대법원 판결에 따르면 "2차적 저작물로 보호를 받기 위하여는 원저작물을 기초로 하되 원저작물과 실질적 유사성을 유지하고 이것에 사회통념상 새로운 저작물이 될 수 있을 정도의 수정·증감을 가하여 새로운 창작성이 부가되어야 하는 것"(대법원 2010. 2. 11. 선고 2007다63409 판결; 같은 취지 대법원 2002. 1. 25. 선고 99도863 판결 등)이다. 따라서 2차적 저작물의 성립요건 중 하나인 '종속성'이란 '실질적 유사성'을 의미하는 것이 된다.

9) 이해완, "저작권의 침해와 그 구제", 「지적소유권에 관한 제문제(하)」재판자료 제57집, 법원행정처, 1992, 422면.

10) 의거(이용)성의 핵심 요소인 베끼기(copying)에 대해 타인의 저작물을 유형·무형적으로 이용하는 것을 포괄하는 의미라고 이해한다면(*Nimmer on Copyright*, Vol. 2, §8.02, p.8-30), 이러한 해석은 당연한 것이다. 이와 달리 의거(이용)를 유형적 재제에 근거하는 좁은 의미라고 이해하면 의거(이용)성이란 복제권이나 2차적 저작물 작성권 침해의 경우에만 거론되는 요건이 되고 만다. 의거(이용)를 좁은 의미로 이해하는 견해로는, 中山信弘, 「著作權法」第2版, 有斐閣, 2014, 585~586면.

물의 작성행위(복제권·2차적 저작물 작성권) 또는 그 제공·제시행위(배포권·대
여권·공연권·공중송신권·전시권) 중 어디에 속하든 모두 저작물의 이용행위를
전제로 한다. 그러므로 위 두 요건을 갖추지 않으면 그 저작물의 이용행위가
이루어진 것이 아니기 때문에 저작자의 권리침해가 성립하지 않는다.[11]

한편, 주관적 요건인 ② '베끼기 등의 이용행위'와 관련하여 피고는 ⓐ 원
고로부터 그 저작물의 이용허락을 받았다거나 ⓑ 저작재산권의 예외와 제한에
해당한다고 抗辯을 하는 경우가 많다. 피고는 이러한 항변에 대해 주장·입증
책임을 진다. 그런데 실제 저작권침해소송에서 피고는 항변 뿐 아니라 否認을
하는 경우도 많다.[12] 즉 ① 요건과 관련하여 피고는 ㉠ 원고가 주장하는 피침
해 대상이 저작물이 아니라거나,[13] ㉡ 원고가 저작재산권을 가지고 있지 않다
는 등의 주장을 하게 되는데,[14] 이러한 경우가 부인에 속한다. 부인과 관련된
쟁점은 제2장에서 살펴본 '저작물의 성립요건과 보호범위'(제2절), '저작물의 종
류의 예시'(제3절) 및 제3장의 '저작자'에 관한 문제이다.

---

11) 저작인격권 침해의 경우도 마찬가지이다.

12) 항변이란 상대방의 주장이 진실임을 전제로 이와 양립 가능한 별개사실(ja, aber), 즉 권리발생
의 장애사유, 권리행사를 저지하는 사유, 권리의 소멸사유를 주장함으로써 상대방의 주장을 배
척하려는 공격방어방법을 말한다. 이에 비해 부인이란 상대방의 주장이 진실이 아니라고 단순히
부정하거나(nein) 상대방의 주장과 이론적으로 양립 불가능한 사실을 주장하는 것을 말한다. 따
라서 자기에게 입증책임이 있는 사실의 주장은 항변이고, 그렇지 않은 사실의 주장은 부인이다.
항변과 부인의 구별 및 그 의미에 대해서는, 한충수, 「민사소송법의 이론과 실무」, 홍문사, 2006,
264면. 이에 관한 상세는, 오석락, 「입증책임론」신판, 박영사, 1996, 58~68면.

13) 물론 구체적 사건에 따라서는 피고가 저작물성을 다투지 않는 경우도 발생할 수 있다. 이러한
경우 저작물성에 관한 당사자 진술의 법적 성격이 문제가 될 수 있는데, 이 문제와 관련하여 "저
작물성이 어느 범위에서 인정되는가는 저작물의 종류, 내용, 표현방법 등을 고려하여 개개의 저
작물마다 사회통념에 따르면서 규정되어야 하는 사실인정사항"이라고 보는 견해(清永利亮, "著
作權侵害訴訟", 「新·實務民事訴訟講座(5)」, 日本評論社, 1983, 449면)가 있는가 하면, "저작
권법에서 규정하는 저작물에 해당하는가 아닌가는 법적 평가로서 (일본)저작권법 제2조 1항 1호
(우리 저작권법 제2조 제1호)에 규정하는 요건의 유무에 따라 법원이 판단해야 하는 사항"이라
고 보는 견해(高部眞規子, "著作權侵害訴訟の要件事實", 「民事辯護と裁判實務(8)—知的財産
權」, ぎょうせい, 1998, 543면)도 있다. 생각건대, 저작물성이란 일정한 사실이 저작물의 성립요
건에 관한 법률 규정에 해당하는지 여부를 판단하는 것이므로 자백의 대상이 되지 않는다고 보
는 후자의 견해 쪽이 타당하다.

14) 마찬가지로 원고가 저작재산권자임을 피고가 다투지 않는 경우도 발생할 수 있는데, 원고가 해
당 저작물의 저작재산권자라는 주장은 사실에 관한 주장이 아니라 법률효과의 存否에 관한 주
장이므로 피고가 이를 인정하면 권리자백이 성립한다(大橋正春, "著作物性の主張立證", 「現代
社會と著作權法」齊藤博先生御退職記念論集, 弘文堂, 2008, 182~183면).

II. 의거(이용)성

1. 의거(이용)의 의미

의거(이용)라는 것은 피고가 원고의 저작물을 보거나 접하여 그것을 이용하였을 것이라는 의미이다. 다시 말해 의거(이용)의 의미는 타인의 저작물을 보거나 접하여 그것을 토대로 저작물을 작성하거나 제공·제시하는 등 이용하는 것을 말한다.15) 요컨대 의거(이용)는 타인의 저작물을 베꼈다는 행위자의 주관, 즉 타인의 저작물의 표현내용을 인식하고 그것을 이용한다는 심리상태에 관계되는 요건이다. 유의할 것은 의거(이용)성이라는 주관적 요건은 저작권 침해소송에서만 요구되는 것이고 특허권 침해소송에서는 그 권리침해요건이 아니라는 점이다. 이는 저작권법과 특허법이 그 보호목적과 대상 그리고 방법을 달리한다는 데에서 연유한다. 즉, 특허법은 기술의 진보를 목적으로 일정한 요건을 갖춘 기술적 '사상' 그 자체를 보호대상으로 한다. 이와 달리 저작권법은 문화의 향상·발전을 목적으로 사상 그 자체가 아니라 그것을 구체적으로 '표현한 것'만을 보호대상으로 한다. 보호방법에서도 특허권은 특허출원을 하고 심사와 등록절차를 거쳐야 원칙적으로 보호되며 동일한 발명에 대해 두 사람 이상이 특허출원을 한 경우에는 가장 먼저 출원한 사람만이 보호된다(先願主義). 이에 반하여 저작권은 창작과 동시에 발생하며 어떠한 절차나 형식의 이행을 필요로 하지 않는다(無方式主義). 그 결과 특허권 침해소송에서는 독자적 발명자라도 특허법 제103조의 선사용권의 요건을 충족하지 못하는 한 특허권 침해책임을 면하지 못한다. 요컨대 특허권에서 의거(이용)성은 권리침해요건이 아니다(절대적 독점권). 이와 달리 다양성을 전제로 하는 문화의 영역에서는 타인의 저작물을 베낀 것이 아니고 독자적으로 창작된 것이라면 설령 실질적으로 동일한 저작물이더라도 저작권 침해가 성립하지 않는다(상대적 독점권).16)

의거(이용)성 요건은, 예컨대 피고가 복사기 등으로 원고의 저작물을 기계

---

15) 판례는 의거의 의미를 구체적으로 서술하지 않고 기존의 저작물에 "의거하여 그것을 이용하여 저작"되어야 한다거나(대법원 2000. 10. 24. 선고 99다10813 판결), "기존의 저작물에 의거하여 작성되었다는 점"이 인정되어야 한다고(대법원 2007. 3. 29. 선고 2005다44138 판결; 同 2007. 12. 13. 선고 2005다35707 판결) 설시하고 있을 뿐이다. 이에 비해 문헌에서는 의거란 "피고가 원고의 저작물의 존재를 인식하고 이에 근거하여 자신의 작품을 만들었다"(권영준, 「저작권침해판단론」, 박영사, 2007, 26면)는 것을 의미한다고 구체적으로 설명하고 있다.

16) 이에 관한 설명은, 石光俊郎, "著作權法における依據について", 「知的財産權の現代的課題」本間崇先生還曆記念, 信山社, 1995, 297~298면; 澁谷達紀, "偶然の暗合", 「著作權判例百選」, 第3版, 有斐閣, 2001, 7면; 田村善之, 「知的財産法」第5版, 有斐閣, 2010, 439면 각 참조.

적으로 베꼈거나, 피고의 저작물을 만들거나 공연할 당시 원고의 저작물을 이용하였다는 증거를 제시함으로써 입증한다. 이와 같이 의거(이용)란 타인의 저작물을 베끼는 등의 이용행위를 의미하므로 복제하거나 배포, 공연하는 등 일체의 행위를 총칭하는 개념이다.17) 이러한 베끼기 등의 이용행위는 행위자가 타인의 저작물임을 인식하고 이루어지는 주관적 요건이지만 이는 불법행위성 립요건으로서의 고의·과실의 문제와는 성질을 달리한다.18) 즉 권리침해는 저작권법에 의해 보호되는 절대적 권리에 대한 객관적으로 위법한 침해(objektiv rechtswidriger Eingriff)를 의미하므로 권리침해의 요건 중의 하나인 베끼기 등의 이용행위에 고의나 과실을 요하지 않는다.19)20) 그렇기 때문에 행위자가 타인의 저작물임을 인식하고 베낀 사실이 객관적으로 존재하지만, 행위자 스스로는 이를 의식하지 못하고 오히려 그 피조물을 자기 자신의 창작물이라고 착각하는 '무의식적 인식'(unbewußte Kenntnis)의 경우에도 의거(이용)관계는 성립한다.21) 행위자가 타인의 저작물임을 알지 못하면서 이것을 출판하거나, 복제, 배포, 이용 또는 인용할 수는 없는 일이므로 타인의 저작물의 존재에 관한 인식은 당연한 권리침해요건이다.22) 그러므로 설령 타인의 저작물을 베낀다는 명확한 인식 없이 무의적으로 베꼈더라도 저작권 침해가 인정된다. 이러한 잠재의식적 베끼기(subconscious copying)는 저작물의 구성요소가 멜로디, 리듬, 하모니 등으로 이루어지는 음악저작물 사건에서 흔히 발생한다.23)24) 물론 이

---

17) 이성호, "저작권침해 여부의 판단기준과 각종 저작물의 유형별 특성에 따른 실제적 적용", 「법실천의 제문제」동천 김인섭변호사 화갑기념논문집, 박영사, 1996, 713면 참조.

18) 中川善之助·兼子一 監修, 田倉整 編集, 「特許·商標·著作權」實務法律大系第10卷, 靑林書院新社, 1972, 490면(松井正道 집필); 박원순·방희선, 「저작권법」 증보판, 법경출판사, 1986, 151면.

19) 그래서 예링(Jhering)의 설명에 따르면, 객관적 違法性(Rechtswidrigkeit)이 인정되는 경우에는 방해제거청구(ex 금지청구)처럼 객관적으로 불법한 사실적 상태를 제거하는 것으로 끝나는 데 반하여, 주관적 有責性(Verschulden)이 인정되는 경우에는 손해배상의무가 생긴다고 한다(최흥섭, "불법행위의 성립요건—과실과 위법성을 중심으로", 「한국민법이론의 발전(II)」, 박영사, 1999, 966~967면).

20) 다시 말해 가해자의 행위에 위법성만 있으면 권리침해는 성립한다. 권리침해로 인한 침해금지청구권(제123조)과 손해배상청구권(제125조)은 그 요건에 있어서 차이가 있다. 금지청구권은 권리침해행위에 위법성만 있으면 가해자의 귀책사유(고의·과실) 유무에 관계없이 피해자는 침해금지청구를 할 수 있다. 이에 비해 손해배상청구권은 위법성 외에 가해자의 귀책사유를 요한다.

21) Philipp Möhring/Käte Nicolini, *Urheberrechtsgesetz*, Verlag Franz Vahlen, 1970, S.191.

22) Möhring/Nicolini, *a.a.O.*, S.577.

23) 이성호, 앞의 논문, 714면.

24) Abkco Music, Inc. v. Harrisongs Music, Ltd., 722 F. 2d 988 (2d Cir. 1983). 이 사건에서 미연방법원은 비틀즈 전 멤버인 피고(George Harrison)가 "My Sweet Lord"를 작곡하면서 6년 전 미국 빌보드 차트에서 5주간 1위를 차지하였고 영국에서는 7주간 'Top Thirty Hits' 중의 하나이

러한 잠재의식적 베끼기는 기존 저작물에 접한 적이 있었음에도 부주의로 무심코 이루어지는 경우가 대부분이다. 따라서 기존 저작물에 접한 적이 없었던가를 확인하지 않은 점에 과실이 인정된다면 의거(이용)와 관련하여 과실에 의한 권리침해가 성립한다.[25]

　한편 "기존의 저작물에 접할 기회가 없고, 따라서 그 존재, 내용을 알지 못한 자는 이것을 몰랐다는 것에 대한 과실의 유무에 관계없이" 의거(이용)관계가 성립하지 않으므로 권리침해는 인정되지 않는다.[26] 고의·과실을 왈가왈부할 수 있는 것은 타인이 작성한 기존 저작물에 접하여 그 존재, 내용을 알고 있었다는 것이 전제가 된다. 따라서 타인의 저작물의 존재, 내용을 알면서도 일부러 베꼈다든가(고의), 전술한 것처럼 부주의로 무심코 베끼기가 이루어졌다면(과실) 권리침해가 인정되겠지만, 타인의 저작물에 접할 기회가 없어서 그 존재, 내용을 알지 못하였다면 과실 여부를 물을 수 없다는 의미이다.[27]

　의거(이용)의 대상은 표현이다. 따라서 저작권법에 의하여 보호받는 표현뿐만 아니라 저작권법에 의하여 보호받지 못하는 표현도 의거(이용)의 대상이 된다. 다만, 타인의 아이디어에 접하여 이를 기초로 스스로 구체적인 표현을

　　있던 원고의 히트곡 "He's So Fine"을 잠재의식적으로 베꼈다고 판결하였다. Three Boys Music
　　Corp. v. Bolton, 212 F. 3d 477, 484 (9th Cir. 2000) 사건은 25년 후의 잠재의식적 베끼기가 문
　　제된 사안으로 원·피고의 곡명은 모두 "Love is a Wonderful Thing"이었는데 법원은 이 사건에
　　서도 잠재의식적 베끼기를 인정하였다. M.B. Nimmer & D. Nimmer, *Nimmer on Copyright*,
　　Vol. 4, LexisNexis, 2007, §13.02[A], pp.13-22~13-23.

25) 의거(이용)의 요건과는 별개로 과실에 의한 권리침해가 인정되는 경우로는, 가령 저작권법으로
　　보호되는 저작물임에도 과실로 알지 못하고 베꼈거나 보호기간이 만료된 것으로 잘못 알고 타인
　　의 저작물을 베낀 경우 등을 들 수 있다(市川正巳, "依據性", 「著作權判例百選」第4版, 有斐閣,
　　2009, 87면; 澁谷達紀, 앞의 논문, 7면). 이와 같이 권리침해에 과실이 인정되는 경우에는 손해
　　배상책임까지 성립한다.

26) 日本 最高裁判所 1978(昭和53)년 9월 7일 판결(소위 '원 레이니 나이트 인 도쿄' 사건).

27) 著作權判例研究會, 「最新 著作權關係判例集 II-1」, 株式會社 ぎょうせい, 1980, 761~762면.
　　국내 문헌 중에는 일본 最高裁 판결을 인용한 다음 "피고가 원고의 저작물의 존재를 인식하지
　　못하였다면 그것이 과실에 의한 것이더라도 의거성은 인정되지 않는다"고 설명하는 경우가 있
　　다. 그러나 엄밀히 말해 이는 위 판결에 대한 정확한 설명이라고 보기 어렵다. 위 最高裁 판결은
　　기존의 저작물에 접할 기회가 없었으므로 그 존재, 내용을 알지 못한 것에 과실이 있을 수 없다
　　는 지극히 당연한 내용의 판시에 불과하기 때문이다. 문제는 기존 저작물에 접할 기회가 있었지
　　만 실제로는 기존 저작물을 알지 못했던 경우에 제기된다. 접근 가능성이 있었는데 알지 못한
　　것에 과실이 있다면, 그러한 경우 권리침해를 긍정하는 해석도 성립할 수 없는 것은 아니기 때
　　문이다. 하지만 그러한 해석론을 취하는 것은 문화의 다양성을 강조하는 저작권법의 보호목적과
　　무방식주의를 전제로 하는 보호방법 등에 비추어 타당한 해석이라 할 수 없다. 설령 접근 가능
　　성이 있었더라도 기존 저작물의 존재, 내용을 알지 못한 것에 대해서는 과실 유무를 묻지 않고
　　의거관계를 부정하는 것이 타당할 것이다(澁谷達紀, 앞의 논문, 7면 참조).

작성한 경우 아이디어 단계에서는 저작물이라 할 수 없으므로 타인의 저작물에 의거(이용)한 것이라고 할 수 없다.28) 그러면 타인의 저작물의 복제물이나 그 2차적 저작물을 보거나 접하여 이를 이용한 경우(소위 '간접의거')에도 의거(이용)성이 인정되는가?29) 저작물의 복제물은 구체적 표현에서 그 동일성이 유지되므로 복제물에 접하여 이것을 기초로 저작물을 작성하거나 제공·제시하는 행위를 한 경우 저작물에 대한 의거(이용)관계를 인정하는데 아무런 지장이 없다. 문제는 행위자가 2차적 저작물을 보거나 접하여 이를 이용한 경우 그 원저작물에 대한 의거(이용)관계가 성립하는가 하는 점이다. 2차적 저작물이란 원저작물을 기초로 하되 원저작물과 실질적 유사성을 유지하면서 새로운 창작성이 부가된 것을 말하므로,30) 2차적 저작물에만 의거(이용)한 경우라도 2차적 저작물에 원저작물의 표현이 나타나 있는 이상 원저작물에 대한 의거(이용)성을 인정하는 데 문제는 없다.31)32)

---

28) 같은 취지, 中山信弘, 앞의 책, 464면. 일본 문헌들 가운데에는 의거(이용)의 대상은 "창작적 표현에 한정된다"고 설명하는 것이 있다(가령, 岡村久道, 「著作權法」, 有斐閣, 2010, 160면; 三山峻司·松村信夫, 「實務解說 知的財産權訴訟」, 法律文化社, 2003, 475면). 그러나 이는 사실상의 베끼기(factual copying)를 판단하는 의거(이용)성 문제와, 규범적으로 위법한 베끼기(actionable copying)를 판단하는 실질적 유사성 문제를 혼동한 것으로서 잘못된 것이다. "factual copying"과 "actionable copying"의 구별에 관해서는, M.B. Nimmer & D. Nimmer, *Nimmer on Copyright*, Vol. 4, LexisNexis, 2007, §13.01[B], pp.13–9~13–10.

29) 이에 관해서는, 田村善之, 「著作權法槪說」第2版, 有斐閣, 2001, 56~57면 참조.

30) 대법원 2010. 2. 11. 선고 2007다63409 판결; 같은 취지 대법원 2002. 1. 25. 선고 99도863 판결 등.

31) 대법원 2014. 9. 25. 선고 2014다37491 판결 참조.

32) 그러므로, 예컨대 행위자(ex 방송사업자)가 원저작물(ex 소설)의 존재를 알지 못하였더라도 그 2차적 저작물(ex 방송대본)에 재현되어 있는 원저작물의 표현에 접하고 있음에 변함은 없으므로 원저작물에 대한 의거(이용)의 요건은 긍정되어야 한다. 만일 실질적 유사성 요건도 인정된다면 권리침해가 성립할 것이다. 저작권침해소송에서 침해금지청구(제123조)나 손해배상청구(제125조)는 모두 권리침해의 성립을 전제로 한다는 공통점이 있다. 침해금지청구와 달리 손해배상청구는 고의·과실을 요건으로 한다는 점이 다를 뿐이다. 이러한 관점에서 대법원 1996. 6. 11. 선고 95다49639 판결('하얀나라 까만나라' 사건)은 저작권침해판단에 관한 법리구성이 명료하지 않다는 문제점이 있다. 이 사건에서 대법원은 "연속극 대본 집필자가 타인의 저작권을 침해하여 극본을 작성하였더라도 방송국 및 프로그램제작사가 과실 없이 이를 알지 못한 경우 손해배상책임이 없다"고 한 원심판결(서울고법 1995. 10. 19. 선고 95나18736 판결)을 수긍하는 데 그쳤다. 생각건대, 이 사건에서는 소위 '간접의거'가 성립하고 실질적 유사성이 인정되므로 권리침해의 성립이 긍정된다고 판단한 다음 손해배상책임의 成否에 관하여 과실의 유무를 판단하는 순서로 법리구성을 하는 것(가령, 대법원 2014. 9. 25. 선고 2014다37491 판결 참조)이 옳았을 것이다. 아울러 방송프로그램의 제작 등을 업으로 하는 방송사업자는 자신이 제작하여 방송하는 TV드라마가 타인의 저작권을 침해하지 않도록 최선의 주의를 기울일 의무가 있는 것이 당연하다는 점에 비추어 볼 때, 너무 쉽게 방송사업자의 손해배상책임을 부정하였다는 점에서도 선뜻 수긍하기 어려운 판결이다(같은 취지, 최순용, "방송작가의 저작권침해와 방송사 등의 책임", 「계간 저작권」, 1999 여름호, 48~49면 참조).

일본 하급심 판결 중에는 공동으로 제작한 텔레비전 드라마의 2차적 저작물 작성권 침해가 문제된 사건에서, 공동제작자 전원에게 원저작물에 대한 의거관계가 인정되어야 하는 것은 아니고 공동제작자 중 1인에게 원저작물에 의거한 사실이 인정된다면, 공동제작자 1인의 이러한 의거사실을 알고 있던—그러나 원저작물에 접한 적이 없던—다른 공동제작자에게도 의거관계가 성립된다고 판시한 것이 있다.[33]

2. 의거(이용)의 입증

타인의 저작물을 보거나 접하여 그것을 베끼는 등 이용하였다는 것을 의미하는 의거(이용)성은 행위자의 주관과 관련되는 요건이다. 더구나 그러한 베끼기 등의 이용행위는 개인 사무실이나 가정과 같은 사적 공간에서 이루어지는 경우가 대부분이다. 그렇기 때문에 저작권침해소송에서 원고는 피고가 자신의 저작물을 베끼는 등 이용하였다는 의거(이용)사실을 직접증거(가령, 현장을 목격한 증인)를 제시하여 증명하는 것은 어려운 일이다. 오히려 주요사실인 의거(이용)사실을 추인하게 하는 간접사실을 증거를 제시하여 증명하고 이를 통해 의거(이용)사실이 추인되는 경우가 대부분이다. 이때의 간접사실이란 피고가 원고의 저작물에 '접근'(access)하였다는 사실,[34] 원·피고의 양 저작물이 동일하거나 유사하다는 사실이다. 따라서 의거관계는 기존의 저작물에 대한 접근가능성, 대상 저작물과 기존의 저작물 사이의 유사성이 인정되면 추정할 수 있고, 특히 대상 저작물과 기존의 저작물이 독립적으로 작성되어 같은 결과에 이르렀을 가능성을 배제할 수 있을 정도의 현저한 유사성이 인정되는 경우에는 그러한 사정만으로도 의거관계를 추정할 수 있다.[35] 의거(이용)사실을

---

33) 日本 東京高裁 1996(平成8)년 4월 16일 판결. 이 판결의 論旨에 따르면 만일 공동제작자 중 1인의 의거(이용)사실을 다른 공동제작자가 몰랐던 경우 다른 공동제작자의 의거(이용)관계는 부정되고 만다. 하지만 소위 '간접의거'를 긍정한다면 설령 공동제작자 중 1인의 의거(이용)사실을 다른 공동제작자가 몰랐더라도 공동제작자 전원에게 원저작물에 대한 의거(이용)관계를 인정하는 데 문제가 없다(田村善之, 앞의 책, 56~57면 참조).

34) 의거(이용)사실과 접근사실을 같은 의미로 이해하여 사용하는 경우가 있으나, 접근은 본문에서 언급한 것처럼 의거(이용)를 추정하게 하는 구성요소에 불과한 것이기 때문에 양자는 구별하는 것이 옳을 것이다. 즉 의거(이용)라는 것은 접근을 포함하는 개념으로서 타인의 저작물을 보거나 접하여 그것을 베끼는 등으로 이용하였다는 것을 의미하는 것이다. 같은 취지, 이해완, 「저작권법」, 박영사, 2007, 664면 각주2) 참조.

35) 대법원 2014. 7. 24. 선고 2013다8984 판결('드라마 선덕여왕' 사건). 따라서 의거관계를 추정하게 하는 현저한 유사성이란 그 유사성의 정도가 우연의 일치나 공통의 소재 등으로는 도저히 설명되기 어렵고 오직 피고 저작물이 원고 저작물에 의거한 것에 의해서만 설명될 수 있는 정도에 이른 것을 의미한다.

추인하게 하는 간접사실로서의 접근(access) 사실이란, 예컨대 피고가 원고의 저작물을 구입하여 가지고 있다거나 그 저작물을 읽거나 보았다는 사실을 말한다. 또한 간접사실로서 양 저작물이 동일하거나 유사하다는 사실이란, 예컨대 이야기 전개과정에 있어서 동일·유사성이 존재하거나, 나아가 설령 아이디어의 범주에 속하는 표현이어서 저작권의 보호범위 밖에 있는 것이더라도 동일한 공통점이 존재하는 경우를 말한다.36) 유의할 점은 이러한 간접사실로서의 동일·유사성과 실질적 유사성 요건을 혼동하지 않는 것이다.37) 대법원 판결은 양자 모두를 용어상으로는 실질적 유사성이라 표현하는 경우도 있지만38) 개념적으로는 양자를 다음과 같이 구별하여 설시하고 있다.39)

"대상 저작물이 기존의 저작물에 의거하여 작성되었는지 여부와 양 저작물 사이에 실질적 유사성이 있는지 여부는 서로 별개의 판단으로서, 전자의 판단에는 후자의 판단과 달리 저작권법에 의하여 보호받는 표현뿐만 아니라 저작권법에 의하여 보호받지 못하는 표현 등이 유사한지 여부도 함께 참작될 수 있으므로, 대상 저작물이 번역저작물에 의거하여 작성되었는지 여부를 판단함에 있어서 저작권법에 의하여 보호받지 못한 표현 등의 유사성을 참작할 수 있다."

이와 같이 판결은 주요사실인 의거(이용)관계를 추인하는 데에 요구되는 간접사실로서의 동일·유사성과 또 다른 주요사실인 실질적 유사성을 개념적으로 구별하고 있으며, 특히 학설상으로는 이러한 구별을 용어상 명확히 하기 위하여 간접사실로서의 동일·유사성을 '증명적 유사성'(probative similarity)이라 부르는 경우도 있다.40) 그런데 의거(이용)성 요건을 추정하는 간접사실의 하나인 접근(access) 사실도 직접증거로 증명되는 경우는 드물고, 접근가능성을 증

---

36) 따라서 예컨대, 원·피고의 지도책이나 전화번호부에 공통된 오류(common errors)가 존재하거나, 컴퓨터프로그램의 경우 원고의 저작물에 실제로 의거(이용)하지 않았다면 존재할 수 없는 무의미한 버그(bug)나 더미 데이터(dummy data)가 피고의 저작물에도 그대로 존재한다면 이는 의거(이용)사실을 추정하는 근거가 된다.

37) 정경석, "저작권 침해판단에서 현저한 유사성의 개념 도입론", 「법조」Vol.633, 2009. 6., 232~234면 참조.

38) 대법원 2007. 12. 13. 선고 2005다35707 판결.

39) 대법원 2007. 3. 29. 선고 2005다44138 판결; 동 2014. 5. 16. 선고 2012다55068 판결 등.

40) "probative similarity"라는 용어는 Alan Litman 교수가 창안한 것이다. A. Litman, ""Probative Similarity" as Proof of Copying: Toward Dispelling Some Myths in Copyright Infringement", 90 *Colum. L. Rev.*, 1990, pp.1189~1190. 이에 관한 설명으로는, 이성호, 앞의 논문, 715면의 각주28); 권영준, 앞의 책, 32~33면 각 참조.

명하는 간접증거 또는 정황증거에 의하여 접근 사실 자체가 추정되는 경우가 대부분이다. 이때에도 접근이 있었다고 볼 수 있는 합리적인 가능성이 있어야 하며, 그 가능성이 희박한 경우에는 접근 사실이 추정되지 않는다. 예컨대, 원고의 저작물이 공중에게 판매되거나 공연된 사실[41] 또는 피고나 그와 접촉이 있는 제3자에게 그 저작물이 건네진 사실을 나타내는 증거를 제시한다면 접근 사실이 추정될 수 있을 것이다.[42] 간접사실로서의 접근(혹은 접근가능성)과 증명적 유사성은 상호보완적 관계에 있으므로 접근가능성을 증명하지 못하였더라도 만일 두 저작물 간에 현저한 유사성(striking similarity)이 인정되는 경우라면 의거(이용)관계가 추정될 수 있다.[43] 예컨대, 피고가 원고의 저작물을 베끼지 않았다면 존재할 수 없는 동일한 오류가 양쪽 저작물에서 다수 발견되는 경우를 들 수 있다.

의거(이용)관계의 인정과 관련하여 대법원 판결은 "대상 저작물이 기존의 저작물에 의거하여 작성되었다는 사실이 직접 인정되지 않더라도 기존의 저작물에 대한 접근가능성, 대상 저작물과 기존의 저작물 사이에 실질적 유사성 등의 간접사실이 인정되면 대상 저작물이 기존의 저작물에 의거하여 작성되었다는 점은 사실상 추정된다고 할 수 있지만, 대상 저작물이 기존의 저작물보다 먼저 창작되었다거나 후에 창작되었다고 하더라도 기존의 저작물과 무관하게 독립적으로 창작되었다고 볼 만한 간접사실이 인정되는 경우에는 대상 저

---

41) 특히 원고의 저작물이 널리 알려져 있는 경우 접근가능성은 더욱 높아진다. 이러한 취지를 설시한 것으로 "원고의 저작물인 '바람의 나라'는 1992년부터 '댕기'라는 잡지에 연재되기 시작하여, 1998년부터 2004년경까지 22권의 단행본으로 발간되었고, 2001년에는 서울예술단에서 뮤지컬로 공연되었으며, 2004. 3.경에는 소설로 발간되는 등 만화 및 소설의 영역에 있어서 저명성과 광범위한 배포성을 가지고 있어 피고로서도 이를 보거나 접할 구체적인 접근 기회를 가졌다고 봄이 상당하[다]"는 서울중앙지법 2007. 7. 13. 선고 2006나16757 판결(확정)이 있다. 다만, 위 판결은 그 결론에서 만화 '바람의 나라'와 드라마 '태왕사신기'의 시놉시스가 저작권에 의하여 보호받는 창작인 표현형식에 있어서 실질적으로 유사하지 아니하므로, 위 시놉시스에 의해 위 만화 저작자의 저작권이 침해되었다고 볼 수 없다고 판시하였다. 이 판결에 대한 비판적 평석으로는, 홍승기, "드라마 시놉시스의 저작권 침해 여부", 「저작권 문화」, 2007. 11., 22~23면.
42) 소설 '기억'의 저작자인 신청인이 피신청인이 제작한 영화 '귀신이 산다'가 신청인의 저작권을 침해하였음을 이유로 영화제작 및 배포·상영금지 가처분을 구한 사건에서, 서울고법 2005. 2. 15.자 2004라362 결정(확정)은 소설가(신청인)가 영화의 최종 대본이 완성되기 전에 영화제작사(피신청인)의 전무와 영화감독에게 소설을 전달한 바 있음을 인정하고 이러한 경우에는 피신청인 및 그 실질적인 운영자 및 영화기획자 역시 그 소설에 접근할 수 있는 구체적인 가능성이 있다고 봄이 상당하다고 판단하였다. 다만 결론적으로는 실질적 유사성을 부인하여 가처분신청을 기각하였다.
43) 대법원 2014. 5. 16. 선고 2012다55068 판결; 동 2014. 7. 24. 선고 2013다8984 판결; 동 2014. 12. 11. 선고 2012다76829 판결.

작물이 기존의 저작물에 의거하여 작성되었다는 점이 추정된다고 단정하기 어렵다"고 하였다.44) 이 판결의 의의는 복제권 침해 요건 중의 하나인 의거(이용)성을 추인하게 하는 간접사실을 증명함으로써 의거(이용)성이 추정될 수 있다고 판시하는 한편 그러한 추정을 깨뜨릴 수 있는 독립적인 창작에 관해서도 언급한 점이다. 문제는 원고가 제기한 저작권침해소송에서 피고가 독립적인 창작을 하였다고 주장하는 경우 그것이 否認과 항변 중 어디에 속하는가이다. 원고는 피고의 의거(이용)사실 자체를 직접증거로써 입증할 필요까지는 없으며 그러한 사실을 추인하게 하는 간접사실을 증명하는 것으로 족하다는 점에 비추어, 독립적인 창작의 주장은 항변으로서 피고에게 그 입증책임이 있다고 보아야 한다. 독립적인 창작에 관한 입증도 직접증거는 물론이고 간접증거로도 가능하다.

위 대법원 판결을 통해 확인할 수 있는 것은, 특허법은 독립적으로 개발한 발명이라도 선행 특허발명에 저촉하면 특허권 침해책임을 면하지 못하는데 반하여, 저작권법은 선행 저작물을 모방한 것이 아니라면 그것과 실질적으로 동일한 것이라도 저작권 침해책임을 지지 않는다는 점이다. 이러한 보호방법의 차이점은 특허권이 타인의 독자적 발명에도 그 효력이 미치는 차단효(Sperrwirkung; block effect)를 그 본질로 하는 '절대적 독점권'임에 비하여, 저작권은 타인의 모방을 금지시키는데 불과한 '상대적 독점권'에 그친다는 데에서 연유한다.45)

Ⅲ. 실질적 유사성

1. 실질적 유사성의 개념

가. 의   의

'실질적 유사성'은 권리침해의 요건 중 객관적 요건이다. 실질적 유사성이란 원고의 저작물과 피고의 저작물 간에 동일성(예컨대, 복제권 침해) 또는 종속성(예컨대, 2차적 저작물 작성권 침해)이 인정되는 경우를 포괄하는 개념이다.46) 즉 복제는 원저작물을 그와 동일한 형태로 다시 작성하는 것이고, 2차적 저작

---

44) 대법원 2007. 12. 13. 선고 2005다35707 판결.
45) 이러한 특허권적 보호방법과 저작권적 보호방법의 차이점에 관한 설명은, 이상정, 「산업디자인과 지적소유권법」, 세창출판사, 1995, 22~24면 참조.
46) 이해완, "저작권의 침해와 그 구제", 「지적소유권에 관한 제문제(하)」재판자료 제57집, 법원행정처, 1992, 422면.

물 작성은 원저작물을 이용하여 그와 일정한 종속적 관계에 있는 새로운 저작물을 작성하는 것을 말하는데, 복제권 침해가 인정되는 '동일성'과 2차적 저작물 작성권 침해가 인정되는 '종속성'을 포괄하는 개념이 '실질적 유사성'이다.[47] 가령, 원고가 피고를 상대로 제기한 저작권침해소송에서 원고의 저작물과 피고의 저작물이 객관적으로 동일한 저작물이라면, 원고 저작물의 저작권이 피고 저작물에 대해서 미치는 것은 당연하다. 그런데 만일 저작물이라는 권리의 객체와 동일한 대상에 대해서만 원고의 저작권의 효력이 한정된다고 가정하면, 피고는 원고 저작물의 표현을 조금만 수정·변경하더라도 침해회피가 가능하게 되어 부당하다. 그래서 저작권법에 명문의 규정은 없지만 저작물이라는 권리의 객체와 실질적으로 유사한 대상에까지 저작물의 보호범위[48]가 미친다는 것을 해석상 인정하는 것이 바로 '실질적 유사성'의 이론이다.[49] 요컨대 실질적 유사성의 이론은 타인의 저작물 등을 그대로 무단 이용하는 경우뿐만 아니라 이를 실질적으로 유사한 형태로 무단 이용하는 경우에도 저작권 등의 권리침해가 성립한다는 이론이다.[50]

나. 유사성의 두 가지 유형

Nimmer 교수의 설명에 따르면, 실질적 유사성에는 특정 구절이나 똑같은 단어를 그대로 베낀 이른바 '부분적인 문언적 유사성'(fragmented literal similarity)과, 특정 구절이나 세세한 표현을 베끼지는 않았지만 사건의 전개과정과 등장인물들 간의 상호작용의 발전과 같은 비문언적 표현을 모방한 이른바 '포괄적인 비문언적 유사성'(comprehensive non-literal similarity)의 두 가지가 있다.[51] 실질적 유사성 개념은 이 중에서도 비문언적 유사성의 문제, 즉 비문언적 표현 간의 실질적 유사성 문제와 관련하여 중요한 역할을 한다. 만일 피고가 원

---

47) 오승종, 「저작권법」 제5판, 박영사, 2020, 1241~1244면; 이해완, 「저작권법」 제4판, 박영사, 2019, 1134면 각 참조; 대법원 2010. 2. 11. 선고 2007다63409 판결; 같은 취지 同 2002. 1. 25. 선고 99도863 판결 등 참조.

48) 저작물의 보호범위에 관한 상세는 제2장 제2절 '저작물의 성립요건과 보호범위' 참조

49) 지적재산권의 물적 보호범위라는 관점에서 상표법 및 특허법과 비교해보면, 상표법 제108조는 등록상표와 동일한 상표뿐 아니라 그와 유사한 상표에 대해서도 상표권의 효력이 미친다고 규정한다. 이에 비하여 특허법에는 저작권법과 마찬가지로 특허발명이라는 권리의 객체와 유사한 발명에까지 특허권이 미친다는 명문의 규정이 없다. 그래서 저작권법의 경우와 동일한 취지에서 특허법에서도 해당 특허발명과 동일한 발명(문언침해)뿐 아니라 그 균등발명에 대해서도 특허권이 미친다는 해석론을 전개하고 있다.

50) 권영준, 「저작권침해판단론」, 박영사, 2007, 3면.

51) M.B. Nimmer & D. Nimmer, *Nimmer on Copyright*, Vol. 1, LexisNexis, 2007, §2.03, p.2-36.2; 同, *Nimmer on Copyright*, Vol. 4, NexisNexis, 2007, §13.03, pp.13-36~13-65 각 참조.

고의 저작물을 이용하였더라도 양자 간에 실질적 유사성이 존재하지 않는다면 피고의 저작물은 별개의 독립적인 새로운 저작물로 인정되는 것이므로 원고 저작물의 저작권을 침해한 것이 되지 않는다.

다. 판단기준

(1) 유사성의 정도

문제는 저작권침해소송에서 실질적 유사성 여부를 어떻게 판단하느냐 하는 것이다. 이 문제는 크게 두 가지로 나누어 생각해 볼 수 있다. 첫째는 원고 저작물의 '무엇'과 實質的으로 類似해야 하는가 하는 점이다. 둘째는 원고 저작물의 '무엇'에 해당하는 부분과 實質的으로 '어느 정도' 類似해야 하는가 하는 점이다. 이것은 특히 실질적 유사성의 판단기준에 관한 문제로서 실질적 유사성에 관한 핵심적인 사항이다.[52]

그러면 먼저 원고 저작물의 '무엇'에 대해서 실질적 유사성이 인정되어야 하는가 하는 문제부터 살펴보도록 하자. 여기서 '무엇'이란 다름 아닌 원고 저작물의 '창작적 표현'에 대해서이다. 저작권침해소송에서 원고는 피고 저작물이 원고 저작물의 창작적 표현과 동일하거나 실질적으로 유사하다는 점을 주장·입증하여야 한다. 따라서 저작물의 성립요건으로서 '창작적 표현'에 해당하는지 여부의 판단은 실질적 유사성의 판단과 서로 밀접한 관계가 있다. 이와 같이 양자의 판단이 밀접한 관계에 있는 것은 틀림없으나 그렇다고 양자의 관계가 표리로써 일체를 이루는 것은 아니라는 점에 유의하여야 한다.[53] Nimmer 교수는 창작성 기준과 실질적 유사성의 기준을 혼동해서는 안 된다고 강조하면서, 저작권으로 보호되기 위해서 요구되는 저작물의 창작성은 '구별 가능한 변형'(distinguishable variation)으로 족하나, 반면 어느 저작물에 '구별 가능한 변형'이 있어서 창작성이 인정된다 하더라도 그 사실만으로 그 저작물이 기존 저작물과는 어떠한 실질적 유사성도 없고, 따라서 저작권 침해가 성립하지 않는다는 것을 확인해주는 것은 아니라고[54] 하였다.[55] 요컨대, 저작권으로 보호

---

52) 박성호, "저작물의 성립요건 및 보호범위", 「국제법률경영」, 1990 가을호, 157면.

53) 박성호, 위의 논문, 157면.

54) 이는 후술하는 '2. 복제권 침해 및 2차적 저작물 작성권 침해에 있어서의 '실질적 유사성''에서 설명하는 것처럼, 원고 저작물의 창작적 표현과 실질적 유사성(a'')을 유지하면서 구체적인 표현에 수정·증감을 가하여 새로운 창작성(β)을 부가한 경우, 즉 허락 없이 2차적 저작물을 작성한 경우($a \rightarrow a'' + \beta$)에 해당할 것이다.

55) M.B. Nimmer & D. Nimmer, *Nimmer on Copyright*, Vol. 4, NexisNexis, 2007, §13.03[A], pp.13－34.1~13－34.2.

되는지 여부를 판단하는 것과 저작권침해의 성립 여부를 판단하는 것은 별개의 판단문제라는 것이다.56)

다음으로 실질적 유사성의 판단과 관련하여 보다 중요한 것은 원고 저작물의 '창작적 표현'과 '어느 정도' 類似해야 實質的이라고 판단할 수 있는가의 문제, 즉 유사성의 정도(extent of similarity)에 관한 문제이다. 경미하거나 사소한 유사성(slight or trivial similarity)은 실질적으로 유사한 것이 아니므로 저작권침해를 발생시키지 않는다는 것은 분명하다. 실질적 유사성의 판단은 개개의 구체적인 사안과 관련하여 이루어지는 것이고, 또한 개별 사안마다 문제되는 저작물의 종류와 내용도 다양하기 때문에 모든 저작물에 적용 가능한 일반적인 판단기준을 정립하는 것은 쉬운 일이 아니다. 개별 사안에 따라서는 어느 정도 실질적이어야 '실질적 유사성'에 해당하는지의 판단기준조차 달라질 수 있다.57) 예컨대, 전화번호부와 같이 정보의 전달을 목적으로 작성된 사실의 편집물(factual compilation)에 관한 사안에서58) 사실적 저작물의 경우 사실의 선택과 배열에 창작성이 인정되면 편집저작물로서 저작권 보호를 받을 수 있지만 그 체제(format)가 아무리 창작적이더라도 사실 그 자체는 집합(association)에 의해 창작성이 있는 것으로 되지는 않을 것이다. 이는 필연적으로 사실의 편집물에 대해서는 창작성의 정도가 낮아서 저작권 보호가 약하다는 것을 의미한다.59) 이와 같이 저작권 보호가 '약한'(thin) 저작물이 문제되는 사안에서는 유사성의 정도가 더 높게 요구되므로 '高度의 실질적'(supersubstantial) 유사성이 있어야 저작권 침해가 인정될 것이다. 요컨대, 위와 같은 사실적 저작물이나 컴퓨터프로그램과 같은 기능적 저작물에 대해서는 사실상 그 저작물 전체를 베낀 경우, 즉 저작물이 전체적으로 보아서 거의 동일한(virtually identical) 경우에만 실질적 유사성이 인정될 것이다.60)61)

(2) 양적 판단기준 · 질적 판단기준

실질적 유사성의 판단기준으로서 '유사성의 정도'는 양적 측면에서 또는

---

56) Ibid., §13.03[A], p.13－34.2 n.6a.

57) Ibid., §13.03[A], pp.13－34.1~13－34.2.

58) Feist Publications, Inc. v. Rural Telephone Service Co., 499 U.S. 340 (1991).

59) Ibid., 499 U.S. at 349.

60) Apple Computer, Inc. v. Microsoft Corp., 35 F.3d 1435, 1439, 1442 (9th Cir. 1994).

61) 이는 후술하는 '3. 실질적 유사성의 판단방법 · 판단관점, 다. 구체적 사례에의 적용, (1) 예술적 저작물 · 사실적 저작물 · 기능적 저작물'에서 "기능적 저작물이나 사실적 저작물은 거의 데드 카피에 해당하는 경우에 한하여 실질적 유사성이 인정되므로 결과적으로 그 저작물의 보호범위가 좁아진다"는 설명과 상통한다.

질적 측면에서 그 판단이 이루어진다. 대개는 양적으로 상당한 분량인지부터 고려하는 것이 일반적이다.[62] 문제는 어느 정도의 양적 상당성을 갖추었을 때 실질적 유사성이 있다고 판단할 수 있을 것인가이다. 포괄적인 비문언적 유사성이 존재하는 경우에는 실질적 유사성 여부의 판단기준과 관련하여 양적 측면에서나 질적 측면에서 별다른 문제가 없겠지만,[63] 만일 원고 저작물 중 특정한 에피소드나 사건 또는 한정된 부분에 대해서만 비문언적 유사성(non-literal similarity)이 있는 경우 그러한 유사성을 '실질적'이라고 판단할 수 있을 것인지가 문제이다. 예컨대, 비문언적으로 유사한 부분이 원고의 영화 중 20퍼센트에 해당하는 일련의 장면에 국한된 경우 실질적 유사성이 있다고 판단하기에 충분할 것이다. 그러나 원고 저작물에서 중요한 부분(major portion)을 구성하지 않는 특정 사건은 그 자체로 실질적 유사성이 있다고 판단하기에 충분하지 않을 것이다.[64]

　　문언적 유사성과 관련해서는 그 유사성이 포괄적이지 않고 단지 문장의 한 줄(line)이나 한 문단 또는 한 페이지나 한 장(chapter)이 이용된 경우를 상정할 때에, 과연 어느 정도를 이용하여야 이러한 부분적 유사성(fragmented similarity)을 저작권 침해에 해당하는 실질적 유사성이 있다고 판단할 수 있을 것인지가 문제이다. 이에 관한 개별 사안에서의 쟁점은 그 유사성이 원고 저작물의 실질적 부분을 구성하는 보호대상과 관련이 있는지 여부이다.[65] 예컨대, 원고의 악곡 중 샘플링된 부분이 피고의 노래 전반에 걸쳐서 연주되었더라도 그 발췌한 부분이 원고 악곡의 중요하지 않은 부분(insubstantial portion)에 해당할 경우에는 저작권 침해가 성립하지 않는다.[66] 문언적 유사성에서는 원고 저작물의 전체 구성요소들 가운데 피고 저작물에서 이용된 유사한 부분의 양적 관련성이 물론 중요하다. 그렇지만 그 유사한 부분이 양적으로 적다고 하더라도 그것이 질적으로 중요한 부분이라면 실질적 유사성이 있다고 판단될 수도 있다. 이는 결국 가치판단의 문제로 귀결된다. 즉 포괄적인 비문언적 유사성의 경우와 마찬가지로 부분적인 문언적 유사성과 관련하여 실질적 유사성

---

62) 오승종, 앞의 책, 1269면 참조.

63) 오히려 '포괄적인 비문언적 유사성'의 문제는 '판단기준'보다는 '판단방법'과 관련하여 논의가 이루어지므로 후술하는 '3. 실질적 유사성의 판단방법·판단관점'에서 검토한다.

64) M.B. Nimmer & D. Nimmer, op. cit., §13.03[A], pp.13-52~13-53.

65) Ibid., §13.03[A], p.13-54.

66) Positive Black Talk Inc. v. Cash Money Records, Inc., 394 F.3d 357, 373 n.12 (5th Cir. 2004); Newton v. Diamond, 204 F. Supp.2d 1244, 1257 (C.D. Cal. 2002), aff'd, 388 F.3d 1189, 1195 (9th Cir. 2004), cert. denied, 125 S. Ct. 2905 (2005).

을 판단함에 있어서도 그 분석의 마지막 단계에서는 가치판단이 요구된다. 이러한 판단과정에서 문제된 저작물의 종류에 따라 유사한 부분의 양이 갖는 질적인 중요도는 당연히 변할 수 있다. 문제는 실질적 유사성을 판단할 수 있는 최소한의 양적 기준이란 과연 존재하는 것인가이다. 이와 관련하여 가령 음악 저작물의 경우 하나의 음표에 한정된 유사성으로는 충분하지 않다고 말할 수 있다.67) 그렇지만 많은 음악가들이 흔히 오해하고 있듯이 음악저작물의 세 소절(three bars)을 베끼는 정도로는 저작권 침해에 해당하지 않는다고 주장하는 것은 근거 없는 잘못된 주장이므로68) 유의해야 한다. 어문저작물의 경우 문언적 유사성이 3~4백 단어에 이른다면 실질적 유사성을 판단하는 데에 아무런 문제가 없을 것이다. 만일 한 문장만이 유사한 경우라면 대개의 경우 실질적 유사성을 인정하기 어려울 것이지만, 사안에 따라서는 극히 예외적인 경우 한 문장만을 베꼈더라도 실질적 유사성을 인정할 수 있을 것이다.69) 물론 일반적으로는 단 한 줄의 문장을 베낀 경우 그것이 실질적 유사성을 인정할 수 있을 정도로 중요한 문장이라고 인정받을 가능성은 거의 없을 것이다.70)

2. 복제권 침해 및 2차적 저작물 작성권 침해에 있어서의 '실질적 유사성'

가. 복제권 침해와 2차적 저작물 작성권 침해에 공통되는 판단요건

전술한 것처럼 저작권 침해가 인정되기 위해서는 원고의 저작물과 피고의 저작물 간에 동일성(예컨대, 복제권 침해) 또는 종속성(예컨대, 2차적 저작물 작성권 침해)이 인정되어야 한다. 동일성과 종속성은 개념적으로는 구별되지만, 실제 그 판단에 있어서는 양 저작물 간의 실질적 유사성 판단에 의존하는 점에서 차이가 없다.71) 즉 피고 저작물이 원고 저작물의 창작적 표현과 동일성(완전과 동일과 실질적 동일을 포함)이 인정되는 경우에는 복제권 침해가 되지만, 실질적 유사성이 인정되는 경우에는 사안에 따라서 복제권 침해가 될 수도 있고 2차적 저작물 작성권 침해가 될 수도 있다. 예컨대, 창작적 표현 중 특정 구절

---

67) McDonald v. Multimedia Enter. Inc., 20 U.S.P.Q. 2d 1372 (S.D.N.Y. 1991).

68) Baxter v. MCA, Inc., 812 F.2d 421, 425 (9th Cir. 1987); *cert. denied*, 484 U.S. 954 (1987); Robertson v. Batten, Barton, Durstine & Osborn, Inc., 146 F. Supp. 795 (S.D. Cal. 1956)(두 소절을 동일하게 베낀 것은 침해에 해당한다고 판시).

69) Universal City Studios, Inc. v. Kamar Indus., Inc., 217 U.S.P.Q. 1162 (S.D. Tex. 1982)(영화의 중요 대화내용인 "I love you E.T."와 "E.T. Phone Home"이란 문구를 머그잔에 새겨 판매하는 것에 대해 저작권 침해에 해당한다고 판시).

70) M.B. Nimmer & D. Nimmer, op. cit., §13.03[A], pp.13−55~13−59 참조.

71) 이해완, 앞의 논문, 422면; 이해완, 앞의 책, 1134~1135면.

이나 똑같은 단어를 그대로 베낀 이른바 '부분적인 문언적 유사성'이 인정되는 경우에는 해당 부분에 대한 복제권 침해가 될 가능성이 높을 것이고, 창작적 표현 중 특정 구절이나 세세한 표현을 베끼지는 않았지만 사건의 전개과정과 등장인물들 간의 상호작용의 발전과 같은 비문언적 표현을 모방한 이른바 '포괄적인 비문언적 유사성'이 인정되는 경우에는 2차적 저작물 작성권 침해가 될 가능성이 높을 것이다.[72] 바꿔 말하면 기존 저작물에 종속(즉, 실질적 유사성을 유지)하면서 새로운 형태의 창작성이 가미되었는지 여부에 따라 2차적 저작물 작성권 침해가 되거나 아니면 복제권 침해가 될 것이다.[73]

이상의 설명을 정리하면, 복제권 침해란 피고 저작물이 원고 저작물의 창작적 표현과 완전 동일(a)한 경우 또는 구체적 표현에 수정·증감을 가하여 실질적으로 동일(a')하거나 실질적 유사성(a'')이 인정되지만 그 수정·증감한 부분에 창작성이 인정되지 않는 경우를 포함한다. 이에 비하여 2차적 저작물 작성권 침해란 원고 저작물의 창작적 표현과 실질적 유사성(a'')을 유지하면서 구체적인 표현에 수정·증감을 가하여 새로운 창작성(β)을 부가한 경우에 인정되는 것이다. 따라서 복제의 경우($a \to a$ 또는 $a \to a'$ 또는 $a \to a''$)는 2차적 저작물을 작성하는 경우($a \to a'' + \beta$)보다도 동일성 내지 유사성의 정도가 높다고 할 수 있다. 바꿔 말하면 복제의 경우보다 2차적 저작물의 작성의 경우에 있어서는 가해진 변경의 정도가 '새롭게 부가된 창작성'(β) 부분만큼 크다고 할 수 있다.

요컨대, 피고 저작물이 원고 저작물과 완전히 동일한 경우는 '복제'라고 평가되고 다소의 변경이 가해지더라도 그것이 단순한 수정·증감에 그쳐 창작성이 인정되지 않는 경우는 실질적 동일이나 실질적 유사성이 인정되므로 여전히 '복제'라고 평가할 수 있을 것이다(①). 한편, 그 변경이 보다 크게 이루어진 경우, 즉 원고 저작물의 창작적 표현과 실질적 유사성을 유지하면서 구체

---

72) 오승종, 앞의 책, 1265~1266면 참조.
73) 2차적 저작물의 성립요건으로는 원저작물에 종속한다는 것과 새로운 형태의 창작성이 부가되었다는 것을 필요로 하는데, 그 요건 중 하나인 '종속성'이란 '실질적 유사성'을 의미한다(대법원 2010. 2. 11. 선고 2007다63409 판결; 같은 취지 대법원 2002. 1. 25. 선고 99도863 판결 등 참조). 즉 이들 대법원 판결에 따르면 "2차적 저작물로 보호를 받기 위하여는 원저작물을 기초로 하되 원저작물과 실질적 유사성을 유지하고 이것에 사회통념상 새로운 저작물이 될 수 있을 정도의 수정·증감을 가하여 새로운 창작성이 부가되어야 하는 것이며," 만일 그렇지 않고 "원저작물에 다소의 수정·증감을 가한 데 불과하여" 창작성이 인정되지 않는 경우에는 2차적 저작물로서 보호되지 않는다고 한다. 따라서 원저작물과의 실질적 유사성을 유지하면서 새로운 창작성이 인정되는 전자의 경우는 2차적 저작물 작성권 침해에, 실질성 유사성은 인정되지만 창작성이 인정되지 않는 후자의 경우는 복제권 침해에 각 관련된다.

적인 표현에 수정·증감을 가하여 새로운 창작성을 부가한 것으로 인정되면 '2차적 저작물의 작성'으로 평가될 것이다(②). 나아가 그 변경이 더욱 크게 이루어져 이제는 전혀 별개의 독립적인 새로운 저작물이라고 인정되면 '2차적 저작물 작성권'의 침해가 부정된다(③). 이상의 논의를 정리하면, 피고 저작물의 원고 저작물에 대한 ① 복제권 침해($a{\rightarrow}a$ 또는 $a{\rightarrow}a'$ 또는 $a{\rightarrow}a''$), ② 2차적 저작물 작성권 침해($a{\rightarrow}a''+\beta$) ③ 非侵害라는 순서로 설명할 수 있다.

그런데 동일성 개념 중 완전 동일(a)은 데드 카피의 경우처럼 그 판단이 자명하므로 아무런 문제될 것이 없음에 비하여 실질적 동일(a')의 경우는 그렇지 않다. 실질적 동일(a')과 실질적 유사성(a'')은 전자를 동일성의 범주에 포함시키는 경우 후자와 개념적으로 구별 가능한 것처럼 보이지만, 실제 문제로서 양자는 구별이 어려울 뿐 아니라 그 구별의 실익도 없다. 그러한 점에서 실질적 동일(a')이란 실질적 유사성(a'')의 판단에 수렴되는 문제에 지나지 않는다고 볼 수 있다($a'<a''$). 이에 따라 복제권 침해와 2차적 저작물 작성권 침해에 있어서 '실질적 유사성'(a'')이라는 것은 공통되는 판단요건으로서 기능하게 된다.

나. 복제권 침해와 2차적 저작물 작성권 침해의 소송물

우리나라에서는 실체법상의 권리 또는 법률관계를 소송물로 보는 구소송물이론이 통설과 판례의 지위를 차지하고 있다. 구소송물이론에 따를 때 복제권에 기한 청구와 2차적 저작물 작성권에 기한 청구는 별개의 소송물인지 여부가 문제된다. 일본 학설 중에는 복제권 침해와 2차적 저작물 작성권 침해가 별개의 소송물이 아니라 1개의 소송물로 취급해야 한다는 견해가 있다(이하, '訴訟物 同一說'이라 한다).74) 이와 같은 취지에서 복제권 침해와 2차적 저작물 작성권 침해를 일원적으로 파악하여 어느 경우든 저작권 침해라고 판단하는 데에는 영향이 없으므로 복제인지 2차적 저작물 작성인지를 구별할 실익이 없다는 견해도 있다.75) 실체법적 관점에서만 본다면 그와 같이 말할 수 있는 경우가 많을 것이지만, 실체법적 관점에서도 지분권마다 양도가 이루어진 결과 복제권과 2차적 저작물 작성권이 각기 다른 사람에게 귀속되는 경우도 생길 수 있으므로 언제나 그러한 것은 아니다. 더구나 소송법적 관점에서 보면, 복제권 침해를 주장하는가 아니면 2차적 저작물 작성권 침해를 주장하는가는 그

---

74) 森義之, "著作權侵害訴訟における訴訟物について", 「現代裁判法大系26—知的財産權」, 新日本法規, 1999, 368~369면; 山本隆司, "翻案權", 「著作權判例百選」第4版, 有斐閣, 2009, 100~101면.
75) 田村善之, 「著作權法概說」第2版, 有斐閣, 2001, 47면.

적용 법조가 다르므로 변론주의가 적용되며 당사자가 어느 한 쪽의 권리만을 주장하는 경우에는 만일 그것이 인정되지 않는다면 청구기각이 되는 경우도 있을 수 있다. 또한 당사자가 양 권리를 선택적으로 주장하는 경우에도 법원은 복제권 침해와 2차적 저작물 작성권 침해 중 어느 쪽인가를 인정하면 된다는 식의 택일적 판단은 가급적 피해야 할 것이므로 각각의 요건을 모두 검토하여 그 중 어느 한 쪽의 침해에 해당하는지를 판단할 필요가 있을 것이다. 그러한 의미에서 복제와 2차적 저작물 작성의 경계선을 劃定할[76] 실익은 있다.[77] 결론적으로 복제권에 기한 청구와 2차적 저작물 작성권에 기한 청구는 별개의 소송물이라 할 것이다(이하, '訴訟物 區別說'이라 한다).[78] 따라서 복제권 침해에 기한 청구에 대한 판결이 확정되었더라도 그 기판력은 2차적 저작물 작성권 침해에 기한 청구에 미치지 않는다.[79]

3. 실질적 유사성의 판단방법·판단관점

가. 판단방법

(1) 창작적인 표현형식의 대비

원고 저작물과 피고 저작물이 완전 동일한 경우에는 실질적 유사성을 쉽게 인정할 수 있다. 문제는 그렇지 않은 경우에 실질적 유사성을 판단하는 것이 상당히 곤란하다는 점이다. 실질적 유사성의 판단방법에 대하여 대법원은 "저작권의 보호대상은 학문과 예술에 관하여 사람의 정신적 노력에 의하여 얻어진 사상 또는 감정을 말, 문자, 음, 색 등에 의하여 구체적으로 외부에 표현한 창작적인 표현형식이고, 표현되어 있는 내용, 즉 아이디어나 이론 등의 사상 및 감정 그 자체는 설사 그것이 독창성, 신규성이 있다 하더라도 원칙적으로 저작권의 보호대상이 되지 않는 것이므로, 저작권의 침해 여부를 가리기 위하여 두 저작물 사이에 실질적인 유사성이 있는가의 여부를 판단함에 있어

---

76) 전술한 바와 같이, 복제권 침해와 2차적 저작물 작성권 침해에 있어서 '실질적 유사성'(a'')이라는 것은 공통되는 판단요건이므로, 복제와 2차적 저작물 작성을 구분하여 劃定하는 경계표시는 '새롭게 부가된 창작성'(β)의 유무에서 찾아야 할 것이다.

77) 西田美昭, "複製權侵害の判斷の基本的考え方", 「裁判實務大系27─知的財産關係訴訟法」, 靑林書院, 1997, 125~126면.

78) 같은 취지, 권영준, 앞의 책, 289면; 오승종, 앞의 책, 1266~1267면 각 참조.

79) 권영준, 앞의 책, 289~290면. 이에 대하여 '소송물 동일설'을 주장하는 일본 학설은 "복제권 침해를 주장한 저작권침해소송의 판결에서 복제가 아니라 번안(우리법의 2차적 저작물 작성)이라는 이유로 청구가 기각된 경우 다시 번안권(즉 2차적 저작물 작성권) 침해를 주장하여 저작권침해소송을 제기하는 것은 판결의 기판력에 의해 허용되지 않는다"고 주장한다(山本隆司, 앞의 논문, 101면).

서도 창작적인 표현형식에 해당하는 것만을 가지고 대비하여야 할 것이다”고 판시하였다.[80] 원고와 피고 저작물 간에 실질적 유사성이 존재하는지 여부는 원고 저작물의 창작적 표현과 피고 저작물 중 그것과 공통점이 인정되는 부분을 가지고 대비하여 판단해야 하는 것은 당연하다. 저작권법에 의한 보호대상은 저작물성이 인정되는 부분에 한정되는 것이고 아이디어에 불과하거나 진부한 표현과 같이 창작성이 인정되지 않는 부분에 대해서는 원래 저작권법이 보호대상으로 하지 않기 때문이다. 요컨대, 실질적 유사성을 판단하기 위해서는 창작적 표현형식에 해당하는 것만을 가지고 대비해야 하므로, 실질적 유사성을 대비하기 이전에 먼저 원고 저작물 중에서 보호대상이 아닌 아이디어를 걸러냄으로써 창작적인 표현형식을 추출해야 할 것이다. 이와 같이 창작적인 표현 부분을 추출해내는 과정은 저작권 침해 여부를 판단하는 데에 기본적이고 중요한 절차에 해당한다.

(2) 분석적 접근방법 · 전체적 접근방법 · 2단계 접근방법

창작적인 표현형식을 대비하여 실질적 유사성을 판단하는 대법원 판례의 입장과 직접 관련되는 것이 분석적 접근방법(dissection approach)이다. 분석적 접근방법에 의하면,[81] 법원은 우선 원고의 저작물에서 보호받는 요소와 보호받지 못하는 요소를 분석하여 보호받지 못하는 요소를 제거한 뒤, 보호받는 요소와 피고의 저작물 사이의 실질적 유사성을 판단하게 된다. 이는 컴퓨터프로그램의 저작권 침해 사건에서 주로 사용되어온 방법으로 ‘추상화 · 여과 · 비교 테스트’(abstraction−filtration−comparison test)라고 불리기도 한다.[82] ‘추상화 · 여과 · 비교 테스트’에는 ‘추상화 테스트’(abstractions test)가 포함되어 응용되고 있는데, 원래 ‘추상화 테스트’는 미 연방제2항소법원의 Learned Hand 판사가 Nichols 사건에서 제시한 것이다.[83] 이것은 어떤 저작물에서 구체적 사건이나 표현들을 제거하면서 추상화 해 버리면 점차 일반적이고 정형화된 구조나 형태만이 남고, 마침내는 그 주제, 더 나아가서는 제목만 남게 된다는 것이다. 따라서 이러한 추상화 단계 중에서 어느 단계부터는 그 부분을 보호하면 아이디어를 보호하는 결과가 되는 경계선이 있다고 한다. 원래 어문저작물과 관련

---

80) 대법원 2000. 10. 24. 선고 99다10813 판결(‘까레이스키’ 사건). 그 밖에 대법원 2009. 5. 28. 선고 2007다354 판결; 同 2011. 2. 10. 선고 2009도291 판결 등.

81) 오승종, 앞의 책, 1292면은 ‘분해식 접근방법’이라는 용어를 사용한다.

82) 권영준, 앞의 책, 141~142면.

83) Nichols v. Universal Pictures Corp., 45 F. 2d 119(2d Cir. 1930). 이에 관한 상세는 제2장 제2절 II. 3. ‘미국에서의 아이디어와 표현의 이분법’ 참조.

하여 창안된 것이었으나, 그 후 음악저작물이나 회화, 지도, 컴퓨터 프로그램 등 다양한 저작물에서도 널리 응용되기에 이르렀다. '추상화·여과·비교 테스트'는 Computer Associates International, Inc. 사건에서 미 연방제2항소법원이 컴퓨터 소프트웨어 프로그램에 관하여 제시한 것이다.[84] 이것은 추상화 테스트 방법을 원용하여 쟁점이 된 저작물을 세분화된 구성요소들로 분해하고(제1단계), 그 중에서 내재된 아이디어와 그 아이디어에 필수적으로 부수되는 표현, 公有(public domain)에 속한 것으로부터 따온 표현 등 보호받을 수 없는 요소들을 걸러낸 다음(제2단계), 여과되고 남은 핵심적 요소인 창작적 표현만을 서로 비교하여 실질적 유사성을 판단함으로써(제3단계) 저작권침해 여부를 판단한다.[85]

이에 비해 전체적 접근방법(comprehensive approach)에 의하면, 법원은 원고 저작물과 피고 저작물 '전체'를 비교하여 양자가 실질적으로 유사한지를 판단한다. 주로 보통 관찰자 또는 일반 수요자의 전체적인 관념과 느낌(total concept and feel)이 유사한가에 따라 실질적 유사성 여부를 판단한다.[86] 한편, 2단계 접근방법(bifurcated approach)은 미 연방항소법원에 따라 조금씩 다른 모습으로 적용되고 있으나 그 주류적인 것은 연방제2항소법원이 Arnstein 사건을 통해 제시한 것이다.[87] 이에 따르면 전문가의 증언이나 분석적 방법에 의하여 베끼기가 있었는지 여부를 판단하는데, 그 판단에 있어서는 보호받는 표현인지 여부를 묻지 않고 저작물 전체를 놓고 비교 검토하며(제1단계), 그러한 베끼기가 원고 저작물의 보호받는 표현을 피고가 불법적으로 이용한 부당한 이용에 해당하는지 여부를 통상의 관찰자에 의한 청중 테스트로 판단한다(제2단계).[88]

(3) 이념형·이상형(ideal type)의 판단방법 및 실재형·현실형(real type)의 판단방법

대법원 판례처럼 창작적인 표현형식을 대비하여 실질적 유사성을 판단하는 방법은 분석적 접근방법에 가까운 것이라 평가할 수 있다.[89] 즉 ① 원고

---

84) Computer Associates International, Inc. v. Altari, Inc., 982 F. 2d 693 (2d Cir. 1992).

85) 이성호, "저작권침해 여부의 판단기준과 각종 저작물의 유형별 특성에 따른 실제적 적용", 「법실천의 제문제」동천 김인섭변호사 화갑기념논문집, 박영사, 1996, 725~726면.

86) 권영준, 앞의 책, 139면.

87) Arnstein v. Porter, 154 F.2d 464 (2d Cir. 1946).

88) 이성호, 앞의 논문, 724면.

89) 대법원 2000. 10. 24. 선고 99다10813 판결('까레이스키' 사건). 이 사건에서 대법원은 저작권의 침해 여부를 가리기 위하여 두 저작물 사이에 실질적인 유사성이 있는가의 여부를 판단함에 있어서는 창작적인 표현형식에 해당하는 것만을 가지고 대비하여야 할 것이며, 소설 등에 있어서 추상적인 인물의 유형 혹은 어떤 주제를 다루는 데 있어 전형적으로 수반되는 사건이나 배경 등

저작물을 세분화된 구성요소들로 분석하여 ② 그 중 보호대상이 아닌 아이디
어와 그 아이디어에 필수적으로 부수되는 표현 등 보호받을 수 없는 요소들을
걸러내어 창작적 표현을 추출한 다음 ③ 원고 저작물의 창작적 표현과 피고
저작물을 비교하여 그 창작적 특성이 피고 저작물에서 감지되어 실질적 유사
성이 인정되는지 여부를 판단하는 것은 당연한 원칙이자 일종의 이념형 또는
이상형(ideal type)의 판단방법이라 할 수 있다. 그러나 실제 사건에서는 원고
저작물 전체를 분석하여 먼저 창작적 표현 부분을 추출한 다음 이것을 피고
저작물과 대비하여 실질적 유사성을 판단하는 것은 현실적으로 매우 복잡하고
번거로운 일일 뿐 아니라 사실상 불필요한 경우도 있을 수 있다. 그래서 실제
사건에서는 이념형·이상형이 아닌 일종의 실재형 또는 현실형(real type)으로
서 전체적 접근방법과 2단계 접근방법을 혼용한 판단방법이 적합한 경우가 더
많을 것이다. 즉 창작적 표현인지 아닌지를 묻지 않고 원고 저작물과 피고 저
작물 간의 대비를 통해 실질적 유사성이 인정되는 모든 부분을 먼저 확정한
다음 그 확정된 부분이 원고 저작물 중에서 창작적 표현에 해당하는지 여부를
나중에 판단하는 순서로 실질적 유사성을 판단하는 방법이다. 이와 관련하여
참고할 수 있는 것이 일본 최고재판소 판결이 이른바 江差追分 사건에서 2차
적 저작물 작성권 침해의 성립요건에 관하여 판시한 것이다.[90] 이 판결에서
제시한 판단순서는 ① 원고 저작물과 피고 저작물 중 동일성이 인정되는 공통
부분의 인정, ② 동일성이 인정되는 공통부분이 원고 저작물의 창작적 표현인
지 여부의 판단, ③ 표현상 본질적 특징을 직접 감득할 수 있는지 유무의 판단
이다.[91] 여기서 '표현상의 본질적 특징'이란 창작적 표현을, '본질적 특징의 직

은 아이디어의 영역에 속하는 것들로서 저작권법에 의한 보호를 받을 수 없다고 판시하였다.
90) 日本 最高裁 2001(平成13)年 6月 28日 判決. '에사시·오이와케[江差追分]' 사건 최고재 판결은
 어문저작물의 번안권(우리법의 2차적 저작물 작성권) 침해의 기준을 제시한 것으로서 번안(즉
 2차적 저작물의 작성)이란 "기존 저작물에 의거하여 그 표현상의 본질적인 특징의 동일성을 유
 지하면서 구체적인 표현에 수정, 증감, 변경 등을 가하여 새롭게 사상 또는 감정을 창작적으로
 표현함으로써 이에 접한 사람이 기존 저작물의 표현상의 본질적인 특징을 직접 감득할 수 있는
 별개의 저작물을 창작한 행위를 말한다. 그리고 저작권법은 사상 또는 감정의 창작적인 표현을
 보호하는 것이므로 기존 저작물에 의거하여 창작된 저작물이 사상, 감정이나 아이디어, 사실이
 나 사건 등 표현 그 자체가 아닌 부분 또는 표현상의 창작성이 없는 부분에서 기존 저작물과 동
 일성을 가지는데 지나지 않는 경우에는 번안에 해당하지 않는다고 해석하는 것이 상당하다"고
 판시하였다. 同 判決에 대해서는 어문저작물의 2차적 저작물 작성이나 그 작성권 침해에 한정되
 는 판단기준인 것처럼 설시되어 있지만 그것에 한정되는 것이 아니라 모든 저작물의 2차적 저작
 물 작성과 그 작성권 침해 일반에 관한 판단기준이라고 설명한다(飯村敏明, "著作物の利用(改變
 態樣)の可否に關する判斷要素について", 「コピライト」, 著作權情報センター, 2012. 10., 4면).
91) 高部眞規子, 「實務詳說 著作權訴訟」, 金融財政事情研究會, 2012, 245~246면. 高部판사는 最

접 감득'이란 실질적 유사성이 존재하는 경우를 각 의미하는 것으로 이해되므로,92) ③은 '창작적 표현과 실질적 유사성이 있는지 유무의 판단'으로 바꿔서 표현할 수 있다.

이상의 논의를 정리하면, 이념형·이상형(ideal type)이 아닌 실재형·현실형(real type)으로서의 실질적 유사성의 판단은 ① 창작적 표현인지 여부에 관계없이 원고 저작물과 피고 저작물 간의 대비를 통한 유사성이 인정되는 모든 부분을 확정하고, ② 그 확정된 부분이 원고 저작물의 창작적 표현에 해당하는지 여부를 판단한 다음, ③ 마지막으로 원고 저작물의 창작적 특성이 피고 저작물에서 감지되어 실질적 유사성이 인정되는지 여부를 판단93)하는 순서로 이루어질 수 있다.

나. 판단관점

한편, 실질적 유사성의 판단을 누구의 관점에서 행할 것인가 하는 문제도 중요하게 고려하여야 한다. 대부분의 저작권 침해 사건에서는 원고가 의도하였던 일반 수요자들이 피고의 저작물을 먼저 읽거나 듣게 되면 원고의 저작물을 다시 읽거나 들으려 하지 않을 것이라는 점에서 실질적 유사성 판단은 통상의 관찰자(ordinary observer) 관점에서 이루어지는 것이 일반적이다. 다만, 컴퓨터프로그램 저작물과 같이 고도의 기술적 판단을 요하는 경우에는 전문가의 관점에서 실질적 유사성 여부를 판단할 필요가 있다. 예를 들어 주가분석 프로그램저작권 침해사건에서 서울고법은 "프로그램이 동일 내지 유사하다고 하려면 전문가가 프로그램의 원시코드(source code)를 비교 분석한다거나 그에 준하는 방법으로 그 구조가 동일 내지 유사함을 증명하여야 할 것인데"라고 판시하여 전문가 관점을 채택하였다.94) 우리나라 저작권 침해 소송에서 실질적 유사성을 판단하는 법관은 통상적으로 프로그램의 코드를 대비하여 유사성 요소를 발견할 만한 전문적인 지식과 경험을 갖추고 있지 않다. 따라서 일반적으로 전문가를 통하여 프로그램 감정의 형태로 위 작업을 행한다. 저작권 침해 소송에서 프로그램 감정은 민사소송법 제333조에 의한 감정, 같은 법 제

高裁 江差追分 사건 판결에서 우리 대법원의 재판연구관에 해당하는 최고재판소의 조사관이었다고 한다(위의 책, 서문 참조).

92) 島並良, "權利の物的保護範圍", 「法學敎室」No.386, 2012. 11., 146~147면; 島並良·上野達弘·橫山久芳, 「著作權法入門」第2版, 有斐閣, 2016, 289~296면 각 참조. 오승종, 앞의 책, 1268면도 '본질적 특징의 직접 감득'을 실질적 유사성에 상당하는 것으로 이해한다.

93) 대법원 2007. 3. 29. 선고 2005다44138 판결.

94) 서울고법 1993. 6. 18. 선고 92나64646 판결. 권영준, 앞의 책, 245~246면.

340조에 의한 감정증언, 같은 법 제341조에 의한 감정촉탁의 방법으로 이루어 진다.[95] 또한 저작권법 제119조에 따라 프로그램에 관한 감정을 실시할 수 있다.

다. 구체적 사례에의 적용

(1) 예술적 저작물·사실적 저작물·기능적 저작물

복제권 침해든지 2차적 저작물 작성권 침해든지 그 밖의 어떠한 지분권 침해든지 간에 그 공통요건으로서 '실질적 유사성' 요건이 필요하다는 점에서 동일하다. 달리 말해 저작권을 구성하는 어떠한 지분권이든 그 지분권에 따라 실질적 유사성의 판단기준을 달리할 이유는 없다. 요컨대, 개별 지분권 침해 성립 여부의 판단구조·판단기준이라는 관점에서 서로 차이가 없다.[96] 물론 동일한 지분권 침해에 관한 것이라도 구체적 사안에서 분쟁 대상이 되는 저작 물에 따라서 '실질적 유사성'을 인정하는 것이 손쉬운 경우도 있고 또 어려운 경우도 있을 것이다. 하지만 이것은 어디까지나 개별 사안마다 문제되는 저작 물의 종류와 구체적 사실관계의 차이에 따른 것이지 지분권 그 자체의 질적 차이에서 기인하는 것이 아니라는 점에 유의하여야 한다. 이처럼 실질적 유사 성의 판단은 개개의 구체적인 사안과 관련하여 이루어지므로 개별 사안마다 문제되는 저작물의 종류와 내용에 따라 실질적 유사성을 인정하는 용이성의 정도가 달라질 수 있다. 저작물에서 창작적 표현에 해당하는지 여부는 저작물 의 보호범위를 결정하는 기준이 되고 이는 실질적 유사성 판단과 밀접하게 연 관된다. 저작물의 보호범위는 그 표현방법에서 저작자의 창작성이 발휘될 여 지가 있는지 없는지 그 크기의 정도에 따라 넓거나 좁게 인정되므로 작성자의 개성이 표출될 여지가 크게 나타나면 나타날수록 보호범위는 넓어지고, 그 반 대의 경우는 좁아진다. 가령, 저작물이 예술적 저작물(works of art)인지, 아니 면 사실적 저작물(works of fact)이나 기능적 저작물(works of function)[97]인지에 따라서 저작물의 보호범위가 달라질 것이고, 그에 따라 '실질적 유사성'을 인 정하는 것이 쉽거나 어려운 경우가 있을 것이다. 소설·시·희곡이나 회화·음 악과 같이 저작자의 개성이 강하게 나타나는 예술적 저작물의 경우는 그 저작

---

95) 권영준, 앞의 책, 246면.

96) 島並良, 앞의 논문, 146~147면 참조.

97) 예술적 저작물·사실적 저작물·기능적 저작물의 3분류는 미국 기술평가국(OTA)의 분류에서 연 원한다(Office of Technology Assessment, *Intellectual Property Rights and Information*, 1986). 물론 이러한 3분류는 엄격한 법이론적 고찰에 따라 이루어졌다기보다는 편의상 이루어진 측면 이 많다고 생각되지만, 예술적 저작물의 경우에는 사실적 저작물이나 기능적 저작물에 비하여 저작자의 개성이 강하게 나타나는 저작물이라 할 것이다.

물의 보호범위가 넓어지므로 실질적 유사성을 인정하기 쉬운 경우가 많을 것이다. 이에 반해 설계도·각종 서식·규칙집 등과 같은 기능적 저작물이나 사실과 정보의 전달을 주된 목적으로 하는 사실적 저작물과 같이 그 표현방법에서 작성자의 창작성이 발휘될 여지가 적은 경우는 저작물의 보호범위가 예술적 저작물보다 좁아질 수밖에 없으므로 실질적 유사성을 인정하기 어려운 경우가 많을 것이다.98)99) 즉 예술적 저작물과 달리 기능적 저작물이나 사실적 저작물은 거의 데드 카피에 해당하는 경우에 한하여 실질적 유사성이 인정되므로 결과적으로 그 저작물의 보호범위가 좁아진다.

물론 구체적 사안에서는 예술적 저작물이라도 통상의 주제나 공통의 역사적 사실을 소재로 이를 진부한 표현으로 묘사한 부분이나 아이디어에 불과한 부분에서만 유사성이 존재하고 창작적인 표현형식에서는 그렇지 않은 경우 실질적 유사성이 부정될 것이다.100) 그러나 저작자의 창작적 표현이 침해저작물에서 감지되는 경우에는 예술적 저작물의 특성상 실질적 유사성을 인정하기 쉬운 경우가 많을 것이다. 가령, ① 1987년 9월호「가정조선」에 '문익환家의 사람들'이란 제목으로 실린 원고의 어문저작물을 무단 복제하였는지 여부가 문제된 사안에서 대법원은 "원고가 작성한 글에서 관계 귀절을 그대로 인용하거나 문장을 일부 수정하여 작성함으로써 전체적으로 보아 60 내지 70퍼센트 정도" 베껴서 작성한 것이라면 "이 경우 저작물을 원형 그대로 복제하지 아니하고 다소의 수정 증감이나 변경이 가하여진 것이라고 하더라도 원저작물의 재제 또는 동일성이 인식되거나 감지되는 정도이면 복제"에 해당한다고 하여 실질적 유사성을 인정하였다.101) 그리고 ② 피고가 드라마 대본을 작성하면서 원고의 소설을 베꼈는지 여부가 문제된 사안에서 서울고법은 소설 속 변호사가 맡은 첫 사건과 대본상의 변호사가 맡은 첫 사건, 소설 속 검사와 대본상의 검사가 기소유예처분을 하는 사건내용이 각 주거침입절도죄로 동일하고 그 처분을 하게 되는 경위도 동일하며 형사사건 번호도 일치하는 등 "피고가 원고의 이 사건 소설에 나오는 사건과 동일한 사건 및 표현을 그대로 또는 다소의

<hr/>

98) 같은 취지, 정상조, "창작과 표절의 구별기준", 「법학」 제44권 제1호, 서울대 법학연구소, 2003, 127면 참조.
99) 가령, 대법원 2003. 10. 9. 선고 2001다50586 판결; 同 2005. 1. 27. 선고 2002도965 판결; 동 2011. 2. 10. 선고 2009도291 판결 등.
100) 가령, 대법원 2000. 10. 24. 선고 99다10813 판결('까레이스키' 사건); 서울중앙지법 2007. 7. 13. 선고 2006나16757 판결('바람의 나라' 사건)(확정) 등.
101) 대법원 1989. 10. 24. 선고 89다카12824 판결.

변경을 가하여 위 대본의 집필에 사용한 부분은" 전체대본 50회분 중 합계 13회분에 해당한다고 인정하고 이처럼 세부적인 부분을 복제한 "부분적 문자적 유사성이 인정되는 이상… 원고의 이 사건 소설의 일부라고 할지라도 그 본질적인 부분과 실질적 유사성"이 긍정된다고 하였다.102) 또한 ③ 남녀주인공의 사랑과 결혼을 둘러싼 두 집안의 이야기를 그린 선행 드라마 1대본('사랑이 뭐길래')의 저작권을 후행 드라마 2대본('여우와 솜사탕')이 침해하였는지 여부가 문제된 사안에서 하급심 법원은 "1대본과 2대본 및 드라마 모두에 남자주인공과 여자주인공의 갈등, 남녀주인공의 어머니들의 갈등, …여자주인공과 그 어머니의 갈등, 남자주인공 아버지와 어머니의 갈등의 구조가 서로 대응하며, 그 갈등의 내용 또한 구체적인 줄거리나 전개과정에 있어 서로 상당 부분 대응된다"고 설시한 다음 "등장인물들 각자의 캐릭터는 저작권법의 보호대상에 해당된다고 보기 어려우나, 사건의 전개는 등장인물들 각자의 캐릭터 상호 간의 갈등의 표출과 그 해소과정이라고 볼 수 있다는 점에서 등장인물들의 갈등의 구체적인 내용이나 그 조합은 저작권법의 보호대상이 된다고 할 것"이라면서 "이 사건 1대본과 이 사건 2대본 및 드라마 사이의 비문자적 포괄적 유사성을 인정할 수 있다"고 하여 실질적 유사성을 긍정하였다.103)

한편, 사실적 저작물이나 기능적 저작물과 관련해서는 실질적 유사성을 인정하기 어려운 경우가 많다. 가령, ④ 피고인이 피해자에게 저작권이 있는 여행책자의 내용을 배열이나 단어 일부를 바꾸는 방법으로 다른 여행책자를 발간·배포함으로써 저작권을 침해하였다는 혐의로 기소된 형사사건에서 대법원은 (a) 객관적 사실이나 정보를 기술한 부분, (b) 지도 부분, (c) 주관적 묘사나 설명 부분, (d) 편집구성 부분으로 나누어 각 실질적 유사성 여부를 판단하면서 이들 여행책자 사이에 실질적 유사성이 없다고 보아 무죄를 선고한 원심판결을 유지하고 검사의 상고를 기각하였다.104) 대법원은 (a) 여행지의 역사, 관련 교통 및 위치 정보 등 객관적인 사실이나 정보를 기술한 부분은 "일반적 표현형식에 따라 있는 그대로 기술한 것"에 불과하여 창작성이 없고, (b) 지도 부분도 저작물로서 보호될 만한 창작성을 인정할 수 없으므로 "실질적 유사성 여부를 판단함에 있어 대비대상으로 삼아서는 안 된다"고 하였다. (c) "관광지, 볼거리, 음식 등을 주관적으로 묘사하거나 설명한 부분"에 대해서는 피해자의

---

102) 서울고법 1995. 10. 19. 선고 95나18736 판결('하얀나라 까만나라' 사건)(상고기각 확정).
103) 서울남부지법 2004. 3. 18. 선고 2002가합4017 판결('사랑이 뭐길래' 사건)(확정).
104) 대법원 2011. 2. 10. 선고 2009도291 판결.

여행책자의 "표현들을 구성하고 있는 어휘나 구문과 유사해 보이는 어휘나 구문이" 피고인 여행책자에서 일부 발견되기는 하지만 "그 중 해당 관광지 등에 관하여 알려져 있는 특성과 평판 등을 이전의 다른 여행책자에서도 쉽게 찾아볼 수 있을 정도의 통상적인 표현방식에 의하여 그대로 기술한 것에 불과하거나 누가 하더라도 같거나 비슷하게 표현할 수밖에 없어 창작성을 인정할 수 없는 표현들을 제외하고 나면, 그러한 어휘나 구문이 전체 책자에서 차지하는 질적·양적 비중이 미미하여" 피해자 여행책자의 창작적 특성이 피고인 여행책자에서 "감지된다고 보기 어려우므로 이 부분을 들어… 실질적 유사성이 있다고 할 수도 없다"고 판시하였다. (d) 편집구성 부분에 대하여 피해자의 여행책자는 편집저작물로서의 독자적인 창작성을 인정할 수 있는데 이를 피고인 여행책자의 편집구성과 대비해 보면 "구체적으로 선택된 정보, 정보의 분류 및 배열방식 등에서 큰 차이를 보이고 있어 이들 사이에 실질적 유사성이 있다고 할 수 없다"고 판시하였다.[105]

이상의 판결들 중 ①②③ 판결은 그 어느 것이나 일종의 이념형·이상형 (ideal type) 판단방법, 즉 원고 저작물의 구성요소의 분석→ 그 중 아이디어와 창작적 표현의 구분→ 원고 저작물의 창작적 표현과 피고 저작물의 비교라는 순서로 실질적 유사성 여부를 판단한 것이라고 이해할 수 있다. 그에 비해 ④ 판결을 보면 (a)(b)(d) 각 부분은 이념형·이상형 판단방법에 따라 실질적 유사성을 판단한 것으로 보이지만 (c) 부분은 실재형·현실형(real type) 판단방법, 즉 아이디어와 표현의 구분 없이 피·침해저작물 간의 대비를 통한 유사성이 인정되는 모든 부분의 확정→ 유사성 인정 부분이 침해 저작물의 창작적 표현에 해당하는지 여부의 판단→ 양 저작물의 대비라는 순서로 실질적 유사성 여부를 판단한 것이라고 이해할 수 있다.

---

105) 그 밖에 사실적 저작물·기능적 저작물의 저작권 침해 여부가 다투어진 사건으로, 대법원 2003. 10. 9. 선고 2001다50586 판결; 同 2005. 1. 27. 선고 2002도965 판결 등이 있다. 위 대법원 판결들은 모두 원고나 피해 저작물에 창작성이 인정되지 않는다고 판단한 다음 저작권 침해를 부정하였다. 위 판결들처럼 기능적 저작물에 높은 창작성 기준을 설정함으로써 보호범위를 제한하는 해석론에 찬동하는 견해도 있다(유영선, "사실적·기능적 저작물의 실질적 유사성 판단방법", 「기업법·지식재산법의 새로운 지평」진산 김문환선생 정년기념논문집 제2권, 법문사, 2011, 653~656면). 생각건대, 기능적 저작물에 대해서도 최소한의 창작성을 갖추었으면 그 창작성을 인정하되 거의 동일하게 베낀 경우에 한하여 실질적 유사성을 긍정함으로써 보호범위를 좁게 해석하는 것이 타당하므로 창작성의 정도를 높게 요구하여 저작물성을 부인함으로써 저작권 보호를 인정하지 않는 식으로 결론을 이끌어내는 것은 바람직한 문제해결방식이라고 보기 어렵다(같은 취지, 권영준, 앞의 책, 272~273면).

≪게임 저작물의 실질적 유사성 판단방법≫

'매치 3 게임'과 같은 모바일 게임 사건에서[106] 원고의 게임 저작물(이하 '게임물'이라 한다)은 일정한 게임규칙에 따라 반응하는 캐릭터, 아이템, 배경화면 등 다양한 구성요소들이 전체적으로 어우러져 창작성이 인정된다고 할 수 있어 영상저작물로서 저작권 보호를 받을 수 있다.[107] 대법원은 피고 게임물은 캐릭터는 달리 사용하였지만 원고 게임물과 동일한 순서로 여러 게임규칙을 단계적으로 도입하여 주요한 구성요소들의 선택과 배열 및 조합을 그대로 사용하였고 또한 개별 구성요소인 아이템, 배경화면, 게임규칙의 전개와 표현형식도 그대로 또는 캐릭터만 바꾸어 사용하였다고 인정하였다(즉 '분석적 접근방법'에 따른 '부분적 문언적 유사성' 인정). 그리고 이러한 개별 요소들이 구체적으로 어우러져 피고 게임물은 원고 게임물에서 캐릭터만 달라진 느낌을 주고 있다고 인정하였다(즉 '전체적 접근방법'에 따른 '포괄적 비문언적 유사성' 인정). 따라서 피고 게임물은 원고 게임물과 실질적으로 유사하다고 판단하였다.[108]

다만 위 대법원 판결에는 다음과 같은 의문이 있다. 모바일 게임에서 창작성이 인정되기 어려운 개별 구성요소들(게임규칙, 게임 아이템 등)이 전체적으로 어우러져 원고 게임물의 '비문언적 표현'에 창작성이 인정된다고 하더라도 개별 구성요소 그 자체의 '문언적 표현'에 대해서까지 창작성이 인정되는 것은 아니다.[109] 그렇다면 '부분적 문언적 유사성'은 상당 부분 인정되기 어려운 것이 아닌가 하는 의문이 있다. 또한 원고 게임물의 '비문언적 표현'에 인정되는 창작성의 정도는 높다고 보기 어려우므로 '고도의 실질적' 유사성이 존재하여야 저작권 침해가 인정될 수 있을 것이다. 과연 데드 카피에 가까운 고도의 실질적 유사성이 있다고 인정할 수 있는 것인지도 의문이다. 더구나 무엇이 '비문언적 표현'인지에 대해서 가령 '유형 테스트'에서 말하는 '유형'(pattern)과 같은 것이[110] 대법원 판결에서는 구체적으로 설시되어 있지 않다.

---

106) 대법원 2019. 6. 27. 선고 2017다212095 판결('매치 3 게임' 사건).
107) '매치 3 게임' 사건의 게임물은 영상저작물로서의 창작성이 인정된다는 점에 관해서는 제2장 제3절 Ⅷ. 영상저작물 ≪게임 저작물의 창작성 판단기준≫ 참조.
108) 대법원 2019. 6. 27. 선고 2017다212095 판결('매치 3 게임' 사건).
109) Feist Publications, Inc. v. Rural Telephone Service Co., 499 U.S. at 349 참조.
110) 이에 관해서는 제2장 제2절 Ⅱ. 나. '아이디어와 표현의 구별방법과 실질적 유사성의 문제' 참조.

(2) 출판권 · 저작인접권 · 데이터베이스제작자의 권리 등의 침해

실질적 유사성에 관한 판단방법 · 판단관점은 저작권 침해의 경우뿐 아니라 출판권이나 저작인접권, 데이터베이스제작자의 권리 등의 침해에도 그대로 적용된다. 다만 출판권 침해의 경우 실질적 유사성 판단에서 유의할 점이 있다. 예컨대, 피고가 원고의 출판권의 목적인 저작물에 의거하여 변형을 가함으로써 유사한 형태로 이용하는 경우 실질적 유사성이 인정된다면 저작권 침해가 성립하는 것은 물론이다. 문제는 원고가 출판권자일 뿐 저작권자가 아닌 경우 출판권 침해도 성립하는가이다. 출판권은 타인의 저작물을 복제하여 배포할 수 있는 권리이므로 복제권이 침해된 경우 출판권 침해가 성립하는 것은 당연하다. 사소한 변경의 경우도 복제권 침해가 발생하므로 출판권 침해가 성립한다. 그러나 출판권자에게 2차적 저작물을 출판할 권리까지 주어진 것은 아니므로 그 변경의 정도가 2차적 저작물 작성의 정도에 이르렀다면 출판권 침해는 발생하지 않는다.[111] 대법원은 '만화 삼국지' 사건에서 피고의 만화가 원고가 출판권을 설정 받아 출판하는 만화에 나타난 컷의 구성, 컷 내의 그림의 배치, 인물의 표정 · 동작 및 주변의 묘사 등과 상당히 유사하지만, 원고 만화의 표현형식이 흑백의 약화체로 되어 있는데 비하여 피고의 만화는 천연색의 사실체로 되어 있어서 그 동일성을 상실할 정도로 변경되어 출판되었으므로 피고가 이와 같이 원고의 만화를 변경하여 출판하는 때에는 저작자의 2차적 저작물 작성권 침해에 해당할지언정 출판권자인 원고의 출판권 침해는 성립하지 않는다고 판단하였다.[112]

전술한 것처럼 복제권 침해라는 것은 피고 저작물이 원고 저작물의 창작적 표현과 완전 동일(a)한 경우 또는 구체적 표현에 수정 · 증감을 가하여 실질적으로 동일(a')하거나 실질적 유사성(a'')이 인정되지만 그 수정 · 증감한 부분에 창작성이 인정되지 않는 경우를 포함한다. 이에 비하여 2차적 저작물 작성권 침해란 원고 저작물의 창작적 표현과 실질적 유사성(a'')을 유지하면서 구체적인 표현에 수정 · 증감을 가하여 새로운 창작성(β)을 부가한 경우에 인정된다. 따라서 복제의 경우($a{\rightarrow}a$ 또는 $a{\rightarrow}a'$ 또는 $a{\rightarrow}a''$)는 2차적 저작물을 작성하는 경우($a{\rightarrow}a''+\beta$)보다도 동일성 내지 유사성의 정도가 높다고 할 수 있다. 달리 말하면 복제의 경우보다 2차적 저작물의 작성의 경우에 있어서는 가해진

---

111) 권영준, 앞의 책, 36면.
112) 대법원 2005. 9. 9. 선고 2003다47782 판결('만화 삼국지' 사건).

변경의 정도가 '새롭게 부가된 창작성'(β) 부분만큼 크다고 할 수 있다. 어쨌든 복제권 침해와 2차적 저작물 작성권 침해에 있어서 공통되는 판단기준은 '실질적 유사성'(α'')이므로 출판권 침해의 경우에도 실질적 유사성은 권리침해의 객관적 요건으로서 그대로 기능한다. '만화 삼국지' 사건에서 대법원 판결은 복제와 2차적 저작물 작성을 구분하는 경계선을 劃定함에 있어서 새롭게 부가된 창작성(β)의 유무가 아니라 실질적 동일성(α')의 유무로 그 경계표시를 삼았다는 점에서 그 이론구성이 의심스럽지만[113] 결론적으로는 출판권이 2차적 저작물 작성권에는 미치지 않는다고 판단하였다는 점에서 정당하다.

4. 의거(이용)성과 실질적 유사성의 판단순서

권리침해가 성립하기 위해서는 주관적 요건인 의거(이용)성과 객관적 요건인 실질적 유사성이 모두 인정되어야 하지만, 권리침해가 성립하지 않은 경우에는 두 요건 중 어느 하나라도 인정할 수 없다고 판단하면 충분하다. 문제는 두 요건 중 어느 쪽을 먼저 판단해야 하는가이다. 논리적으로 고찰하면, 원·피고의 저작물이 동일하거나 유사하더라도 그들 저작물이 서로 관계없이 독립하여 별개로 작성된 것이라면 저작권 침해에 해당하지 않으므로 의거(이용)관계가 존재하지 않는다는 사실부터 먼저 판단하여 이를 분명하게 할 필요가 있을 것이다.[114] 그런데 의거(이용)성의 입증은 접근(혹은 접근가능성)과 증명적 유사성이라는 간접사실의 입증을 통해 이루어지는 경우가 많을 뿐 아니라, 실질적 유사성의 판단이 이른바 실재형·현실형(real type) 판단방법으로 이루어지는 경우에는 전술한 것처럼 아이디어와 표현의 구분 없이 원·피고 저작물 간의 대비를 통해 유사성이 인정되는 모든 부분을 확정하는 것을 시작으로 그 판단이 진행된다. 이처럼 구체적인 개별 사안에 따라서 의거(이용)성 요건과 실질적 유사성 요건은 서로 밀접하게 관련되어 판단되는 경우가 많으므로 개

---

113) 위 대법원 판결과 관련해서는 일반적인 저작권 침해가 성립하기 위해서는 원고의 저작물과 '실질적 유사성'(substantial similarity)이 있으면 족하지만, 출판권 침해가 인정되기 위해서는 원고의 저작물과의 사이에 '실질적 동일성'(substantial sameness)이 있어야 한다는 의미라고 설명하기도 한다(오승종, 앞의 책, 1046면, 1244면). 그러나 이러한 설명에 따른다면 결국 복제권 침해의 객관적 요건은 '실질적 동일성'(α')이고 2차적 저작물 작성권 침해의 객관적 요건은 '실질적 유사성'(α'')이 되므로 마치 양 침해의 객관적 요건이 二元的으로 분리되는 결과가 되어 의문이다.

114) 光石俊郎, "著作權法における依據について", 「知的財産權の現代的課題」本間崇先生還曆記念, 信山社, 1995, 300면.

별 사안의 상황에 맞게 양 요건을 판단하면 충분할 것이다. 그러한 점에서 어느 요건을 중시해야 한다는 질적 순서나 어느 요건부터 판단해야 한다는 논리적 순서는 없다고 보는 것이 타당할 것이다.115)

제2절 침해간주

I. 의　의

저작권법은 "저작권 그 밖에 이 법에 따라 보호되는 권리"(이하 '저작권 등'이라 한다)를 직접적으로 침해한 경우(예컨대, 복제권이나 배포권 침해)는 아니지만 특정한 행위를 허용하면 저작권자 등 권리자의 이익을 실질적으로 해할 우려가 있는 경우(예컨대, 침해물건을 배포목적으로 수입하는 행위)를 대비한 규정을 마련하고 있다. 이에 따라 저작권법은 직접적 침해행위는 아니지만 권리자의 이익을 실질적으로 해하는 일정한 행위에 대하여 이것을 네 가지의 행위로 유형화하여 "저작권 그 밖에 이 법에 따라 보호되는 권리의 침해로 본다"(제124조 제1항 제1호 내지 제3호에서 규정하는 3가지 행위)거나 또는 "저작인격권의 침해로 본다"(제124조 제2항에서 규정하는 1가지 행위)고 규정한 것이다. 여기서 "권리의 침해로 본다"는 것은 권리의 침해로 看做한다는 것, 다시 말해 침해로 擬制한다는 의미이다. 이러한 권리침해간주행위는 침해행위와 마찬가지로 취급되므로 이에 대해 권리자는 침해정지와 손해배상청구를 할 수 있으며 그 행위자는 형사처벌의 대상이 된다. 따라서 실질적인 관점에서 보면 제124조는 저작권자 등의 권리범위를 확장한 것이라고 말할 수 있다. 이와 관련해서는 특허법에도 유사한 취지의 규정이 존재한다(특허법 제127조).

II. 내　용

1. 저작권법 제124조 제1항

저작권법 제124조 제1항은 "저작권 그 밖에 이 법에 따라 보호되는 권리의 침해로 본다"고 규정하는데, 여기서 "저작권 그 밖에 이 법에 따라 보호되는 권리"라 함은 저작재산권, 저작인격권, 출판권, 배타적 발행권, 실연자의 인격권, 저작인접권, 데이터베이스제작자의 권리를 말한다.

---

115) 같은 취지, 西田美昭, 앞의 논문, 124면.

가. 배포목적의 저작권 등 침해물건 수입행위

저작권법 제124조 제1항 제1호는 "수입 시에 대한민국 내에서 만들어졌더라면 저작권 그 밖에 이 법에 따라 보호되는 권리의 침해로 될 물건을 대한민국 내에서 배포할 목적으로 수입하는 행위"를 저작권 등 권리의 침해로 본다고 규정한다. 외국에서 제조된 이른바 해적판 상품을 국내에서 판매할 목적으로 수입하는 행위를 규제하는 조문이다. 즉 본호는 속지주의원칙을 전제로 하여 규정된 것으로 우리 저작권법이 미치지 않는 외국에서 불법 복제된 이른바 '해적판'이 대한민국 내로 수입되는 것을 규제하기 위한 입법이다. 속지주의원칙이란 어느 한 국가에서 인정된 저작권을 비롯한 지적재산권의 효력은 그 국가의 통치권이 미치는 영토 내에서 한정되고, 그 성립·변동·효력·침해 등은 조약이 정한 범위 외에는 모두 그 권리를 인정하는 국가의 법률에 의하는 것을 이른바 속지주의원칙이라 한다.[116] 이러한 속지주의원칙에 의해 우리나라 저작권법의 효력은 우리나라 영토 내에서만 그 효력이 미친다.

예컨대, 우리나라에서 만화를 그린 국내 만화가가 우리 저작권법상 저작물의 요건을 갖추면 그 만화에 대해 저작권을 취득한다. 동시에 그 만화에 대해서는 저작권 보호에 관한 국제조약에 가입하여 조약상 의무로서 우리나라 저작물을 보호해주어야 하는 여러 가입국들에서도 각 해당 국가의 저작권법에 의해 저작권이 발생한다. 이들 각 나라의 저작권의 효력은 각 나라의 통치권이 미치는 영토 내에서만 그 효력이 인정된다는 것이 바로 속지주의원칙의 내용이다. 그 결과 우리 저작권법상 보호를 받는 만화저작물을 우리나라 저작권자의 허락 없이 외국에서 복제하더라도 우리나라 저작권법에 따른 권리침해가되지 않는다. 해당 외국에서 이루어진 복제행위에 대해 권리침해 금지청구 등을 할 수 있는 것은 그 만화에 대해 해당 외국 저작권법에 따른 저작권을 보유하는 자에 한정된다. 설령, 우리나라 만화가가 그 외국의 저작권을 함께 가지고 있더라도 외국 법원에서 그 나라 저작권법에 기해 소송을 제기하는 것은 시간이 걸리는 일이다.[117] 한편, 우리 국제사법 제2조 제1항은 "당사자 또는 분쟁이 된 사안이 대한민국과 실질적 관련이 있는 경우에 국제재판관할권을 가진다"고 규정한다. 만일 외국에서 발생한 국내 만화가의 저작권 침해 사건에 대해 우리나라가 국제재판관할을 가지는 것으로 인정된다면 국내 법원에서

---

116) 紋谷暢男, "知的財産權の國際的保護", 「國際私法の爭點」新版, 有斐閣, 1996, 25면.
117) 小泉直樹, 「特許法·著作權法」, 有斐閣, 2012, 238~239면.

해당 외국의 저작권법을 적용하여 제소하는 것도 가능할 것이다. 문제는 국제 사법 제2조 제1항 제1문에서 규정하는 '실질적 관련'의 인정 여부에 좌우될 것 이므로[118] 언제나 국제재판관할이 인정되는 것은 아니다.

그런데, 위 사안에서 해당 외국에서 우리나라 저작권자의 허락 없이 작성 된 해적판 만화가 국내시장에 수입되는 경우 실질적으로 우리나라에서 불법 복제된 만화가 유통되는 것과 마찬가지의 결과가 되므로 그 복제물이 유통되 지 못하도록 압류할 필요가 있다. 따라서 본호는 외국에서 작성된 불법 복제 물이 배포 목적으로 우리나라 국내로 들어오지 못하게 한다는 관점에서 규정 된 것이다.[119]

본호의 적용대상이 되는 것은 수입 시에 우리나라에서 만들어졌더라면 저 작권 등의 침해로 될 물건에 한정되고 그 판단의 기준시점은 "수입 시"이므로, 위에서 살펴본 사안에서 해당 외국에서 불법 복제된 만화가 우리나라에 수입 될 시점까지 저작권자로부터 이용허락을 받는 등 권리처리가 이루어진다면 본 호에 해당하지 않는다.[120] 따라서 우리나라 저작권자의 허락을 얻어 해당 외 국에서 적법하게 작성된 만화를 우리나라에 수입하는 행위(진정상품의 병행수 입)는 당연히 본호의 적용대상이 아니다.[121] 본호는 "대한민국 내에서 만들어 졌더라면 저작권 그 밖에 이 법에 따라 보호되는 권리의 침해로 될 물건"을 규제하는 것이므로, 우리 저작권법에는 존재하지 않는 외국 저작권법상의 권 리제한 규정 등에 기해 해당 외국에서 만들어진 물건에 대해서는, 만일 그 물

---

118) 여기서 말하는 '실질적 관련'이라 함은 법정지국인 우리나라가 국제재판관할권을 행사하는 것 을 정당화할 수 있을 정도로 당사자 또는 분쟁 대상이 우리나라와 관련성을 갖는 것, 즉 연결 점이 존재하는 것을 의미하며 그 구체적인 인정 여부는 법원이 개별 사건에서 종합적인 사정 을 고려하여 판단할 사항이다(석광현, 「국제사법 해설」, 박영사, 2013, 65면).

119) 허희성, 「2011 신저작권법 축조개설 하」, 명문프리컴, 2011, 643면.

120) 半田正夫・松田政行 編, 「著作權法コメンタール 3」第2版, 勁草書房, 2015, 471~472면(山本 隆司 집필).

121) 이 경우 본호의 적용대상이 아니라고 하여 진정상품의 병행수입이 언제나 허용된다는 의미가 아님에 유의해야 한다. 즉, 진정상품의 '수입단계'에서는 본호에 의해 그 병행수입을 규제할 수 없지만, '배포단계'에서는 저작권자와의 합의 내용 여하에 따라 배포권 침해에 해당할 수도 있다. 따라서 그러한 경우 저작권자는 '배포단계'에서 진정상품의 유통을 중단시킬 수 있으므 로 병행수입은 허용되지 않게 된다. 그러므로 저작권자와 이용권자 간의 합의 내용이 중요하 다. 예컨대, 해당 외국에서 저작물의 복제물이 저작권자의 허락을 얻어 판매 등의 방법으로 거래에 제공될 때에 저작권자가 국내시장으로 병행수입 하는 것을 명시적으로 금지한 것이 아닌 경우거나 혹은 묵시적으로 이를 허락한 경우인지 여부 등을 살펴 병행수입의 허용 여부 를 판단하는 것이 타당할 것이다. 이에 관해서는, 제4장 제3절 VI. 3. 다. (2) '적용범위' 참조.

건이 우리나라에서 만들어졌더라면 위법한 복제물이 될 것이므로 본호의 적용 대상이 될 것이다.[122] 또한, 본호는 배포 목적 수입에 한해 적용되는 것이므로 연구 목적으로 수입하는 경우는 이에 해당하지 않는다.

본호의 보호는 우리나라 저작자의 저작물에 한하지 않으며 베른협약, WTO/TRIPs협정, 세계저작권협약에 의해 우리나라에서 보호되는 외국인의 저작물이 해외에서 불법 복제되어 배포 목적으로 우리나라에 수입되는 경우에도 미친다. 저작권 보호에 관한 국제조약들 중 어디에도 가입하지 않은 국가의 저작자가 자국에서 발행한 저작물은 우리나라에서 자유롭게 복제될 수 있으므로, 그 무단 복제물을 배포 목적으로 우리나라에 수입하는 행위는 보호되지 않는다.[123]

나. 악의의 배포목적 소지행위

저작권법 제124조 제1항 제2호는 "저작권 그 밖에 이 법에 따라 보호되는 권리를 침해하는 행위에 의하여 만들어진 물건(제1호의 수입 물건을 포함한다)을 그 사실을 알고 배포할 목적으로 소지하는 행위"를 저작권 등 권리의 침해로 본다고 규정한다. 여기서 중요한 것은 "그 사실을 알고"의 의미이다. 그 사실을 안다는 것은 만들어진 물건이 저작권 등에 저촉한다는 것을 인식하는 것, 예컨대 불법 복제라는 사실을 인식하고 있을 것이 필요하다. 만일 침해가 아니라는 사실을 인식하고 있다면, 예컨대 권리자로부터 이용허락을 받았다는 사실을 인식하고 있다면 "그 사실을 알고"에 해당하지 않는다. 물론 당사자 간에 권리침해 여부를 둘러싸고 다툼이 치열하여 저작권 등의 침해에 해당하는지 여부가 명확하지 않은 경우도 있을 수 있다. 이러한 경우에는 설령 "권리를 침해하는 행위에 의하여 만들어진 물건"이라는 취지의 판결이 확정되기 전이라도 자신이 소지하고 있는 물건이 침해행위에 의해 만들어진 물건이라는 내

---

122) 이에 해당하는 것이 프랑스 저작권법(당시 제20조, 현행 제122조의9 제1항)에 따라 이용권의 불행사에 의한 악의적 권리남용이라는 이유로 법원 판결에 의해 복제권에 대한 강제허락이 이루어짐으로써 저작권자의 허락 없이 프랑스에서 출판된 회화의 복제물(사진집)이 적법하다고 인정된 사안이다(프랑스 판결에 대한 상세는, 허희성, "저작권자의 권리남용에 관한 프랑스 판례", 「계간 저작권」, 1988 가을호, 24~29면). 그런데 위 회화의 복제물(사진집)이 프랑스에서 일본으로 수입되자 당해 회화의 저작권자가 수입·판매금지가처분신청을 하였고 상대방은 프랑스에서 적법한 복제물로 인정된 것이므로 일본 저작권법 제113조 제1항 제1호(우리 저작권법 제124조 제1항 제1호)에 해당하지 않는다고 다투었으나, 일본 하급심은 수입·판매 금지가처분결정을 내렸다(東京地裁 1987(昭和62)年 11月 27日 決定).
123) 相澤英孝 編著, 「知的財産法槪說」第3版, 弘文堂, 2008, 204면.

용이 포함된 가처분결정이나 미확정 제1심 판결을 알고 있는 것만으로 충분하다고 할 것이다.

다. 프로그램의 업무상 이용행위

저작권법 제124조 제1항 제3호는 "프로그램의 저작권을 침해하여 만들어진 프로그램의 복제물(제1호에 따른 수입 물건을 포함한다)을 그 사실을 알면서 취득한 자가 이를 업무상 이용하는 행위"를 저작권 등 권리의 침해로 본다고 규정한다. 본호는 컴퓨터프로그램보호법이 저작권법에 통합되어 폐지될 때 동법 제29조 제4항 제2호를 2009년 저작권법에 옮겨 놓은 것이다. 즉, 다른 사람이 불법 복제한 프로그램이라는 사실을 알면서 그 불법 복제 프로그램을 취득하여 이용하는 행위는 금지된다. 업무상 이용하여야 하므로 개인적인 목적으로 이용하는 경우는 본호에 해당하지 않는다.124) 유의할 것은 여기서 말하는 프로그램의 '이용'이 의미하는 내용이다. 강학상으로 저작권의 효력이 미치는 복제나 공중송신 등의 행위태양을 '이용'(exploitation)이라 하고, 그 효력이 미치지 않는 행위태양, 즉 책을 읽거나 음악·영화를 듣거나 보는 행위태양을 '사용'(use, utilization)이라 하여 구별하는 것이 일반적이다.125) 이러한 구별을 전제로 하면 여기서의 이용이란 후자의 '사용'을 의미하는 것이라고 이해해야 할 것이다. 전자의 의미라면 구태여 침해간주라고 규정할 필요조차 없이 무단 이용하면 당연히 저작권 침해가 될 것이기 때문이다. 요컨대, 본호는 프로그램을 무단 복제하는 등 저작권을 침해하는 행위태양에는 해당하지 않지만 프로그램에 관해서는 일정한 경우 그 '사용'을 규제하지 않으면 프로그램을 저작권법으로 보호하는 의미가 반감되기 때문에 권리침해로 간주(의제)하는 규정이다.126) 여기서 '업무상'이란 영리·비영리를 묻지 않으며 업무의 일환으로 사용되는 한 예컨대 1회에 한한 사용이더라도 업무상이라고 할 수 있다. 회사에서 사용한 경우뿐 아니라 개인상점, 학교, 관청, 병원, 법률사무소, 행정기관 등에서 사용한 것도 업무상 사용에 해당한다.127) 다만, '업무상 이용'하는 경우에 한하므로 개인이 사적인 문서작성을 위해 사용하거나 가정 내에서 오락을 목

---

124) 오승종, 「저작권법」 제5판, 박영사, 2020, 1676면.
125) 齊藤博, 「著作權法」第3版, 有斐閣, 2007, 55면; 같은 취지 최경수, "사용과 이용—저작권 용어 해설(1)", 「계간 저작권」, 1988 봄호(창간호), 48면.
126) 中山信弘, 「著作權法」第2版, 有斐閣, 2014, 653~654면; 이해완, 「저작권법」 제4판, 박영사, 2019, 1226면.
127) 加戶守行, 「著作權法逐條講義」六訂新版, 著作權情報センタ, 2013, 747면; 中山信弘, 위의 책, 654면.

적으로 사용한 경우에는 본호가 적용되지 않는다.[128) 또한, 불법 복제 프로그램이라는 사실을 알면서 취득하여야 하므로 취득 당시에는 몰랐으나 나중에 불법 복제물인 것을 알게 된 경우에는 이를 계속 이용하더라도 본호의 적용대상이 아니다.[129)

2. 제124조 제2항—저작인격권 침해 의제행위

저작권법 제124조 제2항은 "저작자의 명예를 훼손하는 방법으로 저작물을 이용하는 행위는 저작인격권의 침해로 본다"고 규정한다. 예술적 가치가 높은 누드화를 성인용품 상점의 입간판에 사용하거나 장엄한 종교음악을 스트립쇼의 배경음악으로 이용하는 것 등이 그 예이다.[130) 여기서 말하는 '명예'는 저작자의 주관적인 명예감정이 아니라 객관적인 사회적 평가를 의미한다.

Ⅲ. 비교법적 검토

1. 특허법과의 비교

저작권법 제124조의 "침해로 보는 행위"와 특허법 제127조의 "침해로 보는 행위"는 그 규정 내용상 어떠한 점에서 서로 구별되는지 확인해 둘 필요가 있다. 특허법 제127조에는 특허권 침해와 관련된 예비행위는 물론이고 그 방조행위를 권리침해로 간주하는 규정을 두고 있다. 첫째, "특허가 물건의 발명인 경우: 그 물건의 생산에만 사용하는 물건을 생산·양도·대여 또는 수입하거나 그 물건의 양도 또는 대여의 청약을 하는 행위"(특허법 제127조 제1호)를 침해로 보는 행위로 규정한다. 이는 특허가 물건의 발명인 경우 그 物件의 生産과 관련된 일정한 예비·방조행위를 침해로 간주한 것이다. 둘째, "특허가 방법의 발명인 경우: 그 빙법의 실시에만 사용하는 물건을 생산·양도·대여 또는 수입하거나 그 물건의 양도 또는 대여의 청약을 하는 행위"(특허법 제127조 제2호)를 침해로 보는 행위로 규정한다. 이는 특허가 방법의 발명인 경우 그 方法의 實施와 관련된 일정한 예비·방조행위를 침해로 간주한 것이다.

요컨대, 특허법은 '물건의 생산'이라든가 '방법의 실시'라는 法文을 명시함으로써 특허권 침해행위와 직결되는 예비행위는 물론이고 그 방조행위를 "침

---

128) 加戸守行, 위의 책, 747면.
129) 이해완, 앞의 책, 1226면.
130) 이에 관한 상세는 제4장 제2절 V. '저작인격권 침해 의제행위' 참조.

해로 보는 행위"로 규정한다. 이에 비하여 저작권법 제124조가 규정한 네 가
지 행위 유형들은 저작권의 핵심 지분권인 복제권 침해와 직결되는 예비행위
혹은 방조행위를 규정한 것이 아니라 '배포목적의 저작권 등 침해물건 수입행
위'나 '악의의 배포목적 소지행위'와 같이 권리자의 이익을 해하는 일정한 행
위를 침해행위로 간주하거나(제124조 제1항 제1호 내지 제3호), 저작인격권의 보
호를 위한 침해간주 규정(동조 제2항)에 관한 것이다. 저작권법의 관련 규정들
그 어디에도 특허법의 경우처럼 권리 침해 전반에 걸쳐 예비·방조행위를 포
괄하는 명시적 규정은 마련되어 있지 않다. 요컨대, 저작권법은 저작권 침해와
관련된 예비·방조행위를 권리침해로 간주하는 내용을 규정하고 있지 않은 점
이 특허법 규정과의 가장 큰 차이점이다.

2. 외국법과의 비교

우리 저작권법이 권리자의 이익을 해하는 일정한 행위에 대하여 이것을
네 가지 행위로 유형화하여 저작권의 '침해로 보는 행위'로 규정하는 것과 유
사하게 일본 저작권법 제113조도 '침해로 보는 행위'를 규정한다. 그 밖에 외
국 입법례 중에는 우리 저작권법의 '침해로 보는 행위'에 해당하는 유형을 '저
작권의 2차적 침해'(secondary infringement of copyright)라는 용어를 사용하여 규
정한다. 영국 저작권법 제22조 내지 제26조, 뉴질랜드 저작권법 제35조 내지
제39조가 각 이에 해당한다. 이들 국가에서는 '저작권의 2차적 침해'를 '간접침
해'(indirect infringement)라고도 부른다. 이와 달리 일본에서는 저작권의 직접
침해나 '침해로 보는 행위'에 해당하지 않는 경우, 가령 저작권 침해의 방조자
를 '간접침해' 행위자라 부르고, 이러한 '간접침해'에 대해서도 침해정지청구권
을 행사할 수 있는지를 둘러싸고 활발한 논의가 전개되고 있다.131)

제3절 기술적 보호조치의 무력화 금지 등

I. 서 론

저작권법은 저작권 등 '권리침해' 및 그 '침해로 보는 행위' 외에 별개의
장(제6장의2 기술적 보호조치의 무력화 금지 등)을 신설하여 여섯 가지 유형의 금

---

131) 이에 관해서는 제9장 제2절 II. 3. '금지청구의 상대방' 참조.

지행위를 규정하고 이를 위반하는 침해행위 자체를 독자적 규제의 대상으로 삼음으로써 저작권 등 권리침해나 권리침해간주와는 구별되는 독자적 성격의 보호 방식을 채택하고 있다. 이들 여섯 가지 유형의 금지행위는 2011년 저작권법(6월 30일·12월 2일 각 개정법)에서 신설된 것인데,[132] 열거하면 기술적 보호조치의 무력화 금지(제104조의2), 권리관리정보의 제거·변경 등의 금지(제104조의3), 암호화된 방송 신호의 무력화 등의 금지(제104조의4), 라벨 위조 등의 금지(제104조의5), 영상저작물 녹화 등의 금지(제104조의6), 방송 전 신호의 송신 금지(제104조의7)이다.

Ⅱ. 기술적 보호조치의 무력화 금지

1. 개   관

가. 저작권법과 이른바 '디지털 딜레마'

디지털 기술과 인터넷의 결합은 저작권법을 이른바 '디지털 딜레마'에 빠지게 한다. 디지털 기술은 저작물을 디지털 정보화하여 복제와 유통을 손쉽게 하는 반면에, 그것은 저작물과 같은 유용한 정보의 복제와 유통에 대해 엄격한 통제를 가능하게 한다. '냅스터'나 '소리바다' 프로그램과 같은 P2P 기술이 전자의 예라면, 암호화 등과 같은 기술은 후자의 예이다. 이처럼 디지털 기술은 저작권법이 보호대상으로 하는 저작물에 대해 양날의 칼과 같은 역할을 한다. 디지털 기술의 발전으로 정보(유통)의 자유가 확대될 수도 있지만, 거꾸로 정보(유통)에 대한 통제가 가속화될 수도 있다는 것이 '디지털 딜레마'의 현주소이다.

기술적 보호조치(Technological Protection Measures, TPMs)는 '디지털 딜레마'의 양 갈래 길 가운데 후자와 관련된 예이다. 기술적 보호조치라는 것은 '저작자의 권리'를 보호하는 방안 중 하나로서 디지털 기술을 활용하여 '저작자의 권리'를 보호하는 수단을 마련하는 것을 말한다. 따라서 그 본질은 '저작자의 권리'를 보호하기 위한 수단으로 동원된 이 기술적 보호조치를 '보호'함으로써 궁극적으로 '저작자의 권리'를 보호한다는 데에 있다. 기술적 보호조치 제도의 국제조약상 근거는 1996년 12월 각 체결된 WIPO저작권조약(WCT) 제11조, WIPO실연음반조약(WPPT) 제18조이다. 양 조약의 공통 의제는 디지털 기술에 대응

---

132) 금지행위의 여섯 가지 유형 중 기술적 보호조치 및 권리관리정보의 보호와 관련해서는 2003년 저작권법부터 권리침해간주행위로 취급하여 보호해왔으나 2011년 저작권법에서 그 보호방식을 위와 같이 변경한 것이다.

하여 인터넷 환경에서도 작동 가능하도록 저작권 법제를 정비하는 것이라 할
수 있는데, 그 중 가장 주목되는 부분이 기술적 보호조치 제도의 창설에 관한
것이다. 미국은 1998년 디지털 밀레니엄 저작권법(DMCA)을 통해 이 제도를 채
택하였고 유럽연합과 일본도 이 제도를 받아들였다. 우리나라는 2003년 저작
권법에서 이 제도를 수용하였다.

나. 기술적 보호조치의 의의
(1) 기술적 보호조치의 정의

기술적 보호조치라는 것은 "저작권, 그 밖에 이 법에 따라 보호되는 권리
의 행사와 관련하여 이 법에 따라 보호되는 저작물 등에 대한 접근을 효과적
으로 방지하거나 억제하기 위하여 그 권리자나 권리자 등의 동의를 받은 자가
적용하는 기술적 조치"(제2조 제28호 가목)와 "저작권, 그 밖에 이 법에 따라 보
호되는 권리에 대한 침해 행위를 효과적으로 방지하거나 억제하기 위하여 그
권리자나 권리자의 동의를 받은 자가 적용하는 기술적 조치"(제2조 제28호 나목)
라고 정의된다. 전자를 '接近통제' 기술적 보호조치(이하, '접근통제조치'라고 한다),[133]
후자를 '利用통제' 기술적 보호조치(이하, '이용통제조치'라고 한다)[134]라고 부른
다. 이와 같이 저작권법이 정의하는 기술적 보호조치의 두 유형, 즉 접근통제
조치(access control measures)와 이용통제조치(use or copy control measures)의 정
의 내용에 입각하여 기술적 보호조치의 개념을 구성하는 핵심 요소를 정리하
면 다음과 같다. 기술적 보호조치라는 것은 ① "저작권, 그 밖에 이 법에 따라
보호되는 권리"에 관한 것이어야 하고, ② 저작물 등에 대한 "접근"이나 저작
권 등에 대한 "침해행위"를 "효과적으로 방지하거나 억제"하는 것이어야 하며,
③ "그 권리자나 권리자의 동의를 받은 자가 적용"하는 것이어야 한다.

①에서 말하는 "저작권, 그 밖에 이 법에 따라 보호되는 권리"라는 것은
저작권법에 의해 유효하게 보호되는 저작재산권, 저작인격권, 배타적발행권,
출판권, 저작인접권, 데이터베이스제작자의 권리에 관한 것이어야 한다는 의
미이다. 기술적 보호조치의 두 유형인 '접근통제조치'와 '이용통제조치'를 마련
하여 이들을 보호하는 제도적 취지는 결국 저작권 등을 보호하려는 데에 있
다. 그러므로 경쟁 제한이나 그 밖의 목적으로 활용되는 기술적 보호조치가

---

133) 접근통제조치의 대표적 예로는 암호화(encryption) 기술을 들 수 있다.
134) 이용통제조치의 대표적 예로는 직렬복제관리시스템(SCMS), 복제세대관리시스템(CGMS), 매크
   로비전 등을 들 수 있다. 접근통제 및 이용통제조치의 두 가지 속성을 동시에 가지는 것으로
   는 DVD에 적용되는 CSS(Content Scrambling System)나 MPEG21을 들 수 있다.

저작권법에 의해 보호되는 일이 있어서는 안 된다.[135] ②에서 말하는 저작물
등에 대한 "접근"이란 저작물 외에 실연·음반·방송과 같은 저작인접물이나
데이터베이스에 대한 "접근"을 의미한다. 저작권 등에 대한 "침해행위"에서 말
하는 저작권 등이란 ①에서 열거한 여러 권리들을 뜻한다. "효과적으로 방지
하거나 억제"하는 것이어야 한다는 것은 효과적인 기술적 보호조치이어야 한
다는 뜻이다. 따라서 단순한 경고표시 등은 이에 해당되지 않으며 통상의 작
동과정에서 일정한 통제 효과가 있어야 한다.[136] 즉, 저작권 등을 '보호'하기
위한 수단으로 마련된 것이 '기술적 보호조치'이므로, 저작권 등을 효과적으로
보호하기 위해서는 결국 이 기술적 보호조치를 제대로 '보호'하여야 한다. 요
컨대, 저작권 등을 효과적으로 보호하기 위한 수단으로서 기술적 보호조치의
'보호'가 논의의 핵심인 것이지, 기술적 보호조치 그 자체에 대한 보호가 논의
의 핵심은 아니다.

(2) 기술적 보호조치의 두 유형—접근통제조치와 이용통제조치

저작권법은 기술적 보호조치의 두 유형으로 접근통제조치와 이용통제조치
를 각 보호한다. 그 보호를 위하여 접근통제조치에 대해서는 이를 제거, 변경
하거나 우회하는 등의 무력화 행위 그 자체와 무력화 예비행위를 모두 금지하
지만(제104조의2 제1·2항), 이용통제조치에 대해서는 이를 무력화 하는 행위 자
체는 금지하지 않고 그 예비행위만을 금지한다(제104조의2 제2항). 이용통제조
치의 무력화 행위는 곧바로 저작권 등의 권리침해로 이어지는 경우가 대부분
이므로 그 권리침해 자체를 규제대상으로 하면 충분하기 때문이다. 여기서 문
제되는 기술적 보호조치가 양 조치 중 어느 쪽에 해당하는지를 결정함에 있어
서는, 저작권은 하나의 단일한 권리가 아니라 복제권, 배포권, 공연권 등 여러
권리들의 집합체로서 이들 권리는 각각 별개의 권리이므로 이 각각의 권리를

---

135) 가령, 일부 제조사는 자사의 프린터에는 호환잉크나 리필잉크를 사용하지 못하도록 하기 위해
프린터와 잉크 카트리지 사이에 승인 프로그램을 장착하기도 한다. 이와 관련하여 미국에서는
접근통제의 대상이 저작물이 아니라는 이유로 신청인의 가처분 청구를 기각한 판례가 있다.
Lexmark In'tl. v. Static Control Components, Inc., 387 F. 3d 522 at 547 (6th Cir. 2004). 또한
원격 주차장의 문 개폐기 보안시스템과 관련하여 접근통제조치의 목적은 저작권 침해와 합리
적 관련성이 있는 경우에만 보호대상이 된다고 판시한 판례가 있다. Chamberlain Group v.
Skylink Techs., 381 F. 3d 1178 (Fed. Cir. 2004). Lexmark 사건은 접근통제의 대상이 '저작물'
에 초점을 맞춘 사건이었음에 비하여 Chamberlain 사건은 당해 기술적 수단이 통제하는 접근
의 '목적'에 초점을 맞춘 사건이었다. 참고로 EU에서는 2006년부터 모든 프린터에 대하여 타
사의 잉크와 호환이 가능하도록 제작할 것을 요구한다.
136) 임원선, 「실무자를 위한 저작권법」 제7판, 한국저작권위원회, 2022, 450면.

기준으로 개별적으로 판단하여야 한다.[137)

접근통제조치란 저작권법으로 보호되는 저작권 등 권리의 행사와 관련하여 저작물 등에 대한 접근을 통제하는 기술적 조치를 말한다. 이것은 저작권 등의 이용행위와 직접 관련이 없는 접근행위 자체를 통제하는 것이다. 유의할 점은 기술적 보호조치의 제도적 취지는 궁극적으로 저작권 등을 보호하려는 데에 있으므로 접근통제조치는 최소한 저작권 등의 권리의 행사와 관련하여 적용되는 것이어야 한다. 접근통제조치는 저작물이 수록된 매체에 접근하거나 그 저작물 자체를 향유(재생 및 작동)하기 위하여 접근하는 것을 막는 조치를 말한다. 예컨대, 복제는 가능하더라도 허락 없이 복제된 것은 작동되지 않도록 하는 장치가 이에 해당한다. 비유하자면 접근통제조치란 미술관 내에 전시된 미술작품을 일반 공중이 감상조차 할 수 없도록 미술관 입구를 통제하여 출입을 봉쇄하거나 출입을 허용하더라도 미술관 내에 전시된 작품들을 볼 수 없도록 미술작품을 커튼으로 가려 놓는 조치라고 말할 수 있다. 저작물 등에 대한 접근 자체를 규제하기 때문에 일반 공중으로 하여금 저작권 제한사유(제23조 내지 제38조)에 해당하는 "저작물의 공정한 이용을 도모"(제1조)하지 못하도록 규제하는 결과가 되어 "문화…의 향상발전"(제1조)이라는 공익에 저촉될 우려가 있다.

이용통제조치란 저작권법으로 보호되는 저작권 등의 권리에 대한 이용행위를 통제하는 기술적 조치를 말한다. 이것은 저작물 등의 직접적인 이용행위(복제, 공중송신 등)를 통제하는 것이다. 예컨대, CD나 DVD의 복제방지장치가 이에 해당한다. 앞에서 소개한 미술관의 비유에 따르면, 저작권자 허락 없이 미술관 내에 전시된 미술작품을 모사하거나 사진 촬영을 하지 못하도록 이러한 행위 자체를 금지시키는 것이 이에 해당한다.

다. 입법 연혁

구 저작권법(2011. 6. 30. 법률 제10807호로 개정되기 전의 것) 제2조 제28호는 '利用통제조치'만을 보호되는 기술적 보호조치라고 정의하였고, 이용통제조치의 '보호'를 위하여 이용통제조치의 무력화 예비행위만을 규제대상으로 삼았

---

137) 대법원 2015. 7. 9. 선고 2015도3352 판결. 이 판결은 노래반주기 제작업체 갑 회사가 사단법인 한국음악저작권협회로부터 음악저작물의 복제·배포에 관한 이용허락을 받아 매월 노래방에 신곡을 공급하면서, 인증절차를 거치지 않으면 노래반주기에서 신곡파일이 구동되지 않도록 보호조치를 마련하였는데, 피고인 을 등이 보호조치를 무력화하는 장치를 제조·판매하였다는 내용으로 기소된 사안에서, 위 보호조치는 복제권·배포권 등과 관련해서는 접근통제조치에 해당하고, 공연권과 관련해서는 이용통제조치에 해당한다고 판시하였다.

다. 그리고 이용통제조치의 무력화 예비행위에 대해서는 이를 저작권 침해로 보는 행위, 즉 권리침해의 看做행위로 규정함으로써 기술적 보호조치를 '보호' 하였다(제124조 제2항). 그런데 2011년 저작권법(6월 30일 개정법)은 저작권 등 '권리침해' 및 그 '침해로 보는 행위'(침해간주 혹은 침해의제) 외에 기술적 보호조치의 무력화를 별개의 금지행위로 규정하여 이것의 위반행위 자체를 독자적 규제대상으로 삼음으로써 저작권 등 권리침해와 구별되는 독자적 성격의 보호 방식을 채택하고 있다. 아울러 구 저작권법에서는 '利用통제조치'만을 보호대 상으로 삼았기 때문에, 국내외 업계로부터 불법 복제물의 증가와 유통을 보다 효과적으로 억지하는데 미흡하다는 불만이 제기되었다. 그래서 우리나라와 유 럽연합 간에 체결된 자유무역협정(FTA)의 이행을 계기로 2011년 저작권법(6월 30일 개정법)은 종래의 '이용통제조치'에 더하여 '접근통제조치'를 도입하였다.

2. 기술적 보호조치의 무력화 행위 자체의 금지

가. 개   관

저작권법은 기술적 보호조치를 '보호'하기 위하여 접근통제조치에 대해서 는 이를 제거, 변경하거나 우회하는 등의 무력화 행위 자체를 금지한다. 즉 '접 근통제조치'와 관련하여 누구든지 정당한 권한 없이 고의 또는 과실로 이를 제거·변경하거나 우회하는 등의 방법으로 무력화하여서는 아니 된다고 규정 한다(제104조의2 제1항 본문). 이와 같이 저작권법은 기술적 보호조치의 두 유형 중 '접근통제조치'에 대해서만 그 무력화 행위 자체를 금지하고, 이용통제조치 에 대해서는 그 무력화 행위 자체를 금지하지 않는다. 그 이유는 다음과 같다. 첫째, 이용통제조치의 무력화 행위 자체를 금지행위로서 규제하지 않더라도 이용통제조치를 무력화하여 저작물을 무단 이용하였을 때 이를 저작권 침해행 위로서 규제하면 그것으로 충분하기 때문이다. 둘째, 만일 저작권 제한사유(제 23조 내지 제38조)에 해당하는 "저작물의 공정한 이용을 도모"(제1조)하기 위해 서 이용통제조치를 무력화한 것이라면 이때의 무단 이용행위는 저작권법이 허 용하는 것이므로 무력화 행위 자체를 금지행위로서 규제할 필요가 없으며 또 규제해서도 안 될 것이기 때문이다.

그런데 '접근통제조치'에 대한 보호는 저작물에 대한 접근 자체를 규제함 으로써 공정하게 저작물을 이용하려는 사람들이 그 이용에 앞서 해당 저작물 을 읽거나 보는 것 자체를 규제하므로 공익에 저촉될 우려가 크다. 그래서 그 예외조항을 구체적으로 열거하여 책임을 면책하는 규정을 마련하였다. 즉 암호 연구, 미성년자 보호, 온라인상 개인식별정보(일종의 쿠키 정보) 수집 방지, 국가의 법집행 등, 도서관 등에서 저작물의 구입여부 결정, 리버스엔지니어링, 보안 검사, 그 밖에 문화체육부장관이 고시하는 경우 등에 해당할 때에는 '접근통제 조치'의 무력화 행위를 허용하도록 규정한다(제104조의2 제1항 단서 제1호 내지 제8호).

나. 접근통제조치에서 '接近'의 의미

접근통제조치에서는 과연 여기서 말하는 '접근'이 무엇을 의미하는 것인지를 체계적으로 이해하는 것이 중요하다. 여기서의 접근이란 ① '저작물 수록매체에의 접근'과 ② '저작물에의 접근' 중에서 어느 것을 의미하는 것인지, 아니면 양자 모두를 의미하는 것인지를 개념적으로 명확히 이해할 필요가 있다.

① '저작물 수록매체에의 접근'이란 최초 접근(initial access)이라고도 하며 저작물의 복제물에 접근하는 것을 말한다. 예컨대, 온라인 게임에 접속하거나 오프라인에서 게임 CD를 구입한 경우이다. ② '저작물에의 접근'은 계속적 접근(continuing access)이라고도 하며 저작물의 내용에 접근하는 것을 말한다. 예컨대, 접속한 온라인 게임을 실행하거나 오프라인에서 구입한 게임 CD를 실행하는 경우이다. 어느 쪽이나 "저작권, 그 밖에 이 법에 따라 보호되는 권리의 행사와 관련"이 있으므로, 접근통제에서 말하는 '접근'이란 ①② 모두를 포함하는 개념으로 이해하여야 한다. 그러한 연유로 '接近통제조치'라는 것은 저작물이 수록된 매체에 접근(①)하는 것을 막거나 그 저작물의 내용 자체를 향유(재생 및 작동)하기 위하여 접근(②)하는 것을 막기 위한 조치라고 정의할 수 있다.[138] 앞에서 소개한 미술관의 비유에 따라 설명하면, '저작물 수록매체에의 접근'을 통제하는 것은 미술관 입구를 통제하는 것에 해당하고, '저작물에의 접근'을 통제하는 것은 미술관 내에 전시된 미술작품을 커튼으로 가려 놓는 조치에 해당한다.

문제는 "저작물을 읽고 체험하는 것"(subsequent apprehension or experience)과 같이 저작물의 내용을 읽거나 듣고 보는 등의 향유행위는 저작권법이 보호하는 저작물의 이용행위가 아님에도 불구하고, '접근통제조치'가 저작권법에 의해 보호됨으로써 마치 저작물의 향유행위 자체가 규제되는 결과가 되고 만다는 점이다. 이로 인해 저작권법이 배타적 권리로서 보호하지 않는 이른바

---

138) 이에 관해서는, 임원선, "저작권 보호를 위한 기술조치의 법적 보호에 관한 연구", 동국대 대학원 법학박사 학위논문, 2003. 8., 21~25면(특히 24면) 참조.

'접근권'이라는 새로운 권리가 저작권자에게 부여된 것과 마찬가지의 상황이 초래된다는 비판이 제기된다. 이러한 문제는 ① '저작물 수록매체에의 접근' 통제와 ② '저작물에의 접근' 통제 양자 모두와 관련하여 발생하기도 하지만, 특히 후자의 경우 그 폐해가 자주 발생하여 문제된다.[139)140)]

다. 예 외

저작권법이 규정하는 일정한 사유에 해당하는 경우에는 접근통제조치를 무력화 하는 행위를 하더라도 면책된다(제104조의2 제1항 단서 제1호 내지 제8호). 저작권법은 '접근' 자체를 배타적 권리로서 보호하고 있지 않을 뿐만 아니라 접근통제조치의 무력화 금지위반을 저작권 침해와는 구별되는 독자적인 규제 대상으로 하고 있기 때문에, 접근통제조치의 무력화 행위에 대해서는 원칙적으로 저작권 제한사유가 적용될 가능성이 적어 보인다.[141)] 그래서 저작권법은 일정한 경우 무력화 행위가 면책될 수 있도록 별도의 예외사유를 명시한 것이다.

첫째, "암호 분야의 연구에 종사하는 자가 저작물 등의 복제물을 정당하게 취득하여 저작물 등에 적용된 암호 기술의 결함이나 취약점을 연구하기 위하여 필요한 범위에서 행하는 경우. 다만, 권리자로부터 연구에 필요한 이용을 허락받기 위하여 상당한 노력을 하였으나 허락을 받지 못한 경우로 한정한

---

139) 이에 관해서는, 이규홍, "저작권법상 기술적 보호조치의 법적 보호에 관한 연구: 헌법적 한계를 중심으로", 연세대 대학원 법학박사 학위논문, 2008. 12., 56~58면, 183~185면 각 참조.

140) 접근통제조치에 대한 비판과 관련하여 미국 학계에서 제기되는 반론으로는 "접근통제조치의 인정은 타인의 재산에 침입하는 것 자체를 침해라고 인정하는 것으로서 여기에서의 침해는 저작권 침해와는 구별되는 저작권에 유사한 권리(paracopyright)의 침해라는 것이다." 이대희, "디지털환경에서의 접근권의 인정에 관한 연구", 「창작과 권리」 제34호, 2004, 123면; 이규홍, 위의 박사논문, 209면.

141) 그러나 우리 저작권법의 法文과 미국 저작권법의 그것과의 차이점에 주목한다면, 접근통제조치의 무력화 행위에 대해 저작권 제한사유가 적용되는 해석론을 전개할 수도 있다. 우선, 저작권법 제104조의2 제1항은 "누구든지 정당한 권한 없이 고의 또는 과실로"(밑줄은 저자) 저작물에 대한 접근통제조치를 무력화 하는 행위를 하여서는 안 된다고 규정하고 있다는 점에 유의할 필요가 있다. "정당한 권한 없이 고의 또는 과실로"라는 표현은 미국 저작권법 제1201조(a)(1)에서는 발견되지 않는 표현이다. 미국 저작권법의 위 조항은 "누구든지 이 편 법전에 따라 보호되는 저작물"에 대한 접근통제조치를 무력화해서는 안 된다고 규정하고 있을 뿐이다. 따라서 우리 저작권법의 "정당한 권한 없이"라는 표현에 주목한다면, 저작권의 제한사유(제23조 내지 제38조)에 해당하는 경우에는 저작물을 이용할 수 있는 정당한 권한이 인정되는 경우라고 할 것이므로 저작물의 이용을 가로막는 접근통제조치를 무력화 하는 행위를 하더라도 면책된다는 해석이 가능할 수 있다. 물론 이때에도 "고의 또는 과실"이 없어야 한다는 요건이 고려되어야 하므로 정당한 권한이 있다고 믿은 데에 과실이 없어야 위와 같은 해석이 가능할 수 있다.

다."(제1호) 접근통제조치에 대한 무력화 행위 자체뿐 아니라 그 무력화 예비
행위의 경우에도 이 예외 규정에 해당하면 면책된다.

둘째, "미성년자에게 유해한 온라인상의 저작물 등에 미성년자가 접근하
는 것을 방지하기 위하여 기술·제품·서비스 또는 장치에 기술적 보호조치를
무력화하는 구성요소나 부품을 포함하는 경우. 다만, 제2항에 따라 금지되지
아니하는 경우로 한정한다."(제2호) '청소년 유해물 차단 프로그램 등'이 어느
콘텐츠가 미성년자에게 유해한 것인지 여부를 판단하기 위해서는 우선 그 콘
텐츠에 접근할 필요가 있다. 그 콘텐츠에 접근통제 기술조치가 적용되어 있을
수도 있으므로 '청소년 유해물 차단 프로그램 등'에는 그 기술조치를 무력화하
는 기능을 가진 구성 요소나 부품이 포함되는 경우가 있다. 이러한 경우를 상
정하여 위와 같은 예외 규정을 둔 것이다. 다만, 청소년 유해물 차단 프로그램
이 기술조치를 무력화하는 기능을 가지고 있음을 기화로 그 본연의 목적을 벗
어나서 그 목적과 관계없이 기술조치를 무력화하는 용도로 판촉되거나 그 용
도로 개조되는 등 오용되는 경우에는 이 규정의 예외 대상이 되지 않는다는
것을 단서에 밝혀놓았다.[142] 접근통제조치에 대한 무력화 행위 자체 뿐 아니
라 그 무력화 예비행위의 경우라도 이 예외 규정에 해당하면 면책된다.

셋째, "개인의 온라인상의 행위를 파악할 수 있는 개인 식별 정보를 비공
개적으로 수집·유포하는 기능을 확인하고, 이를 무력화하기 위하여 필요한 경
우. 다만, 다른 사람들이 저작물 등에 접근하는 것에 영향을 미치는 경우는 제
외한다."(제3호) 타깃 광고 등의 목적으로 많은 사이트에서 쿠키(cookies) 등을
통하여 개인 정보를 수집하고 있다. 소비자의 동의 없이 이루어지는 그러한
정보수집 기능을 확인하고 이를 무력화하기 위해 필요한 경우에는 그 기술적
보호조치를 무력화 하는 것이 허용된다.[143] 이는 접근통제조치에 대한 무력화
행위 자체에만 적용되고 그 무력화 예비행위에는 적용되지 않는다(제104조의2
제3항 참조). 그 이유는 개인 정보의 보호를 명목으로 인터넷상에서 널리 이용
되는 일반적인 쿠키 수집행위 자체를 막는 도구의 거래를 인정할 경우, 인터
넷 사용의 불편을 초래할 수 있어서 접근통제조치에 대한 무력화의 예비행위
에는 예외의 적용을 배제한 것이다.[144]

---

142) 임원선, "한·EU 자유무역협정 이행을 위한 개정 저작권법 해설", 「계간 저작권」, 2011 가을
     호, 141면.
143) 임원선, 위의 해설, 141면.
144) 문화체육관광부·한국저작권위원회, 「한·EU FTA 개정 저작권법 해설」(2011. 7. 8.), 23면.

넷째, "국가의 법집행, 합법적인 정보수집 또는 안전보장 등을 위하여 필요한 경우."(제4호) 국가의 관련기관에서 법집행을 위하여 필요한 경우이거나 합법적인 정보수집 활동의 일환으로 이루어지는 무력화가 이에 해당한다.145)

다섯째, "제25조 제3항 및 제4항에 따른 학교·교육기관 및 수업지원기관, 제31조 제1항에 따른 도서관(비영리인 경우로 한정한다) 또는 「공공기록물 관리에 관한 법률」에 따른 기록물관리기관이 저작물 등의 구입 여부를 결정하기 위하여 필요한 경우. 다만, 기술적 보호조치를 무력화하지 아니하고는 접근할 수 없는 경우로 한정한다."(제5호) 학교나 도서관 또는 기록보존소 등이 저작물 등의 구입 여부를 결정하기 위해서 저작물 등에 접근하기 위해 그 기술조치를 무력화하는 것이 허용된다. 그 저작물 등을 유통하는 자가 이러한 무력화를 피하기 위해서는 학교 등이 접근할 수 있는 기술조치가 적용되지 않는 평가판 등을 함께 적용할 필요가 있을 것이다.146) 이는 접근통제조치에 대한 무력화 행위 자체에만 적용되고 그 무력화 예비행위에는 적용되지 않는다(제104조의2 제3항 참조). 그 이유는 도서관 등에서 구입 여부를 결정하기 위한 경우는 허용범위가 제한적이므로 그 무력화 예비행위(즉 제한적인 용도로 사용되는 장치의 유통)까지 허용하여 그러한 도구가 자칫 널리 유통되면 저작권 침해를 조장하는 결과를 초래할 수 있어서 접근통제조치에 대한 무력화의 예비행위에는 예외 규정의 적용을 배제한 것이다.147)

여섯째, "정당한 권한을 가지고 프로그램을 사용하는 자가 다른 프로그램과의 호환을 위하여 필요한 범위에서 프로그램코드 역분석을 하는 경우."(제6호) 저작권법은 정당한 권한에 의하여 프로그램을 이용하는 자 또는 그의 허락을 받은 자가 호환에 필요한 정보를 쉽게 얻을 수 없고 그 획득이 불가피한 경우 해당 프로그램의 호환에 필요한 부분에 한하여 프로그램의 저작재산권자의 허락을 받지 아니하고 프로그램 코드 역분석을 할 수 있도록 규정한다(제101조의4 제1항 참조). 이 규정은 '호환에 필요한 정보를 쉽게 얻을 수 없을 것' 그리고 '그 획득이 불가피할 것'과 같은 엄격한 조건을 요구한다. 문제는 이 규정의 요건에 해당하는 경우에만 기술조치의 무력화 행위를 하는 것이 허용되는가이다. 이 규정은 저작권 보호에 대한 예외 규정으로 제6호 접근통제조치의 보호에 대한 예외 규정과는 그 목적과 대상이 다르고, 기술조치의 무력화

---

145) 임원선, 앞의 해설, 141~142면.
146) 임원선, 앞의 해설, 142면.
147) 「한·EU FTA 개정 저작권법 해설」, 23면.

금지에 대한 예외는 저작권 보호에 대한 예외 규정의 관철을 위한 것이 아니
므로 양자는 별개의 규정으로 이해하는 것이 타당하다.[148] 접근통제조치에 대
한 무력화 행위 자체뿐 아니라 그 무력화 예비행위의 경우에도 이 예외 규정
에 해당하면 면책된다.

일곱째, "정당한 권한을 가진 자가 오로지 컴퓨터 또는 정보통신망의 보안
성을 검사·조사 또는 보정하기 위하여 필요한 경우."(제7호) 어느 컴퓨터 또는
정보통신망의 보안상의 결점이나 취약성을 사전에 검사, 조사 또는 보정하기
위해서는 그 컴퓨터 또는 정보통신망에 접근할 필요가 있다. 그러나 누구나
이러한 예외의 적용을 받을 수 있는 것은 아니다. 컴퓨터나 정보통신망의 소
유자 또는 운영자로부터 허락을 받았다거나 그 밖에 정당한 권한을 가진 경우
에만 해당한다. 보안성 검사로부터 얻어진 정보는 오로지 그 컴퓨터 또는 정
보통신망의 보안상의 결점이나 취약성을 개선하기 위한 목적으로 사용되어야
하며, 저작권 침해나 프라이버시 침해 또는 그 밖에 위법행위를 조장하는 방
법으로 이용되거나 유지되어서는 안 된다.[149] 접근통제조치에 대한 무력화 행
위 자체 뿐 아니라 그 무력화 예비행위의 경우에도 이 예외 규정에 해당하면
면책된다.

여덟째, "기술적 보호조치의 무력화 금지에 의하여 특정 종류의 저작물등
을 정당하게 이용하는 것이 불합리하게 영향을 받거나 받을 가능성이 있다고
인정되어 대통령령으로 정하는 절차에 따라 문화체육관광부장관이 정하여 고
시하는 경우. 이 경우 그 예외의 효력은 3년으로 한다."(제8호)[150]

3. 기술적 보호조치의 무력화 예비행위의 금지

가. 원   칙

저작권법은 접근통제조치의 무력화를 금지하는 데 그치지 않고 접근통제
조치 및 이용통제조치를 위한 일정한 예비행위도 금지한다. 이에 따라 "누구
든지 정당한 권한 없이" 기술적 보호조치를 무력화하는 예비행위, 즉 무력화
를 위한 "장치, 제품 또는 부품을 제조, 수입, 배포, 전송, 판매, 대여, 공중에
대한 청약, 판매나 대여를 위한 광고, 또는 유통을 목적으로 보관 또는 소지하
거나 서비스를 제공"하는 행위를 금지하는 규정을 마련하여 금지의 대상이 되

---

148) 임원선, 앞의 해설, 142면.
149) 임원선, 앞의 해설, 142면.
150) 현재 문화체육관광부 고시 제2021-5호(2021. 1. 31.)가 적용되고 있다.

는 무력화 예비행위의 범위를 명확히 하고 있다. 무력화 예비행위의 금지는 기술적 보호조치의 두 유형인 접근통제조치와 이용통제조치에 모두 적용된다. 저작권법이 규정하는 기술적 보호조치의 무력화 예비행위의 범위는 다음과 같다(제104조의2 제2항 제1호 내지 제3호).

첫째, 어떠한 장치, 제품 또는 부품(이하, '장치 등'이라 한다)에 대해서 기술적 보호조치를 무력화하는 용도와 그 밖의 용도가 동시에 존재하는 경우에 기술적 보호조치의 무력화 용도가 있다는 것에 초점을 맞추어 그 "무력화를 목적으로 홍보·광고·판촉되는 것"을 무력화 예비행위로서 금지한다(제1호). 이는 목적 또는 용도를 기초로 고의성을 심사하여 무력화 예비행위를 금지할 것인지를 판단하는 것이다. 이는 합법적인 용도를 가지고 있으나 위법 목적으로 남용될 수 있는 장치 등을 금지대상으로 한 것이다.[151)]

둘째, 어떠한 장치 등이 기술적 보호조치를 무력화하는 용도 이외의 다른 용도도 가지고 있으나 "기술적 보호조치를 무력화하는 것 외에는 제한적으로 상업적인 목적 또는 용도만 있는 것"을 무력화 예비행위로서 금지한다(제2호). 이는 기술적 보호조치를 무력화하는 것 외에는 중요한 다른 용도가 없는 경우, 즉 제한적으로 상업적 용도만 있는 경우를 말한다. 따라서 만일 어떤 장치 등이 침해적 용도로 사용될 수 있더라도 상업적으로 중요한 합법적 용도가 있는 경우 이를 금지대상으로 할 수 없다. 결국 실제적인 목적이 기술적 보호조치의 무력화에 있는 장치 등만을 금지대상으로 한다.[152)]

셋째, 어떠한 장치 등이 "기술적 보호조치를 무력화하는 것을 가능하게 하거나 용이하게 하는 것을 주된 목적으로 고안, 제작, 개조되거나 기능하는 것"을 무력화 예비행위로서 금지한다(제3호). 주의할 점은 '유일하게 의도된 목적(sole intended purpose)'이나 '일차적인 목적(primary purpose)'이 아니라 '주된 목적(principal purpose)'이라는 용어를 사용하고 있다는 점이다. 주된 목적이란 용어는 비합법적인 목적을 위해서만 주로 사용되는 기술이나 장치에 대해서만 이를 금지한다는 기준을 말하는 것으로 이 경우에는 무력화의 목적이나 용도가 최소한 그 기술이나 장치의 목적이나 용도 중 절반(50퍼센트) 이상이 되어야 금지대상으로 삼을 수 있다.[153)]

---

151) 임원선, "권리보호를 위한 기술장치와 그 문제점", 「계간 저작권」, 1996 겨울호, 60면.
152) 임원선, 위의 논문, 59~60면.
153) 정상조 편, 「저작권법 주해」, 박영사, 2007, 1172~1173면(임원선 집필); 임원선, 앞의 박사논문, 73면; 이규홍, 앞의 박사논문, 149면.

나. 예   외

저작권법은 '접근통제 조치' 및 '이용통제 조치'를 각 구분하여 그 무력화 예비행위의 금지에 대한 예외를 규정한다. 우선 '접근통제조치'의 무력화 행위의 금지에 대하여는 전술한 것처럼 그 예외를 규정하고 있다(제104조의2 제1항 단서 제1호 내지 제8호). 따라서 '접근통제조치'의 무력화 예비행위에 대해서도 마찬가지로 위와 같은 예외가 그대로 허용되는 것이 원칙이다. 그래서 제104조의2 제1항 제1·2·4·6·7호의 예외는 무력화 예비행위에도 그대로 적용된다. 다만, 접근통제조치의 무력화 행위의 금지에 대한 예외에서 이미 설명한 것처럼, 인터넷 사용의 불편을 초래할 수 있는 경우(제3호)와 저작권 침해를 조장할 수 있는 경우(제5호)에는 그 예외를 적용하지 않는다(제104조의2 제3항 제1호).

'이용통제조치'의 무력화 예비행위, 즉 그 무력화를 위한 장치 등의 유통 및 서비스 제공행위는 저작권 침해를 방조하는 행위가 된다. 따라서 '이용통제조치'의 무력화 예비행위에 대해서는 제104조의2 제1항 제1호 내지 제8호의 예외가 원칙적으로 적용되지 않는다. 만일 이용통제조치의 무력화 행위가 저작권 침해행위가 아닌 예컨대 사적 이용을 목적으로 하는 복제행위를 위하여 이루어진 것이라면 이를 위한 '이용통제조치'의 무력화 예비행위에 대해서도 그 예외가 폭넓게 적용되어야 논리적일 것이다. 그런데 현실적으로 이용통제조치를 무력화하는 장치 등을 제공하는 예비행위 단계에서는 그 무력화 장치 등이 사적 이용 목적의 복제를 위해 선용될지 아니면 영리 목적의 복제를 위해 악용될지를 기술적으로 구별하거나 미리 확인하기 곤란하기 때문에 원칙적으로 모든 예비행위를 금지할 수밖에 없다는 권리자 쪽의 관점도 무시하기 어렵다. 그래서 우리 저작권법은 특별한 사정이 있는 경우, 예컨대 국가 전산망의 DDos 공격에의 취약점을 파악하기 위해 시스템을 점검하는 경우와 같이 국가의 법집행 등을 위하여 필요한 경우(제104조의2 제1항 제4호)와 소프트웨어 산업의 경쟁과 혁신을 촉진하기 위해 리버스엔지니어링을 실시하는 경우(제104조의2 제1항 제6호)에 한하여 예외를 인정한다(제104조의2 제3항 제2호).154)

그러나 위와 같이 저작권법이 명시적으로 규정한 경우 외에 그 밖의 예외는 일절 허용되어서는 안 되는 것인지에 대해서는 의문이 남는다.155) 만일 그

---

154) 문화체육관광부·한국저작권위원회 편, 「한·EU FTA 개정 저작권법 해설」(2011. 7. 8.), 23면.
155) 이 문제와 관련하여 주목할 것은 저작권법 제104조의2 제2항이 "누구든지 정당한 권한 없이"
    (밑줄은 저자) 기술적 보호조치를 무력화하는 예비행위를 금지한다고 규정하고 있는 점이다.

밖의 예외가 허용되지 않는다면 이것은 이용통제조치의 무력화 행위 자체를
전면적으로 금지하는 것과 마찬가지의 결과가 된다. 예컨대, 일반 이용자들이
사적 이용을 목적으로 복제를 하기 위하여 이용통제조치의 무력화 행위를 하
고자 해도 누군가가 무력화 행위를 가능하게 하는 장치 등을 제공해주지 않는
다면, 이러한 장치 등을 직접 제조하여 사적으로 사용할 수 있는 극히 예외적
인 소수의 경우를 제외하고는 대부분의 일반 이용자들로서는 이용통제조치의
무력화 행위를 실천하는 것 자체가 불가능할 것이기 때문이다.[156]

4. 기술적 보호조치의 무력화 금지 위반에 대한 구제

종전 구 저작권법에서는 기술적 보호조치의 무력화 예비행위가 저작권 침
해행위로 간주되었기 때문에 저작권 침해에 관한 민사구제 규정이 그대로 적
용되었다. 그러나 2011년 저작권법(6월 30일 개정법)에서는 기술적 보호조치의
무력화 및 무력화 예비행위가 저작권 침해와의 연관성에서 벗어난 별도의 독
자적 금지행위로 규정되었기 때문에 별도의 민사구제 규정이 필요하게 되어
제104조의8을 신설하였다. 형사처벌의 내용은 종전과 변함이 없지만 조문은
정리되어 규정되었다(제136조 제2항 제3호의3).

이것은 전술한 저작권법 제104조의2 제1항이 "누구든지 정당한 권한 없이 고의 또는 과실로"
저작물에 대한 접근통제조치를 무력화 하는 행위를 하여서는 안 된다고 규정하고 있는 것과
동일하다. "고의 또는 과실로"라는 표현의 유무만이 다르다. 그렇다면 이용통제조치를 무력화
하는 예비행위의 금지와 관련해서도 저작권 제한사유에 해당하는 용도로 사용 가능한 경우에
는 정당한 권한이 인정된다고 할 것이므로 면책이 가능하다고 해석할 수 있다. 참고로 구 저
작권법 제124조 제2항은 "정당한 권리 없이" 이용통제조치를 무력화 하는 예비행위를 금지한
다고 규정하고 있었다('권한'보다 규범적 의미가 넓은 '권리'라는 용어로 규정된 점이 다를 뿐
이다). 이때에도 사적 이용을 위한 복제 등 저작권 제한사유에 해당할 경우에는 정당한 권리
가 있다고 인정되므로 제23조 내지 제36조의 제한사유를 근거로 면책을 주장할 수 있다는 해
석론이 제시된 바 있다. 오병철, "기술적 보호조치의 무력화에 따른 불법행위책임", 「인터넷 법률」
제27호, 법무부, 2005. 1., 12면; 조정욱, "저작권법상 기술적 보호조치에 대한 침해행위—디지털
위성방송의 수신제한시스템(CAS) 및 방송사업자의 권리 보호의 문제", 「Law&Technology」 제3
권 제2호, 서울대 기술과법센터, 2007. 3., 37면.

156) 결국 이용통제조치의 무력화 예비행위의 원칙적 금지와 이로 말미암은 이용통제조치를 무력
화하는 행위 자체의 사실상의 전면적 금지는, 일반 공중을 위한 '저작권의 제한'이나 '공정이
용'을 배제하는 쪽으로 기능하게 될 가능성이 많다. 이에 따라 '아이디어와 표현의 이분법'과
함께 전통적으로 저작권과 표현의 자유 간의 상충하는 이익의 조정역할을 떠맡아 온 양 축 가
운데 하나인 '저작권의 제한' 또는 '공정이용'의 법리는 디지털 환경 아래에서 붕괴될 위험성이
높게 된다. 이것은 표현의 자유를 위축·침해하는 결과를 야기하게 될 것이다. 박성호, 「저작
권법의 이론과 현실」, 현암사, 2006, 18면.

5. 관련 판례

가. 국내 판례 — 대법원 2006. 2. 24. 선고 2004도2743 판결

구 컴퓨터프로그램보호법(2009. 4. 22. 법률 제9625호로 폐지되어 저작권법에 흡수되기 전의 것) 제30조 제1항은 기술적 보호조치의 무력화 행위 그 자체의 금지를, 제2항은 무력화 예비행위의 금지를 각 규정하고 있었다. 여기서 소개하는 대법원 판결은 구 컴퓨터프로그램보호법 제30조 제2항과 관련된 사건이다.

(1) 사실개요

소니 엔터테인먼트사가 제작한 플레이스테이션 2라는 게임기 본체(이하, 'PS2'로 줄임)에서만 실행되는 게임프로그램이 CD–ROM이나 DVD–ROM과 같은 저장매체(이하, 'CD'로 줄임)에 저장되어 판매되었다. 그 정품 게임 CD에는 게임프로그램 외에 액세스 코드(access code)가 수록·저장되어 있고, PS2에는 부트롬(BOOT ROM)이 내장되어 있어 PS2에 삽입되는 게임 CD에 액세스 코드가 수록되어 있는지를 검색한 후 액세스 코드 없이 게임프로그램만 저장된 CD는 프로그램실행이 되지 않도록 설계되어 있었다. 한편, 통상적인 장치나 프로그램에 의해서도 이 사건 게임프로그램의 복제는 가능하지만 액세스 코드의 복제는 불가능하기 때문에 불법으로 복제된 게임 CD로는 PS2에서 프로그램을 실행할 수 없도록 되어 있다. 피고인은 자신이 운영하는 소프트웨어 상점에서 불특정다수인을 상대로 PS2 콘솔을 분해하여 모드칩(Mod Chip)이라는 부품을 개당 3,500원씩 받고 PS2에 장착하는 행위를 하였는데, 모드칩은 액세스 코드 없이 게임프로그램만 복제·저장된 CD가 PS2에 삽입되더라도 PS2 부트롬으로 하여금 액세스 코드가 수록되어 있는 정품 CD인 것으로 인식하도록 액세스 코드가 수행하는 역할을 대신하는 부품으로써, 결국 모드칩은 불법으로 복제된 게임 CD도 PS2에서 프로그램이 실행되도록 하는 기능을 하였다. 피고인에 대하여 컴퓨터프로그램보호법 제30조 제2항 위반으로 약식명령이 청구되자, 피고인이 정식재판청구를 하였는데 1심(부산지법 2004. 1. 14. 선고 2003고정1043 판결)은 공소사실을 유죄로 인정하면서 벌금 300만원을 선고하였고, 항소심(부산지법 2004. 4. 22. 선고 2004노307 판결)은 피고인의 항소를 기각하였다. 피고인은 이 사건 모드칩 장착행위가 기술적 보호조치의 무력화에 해당하지 않는다고 다투면서 상고하였다.

(2) 판결요지

액세스 코드나 부트롬만으로 이 사건 게임프로그램의 물리적인 복제 자체를 막을 수는 없는 것이지만, 통상적인 장치나 프로그램만으로는 액세스 코드의 복제가 불가능하여 설사 불법으로 게임프로그램을 복제한다 하더라도 PS2를 통한 프로그램의 실행은 할 수 없는 만큼, 액세스 코드는 게임프로그램의 물리적인 복제를 막는 것과 동등한 효과가 있는 기술적 보호조치에 해당한다고 할 것이고, 따라서 피고인이 모드칩을 장착함으로써 액세스 코드가 없는 복제 게임 CD도 PS2를 통해 프로그램 실행이 가능하도록 한 행위는 컴퓨터프로그램보호법 제30조 제2항 소정의 상당히 기술적 보호조치를 무력화하는 행위에 해당한다고 봄이 상당하다.

(3) 판결해설

대법원 판결은 구 컴퓨터프로그램보호법 제30조 제2항이 규정한 무력화 예비행위의 금지에 관한 것이다. 구 컴퓨터프로그램보호법은 '기술적 보호조치'의 정의와 관련하여 다소 불명료한 점은 있었지만, 당시의 저작권법과 마찬가지로 이용통제조치의 보호에 대해서만 규정하는 것으로 이해되었다. 따라서 구 컴퓨터프로그램보호법의 해석상으로는 접근통제조치의 보호에 대해서는 규정하고 있지 않다고 보는 것이 일반적인 입장이었다.157) 위 판결은 액세스 코드와 부트롬이 결합하여 기능하는 이 사건 기술적 보호조치에 대해서 "물리적인 복제를 막는 것과 <u>동등한 효과</u>"(밑줄은 저자)가 있어서 결국 저작권 침해를 억제하는 효과, 즉 이용통제조치로서의 효과를 가지는 것에 해당하므로 보호대상이 된다고 보았다. 그래서 위 판결은 이 사건 기술적 보호조치의 구성요소인 액세스 코드를 무력화 하는 용도로 사용되는 모드칩 판매행위에 대해서 이를 이용통제조치의 무력화 예비행위에 해당한다고 판시한 것이다. 이에 대해 학계 일각에서는 액세스 코드와 부트롬이 결합하여 기능하는 이 사건 기술적 보호조치는 접근통제조치에 해당하므로 결과적으로 위 판결은 접근통제조치의 무력화 예비행위를 규제한 것과 마찬가지라고 비판하였다.158) 그러한

---

157) 대법원 2012. 2. 23. 선고 2010도1422 판결('대리운전 배차 프로그램' 사건)은 구 컴퓨터프로그램보호법 제30조에서 정한 '기술적 보호조치'에는 접근통제조치가 포함되지 않는다는 점을 분명히 하고 있다.

158) 이종구, "디지털저작물과 접근권: 소니사의 PS2의 기술적 조치와 모드칩", 「산업재산권」 제20호, 2006. 8., 218~220면; 정준모, "PS2 모드칩 설치의 기술적 보호조치 위반 여부", 「저작권문화」, 2006. 5., 18면; 같은 취지 이규홍, 앞의 박사논문, 178~179면. 한편, 위 대법원 판결에

관점에서 보면 위 판결은 판결로써 입법을 선취한 것이라는 비판을 받을 수 있었지만, 어쨌든 접근통제조치의 보호에 대해 명시적 규정을 두고 있는 현행 저작권법 아래에서 위 판결은 기술적 보호조치의 무력화 예비행위의 의미에 관하여 구체적으로 판단한 최초의 대법원 판결로서 그 선례적 가치를 확고히 인정받을 수 있게 되었다.

나. 미국 판례

미국의 8개 영화사들은 저작권으로 보호되는 영화를 DVD 형태로 배포하면서 무단시청·불법복제를 방지하기 위해 CSS(Content Scramble System)라는 암호화 시스템을 사용하였는데, CSS는 허락받은 DVD 플레이어에서만 암호가 해독되어 영화를 시청할 수 있도록 하였다. 1999년 10월경 노르웨이의 한 소년이 CSS를 해독하여 DVD 사본을 제작할 수 있는 DeCSS를 만들어 자신의 홈페이지에 올려놓았고 웹사이트 운영자들인 피고들은 DeCSS(의 해설기사 및 소스코드, 오브젝트 코드)를 포스팅 및 하이퍼링크 하여 인터넷상에 확산시켰다. 원고 8개 영화사들은 피고들을 상대로 미국의 디지털 밀레니엄 저작권법(DMCA) 제1201조 소정의 기술적 보호조치에 대한 무력화 금지규정 위반을 이유로 금지청구를 하였고 미 연방법원은 이를 인용하였다.[159] 이에 피고들 중 1인만이 항소하였고, 항소심에서는 제1심에서 배척된 공정이용 항변 및 이와 관련하여 헌법상 표현의 자유 침해문제가 주로 다투어졌다. 이와 관련하여 연방항소법원은 공정이용이란 그 이용자가 가장 선호하는 기술에 의하거나 또는 디지털 포맷으로 저작물을 복제할 수 있도록 타인의 저작물에 대한 접근을 보장해 주는 것이 아니라는 이유로 위 항변을 배척하였다. 아울러 컴퓨터프로그램도 그 이용자 및 다른 프로그램에 대한 전달이라는 관점에서는 표현이라 할 수 있지만 미국 DMCA의 기술적 보호조치의 보호는 표현의 '내용규제'가 아니라 그 내용과는 무관한 '내용중립규제'라는 이유로 수정헌법 제1조 위반이 아니라고 판시하였다.[160][161]

찬동하는 견해는 접근통제조치가 이용통제조치의 기능까지 함께 하는 경우가 점차 증가하고 있는데, 이 사건 액세스 코드는 실질적으로 무단복제를 억제함으로써 이용통제조치로서의 기능도 함께 한다는 점을 든다. 가령, 이대희, "기술적 보호조치의 범위설정: 대법원 2004도2743 컴퓨터프로그램보호법 위반", 「계간 저작권」, 2006 여름호, 53~55면; 같은 취지 강신하, 「저작권법」, 진원사, 2010, 532~533면.

159) Universal City Studios, Inc. v. Reimerdes 111 F. Supp. 2d 346 (S.D.N.Y. 2000).

160) Universal City Studios, Inc. v. Corley, 273 F. 3d 429 (2d Cir. 2001).

161) 미국에서는 표현의 자유와 저작권과의 관련성에 대하여 '내용규제(content-based regulation)'

Ⅲ. 권리관리정보의 제거·변경 등의 금지

1. 의   의

권리관리정보(Rights Management Information, RMI)란 ① 저작물 등을 식별하기 위한 정보나 ② 저작권, 그 밖에 저작권법에 따라 보호되는 권리를 가진 자를 식별하기 위한 정보, 또는 ③ 저작물 등의 이용방법 및 조건에 관한 정보로서, 그 정보가 저작물 등의 원본이나 그 복제물에 붙여지거나 그 저작물의 공연·실행 또는 공중송신에 수반되는 것을 말한다(제2조 제29호). 권리관리정보는 저작물의 이용허락과 이용료의 지불 그리고 저작물 이용에 대한 모니터링을 원활하게 하기 위한 수단의 하나이다. 기술적 보호조치가 주로 불법 복제 등의 事前 방지와 관련된 것이라면, 권리관리정보는 주로 불법복제 등의 事後 발견이나 적법한 이용을 위해 필요한 권리처리의 수행을 용이하게 하는데 관련된 것이다. 또한 권리관리정보의 보호는 기술적 보호조치를 보호하는 시스템의 안정성에 의존하는 바가 클 뿐만 아니라, 양자 모두 무단복제 방지기능도 수행하고 있기 때문에 상호 연관성이 밀접하다.

구 저작권법(2011. 6. 30. 법률 제10807호로 개정되기 전의 것)은 권리관리정보의 제거·변경 등의 행위를 저작권 침해로 보는 행위, 즉 권리침해의 간주행위로 규정함으로써 권리관리정보를 '보호'하였다(제124조 제3항). 이에 대해 2011년 저작권법(6월 30일 개정법)은 저작권 등 '권리침해' 및 그 '침해로 보는 행위'(침해간주 혹은 침해의제) 외에 권리관리정보의 제거·변경 등을 별개의 금지행위로 규정하여 이것을 위반하는 행위 자체를 독자적 규제의 대상으로 삼음으로써(제104조의3) 저작권 등 권리침해와 구별되는 독자적 성격의 보호 방식을

와 '내용중립규제(content—neutral regulation)'로 나누어 설명한다. 전자는 어떤 표현에 대하여 그 표현이 전달하는 메시지를 이유로 제한하는 것을 말하고 후자는 표현이 전달하는 메시지의 내용이나 전달효과에 직접적인 관계없이 제한하는 것을 말한다. 내용규제입법의 합헌성은 '엄격심사기준'에 의해 판단되고 내용중립규제입법의 합헌성은 흔히 '중간심사기준'이라 불리는 '덜 제한적인 다른 것을 선택할 수 있는 수단의 기준(Less Restrictive Alternative Rule, LRA 기준)' 또는 이보다 느슨하게 기왕의 입법에 대해 '경의를 표하는 심사(deferential review)'를 하는 '합리성 심사기준'에 의해 판단된다. 그런데 종래 미국에서는 저작권법을 표현의 자유와 관련하여 고찰하는 경우 내용중립규제입법에 해당한다고 보아왔고 그 합헌성의 심사기준은 중간심사기준이 아니라 이보다 느슨한 합리성 심사기준에 의하면 충분한 것으로 판단해왔다(이에 대한 상세는, 박성호, "저작권과 표현의 자유—이른바 '삼진아웃제'와 관련하여", 「법학논총」 제29집 제2호, 전남대 법학연구소, 2009. 12., 171면 이하). 이러한 법 논리와 실무를 전제로 위 연방항소법원은 DMCA상 기술적 보호조치의 보호가 수정헌법 제1조 위반이 아니라고 판시한 것이다.

706 제8장 권리침해 등

채택하고 있다. 이것은 기술적 보호조치의 보호의 경우와 마찬가지이다. 아울러 2011년 저작권법(12월 2일 개정법)은 권리관리정보의 보호대상을 확대하여 전자적인 형태의 것뿐만 아니라 비전자적인 것도 포함되도록 하고 있다.162) 전자적이란 電子的(electronic), 電磁的(electro-magnetic) 양자를 포괄하는 것이므로, 광자기적(magneto-optical) 또는 광학적(optical)인 것 자체로는 전자적인 것이 아니라고 해석될 수도 있었는데, 이러한 해석상 논란을 입법으로 해소한 것이다. 이에 따라 비전자적 권리관리정보의 예에 해당한다고 볼 수 있는 광학식 마크판독장치로 읽을 수 있는 바코드(bar code)나 스마트폰 등으로 읽을 수 있는 QR코드(Quick Response code) 등도 권리관리정보의 보호대상에 명확히 포함되도록 한 것이다.163)

2. 내   용

가. 원   칙

누구든지 정당한 권한 없이 저작권, 그 밖에 이 법에 따라 보호되는 권리의 침해를 유발 또는 은닉한다는 사실을 알거나 과실로 알지 못하고 다음과 같은 행위를 하여서는 아니 된다(제104조의3 제1항 제1호 내지 제3호). 첫째, 권리관리정보를 고의로 제거·변경하거나 거짓으로 부가하는 행위를 해서는 안 된다(제1호). 둘째, 권리관리정보가 정당한 권한 없이 제거 또는 변경되었다는 사실을 알면서 그 권리관리정보를 배포하거나 배포할 목적으로 수입하는 행위를 해서는 안 된다(제2호). 셋째, 권리관리정보가 정당한 권한 없이 제거·변경되거나 거짓으로 부가된 사실을 알면서 해당 저작물 등의 원본이나 복제물을 배포·공연 또는 공중송신하거나 배포의 목적으로 수입하는 행위를 해서는 안된다(제3호).

유의할 것은, 위 세 가지 금지행위는 고의나 악의 또는 일정한 목적 하에 행해지는 것을 요건으로 하고 있을 뿐 아니라, 이러한 금지행위가 성립하기 위해서는 그 전제로 저작권 등 권리의 침해를 유발하거나 은닉한다는 사실을 알거나 과실로 알지 못하고 위 세 가지 금지행위 중의 하나를 행해야 한다는 점이다. 그렇기 때문에 정보관리정보와 관련된 책임이 성립하기 위해서는 중

---

162) 참고로 2011년 저작권법(6월 30일 개정법) 제104조의3 제1항은 "전자적 형태의 권리관리정보"라는 표현을 사용하였으나 2011년 저작권법(12월 2일 개정법)은 "전자적 형태의"라는 문구를 삭제하였다.

163) 문화체육관광부·한국저작권위원회 편, 「개정 저작권법 해설서」(2012. 5.), 74면 참조.

첩적으로 주관적 요건을 갖추어야 한다. 이와 같이 주관적 요건을 중첩적으로 규정한 이유는, 권리관리정보가 쉽게 판별될 수 있는 형태로 표시되기도 하지만, 워터마크 기술을 활용하여 눈에 보이지 않게 표시될 수도 있으며, 저작물의 다양한 이용 과정에서 예기치 않은 기술적 이유로 인하여 제거, 변경 또는 거짓으로 부가될 수도 있다는 점을 고려하였기 때문이다.164) 한편, 권리관리정보 중 저작물 등이나 저작권자 또는 그 밖의 권리자를 식별하기 위한 정보에는 저작물의 제호나 저작자의 성명표시가 포함되므로 이러한 권리관리정보를 제거·변경하는 경우에는 권리관리정보의 침해행위에 해당할 뿐 아니라 저작인격권인 동일성유지권 침해(저작물의 제호를 제거·변경한 경우)나 성명표시권 침해(저작자의 성명을 제거·변경한 경우)에 해당할 수 있다.165)

나. 예   외

권리관리정보의 제거·변경 등의 금지는 국가의 법집행, 합법적인 정보수집 또는 안전보장 등을 위하여 필요한 경우에는 적용하지 않는다(제104조의3 제2항).

다. 구   제

민사적 구제는 전술한 '기술적 보호조치 무력화 금지 위반에 대한 구제'의 경우와 동일하다. 다만, 형사처벌과 관련해서는 과실로 저작권 등의 침해를 유발 또는 은닉한다는 사실을 알지 못한 경우에는 형사처벌의 대상에서 제외된다(제136조 제2항 제3호의4).

Ⅳ. 암호화된 방송 신호의 무력화 등의 금지

저작권법은 '암호화된 방송 신호의 무력화 등의 금지'(제104조의4) 및 이를 위반한 경우 민사적 구제절차(제104조의8)와 형사처벌에 관한 조항들(제136조 제2항 제3호의5, 제137조 제1항 제3호의2)에 대해 규정한다. '암호화된 방송 신호의 무력화 등의 금지' 규정은 한미 FTA 이행을 위한 2011년 저작권법(12월 2일 개정법)에서 신설된 것이다. '암호화된 방송 신호'란 "방송사업자나 방송사업자의 동의를 받은 자가 정당한 권한 없이 방송(유선 및 위성 통신의 방법에 의한 방

---

164) 임원선, 「실무자를 위한 저작권법」 제7판, 한국저작권위원회, 2022, 463면.
165) 같은 취지 양영준, "저작권법상 권리관리정보 보호제도", 「인터넷과 법률」, 법문사, 2002, 341~342면.

송에 한한다)을 수신하는 것을 방지하거나 억제하기 위하여 전자적으로 암호화한 방송 신호를 말한다."(제2조 제8호의2) 이와 관련하여 저작권법은 다음의 세 가지 행위를 금지한다(제104조의4 제1호 내지 제3호). 첫째, 암호화된 방송 신호를 방송사업자의 허락 없이 復號化166) 하는 데에 주로 사용될 것을 알거나 과실로 알지 못하고 그러한 목적을 가진 기기를 제조·판매하는 등의 행위를 하는 경우(제1호), 둘째, 정당한 권한에 의해 복호화된 방송 신호를 방송사업자의 허락 없이 영리목적으로 타인에게 공중송신하는 경우(제2호), 셋째, 허락 없이 복호화된 방송 신호라는 것을 알면서 이를 수신하여 청취 또는 시청하거나 타인에게 공중송신하는 행위를 하는 경우(제3호)이다.167)

V. 라벨 위조 등의 금지

저작권법은 '라벨 위조 등의 금지'(제104조의5) 및 이를 위반한 경우의 형사처벌에 관한 조항을 규정한다(제136조 제2항 제3의6호). 이것은 한미 FTA 이행을 위해 2011년 저작권법(12월 2일 개정법)에서 신설된 것이다. '라벨'이란 "그 복제물이 정당한 권한에 따라 제작된 것임을 나타내기 위하여 저작물등의 유형적 복제물·포장 또는 문서에 부착·동봉 또는 첨부되거나 그러한 목적으로 고안된 표지를 말한다."(제2조 제35호) 음악이나 영상 또는 프로그램이 담긴 CD나 DVD 등을 구매하는 사람들은 그것이 합법 복제물인지 여부를 그 복제물이나 포장 등에 부착되거나 첨부된 라벨이나 인증서 등으로 식별한다. 불법 복제물을 단속하는 경우에도 복제물이나 포장 등에 부착된 라벨이나 인증서 등의 위조나 불법 유통을 통제하는 것이 불법 복제물 자체의 제작이나 유통을 효과적으로 통제하는 수단이 될 수 있다.168) 이와 같이 저작권 보호의 실효성을 증대시키는 라벨 등의 위조 및 그 불법 유통과 관련하여 저작권법은 다음의 세 가지 행위를 금지한다(제104조의5 제1호 내지 제3호). 첫째, 저작물등의 라벨을 불법복제물이나 그 문서 또는 포장에 부착·동봉 또는 첨부하기 위하여

---

166) 복호화란 암호화된 것을 디코딩(decoding)하는 행위, 즉 해독하는 행위를 말한다.
167) '암호화된 방송 신호의 무력화 등의 금지' 규정이 신설되기 전에도 암호화된 방송 신호의 무력화 행위는 구 저작권법상 기술적 보호조치의 무력화 예비행위로서 규제되고 있었다(대법원 2009. 10. 29. 선고 2007도10735 판결). 그렇기 때문에 암호화된 방송 신호의 보호를 위한 제1호의 금지행위는 종전에도 규제대상이었다고 말할 수 있다. 그러한 점에서 본 금지 규정의 신설이 특히 의미가 있는 것은 제2호 및 제3호의 금지행위와 관련해서이다.
168) 임원선, 위의 책, 466면.

위조하거나 그러한 사실을 알면서 배포 또는 배포할 목적으로 소지하는 행위 (제1호), 둘째, 저작물등의 권리자나 권리자의 동의를 받은 자로부터 허락을 받아 제작한 라벨을 그 허락 범위를 넘어 배포하거나 그러한 사실을 알면서 다시 배포 또는 다시 배포할 목적으로 소지하는 행위(제2호), 셋째, 저작물등의 적법한 복제물과 함께 배포되는 문서 또는 포장을 불법복제물에 사용하기 위하여 위조하거나 그러한 사실을 알면서 위조된 문서 또는 포장을 배포하거나 배포할 목적으로 소지하는 행위(제3호)이다.

VI. 영상저작물 녹화 등의 금지

저작권법은 '영상저작물 녹화 등의 금지'(제104조의6) 및 이를 위반한 경우의 형사처벌에 관한 조항들을 규정한다(제137조 제1항 제3의3호, 제2항). 이것은 우리나라와 미국 간에 체결한 한미 FTA 내용[169]을 이행하기 위하여 2011년 저작권법(12월 2일 개정법)에서 도입한 것이다. 저작권법 제104조의6(영상저작물 녹화 등의 금지)은 "누구든지 저작권으로 보호되는 영상저작물을 상영 중인 영화상영관 등에서 저작재산권자의 허락 없이 녹화기기를 이용하여 녹화하거나 공중송신하여서는 아니 된다"고 규정한다. '영화상영관 등'이란 제2조(정의) 제36호에 따르면 "영화상영관, 시사회장, 그 밖에 공중에게 영상저작물을 상영하는 장소로서 상영자에 의하여 입장이 통제되는 장소를 말한다"고 정의된다. 그리고 영상저작물 녹화 등의 금지 규정을 위반한 경우에 대해 제137조(벌칙) 제1항 제3호의3은 "제104조의6을 위반한 자"는 "1년 이하의 징역 또는 1천만원 이하의 벌금에 처한다"고, 제2항은 "제1항 제3호의3의 미수범은 처벌한다"고 각 규정한다.

영화관 등에서 상영 중인 영화를 저작권자의 허락 없이 캠코더나 스마트폰으로 촬영하는 행위, 즉 도촬행위는 자주 발생되는 사안이다. 영상저작물인 영화의 상영은 저작권법상 공연에 해당하므로 공연장(영화관)에서 권리자 몰래

---

169) 한미 FTA 제18.10조 제29항은 "각 당사국은 공공 영화상영 시설에서 영화 또는 그 밖의 영상 저작물의 상영으로부터 그 저작물 또는 그 일부를 전송하거나 복사하기 위하여 영화 또는 그 밖의 영상저작물의 저작권자 또는 저작인접권자의 허락 없이 고의로 녹화장치를 사용하거나 사용하려고 시도하는 자에 대하여 형사절차가 적용되도록 규정한다." 참고로 한미 FTA가 규정한 '영화관 등에서의 도촬 행위 형사처벌'에 관한 구체적 내용과 각국 입법례 등에 관해서는, 김현철, 「한미 FTA 이행을 위한 저작권법 개정 방안 연구」, 저작권위원회, 2007. 12., 242~251면.

이루어진 촬영 또는 녹음이라는 관점에서 바라볼 수 있다. 우선 상영 중인 영화를 관객이 허락 없이 촬영하는 것은 영상저작물에 대한 저작권 침해는 물론 영화에 출연한 배우의 실연자로서의 저작인접권 침해에 해당할 수 있다. 이러한 경우 구체적 사안에 따라서는 저작권법 제30조의 '사적 이용을 위한 복제' 규정이 적용되어 저작재산권이 제한될 수 있다. 그런데 영화 등 영상저작물의 경우에는 그 제작에 막대한 자본이 투자되고, 그 이용에 있어서는 제1차적으로 영화관에서의 상영, 제2차적으로 비디오, DVD 등의 복제물의 판매, 그 다음으로 유선방송, 공중파 방송의 순서로 이용되는 특성을 가지고 있다. 만일 시사회나 영화관에서 상영 중인 영화를 몰래 촬영하여 배포하거나 전송하는 경우에는 영화 산업 전반에 막대한 피해를 주게 된다. 그래서 우리 저작권법은 영화관 등에서 영상저작물을 몰래 녹화하거나 공중송신하는 행위를 저작권 등 권리침해와는 별개의 금지행위로 규정함으로써 '사적 이용을 위한 복제' 여부와 관계없이 보호될 수 있도록 한 것이다. 요컨대, 영화 산업을 보호하기 위하여 '사적 이용을 위한 복제'라는 저작재산권 제한 규정의 적용 여부와 관계없이 형사처벌할 수 있도록 저작권 침해죄와는 독립된 별개의 범죄로 처벌하는 규정을 마련한 것이다.[170]

참고로 일본은 저작권법의 특별법 형식으로 영화의 도촬행위를 규제한다. 일본은 2007년 5월 30일 법률 제65호로 '영화 도촬의 방지에 관한 법률'[映画の盗撮の防止に関する法律]을 제정하여 같은 해 8월 30일부터 시행하고 있다. 이 법에 따르면 영화저작권자의 승낙 없이 영화관 등에서 상영되는 영화의 영상을 녹화하거나 음성을 녹음하는 것을 '영화의 도촬'이라 정의하고(제2조 제3호), 영화 도촬의 경우 사적 이용을 위한 목적으로 복제한 경우 저작권이 제한된다는 일본 저작권법 제30조 제1항의 규정은 적용되지 않는다고 규정한다(제4조 제1항). 따라서 영화를 도촬한 자는 벌칙(10년 이하의 징역이나 1천만 엔 이하의 벌금 또는 이들의 병과)의 대상이 된다.[171]

---

170) 김현철, 위의 책, 242~243면 참조.
171) 다만, 일본 국내 영화관 등에서 영화가 유료로 최초 상영된 날로부터 8개월이 경과된 영화를 도촬한 경우에는 위 제1항의 규정은 적용되지 않는다(제4조 제2항). 따라서 사적 이용을 위한 목적으로 복제한 경우 저작권이 제한된다.

Ⅶ. 방송 전 신호의 송신 금지

저작권법은 '방송 전 신호의 송신 금지'(제104조의7) 및 이를 위반한 경우 형사처벌에 관한 조항(제136조 제2항 제3의7호)을 규정한다. 그 내용은 "누구든 지 정당한 권한 없이 방송사업자에게로 송신되는 신호(공중이 직접 수신하도록 할 목적의 경우에는 제외한다)를 제3자에게 송신하여서는 아니된다"는 것이다. '방송 전 신호의 송신 금지' 규정은 한미 FTA 이행을 위한 2011년 저작권법 (12월 2일 개정법)에서 신설된 것이다. 입법 취지는 방송 전 신호의 무단 송신을 금지함으로써 건전한 방송 환경을 조정하기 위한 것이다. 아울러 2012년 3월 19일 '위성에 의하여 송신되는 프로그램 전달 신호의 배포에 관한 협약'이 우리나라에서 발효됨에 따라 위 협약의 내용을 법률에 반영하기 위한 것이다.[172]

제4절 온라인서비스제공자의 책임 제한

Ⅰ. 서 론

저작물이나 저작인접물의 디지털화는 인터넷을 통하여 접하는 타인의 저작물 등을 그대로 사용하거나 개작·변형하여 인터넷상에 유포·확산시키는 것을 용이하게 하기 때문에 인터넷 환경에서는 저작권이나 저작인접권 등의 침해 가능성이 높아진다. 인터넷상 저작권 등의 침해를 둘러싼 법률문제와 관련해서는 인터넷에 접속시켜 주는 자를 의미하는 인터넷 접속서비스제공자 (Internet Access Provider), 또는 웹사이트 호스팅(Website Hosting) 서비스와 같이 게시판이나 카페, 블로그 등 게시공간을 사용할 수 있도록 서비스를 제공하는 사업자 등에게 법적 책임을 물을 수 있는지가 문제된다. 요컨대, 인터넷과 같은 통신수단을 이용하여 타인의 저작물 등을 허락 없이 복제하거나 전송한 개개의 인터넷 이용자들에게 저작권 등의 침해책임을 묻는 것은 당연할 수 있겠지만, 이와는 별도로 인터넷상에서 저작권 등의 침해물이 유통되는 일련의 과정에서 정보에 대한 매개행위에 관여한 자들, 예컨대 인터넷 접속서비스나 캐싱(caching) 서비스, 호스팅 서비스 또는 정보검색 서비스 등을 제공하는 온라

---

172) 위 협약 제2조는 "각 체약국은 위성으로 송출되거나 위성을 통과하는 프로그램 전송신호가 향하도록 예정되지 않은 배포자에 의하여 그 영역에서 혹은 그 영역으로부터 배포되는 것을 방지하기 위하여 적절한 조치를 취한다"고 규정한다. 문화체육관광부·한국저작권위원회 편, 「개정 저작권법 해설서」(2012. 5.), 82면.

인서비스제공자(Online Service Provider, OSP)에 대해서도 저작권 등의 침해책임을 추궁할 수 있겠는가 하는 점이다. 이것이 바로 온라인서비스제공자의 법적 책임 문제이다.[173)

오늘날 인터넷 공간은 개인의 사적 영역일 뿐 아니라 시민들이 자신의 의사를 표현하고 새로운 정보를 생산·공유·교환하는 공개 광장(public forum)이다. 온라인서비스제공자는 이러한 인터넷 공간을 형성하는 데에 필요 불가결한 역할과 기능을 수행하고 있다. 시민들의 인터넷 접속이야말로 언론과 출판에 관한 기본적 인권의 가장 기초적이고 핵심적인 요소를 이루는 것이라고 할 수 있다.[174) 만일 온라인서비스제공자가 존재하지 않는다면 시민들이 인터넷 환경에 접근하는 데에 많은 불편과 어려움이 따를 것이다. 그렇게 되면 다른 이용자와의 의사 교류를 통한 자아실현이나 정치적 여론형성집단으로서의 기능을 기대할 수 없게 될 것이다. 그러한 점에서 온라인서비스제공자는 정보에 대한 매개행위를 하는 자이고, 헌법에서 보장하는 '알 권리 내지 정보 접근의 권리'를 실현시켜 참여 민주주의를 활성화시키는데 지대한 역할을 하고 있다는 점을 부인할 수 없을 것이다.[175) 그러므로 정보유통을 매개하는 온라인서비스제공자에게 너무 쉽게 저작권 등의 침해책임을 추궁하게 되면, 결과적으로 인터넷의 매체적 특성인 자유로운 커뮤니케이션 활동[176)이 위축될 위험성이 농후하므로 온라인서비스제공자의 법적 책임을 규율하는 제도 설계를 하는 경우 이러한 위험성을 고려할 필요가 있을 것이다. 이러한 온라인서비스제공자의 특성을 고려하여 그 법적 책임에 관한 특별 규정으로 마련된 것이 저작권법 제6장 '온라인서비스제공자의 책임 제한' 규정이다. 이러한 책임 제한 규정은 2003년 저작권법에서 처음 신설되어 2006년 저작권법에서 일부 개정되었고 2011년 저작권법에서 전면 개정되어 현재에 이른 것이다.

---

173) 박성호, "온라인서비스 제공자의 불법행위책임", 「계간 저작권」, 2001 겨울호, 46면 참조.
174) 그래서 기본권으로서의 인터넷 접속(권) 혹은 인터넷 접근(권)이란 용어가 사용된다. 박성호, "저작권과 표현의 자유—이른바 '삼진아웃제'와 관련하여", 「법학논총」 제29권 제2호, 전남대 법학연구소, 2009. 12., 190면.
175) 이영록, "온라인 서비스제공자의 저작권 침해 책임", 「저작권연구자료 32」, 저작권심의조정위원회, 1999. 12., 25면 참조.
176) 인터넷은 이른바 정보통신매체로서 종래의 인쇄매체, 영상매체, 전파매체 등과 대비하여 "진입장벽이 낮고, 표현의 쌍방향성이 보장되며, 그 이용에 적극적이고 계획적인 행동이 필요하다는 특성"을 지니고 있어 "오늘날 가장 거대하고 주요한 표현매체"로서 "가장 참여적인 (매체)시장", "표현촉진적인 매체"로 정의된다(헌재 2002. 6. 27. 선고 99헌마480 결정; 대법원 2009. 4. 16. 선고 2008다53812 전원합의체 판결 중 별개의견 각 참조).

Ⅱ. 온라인서비스제공자의 정의와 그 책임 제한 규정의 입법 취지

1. 온라인서비스제공자의 정의

온라인서비스제공자에는 인터넷 접속서비스로부터, 캐싱 서비스, 게시판이나 자료실운영 등의 호스팅 서비스 또는 검색 서비스제공자 등이 포함된다. 예컨대, 온라인서비스제공자에는 한국통신(KT)과 같은 인터넷 접속서비스제공자는 물론이고 다음(daum)이나 네이버(naver)와 같은 포털서비스제공자를 비롯하여 홈페이지나 블로그 등 게시공간을 운영할 수 있도록 서비스를 제공하는 사업자 또는 정보검색 서비스제공자, 그 밖에 소리바다 서비스와 같이 이용자 상호 간에 저작물 등의 전송을 주된 목적으로 하는 P2P 소프트웨어를 제공하는 서비스 혹은 웹스토리지 서비스제공자, 나아가 인터넷경매서비스제공자 등이 해당한다. 이와 같이 인터넷상에서 저작물 등의 정보유통을 매개하는 온라인서비스제공자는 여러 층위에 걸쳐서 다양한 유형으로 존재한다.

2006년 저작권법은 온라인서비스제공자에 대해 "다른 사람들이 정보통신망('정보통신망 이용촉진 및 정보보호 등에 관한 법률' 제2조 제1항 제1호의 정보통신망을 말한다. 이하 같다)을 통하여 저작물 등을 복제 또는 전송할 수 있도록 서비스를 제공하는 자를 말한다"고 정의하고 있었다(제2조 제30호).177) 그런데 이러한 정의규정과 관련해서는 그 내용이 미국 디지털 밀레니엄 저작권법(DMCA)의 정의규정과 비교할 때에 너무 추상적이고 소략한 것이어서 여러 층위에 걸쳐서 세분화되어 존재하는 온라인서비스제공자의 다양한 유형들이 과연 저작권법상 온라인서비스제공자의 정의 내용 중에 모두 포섭될 수 있을 것인지에 관하여 다소간에 의문178)이 제기된 바 있었다.179) 미국과 우리 저작권법에서

---

177) 참고로 2003년 저작권법은 온라인서비스제공자에 대해 "다른 사람들이 저작물이나 실연·음반·방송 또는 데이터베이스를 정보통신망(정보통신망이용촉진및정보보호등에관한법률 제2조 제1항 제1호의 정보통신망을 말한다)을 통하여 복제 또는 전송할 수 있도록 하는 서비스를 제공하는 자를 말한다"(제2조 제22호)고 정의하였다.

178) 예컨대, 주로 공법이나 언론법 학자들의 관점에서는 인터넷 접속서비스가 저작권법상 온라인서비스제공자의 개념 정의 속에 포함될 수 있을 것인지 여부에 대해 부정적이거나 불명료하게 논의되고 있었던 점을 들 수 있다. 한편, 저작권법 실무자 중에서 非중앙관리형(decentralized architecture) P2P 소프트웨어의 개발·유포자에 대해 온라인서비스제공자에 해당할 가능성이 매우 낮다는 의견이 제시되었던 것도 이에 해당한다.

179) 박준석, 「인터넷서비스제공자의 책임」, 박영사, 2006, 149~153면; 정상조 편, 「저작권법 주해」, 박영사, 2007, 180~185면(박준석 집필) 각 참조. 이에 따르면, BBS 서비스제공자, 인터넷 접속 서비스제공자, 캐싱 서비스제공자, 호스팅 서비스제공자, 검색엔진 서비스제공자, P2P 서비스 제공자는 모두 우리 저작권법이 규정한 온라인서비스제공자의 개념 정의 속에 당연히 포함된

714 제8장 권리침해 등

온라인서비스제공자의 개념 정의를 명문으로 규정한 입법 취지는 이것을 책임
부과의 요건으로 삼으려는 것이 아니라 책임면제의 요건으로 삼으려는 데에
있다는 점에 유의한다면,[180] 온라인서비스제공자에 대한 개념 정의는 포괄적
이면서도 좀 더 구체적으로 규정할 필요가 있다고 하겠다.

2006년 저작권법의 정의규정과 비교할 때에 2011년 저작권법(6월 30일 개
정법)의 그것은 다양한 유형의 온라인서비스제공자를 포섭할 수 있도록 그 정
의 내용을 포괄적이면서도 구체적으로 표현하여 규정하고 있다. 즉 온라인서
비스제공자란 "이용자가 선택한 저작물 등을 그 내용의 수정 없이 이용자가
지정한 지점 사이에서 정보통신망('정보통신망 이용촉진 및 정보보호 등에 관한 법
률' 제2조 제1항 제1호의 정보통신망을 말한다. 이하 같다)을 통하여 전달하기 위하
여 송신하거나 경로를 지정하거나 연결을 제공하는 자"(제2조 제30호 가목) 또
는 "이용자들이 정보통신망에 접속하거나 정보통신망을 통하여 저작물 등을
복제·전송할 수 있도록 서비스를 제공하거나 그를 위한 설비를 제공 또는 운
영하는 자"(제2조 제30호 나목)를 말한다고 정의한다. 가목은 저작권법상 책임
제한의 대상이 되는 온라인서비스제공자에게 공통되는 행위양태를, 나목은 그
러한 온라인서비스제공자의 구체적 개별 행위양태를 각 규정한 것이다.

2. 온라인서비스제공자의 책임 — 방조에 의한 공동불법행위책임

인터넷상에서 타인의 저작물 등을 허락 없이 복제하거나 전송한 개개의
인터넷 이용자들에게 저작권 등의 침해책임을 묻는 것은 당연한 일이지만, 인
터넷의 익명성과 네트워크의 광범위성으로 말미암아 그 침해자가 누구인지 특
정하기 어렵고 설령 특정이 가능하더라도 자력이 없거나 권리행사를 하기 곤
란한 경우가 대부분이다. 이러한 상황 아래에서 특정하기도 어렵고 자력 여부
도 불확실한 직접적인 저작권 등의 침해행위자 대신에 특정이 가능하고 자력
이 있는 경우가 많으며 저작권 등의 침해물이 유통되는 일련의 과정에서 그
매개행위에 관여한 온라인서비스제공자에 대해서 저작권 등의 침해책임의 추
궁이 집중되고 있다. 물론, 이때에도 온라인서비스제공자가 스스로 직접적인
저작권 등의 침해행위를 하였다고 인정되는 경우는 법적 책임을 묻는데 별다

다고 한다. 다만, 인터넷경매서비스제공자의 경우에는 위 개념 정의 속에 포함된다고 단언하기
어렵지만, 저작권 등의 침해책임의 감면에 관한 규정을 유추 적용할 수는 있을 것이라고 한다.
180) 강기중, "인터넷과 관련한 미국 저작권법상의 제문제", 「재판자료」 제88집, 법원도서관, 2000,
153면 참조.

른 어려움이 없을 것이다. 문제는 직접적인 저작권 등의 침해행위자는 이용자들이고 온라인서비스제공자와 같은 인터넷상 정보유통 매개자는 직접적인 침해행위를 하지 않은 경우이다. 이러한 경우 온라인서비스제공자를 민법 제760조 제3항의 방조에 의한 공동불법행위자(저작권 침해의 방조자 = '간접침해' 행위자)[181]로 인정할 수 있는지 여부가 쟁점이 된다. 종래 학설과 판례의 주류적 입장은 온라인서비스제공자가 직접적 침해행위자의 불법행위를 방지할 주의의무를 부담함에도 이를 게을리 한 경우 민법 제760조 제3항에 따라 부작위에 의한 방조로 온라인서비스제공자의 책임을 이론 구성하여 왔다.[182] 이른바 '소리바다 1' 가처분 이의사건의 항소심 판결과 대법원 판결[183] 이래 판례의 태도가 특히 이러한 입장을 취하고 있다. 이와 관련한 세부 쟁점 중 하나로 문제되는 것이 과실에 의한 방조와 특정 복제권 침해자('직접침해' 행위자)의 인식 없이 방조에 의한 불법행위가 성립하는지 여부인데, 소리바다 1 가처분 이의사건에서 항소심 판결과 대법원 판결은 복제권 침해에 대해서 과실에 의한 방조와 이로 인한 불법행위의 성립을 인정하였다.[184] 이러한 법리는 공중송신권의 침해를 방조하는 행위에 대하여도 그대로 적용될 수 있을 것이다.[185]

【판결이유】— 대법원 2007. 1. 25. 선고 2005다11626 판결

"저작권법이 보호하는 복제권의 침해를 방조하는 행위란 타인의 복제권 침해를 용이하게 해주는 직접·간접의 모든 행위를 가리키는 것으로서 복제권 침해행위를 미필적으로만 인식하는 방조도 가능함은 물론 과실에 의한 방조도 가능하다고 할 것인 바, 과실에 의한 방조의 경우에 있어 과실의 내용은 복제권 침해행위에 도움을 주지 않아야 할 주의의무가 있음을 전제로 하여 그 의무를 위반하는 것을 말하고, 위와 같은 침해의 방조행위에 있어 방조자는 실제 복제권 침해행위가 실행되는 일시나 장소, 복제의 객체 등을 구체적으로 인식할 필요가 없으며 실제 복제행위를 실행하는 자가 누구인지 확정적으로 인식할 필요가 없다"고 한

---

181) 일본 학설은 이를 저작권의 '간접침해' 문제라고 부른다.
182) 이에 관한 상세는, 박준석, 앞의 책, 52~63면(특히 59면); 신지혜, 「온라인서비스제공자의 법적 책임」, 경인문화사, 2021, 64~70면.
183) 서울고법 2005. 1. 12. 선고 2003나21140 판결; 대법원 2007. 1. 25. 선고 2005다11626 판결.
184) 前註 판결들 각 참조.
185) 유의할 점은 예컨대 파일공유기능을 제공하는 모든 형태의 시스템의 운영자들이 획일적으로 저작권 침해에 대한 방조책임을 부담한다고 할 수는 없을 것이다. 특히 과실에 의한 방조란 불법행위에 도움을 주지 않아야 할 주의의무가 있음에도 이를 위반하였을 때 비로소 가능할 것이다.

다음, "'소리바다' 서비스 제공자는 그 이용자들이 음반제작자들의 저작인접권을 침해하리라는 사정을 미필적으로 인식하였거나 적어도 충분히 예견할 수 있었음에도 불구하고 소리바다 프로그램을 개발하여 무료로 나누어 주고 소리바다 서버를 운영하면서 그 이용자들에게 다른 이용자들의 접속정보를 제공함으로써,[186] 이용자들이 음악 CD로부터 변환한 MPEC-1 Audio Layer-3(MP3) 파일을 Peer-To-Peer(P2P) 방식으로 주고받아 복제하는 방법으로 저작인접권 침해행위를 실행하는 것을 용이하게 하였으므로 그에 대한 방조책임을 부담한다"고 판시하였다.

한편, 온라인서비스제공자가 저작권 침해에 대하여 부작위에 의한 방조자로서 공동불법행위책임을 지는지에 관한 판단기준을 대법원은 아래와 같이 제시한 바 있다.[187] 즉 (1) 온라인서비스제공자가 제공하는 인터넷 게시공간에 게시된 저작권 침해 게시물의 불법성이 명백하고, (2) 온라인서비스제공자가 피해자로부터 구체적·개별적인 게시물의 삭제 및 차단요구를 받은 경우는 물론, 피해자로부터 직접적인 요구를 받지 않은 경우라 하더라도 그 게시물이 게시된 사정을 구체적으로 인식하고 있었거나 그 게시물의 존재를 인식할 수 있었음이 외관상 명백히 드러나며, (3) 기술적·경제적으로 그 게시물에 대한 관리·통제가 가능한 경우에는, 온라인서비스제공자에게 그 게시물을 삭제하고

---

186) 위 대법원 판결이 추상적 법률론의 전제로 삼은 사실인정 내용은 ① 소리바다 프로그램을 무료로 나누어 준 점, ② 소리바다 서버를 운영하면서 그 이용자들에게 다른 이용자들의 접속정보를 제공함으로써 저작인접권의 침해를 용이하게 한 점 등이다. 특히 ②의 인정사실은 중앙서버를 매개하여 이루어지는 P2P 파일교환(즉 중앙관리형 파일교환)의 경우에 온라인서비스제공자의 방조책임이 인정되는 주요 근거이다. 그렇다면 만일 중앙서버를 매개하지 않고 이루어지는 P2P 파일교환(즉 非중앙관리형 파일교환)의 경우라면 ①의 인정사실만으로 방조책임을 물을 수 있을 것인가 하는 의문이 제기될 수 있다. 이러한 쟁점을 취급한 것이 미국 연방대법원이 2005년 6월 27일 판결한 '그록스터 사건'이다. 이 판결은 유인이론(inducement theory)을 근거로 하여 온라인서비스제공자의 책임을 인정하였다. '그록스터 사건' 판결의 핵심은 중앙서버가 존재하지 않는 P2P 파일교환과 관련하여 프로그램 전송자인 온라인서비스제공자에 대해 '특별한 사정'이라는 예외적인 상황이 존재하는 경우에 법적 책임을 추궁할 수 있다고 판시한 것이다. 요컨대, 미 연방대법원 판결은 非중앙관리형 P2P 기술의 경우 ① 피고의 사이트가 종전의 냅스터 이용자들의 수요를 충족시키려는 의도를 가지고 있다는 점을 분명히 하였고, ② 침해행위의 감소를 위한 필터링과 같은 기술적 조치를 취하지 않았으며, ③ 피고의 사이트에서의 광고 수익 증대를 위하여 피고가 제공하는 P2P 프로그램을 사용하도록 하는 침해적 사용을 유도하였다는 사실이 인정되는 경우에는, 유인이론을 근거로 하여 저작권침해의 기여침해책임을 인정할 수 있다는 취지로 판시하였다.

187) 대법원 2010. 3. 11. 선고 2009다4343 판결.

향후 같은 인터넷 게시공간에 유사한 내용의 게시물이 게시되지 않도록 차단하는 등의 주의의무가 발생한다고 하였다. 이로써 온라인서비스제공자에게 일반적·포괄적 사전방지 의무가 인정되는 것이 아니고, 개별적·구체적 사후방지 의무를 부과하는 취지임을 분명히 하였다.188) 그러므로 온라인서비스제공자가 이를 위반하여 게시자의 저작권 침해를 용이하게 하는 경우에는 위 게시물을 직접 게시한 자의 행위에 대하여 부작위에 의한 방조자로서 공동불법행위책임이 성립한다고 판시하였다.189)

다만, 저작권 침해 게시물의 불법성이 명백한 경우라는 것, 피해자로부터 구체적·개별적인 게시물의 삭제 및 차단요구가 있었다는 것은 각각 어떠한 경우를 말하는 것이지를 둘러싸고 논란이 있었다. 이에 대해 대법원은 온라인서비스제공자가 제공한 인터넷 게시공간에 타인의 저작권을 침해하는 게시물이 게시되었고 검색 기능을 통해 인터넷 이용자들이 이를 쉽게 찾을 수 있더라도 그러한 사정만으로 곧바로 온라인서비스제공자에게 그 침해 게시물에 대한 불법행위책임을 지울 수 없으며, 피해자로부터 구체적·개별적인 게시물의 삭제 및 차단요구가 있었다는 것은 온라인서비스제공자가 특별한 노력을 가하지 않더라도 바로 삭제 및 차단조치에 나갈 수 있을 정도로 구체적·개별적이어야 하는데, 저작권법 관련 규정에 의하면190) 저작물의 위치정보(URL)에 준할 정도로 게시판 명과 게시물 제목 등 충분히 구체성을 갖춘 경우이어야 한다고 판시하였다.191) 위 대법원 판결은 온라인서비스제공자의 저작권 침해 방조책임과 관련하여, 권리자로부터 구체적·개별적으로 삭제·차단의 요구를 받았는지 여부를 좀 더 엄격한 기준에 따라 해석하여야 한다는 취지로 이해된다.

3. 온라인서비스제공자의 책임 제한 규정의 입법취지

인터넷의 특성을 고려할 때 정보유통을 매개하는 온라인서비스제공자에게 너무 쉽게 방조에 의한 불법행위책임을 인정하게 되면, 디지털 환경에서 자유로운 커뮤니케이션 활동이 저해될 가능성이 농후하므로 법적 책임 여부를 판

---

188) 이 헌, "온라인서비스제공자의 저작권 침해 방조책임[대법원 2019. 2. 28. 선고 2016다271608 판결]", 「Law&Technology」 제15권 제3호, 서울대 기술과법센터, 2019. 5. 86~87면 참조.

189) 대법원 2010. 3. 11. 선고 2009다4343 판결.

190) 저작권법 제103조 제1항, 제7항, 저작권법시행령 제40조 제1항, 저작권법시행규칙 제13조 별지 제40호 서식. 위 서식(복제·전송의 중단 요청서)에는 '복제·전송의 중단 요청 저작물의 위치정보(URL 등)' 등을 기재하도록 하고 있다.

191) 대법원 2019. 2. 28. 선고 2016다271608 판결.

단하는 경우에는 이러한 위험성을 고려하여야 함은 당연한 것이다. 이러한 제반 사정을 고려하여 저작권법은 일정한 경우 온라인서비스제공자의 법적 책임을 제한하기 위한 규정을 마련하고 있다(제102조 내지 제103조). 이러한 책임 제한 규정의 입법 취지는, 저작권법 소정의 책임제한 규정의 요건에 해당하는 경우 온라인서비스제공자에 대해서 방조에 의한 불법행위책임의 성립을 제한하는 데에 있다. 또한 책임 제한 규정은 그 입법취지나 각 관련조항의 해당 문구상 별다른 제한이 없는 점 등에 비추어 보면, 형사상 책임에도 적용된다고 보아야 한다.[192) 요컨대, 책임제한 규정의 실익은 그 방조책임의 면책사유를 유형화하여 규정함으로써 면책 가능성을 높였다는 데에 있다.

4. 입법례

1998년 10월 성립된 미국의 디지털밀레니엄 저작권법(DMCA) 제202조의 내용은, 1976년 제정된 미국 저작권법 속에 제512조를 신설하면서 그 신설조항의 내용으로 편입되었는데, 이에 따라 제512조에는 이용자가 행한 저작권 침해에 대해서 '서비스제공자'(service provider)의 책임을 제한하는 상세한 내용을 규정하고 있다. 미국 저작권법의 이러한 책임제한 규정은 우리 저작권법의 '온라인서비스제공자의 책임제한' 규정은 물론이고 EU 전자상거래지침과 그 지침을 수용한 독일의 '온라인서비스법'에 이르기까지 많은 영향을 주었고, 실제로 전 세계적으로 이 분야 입법의 모델이 되고 있다.[193)

Ⅲ. 온라인서비스제공자의 책임 제한의 내용

1. 서

구 저작권법(2011. 6. 30. 법률 제10807호로 개정되기 전의 것)은 온라인서비스제공자의 책임 제한에 관하여 규정하였지만, 그 내용이 온라인서비스제공자들의 다양한 서비스 유형을 고려함이 없이 일반적이고 일률적이었던 관계로 책임 제한 규정의 법적 안정성 및 명확성이라는 관점에서 그 입법 태도를 둘러싸고 찬·반 견해가 엇갈렸다.[194) 이에 비해 2011년 저작권법(6월 30일 개정법)

---

192) 대법원 2013. 9. 26. 선고 2011도1435 판결.
193) 이에 관해서는, 정상조·박준석, 「저작권법상 온라인서비스제공자의 책임」, 서울대 기술과법센터, 2006, 35면 이하.
194) "너무 엄격하게 기술적 특징에 얽매여 책임의 감경 내지 면책을 규정하다 보면, 입법자의 능

은 여러 층위에 걸쳐 복잡다단하게 전개되는 온라인서비스제공자의 다양한 서
비스 유형들을 그 기술적 특성을 반영하여 인터넷 접속서비스, 캐싱 서비스,
호스팅 서비스, 정보검색 서비스의 네 가지 범주의 유형으로 구분하고,195)
2011년 저작권법(6월 30일 · 12월 2일 각 개정법)은 그에 상응하는 각 책임 제한
요건들을 구체화하여 규정한다.196)

2. 온라인서비스제공자의 네 가지 범주의 서비스 유형에 따른 책임 제한

가. 책임 제한 입법형식의 전환 — '임의적 감면'에서 '필요적 면제'로!

구 저작권법(2011. 6. 30. 법률 제10807호로 개정되기 전의 것) 제102조 제1항
은 온라인서비스제공자의 책임 제한과 관련하여 일정한 요건을 갖춘 경우에는
"온라인서비스제공자의 책임을 감경 또는 면제할 수 있다"고 규정하여 미국의
DMCA의 규정과는 달리 설령 책임 제한 요건을 모두 갖추었더라도 온라인서
비스제공자의 책임은 필요적으로 면제되는 것이 아니라, 사법부의 판단에 따
라 임의적으로 감경 또는 면제될 수 있을 뿐이었다. 이에 따라 사법부가 임의
로 감경과 면제 중에서 그 법적 효과를 선택할 수 있었으므로 어느 경우에 책
임을 감경할 것인지 혹은 면제할 것인지, 아니면 일절 감면을 하지 않을 것인
지에 관하여 명확한 구분기준이 없어 법적 불안정을 초래할 위험성이 있다는
비판이 제기되었다.197) 소송실무상으로도 '임의적 감면'으로 규정된 책임 제한
입법으로 인하여 불필요한 소송을 부추기는 측면이 없지 않았다. 이에 비해
2011년 저작권법(6월 30일 개정법) 제102조 제1항은 온라인서비스제공자가 네

력의 한계 및 기술의 발전에 의하여 곧 법의 흠결이 발생하게 될 것"이므로 "어느 정도 일반
규정이 필요하다"(안효질, "인터넷 포털 사이트의 타인 기사의 책임과 그 한계", 「언론과 법」
제5권 제1호, 2006, 365면)는 주장이 구 저작권법의 책임 제한에 관한 일반규정적 입법 태도
에 찬성하는 취지의 대표적 견해이다. 이에 대해 "기술적 특징이 법률적 평가에 곧바로 영향
을 미쳐 그 법적 효과를 달리할 수밖에 없다면 기술적 특징에 따라 입법하는 태도가 가장 분
명할 수밖에 없을 것"(박준석, 앞의 책, 148면)이라는 주장이 구 저작권법의 입법 태도에 반대
하는 취지의 견해이다.

195) EU 전자상거래지침과 독일의 '온라인서비스법'은, 인터넷 접속서비스, 캐싱 서비스, 호스팅 서
비스의 세 가지 유형으로 구분하여 입법하고 있다. 지침 제정 당시 유럽에는 구글과 같은 정
보검색 서비스사업자가 존재하지 않았기 때문일 것이다.

196) 참고로 한 · 미 FTA 이행을 위한 2011년 저작권법(12월 2일 개정법)은, 한 · EU FTA 이행을 위
한 2011년 저작권법(6월 30일 개정법)의 책임 제한 요건들에 '반복적 침해자 계정해지 정책
실시' 및 '표준적 기술조치 수용'의 두 요건을 추가하여 규정한 것이다.

197) 정상조 · 박준석, "저작권법의 개정방향: OSP의 책임을 중심으로", 「Law&Technology」 제4권
제4호, 서울대 기술과법센터, 2008. 7., 25~26면.

가지 범주의 서비스 유형에 따라 요구되는 책임 제한 요건을 "모두 갖춘 경우에는 그 침해에 대하여 책임을 지지 아니한다"고 규정하여 필요적 면제로 책임 제한 입법을 변경하였다. 이와 같이 '임의적 감면'에서 '필요적 면제'로 책임 제한의 입법형식을 전환함으로써 온라인 환경에서 자유로운 커뮤니케이션 활동의 활성화라고 하는 온라인서비스제공자의 책임 제한 규정 본래의 입법취지를 충실하게 반영할 수 있게 되었다.

나. 기술적 특성을 반영한 네 가지 범주의 서비스 유형198)

(1) 인터넷 접속서비스

인터넷 접속서비스란 "내용의 수정 없이 저작물 등을 송신199)하거나 경로를 지정하거나 연결을 제공하는 행위 또는 그 과정에서 저작물 등을 그 송신을 위하여 합리적으로 필요한 기간 내에서 자동적·중개적·일시적으로 저장하는 행위"(제102조 제1항 제1호)를 말한다. 이것은 단순도관(mere conduit) 서비스라고도 불리며, 네트워크와 네트워크 사이에 통신을 하기 위해서 서버까지 경로를 설정하고 이를 연결해 주는 서비스를 말한다. KT나 SKT와 같은 망사업자가 제공하는 서비스가 이에 해당한다. 요컨대, 인터넷 접속서비스란 망사업자와 같은 온라인서비스제공자를 말하므로 저작물 등의 송신이나 그 수신자의 신원에 대해 아무런 통제도 하지 않는 것을 전제로 한다.

(2) 캐싱 서비스

캐싱 서비스란 "서비스이용자의 요청에 따라 송신된 저작물 등을 후속 이용자들이 효율적으로 접근하거나 수신할 수 있게 할 목적으로 그 저작물 등을 자동적·중개적·일시적으로 저장하는 행위"(제102조 제1항 제2호)를 말한다.200)

---

198) 이에 관해서는, 문화체육관광부·한국저작권위원회, 「한·EU FTA 이행 개정 저작권법 해설」, 2011. 7. 8., 14~16면; 문화체육관광부·한국저작권위원회, 「개정 저작권법 해설서」, 2012. 5., 56~59면; 이대희, 「인터넷과 지적재산권법」, 박영사, 2002, 531~537면; 박준석, 앞의 책, 88~93면 각 참조.

199) 여기서 '전송'이나 '공중송신'이 아닌 '송신'이란 용어를 사용한 것은 디지털 방송 등은 물론 이메일 등 사적인 송신까지를 포함하여 보다 포괄적인 송신행위 전반과 관련하여 온라인서비스제공자가 부담할 수 있는 책임을 제한하려는 것이라고 한다{임원선, 「실무자를 위한 저작권법」 제7판, 한국저작권위원회, 2022, 433면의 각주4)}.

200) 캐싱(caching)이란 온라인서비스제공자의 서버에서 이루어지는 것(proxy caching)을 말한다. 즉 온라인서비스제공자가 정보처리의 효율성과 안정성을 높이기 위해 자주 이용되는 디지털 정보를 캐시(cache)라 불리는 저장 공간에 임시적으로 저장한 후에 이를 다시 이용하고자 하는 경우 그 정보의 원래의 출처로 다시 가지 않고 임시 저장된 정보를 활용하도록 하는 것을 말한다. 온라인서비스제공자의 캐싱(proxy caching)은 이용자가 자신의 PC에서 웹사이트의

이것은 온라인서비스제공자가 네트워크상의 트래픽(traffic, 전송정체)을 줄이기 위한 방법으로 일정한 콘텐츠를 중앙서버와는 별도로 구축된 캐시서버에 자동적으로 임시 저장하여 이용자가 캐시서버를 통해 해당 콘텐츠를 이용할 수 있도록 하는 서비스를 말한다.

(3) 호스팅 서비스

호스팅 서비스란 "복제·전송자의 요청에 따라 저작물 등을 온라인서비스제공자의 컴퓨터에 저장하는 행위"(제102조 제1항 제3호 전단)를 말한다. 온라인서비스제공자는 서비스의 이용을 요청한 자에게 카페, 블로그, 웹하드 등과 같이 일정한 자료를 저장할 수 있는 공간, 즉 서버의 일정 공간을 제공(hosting)하고, 서비스 이용자는 제공받은 위 공간에 일정한 자료를 저장으로써 다른 사람들이 이에 접근하여 사용할 수 있도록 하는 서비스를 말한다.

(4) 정보검색 서비스

정보검색 서비스란 "정보검색도구를 통하여 이용자에게 정보통신망상 저작물 등의 위치를 알 수 있게 하거나 이에 연결하는 행위"(제102조 제1항 제3호 후단)를 말한다. 이것은 인터넷에서 정보를 검색하여 제공해주는 것을 말하며 네이버, 다음, 구글 등의 검색서비스가 이에 해당한다. 정보검색도구에는 목록(directory), 색인(index), 포인터(pointer), 또는 하이퍼텍스트 링크(hypertext link)뿐만 아니라 검색엔진, 목록나열(directory listings)도 포함된다.

다. 네 가지 범주의 서비스 유형에 따른 책임 제한 요건

저작권법은 전술한 것처럼 온라인서비스제공자의 서비스 유형을 네 가지 범주로 나누고 그 각각에 대하여 책임 제한 요건을 규정하고 있으며, 온라인서비스제공자가 그러한 요건을 모두 갖춘 경우(제102조 제1항 제1호 내지 제3호의 각 목), 또는 그 요건을 갖추기 위한 조치를 취하는 것이 기술적으로 불가능한 경우(제102조 제2항)에는 그 침해에 대하여 책임을 지지 않도록 규정한다.[201] 온라인서비스제공자의 서비스 유형에 따른 책임 제한 요건을 하나의 도표로 정리하면 다음과 같다.

정보를 이용할 때에 PC의 하드디스크 등에서 이루어지는 캐싱(local caching)과 구별된다.
201) 임원선, 앞의 책, 433면.

≪온라인서비스제공자(OSP)의 서비스 유형에 따른 책임 제한 요건≫202)

	인터넷 접속 서비스	캐싱 서비스	호스팅 서비스	정보검색 서비스
OSP가 저작물등의 송신을 시작하지 않은 경우	○	○	○	○
OSP가 저작물등이나 그 수신자를 선택하지 않은 경우	○	○	○	○★
저작권등의 반복적 침해자의 계정을 해지하는 방침을 채택하고 합리적으로 이행하는 경우	○	○	○	○★
저작권등을 식별하고 보호하기 위해 권리자가 이용하는 표준적인 기술조치를 수용한 경우	○	○	○	○★203)
OSP가 저작물등을 수정하지 않은 경우		○		
저작물등에의 접근조건을 지킨 이용자에게만 임시 저장된 저작물등의 접근을 허용한 경우		○		
저작물등의 복제·전송자가 제시한 업계가 인정하는 현행화 규칙을 준수한 경우		○		
저작물등의 이용정보를 얻기 위해 업계가 인정하는 기술의 사용을 방해하지 않은 경우		○		
본래의 사이트에서 사용할 수 없게 조치된 저작물등을 사용 금지하는 조치를 실시한 경우		○		
OSP가 침해행위의 통제권한·능력이 있을 때 침해행위로부터 직접 금전이익을 얻지 않은 경우			○	○
OSP가 침해행위를 인지한 경우 그 저작물등의 복제·전송을 중단시킨 경우			○	○
복제·전송의 중단요구 등을 받을 자를 지정하여 공시한 경우			○	○

예컨대, 온라인서비스제공자가 인터넷 접속서비스의 범주에 속하는 때에는 위 도표에서 열거한 책임 제한 요건들 중에서 제102조 제1항 제1호 가목 내지 라목에 해당하는 네 가지 요건(○표시)을 모두 갖춘 경우 해당 온라인서비스제공자를 전화회사와 같은 공중통신업자(common carrier)로 취급하여 면책

---

202) 문화체육관광부·한국저작권위원회, 「한·EU FTA 이행 개정 저작권법 해설」, 2011. 7. 8., 15면; 문화체육관광부·한국저작권위원회, 「개정 저작권법 해설서」, 2012. 5., 57면

203) ★표시는 2020년 저작권법 개정으로 정보검색 서비스제공자의 책임 제한 요건으로 추가된 것이다(2020년 8월 5일 시행).

하겠다는 의미이다. 또한 캐싱 서비스의 경우는 온라인서비스제공자의 서비스 알고리즘에 의하여 기술적으로 이루어지는 것이므로 책임 제한 요건도 위의 네 가지 공통요건 외에 캐싱의 기술적 측면을 반영하여 제102조 제1항 제2호 나목 내지 바목에 해당하는 다섯 가지 요건을 갖추도록 한 것이다.

라. 책임 제한 요건들 중 그 의미와 해석을 둘러싼 쟁점

(1) 저작권법 제102조 제1항 제1호 다목의 '반복적 침해자'의 의미

저작권법 제102조 제1항 제1호 다목은 "저작권, 그 밖에 이 법에 따라 보호되는 권리를 반복적으로 침해하는 자의 계정을 해지하는 방침을 채택하고 이를 합리적으로 이행한 경우"를 책임 제한 요건의 하나로 규정한다. 문제는 '반복적 침해자'의 구체적 의미이다. '반복적 침해자'에 관한 사항은 저작권법 이 규정하는 모든 범주의 온라인서비스제공자의 유형에 공통으로 요구되는 책임 제한 요건이기 때문에 그 의미를 구체적으로 이해하는 것이 중요하다. 위규정은 한·미 FTA 이행을 위한 2011년 저작권법(12월 2일 개정법)에서 추가된 책임 제한 요건이므로 비교법적으로 미국 저작권법의 관련 규정을 검토해 볼필요가 있다.

미국 저작권법 제512조(i)(1)(A)는 "적절한 상황 아래에서 반복적인 침해자 (repeat infringers)를 종식시키는 방침을 채택하고 그리고 합리적으로 이행하여 야 한다"고 규정한다.[204] 하지만 위 조항도 그러한 방침의 충족 여부를 판단할 수 있는 구체적 기준을 마련하고 있지 않다. 그러한 점에서 어떠한 경우에 '반복적 침해자'에 해당하는지에 관해서 누구도 그 정확한 내용을 인식하고 있는 것 같지는 않다. 미 의회가 이와 같이 불명료하고 그 내용을 가늠하기 어려운 입법을 하였기 때문에 그 내용을 구체적으로 분석하여 검토할 필요가 있다는 것이 미국의 대표적 저작권법 주해서 ≪Nimmer on Copyright≫의 공저자 중 한 사람인 David Nimmer 변호사의 견해이다. 그에 따르면 제512조(i)(1)(A)의 불명료함은, 과거의 침해사실을 어떻게 취급할 것인가, 그리고 장차 발생할지 모를 침해의 우려에 대해서는 어떻게 대처할 것인가 하는 두 가지 쟁점의 논의의 층위가 근본적으로 다르다는 데에서 기인하는 문제라고 한다. 따라서 '반복적인 침해자'에 관한 방침을 해석하기 위해서는 두 가지 쟁점 간의 논의의 층위가 다르다는 점을 인식하고 이 점에 논의의 초점을 맞출 필요가 있다고 한다.[205]

---

204) 미국 저작권법 제512조(i)(1)(A).

제512조(i)(1)(A)의 규정에 부합하는 '반복적 침해자'에 해당하기 위한 요소들을 정리하면 다음의 것들이 포함될 것이라고 한다. '침해자'라 함은 침해자로 피소되어 재판받은 자이거나 또는 온라인서비스제공자가 그 침해사실을 인식한 경우를 말한다. 아울러 '반복적'이라 함은 침해행위가 최소한 별도로 행하여진 두 번의 행위일 것을 요한다. 따라서 '반복적' 침해자라는 것은 적어도 침해행위가 최소한 두 번의 별개의 행위일 것을 요구한다.206) 반복적 침해자라 하더라도 만일 적절하지 않은 경우라면 계정을 종료시킬 필요가 없다. 그리고 온라인서비스제공자는 반복적 침해자에 관한 정책을 공표하여야 하며,207) 온라인서비스제공자는 그 정책을 합리적으로 이행하여야 한다. 아울러 Nimmer 변호사는 반복적 침해자 정책과 관련하여 어디까지가 적정한 한도인지를 정의하는 문제를 해결하기 위하여 심층적 분석을 토대로 여러 가지 결론들을 이끌어내고 있다. 즉 반복적 침해자에는 모든 저작권 침해행위(설령 州法이나 외국법이라 하더라도)를 포함한다.208) 또한, 오프라인에서 행해진 침해행위를 포함한다.209) 판결은 판결기록부에 기재된 것(entry of judgment)을 기준으로 하며 해당 판결에 대해 항소심이 계속 중인 경우에도 마찬가지이다.210) 침해자는 일정 시점이 지나면 더 이상 '반복적 침해자'로 취급되지 않아야 하며 정상적인 이용자로 복귀될 수 있어야 한다.211) 온라인서비스제공자는 과거에 다른

---

205) Melville B. Nimmer & David Nimmer, *Nimmer on Copyright*, Vol. 3, LexisNexis, 2007, §12B.10 참조. 이하 본문의 설명과 관련 각주들은 《Nimmer on Copyright》의 '반복적 침해자를 종식시키는 방침'(Policy to Terminate Repeat Infringers)에 관한 서술 내용을 요약 정리하면서 재인용한 것임을 밝힌다.

206) Perfect 10, Inc. v. CCBill, LLC, 340 F. Supp. 2d 1077, 1094 n.12 (C.D. Cal. 2004) (3번의 통지 이후 종료정책을 인증한 것이다).

207) 그러나 서비스제공자는 언제 이용자를 종료시킬 것인가에 관한 그 자신의 내부 기준을 공표할 필요는 없다. "법 규정은 어떠한 기준이 서비스제공자에 의해 고려되어야 하는가를 제시하고 있지 않다. 더구나 서비스제공자로 하여금 이용자들에게 자신의 결정-판단-기준을 알리도록 요구하고 있지 않다. 아마존사는 이용자들이 저작권법을 반복적으로 위반하면 서비스로부터 배제된다는 것만을 고지할 필요가 있다. 아마존사는 이용자들에게 그러한 고지를 하였으므로 Ellison 테스트의 요건을 충족시킨 것이다." Corbis Corp. v. Amazon.com, Inc., 351 F. Supp. 2d 1090, 1102 (W.D. Wash. 2004).

208) David Nimmer, "Repeat Infringers", 52 J. *Copyright Soc'y*, 2005, pp.203~204.

209) Ibid., p.204. 그럼에도 불구하고 제512조의 표제가 '온라인상의 자료에 관한 책임의 제한'이라는 것을 고려한다면, 반대의 결론도 인정될 수 있다.

210) Costar Group Inc. v. Loopnet, Inc., 164 F. Supp. 2d 688, 716−17 (D. Md. 2001), *aff'd*, 373 F.3d 544 (4th Cir. 2004) 참조.

211) David Nimmer, op. cit., pp.205~207.

서비스제공자에 의해 배제된 적이 있다는 주장만을 근거로 특정 이용자를 '반복적 침해자'라고 배제하는 일이 있어서는 안 된다.212) '침해자'는 피고로 명명된 자이고 그 피고를 고용한 회사가 아니다. 또한 '침해자'는 회사가 피고인 경우에는 그 실행자(가령, 회사의 기관)를 말한다.213) 온라인서비스제공자는 침해가 발생한 모든 IP 주소를 배제할 필요는 없다.214) 재판이 화해로 종결된 경우 또는 침해라고 판단될 우려가 있는 자료를 자발적으로 삭제한 경우에 그러한 행위를 하였다는 이유로 해당 행위자에게 침해자라는 불이익을 주어서는 안 된다.215) 반복적 침해자라 하더라도 '적절한 상황' 아래에서는 배제될 필요가 없는데, 그와 같은 적절한 상황에는 비례요건이 포함될 수 있을 것이다. 가령, 어느 온라인서비스 이용자가 매우 많은 분량을 이용하는 경우에 그러한 이용행위 중 적은 분량만이 저작권 침해에 해당하는 것으로 판단될 때에는 그 이용자의 전체 이용행위의 맥락에 비추어 그 침해가 통상적인 것이 아닌 한 그 이용자를 종료시킬 필요는 없을 것이다.216)

(2) 저작권법 제102조 제1항 제2호 라목의 '저작물 등의 현행화 규칙'의 의미

저작권법 제102조 제1항 제2호 라목은 "저작물 등을 복제·전송하는 자(이하 '복제·전송자'라 한다)가 명시한, 컴퓨터나 정보통신망에 대하여 그 업계에서 일반적으로 인정되는 데이터통신규약에 따른 저작물 등의 현행화에 관한 규칙을 지킨 경우. 다만, 복제·전송자가 그러한 저장을 불합리하게 제한할 목적으로 현행화에 관한 규칙을 정한 경우에는 그러하지 아니하다"는 것을 책임 제한 요건의 하나로 규정한다. '저작물 등의 현행화 규칙'에 관한 사항은 저작권법이 규정하는 온라인서비스제공자의 네 가지 범주 중 캐싱 서비스제공자에게 요구되는 책임 제한 요건의 하나이다. 여기서 '현행화'라는 것은 최신화 하는 것(update)을 의미한다. 위 규정은 미국 저작권법 제512조(b)(2)(B)의 내용과 거의 동일하다. 우리법의 '현행화'는 미국법의 "refreshing, reloading, or other updating"을 함축하는 번역어이다. 즉 "신규화, 다시 올리기, 또는 그 밖의 현행화"를 모두 포괄하여 '현행화'라는 용어로 옮긴 것이다. 그리고 이 규정의 취지는 복제·전송자의 남용을 견제하려는 것이 그 본질이다. 예컨대, 복제·전

---

212) Ibid., pp.209~210.
213) Ibid., pp.210~211.
214) 일련의 냅스터 사건들의 초기 견해는 이 쟁점을 언급하였다.
215) Ibid., p.214~216.
216) 만일 어떤 할리우드 영화사가 10년 동안 백 여 건의 소송에서 이기고 두 건에서 패소한 경우 해당 영화사를 의회가 상정한 '반복적 침해자'의 범위 내에 해당한다고 보기는 어려울 것이다.

송자가 1000분의 1초마다 신규화(refreshing) 하여야 한다는 조건을 제시하는 경우 이러한 조건은 캐싱을 방해하기 위한 것으로 캐싱 서비스 자체를 존립할 수 없도록 만든다. 이러한 남용을 방지하기 위해서, 위 라목 단서는 복제·전송자가 제시한 조건이 "중간적 저장을 방해하거나 비합리적으로 훼손하도록" 사용하는 경우에는 전술한 책임 제한 요건을 적용하지 않는다고 규정한 것이다.

(3) 저작권법 제102조 제2항의 '기술적 조치의 불가능성'의 의미

저작권법은 "온라인서비스제공자가 제102조 제1항에 따른 조치를 취하는 것이 기술적으로 불가능한 경우에는 다른 사람에 의한 저작물 등의 복제·전송으로 인한 저작권, 그 밖에 이 법에 따라 보호되는 권리의 침해에 대하여 책임을 지지 않는다"고 규정한다(제102조 제2항). 즉 제102조 제1항에서 규정하는 책임 제한 요건을 갖추기 위한 '조치'를 취하는 것이 '기술적으로' 불가능한 경우를 말한다. 특히 쟁점이 되는 경우는 저작물 등의 복제·전송을 방지하거나 중단하는 기술적 조치를 취하는 것이 불가능한지 여부를 판단하는 문제이다. 주로 웹하드와 같은 대용량 디지털 스토리지 서비스제공자의 책임과 관련하여 문제가 된다. 대법원은 웹스토리지 서비스 제공 사이트를 운영하는 피고인들이 사이트 이용자들에 의한 저작권 침해사실을 알고서 즉시 그 저작물의 복제·전송을 방지하거나 중단시킨 바 없고 피고인들이 취한 기술적 조치가 '금칙어 설정' 또는 '해쉬값 등록·비교'를 통한 필터링 방식뿐인 사안에서 '기술적 조치의 불가능성'의 의미와 온라인서비스제공자의 책임 제한 요건에 관하여 다음과 같이 판시하였다. "구 저작권법(2008. 2. 29. 법률 제8852호로 개정되기 전의 것, 이하 같다) 제102조 제2항이 규정하고 있는 '기술적으로 불가능한 경우'란 온라인서비스의 제공 자체는 유지함을 전제로 이용자들의 복제·전송행위 중 저작권의 침해행위가 되는 복제·전송을 선별하여 방지 또는 중단하는 것이 기술적으로 불가능한 경우를 말하므로, 비록 온라인서비스이용자들이 해당 온라인서비스를 이용하여 저작물을 복제·전송함으로써 그 저작권 침해를 하였다고 하더라도, 온라인서비스제공자가 그와 같은 침해사실을 알고 저작권의 침해가 되는 복제·전송을 선별하여 이를 방지 또는 중단하는 기술적 조치를 다하였다고 인정되는 경우에는 해당 침해행위에 대한 형사상 책임이 면제된다. 그리고… 온라인서비스제공자가 스스로 저작권 침해사실을 알게 된 경우에도 그 즉시 당해 복제·전송을 중단시켜야 구 저작권법 제102조 제1항에 의하여 그 책임을 감경 또는 면제받을 수 있다." 그리고 위 사안과 관련하여 "피

고인들이 이 사건 각 사이트에 취한 기술적 조치는… '금칙어 설정' 또는 '해쉬
값 등록·비교'를 통한 필터링 방식 뿐으로서 이러한 기술적 조치만으로는 그
당시 기술수준 등에 비추어 최선의 조치로 보이지 않을 뿐만 아니라 이들 기
술적 조치 자체도 제대로 작동되지 아니한 것"으로 보이므로 "피고인들은 저
작권의 침해가 되는 복제·전송을 선별하여 이를 방지하거나 중단하는 기술적
조치를 다하였다고 할 수 없다"고 판시하였다.[217] 위 대법원 판결은 구 저작권
법이 적용된 사안에 관한 것이지만 현행 저작권법 제102조 제2항에서 정한
'기술적 조치의 불가능성'의 의미와 관련해서도 그대로 타당할 것이다.

3. 저작권 등의 침해를 이유로 하는 복제·전송의 중단 절차 등

가. 서

저작권법은 인터넷 접속서비스를 제외한 세 가지 범주의 서비스 유형에
대하여 저작권 등의 침해를 이유로 하는 복제·전송의 중단 등의 절차를 규정
한다(제103조).[218] 그 중 특히 호스팅 서비스와 정보검색 서비스를 제공하는 온
라인서비스제공자에 대하여 그 서비스를 제공하는 것과 관련하여 다른 사람의
저작권 등이 침해된다는 것을 실제로 안 경우(전자)와 자신의 권리가 침해되고
있다고 주장하는 사람으로부터 침해가 되는 복제·전송의 중단요구 등을 통하
여 침해가 명백하다는 사실 또는 정황을 알게 된 때에는(후자) 제103조 제1항
에 따라 즉시 그 저작물 등의 복제·전송을 중단시키는 것을 관련 저작권 등의
침해책임을 제한하는 요건으로 규정한다(제102조 제1항 제3호 다목). 캐싱 서비
스에 대해서도 제103조 제1항에 따른 복제·전송의 중단 요구에 관해 규정한
다(제102조 제1항 제2호 바목). 저작권법 제103조 제1항 내지 제7항은 특히 후자
와 관련하여 준수해야 할 절차(후술 나.~마.)를 상세하게 규정한다.[219] 유의할
것은 "정당한 권리 없이" 권리주장자가 복제·전송의 중단을 요구(후술 나.)하거
나 복제·전송자가 재개를 요구(후술 라.)한 경우 그로 인하여 발생한 손해를
배상해야 한다는 것이다(제103조 제6항).[220]

---

217) 대법원 2013. 9. 26. 선고 2011도1435 판결. 이 판결의 해설로는, 최승재, "2013년 저작권법 및
상표법 분야 주요 판례 해설", 「정보법학」 제17권 제3호, 2013, 137~141면.
218) 인터넷 접속서비스는 물리적인 네트워크의 연결·접속만을 담당할 뿐이고 이용자의 이용행위
에 관여하지 않으므로 제103조의 복제·전송의 중단 요구 대상에서 제외된 것이다.
219) 저작권법 제103조 제1항 내지 제7항 및 같은 법 시행령 제40조 내지 제44조를 정리한 것으로,
임원선, 앞의 책, 438~442면 참조.
220) 서울고법 2010. 10. 13. 선고 2010나35260 판결('가수 손담비 어린이 동영상' 사건)(확정). 법원

728   제8장 권리침해 등

나. 권리주장자의 복제·전송 중단 요구

온라인서비스제공자의 서비스를 이용한 저작물 등의 복제·전송으로 자신의 권리가 침해됨을 주장하는 권리주장자는 그 사실을 소명하여 온라인서비스제공자에게 그 저작물 등의 복제·전송을 중단시킬 것을 요구할 수 있다. 이 소명자료에는 자신이 그 저작물 등의 권리자로 표시된 저작권 등의 등록증 사본 또는 자신의 성명 등이나 이명으로 널리 알려진 것이 표시되어 있는 저작물 등의 사본 또는 그에 상당하는 자료가 있다. 다만, 권리주장자가 저작권신탁관리업자이거나 최근 1년 이내에 반복적인 침해행위에 대하여 권리자임을 소명할 수 있는 자료를 이미 제출한 사실이 있는 경우에는 소명자료를 제출할 필요가 없다. 소명자료를 제출하기 어려운 정당한 사유가 있는 때에는 정당한 권리 없이 복제·전송의 중단을 요구한 경우 그에 따른 손해를 배상하고, 정당한 권리가 없음을 알면서 고의로 복제·전송의 중단을 요구하여 온라인서비스제공자의 업무를 방해한 경우 관련 처벌을 받겠다는 취지의 진술서를 대신 제출할 수 있다.

복제·전송의 중단을 요구할 때에는 그 대상 저작물 등을 위치정보(URL) 등으로 특정하여야 한다. 통상적으로는 게시물의 제목, 위치정보(URL) 등을 엑셀(excel) 파일로 정리하여 이메일로 송부하거나 권리침해센터에 업로드 하는 등의 방식을 취한다.[221] 따라서 대상 저작물 등을 찾기 위한 검색어와 온라인서비스제공자 사이트 내 카페의 대표주소를 제시하는 것만으로는 구체적·개별적으로 게시물에 대한 삭제 및 중단요구가 있었다고 볼 수 없다.[222]

다. 온라인서비스제공자의 복제·전송 중단 및 통보

온라인서비스제공자는 이러한 복제·전송의 중단요구를 받은 즉시 그 저작물 등의 복제·전송을 중단시키고 그 사실을 복제·전송을 중단시킨 날로부터 3일 이내에 권리주장자에게 통보하여야 한다. 호스팅 서비스나 정보검색

은 "'정당한 권리가 없다'는 것은 '자신의 권리가 침해되는 사실을 입증하지 못하였다'는 취지로 해석되어야 하므로 침해될 권리 자체가 없었던 경우는 물론 침해될 권리가 있더라도 저작물 등의 복제·전송이 저작권법이 규정한 저작권 제한사유에 해당하여 저작권 그 밖에 저작권법에 따라 보호되는 권리를 침해하는 것이 아닌 경우도 정당한 권리가 없는 경우에 해당한다"고 판시하였다. 이로 인해 권리주장자(음저협)는 "정당한 권리 없이" 복제·전송자의 동영상 게시물에 대해 복제·전송의 중단을 요구한 것이라는 이유로 손해배상책임이 인정되었다.

221) 신지혜, 「온라인서비스제공자의 법적 책임」, 경인문화사, 2021, 255면 참조.
222) 대법원 2019. 2. 28. 선고 2016다271608 판결.

서비스를 제공하는 온라인서비스제공자는 그 저작물 등의 복제·전송자에게도
그 사실을 권리주장자가 제출한 복제·전송 중단 요청서를 첨부하여 통보하여
야 한다.[223] 이때 온라인서비스제공자는 복제·전송자에게 자신의 복제·전송
이 정당한 권리에 의한 것임을 소명하여 복제·전송의 재개를 요구할 수 있음
을 알려주어야 한다.

라. 복제·전송자의 재개 요구

복제·전송의 재개를 요구하려는 복제·전송자는 온라인서비스제공자로부
터 복제·전송의 중단을 통보받은 날부터 30일 이내에 재개요청서에 소명자료
를 첨부하여 제출하여야 한다. 그 소명자료에는 자신이 그 저작물 등의 권리
자로 표시된 저작권 등의 등록증 사본이나 자신의 성명 등이나 이명으로서 널
리 알려진 것이 표시되어 있는 저작물 등의 사본, 또는 저작권자 등으로부터
적법하게 복제·전송의 허락을 받은 사실을 증명하는 계약서 사본이나 그에
상당하는 자료, 그리고 그 저작물 등의 저작재산권의 보호기간이 끝난 경우
그 사실을 확인할 수 있는 자료가 있다. 이러한 소명자료를 제출하기 어려운
정당한 사유가 있는 때에는 정당한 권리 없이 복제·전송의 재개를 요구한 경
우 그에 따른 손해를 배상하고, 정당한 권리가 없음을 알면서 고의로 복제·전
송의 재개를 요구하여 온라인서비스제공자의 업무를 방해한 경우 관련 처벌을
받겠다는 취지의 진술서를 대신 제출할 수 있다.

마. 온라인서비스제공자의 복제·전송 재개 및 통보

복제·전송자가 자신의 복제·전송이 정당한 권리에 의한 것이었음을 소명
하여 그 복제·전송의 재개를 요구하는 경우에, 그 요구를 받은 온라인서비스
제공자는 그 재개요구를 받은 날부터 3일 이내에 복제·전송자의 복제·전송이
정당한 권리에 의한 것인지를 결정하여야 하고, 정당한 권리에 의한 것으로
인정되면 복제·전송의 재개를 요구받은 날의 7일 이후부터 14일까지의 기간
중에 속하는 날로 재개예정일을 정하여, 재개요구사실 및 재개예정일을 권리
주장자에게 지체 없이 통보하고 그 예정일에 복제·전송을 재개시켜야 한다.
다만, 권리주장자가 복제·전송자의 침해행위에 대하여 소를 제기한 사실을 재
개예정일 전에 온라인서비스제공자에게 통보한 경우에는 그러하지 아니한다.

---

[223] 이는 온라인을 통한 저작권 등의 침해가 짧은 기간 내에 저작권자 등에게 회복하기 어려운 피
해를 입힐 수 있다는 점을 고려한 것이다. 잘못된 권리주장으로 인하여 복제·전송자가 입을
수 있는 피해는 비교적 예측 가능하고 권리주장자와의 사이에서 조율될 가능성이 높다.

이렇게 된 경우에는 권리주장자와 복제·전송자 사이에 저작권 등의 분쟁이 발생한 것이므로 여기에는 온라인서비스제공자가 더 이상 개입할 여지가 없다. 따라서 두 당사자는 양자 간의 합의나 조정·중재 등의 대체적 분쟁해결절차(ADR)[224] 또는 법원에 소 제기 등을 통하여 그 분쟁을 해결하여야 한다.

온라인서비스제공자는 권리주장자의 복제·전송 중단 요구 및 복제·전송자의 복제·전송 재개 요구를 받을 수령인을 지정하여 자신의 설비 또는 서비스를 이용하는 사람들이 쉽게 알 수 있도록 공지하여야 한다. 온라인서비스제공자가 이렇게 수령인을 정하여 공지하고, 전술한 절차에 따라 복제·전송을 중단하거나 재개한 경우에는 이로 인하여 발생한 손해에 대하여 책임을 지지 아니한다.

Ⅳ. 특수한 유형의 온라인서비스제공자의 의무 등

1. 법 규정

저작권법은 '온라인서비스제공자의 책임 제한'과는 직접적 관련이 없는 의무 규정도 두고 있다. 2006년 저작권법에서 신설된 제104조 '특수한 유형의 온라인서비스제공자의 의무 등'에 관한 조항이 바로 그것이다.[225] 저작권법은 "다른 사람들 상호 간에 컴퓨터를 이용하여 저작물 등을 전송하도록 하는 것을 주된 목적으로 하는 온라인서비스제공자(이하 '특수한 유형의 온라인서비스제공자'라 한다)는 권리자의 요청이 있는 경우 해당 저작물 등의 불법적인 전송을 차단하는 기술적인 조치 등 필요한 조치를 하여야 한다. 이 경우 권리자의 요청 및 필요한 조치에 관한 사항은 대통령령으로 정한다"고 규정한다(제104조 제1항). 이어서 "문화체육관광부장관은 제1항의 규정에 따른 특수한 유형의 온라인서비스제공자의 범위를 정하여 고시할 수 있다"고 규정한다(제104조 제2항). 본조 도입 당시의 입법관여자의 설명에 따르면 본조에 의한 기술적 조치의 의무화의 대상은 사실상 유료로 운영되고 있음에도 불구하고 권리자에게 저작권 이용료를 지불하지 않고 불법적인 전송을 목적으로 운영되는 P2P와 웹하드(webhard) 업체라고 한다.[226]

---

224) 예컨대, ADR의 한 유형으로 한국저작권위원회에의 알선 및 조정신청을 하는 것을 들 수 있다.
225) 저작권법 제104조의 문제점에 관한 비판적 고찰로는, 박성호, "저작권법 제104조와 기술적 조치", 「지적재산&정보법연구」 Vol.1 No.1, 한양대 지적재산&정보법 센터, 2009. 9., 55면 이하.
226) 문화관광부·저작권심의조정위원회 편, 「개정 저작권법 해설」, 2007. 1. 30., 40~41면.

2. 문화체육관광부 告示

저작권법 제104조 제2항에 따른 문화체육관광부 고시에 의하면 '특수한 유형의 온라인서비스제공자'란 다음의 세 가지의 어느 하나에 해당하는 경우를 말한다고 한다.[227] 이에 해당하는 온라인서비스제공자가 제104조에서 요구하는 기술적 조치의무를 위반하면 제142조에 따른 과태료를 부과한다는 것이다.

첫째, 개인 또는 법인(단체 포함)의 컴퓨터 등에 저장된 저작물 등을 공중이 이용할 수 있도록 업로드 한 자에게 상업적 이익 또는 이용편의를 제공하는 온라인서비스제공자이다(ex 적립된 포인트를 이용해 쇼핑, 영화 및 음악감상, 현금교환 등을 할 수 있게 하거나 사이버머니, 파일 저장공간 제공 등을 통하여 저작물 등을 공유하는 자에게 경제적 혜택이 돌아가도록 하는 경우). 둘째, 개인 또는 법인(단체 포함)의 컴퓨터 등에 저장된 저작물 등을 공중이 다운로드 할 수 있도록 기능을 제공하고 다운로드 받는 자가 비용을 지불하는 형태로 사업을 하는 온라인서비스제공자이다(ex 저작물 등을 이용 시 포인트 차감, 쿠폰사용, 사이버머니 지급, 공간제공 등의 방법으로 경제적 대가를 지급해야 하는 경우). 셋째, P2P 기술을 기반으로 개인 또는 법인(단체 포함)의 컴퓨터 등에 저장된 저작물 등을 업로드 하거나 다운로드 할 수 있는 기능을 제공하여 상업적 이익을 얻는 온라인서비스제공자이다(ex 저작물 등을 공유하는 웹사이트 또는 프로그램에 광고게재, 타 사이트 회원의 가입 유도 등의 방법으로 경제적 수익을 창출하는 경우).

3. '불법적인 전송을 차단하는 기술적인 조치'의 의미

저작권법 제104조 제1항은 '특수한 유형의 온라인서비스제공자'에게 "권리자의 요청이 있는 경우 해당 저작물 등의 불법적인 전송을 차단하는 기술적인 조치 등 필요한 조치를 하여야 한다"고 규정하고, 저작권법 시행령 제46조에서 저작물 등을 인식하고 차단하기 위한 조치 등을 규정하여 특수한 유형의 온라인서비스제공자에게 필터링 등 모니터링 의무를 부과한다. 이때의 기술적 조치라는 것은 '현실적으로 가능한 최선의 조치'를 취해야 한다는 것이라기보다는, 본조 신설 당시의 입법관여자의 설명에 따르면[228] '현실적으로 가능한 最小限의 조치'라는 의미이다.[229] 그런데 '소리바다 5' 사건에 관한 하급심 재

---

227) 현재 문화체육관광부 고시 제2021−0062호(2021. 11. 26.)가 적용되고 있다.
228) 문화체육관광부(당시 문화관광부) 웹사이트의 '자료마당'에서 정보 공개한 "'저작권법개정안' 관련 쟁점사항"이란 자료 중 '특수한 유형의 온라인서비스제공자에 대한 기술적 보호조치 의무화'에 관한 설명 참조.

판례에 따르면, 제104조에서 요구하는 기술적 조치로서의 필터링이라 함은 권리자로부터 공유금지를 요청받거나 공유금지로 설정한 음원들에 대해서만 실시하는 소극적 필터링 방식이 아니라, 권리자로부터 이용허락을 받은 음원들에 한해서만 파일공유를 허용하고 나머지는 모두 금지하는 적극적 필터링 방식을 말하는 것이라고 판시한다.[230] 위 하급심의 결론은 '현실적으로 가능한 最善의 조치'를 취하라는 취지라고 이해할 수 있다.[231] 그러나 최근 대법원 결정은 "기술적 한계 등으로 인하여 불법적인 전송을 전면적으로 차단할 의무를 부과할 수 없다는 점을 고려"할 때 "특수한 유형의 온라인서비스제공자가 저작권법 시행령 제46조 제1항이 규정하고 있는 '필요한 조치'를 취하였다면 저작권법 제104조 제1항에 따른 필요한 조치를 한 것으로 보아야 하고, 실제로 불법적인 전송이라는 결과가 발생하였다는 이유만으로 달리 판단하여서는 아니 된다"고 판시하였다.[232] 이에 따르면 법문상의 '필요한 조치'란 '현실적으로 가능한 최소한의 조치'를 취하라는 의미로 이해된다.

4. 일반적 모니터링 의무 배제 규정과 저작권법 제104조의 충돌 문제[233]

저작권법 제102조 제3항에서는 온라인서비스제공자의 책임제한과 관련하여 "온라인서비스제공자는 자신의 서비스 안에서 침해행위가 일어나는지를 모니터링하거나 그 침해행위에 관하여 적극적으로 조사할 의무를 지지 아니한

---

229) 조정욱, "온라인서비스제공자의 기술적 조치 의무", 「정보법학」 제12권 제2호, 2008, 71면.
230) 서울고법 2007. 10. 10.자 2006라1232 결정; 同 2007. 10. 10.자 2006라1233 결정; 同 2007. 10. 10.자 2006라1245 결정('소리바다 5' 사이트 운영자가 구 저작권법 제102 제2항의 '기술적 조치의 불가능성'을 이유로 한 면책 주장에 대해서 소극적 필터링만으로는 부족하고 적극적 필터링을 하여야 면책이 가능하다는 취지로 판시).
231) 원래 제102조 제2항에서 정하는 '기술적 조치'와 본조에서 정하는 '기술적 조치'는 구별해서 이해되어야 한다. 전자가 온라인서비스제공자의 책임 제한과 관련된 것이라면 후자는 특수한 유형의 온라인서비스제공자에게 의무로서 부과되는 것이기 때문이다. 그런데 전술한 하급심 재판례(서울고법 2007. 10. 10.자 2006라1232 결정 등)에 따르면, 제102조 제2항의 '기술적 조치'는 본조의 '기술적 조치'를 하나의 실천 기준으로 포괄하는 개념이라고 받아들이고 있다. 다시 말해, 본조의 요구수준에 부합하는 '기술적 조치'는 제102조 제2항의 '기술적 조치의 불가능성' 여부를 판단하는 하나의 기준이 될 수 있다고 보고 있다. 결국 본조와 제102조 제2항의 '기술적 조치'는 동전의 앞뒷면 관계를 이루는 것이라는 결론에 이르게 된다. 그러나 이는 본조 신설 당시 입법관여자의 설명과는 '사실상' 상반되는 결론이다.
232) 대법원 2017. 8. 31.자 2014마1609 결정(권리자의 요청이 있는 만화저작물 중 일부에 대하여 불법적인 전송이 차단되지 않았더라도 '필요한 조치'를 취한 것으로 보아야 한다는 취지).
233) 제104조에 대한 분석으로는, 정상조·박준석, 「FTA협상타결에 따른 저작권법 개정 관련제안」, 서울대 기술과법센터, 2007, 101~122면 참조.

다"고 규정하여 모니터링 의무를 배제하는 규정을 두고 있다. 반면에 제104조 제1항은 전술한 것처럼 특수한 유형의 온라인서비스제공자에게 적극적인 필터링 등 모니터링 의무를 부과하고 있다. 요컨대, 저작권법 제102조 제3항은 모니터링 의무를 배제하고 있음에 반하여 제104조 제1항 등 관련 규정은 모니터링 의무를 부과하고 있어서 양자 간에 충돌 문제가 발생할 수 있다. 어떤 온라인서비스제공자가 침해행위 여부를 모니터링하거나 침해행위의 적극적 조사 의무를 수행하지 않은 경우에 비록 제102조 제1항의 책임 제한 요건을 충족하여 면책을 받는다 하더라도 제104조에 따른 법적 제재를 면할 수 없게 되는 말 그대로 '기이한' 결과가 발생할 수 있다.[234] 따라서 제104조는 "이 호의 책임제한을 받는 자격은 그러한 기술조치와 합치되는 경우를 제외하고 서비스제공자가 자신의 서비스를 감시하거나 침해행위를 나타내는 사실을 능동적으로 찾아야 하는 것을 조건으로 할 수 없다"고 정한 한·미 FTA의 내용[235])에도 저촉될 가능성이 높다.[236]

V. 관련 문제 — 클라우드 서비스제공자

클라우드 컴퓨팅(Cloud Computing)이란 원격지에 존재하는 컴퓨팅 자원(서버, 스토리지, 상용 소프트웨어 등)을 가상화(virtualization) 기술과 광대역 네트워크로 통합함으로써 이용자로 하여금 언제 어디서라도 해당 자원을 이용할 수 있도록 제공하는 서비스라고 정의할 수 있다. 그리고 클라우드 컴퓨팅은 이용자들

---

234) 학설 중에는 "온라인서비스제공자가 저작권 침해와 관련[하여]… 권리자의 요청에 따르지 않는다고 해도 과태료가 부과될 수 있을지언정 면책을 받는 것과는 관계가 없다"고 하면서 양자는 서로 충돌하지 않는다는 견해가 있다(임원선, 앞의 책, 447면). 이는 저작권 침해책임의 면제(가령, 刑罰)와 과태료의 부과(行政秩序罰)는 상충하지 않는다는 行政罰을 구별하는 형식논리에 기초한 설득력이 없는 주장이다. 저작권 침해에 관한 형사책임은 행정형벌에 해당하는 것으로서 오늘날 행정형벌과 행정질서벌은 엄격히 구별되지 않고 종래의 행정형벌이 행정질서벌로 편입되는 경우가 날로 증가하여 상대화되고 있으며 과태료의 상한이 벌금의 그것보다 높은 경우가 많다는 점을 고려한다면(이에 관해서는, 박정훈, "협의의 행정벌과 광의의 행정벌 —행정상 제재수단과 법치주의적 안전장치", 「행정법의 체계와 방법론」, 박영사, 2005, 319면 이하), 위 견해는 失當하다. 실제로 제104조 위반의 경우 과태료 상한이 '3천만 원 이하'로서 저작권 침해에 대한 벌금 액수 상한과 비교하더라도 행정형벌의 그것보다 고액(제136조를 제외한 제137조 및 제138조의 경우)이다.
235) 한·미 FTA 제18.10조 제30항 나호 6) 다).
236) 정상조·박준석, 「FTA협상타결에 따른 저작권법 개정 관련제안」, 서울대 기술과법센터, 2007, 114면.

에게 제공되는 서비스의 내용에 따라 '세 가지 서비스모델', 즉 SaaS(Software as a Service), PaaS(Platform as a Service), IaaS(Infrastructure as a Service)로 나누어 설명하기도 한다.[237]

클라우드 서비스제공자도 온라인서비스제공자에 해당하므로 그 서비스이용자의 저작권 침해행위와 관련하여 온라인서비스제공자의 법적 책임 문제가 발생한다. 이 문제를 사례를 통해 좀 더 구체화한다면, 어떤 이용자(A)가 콘텐츠(음악, 동영상 등의 일반적 파일)를 클라우드상의 전용 스토리지[238]에 보관하고 당해 콘텐츠를 자신의 여러 가지 단말기에서 이용할 수 있도록 하는 클라우드 서비스가 존재한다고 가정할 때, 클라우드 서비스제공자(B)는 개개의 이용자들이 콘텐츠를 저장하여 이용하는 행위와 관련하여 저작물의 복제나 전송행위의 주체라 할 수 있을까?[239] 클라우드 서비스에는 다양한 형태가 있어서 일반화 할 수는 없지만, 위 사례와 같은 전용 스토리지 서비스에 대하여 검토한다. 먼저 전용 스토리지 서비스에서는 이용자가 콘텐츠를 선택·취득하여 저장공간에 입력하는 것인 한, 복제와 관련하여 가장 중요한 행위를 하고 있는 것은 이용자이므로 이용자가 복제행위의 주체라고 생각된다. 또한 전송행위의 주체에 대해서도 전용 스토리지 서비스에서 이용자가 콘텐츠를 선택·취득하여 저장공간에 입력한 것이므로, 이용자가 전송행위의 주체가 된다고 생각된다. 더구나 이러한 전용 스토리지 서비스에서 전송행위는 이용자가 자기 자신에게 전송하는 것이므로 전송권 침해가 성립하지 않으며,[240] 그 전 단계에서 이루어지는 복제행위도 이용자가 이것을 사적이용을 위해서 한 것이라면, 저작권

---

237) 이는 미국 국립 표준 기술원(NIST)의 설명이다. 즉 ① SaaS는 클라우드 서비스제공자가 클라우드 서버 상에 실제 설치한 어플리케이션의 기능을 네트워크를 통하여 이용자의 필요에 따라 제공하는 서비스이다(ex Gmail이나 Google Calendar). ② PaaS는 이용자가 어플리케이션을 개발하여 작동하게 하기 위한 플랫폼을 네트워크를 통하여 이용자에게 제공하는 서비스이다(ez Force.com). ③ IaaS는 스토리지 제공 등을 위한 서버나 데이터베이스 등의 하드웨어 또는 네트워크 등의 기초적인 컴퓨터 자원을 네트워크를 통하여 이용자에게 제공하는 서비스이다(ex Amazon EC2).

238) 이러한 이용자의 전용 저장공간을 흔히 '로커'(locker)라고 부른다.

239) 위 사례의 클라우드 서비스는 SaaS로 분류할 수 있을 것이다. 클라우드 서비스제공자(B)가 서비스제공자(C)로부터 IaaS를 제공받고 B가 이것에 '로커' 기능을 설치하여 이용자(A)에게 제공하는 것이 일반적이기 때문이다. 小泉直樹 外 5人, 「クラウド時代の著作權法」, 勁草書房, 2013., 11~12면, 71~72면(각 奧邨弘司 집필) 참조.

240) 더구나 클라우드 서비스제공자(B)가 제공하는 전용 저장공간과 이용자(A)의 단말기 간의 전송행위에는 '공중성'이 결여되어 있기 때문에 전송권 침해가 부정될 것이다(정진근, "클라우드 컴퓨팅기술 발전에 따른 저작권 문제의 고찰", 「소프트웨어와 법률」, 2012. 2., 104면).

법 제30조의 사적이용을 위한 복제로서 복제권 침해가 성립하지 않을 것이다.[241] 다만 단지 콘텐츠를 저장할 수 있는 전용 스토리지 서비스만을 제공하는 데에 그치는 것이 아니라, 클라우드 서비스제공자가 이용자들로서는 일반적으로 입수가 곤란한 콘텐츠를 스스로 취득하는 등 콘텐츠 취득에 직접 관여하는 경우에는 이용주체성이 인정될 수 있을 것이다.[242]

---

241) 다만, 클라우드상의 전용 저장공간이 제30조 단서의 '공중의 사용에 제공하기 위하여 설치된 복사기기'에 해당하는지 여부에 따라 그 적용 여부가 좌우될 것이다(김병일, "클라우드 컴퓨팅과 저작권", 「계간 저작권」, 2013 여름호, 15~16면). 이에 관한 상세는, 제7장 제2절 X. 2. (5) 참조.

242) 五十嵐敦, "ネット上の著作權侵害", 「ジュリスト」No.1454, 有斐閣, 2013. 5., 72~73면 참조.

9

권리구제

Copyright Law

제9장 권리구제

저작권과 그 밖에 저작권법에 따라 보호되는 권리(이하, '저작권 등'이라 한다)에 관한 분쟁을 해결하기 위한 방법에는 당사자 간의 사적 교섭, 각종 직능단체가 설립한 분쟁처리기관의 이용 등 사적해결방법도 존재하지만, 가장 중요한 것은 국가의 법령에 따라 이루어지는 공적해결제도이다. 그 가운데 특히 민사구제(제2절)와 형사구제(제3절)가 중요하다.

제 1 절 분쟁의 알선 · 조정

분쟁의 알선 · 조정은 민사재판에 의하지 않는 분쟁해결(Alternative Dispute Resolution, ADR) 방법이다. 저작권 등의 분쟁과 관련해서는 한국저작권위원회에 의한 분쟁의 알선 · 조정이 대표적이다. 먼저 알선은 분쟁 당사자들이 자주적으로 교섭하여 합의에 도달할 수 있도록 알선위원이 교섭을 고무 · 촉진하는 등 모든 노력을 다함으로써 분쟁을 해결하는 방식이다. 알선이 시작되기 위해서는 분쟁 당사자들이 알선신청서를 한국저작권위원회에 제출하여야 한다(제113조의2). 알선이 성립하면 사법상의 효력, 즉 민법상 화해계약(민법 제731조 이하)의 효력이 있을 뿐이고 그 밖의 특별한 효력(예컨대, 재판상 화해가 성립되어 화해조서에 기재됨으로써 민사소송법 제220조에 의한 확정판결과 동일한 효력)은 부여되지 않는다. 다음으로 행정조정의 일종인 한국저작권위원회의 조정이 있다. 이것은 저작권법에서 저작권 등에 관한 분쟁이 소송절차로 가기 전에 당사자들이 임의적으로 이용할 수 있도록 마련된 분쟁조정제도이다(제114조 이하). 분쟁의 조정은 한국저작권위원회가 독자적으로 분쟁해결을 위한 조정안을 마련하여 당사자의 수락을 권고하는 방식이다. 당사자들이 조정안을 수락하여 그 합의된 사항을 조서에 기재함으로써 조정은 성립된다(제117조 제1항). 조정안을 어느 한쪽 당사자가 합리적인 이유 없이 거부하거나 분쟁조정 예정 가액이 1천만원 미만인 경우 직권으로 조정을 갈음하는 결정(직권조정결정)을 할 수 있다(제117조 제2항). 조정이 성립하거나 직권조정결정에 2주일 이내에 이의신청이 없는 경우 그 효력은 당사자가 임의로 처분할 수 없는 사항을 제외하고 재판상 화해와 동일한 효력을 갖는다(제117조 제5항). 행정조정의 결과에 대해 재판상 화해와 동일한 효력을 부여하는 것은 헌법상 국민의 재판을 받을 권리(헌법 제27조) 등과 관련하여 문제가 있다는 비판도 제기되고 있다.[1]

제2절 민사구제

Ⅰ. 서 론

원고가 저작권의 침해에 대한 주장·입증에 성공하면 피고를 상대로 금지청구, 손해배상청구 등을 할 수 있다. 금지청구는 현재 및 장래의 침해행위를 방지하기 위한 수단이고 손해배상청구는 이미 발생한 손해를 회복하기 위한 수단이다. 그러한 점에서 금지청구는 저작권 보호기간 중에 한하여 인정되지만, 손해배상청구는 그 손해가 저작권 보호기간 중에 발생한 것이면 보호기간 만료 후에도 해당 청구권이 소멸시효에 걸리지 않는 한 인정된다.

Ⅱ. 금지청구 등

1. 금지청구

저작권을 침해받은 자는 그 침해행위의 정지 또는 예방을 청구하고, 장래 그 침해행위의 근원이 될 수 있는 상태의 제거를 청구할 수 있다. 전자가 저작권법 제123조 제1항이 규정하는 금지청구권이고 후자가 같은 조 제2항의 폐기청구권이다. 요컨대, 금지청구는 침해정지청구, 침해예방청구를 총칭하는 용어로[2] 사실심 변론종결시를 기준으로 할 때 현재 및 장래의 침해행위를 방지하

---

1) 이시윤, 「신민사소송법」 제15판, 박영사, 2021, 22면; 김홍엽, 「민사소송법」 제10판, 박영사, 2021, 18면 각 참조.
2) 참고로 대법원 2013. 3. 28. 선고 2010다60950 판결은 인격권 침해 사건에서 현재 계속 중인 침해행위의 배제청구와 장래에 발생할 우려가 있는 침해행위의 예방청구를 포괄하는 의미로 금지

기 위한 것이다.

금지청구에 관한 저작권법 제123조 제1항의 "저작권 그 밖에 이 법에 따라 보호되는 권리"(이하, '저작권 등'이라 한다)라 함은 저작재산권, 저작인격권, 실연자의 인격권, 저작인접권, 출판권, 배타적 발행권, 데이터베이스제작자의 권리와 같이 물권에 유사하거나 그와 마찬가지로 독점적이고 배타적인 권리를 말한다. 금지청구 중 침해정지청구는 현실적인 침해가 발생한 경우에 "침해하는 자에 대하여" 인정된다. 침해예방청구나 손해배상의 담보청구는 침해할 우려가 있는 경우, 즉 아직 침해의 착수는 없지만 객관적으로 침해의 준비행위가 분명하여 침해 가능성이 높은 경우에 "침해할 우려가 있는 자에 대하여" 인정된다. 침해정지청구는 침해행위가 계속 중일 경우에 그 행위를 정지시킬 실익이 있는 것이므로 이미 침해행위가 종료된 경우에는 청구할 수 없다.[3] 예컨대, 불법으로 CD음반을 대량 복제하는 경우 음악저작물에 대한 복제권 침해가 분명하지만 이미 복제행위를 완료하고 그 불법복제물을 창고에 보관 중이라면 복제권 침해정지청구를 할 수 없다. 다만, 이 경우에는 불법 복제한 CD음반을 시중에 배포(가령, 판매 등 유통)할 우려가 있으므로 장래에 행하여질 개연성이 높은 배포권 침해의 예방청구를 할 수 있다. 침해할 우려가 인정되지 않는 경우에는 침해예방청구를 기각해야 할 것이다.[4] 침해정지청구 또는 예방청구는 물권의 경우와 마찬가지로 배타성을 가지는 절대권을 근거로 그 권리의 침해에 대해서 인정되는 것이기 때문에, 불법행위에 기한 손해배상청구가 침해자의 고의·과실을 요구하는 것과 달리 금지청구에는 권리의 침해(또는 그 침해의 우려)에 대한 위법성으로 족하고 침해자의 고의·과실 여부를 묻지 않는다.[5] 금지청구의 범위는 피고의 저작물 중에서 원고의 저작물의 저작권을 침해한 부분을 특정하여 그 부분에 대해서만 인정되는 것이 원칙이겠지만, 침해부분을 특정하여 분리해낼 수 없을 경우에는 피고 저작물 전체에 대하여 금지청구를 할 수밖에 없을 것이다.[6]

청구라는 용어를 사용하고 있다.

3) 다만, 이때에는 이미 종료된 권리의 침해로 말미암아 손해가 발생한 것이므로 침해의 정지청구가 아니라 손해배상청구를 하여야 한다.

4) 高部眞奎子, 「實務詳說 著作權訴訟」, 金融財政事情研究會, 2012, 145~146면.

5) 이것은 민법 제214조의 물권적 청구권(소유물방해제거청구권이나 소유물방해예방청구권)의 경우에 소유권을 방해하는 법익침해의 결과 또는 그 침해의 위험 상태에 있는 것(즉 위법성)으로 족하고 누구의 어떤 행위에 의한 것인지(즉 고의·과실 여부)를 묻지 않는 것과 마찬가지이다. 곽윤직 대표, 「민법주해 제V권 물권(2)」, 박영사, 2011, 241~252면(양창수 집필) 참조.

6) 대법원 2011. 6. 9. 선고 2009다52304, 52311 판결(원고의 프로그램저작물에 대한 피고의 2차적

한편, 배타적 발행권이나 출판권을 설정한 저작권자에게 금지청구권이 있는지 문제될 수 있는데, 소유권에 기한 방해배제청구권은 용익물권 설정 후에도 인정되는 것과 마찬가지로 배타적 발행권 등을 설정한 저작권자도 금지청구권을 행사할 수 있다고 보는 것이 타당할 것이다.

2. 폐기청구 등

저작권법 제123조 제1항에 기한 금지청구가 인정되었더라도 그 침해행위의 근원이 될 수 있는 상태를 제거하지 않으면 금지청구의 실효성이 떨어질 수밖에 없다. 그래서 금지청구가 실효성이 있도록 보완하기 위하여 마련된 것이 제2항의 폐기청구이다. 저작권법 제123조 제2항은 "저작권 그 밖에 이 법에 따라 보호되는 권리를 가진 자는 제1항의 규정에 따른 청구를 하는 경우에 침해행위에 의하여 만들어진 물건의 폐기나 그 밖의 필요한 조치를 청구할 수 있다"고 규정한다. 이 폐기청구와 관련하여 유의할 것은 "침해행위에 의해 만들어진 물건은 폐기나 그 밖의 필요한 조치를 청구"할 수 있는 대상이 되지만, 침해에 사용된 물건 자체는 그 대상이 아니라는 점이다. 따라서 침해에 사용된 복사기나 인쇄기 등은 폐기나 그 밖의 필요한 조치의 대상이 될 수 없다. 입법적 보완이 필요한 부분이다.[7] 물론 이 경우에도 형사처벌과 관련하여 몰수의 대상이 될 수는 있다(제139조 참조).

저작권자 등은 침해행위에 의해 만들어진 물건의 폐기 또는 "그 밖의 필요한 조치를 청구"할 수 있는데, 여기서 말하는 '필요한 조치'는 예컨대 담보를 제공한다거나, 침해행위에 의해 만들어진 물건 등을 집행관이 보관하거나 봉인하게 하는 등의 조치를 가리킨다. 또한 제123조 제2항의 "폐기나 그 밖의 필요한 조치"라는 것은, "제1항의 규정에 따른 청구를 하는 경우에"라고 규정하고 있는 것으로도 알 수 있듯이 제1항에 의해 인정되는 침해의 정지청구나 그 예방청구의 附隨的 請求로서 인정되는 것이다. 즉 제2항의 "폐기나 그 밖의 필요한 조치"라는 것은 제1항의 금지청구와 별개의 독립한 청구로서 인정되는

저작물 작성권 침해가 인정된 사안에서 피고의 프로그램 중 2차적 저작물 작성권 침해부분을 특정하여 분리해낼 수 없으므로 피고의 프로그램 전체에 대한 배포금지청구를 인용한 원심의 판단은 정당하다고 판시).

7) 참고로 일본 저작권법 제112조 제2항은 금지청구의 대상을 ① "침해행위를 조성한 물건", ② "침해행위에 의해 작성된 물건", ③ "오로지 침해행위에 제공된 기계 또는 기구"로 세분하고, ①은 그 물건을 사용하는 행위가 저작권 침해의 내용을 이루는 것으로서 불법 공연에 사용된 노래방기기, 불법 방송에 사용된 DVD 등을, ②는 불법 복제한 CD나 DVD 등을, ③은 주로 저작권 침해를 하기 위한 용도로 사용되었던 CD나 DVD의 복제기기 등을 가리킨다.

것이 아니라 그것의 부수적 청구로서 인정되는 것에 불과한 것이다. 이와 같이 폐기청구만을 독립하여 청구할 수는 없지만, 금지청구와 폐기청구는 엄연히 별개의 訴訟物에 해당한다.[8)]

그 밖에 저작권법 제123조 제3항은 제1항(금지청구) 및 제2항(폐기청구) 또는 형사의 기소가 있는 때에는 보증을 세우거나 세우지 않고 임시조치의 신청을 할 수 있다고 규정한다. 이는 강제집행의 실행보전을 목적으로 하는 민사집행법상 보전소송과는 구별되는 임시처분이다.[9)]

3. 금지청구 등의 상대방 — 저작권 침해의 방조자에 대한 금지청구 등의 가능성

저작권법 제123조 제1항은 "저작권 그 밖에 이 법에 따라 보호되는 권리"를 현실적으로 침해한 경우에 "침해하는 자에 대하여" 침해의 정지청구가 인정되고, 침해할 우려가 있는 경우에 "침해할 우려가 있는 자에 대하여" 침해의 예방청구가 인정된다고 규정한다. 요컨대, 저작권 등을 침해하는 자 또는 침해할 우려가 있는 자가 정지청구 또는 예방청구의 상대방이다.

온라인서비스제공자는 저작권 침해의 직접 행위자가 아님에도 저작권 침해 문제와 관련하여 피고의 지위에 놓이는 경우가 많다. 이러한 경우에 저작권 침해의 직접 행위자('직접침해' 행위자)는 온라인서비스의 이용자들이다. 온라인서비스제공자와 같은 인터넷상 정보유통 매개자는 직접적인 침해행위를 하지 않은 경우가 대부분이다. 이때 온라인서비스제공자는 일반 이용자들의 지직권 침해행위와 관련하여 민법 제760조 제3항의 방조에 의한 공동불법행위자(저작권 침해의 방조자 = '간접침해' 행위자)로 인정되는 경우가 대부분이다. 따라서 이러한 공동불법행위자들은 민법상 금전배상(민법 제750조, 제751조)과 명예회복처분(민법 제764조)의 대상이 될 뿐이고, 저작권 침해에 따른 금지청구권 등(제123조)의 대상이 되는 것은 아니다. 그런데 이러한 원칙을 고수하면 일정한 경우에 방조자의 지배영역에서 계속되는 저작권의 침해상태를 제거할 수 없는 불합리한 문제 상황이 발생할 수 있다. 이러한 문제 상황은 앞으로 입법을 통해서 종국적 해결을 꾀하는 것이 바람직하겠지만,[10)] 현행 법률 아래에서

---

8) 森義之, "著作權侵害訴訟における訴訟物について", 「現代裁判法大系 26—知的財産權」, 新日本法規, 1999, 371면.

9) 이에 관한 상세는, 정상조 편, 「저작권법 주해」, 박영사, 2007, 1150~1151면(권영준 집필) 참조.

10) 예컨대, 특허법 제127조처럼 특허권 침해와 관련된 예비행위는 물론이고 그 방조행위를 권리침해로 간주하는 규정을 둘 수도 있을 것이다. 이에 관해서는 제8장 제2절 III. '비교법적 검토' 참조.

는 합리적인 해석론을 전개하여 해결해나갈 수밖에 없을 것이다.

그간 국내에서는 학설과 판례를 통하여 이러한 예외적인 문제 상황을 해결하기 위해 여러 가지 해석론이 시도되었다.[11] 이에 관한 우리 하급심 재판례들을 보면, ① "저작권법의 침해정지청구권은 저작권 등을 침해하는 자에 대하여 그 침해의 태양을 묻지 않고 침해의 정지를 청구할 수 있는 배타적 권리라 할 것이므로, 채무자들의 서비스 제공을 이용자들의 직접적 침해행위와 동일하게 평가할 수 있는 이상 채권자들은 채무자들에 대하여 저작권법 제91조 제1항[12] 전단의 침해정지청구권을 인정할 수 있다"고 판시한 것이 있다.[13] 또한 ② "저작권법 제123조는 침해정지 등 청구의 상대방을 '저작권 그 밖에 이 법에 의하여 보호되는 권리를 침해하는 자'로 규정하고 있는데, 저작권 침해행위를 방조하는 경우에도 방조행위의 내용ㆍ성질, 방조자의 관리ㆍ지배의 정도, 방조자에게 발생하는 이익 등을 종합하여, 방조행위가 당해 저작권 침해행위와 밀접한 관련이 있고, 방조자가 저작권 침해행위를 미필적으로나마 인식하면서도 이를 용이하게 하거나 마땅히 취해야 할 금지조치를 취하지 아니하였으며, 방조행위를 중지시킴으로써 저작권 침해상태를 제거할 수 있는 경우에는, 당해 방조자가 침해주체에 준하여 '저작권 그 밖에 이 법에 의하여 보호되는 권리를 침해하는 자'에 해당한다고 봄이 상당하다"고 판시한 것이 있다.[14] 위 하급심 재판례들의 판시 내용을 검토하면, 저작권 침해의 방조자는 저작권 침해의 직접 행위자인 '사실적 행위자' 내지 '물리적 행위자'는 아니더라도, 그 방조자의 행위를 "직접적 침해행위와 동일하게 평가할 수 있다"(①)거나, "방조행위의 내용ㆍ성질, 방조자의 관리ㆍ지배의 정도, 방조자에게 발생하는 이익 등을 종합하여" 방조행위의 침해행위와의 밀접 관련성과 방조자의 침해행위의 인식과 그 침해상태의 방조ㆍ방치 및 방조 중단으로 인한 침해상태의 제거 가능성이 인정되는 경우에 방조자를 "저작권의 침해주체에 준하여 권리를 침해하는 자에 해당한다"(②)고 판단하고 있다. 어느 경우나 방조자가 저작권 침해의 '사실적 행위자'가 아닌 것을 전제로 하면서 해석론을 통하여 방조자를 금지청구 등의 상대방으로 인정하고 있는데, 문제는 그와 같이 해석할 수 있는 논리구조가 생략되었거나(①), 후술하는 일본의 이른바 '가라오케

---

11) 이러한 국내 학설 및 판례의 흐름에 관해서는, 전성태, "저작권 간접침해에 대한 금지청구", 「창작과 권리」, 2008 겨울호, 194면 이하.

12) 현행 저작권법 제123조 제1항.

13) 수원지법 성남지원 2003. 2. 14. 선고 2002카합284 판결.

14) 서울고법 2007. 10. 10.자 2006라1245 결정; 서울중앙지법 2008. 8. 5.자 2008카합968 결정 등.

법리'에 방조행위의 내용·성질을 추가하여 고려하는 정도에 그치고 있다(②)
는 점이다.

생각건대, 방조자가 저작권 침해의 직접 행위자인 '사실적 행위자'가 아니
더라도 그를 저작권 침해의 직접 행위자('직접침해' 행위자)라고 규범적으로 판
단하기 위해서는, 그와 같이 판단할 수 있는 적절한 논리구조가 마련되어 있
어야 할 것이다. 가령, (i) 방조자가 '직접침해' 행위자를 강하게 지배하면서 도
구로 이용하였거나(이른바 '도구이론'), (ii) 지배관계는 약하더라도 방조자가 '직
접침해' 행위자의 행위를 관리지배하고 그에 따른 이익이 방조자에게 귀속하
는 경우(이른바 '가라오케 이론'[15]), 또는 (iii) 이용행위의 관리지배 및 이익의 귀
속과는 관계없이 저작권 침해의 대상, 저작권 침해의 방법, 저작권 침해행위에
의 관여내용, 저작권 침해행위에의 관여정도 등 여러 요소들을 고려하여 방조
자인 '간접침해' 행위자를 '직접침해'의 행위주체라고 규범적으로 판단하는 것
이 상당한 경우 등이다. 이처럼 (i), (ii), (iii) 중의 어느 하나에 해당한다면, '간
접침해' 행위자를 '직접침해' 행위자로 판단할 수 있을 것이다. '가라오케 법리'
에서 비롯된 '직접침해'의 행위주체라는 '규범적 판단'은 일본 학계의 많은 비
판에도 불구하고 사반세기가 경과한 오늘날 일본 재판례에서는 법 해석의 하
나의 방법론으로 확립되기에 이르렀다고 말할 수 있다.[16]

---

15) 종래 일본 판례는 '간접침해' 행위자에 대한 저작권의 침해주체('직접침해' 행위자) 해당성 문제
를 이른바 '가라오케 이론'을 통해 해결하고자 시도해왔다. '가라오케 이론'은 일본식 간이주점
(스낵)에 주인이 설치한 자동반주기기(가라오케)를 이용하여 손님이 노래를 부른 경우 발생하게
되는 연주권(일본 저작권법에서는 가창을 포함)의 침해주체는 일정한 요건을 갖춘 경우에 간이
주점의 주인이라고 판시한 데에서 유래한다{日本 最高裁 1988(昭和63)年 3月 15日 昭和59年
(オ)第1204号 判決}. 이 판결은 간이주점 주인이 자동반주기기를 이용하여 직접 노래를 부르지
는 않았지만 연주권의 침해주체가 되는 이유를, 그 주인이 ⓐ 손님의 저작권의 이용행위를 관리
지배하고, ⓑ 그 행위로 이익을 얻었다는 두 요건을 갖추었기 때문이라고 판시하였다. 그러나
2000년대 이후 일본에서는 불법행위의 방조자를 금지청구의 대상으로 삼기 위해 '가라오케 이론
'을 일부 하급심 판결들이 확대 적용하는 것에 대해서 비판적인 견해가 제기되었다. 그러한 비판
의 표적이 되었던 일본 하급심 판결 중의 하나가 大阪地裁 2003(平成15)年 2月 13日 判決('히
트원' 사건)인데 본문에서 소개한 우리 하급심 재판례(②)는 이로부터 직접적인 영향을 받은 것
이라고 생각된다.
16) '직접침해' 행위주체의 '규범적 판단(론)'이 법 해석의 하나의 방법론으로 재확인된 것은 最高裁
2011(平成23)年 1月 20日 判決('로쿠라쿠 II' 사건)에 의해서이다. 이 판결은 일본 국내에서 수
신한 지상파 TV방송을 국외로 녹화·전송하는 서비스를 제공하는 피고 사업자에 대하여 당해
TV프로그램의 복제에서 '가장 중요한 행위'인 TV프로그램의 수신행위를 스스로 관리·지배 하에
서 행하고 있다고 판단하여 복제주체임을 인정하였다. 이 판결은 "복제의 주체를 판단함에 있어
서 복제의 대상, 방법, 복제에 대한 관여의 내용, 정도 등 여러 요소를 고려하여 누가 당해 저작
물의 복제를 한 것이라고 할 수 있는가를 판단하는 것이 상당하다"고 판시하였다. 문제가 된 서

현재 저작권 침해의 방조자인 '간접침해' 행위자를 상대로 금지청구 등을 행사할 수 있을 것인가의 문제는, '직접침해'의 행위주체라고 규범적으로 판단하기 어려운 '간접침해' 행위자의 처리 문제에 집중되어 있다고 말할 수 있다. 이러한 관점에서 본다면, 우리 하급심 재판례 ②는 '가라오케 법리'의 형식적 논리구조만을 답습한 것이라는 비판을 받을 수 있을 것이다. 결국 이러한 문제는 재판례 ②처럼 형식논리적으로 '직접침해'의 행위주체라는 규범적 판단을 할 것이 아니라 (iii)의 경우처럼 판단요건을 정비하여 기술발전에 따라 새롭게 등장하는 다양한 사안에 대응할 수 있는 해석론을 전개할 것인지, 아니면 입법론에 맡겨야 할 것인지의 문제로 귀착된다고 할 것이다.

Ⅲ. 손해배상청구

1. 의   의

저작권 등의 보호대상인 저작물 등의 무체물은 유체물과 달리 사용에 있어서 비경합성(non-rivalry)을 특징으로 한다. '사용에 있어서 비경합성'이란 어느 한 사람이 사용한다고 해서 그만큼 다른 사람의 사용이 줄지 않는 것을 의미한다. 저작권 등의 침해로 인한 손해배상청구는 민법 제750조의 불법행위에 기초한 손해배상청구권을 근거로 한다. 단지 침해되는 권리가 저작권 등의 무체재산권이라는 점에 특징이 있을 뿐이다. 일반적으로 손해배상의 대상이 되는 재산적 손해에는 '적극적 손해'(기존 재산이 감소한 손해)와 '소극적 손해'(침해행위가 없었더라면 얻을 수 있었던 이익의 상실, 즉 일실이익)의 두 종류가 있다. 그 손해배상청구에는 민법 제750조의 "고의 또는 과실로 인한 위법행위로 타인에게 손해를 가한 자는 그 손해를 배상할 책임이 있다"는 규정이 적용된다. 이에 따라 손해배상청구의 요건사실로는, 첫째 고의 또는 과실이 있을 것, 둘째 저작권 등이 침해될 것(위법행위의 존재), 셋째 침해행위로 인하여 손해가 발생할

비스는 사업자가 일본 국내에서 관리하는 본체장치 1대와 외국에 거주하는 이용자가 지참하는 부속장치 1대를 한 세트로 하는데, 이용자가 부속장치를 조작하여 본체장치에 특정 방송물의 녹화를 지시하고 이를 인터넷으로 송신받아 재생·시청하는 구조로 이루어진 것이다. '로쿠라쿠 II' 판결의 가장 큰 의의는 '가라오케 법리'의 ⓐ 이용행위의 관리지배, ⓑ 이익의 귀속이라는 두 요건에 국한하여 '직접침해'의 행위주체라는 '규범적 판단'을 한 것이 아니라 그러한 요건과는 관계 없이 복제의 대상, 복제의 방법, 복제에의 관여내용, 복제에의 관여정도 등 여러 요소들을 종합적으로 고려하여 행위주체를 판단하였다는 점이다(田中豊, "侵害主體(3)―番組関連サービス", 「著作權判例百選」第5版, 有斐閣, 2016, 193면).

것이 요구된다. 셋째 요건은 다시 ① 손해의 발생, ② 침해행위와 인과관계, ③ 손해의 액으로 세분된다. 손해배상청구를 하는 원고는 위 세 가지 요건을 주장·입증하여야 하는데, 그중 셋째 요건을 구성하는 ①②③이 중요하다. 저작권 등의 권리객체는 무체물이기 때문에 유체물과 달리 그 권리객체를 현실적으로 점유할 수 없어 권리침해가 때와 장소를 가리지 않고 쉽게 발생하며, 침해사실의 발견이 용이하지 않아 침해사실 및 침해행위와 손해 간의 인과관계, 손해액의 주장·입증이 어려운 경우가 많다. 이러한 점 때문에 저작권법 제125조는 손해배상청구에 관하여 몇 가지 특별규정을 마련하고 있다. 제125조의 핵심조항은 '손해액의 추정'(제1항)과 '손해액의 의제'(제2항)라는 손해산정방법에 관한 것이다. 그러므로 저작권 등의 침해로 인하여 발생한 하나의 손해배상청구권에 대하여 그 손해배상액을 주장·입증하는 방법에는 민법 제750조의 일반원칙에 기해 손해액을 산정하는 방법과 저작권법 제125조의 특별규정에 기해 산정하는 방법이 있다.[17)

2. 저작권법 제125조의 규정에 따른 손해배상의 청구

가. 개   관

저작권법이 손해배상청구와 관련하여 마련한 특별규정인 제125조 제1항은 '손해액의 추정'을, 제2항은 '손해액의 의제'를 각 규정한다. 제125조 제1항과 제2항은 불법행위로 인한 손해배상청구의 요건사실 중 셋째 요건을 구성하는 "② 침해행위와 인과관계, ③ 손해의 액"에 관하여 추정 내지 의제 규정을 둠으로써 원고의 입증부담을 덜어주고 있다. 제125조 제4항은 첫째 요건인 과실의 '추정'에 관해 규정한다. 저작물의 소재 및 권리정보를 획득하는 효과적인 방법이 등록 제도이므로 저작권 등의 등록을 유인하기 위하여 과실 추정규정을 둔 것이다. 저작권법 제125조의 적용과 관련하여 유의할 것은 두 가지이다. 첫째, 제125조는 저작재산권 그 밖에 이 법에 따라 보호되는 권리 중 저작인격권 및 실연자의 인격권을 제외한 권리, 즉 재산권 침해로 인한 손해의 입증부담을 덜어주기 위해 마련된 특별규정이지 저작인격권이나 실연자의 인격권 침해로 인한 손해와 관련된 규정이 아니다.[18) 둘째, 제125조는 '적극적

---

17) 나아가 제126조의 '상당한 손해액'이나 제125조의2 '법정손해배상'제도에 기해 손해액을 산정하는 방법이 있다.

18) 저작인격권·실연자의 인격권 침해로 인해 발생하는 정신적 손해산정의 문제는 저작권법의 문제라기보다는 민법의 법리에 따라 산정할 문제이고 궁극적으로는 민사소송법 제202조의2(손해배상 액수의 산정)의 적용문제이다.

손해'(기존의 재산이 감소한 손해)[19]와 '소극적 손해'(침해행위가 없었더라면 얻을 수 있었던 이익의 손실, 즉 일실이익)라는 두 가지 종류의 재산적 손해 중 소극적 손해(일실이익)의 입증부담을 덜어주기 위해 마련된 특별규정이다.

나. 손해액의 추정(제125조 제1항)

(1) 취　　지

저작권법 제125조 제1항은 "저작재산권 그 밖에 이 법에 따라 보호되는 권리(저작인격권 및 실연자의 인격권은 제외한다)를 가진 자(이하 '저작재산권자 등'이라 한다)가 고의 또는 과실로 권리를 침해한 자에 대하여 그 침해행위에 의하여 자기가 받은 손해의 배상을 청구하는 경우에 그 권리를 침해한 자가 그 침해행위에 의하여 이익을 받은 때에는 그 이익의 액을 저작재산권자 등이 받은 손해의 액으로 추정한다"고 규정한다. 침해자가 그 침해행위에 의해 이익을 얻은 때에는 그 이익의 액을 저작재산권자 등이 받은 손해의 액으로 추정한다고 규정함으로써 권리자의 입증부담을 경감하는 규정이다. 불법행위로 인한 손해배상청구의 셋째 요건인 침해행위로 인하여 손해가 발생할 것(① 손해의 발생, ② 침해행위와 인과관계, ③ 손해의 액) 중에서 '침해행위와 인과관계(②)가 있는 손해의 액(③)'을 증명하는 대신에 이보다 증명이 용이한 '침해행위에 의하여 침해자가 얻은 이익의 액'을 증명하게 함으로써 ②③의 사실이 추인되는 것이므로 法律上의 推定 중에서도 '법률상의 사실추정'에 관한 규정이다.[20]

유의할 것은 제125조 제1항에 의해 추정되는 것은, ② 침해행위와 인과관계 및 ③ 손해의 액에 관한 사실이고, ① 손해의 발생에 관한 사실까지 추정되는 것은 아니다.[21] 손해의 발생사실에 대해서는 저작재산권자 등이 주장·입증하여야 한다.[22] 따라서 제125조 제1항이 적용되기 위해서는 원칙적으로 권리자 스스로 또는 타인에게 이용허락을 함으로써 해당 권리를 행사하고 있어야 한다. 그런데 저작물의 경우는 창작물 자체에 재산적 가치가 존재하므로 저작권이 침해된 경우 어떠한 손해도 발생하지 않았다는 것은 상정하기 어렵다. 따라서 침해자가 침해품의 판매를 한 시기에 권리자가 실제로 저작물 이

---

19) 예컨대, 저작재산권 등의 침해로 인한 적극적 손해란 저작재산권자 등이 침해의 제거·방지를 위하여 지출한 비용이나 침해사실을 조사하기 위해 비용을 지출한 경우 등을 말한다.

20) 추정을 깨뜨리기 위해서는 상대방은 추정사실에 반대되는 사실의 존재를 증명하여야 한다.

21) 대법원 1997. 9. 12. 선고 96다43119 판결.

22) 후술하는 법정손해배상의 경우는 손해의 발생사실을 입증할 필요가 없다는 점이 그 특징 중 하나이다.

용행위를 하지 않았더라도 저작권 보호기간의 만료 전에 해당 저작물을 이용할 가능성이 있으면 그것으로 손해의 발생을 추정하기에 충분하다고 보는 것이 타당할 것이다.[23][24]

(2) "침해행위에 의하여 받은 이익의 액"의 의미

제125조 제1항의 "침해행위에 의하여 받은 이익의 액"을 저작재산권자 등이 받은 손해의 액으로 추정하기 위해서는 침해자가 받은 이익의 액을 주장·입증하여야 한다. 이 경우에 침해자가 받은 이익이란 후술하는 부당이득법적 의미의 이익, 즉 저작권 등의 '이용' 그 자체를 말하는 것이 아니라, 영업상의 수익과 같이 침해자가 저작권 등을 이용한 결과로 얻은 구체적인 재산권 증가를 의미하는 것이다.[25] 따라서 침해자의 영업상 수익이 구체적으로 무엇을 의미하는지에 관해 살펴보아야 한다.

종래 이 문제는 주로 특허법 제128조 제4항의 해석과 관련하여 논의되었는데, 저작권법 제125조 제1항과 그 규정 내용이 동일하므로 특허법에서의 논의는 저작재산권 등을 침해한 자가 받은 이익의 의미를 이해하는데 도움이 된다. 특허법의 논의에 따르면, 침해자가 받은 이익의 의미에 관해서는 '총이익설', '순이익설', '한계이익설'로 견해가 나뉘는데, 우리나라 실무의 경향은 한계이익설을 채택하는 경우가 점차 우위를 차지하고 있다고 설명한다.[26] 총이익설에서 말하는 총이익이란 침해자의 총매출액에서 제조원가·판매원가 등의 직접비만을 공제하는 것으로 계산이 비교적 간단하고 권리자에게 가장 이익이 되는 계산방법이다. 순이익설에서의 순이익이란 총매출액에서 매출을 얻기 위하여 필요한 비용 전부를 공제한 것이라는 의미로 사용하는 것이 일반적이다. 즉 침해자가 침해행위로 얻은 총매출액에서 제조원가·판매원가 등의 직접비 외에 판매비·관리비 등 간접비를 공제한 액이라고 해석하는 것이다.[27] 순이익설에 대해서는 권리자가 입은 실제 손해액을 부당하게 감소시키는 것이므로 부당하다는 비판이 있다.[28] 이러한 비판에 근거하여 총매출액에서 직접비는 전부 공제하되 그 밖에 공제해야 할 판매비·일반관리비 등 간접비는 침해품

---

23) 東京地裁 2000(平成12)年 12月 26日 平成11年(ワ)第20712号 判決('캔디캔디' 사건).

24) 같은 취지 오승종, 「저작권법」 제5판, 박영사, 2020, 1602면.

25) 양창수, "민법의 관점에서 본 지적재산권법—저작권침해의 구제수단을 중심으로", 「지적재산권법강의」, 홍문사, 1997, 50면; 同, 「민법산고」, 박영사, 1998, 326면.

26) 박성수, 「특허침해로 인한 손해배상액의 산정」, 경인문화사, 2007, 274면 이하 참조.

27) 정차호·장태미, 「특허법의 손해배상론」, 동방문화사, 2016, 75면.

28) 안원모, 「특허권의 침해와 손해배상」, 세창출판사, 2005, 211면.

의 제조·판매를 위하여 추가적으로 사용된 비용에 한하여 공제해야 한다는 것이다. 이것이 한계이익설의 입장이다.[29]

　　요컨대, 순이익설은 저작권 침해물의 총매출액에서 직접비(제조원가·판매원가 등)와 간접비(판매비·관리비 등)를 공제함으로써 산정된 순이익을 침해자의 이익으로 파악하는 것이 권리자의 실손해액을 대체하는 개념으로서 적당하다는 견해이다. 이에 대해 한계이익설은 총매출액에서 직접비(제조원가·판매원가 등)와 간접비 중 침해물의 제조·판매를 위해 추가적으로 사용된 비용을 공제한 한계이익을 침해자의 이익으로 보아야 한다는 견해이다. 양 견해의 차이는 순이익설은 간접비 총액을 공제하지만 한계이익설은 침해물의 제조·판매를 위해 추가적으로 사용된 간접비만을 공제한다는 데에 있다. 그런데 침해자의 이익을 순이익설이나 한계이익설에 입각하여 산정하는 경우에도, 저작재산권자 등은 침해자의 경비 등을 주장·증명하는 것이 곤란한 경우가 많아서 증명책임의 경감이라는 제125조 제1항의 입법취지에 반할 수 있다. 따라서 저작재산권자 등의 손해액으로 추정하는 "침해행위에 의하여 받은 이익의 액"을 산정하기 위해서, 만일 한계이익설을 따른다고 가정할 때에 침해자의 한계이익률이 아닌 권리자의 한계이익률을 곱하는 방법, 즉 "침해자(피고)의 총판매액×저작재산권자(원고)의 한계이익률"의 계산방법을 이용하는 것도 가능하다고 할 것이다.[30]

　　우리 하급심 판결은 침해자들이 권리자들의 컴퓨터 프로그램을 여러 대의 컴퓨터에 불법으로 설치·사용하였다고 하여 권리자들이 손해배상을 청구한 사안에서, 이 사건 프로그램은 정규복제품을 구입한 후 이를 영구적으로 이용할 수 있는 이른바 '페이드 업(paid-up)' 방식의 사용허락계약이 채택되고 있다고 인정한 다음 피고들이 원고들의 프로그램 저작물의 복제권을 침해하여 얻은 이익액은 허락 없이 복제한 프로그램의 수에 정규복제품 1개당 소매가격을 곱한 금액이라고 해석함이 상당하고 원고들이 받은 손해액은 피고들이 얻은 이익액과 같은 금액으로 추정하여야 한다고 판시하였다.[31]

---

29) 정차호·장태미, 위의 책, 78면.

30) 대법원 1997. 9. 12. 선고 96다43119 판결 참조. 이 판결은 저작권법 제125조 제1항과 같은 취지의 규정을 둔 구 상표법 제67조 제1항(현행 상표법 제110조 제3항)에 관한 것이다. 대법원은 침해자가 받은 이익액을 '피고의 총판매액×원고의 순이익률'에 의하여 산정하는 것도 가능하다고 함으로써 입증책임의 경감이라는 본항의 규정 취지를 감안한 판결을 하였다. 이러한 대법원 판결의 취지에 따라 저작권 침해사건에서 만일 한계이익설을 취한다고 가정할 경우 본문과 같은 계산방법으로 산정할 수 있을 것이다.

31) 서울고법 2013. 4. 10. 선고 2012나68493 판결(심리불속행 기각). 원고들은 저작권법 제125조 제

(3) 침해자의 기여도 공제 문제

제125조 제1항의 "침해행위에 의하여 받은 이익의 액" 중에서 침해자(피고) 자신의 지명도, 자본, 신용, 선전광고, 영업능력 등이 반영된 경우 저작재산권자(원고)는 피고의 기여도를 공제한 이익의 액을 산정해야 하는지, 아니면 기여도를 공제하지 않은 이익 전액을 주장·입증한 것으로 충분한 것인지의 문제가 있다. 대법원 판결은 물건의 일부가 저작재산권의 침해에 관계된 경우 침해자가 그 물건을 제작·판매함으로써 얻은 전체 이익 중 해당 저작재산권의 침해행위에 관계된 부분의 기여율(기여도)을 산정하여 그에 따라 침해행위에 의한 이익액을 산출하여야 할 것이고 "그러한 기여율은 침해자가 얻은 전체 이익에 대한 저작재산권의 침해에 관계된 부분의 불가결성, 중요성, 가격비율, 양적 비율 등을 참작하여 종합적으로 평가할 수밖에 없다"고 한 다음 작곡가의 저작권을 침해하여 그 곡을 타이틀곡으로 한 음반을 제작·판매함에 있어서 음반판매로 얻은 이익에 대한 위 해당 곡의 기여도가 30%에 해당한다는 원심의 판단을 수긍하였다.[32] 즉 음반 타이틀곡이 음반판매 이익의 30%를 차지하고 나머지 70%가 피고의 기여도라는 취지의 판시이다. 이러한 대법원 판결의 취지에 따라 피고의 기여도를 공제한 이익의 액을 산정하는 것이 타당할 것이다.

다. 손해액의 의제(제125조 제2항)

(1) 취　　지

저작권법 제125조 제2항은 "저작재산권자 등이 고의 또는 과실로 그 권리를 침해한 자에게 그 침해행위로 자기가 받은 손해의 배상을 청구하는 경우에 그 권리의 행사로 일반적으로 받을 수 있는 금액에 상응하는 액을 저작재산권자 등이 받은 손해의 액으로 하여 그 손해배상을 청구할 수 있다"고 규정한다. 저작재산권 등의 침해의 경우에 손해액의 증명이 곤란한 것을 감안하여 저작재산권 등의 침해가 있으면 항상 최소한도로 사용료 상당액의 손해가 발생하는 것으로 간주하는 '손해액의 의제' 규정이다.[33][34] 지적재산의 침해로 인한

2항에 따라 손해액을 산정하여 청구하였지만 법원은 본문에서 보듯이 제125조 제1항에 따라 손해액을 산정한 다음 "결과적으로 원고들이 받은 손해액은 저작권법 제125조 제1항 또는 제2항의 어느 조항의 방식에 따라서도 피고들이 허락 없이 복제한 컴퓨터 프로그램의 수에 정규복제품의 1개당 소매가격을 곱한 금액이 된다"고 판시하였다.

32) 대법원 2004. 6. 11. 선고 2002다18244 판결.

33) 배대헌, 「특허권침해와 손해배상」, 세창출판사, 1997, 101면 참조. '손해액의 의제' 규정으로 보는 견해가 다수설(이해완, 정상조, 허희성 등)이고 '손해액의 추정' 규정으로 보는 견해는 소수설(오승종)이다. 양설의 차이는 '손해액의 의제'설은 손해가 발생하지 않았다는 항변이 불가능하지

손해배상청구권은 권리·법익의 가치대체물로서의 성격을 갖는 것이다. 인공물로서의 지적 창작물에 대한 손해배상청구의 이러한 성격에 주목한다면, 이는 필연적으로 국가의 법질서가 지적재산이라는 권리·법익에 대하여 어떠한 가치를 부여하고 있는가라는 규범적 평가의 색채를 띨 수밖에 없을 것이다.[35] 이러한 규범적 손해개념에 입각할 때 저작권이라는 지적 창작물에 대한 권리를 침해하는 경우에는 통상적인 사용료 상당액의 객관적 손해가 언제나 '최소한의 손해'로서 발생한다고 보는 것이 타당할 것이다.

≪객관적 손해 · 추상적 손해 · 규범적 손해≫

재산적 손해와 관련하여 침해된 재산권의 최소한의 객관적 가치는 배상되어야 한다는 것이 객관적 손해론이다. 예컨대, 절대권의 하나인 저작권이 침해된 경우 상실된 객관적 이용가치가 바로 손해이므로 그 이용가치를 체현하고 있는 사용료 상당액이 최소한 배상되어야 한다는 것이다. 이러한 객관적 손해개념은 노이너(Neuner)가 제창한 것이다. 객관적 손해론에서는 손해배상의 제재적 기능과 예방적 기능을 강조하면서, 손해를 재산적 이익 즉 거래상 금전으로 환가할 수 있는 재화에 대한 침해 자체로 파악한다. 특히 노이너는 불법행위로 인한 손해배상청구권의 목적으로 절대권을 침해하는 행위의 제재를 중시한다. 그에 따르면 손해배상청구권은 권리추구청구권에 대신하여 또는 그것과 함께 생기는 것이므로 손해의 발생이 아니라 권리침해 자체가 손해배상청구권의 발생에 있어 불가결한 요건이 된다고 한다. 요컨대, 객관적 가치는 최소한의 손해로서 차액설에서 전제로 하는 재산상의 차이를 증명하지 않아도 배상될 수 있다. 이러한 객관적

만 '손해액의 추정'설은 가능하다는 점이다. 일본은 의제설이 통설이다{半田正夫·松田政行 編, 「著作權法コメンタール 3」第2版, 勁草書房, 2015, 542면(松川實 집필)}. 일본의 의제설은 '손해액의 의제' 대신 '손해액의 法定'이라는 표현을 사용하면서 이는 TPP 협정상의 법정손해배상(pre-established damages)에 해당하는 것이라고 설명한다.

34) 대법원 2013. 7. 25. 선고 2013다21666 판결은 저작권법 제125조 제2항에 상응하는 구 상표법 제67조 제3항(현행 상표법 제110조 제4항)의 성격에 관해 "손해의 발생이 없는 것이 분명한 경우까지 침해자에게 손해배상의무를 인정하는 취지는 아니[다]"고 하여 상표법의 경우는 추정규정이라는 취지로 판시하였다. 유의할 것은 상표법은 標識法임에 반하여 저작권법은 創作法이라는 본질적 차이가 있어서 위 판결을 저작권법의 해석에 원용하기는 어렵다는 점이다. 상표의 경우는 동일·유사한 상표를 사용하더라도 손해가 발생하지 않을 수 있으나 저작물의 경우는 창작물 자체에 재산적 가치가 존재하므로 저작권이 침해된 경우 어떠한 손해도 발생하지 않았다는 것은 상정하기 어렵기 때문이다.

35) 규범적 손해개념에 입각한 최소한의 손해의 객관적 파악에 관해서는, 潮見佳男, "不法行爲における財産的損害の'理論'—實損主義·差額說·具體的損害計算", 「法曹時報」第63卷 第1号, 2011. 1., 23~24면, 29면, 37면 각 참조.

가치의 배상은 손해배상의 권리추구적 기능으로부터 정당화된다고 한다.[36]

　한편, 슈타인도르프(Steindorff)의 추상적 손해론은 노이너의 객관적 손해론으로부터 영향을 받은 것이다. 그는 지적재산권의 경우에 피해자가 수익을 올릴 수 있었는지 여부를 불문하고 그 적정한 사용료 상당액을 손해로 인정하는 독일연방대법원(BGH)의 판례 태도로부터 추상적 손해산정이라는 개념을 창출하였다. 즉 차액설과 같은 구체적 손해산정이 아니라 손해배상청구권자의 구체적 사정을 捨象한 추상적 손해산정을 도입하여야 한다는 것이다. 슈타인도르프에 의하면 추상적 손해산정이라고 함은 구체적인 실제 손해의 발생여부를 고려함이 없이 권리침해를 근거로 손해배상을 하는 것을 말한다. 다만 그는 법정책적 가치판단을 중시하여 추상적 손해산정이 인정되는 경우는 침해된 권리의 보호를 위하여 강력한 제재가 필요한 경우에 한정된다고 한다. 그에 따르면 지적재산권은 유체물보다 용이하게 침해될 수 있으므로 지적재산권 침해의 경우에 추상적 손해산정이 인정된다는 것이다. 그러한 점에서 절대권 일반에 대하여 객관적 가치의 배상을 인정하는 노이너의 견해와 차이가 있다.[37]

　이처럼 손해배상의 예방적·제재적 기능, 권리추구적 기능, 추상적 손해산정의 필요성, 법정책적 판단의 필요성 등 규범적 평가를 통하여 손해의 발생을 인정하는 것을 규범적 손해개념이라고 한다. 저작권법 제125조 제2항은 통상적인 사용료 상당액의 객관적 손해가 언제나 '최소한의 손해'로서 발생한다고 보는 것으로서 규범적 손해개념에 입각한 것이라고 파악할 수 있다. 또한 제125조의2 법정손해배상에 관한 규정은 저작권 침해에 대한 법정책적 가치판단을 중시한 추상적 손해산정을 인정한 것으로서 규범적 손해개념에 입각한 것이라고 이해할 수 있다.

(2) "일반적으로 받을 수 있는 금액"의 의미

　제125조 제2항에서 말하는 "일반적으로 받을 수 있는 금액"이란 저작재산권자 등이 받을 수 있는 일반적인 사용료를 말한다.[38] 일반적인 사용료란 침해자가 침해행위를 할 당시에 권리자로부터 사용허락을 받았더라면 사용대가로 지급하였을 객관적으로 상당한 금액을 말한다.[39] 일반적인 사용료에는 원고료, 인세, 이용료 등의 이름으로 지급되는 각종 금액이 포함된다. 이러한 일

---

36) 신동현, 「민법상 손해의 개념―불법행위를 중심으로」, 경인문화사, 2014, 33~36면.
37) 신동현, 위의 책, 42~43면.
38) "통상"을 "일반적으로"로 개정하여 법률용어를 순화하였다(법률 제19592호 2023. 8. 8. 개정, 같은 날 시행).
39) 대법원 2001. 6. 26. 선고 99다50552 판결.

반적인 사용료를 저작재산권자 등이 받은 손해의 액으로 보는 근거는 다음과 같다. 저작재산권자 등은 저작물 등을 스스로 사용할 수 있지만 타인에게 사용허락을 하여 사용하게 할 수도 있다. 이러한 경우에는 저작재산권 등에 관한 사용료 수입을 얻을 수 있는데, 이 사용료 상당액이 최소한의 손해액이 된다고 할 수 있다. 이것은 부동산의 불법점유로 인하여 그 소유자가 입은 손해를 부동산의 객관적인 사용가치의 상실로 보고 일반적으로 얻을 수 있는 임료 상당액을 손해액으로 산출하는 것과 비슷한 법리라고 할 수 있다.[40] 그런데 일반적인 사용료를 손해의 액으로 보는 것과 관련하여, 가령 침해자(피고)의 어문저작물 중에서 일부분만이 저작재산권자(원고)의 어문저작물을 침해한 경우에 원고가 입은 손해액의 계산방법이 문제가 될 수 있다. 우리 하급심 판결은 출판물에 의한 저작권침해사건에서 저작권자가 통상 얻을 수 있었던 금액이라 함은 발행부수에 따르는 인세 상당액이라고 볼 것이므로, "피고 출판물 가격×인세비율×(저작권침해 면수/피고 출판물 총면수)×발행부수"의 공식에 따라 산정하는 것이 합리적일 것이라고 한다.[41]

한편, "일반적으로 받을 수 있는 금액"과 관련해서는 저작재산권자가 종전 저작물사용계약에서 실제로 받은 사용료가 이에 해당할 수 있는 것인지 문제될 수 있다. 우리 하급심 판결은 원고가 종전 저작물사용계약에서 실제로 받은 사용료가 업계에서 일반적으로 통용되는 사용료라고 볼 수 없다 하여 이보다 낮은 한국음악저작권협회에서 정한 사용료를 기준으로 손해액을 산정한 바 있다.[42] 이에 대해 대법원은 하급심 판결을 파기 환송하면서 "저작권자가 침해행위와 유사한 형태의 저작물 사용과 관련하여 저작물사용계약을 맺고 사용료를 받은 사례가 있는 경우라면, 그 사용료가 특별히 예외적인 사정이 있어 이례적으로 높게 책정된 것이라거나 저작권 침해로 인한 손해배상청구 소송에 영향을 미치기 위하여 상대방과 통모하여 비정상적으로 고액으로 정한 것이라는 등의 특별한 사정이 없는 한, 그 사용계약에서 정해진 사용료를 저작권자가 그 권리의 행사로 통상 얻을 수 있는 금액으로 보아 이를 기준으로 손해액을 산정함이 상당하다"고 판시하였다.[43] 또한 대법원은 저작권자가 침해행위

---

40) 이상경, 「지적재산권소송법」, 육법사, 1998, 309면.
41) 서울고법 1987. 8. 21. 선고 86나1846 판결 참조.
42) 서울고법 1999. 11. 24. 선고 99나4018 판결.
43) 대법원 2001. 11. 30. 선고 99다69631 판결; 같은 취지 대법원 2006. 4. 27. 선고 2003다15006 판결 참조. 이 판결은 저작권법 제125조 제2항에 상응하는 특허법 제128조 제5항에 관한 것이다. '합리적인 통상 실시료 상당액'의 결정과 관련하여 특허권자가 제3자와 실시계약을 맺고 실

와 유사한 형태의 저작물 사용과 관련하여 저작물사용계약을 맺고 사용료를 받은 사례가 반드시 저작권 침해행위 이전의 것이어야 하거나 2회 이상 있어야 하는 것도 아니라고 판시하였다.[44]

우리 하급심 법원은 피고들이 원고들의 컴퓨터 프로그램을 여러 대의 컴퓨터에 불법으로 설치·사용한 손해배상청구 사건에서, 피고들이 컴퓨터 프로그램의 통상적인 사용대가는 불법행위 당시 컴퓨터 프로그램의 존속연한을 기준으로 불법으로 설치·사용한 기간에 비례한 금액으로 산정하여야 한다고 다투었으나, 이러한 주장을 받아들이지 않았다. 법원은 이를 인정하게 되면 침해자의 경우에는 컴퓨터 프로그램의 복제권 침해행위가 발각된 경우에 피해자에게 소액의 손해배상을 하면 무방하게 되어 사회적으로는 위법한 복제행위가 만연되는 결과를 가져오게 되므로 불법행위의 재산상 손해를 산정함에 있어 엄격한 차액설의 입장을 완화하여 수정할 필요가 있다고 하였다.[45][46] 그러므로 저작권법 제125조 제2항에 따라 프로그램의 정규복제품 1개당 소매가격을 통상의 사용대가로 보고 여기에 허락 없이 복제한 프로그램의 수를 곱한 금액을 원고들의 손해액으로 보아야 한다고 판시하였다.[47]

한편, 저작권 침해행위가 적발된 후 피고들이 프로그램의 정규복제품을

시료를 받은 경우 "그 계약 내용을 침해자에게도 유추적용하는 것이 현저하게 불합리하다는 특별한 사정이 없는 한 그 실시계약에서 정한 실시료를 참작하여 위 금액을 산정하여야 하며, 그 유추적용이 현저하게 불합리하다는 사정에 대한 입증책임은 그러한 사정을 주장하는 자에게 있다"고 판시하여 입증책임을 전환하였다.

44) 대법원 2013. 6. 27. 선고 2012다104137 판결.
45) 서울고법 2013. 4. 10. 선고 2012나68493 판결(심리불속행 기각).
46) 손해배상 분야에서 일반적으로 승인되고 있는 차액설의 입장에 따르면 피고들의 주장처럼 원고들의 손해액은 피고들이 허락 없이 복제한 이 사건 프로그램을 사용한 기간에 기초하여 '정규복제품 가격 × (위법사용기간 ÷ 합리적으로 예상되는 이 사건 프로그램의 사용연한)'의 수식에 의해 산정되어야 한다. 그러나 이렇게 해석하면 본문에서 보았듯이 본래 수요자가 프로그램을 사용하는 경우에는 그 사용기간의 장단에 관계없이 정규복제품을 구입하는 것 이외에는 방법이 없음에 반해 침해자는 사용기간에 따라 소액의 배상액을 지급하고 프로그램을 사용하는 것이 되어 불합리하다{같은 취지 東京地裁 2001(平成13)年 5月 16日 判決 및 이에 관한 평석으로 三村量一, "損害額の算定(1)", 「著作權判例百選」 第5版, 有斐閣, 2016, 217면}. 서울고법 2012나68493 판결이 정규복제품 소매가격의 지급을 면한 것을 피고들의 이익으로 보고 여기에 프로그램 수를 곱하여 원고들의 손해액으로 추정하든(제125조 제1항), 위 소매가격을 통상의 사용대가로 보고 여기에 프로그램 수를 곱하여 원고들의 손해액으로 의제하든(제125조 제2항) 동일한 손해액이 산정될 것이라고 판시한 것은 정당하다.
47) 서울고법 2012나68493 판결에 대해 차액설을 수정하고 규범적 손해론을 가미한 것이라는 긍정적 평가로는, 이규호, "컴퓨터프로그램 저작물에 관한 저작권보호를 위한 적절한 손해배상액 산정방안", 「문화·미디어·엔터테인먼트법」 제8권 제1호, 중앙대 법학연구원 문화·미디어·엔터테인먼트법연구소, 2014. 6., 200~204면 참조.

구입하였으므로 손해배상의무가 소멸되었음을 전제로 하여 원고의 손해배상 청구를 권리남용이라고 주장한 사건에서, 우리 하급심 법원은 프로그램의 무단 복제 및 이용으로 침해행위는 이미 완성되고 이로 인한 손해도 확정적으로 발생하는 것이며, 그 후 정규복제품을 구입하였더라도 이는 프로그램에 관한 장래의 사용권을 취득한 것에 불과하다고 하였다. 따라서 특별한 사정이 없는 한 침해행위 후에 발생한 정규복제품의 구입이라는 사정으로 과거의 저작권 침해행위에 대한 책임이 일부라도 소멸하거나 면제된다고 할 수 없으므로 정규복제품의 소매가격에 복제 수량을 곱한 금액이 저작권법 제125조 제2항의 "통상 받을 수 있는 금액에 상당하는 액"이라고 판시하였다.[48][49]

(3) 관련문제—제125조 제1항과 제2항의 관계

제125조 제1항의 침해자가 받은 이익과 제2항의 일반적인 사용료는 각각 별개인 것이므로 원고는 양자의 손해액 중 하나를 선택하여 청구할 수 있다 (이른바 '선택설').[50] 실제 소송에서는 먼저 제1항의 손해액으로 청구하고 그 증명이 여의치 않은 경우에 제2항의 손해액으로 최소한의 보장을 받고자 노력하는 것이 일반적이다.

라. 제125조 제3항

저작권법 제125조 제3항은 "제2항의 규정에 불구하고 저작재산권자 등이 받은 손해의 액이 제2항의 규정에 따른 금액을 초과하는 경우에는 그 초과액에 대하여도 손해배상을 청구할 수 있다"고 규정한다. 저작재산권자 등이 입은 실제 손해액이 제125조 제2항의 통상 사용료 상당액을 초과하는 경우에는 그 초과액에 대하여도 손해배상을 청구할 수 있음은 당연하다고 할 것이다.

---

48) 서울고법 2015. 1. 15. 선고 2014나2024301 판결(상고기각).

49) 서울고법 2014나2024301 판결이 규범적 손해론을 따른 것으로 평가하는 견해는, 강신하, "저작권 침해로 인한 손해배상액 산정—컴퓨터 프로그램 저작물을 중심으로", 「인권과 정의」 통권472호, 2018. 3., 61~62면 참조.

50) 구 저작권법 제93조 제2항(제125조 제1항에 상응하는 것)과 제3항(제125조 제2항에 상응하는 것)의 관계에 대해서는 구 저작권법 제93조 제3항이 "저작재산권자 등은 제2항의 규정에 의한 손해액 외에 그 권리의 행사로 통상 얻을 수 있는 금액에 상당하는 액을 손해액으로 하여 그 배상을 청구할 수 있다"(밑줄은 저자)고 규정하고 있어서 밑줄 친 "제2항의 규정에 의한 손해액 외에"의 의미를 둘러싸고 학설 대립이 있었다. 양 규정의 손해액을 단순 합산할 수 있다는 '단순합산설'을 위시하여 '제한합산설', '선택설' 등이 있었다(황찬현, "저작재산권 침해로 인한 손해배상액의 인정방법—저작권법 제93조 제2항과 제3항의 관계를 중심으로", 「법조」 통권487호, 1997. 4., 157면 이하). 당시에도 '선택설'이 다수설이었지만 밑줄 친 표현이 삭제된 2001년 저작권법 이래 현재에 있어서는 異論의 여지없는 통설의 위치에 있다.

마. 제125조 제4항

저작권법 제125조 제4항은 "등록되어 있는 저작권, 배타적 발행권(제88조 및 제96조에 따라 준용되는 경우를 포함한다), 출판권, 저작인접권 또는 데이터베이스제작자의 권리를 침해한 자는 그 침해행위에 과실이 있는 것으로 추정한다"고 규정한다. 특허법 제130조도 같은 취지의 과실 추정규정을 두고 있다. 특허법에서 과실이 추정되는 근거는 특허권 등록의 公示效果로 인해 침해자는 그 내용을 알고 있었다고 추정할 수 있다는 데에 있다. 이에 대해 저작권은 저작물을 창작한 때부터 발생하며 어떠한 절차나 형식의 이행을 필요로 하지 않는다(제10조 제2항). 등록이 특허권의 발생요건인 특허법과 달리 무방식주의를 취하는 저작권법의 등록제도는 公示方法으로서 불완전한 면을 가질 수밖에 없다는 점에 유의하여야 한다.

3. 저작권법 제125조의2의 규정에 따른 법정손해배상의 청구

가. 취   지

법정손해배상(statutory damages) 제도는 한·미 FTA 이행을 위한 2011년 저작권법(12월 2일 개정법)에서 신설되었다(제125조의2).[51] 저작재산권 등의 침해소송에서 궁극적인 구제는 손해배상의 형태로 이루어지게 되는데, 저작재산권 등의 침해로 인하여 권리자가 입은 피해액 또는 침해자가 침해행위로 얻은 이익의 액을 산정하는 것은 앞에서 살펴보았듯이 쉬운 일이 아니다. 그래서 저작재산권 등의 침해가 인정되는 경우 권리자가 구체적인 손해를 입증하지 아니하고, 법률에 미리 규정된 범위 내의 손해배상을 청구할 수 있도록 법정손해배상 제도를 마련한 것이다. 즉 권리의 침해사실만 입증하면 손해의 발생 여부와 관계없이 법정손해액의 배상청구가 가능하다.[52] 또한 손해액의 증명이 곤란한 경우에도 일정한 한도의 법정금액을 배상받을 수 있도록 하여 권리구제를 용이하게 하는 예외규정이므로 그 적용요건은 법문에 규정된 대로 엄격하게 해석하여야 한다.[53]

---

51) 우리나라는 한·미 FTA 협정문의 법정손해배상(pre-established damages)을 미국 저작권법의 법정손해배상(statutory damages)으로 좁게 이해하고 미국 제도를 도입하였으나, 일본은 TPP 이행을 위한 법안 정비를 하면서 일본 저작권법 제114조 제3항(우리법 제125조 제2항), 제114조의5(우리법 제126조)를 법정손해배상(pre-established damages) 제도에 해당하는 것으로 넓게 이해하고 미국 제도를 도입하지 않았다.

52) 조영선, "저작권 침해로 인한 법정손해배상", 「법조」 통권667호, 2012. 4., 135면; 박준석, "지적재산권 침해의 손해액 입증 곤란시 '상당한 손해액'의 인정에 관하여", 「인권과 정의」 통권438호, 2013. 12., 81면 각주58) 각 참조.

나. 내　　용

저작권법 제125조의2 제1항 내지 제4항의 내용을 특징별로 나누어 설명한다.[54)

(1) 권리자의 선택 가능성

민사소송법의 대원칙인 변론주의의 관점에서 손해배상을 구하는 권리자에게 선택 가능성이 있다는 것은 당연하고 상식적인 일이다. 저작재산권자 등은 실제 손해액이나 제125조 또는 제126조에 따라 정하여지는 손해액을 '갈음하여' 법정손해배상액을 청구할 수 있다(제125조의2 제1항). ㈎ 침해로 인해 권리자가 입은 실제 손해액, ㈏ 침해자가 받은 이익의 액(제125조 제1항), ㈐ 일반적인 사용료 상당액(제125조 제2항)의 각 배상청구와 이에 갈음하는 ㈑ 법정손해액의 청구사이에 아무런 선후·우열이 없다. 따라서 권리자가 실제 손해액 등에 갈음하여 법정손해액을 임의로 선택하거나 변경할 수 있다. 그리고 이들 사이의 변경, 예컨대 제125조 제1항 또는 제2항에 의한 손해배상청구를 법정손해배상청구로 변경하거나 그 역으로 변경하는 것은 민사소송법상 청구의 취지 또는 원인의 변경에 해당한다. 이러한 변경은 변론을 종결할 때까지 할 수 있으므로(민사소송법 제262조 제1항), 저작권법도 법정손해배상의 선택은 사실심의 변론이 종결되기 전에 이루어져야 한다고 규정한 것이다(제125조의2 제1항).

(2) 일정한 고의 침해에 대한 가중배상

법정손해배상액 중 일반적인 고의나 과실에 기한 배상액 상한은 저작물당 1천만 원인데 비하여, 영리를 목적으로 고의로 권리를 침해한 경우에는 그 상한이 5천만 원으로 5배 증액된다(제125조의2 제1항). 참고로 미국 저작권법 제504조(c)는 기본적으로 법정손해배상의 하한을 750달러, 상한을 30,000달러로 정하고, 고의의 침해(willful infringement)인 경우 그 상한을 150,000달러까지 5배 증액하고 있다. 다만, 우리 저작권법은 미국 저작권법과 달리 배상액 하한을 규정하고 있지 않다. 그 이유는 우리나라처럼 온라인을 통한 침해가 많이 발생하는 사회에서는 "법정손해배상의 하한을 정하면 비록 소액이라고 하더라도 침해된 저작물이 대량인 관계로 침해자가 감당하지 못할 손해액이 정해져 법정손해배상이 뿌리를 내리지 못하고 고사할 우려가 있으므로… 그 하한을 정하지 않고 법원의 판단에 맡기는 것이 적절하다"고 보았기 때문이다.[55)

---

53) 대법원 2016. 9. 30. 선고 2014다59712, 59729 판결(구 상표법 제67조의2 제1항의 법정손해배상 청구가 적용된 사안).

54) 오승종, 「저작권법」 제5판, 박영사, 2020, 1614~1618면; 조영선, 위의 논문, 132~135면 각 참조.

55) 김현철, 「한미 FTA 이행을 위한 저작권법 개정 방안 연구」, 저작권위원회, 2007, 191면; 같은 취

(3) 침해행위가 아닌 저작물마다 배상

저작권법은 법정손해배상을 '침해행위마다'가 아니라 '침해된 각 저작물 등마다' 청구할 수 있도록 규정하고 있다(제125조의2 제1항 참조). 여기서 중요한 것은 침해의 대상이 되었던 이른바 '著作物의 個數論'이다.[56] 둘 이상의 저작물을 소재로 하는 편집저작물과 2차적 저작물은 제1항을 적용하는 경우에는 하나의 저작물로 본다(같은 조 제2항). 이는 미국저작권법의 태도와 일치한다. 미국에서는 침해행위의 태양에는 관계없이 침해된 저작물의 개수를 기준으로 하여 법정손해배상액을 산정한다. 하지만 동일한 침해자가 동일한 저작물을 반복하여 침해하는 경우, 권리자는 침해의 횟수나 시기에 관계없이 오로지 하나의 법정손해배상 청구권만을 얻는다. 이 원칙은 2차적 저작물의 경우에도 동일하게 유지되어 "편집저작물이나 2차적 저작물의 모든 구성 부분은 하나의 저작물을 구성"하게 된다. 반복적 침해에 대하여는 고의의 침해(willful infringement)에 기한 법정손해배상액의 증액으로 대응하는 수밖에 없다.[57]

(4) 저작물의 등록요구

저작재산권자 등이 제1항에 따른 청구를 하기 위해서는 침해행위가 일어나기 전에 제53조부터 제55조까지의 규정(제90조 및 제98조에 따라 준용되는 경우를 포함한다)에 따라 그 저작물 등이 등록되어 있어야 한다(제125조의2 제3항).[58]

(5) 법관 재량에 의한 손해액 인정

저작권법 제125조의2 제4항은 "법원은 제1항의 청구가 있는 경우에 변론의 취지와 증서조사의 결과를 고려하여 제1항의 범위에서 상당한 손해액을 인정할 수 있다"고 규정한다. 이 규정의 취지는 민사소송법상 처분권주의에 비추어 볼 때에 당사자가 법정손해배상액의 상한선 범위 내에서 특정한 금액을 청구하는 형식을 취하고, 이에 대해 법원은 당사자가 구하는 금액의 범위 내에서 손해액에 대한 입증이 없더라도 적절한 금액을 손해액으로 인정할 수 있다는 것이다.[59] 외견상으로는 후술하는 저작권법 제126조의 '상당한 손해액의

지 조영선, 위의 논문, 135면.

56) '저작물의 개수론'에 관한 상세는, 제2장 제5절 Ⅲ. 3. 라. '소결' 참조.

57) 박성수, "저작권침해와 법정손해배상제도", 「계간 저작권」, 2007 여름호, 47면; 조영선, 위의 논문, 133면.

58) 서울중앙지법 2014. 1. 22. 선고 2013가단114795 판결은 등록사실의 입증이 없다는 이유로 법정손해배상청구를 배척하고 저작권법 제126조의 '상당한 손해액 인정'의 방법으로 배상책임을 인정하였다.

59) 오승종, 앞의 책, 1617면.

인정' 규정과 동일한 취지의 조항으로 보이지만 양자에는 다음과 같은 차이점이 있다. 제126조는 상당인과관계 있는 실제 손해액을 배상받으려는 이념형(Ideal Type)을 추구하면서 그 입증을 용이하게 하려는 제도임에 반하여, 법정손해배상제도는 실제 손해액이 아닌 그에 '갈음하는' 상당한 금액을 배상받고자 한다는 점에서 그 출발점부터가 다르다.[60) 게다가 우리나라와 미국 간에 체결된 FTA 합의문 중 법정손해배상제도 관련 부분은 "법정손해배상액은 장래의 침해를 억제하고 침해로부터 야기된 피해를 권리자에게 완전히 보상하기에 충분한 액수이어야 한다"고 규정하고 있는데,[61) 이것은 일면 징벌적 손해배상의 목적과도 맥락이 닿아있다.[62)

다. 소　결

법정손해배상제도가 도입됨으로써 다음과 같은 효과가 있을 것으로 기대된다. 첫째, 저작재산권 등의 침해로 인하여 손해가 발생한 경우에 그 손해액 산정 및 그에 관한 증거 확보의 곤란함을 보완하여 침해를 억지하거나 예방할 수 있는 충분한 손해배상액을 보장함으로써 저작재산권 등을 효과적으로 보호할 수 있다. 둘째, 저작재산권 등의 침해로 인한 손해배상의 실효성을 확보하여 저작재산권 등의 침해에 대해 형사적 해결방식이 아닌 민사적 해결방식의 활용이 증대될 수 있다. 셋째, 저작재산권 등의 침해에 대한 손해액을 산정하는 기준을 제시함으로써 법원 업무의 효율성을 증대시키고 당사자 사이의 화해가능성을 높일 수 있다.[63)

4. 저작권법 제126조의 규정에 따른 손해액의 인정

가. 취지·내용

저작권법 제126조는 "법원은 손해가 발생한 사실은 인정되나 제125조의 규정에 따른 손해액을 산정하기 어려운 때에는 변론의 취지 및 증거조사의 결과를 참작하여 상당한 손해액을 인정할 수 있다"고 규정한다. 본조는 손해배상의 성립요건에 관한 것이 아니라 손해액의 산정방법에 관한 것으로서 손해

---

60) 박준석, "지적재산권 침해의 손해액 입증 곤란시 '상당한 손해액'의 인정에 관하여", 「인권과 정의」 통권438호, 2013. 12., 81면.
61) 한·미 FTA 제18.10조 제6항.
62) 박준석, 위의 논문, 81면.
63) 문화체육관광부·한국저작권위원회 편, 「한·미 FTA 이행을 위한 개정 저작권법 설명자료」, 2011. 12. 14., 42면.

가 발생된 것은 인정되나 그 손해액을 입증하기 위하여 필요한 사실을 입증하는 것이 해당 사실의 성질상 극히 곤란한 경우에 그 손해액의 입증을 용이하게 하기 위하여 마련된 것이다.[64]

위 규정은 ① '손해가 발생한 사실이 인정되는 경우'에 적용된다. 그러한 점에서 손해의 발생사실 여부와 관계없이 적용되는 법정손해배상제도와는 다르다. 여기서의 손해란 일실이익(소극적 손해)을 말하므로 본조는 일실이익이 발생하지 않은 경우에는 적용되지 않는다. 부당이득반환청구에도 본조는 적용되지 않는다.[65] 또한 ② '제125조에 따른 손해액의 산정이 어려운 경우'에 적용된다. 예컨대, 노래방기기를 사용하여 무단으로 계속하여 공연권을 침해해 오다가 적발된 사안에서 적발 이전인 과거의 공연 횟수까지 포함하여 입증하는 경우에는 손해액의 산정이 매우 어려울 수 있다. 또한 인터넷에서 침해행위를 단속하여 적발된 다운로드 횟수를 자료로 하여 그 적발 전의 손해액을 인정하는 경우에도 그 입증이 매우 어려울 수밖에 없다.[66] 우리 하급심 판결 중에는 원고의 저작물인 빙벽등반사진을 피고가 임의로 티셔츠에 부착하여 판매하여 수익을 거두었지만 그 티셔츠 상에 위 사진뿐 아니라 '노스페이스'와 같은 저명상표도 부착되어 함께 판매 향상에 이바지한 사안에서 법원은 피고가 티셔츠를 판매하여 얻은 총이익액을 제125조 제1항에 따른 원고의 손해액으로 추정할 수 없다고 판단한 것이 있다.[67] 이처럼 위 ①②의 요건을 갖춘 경우에 비로소 ③ '변론의 취지 및 증거조사의 결과를 참작하여 상당한 손해액을 인정하는 것'이 가능하다. 위 빙벽등반사진 사건에서도 우리 법원은 제126조에 따라 상당한 손해액을 인정하였다. 본조에 의해 인정 가능한 '상당한 손해액'이란 상당인과관계가 인정되는 손해액과는 다른 범위의 손해를 인정할 수 있다는 실체법적 예외를 의미하는 것이 아니라, 증거에 의한 증명이 없는 경우(즉, 소명은 넘어서지만 증명에 이르지 못한 경우)라도, 손해액을 인정하겠다는 절차법적 예외를 의미하는 것이라고 이해하는 것이 타당하다.[68] 그러한 점에서 본조는 증명도·심증도의 경감을 규정한 것이다.[69]

---

64) 대법원 2007. 4. 12. 선고 2006다10439 판결(부정경쟁방지법 제14조의2 제5항의 '상당한 손해액 인정' 조항이 적용된 사안).

65) 名古屋地裁 2003(平成15)年 2月 7日 判決(사교댄스 교실 사건). 岡村久道, 「著作權法」, 商事法務, 2010, 508면.

66) 岡村久道, 위의 책, 508~509면.

67) 서울고법 2011. 7. 20. 선고 2010나85753 판결; 서울중앙지법 2010. 8. 13. 선고 2009가합136313 판결(제1심). 박준석, 앞의 논문, 85~86면.

68) 박준석, 앞의 논문, 79~80면 참조.

나. 제125조 제1항·제2항과 제126조의 관계

저작권법 제125조 제1항의 '손해액의 추정' 규정과 제2항의 '손해액의 의제' 규정은 모두 권리자의 입증책임을 경감하기 위한 조항들이다. 이에 비해 제126조의 '상당한 손해액 인정' 규정은 '제125조에 따른 손해액의 산정이 어려운 경우'에 그 증명도·심증도를 경감하기 위한 조문이다. 문제는 어떠한 경우에 제125조에 따른 손해액을 산정하기 어려운 때에 해당한다고 판단하여 '상당한 손해액 인정' 규정을 적용할 것인가 하는 점이다. 대법원은 "특허법 제128조 제1항 내지 제4항의 규정에도 불구하고 같은 조 제5항에 의하여 변론 전체의 취지와 증거조사 결과에 기초하여 상당한 손해액을 인정할 수 있으나, 이는 자유심증주의 하에서 손해가 발생된 것은 인정되나 손해액을 입증하기 위하여 필요한 사실을 입증하는 것이 해당 사실의 성질상 극히 곤란한 경우에는 증명도·심증도를 경감함으로써 손해의 공평·타당한 분담을 지도원리로 하는 손해배상제도의 이상과 기능을 실현하고자 하는 데 취지가 있는 것이지, 법관에게 손해액 산정에 관한 자유재량을 부여한 것은 아니므로, 법원이 위와 같은 방법으로 구체적 손해액을 판단할 때에는 손해액 산정 근거가 되는 간접 사실들의 탐색에 최선의 노력을 다해야 하고, 그와 같이 탐색해 낸 간접사실 들을 합리적으로 평가하여 객관적으로 수긍할 수 있는 손해액을 산정해야 한 다"고 판시하였다.[70] 위 대법원 판결은 구 특허법 제128조 제5항[71]과 관련한 것이지만 그에 상응하는 저작권법 제126조의 적용기준을 제시한 점에서도 그 의미가 있다. 위 대법원 판결의 영향에 따라 그 이후 우리 하급심 판결의 동향 은 저작권법 제125조를 적용하기 위한 요건에 대한 판단을 모두 행하고 나서 그 중 입증되지 않은 요건이 존재할 때에 기존의 인정된 사실관계를 참작하여 제126조를 적용한다는 설시가 이루어지는 것이 보통이다.[72] 예컨대, 하급심 판결 중에는 어문저작물 침해에 관한 사안에서 원고가 구하는 바에 따라 저작 권법 제125조 제1항에 의하여 원고의 손해액으로 추정되는 피고의 이익을 산 정하되 정확히 알 수 없는 항목 부분에 관하여는 보충적으로 제126조를 유추 적용한 것이 있다.[73] 이는 저작권법 제126조를 제125조의 보완적인 규정으로

---

69) 대법원 2011. 5. 13. 선고 2010다58728 판결(구 특허법 제128조 제5항의 '상당한 손해액 인정' 조항이 적용된 사안).

70) 대법원 2011. 5. 13. 선고 2010다58728 판결.

71) 구 특허법 제128조 제5항은 현행 특허법 제128조 제7항이고 이는 저작권법 제126조에 상응한다.

72) 이규홍, "저작권법의 적용과 집행", 「계간 저작권」, 2013 봄호, 81면, 83면.

73) 서울중앙지법 2012. 7. 17. 선고 2011가합56847 판결(확정). 이에 관한 평석으로는 後註의 논문 참조.

이해한 것이라고 볼 수 있다.[74] 요컨대, 제125조 제1항과 제2항은 입증책임을 경감하는 조항들이지만 여전히 증거에 의한 '증명'을 요구한다는 점에서 위 각 조항들을 적용하는 데에는 한계가 있다. 이에 비해 제126조는 증명도를 경감하는 조문이므로 제125조 제1항과 제2항의 적용 요건들 중 일부에 관해 여전히 입증이 곤란한 경우가 있다면 그 요건의 일부에 국한하여 제126조를 보충적으로 유추 적용할 수 있다.[75]

Ⅳ. 명예회복 등의 청구

저작권법 제127조는 "저작자 또는 실연자는 고의 또는 과실로 저작인격권 또는 실연자의 인격권을 침해한 자에 대하여 손해배상을 갈음하거나 손해배상과 함께 명예회복을 위하여 필요한 조치를 청구할 수 있다"고 규정한다. 저작인격권이나 실연자의 인격권 침해, 또는 저작인격권의 침해로 보는 행위(제124조 제2항)에 의해 발생한 손해는 정신적 손해로서 그 손해산정은 저작권법 제125조의 적용문제가 아니라 민법의 법리에 따라 산정할 문제이고 궁극적으로는 2016년 신설된 민사소송법 제202조의2(손해배상 액수의 산정)의 적용문제이다. 아울러 이때의 손해는 그 성격상 본래 금전배상으로 塡補되는 것이 아니므로 명예회복을 위하여 필요한 일종의 원상회복조치로서 본조를 규정한 것이다. 본조는 저작자 또는 실연자의 인격적 이익의 보호를 위해 마련된 규정이므로, 저작재산권이 양도된 경우에 저작재산권의 침해와 관련하여 저작재산권자의 명예나 신용이 훼손된 때에 저작재산권자는 본조가 아니라 민법 제764조(명예훼손의 경우의 특칙)를 적용하여 명예회복조치를 청구할 수 있을 것이다.[76]

손해배상을 갈음하거나 손해배상과 함께 원상회복조치청구를 할 수 있다는 것이므로 손해배상의 대체적·보완적 요소가 강하고 실제 소송에서도 손해배상청구와 함께 청구되는 경우가 대부분이다. 유의할 것은 "손해배상을 갈음하거나 손해배상과 함께"라는 의미이다. 본조는 손해배상청구권의 근거규정이 아니라 손해배상청구를 할 것인지의 여부와 관계없이 명예회복조치청구를 할 수 있다는 근거규정이다. 그러므로 손해배상청구가 가능한 경우가 아니면 본

74) 최승재, "저작권 침해 사건에서의 손해배상액 산정(저작권법 제125조와 제126조의 관계)", 「대한변협신문」, 2013. 1. 21.자 12면.
75) 박준석, 앞의 논문, 86면.
76) 半田正夫·松田政行 編, 「著作權法コンメンタール 3」第2版, 勁草書房, 2015, 596~597면(飯村敏明 집필) 참조.

조에 따른 원상회복조치청구를 할 수 없다는 취지로 오해하여서는 안 될 것이다. 손해배상청구권과 명예회복조치청구권은 별개의 소송물이므로 명예회복조치를 손해배상과 반드시 같이 청구할 필요는 없고 손해배상재판이 확정된 이후라도 명예회복조치를 청구할 수 있다.77) "명예회복을 위하여 필요한 조치"는 저작자의 명예훼손이 당연한 전제이고, 저작자의 명예란 주관적인 명예감정이 아니라 사회로부터 받는 객관적 평가, 즉 사회적 명예를 의미한다. 따라서 성명표시가 누락되는 등 저작인격권 침해가 인정된다고 하더라도 사회적 명예까지 훼손되었다고 보기 어려운 경우에는 해명서 게재 청구와 같은 명예회복 조치는 허용되지 않는다.78) 명예회복에 필요한 조치에는 일반적으로 정정광고나 사실고지 또는 통지청구 등을 들 수 있다. 사실고지는 저작권 등의 침해가 발생한 객관적인 사실 경위를 알리기 위한 고지를 말하며, 통지청구는 동상을 만든 미술가의 성명표시권 침해가 인정된 경우에 원고가 저작자라는 것을 동상의 소유자인 피고에게 통지할 것을 명하도록 청구하는 것이다.79) 예컨대, 건축물에 저작자의 성명표시가 기재된 청동명판을 부착하도록 청구한 경우,80) 또는 미술저작물에 저작자의 이름, 약력, 벽화의 제호를 표시할 것을 청구하는 것은 물론이고 명예훼손의 정도에 따라서는 저작권 침해사실 등을 내용으로 하는 공고문의 일간지 게재를 청구한 경우81) 등을 들 수 있다. 참고로 일본 저작권법 제115조는 고의 또는 과실로 저작인격권을 침해한 경우에는 손해의 배상을 갈음하거나 손해의 배상과 함께 명예회복에 필요한 조치를 청구할 수 있다고 규정한다. 우리 저작권법 제127조와 거의 동일한 취지의 규정이지만, 일본에서는 실무상 명예회복에 필요한 조치로서 '사죄광고'까지 허용하고 있다는 점에서,82) 이를 허용하지 않는 우리나라의 경우와 비교된다.83)

---

77) 서울중앙지법 2012. 9. 21. 선고 2012가합10930 판결.

78) 서울고법 1997. 9. 24. 선고 97나15236 판결(서체 '축제' 사건)(심리불속행 기각). 이 사건 판결의 취지는 영화작품에 서예가의 글씨를 허락 없이 '集字'하여 이용한 사안에서 저작재산권과 저작인격권 침해를 인정할 수는 있지만 그와 별개로 서예가의 명예까지 훼손되었을 리는 없다는 것이다(홍승기, 「어느 여행자의 독백」, 라이프맵, 2016, 18면).

79) 高部眞規子, 「實務詳說 著作權訴訟」, 金融財政事情研究會, 2012, 200~201면 참조.

80) 서울중앙지법 2012. 9. 21. 선고 2012가합10930 판결(원고의 성명표시가 부착된 청동명판 부착 청구를 인용).

81) 서울중앙지법 2006. 5. 10. 선고 2004가합67627 판결. 이 판결은 저작자인 원고의 저작인격권이 침해된 경우 명예회복을 위하여 필요한 조치로서 피고가 원고의 이름, 약력, 벽화 제호를 표시할 의무가 있음을 인정하였으나, 그 명예훼손의 정도가 크지 않은 점에 비추어 저작권 침해사실 등을 내용으로 하는 공고문의 일간지 게재는 필요하지 않다고 판시하였다.

82) 高部眞規子, 앞의 책, 199면; 中山信弘, 「著作權法」第2版, 有斐閣, 2014, 644~645면.

V. 저작자의 사망 후 인격적 이익의 보호

저작자가 사망한 후에 그 인격적 이익의 보호를 위하여 저작권법은 일정한 범위의 유족에게 저작자가 생존하였더라면 저작인격권의 침해가 될 행위에 대하여 정지청구 등(제123조) 또는 명예회복 등의 조치청구(제127조)를 할 수 있다고 규정한다(제128조).[84]

≪저작재산권과 저작인격권의 관계(소송물의 개수)≫

저작인격권과 저작재산권은 각각 그 보호법익을 달리하므로 하나의 행위로 동일한 저작물에 대한 저작인격권과 저작재산권이 침해된 경우에 저작인격권 침해에 기한 정신적 손해와 저작재산권 침해에 기한 재산적 손해는 소송물을 달리하는 별개의 청구이다. 여기서 더 나아가 저작인격권의 종류나 저작재산권의 지분권마다 별개의 소송물인지 여부가 문제된다. 이에 대해 대법원은 "저작인격권이나 저작재산권을 이루는 개별적인 권리들은 저작인격권이나 저작재산권이라는 동일한 권리의 한 내용에 불과한 것이 아니라 각 독립적인 권리로 파악하여야 하므로 위 각 권리에 기한 청구는 별개의 소송물이 된다. 따라서 이 사건 중문 서적의 편집저작물 저작권 침해를 원인으로 하는 손해배상청구와 이 사건 중문 서적에 수록된 개별 이야기(2차적 저작물 또는 독창적 저작물)의 저작재산권 침해를 원인으로 하는 손해배상청구는 별개의 소송물이 된다"고 판시하였다.[85]

VI. 공동저작물의 권리 침해

저작권법 제129조는 "공동저작물의 각 저작자 또는 각 저작재산권자는 다른 저작자 또는 다른 저작재산권자의 동의 없이 제123조의 규정에 따른 청구를 할 수 있으며 그 저작재산권의 침해에 관하여 자신의 지분에 관한 제125조의 규정에 따른 손해배상의 청구를 할 수 있다"고 규정한다. 본조는 공동저작물의 각 저작자 또는 각 저작재산권자는 그 저작인격권이나 그 저작재산권의

---

83) 헌법재판소 1991. 4. 1. 선고 89헌마160 결정. 사죄광고를 강요하는 것은 헌법상 양심의 자유에 위배된다고 결정함으로써 우리나라에서는 명예회복을 위한 필요한 조치로서 사죄광고의 청구가 허용되지 않는다.

84) 이에 관한 상세는, 제4장 제2절 VI. 3. '우리 저작권법에 있어서 저작자의 사망 후 인격적 이익의 보호' 참조.

85) 대법원 2013. 7. 12. 선고 2013다22775 판결.

각 침해행위에 대하여 각자가 단독으로 제123조의 금지청구권 등을 행사할 수 있다는 것, 아울러 공동저작물의 각 저작재산권자는 그 저작재산권의 침해에 대하여 각자가 단독으로 자신의 지분에 따른 손해배상청구를 할 수 있다는 것을 각 규정한 것이다. 본조가 공동저작물의 저작인격권과 저작재산권 침해에 대하여 각 공동저작자가 단독으로 금지청구 등을 할 수 있다고 규정한 것은, 저작권법 제15조 제1항과 제48조 제1항에서 규정한 공동저작물의 저작인격권과 저작재산권은 공동저작자 전원의 합의에 의하여 행사되어야 한다는 원칙[86]을 무의미하게 만들지 않기 위해 당연한 것을 규정한 것이다. 왜냐하면 만일 금지청구권의 행사에도 공동저작자 전원의 합의가 필요하다고 한다면, 공동저작자 중 1인이 전원의 합의를 얻지 않고 스스로 공동저작물을 이용하거나 제3자에게 이용허락하는 것을 다른 공동저작자들이 막을 수 없게 되어 공동저작물의 이용에는 공동저작자 전원의 합의가 필요하다고 규정한 의미가 없어질 것이기 때문이다.[87] 요컨대, 본조는 저작권법 제15조 제1항과 제48조 제1항의 예외규정이 아니라 제15조 제1항과 제48조 제1항의 실효성을 보증하기 위하여 당연한 것을 확인하는 규정이다.[88] 또한 본조는 민법상 공유재산권의 침해에 대한 원칙이 저작권법상에도 그대로 적용된다는 것을 확인하는 규정이다. 그런데 본조는 "저작재산권의 침해에 관하여… 손해배상의 청구를 할 수 있다"고 규정하고 있을 뿐이므로 저작인격권의 침해에 관하여도 공동저작물의 각 저작자가 단독으로 손해배상청구권이나 명예회복 등의 청구권을 행사할 수 있는지 여부가 의문이다. 생각건대, 저작인격권의 침해에 관하여 사전적 구제수단인 금지청구권 등을 단독으로 할 수 있다면, 사후적 구제수단에 불과한 손해배상청구권이나 명예회복 등 청구권의 단독행사도 긍정된다고 보아야 할 것이다.[89]

---

86) 공동저작물의 이용허락 등 권리행사의 원칙에 관한 상세는 제6장 제9절 '공동저작물의 이용허락 등 권리행사' 참조.

87) 田村善之, 「著作權法槪說」 第2版, 有斐閣, 2001, 369면.

88) 같은 취지 정상조·박준석, 「지식재산권법」 제5판, 홍문사, 2020, 319면.

89) 양창수, "민법의 관점에서 본 지적재산권법—저작권침해의 구제수단을 중심으로", 「지적재산권법강의」, 홍문사, 1997, 58~59면; 같은 취지, 小倉秀夫·金井重彦 編著, 「著作權法コメンタール」, LexisNexis, 2013, 1645면.

Ⅶ. 증거 수집을 위한 정보의 제공

2011년 저작권법(12월 2일 개정법)에서 신설된 저작권법 제129조의2는 법원은 저작권 그 밖에 이 법에 따라 보호되는 권리의 침해에 관한 소송에서 당사자의 신청에 따라 증거를 수집하기 위하여 필요하다고 인정되는 경우에는 다른 당사자에 대하여 그가 보유하고 있거나 알고 있는 정보를 제공하도록 명할 수 있다고 규정한다. 정보의 제공을 명령할 수 있는 구체적 정보로는 "침해행위나 불법복제물의 생산 및 유통에 관련된 자를 특정할 수 있는 정보"(제129조의2 제1항 제1호), "불법복제물의 생산 및 유통 경로에 관한 정보"(같은 조 제1항 제2호)이다. 다만, 영업비밀이나 사생활의 보호와 관련된 정보 등 일정한 범주의 정보에 대해서는 정보의 제공을 거부할 수 있도록 허용하고 있다(같은 조 제2항). 또한 정당한 이유 없이 정보제공 명령에 따르지 않은 경우에는 법원은 정보에 관한 당사자의 주장을 진실한 것으로 인정할 수 있다고 규정한다(같은 조 제3항). 이는 법원이 정보에 관한 주장, 즉 정보의 성질·내용, 성립의 진정 등에 관한 주장을 진실한 것으로 인정할 수 있다는 것이지 그 정보에 의하여 증명하고자 하는 상대방의 주장사실까지 증명되었다고 인정할 수 있다는 취지가 아니다.[90] 이러한 제재 효력은 민사소송법상 문서제출명령에 불응한 경우와 동일하다.[91] 본조는 민사소송법상 문서제출신청 및 명령(민사소송법 제345조 내지 제351조)에 대한 특별규정이다. 한편, 특허법은 침해의 증명이나 침해로 인한 손해액의 산정에 필요한 자료의 제출을 명할 수 있다는 점에서(제132조 제1항) 자료제출의 범위가 저작권법과 동일하지만, 정당한 이유 없이 이에 불응한 경우 자료 기재에 대한 상대방의 주장을 진실한 것으로 인정할 수 있고(같은 조 제4항),[92] 더 나아가 일정한 요건 아래에서 당사자가 증명하고자 하는 사실에 관한 주장을 진실한 것으로 인정할 수 있다는 점에서(같은 조 제5항) 제재 효력은 저작권법보다 강력하다.

---

90) 윤태식, 「저작권법」 제2판, 박영사, 2020, 592면.
91) 민사소송법상 문서제출명령에 불응한 경우 그에 대한 제재로서 대법원 판결은, 당사자가 법원으로부터 문서제출명령을 받았음에도 불구하고 그 명령에 따르지 아니한 때에는 법원은 상대방의 그 문서에 관한 주장, 즉 문서의 성질·내용, 성립의 진정 등에 관한 주장을 진실한 것으로 인정할 수 있음은 별론으로 하고, 그 문서들에 의하여 증명하려고 하는 상대방의 주장사실이 바로 증명되었다고 볼 수 없으며, 그 주장사실의 인정 여부는 법원의 자유심증에 의하는 것으로 보고 있다(대법원 1993. 6. 25. 선고 93다15991 판결; 동 2007. 9. 21. 선고 2006다9446 판결; 동 2008. 2. 28. 선고 2005다60369 판결 등).
92) 여기까지는 저작권법이나 민사소송법상 제출명령에 불응한 경우 그에 대한 제재 효력과 동일하다.

Ⅷ. 소송당사자에 대한 비밀유지명령

2011년 저작권법(12월 2일 개정법)에서 신설된 저작권법 제129조의3의 입법 취지는 소프트웨어의 소스코드 등과 같이 일반적으로 공개되지 않은 정보가 소송과정에서 공개되어 소송목적 외에서 사용되는 경우에 당사자에게 큰 손실이 발생할 수 있으므로 이를 방지하기 위한 것이다. 즉 법원은 저작권, 그 밖에 이 법에 따라 보호되는 권리의 침해에 관한 소송에서 그 당사자가 준비서면 등에 영업비밀이 포함되어 있음을 소명하여 신청한 경우에 다른 당사자 등에 대하여 소송 이외의 목적으로 공개를 금지하도록 하는 명령을 내릴 수 있다. 다만, 그 신청시까지 다른 당사자 등이 다른 방법으로 그 영업비밀을 이미 취득한 경우에는 그렇지 않다(제129조의3 참조). 정당한 사유 없이 이러한 비밀유지명령을 위반한 사람에게는 5년 이하의 징역 또는 5천만 원 이하의 벌금을 부과한다(제136조 제1항).

Ⅸ. 부당이득반환

저작재산권 등의 침해를 원인으로 하여 손해배상을 청구하기 위해서는 침해자의 고의 또는 과실을 요건으로 한다. 따라서 침해자에게 고의 또는 과실이 없을 경우 손해배상을 청구하지 못한다. 또한 손해배상청구권은 민법 제766조에 의해서 손해 및 가해자를 안 날부터 3년간 이를 행사하지 않으면 시효로 소멸한다. 또한 저작재산권 등의 침해행위는 장기간에 걸쳐 발생하는 경우가 적지 않고 권리자가 침해행위를 알면서도 이를 방치하다가 뒤늦게 소송을 제기하는 경우도 많으므로 그 손해배상청구권이 비교적 3년의 단기 소멸시효에 걸리기 쉽다는 특징이 있다. 이러한 경우에 효용성을 가지는 것이 부당이득반환청구권이다.[93] 즉 저작재산권자 등은 저작물 등의 무단 이용자에 대하여 부당이득반환청구권을 행사하는 것도 가능하다.[94] 저작권법에는 이에 관한 규정이 없으므로[95] 부당이득에 관해 규정한 민법 제8장(제741조 내지 제749조)에 따라야 한다. 이에 따라 법률상 원인 없이 타인의 저작재산권 등으로 인하여 이익을 얻고 이로 인하여 타인에게 손해를 가한 자에 대하여 권리자는 부당이득반환청구를 할 수 있다(민법 제741조). 부당이득에서 말하는 '이익'이란

---

93) 오승종, 앞의 책, 1611면 이하.
94) 대법원 2016. 7. 14. 선고 2014다82385 판결.
95) 참고로 우리나라 1957년 저작권법 제66조(부당이득반환의무)에는 관련 규정이 마련되어 있었다.

반드시 침해자가 그 이용행위로 인하여 시장으로부터 얻은 이익, 즉 영업이익을 말하는 것이 아니라 타인의 저작권을 이용하였다는 것 자체도 여기서 말하는 '이익'에 포함된다.[96] 그리고 이때에 상대방인 수익자의 반환범위는 그 수익자가 선의인 경우라면 그 받은 이익이 현존한 한도에서 반환할 책임이 있을 뿐이지만(민법 제748조 제1항), 만일 수익자가 악의인 경우라면 그 받은 이익에 이자를 붙여 반환하고 손해가 있으면 이를 배상하여야 한다(같은 조 제2항).

제3절 형사구제

I. 개 관

저작권법은 제11장에서 저작권 등 저작권법이 보호하는 권리 등이 침해된 경우에 벌칙 규정을 두고 있다. 저작권 등의 침해자가 관련 규정에 따라 형사 처벌됨으로써 저작권 등 권리자의 인격적·재산적 법익에 대한 형사적 구제가 이루어진다. 저작권법이 규정하는 형사책임에 관한 조문들을 일별하면, 범죄 유형은 (1) 권리침해 등의 죄(제136조·제137조), (2) 부정발행 등의 죄(제136조·제137조), (3) 출처명시위반 등의 죄(제138조)로 나눌 수 있다. 그 밖에 몰수(제139조),[97] 고소(제140조), 양벌규정(제141조),[98] 과태료(제142조) 등에 관한 조항들이 있다. 저작권법은 민사책임과 달리 형사책임에 대해서는 고의범만을 처벌하고 있으며 과실에 의한 행위는 처벌하지 않는다. 또한 해당 범죄에는 원칙적으로 피해자의 고소가 있어야 公訴할 수 있는 친고죄가 많은 것이 특징이다. 아울러 양벌규정을 두어 법인처벌도 인정하고 있으며 그 밖에 형사처벌과

---

96) 양창수, 앞의 논문, 52면.

97) 권리를 침해하여 만들어진 복제물(①)뿐 아니라 그 복제물의 제작에 주로 사용된 도구나 재료 중 그 침해자·인쇄자·배포자 또는 공연자의 소유에 속한 것(②)도 몰수의 대상이 된다. ②는 한·EU FTA 이행을 위한 2011년 저작권법(6월 30일 개정법)에서 추가된 것이다

98) 저작권법상 양벌규정과 관련해서는, 친고죄의 경우 행위자의 범죄에 대한 고소가 있으면 족하고 별도로 양벌규정으로 처벌받는 자에 대한 고소까지 필요한 것은 아니고(대법원 1996. 3. 12. 선고 94도2423 판결), 양벌규정에 의한 영업주의 처벌은 그 자신의 종업원에 대한 선임감독상의 과실로 인해 처벌되는 것이지 종업원의 범죄성립이나 처벌은 영업주 처벌의 전제조건이 아니며(대법원 2006. 2. 24. 선고 2005도7673 판결), 형벌의 자기책임원칙에 비추어 위반행위가 발생한 업무와 관련하여 법인이 상당한 주의 또는 관리감독의무를 게을리 한 때에 한하여 양벌규정이 적용된다(대법원 2010. 7. 8. 선고 2009도6968 판결).

관련해서는 형법전의 총칙규정이 적용되므로 권리침해 등의 죄에 공범 관련
규정 등이 적용될 수 있다.

Ⅱ. 각   론

1. 권리침해 등의 죄(제136조·제137조)

권리침해 등의 죄(제136조·제137조)에 관해서는 권리의 종류나 침해유형에
따라 3단계로 구분하여[99] 벌칙이 마련되어 있다. 저작재산권을 침해하거나(제
136조 제1항 제1호)[100] 저작인격권 등을 침해하여 명예를 훼손한 경우(제136조
제2항 제1호)[101]뿐 아니라 저작재산권 등의 침해의제(제136조 제2항 제4호), 저작
인격권의 침해의제(제137조 제1항 제5호)의 경우도 이에 해당한다. 주의할 것은
권리침해의 경우 뿐 아니라, 2011년 저작권법(6월 30일·12월 2일 각 개정법)에서
신설한 여섯 가지 유형의 금지행위, 즉 기술적 보호조치의 무력화 금지(제104
조의2), 권리관리정보의 제거·변경 등의 금지(제104조의3), 암호화된 방송 신호
의 무력화 등의 금지(제104조의4), 라벨 위조 등의 금지(제104조의5), 영상저작물
녹화 등의 금지(제104조의6), 방송 전 신호의 송신 금지(제104조의7) 등에 위반
하는 경우에도 형사처벌의 대상이 된다는 점이다(제136조 제2항 제3호의2 내지
제3호의7).

---

99) 3단계의 구분이란 '5년 이하의 징역 또는 5천만 원 이하의 벌금'(제136조 제1항), '3년 이하의 징
역 또는 3천만 원 이하의 벌금'(제136조 제2항), '1년 이하의 징역 또는 1천만 원 이하의 벌금'
(제137조 제1항)을 가리킨다.

100) 저작재산권 침해행위 중 "…2차적 저작물 작성의 방법으로 침해…"(제136조 제1항 제1호)한 경
우와 관련하여 "2차적 저작물 작성"만을 규정하고 있으므로 "2차적 저작물 이용"은 처벌대상이
아니라고 오해하는 경우가 있다. 同號에서 규정한 권리의 종류 등은 제16조(복제권) 내지 제22
조(2차적 저작물 작성권)의 표제를 그대로 옮겨온 것으로 제22조의 "2차적 저작물 작성(권)"의
내용에는 당연히 "2차적 저작물을 작성하여 이용"하는 행위가 포함된다. 이는 제18조 "공중송신
(권)"의 내용에 "방송"이나 "전송" 혹은 "디지털음성송신"하는 행위가 당연히 포함되는 것과 마
찬가지이다.

101) 저작권법 제136조 제2항 제1호는 "저작인격권 또는 실연자의 인격권을 침해하여 저작자 또는
실연자의 명예를 훼손한 자"라고 규정하고 있기에 저작인격권 등의 침해만으로는 처벌이 불
가능하고 그 침해로 인해 저작자 등에 대한 명예훼손이 있어야 형사처벌이 가능하다. 예컨대,
동화작가의 原稿를 출판사 편집자가 자의적으로 수정하여 성인용 연애소설처럼 만들었다면
동화작가의 동일성유지권(저작인격권)을 침해하여 그 사회적 평판을 훼손(명예훼손)한 것으
로 인정되므로 해당 편집자를 저작인격권 침해죄로 형사처벌할 수 있을 것이다.

2. 부정발행 등의 죄(제136조 · 제137조) · 출처명시위반 등의 죄(제138조)

부정발행 등의 죄(제136조 · 제137조)와 출처명시위반 등의 죄(제138조)는 권리침해나 금지행위 위반에 해당하는 것은 아니지만 권리보호와 관련한 질서의 유지행위를 위반한 경우에 이를 규제하기 위한 처벌규정이다. 여기에는 법원의 비밀유지명령을 이유 없이 위반한 경우(제136조 제1항 제2호), 저작권 등의 등록이나 권리변동 등을 허위등록한 경우(제136조 제2항 제2호),[102] 저작자 명의의 허위표시 · 공표의 경우(제137조 제1항 제1호),[103] 허가 없이 저작권 신탁관리업을 한 경우(제137조 제1항 제4호), 저작권 제한규정에 따른 출처명시의무를 위반한 경우(제138조) 등이 해당한다. 고소(제140조)에 관해서는 저작권법에서 정하는 예외의 경우(제140조 단서 제1 · 2호)를 제외하고 저작권법상 모든 형사처벌에 피해자의 고소가 있어야 한다. 원칙적으로 친고죄에 해당하는 저작권 등의 권리를 침해한 범죄에 해당하더라도 "영리를 목적으로[104] 또는 상습적으로"(제140조 단서 제1호) 저작권 등의 권리를 침해한 범죄에 대해서는 비친고죄로 처벌한다는 점에 유의하여야 한다.[105]

---

102) 저작권등록부 허위등록죄는 그 등록부의 기재 내용에 대한 공공의 신용을 주된 보호법익으로 하며, 단순히 저작자 개인의 인격적, 재산적 이익만을 보호하는 규정이 아니므로 저작자 성명 등의 허위등록에 있어서 진정한 저작자의 동의가 있었는지 여부는 그 죄의 성립에 영향이 없다(대법원 2008. 9. 11. 선고 2006도4806 판결).

103) 저작권법 제137조 제1항 제1호의 규정은 자신의 의사에 반하여 타인의 저작물에 저작자로 표시된 저작자 아닌 자의 인격적 권리(가령, 성명권)나 자신의 의사에 반하여 자신의 저작물에 저작자 아닌 자가 저작자로 표시된 데 따른 실제 저작자의 인격적 권리(가령, 성명표시권)의 보호뿐만 아니라 저작자 명의에 관한 사회 일반의 신뢰도 보호하려는 데 그 목적이 있다. 이러한 입법 취지 등을 고려하면, 저작자 아닌 자를 저작자로 표시하여 저작물을 공표한 이상 위 규정에 따른 범죄는 성립하고, 사회통념에 비추어 사회 일반의 신뢰가 손상되지 않는다고 인정되는 특별한 사정이 있는 경우가 아닌 한 그러한 공표에 저작자 아닌 자와 실제 저작자의 동의가 있었다고 하더라도 달리 볼 것은 아니다(대법원 2017. 10. 26. 선고 2016도16031 판결; 同 2021. 7. 15. 선고 2018도144 판결). 또한 실제 저작자가 저작자 아닌 자를 저작자로 표시하여 저작물을 공표하는 범행에 가담하였다면 저작권법 제137조 제1항 제1호 위반죄의 공범으로 처벌할 수 있다(대법원 2021. 7. 15. 선고 2018도144 판결).

104) 저작권법 제140조 단서 제1호의 '영리목적'이란 직접적 영리목적, 즉 저작재산권 등의 침해를 통해 직접 대가를 지급받아 불법적인 수익을 얻으려는 목적을 의미하는 것이고 구입비용 절감과 같은 간접적 영리목적의 경우는 해당되지 않는 것으로 해석하는 것이 타당할 것이다.

105) 제140조 단서 제2호의 비친고죄로는, 저작권 등의 등록이나 권리변동 등의 허위등록죄(제136조 제2항 제2호), 저작자 명의의 허위표시 · 공표죄(제137조 제1항 제1호), 무허가 저작권신탁관리업 수행죄(제137조 제1항 제4호) 등이 있다.

제4절 행정적 구제

저작권법은 저작권 등의 권리침해의 혐의가 있는 특정 사안들에 관하여 관련 행정기관이 권리 등의 구제조치를 취할 수 있도록 몇 가지 근거 규정을 두고 있다. (1) 문체부장관과 광역 및 기초단체장의 불법복제물의 수거·폐기 및 삭제(제133조),[106] (2) 문체부장관의 정보통신망을 통한 불법복제물의 삭제 명령 등(제133조의2),[107][108] (3) 한국저작권보호원의 불법복제물 등과 관련한 시정권고 등(제133조의3)[109]이다. (1)은 행정상 즉시강제, 그중에서도 對物的 强

---

106) 2006년 저작권법에서 제133조가 신설될 당시 법원의 판결 없이 행정기관에 의해 불법복제물을 수거·폐기하는 것은 위헌이 아닌가 하는 의문이 있었다. 구 음반·비디오물 및 게임물에 관한 법률 제24조 제3항 제4호 중 '게임물'에 관한 규정과 관련하여 헌법재판소는 "불법게임물의 수거는 준사법적 기능을 가지고 있는 영상물등급위원회가 이미 행한 등급분류라는 유권적 판단에 기초한 것으로서 불법게임물 여부의 판단에 행정청의 자의가 개입될 여지가 없다는 점 등"(밑줄은 저자)의 이유를 들어 합헌결정을 하였다(헌재 2002. 10. 31. 선고 2000헌가12 결정). 그러한 점에서 제133조 제1항에서 규정한 "저작권 그 밖에 이 법에 따라 보호되는 권리를 침해하는 복제물"인지 여부, 즉 불법복제물인지 여부의 판단에 행정청의 자의가 개입될 여지가 없도록 위 제도가 합법적으로 운영된다면 위헌 시비는 해소될 것이다. 이에 따라 문체부장관 등에 의한 수거·폐기 권한은 정당한 권리 없이 기존의 저작물을 그대로 또는 일부만 수정하여 발행한 불법복제물에 미칠 뿐이고 다른 저작물을 모방하여 작성된 저작물의 경우처럼 법원 판결로 그 침해 여부의 판단이 필요한 경우에는 위 수거·폐기 권한이 미치지 않는다(임원선, 「실무자를 위한 저작권법」 제7판, 한국저작권위원회, 2022, 517~518면).
107) 저작권법 제133조의2에서 규정한 삭제명령 제도의 입법취지는 "인터넷상 불법복제로 인한 산업피해는 순식간에 발생함에 비해 이를 제재하기 위한 사법상 구제절차는 1~4년 정도 걸려 권리구제의 실익이 없으므로 '저작권 등의 이용질서를 현저하게 해치는 경우에' 한하여 불법복제물에 대한 삭제명령을 도입"한 것이라고 설명한다(문화관광부·저작권심의조정위원회 편, 「개정 저작권법 해설」, 2007, 42면). 여기서 사법상 구제절차에 따른 권리구제의 실익이 없다는 것은 인터넷상에서 이루어지는 불법 복제·전송으로 인하여 피해가 확산되는 것을 신속하게 규제하는 데에 금지청구제도(제123조)가 정상적인 역할을 하기 어렵고, 설령 사후에 손해배상을 받을 수 있다고 하더라도 그것만으로는 권리자에게 회복 불능의 손해(irreparable damages)가 발생하여 그 구제가 충분하지 않기 때문에 이러한 긴급상황을 타개하기 위해 마련한 것이 삭제명령 제도라는 것이다.
108) 이와 관련하여 2009년 저작권법에서 신설된 것이 이른바 '삼진아웃' 제도이다. 이것은 정보통신망에 불법복제물을 올리는 행위를 하다가 3회 이상 경고를 받게 되면 문체부장관이 온라인서비스제공자에게 해당 이용자의 인터넷 계정을 최장 6개월까지 정지하도록 명령을 내릴 수 있을 뿐 아니라, 온라인서비스제공자의 게시판에 불법복제물의 삭제 또는 전송중단 명령이 3회 이상 내려진 경우 해당 게시판을 최장 6개월 동안 정지시킬 수 있다고 규정한다.
109) 저작권법 제133조의3에서 규정한 시정권고는 삭제명령(下命)에 앞서 이루어지는 '법률상 사전 권고'이므로 그 입법취지는 전술한 삭제명령의 경우와 마찬가지이다. 따라서 시정권고는 삭제명령과 마찬가지로 인터넷상에서 이루어지는 불법 복제·전송으로 인한 산업피해가 순식간에

制, ⑵는 행정상 강제집행의 전제가 되는 下命, ⑶은 하명에 앞서 이루어지는 법률상 事前勸告에 각 해당한다.

발생하여 사법상 구제절차로는 권리구제의 실익이 없어서 '저작권 등의 이용질서를 현저하게 해치는 경우에' 한하여 발동되어야 할 것(밑줄은 저자)이다.

10

저작권 등의
국제적 보호

Copyright Law

제10장　저작권 등의 국제적 보호

제1절　저작권 관련 국제조약

Ⅰ. 개　관

저작권의 국제적 보호를 위한 가장 보편적인 방법은 다자간 조약에 의해 보호하는 것이다. 1886년 성립한 '문학·예술 저작물의 보호를 위한 베른협약'(The Bern Convention for the Protection of Literary and Artistic Works, 약칭 베른협약)이 저작권 관련 국제조약 중 가장 기본적이고 중요한 조약이다. 세계무역기구 지적재산권(WTO/TRIPs) 협정도 기본적인 원칙에서는 베른협약의 규정 내용을 그대로 원용하고 있다. 한편, 과거 미국과 라틴아메리카 여러 나라는 방식주의를 취하고 있어서 저작권을 국제적으로 보호하는 데에 문제가 많았다. 그래서 무방식주의를 취하는 베른협약 가입국의 저작물이 방식주의를 취하는 국가에서도 손쉽게 보호받을 수 있도록 1952년 세계저작권협약(The Universal Copyright Convention, 약칭 UCC)이 스위스의 제네바에서 성립되었다. 세계적인 범위의 다자간 저작권 관련 조약에는 베른협약과 세계저작권협약 외에도 로마협약(실연자·음반제작자 및 방송사업자의 보호를 위한 국제협약), 음반협약, WIPO 저작권조약(WIPO Copyright Treaty, 약칭 WCT), WIPO 실연·음반조약(WIPO Performances and Phonograms Treaty, 약칭 WPPT) 등이 있다. WTO/TRIPs 협정도 그 속에 포함된 저작권 관련 조항이 다자간 저작권 조약과 같은 역할을 수행하고 있다.

Ⅱ. 우리나라의 국제조약 가입 현황

우리나라는 1957년 저작권법 제정 이후 오늘에 이르기까지 저작권에 관한 여러 국제조약에 가입하였다. 그 가운데 중요한 저작권 관련 다자간 조약의 가입 현황은 다음과 같다. 우리나라는 1986년 저작권법의 시행(1987년 7월 1일)과 함께 세계저작권협약(UCC)에 가입하였고, 위 협약은 1987년 10월 1일부터 우리나라에서 발효되었다. 세계저작권협약과 함께 '음반의 무단복제로부터 음반제작자를 보호하기 위한 협약'{약칭 음반(보호)협약 또는 제네바협약}에도 가입하였는데, 이 음반협약은 1987년 10월 10일부터 우리나라에서 발효되었다. 한편, GATT 체제에서 WTO 체제로 재편되어 1995년 1월 출범한 세계무역기구(WTO)의 WTO/TRIPs 협정은 1995년 1월 1일부터 발효되었다. 이에 따라 우리나라는 WTO 회원국으로서의 의무 이행을 위해 저작권법 내용 중에 WTO/TRIPs 협정 내용을 반영하였고 1995년 저작권법의 시행(1996년 7월 1일) 직전 베른협약에 가입하였는데 위 협약은 1996년 8월 21일부터 우리나라에서 발효되었다. 그 후 WIPO 저작권조약은 2004년 6월 24일 우리나라에서 발효되었고, WIPO 실연·음반조약과 로마협약(실연자·음반제작자 및 방송사업자의 보호를 위한 국제협약)은 2009년 3월 18일 각 발효되었다.

Ⅲ. 내국민대우의 원칙·상호주의·연결점

1. 내국민대우의 원칙

'산업재산권의 보호를 위한 파리협약'(파리협약)의 경우와 마찬가지로, 베른협약에 가입한 동맹국의 저작자는 이 협약에 따라 보호되는 저작물에 대하여 본국 이외의 동맹국에서 각 법률이 현재 또는 장래에 내국민에게 부여하는 권리 및 이 협약이 특별히 부여하는 권리를 향유한다고 규정한다(베른협약 제5조 제1항). 이것을 내국민대우의 원칙(principle of national treatment or assimilation)이라 한다. 내국민에게 부여하는 대우를 외국인에게도 같이 부여하여야 한다는 (same treatment) 것을 요구하는 내국민대우의 원칙은 WTO/TRIPs 협정 제3조에도 규정되어 있다.[1] 요컨대, 내국민대우의 원칙이란 외국인의 저작물을 내

---

1) 내국민대우의 원칙에 관한 상세는, 최경수, 「국제지적재산권법」개정판, 한울아카데미, 2017, 138~141면.

국민의 저작물과 동일시하여(assimilation) 내국민의 저작물의 보호와 같은 수준의 보호를 하는 원칙이다.[2] 내국민대우의 원칙을 제한하는 주요한 예외 중의 하나가 상호주의이다.

2. 상호주의

상호주의란 자국 국민의 저작물이 외국에서 보호되는 여부와 그 정도에 따라 그만큼 해당 외국인의 저작물을 보호하는 것을 의미한다. 상호주의가 인정되면 그 범위에서 내국민대우는 부정된다.[3] 내국민대우의 원칙에 의하여 외국인의 저작물을 내국민의 저작물과 같은 수준으로 보호하는 경우 각 나라의 국내 입법의 차이로 인하여 국가 간의 불평등이 생길 수 있다. 어떤 나라든지 외국인의 저작물을 자국에서 보호하는 것만큼 외국에서도 자국민의 저작물이 보호받기를 원한다. 이러한 이유로 상호주의를 채택하게 되는데, 상호주의에는 실질적 상호주의(material reciprocity)와 형식적 상호주의(formal reciprocity)가 있다.[4] 이러한 구별은 다자조약의 등장으로 생겨난 것이다. 파리협약과 베른협약, 그리고 TRIPs협정은 최소한의 보호(minimum protection, Conventional minima)를 당사국의 의무로 하고, 그 범주에 포함되지 않는 부분(최소한의 보호 수준을 넘는 부분)에 한하여 상호주의를 허용한다. 즉 다자간 조약체제에 참여하는 국가들 간에는 조약상의 의무를 조건으로 상호주의에 입각하여 권리를 부정하거나 제한할 수 있는 것이다. 이것을 형식적 상호주의라고 한다.[5] 예컨대, '보호기간의 비교원칙'(베른협약 제7조 제8항)이 여기에 해당한다.[6] 한편, 조약체제로 연결되지 않는 국가들 간, 즉 조약 당사국과 비당사국 간에는 어떠한 내용의 상호주의도 허용된다. 이것을 실질적 상호주의라고 한다.[7]

3. 연결점

저작권의 국제적 보호라 해서 외국인의 저작물이 무조건 보호를 받는 것은 아니다. 일정한 기준을 충족한 경우에 한하여 조약상의 보호를 누리게 된다. 그 기준이 연결점(point of attachment) 또는 연결소(connecting factor)이다. 연

---

2) 황적인·정순희·최현호, 「저작권법」, 법문사, 1988, 37면.
3) 최경수, 앞의 책, 147면.
4) 황적인·정순희·최현호, 앞의 책, 40면.
5) 최경수, 앞의 책, 147면.
6) 황적인·정순희·최현호, 앞의 책, 41면.
7) 최경수, 앞의 책, 147면.

결점은 저작자 또는 저작물을 특정 국가에 연결시켜 그 국가의 조약 관계를 통해 저작권 보호를 국제적으로 확보하는 기능을 한다.[8] 베른협약은 저작자를 중심으로 연결점을 규정한다. 베른협약 제3조는 "이 협약상의 보호는 다음에 적용된다"고 규정하면서, 첫째 동맹국 국민인 저작자{제1항(a)}, 둘째 동맹국 국민이 아닌 경우 동맹국에서의 최초 발행 또는 동맹국과 비동맹국에서의 동시발행된 저작물의 저작자{제1항(b)}, 셋째 비동맹국 국민인 경우 동맹국에 상시거소를 가지는 저작자(제2항)를 권리의 주체로 하고 있다. 즉 이들이 창작한 저작물은 베른협약상의 보호를 향유하는 것이다. 여기서 말하는 국적, 발행 및 상시거소가 베른협약상의 연결점이다.[9]

제2절 저작권법과 국제사법

Ⅰ. 개   요

1. 외국인의 저작물

외국인의 저작물이냐 내국인의 저작물이냐는 작성자의 국적에 따라 구분된다. 또한 외국인의 저작물은 그 보호근거가 되는 법률이 국내법인지 여부에 따라 내국저작물과 외국저작물로 분류될 수 있다. 내국저작물은 외국인의 저작물 중에서 우리나라 사람이 우리나라에서 작성하여 공표한 저작물과 마찬가지로 우리나라 법률이 그대로 적용되는 저작물을 말하고, 외국저작물은 외국인이 외국에서 작성하여 공표한 저작물로서 우리나라가 가입한 조약에 그 보호의무가 부과되어 있기 때문에 우리나라 법률에 의해서 보호되는 저작물을 말한다. 즉 외국인의 저작물 중에서 우리나라 법률에서 연결점을 찾아서 국내법상 보호를 받는 것은 내국저작물이고, 조약상의 연결점을 거쳐 조약상의 보호를 받는 것은 외국저작물이 된다.[10]

이러한 기준에서 보면, 저작권법 제3조 제1항의 "대한민국이 가입 또는 체결한 조약에 따라 보호"를 받는 외국인의 저작물은 外國著作物이고, 같은 조 제2항의 "대한민국 내에 상시 거주하는 외국인(무국적자 및 대한민국 내에 주

8) 최경수, 앞의 책, 125~126면.
9) 최경수, 앞의 책, 127면.
10) 황적인·정순희·최현호, 앞의 책, 36면 참조.

된 사무소가 있는 외국법인을 포함한다)의 저작물과 맨 처음 대한민국 내에서 공표된 외국인의 저작물(외국에서 공표된 날부터 30일 이내에 대한민국 내에서 공표된 저작물을 포함한다)"로서 "이 법에 따라 보호"를 받는 외국인의 저작물은 內國著作物이 된다. 다만, 저작권법 제3조 제4항은 제1항 및 제2항에 따라 보호되는 외국인(대한민국 내에 상시 거주하는 외국인 및 무국적자는 제외)의 저작물이라도 "그 외국에서 보호기간이 만료된 경우에는 이 법에 따른 보호기간을 인정하지 아니한다"고 규정함으로써 외국인의 저작물 중 외국저작물(제1항)은 물론 내국저작물(제2항) 중 우리나라에 상시 거주하지 않는 외국인이 우리나라에서 맨 처음 공표한 저작물에 대해서도 상호주의를 적용하여 그 보호기간을 제한하고 있다. 따라서 우리나라에 상시 거주하지 않는 외국인의 저작물에 관한 한 외국저작물과 내국저작물을 구별할 실익이 없을 것이다.

2. 외국인의 저작물에 대한 저작권 보호와 국제사법

저작권법 제3조 제1항에 해당하는 외국인의 저작물이 우리나라에서 무단 복제되어 이용되는 경우, 우리나라 법원은 해당 저작물에 대한 저작권 침해소송의 국제재판관할권을 가진다고 할 수 있는가? 국제사법 제2조 제1항은 "당사자 또는 분쟁이 된 사안이 대한민국과 실질적 관련이 있는 경우에 국제재판관할권을 가진다"고 규정한다. 또한 민사소송법 제18조 제1항은 "불법행위에 관한 소를 제기하는 경우에는 행위지의 법원에 제기할 수 있다"고 규정한다. 불법행위지의 재판관할원칙은 국제소송에도 타당하다는 것이 일반적으로 승인되고 있고, 불법행위의 유형에는 지적재산권 침해도 당연히 포함되는 것으로 해석된다. 따라서 저작권 침해소송의 국제재판관할에 대하여는 원칙적으로 통상의 불법행위에 관한 논의가 타당하다고 할 것이다. 그러므로 외국인의 저작물의 저작권이 침해된 침해지가 우리나라인 경우 저작권 침해소송의 국제재판관할은 우리나라에 있다고 할 것이다. 다음으로 이러한 경우에 어느 나라의 저작권법을 준거법으로 결정할 것인가, 다시 말해 저작권의 성립·내용·효력·소멸에 대해 어느 나라의 법률을 적용할 것인가 하는 준거법 결정의 문제가 생긴다.

Ⅱ. 저작권법에 있어서 속지주의원칙과 보호국법주의

1. 논의의 배경

저작권의 성립·내용·효력·소멸의 준거법에 관해서는 종래부터 두 가지 견해가 주장되고 있다. 그 하나는 本源國法(Recht des Ursprungslandes)說이고, 다른 하나는 保護國法(Recht des Schutzlandes)說이다. 前說은 저작물이 완성되었다는 사실에 의하여 직접 저작권이 발생한다는 사고방식에 입각한 것으로서, 어느 나라에서 발생한 저작권은 다른 나라에서도 보편적으로 승인되어야 한다는 것이다. 따라서 저작권의 성립이나 효력은 본원국법에 의해야 한다고 한다. 後說은 지적재산권의 효력은 권리부여국의 영역 내에서만 미친다는 속지주의의 원칙에 입각한 것으로서, 저작권의 성립이나 효력은 보호국법에 의해야 한다고 한다.11) 이러한 두 가지 견해 중 속지주의의 원칙에 기초한 보호국법 원칙 내지 보호국 연결의 원칙이 거의 범세계적으로 승인되고 있다고 할 수 있다. 국제사법 제40조는 "지적재산권12)의 보호는 그 침해지법에 따른다"고 규정함으로써 보호국법주의를 채택하고 있다.

2. 보호국법주의

가. 개 념

속지주의원칙이란 한 나라에서 인정된 지적재산권의 효력은 그 나라의 통치권이 미치는 영역 내에서 한정되고, 그 성립·내용·효력·소멸은 조약이 정한 범위 외에는 모두 그 권리를 인정하는 나라의 법률에 의하는 것을 말한다. 그 결과 각국은 원칙적으로 자국이 인정하는 지적재산권에 대하여 외국의 법률을 적용하지 않고, 또한 외국법에 의하여 인정된 지적재산권을 자국의 영역 내에서 승인하지 않는다.13) 이와 같이 각국의 저작권법의 효력이 영역에 따라 공간적으로 제한된다는 속지주의의 원칙(Territorialitätsprinzip)에 기초하여 보호국법(이용행위지법 또는 침해행위지법)을 저작권의 준거법으로 한다는 보호국법 원칙(Schutzlandprinzip)의 결론이 도출된다고 이해하는 것이 일반적이다.14) 이

---

11) 山田鐐一, 「國際私法(新版)」, 有斐閣, 2003, 383~385면; 實川和子, "國際私法における著作權の準據法について—フォン·バール教授の見解を中心として—", 「法學新報」第103卷 第1号, 中央大, 1996, 182면 각 참조.

12) 국제사법 원문은 '지식재산권'으로 되어 있으나 학술적 의미에서는 '지적재산권'이란 용어가 타당하므로 고쳐 표기하였다. 이에 관해서는 제1장 제2절 ≪Intellectual Property Law와 지적재산(권)법≫ 참조.

13) 紋谷暢男, "知的財産權の國際的保護", 「國際私法の爭點(新版)」, 有斐閣, 1996, 25면.

것을 보호국법주의(lex loci protectionis)라고 하는데, 이 원칙은 거의 범세계적으로 승인되고 있다고 할 수 있다.[15] 요컨대, 보호국법주의란 "지적재산권의 성립·내용·소멸은, 사용행위 또는 침해행위가 행하여진 국가의 법에 따라 판단되는 것으로 한다"[16]는 원칙을 말한다. 보호국법설의 주창자인 Eugen Ulmer 교수도 보호국법이란 "무체재산의 이용이 행하여지든가 또는 침해가 행하여진 나라의 법"이라고 설명한다.[17]

나. 보호국법주의의 기초가 되는 속지주의원칙의 법적 근거

보호국법주의의 기초가 되는 속지주의원칙의 법적 근거에 대해서는, ① 입법관할권의 한계에서 유래한다는 설, ② 특권학설(Privilegienlehre), ③ 관습국제법설, ④ 저작권 협약에서 구해진다는 설이 있는데, 그 어느 설도 속지주의원칙의 근거를 명확히 설명하지는 못한다고 한다.[18] 다만 이들 학설 중 굳이 유력한 것을 꼽자면 저작권 협약을 근거로 하는 설이다. 즉 베른협약 제5조 제2항 2文은 "보호의 범위와 저작자의 권리를 보호하기 위하여 주어지는 구제의 방법은 오로지 보호가 주장되는 국가의 법률의 지배를 받는다"고 규정하고 있는데, 이를 근거로 삼는 견해이다.[19] 국제사법 제40조와 같은 규정이 존재하기 이전의 우리 학설 중에는 보호국법의 원칙을 "우리 국제지적재산권의 불문의 저촉규정으로 채택… 하는 것이 무난하고 타당하리라"고 보는 견해가 있었는데,[20] 이것은 관습국제법설에 가까운 견해라고 생각된다. 우리나라가 가입하여 1996. 1. 1.부터 발효된 WTO/TRIPs협정은 가입국에게 베른협약 제5조 제2항 등의 준수의무를 부여하고 있다.[21] 또한 베른협약 자체도 1996. 8. 21.부터 우리나라에서 발효되고 있다. 이러한 점을 상기한다면, 보호국법주의의 기초가 되는 속지주의원칙의 근거를 저작권협약에서 구하는 견해에 주목할 필요가 있을 것이다. 문제는 保護國法主義의 기초가 되는 속지주의원칙의 근거를

---

14) Manfred Rehbinder, *Urheberrecht*, 14. Aufl., C.H. Beck, 2006, S.329~330.

15) 이호정, "지적재산권의 준거법", 「지적재산권강의」, 홍문사, 1997, 653면 참조.

16) 1978년 오스트리아 국제사법 제34조 제1항; 이호정, 앞의 논문, 652면.

17) E. Ulmer, "Fremdenrecht und internationales Privatrecht im gewerblichen Rechtsschutz und Urheberrecht", in : Holl/Klinke (Hrsg.), *Internationales Privatrecht, Internationales Wirtschaftsrecht*, 1985, S.258; 實川和子, 앞의 논문, 187면에서 재인용.

18) 駒田泰土, "著作權と國際私法", 「著作權研究」第22号, 著作權法學會, 1995, 110~113면 참조.

19) 田村善之, "竝行輸入と知的財産權", 「ジュリスト」No. 1064, 有斐閣, 1995. 4. 1., 50~51면; 石黒一憲, 「情報通信·知的財産權への國際的視點」, 國際書院, 1990, 61면 각 참조.

20) 이호정, 앞의 논문, 652면.

21) WTO/TRIPs협정 제9조 제1항.

저작권협약에서 찾는다고 하더라도, 여기서 한 단계 나아가 과연 저작권 침해의 준거법을 이러한 속지주의원칙에 입각하여 국제사법 제40조의 적용을 기다릴 필요 없이 맞바로 당해 권리의 保護國法이 적용된다고 할 수 있을 것인지 여부이다.22)

다. 국제사법 제40조의 의미

전술한 것처럼 국제사법 제40조는 "지적재산권의 보호는 그 침해지법에 따른다"고 규정함으로써 보호국법주의를 채택하고 있다. 다만 제40조가 지적재산권의 모든 분야에 관하여 보호국법주의를 명시하는 대신 현실적으로 가장 문제가 되고 있는 지적재산권 침해의 경우만을 규정하는 방식을 취하고 있지만 제40조는 지적재산권 전반에 관한 보호국법주의를 선언한 것으로 볼 수 있다.23) 비교법적으로도, 1978년 오스트리아 국제사법 제34조 제1항은 "지적재산권의 성립·내용·소멸은 사용행위 또는 침해행위가 행하여진 국가의 법에 따라 판단되는 것으로 한다"고 규정하였는데, 이것은 보호국법주의를 입법화한 것이다. 그밖에 1987년 스위스 국제사법 제110조 제1항은 지적재산권의 준거법 규정을, 1979년 헝가리 국제사법 제19조는 저작권의 준거법 규정을 각 두고 있는데, 이것들도 모두 보호국법주의를 취한 것이다.24)

라. 베른협약 제5조 제2항에 의한 국제사법 제40조의 적용배제 여부

베른협약 제5조 제2항 2문은 "보호의 범위와 저작자의 권리를 보호하기 위하여 주어지는 구제의 방법은 오로지 보호가 주장되는 국가의 법률의 지배를 받는다"고 규정한다. 위 문언의 해석을 둘러싼 문제는, 위 문언으로부터 베른협약이 보호국법에의 연결을 의미하는 자기완결적 저촉규정을 가지고 있다고 해석할 수 있겠는가 하는 점이다. 다시 말해 베른협약 제5조 제2항 2문을 自己完結的 抵觸規範에 해당한다고 보고 우리 국제사법 제40조의 적용을 배제할 수 있겠는가 하는 점이다.25)26) 생각건대, 무엇보다 侵害地와 法廷地가

---

22) 이 문제는 베른협약 제5조 제2항을 자기완결적 저촉규범으로 해석할 수 있는지의 여부와 직결되는 문제라고 생각한다. 이러한 문제의식을 언급한 것으로서, 金彦叔, 「知的財産權と國際私法」, 信山社, 2006, 95면 참조.

23) 석광현, 「국제사법 해설」, 박영사, 2013, 279면; 같은 취지 서울고법 2008. 7. 8. 선고 2007나80093 판결('플라잉 아이볼' 사건). 이들 문헌은 종전 국제사법 제24조에 관한 것이나 현행 국제사법 제40조도 동일한 규정이므로 그대로 원용한다. 후술하는 각주25)의 문헌들도 마찬가지이다.

24) 實川和子, 앞의 논문, 195면의 각주(5)~(7), 200면의 각주(65) 각 참조.

25) 베른협약 제5조 제2항 2문을 자기완결적 저촉규범으로 보고 국제사법 제40조는 베른협약의 보충적 규정으로 이해하는 견해로는, 석광현, 「국제사법과 국제소송 제5권」, 박영사, 2012, 121면 참

다른 경우에 베른협약 제5조 제2항 2문의 "보호가 주장되는 국가"가 어디를 의미하는 것인지를 둘러싸고서 侵害地法說과 法廷地法說로 해석상의 견해 대립이 있을 수 있는데, 이러한 해석상의 논란에도 불구하고 위 규정을 자기완결적 저촉규범이라고 단언할 수 있을지는 의문이다. 오히려 베른협약의 적용범위 내에서도 각국의 국제사법을 통한 준거법 결정이 필요하므로 국제사법 제40조는 의연히 적용된다고 해석하는 것이 타당할 것으로 생각한다.[27][28]

3. 관련문제 — 영상저작물과 보호국법주의

영상저작물의 저작권 귀속에 관련해서는 원칙적으로 보호국법주의에 따라 준거법을 결정하는 것이 타당할 것이다. 최근 저작권의 원시취득에 관해서는 본원국법에서 성립한 저작권이 보편적으로 승인되어야 한다는 본원국법주의가 주장되는 경향이 있고, 또한 비교법적으로 보아도 본원국법주의를 채택한 외국의 재판례나 학설이 많다고 한다.[29] 그러나 본원국법주의는 본원국이 저작물의 발행전과 발행후로 변경될 수 있고, 특히 인터넷 환경 아래에서는 본원국이 도대체 어디인가 불명확한 경우가 많다는 점에서 비판받고 있다. 물론 본원국이 불명확한 경우에 대해서는 공표국을 본원국으로 해야 한다든가, 저작물이 어느 곳과 가장 밀접한 관련을 가지는가에 따라 본원국을 결정해야 한다는 견해가 있지만, 이러한 견해에 따르더라도 본원국을 명확히 할 수 없는 경우가 있다는 점에서 여전히 비판을 받고 있다는 것이다.[30] 다만, 업무상 저

조. 이규호·이해완 교수 등 다수의 국내 지적재산법 학자들도 이 견해에 찬동하고 있다. 그러나 전공을 지재법 외부로 넓히면 이와 달리 해석하는 견해도 다수 존재한다. 가령, 국제사법(이호정 교수를 비롯한 손경한·안춘수 교수)과 국제경제법(박덕영 교수)에서의 논의가 그 예이다. 시야를 국제적으로 넓히면 그 논의의 스펙트럼과 층위는 보다 다양하다. 이에 관한 상세는, 각주28)에서 후술하는 문헌 참조

26) 몇몇 예외{가령, 서울고법 2008. 7. 8. 선고 2007나80093 판결('플라잉 아이볼' 사건)(심리불속행 기각 확정); 서울고법 2008. 9. 23. 선고 2007나127657 판결('데스페라도' 사건)(확정)}가 있기는 하지만 우리 하급심 재판례의 대체적인 흐름은 베른협약 제5조 제2항 2문을 저촉규범으로 보는 석광현 교수의 견해를 따르고 있다.

27) 이에 관한 상세는, 石黑一憲, 「國境を越える知的財産」, 信山社, 2005, 169~189면; 金彦叔, 앞의 책, 54~70면 각 참조.

28) 베른협약 제5조 제2항 2문을 자기완결적 저촉규범으로 파악하는 학설과 재판례를 비판적으로 검토하면서 설령 베른협약의 저촉규범성을 긍정하더라도 저작인접권에 관한 로마협약에는 베른협약 제5조 제2항에 상응하는 규정이 없으므로 국제사법에서 직접 근거규정을 찾는 것이 타당하다는 견해로는, 이주연 "국제 저작권침해소송에서 베른협약 제5조 제2항 적용의 문제점", 「국제사법연구」 제24권 제1호, 2018, 67면 이하(특히 98~102면, 114~115면) 참조.

29) 김언숙, 앞의 책, 166~167면은 이러한 동향을 설명하고 있다.

30) 김언숙, 앞의 책, 167~168면 참조.

작물의 준거법에 관해서는 이에 관한 문제를 고용관계의 문제로 성질결정하고, 고용계약의 준거법에 의하도록 하는 것이 바람직하다는 견해를31) 참고할 필요가 있을 것이다. 입법례로는 오스트리아 국제사법 제34조 제2항이 직무발명과 업무상 저작물을 구별하지 않고 고용계약에 송치되는 법에 의한다고 하고 있는데, 독일의 통설적 견해도 이러한 연결을 지지하고 있다고 한다. 그러므로 업무상 저작물의 준거법에 관해서는 노동관계의 문제로서 성질결정하고 노동관계와 가장 밀접한 관계를 갖는 고용계약의 준거법에 의하는 것이 타당할 것으로 생각된다.32)

요약하자면, 영상저작물의 저작권 귀속 문제에 관해서는 원칙적으로 권리의 성립·내용·소멸 등의 준거법과 마찬가지로 보호국법주의에 의해야 한다. 그런 다음에 그 구체적인 보호국법의 결정에 임하여 각 사안마다 일반 저작권의 귀속문제인가 업무상 저작물의 저작권 귀속문제인가로 나누어 업무상 저작물에 관해서는 그 법률관계를 사용자와 노동자 간의 노동관계의 문제로 성질결정을 하고, 가장 밀접한 관계를 가지는 국가의 법을 고용계약의 준거법으로 하여 그 준거법국의 저작권법에 의해 처리해 나가는 것이 타당할 것이다.33)

III. 재판례

1. 서울고법 2008. 9. 23. 선고 2007나127657 판결('데스페라도' 사건)34)

가. 사실개요

원고들은 미국의 록그룹(Rock group)인 이글스(Eagles)의 구성원으로서 '데스페라도'(Desperado)라는 음악저작물(이 사건 음악저작물)을 공동으로 작사·작

---

31) James J. Fawcett and Paul Torremans, *Intellectual Property and Private International Law*, Clarendon Press Oxford, 1998, p.513 이하. 이 견해는 보호국법설에 따르면, 가령 비디오카메라 제품의 이용안내 '매뉴얼'과 같은 업무상 저작물은 비디오카메라 제품과 매뉴얼이 어느 국가에서 판매되는가에 따라, 즉 그 이용지가 어디인가에 따라 업무상 저작물인 매뉴얼의 저작권 귀속에 관한 준거법이 달라지는 것을 비판하고, 업무상 저작물이란 사용자와 피용자 간의 법률관계에 보다 중점이 두어지는 것이므로 사용자와 피용자 간의 노동관계에 관한 準據法國의 저작권법에 의해 업무상 저작물에 관한 문제를 간명하게 처리해 나가는 것이 바람직하다고 한다 (pp.513~515).
32) 김언숙, 앞의 책, 169~170면.
33) 같은 취지, 김언숙, 앞의 책, 170면.
34) 이에 관해서는, 하상익, "저작권 관련 국제분쟁과 국제사법", 「국제사법연구」 제14호, 2008, 33~34면.

곡한 공동저작자 겸 저작권자들이고, 이 사건 음악저작물은 1973. 4. 16. 미국
에서 저작권 등록을 마쳤다. 피고들은 2006. 5. 1.부터 같은 해 7. 31.까지 텔레
비전, 라디오 등에 약 15초 내지 30초 정도의 분량으로 피고 대한생명보험 주
식회사의 광고를 방송하면서 그 배경음악으로 이 사건 음악저작물을 함께 방
송하였다. 원고들은, 피고들이 아무런 권한 없이 이 사건 음악저작물을 무단
이용하여 원고들의 복제권, 방송권 등의 저작재산권과 저작인격권을 침해하였
다고 주장하면서 손해배상청구를 하였다. 반면 피고들은 원고들의 대리인으로
부터 저작물의 이용허락을 받았고, 그렇지 않다 하더라도 표현대리가 성립한
다고 주장하였다.

나. 판결요지

구 저작권법(2006. 12. 28. 법률 제8101호로 전부 개정되기 전의 것, 이하 같다)
제3조 제1항은 "외국인의 저작물은 대한민국이 가입 또는 체결한 조약에 따라
보호된다"라고 규정하고 있다. 이 사건 음악저작물의 발생국(본국)인 미국과
원고들이 이 사건 저작권의 보호를 구하는 국가(보호국)인 우리나라는 모두 베
른협약의 가입국이고, 이 사건 음악저작물은 베른협약 제2조 제1항의 "가사가
있는 또는 없는 작곡"의 일종으로서 베른협약의 적용대상인 문학적 · 예술적
저작물에 해당하므로, 위 법규 및 조약의 취지에 따라 이 사건 음악저작물은
우리나라에서도 보호된다. 한편 국제사법 제24조[35])는 "지적재산권의 보호는
그 침해지법에 의한다"라고 규정하고 있으므로, 이 사건 음악저작물에 관한
저작권의 침해 여부와 손해배상책임의 성립 여부 및 손해배상의 범위 등에 관
하여는 우리나라의 법이 적용된다.

다. 해 설

이 사건 판결은 외국인이 본국에서 창작한 음악저작물이 우리나라에서 보
호되는지 여부와 관련하여 보호국법주의를 명문화한 현행 국제사법 제40조(종
전 국제사법 제24조)에 따라 우리나라 법이 적용된다고 판시한 점에 그 의의가
있다.

---

35) 현행 국제사법 제40조도 규정 내용이 동일하다.

2. 프랑스 파기원(破棄院)(Cour de cassation)의 Huston 사건 판결[36]

가. 사건 개요

이 사건은 John Huston과 John Maddows가 공동으로 시나리오를 쓰고 John Huston이 감독한 미국의 흑백영화 'Asphalt Jungle'을 컬러화하는 문제와 관련된 것이었다. Huston이 사망한 후 이 영화는 영화제작사인 Turner Entertainment 社에 의해 컬러화되었다. Huston의 상속인들과 Maddows는 흑백영화의 컬러판을 방송하려는 프랑스의 TV 방송국을 피고로 하여 저작인격권(동일성유지권)을 근거로 방송금지를 청구하였다.[37] 법적인 쟁점은 감독과 시나리오작가(script-writer)가 프랑스에서 영화에 대한 저작자의 권리를 주장할 수 있는지 여부, 즉 저작인격권에 기하여 프랑스 내에서 컬러판이 배포되는 것을 금지시킬 수 있는지에 관한 것이었다.[38]

나. 판결 내용

하급심 법원은 감독과 시나리오작가가 그 영화의 실제 창작자이므로 영화의 저작자로서의 권리를 주장할 수 있다고 인정한 다음 동일성유지권을 침해하는 컬러판이 프랑스에서 일반 대중에게 방영되는 것을 금지시켰다. 항소심법원(Cour d'appel)은 이 사안에 관해서는 미국법이 적용되어야 하는 것인데, 미국 저작권법에 의하면 영화제작사가 영상저작물의 저작자로 인정된다는 이유로 하급심 판결을 취소하였다. 미국 저작권법의 '업무상 저작물의 법리'(works made for hire doctrine)에 의하면, 영상저작물의 유일한 저작권자는 영상제작자(film producer)이고, 감독과 시나리오작가는 영화에 대해 아무런 권리도 갖지 않는다고 판시하였다.[39] 상고심인 파기원(Cour de cassation)은 항소심 판결을 파기하였다. 파기원은 판결이유에서 저작자는 자신의 저작물이 처음 공표된 국가와는 관계없이 '저작물의 창작사실'(single fact of its creation)에 의해 그 저작물의 저작자라는 것을 주장할 수 있을 뿐 아니라, 저작자에게는 프랑스 법에 따라 저작인격권이 인정된다고 하였다. 아울러 파기원은 영화감독과

---

36) 이에 관해서는, 박성호, "영상저작물의 저작권 귀속에 관한 준거법의 결정", 「국제사법연구」제 14호, 2008, 118~121면.

37) 우리 저작권법에서는 저작인격권이 일신전속적인 것이어서 양도나 상속의 대상이 되지 않지만(제 14조 제1항 참조), 프랑스 저작권법에서는 저작인격권이 일신전속적인 것으로서 양도는 불가능하지만 상속인에게 승계는 가능하다고 규정한다(1957년법 제6조, 1992년법 제121조의1 각 참조).

38) Marjut Salokannel, "Film Authorship in the Changing Audio-visual Environment", *Of Authors and Origins*, Clarendon Press·Oxford, 1994, p.74.

39) Ibid.

시나리오작가가 영상저작물의 창작자로 인정되어야 한다고 판시하면서, 이러한 창작자의 권리는 국제법상의 인권으로서 그리고 國際的 公序(ordre public international)의 일부로서 확인되는 것이라고 하였다. 나아가 파기원은 저작자를 저작인격권에 의해 보호하는 것과 관련하여 프랑스 법률을 적용한 것은 강행(impératif) 법규의 적용에 해당하는 것이라고 판시하였다. 요컨대, 이것은 프랑스 법에 따라 저작물의 창작자로 인정되어 저작자의 지위가 부여되는 경우 그 저작자의 저작인격권 보호에 관한 사건에 대해서는 프랑스 법이 적용되어야 한다는 것을 의미한다.[40]

다. 해   설

(1) 우선 이 판결은 '저작자의 권리'를 보호하는데 중점을 두는 대륙법계 전통과 '복제권'을 보호하는데 중점을 두는 영미법계 전통 간의 근본적 차이에 초점을 맞춘 것으로 이해할 수 있다.[41] 저작자의 독창적인 개성의 표현인 저작물을 보호하는데 중점을 두는 독일·프랑스 등과 같은 대륙법계 국가에서는 저작물을 '저작자의 권리'(author's right, Urheberrecht, droit d'auteur)로 파악함으로써 저작자의 재산적 이익뿐만 아니라, 그 인격적 이익의 보호를 중요 내용으로 하고 있다. 이에 반하여 영국이나 미국 등 영미법계 국가에서는 저작권을 '복제를 금지하는 권리'(copyright)로 파악함으로써 저작자의 재산적 이익의 확보에 중점을 두어 저작물의 외연을 넓게 보호하고 있다. 그 결과 최초 창작자로서의 성격보다는 저작물 이용자로서의 성격이 짙은 영상제작자까지 저작자에 포함시키고 있다. 이러한 점에서 Huston 사건 판결은 영상저작물에 있어서 저작자 개념에 관한 양 법계의 차이점을 극명하게 보여준 판결이라고 평가할 수 있다. 이 판결로 인해 "'저작자의 권리'(authors' rights)를 따르는 근본주의자들은 이러한 권리의 문화적 가치를 주장하는 자신들의 견해가 확인되었음을 인식"할 수 있게 되었다고 말하기도 한다.[42]

이와는 달리 파기원 판결을 다음과 같이 이해하는 견해도 있다. 즉, Huston 감독이 본원국인 미국법에 따르면 영화의 저작자가 될 수 없고, 따라서 영화감독은 저작인격권에 의해 보호받을 수 없게 되는데, 이와 같이 미국

---

40) Ibid.

41) Ibid.

42) Bernard Edelman, "Applicable Legislation Regarding Exploitation of Colourised U.S. Films in France: The John Huston Case", *International Review of Industrial Property and Copyright Law*, Vol.23, No.5, 1992, p.639.

에서는 저작인격권에 의해 보호되지 않는다는 점 때문에 프랑스 법원이 저작인격권에 의한 보호를 거부한다는 것은 프랑스의 公序(public policy)의 관점에서 받아들일 수 없게 된다는 것이다. 그래서 Huston 감독을 저작자로 인정함으로써 저작자에 관한 프랑스의 강행규정을 적용하여 프랑스에서 저작인격권을 보호하는 문제를 해결하였다는 것이다. 그러므로 이 사건 판결은 저작인격권이라는 쟁점과 관련하여 저작자의 지위가 문제되는 한도 내에서만 강조될 필요가 있다는 것이다. 요컨대, 公序에 관한 논의는 그 밖의 다른 쟁점에는 적용되지 않고, 따라서 통상적인 저촉규정이 저작자의 결정에 관한 쟁점에 적용될 수 있다는 것이다.43)

한편, 파기원이 원고인 상속인들의 청구를 인용함에 있어서 베른협약 제14조의2 제2항을 직접적으로 원용하지는 않았지만 보호국법(the law of the country of protection)인 프랑스 법에 따라 원고들을 보호하는 데에 저작인격권을 적용한 것이라고 평가하는 견해도 있다.44) 여기서 한발 더 나아가 적극적으로 파기원이 베른협약 제14조의2 제2항의 의미를 영상저작물의 '저작자의 결정'에 관하여 보호국법주의를 규정한 저촉규범으로 이해하고, Huston 사건에 이를 적용함으로써 원고들의 동일성유지권의 침해 주장을 인용한 것이라고 전제한 다음 이 점을 비판하는 견해도 있다.45)

(2) 전술한 것처럼 Huston 사건 판결을 公序의 관점에서 접근할 때에 그 의의를 긍정적으로 평가할 수 있을 것으로 보는데, 그러한 점에서 이 사건을 우리나라 법질서 아래에서 이해할 때에도 일정한 의의가 있을 것으로 생각한다.

우리 국제사법 제23조는 "외국법에 따라야 하는 경우에 그 규정의 적용이 대한민국의 선량한 풍속이나 그 밖의 사회질서에 명백히 위반될 때에는 그 규정을 적용하지 아니한다"고 하는 공서조항을 두고 있다. 이 공서조항에서 의미하는 公序란 "우리 법질서의 불가침적 부분"을 말한다.46) 따라서 준거법으로 지정된 외국의 지적재산권법의 적용된 결과가 우리나라의 공서에 반할 때

43) James J. Fawcett and Paul Torremans, *Intellectual Property and Private International Law*, Clarendon Press Oxford, 1998, pp.510~511.
44) André Kerever, "Intellectual property: determination of the law applicable to digitized transmissions", *Copyright bulletin*, Vol.30, No.2, 1996, pp.15~16.
45) Jane C. Ginsburg and Pierre Sirinelli, "Authors and Exploitations in International Private Law: The French Supreme Court and the Huston Film Colorization Controversy", *Columbia—VLA Journal of Law & Arts*, Vol.15, 1991, p.138 참조.
46) 이호정·정상조, "섭외지적재산권법 시론—지적재산권의 준거법", 「서울대 법학」 제39권 제1호, 1998, 131면.

에는 그 외국 지적재산권법의 적용은 배척되는데, 가령 저작인격권과 같은 중요한 인격적 문제가 준거외국법에서 전혀 고려되지 않을 경우 우리나라의 공서에 위반된다고 볼 수 있다.[47] Huston 판결이 저작인격권 보호 문제를 둘러싼 사건이었다는 점에서 이와 유사한 문제가 우리나라 법원에서 제기되었을 경우를 상정하면 위 판결은 저작인격권에 관한 한 참조할만한 가치가 있는 사건으로 평가할 수 있다.

제3절 대한민국에서 출판한 북한저작물의 법적 보호 문제

I. 대한민국 · 북한 저작권 문제의 국내법적 해결

대한민국과 북한간의 저작권 문제(이하, '남북저작권 문제'라 한다)를 어떻게 해결하는 것이 바람직한 것인가를 생각할 때, 최우선적으로 고려되는 것은 우리 국내법 체계에 따라서 남북저작권 문제에 접근하는 것이다. 우리 헌법 제3조는 "대한민국의 영토는 한반도와 그 부속도서로 한다"고 규정하고 있다. 이러한 '영토조항'을 전제로 하면 그 당연한 법 논리적 귀결로서 북한저작물에 대해서도 대한민국 저작권법이 적용된다. 월북 작가 박태원의 소설 갑오농민전쟁 사건, 이기영의 소설 두만강 사건은 모두 이러한 방식으로 해결되었다. 위 두 사안은 대한민국에 살고 있는 두 월북 작가의 유족으로부터 출판허락을 얻어 책을 발행한 출판사와 대한민국 내 유족의 저작재산권 상속을 인정하지 않고 책을 간행한 출판사가 동일 제명의 책을 중복 출판함으로써 비롯되었다. 대한민국 내 유족들은 자신들의 허락 없이 책을 펴낸 출판사 대표들을 상대로 소설 갑오농민전쟁의 경우 저작권법위반 혐의로 고소를 하였고, 소설 두만강의 경우 저작권 침해금지 가처분을 신청하였다. 위 두 사건에서 법원은 대한민국 내 유족들에게 저작재산권이 상속되었다는 것을 이유로 저작권법 위반죄를 인정하였고,[48] 침해금지 가처분도 받아들였다.[49] 북역 이조실록의 대한민국 내 출판을 둘러싸고 벌어진 출판사 간의 법적분쟁에 관한 판결도 위 두 사건과 동일한 법 논리에 따라 해결되었다.[50] 다만, 위 두 사건은 월북 작가들의

---

47) 이호정 · 정상조, 위의 논문, 131면 참조.
48) 서울형사지법 1989. 12. 12. 선고 89나14221 판결.
49) 서울민사지법 1989. 7. 26.자 89카13692 결정.
50) 서울지법 남부지원 1994. 2. 14. 선고 93카합2009 판결.

대한민국 내 상속인들과 출판사들 간에 저작권에 관한 민·형사 분쟁이었음에 반하여 북역 이조실록 사건은 대한민국 내 출판사가 북한의 사회단체와 직접 체결한 출판계약을 기초로 하여 발생한 사건이라는 점에 그 특징이 있다.

북역 이조실록 사건의 사실관계는 다음과 같다. 신청인 X는 대한민국 정부로부터 북한주민 접촉허가를 받아 1992. 1. 23. 중국에서 북한 사회과학원 민족고전연구소와 위 연구소에서 번역한 이조실록 번역본에 대하여 대한민국에서 10년간 독점적으로 복제·배포하는 출판권을 설정받는 내용의 출판권설정계약을 체결하였다. 그런데 피신청인 Y는 위 연구소의 허락 없이 1993. 8. 중순경 위 이조실록의 번역본을 입수하여 그 영인본 도서를 제작·배포하였다. X는 Y가 무단으로 이조실록 번역본을 복제·배포하는 행위는 위 출판권설정계약에 따라 설정받은 X의 출판권을 침해하는 것이므로 출판권에 기한 침해정지청구권을 피보전 권리로 하여 도서의 제작배포금지가처분 신청을 하였고, 서울지방법원 남부지원은 1993. 11. 9. X의 신청을 받아들여 가처분결정을 내렸다. 이에 불복한 Y는 위 결정이 취소되어야 한다면서 가처분 이의신청을 하였으나 위 같은 지원은 1994. 2. 14. 선고 93카합 2009판결로써 위 가처분결정을 그대로 인가한다는 판결을 선고하였다. 그 판결요지는 다음과 같다.

【판결요지】— 서울지법 남부지원 1994. 2. 14. 선고 93카합2009 판결[51]

[1] 대한민국의 주권은 헌법상 북한지역에 까지 미치는 것이므로 북한이 세계저작권조약(UCC)에 가입하지 아니하였다 하더라도 북한저작물은 상호주의에 관계없이 우리 저작권법상의 보호를 받는 것이고, 또한 북한의 사회과학원 민족고전연구소가 권리의무의 주체가 될 수 있는지의 여부는 오직 단체로서의 실체가 있는지 여부에 의하여 판가름되는 것이지 우리 법에 의한 설립절차 등이 필요한 것은 아니다.

[2] 출판권설정계약에 있어서 출판권은 무형의 재산권이고 그 본질적 요소는 출판권의 설정이므로 그 계약으로 출판권은 이미 설정된 것이고 저작물의 교부 또는 저작권사용료의 지급 등은 출판권설정계약의 본질적 요소라 할 수 없다. 따라서 위 계약은 남북교류협력에 관한 법률 소정의 물품의 교역에 해당한다고 볼 수 없고, 설령 동법 소정의 물품의 교역이나 협력사업에 해당되어 통일원장관 등의 승인을 받아야 한다고 하더라도 그 승인이 없다고 해서 위 계약의 효력까지 부정되는 것은 아니다.

51) 이 판결에 대한 평석으로는, 박성호, "대한민국에서 출판한 '북한저작물'의 법적 보호", 「한국저작권판례평석집(1)」, 저작권심의조정위원회, 1998, 133면 이하.

Ⅱ. 남북저작권 문제의 바람직한 해결방안의 모색

북한저작물에 대한 이용을 전술한 것처럼 대한민국의 국내법적 이용으로 규정하여 해결하는 방안은, 우리 출판사가 북한저작물을 일방통행식으로 이용하는 경우에는 나름대로 유효한 해결책이 될 수도 있다. 그러나 남북저작물의 상호교류(이용)를 염두에 둘 때에는 바람직한 방법이 아니다. 더욱이 남북한이 동시에 유엔에 가입하고 있는 터에 헌법 제3조와 같이 냉전적 시각에 출발한 '영토조항'52)을 기초로 북한문제를 바라볼 수만은 없는 일이다. 그래서 남북저작권 문제의 특수성, 즉 순수한 국내법적 문제도 국제법적 문제도 아닌 민족 내부의 저작권 문제라는 점에 착안하여 보다 합리적인 해결책을 모색하여야 한다는 의견들이 제기되고 있다. 즉 남북한 간의 저작권 보호에 관한 실체적·절차적 규정을 담은 새로운 특별협정을 체결하자는 데에 대부분 의견의 일치를 보이고 있다.53) 나아가 남북한 간의 문제를 준국제사법적 문제로 보고 가족관계, 상거래, 불법행위 등 각 사항별로 남북 간의 섭외사건에 적용될 실질사법을 제정하는 것이 합당하다는 견해가 제시되기도 한다.54) 이러한 견해들을 촉발시키는 계기가 된 것은 1992년 2월 19일 발효된 남북기본합의서이다. 동 합의서 제16조에는 남과 북은 과학, 교육, 출판, 보도 등 여러 분야에서 교류협력을 실시하기로 되어 있고, 같은 해 9월 17일에 채택된 부속합의서 제9조에는 남과 북은 상대측의 각종 저작물에 대한 권리를 보호하기 위한 조치를 취하기로 합의한 조항이 들어 있다. 또한 동 합의서 제1조에서 "남과 북은 서로 상대방의 체제를 인정하고 존중한다"고 천명하고 있다. 따라서 사실상 국제조약 내지 국가 간 합의의 형태로 남북한 간에 저작권을 보호할 수 있는 토대는 마련되어 있는 셈이다.55)

한편 견해에 따라서는 남북한 간의 특별협정 체결방식의 장점을 인정하면서도 이것은 북한 측에 적극적인 저작권 보호의지가 있음을 전제로 한 것이므

---

52) 헌법 제3조의 제정경위 등을 살펴보면, 동 조항은 失地回復을 명시한 조항으로서 '실지회복'이란 개념은 북한을 반국가단체로 보는 냉전논리에서 비롯된 것임을 알 수 있다(유진오, 「신고 헌법해의」, 일조각, 단기 4290, 50면;「헌법제정회의록-헌정사자료 제1집」, 대한민국 국회도서관, 1967, 134면; 권영성, 「신판 헌법학원론」, 법문사, 1995, 121~122면 각 참조).

53) 한승헌, "남북부속합의서 발효에 따른 저작물의 상호보호방안", 「계간 저작권」, 1992 겨울호, 56면 이하; 이장희, "남북한 저작권보호의 협력방안(2)", 「계간 저작권」, 1994 봄호, 40면 이하 각 참조.

54) 오수근, "남북한간의 국제사법적 문제", 「국제사법연구」 제3호, 1998, 575면 참조. 이 견해가 구체적으로 '저작권' 문제를 거론하고 있지는 않지만 동일한 취지일 것으로 생각된다.

55) 한승헌, "한국에서의 국제저작권보호와 출판", 「출판학연구」, 1993, 47면.

로 만일 남북합의서에서 합의한 바와 달리 북한 측이 저작권 보호에 소극적인 경우에는, 대한민국은 북한저작물을 종전처럼 대한민국의 국내법에 따라 내국 저작물과 동등하게 보호하되, 북한 측에게는 다만 대한민국 저작자의 허락 하에 저작물을 이용하도록 규제하는 행정법적 조치를 마련할 것을 요구하는 방법이 있지 않겠는가 하는 의견을 제시하기도 한다.56) 생각건대, 남북관계의 특수성이나 앞으로 교류 협력의 확대와 그를 통한 평화적 통일 달성에 미칠 영향 등을 고려할 때, 북한저작물의 보호 문제에 관해서는 남북한 특수관계론을 근거로 남북 간의 문제를 준국제사법적 문제로 보고 국제사법을 유추 적용하여 준거법을 검토해 보는 것이 바람직할 것이다.57)

---

56) 김상호, "남북문화교류와 저작권 문제", 「저작권 연구자료 제13집」, 저작권심의조정위원회, 1992, 66~68면.

57) 이에 관해서는, 김영기, "북한저작물 보호를 위한 준거법 결정을 둘러싼 우리나라 판례의 비판적 고찰 −북한의 베른협약 가입에 따른 논의를 포함하여−", 「법조」 통권667호, 2012. 4., 243면 이하.

판례 색인

사항 색인

박성호

한양대학교 법과대학 졸업
사법연수원 수료 (15기), 변호사, 법학박사 (서울대학교)
한양대학교 법학전문대학원 교수

주요 저서

문화산업법 (한양대 출판부, 2012) (단독저서)
캐릭터 상품화의 법적 보호 (현암사, 2006) (단독저서)
저작권법의 이론과 현실 (현암사, 2006) (단독저서)
부정경쟁방지법 주해 (박영사, 2020) (분담집필)
정보법 판례백선(II) (박영사, 2016) (분담집필)
방송저작권 (법문사, 2016) (분담집필)
학문 후속세대를 위한 연구윤리 (박영사, 2013) (분담집필)
인터넷, 그 길을 묻다 (중앙북스, 2012) (분담집필)
로스쿨 지적재산권법 (법문사, 2010) (분담집필)
저작권법 주해 (박영사, 2007) (분담집필)
Entertainment Law (박영사, 2007) (분담집필)
인터넷과 법률II (법문사, 2006) (분담집필)
인터넷과 법률 (현암사, 2000) (분담집필)
인권수첩 (현암사, 1999) (분담집필)

제3판
저작권법

초판발행   2014년 9월 10일
제2판발행   2017년 9월 20일
제3판발행   2023년 9월 20일

지은이   박성호
펴낸이   안종만 · 안상준

편 집   양수정
기획/마케팅   최동인
표지디자인   이영경
제 작   고철민 · 조영환

펴낸곳   (주) 박영사
           서울특별시 금천구 가산디지털2로 53, 210호(가산동, 한라시그마밸리)
           등록 1959. 3. 11. 제300-1959-1호(倫)
전 화   02)733-6771
f a x   02)736-4818
e-mail   pys@pybook.co.kr
homepage   www.pybook.co.kr
ISBN   979-11-303-4524-6 93360

정 가   44,000원